CURSO DE DIREITO
ADMINISTRATIVO POSITIVO

EDIMUR FERREIRA DE FARIA

Prefácio
Cármen Lúcia Antunes Rocha

CURSO DE DIREITO ADMINISTRATIVO POSITIVO

9ª edição revista, atualizada e ampliada

Belo Horizonte

2024

©1997 Editora Del Rey.
1999 2ª edição
2000 3ª edição
2001 4ª edição
2004 5ª edição
2007 6ª edição
2011 7ª edição
©2015 8ª edição Editora Fórum Ltda.
2024 9ª edição

É proibida a reprodução total ou parcial desta obra, por qualquer meio eletrônico, inclusive por processos xerográficos, sem autorização expressa do Editor.

Conselho Editorial

Adilson Abreu Dallari
Alécia Paolucci Nogueira Bicalho
Alexandre Coutinho Pagliarini
André Ramos Tavares
Carlos Ayres Britto
Carlos Mário da Silva Velloso
Cármen Lúcia Antunes Rocha
Cesar Augusto Guimarães Pereira
Clovis Beznos
Cristiana Fortini
Dinorá Adelaide Musetti Grotti
Diogo de Figueiredo Moreira Neto (*in memoriam*)
Egon Bockmann Moreira
Emerson Gabardo
Fabrício Motta
Fernando Rossi
Flávio Henrique Unes Pereira

Floriano de Azevedo Marques Neto
Gustavo Justino de Oliveira
Inês Virgínia Prado Soares
Jorge Ulisses Jacoby Fernandes
Juarez Freitas
Luciano Ferraz
Lúcio Delfino
Marcia Carla Pereira Ribeiro
Márcio Cammarosano
Marcos Ehrhardt Jr.
Maria Sylvia Zanella Di Pietro
Ney José de Freitas
Oswaldo Othon de Pontes Saraiva Filho
Paulo Modesto
Romeu Felipe Bacellar Filho
Sérgio Guerra
Walber de Moura Agra

FÓRUM
CONHECIMENTO JURÍDICO

Luís Cláudio Rodrigues Ferreira
Presidente e Editor

Coordenação editorial: Leonardo Eustáquio Siqueira Araújo
Aline Sobreira de Oliveira

Rua Paulo Ribeiro Bastos, 211 – Jardim Atlântico – CEP 31710-430
Belo Horizonte – Minas Gerais – Tel.: (31) 99412.0131
www.editoraforum.com.br – editoraforum@editoraforum.com.br

Técnica. Empenho. Zelo. Esses foram alguns dos cuidados aplicados na edição desta obra. No entanto, podem ocorrer erros de impressão, digitação ou mesmo restar alguma dúvida conceitual. Caso se constate algo assim, solicitamos a gentileza de nos comunicar através do *e-mail* editoraforum@editoraforum.com.br para que possamos esclarecer, no que couber. A sua contribuição é muito importante para mantermos a excelência editorial. A Editora Fórum agradece a sua contribuição.

Dados Internacionais de Catalogação na Publicação (CIP) de acordo com a AACR2

F224c	Faria, Edimur Ferreira de
	Curso de direito administrativo positivo / Edimur Ferreira de Faria. 9. ed. Belo Horizonte: Fórum, 2024.
	836 p. 17x24 cm
	ISBN 978-65-5518-547-8
	1. Direito administrativo. 2. Administração pública. 3. Governança pública. 4. Previdência social. 5. Licitação. 6. Contrato administrativo. I. Título.
	CDD: 342
	CDU: 342

Ficha catalográfica elaborada por Lissandra Ruas Lima – CRB/6 – 2851

Informação bibliográfica deste livro, conforme a NBR 6023:2018 da Associação Brasileira de Normas Técnicas (ABNT):

FARIA, Edimur Ferreira de. *Curso de direito administrativo positivo*. 9. ed. Belo Horizonte: Fórum, 2024. 836 p. ISBN 978-65-5518-547-8.

SUMÁRIO

PREFÁCIO DA 1ª EDIÇÃO
Cármen Lúcia Antunes Rocha 21

NOTA DA 9ª EDIÇÃO 23

NOTA DA 8ª EDIÇÃO 25

NOTA DA 7ª EDIÇÃO 27

CAPÍTULO 1
NOÇÕES DE DIREITO

1	Origem, evolução e conceito de Direito	29
1.1	Normas naturais	30
1.2	Normas dos costumes	31
1.3	Normas morais	32
1.4	Normas técnicas	32
1.5	Normas jurídicas	33
2	Sistema jurídico	35
2.1	Considerações gerais	35
2.2	Composição do sistema jurídico brasileiro e o processo legislativo	36
3	Direito Privado e Direito Público	37
4	Conclusão	39

CAPÍTULO 2
DIREITO ADMINISTRATIVO

1	Origem	41
2	Evolução	44
2.1	Direito francês	44
2.2	Direito italiano	44
2.3	Direito alemão	45
2.4	Direito anglo-americano	45
2.5	Direito Administrativo brasileiro	46
3	Atualidade	46
4	Conceito	49
5	Codificação	50
5.1	Considerações gerais	50
5.2	Correntes	50

6	Fontes	53
6.1	Lei	53
6.2	Jurisprudência	54
6.3	Doutrina	55
6.4	Costumes	56
7	Relação com outros ramos do Direito	56
7.1	Com o Direito Constitucional	56
7.2	Com o Direito Tributário	56
7.3	Com o Direito Eleitoral	57
7.4	Com o Direito do Trabalho	57
7.5	Com o Direito Penal	57
7.6	Com o Direito Civil	57
7.7	Com o Direito Empresarial	58
7.8	Com o Direito Processual Civil e Penal	58

CAPÍTULO 3
ADMINISTRAÇÃO PÚBLICA

1	Noção e conceito de Estado	59
1.1	Antecedentes	59
1.2	Estado de direito – Conceito	60
2	Noções e conceito de Administração Pública	62
2.1	Administração Pública no sentido geral	62
2.1.1	Poder Legislativo	62
2.1.2	Poder Executivo	63
2.1.3	Poder Judiciário	63
2.2	Administração Pública no sentido estrito	64
3	Distinção entre Administração Pública e Direito Administrativo	65
4	Princípios da Administração Pública	65
4.1	Princípio da legalidade	66
4.2	Princípio da impessoalidade	68
4.3	Princípio da moralidade	69
4.4	Princípio da publicidade	71
4.5	Princípio da eficiência	72
4.6	Princípio da hierarquia	73
4.7	Princípio da indisponibilidade	74
4.8	Princípio da razoabilidade	75
4.9	Princípio da proporcionalidade	77
4.10	Princípio da autotutela	79
4.11	Princípio da tutela ou do controle	80
5	Administração direta	80
5.1	Concentração e desconcentração	81
5.2	Órgãos da Administração Pública direta	82
5.2.1	Conceito	82
5.2.2	Classificação	82
5.3	Gestão pública	84

5.3.1	Noções básicas de governança corporativa	85
5.3.2	Governança pública	86
6	Administração indireta	88
6.1	Autarquia	89
6.1.1	Conceito	89
6.1.2	Classificação	90
6.1.3	Agências reguladoras	92
6.1.3.1	Agência Nacional de Energia Elétrica	92
6.1.3.2	Agência Nacional de Telecomunicações	94
6.1.3.3	Agência Nacional do Petróleo	95
6.1.3.4	Agência Nacional de Vigilância Sanitária	97
6.1.3.5	Agência Nacional da Saúde Suplementar	98
6.1.3.6	Agência Nacional de Águas	99
6.1.3.7	Agência Nacional de Transportes Terrestres	100
6.1.3.8	Agência Nacional de Transportes Aquaviários	101
6.1.3.9	Agência Nacional do Cinema	102
6.1.3.10	Agência Nacional de Aviação Civil	102
6.1.3.11	Agência Nacional de Mineração (ANM) instituída pela Lei nº 13.575, de 26.12.2017	104
6.1.3.12	Limite da competência regulatória atribuída às agências	105
6.1.4	Criação das autarquias em geral	108
6.1.5	Regime jurídico de pessoal	108
6.1.6	Capital e patrimônio	113
6.1.7	Obrigatoriedade de licitar	113
6.1.8	Extinção e destinação do patrimônio	113
6.2	Sociedade de economia mista	114
6.2.1	Conceito	114
6.2.2	Criação	115
6.2.3	Objeto	117
6.2.4	Natureza jurídica	118
6.2.5	Regime jurídico do pessoal	118
6.2.6	Necessidade de concurso público para admissão de empregados	119
6.2.7	Necessidade de realização de licitação	119
6.2.8	Extinção e destino dos patrimônios	120
6.3	Empresa pública	120
6.3.1	Definição legal	120
6.3.2	Capital	121
6.3.3	Forma societária	121
6.3.4	Objeto	122
6.3.5	Regime jurídico do pessoal	122
6.3.6	Admissão de pessoal	122
6.3.7	Obrigatoriedade de licitar	123
6.3.8	Extinção e destino do patrimônio	123
6.3.9	Considerações finais sobre a sociedade de economia mista e a empresa pública	123

6.3.10	Considerações iniciais e governança corporativa nas empresas estatais	124
6.3.10.1	Considerações iniciais	124
6.3.10.2	Governança corporativa nas empresas estatais	125
6.4	Fundação pública	131
6.4.1	Considerações gerais	131
6.4.2	Instituída pelo Estado	132
6.4.3	Momento da aquisição da personalidade jurídica	133
6.4.4	Regime jurídico de pessoal	134
6.4.5	Alterações introduzidas pela Emenda nº 19/1998	134
6.4.6	Extinção e destino do patrimônio	137
6.5	Agências executivas	137

CAPÍTULO 4
AGENTES PÚBLICOS

1	Conceito	141
2	Classificação dos agentes públicos	141
2.1	Agentes políticos	142
2.1.1	Investidura	143
2.1.2	Subsídio	144
2.2	Agentes de carreiras especiais	154
2.2.1	Subsídio da categoria de agentes de carreiras especiais	155
2.3	Agentes administrativos	156
2.3.1	Servidores públicos estatutários	156
2.3.2	Empregados públicos	244
2.3.3	Contratados temporários	247
2.4	Agentes militares	248
2.5	Subsídio e remuneração: teto constitucional e questões polêmicas	249
2.5.1	Introdução	249
2.5.2	Remuneração e subsídio	249
2.5.3	Competência para fixar o subsídio	250
2.5.4	Teto remuneratório constitucional	251
2.5.5	Eficácia do teto constitucional	257
2.5.6	Acumulação de proventos com pensão	259
2.5.7	Acumulação de proventos com vencimento de novo cargo	260
2.5.8	Subteto	263
2.5.9	Conclusão	264
3	Atribuição do órgão e vontade do agente	266

CAPÍTULO 5
PODER DE POLÍCIA

1	Síntese da evolução do poder de polícia	267
2	Outras considerações	268
3	Conceito legal	270
4	Fundamento	271
5	Polícia administrativa e polícia judiciária	272

6	Competência para exercer a polícia administrativa	274
7	Discricionariedade e regramento	275
8	Autoexecutoriedade	275
9	Condições de validade do ato de polícia	277
10	Modalidades de polícias por áreas de atuação	277
11	Modalidades de sanções	279

CAPÍTULO 6
ATO ADMINISTRATIVO

1	Fato jurídico	281
1.1	Conceito	281
1.2	Classificação	281
2	Ato jurídico	282
3	Ato administrativo e fato administrativo	282
4	Distinção entre ato administrativo e ato jurídico civil	283
5	Síntese conclusiva	284
6	Conceito de ato administrativo	285
7	Requisitos do ato administrativo	287
7.1	Agente competente	288
7.2	Objeto	289
7.3	Forma	290
7.4	Finalidade	291
7.5	Motivo	292
7.5.1	Motivação	293
7.5.2	Posição de alguns autores quanto à necessidade da motivação	294
7.5.3	Teoria dos motivos determinantes	297
7.6	Considerações conclusivas	298
8	Classificação dos atos administrativos	298
8.1	Quanto à produção de efeitos	298
8.2	Quanto aos destinatários do ato	299
8.3	Quanto ao alcance	299
8.4	Quanto à liberdade do agente	300
8.5	Quanto à vontade concorrente para a formação do ato	300
8.6	Quanto ao objeto	301
8.7	Quanto à formação do ato	302
8.8	Quanto à produção de efeitos válidos	302
9	Espécies de atos administrativos	302
9.1	Quanto à forma	303
9.2	Quanto ao conteúdo	304
10	Atributos do ato administrativo	308
10.1	Presunção de legitimidade	308
10.2	Imperatividade	308
10.3	Autoexecutoriedade	309
11	Discricionariedade	309
11.1	Considerações gerais	309

11.2	Limites da discricionariedade	311
11.2.1	Abuso de poder	311
11.2.2	Teoria dos motivos determinantes	312
11.2.3	Conceitos jurídicos indeterminados	312
11.2.4	Razoabilidade e proporcionalidade	313
11.2.5	Arbitrariedade	313
12	Desfazimento ou retirada de atos administrativos	314
12.1	Anulação	314
12.1.1	Motivo	316
12.1.2	Competência para anular	316
12.1.3	Efeitos do ato de anulação no tempo	316
12.1.4	Indenização	317
12.1.5	Prescrição do direito de anular	318
12.2	Revogação	320
12.2.1	Motivo	321
12.2.2	Competência	321
12.2.3	Efeito no tempo	321
12.2.4	Indenização	321
12.2.5	Limites do poder revogatório	321
12.3	Convalidação	322

CAPÍTULO 7
LICITAÇÃO

1	Conceito	325
2	Base jurídica	326
3	Considerações sobre os princípios da licitação	327
3.1	Princípio da publicidade	328
3.2	Princípio da legalidade	328
3.3	Princípio da impessoalidade	329
3.4	Princípio da moralidade	329
3.5	Princípio da igualdade	330
3.6	Princípio da eficiência	334
3.7	Princípio do interesse público	335
3.8	Princípio da probidade administrativa	335
3.9	Princípio do planejamento	336
3.10	Princípio da transparência	337
3.11	Princípio da vinculação ao edital	338
3.12	Princípio do julgamento objetivo	339
3.13	Princípio do desenvolvimento nacional sustentável	339
3.14	Princípio da segregação de funções	340
3.15	Princípio da motivação	340
3.16	Princípio da segurança jurídica	340
4	Entidades sujeitas à licitação	341
5	Necessidade de agentes públicos qualificados	341
6	Direito público subjetivo dos interessados	343

7	Dos pagamentos	343
8	Definições	344
9	Contratação de obras e serviços de engenharia	344
9.1	Vedações	346
9.1.1	Sanções	346
9.1.2	Controle popular	346
10	Programação da execução de obra ou serviço	348
11	Proibição de participar de licitação e de execução de obras	348
12	Formas de execução indireta de obras e serviços de engenharia	350
13	Serviços técnicos profissionais especializados de natureza predominantemente intelectual	351
14	Compras	351
14.1	Princípio da padronização	352
14.2	Sistema de registro de preços	354
14.3	Submeter-se às condições de aquisição e pagamentos semelhantes às do setor privado	359
14.4	Subdividir em parcelas, com vista a atender a peculiaridades do mercado e a fazer economia	359
15	Modalidades de licitação	360
15.1	Concorrência	360
15.2	Concurso	361
15.3	Leilão	361
15.4	Pregão	361
15.5	Diálogo competitivo	363
16	Processo licitatório	364
17	Critério de julgamento da concorrência	368
18	Contratação direta	368
18.1	Dispensa de licitação	369
18.2	Inexigibilidade de licitação	376
18.3	Processo de contratação direta	379
18.4	Conclusões	380
19	Fases da licitação	380
19.1	Fase interna, preparatória	381
19.2	Edital e sua divulgação	385
19.2.1	Preâmbulo	386
19.2.2	Conteúdo	387
19.2.3	Fecho	390
19.2.4	Outras considerações sobre o edital	390
19.2.5	Divulgação do edital	391
19.2.6	Impugnação do edital	391
19.3	Conteúdo do extrato do edital	392
19.4	Prazos mínimos para apresentação de propostas e lances	392
19.5	Contagem dos prazos	394
19.6	Fases externas da licitação	394
19.6.1	Apresentação das propostas	394

19.6.2	Habilitação	395
19.6.3	Apreciação dos documentos de habilitação e julgamento das propostas e critérios	404
19.6.4	Encerramento da licitação	411
19.6.5	Homologação e adjudicação	412
20	Processo de licitação das empresas estatais	414
20.1	Exigências de licitação e dos casos de dispensa e de inexigibilidade	414
20.2	Normas específicas para obras e serviços	414
20.3	Disposições de caráter geral sobre licitações e contratações	415
20.4	Normas específicas para aquisição de bens	420
20.5	Normas específicas para alienação de bens	421
20.6	Procedimento de licitação	421
20.7	Procedimentos auxiliares das licitações	424
20.7.1	Pré-classificação	424
20.7.2	Registros cadastrais	425
20.7.3	Sistema de registro de preços	425
20.7.4	Catálogo eletrônico de padronização de compras	426

CAPÍTULO 8
CONTRATO ADMINISTRATIVO

1	Considerações gerais	427
2	Noções iniciais sobre o contrato administrativo	428
2.1	Manifestação do particular na formação de contrato com a Administração	430
2.2	O contrato administrativo é *intuitus personae*	430
3	Legislação pertinente	430
4	Cláusulas fundamentais do contrato administrativo	430
5	Casos excepcionais de prorrogação do contrato	434
6	Regime jurídico do contrato administrativo	435
7	Formalização dos contratos administrativos	436
8	Alteração dos contratos	438
9	Execução dos contratos	443
10	Inexecução e rescisão dos contratos	446
11	Hipóteses de extinção dos contratos	449
12	Da nulidade do contrato e efeitos da anulação	450
13	Infrações e sanções administrativas	451
14	Tipos de contratos administrativos	454
14.1	Contratos de obras públicas	454
14.2	Contrato de concessão de uso de bens públicos	457
14.3	Contrato de prestação de serviço	457
14.4	Contrato de fornecimento	458
14.5	Contrato de gestão	458
14.6	Contrato de concessão de serviços públicos	460
15	Contratos adotados nas empresas públicas e sociedades de economia mista	460
15.1	Formalização dos contratos	460
15.2	Garantia de execução de contrato	461

15.3	Prazo de duração dos contratos	461
15.4	Alteração dos contratos	463
15.5	Sanções administrativas relativas aos contratos	464
15.6	Fiscalização pelo Estado e pela sociedade	465
15.7	Disposições finais e transitórias	467
16	Convênio	468
16.1	Considerações gerais	468
16.2	Conceito	468
16.3	Controle	469
16.4	Características distintivas do convênio e contrato	469
16.5	Natureza jurídica do convênio	470
16.6	O disciplinamento dos convênios na Lei nº 8.666/1993 e na Lei nº 14.133/2021	471
16.7	Considerações finais	473
17	Consórcio público	473
17.1	Considerações gerais	473
17.2	Consórcios públicos	474
17.3	Constituição do consórcio	475
17.3.1	Protocolo de intenções	475
17.3.2	Contrato de consórcio público	476
17.3.3	Aquisição da personalidade jurídica	476
17.3.4	Contrato de rateio	477
17.3.5	Contrato de programa	478
17.4	Considerações críticas e finais	478

CAPÍTULO 9
SERVIÇOS PÚBLICOS

1	Considerações gerais	481
2	Conceito	482
3	Princípios do serviço público	483
3.1	Continuidade	483
3.2	Qualidade e eficiência	483
3.3	Modicidade	484
3.4	Igualdade	484
4	Formas de prestação de serviços públicos	484
5	Entidades prestadoras de serviços públicos por delegação	485
6	Concessão de serviços públicos precedidos ou não de obras públicas	485
6.1	Considerações	485
6.2	Conceitos	486
6.2.1	Poder concedente	486
6.2.2	Concessionário	486
6.2.3	Concessão de serviço público	486
6.2.4	Concessão de serviço público precedido da execução de obra pública	487
6.3	Justificativa	487
6.4	Serviço adequado	487
6.5	Direitos e obrigações dos usuários	488

6.6	Encargos do poder concedente	489
6.7	Encargos da concessionária	492
6.8	Tarifa	493
6.9	Licitação	495
6.10	Contrato de concessão	497
6.11	Subconcessão	500
6.12	Intervenção	501
6.13	Extinção da concessão	502
6.13.1	Advento do tempo contratual	502
6.13.2	Encampação	503
6.13.3	Caducidade	503
6.13.4	Rescisão do contrato	505
7	Prestação de serviços de energia elétrica	506
7.1	Objeto de concessão	507
7.2	Produtor independente de energia elétrica	507
8	Concessão de serviço de TV a cabo	508
9	Permissão	508
10	Autorização	510
11	Terceiro setor	511
11.1	Organizações sociais	512
11.2	Organizações da sociedade civil de interesse público	515
11.3	Organizações não governamentais	518
11.4	Parcerias voluntárias	519
11.4.1	Termo de colaboração	519
11.4.2	Da celebração do termo de colaboração ou de fomento	520
11.4.3	Transparência e controle	520
11.4.4	Do fortalecimento da participação social e da divulgação das ações	521
11.4.5	Termos de colaboração e de fomento	521
11.4.6	Procedimento de manifestação de interesse social	521
11.4.7	Plano de trabalho	522
11.4.8	Chamamento público	522
11.4.9	Contratações realizadas pelas parceiras	523
11.4.10	Das despesas	524
11.4.11	Da liberação de recursos	524
12	Parcerias público-privadas	525
12.1	Conceito	525
12.2	Concessão patrocinada	526
12.3	Concessão administrativa	527
12.4	Considerações sobre os contratos de parceria público-privada	528
12.4.1	Regime de aportes financeiros em favor do parceiro privado	530
12.4.2	Regime de garantias	531
12.4.3	A adoção da arbitragem	532
12.4.4	Licitação	534
13	Regime Diferenciado de Contratações Públicas (RDC)	534
13.1	Considerações gerais	535

13.2	Apontamentos sobre o RDC	535
13.2.1	Objetivos do RDC	536
13.2.2	Definições	536
13.2.3	Diretrizes	536
13.3	Procedimento licitatório	537
13.3.1	Apresentação das propostas ou lances	539
13.3.1.1	Modo de disputa aberto	540
13.3.1.2	Modo de disputa fechado	540
13.3.1.3	Combinação dos modos de disputa	540
13.3.2	Julgamento das propostas	540
13.3.2.1	Critérios de julgamento	541
13.3.2.2	Negociação depois do julgamento	544
13.3.2.3	Procedimentos auxiliares das licitações	545
13.3.2.4	Pedido de esclarecimento, impugnação e recurso administrativo	551
13.3.2.5	Controle das despesas decorrentes dos contratos	552
13.3.2.6	Dos contratos	552

CAPÍTULO 10
BENS PÚBLICOS

1	Considerações gerais	555
2	Domínio eminente	555
2.1	No Direito brasileiro	556
3	Conceito	557
4	Classificação dos bens públicos quanto à destinação	557
5	Afetação e desafetação de bens públicos	558
6	Características jurídicas especiais em relação aos bens particulares	558
7	Repartição dos bens públicos de acordo com a Constituição da República	561
7.1	União	561
7.2	Estado-membro	562
7.3	Município	562
8	Outros bens públicos	562
8.1	Formas de aquisição	562
9	Considerações sobre os bens públicos tratados na Constituição	564
9.1	Bens hídricos	564
9.1.1	Águas públicas	564
9.2	Bens territoriais	565
9.2.1	Solo	566
9.2.2	Subsolo	568
10	Utilização de bens públicos por particulares	569
10.1	Bens de uso comum	569
10.1.1	Uso anormal de bens de uso comum	570
10.1.2	Uso singular de bens de uso comum	570
10.1.3	Uso singular sobre bens de uso especial	570
10.1.4	Uso privativo de bens públicos dominiais	571

CAPÍTULO 11
RESTRIÇÕES À PROPRIEDADE E AO DOMÍNIO ECONÔMICO

1	Restrições à propriedade	575
1.1	Limitação administrativa	577
1.2	Ocupação temporária	579
1.3	Requisição administrativa	580
1.4	Servidão administrativa	581
1.4.1	Breves considerações sobre servidão civil	581
1.4.2	Servidão administrativa	584
1.5	Tombamento	595
1.5.1	Conceito	596
1.5.2	Bens passíveis de tombamento	597
1.5.3	Natureza jurídica do tombamento	598
1.5.4	Efeito do ato de tombamento	599
1.5.5	Fundamentos	599
1.5.6	Competência para legislar e para tombar	603
1.5.7	Espécies de tombamento	606
1.5.8	Tombamento provisório e tombamento definitivo	607
1.5.9	Direitos e deveres da entidade ativa do tombamento	608
1.5.10	Direitos e deveres do proprietário de bem tombado	609
1.5.11	Direitos e deveres do novo adquirente	610
1.5.12	Deveres e sujeições do terceiro, vizinho de prédio tombado	610
1.5.13	Desapropriação e indenização como regra de exceção	612
1.6	Desapropriação	621
1.6.1	Conceito	621
1.6.2	Fundamento social	622
1.6.3	Fundamento jurídico	623
1.6.4	Forma originária de aquisição de propriedade	625
1.6.5	Bens desapropriáveis	626
1.6.6	Bens não desapropriáveis pela sua natureza	626
1.6.7	Competências em relação à desapropriação	627
1.6.8	Agentes passivos na desapropriação	629
1.6.9	Identificação dos pressupostos da desapropriação	629
1.6.10	Destinação dos bens adquiridos por desapropriação	633
1.6.11	Breve comentário sobre desapropriação destinada a terceiros	634
1.6.12	Fases da desapropriação	644
1.6.13	Declaração	644
1.6.14	Providências administrativas seguintes à declaração	647
1.6.15	Processo judicial	647
1.6.16	Retrocessão	659
1.6.17	Desistência da desapropriação	662
1.6.18	Desapropriação indireta	663
2	Intervenção no domínio econômico	665
2.1	Polícia administrativa	669
2.2	Participação direta do Estado no desempenho de atividades econômicas	671

2.2.1	Monopólio	671
2.3	Fomento público	672

CAPÍTULO 12
RESPONSABILIDADE CIVIL DO ESTADO POR DANOS EXTRACONTRATUAIS

1	Evolução	675
1.1	Irresponsabilidade	675
1.2	Responsabilidade com culpa	677
1.3	Responsabilidade objetiva	678
2	A responsabilidade do Estado no Direito brasileiro	680
2.1	Generalidades	680
2.2	A responsabilidade do Estado no Direito Positivo	681
2.2.1	No Direito Constitucional	681
2.2.2	No Direito Civil	682
2.3	A responsabilidade do Estado na doutrina brasileira	684
2.4	A responsabilidade do Estado na jurisprudência brasileira por atos da Administração Pública (Poder Executivo)	684
2.5	Responsabilidade civil do Estado por ato do Legislativo	697
2.6	Responsabilidade civil do Estado por ato do Judiciário	699
2.7	Dano indenizável	700
2.8	Excludentes de responsabilidade	703
2.9	Reparação do dano e regresso	705
3	Responsabilidade administrativa e civil de pessoas jurídicas em virtude de conduta ilícita contra a Administração Pública	707
3.1	Considerações introdutórias	707
3.2	O "jeitinho brasileiro" deturpado	707
3.3	Principais regras e princípios jurídicos contra a corrupção e improbidade administrativa	708
3.3.1	Atos de improbidade administrativa que importam enriquecimento ilícito	710
3.3.2	Atos de improbidade administrativa que causam prejuízo ao erário	710
3.3.3	Atos de improbidade administrativa que atentam contra os princípios da Administração Pública	710
3.4	Das penas	713
3.5	Considerações sobre a Lei nº 12.846/2013	715
3.5.1	Considerações gerais sobre a responsabilidade civil e administrativa	716
3.5.2	Informações introdutórias sobre a Lei nº 12.846/2013	716
3.5.3	Atos lesivos	717
3.5.4	Responsabilização administrativa	718
3.5.5	Breves considerações sobre o processo administrativo	719
3.5.6	Acordo de leniência	720
3.5.7	Responsabilização judicial	723
3.5.8	A constitucionalidade da lei examinada	725
3.5.9	Conclusão	728

CAPÍTULO 13
CONTROLE DA ADMINISTRAÇÃO PÚBLICA

1	Considerações gerais	729
2	Controle administrativo	730
2.1	Direito de petição	732
2.1.1	Efeitos dos recursos	732
2.1.2	Modalidade de recursos	733
2.1.3	Exaustão da via administrativa	736
2.1.4	Coisa julgada administrativa	736
2.2	Algumas considerações sobre o processo administrativo	736
2.2.1	Princípios do processo administrativo	737
2.2.2	Fases do processo administrativo	739
2.2.3	Tipos de processos administrativos	739
2.2.4	Processo administrativo na Administração Pública Federal	747
2.2.4.1	Princípios e critérios constantes da LPA	747
2.2.4.2	Direitos dos cidadãos em face da Administração Pública	748
2.2.4.3	Deveres do cidadão em face de processo administrativo	748
2.2.4.4	Início do processo administrativo	748
2.2.4.5	Quem são os interessados em relação ao processo administrativo	749
2.2.4.6	Impedimento e suspeição	749
2.2.4.7	Forma, tempo e lugar dos atos de processo	749
2.2.4.8	Instrução do processo administrativo	749
2.2.4.9	Decisão coordenada	751
2.2.4.10	Motivação dos atos administrativos	752
2.2.4.11	Extinção do processo	753
2.2.4.12	Anulação, revogação e convalidação	753
2.2.4.13	Recurso administrativo e revisão	753
2.2.4.14	Prazos do processo administrativo	755
2.2.4.15	Sanções em decorrência de processos administrativos	755
2.2.4.16	Disposições finais	755
3	Considerações básicas sobre a atuação do Ministério Público no controle da Administração Pública	756
4	Controle pelo Legislativo com auxílio do Tribunal de Contas	757
4.1	Controle político	758
4.1.1	Pelo Congresso Nacional	758
4.1.2	Pela Câmara dos Deputados	759
4.1.3	Pelo Senado Federal	760
4.1.4	Pela Câmara dos Deputados ou pelo Senado Federal	761
4.1.5	Comissão parlamentar de inquérito (CPI)	761
4.2	Controles contábil, financeiro, orçamentário e patrimonial	762
4.2.1	Fiscalização das contas	762
4.2.2	Outras funções dos Tribunais de Contas	764
5	Controle pelo Judiciário	765
5.1	*Habeas corpus*	766
5.2	*Habeas data*	767

5.2.1	Condição para a propositura da ação	768
5.2.2	Sujeito ativo e passivo	768
5.2.3	Objeto	769
5.2.4	Competência para processar e julgar	769
5.2.5	Execução de sentença	769
5.3	Mandado de injunção	770
5.3.1	Conceito e pressupostos	770
5.3.2	Competência para processar e julgar o mandado de injunção	771
5.3.3	Evolução do entendimento do STF sobre o mandado de injunção	772
5.3.4	Legitimados ativos e passivos	775
6	Mandado de segurança	777
6.1	Conceito	777
6.2	Origem e evolução do instituto no Direito brasileiro	777
6.2.1	Constituição de 1934	777
6.2.2	Constituição de 1937	777
6.2.3	Constituição de 1946	778
6.2.4	Constituição de 1967	779
6.2.5	Constituição emendada de 1969	779
6.2.6	Constituição de 5.10.1988	780
6.3	Comentário ao inc. LXIX do art. 5º da Constituição da República	780
6.3.1	Direito líquido e certo	780
6.3.2	Ilegalidade ou abuso de poder	783
6.3.3	Agente público responsável pelo ato e o a ele equiparado	784
6.3.4	Objeto do mandado de segurança	790
6.3.5	Algumas hipóteses em que o mandado de segurança não é cabível	791
6.3.6	Registros sobre o processo da ação de mandado de segurança	794
6.3.7	Liminar	801
7	Ação popular	810
7.1	Evolução legislativa	810
7.2	Conceito	811
7.3	Pressupostos	811
7.4	Ação popular preventiva	813
7.5	Objeto	814
7.6	Legitimação ativa e passiva	814
7.7	Competência	815
7.8	Participação do Ministério Público	815
7.9	Considerações sobre o processo	816
8	Ação civil pública	818
8.1	Considerações iniciais	818
8.2	Pressupostos da ação	819
8.3	Conceito	821
8.4	Objeto	821
8.5	Legitimidade	821
8.6	Foro	823
8.7	Funções do Ministério Público	824

8.8	Considerações sobre o processo	825
8.9	Considerações finais	826
9	Anotações gerais sobre a Lei nº 13.655, de 25.4.2018	826

REFERÊNCIAS 831

PREFÁCIO DA 1ª EDIÇÃO

O Direito Administrativo tem sido objeto de estudos constantes e imprescindíveis, especialmente ao longo dos dois últimos séculos. No entanto, a mudança que se vê processar no Estado, cuja dinâmica é por ele especialmente estudada em seu relacionamento com o administrado, torna o aprofundamento dos estudos desse ramo do Direito cada vez mais necessário. É que as instituições se modificam, quando o que muda é o próprio Estado e não apenas alguns dos conceitos que para ele ou em seu estudo se utilizam. Não se cuida de mudanças periféricas, senão que de mudanças essenciais às que atingem, agora, o Estado. Não apenas os conceitos se transformam, mas os institutos neles embasados igualmente são objeto de grandes modificações.

No fluxo das mudanças das instituições e institutos do Direito Administrativo se observa uma salutar alteração no estudo dessa parte do Direito. As carreiras jurídicas e os estudos que se fazem para a formação de operadores do Direito ampliam o espaço de tratamento do Direito Administrativo. Daí o enriquecimento bibliográfico que se tem acentuado nos últimos tempos e que se pode observar sem dificuldades não apenas no alargamento dos títulos, mas na intensificação da esfera de pesquisa dos autores desse ramo do conhecimento jurídico.

É no curso dessa tendência que se podem conhecer novas obras que surgem para atender às novidades do e no estudo do Direito Administrativo e às demandas que essa vazante impõe. Muitas dessas novas obras apresentam-nos novos autores.

A obra que ora vem a lume pela *Livraria Del Rey Editora* tem o sabor de novidade de contornos da pesquisa da qual nasceu e do nome que, projetado como professor da disciplina jurídica e como assessor da Administração Pública, desponta como autor do *Curso de Direito Administrativo Positivo*. O Professor *Edimur Ferreira de Faria* labuta, há mais de duas décadas, como partícipe da Administração Pública, tendo ocupado, no Estado de Minas Gerais, variados cargos como assessor e consultor. Mestre em Direito Administrativo pela Universidade Federal de Minas Gerais (UFMG), ocupa-se, igualmente, com o mesmo empenho e constância, do ensino da disciplina na Pontifícia Universidade Católica de Minas Gerais (PUC Minas).

Aliando seus conhecimentos doutrinários aos dados práticos obtidos no exercício da profissão de advogado na área do Direito Público, o autor projeta uma obra que se constrói em benefício do seu leitor. Buscando ressaltar as influências dos principais doutrinadores pátrios e alienígenas, não deixa passar em branco a construção jurisprudencial que se tem alicerçado na obra dos tribunais pátrios nem as mudanças produzidas pela legislação brasileira quanto aos institutos estudados.

A obra – *Curso* que é – volta-se de uma forma muito especial para os estudantes. Mas a maneira pela qual o Direito Administrativo, em todos os principais temas que dominam esse ramo do conhecimento jurídico, é cuidado pelo eminente autor faz com que ela seja muito mais que um estudo dedicado *apenas* aos estudantes. E tanto se dá quer pela profundidade em que as matérias são desenvolvidas, como também pelo cuidado com que a sua atualização, inclusive quanto à legislação sobre os temas, é oferecida. Presta-se a uma consulta que atende mesmo às exigências com que se vê às voltas o profissional do Direito em sua labuta diária.

Temas como os serviços públicos, cuidados em sua efervescência conceitual do momento, os servidores públicos, cujo estatuto legal vê-se a braços com mudanças de inconteste gravidade, ou o papel do Estado na economia, em que os institutos são alterados ao sabor das mudanças sociais e até mesmo governamentais, entre outros, recebem do autor um cuidado bem diverso daquele que vem marcando outras obras do mesmo ramo do Direito.

Por tudo isso, esta é uma obra vocacionada ao uso constante e necessário não apenas do estudante de Direito, mas ao profissional desse ramo que tem nos conceitos básicos e nas ideias-mestras dessa disciplina o seu pão de cada dia.

Todo *Curso* traz duas características aparentemente necessárias e contrapostas. Apenas aparentemente. A primeira é o encadeamento dos temas, que tem uma previsibilidade inevitável, pois os conceitos são marcados pela sua sucessão de uma forma a permitir a sequência do estudo pretendido. A segunda é que o liame e a forma de serem concebidos os institutos e vislumbrados em seus aspectos predominantes trazem à mostra a personalidade do autor. Isso faz com que todo *Curso*, em qualquer área do Direito e possivelmente do conhecimento, tenha a identificação de temas e a diferenciação que lhe é oferecida pela visão do autor. Por isso mesmo, todo *Curso* é, ao mesmo tempo, igual em sua forma e plural em sua concepção material. Por isso mesmo, também, cada *Curso* deve ser visto, lido e aprofundado como uma benfazeja novidade, que muito ajuda aqueles que se prestam ao resumo diário da vida honesta dos profissionais do Direito: o estudo. Deixo, assim, que cada leitor tenha, na obra que a *Livraria Del Rey Editora* agora oferece ao público, a possibilidade de fazer deste mais um instrumento do seu ofício a assegurar-lhe um alento na busca de conhecimento jurídico.

Belo Horizonte, verão de 1997.

Cármen Lúcia Antunes Rocha
Mestre pela UFMG e Doutora pela USP. Foi Procuradora do Estado de Minas Gerais, nessa condição exerceu o cargo de Procuradora-Geral. É Professora licenciada de Direito Constitucional e Direito Administrativo pela Pontifícia Universidade Católica de Minas Gerais e Ministra do Supremo Tribunal Federal. Exerceu a presidência do TSE. É autora de diversos livros e de inúmeros artigos sobre Direito Constitucional e Direito Administrativo.

NOTA DA 9ª EDIÇÃO

Esta edição (nona) do *Curso de Direito Administrativo Positivo*, que temos a satisfação de apresentar aos leitores, em especial aos alunos de Direito e aos concurseiros, por intermédio da Editora Fórum, foi revista, atualizada e ampliada.

A atualização do livro abrange a legislação pertinente, sancionada entre 20.1.2015 e 31.12.2022, e decisões do Supremo Tribunal Federal sobre a alteração da Lei de Improbidade Administrativa.

Entre as novidades, constam exame e comentários das seguintes leis: Lei nº 13.303, de 30.6.2016, Estatuto Jurídico das Empresas Públicas e das Sociedade de Economia Mista; Emenda Constitucional nº 103, de 12.11.2019, "nova previdência"; Lei nº 14.133, de 1º.4.2021, dispõe sobre licitações e contratações públicas; Lei nº 13.655.25.04.2018, inclui no Decreto-Lei nº 4.657, de 4.9.1942 (Lei de Introdução às Normas do Direito Brasileiro), disposições sobre segurança jurídica e eficiência na criação e na aplicação do direito público; Lei nº 14.230, de 25.10.2021, altera a Lei nº 8.429, de 2.6.1992, a qual dispõe sobre improbidade administrativa; Lei nº 13.300, de 23.6.2016, dispõe sobre processo nas ações de mandado de injunção; notícia sobre o PL nº 2.896/2022, que flexibiliza os critérios para a escolha de membros de conselhos de administração e de diretoria das empresas estatais e das agências nacionais reguladoras.

No conteúdo do livro foram acrescentados tópicos sobre: orçamento público; gestão pública; governança pública na Administração direta, autarquias e fundação pública; governança corporativa nas empresas públicas e sociedades de economia mista. No tópico do controle externo da Administração Pública, foram ampliadas as funções dos tribunais de contas e incluído o controle pelo Ministério Público, entre outros acréscimos.

Por último, é oportuno levar ao conhecimento dos interessados que a Editora Fórum disponibilizará esta edição nas formas impressa e eletrônica, *e-book*, no seu firme propósito de acompanhar a inovação tecnológica da informação, muito do agrado dos estudantes e dos estudiosos contemporâneos. Os periódicos da Editora já são todos disponibilizados na forma eletrônica, com pleno sucesso. Para quem ainda não sabe, a Fórum mantém uma ampla biblioteca eletrônica.

Belo Horizonte, 13 de fevereiro de 2023.

O autor

NOTA DA 8ª EDIÇÃO

Esta edição (oitava) do *Curso de Direito Administrativo Positivo*, que temos a satisfação de apresentar aos leitores, principalmente aos alunos de Direito, por intermédio da Editora Fórum, foi revista, atualizada e ampliada.

A atualização da obra abrange a legislação pertinente, sancionada no período compreendido entre 1º.1.2011 e 19.1.2015, e decisões de tribunais pátrios relevantes para a compreensão de matérias controvertidas ou polêmicas, proferidas nos últimos anos.

Entre as novidades, figuram o exame e a interpretação dos seguintes textos legais: Lei nº 12.462, de 4.8.2011, com as suas atualizações e ampliações – essa lei disciplina o Regime Diferenciado de Contratações Públicas (RDC); Lei nº 12.846 de 1º.8.2013, denominada "Lei Anticorrupção", que trata da responsabilidade administrativa e civil de pessoas jurídicas por conduta ilícita contra a Administração Pública nacional e estrangeira; Lei nº 13.019, de 31.6.2014, que dispõe sobre parcerias voluntárias entre a Administração Pública e as organizações da sociedade civil; Lei Complementar nº 123, de 14.12.2006, com as alterações introduzidas pela Lei Complementar nº 147, de 7.8.2014, Estatuto Nacional da Microempresa e Empresa de Pequeno Porte – esse estatuto foi examinado apenas no que concerne às licitações e às contratações; Lei nº 13.091, de 12.1.2015, que dispõe sobre o subsídio dos ministros do Supremo Tribunal Federal; Lei nº 13.092, de 12.1.2015, que dispõe sobre o subsídio do procurador-geral da República; Lei nº 13.097, de 19.1.2015, que altera diversas leis integrantes do Direito Administrativo; e, por fim, Decreto nº 7.581, de 11.10.2011, alterado pelo Decreto nº 8.251, de 23.6.2014, regulamento da Lei do RDC. Além dessas novidades, cuidou-se, também, do aprimoramento, da ampliação e da correção dos conteúdos constantes da 7ª edição.

Por último, é oportuno levar ao conhecimento dos interessados que a Editora Fórum disponibilizará esta edição nas formas impressa e eletrônica, *e-book*, no seu firme propósito de acompanhar a inovação tecnológica da informação, muito do agrado dos estudantes e estudiosos contemporâneos. Os periódicos da Editora já são todos disponibilizados na forma eletrônica, com sucesso.

NOTA DA 7ª EDIÇÃO

A presente 7ª edição do nosso *Curso de Direito Administrativo Positivo*, que temos a satisfação de apresentar aos leitores e, principalmente, aos alunos, está revista, atualizada e ampliada.

A atualização da obra abrange a legislação pertinente, sancionada até o dia 31.1.2011, e decisões dos tribunais pátrios relevantes para a compreensão de matérias controvertidas ou polêmicas.

Entre as novidades figuram o exame e a interpretação da nova Lei de Mandado de Segurança, as inovações nos procedimentos licitatórios, inclusive as contidas na Lei nº 12.349, de 15.12.2010, e um item sobre o terceiro setor com considerações críticas. Além dessas novidades, cuidou-se do aprimoramento, da ampliação e da correção dos conteúdos constantes da 6ª edição.

Belo Horizonte, 31 de janeiro de 2011.

O autor

CAPÍTULO 1

NOÇÕES DE DIREITO

Sumário: **1** Origem, evolução e conceito de Direito – **2** Sistema jurídico – **3** Direito Privado e Direito Público – **4** Conclusão

1 Origem, evolução e conceito de Direito

Filósofos, juristas e estudiosos, que há séculos vêm estudando o Direito e sua conceituação, não são unânimes nas suas fundamentações e conclusões, o que dificulta a elaboração de teoria única sobre o tema. Há, entretanto, pelo menos um ponto em comum entre os estudiosos: todos reconhecem dificuldade na tarefa de conceituar o Direito. Afirmam alguns que não é possível fotografar o Direito em uma pose apenas. É necessário focalizá-lo de vários ângulos, segundo a ótica do investigador ou teorizador. Assim, sobre o prisma sociológico, o Direito será visto de ângulo diferente do cogitado no prisma jurídico.

É certo, todavia, na abalizada lição de Edgar de Godoi da Mata-Machado, que qualquer pessoa, o iniciante na investigação do tema ou o homem comum, tem noção do que seja direito.[1] Uma criança de um ano ou até de menos idade tem noção do seu direito, sobretudo de propriedade. Quando se lhe pede um de seus brinquedos, por exemplo, a resposta invariavelmente será: "Não, é meu".

As pessoas, desde o nascimento, submetem-se a várias normas limitadoras ou inibidoras do seu comportamento, nas diversas formas da manifestação humana. Essas normas, na busca do equilíbrio das relações sociais, garantem às pessoas o exercício de sua liberdade, inclusive quando ofuscada ou contrariada por outra pessoa, física ou jurídica.

Norma é regra que se deve seguir, é modelo, é padrão. Quanto à origem e formação, elas se classificam em: a) normas naturais; b) normas costumeiras; c) normas jurídicas; d) normas técnicas; e) normas morais. São essas as mais importantes no contexto social.

Tais normas podem ser postas, impostas ou pressupostas. É exemplo da última a norma fundamental de Hans Kelsen, da qual se cogitará oportunamente. As normas, quando impostas, contrariando comportamento costumeiro, tendem a ser repelidas por seus destinatários. Como exemplo, pode-se citar o que ocorreu no Japão após a era

---

[1] MATA-MACHADO. *Elementos de teoria geral do direito*: introdução ao estudo do direito, 3. ed., p. 9.

Meiji: uma série de mudanças foi implantada no governo, visando à ocidentalização e à democratização daquele país. Essas mudanças, no entanto, tiveram inspiração na legislação dos Estados Unidos e, por isso mesmo, representavam o sentimento de justiça dos americanos. Em consequência, o Direito passou a ser visto como instrumento de repressão do Estado, pois pregava a igualdade social num país cujos costumes se baseiam, principalmente, na profunda hierarquização das classes.

1.1 Normas naturais

Normas naturais são aquelas que compõem o chamado Direito Natural.

O Direito Natural tem a sua origem na natureza do universo e do próprio ser humano. Deve, por isso mesmo, ser observado na elaboração do Direito Positivo. Suas regras são as mesmas em qualquer parte do mundo. São, portanto, universais, imutáveis, invioláveis e isonômicas.

Paulo Nader ensina que "a natureza é um corpo vivo, que se mantém em permanente movimento e transformação, em decorrência da existência de numerosas leis que regem o seu mundo".[2]

As leis naturais são universais por serem iguais em qualquer parte. As regras naturais no Brasil são as mesmas nos Estados Unidos ou no Japão. São imutáveis por não comportarem acréscimo ou cortes ou qualquer outra alteração. O homem não tem o poder de modificar a lei da natureza. São invioláveis pelo fato de que ao homem não é permitido influir no objeto da natureza. A lei natural, no tempo e no espaço, não sofre as mutações a que se sujeitam as leis positivas. E, finalmente, são isonômicas, por serem iguais para todos em qualquer época e lugar. Sustenta Paulo Nader: "É o princípio da igualdade de todos perante a natureza. A morte, por exemplo, é fenômeno que decorre das leis biológicas e que atinge a todos seres vivos indistintamente".[3]

Entre os direitos naturais, destacam-se o direito de nascer, o direito à vida, o direito à união do homem e da mulher com o fim de procriação, o direito à liberdade, o direito à alimentação. Estes direitos são irrenunciáveis. Por isso é que aquele que instiga ou auxilia alguém a suicidar-se incorre em pena de reclusão de dois a seis anos, art. 122 do Código Penal brasileiro.

A ideia de justiça é, por conseguinte, corolário do Direito Natural. Decorre daí o entendimento dominante de que as leis do Estado que se puserem em desacordo com o Direito Natural são leis injustas. Sobre o tema escreve Paulo Nader:

> Como destinatário do Direito Natural, o legislador deve ser, ao mesmo tempo, um observador dos fatos sociais e um analista da natureza humana. Para que as leis e os códigos atinjam a realização da justiça – causa final do Direito – é indispensável que se apoiem nos princípios do Direito Natural. A partir do momento em que o legislador se desvincular da ordem natural, estará instaurando uma ordem jurídica ilegítima. O divórcio entre o Direito Positivo e o Direito Natural cria as chamadas leis injustas, que negam ao homem o que lhe é devido.[4]

---

[2] NADER. *Introdução ao estudo de direito*, p. 75.
[3] NADER. *Op. cit.*, p. 76.
[4] NADER. *Op. cit.*, p. 438.

Edgar da Mata-Machado também sustenta que todas as normas de Direito Natural devem conter-se nas normas do Direito Positivo.[5]

Giorgio Del Vecchio ressalta que o Direito Natural, por tradição, exprime a ideia de justo. Defende a tese de que deve haver perfeita sintonia do Direito Positivo com o Direito Natural. Afirma que, na época da Revolução Francesa, 1789, alguns autores entendiam haver profunda distância entre essas duas formas de manifestação do Direito, enquanto outros sustentavam o oposto. Podiam variar os métodos, mas as conclusões, segundo Del Vecchio, são sempre no sentido da perfeita compatibilidade dos dois Direitos. Anota, como exemplo, a conclusão de Kant e a de Spencer. Ambos, segundo o autor, partiram de premissas diversas e chegaram a resultados semelhantes.

Kant partiu da premissa da razão pura para concluir: "Atua exatamente de tal modo que o livre uso do teu arbítrio possa harmonizar-se com o livre uso do arbítrio dos outros, segundo uma lei universal da liberdade".

Spencer partiu da observação experimental das leis físicas da vida e chegou ao seguinte resultado: "Cada homem é livre para fazer o que quiser, contanto que não prejudique a liberdade igual dos outros homens".[6]

A conclusão de Spencer é fundada no Direito Natural e está presente no Direito Positivo. A limitação ao exercício da liberdade contém-se na codificação positiva dos países democráticos. Estatui a lei positiva que o direito de um termina onde começa o direito do outro.

1.2 Normas dos costumes

Normas dos costumes ou Direito Costumeiro ou, ainda, Direito Consuetudinário, é outro conjunto de normas de fundamental importância no contexto do ordenamento jurídico.

Normas costumeiras são aquelas criadas espontaneamente pelo grupo social no seu dia a dia. O conjunto de normas costumeiras é denominado Direito Costumeiro. Esse Direito, ao contrário do Direito Natural, é mutável no tempo e no espaço. Assim, o que é regra de conduta na zona rural, por exemplo, pode não ser no meio urbano. Os usos e costumes num Estado podem ser completamente diferentes dos de outro Estado. O mesmo pode ocorrer em relação a países diversos.

Os costumes acompanham a evolução social e sofreram profundas alterações, principalmente com o advento da Revolução Industrial, responsável pela mudança de hábitos. A tecnologia produz bens e outros valores que interferem diretamente nos costumes da sociedade, levando os seus integrantes à mudança de comportamento num processo constante e permanente de evolução costumeira e social.

Uma das manifestações do costume, surgida nos primórdios tempos e que ainda se verifica na atualidade, embora com pouca frequência, é a troca. A inexistência de moeda (dinheiro) no início da civilização ensejou às pessoas promoverem troca de objetos e gêneros alimentícios. De modo que aquele que produzia arroz, por exemplo, trocava, com o pescador, arroz por peixe.

---

[5] MATA-MACHADO. *Op. cit.*, p. 40.
[6] DEL VECCHIO. *Lições de filosofia do direito*, p. 335.

O Direito Positivo, na sua formação, observou sempre os costumes. Isto é, as normas jurídicas procuraram agasalhar, em seu manto, normas costumeiras. As normas jurídicas divorciadas das costumeiras encontram resistência do grupo a que se destinam.

Alerta Paulo Nader que, no início do século XIX, começam a surgir alterações na forma de manifestação do Direito. Até então, a participação do Direito Consuetudinário na formação do Direito escrito era significativa. Afirma que, a partir de então, o racionalismo filosófico

> [...] doutrina que destacava o poder criador da razão humana, e a elaboração do Código Napoleão influenciaram decisivamente nos processos de codificação do Direito de quase todos os povos. Os benefícios que o Direito escrito pode oferecer, diante de rápidas mudanças históricas, diante de sempre novos e surpreendentes desafios que a ciência e a tecnologia apresentam, dão-nos a convicção de que o Direito costumeiro é uma espécie jurídica em desaparecimento.[7]

Os costumes, embora previstos e respeitados pelos legisladores dos tempos atuais, não têm o mesmo vigor e a mesma importância nas relações sociais que tiveram antes do Estado moderno. Poucos Estados soberanos mantêm ainda a tradição costumeira. Serve de exemplo a Inglaterra, país onde o Direito escrito é insignificante perante os usos e costumes.

1.3 Normas morais

As normas morais estabelecem regras de comportamento, às vezes, mais rígidas do que as normas jurídicas. Entretanto, não detêm o poder da coerção. A moral, embora distinta do Direito, com ele tem pontos em comum. Ambos pressupõem certo princípio ético, o que não ocorre com as normas técnicas, como se verá no próximo item. A ética, no caso, deve ser tomada no sentido lato. Isto é, como princípio de orientação básica para o agir humano. O princípio deve presidir a conduta determinada pela moral e também a regulada pelo Direito.

A ética moral impõe conduta de comportamento ao homem, cominando-lhe sanção, quando transgredir seus preceitos. O transgressor de norma moral sofre a sanção do grupo ou dele próprio, por imposição natural, sem consequência patrimonial ou de restrição da liberdade.

A norma moral decorre da faculdade de agir, assegurada ao homem para escolher, entre várias condutas possíveis, a que julgar mais conveniente. A norma moral, então, parte do interior do indivíduo impondo a ele próprio a conduta que deve praticar na relação com os outros indivíduos, integrantes de determinado grupo social. Ela não tem, por isso mesmo, o poder da coercibilidade, característica própria da norma jurídica.

1.4 Normas técnicas

Existem outras normas, distintas do Direito e da Moral, que interferem na atuação do homem no exercício de suas atividades. Entre elas, as normas técnicas. Essas normas

---

[7] NADER. *Op. cit.*, p. 180.

se diferenciam das normas morais e das normas jurídicas, por não serem imperativas e não imporem sanções. A norma técnica limita-se a informar o comportamento que se deve adotar para se atingir determinado fim. Ela não se importa com o fim último, se ele é de interesse ou não da sociedade. Quer apenas que, na execução de certo objeto, se observem as regras próprias. Por exemplo, na prática do homicídio, indesejável à sociedade, a norma técnica preocupa-se com os procedimentos e meios adequados e eficientes para a consecução daquele evento.

As normas técnicas ocupam estimado espaço no seio do grupo social e estão diretamente relacionadas com o saber humano. Quanto maior for o desenvolvimento tecnológico de uma sociedade, maior será o número dessas normas.

A transgressão de norma técnica pode, contudo, levar à sanção jurídica. Basta que, na contratação de determinado objeto, que esteja sujeito a estas normas, as partes façam constar, do respectivo contrato, cláusula prevendo sanção a ser imposta se as normas técnicas aplicáveis na situação forem descumpridas.

1.5 Normas jurídicas

As normas jurídicas compreendem-se princípios e regras que compõem o Direito Positivo. A despeito das diversas normas acima apresentadas, sobretudo as três primeiras, os grupos sociais, em dado momento de sua evolução histórica, sentiram necessidade da adoção de outras normas revestidas de melhores meios regulamentares e de maior eficácia.

As normas até então existentes tornaram-se insuficientes para reger a complexidade dos fatos que se avolumavam e se diversificavam à medida que os grupos se desenvolviam.

Surgiu, dessa necessidade, o Direito Positivo, formado por um conjunto de normas jurídicas escritas e editadas pelo Estado. Têm as normas, por fim, regular o relacionamento entre os indivíduos e a relação destes com os objetos protegidos pelo Direito.

As normas jurídicas impõem-se a todos os cidadãos sujeitos à jurisdição do Estado que as editou. Ditas normas, mesmo elaboradas por representantes do povo, procedimento próprio nos Estados de Direito, não atendem, na maioria dos casos, à vontade individual. Entretanto impõem-se a todos, indistintamente, por se tratar de normas gerais, abstratas, obrigatórias, heterônomas, coercíveis e objetivas.

A norma jurídica, segundo a maioria dos autores, entre eles Hans Kelsen, situa-se no campo do dever ser. Ela contém a hipótese que, se verificada em decorrência da conduta humana, sujeita o indivíduo ao seu comando. A norma, em si, é ser, pois existe, regulando o dever ser. Nesse regular, impõe aos indivíduos conduta a ser observada. A desobediência implica a correspondente sanção.

Para os adeptos do positivismo jurídico, o Direito é apenas aquele editado pelo Estado. Desconhecem a justiça como valor natural a ser observado. Em regra, para a doutrina positivista, a justiça consiste na aplicação do Direito no caso concreto. O juiz, ao decidir, estará fazendo justiça naquele caso. O legislador deve preocupar-se com a realidade fática ao editar a lei sem cogitar das condições sociais e dos costumes dos grupos destinatários da norma.

O Direito escrito foi concebido como meio eficiente e eficaz para juridicizar os costumes e normatizar os fatos sociais com vista à igualdade e à justiça. Assim, o Direito teria a mesma dinâmica dos grupos sociais integrantes de um Estado.

A vontade do povo, entretanto, foi, em parte, substituída pela do Estado. Os legisladores, embora eleitos pelo povo para, em seu nome, editarem as leis, acabam votando de acordo com a conveniência do Estado, que nem sempre reflete o interesse da maioria. Ao contrário, muitas vezes a lei destina-se a atender a interesses de minoria ou a determinado grupo da sociedade em detrimento de outros.

Gustav Radbruch sustenta que o fim do Direito é o fim do Estado. O Direito, afirma ele, é produto do Estado segundo a sua vontade.[8]

Celso Antônio Bandeira de Mello, em conferência pronunciada na Faculdade de Direito da UFMG, no ano de 1988, foi categórico ao afirmar que a vontade do Direito é a vontade do Estado. Este, afirmou ele, molda o Direito segundo seus interesses.

Ressalta Radbruch: "O Estado e o Direito não passam de instituições para a segurança e promoção do bem-estar dos indivíduos".[9] É ainda do autor o entendimento de que o Direito não pode se divorciar dos valores éticos, lógicos e estéticos, do bem, da verdade e do belo, sobretudo quanto ao valor ético do bem.[10]

Ainda Radbruch: "Direito é, pois, a realidade que possui o sentido de estar ao serviço do valor jurídico da ideia de direito [...] O conceito de direito acha-se assim dependente da ideia de direito". E arremata que a ideia não deve ser outra que não a ideia de justiça.[11]

Extrai-se da lição desse autor que a vontade do Estado, ao editar o Direito, não pode ser divorciada dos fatos sociais, do Direito Natural nem da ideia de justiça. A conduta social que o Direito pretende disciplinar deve ser sempre direcionada para a ética, o respeito mútuo, a liberdade e a justiça. A inobservância desses valores leva ao Direito injusto.

Hans Kelsen ensina que o Direito é ordem de conduta humana, representado por um conjunto de normas instituídas com base nos mesmos fundamentos. E que o fundamento de validade de determinada ordem normativa sustenta-se na norma fundamental utilizada pelo legislador. É dessa norma fundamental que se retira a validade de todas as normas jurídicas, na opinião do autor. Para ele, a norma jurídica que não tiver como respaldo uma norma superior, com a qual se conforma, não terá validade,[12] conforme se verá em outro tópico.

O entendimento de Kelsen é o de que o Direito Positivo é o que ele diz que deve ser, mas que, nem sempre, o que deve ser é a realidade fática da sociedade disciplinada pelo Direito.

Edgar da Mata-Machado sustenta que o Direito e a lei podem se confundir, pois a lei é forma de manifestação do Direito. Logo a lei deve conter o Direito e o Direito deve

---

[8] RADBRUCH. *Filosofia do direito*, p. 124.
[9] *Op. cit.*, p. 130.
[10] *Op. cit.*, p. 125.
[11] *Op. cit.*, p. 86.
[12] KELSEN. *Teoria pura do direito*, p. 57.

ser o conteúdo da lei. Se a lei for injusta, é contrária ao Direito. Nesse caso, em defesa do Direito, pode-se opor ao cumprimento da lei.[13]

Pode-se afirmar que o Direito Positivo é produto da experiência e da experimentação. É, portanto, ciência.

Sob o ângulo da positivação, o Direito é conjunto de normas objetivas que impõe conduta, conferindo direitos, deveres e sanções. Quanto à faculdade de agir, o Direito é subjetivo de cada indivíduo da comunidade regida pela ordem jurídica.

Daí, o cidadão que tiver o seu interesse jurídico lesado ou ameaçado tem o direito subjetivo de postular, em juízo ou fora dele, contra aquele que lhe ameaça ou lhe causou dano.

2 Sistema jurídico

2.1 Considerações gerais

Com o constitucionalismo, o Direito passou a formalizar-se por meio de sistema jurídico nos Estados juridicamente organizados.

Os sistemas jurídicos são mutáveis no tempo e no espaço. Por essa razão, o sistema de um Estado soberano pode ser, e em geral é, diferente do de outro Estado. As possíveis variações decorrem das peculiaridades existentes em cada comunidade nacional e são elas reflexos da própria soberania nacional.

Entende-se por sistema jurídico o conjunto de normas positivas, produzidas pelo Estado através de órgãos colegiados ou autoridades individuais competentes, destinadas a regular e estabelecer conduta dos indivíduos e dos governantes do mesmo Estado.

As normas integrantes de um sistema jurídico se sobrepõem em ordem vertical, tendo como norma básica a Constituição Federal.

Os autores costumam representar o sistema jurídico por uma pirâmide, em cuja base está a Constituição, e, no vértice, a menor norma quanto ao poder regulamentar. No corpo da pirâmide, figuram as leis infraconstitucionais e os regulamentos na ordem de importância de cada qual.

Hans Kelsen prevê a mesma pirâmide, mas invertida. Para esse cientista do Direito, normativista por excelência, a norma maior está em posição superior na linha hierárquica. Dessa forma, a Constituição coloca-se no topo do sistema e a sentença do juiz ou o ato administrativo está no último degrau na ordem descendente da hierarquia.

Segundo Kelsen, um sistema jurídico não se sustenta, ou será defeituoso, se cada norma não estiver em perfeita harmonia com a sua, imediatamente, superior. Dessa forma, o ato jurídico ou a decisão do juiz só terá validade se obedecer aos requisitos regulamentares e legais exigidos para a sua edição. O regulamento, para ter validade, necessita estar perfeitamente conformado à lei. As leis infraconstitucionais devem estar em conformidade com a Constituição.

Na concepção de Kelsen, o sistema jurídico não terá sustentação se as normas que o integram não estiverem, cada uma, amarradas e conformadas com a norma imediatamente superior. Com base nessa teoria, e procurando dar validade a seu sistema, ele

---

[13] MATA-MACHADO. *Op. cit.*, p. 22.

pressupõe uma norma fundamental para dar suporte à Constituição. Para Kelsen, a legitimidade e a base da validade da Constituição estão numa única norma, chamada de norma fundamental. Trata-se de norma não posta, mas suposta. Não é norma de vontade, mas apenas pensada. A norma fundamental não dá conteúdo à Constituição, mas apenas o poder para a sua elaboração. Essa norma só é conhecida depois da Constituição promulgada. O conteúdo da Constituição é que possibilita a verificação da norma fundamental que serviu de orientação ao legislador constituinte.

2.2 Composição do sistema jurídico brasileiro e o processo legislativo

A quantidade e o poder regulamentar de normas integrantes de um sistema jurídico variam de um país para outro, conforme já mencionado. O sistema brasileiro tem a seguinte composição: Constituição Federal, leis complementares, leis ordinárias, leis delegadas, medidas provisórias, decretos regulamentares e portarias ministeriais de natureza normativa complementar e, ainda, as decisões administrativas e judiciais.

A Constituição, em situação normal, é elaborada por Assembleia Nacional Constituinte, eleita diretamente pelo povo em votação secreta e universal: poder originário. A Norma Maior pode, contudo, ser emendada e alterada pelo poder derivado, nos limites e condições estabelecidos pelo poder originário, previstos na própria Constituição.

Poder derivado ou poder reformador é o exercido pelo Congresso ordinário através de suas duas Casas: Senado Federal e Câmara dos Deputados.

É do Congresso Nacional a competência para emendar a Constituição da República, nos limites estabelecidos pelo poder constituinte originário. Esses limites estão elencados no §4º do art. 60 da Constituição de 1988. Ainda o §1º do mesmo artigo proíbe emenda à Constituição sobre qualquer matéria, "na vigência de intervenção federal, de estado de defesa ou de estado de sítio".

A iniciativa de emenda constitucional é da competência de um terço, no mínimo, dos deputados federais; de um terço, no mínimo, dos senadores; do presidente da República; ou de mais da metade das assembleias legislativas dos estados-membros, desde que a manifestação de cada uma delas seja resultado da deliberação da maioria relativa de seus membros.

A discussão e votação da emenda constitucional devem ocorrer em dois turnos em cada casa legislativa (Câmara e Senado) mediante *quorum* qualificado de três quintos dos respectivos membros. A emenda vitoriosa nas duas casas será promulgada pelas respectivas mesas conjuntamente, entrando em vigor imediatamente. A emenda derrotada não pode ser proposta nem reexaminada na mesma sessão legislativa.

A lei complementar, que tem por finalidade disciplinar determinados direitos garantidos constitucionalmente, sujeita-se, em sua votação, ao *quorum* da maioria absoluta.

As leis ordinárias são destinadas a regular direitos previstos na Constituição, não reservados à lei complementar. O *quorum* para a votação dessas leis é de maioria simples, em uma votação em cada Casa do Congresso Nacional. A iniciativa das leis complementares e ordinárias é de competência do Congresso Nacional por qualquer de seus membros ou comissões de ambas as casas, do presidente da República, do Supremo Tribunal Federal, dos Tribunais Superiores, do procurador-geral da República e dos cidadãos, nas condições e formalidades estabelecidas pela Constituição (art. 61 da Constituição Federal).

O projeto de lei de iniciativa popular, para atender às exigências contidas no §2º do art. 61 da Constituição Federal, depende de subscrição de, pelo menos, um por cento do eleitorado nacional, representando cinco estados, no mínimo, e cada estado representado por três décimos de seus eleitores e submetido à Câmara dos Deputados.

Depois de votados os projetos de leis, tanto ordinárias quanto complementares, são remetidos ao presidente da República, para sanção, veto parcial ou total e publicação no *Diário Oficial*, no prazo previsto na Constituição, que é de quinze dias contados do recebimento da proposição de lei.

Os decretos regulamentares, destinados à implementação das leis ordinárias e complementares, são de competência exclusiva do presidente da República. Ainda é competência da mesma autoridade, nos casos de relevância e urgência, editar medidas provisórias, com força de lei, produzindo efeito imediato. Essas medidas devem ser encaminhadas ao Congresso Nacional no prazo de cinco dias. O Congresso deve convertê-las em lei no prazo de sessenta dias, prorrogável por igual prazo. Se decorrer o prazo em dobro, sem a conversão em lei, a medida provisória perderá a eficácia desde a data da sua edição, mas as relações jurídicas dela decorrentes subsistirão (art. 62 da Constituição da República, com a redação dada pela Emenda Constitucional nº 32 de 2001).

A Constituição Federal reparte a competência legislativa entre as pessoas políticas federativas. Algumas matérias são de competência exclusiva da União Federal (art. 22) e outras, privativas ou suplementares, dos municípios (art. 30). Há, ainda, matérias em que os estados e o Distrito Federal podem legislar concorrentemente com a União (art. 24). Os casos de competência da União para legislar sobre normas gerais não excluem a do estado para legislar supletivamente (art. 24, §2º).

A edição dos Direitos Civil, Comercial, Penal, Processual, Eleitoral, Agrário, Marítimo, Aeronáutico, Espacial e do Trabalho é de competência exclusiva da União (art. 22 da Constituição da República). Os outros ramos, como Direito Administrativo, Tributário, Econômico e Urbano competem às três esferas da Administração (União, estados e municípios).

3 Direito Privado e Direito Público

Pelo que anteriormente foi visto, perfunctoriamente, a ordem jurídica é una. Não existem, portanto, vários direitos. Entretanto, desde os romanos, adota-se, para a comodidade na aplicação e por conveniência didática, a divisão do Direito em dois grandes ramos: Direito Público e Direito Privado.

O Direito, considerado norma de conduta obrigatória, destina-se a disciplinar o comportamento das pessoas entre si e o relacionamento delas com os objetos existentes no mundo jurídico. Trata também o Direito da relação da Administração Pública com os administrados e, em particular, com os seus servidores, no exercício de suas atividades, quais sejam, as de promover o bem público. Os bens pertencentes ao Estado estão relacionados às pessoas físicas e jurídicas, públicas ou privadas, diferentemente da relação dos bens particulares com os seus proprietários.

Há, por conseguinte, normas destinadas a proteger direitos individuais genuinamente privados, voltadas para o interesse das pessoas e dos respectivos bens patrimoniais, inclusive as atividades industriais e comerciais. Além disso, normas da mesma natureza cuidam das relações civis, estabelecendo instituição da família e proteção desta, além da proteção de outros bens jurídicos.

Há também um conjunto de normas jurídicas voltado para o interesse público, cuidando do Estado, da Administração Pública, da segurança pública, da proteção ambiental – envolvendo fauna e flora, da proteção da saúde pública e do bem-estar social.

Ante essa realidade, decidiu-se pelo agrupamento das normas de acordo com os objetos por elas protegidos. Surgem, assim, o Direito Privado e o Direito Público.

A visualização das duas chaves é suficiente para se verificar a importância do Direito Público em face do Direito Privado, em termos da magnitude da ambiência de sua atuação. O Direito Privado, mormente o Civil, vem, no curso da História, sofrendo restrições impostas pelo Direito Público em benefício do interesse maior: o interesse social. Na medida em que o Estado cumpre o seu verdadeiro papel, prestar e promover o bem-estar social, impõe restrições ao direito individual.

Ressalte-se que o Direito do Trabalho se figura na chave do Direito Privado. Alguns autores entendem que o seu lugar é entre os ramos integrantes do Direito Público.

Paulo Nader, nas cinco primeiras edições do livro *Introdução ao estudo do direito*, incluiu o Direito do Trabalho entre os ramos pertencentes ao Direito Público. Ultimamente, entretanto, mudou de orientação. Sustenta ele que, revendo o seu posicionamento anterior, chegou à conclusão de que o referido ramo do Direito fica mais bem situado ao lado do Direito Civil e do Direito Empresarial. Em síntese, afirma o autor que o Poder Público não participa de um dos polos da relação de trabalho a não ser na condição de empregador e que, embora as leis trabalhistas sejam relevantes para o Estado, prevalecem os interesses individuais. As partes, contratantes e contratados, se não têm autonomia plena, não estão, todavia, impedidas de discutir o que julgarem melhor para elas.[14]

Na verdade, o Direito do Trabalho, no Brasil, contém normas próprias do Direito Privado e normas próprias do Direito Público. O Estado não impõe total restrição aos integrantes da relação de trabalho, mas também não lhes confere plena liberdade nas fixações de direitos e deveres. A liberdade para estabelecer a relação de trabalho entre o empregador e o empregado esbarra em limites estabelecidos pela Consolidação das Leis do Trabalho e em leis extravagantes editadas, principalmente, por ocasião da adoção de planos econômicos.

Por essas razões, deve-se entender o Direito do Trabalho como *sui generis*, pertencente aos dois grandes grupos do Direito. Parte dele é regida por normas do Direito Público, e outra sujeita-se às regras do Direito Privado.

---

[14] NADER. *Op. cit.*, p. 430.

4 Conclusão

As anotações alinhadas neste capítulo levam a concluir que a ordem jurídica se compõe do Direito Positivo, do Direito Natural e do Direito Consuetudinário. Todavia, durante a evolução do Direito, verificou-se que essa integração sofreu variação quanto à participação das três espécies de Direitos no contexto ordenatório.

O primeiro Direito a ser considerado foi o Natural, e o último, foi o Positivo. Este, no apogeu do positivismo, concorreu para o enfraquecimento daquele. Os doutrinadores positivistas, em sua maioria, entendiam que o Direito é o Direito Positivo. Ele diz o que deve ser, sem se preocupar com os valores naturais e com os valores costumeiros.

Modernamente, parece-nos que a euforia do positivismo passou e, em consequência, ressurge o Direito Natural. Este é fundamental na formulação do ordenamento jurídico, pois é nele que reside a verdadeira ideia de justiça. Essa justiça não pode ser tomada como verdadeira e completa apenas na decisão do juiz no caso concreto. Se o juiz decidir, calcado numa lei injusta, não fará justiça alguma. Apenas dirá o Direito segundo a lei regente do caso concreto. A verdadeira justiça deve estar na norma e na sentença, e não na última apenas.

A norma jurídica, para ser justa e atender aos legítimos anseios sociais do grupo que pretende reger, deve louvar-se no Direito Natural e respeitar os usos e costumes do mesmo grupo. É verdade, como salientado acima, que o Direito Costumeiro vem perdendo seu vigor na proporção da evolução científica e tecnológica. Os meios de comunicação de massa contemporâneos são fatores decisivos na mudança de hábitos, comportamentos e valores, influenciando, assim, os costumes. Entretanto, enquanto existir o mínimo de costumes, estes não poderão ser ignorados pelo Direito escrito.

Mesmo Kelsen, expoente do positivismo, não se opõe aos costumes. Estes, afirma, podem ser considerados e respeitados desde que o Direito escrito os abrigue.

O ordenamento jurídico brasileiro prevê, em diversos dispositivos legais, a possibilidade de se recorrer aos costumes, aos princípios gerais de direito, à analogia e à equidade, na solução dos casos em julgamento, quando a lei de regência não for suficiente e eficiente para o deslinde da pendência. São princípios de hermenêutica constitucional.

DIREITO ADMINISTRATIVO

Sumário: **1** Origem – **2** Evolução – **3** Atualidade – **4** Conceito – **5** Codificação – **6** Fontes – **7** Relação com outros ramos do Direito

1 Origem

O Direito Administrativo é ramo dos mais novos do Direito. Está em fase de aperfeiçoamento e em franco processo de adaptação e conformação com a realidade administrativa. Seu berço de origem é a França, onde nasceu por volta de 1819.

A Revolução Francesa de 1789, coroamento do movimento cultural, que teve início no século XVII contra o absolutismo que imperava em quase todo o mundo, foi fator preponderante para o surgimento do Direito Administrativo. Até então, as funções estatais concentravam-se nas mãos do monarca. Os vitoriosos revolucionários decidiram pôr em prática a tripartição de poderes do Estado, teorizada por Montesquieu. Com a adoção dessa teoria, o Estado francês teve as suas principais funções atribuídas a três órgãos denominados Poder Legislativo, Poder Executivo e Poder Judiciário. Com essa tripartição, as funções legislativa, executiva e judiciária especializaram-se no contexto dos respectivos poderes, harmônicos entre si, controlados uns pelos outros, de acordo com a teoria de freio e contrapeso, de Montesquieu. Com essa estrutura de órgãos com funções primordiais específicas, nasceu o Estado de Direito, assim caracterizado, principalmente, por submeter-se às leis por ele criadas. Antes, as leis destinavam-se apenas à iniciativa privada e aos súditos em geral. Somente esses eram obrigados a pautar suas condutas nas leis vigentes no país. O Estado, até então absolutista, não se submetia à lei em virtude do princípio de que o rei não erra ou de que o rei não pode fazer mal, baseado, principalmente, na teoria divina dos reis.

As autoridades do Executivo, com fundamento na teoria da tripartição dos poderes e na desconfiança que tinham em relação aos juízes de então, decidiram excluir, da apreciação da jurisdição comum, os atos praticados pela Administração Pública. Essa, por meio de órgãos próprios, passaria ao controle de seus atos, já que os poderes são independentes entre si. Sobre o tema escreve Vedel: "A solução dos conflitos onde forem envolvidos o Poder Executivo e seus agentes não pode ser confiada aos tribunais, pois, em caso contrário, o Poder Judiciário subordinaria o Poder Executivo".[1]

As autoridades administrativas sustentavam, naquela fase histórica, que o Executivo, encarregado, por atribuição constitucional, de exercer a Administração Pública, como atividade-fim, teria a prerrogativa de escolher o que fosse melhor para a sociedade com vista ao bem-estar coletivo. Ora, sustentavam, se a Administração sabe o que é melhor, se ela pratica os atos necessários à efetivação dos programas decorrentes das políticas públicas, é natural que o próprio Poder Executivo cuide do controle de seus atos por meio de decisão definitiva prolatada por órgãos componentes da justiça administrativa. Seria desnecessário e até inoportuno, afirmavam, o controle desses atos pelo Judiciário.

Vedel não comunga inteiramente esse argumento. Para ele, a separação dos poderes não conduz, necessariamente, ao entendimento a que chegaram os constituintes franceses. O autor sustenta que o regime constitucional dos Estados Unidos, embora fundado na mesma separação dos poderes, admite o controle do Poder Executivo pelo Poder Judiciário. Para Vedel, o que efetivamente levou os franceses a adotar esse entendimento foi a desconfiança que tinham do Judiciário, em virtude da herança deixada pelo *ancien régime*.

A Lei nº 16/24, de outubro de 1790, e o Decreto de 16 frutidor do ano III foram instrumentos fundamentais para a concretização da preconizada exclusão da apreciação do Judiciário dos atos emanados do Executivo. O art. 13 da aludida lei prescreve:

> Art. 13. As funções judiciais são distintas e manterão sempre separadas das funções administrativas; os juízes não poderão, sob pena de prevaricação, molestar de qualquer maneira os órgãos dos corpos administrativos, nem citar perante eles os administradores em razão de suas funções.

Pelo Decreto de 16 frutidor do ano III, os tribunais comuns tornaram-se impedidos de conhecer de atos da Administração, de qualquer espécie. Esses tribunais comuns foram excluídos da apreciação dos atos jurídicos emanados do Poder Executivo relativos ao Direito Público. Todavia, não se instituiu, de pronto, no Poder Executivo, órgãos com competência para rever e controlar os seus atos. Inicialmente, uma comissão presidida pelo chefe do Poder Executivo encarregava-se de rever os atos da Administração.

Pela Constituição do ano VIII, criou-se o Conselho de Estado, com função de administrar e de elaborar os projetos de leis de iniciativa do Poder Executivo. No exercício das funções administrativas, o novo órgão recebeu a atribuição de dirimir os conflitos estabelecidos entre os administrados e a autoridade administrativa. Nessa fase, a decisão final competia ao chefe do Executivo. O Conselho, com o tempo, acabou por se firmar como órgão eficiente e indispensável na função de solucionar conflitos no âmbito da Administração Pública. Em razão disso, foi ainda no ano VIII idealizado um conjunto de órgãos com função contenciosa no âmbito do Executivo. Surgiu, então, a justiça administrativa, conhecida por "contencioso administrativo", com função jurisdicional e poder para julgar definitivamente, com força de coisa julgada. Vale dizer que as decisões dos respectivos órgãos colegiados não podiam ser submetidas ao controle dos tribunais

---

[1] VEDEL. *Droit administratif*, p. 58.

comuns. Desse modo, estava criada, na esfera do Poder Executivo, a justiça contenciosa administrativa distinta e independente da comum.

Otto Mayer, a propósito, ensina: "Nesta legislación ha organizado tribunales administrativos a los cuales concedió, con la intención de imitar a los civiles, una independencia idéntica".[2]

Em outro tópico, o mesmo autor registra: "El acto mediante el cual eses tribunales resuelven es una sentencia del mismo valor y virtud que la que pued dictarse cuando se trata de una pura decisión".[3]

Ao sistema atribuíram-se as funções de julgar os casos de conflitos que envolvessem a Administração e os administrados em geral e os servidores públicos em particular. Aos tribunais comuns reservou-se a atribuição de dirimir os conflitos resultantes das relações privadas: a) entre pessoas naturais; b) entre pessoas jurídicas; e c) entre pessoas jurídicas e pessoas naturais.

A justiça administrativa compõe-se de diversos órgãos, tendo, no topo da estrutura organizacional, o Conselho de Estado, com funções especiais, inclusive recursais, e abaixo, considerando as competências, os tribunais administrativos e outros órgãos inferiores. A estrutura dessa justiça especial na França, com a reforma de 1953, tem a seguinte composição: Conselho de Estado, tribunais administrativos, outras jurisdições administrativas, como conselhos de contenciosos, corte de contas, corte de disciplina orçamentária e comissões especiais. A atuação séria, eficiente e dinâmica dessa jurisdição administrativa, principalmente do Conselho de Estado, concorreu para a formação do Direito Administrativo na França. A coletânea dos julgados pretorianos do referido Conselho subsidiou a elaboração das primeiras obras sobre o Direito Administrativo em formação. Aos poucos, essa ideia foi se espalhando pelos demais Estados soberanos de direito, e o resultado foi, paulatinamente, o reconhecimento da autonomia do Direito Administrativo em vários países.

Alguns autores consideram que o marco definitivo do Direito Administrativo foi o denominado caso Blanco, levado a julgamento na justiça administrativa francesa em 1873. Trata-se do atropelamento de uma menina de 5 anos de idade, chamada Agnès Blanco, por um vagão da então Companhia Nacional de Manufatura de Fumo, pertencente ao Estado francês, na cidade de Bordeaux.

A ação foi proposta pelo pai da vítima perante o Tribunal Civil de Bordeaux contra operadores da composição e o Estado pleiteando indenização no valor de 40 mil francos. O Tribunal declinou da competência e suscitou conflito ao Tribunal de Conflitos. Este, com o voto condutor do Conselheiro Davi, reconheceu tratar-se de assunto relativo à responsabilidade civil extracontratual do Estado e decidiu pela competência da Justiça Administrativa para processar e julgar a ação. Registram os assentamentos do Direito Administrativo que este foi o primeiro caso de reconhecimento de responsabilidade do Estado, sem se cogitar da culpa do agente público. No exame da matéria, os conselheiros puseram à margem regras do Direito Civil francês e realçaram os princípios do Direito Público em fase de elaboração. Essa decisão é considerada marco definitivo do reconhecimento do Direito Administrativo.

---

[2] MAYER. *Derecho administrativo alemán*, p. 227.
[3] *Op. cit.*, p. 224.

Os princípios informativos e basilares do Direito Administrativo, que perpassam no tempo, desenvolveram-se no aludido Conselho de Estado. O Direito Administrativo francês é, em grande parte, não escrito. O repúdio ao Código Civil e ao Direito Privado e, ainda, a lacuna legislativa na matéria levaram os juízes administrativos a criar normas próprias de natureza pública que contribuíram decisivamente para a formação do novo ramo do Direito.[4]

2 Evolução

2.1 Direito francês

O Direito Administrativo, como visto, teve sua origem na França. E, por isso mesmo, os primeiros livros sobre a matéria são franceses. Foi também naquele país que se instalou o primeiro curso de Direito Administrativo, em 1819. Para evitar repetição desnecessária, remetemos o aluno ao item anterior, no qual se ressaltou a inestimável contribuição do Direito francês para a formação do Direito Administrativo, no Ocidente, sobretudo.

2.2 Direito italiano

O Direito italiano, na esteira do Direito francês, prestou relevante contribuição na formação e aprimoramento do Direito Administrativo. A implantação desse Direito deu-se com base científica e de acordo com a evolução e aprimoramento dos estudos pertinentes. Não houve ruptura abrupta do regime vigente, como ocorreu na França.

Na Itália, o Direito Administrativo sofreu influências positivas e negativas em virtude dos momentos políticos e sociais vividos. Até 1865, foram editadas normas dispondo sobre reestruturação da Administração Pública, alcançando as províncias e os municípios, nas áreas de segurança e obras públicas. É dessa época a criação do Conselho de Estado e do Contencioso Administrativo, semelhante ao francês. Em seguida, até a Primeira Guerra Mundial, a legislação cuidou da adaptação do sistema aos princípios do liberalismo, que teve o seu apogeu no século XIX. Esse período foi de observância e respeito aos postulados da democracia, da plenitude das liberdades individuais e de respeito humano. Surge, entretanto, no período que vai do fim da Primeira Guerra Mundial até meados da Segunda Guerra Mundial, o fascismo, movimento que nasceu na Itália e se espalhou por vários países, principalmente europeus e da América do Sul.

O período fascista foi marcado pela adoção de medidas autoritárias, defendidas pela Administração, em substituição aos princípios democráticos, ocasionando o fortalecimento do Poder Executivo e a restrição ou até supressão das liberdades individuais. No fim da Segunda Guerra, o fascismo entra em decadência. Ressurgem os postulados democráticos, reinaugurando-se o Estado de Direito, com a adoção do sistema parlamentarista de governo e do fortalecimento do Direito Administrativo sobre bases democráticas e fundamentos sociais.

---

[4] DI PIETRO. *Direito administrativo*, 3. ed. p. 25.

2.3 Direito alemão

O Direito Administrativo alemão também sofreu influências do Direito francês, mas sua formação ocorreu lentamente. Sua concepção e formação basearam-se, sobretudo, nos estudos científicos desenvolvidos pelos doutrinadores. Naquele país, não se deu, aos casos concretos, a importância experimentada na França. O Direito Civil alemão influenciou consideravelmente a formação do Direito Administrativo no país. Inicialmente a atividade da Administração Pública foi dividida para efeito de controle de seus atos. A medida tinha a finalidade de reduzir os poderes do príncipe.

2.4 Direito anglo-americano

O Direito anglo-americano resistiu, inicialmente, à ideia de Direito Administrativo. Entendiam os estudiosos da Inglaterra e dos Estados Unidos que seria privilégio indesejável da Administração ter o seu próprio Direito. Segundo afirmavam, a Administração Pública deveria submeter-se ao Direito comum, a exemplo dos particulares; os servidores públicos não deveriam gozar dos privilégios que o Direito Administrativo, normalmente, conferia à categoria. Seus direitos e deveres perante a Administração devem ser os mesmos atribuídos aos particulares, inclusive o julgamento pela Justiça comum.

Os mesmos estudiosos defendiam o fortalecimento dos poderes Legislativo e Judiciário, para melhor controle do Poder Executivo. O autor que melhor tratou dessa matéria, naquela época, foi Albert Venn Dicey, na obra intitulada *Lectures introductory to the study of law of the Constitution,* publicada em 1885. Apesar da resistência inicial, o Direito Administrativo acabou sendo adotado nos dois países, por pressão social. Mas não conseguiu ocupar o espaço correspondente ao que lhe fora destinado nos países europeus. O contencioso administrativo (justiça administrativa), por exemplo, não foi adotado. A Administração Pública e os seus servidores sujeitam-se, nos casos de conflito, à justiça comum, sistema jurisdicional uno resultante do constitucionalismo teorizado e desenvolvido naqueles países, sobretudo nos Estados Unidos.

Segundo consta, a primeira lei americana de natureza eminentemente administrativa refere-se ao procedimento licitatório para seleção de contratos de interesse das Forças Armadas. A lei tinha por finalidade diminuir o poder do governo nas compras e contratações em geral. Para isso, exigia publicidade e oportunidade para todos interessados que, em procedimento regular, oferecessem os seus produtos ao governo quando este tivesse necessidade de promover aquisições. Nessa mesma linha, outras leis de interesse exclusivo da Administração foram editadas, inclusive estabelecendo julgamentos administrativos sem a possibilidade de recurso em alguns casos.

O Direito Administrativo, nos dois países em referência, principalmente nos Estados Unidos, não teve o tratamento legislativo, doutrinário e jurisprudencial que recebeu em outros países como França, Itália, Alemanha e Espanha, por exemplo. Isso se explica principalmente pelo fato de que eles se dedicaram ao estudo e ao aprimoramento do Direito Constitucional interno e que acabou servindo de modelo para vários países, entre os quais o Brasil.

2.5 Direito Administrativo brasileiro

O Direito Administrativo brasileiro não é fruto de rompimento abrupto da situação jurídica vigente até então. O surgimento e o desenvolvimento dele decorreram de estudos comparados de Direito, desenvolvidos por juristas pátrios, primeiros doutrinadores desse Direito. Entre os autores pátrios destacam-se Vicente Pereira do Rêgo, Prudêncio Giraldes Tavares da Veiga Cabral, Visconde do Uruguai, José Rubino de Oliveira, José Antônio, Joaquim Ribas e José Higino Duarte Pereira.

À medida que a sociedade foi-se desenvolvendo e o Estado tornando-se independente, o novo Direito foi-se formando e se materializando até tornar-se ramo autônomo do Direito Público. Também aqui, o Direito Administrativo sofreu inestimável influência do Direito francês. Entretanto, não logrou o mesmo prestígio alcançado por aquele que lhe serviu de fonte. Principalmente pelo fato de que o sistema constitucional brasileiro foi inspirado e moldado no Direito Constitucional americano, que adotou o sistema único de jurisdição, não permitindo o contencioso administrativo.

No Regime Imperial, implantou-se no país, com a Constituição de 1824, a divisão das atividades do Estado, adotando-se não a tripartição dos poderes, mas quatro poderes: o Poder Legislativo, o Poder Executivo, o Poder Judiciário e o Poder Moderador. Este último, presidido pelo imperador, tinha funções semelhantes às do Conselho de Estado francês e julgava as questões de natureza jurídico-administrativas, mas aplicando o Direito Privado. O imperador detinha, então, o Poder Executivo e o Poder Moderador.

Ainda no Império, entretanto, criou-se a disciplina de Direito Administrativo na Faculdade de Direito de São Paulo, em 1856, cujo titular foi o Professor Francisco Maria de Sousa Furtado de Mendonça. O segundo curso instalou-se na Faculdade de Direito de Olinda. Com esses cursos, nasceu o interesse pelo estudo do Direito Administrativo. Diversos autores destacaram-se na elaboração doutrinária desse novo ramo do Direito.[5]

A Administração Pública brasileira passou a reger-se pelo Direito Administrativo, efetivamente, depois da Constituição de 1891, criadora do Estado republicano. Daquela época em diante, esse ramo do Direito, ainda novo, vem se desenvolvendo de acordo com a atuação do Estado na proteção do bem social e na defesa dos cidadãos.

3 Atualidade

O Direito Administrativo, ainda novo, pois existe há pouco mais de um século e meio, é contemporaneamente o ramo do Direito Público que maior atenção vem merecendo dos estudiosos da ciência jurídica em todo o mundo. Principalmente por ser ele o ordenamento jurídico que imprime dinâmica ao Estado. É o instrumento responsável pela vida da Administração Pública, movimentando o Estado, criado pelo Direito Constitucional. O Direito Administrativo é, pois, implementador do Direito Constitucional, em boa parte na condição de responsável pela organização administrativa, concretização das políticas públicas e, ao mesmo tempo, é meio de proteção dos cidadãos.

---

[5] Vide MEIRELLES. *Direito administrativo brasileiro*, 16. ed., p. 39-42; DI PIETRO. *Direito administrativo*, 4. ed., p. 37-39.

O intervencionismo estatal no Brasil atual não tem a característica de Estado autoritário. É, ao contrário, decorrência de Estado democrático de direito. Depois do liberalismo inspirado na Revolução Francesa, verificou-se que o Estado não poderia ser mero assistente do comportamento da sociedade. Seria necessária a sua intervenção sempre que se verificassem abusos contra o interesse coletivo. O indivíduo quer o que é melhor para si e, com esse objetivo, disputa com os outros indivíduos os espaços físicos, econômicos e financeiros. Para vencer, normalmente, não importa o que acontecerá com o próximo.

O liberalismo econômico que pugnava por um Estado mínimo e leve, na linguagem contemporânea, acabou, por via indireta, concorrendo para maior atuação do Estado na defesa do interesse geral. Em seguida à implantação do Estado de Direito, as funções básicas do Estado consistiam na defesa nacional, na política externa, na manutenção da ordem e segurança pública, na prestação jurisdicional e na implantação de infraestrutura básica indispensável ao desenvolvimento econômico.

Entretanto, as revoluções industriais e tecnológicas, que se seguiram nos séculos XIX e XX, foram responsáveis pela criação de novas necessidades. Todavia, a prestação de certos benefícios ou serviços para atender a essas necessidades não interessava aos particulares, por não representarem atividades lucrativas. A demanda surgiu, a sociedade cobrou e o Estado passou a assumir a prestação de tais serviços. A propósito, escreve Rivero:

> As revoluções técnicas e científicas que se sucedem em ritmo acelerado criam novos meios, cuja realização não pode, em certos casos, ser assegurada pela iniciativa privada, quer porque não se presta ao jogo da concorrência (estradas de ferro, telégrafo, telefonia), quer porque não é rentável (desenvolvimento da higiene pública). O interesse geral, porém, exige que as possibilidades assim oferecidas à coletividade não sejam negligenciadas: a ação do Estado alarga-se por isso mesmo.[6]

O capital no regime liberal, sem o controle do Estado, trouxe consequências negativas à comunidade em geral. A principal delas foi a exploração do trabalho que resultou na concentração de riquezas nas mãos dos empregadores. Aos trabalhadores faltavam escolas, assistência médica e odontológica, segurança social, lazer, além de outros.

Esse desequilíbrio entre o capital e o trabalho concorreu para o surgimento do movimento comunista, que teve como maiores expoentes os pensadores Karl Marx e Engels. Esse movimento visava à justiça social. Para isso, defendia a extinção da propriedade privada, a tomada do poder pelo proletariado e o Estado proprietário da riqueza e dos meios de produção. O fim colimado pelo comunismo defendido por Marx era a extinção das classes sociais e do Estado.

Os capitalistas, preocupados com o movimento socialista que se expandia por todo o mundo e desejosos de permanecerem no poder e no domínio da política, trataram de fazer concessões por meio da intervenção do Estado na propriedade privada e no domínio econômico. Desse modo, os benefícios concedidos pelo Estado à sociedade não são frutos da liberalidade do capital nem dos dirigentes estatais, mas conquistas

---

[6] RIVERO. *Direito administrativo*, p. 31.

do referido movimento. Com essa política, o Estado tornou-se intervencionista. Quanto mais intervenção de caráter permanente fizer o Estado, maior será seu campo de ação e, consequentemente, da Administração Pública. Esta, como já se afirmou, atua por meio do Direito Administrativo. Logo, quanto maior for a prestação de serviços públicos e a execução das políticas públicas pelo Estado, maior será a intervenção na atividade econômica e maior será o campo de abrangência do Direito Administrativo.

A expansão do Direito Administrativo implica, indiretamente, a restrição do Direito Civil. Muitos direitos garantidos nos termos do Código Civil brasileiro não são hoje de livre exercício como o foram em outros tempos. O fazendeiro, proprietário da terra e de todos os bens existentes na fazenda, para proceder ao desmatamento, por exemplo, depende de autorização prévia e expressa da Administração Pública. Dependendo da região onde for localizado o imóvel, a cobertura florestal é imune ao corte, por conseguinte, as árvores não podem ser derrubadas nem mesmo com autorização da autoridade administrativa. Tais restrições decorrem de imposição do Direito Ambiental, em formação e executadas por meio do Direito Administrativo. As medidas restritivas desse Direito têm por finalidade oferecer suporte ao Estado para que ele possa desempenhar seu papel de prestar o bem-estar social, que é o seu fim último, na perspectiva do desenvolvimento sustentável. No exercício desse encargo, o Estado normatiza e intervém, sempre que necessário, na defesa do meio ambiente, da saúde pública, da flora, da fauna e de outros interesses coletivos ou difusos. Essas intervenções, no paradigma do Estado democrático de direito, devem contar com a participação da sociedade na concepção, formulação e execução das políticas públicas, por meio de mecanismos próprios e adequados previstos no ordenamento jurídico.

Essas políticas intervencionistas levam, normalmente, à limitação do exercício do direito de propriedade e, às vezes, até à supressão dele. É o que se dá, por exemplo, com a limitação e com a desapropriação por utilidade ou interesse social. São, pois, medidas que se opõem ao Direito Civil, enquanto conjunto de normas jurídicas asseguradoras de direitos patrimoniais de natureza individualista.

O Direito Administrativo brasileiro encontra-se no mesmo nível do Direito Administrativo dos países do Primeiro Mundo, no que tange à normatização, à teorização, à doutrina e ao campo de realização. Os administrativistas brasileiros vêm desenvolvendo pesquisas com seriedade e desprendimento na busca do Direito Administrativo adequado e compatível com as necessidades da Administração Pública e os interesses coletivos. Daí a instrumentalização jurídica adotada pela Administração Pública, com vista ao controle da caça e pesca e da qualidade dos gêneros alimentícios, do meio ambiente, além de outras modalidades de intervenção na prossecução de sua atividade de promotora do bem comum.

Importantes áreas do Direito Administrativo vêm se desenvolvendo em busca de identidade e autonomia próprias. Destacam-se o meio ambiente (Direito Ambiental), o urbanismo (Direito Urbanístico) e a atividade econômica restringida ou regulada pelo Direito Público (Direito Econômico). Estes dois últimos já foram agasalhados pela Constituição Federal de 1988, art. 24. Nos termos do citado artigo, foi conferida à União, aos estados e ao Distrito Federal competência para legislar concorrentemente sobre Direito Tributário, Direito Financeiro, Direito Penitenciário, Direito Econômico e Direito Urbanístico.

Ressalte-se que o Direito Administrativo pátrio passou por profundas transformações nas duas últimas décadas, principalmente na de 1990, o que se verá em outros capítulos.

4 Conceito

O Direito Administrativo, ramo do Direito Público considerado, inicialmente, Direito da Administração, é Direito voltado para o interesse público e defesa dos cidadãos. Sob esse ângulo, o Direito Administrativo pode ser considerado oposto ao Direito Privado. As suas regras e princípios têm por finalidade adaptar o Direito à necessidade da Administração enquanto órgão promotor do bem-estar social. Os direitos e deveres, previstos no Direito Administrativo, aplicam-se ao Estado e aos administrados nas relações recíprocas, enquanto que, no Direito Civil, por exemplo, os direitos e os deveres são entre pessoas naturais ou pessoas jurídicas privadas, umas em relação às outras.

Na tentativa de formular o melhor conceito para o Direito Administrativo, os estudiosos desenvolveram várias teorias até chegarem a um entendimento de que, com pequenas variações de termos, é o reconhecido mundialmente. Para ilustrar, transcrevem-se alguns autores consultados:

a) Jean Rivero: "O direito administrativo é o conjunto das regras jurídicas distintas das do direito privado que regem a atividade administrativa das pessoas públicas".[7]

b) Carlos García Oviedo: "Ramo do Direito Público que regula a atividade do Estado e dos organismos públicos para o cumprimento dos fins administrativos".[8]

c) Hely Lopes Meirelles: "Conjunto harmônico de princípios que regem os órgãos, os agentes e as atividades públicas tendentes a realizar concreta, direta e imediatamente os fins desejados pelo Estado".[9]

d) Maria Sylvia Zanella Di Pietro: "O ramo do direito público que tem por objeto os órgãos, agentes e pessoas jurídicas administrativas que integram a Administração Pública, a atividade jurídica não contenciosa que exerce e os bens de que se utiliza para a consecução de seus fins, de natureza pública".[10]

Concluindo, pode-se dizer que o Direito Administrativo é o conjunto de normas jurídicas pertencentes ao Direito Público, tendo por finalidade disciplinar e harmonizar as relações das entidades e órgãos públicos entre si, e desses com os agentes públicos e com os cidadãos, com os prestadores de serviços públicos e fornecedores ao Estado, realizando atividades estatais relativas à prestação do bem social, excluídas as atividades legislativa e judiciária.

---

[7] RIVERO. *Op. cit.*, p. 25.
[8] OVIEDO. *Derecho administrativo*, 3. ed., p. 17.
[9] MEIRELLES. *Op. cit.*, p. 24.
[10] DI PIETRO. *Op. cit.*, p. 46.

5 Codificação

5.1 Considerações gerais

Em regra, os ramos autônomos do Direito são codificados ou consolidados. Citam-se, entre nós, os seguintes ramos codificados: Direito Civil, Direito Empresarial, Direito Penal, Direito Eleitoral, Direito Processual Penal e Direito Processual Civil. Cita-se, como exemplo de consolidado, o Direito do Trabalho.

O Direito Constitucional, embora não seja codificado, no sentido próprio do termo – e isso se explica pelo fato de ser ele o Direito matriz ou fonte primeira dos demais ramos do Direito –, pode, no Brasil, ser considerado codificado, uma vez que está contido num único texto jurídico, a Constituição da República: o verdadeiro código constitucional emanador das principais normas, princípios e regras, do sistema jurídico brasileiro.

O Direito Administrativo brasileiro, embora tenha alcançado autonomia na primeira metade do século XX, é apenas parcialmente codificado. Os autores que se debruçam sobre os estudos relativos à codificação desse Direito acabaram formando três correntes; uma defendendo a não codificação, outra sustentando a tese da codificação total e a última propondo a codificação parcial.

Benjamim Villegas Basavilbaso afirma que a doutrina dos autores que tratam da codificação do Direito Administrativo longe está de ser uniforme. Acrescenta que, por influência da codificação do Direito Civil prevalente no século XIX, publicistas passaram a defender a unificação das leis administrativas em um só texto. É de se advertir, diz ainda Basavilbaso, que a maioria desses autores estudava a questão em relação a sistemas políticos centralizados e se esquecia de considerar a matéria nos casos de sistemas políticos de regime federativo.[11]

5.2 Correntes

• A primeira corrente que se formou em torno do tema defende a tese da não codificação do Direito Administrativo, à alegação de que ele é incodificável, em virtude, principalmente, da sua natureza dinâmica. Além disso, há conveniência em que o administrador tenha a faculdade de aplicar a norma mais adequada, de acordo com o fato que se lhe apresenta para decisão. Sobre o tema escreveu Oviedo:

> Já dizia Di Bernardo que era impossível segregar o Direito Administrativo das correntes sociais em que se move, para fixá-lo em um código, e Mantellini expressava que prover é governar, e que para prover é necessário conhecer o fato em seus detalhes e em seu conjunto, apreciações que fiquem a cargo da discrição e da prudência não codificáveis do que se administra. A polícia e a administração não se codificam, isto é, que nem pela matéria sobre a qual recai (objeto), nem pela índole de sua ação, se presta o Direito Administrativo na questão codificadora.[12]

Basavilbaso sintetiza três argumentos apresentados pelos doutrinadores que negam a codificação:

---

[11] BASAVILBASO. *Derecho administrativo*, p. 396.
[12] OVIEDO. *Op. cit.*, p. 55.

a) la movilidad de la norma jurídicoadministrativa, que por su misma naturaleza está sujeta a continuadas modificaciones, particularmente las que atañen a la actividad social de la Administración; b) la multiplicidad de las normas jurídicoadministrativas, por cuanto es un hecho indiscutible la vastedad de la materia regulada; c) la falta de orden que acusa la legislación administrativa, que hace imposible su clasificación y ordenamiento.[13]

O mesmo autor arrola os seguintes defensores dessa corrente: Mallein, Berthélemy, Di Gioannis, Orlando, Merkl, Garcia Oviedo, Cuesta, Mellado, Oda e Sarria.

Outro argumento sustentado por representante da mesma corrente é o de que, além dos motivos referidos acima, no Estado Federal é impossível a codificação em razão da existência das várias esferas políticas, todas com a atribuição de editar o Direito Administrativo. No Brasil, essas esferas ou pessoas políticas são a União, os estados-membros, o Distrito Federal e os municípios. Todos esses entes federativos são dotados de competência para editar o Direito Administrativo. Em sintonia com a Constituição da República.

• A segunda corrente defende e pugna pela codificação total do Direito Administrativo, a exemplo do que ocorre com os demais ramos do Direito. Para os integrantes desse grupo de doutrinadores, são refutáveis os argumentos contrários à codificação. Afirmam que a quantidade de leis administrativas não inviabilizaria a codificação. Salientam que, na França, a multiplicidade de disposições civis existentes em princípio do século XIX não estorvou a elaboração do Código Civil de Napoleão.

Sustentam que a codificação, além de facilitar a aplicação do Direito, concorre para a sua aplicação correta e uniforme, nos casos concretos, e ainda inibe a edição de leis casuísticas ao talante do administrador público. No Brasil, Hely Lopes Meirelles e Diogenes Gasparini, entre outros, filiam-se a essa corrente. É do primeiro o texto seguinte:

> Filiamo-nos a esta última corrente, por entendermos que a reunião dos textos administrativos num só corpo de lei não só é perfeitamente exequível, a exemplo do que ocorre com os demais ramos do Direito, já codificados, como propiciará à Administração e aos administrados maior segurança e facilidade na observação e aplicação das normas administrativas.
>
> As leis esparsas tornam-se de difícil conhecimento e obtenção pelos interessados, sobre não permitirem uma visão panorâmica do Direito a que pertencem.[14]

Entre os autores estrangeiros, destacam-se Solon, Cotelle, Manna, Telessio, D'Alessio, Broccolli e Royo Villanueva.

• A terceira e última corrente defende a codificação parcial, isso é, parte das normas/regras deve ser codificada e outra, não. Para os defensores dessa linha de entendimento, aquelas matérias já bem elaboradas nos planos científico e administrativo, cujos conceitos estão convenientemente definidos e que não estão sujeitas a modificações permanentes, podem ser codificadas. Basavilbaso, embora reconhecendo algumas inconveniências da codificação parcial, sustenta que a codificação total é impossível, principalmente considerando o fato de que o Direito Administrativo ainda está em formação. A solução para ele, seguindo Bielsa, é a unificação das leis administrativas nacionais, emanadas do

---

[13] BASAVILBASO. *Op. cit.*, p. 397.
[14] MEIRELLES. *Op. cit.*, p. 31.

Congresso, por área ou serviço, deixadas fora desses textos as leis especiais emanadas pelo próprio Congresso e pelos demais órgãos regionais e locais. Finaliza o autor, ainda com Bielsa, propondo a sistematização e unificação das leis em quatro grupos: normas de organização administrativa (hierarquia e competência); normas estatutárias da função pública; normas reguladoras do poder de polícia; e normas de organização da jurisdição contenciosa administrativa.[15] No Brasil, são exemplos dessas matérias: proteção da fauna e da flora mediante controle da pesca, da caça e do uso das florestas; o controle do espaço aéreo e o procedimento licitatório. Essas matérias e outras estão codificadas em documentos distintos. As demais, em fase de elaboração e aquelas imprevisíveis que, com frequência, desafiam o aplicador do Direito Administrativo, não devem ser codificadas, sustentam. Defendem essa posição, entre outros, Forti, Zanobini, La Torre, Lentini, Gascón, e Marin, Santamaria de Paredes, Matos de Vasconcellos, Brandão Cavalcanti, Bilirich e Bielsa, segundo Basavilbaso.[16]

O Brasil adota essa corrente, tendo já editado o Código de Contabilidade Pública, o Código Brasileiro de Aeronáutica, o Código de Águas, o Código Florestal, o Código de Caça e Pesca, o Código de Mineração, o Estatuto das Licitações e Contratos, o Código Tributário Nacional, o Estatuto dos Servidores Públicos Civis Federais, o Código Brasileiro de Trânsito, entre outros. As demais matérias do Direito Administrativo são regidas por leis esparsas. O Código Florestal e o Código da Caça e Pesca contêm regras de Direito Administrativo e de Direito Ambiental. O Código Tributário Nacional contém normas de Direito Tributário e de Direito Administrativo. A concretização dos Direitos Ambiental e Tributário opera-se por meio de atos administrativos.

Embora reconhecendo a importância e o alcance da codificação total do Direito Administrativo, é de se entender que, no Brasil, ela é difícil se não impossível, a não ser parcialmente, como defende a terceira corrente. O motivo principal é o fato de o Brasil ser Estado federado. Por isso, compete à União, aos estados-membros, ao Distrito Federal e aos municípios legislarem sobre Direito Administrativo e os outros citados acima. Os demais, sabidamente, são de competência privativa da União – Congresso Nacional nos termos do art. 22 da Constituição da República. Poder-se-ia pensar em atribuir à União competência exclusiva para legislar em matéria pertinente ao Direito Administrativo. Mas seria isso possível? Do ponto de vista da Administração e do interesse dos cidadãos, parece que não. Certamente, várias regras do feixe de normas contidas em Código de Direito Administrativo Nacional não atenderiam às peculiaridades de muitos estados e municípios, principalmente estes últimos.

A codificação total do Direito Administrativo, como defendida por renomados juristas, é inegavelmente de suma importância no que concerne à segurança dos cidadãos, à proteção do bem público e à facilidade na aplicação do Direito. É sabido que a inexistência de código pode levar a abusos e até à corrupção. A Administração pode promover a edição de leis com objetivos escusos, com o fito de beneficiar pessoas correligionárias ou grupos econômicos patrocinadores de campanhas eleitorais sob condições.

A despeito de reconhecer os aspectos negativos decorrentes da inexistência de um código que abranja toda legislação administrativa, no Brasil, a codificação parcial, com

---

[15] BASAVILBASO. *Op. cit.*, p. 418.
[16] BASAVILBASO. *Op. cit.*, p. 398.

os inconvenientes apontados, ainda é a solução mais adequada. A extensão territorial brasileira, as suas diversidades regionais e a sua organização federativa recomendam a descentralização da competência de editar o Direito Administrativo e a sua atualização permanente, de modo a permitir-lhe acompanhar a evolução dos fatos sociais que, de maneira direta ou indireta, se relacionam com a atividade administrativa do Estado.

6 Fontes

Fonte, na concepção mais antiga, e ainda em vigor, é o lugar de onde brota a água. É o nascedouro do curso de água. Fonte de Direito tem o mesmo sentido; é a origem do Direito. É a base fundamental do Direito. Várias são as fontes do Direito em geral. O Direito Administrativo, de acordo com a doutrina dominante, recorre às seguintes fontes: a lei, a jurisprudência, a doutrina e os costumes.

6.1 Lei

Nos Estados que adotam o Direito positivado, a lei constitui fonte primordial do Direito, em geral, principalmente, o Administrativo. Aqui, a lei é tomada no sentido amplo e genérico, compreendendo todo o conjunto de normas; princípios e regras escritas, desde a Constituição, passando pelas leis complementares, as leis ordinárias, aos mais simples regulamentos, no que for pertinente à Administração Pública.

A Constituição, lei suprema e fundamental do sistema jurídico, tem por objetivo precípuo criar, organizar e reorganizar o Estado; criar os órgãos básicos para a atuação do Estado e atribuir-lhes competências, dispor sobre as garantias individuais e coletivas, além de outras prerrogativas. Essas atribuições são o objeto do Direito Constitucional, que tem, na Constituição, a sua codificação básica.

A Constituição da República de 1988 reserva diversos artigos à Administração Pública. Normas do art. 7º, destinadas aos trabalhadores em geral, são garantidas também aos servidores públicos da União, dos estados-membros, do Distrito Federal, dos municípios, das autarquias e das fundações públicas, por força do §3º do art. 39, da Constituição de 1988. São direitos de servidores públicos, normalmente disciplinados no estatuto próprio da categoria. O art. 22, que trata da competência privativa da União para legislar sobre várias matérias, arrola algumas que são eminentemente de Direito Administrativo, entre elas desapropriação, registros públicos e licitações. O art. 24 trata das competências concorrentes da União e dos estados para legislarem sobre diversas matérias, muitas pertinentes à Administração Pública, normas administrativas, por conseguinte. O art. 30 atribui competência aos Municípios para legislar sobre matéria de interesse local, para organizar e prestar, diretamente, ou mediante concessão ou permissão, os serviços públicos de interesse local, inclusive o de transportes coletivos (inc. V), cuidar da proteção dos bens locais de manifestação cultural, de acordo com a legislação pertinente e a fiscalização federal e estadual (inc. IX). Os arts. 37 a 41 tratam exclusivamente da Administração Pública. Os preceitos contidos nesses artigos são, na maioria, autoaplicáveis, dispensando, em parte, leis implementadoras. O art. 175 prescreve que os serviços públicos podem ser prestados diretamente pela Administração Pública ou por terceiros, por meio de concessão, permissão ou autorização, nos termos da lei.

Além dos dispositivos constitucionais sobre a Administração Pública em geral e a Administração Pública em especial, é expressivo o número de leis complementares e leis ordinárias disciplinadoras do Direito Administrativo. Essas normas são de observância obrigatória pela Administração Pública e pelos os cidadãos que com ela mantenham qualquer vínculo.

A lei é fundamental na conduta do agente público. Enquanto o particular, nas suas atividades normais em qualquer setor da atuação humana, pode fazer tudo aquilo que a lei não proíbe, o agente público deve praticar os atos previstos em lei de caráter obrigatório ou facultativo. A lei é, portanto, fonte fundamental, pelo fato de o Direito Administrativo ser, por excelência, escrito, embora, seja permitido pelo ordenamento jurídico recorrer-se ao auxílio de outras fontes acatadas pelos demais ramos do Direito, principalmente os princípios jurídicos.

6.2 Jurisprudência

A jurisprudência é outra fonte do Direito usada com muita frequência no Direito Administrativo. Tanto a judiciária quanto a administrativa. A jurisprudência, como é sabido, forma-se em decorrência de reiterados julgados, no mesmo sentido, sobre fatos idênticos ou semelhantes. Os tribunais, nesses casos, editam as súmulas, com exceção do Tribunal Superior do Trabalho, que adota os enunciados no lugar daquelas.

As decisões sumuladas comuns, a despeito de serem fontes de Direito, não são de observância obrigatória. Quer dizer, os magistrados dos tribunais e os monocráticos não estão obrigados a se orientarem pelas súmulas. Estas podem ser mudadas no curso do tempo, de acordo com a evolução dos fatos sociais. As leis, dado ao formalismo do seu processo de elaboração e ainda por dependerem da vontade política, nem sempre acompanham a evolução social. Na ausência de lei ou na presença de lei que não se adéque perfeitamente ao caso concreto, o juiz edita a sentença que julgar mais conveniente para solucionar a situação fática, observando os princípios gerais de direito, a analogia e a equidade (Lei de Introdução às normas do Direito brasileiro, art. 4º; Código Tributário Nacional, art. 108; e Código de Processo Civil, art. 126).

Há países, entre os quais os Estados Unidos, em que as decisões sumuladas dos tribunais superiores vinculam os juízes inferiores. Parece que essa orientação contraria os princípios informadores da jurisprudência. O poder de valorar, atribuído ao juiz, acaba por sofrer indesejáveis restrições, em prejuízo do Direito e da justiça. Várias foram as vezes em que o Supremo Tribunal Federal brasileiro mudou sua orientação jurisprudencial, em virtude de decisão em contrário proferida por juiz singular de primeiro grau.

Entretanto, a Emenda Constitucional nº 45, de 8.12.2004, que trata da Reforma do Judiciário, introduziu, nos termos do art. 2º, o art. 103-A na Constituição da República dispondo sobre a súmula vinculante.

O novo art. 103-A da CR faculta ao Supremo Tribunal Federal editar súmula vinculante de ofício ou mediante provocação. Para a adoção da medida exige-se decisão de pelo menos dois terços de seus membros após reiteradas decisões sobre matéria constitucional. A súmula vincula os demais órgãos do Poder Judiciário e da Administração direta e indireta. A regulamentação da súmula vinculante veio com a Lei nº 11.417, de 19.12.2006.

A adoção da medida contribuirá decisivamente para desafogar a máquina judiciária, vez que facilita e simplifica o julgamento de infinidade de causas idênticas ou semelhantes. A vinculação, sem prejuízo da qualidade da realização do Direito com justiça, poderá ser salutar nesses casos. Entretanto, o Supremo Tribunal Federal, principalmente em matéria de direitos fundamentais, vem editando súmulas vinculantes em virtude de omissão legislativa.

O art. 3º da citada lei designa os legitimados para propor a edição, a revisão ou o cancelamento de enunciado de súmula vinculante.

A Comissão de Jurisprudência do STF elaborou inicialmente sete propostas de enunciados, a serem debatidas pelos ministros. Os assuntos versados são: FGTS e desconsideração do acordo firmado pelo trabalhador; competência da União para legislar sobre loterias e bingos; competência da Justiça do Trabalho para julgar ação de indenização por danos morais e materiais em acidente do trabalho; observância ao contraditório e à ampla defesa em processos no TCU; progressão de regime em crime hediondo; Cofins – base de cálculo e conceito de receita bruta; e Cofins – majoração da alíquota. Até janeiro de 2022 foram editadas 58 súmulas vinculantes.

6.3 Doutrina

A doutrina resulta de trabalho de pesquisas e elaboração de estudos do Direito, realizados por juristas, sobretudo. Por isso, ela costuma estar na vanguarda da legislação, principalmente nos casos de positivação de novo direito. É comum a lei incorporar, em seu texto, normas extraídas da doutrina inovadora. A Constituição da República de 1988 é exemplo disso. Vários de seus dispositivos constantes do Capítulo VII, que cuida da Administração Pública, são extratos de alentados estudos doutrinários elaborados por autores brasileiros.

Ressalte-se que a doutrina é universal. Vale dizer que, na investigação para a formação do Direito, se recorre tanto aos autores nacionais quanto aos estrangeiros. O mesmo não acontece com a jurisprudência. Essa é de natureza nacional. Aos intérpretes brasileiros, por exemplo, não interessam as decisões proferidas reiteradamente por tribunais de outros países.

Existem autores pátrios que não comungam no entendimento da maioria, quanto à participação da doutrina como fonte do Direito Administrativo. Esses autores ensinam que a doutrina não pode ser fonte desse ramo do Direito, em virtude do princípio da legalidade.[17] Parece-nos que esse não é o melhor entendimento, pois o princípio da legalidade não será ferido se, no caso concreto, não existir norma escrita que se amolde à espécie. Tanto que os administrativistas pátrios são frequentemente citados pelos tribunais brasileiros. Entre eles, citam-se Hely Lopes Meirelles, Celso Antônio Bandeira de Mello, Maria Sylvia Zanella Di Pietro, Marçal Justen Filho e Caio Tácito.

Esse prestígio da doutrina vem se esmaecendo, com a judicialização. O Supremo Tribunal Federal, nos últimos tempos, vem fundamentando as suas decisões nos seus acórdãos pretéritos. O Superior Tribunal de Justiça, igualmente, recorre aos seus próprios

---

[17] GASPARINI. *Direito administrativo*, 4. ed., *passim*.

julgados, ou, na falta destes, no caso concreto, recorre, normalmente, às decisões do STF. A doutrina raramente é consultada pelos citados tribunais.

6.4 Costumes

Os costumes, como visto no Capítulo 1, são fontes de Direito supletivamente ao Direito Positivo. No sistema jurídico brasileiro, essa fonte é admitida, mas de maneira restritiva. Na ausência de norma escrita é que se admitem os costumes. No caso de divergência entre as normas costumeiras e a norma positivada, prevalece a última.

Embora a maioria dos autores ressalte a importância dos costumes como fonte do Direito Administrativo, na prática não se tem verificado casos em que eles tenham sido considerados. Os julgados relativos às matérias pertinentes ao Direito Administrativo são fundados, normalmente, na lei, na jurisprudência e na doutrina.

7 Relação com outros ramos do Direito

O Direito Administrativo relaciona-se com todos os ramos do Direito interno, inclusive os ramos privados, como se verá a seguir.

7.1 Com o Direito Constitucional

Com o Direito Constitucional, a relação do Direito Administrativo é muito estreita. O Direito Constitucional cria o Estado e a sua estrutura básica, além de repartir competências e estabelecer sistema e forma de governo; dispõe sobre os direitos individuais e coletivos e trata de outros direitos e deveres, principalmente no âmbito da Administração Pública. O Direito Administrativo implementa o Direito Constitucional. A organização e o funcionamento da Presidência da República, do Supremo Tribunal Federal, da Câmara dos Deputados e do Senado Federal, por exemplo, são concebidos e concretizados segundo regras estabelecidas pelo Direito Administrativo. Esses importantes órgãos não cumpririam suas missões constitucionais se não contassem com esse ramo do Direito, que lhes oferece meios e condições para desenvolverem as atividades precípuas que lhes foram confiadas pelo Direito Constitucional. Com esse entrosamento, os dois ramos do Direito em foco se completam e cuidam, indistintamente, do Estado. Cada qual no seu papel próprio.

7.2 Com o Direito Tributário

O Direito Tributário é especialização do Direito Administrativo. Por isso, ambos se relacionam. É por intermédio do último que o primeiro se realiza. A fixação de alíquotas, o lançamento de tributos, o procedimento de arrecadação, a imposição de sanções, além de outros, são regulados e disciplinados pelo Direito Administrativo. A atividade arrecadadora do Estado não funcionaria sem o suporte desse Direito Administrativo.

7.3 Com o Direito Eleitoral

O Direito Eleitoral é ramo novo e a sua codificação é recente. Data de 1965 nos termos da Lei Federal nº 4.737, de 15.7.1965. Essa lei é o Código Eleitoral. Ele trata basicamente da organização da Justiça Eleitoral, do alistamento eleitoral, das eleições, das garantias eleitorais, da propaganda partidária, dos recursos e das penas. O funcionamento de toda organização prevista no Direito Eleitoral depende de normas regulamentares e implementadoras do Direito Administrativo. As leis que regulam as eleições gerais são políticas. Os atos de convocação de pessoas, para funcionarem na condição de mesários e de escrutinadores, são administrativos. A escolha de locais para funcionamento das mesas receptoras é administrativa. As relações com os servidores envolvidos no processo eleitoral são regidas pelo Direito Administrativo, inclusive com as pessoas não servidoras públicas, durante o tempo em que estiverem a serviço da Justiça Eleitoral.

7.4 Com o Direito do Trabalho

O Direito do Trabalho é especializado exclusivamente na relação de trabalho na iniciativa privada. O Direito Administrativo, além de outras funções, disciplina também a relação estatutária de trabalho de natureza estatutária. Há, nisso, ponto em comum entre os dois ramos em foco. Além disso, a Constituição Federal de 1988 trouxe para os servidores públicos estatutários vários direitos conquistados pelos trabalhadores celetistas (arts. 7º e 39 da referida Constituição). Por tais razões e pelo fato de o Direito do Trabalho ser mais especializado que o Direito Administrativo, dele vale-se o agente público nas decisões relativas a servidores, quando a lei estatutária não oferecer solução para o caso concreto.

7.5 Com o Direito Penal

A relação do Direito Administrativo com o Direito Penal é patente. Ambos aplicam sanções em virtude de ilícito. O primeiro visa a ilícitos administrativos e prevê sanções administrativas a serem impostas via administrativa. O segundo cogita dos ilícitos penais e prevê penas previstas no Código Penal e nas leis penais extravagantes a serem aplicadas pelo Judiciário. Ainda o Código Penal reserva os arts. 312 a 327 aos crimes contra a Administração Pública, praticados por servidores públicos e por particulares em coautoria com aqueles. Nos dois direitos, a aplicação das sanções neles previstas condiciona-se ao devido processo legal, com a observância do princípio da ampla defesa e do contraditório (art. 5º, inc. LV, da Constituição da República).

7.6 Com o Direito Civil

O Direito Civil, dada a sua tradição, tempo de existência e aperfeiçoamento em que chegou, embora, sofrendo restrição impostas pelo Direito Público, oferece, ainda hoje, subsídios aos ramos mais novos. O art. 41 do Código Civil brasileiro de 2002 define as pessoas de Direito Público. São elas: a União, os estados, o Distrito Federal, os territórios, os municípios, as autarquias e outras pessoas de natureza pública criadas por lei. Todas são pessoas jurídicas de Direito Público interno. O mesmo Código cuida também, da definição de bens públicos (art. 99). O Capítulo V trata do direito de vizinhança e o Capítulo VI disciplina o condomínio edilício. Finalmente, o art. 519 garante à pessoa que teve bem desapropriado o direito de preferência para compra, pelo preço atual do bem, posto à venda quando este não tiver a destinação constante do ato declaratório. Como se vê, são matérias do Direito Administrativo. O conteúdo desse artigo conflita com o do Decreto-Lei nº 3.365 de 21.6.1941, e com a Lei nº 8.629, de 25.2.1993.

7.7 Com o Direito Empresarial

Com o Direito Empresarial, até 2002 denominado Direito Comercial, o Direito Administrativo se relaciona, principalmente pelo fato de que o Estado transaciona com o particular adquirindo e alienando, segundo as regras do Direito Empresarial, com as restrições impostas pelo Direito Administrativo. Alguns autores entendem que, no campo comercial, a Administração Pública mantém com o particular uma relação horizontal, em condições de igualdade. Por exemplo, nos casos de compra e de locação de bens. Celso Antônio Bandeira de Mello é um dos expoentes dessa linha de entendimento. O autor sustenta que os ajustes jurídicos firmados com os particulares tendo por objeto a compra ou a locação de imóvel pela Administração são "contratos de Direito Privado da Administração".[18] A corrente que defende esse posicionamento da Administração não está inteiramente correta, visto que aos fornecedores são impostas condições e restrições por meio do procedimento licitatório, não previstas nas relações comerciais entre particulares.

7.8 Com o Direito Processual Civil e Penal

Os procedimentos administrativos com vista a sancionar quem tenha praticado ilícito administrativo aproximam-se das regras e normas dos processos penais. A Administração atua, normalmente, por meio de sindicâncias e processos semelhantes aos inquéritos policiais e aos processos penais. Nas demais espécies de processos administrativos, apesar de regidos por leis próprias, os princípios fundamentais decorrem da teoria geral do processo. Por isso mesmo, o Código de Processo Civil e o Código de Processo Penal são utilizados subsidiariamente. A Justiça comum, por seu turno, recorre, em certos casos, às regras ou procedimentos administrativos.[19]

---

[18] BANDEIRA DE MELLO, Celso Antônio. *Curso de direito administrativo*, 15. ed., p. 564.
[19] GASPARINI. *Op. cit.*, p. 25.

CAPÍTULO 3

ADMINISTRAÇÃO PÚBLICA

Sumário: **1** Noção e conceito de Estado – **2** Noções e conceito de Administração Pública – **3** Distinção entre Administração Pública e Direito Administrativo – **4** Princípios da Administração Pública – **5** Administração direta – **6** Administração indireta

1 Noção e conceito de Estado

O Estado, sob o ângulo jurídico, é pessoa jurídica de Direito Público interno, dotado do poder de criar o direito, do dever de zelar pela aplicação da ordem jurídica e de promover o bem-estar social e de proteger os cidadãos.

1.1 Antecedentes

No estado da natureza, o homem era livre; não se sujeitava a comandos legais nem a ordens. Exercia, cada qual, poderes sobre suas propriedades e pertences pessoais. À medida que os grupos sociais se organizavam, ainda que rudimentarmente, a propriedade, sobretudo a imobiliária, passava a despertar mais interesse, tornando-se, em consequência, mais cobiçada. O crescimento e o aumento dos grupos concorriam para o agravamento da pressão sobre a propriedade e sobre outros valores econômicos e políticos, pondo em risco a segurança e a estabilidade de cada membro da sociedade.

A lei da natureza era desprovida de coercibilidade e não cominava sanção. Com isso, os mais ambiciosos, individualmente ou em grupo, não sofriam controle sobre a ânsia de conquista, exceto o do próprio lesionado ou ameaçado, por intermédio de sua força física. A regra prevalecente era a de que cada indivíduo poderia usar a sua própria força contra qualquer outro, em defesa de sua família e de sua propriedade.

A ameaça contínua de conflitos internos e a fragilidade dos meios de proteção levaram as comunidades à insegurança. Essa situação de fraqueza e impotência para defender seus direitos levou os homens no estado da natureza a idealizarem e a criarem um ente superior aos grupos, visando à segurança e ao resguardo das pessoas e respectivas propriedades. A esse ente, Estado, transferiu-se parte do poder de cada membro, para que ele se organizasse de modo a proteger a todos e garantir-lhes a propriedade. Seria, então, pessoa jurídica encarregada da defesa e da administração dos interesses gerais e comuns do povo. Para isso, o Estado podia editar leis que julgasse necessárias e indispensáveis ao desenvolvimento de suas funções. Essas leis deviam sujeitar-se ao princípio fundamental, contido no estado de natureza.

Para governar o Estado foram escolhidas pessoas das comunidades sociais. Esses dirigentes, com o tempo, foram-se afastando dos princípios que presidiram a criação do Estado, levando-o à condição de autoritário, despótico e opressor, em vez de perseguir o fim precípuo idealizado.

A tirania dos governantes, em quase todo o mundo, chegou ao cume por volta dos séculos XVI e XVII. A situação de instabilidade, insegurança e espoliação a que se submeteram as pessoas inspirou o movimento cultural que floresceu no século XVII e frutificou com a Revolução Francesa de 1789, já referida nos capítulos anteriores. Os Estados do continente europeu, principalmente a França, participaram decisivamente do aludido movimento cultural. Os Estados Unidos também marcaram presença significativa nesse movimento. Referido movimento teve por finalidade substituir o então Estado absolutista pelo Estado de Direito.

1.2 Estado de direito – Conceito

A mudança de paradigma de Estado absolutista para Estado de direito verificou-se, como visto antes, com a implantação da teoria da divisão de poderes do Estado: Legislativo, Executivo e Judiciário, desenvolvida por *Montesquieu*. A França foi um dos primeiros países a adotar a tripartição de poderes, antecedida pelos Estados Unidos da América do Norte. A tripartição é adotada na maioria dos Estados contemporâneos. Os constitucionalistas atuais, na sua maioria, vêm refutando a teoria tripartite de poderes. Sustentam, com razão, que o poder do Estado é uno e indivisível, por isso é impróprio falar-se de três poderes do Estado. Montesquieu foi interpretado erroneamente, segundo afirmam. Sua teoria propõe a atuação do Estado por meio de três funções básicas especializadas e primordiais: função legislativa, função executiva e função judiciária.

A Constituição da República de 1988 mantém a ideia de poderes. O art. 2º prescreve: "São poderes da União, independentes e harmônicos entre si, o Legislativo, o Executivo e o Legislativo". No Título IV, a Constituição trata da organização dos poderes, sendo que no Capítulo I dispõe sobre o Poder Legislativo, no Capítulo II sobre o Poder Executivo e no Capítulo III sobre o Poder Judiciário. O art. 74, ao tratar do sistema do controle interno, atribui responsabilidade aos Poderes Legislativo, Executivo e Judiciário. O controle interno aqui citado é considerado em relação aos outros países. Internamente existem controle interno e controle externo. Essas espécies de controles serão explicadas no capítulo que examina o controle da Administração Pública.

Visto apenas pelo prisma positivista, o Estado de direito é aquele que se submete às leis por ele próprio criadas, voltadas para a promoção do interesse social. É salutar ter em cogitação que as leis devem ser justas e democráticas, de modo a traduzir os verdadeiros e reais interesses da sociedade. As leis, divorciadas desses valores, são injustas e contrariam a ideia de Estado democrático de direito.

O Estado de direito, na sua primeira fase, adotou o paradigma de Estado liberal, cujo apogeu ocorreu no século XX. Nessa concepção paradigmática, concebeu-se a livre iniciativa da sociedade. O Estado cuidaria apenas da segurança da defesa, da prestação jurisdicional e das relações internacionais. À sociedade competia a geração e administração da riqueza. O Estado não intervinha na atividade econômica, era apenas mero espectador das atividades exercidas pela sociedade. A intervenção somente poderia ocorrer nos casos de descumprimento de leis, que não eram muitas.

Segundo a concepção liberalista, a sociedade livre e sem a interveniência do Estado se autoabastecia no livre exercício da democracia e da atividade socioeconômica. Entretanto, essa plena liberdade culminou em resultados danosos a diversos segmentos sociais. Isso porque o capital sem controle é selvagem. Ele só se aplica em atividades ou negócios que lhe deem retorno e, consequentemente, o seu aumento patrimonial. Essa é a lógica do capitalismo. O capital não se preocupa com as questões sociais, educacionais, da saúde e previdenciárias.

A carência desses direitos sociais contribuiu para o surgimento do movimento comunista encabeçado por Karl Marx e Engels. Esse movimento, sabidamente, defendia a supressão do direito de propriedade e os dos meios de produção. O Estado deteria a propriedade e os meios de produção, evoluindo para o fim das classes sociais e a supressão do Estado. Essa ideia defendida por Mark e seus seguidores contribuiu para o poder político repensar o modelo de Estado, por reconhecer que o Estado vigente não estava desempenhando suas funções, para as quais foi idealizada sua criação, quais sejam, precipuamente, a de prestar o bem social e a de respeitar a dignidade da pessoa humana.

Com o objetivo de atender a essas necessidades sociais, reformou-se a Constituição, criaram-se órgãos e entidades públicas para atuar em atividades de interesse social, prestando serviços públicos, desenvolvendo políticas públicas e atividades econômicas suprindo a ausência ou ineficiência da iniciativa privada. Estabeleceram-se meios de controle sobre a atividade econômica exercida pela iniciativa privada. Essas mudanças configuraram novo paradigma de Estado, denominado "Estado social" ou "Estado do bem-estar social".

Nesse paradigma, o Estado tornou-se empresário e empregador. Para cada demanda criava-se uma autarquia ou uma empresa ou uma fundação pública. Essa estrutura avolumou-se na primeira metade do século XX, estendendo-se até as décadas de 1980 e 1990 do mesmo século, no Brasil.

O agigantamento do Estado do bem-estar social acabou por inviabilizar a realização das políticas públicas que propugnava. As receitas do Estado eram quase todas consumidas com a própria máquina. A sociedade, sobretudo o segmento mais carente, continuou desassistida.

Em decorrência da ineficiência do Estado, surge, na segunda metade do século XX, novo paradigma de Estado, o denominado "Estado democrático de direito". A Constituição da República brasileira de 1988 institui esse novo paradigma de Estado. Ela se estrutura com foco em dois vetores primordiais: desenvolvimento econômico pela iniciativa privada sob o controle e fiscalização do Estado; e a garantia do bem-estar social por meio de realização de políticas públicas.

A Constituição da República de 1988, no art. 5º, inc. XXII, garante o direito de propriedade; no inc. XXIII, prescreve que a propriedade atenderá à sua função social; no art. 182, §2º, estabelece que a propriedade cumpre sua função social atendendo às condições previstas no plano diretor das cidades; no art. 184, atribui competência à

União para desapropriar propriedade rural que não esteja cumprido a sua função social; no Título VII, disciplina a ordem econômica e financeira. O art. 170, o primeiro desse título, prescreve: "A ordem econômica, funda na valorização do trabalho humano e na livre iniciativa, tem por fim assegurar a todos existência digna, conforme os ditames da justiça social, observados os seguintes princípios": soberania nacional; propriedade privada; função social da propriedade; livre concorrência; defesa do consumidor; defesa do meio ambiente; redução da desigualdade regional e social; busca do pleno emprego; e tratamento favorecido para as empresas de pequeno porte.

No art. 173, a Constituição estabelece que, ressalvados os casos nela previstos, o Estado explorará, direta ou indiretamente, atividade econômica somente nos casos de imperativo da segurança nacional ou de relevante interesse coletivo, nos termos que dispuser a lei.

Então, a garantia do direito de propriedade, condicionada ao cumprimento da sua função social, a garantia da exploração da atividade econômica pela iniciativa privada, a busca do pleno emprego, o propósito de redução das desigualdades regionais e sociais e, ainda, o poder do Estado de intervir na atividade econômica com vista a coibir abuso e para garantir o bem social com dignidade humana são o propósito do Estado democrático de direito brasileiro, que mescla princípios do Estado liberal e do Estado do bem-estar social.

2 Noções e conceito de Administração Pública

A Administração Pública, segundo orientação de Maria Sylvia Zanella Di Pietro, deve ser considerada em sentido geral sob o aspecto subjetivo e objetivo. No sentido geral, a Administração Pública compreende os três poderes: Legislativo, Executivo e Judiciário – no entendimento da corrente contemporânea, já citada, três órgãos encarregados das funções legislativa, executiva e judiciária –, e no sentido estrito, somente o Executivo.[1]

2.1 Administração Pública no sentido geral

A Administração Pública, em sentido geral ou amplo e do ponto de vista subjetivo, formal e orgânico, compreende os três órgãos principais do Estado: Legislativo, Executivo e Judiciário. Nessa macrovisão da Administração Pública, pode-se dizer que o Estado é administrado pelos aludidos órgãos, sendo que o Executivo detém a primazia da atividade de gestão.

2.1.1 Poder Legislativo

O Legislativo, embora tenha por função primordial a edição das leis, exerce funções próprias do Executivo e do Judiciário. Compete-lhe, no âmbito federal, julgar, por crime de responsabilidade, o presidente e o vice-presidente da República, os ministros de Estado, os ministros do Supremo Tribunal Federal, o procurador-geral da República e

---

[1] DI PIETRO. *Direito administrativo*, 27. ed., p. 51-55.

o advogado-geral da União e também os próprios membros integrantes das duas casas legislativas, Câmara dos Deputados e Senado Federal. É ainda do Legislativo a competência para exercer a administração do seu pessoal, do seu material e do seu patrimônio. A admissão de pessoal, o pagamento dos servidores, a punição de servidores, quando for o caso, a aquisição de materiais e equipamentos, a construção de obras e a execução de serviços de engenharia são procedimentos administrativos a cargo do Legislativo.

2.1.2 Poder Executivo

O Poder Executivo tem por função precípua exercer a administração pública. Essa é sua verdadeira função. Mas ele exerce, ao lado dessa atividade, a função de editar normas jurídicas sem o conteúdo de novidade e colaborar na edição das leis, bem como a de julgar administrativamente. O chefe do Executivo federal detém competência exclusiva de iniciativa de lei sobre pessoal e de lei que implique aumento de despesas no âmbito do respectivo órgão; além de outras, em que a sua competência é concorrente com a do Legislativo. Compete também ao presidente da República a edição de medidas provisórias, com força de lei, nos casos de relevante urgência, nos termos e limites previstos no art. 62 da Constituição da República. A autoridade participa, ainda, do processo legislativo, sancionando, numerando e publicando as leis votadas pelo Legislativo e regulamentando-as. A Administração executa função julgadora por intermédio de órgãos colegiados, compondo conflitos estabelecidos em virtude do seu relacionamento com os respectivos servidores, contribuintes, fornecedores e prestadores de serviços públicos, por delegação. As decisões administrativas sujeitam-se ao controle do Judiciário pelo fato de os colegiados administrativos não terem, por força constitucional, competência jurisdicional.

2.1.3 Poder Judiciário

O Judiciário tem por atribuição exclusiva julgar, com força de definitividade, os conflitos jurídicos. Isso é, exercer com plenitude a função jurisdicional. Para o exercício dessa função, o Judiciário edita normas da maior importância. Entre elas, o seu Regimento Interno, norma que estabelece regras procedimentais relativas ao seu funcionamento. Os agravos regimentais, por exemplo, muito usados nos processos judiciais, são previstos nesses regimentos, ainda, o Supremo Tribunal Federal edita súmulas vinculantes com força de regra jurídica. Além disso, o Judiciário administra seu patrimônio, suas secretarias, seu pessoal e promove aquisições e alienações de conformidade com a legislação pertinente. Constrói prédios para a instalação de suas dependências. E, ainda, o presidente de Tribunal reveste-se de competência para a iniciativa de lei de interesse do órgão.

A Administração Pública, tomada pelo prisma subjetivo acima referido, deve ser grafada com as iniciais maiúsculas (Administração Pública), pois se refere aos órgãos ou entidades integrantes do Estado.

Ainda na visão geral, a Administração Pública pode ser vista sob o prisma objetivo e concreto. Nesse caso, trata-se das funções que os três órgãos exercem, do seu atuar no dia a dia. São as funções desempenhadas pelos três órgãos, já examinadas. Vista do lado objetivo ou da concreção de seus atos materiais ou fatos administrativos, a administração deve ser escrita com as iniciais minúsculas (administração pública).

2.2 Administração Pública no sentido estrito

No sentido estrito e sob o aspecto subjetivo, a Administração Pública é considerada o conjunto de órgãos e entidades que a integram. São os órgãos da Administração direta e as entidades da Administração indireta. Esta última, integrada pelas autarquias, sociedades de economia mista, empresas públicas e fundação pública. Pelo aspecto objetivo (função administrativa), compreende a prestação de serviços públicos, o exercício da polícia administrativa e a atividade de fomento. Alguns autores incluem, ainda, a intervenção estatal como a quarta modalidade de atuação administrativa do Estado. Outros entendem que a intervenção do Estado é espécie de fomento. Entendemos que a intervenção se dá visando a dois objetivos distintos: a) a promoção do fomento, impedimento das práticas de monopólio e de cartel, entre outras, como a execução de atividade econômica de que trata o art. 173 da Constituição da República, já que tal intervenção consiste no desempenho de atividade econômica pelo Estado, nas condições previstas no dispositivo por intermédio de empresa pública e sociedade de economia mista, regidas pelo Direito Privado. São atividades próprias da iniciativa privada. Por isso, a Administração Pública somente pode exercê-las, quando for o caso, por meio de sociedade de economia mista e empresa pública que, nos termos da Constituição da República, disputam, com as empresas privadas, atividades econômicas em igualdade de condições. Apesar de as atividades das empresas estatais, nesse caso, serem essencialmente privadas, constituem hipótese de intervenção do domínio econômico; e b) a manutenção da ordem pública.

A Administração Pública é o órgão estatal encarregado, constitucionalmente, da prestação dos serviços públicos e da segurança pública. Os serviços públicos podem ser prestados por terceiros, mediante delegação, na modalidade de concessão ou permissão. Esses serviços, mesmo prestados por particulares, não deixam de ser públicos. Por isso, devem ser eficientes, módicos e ininterruptos.

Basavilbaso afirma:

> A administração, no Estado moderno, é um instrumento de regulação social. Seu âmbito é cada vez mais dilatado. Seu exercício não tem solução de continuidade e sem sua incessante intervenção o Estado não poderia existir. Pode-se conceber – dizer-se – um Estado despótico sem leis nem juízes, mas um Estado sem administração seria anarquia.[2]

Oviedo, por seu turno, escreveu: "A Constituição considera o corpo do Estado; a Administração, a vida, realizando seus destinos e utilizando como colaboradores instrumentos todos seus órgãos".[3]

Cumpre ressaltar que a Administração Pública vem passando por profunda modificação, tanto no que tange à sua estrutura organizacional e funcional como também, no que é pertinente aos meios utilizados para a prestação dos serviços públicos e ao

---

[2] BASAVILBASO. *Derecho administrativo*, v. 1, p. 1.
[3] *Apud* BASAVILBASO. *Op. cit.*, p. 5.

atendimento aos interesses da sociedade em geral. As mudanças decorrem, principalmente, em função da globalização econômica e do neoliberalismo adotado pelo Brasil na última década do século XX.

As principais mudanças consistem no afastamento da Administração Pública da atividade de prestação direta de serviços públicos e, sobretudo, da atuação na atividade econômica. As atividades essencialmente econômicas foram transferidas à atividade privada por meio da privatização das empresas estatais. Os grupos privados que adquiriram empresas governamentais prestadoras de serviços públicos remunerados tornaram-se, por força de lei e nos termos de contrato de concessão ou permissão, delegatários dos respectivos serviços. Os serviços não remunerados vêm sendo, em parte, executados em parceria com entidades privadas sem fins lucrativos, conforme se verá mais adiante.

As atividades precípuas da Administração Pública, na atualidade, constituem-se basicamente nas atividades gestora, regulatória, fiscalizadora e gerenciadora.

3 Distinção entre Administração Pública e Direito Administrativo

No início dos estudos e teorização do Direito Administrativo e da Administração Pública, os autores os confundiam e encontraram dificuldades para distinguir um do outro. O aprofundamento da investigação, entretanto, levou ao entendimento de que o Direito Administrativo é ciência jurídica, como, de resto, o são todos os ramos do Direito, e a Administração é ciência da administração. Essa distinção é fundamental para o estudo e aplicação dos temas. Rafael Bielsa, a propósito, afirmou:

> Desde logo, há que diferenciar, no domínio da Administração Pública, o que é direito administrativo, daquilo que é ciência da administração. O direito administrativo somente é conjunto de normas positivas e de princípios de direito público concernentes à instituição e funcionamento dos serviços públicos e ao conseguinte controle jurisdicional. A Ciência da administração é política administrativa.[4]

Hely Lopes Meirelles entende que a chamada ciência da administração não chega a ser ciência autônoma, mas apenas parte da Sociologia ou da Política. Parece-nos razoável entender que, embora distintas, as duas ciências são interdependentes. Uma não se afirma sem a outra. É fato que o Direito Administrativo dá vida e dinâmica à Administração, mas não se pode ignorar que esta é a base de sustentação e a razão de ser do Direito Administrativo.

4 Princípios da Administração Pública

A Administração Pública orienta-se por meio de princípios cuja observância é dever do agente público, sob pena de incorrer em sanções administrativas e, conforme o caso, judiciais. Esses princípios são constitucionais, legais e, alguns, doutrinários. A Constituição Federal de 1988, no art. 37, arrola cinco princípios da Administração nas

---

[4] BIELSA. *Estudios de derecho público*: derecho administrativo, p. 52.

esferas federal, estadual, distrital e municipal. São eles: princípios da legalidade, da impessoalidade, da moralidade, da publicidade e da eficiência. Os quatro primeiros constam da Constituição desde sua promulgação. O da eficiência foi introduzido no texto original e a manutenção da ordem pública, pela Emenda Constitucional nº 19/98. Estes e outros serão examinados cada um *per si*, começando pelos constitucionais.

4.1 Princípio da legalidade

O princípio da legalidade, no sistema jurídico positivo, é o mais importante deles, sem desmerecer os outros, que são também importantes. A observância da legalidade é fundamental na realização administrativa pelo Estado. Esse princípio é de observância obrigatória em qualquer atividade do homem, independentemente de ter ou não relação com a Administração Pública. Há um preceito jurídico, agasalhado no texto constitucional, segundo o qual "ninguém será obrigado a fazer ou deixar de fazer alguma coisa senão em virtude de lei" (art. 5º, II, da Constituição da República de 1988). Entretanto, a posição do particular em face da lei é distinta da posição do agente público. Ao primeiro é lícito fazer tudo aquilo que a lei não proíbe. O agente público deve praticar ato se determinado ou permitido por lei no sentido lato. Atos praticados sem a observância dessa regra são inválidos, não podendo, por conseguinte, produzir efeitos válidos.

O princípio da legalidade teve a sua inspiração no art. 4º da Declaração dos Direitos do Homem e do Cidadão, de 1789, e se tornou realidade depois da adoção do Estado de direito. O aludido artigo está assim redigido:

> Art. 4º A liberdade consiste em fazer tudo que não prejudica a outrem: assim, o exercício dos direitos naturais de cada homem não tem outros limites senão os que assegurem aos membros da sociedade o gozo desses mesmos direitos. Esses limites somente podem ser estabelecidos em lei.

A Administração, sujeita que está ao princípio da legalidade, não tem o poder ou a competência para praticar atos em desconformidade com a lei. Dessa forma, o agente público – nos casos em que a lei não se amolda plenamente à situação fática – não pode afastar sua aplicação. Assim, como o Direito pátrio é positivado, mesmo se valendo de princípios constitucionais, o agente público não poderá se furtar de cumprir a lei. O administrador público, agindo nessa condição, não deve ter vontade própria, nem quando atuar no exercício da faculdade discricionária. A manifestação da vontade do agente deve espelhar a vontade estatal prevista na lei. Daí, a lúcida conclusão de Maria Sylvia Zanella Di Pietro: "Em decorrência disso, a Administração Pública não pode, por simples ato administrativo, conceder direito de qualquer espécie, criar obrigações ou impor vedações aos administrados; portanto ela depende de lei"[5]

Para Cretella Júnior, legalidade "é a qualidade daquilo que é conforme à lei. Nesta definição, entretanto, é preciso entender o termo lei em seu mais amplo sentido é o direito. A legalidade exprime então a conformidade ao direito e é sinônimo de regularidade jurídica".[6]

---

[5] DI PIETRO. *Direito administrativo*, 23. ed., p. 64.
[6] CRETELLA JÚNIOR. *Comentário à Constituição da República de 1988*, v. 4, p. 2.143.

A Constituição da República contém vários dispositivos que asseguram à sociedade meios e instrumentos destinados a instrumentalizá-la, para se defender contra atos emanados da Administração Pública em desacordo com a lei. São os seguintes artigos:

Art. 5º:
- inc. XXXV – prescreve que a lei não poderá excluir da apreciação do Judiciário qualquer lesão de direito ou ameaça de lesão. Por esta norma, o Direito brasileiro sepulta a tentativa de adoção, no país, do contencioso administrativo, defendido por vários autores e condenado, ou não aceito, por outros;
- inc. LXIX – dispõe sobre mandado de segurança singular e coletivo;
- inc. LXXI – trata do mandado de injunção;
- inc. LXXII – assegura o *habeas data*;
- inc. LXXIII – legitima qualquer cidadão em gozo de seus poderes políticos, para propor a ação popular;
- inc. XXXIV – esse dispositivo garante aos cidadãos direito de petição perante os poderes públicos em defesa de direitos ou contra ilegalidade ou abuso de poder.

Art. 49: inc. V – por este dispositivo, é conferido ao Congresso Nacional competência para, com exclusividade, sustar os atos normativos do Executivo quando exorbitarem do poder regulamentar ou dos limites de delegação legislativa.

Art. 84:
- inc. IV – confere ao presidente da República competência para sancionar as leis, publicá-las e regulamentá-las de modo a dar-lhes condição para plena eficácia;
- inc. X – a norma deste dispositivo atribui poderes ao presidente da República para vetar, total ou parcialmente, proposição de lei que contraria o interesse público ou por ser considerada inconstitucional.

Arts. 102 e 103: tratam do controle da constitucionalidade das leis.

Art. 129: dispõe sobre as funções do Ministério Público. O seu inc. III legitima o Ministério Público com a finalidade de "promover o inquérito civil e a ação civil pública, para a proteção do patrimônio público e social, do meio ambiente e de outros interesses difuso e coletivo". A Lei nº 7.347, de 24.7.1985, regula o processo da ação civil pública e legitima entidades públicas e privadas para proporem a ação, além, é claro, do Ministério Público.

Na contemporaneidade, os autores que se debruçam sobre o estudo do Estado democrático de direito, da concretização do Direito e da realização da justiça, considerando os princípios normas jurídicas, desenvolveram a teoria do princípio da juridicidade, que, embora convivendo com a legalidade, seria mais adequada do que a do princípio da legalidade. Entre os autores que trabalham o tema, inclui-se Cármen Lúcia Antunes Rocha. Para melhor compreensão do tema, transcrevem-se trechos do texto em que a autora trabalha o princípio da juridicidade:

> Nas Constituições contemporâneas, articula-se o princípio da juridicidade como direito fundamental do indivíduo e como dever da Administração Pública. Sob o mesmo título e com finalidades que se voltam à concretização dos limites da atuação estatal no exercício da atividade administrativa (como, de resto, se impõe para todas as outras funções da entidade pública) e da garantia à liberdade do indivíduo, este princípio tem conteúdo que se projeta e se desdobra com contornos distintos num e noutro caso. Por isso, em geral, ele

é articulado, a partir da mesma base constitucional do Estado Democrático de Direito, em tópicos constitucionais distintos nas Cartas elaboradas contemporaneamente.

A "legalidade" determinada no capítulo constitucional da Administração Pública é *dever*. Também aqui se tem um desdobramento da eleição constituinte democrática. Mas o fundamento dessa "legalidade" administrativa está exatamente na ausência de liberdade da Administração Pública, mais ainda, na pessoa que administra o bem do público. É que a pessoa jurídica com capacidade jurídica, como é o Estado, é criação do ser humano. Este, ao criar a pessoa jurídica, deu-lhe tudo o que podia criar à sua imagem e semelhança. Só não pode criar para ela uma vida anímica, pois este é o elemento que escapa ao toque criador e limitado do homem. Por isso, dotou a pessoa por ele criada, como o é a pessoa jurídica, de tudo quanto pode a sua capacidade inventiva inaugural, menos a liberdade, pois esta é uma manifestação que supera o próprio homem: a sua alma é emocional e psíquica, que se traduz na experiência de sua liberdade [...].

A aplicação do princípio da juridicidade administrativa tem o seu conteúdo marcado pela adequação perfeita entre o quanto posto no direito e o quanto realizado pela entidade competente na sequência daquela disposição.

Entre a hipótese prevista no sistema jurídico e a realização da previsão há de haver uma relação de harmonia que confira unidade à ação estatal – legislar e administrar segundo o que se tenha legislado (aqui no sentido de criação do Direito e não apenas de formalização da lei).[7]

A lei, embora seja necessária no Estado, cujo Direito é positivado, depende de interpretação. Caso se pudesse decidir observando, rigorosamente, a literalidade da lei, não seria necessária a presença do seu aplicador, agente administrativo ou magistrado. Poder-se-ia desenvolver um simples programa de informática e por meio dele fornecer ao computador a lei e os fatos no caso concreto e, imediatamente, ele proferiria a decisão. Mas provavelmente não faria justiça. A interpretação humana é indispensável na aplicação da lei, que deve ser observada na condição de regra norteadora quando se estiver diante de um caso concreto. Para se obter decisão justa e conforme com o Direito é preciso, em muitos casos, recorrer aos princípios constitucionais, aos princípios gerais de direito, à analogia, à equidade e aos costumes.

4.2 Princípio da impessoalidade

O princípio da impessoalidade decorre do fato de que o agente público é administrador de bens alheios. Por essa razão, deve atuar sempre voltado para o coletivo, evitando favoritismo ou discriminação. O programa de governo, ou ação administrativa, não deve levar em consideração amigos ou inimigos. Os chamados favores políticos, na maioria, afrontam, de cheio, o princípio em questão. Celso Ribeiro Bastos pontifica que é no exercício do poder discricionário que o agente administrativo costuma atuar em desacordo com o princípio da impessoalidade, pois, nesses casos, a lei deixa ao agente a escolha da melhor opção em face do caso concreto. Nesse exercício de poder, o administrador costuma ser levado a atender amigos ou a deixar de atender inimigos, contrariando o princípio da impessoalidade.

---

[7] ROCHA. *Princípios constitucionais da administração pública*, p. 81-83.

Cármen Lúcia sustenta:

> O princípio republicano e o dever, que nele se contém, de se dar trato público à coisa pública, que nesta forma de governo se encarece, fundamentam a impessoalidade administrativa. É que nela a qualificação pessoal não conta, como não conta a situação pessoal daquele que detém o cargo público e que se deve manter neutro e objetivo em sua conduta, seja qual for a situação social, econômica ou político-partidária do cidadão sobre o qual incidirão os efeitos do ato da Administração.[8]

É da mesma autora o entendimento de que o comportamento do agente público direcionado ao atendimento de pessoas parentes, amigas, correligionárias ou integrantes de grupos contraria o princípio, pois se desconsideram, nesses casos, elementos objetivos gerais isonômicos, para valorizar os critérios da pessoalidade ou da personalidade. É de se ressaltar que a impessoalidade se constata também em leis. Não é só por intermédio do ato administrativo que se têm atuações contrárias ao princípio da impessoalidade, mas também por meio de leis, principalmente as relativas a interesse de servidores públicos. Essas, com certa regularidade, trazem normas que são verdadeiras dádivas para determinados servidores.

José dos Santos Carvalho Filho assevera que o princípio da impessoalidade já encontrava abrigo no direito positivo, nos termos da lei que disciplina a ação popular. Transcreve-se, a seguir, pequeno texto do autor:

> Embora sob a expressão "desvio de finalidade", o princípio da impessoalidade tem proteção no direito positivo: o art. 2º, alínea "e", da Lei nº 4.717/1965, que regula a ação popular, comina com a sanção de invalidade o desvio de finalidade.
>
> Assim, portanto, deve ser encarado o princípio da impessoalidade: a Administração há de ser impessoal, sem ter em mira este ou aquele indivíduo de forma especial.[9]

Pode-se, então, concluir que a observância do princípio da impessoalidade é dever da Administração, no sentido amplo, envolvendo todos os poderes do Estado.

4.3 Princípio da moralidade

A moralidade administrativa é parte da moral comum? A indagação oferece dificuldade a uma resposta certa e tranquila. A moral comum, sabidamente, é conjunto de valores distintos dos valores jurídicos. Ela não se contém no direito, nem este, em princípio, depende dela. Entretanto, o direito contém normas que coíbem comportamentos em desacordo com a moral e com a ética. Dessa forma, o comportamento imoral e antiético pode contrariar o direito. A moral administrativa é princípio baseado no "princípio da legalidade". A moral comum é valor comportamental brotado, naturalmente, do convívio de determinado grupo social. Aparentemente, a moral administrativa é distinta da moral comum. Mas os seus fundamentos e ideias básicas são da moral comum. Não se conceberia, a nosso ver, a moral administrativa, se não existisse a comum.

---

[8] Op. cit., p. 155.
[9] CARVALHO FILHO. Manual de direito administrativo, 36. ed., p. 17.

Segundo Cármen Lúcia Antunes Rocha, os primeiros autores a oferecerem estudos sobre a moral administrativa foram Maurice Hauriou e Georges Ripert. Esses autores, inicialmente, vinculavam a ideia de moralidade à finalidade do ato praticado pelo agente público. Dessa forma, o desvio de finalidade e o abuso de poder implicam comportamento contrário à moral administrativa, visto que se opõe à boa administração. Cármen Lúcia assevera:

> Por isso, nesse final de século, a moralidade administrativa não se restringe à veracidade da obtenção de utilidade para a garantia de um determinado interesse público tido como meta de ação do agente. Mais que isso, a moralidade administrativa que se pretende ver acatada adentra o reino da finalidade de garantia da realização dos valores expressos na idéia do Bem e da Honestidade, que se pretendem ver realizados segundo o direito legítimo.[10]

Para Hely Lopes Meirelles, "a moral administrativa, juntamente com a sua legalidade e a finalidade, constituem pressupostos de validade, sem os quais toda atividade pública será ilegítima".[11]

É do mesmo autor a afirmação de que a moral administrativa se vincula ao conceito do "bom administrador" e que ela integra o Direito, tornando-se dele elemento componente da legalidade. Vale dizer que, no exame de legalidade do ato administrativo, o tribunal verifica a compatibilidade com a moralidade administrativa e com o interesse público. Celso Antônio Bandeira de Mello sustenta que a moral administrativa pressupõe conduta dos agentes públicos pautada nos princípios éticos, e a inobservância desses acarreta ou configura ilicitude.[12]

José Afonso da Silva registra:

> Deve-se partir da ideia de que moralidade administrativa não é moralidade comum, mas moralidade jurídica. Essa consideração não significa necessariamente que o ato legal seja honesto. Significa, como disse Hauriou, que a moralidade administrativa consiste no conjunto de regras de conduta tirada da disciplina da Administração.[13]

Maria Sylvia Zanella Di Pietro assevera:

> Em resumo, sempre que em matéria administrativa se verificar que o comportamento da Administração ou do cidadão que com ela se relaciona juridicamente, embora em consonância com a lei, ofende a moral, os bons costumes, as regras de boa administração, os princípios de justiça e de equidade, a ideia comum de honestidade, estará havendo ofensa ao princípio da moralidade administrativa.[14]

A moralidade administrativa, considerando os posicionamentos transcritos acima, tem pertinência com a moral social, com a ética, com a honestidade e com o respeito e zelo pela coisa pública. Mesmo admitindo que a moral administrativa integra o

---

[10] ROCHA. *Op. cit.*, p. 193.
[11] MEIRELLES. *Direito administrativo brasileiro*, 16. ed., p. 80.
[12] BANDEIRA DE MELLO. *Curso de direito administrativo*, 4. ed., p. 59.
[13] SILVA. *Curso de direito constitucional positivo*, p. 398.
[14] DI PIETRO. *Direito administrativo*, 23. ed., p. 78.

sistema jurídico pátrio, na condição de princípio constitucional, não é fora de propósito admitir-se que nem sempre o que é legal é moral, do ponto de vista do interesse social. A importância do tema levou-o ao abrigo da Constituição da República de 1988, conforme o art. 37. Ainda a mesma Constituição ampliou o campo de alcance da ação popular, de modo a instrumentalizar a sociedade para controlar a Administração, contra atos praticados com imoralidade administrativa, contra o patrimônio público, o meio ambiente e o patrimônio cultural (art. 5º, LXXIII). Também, o art. 37 do mesmo diploma jurídico, no §4º, prescreve sanções severas aos agentes públicos que agirem em desacordo com a probidade administrativa. Finalmente, o art. 85, V, define como crime de responsabilidade do presidente da República seu comportamento em desacordo com a probidade administrativa.

O STF, arrimado no art. 103-A da Constituição e com base no princípio constitucional da moralidade, editou a Súmula Vinculante nº 13, que tem por finalidade proibir o nepotismo nos poderes públicos. A súmula está assim redigida:

> A nomeação de cônjuge, companheiro ou parente em linha reta, colateral ou por afinidade, até o terceiro grau, inclusive, da autoridade nomeante ou de servidor da mesma pessoa jurídica investido em cargo de direção, chefia ou assessoramento, para exercer cargo em comissão ou de confiança ou, ainda, de função gratificada na administração pública direta e indireta em qualquer dos Poderes da União, dos Estados, do Distrito Federal e dos Municípios compreendido o ajuste mediante designações recíprocas, viola a Constituição Federal.

A expressão "designações recíprocas", também denominada "designações cruzadas" compreende: a autoridade de um poder pede à autoridade de outro poder o "favor" de designar, para um cargo em comissão ou de confiança ou de função gratificada, um parente seu que se enquadra na regra da proibição, e o titular do segundo poder, que efetuou a designação, faz semelhante pedido ao titular do primeiro poder. Dessa forma, as duas autoridades, pela via oblíqua, tiveram os seus parentes nomeados – o que configura "designações cruzadas" ou "designações recíprocas", proibidas nos termos da Súmula Vinculante nº 13.

4.4 Princípio da publicidade

O princípio da publicidade, entre aqueles previstos no art. 37, *caput*, da Constituição, é de fundamental importância. É em virtude dele que a Administração se torna transparente para que a sociedade e os órgãos de controle possam tomar conhecimento de seus atos e impugná-los, se viciados ou em desacordo com a legalidade e a moral administrativa. A Administração, por ser gestora de coisa pública, na forma republicana de governo, é obrigada a dar publicidade dos seus atos jurídicos e políticos, exceto aqueles cuja publicação possa pôr em risco a segurança nacional, ou nos casos em que o sigilo se impõe na forma e condição previstas em lei.

O gestor público tem o dever de gerir a Administração Pública com vista a impedir atuação com abuso de poder ou desvio de finalidade. Nos casos de licitações, a publicidade, além de ensejar a oportunidade de controle, dá conhecimento, a todos fornecedores interessados, do desejo da Administração em adquirir, alienar ou contratar serviços ou obras. Os atos jurídicos da Administração, mesmo emanados da autoridade competente, serão nulos e de nenhum efeito, se não lhes for dada a publicidade, de conformidade com a lei. A Constituição da República prevê os casos em que os atos não devem ser publicados, em nome do interesse público.

O art. 5º, XXXIII, da Constituição Federal garante a todos os brasileiros o direito de obter dos órgãos públicos informações de seu interesse próprio ou de interesse geral ou coletivo, no prazo estabelecido em lei, ressalvados os casos cujo sigilo for necessário à segurança da sociedade e do Estado. O art. 37, §3º, inc. II, da mesma Constituição garante, na forma da lei, o acesso dos usuários e a informação sobre atos de governo. O art. 216, §2º prescreve: "Cabem à Administração Pública, na forma da lei, a gestão da documentação governamental e as providências para franquear sua consulta a quantos dela necessitarem".

Inicialmente, foi editada a Lei nº 11.111, de 5.5.2005, que regulamentou a parte final do art. 5º, XXXIII, da Constituição. Essa lei foi revogada pela Lei nº 12.527, de 18.11.2011, que disciplina o acesso à informação regulamentando os dispositivos constitucionais aqui referidos. O inc. XXXIV do mesmo artigo assegura a todos, independentemente de pagamento de taxas: a) o direito de petição aos poderes públicos em defesa de direitos ou contra ilegalidade ou abuso de poder; b) a obtenção de certidões em repartições públicas, para defesa de direitos e esclarecimento de situações de interesse pessoal. O artigo em comento estabelece que as ações de mandado de injunção, *habeas data* e mandado de segurança são postas à disposição dos cidadãos para, se necessário, concretizar os direitos acima referidos. Por fim, foi sancionada a Lei Geral de Proteção de Dados – LGPD, nº 13.709, de 14.8.2018, que dispõe sobre a proteção de dados pessoais.

4.5 Princípio da eficiência

No novo *Dicionário Aurélio*, *eficiência* significa "ação, força, virtude de produzir um efeito; eficácia". Essas ações, força e eficácia, manifestações da eficiência, são reclamadas e exigidas, nos tempos contemporâneos, em todas as atividades humanas. A competitividade no mundo dos negócios, principalmente, com a globalização econômica, exige da iniciativa privada e da Administração Pública comportamento e atuação de modo a produzir resultados eficazes, com eficiência. A eficiência assumiu papel tão relevante na atividade econômica e na prestação dos serviços públicos que o Congresso Nacional, por meio da Emenda Constitucional nº 19/1998, a erigiu à condição de princípio da Administração Pública ao lado dos outros quatro arrolados antes, no *caput* do art. 37 da Constituição Federal. A Administração Pública, embora não atue, em regra, na atividade econômica, deve desenvolver as suas atividades próprias, com eficiência, produzindo os respectivos efeitos de modo a atender com presteza às exigências e às necessidades dos cidadãos e das pessoas jurídicas em geral.

A Administração Pública, embora não tenha, em princípio, a função de produzir resultados econômicos, deve atuar em observância ao princípio do custo/benefício. O administrador público precisa ter em mente que ele é gestor de coisa pública, coisa de interesse da sociedade, e, por isso, deve planejar a atividade do órgão ou entidade que dirige de forma a gastar menos e obter o máximo de resultado social e econômico, quando for o caso.

A eficiência da Administração Pública brasileira, na ordem jurídica positivada, não é novidade. É evidente que ela adquiriu, com a Emenda Constitucional nº 19/1998, *status* de princípio constitucional. Entretanto, a eficiência administrativa já vinha sendo tratada em norma infraconstitucional. O Decreto-Lei nº 200, de 25.2.1967 – Reforma Administrativa Federal –, submete a atividade do Poder Executivo ao controle de resultados (arts. 13 e 25, V); no inc. VII, reforça o sistema de mérito; e, no art. 100, prevê a dispensa ou demissão de servidor público efetivo insuficiente ou desidioso. Por último, o art. 26 *caput* e inc. III, do mesmo decreto-lei, estabelece que a Administração indireta é supervisionada pelo Ministério pertinente, para efeito de controle inclusive quanto à eficiência administrativa.

Maria Sylvia Zanella Di Pietro,[15] a propósito, sustenta: "O princípio da eficiência impõe ao agente público um modo de atuar que produza resultados favoráveis à consecução dos fins que cabe ao Estado alcançar".

O atendimento tardio, pela Administração Pública, aos reclames individuais ou coletivos, ou a má qualidade dos serviços ou de outros benefícios sociais, sem justificado motivo, pode levar o agente competente a responder por crime de responsabilidade, com as consequências pecuniárias, decorrentes da responsabilidade civil, art. 37, §6º da Constituição Federal.

Por último, a Lei nº 14.129, de 29.3.2021, estabelece no art. 1º: "Esta Lei dispõe sobre princípios, regras, e instrumentos para o aumento da eficiência na administração pública, especialmente por meio da desburocratização, da inovação, da transformação digital e da participação digital".

Essa lei é de relevância ímpar, pois, além de conter elementos destinados a contribuir para efetivação do princípio da eficiência, considera a inovação tecnológica, culminando com a indústria 4.0. Dada a sua importância e atualidade, será comentada em outro tópico.

4.6 Princípio da hierarquia

A Administração Pública, em virtude do princípio da hierarquia, organiza-se estruturalmente obedecendo a uma linha vertical de disposição e relação de órgãos. No cimo da linha, situa-se o órgão que detém maior poder ou competência. À medida que se desce para a base dessa linha, se instalam órgãos inferiores em grau de poder, na proporção e na ordem descendente. De modo que, ao órgão posicionado no cimo da hierarquia, todos os outros se subordinam, observados e respeitados os órgãos intermediários. Cada compartimento organizacional desses tem a sua competência própria, parcela do todo. Assim, a soma de atribuições de todos os órgãos perfaz o total de competências atribuídas ao órgão posicionado no cume da linha vertical.

Ao servidor titular de cargo de direção de órgão superior é facultado, pelo princípio da hierarquia, delegar competências suas a dirigente inferior. Da mesma forma, é lícita a avocação de atribuições próprias de autoridade inferior. Esta última hipótese de medida, do ponto de vista administrativo, é desaconselhável, visto que conduz ao desprestígio

---

[15] DI PIETRO. *Direito administrativo*, 10. ed., p. 73.

da autoridade e ao enfraquecimento de um elo da corrente. Por isso, somente em casos extremos a autoridade superior deve avocar para si atribuições de autoridade inferior.

O princípio da hierarquia observa-se na estrutura organizacional administrativa dos poderes Executivo, Legislativo e Judiciário, no Ministério Público e no Tribunal de Contas. Quanto às atividades-fim, apenas o Poder Executivo mantém a hierarquia. Cada órgão é autônomo e não se sujeita à subordinação própria do órgão ou do Poder Executivo.

Maria Sylvia Zanella Di Pietro entende que nos casos das súmulas vinculantes os órgãos do Judiciário, no exercício da função judicante, subordinam-se ao Supremo Tribunal Federal, visto estarem obrigados a decidir em conformidade com a súmula vinculante atinente à matéria. Isso porque, nos casos de decisão judicial em desacordo com a súmula ou aplicação indevida desta, havendo reclamação nos termos da lei e se essa for acolhida pelo Supremo Tribunal Federal, a Corte poderá cassar a decisão contrariada e determinar que outra seja proferida.[16]

Em princípio, sem estudo aprofundado sobre o tema, parece não se tratar de subordinação. Na hipótese aventada, terá havido decisão contrariando determinada súmula vinculante emanada do Supremo Tribunal Federal em conformidade com a Constituição e com a lei de regência. Ora, qualquer decisão em desacordo com norma posta está sujeita à revisão. Só que, nesse caso, se o Tribunal acatar a reclamação, poderá cassar a decisão e determinar que outra seja editada em conformidade com a súmula. Será que essa hipótese caracteriza subordinação?

4.7 Princípio da indisponibilidade

A Administração Pública, direta e indireta, está sujeita ao princípio da indisponibilidade. Quer dizer-se que a Administração, por seus agentes, não tem a disponibilidade dos bens nem das coisas que estão sobre o seu domínio ou guarda, por se tratar de coisas públicas. Ora, se são coisas do público, pertencentes à sociedade, não devem ser dispostas a critério subjetivo e pessoal do administrador. Assim, ao administrador público é defeso distribuir bens ou valores pertencentes ao Estado entre particulares: parentes, amigos, grupos políticos e outros.

Os bens públicos destinam-se ao interesse social ou da coletividade. Os casos em que a Administração Pública pode dispor de bens públicos são estabelecidos em leis próprias. As atividades do administrador público estão vinculadas às regras jurídicas e às finalidades nelas previstas. Eventualmente, a lei confere ao agente administrativo competência discricionária para escolher a finalidade e o motivo. Essa liberdade está contida nos parâmetros e nos limites da lei e no interesse público. Para o agente público, prevalece, em regra, o que estiver previsto na lei, enquanto o particular pode agir de acordo com sua vontade própria, dispondo livremente dos seus bens, desde que não contrarie direitos de terceiros, nos termos do Código Civil. Nesse sentido é o entendimento de Cretella Júnior:

---

[16] DI PIETRO. *Direito administrativo*, 23. ed.

Os direitos subjetivos privados nada mais são do que a tradução do poder de vontade do homem, tutelado pela ordem jurídica. Do proprietário do imóvel depende, exclusivamente, no direito pátrio, vendê-lo ou não, pelo preço que entender, decidindo-se a operação de compra e venda pelas partes tão-somente. Impera a disponibilidade, no campo do direito privado, porque está subordinada à *voluntas domini*. É o princípio da disponibilidade do interesse privado. No campo do direito público, entretanto, domina a idéia da indisponibilidade, porque a administração esta vinculada à idéia de fim. É o princípio da indisponibilidade do interesse público onde está presente a idéia de impessoalidade de objetividade.[17]

Ilustra, com clareza, o texto de Cretella Júnior. O agente público não tem o poder de dispor da coisa pública com a mesma liberdade que o faz o particular. Este, regido pela legislação de natureza privada, sobretudo a civil, goza de faculdade plena para a administração de seus bens como melhor lhe aprouver deste que já tenha alcançado a maioridade. O administrador público, ao contrário, por ser gestor de coisa alheia, pública, tem a sua liberdade restringida por lei de natureza pública. Por isso, é a ele vedado dispor da coisa pública a não ser nas condições e hipóteses previstas em lei. Daí, o princípio da indisponibilidade.

4.8 Princípio da razoabilidade

O princípio da razoabilidade, defendido na doutrina administrativista, foi erigido ao posto de norma constitucional em alguns estados, entre eles o Estado de Minas Gerais e o Estado de São Paulo. Esse princípio vem sendo defendido como meio inibidor do poder discricionário do administrador público.

O poder discricionário conferido pelo legislador ao administrador público, para que ele, nos casos concretos, edite o ato que julgar melhor, à vista da previsão legal e nos parâmetros da própria lei, pode levar a comportamento antijurídico ou viciado juridicamente. O princípio da razoabilidade tem por finalidade limitar a liberdade do agente ou pautar-lhe a direção a ser seguida. Na discricionariedade, o agente transita numa faixa legal de margens invisíveis. Por isso, é difícil conduzir-se no seu leito central, que hipoteticamente coincide com a finalidade da lei, sem derivar para as margens não sinalizadas. A razoabilidade aparece como elemento norteador da Administração, orientando o seu agente na direção da conduta que melhor atenda à finalidade da lei e aos interesses públicos de acordo com a conveniência ou oportunidade, núcleo do ato. O comportamento administrativo, em desacordo com a razoabilidade, conduz, inexoravelmente, ao vício do ato decorrente. Celso Antônio Bandeira de Mello, quanto a esse particular, ensina:

> É óbvio que uma providência administrativa desarrazoada, incapaz de passar com sucesso pelo crivo da razoabilidade, não pode estar conforme a finalidade da lei. Donde, se padecer deste defeito, será, necessariamente, violadora do princípio da finalidade. Isto equivale a dizer que será ilegítima, conforme visto, pois a finalidade integra a própria lei. Em consequência será anulável pelo Poder Judiciário, a instância do interessado.[18]

---

[17] CRETELLA JÚNIOR. *Op. cit.*, p. 2.145.
[18] BANDEIRA DE MELLO. *Op. cit.*, p. 55.

A razoabilidade, por se tratar de conceito jurídico indeterminado, é de aplicação dificultosa, isso porque, o que é razoável para um, pode não o ser para outro. Entretanto, ante ao caso concreto, o entendimento mediano, segundo a doutrina majoritária, é no sentido de que, na tentativa de se verificar se a conduta adotada pelo agente público foi razoável, procede-se ao exame da matéria concebendo três zonas, chamadas de zona de certeza positiva, zona de certeza negativa e zona cinzenta. Na primeira, tem-se certeza de que a conduta do agente, negando ou concedendo, foi acertada, zona de certeza positiva. Na segunda, aflora a certeza de que a conduta do agente foi absolutamente irrazoável, inválida, portanto, zona de certeza negativa. Por último, a zona cinzenta, opaca ou de incerteza. É nessa que se verifica, na via administrativa ou judiciária, se a conduta foi razoável. Portanto, legal.

Sobre esse princípio, José dos Santos Carvalho Filho pontua:

> *Razoabilidade* é a qualidade do que é *razoável*, ou seja, aquilo que se situa dentro de limites aceitáveis, ainda que os juízos de valor que provocaram a conduta possam dispor-se de forma um pouco diversa. Ora, o que é totalmente razoável para uns pode não o ser para outros. Mas, mesmo quando não o seja, é de reconhecer-se que a valoração se situou dentro dos *standards* de aceitabilidade. Dentro deste quadro, não pode o juiz controlar a conduta do administrador sob a mera alegação que não a entendeu *razoável*. Não lhe é lícito substituir o juízo de valor do administrador pelo seu próprio, porque a isso se coloca o óbice de separação de funções, que rege as atividades estatais. Poderá, isso sim, e até mesmo deverá controlar os aspectos relativos à legalidade da conduta, ou seja, verificar se estão presentes os requisitos que a lei exige para a validade dos atos administrativos. Esse é o sentido que os tribunais têm emprestado ao controle.[19]

A razoabilidade, por se tratar de uma espécie de conceito impreciso, é de difícil observância em situação fática. É sabido que o agente público no exercício do poder discricionário é dotado de competência para, no caso concreto, fazer juízo de valor com a finalidade de adotar a conduta correta, manifestada por meio de ato administrativo. Acontece que, nem sempre, o agente atua corretamente, seja por equívoco, seja por ação deliberada, com a finalidade de beneficiar ou prejudicar alguém. Em qualquer das duas situações, pode acontecer de o ato resultante ser irrazoável. Nessa situação, o prejudicado deve recorrer ao Judiciário. O juiz, ao apreciar a questão de mérito da ação, não atuará discricionariamente, isso é, não deve fazer juízo de valor, mas a intelecção da norma que se amolda à situação *sub examine*. Se, ao final, valendo-se dessa hermenêutica, chegar à livre convicção de que o ato molestado está efetivamente eivado de vício, deve anulá-lo ou declarar a sua nulidade. Nesse caso, o magistrado não substitui o juízo de valor do agente administrativo. Agora, se o juiz não desenvolver a motivação necessária e a seu juízo, desprovido de respaldo jurídico, a sua decisão será nula, ensejando a possibilidade de recurso manejado pelo ente público ao qual pertence o agente público autor do ato anulado, dirigido ao grau superior.

---

[19] CARVALHO FILHO. *Op. cit.*, p. 35.

4.9 Princípio da proporcionalidade

O princípio da proporcionalidade é concebido como meio de controle de abusos de poder do agente público, no exercício do poder discricionário. Em certa medida, ele se assemelha ao princípio da razoabilidade. Ambos abrem espaço ao Judiciário para controlar atos da Administração Pública. Carvalho Filho explica a origem do princípio da proporcionalidade:

> O princípio da proporcionalidade que está ainda em evolução e tem sido acatado em alguns ordenamentos jurídicos, guarda alguns pontos que os assemelham o princípio da razoabilidade e entre eles avulta o que é objetivo de ambos a outorga ao Judiciário do poder de exercer controle sobre os atos dos demais Poderes. Enquanto o princípio da razoabilidade tem sua origem e desenvolvimento na elaboração jurisprudencial anglo-saxônica, o da proporcionalidade é oriundo da Suíça e da Alemanha, tendo-se estendido posteriormente ao Direito da Áustria, Holanda, Bélgica e outros países europeus.[20]

O controle de atos administrativos emanados da Administração Pública e dos demais poderes, no exercício de funções-meio, pelo Judiciário, é relevante para se evitar condutas abusivas dos gestores nos três poderes, desde que o magistrado monocrático ou colegiado fundamente as suas decisões. Do contrário, a decisão pode ser lesiva ao interesse público.

A aplicação adequada e justa do princípio da proporcionalidade é tarefa difícil, pelo fato de que tanto o agente público como o magistrado, na prática em caso concreto, na falta de norma expressa aplicável à situação, acabam adotando critério subjetivo, fato que pode levar a decisões díspares, opostas no exame de um mesmo caso. Com o objetivo de desvendar a polêmica relativa ao princípio da proporcionalidade, Leonardo de Araújo Ferraz, durante a elaboração da sua dissertação de mestrado, desenvolveu profunda e exaustiva pesquisa sobre o tema. O resultado da pesquisa está disponível no livro resultante da dissertação, com o seguinte título: *Princípio da proporcionalidade: uma visão com base nas doutrinas de Robert Alexy e Jürgen Habermas*.[21]

A primeira crítica manifestada pelo citado autor alicerça-se nos autores Böckenforde e Schlink. O primeiro, segundo Ferraz, assevera que o Direito Constitucional não contempla ponto de referência jurídica que legitima o emprego do princípio da proporcionalidade. No Direito Administrativo, se o princípio conta com sólido ponto de referência, no plano dos direitos fundamentais, não se verifica referencial adequada e justa aplicação do princípio da proporcionalidade. Schlink, na interpretação de Ferraz, resume o seu pensamento crítico sobre o princípio em tela "que a definição da relação de precedência entre princípios colidentes estaria intimamente associada às diversas ideologias e visões daqueles envolvidos na prática constitucional, afastando-se, pois, de argumentos jurídicos".

Prosseguindo a sua narrativa crítica, Ferraz traz a lume mais dois renomados autores que se dedicaram ao exame crítico sobre a invocação do princípio da proporcionalidade, são eles: Forsthoff e Aleinloff. O primeiro sustentou que a falta de um referencial legal

---

[20] CARVALHO FILHO. *Op. cit.*, p. 37.
[21] FERRAZ. *Princípio da proporcionalidade*, 1. ed.

expresso para a invocação do princípio da proporcionalidade, como existe no âmbito da Administração Pública, leva o magistrado a atuar como se fosse legislador, impondo suas valorações próprias em detrimento das funções do parlamento, que detém competência constitucional e institucional para configurar, no plano legislativo, a vida pública da sociedade. O segundo autor, na ordem citada, sustenta que o equilíbrio entre custos e benefícios, vantagens e desvantagens dos atos emanados do Poder Público no plano dos direitos fundamentais é uma espécie de atividade política, que deve resultar de discussões e debates dos representantes do povo. Os tribunais constitucionais, os demais tribunais e os juízes monocráticos carecem de representação do povo, dito de outra forma, de representação popular, daí, as decisões judiciais, principalmente relativas ao princípio da proporcionalidade, serem desprovidas de critérios jurídicos objetivos. Revestem-se, portanto, de critérios subjetivos.

Ferraz apresenta um estudo de caso, com a finalidade de demonstrar um exemplo do emprego do princípio da proporcionalidade pelo Supremo Tribunal Federal. Trata-se do HC nº 82.424/RS. O autor inicia o estudo com o seguinte texto:

> Como restou claro no curso deste trabalho, em virtude das vacilações terminológicas envolvendo a exata compreensão do alcance da expressão "princípio da proporcionalidade", fica até difícil avaliar as repercussões de sua aplicação em terras brasileiras. Felizmente, com o emblemático julgamento do HC 82424/RS – acordão prolatado em 17/09/2003 –, conhecido como o caso Ellwanger ou o difundido caso do Racismo – este, sim, o verdadeiro *Leading case* em à aplicação estruturada e pre-ordenada do princípio no Brasil –, tornou-se possível descortinar toda irracionalidade que envolve o sobredito princípio, como será discutido a seguir.[22]

O caso em estudo consiste em uma ordem de *habeas corpus* em face de uma decisão do Superior Tribunal de Justiça que julgou improcedente um *habeas corpus* impetrado por Siegfried Ellwanger para rever uma decisão judicial, que o condenou pela prática de racismo, pelo fato de ter editado um livro de conteúdo ofensivo aos judeus.

O fundamento do *habeas corpus*, constante da petição inicial, foi, principalmente, a alegação de que a sua conduta não se enquadra na tipificação prevista no art. 5º, inc. XLII, do seguinte teor: "a prática do racismo constitui crime inafiançável e imprescritível, sujeito à pena de reclusão, nos termos da lei". O livro não configura crime de racismo, pois os judeus não são raça, mas, um povo. Por isso, a publicação não se enquadra no tipo previsto no art. 20, da Lei nº 7.716, de 5.1.1989: "Praticar, induzir ou incitar a discriminação ou preconceito de raça, cor, etnia, religião ou procedência nacional. Pena: reclusão de um a três anos e multa".

O voto condutor foi o do Ministro Gilmar Mendes. Transcreve-se o parágrafo final do seu voto:

> A decisão atende, por fim, ao requisito da *proporcionalidade em sentido estrito*. Nesse plano, é necessário aferir a existência de proporção entre o objetivo perseguido, qual seja, a preservação dos valores inerentes a uma sociedade plural, da dignidade humana, e o ônus imposto à liberdade de expressão do paciente. Não se contesta, por certo, a proteção conferida pelo

---

[22] FERRAZ. *Op. cit.*, p. 145.

constituinte à liberdade de expressão. Não se pode negar, outrossim, o seu significado inexcedível para o sistema democrático. Todavia, é inegável que essa liberdade não alcança a intolerância racial e o estímulo à violência, tal como afirmado no acórdão condenatório. Há inúmeros outros bens jurídicos de base constitucional que estariam sacrificados na hipótese de se dar uma amplitude absoluta, intangível, à liberdade de expressão na espécie.[23]

Por fim, o ministro concluiu pelo indeferimento do *habeas corpus*, no que foi seguido por sete ministros.

O Ministro Marco Aurélio abriu dissidência do voto do Ministro Gilmar Mendes, discutindo dois direitos fundamentais, garantidos pela Constituição de 1988. São eles: o direito de livre manifestação e o da dignidade da pessoa humana. São dois direitos ou princípios, aparentemente, conflitantes. De um lado, a plena liberdade e, do outro, a proteção da dignidade. Esses dois direitos estão presentes na discussão do HC em exame. Diante dessas duas realidades, o ministro trabalha a coexistência dos dois princípios/direitos invocando a ponderação e o sopesamento dos princípios. Sustenta, em face do caso em exame, que é:

> necessário realizar a ponderação no caso concreto, devido à semelhança de hierarquia dos valores em jogo, de um lado, a alegada proteção à dignidade do povo judeu, do outro, a garantia da manifestação do pensamento. [...] sob um ângulo diferente daquele efetuado pelo ilustre Ministro Gilmar Mendes.

Ferraz conclui o exame do voto do Ministro Marco Aurélio, afirmando: "ao final, o Ministro concede a ordem, concluindo pela prescritibilidade do delito e consequente prescrição da pretensão punitiva, por entender que não houve a configuração do crime de racismo". O ministro foi acompanhado por dois de seus pares.

A ementa da decisão do STF, por 8 a 3, foi assim redigida: "Habeas-corpus. Publicação de Livros: Anti-semitismo. Racismo. Crime imprescritível. Conceituação. Abrangência Constitucional. Liberdade de Expressão. Limites. Ordem denegada".

Tomo a liberdade de transcrever o nosso entendimento sobre o princípio da proporcionalidade, manifestado em outro livro:

> Concluindo, o agente público, no exercício de estabelecimento da proporcionalidade entre o meio e o fim que deseja alcançar, não deve levar em consideração, apenas a norma contida na lei de regência, mas, sobretudo, a situação fática, tendo sempre em mente o direito individual, o coletivo, o custo/benefício, os princípios jurídicos e os limites do poder discricionário. A conduta do agente público, pautada nessas condicionantes, será, em princípio, juridicamente correta e insusceptível de contrariedade pelo Judiciário.[24]

4.10 Princípio da autotutela

A autotutela é o poder conferido à Administração em decorrência da hierarquia organizacional para controlar a si própria. A Administração, por tal princípio, exerce

---
[23] FERRAZ. *Op. cit.*, p. 150.
[24] FARIA. *Controle do mérito do ato administrativo pelo Judiciário*, 2. ed., p. 176.

controle sobre seus órgãos e agentes, dirigentes ou não, visando à legalidade dos seus atos. Em virtude dessa competência, à Administração Pública é lícito rever os seus atos, anulando-os por vício ou revogando-os por conveniência e oportunidade (Súmula nº 473 do Supremo Tribunal Federal e art. 53 da Lei nº 9.784, de 29.1.99), e para punir os agentes que infringirem normas legais ou regulamentares. Essas decisões, entretanto, se lesivas a direito, podem ser revistas pelo Judiciário, por força constitucional.

Ressalte-se que o ato de anulação ou o de revogação deve preceder de devido processo legal, processo administrativo, dando-se ao interessado a oportunidade para o exercício do direito de ampla defesa e a observância do princípio do contraditório.

4.11 Princípio da tutela ou do controle

O princípio da tutela ou do controle legitima a Administração a exercer controle sobre as entidades por ela criadas para atuarem na prestação de serviços públicos. Esse controle não interfere na autonomia da empresa, fundação ou autarquia que são dotadas de personalidade jurídica, com autonomia administrativa e financeira. Mas a Administração, com fundamento neste princípio, pode tutelar, fiscalizar e controlar a aplicação dos recursos financeiros e técnicos destinados às entidades integrantes da Administração indireta e, ainda, quanto ao cumprimento de suas atribuições legais e metas. Esse controle visa impedir a entidade de atuar em desacordo com os objetivos para os quais foi criada e evitar gastos de recursos financeiros em desacordo com a previsão orçamentária.

5 Administração direta

A Administração direta ou centralizada é aquela exercida pelas entidades políticas por meio de seus órgãos, centro de competências, subordinados, ao contrário da Administração indireta, integrada pelas entidades estatais, criadas para a prestação de serviços públicos ou, em casos especiais, nos termos da Constituição de 1988, exercer atividade econômica.

No âmbito federal, a Administração direta compreende a Presidência da República, os ministérios de estado, as secretarias federais e os órgãos autônomos. Cada um desses órgãos federais cuida de determinada atribuição, estabelecida em lei, e distinta uma em relação à outra. De sorte que a soma de atribuições ou de competência de todos os órgãos federais equivale à competência do Poder Executivo Federal. Nos estados, a Administração direta compreende a governadoria, as secretarias de Estado e os órgãos autônomos. A mesma sistemática é adotada para os municípios, substituindo governadoria por prefeitura e secretaria de estado por secretarias municipais.

Hely Lopes Meirelles sempre entendeu que mais correto seria dizer-se Administração centralizada e Administração descentralizada. Todavia o Decreto-Lei nº 200, de 25.2.1967, adotou as nomenclaturas *Administração direta* e *Administração indireta*. Em face dessa posição legal, o autor, em referência, mudou a sua conceituação, para ficar coerente com a lei, ressalvando, contudo, que mais correta seria a forma que havia sustentado até então em suas obras. O aludido decreto-lei dispõe no art. 4º, I, que a Administração direta federal compreende a Presidência da República e os seus ministérios de estado.

A Constituição Federal, no art. 37, *caput*, adotou também a orientação introduzida pelo Decreto-Lei nº 200/1967. A Constituição do Estado de Minas Gerais, no art. 14, dispõe sobre Administração direta e Administração indireta.

À Administração direta compete, exclusivamente, a prestação dos serviços indelegáveis em razão da natureza e da importância destes: segurança pública, defesa nacional, manutenção da ordem interna e prestação jurisdicional. Esses serviços não podem ter a sua prestação delegada nem ao particular nem a entidades estatais.

5.1 Concentração e desconcentração

A Administração Pública direta pode atuar de modo concentrado ou desconcentrado. A desconcentração não se confunde com a descentralização. Esta pressupõe a existência de, pelo menos, duas entidades jurídicas: a entidade centralizada e a pessoa à qual se delega a prestação de certo serviço público ou o desempenho de certa atividade. A desconcentração consiste na retirada de competências do órgão máximo da hierarquia administrativa para outros órgãos da mesma entidade governamental de acordo com a sua estrutura organizacional. A desconcentração não pressupõe a criação de pessoas jurídicas, mas a repartição de competência ou poder entre órgãos do mesmo órgão centralizado. A administração é concentrada, quando, mesmo subdividida em órgãos, estes não são dotados de poder ou competência, mas limitados a executar o que for planejado pelo órgão central. Nessa linha é o entendimento de José Tavares, autor português.[25]

Há várias formas para a adoção de estrutura desconcentrada. As duas mais comuns são: i) por área de atuação da Administração Pública. Exemplos: Ministério da Fazenda, Ministério do Planejamento, Ministério da Cultura, Ministério do Meio Ambiente, Ministério da Agricultura, Ministério da Saúde, Ministério da Educação, entre outros. Cada ministério atua numa área distinta das demais áreas de competência dos outros. Os ministérios são criados pelo Congresso Nacional, que também dispõe sobre as competências desses (art. 48, XI, da Constituição: "criação e extinção de Ministérios e órgãos da administração pública"). Todavia, o art. 84, VI, "a" e "b", com redação da EC nº 32, de 2001, atribui competência privativa ao presidente da República para: a) "organização e funcionamento da administração federal, quando não implicar aumento de despesa nem criação ou extinção de órgãos públicos"; "b) extinção de funções ou cargos públicos, quando vagos". Pelo princípio da simetria constitucional, os estados, o Distrito Federal e os municípios estão sujeitos aos comandos constitucionais contidos nos arts. 48, XI e 84, VI, "a" e "b" acima referidos; e ii) territorial ou geográfica. Nessa hipótese, são criadas representações regionais da Administração, para atuarem com autonomia nos limites de suas competências. Normalmente, abrangem várias áreas de atuação do órgão central. São exemplos, em Belo Horizonte, as secretarias regionais da prefeitura do município e, em São Paulo, as subprefeituras regionais. Finalmente, a desconcentração pode ser iii) vertical, observando-se a rigidez da linha hierárquica da Administração Pública.

---

[25] TAVARES. *Administração pública e direito administrativo*, p. 51.

Registre-se, ainda, que a desconcentração pode ser por lei, quando da organização da Administração (desconcentração originária), ou em virtude de delegação de competência, (desconcentração derivada). Nesse sentido, é o ensinamento do citado autor português, José Tavares.

5.2 Órgãos da Administração Pública direta

A Administração direta, como assinalado, é formada pelas pessoas políticas e por seus órgãos. Por intermédio deles é que ela presta os serviços de sua responsabilidade, planeja e executa as políticas públicas que lhe competem.

5.2.1 Conceito

Órgão é centro de competência, criado para realizar serviços públicos ou desempenhar atividades-meio da Administração Pública. O ente público necessita dos órgãos para realizar as suas atribuições. A lei ou o regulamento, por delegação legislativa, estabelece a competência de cada órgão. Dessa forma, a soma das competências de todos os órgãos públicos de determinado ente federativo representa a totalidade das competências dessa entidade. As competências integrantes do Ministério da Agricultura, por exemplo, são as competências do próprio ministério, distribuídas de acordo com as atribuições de cada órgão. À soma das atribuições de todos os ministérios correspondem as atribuições do Executivo, órgão da União, encarregado de prestar serviços públicos e realizar a satisfação do interesse coletivo, de responsabilidade do Estado.

Pelo conceito de órgão, é fácil concluir que a ele não se confere a personalidade jurídica. O máximo que se lhe atribui são autonomia financeira e autonomia administrativa. Mesmo assim, em caráter excepcional e a órgãos superiores na hierarquia administrativa. A principal distinção, então, entre órgão público e entidade pública consiste no fato de esta ser dotada de personalidade jurídica e aquele, não.

5.2.2 Classificação

Os órgãos públicos são dispostos, na estrutura da Administração, segundo critérios técnicos e princípios organizacionais.

a) Quanto à posição na estrutura organizacional da Administração Pública, os órgãos podem ser: independentes, autônomos, superiores e subalternos:
- órgãos independentes são aqueles criados ou previstos pela Constituição. Eles se estabelecem fora da organização hierárquica da Administração Pública, posicionam-se no ápice da pirâmide da organização governamental e gozam de ampla autonomia administrativa e financeira e se encarregam de formular a política do Estado nas suas diversas áreas de atuação. Embora não estejam sujeitos à hierarquização administrativa, submetem-se a controles especiais, previstos na Constituição. Este controle é, normalmente, exercido por um poder sobre o outro. São exemplos de órgãos dessa espécie no plano federal:
    - no Legislativo: Congresso Nacional, Senado Federal e Câmara dos Deputados, na esfera da União. Nos estados-membros, as assembleias

legislativas. No Distrito Federal, Câmara Distrital. Nos municípios, as câmaras municipais;
- no Executivo: federal, Presidência da República; estadual, governadoria; municipal, prefeitura.
- no Judiciário: Supremo Tribunal Federal, Superior Tribunal de Justiça, Tribunais Regionais Federais e juízes federais, Tribunal Superior do Trabalho, Tribunais Regionais do Trabalho e Varas do Trabalho, Tribunal Superior Eleitoral, Tribunal Superior Militar, Tribunais Regionais Militares, na União, Tribunal de Justiça, Tribunal de Justiça Militar e Tribunal do Júri e Varas Comuns e da Fazenda Pública e autarquias, nos estados.

São também, no nosso entender, órgãos independentes o Ministério Público Federal e os Ministérios Públicos Estaduais; os Tribunais de Contas da União, dos estados e dos municípios do Rio de Janeiro e de São Paulo. Entretanto, a Constituição de 1988 os considera órgãos autônomos. Antes da Constituição de 1988 era facultado aos municípios criarem tribunais de contas. Essa faculdade foi suprimida pela aludida Constituição. Hoje, os municípios não podem instituir seu próprio tribunal de contas. Foram, entretanto, mantidos os até então existentes nos municípios do Rio de Janeiro e de São Paulo.

- órgãos autônomos estão situados imediatamente abaixo dos órgãos independentes e na parte superior da pirâmide administrativa. Os órgãos hierarquicamente inferiores subordinam-se a eles. São órgãos autônomos aqueles diretamente subordinados aos chefes dos órgãos independentes, exemplo: ministérios de estado (federais), secretarias federais – cujo titular tem *status* de ministro –, Advocacia-Geral da União, Consultoria-Geral da República, secretarias estaduais, procuradoria-geral estadual e secretarias municipais. Esses órgãos são dotados de autonomia financeira e administrativa e de poder para formular a política de atuação, nas suas respectivas áreas, e ainda para controlar a sua execução;
- órgãos superiores são os situados na ordem hierárquica imediatamente inferior aos autônomos. Não gozam de autonomia financeira nem administrativa. A liberdade de atuação limita-se ao planejamento das atividades que lhes competem e ao acompanhamento da execução de suas atividades-fim, a cargo, normalmente, de órgãos subalternos. São exemplos desses órgãos: as superintendências, os departamentos, as divisões, os gabinetes, as procuradorias administrativas;
- órgãos subalternos são todos aqueles situados na base da estrutura administrativa. Têm função apenas executiva, sem liberdade de planejamento. Seguem rigorosamente o planejamento levado a efeito pelo órgão superior a que se subordinam. Servem de exemplos os serviços, as seções de expediente e as seções de protocolo.

b) Quanto à estrutura dos próprios órgãos, eles se dividem em simples e compostos:

- órgãos simples são aqueles que não se subdividem para exercer suas competências. Normalmente esses órgãos se localizam na parte inferior da escala hierárquica da Administração Pública. São exemplos as seções das repartições públicas, órgão de menor complexidade ou de nenhuma complexidade;
- órgãos compostos são os integrados por outros órgãos inferiores. São aqueles que se subdividem em vários outros, por meio dos quais exercem as atividades que lhes competem. Os ministérios federais, as secretarias estaduais e as secretarias municipais são exemplos dessa categoria.

c) Quanto à atuação funcional, os órgãos se dividem em singulares e colegiados:
- órgãos singulares são os que exteriorizam suas ações por meio de atos administrativos emanados de um único agente, autoridade competente, o seu titular. Apenas esse tem competência para decidir pelo órgão que dirige, a despeito de vários outros agentes atuarem na condução das atividades do órgão. Internamente, os agentes inferiores podem manifestar suas opiniões, mas a decisão é do agente superior hierárquico. As secretarias de estado servem de exemplo. O titular da pasta é que decide em nome dela. Para isso, normalmente, a autoridade vale-se de pareceres e informações elaborados por agentes subordinados. Essas manifestações inferiores não têm validade jurídica enquanto não forem aprovadas pela autoridade máxima do órgão a que pertencem;
- órgãos colegiados são os compostos por diversos membros, que decidem em conjunto. Instalam as suas reuniões com a presença da maioria absoluta dos respectivos membros. As suas decisões são tomadas pelo voto da maioria dos presentes na reunião. O ato que materializa a decisão de órgãos dessa espécie denomina-se deliberação. São exemplos dessa modalidade de órgãos os conselhos, as juntas e as comissões. Exemplo concreto: Conselho de Contribuinte.

5.3 Gestão pública

A gestão da Administração Pública, Poder Executivo, nos quatro planos de governo, é desenvolvida pelos respectivos chefes do poder, com a participação dos titulares dos respectivos órgãos integrantes da estrutura organizacional da Administração Pública direta. São os classificados, na linha hierárquica, como "órgãos do primeiro escalão", aqueles que se situam imediatamente abaixo da Presidência, das governadorias estaduais, distrital e prefeituras municipais. No plano federal, são os ministérios; nos estados-membros, as secretarias estaduais; no Distrito Federal, secretarias distritais; e, nos municípios, secretarias municipais. No âmbito desses entes da federação, dois importantes órgãos são obrigatórios por imposição constitucional. São eles: controle interno e ouvidoria. Ambos contribuem para a eficiência da Administração Pública em conformidade com a legislação de regência, com o interesse público e com a satisfação dos cidadãos demandantes ou usuários dos serviços públicos prestados pela Administração Pública.

Acontece que a Administração Pública nem sempre é boa gestora. Seus atos são praticados por agentes públicos, que são dotados das competências dos cargos que ocupam. Alguns poucos agentes, dotados do poder de mando, por equívoco, por incapacidade técnica (falta de formação na área em que atuam) ou por vontade deliberada, adotam conduta com o propósito de beneficiar alguém, pessoa física ou pessoa jurídica, ou, ao contrário, prejudicar determinada pessoa física ou jurídica, para obter vantagem indevida. Serve de exemplo a Ação Penal nº 470, processada e julgada pelo Supremo Tribunal Federal, que ficou conhecida como Ação do Mensalão dos Correios. Vários agentes públicos graduados hierarquicamente e outras pessoas físicas foram condenados, civil e penalmente, e encarcerados em estabelecimento prisional. Outro exemplo rumoroso de corrupção é o que foi instalado na Petrobras, chamado, em virtude da semelhança com o primeiro caso aqui citado, de Petrolão. Investigações, processo e julgamento tiveram início na 13ª Vara Federal de Curitiba, numa operação denominada Lava Jato. Outros foros da Justiça Federal situados em São Paulo, Rio de Janeiro e Distrito Federal julgaram número expressivo de ações ligadas à máquina bem montada e aparelhada, instalada na Petrobras, envolvendo diretores da estatal, presidentes e diretores de diversas empresas da construção civil pesada e partidos políticos. As decisões resultaram em condenações de dezenas de autoridades da iniciativa privada, do setor público, principalmente, da Petrobras, dirigentes e tesoureiros de partidos políticos, que foram condenados à pena de prisão fechada e a devolver os valores, em reais, desviados da Petrobras para contas particulares em bancos do exterior.

Esses dois exemplos são de empresas estatais federais. A primeira, empresa pública, denominada Empresa Brasileira de Correios e Telégrafos (EBCT), e a segunda, sociedade de economia mista, cujo nome oficial é Petróleo Brasileiro S/A (Petrobras). Não integram, portanto, a Administração direta. Entretanto, considerando que ambas são controladas por autoridades da Administração direta, a gestão delas sofre interferências, principalmente fiscalização, dos órgãos da Administração Pública a que se vinculam.

A gestão pública, tradicionalmente, é exercida de forma burocrática, observando-se a linha vertical hierárquica do mais elevado órgão ao mais baixo, subalterno. A burocracia evoluiu no sentido negativo, qual seja, o emperramento da máquina pública, e o pior, não foi capaz de evitar desmando ou mando autoritário, sem a observância da ética, da moral pública, da eficiência e do interesse público. Com a finalidade de rever os métodos e as práticas de gestão, vem sendo desenvolvida a ideia de introdução, na Administração Pública brasileira, da governança pública, derivada da governança corporativa.

5.3.1 Noções básicas de governança corporativa

Cláudio Sarian Altounian, Daniel Luiz de Sousa e Leonard Renne Guimarães Lapa, sobre o início da ideia de governança, explicam:

> O governo das empresas, ou, como dito em inglês, *corporate Governance*, analisa as múltiplas formas de resolver os potenciais conflitos que podem decorrer dessa separação de "poderes", devido aos objetivos dos proprietários e dos gestores não serem coincidentes. Assim, os modelos de governança surgiram como uma forma de reduzir o poder dos executivos (agente) e resgatar a orientação para o acionista (principal). As primeiras publicações referentes a melhores práticas voltadas para o tema datam dos anos 90: a) *Cadbury Report: The financial*

aspects of corporate governance – Reino Unido, b) *The Toronto Report on Corporate Governance* – Canadá; c) *Principles of corporate Governance: Analysis & Recommendations* - EUA.[26]

Governança corporativa é, portanto, o sistema de gestão que compreende criação de estratégias, visando à boa gestão da companhia corporativa, com vistas a desenvolver as atividades da empresa, focado no seu negócio, no interesse dos acionistas, dos consumidores dos seus produtos, dos fornecedores, do mercado e no cenário interno e externo, e nos agentes, que atuam nos postos de comando e planejamento, e os demais funcionários que executam as políticas da empresa, além de estabelecer estratégias de gestão e definir metas a serem atingidas em determinado espaço de tempo.

Tudo isso é desenvolvido por meio da gestão de *compliance*, cujas principais providências são:

> Garantir a conformidade da empresa com as legislações é cada vez mais importante. Assim, é possível mitigar riscos, evitar multas, manter a segurança do negócio, corrigir desvios, otimizar as operações e ainda melhorar a imagem junto ao mercado. Por isso, a *gestão de compliance* é uma estrutura indispensável para as organizações atualmente.[27] (Grifos no original)

Além do que foi transcrito acima, a governança corporativa/*compliance* é, pela sua razão de ser, atenta às agressões ao meio ambiente e ao aquecimento global, desenvolvendo medidas preventivas com vistas a garantir o desenvolvimento sustentável, medida que vem sendo adotada pela maioria dos países.

O *compliance* contém-se na governança corporativa. Por isso, ambos estabelecem regras de conduta dos comportamentos da empresa e dos que com ela se relacionam. A conformidade, elemento essencial do *compliance*, estar em conformidade, tem origem em fontes externas, como leis, contratos, convênios, padrões dos setores da atividade econômica e políticas no sentido próprio da palavra. O descumprimento de uma dessas restrições, principalmente as decorrentes da lei, poderá resultar, à empresa, em dever de pagar multas, rescisão de contrato, revogação de licença ou de autorização; e, às empresas e aos seus gestores, na sujeição a ações judiciais penais e civis.

5.3.2 Governança pública

A governança pública não se constitui de simples adoção da governança corporativa. Porque a Administração Pública não é corporativa, salvo as sociedades de economia mista e as empresas públicas, que têm o capital representado por ações e são sujeitas à Lei nº 6.404, de 15.12.1976 (Lei das Sociedades Anônimas), nos termos do art. 235 e seguintes. Além disso, essas empresas estão sujeitas a regras de Direito Público. Mesmo assim, a doutrina pátria não é uníssona quanto à possibilidade de adoção da governança corporativa nas sociedades de economia mista e nas empesas públicas, transportada integralmente da governança corporativa das companhias privadas. Este

---

[26] ALTOUNIAN; SOUZA; LAPA. *Gestão e governança pública para resultados*, 2. ed., p. 259.
[27] DUQUE. *G de ESG*.

tema será retomado no tópico em que será examinada a Lei nº 13.303.2019 (Estatuto Jurídico das Empresas Estatais).

Retomando a Administração Pública direta, pode-se afirmar que a governança corporativa não se amolda plenamente à Administração Pública, pois, além de ela não ser corporativa, é regida por leis de Direito Público, desde a Constituição da República até uma portaria de ministro de estado, por exemplo, passando por leis complementares, leis ordinárias, regulamentos emanados dos chefes do Executivo dos quatro planos de governo.

A governança pública, derivada que é, da governança corporativa, absorve dela o seu eixo principal, que é a gestão eficiente, ética, transparente e que adota outras medidas de proteção e preservação da companhia. Na Administração Pública, o que se pretende é: desemperrar a máquina pública; planejar e efetivar políticas públicas observando fielmente os princípios constitucionais contidos no art. 37 da Constituição da República; criar ambiente visando evitar a prática da nefasta corrupção ativa e passiva; evitar licitações e contratações superfaturadas ou com sobrepreço; planejamento para médio e longo prazo; estabelecer metas realizáveis; observar os limites orçamentários e financeiros; evitar desperdícios de materiais em geral; prestar serviços públicos, direta ou indiretamente, de qualidade, eficientes, contínuos e com preços módicos das respectivas tarifas; manter programa de treinamento e capacitação permanente de seus servidores, de modo a valorizá-los, e estabelecer critério de avaliação por desempenho; proteger o patrimônio público e o patrimônio cultural, paisagístico, histórico e étnico; manter fiscalização e incentivo, com vistas ao desenvolvimento sustentável.

O Decreto nº 9.203, de 22.11.2017, dispõe sobre política de governança no âmbito federal, Administração direta e autarquias e fundações públicas, integrantes da Administração indireta. Considerando a importância do conteúdo do art. 2º do citado decreto, ele será integralmente transcrito.

> Art. 2ª Para os efeitos do disposto neste Decreto, considera-se:
> I - governança pública - conjunto de mecanismos de liderança, estratégia e controle postos em prática para avaliar, direcionar e monitorar a gestão, com vistas à condução de políticas públicas e à prestação de serviços de interesse da sociedade;
> II - valor público - produtos e resultados gerados, preservados ou entregues pelas atividades de uma organização que representem respostas efetivas e úteis às necessidades ou às demandas de interesse público e modifiquem aspectos do conjunto da sociedade ou de alguns grupos específicos reconhecidos como destinatários legítimos de bens e serviços públicos;
> III - alta administração - Ministros de Estado, ocupantes de cargos de natureza especial, ocupantes de cargo de nível 6 do Grupo-Direção e Assessoramento Superiores - DAS e presidentes e diretores de autarquias, inclusive as especiais, e de fundações públicas ou autoridades de hierarquia equivalente; e
> IV - gestão de riscos - processo de natureza permanente, estabelecido, direcionado e monitorado pela alta administração, que contempla as atividades de identificar, avaliar e gerenciar potenciais eventos que possam afetar a organização, destinado a fornecer segurança razoável quanto à realização de seus objetivos.

As diretrizes da governança pública, de que trata o decreto, estão previstas no art. 4º: gestões voltadas para obtenção de resultados positivos para a sociedade, considerando limitação de recursos e possíveis mudança de prioridades; modernização da gestão pública, integração dos serviços públicos, principalmente os prestados por meio eletrônico; adoção das medidas necessárias, entre as quais monitoramento do desempenho das políticas adotadas, de modo a garantir que as diretrizes estratégicas sejam observadas; adoção de medidas e processos, com a finalidade de melhorar a integração entre os diferentes níveis e esferas do setor público; "fazer incorporar padrões elevados de conduta pela alta administração para orientar o comportamento dos agentes públicos, em consonância com as funções e as atribuições de seus órgãos e de suas entidades" (atuação do controle interno na gestão de risco com vistas à adoção de ações estratégicas de prevenção, com a finalidade de evitar processos sancionatórios. Sanção deve ser adotada só em caso extremo, depois de adotados efetivos procedimentos de prevenção. A medida sancionatória é danosa ao sancionado, e pode ser danosa também à Administração e à sociedade); "avaliar as propostas de criação, expansão ou aperfeiçoamento de políticas públicas e de concessão de incentivos fiscais e aferir, sempre que possível, seus custos e benefícios". Esses são os incisos mais importantes do artigo.

Finalizando este subtópico, ressalte-se que todas as medidas e procedimentos anunciados acima não serão eficazes se o sistema de gestão não for transparente, e se não tiver controle e responsabilidade, com a adoção do *accountability*, compreendendo prestação de contas de natureza financeira e de resultados alcançados em decorrência da governança pública.

6 Administração indireta

A Administração indireta é a integrada por entes públicos dotados de personalidade jurídica própria, criados ou mantidos pelo Estado para prestar serviços públicos ou de interesse público delegáveis, ou ainda, em certos casos, atuar no campo econômico. De conformidade com o Decreto-Lei nº 200/67 e de acordo com a Constituição da República, a Administração indireta é integrada pelas seguintes entidades jurídicas, distintas do Estado: autarquia, sociedade de economia mista, empresa pública e fundação pública. É como prescreve o art. 4º, II, do aludido decreto-lei, com as alterações introduzidas pelo Decreto-Lei nº 900/79, Decreto-Lei nº 2.299, de 21.11.1986 e Lei nº 7.596, de 10.4.1987. A Constituição do Estado de Minas Gerais, no art. 14, dispõe também sobre a Administração direta e a Administração indireta. Entre as entidades integrantes da indireta, além das previstas nos aludidos decretos-lei, a Constituição mineira acrescenta as "demais entidades de direito privado, sob o controle direto ou indireto do Estado".

Aludidas pessoas são criadas pela União, pelos estados-membros, pelo Distrito Federal e pelos municípios. E são vinculadas à respectiva entidade criadora, chamada também de entidade-mãe, que tem o poder de controle e fiscalização, na forma e condições estabelecidas em lei e regulamentos. Essas entidades nascem, normalmente, com as atribuições estabelecidas e definidas pela lei de criação ou pela lei que autoriza a criação. A leitura da lei é suficiente para se saber qual serviço ou atribuição foi ou está sendo transferido à entidade criada.

O Estado de direito, adotado sob a inspiração fulcrada no liberalismo econômico defendido e praticado no século XIX, cuidou apenas das funções básicas do Estado. Não era, por isso mesmo, intervencionista. O Estado era mero espectador da sociedade. À atividade privada não interessava prestar serviços públicos por não serem lucrativos. O Estado verificou, então, que não estava cumprindo o seu principal papel, qual seja o de promover o bem-estar social. Com isso, a saúde pública tornou-se deficitária; a educação, sobretudo a fundamental, deixava muito a desejar; e não havia prestação de assistência social à população carente.

Ante tal situação, a conclusão a que se chegou foi a de que o Estado teria de ser menos liberal para se tornar intervencionista, no limite necessário ao atendimento do reclame social. Vários Estados soberanos reconheceram essa incômoda e inquietante realidade. A Itália foi um dos primeiros Estados a desenvolver estudos com vista a encontrar solução que permitisse ao Poder Público cumprir efetivamente as funções sociais reclamadas pela sociedade. O Estado, em geral, estava despreparado organizacionalmente e também lhe faltavam recursos materiais e humanos para enfrentar o desafio. A solução encontrada foi a criação, pelo Estado, de entidades públicas a ele vinculadas, mas com personalidade própria e autonomia financeira e administrativa. A essas pessoas foram delegados serviços de interesses públicos especializados e distintos. Surgiu, então, a primeira pessoa jurídica de direito público distinta do Estado, a autarquia, em virtude da sua forma de instituição e limitações, que modernamente integra a Administração descentralizada em diversos países; e a indireta, no Brasil.

Depois da autarquia, que não alcançou o sucesso esperado na realização de seus objetivos, surgiram as outras entidades públicas já referidas neste item e que serão examinadas individualmente, no item seguinte.

6.1 Autarquia

6.1.1 Conceito

Nos termos do Decreto-Lei nº 200/67, art. 4º, II, "a", autarquia é o "serviço autônomo, criado por lei, com personalidade jurídica, patrimônio e receita próprios, para executar atividades da Administração Pública que requeiram, para o seu melhor funcionamento, gestão administrativa e financeira descentralizadas". Acrescente-se, ainda, tratar-se de pessoa jurídica de Direito Público interno, nos termos do art. 41 do Código Civil brasileiro de 2002. Ainda o art. 37, XIX, da Constituição da República prescreve que a autarquia é criada por lei. Se é criada por lei, é pessoa de direito público. Cretella Júnior define autarquia como

> [...] pessoa jurídica de direito público interno criada por lei da União, do Estado ou do Município para a consecução de determinados serviços públicos, especificados, delegados pelo Estado, com capacidade de autogovernar-se e com orçamento próprio, sujeita à tutela da entidade criadora.[28]

A autarquia, sendo pessoa jurídica distinta do Estado, atua por conta própria, é titular de direitos e deveres e está fora da linha hierárquica da Administração Pública – a esta vincula-se sistemicamente –, goza de autonomia administrativa e financeira;

---
[28] CRETELLA JÚNIOR. *Op. cit.*, p. 2.223.

os serviços a ela delegados, em conformidade com a lei de criação, lhe pertencem e são de sua inteira responsabilidade. A despeito de tratar-se de pessoa de direito público interno e de prestar serviços públicos, a autarquia difere do Estado. Este, além de pessoa jurídica de direito público interno, é também pessoa política. Vale dizer que ele edita o Direito, legisla. A autarquia não tem essa prerrogativa. Ela se submete às leis e regulamentos editados pela entidade criadora e pelas demais entidades políticas, dependendo da situação concreta.

Cumpre ressaltar que a legislação recente instituiu dez entidades de direito público nomeadas "autarquias especiais" e denominadas "agências reguladoras". Essas entidades não se encaixam na moldura das autarquias tradicionais, posto que não são propriamente prestadoras de serviços públicos, mas entidades reguladoras de determinados serviços públicos e fiscalizadoras das entidades privadas prestadoras desses serviços públicos. Essas dez entidades públicas serão examinadas no subitem 6.1.3.

6.1.2 Classificação

- Quanto às pessoas criadoras, a autarquia pode ser federal, estadual, distrital e municipal, se criada pela União, pelo estado, pelo Distrito Federal e pelo município, respectivamente.
- Quanto à estrutura jurídica, sempre se entendeu que as autarquias se dividem em dois grupos: fundacionais e corporativas. Do primeiro grupo são as autarquias destinadas à prestação de determinado serviço público de interesse geral. Do segundo grupo, seriam as criadas para fiscalizar e disciplinar categorias profissionais, como exemplo dessas autarquias, entre nós, a Ordem dos Advogados do Brasil e os demais Conselhos das variadas categorias de profissionais liberais. Servem de exemplos do primeiro grupo o Instituto Nacional de Seguro Social (INSS) e o Instituto Brasileiro do Meio Ambiente e Recursos Renováveis (Ibama).

Essa classificação, entretanto, teria ficado enfraquecida, a nosso ver, com a edição da Lei nº 9.649, de 27.5.1998. Essa lei, no art. 58, dispunha que "os serviços de fiscalização de profissões regulamentadas serão exercidos em caráter privado, por delegação do poder público, mediante autorização legislativa".

O §1º do mesmo art. 58 prescrevia que a organização, estrutura e funcionamento dos conselhos de categorias profissionais passam a ser disciplinados por decisão do plenário do Conselho Federal. Nesse plenário, salientava a norma, é assegurada a representação de todos os conselhos regionais da mesma categoria. Até antes do advento da lei em comento, a criação desses conselhos dependia de lei específica, a exemplo do que ocorre com todas as autarquias.

Aludidos conselhos, que até então se constituíam em entidades com personalidade de direito público interno, passaram à condição de pessoas jurídicas de direito privado, não mantendo vínculo de qualquer natureza com a Administração Pública, muito menos funcional ou hierárquico (§2º do art. 58 da lei em exame).

A despeito da personalidade de direito privado, os conselhos foram contemplados com o benefício da imunidade tributária e receberam competência delegada para exercer o poder de polícia na fiscalização do exercício da profissão da categoria que cada um congrega. Essas prerrogativas foram conquistadas pelas novas entidades, por exercerem atividades consideradas serviços públicos.

Com esta profunda modificação introduzida pela Lei nº 9.649/98, a categoria de autarquias corporativas passou a não mais existir no sistema jurídico pátrio, ressalvado o Conselho denominado Ordem dos Advogados do Brasil. Este não foi alcançado pela lei em questão; continuou sendo autarquia com personalidade de direito público, por força do disposto no §9º do art. 58 dessa mesma lei.

A OAB permaneceu, por conseguinte, sendo modalidade de autarquia da categoria denominada corporativa. Os demais conselhos, referidos acima, readquiriram a condição de autarquia corporativa de direito público, com a declaração de inconstitucionalidade do art. 58 da Lei nº 9.649/98, pelo Supremo Tribunal Federal, na ADI nº 1.717-6, julgada em 7.11.2002. Por fim, a lei em referência foi, *in totum*, revogada pela Lei nº 10.683, de 28.5.2003. Assim, as leis que criaram e regiam os conselhos de categoria profissional aludidos acima continuam em pleno vigor com o afastamento definitivo da Lei nº 9.649/98 do ordenamento jurídico. Com isso, pode-se afirmar que todos os conselhos de categorias profissionais recuperaram a condição de autarquias corporativas.

- Quanto à finalidade e competência, as autarquias são territoriais ou não territoriais. As territoriais são aquelas criadas para promover o desenvolvimento de determinada região. Nesse caso, a autarquia desempenha diversas atividades, todas aquelas de interesse da região territorial de seu campo de abrangência. A Constituição do Estado de Minas Gerais, no art. 14, I, prevê a criação de autarquia territorial. Até hoje (17.5.2022), entretanto, não se criou uma sequer. Foram exemplos de autarquias dessa espécie, no Direito brasileiro, os antigos territórios federais transformados em estados-membros. Eles foram autarquias federais antes da transformação. Os seus dirigentes, que exerciam o governo dos territórios, eram nomeados pelo presidente da República. No Direito estrangeiro, são exemplos as comunas e os departamentos no continente europeu. As autarquias não territoriais, chamadas de autarquias de serviço ou administrativas, desempenham atividades especiais e abrangem todo o território da pessoa criadora. Dependendo da natureza do serviço que prestam, essas autarquias podem ter ação fora dos limites do território do respectivo ente criador. Celso Antônio Bandeira de Mello, a propósito, escreveu:

> As Autarquias de serviço têm capacidade jurídica especialmente para um serviço de atividade administrativa. Isto é: têm capacidade especial. Já as autarquias territoriais têm capacidade genérica, pois sua aptidão jurídica não é definida em função do serviço, mas dos interesses administrativos considerados, no sistema jurídico, como próprios da coletividade sediada em um dado território.[29]

Concluindo, as autarquias corporativas têm por atividade básica congregar os profissionais liberais e exercer o poder de polícia quanto à atuação dos respectivos

---

[29] BANDEIRA DE MELLO. *Prestação de serviços públicos e administração indireta*, p. 85.

inscritos com vista ao comportamento ético e moral, no exercício da profissão. As autarquias de serviços são especializadas na prestação de determinado serviço público e as autarquias territoriais se instalam em determinada região geográfica, com competência para atuar em diversas áreas em atendimento à demanda da população existente no território de sua circunscrição.

6.1.3 Agências reguladoras

Nova categoria de autarquia foi criada na ordem jurídica pátria: denominada *especial*. Sobre ela noticiou-se no subitem anterior. Aqui, tentaremos identificá-la. Trata-se de entidade de direito público, criada por lei específica, destinada a regular a prestação de determinado serviço público e a fiscalizar as delegatárias da prestação deste, com vista à obtenção, pelos usuários, do serviço adequado, continuado e em condições módicas, além de estabelecer metas a serem cumpridas no tempo e no espaço. Foram criadas diversas autarquias especiais com esse objetivo. Outras, entretanto, surgiram no âmbito federal, que não se enquadram na moldura desenhada neste parágrafo, conforme se verá linhas seguintes. Todas, embora com objetivos distintos, são denominadas agências nacionais reguladoras.

Já foram criadas 11 (onze) autarquias dessa nova categoria, denominadas autarquias especiais, a seguir examinadas, observando-lhes a ordem cronológica de criação.

6.1.3.1 Agência Nacional de Energia Elétrica

A Agência Nacional de Energia Elétrica (ANEEL) foi instituída pela Lei nº 9.427, de 26.12.1996, vinculada ao Ministério de Minas e Energia. Trata-se de autarquia sob regime especial, com sede e foro no Distrito Federal, por prazo indeterminado (art. 1º).

Essa entidade tem por objeto regular e fiscalizar a produção, a transmissão, a distribuição e a comercialização de energia elétrica no país, em conformidade com a política e as diretrizes estabelecidas pelo Governo Federal.

No exercício de suas competências, a ANEEL articulará com os estados-membros e com o Distrito Federal, visando ao aproveitamento dos cursos de água de modo racional e compatível com as necessidades da sociedade e com a política nacional de recursos hídricos, observando sempre a política de desenvolvimento sustentado, competindo, nos termos do art. 3º, §1º, com as alterações introduzidas pela Lei nº 10.848, de 15.3.2004: a) implementar as políticas e diretrizes adotadas pelo Governo federal para exploração de energia elétrica e aproveitamento dos potenciais hidrelétricos, expedir atos normativos necessários à implementação das normas contidas na Lei nº 9.074, de 7.7.1995. Essa lei estabelece normas para a outorga e prorrogações das concessões e permissões de serviços públicos, alteradas pela Lei nº 10.848/2004; b) observando o plano de outorgas e diretrizes aprovadas pelo poder concedente, promover, mediante delegação, os procedimentos licitatórios próprios e adequados com o objetivo de escolher interessados ou interessadas a assinar contratos de concessão ou de permissão para a prestação dos serviços de energia elétrica, de produção, transmissão e distribuição de energia elétrica e, ainda, para a contratação de concessionários ou permissionários que cuidarão do aproveitamento de potenciais hidráulicos. Os atos normativos de competência da agência em exame têm função apenas de explicitar a lei para sua melhor aplicação, não podendo, por isso mesmo, inovar na ordem jurídica; c) gerir os contratos de concessão e de permissão de serviços públicos de energia elétrica e, também, os contratos de concessão de uso de bem público. É, ainda, atribuição da agência fiscalizar diretamente ou por intermédio de órgãos estaduais, mediante convênios celebrados para esse fim, as concessões, as permissões e a prestação de serviços de energia elétrica; d) dirimir, na via administrativa, os conflitos ou divergências entre concessionários, permissionários, autorizatários, produtores independentes e autoprodutores e, também, as questões divergentes entre os delegatários e os usuários dos serviços que prestam. Para melhor compreensão dos termos "produtor independente" e "autoprodutor", remete-se o leitor ao item 7 do Capítulo 9 deste livro; e) estabelecer critérios para a fixação do preço de transporte nos casos de prestação de serviços públicos, de que trata o art. 15, §6º, da Lei nº 9.074/1995, e para a fixação de tarifa a ser paga pelos usuários do serviço de energia prestado pelos concessionários ou permissionários. Nos casos de negociação frustrada, por ocasião de fixação ou majoração de tarifa, a agência reveste-se de competência para arbitrar o valor; f) articular com o órgão regulador do setor de combustíveis fósseis e gás natural os critérios para a fixação do preço de transporte desses produtos e para a arbitragem nas hipóteses de os agentes responsáveis não chegarem em acordo quanto ao preço; g) por fim, à ANEEL foi atribuída competência para declarar a utilidade pública para fins de desapropriação ou instituição de servidão de áreas de terreno necessárias às instalações das concessionárias e permissionárias de serviços de energia (art. 10 da Lei nº 9.074/1995, com a redação dada pela Lei nº 9.648/1998) e, ainda, editar resoluções normativas regulamentando a geração de energia de fontes alternativas, principalmente fotovoltaica e eólica. A primeira norma jurídica sobre a matéria é a Resolução Normativa nº 482, de 17.4.2012. Esta resolução normativa da ANEEL foi alterada e atualizada por outras RNs. A partir de janeiro de 2022, a matéria passou a ser regulada pela Lei nº 14.300, de 6.1.2022, que aproveitou diversas regras da RN nº 482.

A diretoria da autarquia compõe-se de um diretor-geral e quatro diretores, que atuarão em regime colegiado, com mandato de 5 (cinco) anos não coincidentes, "vedada a recondução, ressalvado o que dispõe o art. 29" (Lei nº 13.848 de 25.6.2019). A investidura nos respectivos cargos dá-se por nomeação do presidente da República, mediante prévia aprovação pelo Senado Federal. A escolha dos nomes, pelo presidente da República, deve recair sobre pessoa de ilibada reputação, formada em curso superior na área compatível com a do cargo cuja investidura é pretendida, e que exerceu atividade na área da formação. A estrutura organizacional da agência compreende: diretoria colegiada, uma procuradoria e uma ouvidoria. A nomeação do ouvidor, pelo presidente da República, condiciona-se à aprovação do nome pelo Senado Federal. O mandato do ouvidor é de 3 (três) anos, vedada a recondução (consulte a Lei nº 13.848/2019).

O Departamento Nacional de Águas e Energia Elétrica – DENAEE –, até então responsável pela política de água e energia elétrica, foi extinto, e suas atribuições, direitos e obrigações transferiram-se à ANEEL.

Alerte-se que a lei de criação da ANEEL já sofreu alterações e implementações por diversas leis, sendo que a última, até esta data (19.5.2022), é a Lei nº 14.300, de 6.1.2022. As alterações estão incluídas no texto original.

6.1.3.2 Agência Nacional de Telecomunicações

A Agência Nacional de Telecomunicação (Anatel) foi criada pela Lei nº 9.472, de 16.7.1997, nos termos do art. 8º, com a seguinte redação:

> Fica criada a Agência Nacional de Telecomunicações, entidade integrante da Administração Pública Federal indireta, submetida a regime autárquico especial e vinculada ao Ministério das Comunicações, com sede no Distrito Federal, podendo estabelecer unidades regionais.

Trata-se de espécie de agência reguladora com as funções primordiais de regular e fiscalizar os serviços de telecomunicações.

Nos termos da lei, a autarquia é de natureza especial pelo fato de distinguir-se das autarquias comuns ou determinadas autarquias de serviço quanto ao objeto. As autarquias desta última categoria não se revestem de competência para regular serviços. As agências reguladoras, nos termos da lei, são totalmente independentes, não se sujeitando à interferência política. Para que essa independência seja respeitada e garantida, os dirigentes das agências são investidos nos postos para cumprirem mandato por prazo certo. Esse regime jurídico dos diretores impede o chefe do Executivo de exonerá-los, pelo fato de terem mandato fixo e estabilidade no cargo durante o prazo do mandato.

A direção e a administração da Anatel estão a cargo de um conselho diretor que se compõe de cinco conselheiros e decide por maioria absoluta dos membros, mediante voto fundamentado. O mandato do conselho é pelo prazo de 5 (cinco) anos, não coincidentes, e é vedada a recondução. Essa orientação legal evita o desligamento de todos os membros do conselho na mesma data. A troca de membros do colegiado em datas distintas tem por finalidade evitar descontinuidade gerencial da agência.

A nomeação dos conselheiros compete ao presidente da República, depois de os nomes serem aprovados pelo Senado Federal. A escolha dos conselheiros, por força da lei, deve observar as seguintes condições: serem brasileiros, de reputação ilibada, formação universitária e elevado conceito no campo de sua especialidade.

Sobre a competência da Anatel, o art. 19 da lei de sua criação dispõe: "À Agência compete adotar as medidas necessárias para o atendimento do interesse público e para o desenvolvimento das telecomunicações brasileiras, atuando com independência, imparcialidade, legalidade, impessoalidade e publicidade". Os incisos desse artigo, de I a XXXI, são constantes da redação original. Depois, a Lei nº 13.848, de 25.6.2019, acrescentou o inc. XXXII e revogou os XXI e XXIX, que detalham as competências da agência. Serão comentados aqui, apenas, os incisos que foram objeto de arguição de inconstitucionalidade. São os incisos IV: "expedir normas quanto à outorga, prestação e fruição dos serviços de telecomunicações no regime público" e X: "expedir normas sobre prestação de serviços de telecomunicações no regime privado".

Os dois dispositivos foram questionados perante o Supremo Tribunal Federal por meio da ADI nº 1.668-4, cuja decisão foi publicada no *DJU*, em 16.4.2004. O STF deferiu pedido de medida cautelar, para dar aos incisos em referência,

> interpretação conforme à Constituição Federal, com o objetivo de fixar exegese segundo a qual a competência da Agência Nacional de Telecomunicações para expedir normas

subordina-se aos preceitos legais e regulamentares que regem a outorga, prestação e fruição dos serviços de telecomunicações no regime público e no regime privado.

Essa decisão veio reforçar o entendimento de que as agências reguladoras, no exercício de suas competências regulatórias ou reguladoras, não podem ultrapassar os limites da lei, tampouco de normas regulamentares. A citada Lei nº 13848/2019 introduziu outras alterações da lei de criação da Anatel, a exemplo de outras leis que a antecederam.

O art. 22, da lei em foco, dispõe sobre as competências do conselho diretor da Anatel. Entre elas, está prevista a de aprovar normas próprias de licitação e contratação, inc. II. O Supremo Tribunal Federal, na mesma ADI em exame, decidiu que "a competência do Conselho Diretor fica submetida às normas gerais e específicas de licitação e contratação previstas nas respectivas leis de regência".

O STF, coerente com entendimento da jurisprudência e da doutrina, nessa decisão deixou patente que à Anatel foge competência para aprovar normas próprias de licitação e contratação. Ela terá de se submeter à Lei nº 8.666, de 21.6.1993 (lei geral sobre licitações e contratos) e às demais leis que contêm regras de licitação, por exemplo, a Lei nº 8.987, de 13.2.1995.

Ressalte-se que os art. 89 a 108 da Lei nº 8.666/1993 foram revogados pela Lei nº 14.133, de 1º.4.2011, e o restante da lei será revogado automaticamente, em 2 anos depois da sua publicação. Igualmente, a Lei nº 10.520, de 17.7.2002, *in totum*, e os arts. 1 a 47-A, na data da publicação da lei revogante. Os leitores que tiverem interesse pela matéria devem fazer leitura atenta da Lei nº 14.133/2011.

A estrutura organizacional da agência compreende: conselho diretor, diretoria colegiada e ouvidoria. A nomeação do ouvidor, pelo presidente da República, condiciona-se à aprovação do nome pelo Senado Federal. O mandato do ouvidor é de 3 (três) anos, vedada a recondução (consulte a Lei nº 13.848/2019).

6.1.3.3 Agência Nacional do Petróleo

Lei nº 9.478, de 6.8.97, dispõe sobre a política energética nacional e as atividades relativas ao monopólio do petróleo. Para implementar a política, foram criados o Conselho Nacional de Políticas Energéticas e a Agência Nacional do Petróleo (ANP).

Os princípios e objetivos da política energética nacional são: preservar o interesse nacional e valorizar os recursos energéticos; proteger os interesses dos consumidores quanto ao preço, qualidade e oferta dos produtos, o meio ambiente, e promover a conservação de energia; permitir o fornecimento de derivados de petróleo em todo o território nacional, em conformidade com o §2º do art. 177 da Constituição da República; incentivar e implementar o aproveitamento do gás natural em base econômica; utilizar fontes alternativas de energia; promover a livre concorrência; atrair investimentos na produção de energia; ampliar a competitividade no país e no mercado internacional; incrementar, em base econômica, social e ambiental, a participação dos biocombustíveis na matriz energética nacional; garantir o fornecimento dos biocombustíveis em todo território nacional; incentivar a produção de energia a partir da biomassa e subprodutos de biocombustíveis; promover a competitividade do país no mercado internacional de biocombustíveis; atrair investimento em infraestrutura para o transporte de biocombustíveis; fomentar a pesquisa e o desenvolvimento relativos à energia renovável; e implementar medidas com a finalidade de reduzir as emissões de gases causadores de efeito estufa e de poluentes nos setores de energia e de transporte. Esses princípios estão previstos no art. 1º da Lei nº 9.478/1997, incs. I a XVIII, sendo que o inc. XII foi acrescentado pela Lei nº 11.097/2005, e os incs. XIII ao último foram acrescentados pela Lei nº 12.490/2011.

O propósito é muito bom e fundamental para a efetivação do desenvolvimento sustentável. Entretanto, pouco se fez de concreto até este momento.

Nos termos do art. 2º da Lei nº 9.478/1997, criou-se o Conselho Nacional de Políticas Energética (CNPE), vinculado à Presidência da República e presidido pelo ministro de Minas e Energia. O CNPE tem por incumbência propor ao presidente da República políticas nacionais e medidas com vista a cumprir os princípios contidos no art. 1º da lei, mencionados acima. As medidas a serem adotadas pelo Conselho estão arroladas no art. 2º, nos incs. I a X.

Os art. 3º e 4º da lei em comento tratam do monopólio do petróleo e do gás, sendo que o art. 3º prescreve: "pertence à União os depósitos de petróleo, gás natural e outros hidrocarbonatos fluidos existentes no território nacional, nele compreendidos a parte terrestre, o mar territorial, a plataforma continental e a zona econômica exclusiva". O art. 4º da mesma lei cuida do monopólio da União nos termos do art. 177 da Constituição da República. São, pois, monopólio da União: a pesquisa de lavras das jazidas de petróleo e gás e outros hidrocarbonetos fluidos; o refino de petróleo nacional ou estrangeiro, a importação e exportação de petróleo, gás e outros hidrocarbonetos fluidos; e, por fim, o transporte marítimo e por meio de dutos, dos produtos energéticos citados acima.

As atividades econômicas previstas no art. 4º podem ser exploradas por empresas privadas, mediante concessão, permissão, autorização ou por regime de partilha de produção. Em todas as hipóteses referidas, a atividade somente será contratada com pessoa jurídica constituída segundo as leis brasileiras e com sede no país (art. 5º com redação da Lei nº 12.351/2010).

Para regular e fiscalizar a realização da política relativa ao petróleo, ao gás e a outros hidrocarbonetos, foi criada a Agência Nacional do Petróleo nos termos do art. 7º, com a seguinte redação:

> Fica instituída a Agência Nacional do Petróleo, Gás Natural e Biocombustíveis – ANP entidade integrante da Administração Federal indireta, submetida ao regime autárquico especial, como órgão regulador da indústria do petróleo, gás natural, seus derivados e biocombustíveis, vinculada ao Ministério de Minas e Energia.

Como se vê, a autarquia, aqui tratada, tem por atribuição básica, além de exercer o controle, regular e implementar a política nacional do petróleo, do gás natural e biocombustíveis. As respectivas atribuições, nos limites de suas particularidades, são semelhantes às das outras duas agências referidas acima.

A Lei nº 12.351/2010, denominada "nova lei do petróleo", dispõe, entre outras matérias, sobre a pesquisa e a exploração do petróleo do pré-sal. Em virtude das inovações e ampliação da exploração do petróleo no território nacional, incluído o mar territorial, a plataforma continental e a zona econômica exclusiva, ampliaram-se as competências da ANP, nos termos do art. 11 da lei em referência: promover estudos técnicos para subsidiar o Ministério de Minas e Energia, com vista a delimitar os blocos que serão objeto de contrato de partilha de produção; elaborar minuta de contrato de partilha de produção e dos editais, se for o caso de licitação; promover licitação da modalidade leilão, conforme previsto no inc. II do art. 8º da mesma lei; fazer cumprir as melhores práticas da indústria do petróleo; aprovar os planos de exploração, de avaliação e de desenvolvimento da produção; aprovar, ainda, os programas anuais de trabalho e de produção relativos aos contratos de produção; regular e fiscalizar as atividades realizadas sob o regime de partilha de produção. Várias outras atividades são atribuídas à ANP, como a faculdade para contratar diretamente a Petrobras para realizar as atividades de avaliação das jazidas a que se referem os art. 36 e 37 da lei em comento. Diversas dessas novas atribuições conferidas à ANP são próprias de gestão, incompatíveis, a nosso ver, com as atividades próprias da agência, quais sejam, regular, fiscalizar e controlar.

Em resumo, o objeto da ANP consiste na atividade de promover a regulação, a contratação e a fiscalização das atividades econômicas relativas à indústria do petróleo. A autarquia é dirigida por uma diretoria colegiada composta por um diretor-geral e quatro diretores, nomeados pelo presidente da República, mediante prévia aprovação dos respectivos nomes pelo Senado Federal. O mandato dos diretores é de quatro anos, não coincidentes.

6.1.3.4 Agência Nacional de Vigilância Sanitária

A Agência Nacional de Vigilância Sanitária (ANVS), posteriormente denominada Anvisa, foi criada pela Medida Provisória nº 1.791, de 30.12.1998, convertida na Lei nº 9.782, de 26.1.1999. O art. 3º desta lei, com redação dada pela Medida Provisória nº 2.190-34, dispõe: "fica criada a Agência Nacional de vigilância Sanitária – ANVISA, autarquia sob regime especial, vinculada ao Ministério da Saúde, com sede e foro no Distrito Federal, prazo de duração indeterminado e atuação em todo território nacional". Essa autarquia tem por objeto

> promover a proteção da saúde da população, por intermédio do controle sanitário da produção e da comercialização de produtos e serviços submetidos à vigilância sanitária, inclusive dos ambientes, dos processos, dos insumos e das tecnologias a eles relacionados, bem como o controle de portos, aeroportos e de fronteiras (art. 6º da Lei n. 9.782/99).

As suas competências estão detalhadas no art. 7º da lei em referência. Entre elas, ressaltam-se: coordenar o Sistema Nacional de Vigilância Sanitária; estabelecer normas e padrões sobre limites de contaminantes, resíduos tóxicos, desinfetantes, metais pesados e outros que envolvam riscos à saúde; autorizar o funcionamento de empresas fabricantes, distribuidoras, dos produtos arrolados no art. 8º da lei sob exame, no total de 11 (onze) itens; conceder registro de produtos, segundo as normas de sua área de atuação; interditar locais de produção, distribuição, armazenamento ou guarda de produtos relativos à saúde, se não estiver de acordo com as exigências legais; promover a revisão e atualização periódica da farmacopeia, autorizar o uso de medicamentos fabricados no exterior ou no Brasil, depois de avaliação por seus órgãos técnicos, quanto aos efeitos positivos e negativos dos medicamentos, além de outras.

O inc. VII do art. 7º foi alterado e os incs. XI, XII e XIII foram revogados pela Medida Provisória nº 2.190-34/2001. Por meio dessa MP foram incluídos os incs. XXV, XXVI e XXVII. O §7º do mesmo artigo foi incluído pela Lei nº 13.097, de 2015, com a seguinte redação:

> Para o cumprimento do disposto no inciso X deste artigo, a Agência poderá utilizar-se de informações confidenciais sobre inspeções realizadas no âmbito de acordos e convênios com autoridade sanitária de outros países, bem como autorizar a realização de vistorias e inspeções em plantas fabris por instituições nacionais ou internacionais credenciadas pela Agência para tais atividades.

O citado inc. X trata da concessão ou cancelamento de certificado de cumprimento de boas práticas de fabricação.

A Anvisa, no exercício do seu poder de polícia, pode, por exemplo, retirar do mercado produtos da área da saúde que causam dano à saúde, que não forem por ela licenciados, que apresentam defeito de fabricação, que não tiverem a composição prevista no rótulo ou na bula, ou que estejam com a validade vencida.

A diretoria da agência é colegiada e compõe-se de cinco membros, sendo um deles diretor-presidente, nomeado pelo presidente da República. A investidura dos diretores nos respectivos cargos dá-se por ato de nomeação expedido pelo presidente da República, mediante aprovação dos nomes, pelo Senado Federal. O mandato é pelo prazo de 5 (cinco) anos, vedada a recondução. Depois dos primeiros quatro meses empossados, o presidente da República não pode exonerar nenhum dos membros da diretoria. Todavia, o diretor que praticar ato de improbidade ou cometer ilícito penal será desligado do cargo, se os fatos forem comprovados em processo administrativo, nos casos de improbidade e processo judicial penal, na hipótese de prática de ilícito penal, com a observância, nas duas espécies de processo, do princípio da ampla defesa e do contraditório. Além da perda do cargo, ao infrator serão aplicadas as penas previstas para cada caso, sem prejuízo da imposição de multa na forma da lei.

6.1.3.5 Agência Nacional da Saúde Suplementar

Pela Lei nº 9.961, de 28.1.2000, foi criada a Agência Nacional de Saúde Suplementar – ANS –, que tem "por finalidade institucional promover a defesa do interesse público na assistência suplementar à saúde, regulando as operadoras setoriais, inclusive quanto às suas relações com prestadores e consumidores, contribuindo para o desenvolvimento das ações de saúde no País" (art. 3º).

As competências da Agência estão arroladas no art. 4º, incs. I a XLII, da lei em referência. Entre elas transcrevem-se algumas das mais importantes, para se ter ideia da abrangência das atividades a ela atribuídas: inc. IV – fixar critérios para os procedimentos de credenciamento e descredenciamento de prestadores de serviços às operadoras; inc. V – estabelecer parâmetros e indicadores de qualidade e de cobertura em assistência à saúde para os serviços próprios e de terceiros oferecidos pelas operadoras; XVII – autorizar reajustes e revisões das contraprestações pecuniárias dos planos privados de assistência à saúde, ouvido o Ministério da Fazenda; inc. XXVI – fiscalizar a atuação dos operadores e prestadores de serviços de saúde com relação à abrangência de patologias e procedimentos; inc. XXXII – adotar as medidas para estimular a competição no setor de planos privados de assistência à saúde; XXXIV – proceder à liquidação extrajudicial e autorizar o liquidante a requerer a falência ou insolvência civil das operadoras de planos privados de assistência à saúde.

A Lei nº 13.003, de 24.6.2014, estabelece que o prestador de serviço de saúde na condição de contratado, referenciado ou credenciado dos produtos impõe compromisso com os consumidores quanto à sua manutenção ao longo da vigência do contrato, podendo o prestador do serviço ser substituído por outro prestador equivalente, mediante comunicação aos consumidores com antecedência de trinta dias. A mesma lei estipula, ainda: as condições de prestação de serviços de atenção à saúde no âmbito dos planos privados de assistência à saúde por pessoas físicas ou jurídicas serão reguladas por contrato escrito, firmado entre a operadora do plano e o prestador de serviço.

O contrato referido acima deve estabelecer com clareza as condições para sua execução, expressas em cláusulas que definam direitos, obrigações e responsabilidades das partes, incluídas, obrigatoriamente. Periodicidade do contrato será anual e realizada no prazo improrrogável de 90 (noventa) dias, contado do início de cada ano-calendário.

Na hipótese de vencido o prazo do contrato, a ANS, quando for o caso, definirá o índice de reajuste e poderá constituir, na forma da legislação vigente, câmara técnica com representação proporcional das partes envolvidas para o adequado cumprimento lei em referência. E, ainda, compete-lhe editar normas regulamentares necessárias à concretização da lei em pauta.

Essa agência vincula-se ao Ministério da Saúde e é gerida e administrada por uma diretoria colegiada composta de cinco diretores, nomeados pelo presidente da República depois de os nomes serem aprovados pelo Senado Federal, para mandato de 5 (cinco) anos, vedada a recondução. O diretor-presidente da entidade será um dos diretores integrantes da diretoria colegiada, nomeado por ato do presidente da República.

Integram ainda a administração da ANS um procurador, um corregedor e um ouvidor. Como órgão permanente consultivo, há um colegiado denominado Câmara de Saúde Complementar.

O funcionamento da ANS regulava-se por um contrato de gestão negociado pelo diretor-presidente e o ministro de Estado da Saúde, conforme dispunham os art. 14 e 15 da Lei nº 9.984/2000. Esses artigos, entretanto, foram revogados pela Lei nº 13.848, de 25.6.2019. Portanto, a Agência não se submete mais a contrato de gestão.

6.1.3.6 Agência Nacional de Águas

Pela Lei nº 9.984, de 17.7.2000, regulada pelo Decreto nº 3.392, de 19.12.2000, foi criada a Agência Nacional de Águas (ANA), vinculada ao Ministério do Meio Ambiente. Essa agência tem por finalidade básica implementar a Política Nacional de Recursos Hídricos. As suas atividades devem se realizar em sintonia e articulação com os órgãos e entidades públicas e entidades privadas integrantes do Sistema Nacional de Gerenciamento de Recursos Hídricos.

Suas atribuições estão previstas no art. 4º, incs. I a XXII, da lei em referência, sendo que os três últimos, XX, XXI e XXII, foram incluídos pela Lei nº 12.334/2010, e o XVIII, pela MP nº 2.216-37/2001. A lei de instituição da ANA sofreu várias outras modificações por meio de leis supervenientes, sendo a última, até esta data (20.5.2022), a Lei nº 14.026, de 15.7.2020, que dispõe sobre o marco legal do saneamento básico. A primeira mudança consiste na substituição da primitiva ementa da lei, pela seguinte:

> Dispõe sobre a criação da Agência Nacional de Águas e Saneamento Básico (ANA) entidade federal de implementação da Política Nacional de Gerenciamento de Recursos Hídricos (Singreh) e responsável pela instituição de normas de referência para a regulação dos serviços públicos de saneamento básico.

A redação do art. 1º foi alterada para incluir competências em relação às políticas de saneamento básico. Pelos mesmos motivos, foi alterada a redação do art. 3º original. Os incs. XXII, XXIII e XXIV vigoram com a redação incluída pela Lei nº 14.026/2020. O §2º do mesmo art. 4º foi revogado. Os §§8º, 9º, 10, 11 e 12 vigem com nova redação. A lei em foco introduziu os arts. 4º-A e 4º-B. O art. 9º, *caput* e §1º vigem com nova redação. O §2º e art. 10 e seus parágrafos foram revogados pela Lei nº 13.848 de 2919. O §1º do art. 11 foi alterado pela Lei nº 14.026/2020 Do feixe de atribuições apresentam-se as que em, princípio, dão a ideia da importância da ANA: outorgar, por meio de autorização, o uso de recursos hídricos de domínio da União; estimular e apoiar as iniciativas voltadas para a criação de comitês de bacias hidrográficas; promover ações destinadas a prevenir ou minimizar os efeitos de secas ou indenizações no âmbito do Sistema Nacional de Gerenciamento de Recursos Hídricos, em articulação com o órgão central do Sistema Nacional de Defesa Civil; definir e fiscalizar as condições de operação de reservatório por agentes públicos e privados, visando a garantir o uso múltiplo dos recursos hídricos, conforme estabelecido nos planos de recursos hídricos das respectivas bacias hidrográficas; participar da elaboração do Plano Nacional de Recursos Hídricos; implantar e gerir o Sistema Nacional de Bacias; coordenar a elaboração relatório de segurança das bacias e as demais atribuições conferidas à ANA pela Lei nº 14.026/2020.

A autarquia, nos termos da lei, é administrada por uma diretoria colegiada composta de cinco diretores nomeados pelo presidente da República, sendo um deles o seu diretor-presidente, também nomeado pelo presidente da República, para um mandato de 5 (cinco) anos, vedada a recondução. A lei é silente quanto à prévia aprovação dos nomes dos diretores, pelo Senado Federal. Mesmo assim, entendemos que a exigência está implícita, considerando que, em todas as outras autarquias especiais, os nomes escolhidos para as respectivas diretorias estão sujeitos à prévia aprovação pelo Senado Federal.

Registre-se, por último, que o mandato da diretoria da autarquia em relevo é pelo prazo de três anos, podendo seus integrantes serem reconduzidos uma única vez.

6.1.3.7 Agência Nacional de Transportes Terrestres

A Lei nº 10.233, de 5.6.2001, alterada, principalmente, pela Lei nº 13.844, de 18.07.2019, criou a Agência Nacional de Transportes Terrestres (ANTT) e a Agência

Nacional de Transportes Aquaviários. Esta última será examinada no subitem seguinte. Ambas são vinculadas ao Ministério dos Transportes.

A ANTT tem por objeto a formulação, o controle e a fiscalização da política de transportes terrestres. Compreende, entre as atribuições que lhe são conferidas, a delegação da prestação de serviços de transportes terrestres mediante contrato de concessão precedido ou não de obras públicas e contrato de permissão. Os delegatários devem ser escolhidos em procedimento licitatório nos termos da legislação pertinente. São atribuições específicas da ANTT, entre outras: elaborar e editar normas e regulamentos relativos à exploração de vias e terminais, garantindo-se a isonomia dos interessados; promover a revisão e o reajuste de tarifas dos serviços prestados, segundo disposições previstas no contrato de concessão ou de permissão, após prévia comunicação ao Ministério da Fazenda; fiscalizar a prestação dos serviços e a manutenção dos bens arrendados, cumprindo e fazendo cumprir as cláusulas estipuladas no respectivo contrato e aplicando as sanções, nos casos de descumprimento contratual por parte do delegatário; representar o Brasil nos organismos internacionais e em convenções, acordos e tratados, na sua área de competência, observadas as diretrizes do Ministério dos Transportes e as atribuições específicas dos demais órgãos federais (art. 24 da lei em foco).

A diretoria da agência é colegiada e composta de 5 (cinco) diretores, sendo um deles nomeado diretor-geral pelo presidente da República, para cumprir mandato de 5 (cinco) anos, não coincidentes, sendo vedada a recondução (art. 43 da Lei nº 10.233/2001, com a redação da Lei nº 13.848/2019). Os diretores são escolhidos e nomeados pelo presidente da República depois da aprovação do Senado Federal. São requisitos para o exercício de qualquer um dos cargos de diretor: ser brasileiro nato, ter reputação ilibada, formação universitária e elevado conceito no campo da especialidade do cargo a ser exercido.

Nos termos da Lei nº 13.848/2019, a estrutura organizacional da ANTT é a seguinte: diretoria colegiada, uma procuradoria, uma ouvidoria e uma corregedoria.

6.1.3.8 Agência Nacional de Transportes Aquaviários

A Agência Nacional de Transportes Aquaviários (Antaq), como dito, foi criada pela Lei nº 10.233/2001. Essa agência regula, controla e fiscaliza as atividades de transportes aquaviários. Seus objetivos gerais são os mesmos da Agência Nacional de Transportes Terrestres. É o que dispõe o art. 20 da lei comum:

> São objetivos das Agências Nacionais de Regulação Terrestre e Aquaviário:
> I - implementar, em suas respectivas esferas de atuação, as políticas formuladas pelo Conselho Nacional de integração de Políticas de Transportes e pelo Ministério do Transporte;
> II - regular ou supervisionar, em suas respectivas esferas de atribuições, as atividades de prestação de serviços e de exploração da infraestrutura de transportes, exercidas por terceiros.

As alíneas "a" e "b" detalham as atividades relativas a esse inc. II.

As atividades específicas da Antaq estão previstas no art. 27 da lei em exame. As principais, segundo nossa ótica, são: editar normas relativas à prestação de serviços de transportes e à exploração da infraestrutura aquaviária e portuária, observando a isonomia e garantindo os direitos dos usuários dos serviços; outorgar por meio de permissão ou autorização para a prestação de serviços de transportes por empresas de navegação fluvial, lacustre, de travessia, entre outros; aprovar as propostas de revisão de tarifa encaminhada pelas administrações portuárias, após comunicação ao Ministério da Fazenda (na gestão do Governo Bolsonaro, Ministério da Economia, que foi extinto, e recriados os Ministérios da Fazenda e do Planejamento); promover estudos referentes à composição da frota mercante brasileira e à prática de afretamentos de embarcações, para subsidiar as decisões governamentais quanto à política de apoio à indústria de construção naval e de afretamento de embarcações estrangeiras; representar o Brasil nos organismos internacionais e em convenções, acordos e tratados, na sua área de competência, observadas as diretrizes do Ministério dos Transportes e as atribuições específicas dos demais órgãos federais (art. 27 da lei em foco); celebrar contrato de outorga de concessão de exploração da infraestrutura aquaviária e portuária, e fiscalizar a execução dos respectivos contratos; firmar contrato de autorização para construção e exploração de estação de transbordo de carga e expedir atos de autorização para construção e exploração de instalação portuária de pequeno porte.

A diretoria da Antaq compõe-se de 3 (três) diretores, sendo, um deles, diretor-geral, nomeado pelo presidente da República. A nomeação da diretoria é de competência do presidente da República, depois que os nomes forem aprovados pelo Senado Federal. O mandato é por prazo certo de 5 (cinco) anos não coincidentes, vedada a recondução. Como nas demais agências, o presidente da República não goza de plena liberdade para selecionar os nomes que comporão a diretoria. A escolha deve recair sobre "brasileiros, de reputação ilibada, formação universitária e elevado conceito no campo de especialidade dos cargos a serem exercidos".

Nos termos da Lei nº 13.848/2019, a estrutura organizacional da Antaq é a seguinte: diretoria colegiada, uma procuradoria, uma ouvidoria e uma corregedoria.

6.1.3.9 Agência Nacional do Cinema

A Agência Nacional do Cinema (Ancine) foi criada pela Medida Provisória nº 2.281-1, de 6.9.2001, modificada pela Lei nº 10.454, de 13.5.2002. Essa agência tem por objeto cuidar da política do cinema nacional.

A sua diretoria atua sob o regime colegiado e compõe-se de 4 (quatro) diretores, sendo um deles nomeado diretor-geral pelo presidente da República. A nomeação para os cargos de diretores compete ao presidente da República, mediante prévia aprovação pelo Senado Federal.

O mandato dos diretores compreende prazo de 5 (cinco) anos não coincidentes. Vedada a recondução. Na hipótese de vacância, será nomeado substituto para completar o mandato, observando-se as mesmas regras para nomeação.

Os cargos de diretores serão preenchidos por brasileiros, de reputação ilibada e elevado conceito no seu campo de especialização.

6.1.3.10 Agência Nacional de Aviação Civil

A décima autarquia reguladora é a Agência Nacional de Aviação Civil – Anac, criada pela Lei nº 11.182, de 27.9.2005, alterada no curso do tempo por diversas leis, sendo que a mais importante em termos de conteúdos alterados é a Lei nº 13.848, de 25.6.2019, vinculada ao Ministério da Defesa, com prazo de duração indeterminado. O objetivo dessa agência, nos limites da legislação pertinente, é regular e fiscalizar as atividades da aviação civil e de infraestrutura aeronáutico e aeroportuário.

As competências da Anac estão previstas no art. 8º da lei em foco. A sua estrutura básica compreende: diretoria, órgão de deliberação máxima, procuradoria, corregedoria, conselho consultivo e ouvidoria. Além desses órgãos, fazem parte da estrutura organizacional da agência unidades especializadas.

A diretoria compõe-se de cinco membros, sendo um diretor-presidente e quatro diretores. A sua atuação é colegiada, cuja deliberação é tomada pela maioria dos membros. O presidente, além do voto ordinário, reveste-se de competência para proferir voto de minerva. As reuniões da diretoria instalam-se com a presença da maioria de seus membros. O mandato da diretoria é pelo prazo de 5 (cinco) anos, descoincidentes. Vedada a recondução. Para que isso aconteça indeterminadamente, a primeira diretoria será nomeada para mandatos com prazos diferentes, como segue: 1 (um) diretor com prazo de 3 (três) anos; 2 (dois) diretores, 4 (quatro anos); e 2 (dois) diretores, 5 (cinco) anos. Um dos diretores será nomeado presidente. Esses prazos são fixados no ato de nomeação. No caso de afastamento definitivo de um diretor, por qualquer motivo, será nomeado substituto para completar o mandato. Devem ser observadas, para a escolha desse substituto, as mesmas regras e condições previstas para o substituído.

Os requisitos e condições para o exercício do cargo de diretor da Anac estão previstos no art. 12 da lei em exame. São eles: o candidato deve ser brasileiro de reputação ilibada, ter formação universitária e gozar de elevado conceito no campo de especialidade do cargo em que se dará a nomeação.

A investidura nos cargos da diretoria da Anac, a exemplo do que ocorre nas demais agências reguladoras, depende de nomeação por ato do presidente da República. Ato este condicionado à prévia aprovação do Senado Federal.

O presidente da República dispõe de competência para escolher os membros que compõem a diretoria da agência, e nomeá-los depois da aprovação pelo Senado Federal. A exoneração, entretanto, não é discricionária, como, normalmente, acontece nos demais cargos de confiança previstos no art. 37, inc. II, da Constituição Federal, como sendo de livre nomeação e livre exoneração. Na Anac e nas demais agências reguladoras, o afastamento do cargo ou perda do cargo dar-se-ão em virtude de renúncia do mandato, de decisão judicial transitada em julgado ou no caso de pena demissionária cuja infração tenha sido regularmente apurada em processo administrativo disciplinar observados os princípios da ampla defesa e o do contraditório.

As iniciativas de atos normativos ou de alteração dos existentes que possam afetar direitos de agentes econômicos, de trabalhadores do setor ou de usuários de serviços aéreos serão precedidas de audiência pública convocada e conduzida pela Anac.

Trata-se de medida salutar e democrática, visto que dá aos interessados e à sociedade a oportunidade para discutir e colaborar na concepção de atos normativos que afetam direitos.

Saliente-se, por último, que a Agência Nacional da Aviação Civil se vincula ao Ministério da Defesa e assume as atividades do Departamento de Aviação Civil, extinto.

6.1.3.11 Agência Nacional de Mineração (ANM) instituída pela Lei nº 13.575, de 26.12.2017

O Brasil é um país rico em recursos minerais existentes no solo e, principalmente, no subsolo. Esses recursos são propriedade da União (art. 20, IX, da Constituição da República). Podem ser explorados direta ou indiretamente, por meio de licença outorgada à iniciativa privada. Para disciplinar a pesquisa e a extração de minérios, foi instituído, no passado, o Departamento Nacional de Produção Mineral (DNPM).

A expansão da extração de minérios, principalmente, o de ferro, fugiu ao controle dos órgãos criados para essa finalidade. A ineficiência da fiscalização e do controle é consequência da inércia ou da falta de agentes fiscais em número suficiente para atender à demanda. Em consequência disso, a maioria das barragens de rejeitos de minério de ferro não foi inspecionada adequadamente, levando ao rompimento das barragens de Mariana e de Brumadinho, em Minas Gerais.

Na tentativa de evitar novas tragédias, instituiu-se a Agência Nacional de Mineração e extinto o Departamento Nacional de Produção Mineral. A agência, a exemplo das anteriores, reveste-se da natureza de autarquia especial, pessoa jurídica de direito público, vinculada ao Ministério de Minas e Energia.

As competências da ANM estão arroladas no art. 2º, espalhadas em trinta e sete incisos. Entre elas, "implementar a política nacional para as atividades de mineração"; estabelecer requisitos técnicos, jurídicos, financeiros e econômicos a ser observados pelos interessados em obter títulos de minerários; regulamentar os processos administrativos de sua competência, instaurar o devido processo administrativo, julgá-lo e aplicar as sanções, quando for o caso; "fiscalizar a atividade de mineração, podendo realizar vistorias, notificar, atuar infratores, adotar medidas acautelatórias como de interdição e paralisação das atividades, impor as sanções cabíveis, firmar termo de ajustamento de conduta, constituir e cobrar os créditos dela decorrentes, bem como comunicar aos órgãos competentes a eventual ocorrência de infração, quando for o caso"; "regulamentar a aplicação de recursos de pesquisa, desenvolvimento tecnológico e inovação, do setor mineral".

A ANM será administrada por uma diretoria colegiada, composta por um diretor-geral, que a presidirá, e quatro diretores. O mandato da diretoria é pelo prazo de quatro anos, podendo ser reconduzida para mais um mandato. Os mandatos dos membros da diretoria são descoincidentes. Essa medida, obrigatória em todas as agências, tem por finalidade evitar a substituição de toda diretoria numa mesma data. A lei superveniente, nº 13.848/19, estabelece que o mandato das diretorias das agências reguladoras é de 5 (cinco) anos, vedada a recondução. Dessa forma, o mandato da diretoria colegiada da ANM é de 5 (cinco) anos, vedada a recondução, e não de 4 (quatro) anos, previsto na lei de criação da ANM.

Os membros da diretora da ANM são nomeados pelo presidente da República, após aprovação dos nomes pelo Senado Federal.

Essas são as breves informações sobre as agências reguladoras nacionais. Existem, entretanto, duas outras autarquias especiais federais que também regulam e fiscalizam, mas não se enquadram na moldura das dez examinadas: a Comissão de Valores Mobiliários (CVM) e o Banco Central (BC). Essas duas entidades se assemelham muito às agências acima examinadas, principalmente a CVM, posteriormente à sua reestruturação, implementada pela Lei nº 10.411, de 22.2.2002.

6.1.3.12 Limite da competência regulatória atribuída às agências

As agências, superficialmente examinadas aqui, estão apresentadas na condição de espécies de autarquia que se agrupam sob o manto de autarquias especiais. Entretanto, elas podem, ainda, ser classificadas em três grupos, a saber:

Primeiro grupo

Agências que cuidam da regulação e fiscalização dos serviços públicos prestados pelas empresas privatizadas que se tornaram delegatárias de serviços públicos; pelas particulares que se tornaram concessionárias ou permissionárias em virtude de contrato, precedido de licitação; e pelas estatais remanescentes, que não foram privatizadas. Servem de exemplos: Furnas e Cemig. Nesse grupo enquadram-se: a Agência Nacional de Energia Elétrica (ANEEL); a Agência Nacional de Telecomunicações (Anatel); a Agência Nacional de Transportes Terrestres (ANTT); a Agência Nacional de Transportes Aquaviários (Antaq) e a Agência Nacional da Aviação Civil (Anac).

Segundo grupo

Agências que cuidam da regulação e fiscalização de atividades econômicas desenvolvidas pela iniciativa privada independente de concessão, em regra. Nessa categoria enquadram-se a Agência Nacional de Vigilância Sanitária (Anvisa); a Agência Nacional de Saúde Suplementar (ANS); a Agência Nacional de Águas (ANA); a Agência Nacional de Mineração (ANM); e a Agência Nacional do Petróleo (ANP). Estas últimas, a ANA, a ANM e a ANP não se enquadram rigorosamente nesse grupo. Mas é nele que elas, embora um pouco enjambradas, se encaixam. A ANA, como visto, cuida da política, regulação e fiscalização do uso das águas, bem público. A questão econômica surge em segundo plano. A ANP cuida da política do petróleo. A pesquisa, a exploração e a comercialização de petróleo é atividade econômica. Mas distingue-se das demais pelo fato de ser atividade estatal monopolizada, até a promulgação da Emenda Constitucional nº 9, de 9.11.95 que flexibilizou o monopólio, permitindo à União contratar com empresas estatais ou particulares a realização das atividades que se constituem monopólio da União, nos termos do art. 177, incs. I a IV da Constituição Federal. A agência, então, cuida da regulação, da concessão e da fiscalização dessa atividade compartilhada com a iniciativa privada. Neste caso, a concessão outorgada pela ANP não é para a prestação de serviço público, mas para a realização de atividade puramente econômica. A ANM assemelha-se à ANP, pois ela regula, licencia e fiscaliza a exploração econômica dos recursos minerais, propriedades da União.

Terceiro grupo

Por fim, a última categoria de entidade reguladora encarrega-se de promover políticas de fomento e fiscalização da atividade privada. No momento, é exemplo a Agência Nacional do Cinema (Ancine).

Ante esta classificação das agências reguladoras, pode-se verificar que o limite da competência regulatória de que são detentoras varia de acordo com o objeto de cada uma.

Assim, as agências que atuam no campo da fiscalização e do controle de atividade meramente econômica limitam-se a estabelecer normas internas. No máximo, em certos casos, estabelecer normas procedimentais. A função primordial dessas agências traduz-se na fiscalização do particular no exercício de sua atividade econômica, cujos parâmetros e limites são veiculados por leis formais e materiais, votadas pelo Parlamento ou, nos limites constitucionais, por leis delegadas expedidas pelo chefe do Executivo. Esse entendimento decorre da leitura do art. 174 da Lei Maior. O dispositivo prescreve que o Estado é agente normativo e regulador da atividade econômica e que a atividade de fiscalização, de incentivo e de planejamento realizam-se na forma da lei.

Já as agências que atuam no campo do controle e da fiscalização da prestação de serviços públicos dispõem de espaço mais largo para o exercício do poder regulatório que lhe é conferido pelo ordenamento jurídico, mais especificamente, pela lei da respectiva criação. Entretanto, esse poder de regular esbarra na lei. Vale dizer que os regulamentos não podem ultrapassar o limite da lei. Entre nós, sabidamente, o ordenamento jurídico não agasalha o denominado "regulamento autônomo", exceto duas hipóteses previstas no art. 84, inc. VI, alíneas "a" e "b", da Constituição da República, quais sejam: a) "organização e funcionamento da administração federal, quando não implicar aumento de despesa e nem criação e extinção de órgão público"; b) "extinção de funções ou cargos públicos quando vagos" (redação atribuída pela Emenda Constitucional nº 32/2001). Nessas duas situações, a atuação do presidente da República independe de lei formal, podendo atuar por meio de decreto autônomo: espécie de regulamento que traz inovação no ordenamento jurídico.

A regulamentação das leis gerais e abstratas é de competência privativa do chefe do Executivo. No âmbito federal, a matéria está disciplinada no art. 84, inc. IV, da Constituição da República de 1988. Daí, vê-se que às agências reguladoras não compete editar regulamento de lei. É oportuno ressaltar que os regulamentos emanados do presidente da República sujeitam-se à retirada do mundo jurídico pelo Congresso Nacional, caso extrapole o limite do poder regulamentar ou os limites de delegação legislativa art. 49, inc. V, da Constituição da República. O que, então, compete às agências regular no campo da prestação de serviços públicos? O art. 175 da Constituição estatui que ao Poder Público compete prestar, direta ou indiretamente, os serviços públicos, na forma da lei. O parágrafo único do mesmo artigo prescreve:

> A lei disporá sobre:
> I - o regime das empresas concessionárias e permissionárias de serviços públicos, o caráter especial de seu contrato e de sua prorrogação, bem como as condições de caducidade, fiscalização e rescisão da concessão ou permissão;
> II - os direitos dos usuários;
> III - política tarifária;
> IV - a obrigação de manter serviço adequado.

Veja-se que a Constituição não reservou espaço às agências reguladoras para editar norma com poder de inovar na ordem jurídica. Assim, apenas o Poder Legislativo pode legislar nos casos da prestação de serviços públicos, ressalvada a medida provisória, nos estritos limites contidos no art. 62 da Constituição Federal.

Carlos Ari Sundfeld, dedicado estudioso do tema, sintetiza, assim, o seu pensamento sobre o poder normativo das agências reguladoras:

> Desejo deixar bem vincado aqui o meu ponto de vista a respeito do poder normativo das agências. Quando reconheço ser constitucionalmente viável que elas desfrutem de um tal poder, de modo algum estou sugerindo que elas produzam "regulamento autônomo" ou coisa parecida, pois todas as suas competências devem ter base legal – mesmo porque só a lei pode cria-las, conferindo-lhes (ou não) poderes normativos.[30]

Conclui-se que a lei é limite à competência reguladora das agências. Os seus regulamentos não podem, por isso, ir além da lei. Devem, portanto, estabelecer normas técnicas, regulamentos orientando a prestação de serviços públicos, parâmetros e critérios para a fixação ou revisão de tarifa, metas a serem alcançadas, regras objetivas quanto à qualidade e eficiência dos serviços públicos prestados por particulares ou entidades estatais.

O mesmo entendimento aplica-se às demais agências citadas, que não têm por objeto a regulação, o controle e a fiscalização da prestação de serviços públicos.

Apesar da legislação que cria as agências reguladoras e atribui a elas competências para regular, fiscalizar, processar administrativamente os seus agentes e lhes aplicar sanções quando agirem em desacordo com as leis e regulamentos, há suspeita de que várias agências são capturadas pelas empresas que deveriam estar sob seu controle. José dos Santos Carvalho Filho tratou do tema, com o subitem "Teoria da Captura". Assim se pronuncia:

> A relação entre a agência reguladora e as entidades privadas sob seu controle tem gerado estudos e decisões quanto a necessidade de afastar indevidas influências destas últimas sobre a atuação da primeira, de modo a beneficiar-se as empresas em desfavor dos usuários do serviço. É o que a moderna doutrina denominada de teoria da captura (*capture theory*, na doutrina americana), pela qual se busca impedir uma vinculação promíscua entre a agência, de um lado, e o governo instituidor ou os entes reguladores, de outro, com flagrante comprometimento da independência da pessoa controladora.[31]

Com certa frequência, tem-se notícia de que as agências nacionais de regulação são capturadas por empresas sujeitas às suas atividades reguladoras, fiscalizadoras e sancionadoras. Há suspeita de que a Anac e a ANS são capturadas pelas empresas da aviação aérea brasileira e pelas empresas titulares de planos de saúde, respectivamente.

Cite-se um caso rumoroso, investigado pela Polícia Federal. Trata-se de condutas antijurídicas praticadas pela então chefe do Escritório da Presidência da República, na cidade de São Paulo, Rosemary Nóvoa de Noronha. Ela, em decorrência do bom relacionamento que mantinha com o então presidente do país, conseguia efetivar nomeações de pessoas para cargos em comissão ou de confiança, de alto nível na Administração Pública federal direta e indireta. Nessa senda, usando sempre o nome do presidente que ela representava em São Paulo, conseguiu a nomeação de dois irmãos entre si,

---

[30] SUNDFELD. *Direito administrativo econômico*, p. 27.
[31] CARVALHO FILHO. *Op. cit.*, p. 393.

Paulo Rodrigues Vieira e Rubens Carlos Vieira. O primeiro para um cargo de diretor da ANA e o segundo, para o cargo de diretor de infraestrutura da Agência Nacional de Aviação Civil (Anac).

Essas duas nomeações não tiveram influências de empresas reguladas, fiscalizadas e sancionadas, quando for o caso, pelas duas agências. Mas, serviu para trazer a público conhecimento de que os critérios exigidos por lei não são observados sempre nas nomeações de diretores para as agências nacionais reguladoras. A autoridade competente para nomear, presidente da República, nos dois casos citados, afastou-se das regras jurídicas para acolher pedido da chefe do Escritório da Presidência da República. Ora, se o presidente se morga em face de pedido de uma funcionária, qual seria a reação dele na hipótese de pedidos de empresas poderosas sobre o viés econômico?[32]

6.1.4 Criação das autarquias em geral

As pessoas jurídicas, em geral, são criadas mediante contrato social ou estatuto social, dependendo do caso, e adquirem personalidade jurídica com o registro dos instrumentos de criação, na entidade ou órgão competente, junta comercial ou cartório de registro civil das pessoas jurídicas.

As autarquias são criadas por lei específica, nos termos do art. 37, XIX, da Constituição Federal, com a redação introduzida pela Emenda Constitucional nº 19/1998, do art. 14, §4º, da Constituição do Estado de Minas Gerais, e do art. 5º, I, do Decreto-Lei nº 200/67. A lei de criação, normalmente no primeiro artigo, declara a criação da entidade. Exemplo: "fica criada a Autarquia Instituto Federal de Previdência, com o objetivo de promover e manter as aposentadorias dos servidores federais, nos termos desta Lei e do seu Regulamento". Com esse dispositivo está criada a entidade. Independe de qualquer registro. O seu funcionamento dependerá apenas da sua organização (criação de órgãos), regulamentação, nomeação e posse dos respectivos dirigentes e servidores. A personalidade jurídica da entidade surge com a publicação da lei criadora. Não se aplica, portanto, à autarquia a regra do registro obrigatório a que se sujeitam as demais entidades, para que adquiram personalidade jurídica.

O chefe do Executivo, normalmente, é quem submete ao Legislativo projeto de lei criando autarquia. Mas não detém competência para criar entidade nem órgão por decreto. A proibição tem sede constitucional, nos termos do art. 37, XIX, da Constituição da República. Determina esse dispositivo que só por lei específica pode ser criada autarquia e autorizada a criação de empresa pública, sociedade de economia mista e fundação pública (redação dada pela Emenda Constitucional nº 19/1998).

6.1.5 Regime jurídico de pessoal

As autarquias sempre se submeteram ao regime do Direito Público e, especialmente, do Direito Administrativo, nas suas relações com as demais pessoas jurídicas e pessoas naturais. As mais antigas tinham seu pessoal regido pelo Estatuto dos Servidores Públicos Civis. Essas, depois da Reforma Administrativa Federal, realizada em conformidade

---

[32] Disponível em: https://veja.abril.com.br/brasil/chefe-de-gabinete-da-presidencia-usava-nome-de-lula-para-trafico-de-influencia/.

com o Decreto-Lei nº 200/1967, passaram, gradativamente, ao regime da Consolidação das Leis do Trabalho. As criadas posteriormente à edição do aludido decreto-lei adotaram, de pronto, o regime trabalhista para os respectivos servidores, em grande parte.

A Constituição Federal de 1988 determinou a instituição de regime jurídico único, estatutário, para os órgãos da Administração direta e para as autarquias e fundações públicas (art. 39). A admissão de pessoal, que durante décadas vinha sendo realizada sem concurso público, em desrespeito a preceito constitucional vigente desde a Constituição de 1934, passou a submeter-se a ele, depois da edição da nova Constituição, nos termos do art. 37, *caput*, e inc. II. De acordo com esse preceito constitucional, a investidura em cargo ou emprego público depende de concurso público de provas ou de provas e títulos, de acordo com a natureza e a complexidade do cargo ou do emprego, na forma prevista em lei, exceto para os cargos em comissão de livre nomeação e exoneração, previstos em lei. A inobservância do concurso e da ordem classificatória dos aprovados implica a nulidade do ato de nomeação e a punição da autoridade responsável, nos termos da lei (art. 37, §2º, da Constituição da República). Essa norma sancionadora inibiu os agentes públicos, forçando-os a não mais admitir sem concurso público, exceto nos casos de dispensa do certame previstos na Constituição.

A lei federal instituidora do regime jurídico único dos servidores federais é a nº 8.112, de 11.12.1990. Depois da edição dessa lei, os servidores das autarquias federais passaram, compulsoriamente, ao regime estatutário. Estabeleceu-se que os ingressos futuros de pessoal ficariam condicionados à aprovação prévia em concurso público. De sorte que, tardiamente, pôs-se fim a um comportamento inconstitucional e ilegal dos administradores públicos que, até então, contratavam servidores, segundo critérios pessoais ou políticos. Prática que resultou em apadrinhamento e, consequentemente, na contratação de pessoas nem sempre preparadas e aptas para o desempenho das funções dos cargos nos quais foram investidas.

Agora, com a obrigatoriedade do prévio concurso público, os servidores são recrutados entre os melhores, vencedores em processo democrático de escolha, com a participação de todos os interessados que atenderem às condições do edital do concurso.

Com a promulgação da Emenda Constitucional nº 19/98, o concurso público tornou-se flexibilizado e o regime jurídico único deixou de ser obrigatório. O art. 37, inc. II, da Lei Maior mantém o concurso público de provas ou de provas e títulos para o ingresso em cargo ou emprego público, mas de acordo com a natureza e a complexidade do cargo ou do emprego, na forma prevista em lei, ressalvados os casos de nomeação para os cargos de confiança ou comissionados. A impressão que se tem é a de que o concurso público passa a ser mais ou menos exigente e formal, dependendo da natureza do cargo ou do emprego. O art. 39 da Constituição Federal, que dispunha sobre o regime unificado para os servidores da União, dos estados-membros, do Distrito Federal, dos municípios e das autarquias e fundações, com a nova redação, não impõe mais o regime. As fundações e as autarquias não seriam mais cogitadas no artigo em foco. O dispositivo estabelecia que a União, os estados, o Distrito Federal e os municípios instituiriam conselho de política de administração e remuneração de pessoal.

Com essa redação, entendia-se que a autarquia e a fundação instituída pelas entidades políticas poderiam adotar, a partir da lei que instituísse o Conselho de Política, o regime da Consolidação das Leis do Trabalho, ou manter o estatutário, considerado mais adequado para essas entidades públicas. As autarquias terão de manter o regime estatutário para as funções próprias do Estado, como exemplo, o exercício do poder de polícia.

Restava dúvida, até o advento da Emenda Constitucional nº 19/1998, quanto ao regime jurídico dos servidores dos conselhos, entidades de categoria profissional, autarquias corporativas. Essas entidades, embora consideradas prestadoras de serviços públicos, não os prestam efetivamente. Na verdade, seus serviços são prestados aos respectivos filiados ou inscritos, que, inegavelmente, são de interesse público. Poder-se-á dizer que a atividade desenvolvida por tais autarquias interessa à sociedade, na medida em que pune e impede a atuação do mau profissional. Esse benefício que, indiretamente, é prestado à sociedade, entretanto, não chega a ser serviço público, no seu sentido estrito.

Em razão da peculiaridade das denominadas autarquias, em foco, indagavam-se: as autarquias corporativas foram alcançadas pelo regime jurídico único? Seus funcionários são servidores públicos regidos pelo Estatuto, ou são empregados comuns regidos pelas leis trabalhistas? Ivan Barbosa Rigolin entende que as entidades de classe, mesmo os conselhos, como o Crea e a OAB, não se enquadram no regime unificado. Para ele, o pessoal dessas entidades rege-se pela Consolidação das Leis do Trabalho. A eles se aplicam apenas as normas do Direito do Trabalho.[33]

Esse assunto não está convenientemente estudado entre nós. Poucos autores trataram do tema. Até a realização de pesquisa mais profunda, ficamos com a orientação do Rigolin. Parece-nos correto afirmar que as entidades profissionais, ainda que autárquicas, são voltadas para as categorias profissionais que congregam. Os seus dirigentes são conselheiros eleitos e empossados pelos próprios destinatários de seus serviços, os filiados. O Poder Público não exerce qualquer influência na condução de tais dirigentes aos postos de direção. Parece, pelas razões expostas, que o regime dos servidores das entidades em relevo deve ser o celetista, em regra. Nesse sentido é o entendimento do Supremo Tribunal Federal, contido no acórdão ADC nº 36, item 3, a seguir transcrito:

> 3. Constitucionalidade da legislação que permite a contratação no âmbito dos Conselhos Profissionais sob o regime celetista. ADC 36 julgada procedente, para declarar a constitucionalidade do art. 58, §3º, da Lei 9.649/1998. ADI 5367 e ADPF 367 julgadas improcedentes. A C Ó R D Ã O Vistos, relatados e discutidos estes autos, os Ministros do Supremo Tribunal Federal, em Sessão Virtual do Plenário, sob a Presidência do Senhor Ministro DIAS TOFFOLI, em conformidade com a certidão de julgamento, por maioria, acordam em julgar procedente o pedido formulado na ação declaratória e declarar a constitucionalidade do art. 58, §3º, da Lei nº 9.649/1998, bem como da legislação que permite a contratação no âmbito dos Conselhos Profissionais sob o regime celetista, nos termos do voto do Ministro ALEXANDRE DE MORAES, Redator para o acórdão, vencidos os Ministros CÁRMEN LÚCIA (Relatora), 2 Documento assinado digitalmente conforme MP nº 2.200-2/2001 de 24/08/2001. O documento pode ser acessado pelo endereço http://www.stf.jus.br/portal/autenticacao/autenticarDocumento.asp sob o código C309-5775-F42B-40FA e senha FA00-2CDD-0859-0FB0 Supremo Tribunal Federal ADC 36 / DF ORGANIZAÇÃO

---

[33] RIGOLIN. *Comentário ao regime único dos servidores públicos civis*, p. 15.

DO ESTADO. REGIME JURÍDICO ADMINISTRATIVO. NATUREZA SUI GENERIS DOS CONSELHOS DE FISCALIZAÇÃO PROFISSIONAL. POSSIBILIDADE DE CONTRATAÇÃO DE FUNCIONÁRIOS PELO REGIME DA CONSOLIDAÇÃO DAS LEIS DO TRABALHO. CONSTITUCIONALIDADE. 1. Os Conselhos Profissionais, enquanto autarquias corporativas criadas por lei com outorga para o exercício de atividade típica do Estado, tem maior grau de autonomia administrativa e financeira, constituindo espécie sui generis de pessoa jurídica de direito público não estatal, a qual não se aplica a obrigatoriedade do regime jurídico único preconizado pelo artigo 39 do texto constitucional. 2. Trata-se de natureza peculiar que justifica o afastamento de algumas das regras ordinárias impostas às pessoas jurídicas de direito público. Precedentes: RE 938.837 (Rel. Min. EDSON FACHIN, redator p/ acórdão Min. MARCO AURÉLIO, Tribunal Pleno, julgado em 19/4/2017, DJe de 25/9/2017; e ADI 3.026 (Rel. Min. EROS GRAU, Tribunal Pleno, DJ de 29/9/2006. 3. Constitucionalidade da legislação que permite a contratação no âmbito dos Conselhos Profissionais sob o regime celetista. ADC 36 julgada procedente, para declarar a constitucionalidade do art. 58, §3º, da Lei 9.649/1998. ADI 5367 e ADPF 367 julgadas improcedentes. A C Ó R D Ã O Vistos, relatados e discutidos estes autos, os Ministros do Supremo Tribunal Federal, em Sessão Virtual do Plenário, sob a Presidência do Senhor Ministro DIAS TOFFOLI, em conformidade com a certidão de julgamento, por maioria, acordam em julgar procedente o pedido formulado na ação declaratória e declarar a constitucionalidade do art. 58, §3º, da Lei nº 9.649/1998, bem como da legislação que permite a contratação no âmbito dos Conselhos Profissionais sob o regime celetista, nos termos do voto do Ministro ALEXANDRE DE MORAES, Redator para o acórdão. 2 Documento assinado digitalmente conforme MP n° 2.200-2/2001 de 24/08/2001. O documento pode ser acessado pelo endereço http://www.stf.jus.br/portal/autenticacao/autenticarDocumento.asp sob o código C309-5775-F42B-40FA e senha FA00-2CDD-0859-0FB0 Inteiro Teor do Acórdão - Página 2 de 64 Ementa e Acórdão ADC 36 / DF RICARDO LEWANDOWSKI, MARCO AURÉLIO e CELSO DE MELLO, que proferiu voto em assentada anterior, e parcialmente o Ministro EDSON FACHIN. Não participou deste julgamento, por motivo de licença médica, o Ministro CELSO DE MELLO. Brasília, 8 de setembro de 2020, Relator Ministro Alexandre de Morais.

Comporta, ainda, rápido comentário sobre os dirigentes das autarquias. A diretoria das autarquias de serviços, nas três esferas da Administração, é de livre nomeação e exoneração do respectivo chefe do Executivo, por prazo indeterminado. Normalmente o exercício desses cargos vai da data da nomeação até o final da gestão do governo. Entretanto, em qualquer época, podem ser exonerados do cargo, vistos serem de livre nomeação e exoneração. O chefe do Executivo da pessoa política criadora da autarquia, por questões políticas, ou pessoais, pode, sem fundamentar, exonerar qualquer agente integrante da diretoria da autarquia. A esta regra excetuam-se as autarquias Banco Central, Comissão de Valores Mobiliários e as onze agências nacionais reguladoras, referidas acima: ANEEL, Anatel, ANP, Anvisa, ANS, ANA, ANTT, Antaq, Ancine, Anac e ANM.

A nomeação dos diretores dessas autarquias, pelo presidente da República, depende de prévia aprovação do Senado Federal. Os cargos nas autarquias especiais denominadas agências reguladoras são exercidos, como visto antes, por diretores detentores de mandato por prazo certo, definido pela Lei nº 13. 848/2019, de 5 (cinco) anos para todas as agências reguladoras, vedada a recondução.

Todos os membros da diretoria têm direito ao pleno exercício do mandato integral, salvo se o dirigente praticar ato de improbidade administrativa apurado em processo administrativo ou se for condenado em ação penal transitada em julgado ou se descumprir, injustificadamente, contrato de gestão. A lei prevê a possibilidade da exoneração injustificada, nos quatro primeiros meses, contados da nomeação. Trata-se de hipótese de estabilidade temporária, três, quatro ou cinco anos, dependendo da agência, com quatro meses, que se poderia chamar de *probatórios*. Aos diretores do Banco Central não se aplica essa regra. Eles não são detentores de mandato por tempo determinado, e a manutenção deles nos respectivos postos depende do interesse político e da vontade popular.

As agências reguladoras, autarquias especiais, foram contempladas com gestão própria de recursos humanos, nos termos da Lei nº 9.986, de 18.7.2000. Por essa lei, os recursos humanos das agências reguladoras estão divididos em duas categorias, quanto ao regime jurídico de pessoal: celetistas e estatutários. De conformidade com o art. 2º da lei em comento, foram criados os empregos públicos de regulador e analista de suporte à regulação, de nível superior e técnico em regulação e técnico de suporte à regulação, de nível médio. Todos os titulares desses cargos são regidos pelas normas da Consolidação das Leis do Trabalho. Da categoria estatutária são os cargos efetivos de nível superior de procurador, cargos comissionados de direção, de gerência executiva, de assessoria, de assistência e cargos comissionados técnicos constantes do Anexo I à lei.

Como se pode ver, o corpo regulador e executivo das autarquias especiais, agências reguladoras, compõe-se de servidores empregados públicos, regidos pelo Direito do Trabalho. Estatutários serão apenas os titulares de cargos de procurador, de direção, de gerência executiva, de assessoria de assistência e os denominados comissionados técnicos.

Cumpre ressaltar que a Lei Federal nº 9.962, de 22.2.2000, dispõe sobre a criação de empregos públicos no âmbito da Administração direta federal, das autarquias e das fundações instituídas ou mantidas pela União. A mesma lei prescreve que o regime do pessoal ocupante dos aludidos empregos públicos é o da legislação do trabalho. Prevê ainda o mesmo diploma que lei específica cuidará da criação dos empregos públicos na Administração direta, na autárquica e na fundacional do Poder Executivo federal. Finalmente, está previsto que a contratação de servidores para as funções de emprego público será sempre precedida de concurso público.

Assim, a Lei nº 9.986/2000, acima examinada, está coerente e implementa a Lei nº 9.962/2000, mas vários de seus artigos foram objeto de ação direta de inconstitucionalidade, ADIn nº 2.310-1. Em despacho liminar, o Relator Ministro Marco Aurélio de Mello suspendeu, até o julgamento de mérito, o art. 1º e outros da citada lei. Também o art. 39 da Constituição Federal, com base no qual foram editadas as leis em referência, foi atacado pela ADIn nº 2.135-4. Essa ação tramita no Supremo Tribunal Federal. Em 14.8.2007, o *DJU* publicou decisão da Corte, deferindo parcialmente medida cautelar, com efeito *ex nunc*, suspendendo a eficácia do art. 39, *caput*, com a redação conferida pela EC nº 19/1998. De acordo com o voto do relator, em virtude dessa suspensão, o art. 39, na versão primitiva, retornou ao seu lugar na Constituição, integralmente. Com isso, a obrigatoriedade de adoção do regime jurídico único e plano de carreira para os servidores públicos civis da União, dos estados, do Distrito Federal, dos municípios e das suas respectivas autarquias e fundações de direito público continua em vigor.

Diante da liminar concedida na ADIn nº 2.310-1, que suspendeu parcialmente a Lei nº 9.986/2000, e da possibilidade da suspensão definitiva dos artigos alcançados pela liminar, por ocasião do julgamento de mérito da ação, editou-se a Lei nº 10.871, de 20.5.2004, dispondo sobre a criação de carreira e cargos efetivos nas agências reguladoras. Essa lei, já em parte alterada pela Lei nº 11.292, de 26.4.2006, modificou a Lei nº 9.986/2000, suprimindo os empregos públicos e criando cargos públicos em substituição.

A medida legislativa, como se vê, inviabilizou a pretensão de se admitir servidor para função pública de natureza permanente sob o regime da Consolidação das Leis do Trabalho e compatibiliza-se com a orientação majoritária da doutrina e da jurisprudência pátrias, coerentes com a Constituição Federal de 1988, que elegeu o regime estatutário dos servidores públicos como único, nos termos do seu art. 39, com a sua redação primitiva em decorrência de decisão do STF, citada acima.

6.1.6 Capital e patrimônio

O patrimônio da autarquia é formado integralmente por bens do Estado e por capital público. Nela, não há a participação de capital privado. O Estado estabelece, na lei de criação da entidade, as fontes de recursos financeiros e patrimoniais que passarão a integrar o patrimônio da nova entidade. As receitas indispensáveis ao funcionamento da autarquia são oriundas das taxas e tarifas que arrecadam e de transferência orçamentária feita periodicamente pela entidade criadora.

6.1.7 Obrigatoriedade de licitar

As autarquias estão arroladas entre as entidades públicas que necessitam promover licitação para contratação de obras e de serviços, compras e alienações, observando-se a Lei nº 8.666, de 21.6.1993, e outras leis federais que dispõem sobre licitação. As autarquias estaduais e as municipais devem adotar a lei da respectiva entidade criadora, devendo as referidas leis observar as normas gerais contidas na Lei nº 8.666/1993. Ressalte-se que esta lei foi revogada pela nova lei de licitações e contratações públicas, Lei nº 14.133, de 1º.4.2021, a partir de 2 (dois) anos contados da data de sua publicação. Assim, as novas licitações promovidas pelas autarquias serão regidas pela Lei nº 14.133/2021.

6.1.8 Extinção e destinação do patrimônio

As autarquias são criadas para funcionar por tempo indeterminado, mas nada neste mundo é eterno. Determinado dia, uma autarquia criada com o *animus* de perenidade chega ao seu fim, por não ser mais conveniente à sociedade, ou porque o serviço que presta deixou de ser importante, ou por ter sido transferido a outra entidade. Nesses casos, ela será extinta. Para isso será necessária a edição de lei específica extinguindo a entidade (a extinção não pode ser por meio de decreto do chefe do Executivo da entidade-mãe). O patrimônio apurado na liquidação será reintegrado à origem, isto é, devolvido ao Estado, acrescido do que lhe fora agregado durante a existência da entidade em extinção. Nos casos de os serviços serem transferidos a outra entidade pública, o patrimônio da autarquia poderá destinar-se à nova prestadora dos mesmos serviços, se assim dispuser a lei de extinção.

6.2 Sociedade de economia mista

A autarquia não foi suficiente para realizar os serviços públicos demandados pela sociedade, seja por falta de profissionalismo de seus gerentes e servidores, seja, principalmente, por falta de capital em quantidade suficiente para as inversões reclamadas pelos grandes projetos. Essas deficiências da autarquia estimularam os dirigentes públicos a procurar novas soluções para a prestação dos serviços públicos, que ainda eram precárias ou insuficientes. Desse exercício criativo, surgiu a sociedade de economia mista. Ela congrega capital público e capital privado, daí o nome "mista". E ainda deverá trazer para o setor público a experiência e a tradição empresarial voltada para eficiência, qualidade e produtividade.

6.2.1 Conceito

O conceito jurídico da sociedade de economia mista é o contido no art. 5º, III, do Decreto-Lei nº 200/1967, do teor seguinte:

> Sociedade de Economia Mista – a entidade dotada de personalidade jurídica de direito privado, criada por lei para a exploração de atividade econômica, sob a forma de sociedade anônima, cujas ações com direito a voto pertencem, em sua maioria, à União ou a entidades da Administração Indireta.

Cumpre ressaltar, de início, que o legislador cometeu equívoco ao estabelecer que a entidade mista é criada por lei. Essa modalidade de pessoa jurídica cria-se em virtude de lei, mas não por lei. A lei não cria, apenas autoriza o Poder Público a criar, sob a forma de sociedade anônima, empresa de capital misto com a participação da iniciativa privada. Esse entendimento, quanto à finalidade da lei relativa à criação de sociedade de economia mista, que vinha sendo sustentado a muitos anos, tornou-se cristalizado com a nova redação do inc. XIX do art. 37 da Constituição Federal. O dispositivo estabelece que a criação de empresa pública, de sociedade de economia mista e de fundação depende de lei autorizativa e que a autarquia só pode ser criada por lei específica (EC nº 19/1998).

Traços de definição da SEM:

- criação mediante lei autorizativa;
- personalidade jurídica de direito privado;
- capital misto (Estado e particular);
- sociedade anônima especial;
- sujeição às regras da lei das sociedades anônimas e ao controle estatal;
- derrogação parcial de normas do direito privado por normas de Direito Público;
- vinculação aos fins estabelecidos na lei autorizativa de criação;
- atuação, em regra, na exploração de atividade econômica.

Alguns autores, entre eles Hely Lopes Meirelles, entendem ser possível a instituição de sociedade de economia mista para prestar serviços públicos, atividade não econômica propriamente. Essa posição não é de fácil sustentação, visto que o art. 5º, III, do Decreto-Lei nº 200/1967, define a sociedade de economia mista como entidade destinada à exploração de atividade econômica. A conjugação desse dispositivo com o art. 173 da Constituição da República conduz ao entendimento de que a sociedade de economia mista deve ser criada para atuar no campo econômico. Até porque, do contrário, o capital privado não teria interesse de participar dessa entidade pública, considerando que ele visa sempre ao lucro. O §1º do art. 173 da Constituição da República, com a redação que lhe conferiu a Emenda Constitucional nº 19/1998, cristaliza esse entendimento ao dispor: "A lei estabelecerá o estatuto jurídico da empresa pública, da sociedade de economia mista e de suas subsidiárias que explorem atividade econômica de produção ou de comercialização ou de prestação de serviços, dispondo sobre: [...]".

O serviço referido no novo texto constitucional não é serviço público, mas atividade econômica ao lado da atividade produção e comercialização. Para a prestação de serviços públicos pelo Poder Público, deve ser criada autarquia ou fundação. Entretanto, existem sociedades de economia mista prestando serviços públicos, mas lucrativos. Exemplos, as empresas de energia elétrica não privatizadas e as fornecedoras de água potável e coleta de esgoto. Esses dois serviços são públicos porque a Constituição da República assim os considera, conforme prescreve o art. 21, inc. XII. Tanto é que existem empresas privadas disputando esse mercado com as empresas estatais. Os serviços públicos não lucrativos – como os de saúde – não interessam à iniciativa privada. A não ser basicamente as entidades filantrópicas, mediante remuneração por procedimento.

6.2.2 Criação

A sociedade de economia mista é criada mediante lei especial autorizativa. A lei, normalmente de iniciativa do Executivo, autoriza o Estado a associar-se com particulares e instituir determinada empresa para exercer certa atividade, geralmente, de natureza econômica (o nome da empresa e o seu objeto são previstos na lei autorizativa).

Editada a lei, o chefe do Executivo, por intermédio de comissão especial ou de agente designado, providencia a convocação, pelos meios próprios de pessoas privadas (naturais ou jurídicas) possíveis interessadas em participar da criação da sociedade mista, na condição de acionistas, elabora minuta do estatuto de acordo com a lei autorizativa e as normas da Lei das Sociedades Anônimas, e convoca a assembleia-geral para discutir e aprovar o estatuto e demais instrumentos constitutivos. Em seguida, aludidos documentos são levados a registro na junta comercial competente. Com a efetivação do registro nasce a sociedade de economia mista, com seus direitos e deveres previstos no estatuto, na lei autorizativa e na Lei nº 6.404, de 15.12.1976, das sociedades anônimas. Essa lei dedica o Capítulo XIX às sociedades de economia mista. Nos arts. 235 a 242, são estabelecidas as regras de criação e funcionamento das sociedades de economia mista. O art. 241 foi revogado pelo Decreto-Lei nº 2.287/1986, e o art. 242, pela Lei nº 10.303/2001. A regra geral são as normas previstas para as sociedades anônimas particulares. Entretanto, por tratar-se de pessoa criada pelo Estado, a lei impõe algumas condições não previstas, de caráter obrigatório, para as companhias criadas pelos particulares. São exemplos os conselhos fiscais e de administração. Nas companhias de sociedade anônima privadas, esses conselhos são facultativos. Na de economia mista, são obrigatórios (arts. 239 e 240). Deflui dessa regra o entendimento de que, embora a lei exija no mínimo dois acionistas para a criação de sociedade anônima, para as mistas é necessário número maior de acionistas. Isso porque parte dos conselheiros é escolhida entre os acionistas. A Lei nº 13.303/2016, nos termos do art. 19, garante a participação dos empregados e dos acionistas minoritários no conselho de administração das empresas estatais.

Outro ponto destoante, em relação à sociedade anônima comum e à mista, consiste no fato de que a primeira está sujeita aos regimes falimentar e recuperação judicial, e as mistas, não. Os seus bens, contudo, podem ser penhorados nas formas e condições contidas na lei processual. Há, todavia, possibilidade de esses benefícios virem a ser estendidos às sociedades mistas. Nesse sentido, tramita projeto de lei no Congresso Nacional.

Esse assunto é polêmico e desperta discussões. A doutrina diverge quanto ao benefício das sociedades de economia mista e das empresas públicas de serem excluídas do regime falimentar. Os argumentos em favor das empresas baseiam-se na Lei nº 6.404/1976, art. 242, que excluía as duas espécies de empresas estatais do regime falimentar. Entretanto, o referido artigo foi revogado pela Lei nº 10.303, de 31.10.2001. Antes já havia o entendimento de que o art. 242, em foco, não havia sido recepcionado pela Constituição Federal, em face do art. 173, §1º, que submete as empresas estatais ao mesmo regime das empresas privadas, no que tange aos regimes trabalhista, tributário, previdenciário, civil e comercial. Ora, se, em tudo, as estatais se submetem aos regimes das empresas privadas, qual seria o fundamento que justificaria a exclusão delas, ressalvadas as prestadoras de serviços públicos, considerando, principalmente, os princípios da continuidade, da eficiência e da qualidade dos serviços públicos? Não obstante, a nova lei de falência e recuperação judicial, Lei nº 11.101, de 9.2.2005, exclui da sua incidência as sociedades de economia mista e as empresas públicas, independentemente de atuarem na atividade econômica ou na prestação de serviços públicos. Os poucos avanços e os retrocessos do legislador ordinário acabaram por estacionar a embarcação no ponto de partida, art. 242, da Lei nº 6.404/1976, onde se encontra atracada por prazo indeterminado.

Sobre o tema José dos Santos Carvalho Filho escreveu:

> Em nosso entendimento, não foi feliz (para dizer o mínimo) o legislador nessa opção, flagrantemente ofensiva ao art. 173, §1º, da CF. Se o dispositivo equiparou as entidades àquelas do setor privado quanto às obrigações civis e comerciais, pelo menos no desempenho de atividade empresarial, parece incongruente a falência para as últimas e não o admitir para as primeiras. Na verdade, as atividades administrativas econômicas ficaram em evidente posição de vantagem em relação às empresas do setor privado, e, com certeza, não foi essa discriminação que o Constituinte pretendeu.[34]

A questão é sensível, tendo-se em vista o que dispõe o art. 173, §1º, da Constituição Federal, e a indisponibilidade e impenhorabilidade dos bens públicos. Considerando que o capital e o patrimônio das empresas públicas são, integralmente, pertencentes ao Estado – dito de outra forma, a iniciativa privada é impedida de associar-se ao ente da Federação interessado em criar uma empresa pública –, considerando, ainda, que a empresa pública surge da necessidade imperiosa de o Estado prestar determinado

---

[34] CARVALHO FILHO. Op. cit., p. 419.

serviço público ou atuar na atividade econômica, para atender à necessidade pública ou social, não deve falir. Se, em algum momento, a empresa se deparar com dificuldade de caixa ou necessidade de capital de giro, o seu criador tem o dever jurídico de injetar dinheiro do tesouro em valor suficiente para restabelecer a saúde financeira da empresa pública.

Ressalte-se que, nos termos do art. 173, *caput*, o Estado atuará em atividade econômica para atender aos imperativos da segurança nacional ou a relevante interesse coletivo, ressalvados os casos previstos na Constituição. A intervenção do Estado na atividade econômica, nas hipóteses do artigo em foco, será por meio de sociedade de economia mista ou empresa pública. As demais entidades da Administração indireta não podem atuar no campo econômico (§1º do art. 173).

No tocante às sociedades de economia mista, comungo do entendimento de José dos Santos Carvalho Filho: como têm parte do capital privado, deveriam se submeter à lei de falência. As que mais se destacam no mercado são de capital aberto, cujas ações são negociadas na Bolsa de Valores. Por esse motivo, principalmente, devem ter o mesmo tratamento das empresas particulares, também no que tange ao regime falimentar. Dessa forma, cumpre-se plenamente o disposto no art. 173, §1º.

A matéria está em julgamento no Supremo Tribunal Federal, RE nº 1.249.945, Relator Ministro Roberto Barroso. Trata-se de RE em face de decisão do TJMG que julgou improcedente ação que postulava o reconhecimento de direito das empresas estatais de postularem em juízo o benefício da recuperação judicial. O pleito alicerçou-se no art. 173, §§1º e 2º da Constituição Federal. O voto do relator no RE em foco foi pelo reconhecimento do direito das empresas estatais de serem tratadas integralmente como são as empresas da iniciativa privada. Os autos do recurso foram conclusos ao relator em 18.12.2022.[35]

6.2.3 Objeto

A sociedade de economia mista deve ter por objeto a atividade econômica, nas condições e limites contidos do art. 173 da Constituição Federal. Entretanto, admite-se a sua criação para prestação de serviços públicos, como já salientado antes. Referido artigo estabelece que, ressalvados os casos previstos na Constituição Federal, ao Estado é permitido atuar no campo econômico direta ou indiretamente, se a atividade for necessária aos imperativos da segurança nacional ou de relevante interesse coletivo. Os §§1º e 2º do mesmo artigo dispõem que as sociedades de economia mista e as empresas públicas sujeitar-se-ão às mesmas regras de direito a que se submetem as empresas particulares, inclusive quanto ao regime jurídico do pessoal e tributário.

Hely Lopes Meirelles ensina que, quando a empresa mista for prestadora de serviços públicos ou de utilidade pública, a sua liberdade operacional é ampla e irrestrita. Quando, entretanto, atuar no campo econômico, limita-se às regras e condições traçadas

---

[35] Disponível em: https://portal.stf.jus.br/jurisprudenciaRepercussao/verAndamentoProcesso.asp?incidente=5830583&numeroProcesso=1249945&classeProcesso=RE&numeroTema=1101.

pela norma constitucional, sobretudo a da subsidiariedade e a da não concorrência com a empresa privada.[36]

A separação da atividade econômica da atividade de prestação de serviços públicos, na prática, costuma ser difícil. O fornecimento de energia, de água tratada e de serviços de telecomunicações e a coleta de esgoto são, no Brasil, serviços públicos. Contudo, são todos de natureza econômica. Tanto é que existem empresas particulares que exploram esses serviços. A Companhia Energética de Minas Gerais (Cemig), por exemplo, é prestadora de serviços públicos, por força constitucional, mas atua no campo econômico, visto que os serviços que presta são rentáveis, geram lucros, ainda que controlados. No que se refere a pessoal e tributos, ela se submete às regras dos §§1º e 2º do art. 173 da Constituição Federal e concorre com a Companhia Força e Luz Cataguazes Leopoldina, integralmente privada.

6.2.4 Natureza jurídica

A sociedade de economia mista é pessoa jurídica pública de direito privado, cujas ações com direito a voto pertencem, majoritariamente, ao Estado e adquire personalidade jurídica com o registro dos instrumentos constitutivos na junta comercial. Essa modalidade de empresa, mesmo atuando no ramo de atividade não comercial, é tida como comercial por força da Lei nº 6.404, de 15.12.1976 e do Decreto-Lei nº 200/1967. Por esse motivo, só pode ser registrada na junta comercial competente. Impossível se torna, portanto, o registro dessa modalidade de entidade estatal no cartório de registro civil das pessoas jurídicas.

Ressalte-se que o fato de a sociedade de economia mista estar disciplinada pela Lei das Sociedades Anônimas (nº 6.404/1976) não impede que a Administração Pública estabeleça regras exorbitantes da lei comum, tendo-se em vista o interesse público e o volume de recursos financeiros, materiais e patrimoniais do Estado nela envolvidos. Essas regras, entretanto, devem se impor, quando previstas em lei, inclusive na lei autorizativa de criação da entidade.

6.2.5 Regime jurídico do pessoal

As pessoas admitidas para o desempenho de atividade de natureza permanente, nas sociedades de economia mistas, são consideradas empregadas públicas nos termos do art. 37, *caput* e incs. I, II e III da Constituição da República. O regime jurídico dessas pessoas empregadas é o da Consolidação das Leis do Trabalho, em conformidade com o disposto no §1º do art. 173 da mesma Constituição. O preceito estatui que as sociedades de economia mista e as empresas públicas sujeitam-se, entre outras, às regras trabalhistas. Donde se conclui, forçosamente, que os empregados dessas empresas não podem ter outro regime que não o do Direito do Trabalho. Os servidores públicos da Administração direta das autarquias e das fundações de direito público sujeitam-se ao Direito Público e são regidos por normas estatutárias, em conformidade com os arts. 37 e 39 da Constituição da República.

---

[36] MEIRELLES. *Op. cit.*, p. 328.

6.2.6 Necessidade de concurso público para admissão de empregados

Os diretores das sociedades de economia mista são eleitos pela assembleia-geral de acionistas, para mandato por tempo determinado. Ser acionista não é condição para participar da diretoria da empresa. A escolha recai, normalmente, em nomes da confiança do chefe do Executivo, vez que o Estado detém o controle acionário e, por isso, elege as pessoas que julgar mais convenientes.

Até o advento da Constituição da República de 1988, os empregados das empresas mistas e públicas eram recrutados mediante critérios subjetivos e pessoais do dirigente da empresa. Com a nova Constituição, o critério tornou-se objetivo, mediante prévio concurso público de provas ou de provas e títulos. Esse comando constitucional não foi assimilado, pacificamente, pelos estudiosos da matéria. Inicialmente, três correntes se formaram em torno do tema. Uma corrente entendia, sem restrição, que a regra é mesmo a do concurso público, consoante normas constitucionais. Outra entendia que a adoção do concurso seria impossível, principalmente porque as empresas estatais são equiparadas às particulares para todos os fins de direito. A última defendia concurso para as empresas prestadoras de serviços públicos e excluía, da exigência, as exploradoras de atividade econômica. As primeiras, para essa corrente, teriam vocação fundacional, e as outras, empresarial, no verdadeiro sentido do termo. Prevaleceu, entretanto, a primeira corrente. Hoje, não há dúvida de que as sociedades de economia mista e as empresas públicas dependem de prévio concurso público para admitir pessoal. Os primeiros a defenderem a exigência do concurso foram, entre outros, Carlos Pinto Coelho Motta, Hely Lopes Meirelles, Diogenes Gasparini, Cármen Lúcia Antunes Rocha e Antônio Augusto Junho Anastasia. Nesse sentido é o entendimento do Tribunal de Contas da União.

6.2.7 Necessidade de realização de licitação

A sociedade de economia mista sujeita-se ao procedimento licitatório nos termos do art. 37, inc. XXI, da Constituição e do art. 1º, parágrafo único, da Lei nº 8.666/1993. Esse parágrafo estende às entidades integrantes da Administração indireta a obrigatoriedade de realizar licitação para compra, contratação de obras e serviços e alienação, observadas as normas gerais da lei em referência. O art. 173, §1º, da Constituição da República prescreve:

> A lei estabelecerá o estatuto jurídico da empresa pública, da sociedade de economia mista e de suas subsidiárias que explorem atividade econômica de produção ou comercialização de bens ou prestação de serviços, dispondo sobre: [...]
> III - licitação e contratação de obras, serviços, compras e alienação, observados os princípios da Administração Pública.

A lei a que se refere o dispositivo constitucional transcrito acima foi editada. Trata-se da Lei nº 13.303, de 30.6.2016, denominada Estatuto Jurídico das Empresas Estatais (que será comentada em tópico próprio). Por essa razão, as empresas públicas, as sociedades de economia mista e suas subsidiárias desobrigam-se de submissão às regras da Lei nº 8.666/1993 e da sua substituta, Lei nº 14.133, de 1º.4.2021. Nos termos do citado estatuto jurídico, as empresas estatais passaram a adotar regime de licitação observando os princípios da Administração Pública (art. 173, §1º, III, da Constituição da República). Entretanto, a Petrobras instituiu regime simplificado de licitações, nos termos do decreto federal, com fundamento na Lei nº 9.478/1997, art. 67, que assim dispõe: "Os contratos celebrados pela Petrobras, para aquisição de bens e serviços, serão precedido de procedimento licitatório simplificado, a ser definido em decreto do Presidente da República".

O regulamento do procedimento simplificado a que se refere o artigo supratranscrito materializou-se por meio do Decreto nº 2.745, de 25.8.1998.

A petroleira, desde então, vem licitando e contratando, observando as regras do regime simplificado. O Tribunal de Contas da União, sistematicamente, vinha declarando nulidade das licitações e contratações da Petrobras e determinando a observância da Lei nº 8.666/1993. A Petrobras, por seu turno, já impetrou, perante o STF, mais de uma dezena de mandados de segurança em face das decisões do TCU relativas às suas licitações simplificadas. Em todas as ações foram concedidas liminares mantendo os contratos da empresa até o julgamento de mérito. Com o advento da Lei nº 13.303/2016, os citados mandados de segurança, em princípio, perderam o objeto.

6.2.8 Extinção e destino dos patrimônios

As sociedades de economia mistas são criadas, sempre, para operar por tempo indeterminado. Mas não há obstáculo que impeça a extinção delas. Ocorrendo essa hipótese, o patrimônio da companhia retornará às origens dividido entre os acionistas, na proporção do capital integralizado de cada um. Hely Lopes Meirelles entende que o patrimônio da sociedade de economia mista é público e, por isso, retorna integralmente ao Estado nos casos de extinção da empresa. O autor reforça a sua tese invocando a Lei da Ação Popular, que preserva o patrimônio dessas sociedades contra atos lesivos de seus dirigentes.[37] Entendemos que o Estado reincorpora apenas a parte de seu patrimônio destacada para a formação do capital da sociedade, acrescido das parcelas legais. Haveria enriquecimento ilícito do Estado se a parte relativa ao capital particular a ele se incorporasse.

6.3 Empresa pública

A empresa pública é outra espécie de pessoa jurídica, integrante da Administração indireta, criada pelo Estado, para prestar serviços públicos ou atuar no campo da atividade econômica nos limites estabelecidos pela lei de criação e pela Constituição Federal. Essa modalidade de empresa surgiu no Direito brasileiro com a edição do Decreto-Lei nº 200/1967 (art. 5º, II).

6.3.1 Definição legal

O Decreto-Lei nº 200/1967, no art. 5º, II, com a redação dada pelo Decreto-Lei nº 900, de 29.9.1969, assim define a empresa pública:

---

[37] MEIRELLES. *Op. cit.*, p. 329.

Empresa Pública: a entidade dotada de personalidade jurídica de direito privado, com patrimônio próprio e capital exclusivo da União, criada por lei para a exploração de atividade econômica que o governo seja levado a exercer por força de contingência administrativa, podendo revestir-se de qualquer das formas admitidas em direito.

Pelo menos duas impropriedades ressaltam do texto. A primeira decorre da incompatibilidade entre a expressão "capital exclusivo da União" e a expressão "podendo revestir-se de qualquer das formas admitidas em direito". A forma a que alude a expressão é a modalidade societária (sociedade anônima, sociedade por quotas, dentre outras.). Ora, se o capital é exclusivo da União, a empresa será unipessoal ou de capital e indústria. Esta última, em desuso entre nós, e a primeira, de uso restrito. A outra impropriedade ou equívoco da lei visualiza-se na expressão "criada por lei". O correto seria "criada em virtude de lei". A lei não cria empresa pública, mas, tão somente, autoriza o Estado a criá-la (art. 37, inc. XIX, CF). Essa modalidade inclui-se entre aquelas que dependem de registro de seus instrumentos de instituição na entidade ou órgão próprio, para adquirir personalidade jurídica. Se a atividade da empresa for econômica, ou se ela se revestir da forma sociedade anônima, o seu registro será, obrigatoriamente, na junta comercial pertinente à entidade criadora. Se, entretanto, o seu objeto consistir em atividade não comercial, o registro se fará no cartório de registro civil de pessoas jurídicas.

Esse entendimento prevaleceu até a entrada em vigor da Lei nº 13.303/2016. O art. 7º desta lei estabelece que as empresas públicas, as sociedades de economia mista de capital fechado e as suas subsidiárias estão sujeitas às disposições da Lei nº 6.404, de 15.12.1976 (lei que rege as sociedades anônimas). Dessa forma, as empresas públicas devem ser registradas na junta comercial, independentemente do seu objeto. Nos termos do mesmo artigo, a essas empresas aplicam-se as normas da Comissão de Valores Mobiliários.

6.3.2 Capital

O capital da empresa pública somente pode ser integralizado por entidades públicas. Não se permite, nessa modalidade de empresa estatal, a participação de capital privado. De acordo com a redação primitiva do art. 5º do Decreto-Lei nº 200/1967, somente a União podia integralizar o capital da empresa pública. Essa exigência caiu com a edição do Decreto-Lei nº 900/1969. Referida norma estabelece, no art. 5º, que a União pode associar-se a outras entidades públicas, para criar empresa pública, desde que ela detenha a maioria das ações com direito a voto. É lícito, portanto, concorrerem para a formação do capital social de empresa pública a União, majoritariamente, os estados-membros, o Distrito Federal, os municípios e as pessoas jurídicas integrantes da Administração indireta de qualquer das pessoas políticas.

6.3.3 Forma societária

Como visto antes, a empresa pública pode revestir-se de qualquer das formas previstas em Direito. Assim, o capital social da empresa podia ser representado por quotas ou por ações. Depois da Lei nº 13.303/2016, não é mais permitido representar o capital social das empresas públicas por meio de quotas, mas somente por meio de ações. A forma de participação dos instituidores ou criadores pode ser contratual ou estatutária, de acordo com o Direito Empresarial. Na prática, tem-se valido mais do contrato social e do capital representado por quotas de responsabilidade limitada. No Estado de Minas Gerais, servem de exemplos a Empresa de Assistência Técnica e Extensão Rural (Emater/MG) e a Empresa de Pesquisa Agropecuária de Minas Gerais (Epamig). Na esfera federal, é possível a criação de empresa pública unipessoal, vez que à União compete legislar sobre Direito Empresarial. Com essa prerrogativa, lhe é lícito criar empresa sem a observância das regras preestabelecidas em leis que disciplinam a criação de empresas comerciais.

As empresas públicas de todos os entes da Federação, instituídas antes da Lei nº 13.303/2016, inclusive as citadas no parágrafo *supra*, e as sociedades de economia mista devem, no prazo de 24 (vinte e quatro) meses, contados da data de entrada em vigor da lei estatutária, em referência, se ajustar às condições estabelecidas na nova lei. As empresas citadas acima estão sujeitas a esse ajustamento.

No que tange às empresas públicas, não ficou explícita a forma de representação do respectivo capital. Pode ser por ações, por quotas? Parece que, por quotas, não mais. Elas só podem ter o capital social representado por ações, tendo-se em vista que essas empresas estão sujeitas à Lei das Sociedades Anônimas e à lei que rege a Comissão de Valores Mobiliários (CVM). As sociedades, cujo capital é representado por quotas, não se sujeitam às citadas leis. Mas, ao Código Civil.

As empresas públicas, a despeito de terem o capital social representado por ações, não podem lançar debentures e outros títulos mobiliários, conversíveis em ações, nem emitir partes beneficiárias (art. 11 da Lei nº 13.303/2016).

6.3.4 Objeto

A empresa pública pode ser instituída para prestar determinado serviço público remunerado, especificado na lei autorizativa de sua criação, ou para desenvolver atividade econômica nas condições e limites estabelecidos no art. 173 da Constituição Federal.

Assim, o objeto dessa modalidade de empresa pode ser a prestação de determinado serviço público ou a atuação na atividade econômica, observados os limites e condições previstos no art. 173 da Constituição Federal.

6.3.5 Regime jurídico do pessoal

Os diretores das empresas públicas são escolhidos e nomeados pelo chefe do Executivo do ente federativo responsável pela sua criação. É da mesma autoridade a competência para exonerar livremente aludidos dirigentes.

Os empregados da mesma categoria de empresas públicas são regidos pelo Direito do Trabalho, de acordo com a Consolidação das Leis do Trabalho (procurando evitar repetições, remete-se o leitor ao subitem 6.2.5).

6.3.6 Admissão de pessoal

Os dirigentes das empresas públicas são nomeados pelo chefe do Executivo da entidade política criadora, nos termos e condições estabelecidos pela lei estatutária. Os demais servidores, denominados empregados públicos, são contratados após aprovação e classificação em concurso público. É a mesma regra da sociedade de economia mista (remete-se o leitor ao correspondente tópico, subitem 6.2.6).

6.3.7 Obrigatoriedade de licitar

A empresa pública sujeita-se à licitação e contratação nas mesmas condições da sociedade de economia mista, de acordo com o disposto na Lei nº 13.203/2016. Detalhamento dos processos de licitação e contratação será feito no tópico que trata das licitações.

6.3.8 Extinção e destino do patrimônio

Aqui, também, a regra é semelhante à da sociedade de economia mista; no caso de extinção de empresa pública, o patrimônio apurado será reincorporado ao que lhe deu origem. Cada entidade sócia da empresa pública receberá parte do seu patrimônio por ocasião de sua extinção, na proporção do capital subscrito e integralizado.

6.3.9 Considerações finais sobre a sociedade de economia mista e a empresa pública

Como já noticiado antes, a Emenda Constitucional nº 19/1998 trouxe consideráveis alterações ao art. 173 da Constituição Federal, relativamente à empresa pública e à sociedade de economia mista. A principal mudança está contida no §1º do aludido art. 173. O dispositivo constitucional, em pauta, prevê o estabelecimento, por lei, do estatuto jurídico da empresa pública, da sociedade de economia mista e das subsidiárias destas que explorem atividade econômica de produção ou de comercialização de bens ou ainda de prestação de serviços. Patente está, pois, que as duas entidades estatais podem atuar, nos limites contidos no *caput* do art. 173, na atividade de produção, de comércio e de prestação de serviços próprios da iniciativa privada.

O estatuto aqui referido deve dispor sobre a função social das empresas em foco e da forma de fiscalização destas pelo Estado e pela sociedade (§1º, inc. I, do art. 173 da CF); sobre a sujeição das empresas (sociedade de economia mista e empresa pública) ao regime jurídico a que se submetem as empresas particulares, principalmente quanto aos direitos e deveres (obrigações) civis, comerciais, trabalhistas e tributárias (§1º, inc. II, do art. 173 da CF); sobre a licitação e contratação de obras e serviços, aquisição e alienação, observados os princípios da Administração Pública (§1º, inc. II, da CF); sobre os conselhos fiscal e de administração, prevendo a participação dos sócios minoritários (§1º, inc. IV, do art. 173 da CF); e sobre os mandatos dos administradores, avaliação de desempenho e responsabilidade desses (§1º, inc. V, do art. 173).

Ressalte-se, a seguir, os pontos considerados mais importantes, constantes dos dispositivos constitucionais acima referidos: a) possibilidade de fiscalização das empresas públicas e das sociedades de economia mista pela sociedade. Assim, além da fiscalização a cargo dos órgãos próprios do Estado, a sociedade está legitimada a exercer fiscalização das empresas em questão, de acordo com o que dispuser a lei federal de que trata o §1º do art. 173 da CF; b) licitação observados os princípios da Administração Pública. Com essa redação, as empresas em foco deixarão de se submeter à Lei federal nº 8.666/1993. Elas elaborarão regulamento próprio, observando os princípios constitucionais da Administração Pública, nos termos da Lei nº 13.303/2016 – Estatuto Jurídico das Empresas Estatais; c) participação de acionistas minoritários nos conselhos fiscal e de administração. Este comando constitucional destina-se basicamente aos acionistas minoritários da sociedade de economia mista. Os sócios de empresa pública são todos públicos, por força de lei. Assim, no nosso sentir, parece desnecessária a preocupação com as entidades públicas que tenham concorrido com menos capital para a criação da empresa pública; e d) avaliação de desempenho e responsabilidade dos administradores. É salutar a determinação constitucional no sentido de estabelecer sistema de avaliação de desempenho dos administradores das empresas estatais e ainda de medidas destinadas à responsabilização dos dirigentes que não atenderem, salvo por motivos justificáveis, às exigências legais e estatutárias, deixando de cumprir metas ou não observando os princípios basilares da Administração Pública previstos no *caput* do art. 37 da Constituição Federal. Até os dias de hoje, só se controla, quando muito, os servidores subalternos dessas empresas. É preciso realmente mudar, se se quer qualidade, eficiência e resultados. Para isso, a avaliação e controle devem abranger todo o grupo de recursos humanos da empresa. Desde o empregado mais simples até o mais graduado na linha hierárquica, o presidente ou o diretor-geral.

6.3.10 Considerações iniciais e governança corporativa nas empresas estatais

6.3.10.1 Considerações iniciais

A Lei nº 13.303/2016, como já informado, dispõe sobre o estatuto jurídico das sociedades de economia mista, das empresas públicas e das respectivas subsidiárias, instituídas pela União, estados-membros, Distrito Federal e municípios, regulamentando o §1º do art. 173 da Constituição Federal, com a redação introduzida pela EC nº 19, de 2019. O objetivo dessa emenda constitucional, nesse passo, foi estabelecer meios e condições para que as sociedades de economia mista, empresas públicas e suas subsidiárias exerçam gestão pautadas na legislação, nos objetivos traçados pela lei que autorizou a respectiva criação, no interesse público, desvencilhadas das decisões unilaterais impostas pelo controlador.

A sociedade de economia mista, a empresa pública e as suas subsidiárias sempre estiveram sujeitas ao jugo dos seus dirigentes e, também, de agentes externos, principalmente o chefe do Poder Executivo dos entes da Federação responsável pela criação delas, impondo medidas e condutas incompatíveis com os objetivos da empresa, constantes da respectiva lei autorizativa da criação da entidade. As empresas em comento sofrem pesada carga de influência política, começando pelas escolhas dos membros da diretoria, sem observância dos requisitos indispensáveis para a escolha e nomeação ou eleição dos dirigentes.

Nos anos de eleições, por exemplo, os candidatos aos postos de chefe do Executivo dos entes da Federação negociam com diversos partidos políticos a formação de coalizão, indispensável para eleição e para obter apoio do Parlamento. No plano federal, é muito comum a prática do conhecido "toma lá, dá cá" nessas ocasiões. Os partidos, individualmente, na negociação destinada à formação da coalizão, de um modo geral, dizem ao candidato: "nós vamos te apoiar, mas queremos, em recompensa, o ministério X ou a empresa Y", e, assim, os demais partidos da coalizão fazem semelhantes exigências. De modo que, sendo o candidato o vencedor, os presidentes dos partidos que compõem a coalizão indicam, ao presidente eleito, os nomes para os ministérios e para as empresas estatais, conforme ajustado por ocasião da formação da coalizão.

O candidato eleito e empossado, que não seguir essa cartilha, não terá apoio do Congresso Nacional. O presidente, com frequência, tem que fazer concessões, para obter aprovação de projeto de lei de interesse público. O mesmo acontece nos demais entes da Federação. Em todos eles, o Poder Executivo não consegue fazer boa gestão se não tiver maioria nos respectivos parlamentos. Essa indispensável maioria se obtém, em regra, por meio da coalizão construída antes das eleições, de preferência, ou durante o período de transição, compreendido entre a data da realização das eleições e a da posse do eleito.

6.3.10.2 Governança corporativa nas empresas estatais

Os estatutos das sociedades de economia mista, das empresas públicas e das respectivas subsidiárias devem adotar regras de governança corporativa, nos termos e condições constantes do art. 6º, da Lei nº 13.303/2016. Entre as regras de estrutura da governança corporativa ressaltam-se: "a de transparência e de estruturas, práticas de gestão de riscos e de controle interno".

Um dos propósitos da governança corporativa, como sabido, é distribuir poderes na esfera de poder da empresa, com vista a evitar condutas contrárias aos interesses da companhia e dos seus acionistas, a lógica do mercado, as responsabilidades tributárias, entre outras. Em relação às empresas estatais, Walfrido Jorge Warde Júnior assevera:

> Entre as empresas estatais, contudo, a preponderância do interesse público é regra, é um imperativo legal, que não se pode alterar pela adoção de instrumentos de *soft law, ou*, como pretende a Lei de Responsabilidade das Estatais, pela juridicização de técnicas, como as chamadas boas condutas de governança corporativa, cuja finalidade é a compatibilização do poder (no âmbito da empresa) para os fins de apropriação do lucro (ou no máximo, antes disso, dos meios de produção determinados à geração do lucro).[38]

As sociedades de economia mistas visam lucro, porque o capital social da maioria delas é majoritariamente integralizado pela iniciativa privada. Os adquirentes de ações das sociedades de economia mista são investidores e não colaboradores. O objetivo deles é lucro e não colaborar com a Administração Pública. Entre essas sociedades, toma-se, a título de exemplos, o Banco do Brasil e a Petrobras. Ambas atuam no campo econômico. O primeiro concorre com os bancos privados, embora mantenha uma linha de caráter social, assistencial e subsidiária – segmento que não interessa aos bancos privados. A segunda, Petrobras, também atua no campo econômico, no setor petrolífero, no regime de monopólio, desde a sua criação em 1953, pela Lei nº 2004, até 1997, por meio da Lei nº 9.478, de 6.8.1997. Nessa data, a estatal perdeu o monopólio, no que tange à exploração e o refino do petróleo.

---

[38] WARDE JÚNIOR. *Legislador Frankenstein!*, p. 67.

As empresas públicas não contam com investidores privados, pois o capital social delas, já comentado em outro tópico, é integralmente público. A despeito disso, elas, em regra, visam lucro temperado, isso é, o necessário, para as suas sobrevivências, com condições para concretizar os objetivos constantes das leis autorizativas e dos respectivos estatutos sociais. Algumas, como a Caixa Econômica Federal, operam com um viés social e outro econômico. Operando neste viés, a Caixa disputa o mercado financeiro, concorrendo com os bancos privados. Outro exemplo de empresa pública federal é a Empresa Brasileira de Correios e Telégrafos. Ela, juridicamente, mantém o monopólio dos serviços postais. Na prática, entretanto, existem vários outros meios de entrega de correspondências e objetos. A EBCT, embora sendo prestadora de serviços, visa lucro indispensável à boa e eficiente prestação dos serviços de sua competência institucional.

Nas duas espécies de empresas estatais, aqui tratadas, a governança corporativa se adapta muito bem, observadas as particularidades de ambas. A sociedade de economia mista, por ser sociedade anônima, de direito privado, embora seja pública, atua no campo econômico. Por estas razões, a governança corporativa amolda-se com poucos ajustes em relação à empresa corporativa da iniciativa privada.

Então, a governança corporativa na sociedade de economia mista deve se preocupar com a lisura e ética da empresa, com os acionistas, com os consumidores ou usuários de seus produtos ou serviços; assim como evitar a prática de corrupção, contribuir para o desenvolvimento sustentável, e, por fim, zelar pela satisfação e a autoestima dos seus funcionários.

A empresa pública, como já informado, tem o seu capital mantido, integralmente, por entidades públicas. Dessa forma, a governança corporativa não deve ter atenção especial com os acionistas, pois estes não são investidores com o objetivo de obter lucro. Entretanto, deve preocupar-se com o desenvolvimento da empresa, com a qualidade e eficiência do serviço público que presta, com a satisfação dos usuários e dos clientes, com o lucro necessário para a manutenção e crescimento da empresa em conformidade com a demanda e o interesse público, com o desenvolvimento sustentável, e zelar pela satisfação e a autoestima dos seus funcionários.

Para que a governança corporativa, com adoção do *compliance*, seja efetiva e produza os resultados esperados, a Lei nº 13.303/2016 estabeleceu a seguinte estrutura organizacional: conselho de administração; diretoria; comitê de auditoria estatutária; conselho fiscal; e ouvidoria.

Composição dos referidos órgãos e as principais atribuições

A administração das empresas estatais em estudo é submetida às normas previstas na Lei nº 6.404/1976. São administradores das duas espécies de empresas os membros do conselho de administração e da diretoria (art. 16).

Os membros do conselho de administração e da diretoria devem ser recrutados entre cidadãos dotados de reputação ilibada e de notório conhecimento, ter formação na área de atuação da empresa, e, ainda, a) comprovar 10 (dez) anos de exercício, no setor público ou privado, na área de atuação da empresa ou em área conexa em que tenha sido nomeado ou indicado para exercer função de direção superior, ou b) 4 (quatro) anos num dos seguintes postos: cargo de direção ou chefia em empresa de porte ou objetivo semelhante ao das empresas estatais; ou em cargo em comissão ou de função de confiança equivalente a DAS-4 ou superior no setor público; ou em cargo de docente ou de pesquisador em áreas de atuação de uma das empresas estatais, e, por fim, c) 4 (quatro) anos de atividade liberal em área pertinente a das empresas estatais, desde que tenha formação acadêmica compatível com a do cargo para o qual foi indicado e não ter a restrição de inexigibilidade constante da Lei Complementar nº 64, de 18.5.1990 (art. 17, *caput*).

São privados de integrar o conselho de administração e a diretoria das empresas estatais, em estudo: agente de órgão regulador a que a empresa se submete, na condição de regulada; ministro de estado, secretário estadual, secretário distrital, e secretário municipal, ocupante de cargo sem vínculo permanente com o serviço público; cargo ou função de natureza especial ou de direção ou assessoramento na Administração Pública; dirigente de partido político; titular de mandato no Poder Legislativo de qualquer dos entes da Federação, mesmo estado licenciado; pessoa que tenha qualquer espécie de conflito de interesse com o órgão controlador das empresas estatais ou com a própria empresa (art. 17, §§1º e 2º).

Sobre o conselho de administração

Além das atribuições conferidas ao conselho de administração, constantes do art. 142, da Lei nº 6.404/1976, foram atribuídas a ele, nos termos do art. 18, da Lei nº 13.303/2016, as seguintes competências: a) "Discutir, aprovar e monitorar decisões" relativas "à prática de governança corporativa, relacionamento com as partes interessadas, política de gestão de pessoal e código de conduta dos agentes" da empresa; b) implementar procedimentos relativos à gestão de riscos e de efetividade de controle interno, com vistas a minimizar os riscos a que estão sujeitas as empresas estatais, inclusive os relativos à corrupção e fraude; c) adotar política de porta-vozes, com vistas a evitar contradição entre as informações de setores da empresa e a fala dos executivos das empresas públicas e da sociedade de economia mista; e d) avaliar os diretores da empresa. Para isso, o concelho de administração poderá, nos termos do inc. III do art. 13, contar "[...] com apoio metodológico e procedimental do Comitê Estatutário" a que se refere o art. 10 da lei em comento.

Como já foi informado em outro tópico, os empregados da sociedade de economia mista e os da empresa pública têm garantido o direito de indicar o nome de um representante para membro do Conselho de Administração. Também os acionistas minoritários têm direito de indicar um representante para compor o Conselho de Administração, conforme dispõe o art. 19.

Agentes da Administração Pública direta e indireta que preenchem as condições para serem indicados para o conselho de administração e o conselho fiscal de empresa pública e de sociedade de economia mista e de suas subsidiárias só podem participar de, no máximo, dois conselhos remunerados (art. 20).

Membro independente do conselho de administração

O conselho de administração deve contar com pelo menos 25% (vinte e cinco por cento) de membros independentes ou pelo menos 1 (um), na hipótese de haver decisão dos acionistas minoritários, no exercício da faculdade, para adoção do voto múltiplo, conforme dispõe o art. 141, da Lei nº 6.404/1976 (art. 22, *caput*).

As caraterísticas para configurar a hipótese de conselheiro independente estão previstas no §1º, do art. 22. Pessoas que tiverem qualquer espécie de relação com a sociedade de economia mista ou empresa pública, ressalvada a de acionista, não podem ser membro do conselho de administração. Igualmente, estão impedidos: cônjuge; parentes consanguíneos e colaterais, até o terceiro grau civil ou por adoção, de chefe do Poder Executivo de todos os entes da Federação, de ministro de estado, de secretário de estado, de secretário de município ou de secretário do Distrito Federal ou de administrador das empresas estatais. O dispositivo prevê, ainda, outras hipóteses de impedimentos. Remete-se os interessados à leitura do art. 22, na íntegra.

Sobre a diretoria

Além das exigências previstas para a indicação de membros da diretoria das empresas estatais, já informadas acima, o art. 23 dispõe sobre as principais atribuições da diretoria, como: a diretoria deve comprometer-se a estabelecer metas e resultados que pretende obter em prazo definido, a serem aprovados pelo conselho de administração. Este, além de aprovar, tem o dever de fiscalizar o fiel cumprimento da programação que foi por ele aprovada (art. 23, *caput*).

A diretoria deve apresentar ao conselho de administração, até a última reunião ordinária do exercício: plano de atividades para o exercício anual seguinte e "estratégia de longo prazo atualizada com análise de riscos e oportunidades para, no mínimo, os próximos 5 (cinco) anos" (§1º, I e II).

É, também, atribuição do conselho de administração, anualmente, verificar se as metas foram cumpridas, se os resultados planejados foram alcançados, considerando o plano de estratégia de longo prazo. As conclusões resultantes dessa atividade do conselho de administração devem ser publicadas e levadas ao conhecimento do Congresso Nacional, das assembleias legislativas, da Câmara Legislativa do Distrito Federal e das câmaras municipais. Excluem-se do dever de publicar as informações de natureza estratégica, cuja divulgação possa prejudicar a empresa (§§2º e 3º).

Comitê de auditoria estatutária

A estrutura organizacional das sociedades de economia mista e das empresas públicas deve compor-se de mais um órgão, denominado comitê de auditoria estatutária. É novidade na organização das empresas estatais, trazida pela lei em comento, nos termos dos arts. 24 e 25. O comitê tem por função primordial auxiliar o conselho de administração, ao qual se reporta diretamente e se submete. Ele se compõe de, no mínimo, 3 (três) e no máximo 5 (cinco) membros, sendo a maioria independente, e, pelo menos, 1 (um) "deve ter reconhecida experiência em contabilidade societária".

As demais atribuições do comitê estão previstas no art. 24, §1º e seus 8 (oito) incisos. Entre as quais "opinar sobre a contratação e destituição de auditor independente"; supervisionar: as atividades desenvolvidas pelos auditores independentes; as atividades desenvolvidas pelo órgão de controle interno, incluindo a auditoria interna; demonstração financeira da empresa a que pertence; além de avaliar e monitorar exposições de risco da empresa a que pertence.

Conselho fiscal

O conselho fiscal é obrigatório nas empresas estatais, enquanto nas empresas da iniciava privada é facultativo. Os membros do conselho fiscal são regidos basicamente pela Lei nº 6.404/1976, quanto às atribuições e critérios de investidura no posto de conselheiro, entre outras. Além das exigências contidas na citada lei, foram previstas duas outras, nos termos dos §§1º e 2º, do art. 26 da Lei nº 13.303/2016. São elas: a escolha de membro do conselho fiscal deve recair sobre pessoas residentes no país e que tenha "formação acadêmica compatível com o exercício da função e que tenham exercido, por prazo mínimo de 3 (três) anos, cargo de direção ou assessoramento na Administração Pública ou cargo de conselheiro fiscal ou administrador em empresas". O ente controlador deve indicar pelo menos 1 (um) membro para o conselho fiscal escolhido entre servidores públicos efetivos e estáveis.

Ouvidoria

A ouvidoria é o último órgão constante da estrutura organizacional e funcional das empresas públicas e das sociedades de economia mista. As suas atribuições e prerrogativas são as mesmas constantes das ouvidorias das entidades públicas e privadas, consistindo em receber demandas, quais sejam, reclamações, consultas, sugestões e elogios relativos à empresa em que está inserida, na situação em estudo, empresa pública ou sociedade de economia mista.

A autoridade que comanda a ouvidoria, recebendo reclamação, deve, imediatamente, encaminhá-la ao órgão ou ao agente apontado na reclamação, para, no prazo estipulado, prestar as informações relativas à reclamação. Se o agente responsável pelas informações reconhecer as alegações do reclamante e promover os ajustes necessários, o agente da ouvidoria encaminha o documento ao reclamante. Na hipótese de as informações serem contestatórias, o documento contendo a reclamação e a peça contestatória devem ser dirigidos à autoridade competente, para adotar as providências cabíveis.

Conclusão deste subtópico

Considerando o que foi examinado neste tópico, percebe-se que o Estatuto Jurídico das Empresas Estatais cumpriu fielmente o disposto no art. 173, §1º da Constituição da República. Ele criou condições para as sociedades de economia mista, as empresas públicas e as suas subsidiárias atuarem no campo econômico ou no setor de prestação de serviços públicos, com autonomia e responsabilidade.

O sistema de governança corporativa, com a adoção do *compliance* e do *accountability*, não deixa margem para desmando ou abuso de poder do ente controlador ou do dirigente da empresa, pois a gestão da empresa realiza-se por meio dos conselhos examinados acima, sendo o conselho de administração de relevância ímpar, pelo fato de estar acima da diretoria, na estrutura organizacional da empresa. Se a lei estatutária for fielmente observada, não haverá espaço para a prática de corrupção, como aconteceu na Empresa Brasileira de Correios e Telégrafo (Mensalão) e na Petrobras (Petrolão) investigada pela Operação Lava Jato.

As escolhas para membros do conselho de administração e para a diretoria devem recair sobre cidadãos de reputação ilibada, e de notório conhecimento, formação e prática na área pertinente ao cargo a ser preenchido, e atender às demais exigências constantes do art. 17 da Lei nº 13.303/2016. Cumpridas essas exigências, as empresas públicas, as sociedades de economia mista e as suas subsidiárias estarão liberadas para planejar, estabelecer metas físicas e financeiras e alcançar os resultados que se esperam delas, previstos na lei que autorizou a sua criação, principalmente no que tange à ética e à moral pública, à definição de políticas públicas e ao desenvolvimento sustentável.

Para surpresa dos publicistas, em especial os administrativistas, das pessoas e instituições que clamam por uma gestão pública republicana, sem privilégios, sem corrupção, e empresas estatais dirigidas por pessoas com formação correspondente às funções dos respectivos cargos, com autonomia para administrar e efetivar as políticas públicas previstas na respectiva lei autorizativa para suas criações e conselhos de administração e membros da diretoria escolhidos por critérios objetivos conforme dispõe o estatuto jurídico da empresas públicas e sociedade de economia mista, acima examinado, surge o PL nº 2.896/2022, em tramitação no Congresso Nacional, já aprovado pela Câmara dos Deputados, que flexibiliza critérios objetivos previstos no estatuto das estatais. O projeto de lei altera também a Lei nº 9,986, de 18.7.2000, que dispões sobre as agências reguladoras, conforme informa a sua ementa:

> Altera a Lei nº 13.303, de 30 de junho de 2016, para dispor sobre as vedações a serem observadas na indicação de pessoas para o conselho de administração e para a diretoria das estatais e sobre os gastos com publicidade e patrocínio da empresa pública e da sociedade de economia mista e suas subsidiárias, e a Lei nº 9.986, de 18 de julho de 2000, para dispor sobre as vedações a serem observadas na indicação de pessoas para o conselho diretor ou a diretoria colegiada das agências reguladoras.

O art. 2º do PL nº 2.896/2022 altera os arts. 17 e 93 da Lei nº 13.303/2016. O inc. II, do §2º, do art. 17, se convertido em lei, terá a seguinte redação: "II - de pessoa que atue como participante de estrutura decisória de partido político ou em trabalho vinculado a organização, estruturação e realização de campanha eleitoral". O *caput* do §2º do art. 17 é do seguinte teor:

> É vedada a indicação, para o Conselho de Administração e para a diretoria: [...]
> II - de pessoa que atuou, nos últimos 36 (trinta e seis) meses, como participante de estrutura decisória de partido político ou em trabalho vinculado a organização, estruturação e realização de campanha eleitoral.

Comparando a redação atual, com a proposta, verifica-se que o PL, mudando o tempo do verbo *atuar*, passa de *atuou*, para *atue*. Como se vê, na lei, o verbo está no passado e, no PL, está no presente. Assim, a pessoa, nas hipóteses previstas na lei, somente poderá ser escolhida para o conselho de administração ou para a diretoria das empresas estatais se já tiver decorrido o prazo de 36 (trinta e seis) meses do seu desligamento do cargo ou da função anterior. Na redação do PL, somente quem estiver no exercício das funções constantes do inc. II em pauta é que está impedido de ser nomeado para o conselho de administração e para a diretoria das empresas estatais.

O PL inclui o §6º no art. 17, prevendo que pessoas que já tenham ocupado cargos ou funções, nas hipóteses do §2º, terão de cumprir quarentena de apenas 30 (trinta) dias, ao invés de 36 (trinta e seis) meses exigidos pela lei em vigor.

A alteração do art. 93 da lei estatutária cuida de alteração de gastos das empresas públicas e sociedade de economia mista, com publicidade. Na redação atual, as despesas com publicidade não podem ultrapassar 0,5% (cinco décimos por cento) da receita operacional bruta do exercício anterior (art. 93, *caput*). O §1º do mesmo artigo prevê a possibilidade de o percentual chegar à marca dos 2% (dois por cento), por proposta da diretoria da empresa, desde que justificado com base na prática do mercado no setor específico de atuação da empresa, aprovado pelo respectivo conselho de administração. Esse §1º está revogado pelo PL em estudo. Entretanto, o *caput* do art. 93, com a redação da proposta, eleva o percentual para 2% (dois por cento).

O art. 3º do PL altera a redação do art. 8º-A da Lei nº 9.986, de 18.7.2000. Em síntese, o conteúdo deste artigo consiste em estabelecer o prazo de 30 (trinta) dias de desligamento de cargo ou função previstos no art. 17, acima comentado, para ser escolhido para o conselho diretor ou para a diretoria colegiada das agências nacionais reguladoras.

6.4 Fundação pública

Com o propósito de manter síntese histórica da fundação pública esboçada na 1ª edição, faremos comentário às alterações introduzidas pela Emenda Constitucional nº 19/1998, no item 6.4.5.

6.4.1 Considerações gerais

As fundações, pessoas jurídicas criadas para determinado fim, no Direito brasileiro atual, podem ser privadas ou públicas. Inicialmente, conheciam-se apenas as fundações de Direito Privado, instituídas por particulares, com o objetivo de prestar serviços na área assistencial, de preferência.

A pessoa jurídica comum caracteriza-se, em regra, pela união de pessoas naturais e capital, com finalidade determinada. Já, para a instituição de fundação, não há associação de pessoas, mas apenas a formação de patrimônio personalizado, afetado a um fim não lucrativo e de interesse social, nos campos educacional, assistencial e de saúde, entre outros.

O Código Civil brasileiro dispõe sobre a fundação privada nos arts. 62 a 69. A regra básica é a de que o particular destaca parte do seu patrimônio para instituir fundação privada. A criação dessa entidade é por escritura pública, registrada no cartório de registro civil de pessoas jurídicas. A fiscalização e o controle da fundação são de competência exclusiva do Ministério Público, cujo representante designado exerce a função de seu curador.

A pessoa instituidora da fundação desfaz o seu vínculo com a criatura, no momento em que ela adquire personalidade jurídica. Depois dessa fase, o instituidor, salvo nos casos de ser o seu presidente, afasta-se da fundação, não tendo com ela qualquer vínculo nem poder de ingerência, a não ser para reclamar perante os seus órgãos, nos casos de tentativa de desvio da finalidade para a qual fora instituída.

6.4.2 Instituída pelo Estado

Inicialmente, o Estado brasileiro inspirou-se no Código Civil, valendo-se de suas normas para instituir as primeiras fundações estatais. O Decreto-Lei nº 200/1967, no art. 5º, IV, dispõe sobre fundação pública nos seguintes termos:

> Fundação pública: a entidade dotada de personalidade jurídica de direito privado, sem fins lucrativos, criada em virtude de autorização legislativa, para o desenvolvimento de atividades que não exijam execução por órgão ou entidades de direito público, com autonomia administrativa, patrimônio próprio gerido pelos respectivos órgãos de direção, e funcionamento custeado por recursos da União e de outras fontes.

A fundação aqui definida integrava, inicialmente, a Administração indireta. Mas, pelo Decreto-Lei nº 900 de 29.9.1969, perdeu essa condição, passando à de mera entidade de colaboração com a Administração Pública. Determinou ainda o mesmo dispositivo legal que a criação de novas fundações pelo Estado dependeria da participação do particular com, pelo menos, um terço do patrimônio inicial. Com o advento do Decreto-Lei nº 2.299, de 21.11.1986, a fundação estatal passa a integrar novamente a Administração indireta. Posteriormente, editou-se a Lei nº 7.596, de 10.4.1987, que redefine fundação pública e equipara os servidores das fundações de ensino superior aos das autarquias federais que desempenham as mesmas atividades. Passou-se a adotar, então, plano único de classificação de cargos para os servidores das autarquias e das fundações públicas de ensino superior mantidas pela União. Nos termos do art. 2º da lei em referência, é considerada fundação pública aquela que integra a Administração indireta federal.

A Constituição da República de 1988 é confusa em relação à fundação. Ora ela se refere à "fundacional", ora "fundação pública", ora "fundação mantida pelo Poder Público". O art. 37, *caput*, por exemplo, na redação primitiva, cuidava da Administração direta, indireta e fundacional. Já o inc. XVII do mesmo dispositivo estende a proibição de acumulação de cargos às "fundações mantidas pelo Poder Público".

Essa diversidade terminológica levou autores a entenderem que a Constituição prevê a possibilidade de existência de fundações governamentais de natureza jurídica distintas. Entendem alguns que o Estado pode manter fundação de direito privado e fundação de direito público. Esta se sujeita ao regime jurídico único. A outra, ao regime da CLT. Outros admitem a fundação governamental de direito privado, mas subordinada ao regime das leis estatutárias.

A Constituição Federal ao dispor, no art. 39, que a União, os estados-membros, o Distrito Federal e os municípios instituirão regime jurídico único, inclusive para as respectivas autarquias e fundações públicas, eliminou a possibilidade de o Poder Público instituir fundação de direito privado, como ocorrera até então. Esse é o nosso entendimento. Entretanto, respeitáveis autores sustentam ser possível ao Poder Público instituir fundação de direito público e de direito privado.

Ora, as antigas fundações públicas de direito privado, em conformidade com o Decreto-Lei nº 200/1967 e suas alterações, eram regidas pelo direito privado e o seu pessoal pelas normas do Direito do Trabalho. Fundação dessa natureza não mais encontra abrigo no sistema jurídico brasileiro, considerando-se o art. 39 da Constituição Federal. Se a norma constitucional estabeleceu que o regime jurídico do pessoal da fundação é único, outro, em princípio, não poderá existir. A mesma Constituição, no art. 173, deixou patente quais as entidades estatais que se sujeitam ao Direito Privado e ao Direito do Trabalho: são as empresas públicas e mistas. As autarquias e as fundações não foram ali referidas.

Logo, a Constituição de 1988 admitia apenas fundações de direito público, estatutárias. Nada impede, obviamente, que o Estado colabore com fundações particulares, transferindo a elas, eventualmente, recursos financeiros a título de doação ou de subvenção. Mas, se ele quiser criar ou manter fundações, essas só poderiam ser, no nosso entendimento, de direito público.

A Constituição mineira foi taxativa quanto a essa matéria. Ao Estado é permitido instituir ou manter fundação de direito público apenas, nos termos do art. 14, §5º, *in verbis*: "Ao Estado somente é permitido instituir ou manter fundações com a natureza de pessoa jurídica de direito público".

Sérgio Andréa Ferreira, autor brasileiro que vem dedicando seus estudos às fundações, classifica as fundações brasileiras em várias categorias. Sem se chegar ao detalhamento mais profundo, próprio para estudos monográficos, pode-se dizer que, no Brasil, as fundações dividem-se em três categorias: a) aquelas instituídas rigorosamente de acordo com o Código Civil; b) as instituídas por professores das universidades federais, para atividades de pesquisa e para prestar apoio à escola ou à universidade a que pertencem os criadores; e c) as instituídas pelo Poder Público, com a finalidade de prestar serviços de interesse social, na área educacional, assistencial, de saúde, de pesquisa, entre outras. São exemplos do primeiro caso a Fundação Hilton Rocha e a Fundação Ayrton Senna. A Fundação Valle Ferreira e a Fundação de Direito Econômico, sediadas na Faculdade de Direito da UFMG, e a Fundação de Apoio à Pesquisa, sediada na Reitoria da UFMG, são exemplos da segunda categoria. São exemplos das últimas, em Minas Gerais, a Fundação Rural Mineira, a Fundação Hospitalar de Minas Gerais e a Fundação Ezequiel Dias; na União, a Fundação IBGE e as fundações integrantes do Sistema de Ensino Universitário Federal.

Ressalte-se, entretanto, que a Emenda Constitucional nº 19/1998 alterou a redação do art. 37 da Constituição, acrescentando o inc. XIX, estabelecendo que a autarquia é criada por lei, e a sociedade de economia mista, a empresa pública e a fundação, mediante lei autorizativa. Esse assunto será examinado no subitem 6.4.5.

6.4.3 Momento da aquisição da personalidade jurídica

A fundação pública de direito privado de que trata o Decreto-Lei nº 200/1967 seria criada em virtude de lei autorizativa específica. A lei não criava, apenas autorizava o Poder Executivo a instituir determinada fundação para a finalidade prevista na mesma lei. A personalidade surgia com o registro dos instrumentos institutivos no cartório competente, a exemplo do que ocorre com as empresas públicas, sociedades de economia mista e empresas particulares, e as fundações instituídas segundo o Código Civil brasileiro.

Enquanto tivermos as fundações estatais com personalidade de direito público, a criação será por lei. A lei cria e não apenas autoriza a sua criação. Normalmente, o primeiro artigo da lei estabelece: "Fica instituída a Fundação (nome) para, por exemplo, desenvolver pesquisa científica na área de [...]". Nesse caso, a fundação independe de registro para existir. A sua personalidade surge com a publicação da lei criadora. A regra é a mesma adotada para a autarquia.

6.4.4 Regime jurídico de pessoal

As fundações de direito público, no dizer de Celso Antônio Bandeira de Mello, são verdadeiras autarquias rotuladas de fundação. O que se aplica à autarquia aplica-se à fundação, inclusive o regime de pessoal. Essa posição é acolhida pela maioria dos autores depois da Constituição Federal de 1988, com a redação primitiva.

Por isso, e por força do art. 39 da Constituição, antes da EC nº 19/1998, os servidores das fundações públicas estavam sujeitos ao regime estatutário e, para a admissão, dependiam de prévia aprovação em concurso público de provas ou de provas e títulos, para os cargos efetivos ou de carreira. Excluem-se dessa regra a investidura em cargo comissionado e nos casos de admissão temporária, nas hipóteses previstas na Constituição Federal, art. 37, inc. IX, regulamentado pela Lei nº 8.745.1993.

O rompimento do vínculo do servidor com a fundação dá-se pela exoneração ou pela demissão. Nas hipóteses de cargos comissionados, o poder de exoneração é livre. À autoridade administrativa competente cabe exonerar o detentor de cargo comissionado sempre que julgar conveniente e de interesse do serviço. Já os ocupantes de cargos de carreira, de natureza efetiva, estão sujeitos à exoneração, antes de adquirir a estabilidade no serviço público, nos termos do art. 41 da Constituição da República. Ultrapassado o período de estágio probatório, que é de três anos, o servidor torna-se estável. Conquistado esse benefício, o servidor somente poderia ser exonerado em virtude de vontade própria, mediante pedido formal ou demissão mediante processo administrativo em que lhe seja assegurada ampla defesa, ou nos casos de sentença judicial transitada em julgado.

A Emenda Constitucional nº 19/1998, como dito antes, desobrigou a adoção de regime jurídico único. Em virtude dessa faculdade, editou-se a Lei Federal nº 9.962, de 22.2.2000, permitindo a criação de emprego público na Administração direta federal e nas autarquias e fundações federais. Dessa forma e nos termos do §1º do art. 1º da lei em referência, podem ser criados empregos públicos nas fundações instituídas e/ou mantidas pela União. A criação de emprego, entretanto, dependerá sempre de lei específica. Ressalte-se que as fundações estaduais e municipais não são alcançadas pela Lei Federal nº 9.962/2000. Saliente-se que o artigo que deu suporte a essa lei está *sub judice* em virtude da ADIn nº 2.135-4 em tramitação no Supremo Tribunal Federal. Como noticiado antes, a Lei nº 9.986/2000 teve diversos artigos suspensos liminarmente, também pelo STF, na ADIn nº 2.310-1.

6.4.5 Alterações introduzidas pela Emenda nº 19/1998

O art. 37, *caput*, cuidava da "Administração pública direta, indireta ou fundacional [...]". A redação do texto, como estava, deixava transparecer que a fundação pública estaria fora da Administração indireta, o que não era verdade. A sua posição, sustentada pelos estudiosos do tema, é de entidade integrante da Administração indireta.

Parece-nos que o termo "fundacional", ali introduzido, tenha sido fruto de equívoco do legislador constituinte. Tanto que foi suprimido.

O atual texto do *caput* do art. 37 da Constituição, modificado pela Emenda nº 19/98, não contém o termo "fundacional". É a sua redação: "A administração pública direta e indireta de qualquer dos Poderes da União, dos Estados, do Distrito Federal e dos Municípios obedecerá aos princípios de legalidade, impessoalidade, moralidade, publicidade e eficiência e, também aos seguintes: [...]".

Com essa redação do texto constitucional, não há mais dúvida quanto à posição das fundações instituídas pelo Poder Público na Administração. Elas são, induvidosamente, entidades integrantes da Administração indireta em todos os entes federativos.

O inc. XVII do mesmo art. 37 da Constituição Federal, que cuida da proibição de acumulação de remuneração de cargos públicos na Administração indireta, suprimiu a expressão "fundações mantidas pelo Poder Público". No lugar, ficou apenas o termo "fundações", que, no contexto, refere-se tão somente às fundações públicas. A norma da proibição, aqui tratada, não alcança as fundações instituídas pela iniciativa privada nos termos do Código Civil.

Outra mudança pertinente à fundação pública veio com a nova redação do inc. XIX do art. 37 da Constituição da República. Por este dispositivo constitucional, a autarquia é criada por lei específica. Regra que já vinha em outros textos legais, principalmente no Decreto-Lei nº 200/67. As outras entidades integrantes da Administração indireta, inclusive a fundação, para serem criadas, dependem de lei autorizativa, isto é, não são criadas por lei, mas em virtude de lei.

Esse comando levaria ao entendimento de que a partir da Emenda Constitucional nº 19/1998 o Estado não mais deveria instituir fundação de direito público, mas de direito privado segundo regras básicas do Direito Privado e as derrogatórias impostas pelo Direito Administrativo.

Admitindo-se a fundação governamental como sendo de direito privado – que adquire personalidade jurídica, com o registro dos documentos de instituição, no órgão ou entidade competente para registrar as entidades particulares, forçoso seria admitir, também, que o regime jurídico dos seus servidores é o do Direito do Trabalho. Assim, o regime estatutário não mais deveria vigorar depois da plena eficácia da aludida Emenda nº 19/1998.

Há, entretanto, entendimento de estudiosos da matéria no sentido de que, apesar de a Constituição emendada estabelecer que as fundações devem ser instituídas em virtude de lei (lei autorizativa), tal fato não impede o Estado de adotar fundações com personalidade de direito público, instituída por meio de lei específica, a exemplo das autarquias. Toshio Mukai, por exemplo, sustenta que a fundação criada pelo Poder Público pode ser de direito privado ou de direito público. É dele o seguinte texto referindo-se à fundação pública: "Poderá revestir-se de personalidade jurídica de direito privado (CC, arts. 16, I, 24 e 30), ou de direito público, de acordo com a disposição assumida pela lei instituidora".[39] Maria Sylvia Zanella Di Pietro leciona na mesma linha, sustentando que o direito positivo brasileiro permite a coexistência de fundação

---

[39] MUKAI. *Direito administrativo sistematizado*, p. 34.

governamental, de direito privado e de direito público, mesmo depois da promulgação da EC nº 19/1998. Esta emenda suprimiu do texto constitucional a expressão "fundação pública". A autora assim resume o seu entendimento sobre o assunto:

> A Emenda Constitucional n. 19/1998 introduziu alterações em vários desses dispositivos (referindo-se aos dispositivos constitucionais que cuidam da fundação), não mencionando mais a expressão "fundação pública". Isto, contudo, não significa que não possam ser instituídas fundações com personalidade de direito público. Pelo contrário, a opção continua a ser do Poder Público que, ao instituir uma fundação, poderá outorgar-lhe personalidade de direito público, igual à da autarquia, ou personalidade de direito privado.[40]

Celso Antônio Bandeira de Mello, coerente com a sua tese que vem sendo sustentada há vários anos, continua afirmando que as fundações governamentais são verdadeiras autarquias e que a redação do inc. XIX do art. 37 da Constituição Federal, introduzida pela EC nº 19/1998, não autoriza dizer que, a partir da alteração constitucional, se possa adotar fundação governamental com personalidade de direito privado. Sintetiza o autor em referência:

> Donde, não caberia supor que com a Emenda 19 alterou-se a fisionomia jurídica de tais fundações, ante ao fato de haver sido atribuída nova redação ao inciso XIX do art. 37. Este hoje fala em criação de autarquia por lei e em autorização legal para criação de fundação [...]. Tal circunstância é insuficiente para incluí-las no universo das pessoas de direito privado em face da já aludida pletora de razões outras que conduzem a entendimento diverso.[41]

Entendemos que a melhor doutrina é a que admite, depois da reforma administrativa, a possibilidade de o Poder Público instituir fundação de Direito Público ou fundação de Direito Privado, de acordo com a conveniência, tendo-se em mira o interesse público. A instituição de fundação com personalidade de Direito Privado terá por fundamento o disposto no inc. XIX do art. 37 da Constituição Federal, com a redação introduzida pela EC nº 19/1998. Para nós, as pessoas jurídicas públicas criadas em virtude de lei autorizativa somente adquirem personalidade com o registro dos instrumentos institutivos, na entidade ou órgão próprio para registrar as pessoas jurídicas de direito privado. As pessoas de direito público independem de registro, para adquirirem a personalidade. Esta surge com a publicação da lei instituidora. A instituição de fundação de direito público sustenta-se nos dispositivos constitucionais que põem a fundação ao lado da autarquia. Por exemplo, as fundações e as autarquias sujeitam-se ao regime próprio de previdência, art. 40 da CF, alterado pela EC nº 20/98. De acordo com esse dispositivo constitucional, o regime de previdência especial, instituído pela União, estados e municípios, abrange os servidores da Administração direta e os das fundações e autarquias e se destina apenas aos servidores estatutários efetivos. Os servidores em comissão, os contratados temporários e os empregados públicos recolhem para o regime geral de previdência social. Conclui-se, então, que os servidores das fundações, nesse caso, serão estatutários. As fundações e as autarquias podem ser qualificadas como agências

---

[40] DI PIETRO. *Direito administrativo*, 11. ed., p. 365.
[41] BANDEIRA DE MELLO. *Curso de direito administrativo*, 11. ed., p. 111.

executivas, nos termos da Lei nº 9.649/1998. O art. 38 da Constituição Federal disciplina o afastamento de servidor público inclusive das autarquias e das fundações, para o exercício de atividade política.

Pelo art. 26 da Emenda Constitucional nº 19/1998, foi estabelecido o prazo de dois anos, contados de sua promulgação, para que as entidades da Administração indireta revejam seus estatutos, tendo-se em vista a respectiva natureza jurídica, de conformidade com a finalidade e competências efetivamente executadas. Devem ser levadas em consideração, ainda, as alterações introduzidas pela aludida emenda.

6.4.6 Extinção e destino do patrimônio

A extinção da fundação pública depende de lei específica. O patrimônio da fundação privada, na hipótese de extinção, destina-se a outra entidade que preste serviços de natureza semelhante. O mesmo não ocorre com as fundações públicas. Essas têm o seu patrimônio incorporado ao da pessoa jurídica criadora, isto é, retorna ao patrimônio público do qual fora retirado por ocasião da criação e durante a sua manutenção.

6.5 Agências executivas

Agências executivas não são novas modalidades de entes estatais integrantes da Administração indireta. Devem, entretanto, ser tratadas aqui, visto serem elas autarquias e fundações qualificadas, nos termos da Lei Federal nº 9.649, de 27.5.1998, e dos decretos federais nº 2.487, de 2.2.1998, e nº 2.488, de 2.2.1998. O primeiro decreto dispõe sobre a qualificação de autarquias e fundações como agências executivas e estabelece outras medidas e procedimentos. Já o segundo decreto, nº 2.488/1998, trata de medidas de organização específicas para as fundações e autarquias qualificadas como agências executivas. A seguir analisaremos aspectos mais importantes dos citados decretos.

Já sabemos que as autarquias, as fundações, as sociedades de economia mista e as empresas públicas federais são vinculadas a um ministério, e as estaduais e municipais, a uma secretaria de estado ou municipal, respectivamente.

O Decreto nº 2.487/1998 denominou o ministério a que se vinculam a autarquia e fundação qualificadas de ministério supervisor. O §1º do art. 1º do decreto em referência prescreve que a qualificação da autarquia ou da fundação como agência executiva deve dar-se por iniciativa do ministério supervisor, com a anuência do Ministério da Administração Federal e Reforma do Estado. É oportuno registrar que aludido ministério foi extinto pela Medida Provisória nº 1.795, de 1º.1.1999.

A qualificação e a desqualificação dão-se mediante decreto do presidente da República. A entidade qualificada como agência executiva continuará nesta condição enquanto for prorrogado ou renovado o contrato de gestão firmado por ela e o ministério supervisor. Para que o contrato seja prorrogado, é necessário "que o plano estratégico de reestruturação e desenvolvimento institucional tenha prosseguido ininterrupto até a sua conclusão", §3º do art. 1º do Decreto nº 2.487/1998.

A condição básica para a qualificação aqui tratada é a apresentação pela entidade interessada de proposta de executar plano estratégico de reestruturação e desenvolvimento institucional. Esse plano estratégico deve conter, entre outros, os seguintes itens:

a) delimitação de atividades no tempo, com visão de futuro e com vista a desenvolver as suas atividades em estreita observância das diretrizes de governo para a sua área de atuação; b) revisão das competências da entidade, formas de execução de suas tarefas, revisão de metas, para que, com eficiência e eficácia, cumpra o seu papel institucional, devendo, para isso, prever metas de descentralização mediante convênios e prestação de serviços; c) adequação do quadro de pessoal às efetivas necessidades e revisão do perfil de categorias de pessoal, tendo por objetivo redução de custos, satisfação dos servidores e eficiência; d) implantação de programas de capacitação e treinamento de pessoal aliado a um sistema de acompanhamento e avaliação de desempenho; e e) estabelecimento de meios e mecanismos eficientes e eficazes para mensurar os resultados e produtos.

As entidades interessadas (autarquias e fundações) em se tornarem agências executivas devem avaliar o "seu modelo de gestão, com base nos critérios de excelência do Plano Nacional de Qualidade, identificando oportunidades de aperfeiçoamento gerencial, de forma a subsidiar a elaboração do plano estratégico de restruturação e desenvolvimento institucional" (parágrafo único do art. 1º do Decreto nº 2.487/98).

Já dissemos antes que a agência executiva firmará contrato de gestão com o ministério supervisor. Nesse contrato, serão estabelecidas as metas a serem atingidas pela agência, as obrigações das partes, o sistema de avaliação e controle, critérios para apurar responsabilidade dos administradores, entre outras condições. Trata-se de tipo de contrato quase desconhecido entre nós. Sobre ele, discorre-se, de modo sucinto, no Capítulo VIII.

Ainda o Decreto nº 2.487/1998, no art. 5º, determina que o plano estratégico de reestruturação e desenvolvimento institucional, o contrato de gestão e os resultados das avaliações devem ser amplamente divulgados para que a sociedade possa acompanhar e fazer, ela própria, por meio de procedimentos adequados, a fiscalização das entidades. Estabelece o mesmo dispositivo que os contratos de gestão devem ser publicados no *Diário Oficial da União*, no prazo de quinze dias contados da sua celebração, alteração ou prorrogação.

O decreto que examinamos até aqui é dirigido às fundações e autarquias interessadas em credenciarem-se como agência executiva. O outro decreto, nº 2.488/1998, tem por destinatárias as agências executivas.

O art. 1º do decreto em referência prescreve que as fundações e autarquias qualificadas como agências executivas terão tratamento especial em relação às outras entidades da mesma natureza jurídica, não qualificadas. As medidas administrativas têm por finalidade ampliar a eficiência na utilização dos recursos públicos, melhorar o desempenho e a qualidade dos serviços prestados, assegurar a elas maior autonomia de gestão orçamentária, financeira, operacional e de recursos humanos, e, consequentemente, eliminar os entraves ou óbices à sua atuação institucional.

As agências executivas ficam dispensadas de observar o limite de horas extraordinárias de que trata o Decreto federal nº 948, de 5.10.1993, desde que haja previsão orçamentária e efetiva necessidade do serviço para o alcance das metas e objetivos colimados, estabelecidos no contrato de gestão.

Ao ministério supervisor é delegado competência para aprovar adequação ou readequação das estruturas regimentais ou estatutárias das agências executivas, desde que não aumentem despesas e observem disposições específicas previstas em lei. Essa atribuição pode ser subdelegada ao dirigente máximo da agência. Outras delegações e subdelegações são previstas no decreto em comento.

Ressalte-se que o acima examinado se aplica apenas às autarquias e fundações federais. Os estados, o Distrito Federal e os municípios, se tiverem interesse em adotar, no âmbito de cada qual, agências executivas, terão de editar leis específicas nesse sentido.

Detendo-se sobre os principais pontos salientados, relativamente às agências executivas, pode-se ver que não há novidade substancial em relação às autarquias e fundações públicas em geral. O que se propõe com as agências, em síntese, é eficiência. Ora, ser eficiente é dever de todas as entidades e órgãos públicos. As autarquias e as fundações criadas pelo Estado têm personalidades próprias, autonomia administrativa e financeira. Nos limites da lei, elas podem adotar as medidas que julgarem melhores e apropriadas para que sejam eficientes e prestem adequadamente a atividade a que se propuseram. As regalias ou benefícios conferidos às agências executivas também o são às autarquias e fundações não qualificadas. Para que estas sejam eficientes, como devem ser, basta determinação e responsabilidade dos seus dirigentes e controle efetivo exercido pelos órgãos próprios, internos e externos.

Os dirigentes dessas entidades são de livre nomeação e exoneração do chefe do Poder Executivo a que pertencem. Se o dirigente não estiver desempenhando bem o seu encargo, por incompetência ou irresponsabilidade, não conseguindo que a entidade por ele dirigida cumpra os seus programas e metas com racionalização de gastos e com eficiência, deverá ser sumariamente exonerado.

Se as autoridades competentes efetivamente exercessem seu poder de controle, aplicando as sanções previstas em leis e regulamentos, não seria necessária a qualificação especial aqui tratada.

AGENTES PÚBLICOS

Sumário: **1** Conceito – **2** Classificação dos agentes públicos – **3** Atribuição do órgão e vontade do agente

1 Conceito

As pessoas jurídicas e os órgãos dependem de pessoas naturais/pessoas físicas para se manifestar ou realizar as atividades de suas competências. Na Administração Pública, essas pessoas encarregadas de imprimir dinâmica e dar vida ativa às entidades e aos órgãos públicos são denominadas *agentes públicos*. Esses agentes, segundo a classificação mais comumente aceita, compreendem três categorias distintas: agentes políticos, servidores públicos e particulares em atuação colaboradora com o Poder Público. Adotam essa classificação Celso Antônio Bandeira de Mello e Maria Sylvia Zanella Di Pietro. Diogenes Gasparini prefere: agentes políticos, servidores públicos, agentes temporários e agentes de colaboração.

Tentaremos, para efeito didático, considerando a reforma constitucional, alterar essa classificação como se segue.

2 Classificação dos agentes públicos

Os agentes públicos podem ser classificados, pelo menos para efeito didático, em quatro categorias: a) agentes políticos; b) agentes de carreiras especiais; c) agentes administrativos, subdivididos em servidores estatutários, empregados públicos e contratados temporários; e d) agentes militares.

Para se fazer qualquer espécie de classificação é preciso adotar critérios. Todavia, por melhor que sejam os critérios adotados para determinada classificação, na hora de pô-los em prática, pode-se chegar a um momento da classificação em que será necessário forçar os critérios, para enquadrar todos os elementos, objetos da classificação.

No presente caso, adotamos os seguintes critérios: sistema de investidura, sistema de carreira, regime jurídico, sistema remuneratório (remuneração propriamente e subsídio), grau de liberdade e posição do órgão na estrutura organizacional da Administração Pública em sentido amplo.

A reforma administrativa, introduzida pela Emenda Constitucional nº 19/1998, trouxe muitas novidades quanto ao estipêndio remuneratório referente aos serviços prestados ao Poder Público pelos agentes públicos em geral. A Emenda Constitucional nº 19 criou subsídio único; estabeleceu teto para subsídio, remuneração, proventos e pensão; a Emenda nº 18/1998 retirou dos militares a condição de servidores públicos. Por fim, as emendas constitucionais nº 20/1998, nº 41/2003 e nº 47/2005 dispõem sobre regime de previdência obrigatório para todos os agentes públicos.

A matéria relativa ao subsídio, embora mereça capítulo próprio, dada a sua importância, será examinada junto com cada categoria de agentes, em virtude das peculiaridades de que está revestida.

Ressalte-se, desde logo, que o teto de subsídio, remuneração, proventos de aposentadoria e pensões, de todas as categorias de agentes, em todos os níveis da Administração, inclusive a indireta, é o subsídio percebido pelos ministros do Supremo Tribunal Federal, fixado por lei de iniciativa conjunta do presidente Supremo Tribunal Federal.

2.1 Agentes políticos

Os agentes políticos são aqueles que exercem cargos integrantes de órgãos que se localizam no vértice da organização estatal ou no cume da Administração Pública. São, em regra, os dirigentes dos órgãos independentes e dos órgãos autônomos. Estes agentes têm por competência básica interpretar e exteriorizar a vontade estatal, definindo as políticas, estabelecendo as estratégias de ação a cargo dos órgãos que dirigem.

Em virtude de suas atribuições e de suas posições na pirâmide administrativa, estão fora da regência da lei estatutária. A eles aplicam-se normas próprias, emanadas diretamente da Constituição, na maioria dos casos, não estando sujeitos ao Estatuto dos Servidores Públicos. Essa categoria de agentes públicos não é destinatária dos direitos e deveres previstos nas normas estatutárias.

Celso Antônio Bandeira de Mello define assim o agente político:

> Agentes políticos são os titulares dos cargos estruturais da organização política do País, isto é, são ocupantes dos cargos que compõem o arcabouço constitucional do Estado, e, portanto o esquema funcional do poder. Sua função é a de formador da vontade superior do Estado.

Prossegue o mesmo autor:

> Todos estes se ligam ao Estado por um liame não profissional. A relação que os vincula aos órgãos do poder é a de natureza política. Desempenham um múnus público. Para o exercício de tão elevadas funções não comparecem como profissionais. O que potencialmente só os qualifica ao seu exercício é a qualidade de cidadão, de membros da sociedade política; em conseqüência, titulares de direitos e de responsabilidades na condução da *res publica*. A função que lhes corresponde não é de caráter técnico, mas de traçar a orientação superior a ser cumprida, por meios técnicos, pelos demais agentes.[1]

---

[1] BANDEIRA DE MELLO. *Curso de direito administrativo*, 4. ed., *passim*.

São agentes políticos: no Poder Executivo, os chefes dos Executivos das quatro esferas da Administração Pública e os seus respectivos vices, os ministros de estado, os secretários estaduais e os secretários municipais; os secretários distritais; no Legislativo, os senadores, os deputados federais e estaduais e os deputados distritais e os vereadores municipais; no Judiciário, na opinião de Hely Lopes Meirelles, todos os magistrados, desde o primeiro grau até o último, são agentes políticos. Outra corrente de autores, entre eles, Celso Antônio Bandeira de Mello, entende que no Judiciário não há agentes políticos, mas servidores categorizados de carreira. Hely Lopes Meirelles arrola os integrantes do Ministério Público e os ministros ou conselheiros dos Tribunais de Contas na categoria de agentes políticos.

A rigor, os agentes de carreira da Magistratura, do Ministério Público, os ministros do Tribunal de Contas da União e os conselheiros dos Tribunais de Contas dos estados e dos municípios do Rio de Janeiro e de São Paulo não exercem poder político. Suas decisões e outros procedimentos são vinculados aos ditames da lei.

Na primeira edição, embora adotando a linha de Celso Antônio Bandeira de Mello, discordamos dele, em parte, quando sustentamos:

> Entretanto, o Supremo Tribunal Federal, embora encarregado de dizer o direito quando a matéria em litígio estiver em conflito com a Constituição da República, o seu comportamento é político no sentido mais amplo e puro do termo. Logo, parece-nos natural e até forçoso admitir que os Ministros do Supremo são agentes políticos. Mesmo entendimento deve ser estendido aos Presidentes dos tribunais, inclusive o de Contas, ao Procurador-Geral da República e ao Advogado-Geral da União.

Nas edições posteriores, considerando os critérios que adotamos, considerando as lições e fundamentos de Celso Antônio Bandeira de Mello e considerando que Maria Sylvia Zanella Di Pietro o acompanha, revimos a posição antes adotada, para entender que os membros do Supremo Tribunal Federal, os membros dos Tribunais de Contas, os presidentes dos Tribunais Superiores, o procurador-geral da República e o advogado-geral da União não são agentes políticos. Adiante explicaremos os motivos.

2.1.1 Investidura

A investidura dos agentes políticos em cargo ou função pública dá-se por eleição direta universal e voto secreto, nos casos de chefes do Executivo na União, nos estados, no Distrito Federal e nos municípios. Por esse mesmo procedimento são investidos em seus mandatos os senadores, os deputados federais, os deputados distritais, os deputados estaduais e os vereadores municipais. Os demais agentes investem-se nos respectivos cargos, mediante ato de nomeação, independentemente de concurso público, por se tratar de cargos de recrutamento amplo e escolha política, em regra, de livre nomeação e exoneração.

Os ministros do Supremo Tribunal Federal não são de livre nomeação do presidente da República. A este compete nomear aludidos ministros, se obtiver a aprovação do Senado Federal (art. 84, XIV da CF). Também não são de livre exoneração, posto que são amparados pelo instituto da vitaliciedade. A despeito de o Supremo Tribunal Federal gozar de certa faculdade, não se reveste de competência para formular a política de

Estado como o fazem os chefes dos Executivos e seus auxiliares e os parlamentares. A afirmativa deixou de ser absoluta depois que o ordenamento jurídico pátrio atribuiu ao Supremo Tribunal Federal competência para editar súmulas vinculantes. Talvez, nessa condição, pudesse entender que os ministros do STF agem investidos de poder político, considerando que as súmulas vinculantes inovam na ordem jurídica com força de lei no sentido material.

Mesmo raciocínio aplica-se aos ministros dos Tribunais Superiores, aos demais magistrados e ao procurador-geral da República. Ressalte-se que este último não é vitalício, mas tem mandato por tempo certo. Por isso, não pode ser exonerado sem prévia autorização do Senado Federal.

Os membros dos Tribunais de Contas da União são de livre nomeação do presidente da República, observadas as condições do art. 73 da Constituição da República. Entretanto, são também vitalícios. As suas funções são meramente técnicas, pois técnicas são as atribuições dos Tribunais de Contas, em auxílio ao Legislativo nas situações previstas na Constituição.

2.1.2 Subsídio

O valor em moeda corrente recebido pelo agente público em geral, em decorrência dos serviços prestados ao Estado, é denominado remuneração. A EC nº 19/1998 estabeleceu que a remuneração de determinadas categorias de agentes públicos chama-se subsídio, começando pelos ministros do Supremo Tribunal Federal, pelo fato de os subsídios dessa categoria constituírem-se em teto remuneratório para os demais agentes públicos. A seguir a matéria será examinada em face das emendas constitucionais nº 19/1998, nº 20/1998 nº 41/2003, nº 47/2005 e nº 103, de 12.11.2019 (nova previdência).

Subsídio dos ministros do Supremo Tribunal Federal – Antes da Emenda Constitucional nº 19/1998, os ministros do Supremo Tribunal Federal, como de resto os demais agentes públicos, recebiam remuneração composta de duas ou mais parcelas. A Emenda Constitucional nº 19/1998 manteve a denominação remuneração para o funcionalismo em geral e instituiu subsídio único para os agentes políticos e para os agentes de carreiras especiais. O art. 39, §4º da Constituição Federal, depois da Emenda nº 19/1998, contém a seguinte redação:

> O membro de Poder, o detentor de mandato eletivo, os Ministros de Estado e os Secretários Estaduais e Municipais serão remunerados exclusivamente por subsídio fixo em parcela única, vedado o acréscimo de qualquer gratificação ou outra espécie remuneratória, obedecido, em qualquer caso, o disposto no art. 37, X e XI.

O inc. X do art. 37 referido no texto transcrito acima, prescreve que a remuneração dos servidores públicos e o subsídio tratado no §4º do art. 39 serão fixados ou majorados mediante lei específica, observada, em cada caso, a iniciativa da lei, conforme dispõe a Constituição. O dispositivo constitucional prevê, ainda, a revisão anual dos valores do subsídio e da remuneração, devendo ocorrer sempre na mesma época, observado o mesmo índice de reajuste para todas as categorias.

Com esse comando constitucional restabeleceu-se, para os servidores públicos e para os demais agentes públicos, a data base para a fixação dos reajustes, devendo ser aquela em que ocorrer o primeiro aumento geral, após a fixação do teto. O dispositivo garante reajuste segundo o mesmo índice para todos os agentes. Essa regra já existia para os servidores. Os agentes políticos sujeitavam-se a outra orientação quanto a esse particular.

O inc. XI do art. 37, também citado no referido texto, estabelece o teto de remuneração, subsídio, proventos, qualquer outra espécie remuneratória e pensões, para todos os agentes públicos de todos os entes da Federação, incluindo os servidores das fundações e das autarquias. O teto, como dito antes, era, para todos os agentes públicos, o subsídio do ministro do Supremo Tribunal Federal (EC nº 19/98). Com a promulgação da Emenda Constitucional nº 41, de 19.12.2003, instituiu-se subteto para os agentes públicos dos estados, do Distrito Federal e dos municípios, conforme se verá adiante.

A competência para a fixação do subsídio dos ministros do Supremo Tribunal Federal seria do Congresso Nacional, por lei específica de iniciativa conjunta dos chefes dos três poderes: presidentes das mesas das casas legislativas, da República e do Supremo Tribunal Federal. Acontece que essa referida lei não chegou a ser editada, a despeito de tentativas dos presidentes dos órgãos, que não conseguiram nem mesmo chegar a um acordo quanto ao valor que deveria ser o subsídio do ministro do Supremo Tribunal Federal.

Talvez por esse motivo, a redação do inc. XV do art. 48 da Constituição Federal foi alterada pela Emenda Constitucional nº 41, de 19.12.2003. De acordo com sua disposição, a competência para fixar o subsídio dos ministros do Supremo Tribunal Federal é do Congresso Nacional mediante lei de iniciativa do presidente do Supremo e sancionada pelo presidente da República. Suprimiu-se parte da exigência quanto à iniciativa da lei, reservada, até então, aos presidentes dos três poderes, inclusive o presidente da Câmara dos Deputados. A iniciativa de lei, com essa finalidade, depois da EC nº 41/2003, é exclusivamente do Supremo Tribunal Federal, por seu presidente. Em decorrência dessa alteração, foi possível promulgar a Lei nº 11.143, de 26.7.2005, tratando do subsídio dos ministros do Supremo Tribunal Federal, fixado em R$21.500,00 (vinte e um mil e quinhentos reais) para o ano de 2005 retroagindo a 1º de janeiro daquele ano. A mesma lei estabeleceu o valor do subsídio dos ministros em R$24.500,00 (vinte e quatro mil e quinhentos reais) para o ano de 2006. Esse valor vem sendo alterado periodicamente. A Lei nº 12.771, de 28.12.2012, assim dispõe no art. 1º: o subsídio dos ministros do Supremo Tribunal Federal será, no ano de 2013, R$28.059,29 (vinte e oito mil, cinquenta e nove reais e vinte e nove centavos); no ano de 2014, R$29.462,25 (vinte e nove mil, quatrocentos sessenta e dois reais e vinte e cinco centavos); e no ano de 2015, R$30.935,36 (trinta mil, novecentos e trinta e cinco reais e trinta e seis centavos). Esse valor foi alterado para R$33.763,00 por meio da Lei nº 13.091, de 12.1.2015. A partir de 2016, os reajustes passaram a ser fixados por lei de iniciativa do Supremo Tribunal Federal, observados os critérios estabelecidos no art. 2º da Lei nº 13 091/2015.

A Lei nº 13.752, de 26.11.2018, corrigiu o valor do subsídio dos ministros do Supremo Tribunal Federal para o valor de R$39.293,32 (art. 1º), observado o disposto no art. 3º, que assim dispõe: "A implementação do disposto nesta Lei observará o art. 169 da Constituição Federal".

Tramita no Congresso Nacional o PL nº 2.438/2022, de iniciativa do Supremo Tribunal Federal, concedendo reajuste do subsídio dos respectivos ministros em 18%, passando dos atuais R$32.293,32 para R$46.366,19.

Conforme o projeto, o reajuste será implementado em etapas, em quatro parcelas sucessivas de 4,5%, assim divididas: a primeira em abril de 2023; a segunda, em agosto do mesmo ano; a terceira, em janeiro de 2024; e a última, em julho de 2024, quando o subsídio chegará então a R$46.366,19.[2]

O PL nº 2.441/22, de iniciativa do STF, também tramitando no Congresso Nacional, prevê reajuste da remuneração dos servidores de carreira, no mesmo percentual e condições de implementação previstos no PL nº 2.438/22.

O PL nº 2.438/22 foi convertido na Lei nº 14.420, de 9.1.2023, que fixou o subsídio dos ministros do Supremo Tribunal Federal, em R$46.366,19, escalonado, da seguinte forma: I – R$41.650,92 (quarenta e um mil, seiscentos e cinquenta reais e noventa e dois centavos), a partir de 1º.4.2023; II – R$44.008,52 (quarenta e quatro mil, oito reais e cinquenta e dois centavos), a partir de 1º.2.2024; III – R$46.366,19 (quarenta e seis mil, trezentos e sessenta e seis reais e dezenove centavos), a partir de 1º.2.2025 (art. 1º).

Do mesmo valor é o subsídio do procurador-geral da República em 2015, majorado pela Lei nº 13.092, de 12.1.2015. A partir de 2016, o valor do subsídio será fixado por lei de iniciativa do procurador-geral da República, observados os critérios previstos no art. 2º da citada lei. A saber: previsão orçamentária; a recuperação do poder aquisitivo do subsídio; o valor do subsídio mensal dos ministros do Supremo Tribunal Federal como teto para a Administração Pública; e a comparação com os subsídios e as remunerações totais dos integrantes das demais carreiras de estado e do funcionalismo federal. Pela Lei nº 14.521, de 9.1.2023, o subsídio do procurador-geral da República foi majorado em 18%, nas mesmas condições dos ministros do STF.

Veja-se que o teto remuneratório de que cuidou a Emenda Constitucional nº 19/1998 era único para os agentes dos poderes da União, dos estados, do Distrito Federal e dos municípios, incluindo os servidores das autarquias e das fundações. Com a EC nº 41/2003, o subsídio dos ministros do Supremo Tribunal Federal constitui-se teto somente para os agentes públicos da União, incluindo os das autarquias e das fundações públicas federais.

De acordo com a nova redação do inc. XI do art. 37 da CF, foram criados subtetos diferenciados para os demais entes políticos, a saber:

- Nos municípios, os servidores, ativos e os inativos da prefeitura e da câmara, e os pensionistas têm por teto o subsídio percebido pelo prefeito municipal. O teto do subsídio dos vereadores será examinado adiante.
- Nos estados, no Executivo, o subsídio pago, mensalmente, ao governador do estado é teto para todas e quaisquer categorias de agentes; no Legislativo, o subsídio fixado para os deputados é o teto para seus servidores; no Judiciário, o teto para os seus servidores é o subsídio dos desembargadores do Tribunal

---

[2] Disponível em: https://www.camara.leg.br/noticias/907921-projeto-preve-reajuste-de-18-em-subsidio-de-ministros-do-stf/. Acesso em: 19 dez. 2022.

de Justiça, fixado pela EC nº 41/2003, em noventa inteiros e vinte e cinco centésimos por cento do subsídio, mensal, em espécie, dos ministros do Supremo Tribunal Federal.
- No Distrito Federal, aplicam-se regras semelhantes às dos estados, no que couberem. O subsídio do governador do Distrito Federal é o teto para os servidores do Executivo, o dos deputados distritais é teto para os servidores da Câmara Legislativa.
- Aos membros do Ministério Público, aos procuradores e aos defensores públicos estaduais adota-se, por teto, o subsídio dos desembargadores do respectivo Tribunal de Justiça (art. 37, inc. XI, da Constituição Federal com a redação introduzida pela Emenda Constitucional nº 41/2003).

O subsídio constitui-se de uma única verba remuneratória, ou, de acordo com a EC nº 19/1998, de parcela única, diferente do que vigorava até a edição da lei suprarreferida. De acordo com a orientação constitucional, antes da Emenda nº 19/98, os ministros do Supremo Tribunal Federal recebiam e continuaram recebendo remuneração composta de parte fixa e outras verbas agregadas, como gratificações, adicionais por tempo de serviço, entre outras, até a edição da citada Lei nº 11.143/2005.

Com a adoção do subsídio único, todas essas vantagens remuneratórias desapareceram, para vigorar apenas uma *parcela*.

A lei fixadora do teto demorou muito a ser editada. As autoridades encarregadas dessa missão encontram dificuldades na fixação do subsídio dos membros do Supremo, pelo fato de que ele provoca aumento em cascata para toda Magistratura, em virtude da vinculação estabelecida pela Emenda Constitucional nº 19/1998. Além disto, os agentes de outras áreas defendem remuneração ou subsídio igual ao do ministro do Supremo Tribunal Federal.

O próprio Supremo enfrentou dificuldade para chegar a um valor. Na tentativa de encontrar solução para o caso, foram necessários estudos e decisões imparciais, dotados de espírito público. Referimo-nos ao fato de os ministros do Supremo Tribunal Federal, no exercício simultâneo de cargo de ministro do Tribunal Superior Eleitoral, tinham direito à percepção de uma verba adicional à remuneração do cargo. Assim, na data da EC nº 19/1998, os ministros que se encontravam nessa condição percebiam a remuneração de R$12.720,00 (doze mil e setecentos e vinte reais), enquanto os demais ministros recebiam R$10.800,00 (dez mil e oitocentos reais), quantia essa acrescida das vantagens pessoais, inclusive a decorrente de tempo de serviço, que corresponde ao valor da remuneração do cargo de ministro do Supremo Tribunal Federal.

Ante o impasse, considerando que os ministros e outros agentes devem receber subsídio em parcela única, os então chefes dos poderes, reunidos em 17.12.1998, chegaram ao entendimento de que o valor do subsídio deveria ser R$12.720,00 (doze mil e setecentos e vinte reais). Com isto, estariam garantindo a remuneração daqueles ministros que prestam, temporariamente, serviço ao Tribunal Superior Eleitoral. Em consequência, se fosse mantido esse valor, os outros ministros que não estão no referido Tribunal seriam beneficiados. Entretanto, o projeto de lei resultante do aludido acordo não chegou a ser encaminhado ao Congresso Nacional.

Entendíamos que, em princípio, a regra do subsídio em parcela única não proíbe o pagamento, na espécie, da vantagem pecuniária, por ter ela a natureza de remuneração de serviço extraordinário obrigatório. Não nos parecia justo que os ministros, quando estiverem acumulando as funções do cargo com as de ministro do Tribunal Superior Eleitoral, percebam a mesma pecúnia paga aos que estão exercendo somente as funções inerentes aos seus cargos no STF.

Entretanto, a Lei nº 11.143/2005 parece não haver considerado esse fato. Os seus arts. 2º e 3º cuidam da gratificação que devem receber os juízes eleitorais. A Resolução nº 13, de 21.3.2006, do Conselho Nacional de Justiça, que dispõe sobre a aplicação do teto remuneratório constitucional, também não cuidou do tema. Assim, pareceu, à primeira vista, que o ministro do Supremo, no exercício das funções de ministro do Tribunal Superior Eleitoral, não perceberia gratificação ou adicional por esse serviço prestado além das funções do cargo. Todavia, continua vigorando a Lei nº 8.350, de 28.12.1991, modificada, que dispõe sobre gratificações na Justiça Eleitoral, conforme art. 1º, *caput*, e inc. I, do seguinte teor:

> A gratificação de presença dos membros dos Tribunais Federais, por sessão a que compareçam, até o máximo de oito por mês, passa a ser da seguinte forma:
>
> I - Tribunal Superior Eleitoral: três por cento do vencimento básico de Ministro do Supremo Tribunal Federal (hoje subsídio); [...]

O Portal da Transparência do Tribunal Superior Eleitoral, Anexo III, "c", contém o valor da gratificação (jetom) por presença de magistrados e procurador-geral eleitoral, em sessões do TSE, no valor de R$883,87.[3]

Essa regra aplica-se aos ministros do Supremo Tribunal Federal em função cumulativa no TSE.

A Lei nº 13.093, de 12.1.2015, institui a gratificação por exercício cumulativo de jurisdição aos membros da Justiça Federal. O art. 1º dessa lei prescreve: "Fica instituída a gratificação por exercício cumulativo de jurisdição no âmbito da Justiça Federal de primeiro e segundo graus".

A gratificação a que se refere o art. 1º, transcrito, destina-se ao pagamento por acúmulo do exercício da jurisdição e acúmulo de acervo processual, total de processos distribuídos e vinculados ao magistrado.

O magistrado que, além das funções de seu posto, realizar substituição por período superior a três dias terá direito à gratificação em referência. O valor da gratificação corresponderá a 1/3 do subsídio do magistrado designado à substituição para cada trinta dias de exercício de designação cumulativa e será pago *pro rata tempore*, proporcional ao tempo de acumulação quando for inferior a trinta dias. Essa gratificação tem natureza remuneratória, por isso o resultado da sua soma com o subsídio do magistrado não pode ultrapassar o valor do subsídio mensal dos ministros do Supremo Tribunal Federal.

---

[3] TRIBUNAL SUPERIOR ELEITORAL. *Remunerações e benefícios*. Disponível em: www.tse.jus.br/transparencia/remunerações-e-beneficios. Acesso em: 22 jan. 2015.

O magistrado não terá direito à gratificação nos seguintes casos: substituição em feitos determinados, atuação conjunta de magistrados e atuação em regime de plantão (art. 6º da lei).

Dos senadores e dos deputados federais – A fixação do subsídio dos senadores e dos deputados federais é de competência exclusiva do Congresso Nacional, por força do disposto no art. 49, inc. VII, da Constituição Federal, com a redação dada pela Emenda Constitucional nº 19/1998. Nesse caso, não será necessária a edição de lei. A norma jurídica própria, para a espécie, é resolução do Congresso Nacional. O chefe do Poder Executivo não tem participação na fixação ou majoração do subsídio dos parlamentares federais. Todavia a Constituição estabeleceu limites e condições a serem observados. O subsídio deve ser de mesmo valor para os deputados e os senadores, não podendo ultrapassar o limite de que trata o art. 37, inc. XI, subsídio do ministro do Supremo Tribunal Federal, e terá de constituir-se de uma única parcela, conforme a redação da EC nº 19/1998, alterada pela EC nº 41/2003.

Por força do dispositivo constitucional, as vantagens que os parlamentares recebem hoje, como exemplo, jetom, auxílio-moradia, cota para despesas com correspondência etc., não deveriam ser concedidas aos deputados e senadores, depois da adoção do subsídio. A questão é polêmica. Sustentam alguns interessados ou estudiosos que diversas das verbas recebidas pelos parlamentares não são remuneratórias, mas indenizatórias. Prevalecendo esse entendimento, os parlamentares poderão receber parcelas *indenizatórias* que não são consideradas para efeito do teto remuneratório.

Outra significativa mudança, introduzida com a Emenda nº 19/1998, relaciona-se ainda com a competência dos parlamentares para a fixação do respectivo estipêndio remuneratório. A norma anterior estabelecia que ao Congresso Nacional competia fixar a remuneração dos deputados e senadores em uma legislatura para a seguinte. Essa regra era comum a todos os legislativos. Os regulamentos desses órgãos legislativos, em todos os níveis, previam que no último ano da legislatura, até o mês de dezembro, seria estabelecida, por resolução, a remuneração dos respectivos parlamentares para a próxima legislatura. O preceito constitucional procurou, enquanto prevaleceu a regra, evitar que o parlamentar legislasse em causa própria, dispondo sobre a sua remuneração. Conforme salientado antes, esse comando foi abolido da ordem jurídica. Os parlamentares, observado o interstício de 12 (doze) meses e as demais limitações já apontadas, poderão majorar os seus próprios subsídios até o limite do respectivo teto, exceto as câmaras municipais, que voltaram a adotar a regra antiga, nos termos do art. 29, inc. VI, da Constituição, com a redação dada pela Emenda Constitucional nº 25/2000, para a fixação do subsídio dos respectivos vereadores.

Do presidente e do vice-presidente da República e dos ministros de estado – A competência para fixar e majorar o subsídio do presidente da República, do vice-presidente da República e dos ministros de estado continua sendo do Congresso Nacional. Os limites são os mesmos previstos para os parlamentares. A correção do valor do subsídio deve ocorrer anualmente, verificando-se os limites constitucionais, art. 49, inc. VIII, da Constituição Federal. Anteriormente, o dispositivo previa que a remuneração deveria fixar-se em cada ano (exercício financeiro). O valor do subsídio não pode ultrapassar o teto federal, que é o subsídio dos ministros do Supremo Tribunal Federal.

O Congresso Nacional, em dezembro de 2010, por meio de decreto legislativo, igualou os subsídios dos senadores, dos deputados federais, do presidente da República, do vice-presidente da República e dos ministros de estado aos subsídios dos ministros do Supremo Tribunal Federal.

Dos deputados estaduais – O subsídio dos deputados estaduais passa a ser fixado por lei, mas de iniciativa da Assembleia Legislativa. Antes da Emenda Constitucional nº 19/1998, o estipêndio era denominado remuneração e fixado pela própria Assembleia Legislativa, por resolução, no final de uma legislatura para a subsequente. O valor do subsídio do deputado estadual está limitado a 75% (setenta e cinco por cento) daquele pago ao deputado federal. Além deste condicionamento, a Assembleia deve observar, ainda, as regras contidas nos arts. 39, §4º, 57, §7º, 150, II, 153, III, e 153, §2º, I, da Constituição Federal. A periodicidade é a mesma da regra geral implantada pela Emenda Constitucional nº 19/1998, anual. A cada 12 (doze) meses o subsídio dos deputados estaduais poderá ser revisto, obedecidos os limites constitucionais.

Do governador, do vice-governador e dos secretários de estado – Nos termos do art. 28, §2º, da Constituição Federal, os subsídios do governador e do vice-governador do estado e dos secretários estaduais são fixados por lei de iniciativa da Assembleia Legislativa e, é claro, sancionada pelo chefe do Executivo. As condições e limites são os mesmos do item anterior, acrescentando-se a do inc. XI do art. 37 da CF, relativamente ao teto.

Dos vereadores – A regra básica para a fixação e majoração do subsídio dos vereadores seria a mesma adotada para as assembleias legislativas. A fixação e majoração dependiam de lei de iniciativa da câmara municipal, sancionada pelo prefeito municipal de acordo com o que dispunha a EC nº 19/1998. O subsídio dessa categoria de agentes políticos limitava-se a 75% (setenta e cinco por cento) daquele estabelecido para o deputado estadual. Além disso, outra condição deve ser observada, qual seja, o total da despesa com os vereadores não deve ultrapassar o montante de 5% (cinco por cento) da receita do município. Deve ser observado, ainda, o disposto nos artigos constitucionais, referidos no item que cuidou do subsídio dos deputados estaduais.

Esses critérios, entretanto, foram modificados pela EC nº 25/2000. Por essa emenda, o subsídio dos vereadores passou a ser fixado pela respectiva câmara, semelhante ao sistema que vigorava antes da EC nº 19/1998. De acordo com a nova redação do art. 29 da Constituição Federal, o subsídio dos vereadores será fixado pelas respectivas câmaras municipais, no final de uma legislatura para a subsequente, observando-se as condições previstas na Constituição Federal e na respectiva lei orgânica. Entre as condições estabelecidas pela Constituição estão arrolados os seguintes limites: a) nos municípios cuja população seja de até dez mil habitantes, o subsídio dos vereadores pode ser de até 20% (vinte por cento) do subsídio dos deputados estaduais do estado em cujo território se situa o município; b) nos municípios em que a respectiva população esteja entre dez mil e um e cinquenta mil habitantes, o subsídio máximo dos vereadores não deve ultrapassar a 30% (trinta por cento) do subsídio dos deputados estaduais; c) nos municípios com população compreendida entre cinquenta mil e um e cem mil habitantes, o subsídio dos vereadores pode chegar a 40% (quarenta por cento) do subsídio dos deputados estaduais; d) nos municípios cuja população esteja entre cem mil e um e trezentos mil habitantes, o subsídio dos vereadores tem por limite

50% (cinquenta por cento) do subsídio dos deputados estaduais; e) nos municípios com população compreendida entre trezentos mil e um e quinhentos mil habitantes, o subsídio dos vereadores não deve ultrapassar a 60% (sessenta por cento) do subsídio dos deputados estaduais; e f) nos municípios com população acima de quinhentos mil habitantes, o subsídio dos vereadores poderá chegar a 75% (setenta e cinco por cento) do subsídio dos deputados estaduais.

Saliente-se que esses valores, em todos os casos, são máximos. Dessa forma, o subsídio dos vereadores pode ser fixado com valor inferior ao limite. Vários fatores devem ser observados por ocasião da votação do subsídio dos vereadores. Entre os quais, a política salarial do município, o volume de trabalho dos vereadores, as necessidades financeiras do município, o grau de endividamento do município, as políticas públicas de competência do município, a condição socioeconômica dos munícipes e os salários praticados na iniciativa privada na localidade, além de outros.

A mesma EC nº 25/2000 acrescentou à Constituição Federal o art. 29-A. Esse dispositivo constitucional cuida da limitação de gastos do Poder Legislativo municipal nos seguintes termos: as despesas da câmara municipal, incluindo o subsídio dos vereadores, condicionam-se a percentual da receita tributária do município e as relativas a transferências previstas nos arts. 153, §5º, 158 e 159 da Constituição Federal, efetivamente realizado no exercício anterior. Excluem-se do limite de despesas os gastos com o pagamento dos servidores inativos.

O limite de despesas referido acima vincula-se ao número de habitantes nos seguintes percentuais: a) 7% (sete por cento) para os municípios com população de até cem mil habitantes; b) 6% (seis por cento) nos casos de município com população entre cem mil e um a trezentos mil habitantes; c) 5% (cinco por cento) nos municípios com população compreendida entre trezentos mil e um e quinhentos mil habitantes; d) 4,5% (quatro inteiros e cinco décimos por cento) nos casos de municípios com população entre quinhentos mil e um três milhões de habitantes; e) 4% (quatro por cento) para municípios com população entre três milhões e um a oito milhões; e f) 3,5% (três inteiros e cinco décimos por cento) nos casos de municípios com população acima de oito milhões e um habitantes.

As despesas com pessoal, inclusive com os vereadores, não podem ultrapassar o limite de setenta por cento da receita da câmara, de acordo com os percentuais previstos acima. A desobediência desse limite constitui-se crime de responsabilidade do presidente da câmara municipal.

O limite de despesas com os vereadores não foi alterado pela EC nº 25/2000. Continua prevalecendo o fixado antes, qual seja, 5% (cinco por cento) da receita do município.

O §2º do art. 29-A da Constituição Federal instituiu três tipos penais para o prefeito municipal em virtude de descumprimento de normas relativamente ao repasse de verbas orçamentárias à câmara municipal, nos seguintes termos:

Constitui crime de responsabilidade do Prefeito Municipal:

I - efetuar repasse de recursos financeiros à Câmara Municipal em montante superior aos limites estabelecidos na Constituição Federal. Aqueles mencionados acima;

II - deixar de enviar à Câmara Municipal os recursos que lhe pertence de acordo com o orçamento, até o dia vinte de cada mês; [A medida é importante. Em diversos municípios em que o prefeito tem dificuldade para aprovar seus projetos na câmara, os recursos são, com certa frequência, repassados com atraso];

III - enviar à Câmara repasse menor em relação ao percentual consignado na Lei Orçamentária do Município para o respectivo exercício financeiro.

Do prefeito, do vice-prefeito e dos secretários municipais – O subsídio do prefeito municipal, do vice-prefeito e dos secretários municipais não foi cogitado pela EC nº 25/2000. Assim, para essas categorias de agentes políticos, continua prevalecendo os critérios e condições previstos na EC nº 19/1998. De acordo com esse dispositivo constitucional, o subsídio dos agentes em questão será fixado por lei de iniciativa da câmara municipal. As limitações e as condições impostas pela Constituição são as mesmas a que se submete a Assembleia Legislativa para a elaboração da lei que fixa os subsídios do governador, do vice-governador e dos ministros de estado.

Até a edição da Lei nº 11.143/2005, o valor do subsídio dos ministros do Supremo Tribunal Federal foi considerado, para efeito de limite nos termos do inc. XI do art. 37 da Constituição Federal, a maior remuneração atribuída por lei aos ministros da Suprema Corte, na data da EC nº 41/2003, compreendendo vencimento, representação mensal e parcelas relativas a vantagens decorrentes do tempo de serviço. Para atender a esse comando constitucional, o Supremo Tribunal Federal, em decisão administrativa proferida em 5.2.2004, estabeleceu que o teto remuneratório até a edição da lei seria R$19.115,19 (dezenove mil, cento e quinze reais e dezenove centavos). Em 19.2.2004, foi editada a Medida Provisória nº 167. Essa MP dispôs sobre a aplicação da EC nº 41/2003 e alterou as leis nº 9.717, de 27.11.98, nº 9.783, de 28.1.99, nº 8.213, de 26.4.91 e nº 9.532, de 10.12.97, além de outras medidas. Aludida MP foi convertida na Lei nº 10.887, de 18.6.2004. Oportunamente, essa lei será invocada, no que for de interesse deste livro. Retomando o assunto teto remuneratório, no município, o limite é a remuneração/o subsídio do respectivo prefeito. Nos estados e no Distrito Federal, no Executivo, o subsídio do governador é o limite para os servidores, no Legislativo, o teto é a remuneração/o subsídio dos deputados estaduais e distritais. No Judiciário, constitui-se limite a remuneração/o subsídio dos desembargadores do Tribunal de Justiça, limitado a noventa inteiros e vinte e cinco centésimos por cento da maior remuneração dos ministros do Supremo Tribunal. Este limite aplica-se aos membros do Ministério Público, aos procuradores e aos defensores públicos estaduais (art. 8º da EC nº 41/2003).

O art. 9º da mesma emenda constitucional determina a aplicação do art. 17 do Ato das Disposições Constitucionais Transitórias da Constituição Federal. O dispositivo prescreve que os valores do subsídio, da remuneração, dos proventos e das pensões, que, na data da emenda, estiverem acima do limite estabelecido nos termos do art. 37, inc. XI, da CF devem ser suprimidos. Nesse caso, o servidor não poderá alegar vantagens pessoais nem direito adquirido, com o objetivo de evitar redução da vantagem pecuniária que recebia na data da EC nº 41/2003.

Os subtetos estabelecidos diferenciados nos três níveis dos entes políticos e nos respectivos poderes oferecem dificuldades diante das situações concretas nos casos das acumulações permitidas. Isso porque o legislador constituinte reformador não se preocupou com o assunto. Imagine-se que determinado servidor exerça um cargo técnico em determinado município e um de professor no Estado. São cargos perfeitamente acumuláveis. Admita-se que a soma das remunerações dos aludidos cargos ultrapasse o teto remuneratório fixado para o município, mas que se contém nos limites do teto adotado pelo estado. Esse servidor terá de suprimir o excedente, renunciando parcialmente à remuneração de um dos cargos? Se essa for a solução, de qual cargo seria reduzida a remuneração? Ou será que se poderia adotar, na espécie, o teto do estado? Se assim se entender, o servidor em questão estaria com a sua remuneração contida nos limites constitucionais, não precisando, portanto, vê-la reduzida. No nosso modesto entendimento, essa última hipótese é a melhor solução, considerando, principalmente, que a Constituição permite a acumulação de cargos remunerados, como regra de exceção, é verdade, mas o faz no interesse público, e não permite a prestação de serviço gratuito ao Estado nem tolera o enriquecimento sem causa. Ora, se os valores remuneratórios dos dois cargos citados, somados, ultrapassam o limite constitucional, é razoável que se tenha por medida o teto do Estado, maior do que o do município, no exemplo. Se as autoridades administrativas não entenderem dessa forma, certamente, centenas ou milhares de servidores irão ao Judiciário buscar os seus direitos. O juiz deverá acatar o pedido, pois é razoável, moral, justo e não afronta a Constituição.

Semelhante exemplo poder-se-ia dar de um servidor do estado e, ao mesmo tempo, da União, no exercício, também, de cargos acumuláveis, ou, ainda, aposentado numa esfera e nomeado na outra.

Outro exemplo, para finalizar. Trata-se, digamos, de um médico investido regularmente em um cargo do Executivo e noutro do Legislativo do mesmo ente federativo. Sabidamente, a remuneração do cargo de médico no último é substancialmente maior do que a do cargo de médico no primeiro, Executivo. Admita-se que a soma das duas remunerações se esbarra no limite estabelecido para o Legislativo. Neste exemplo, há um excesso remuneratório, maior em relação ao Executivo e menor em relação ao Legislativo. Para a redução de que cuida o art. 9º da EC nº 41, combinado com o art. 17 do ADCT da Constituição Federal, levar-se-á em consideração o teto do primeiro ou o do segundo? Seguindo a linha de raciocínio adotada na situação anterior, entendemos que deve prevalecer o maior teto, o do Legislativo.

Entendimento semelhante é sustentado por Paulo Modesto, nos seguintes termos:

> (c) Aplicação de abate-teto unicamente pela unidade da Federação ou entidade responsável pelo pagamento dos vencimentos ou subsídio do cargo cuja posse tenha sido mais recente, considerando o maior valor de limite de retribuição aos cargos acumulados. Esses critérios são medidas de racionalização, que não resolvem o problema, mas o atenuam, na medida em que não sujeitam agentes submetidos a limites mais elevados a suportarem aplicação de limites inferiores em caso de acumulação regular de vencimento ou subsídio.[4]

O teto remuneratório deveria ser tomado por cargo e não pela soma de remunerações de cargos constitucionalmente acumuláveis. Entretanto, não foi esta a orientação reformista desde a EC nº 19/1998. Entendemos que o comando contido nas emendas, que determina a redução de remuneração ou de subsídio relativo aos cargos acumuláveis,

---

[4] MODESTO. A reforma da previdência e as peculiaridades do regime previdenciário dos agentes públicos. *Revista Brasileira de Direito Público*.

afronta outro comando da mesma Constituição erigido pelo Poder Originário, qual seja, o que permite a acumulação de cargos remunerados.

2.2 Agentes de carreiras especiais

Nessa categoria de agentes públicos que chamamos de "agentes de carreiras especiais" estão os agentes públicos de carreiras especiais. Trata-se de servidores de carreira, porém distintos daqueles servidores de carreira do quadro ordinário ou geral do Estado, regidos pelos estatutos dos servidores públicos, no plano federal, a Lei nº 8.112/90.

Os agentes que consideraremos neste item, em sua maioria, foram classificados pelo saudoso Hely Lopes Meirelles como sendo agentes políticos. A doutrina contemporânea andou noutra direção. Para os novos estudiosos do tema, os agentes organizados em carreira não são agentes políticos. Não são, também, agentes administrativos. Essa categoria congrega os servidores públicos, aqueles que atuam na máquina administrativa, exercendo cargos e funções públicas; entre elas, ressaltam-se as relativas ao poder de polícia, as pertinentes à atividade fiscal em geral e as funções-meio, que ocupam a maior parte do quadro de pessoal dos órgãos públicos.

Aludidos agentes são igualmente organizados em carreiras que poderiam ser chamadas de ordinárias, em contraposição às especiais.

Os agentes que denominamos "de carreiras especiais" são os da Magistratura, inclusive os ministros do Supremo Tribunal Federal; os do Ministério Público Federal e estadual; os procuradores dos estados; os procuradores dos municípios, se organizados em carreira; os advogados da União; os defensores públicos; os ministros e conselheiros dos Tribunais de Contas e os delegados de Polícia federais e estaduais.

Esses agentes tiveram tratamento especial na Emenda Constitucional nº 19/1998, em relação aos servidores públicos em geral. Para o efeito remuneratório, foram considerados ao lado dos agentes políticos. Todos, por força da emenda, passam a receber subsídio em pagamento pelo serviço que prestam. Para os servidores públicos, permanece a tradicional remuneração.

Aludidos agentes sujeitam-se, é verdade, a preceitos do Estatuto dos Servidores, em regra, mas se submetem a outras normas pertinentes às respectivas carreiras.

Todos são organizados em carreiras, estabelecidas em leis próprias e específicas.

O ingresso no cargo e na carreira dá-se mediante concurso público de provas ou de provas e títulos, por determinação emanada da Constituição Federal e regulamentado em leis infraconstitucionais. Todos, em tese, têm direito à aposentadoria depois de certa idade e tempo de contribuição para a previdência, nos termos das emendas constitucionais nº 20/1998, nº 41/2003, nº 47/2005 e nº 103/2019. Todos têm direito à estabilidade no serviço, exceto os da carreira da Magistratura e os membros do Ministério Público que, ao invés da estabilidade, têm garantida a vitaliciedade, preenchidas as condições legais e regulamentares para a conquista do benefício (estabilidade ou vitaliciedade).

Essas categorias de agentes são totalmente distintas dos agentes políticos examinados no subitem anterior. Por serem distintos, os subsídios que percebem nos termos da Emenda nº 19/1998 e da Emenda Constitucional nº 41/2003 diferem, em parte, quanto aos dos que farão jus os agentes políticos, que, como visto, não são agentes de carreira.

2.2.1 Subsídio da categoria de agentes de carreiras especiais

Os agentes políticos, por não serem carreiristas no sentido legal e estrutural, devem ter o mesmo subsídio. Eles, em princípio, são passageiros, tanto os eleitos quanto os nomeados para os cargos de confiança. Não são permanentes no Estado. Normalmente exercem funções, e é bom que se registre, políticas, pelo prazo do mandato conferido diretamente pelo povo, nos casos eletivos. Os nomeados geralmente ocupam cargos durante a gestão de um governo. Os detentores de carreiras, não. Esses ingressam na carreira que escolheram com a investidura no cargo para o qual foram aprovados e classificados em concurso público. Nela, com o tempo de serviço, com desempenho de suas funções e com o mérito pessoal e individual, vão galgando degraus até chegarem ao seu topo, normalmente, no limiar da aposentadoria.

Ora, é inconcebível aplicar-se a essa categoria de agentes o mesmo critério de subsídio dos agentes políticos.

Entendemos, por isso, que o subsídio dos agentes em referência, embora em parcela única como determina a Constituição, deve variar no tempo, em virtude do próprio tempo de serviço ou de degrau conquistado na carreira, por mérito e aperfeiçoamento. Dever-se-ão adotar critérios semelhantes aos utilizados nos planos de cargos e salários. De modo que o subsídio do agente no início da carreira seja diferente, em valor, daquele que já esteja subindo na carreira, e, o deste, diferente do que esteja galgando os últimos degraus da longa escada, normalmente alcançados na terceira idade ou às vezes não alcançada porque o fim da vida chegou primeiro.

Os ministros do Supremo Tribunal Federal, os do Tribunal de Contas da União e os conselheiros dos estaduais não se enquadram bem na moldura adotada. A rigor eles não são agentes de carreira, mas são vitalícios, como dito antes. Reconhecemos que a inclusão desses agentes, na categoria de agentes de carreiras especiais, é forçada. Entretanto, mais forçada ainda seria a inclusão deles na categoria de agentes políticos ou de agentes administrativos. De qualquer sorte, o subsídio dessas categorias de agentes deve ser de mesmo valor em cada órgão. Dito de outra forma, o subsídio do ministro do Supremo Tribunal Federal, ao investir-se no cargo, deve ser o mesmo percebido pelo ministro que já tenha, por exemplo, dez anos de serviço no cargo. A mesma regra aplica-se aos membros dos Tribunais de Contas.

O subsídio é fixado por lei, exceto o dos membros do Congresso Nacional, do presidente e do vice-presidente da República e dos ministros de estado, e dos vereadores, já anotado acima.

A Constituição estabeleceu para a magistratura outros parâmetros além do teto, fixado em percentual. De modo que o subsídio dos ministros dos Tribunais Superiores corresponde a 95% (noventa e cinco por cento) do subsídio do ministro do Supremo Tribunal Federal, art. 93, inc. V da CF. Para os demais integrantes da carreira da magistratura, a matéria está estabelecida no mesmo dispositivo. Segundo citado dispositivo, os subsídios da categoria serão fixados por lei e escalonados, nos âmbitos federal e estadual, conforme as respectivas categorias da estrutura judicial nacional, não podendo a diferença entre uma e outra ser superior a 10% (dez por cento) ou inferior a 5% (cinco por cento) do subsídio mensal dos ministros dos Tribunais Superiores.

2.3 Agentes administrativos

A categoria de agentes administrativos abrange os servidores públicos em geral. Agrega aqueles que planejam e executam as atividades a cargo da Administração Pública e as atividades meio do Legislativo, do Judiciário, do Ministério Público e dos Tribunais de Contas. Compreendem os servidores do Estado, sujeitos ao estatuto dos servidores civis, admitidos mediante concurso público, ressalvadas as exceções legais, nos termos do art. 37 da Constituição da República.

Nessa categoria de servidores se incluem os ocupantes de cargos comissionados, os empregados públicos e os contratados temporários.

Antes da Constituição de 1988, os servidores estatutários eram denominados *funcionários públicos*, enquanto que servidores públicos, no ordenamento jurídico anterior, denominavam-se todos aqueles que prestavam serviços públicos – funcionários propriamente e os que prestavam serviços temporariamente sem vínculo estatutário. *Servidor público* compreendia, então, gênero do qual *funcionário público* era espécie. A Constituição de 1988 suprimiu a expressão *funcionário público* e manteve a expressão *servidor público*, deixando de fazer distinção entre aqueles que são efetivos servidores e aqueles que temporariamente prestam serviços ao Estado.

A doutrina continua entendendo que servidor público é gênero, tendo como partes os servidores estatutários, os empregados públicos e os contratados temporários.

2.3.1 Servidores públicos estatutários

Servidores públicos, espécie do gênero agentes públicos, são pessoas naturais admitidas pelo Estado, por tempo indeterminado, para a prestação de serviços de natureza permanente, mediante remuneração e disciplinamento estatutário. Maria Sylvia Zanella Di Pietro considera servidores públicos aqueles que se enquadram nessa definição; os empregados públicos e os admitidos por tempo determinado, para atender a necessidades temporárias de excepcional interesse público, nos termos do art. 37, IX, da Constituição Federal, regulamentado pela Lei nº 8.745/1993.[5] Celso Antônio Bandeira de Mello, por seu turno, ensina que servidor público, à luz do comando constitucional, é conceito lato abrangendo os servidores públicos propriamente, pertencentes à Administração direta, às fundações públicas e às autarquias e também os empregados das empresas públicas e sociedades de economia mista.[6]

Entendemos que os servidores empregados públicos pertencem à categoria distinta da de servidores estatutários. Eles são regidos pela Consolidação das Leis do Trabalho, enquanto os servidores públicos estatutários sujeitam-se às normas estatutárias. Os direitos e deveres disciplinados pelos dois regimes são distintos. Até mesmo o foro para dirimir conflitos decorrentes do vínculo de trabalho não é o mesmo. A apuração de faltas ao trabalho, por exemplo, dos servidores estatutários e a sanção daí decorrente são de competência da Administração diretamente, por meio de órgão próprio subordinado, enquanto que o foro para as mesmas funções relativas a empregado público é o da Justiça do Trabalho, dependendo da situação. Além do mais, de acordo com o sistema

---

[5] DI PIETRO. *Direito administrativo*, 4. ed., p. 355.
[6] BANDEIRA DE MELLO. *Op. cit.*, p. 125.

vigente (arts. 37, 39, 40, 41 e 173 da Constituição da República), a entidade pública que acolheu o regime estatutário como único em conformidade com o art. 39 da mesma Constituição, antes da Emenda nº 19/1998, não deveria contratar pelo regime consolidado do trabalho. É esse o entendimento mais coerente com os citados dispositivos constitucionais. Se pudesse contratar, como sustentam alguns autores, o regime não seria único. Empregado público é expressão destinada a designar o empregado da sociedade de economia mista ou da empresa pública, ou, ainda, para designar o empregado da entidade de direito público, se adotar o regime celetista em substituição ao estatutário.

A despeito dos regimes jurídicos distintos, os servidores estatutários e os empregados públicos são servidores públicos no sentido *lato*.

Ressalte-se que todos aqueles que prestam serviços ao Poder Público, com ou sem vínculo, remunerados ou gratuitos nos termos da lei, são considerados servidores públicos para os efeitos penais e para os de responsabilidade civil de conformidade com o art. 37, §6º, da Constituição. Apenas se equiparam, não são servidores públicos.

O regime jurídico único dos servidores públicos, acima referido, deixou de ser obrigatório com a nova redação do art. 39 da Constituição da República, introduzida pela Emenda nº 19/1998. Entretanto, o *caput* do art. 39, com a redação atribuída pela Emenda Constitucional nº 19/1998, foi declarado inconstitucional pelo Supremo Tribunal Federal em decisão liminar do Pleno. Sobre este tema voltaremos a tratar, oportunamente, neste mesmo capítulo.

a) Investidura

A Constituição da República de 1988, no Capítulo VII, que trata da Administração Pública, estabelece as regras básicas relativas a direitos e deveres dos servidores públicos. A maioria dos artigos contidos nesse capítulo regula a matéria, principalmente quanto aos direitos dos servidores e aos deveres das autoridades administrativas.

O inc. I do art. 37 da Constituição, com a nova redação, prescreve que o acesso aos cargos públicos, às funções públicas e aos empregos públicos é prerrogativa dos brasileiros, assim considerados aqueles que preencherem os requisitos estabelecidos em lei, e aos estrangeiros, na forma da lei. Antes, somente os brasileiros tinham acesso aos cargos públicos. Agora, na forma e limites estabelecidos em lei específica, o estrangeiro poderá ocupar cargo público. São considerados brasileiros os natos e os naturalizados. A norma limita, portanto, o ingresso de estrangeiros no serviço público. O faz por questão de segurança nacional, e não como medida discriminatória.

A investidura no cargo, função ou emprego público está disciplinada no inc. II do art. 37 da mesma Constituição e regulamentada nos arts. 5º ao 20 da Lei nº 8.112, de 11.12.90. O inc. II do art. 37, com a redação que lhe deu a Emenda Constitucional nº 19/98, estabelece que a investidura precederá de concurso público de provas ou de provas e títulos, de acordo com a natureza e a complexidade do cargo ou emprego, na forma prevista em lei. Estão excluídas da exigência do concurso as nomeações para os cargos comissionados estabelecidos em lei, como de livre nomeação e exoneração.

A exigência de prévia aprovação em concurso público, como condição para o ingresso no serviço público, é medida salutar e democrática. O concurso público enseja a possibilidade de todos os brasileiros interessados concorrerem a vagas para o preenchimento de cargos, funções e empregos públicos, atendidas as exigências legais. Além de dar ao cidadão a oportunidade de concorrer a uma vaga, a Administração tem, em decorrência, a oportunidade de recrutar, em princípio, os melhores servidores sem se valer de critérios subjetivos. A coisa pública, gerida pelo Estado, é do povo, é da sociedade. Por tais razões, o Estado deve ter as suas funções exercidas por servidores recrutados na sociedade, entre os interessados. A sociedade é a detentora do direito de gerir a coisa pública, por meio do grupo de pessoas, agentes públicos, que integram a Administração na condição de servidores públicos (servidores do público). Todos, então, têm o direito, nos limites e condições estabelecidos em lei, de ocupar ou desempenhar funções públicas. Todavia, o Estado não precisa de todos os interessados nessa gestão. O número de cargos é limitado de acordo com a efetiva necessidade. E, também, nem todos interessados são portadores das condições mínimas para o exercício do cargo pretendido. Daí a necessidade da escolha. E o melhor meio para selecionar interessados é o concurso público, no qual se exigem condições e requisitos idênticos para todos os participantes. É, portanto, o critério mais democrático. Aqueles que melhor se saírem nas provas obterão as primeiras classificações e, consequentemente, as nomeações.

Além da vantagem dita acima, o concurso público inibe a possibilidade de o administrador público recrutar servidores, segundo critérios políticos, de apadrinhamento ou de favorecimento, sem avaliar a aptidão do escolhido, deixando à margem a ética, a honestidade e a moralidade pública. Por tais motivos, o Constituinte de 1987/1988 foi feliz fazendo manter na respectiva Constituição a necessidade de concurso público para o ingresso no serviço público, medida consagrada constitucionalmente desde a Constituição de 1934. Apesar das dificuldades enfrentadas pelas entidades e órgãos públicos na realização de concursos, reconhecidamente, ele é a melhor solução para o recrutamento de servidores públicos, pelos motivos já expostos e por ser o mais democrático.

A Constituição foi além. Com vista à observância das normas acima referidas, consigna, no §2º do art. 37, sanção dura ao agente que descumprir as exigências dos incs. II e III, do mesmo artigo. A norma estabelece que a admissão de servidor sem concurso público ou que não observa a ordem classificatória implica "a nulidade do ato e a punição da autoridade responsável, nos termos da lei".

A nova redação do inc. II em comento introduz a expressão "de acordo com a natureza e a complexidade do cargo ou emprego, na forma prevista em lei". O texto deixa patente que o concurso público deve exigir do candidato o conhecimento necessário em conformidade com a complexidade e a natureza do cargo. Entretanto, não caberá ao agente público, discricionariamente, estabelecer os critérios. Esses serão objetivados em lei federal, estadual, distrital ou municipal de acordo com o texto constitucional, com a redação introduzida pela Emenda Constitucional nº 19/1998.

A Lei nº 8.112, de 11.12.90, prescreve, no art. 5º, exigências complementares para acessibilidade a cargo público. Além da condição da nacionalidade brasileira, o candidato deve estar em pleno exercício dos direitos políticos; quite com as obrigações militares e eleitorais; em gozo de boa saúde física e mental e ter pelo menos 18 anos de idade. A norma estabelece ainda que, dependendo das atribuições do cargo, outros requisitos podem ser exigidos.

A condição de ser o candidato brasileiro na forma da lei (nato e naturalizado) deixou de ser absoluta. O art. 37, inc. I da Constituição Federal, com a redação dada pela EC nº 19/1998, permite a investidura de estrangeiro em cargo público nos casos e condições previstas em lei.

Às pessoas portadoras de deficiência é garantida a reserva de cargo ou emprego, em percentual a ser definido em lei (art. 37, VIII, da Lei Fundamental). Para essas pessoas, os critérios de admissão devem também ser fixados por lei especial. A Lei nº 8.112/90 (art. 5º, §2º) fixou em até 20% o número de cargos a serem destinados aos deficientes, mas não estabeleceu as regras para seleção dos candidatos a essas vagas. A norma prescreve apenas que aos portadores de deficiência é assegurado o direito de concorrer às vagas, em concurso público, desde que as atribuições do cargo pretendido sejam compatíveis com a deficiência de que sejam portadores. Pela dicção da norma, entende-se que os deficientes devem concorrer com os demais candidatos, ficando a eles reservadas as vagas previstas no edital. Essa não é a vontade do preceito constitucional. Pelo que nele está disposto, a Administração deve promover procedimento próprio e destinado apenas aos excepcionados pela norma. Pode até ser concurso, mas entre os portadores de necessidades especiais apenas. Até porque, alguns critérios de avaliação no concurso devem ser diferenciados, dada a singularidade dos candidatos.

Pela Lei nº 12.990, de 9.6.2014, foi instituída cota de vagas em concurso para negros. As vagas destinadas aos candidatos negros correspondem a 20% (vinte por cento) das vagas de cargos e empregos públicos na União e nas respectivas autarquias, fundações, empresas públicas e sociedade de economia mista.

A reserva deve ser aplicada sempre que o número de vagas oferecidas no concurso for igual ou superior a 3 (três). Nos casos de o quantitativo resultante da operação matemática ser fracionado, o número de vagas será aumentado para o número imediato, se a fração for igual ou superior a 0,5, ou diminuído para o primeiro número inferior, se a fração for inferior a 0,5.

O número de vagas reservadas aos negros deve ser expressamente estabelecido no edital do concurso para o preenchimento de cargos ou empregos públicos oferecidos.

Poderão concorrer às vagas reservadas aos negros os interessados que por ocasião da inscrição se autodeclararem pretos ou pardos, conforme o quesito cor ou raça, utilizado pela Fundação Instituto Brasileiro de Geografia e Estatística (IBGE).

Os negros concorrerão concomitantemente às vagas a eles reservadas e às vagas destinadas à ampla concorrência. Na hipótese de um candidato negro ser aprovado para uma das vagas destinadas à ampla concorrência, a investidura não será computada às vagas reservadas.

Se não forem aprovados candidatos em número suficiente para preencher as vagas reservadas, as remanescentes poderão ser preenchidas por candidatos aprovados para as vagas destinadas à ampla concorrência de acordo com a ordem classificatória.

b) Concurso público

O concurso público é precedido de edital, publicado com a antecedência mínima necessária para que todos os possíveis interessados tenham oportunidade de tomar conhecimento do certame. Além disso, o edital deve conter todas as informações essenciais, tais como o número de cargos vagos, a natureza deles, a escolaridade mínima necessária, o vencimento do cargo na data do edital, as matérias a serem exigidas nas provas, os títulos que serão admitidos, e o respectivo valor, quando for de provas e títulos, o prazo de validade do concurso, entre outras. O edital não pode exigir idade mínima nem máxima, a não ser nas hipóteses previstas na Constituição, inclusive a constante do art. 7º, inc. XXX, da Constituição da República.

> *Súmula 683*: O limite de idade para a inscrição em concurso público só se legitima em face do art. 7º, XXX, da Constituição, quando possa ser justificado pela natureza das atribuições do cargo a ser preenchido (DJ de 9/10/2003, p. 5; DJ de 10/10/2003, p. 5; DJ de 13/10/2003, p. 5).

Vetar a inscrição de candidato só é possível mediante ato adequadamente motivado e fundamentado (Súmula nº 684 do STF).

A Administração e os candidatos vinculam-se às disposições contidas no edital. Daí o cuidado que se deve ter na elaboração desse instrumento convocatório.

O prazo de validade do concurso público é de até dois anos, podendo ser prorrogado, uma vez, por igual prazo. A prorrogação não será obrigatória por mais dois anos. O prazo da prorrogação será definido de acordo com o prazo original constante do edital. Assim, se o instrumento convocatório do concurso estabelecer que a validade do concurso é de um ano, a prorrogação poderá ser por mais um ano. Durante o prazo de vigência do concurso, estabelecido no edital, inclusive a prorrogação, se prevista, os candidatos classificados terão prioridade à nomeação em relação a outros concursados posteriormente, sob pena de nulidade do ato e punição do agente responsável (§2º do art. 37 da Constituição Federal).

A nomeação de concursado, em desobediência à ordem classificatória, enseja a todos que estiverem mais bem classificados, em relação ao nomeado, o direito subjetivo à nomeação, direito esse que vem sendo reconhecido por meio de mandado de segurança (Súmula nº 15 do STF). Os agentes públicos que concorreram para a admissão ilegal devem ser responsabilizados pelos danos causados ao Estado com a admissão de todos (os nomeados de ofício e aqueles determinados pelo juiz).

O concursado nomeado de acordo com a ordem classificatória tem direito a tomar posse se aprovado nos exames médicos pré-admissionais (Súmula nº 16 do STF).

A nomeação de servidor sem a observância do concurso público, exceto os casos de livre nomeação e exoneração prevista em lei, deve ser desfeita antes da posse (Súmula nº 17 do STF).

O diploma ou habilitação legal para o exercício do cargo objeto do concurso deve ser exigido no momento da posse e não na data da inscrição para o concurso (Súmula nº 226 do STJ).

O candidato que enxerga com apenas um olho (visão monocular) tem direito de concorrer, em concurso público, nas vagas reservadas aos portadores de deficiência, nos termos da lei (Súmula nº 377 do STJ).

c) Direito a nomeação

Há discussão na doutrina e na jurisprudência quanto ao direito à nomeação dos candidatos aprovados e classificados até o limite de vagas previstas no edital do concurso. Entendem alguns que o aprovado não tem direito subjetivo à nomeação, mas apenas expectativa de ser nomeado. A Administração, em regra, apoiada nesse frágil entendimento, nem sempre nomeia todos os candidatos aprovados e classificados até o número de vagas previstas no edital.

A matéria foi objeto de apreciação pelo Supremo Tribunal Federal em 2011, no julgamento do RE-RG nº 598.099, Relator Ministro Gilmar Mendes, Tribunal Pleno, *DJe* de 3.10.2011. A Corte, arrimada no princípio segundo o qual o edital de concurso vincula os candidatos e a Administração Pública, decidiu no sentido de que candidatos aprovados no limite do número de vagas disposto em edital de concurso têm direito público subjetivo à nomeação.

A Administração Pública não está obrigada a nomear todos concursados e classificados, na mesma época. Ela terá o prazo de validade do concurso, inclusive com a prorrogação para preencher todas as vagas.

Essa regra, entretanto, não é absoluta. Admite exceção em virtude de situação ou fato superveniente que inviabilize as nomeações, devidamente motivado pelo agente público competente. Nesse sentido, o STF manifestou-se entendendo que a excepcionalidade se justificaria pela superveniência dos eventuais fatos causadores de uma situação não prevista e ocorrida posteriormente à publicação do edital do concurso público. Além disso, os acontecimentos devem ser graves, capazes de tornar excessivamente onerosa ou mesmo impeditiva da observância das regras do concurso no que tange ao dever de nomear. Nessa situação, a Administração não restaria outra solução a não ser a de deixar de nomear os aprovados no certame.

Os concursados aprovados, mas que não lograram a classificação dentro do número de vagas previstas no edital, poderão ser nomeados na medida em que forem surgindo novas vagas. Entretanto, não têm direito subjetivo à nomeação, apenas a expectativa de serem nomeados. Esse entendimento é pacífico na doutrina e na jurisprudência.

d) Cadastro de reserva

A jurisprudência do STF é farta no sentido de que o candidato aprovado em concurso público em que o edital prevê apenas a formação de cadastro de reserva não tem direito subjetivo à nomeação, mas apenas mera expectativa de direito. Com a finalidade de elucidar a matéria, transcrevem-se duas decisões exemplificativas, da Segunda Turma e da Primeira Turma, respectivamente:

> Agravo regimental em mandado de segurança. 2. Direito Administrativo. 3. Concurso público. Formação de cadastro de reserva. 4. Candidato aprovado em certame para formação de reserva não tem direito subjetivo à nomeação, mas mera expectativa. 5. Agravo regimental a que se nega provimento. (MS-AgReg nº 31.790, Rel. Min. Gilmar Mendes, Segunda Turma, *DJe* 15.5.2014)

> Embargos de declaração em mandado de segurança. Conversão dos embargos declaratórios em agravo regimental. Candidato aprovado para formação de cadastro reserva. Mera expectativa de direito à nomeação. Agravo regimental a que se nega provimento. 1. Embargos de declaração recebidos como agravo regimental. 2. Candidato aprovado em concurso público para formação de cadastro reserva é mero detentor de expectativa de

direito à nomeação. Precedentes. 3. Agravo regimental a que se nega provimento. (MS-ED nº 31.732, Rel. Min. Dias Toffoli, Primeira Turma, *DJe* 18.12.2013)

O Superior Tribunal de Justiça, em reiteradas decisões, vem adotando a orientação do Supremo Tribunal Federal em matérias relativas a cadastro de reserva e de concursados excedentes ao número de vagas previstas no edital, conforme ementa seguinte:

> ADMINISTRATIVO E PROCESSUAL CIVIL. MANDADO DE SEGURANÇA. CONCURSO PÚBLICO. CANDIDATO CLASSIFICADO FORA DO NÚMERO DE VAGAS PREVISTAS NO EDITAL. SURGIMENTO DE VAGAS NO DECORRER NO CERTAME. MERA EXPECTATIVA DE DIREITO À NOMEAÇÃO. 1. Hipótese em que a impetrante, classificada fora do número de vagas previstas no edital, requer a sua nomeação e posse, sob a alegação de surgimento de duas vagas durante a validade do certame (com as quais atinge a sua colocação), uma decorrente da aposentadoria de servidora do quadro do Ministério do Trabalho e outra oriunda de remoção de candidato empossado nas vagas de Deficiente Físico. 2. A Primeira Seção desta Corte, nos autos do MS 17.886/DF, Rel. Min. Eliana Calmon, DJ 14.10.2013, reafirmou expressamente o entendimento já consolidado neste Tribunal, em alinhamento ao decidido pelo STF nos autos do RE 598.099/MG, de que os candidatos aprovados fora do número de vagas previstas no edital ou em concurso para cadastro de reservas não possuem direito líquido e certo à nomeação, mesmo que novas vagas surjam no período de validade do concurso (por criação de lei ou por força de vacância), cujo preenchimento está sujeito a juízo de conveniência e oportunidade da Administração. Precedentes: AgRg no RMS 38.892/AC, Rel. Min. Benedito Gonçalves, Primeira Turma, DJe 19.4.2013; AgRg no RMS 37.745/RO, Rel. Min. Ari Pargendler, Primeira Turma, DJe 7.12.2012; AgRg no RMS 21362/SP, Rel. Min. Vasco Della Giustina (Des. Convocado TJ/RS), Sexta Turma, DJe 18.4.2012; RMS 34789/PB, Rel. Min. Teori Albino Zavascki, Primeira Turma, DJe 25.10.2011; AgRg no RMS 28.915/SP, Min. Jorge Mussi, Quinta Turma, DJe de 29.4.2011; AgRg no RMS 26.947/CE, Min. Felix Fischer, Quinta Turma, DJe de 2.2.2009. 3. Segurança denegada. (MS nº 20.079, Rel. Min. Benedito Gonçalves, S1, Primeira Seção, publ. 14.4.2014)

O acórdão em apreço, publicado em 14.4.2014, Primeira Seção, Rel. Min. Benedito Gonçalves, confirma o entendimento daquela Corte no sentido de que os concursados excedentes ao número de vagas previsto no edital do concurso e os aprovados em concurso para cadastro de reserva não têm direito subjetivo à nomeação, mesmo na ocorrência de vagas nas duas situações. (Nomeação, nesses casos, condiciona-se ao juízo de conveniência e de oportunidade, prerrogativa exclusiva da Administração Pública.)

e) Cargo público

A lei estatutária federal define: "Cargo público é o conjunto de atribuições e responsabilidades previstas na estrutura organizacional que devem ser acometidas a um servidor" (art. 3º da Lei nº 8.112/90). Celso Antônio Bandeira de Mello oferece a seguinte definição:

> Cargos são as mais simples e indivisíveis unidades de competência a serem expressadas por um agente, previstas em número certo, com denominação própria, retribuídas por pessoa jurídica de direito público e criadas por lei, salvo quando concernentes aos serviços

auxiliares do Legislativo, caso em que se criam por Resolução, da Câmara ou do Senado, conforme se trate de servidor de uma ou de outra destas casas.[7]

Os cargos públicos, no Poder Executivo, são criados por lei de iniciativa exclusiva do respectivo chefe, em virtude de disposição constitucional (art. 84, III, combinado com o art. 61, §1º, ambos da Constituição Federal). No Judiciário, a iniciativa é do respectivo presidente. Mas o chefe do Executivo sancionará a lei, opondo veto parcial, quando for o caso. Já os cargos integrantes das secretarias, órgãos encarregados das atividades-meio do Legislativo no Senado Federal e na Câmara dos Deputados, são criados por resolução das respectivas mesas conforme art. 51, IV e art. 52, XIII com a redação atribuída pela Emenda Constitucional nº 19/1998. A remuneração dos cargos é fixada por lei de iniciativa do presidente da República, no âmbito do Executivo, do Congresso Nacional. O Ministério Público federal e estadual e os Tribunais de Contas, por meio dos respectivos presidentes, revestem-se de competência de iniciativa de lei de seu interesse, inclusive as relativas a pessoal e criação de cargos.

Os cargos são criados em número certo, de acordo com a efetiva necessidade do serviço. As competências básicas de cada cargo são estabelecidas pela norma criadora, lei, ou por regulamento nos casos de delegação. As atribuições de cada categoria de cargos são estabelecidas de acordo com a estrutura de cargos dispostos no plano de carreira.

A existência de cargo vago é condição essencial para nomeação de candidato aprovado e classificado.

Cargos em comissão são aqueles destinados às chefias e assessoramentos. Estes também variam as suas competências de acordo com o grau de responsabilidade funcional do respectivo titular. Para o preenchimento deles, dispensa-se o prévio concurso público por serem de livre nomeação e exoneração da autoridade competente nos termos da lei. Eles podem ser de duas categorias: recrutamento amplo ou limitado. São da primeira categoria aqueles que, para o respectivo preenchimento, a autoridade tem amplo poder de escolha segundo critérios político-administrativos. Os de recrutamento limitado são os que só podem ser ocupados por servidores de carreira já estáveis. Em conformidade com a Constituição vigente, deve-se dar prioridade aos servidores ocupantes de cargo efetivo nas nomeações para cargos comissionados, sendo que as funções de confiança se destinam apenas aos servidores efetivos. Vale dizer que não mais prevalece a regra do recrutamento amplo para as funções de confiança. Ressalte-se, ainda, que os cargos em comissão se destinam apenas às atribuições de direção, chefia e assessoramento (art. 37, V, da Constituição Federal, com a redação da EC nº 19/98).

f) Regime jurídico

Em tópicos anteriores, demos notícia de que a Constituição de 1988 unificou os regimes jurídicos dos servidores públicos nos termos do art. 39 do seguinte teor: a União, os estados, o Distrito Federal e os municípios instituirão regime jurídico único para os seus servidores e para os das respectivas autarquias e fundações públicas. Estabelece, ainda, o artigo, que as mesmas entidades políticas devem instituir plano de carreiras para os seus servidores, incluindo os das autarquias e fundações. Por derradeiro, o

---

[7] BANDEIRA DE MELLO. *Curso de direito administrativo*, 15. ed., p. 233.

dispositivo, no §1º garante isonomia de vencimento aos servidores, no âmbito de cada ente federativo, nos termos da lei.

A orientação básica da reforma administrativa, em relação a pessoal, foi no sentido de que os servidores públicos, em sentido lato, seriam compostos de duas categorias: uma integrada de servidores que exercem funções típicas de Estado, como membros das carreiras da Magistratura, do Ministério Público, das procuradorias públicas, das policiais, dos fiscais e os da diplomacia. Da outra categoria, seriam os servidores que exercem funções não típicas de Estado, isso é, que exercem funções iguais ou semelhantes às desenvolvidas pela iniciativa privada. Por exemplo: motorista, digitador, economista, engenheiro, contador e administrador.

Os integrantes da primeira categoria continuariam estatutários na plenitude dos direitos que o regime garante aos servidores, inclusive a estabilidade e a vitaliciedade, nos casos previstos na Constituição. Os da segunda categoria, recrutados mediante aprovação em concurso público de provas ou de provas e títulos, poderiam ser regidos pela Consolidação das Leis do Trabalho.

Nessa linha, modificou-se a redação do art. 39 da Constituição, por meio da EC nº 19/1998, cujo *caput* é do seguinte teor: "A União, os Estados, o Distrito Federal e os municípios instituirão conselho de política de administração e remuneração de pessoal, integrado por servidores designados pelos respectivos Poderes".

Com base nessa redação editou-se a Lei Federal nº 9.962, de 22.2.2000, dispondo sobre a criação de empregos públicos no âmbito federal, conforme já se disse no Capítulo III. O art. 1º dessa lei prescreve que o pessoal admitido para emprego público na Administração direta federal, nas autarquias e nas fundações federais terá por regime jurídico de pessoal a Consolidação das Leis do Trabalho.

Em decorrência da citada lei, sancionou-se a Lei nº 9.986, de 18.7.2000, que criou cargos e empregos nas agências reguladoras. Essa lei, como visto no Capítulo III, foi objeto de ação direta de inconstitucionalidade perante o Supremo Tribunal Federal, tendo sido parcialmente suspensa em virtude de liminar concedida na respectiva ação. Além disso, foi profundamente modificada pela Lei nº 10.871/2004. Entre as alterações, destacam-se a supressão dos empregos públicos criados pela lei modificada e a criação de cargos públicos em substituição dos empregos públicos.

Assim, considera-se a citada disposição legal e a reintrodução no ordenamento jurídico do art. 39 com a sua redação primitiva em virtude de decisão do Supremo Tribunal Federal no julgamento da ADI nº 2.135-4 (*DOU* e *DJU* de 14.8.2007) deferindo parcialmente a cautelar pedida, com efeito *ex nunc*, suspendendo a eficácia do *caput* art. 39 com a redação da EC nº 19/1998. Com essa decisão, o *caput* do artigo em referência retornou com sua redação primitiva. As citadas decisões judiciais afastaram, em consequência, a adoção do regime da CLT aos servidores públicos.

Todavia, a Lei nº 11.350, de 5.10.2006, reintroduz o regime jurídico da Consolidação das Leis do Trabalho (CLT) no ordenamento jurídico pátrio, para as categorias de agentes públicos nela previstas. Aludida lei veio a lume com o proposto de regulamentar a Emenda Constitucional nº 51, de 14.2.2006.

A aludida Emenda Constitucional acrescenta os §§4º, 5º e 6º ao art. 198 da Constituição Federal. Esses novos dispositivos constitucionais cuidam do disciplinamento básico para a admissão pelos gestores locais do sistema único de saúde de agentes comunitários de saúde e agentes de combate às endemias mediante processo seletivo público, levando em consideração a natureza e a complexidade das respectivas atribuições e os requisitos específicos para a atuação dos agentes.

O §5º prescreve que o regime jurídico das aludidas categorias de agentes comunitários de saúde e de combate às endemias e a regulamentação das atividades desses mesmos agentes serão disciplinados em lei federal.

A regulamentação de que trata o dispositivo veio com a citada Lei nº 11.350/2006, cujo art. 8º estatui:

> Art. 8º Os Agentes Comunitários de Saúde e os Agentes de Combate à Endemias admitidos pelos gestores locais do SUS e pela Fundação Nacional de Saúde – FUNASA, na forma do disposto no §4º do art. 193 da Constituição, submetem-se ao regime jurídico estabelecido pela Consolidação das Leis do Trabalho – CLT, salvo se, no caso dos Estados, do Distrito Federal e dos Municípios, lei local dispuser de forma diversa.

O recrutamento dos agentes a que se fere o artigo transcrito far-se-á mediante processo seletivo público de provas ou de provas e títulos, de acordo com a natureza e a complexidade de suas atribuições e os requisitos específicos para o exercício das atividades, observados os princípios constitucionais da legalidade, da impessoalidade, da moralidade, da publicidade e da eficiência.

Em princípio, a EC nº 51/2006 parece incompatibilizar-se com o princípio federativo e com a regra esculpida no art. 37, inc. II, da Constituição da República, que condiciona ao concurso público o provimento de cargo e de emprego públicos, ressalvados os casos de livre nomeação e exoneração previstos em lei e os de contratação temporária de que cuida o inc. IX do artigo em realce. A Lei nº 8.745, de 9.12.93, disciplinadora da contratação aludida no dispositivo constitucional, relaciona os casos de contratação excepcional e temporária, caso em que o concurso público substitui-se pelo procedimento de seleção simples precedido de ampla divulgação. Por seu turno, a Lei nº 11.350/2006 aplica-se somente à Fundação Nacional de Saúde, por se tratar de entidade integrante da Administração indireta da União. Os municípios, o Distrito Federal e os estados têm autonomia para editar leis dispondo sobre regime jurídico de seu pessoal, observando a respectiva lei orgânica, a Constituição estadual e a Constituição Federal.

Ainda assim, é de constitucionalidade duvidosa a contratação pelo regime do Direito do Trabalho pelos seguintes motivos: a contratação temporária é formalizada por meio de contrato administrativo próprio, nos termos da Lei nº 8.745/1993, e a admissão de agentes administrativos para função permanente deve ser por meio de investidura em cargo efetivo próprio do regime estatutário.

Até o momento, como se viu, todas as tentativas de adoção do emprego público na Administração direta, autárquica e fundacional no âmbito federal foram abortadas em virtude de decisão do Supremo Tribunal Federal.

A matéria é polêmica e requer estudo mais aprofundado. Neste momento, entretanto, lançam-se apenas estas dúvidas para reflexão.

g) Investidura originária

A investidura originária em cargo público efetivo dá-se com a posse mediante ato formal de nomeação do candidato, emanado da autoridade competente, em conformidade com a lei, mediante concurso público. O nomeado tem o prazo de 30 dias para tomar posse. Tratando-se de quem já seja servidor e que esteja de licença por motivo de doença na família, para capacitação, para gestação (licença à gestante), para tratamento da própria saúde, para o desempenho de mandato classista, por motivo de acidente em serviço ou doença profissional e em virtude de convocação para o serviço militar, o prazo para a posse será contado da data do término do impedimento. A mesma regra aplica-se também no caso de o empossando estar participando de competição desportiva, nos termos estatutários, e ainda nos casos de deslocamento para a nova sede. Empossado, o servidor deve entrar em exercício no prazo de 15 dias. Será exonerado, sumariamente, o nomeado que não entrar em exercício no prazo estabelecido pela lei, 15 dias. Nos dois casos, é indispensável a manifestação formal do interessado. A omissão desse procedimento implica a perda do direito ao cargo.

A data da formalização da entrada em exercício é marco inicial para a contagem de tempo para os benefícios previstos na Constituição e na legislação estatutária.

h) Investidura derivada

A Constituição anterior estabelecia que a primeira investidura em cargo público dependia de concurso público. Em face dessa redação, a doutrina e a jurisprudência foram pacíficas no sentido de que o servidor, uma vez investido em cargo mediante concurso público, poderia galgar outros cargos sem novos concursos públicos. Para o preenchimento de cargos superiores, promoviam-se seleções competitivas internas, procedimento adotado pela maioria dos órgãos públicos. Os concursos públicos abriam-se depois de realizada a competição interna se restassem vagas. Ou, nos concursos públicos, reservavam-se vagas a serem preenchidas por servidores já existentes, mediante seleção competitiva interna.

Com a promulgação da Constituição Federal de 1988, esse procedimento adotado para investidura derivada tornou-se proibido nos casos de acesso. É que o preceito constitucional vigente impõe a exigência do concurso público para investidura em cargo público. O dispositivo suprimiu a expressão "a primeira investidura". A despeito dessa proibição, existem casos de investidura em outro cargo, perfeitamente constitucional e legal. A lei estatutária federal, no art. 8º, com a redação da Lei nº 9.527, de 10.12.97, arrola as formas de provimento de cargo público, quais sejam, a nomeação, a promoção, a readaptação, a reversão, o aproveitamento, a reintegração e a recondução. Todas essas formas de investidura, exceto a primeira nomeação, independem de novo concurso. O entendimento doutrinário e jurisprudencial é o de que, na carreira, a investidura em cargo diferente do ocupado pelo servidor é lícita sem a exigência de novo concurso público, salvo se lei dispuser o contrário. Na versão originária, o dispositivo legal previa duas outras formas de provimento de cargo público: a ascensão e a transferência. Essas foram excluídas do texto reformado, por contrariarem a Constituição Federal. Essa afirmativa é reforçada pela Súmula nº 685 do STF:

Súmula 685: É inconstitucional toda modalidade de provimento que propicie ao servidor investir-se, sem prévia aprovação em concurso público destinado ao seu provimento, em cargo que não integra a carreira na qual anteriormente investido. (*DJ*, 9.10.2003, p. 5; *DJ*, 10.10.2003, p. 5; *DJ*, 13.10.2003, p. 5)

Promoção – A promoção do servidor público consiste na conquista de posição melhor em relação à atual, na carreira. Ela pode dar-se na linha horizontal e na vertical sem extrapolar os limites da carreira. A promoção ocorre com base no tempo de serviço e por mérito, ou só por mérito ou só por tempo de serviço, de acordo com a legislação própria.

A falta de plano de carreira bem estruturado e a precariedade dos procedimentos de controle, acompanhamento e avaliação dos servidores têm inviabilizado a promoção por mérito. O que é lamentável, visto que a promoção só por tempo de serviço beneficia tanto os bons quanto os maus servidores.

Readaptação – A readaptação pode ocorrer quando o servidor for acometido de determinada doença que não o inabilita para o serviço público, mas que o impede de continuar exercendo as funções de seu cargo. Constatando-se esse fato, o servidor deve ser posicionado em outro cargo do mesmo nível de escolaridade no qual a sua deficiência não lhe impeça de exercer as respectivas funções. A avaliação, nesse caso, é de competência do serviço médico oficial. Esse órgão é que indica que tipo de função o servidor pode desempenhar sem sacrifício de sua saúde. Essa modalidade de investidura ocorre muito entre os professores. Esses profissionais, com o tempo, em razão da atividade em sala de aula, podem ter as pregas vocais danificadas, chegando, em alguns casos, à rouquidão ou à perda da voz. A readaptação depende de lei específica reguladora do procedimento. O servidor, quando for o caso, será readaptado para cargo de mesmo grau de escolaridade. Laudo médico oficial é indispensável à readaptação.

Reversão – O servidor aposentado por invalidez pode vir a restabelecer a sua saúde. Ocorrendo essa hipótese, comprovada por perícia médica feita por junta oficial, mediante requerimento, o servidor, querendo, pode voltar ao cargo que deixou com a aposentadoria precoce. A esse retorno ao cargo dá-se o nome de reversão. Se o servidor encontrar o cargo ocupado, ficará na condição de excedente, praticando normalmente as suas funções até a vacância do cargo ou a criação de outro idêntico.

A lei proíbe a reversão de servidor que tenha completado 70 anos de idade. Essa proibição decorre do fato de que os servidores, ao completarem essa idade, serão aposentados compulsoriamente (art. 40, §1º, II, da Constituição Federal).

Constatado o restabelecimento da saúde do servidor, a autoridade competente editará ato de reversão e determinará o cancelamento da aposentadoria por invalidez. O servidor terá o prazo de 30 dias para tomar nova posse no cargo. Não o fazendo nesse prazo, perde o direito ao cargo e à aposentadoria, salvo motivos justificáveis na forma da lei.

Pela Medida Provisória nº 2.225-45, de 4.9.2001, foi estendida a reversão aos servidores aposentados voluntariamente. O *caput* do art. 25 da Lei nº 8.112/90, depois da alteração pela aludida medida provisória, está assim redigido: "Reversão é o retorno à atividade de servidor aposentado".

Para a concretização da reversão, salvo nos casos de aposentadoria por invalidez, são necessários os seguintes requisitos: interesse da Administração Pública, requerimento do aposentado, que não tenha, na data da postulação, mais de cinco anos de aposentado, a aposentadoria ter sido voluntária, o servidor ter sido estável antes da aposentadoria e existir cargo vago.

O servidor aposentado que retornar ao serviço público por interesse da Administração receberá a remuneração do cargo que vier a ocupar acrescida das vantagens pessoais relativas ao cargo que detinha antes da aposentadoria.

Reintegração – A reintegração ocorre quando o servidor demitido obtiver anulação do ato, por decisão administrativa ou judicial. Declarado nulo o ato de demissão, o servidor terá o direito de retornar ao cargo que ocupava anteriormente. Se o cargo estiver preenchido por outro servidor, esse será reconduzido ao cargo de origem sem qualquer direito relativo ao cargo que eventualmente ocupara. A reintegração, por ato administrativo ou em decorrência de decisão judicial, confere ao reintegrado direito aos vencimentos do cargo e de outras vantagens remuneratórias referentes a todo período em que esteve afastado do cargo. A ele, ainda, é assegurado o direito de contar todo o tempo desde a data de demissão até a data da reintegração.

Recondução – A recondução é o retorno ao cargo antes ocupado pelo servidor, nos casos de ele não ter conseguido êxito no estágio probatório em outro cargo ou na hipótese de reintegração do anterior ocupante do cargo em que fora investido em virtude da vacância.

Aproveitamento – É hipótese de aproveitamento a convocação de servidor em disponibilidade remunerada para ocupar cargo. Esse retorno ao serviço deve ser em cargo de atribuição e remuneração compatíveis com o que ocupava por ocasião do ato de disponibilidade. Disponibilidade é procedimento jurídico-administrativo adotado pela Administração Pública por ocasião de reforma ou reorganização estrutural de órgão ou entidade pública que implica a redução de cargos e, consequentemente, de servidores. Nesses casos, os servidores excedentes são, por ato da autoridade competente, postos em disponibilidade com direito a vencimentos proporcionais ao tempo de serviço (EC nº 19/1998). A qualquer tempo, no interesse do serviço, o servidor em disponibilidade pode ser convocado para retornar às atividades próprias do cargo de que era detentor antes do afastamento compulsório.

Ressalte-se que acesso, instituto outrora usado para a investidura em cargo hierarquicamente superior ao então ocupado pelo servidor público, mesmo em carreiras distintas, foi declarado inconstitucional pelo Supremo Tribunal Federal, em mais de uma oportunidade. Por exemplo, a Lei mineira nº 10.960, de 14.12.92, teve o seu art. 27 declarado inconstitucional em decisão liminar na ação direta de inconstitucionalidade arguida pelo procurador-geral da República. A Lei nº 8.112/90 não acolhe o acesso. Essa modalidade de investidura foi, no entendimento da doutrina e da jurisprudência, expungida da ordem jurídica pátria com a promulgação da Constituição de 1988, nos termos do art. 37, inc. II.

i) Estágio probatório

O servidor nomeado e empossado em cargo público de natureza efetiva, mediante concurso público, sujeita-se a um período de acompanhamento e avaliação denominado estágio probatório. Esse prazo de avaliação é de três anos (Emenda nº 19/98). Antes dessa emenda, o prazo do estágio probatório era de dois anos, mantido para os servidores nomeados antes da emenda em foco. Nessa fase, o servidor deve ser acompanhado de perto por agentes competentes, ou comissão específica, com vista a verificar a sua aptidão para o cargo e o desempenho das funções pertinentes. Para isso, devem ser levados em consideração, pelos órgãos de recursos humanos ou chefia imediata, os fatores: assiduidade, disciplina, capacidade de iniciativa, produtividade e responsabilidade. A avaliação final como condição para a conquista da estabilidade de que trata o art. 41 da CF deve ser realizada por comissão especial instituída para essa finalidade (art. 41, §4º, da Constituição Federal).

O processo de acompanhamento e avaliação do servidor deve, por força de lei, ser encaminhado à autoridade competente para homologação, quatro meses antes do término do prazo probatório, sem prejuízo da continuação do acompanhamento no período restante, inclusive por comissão especial ao final do estágio. A avaliação por comissão especial é condição essencial para que o servidor seja declarado estável.

Não alcançando a avaliação necessária, no período probatório, o servidor será exonerado do cargo ou reconduzido ao anterior, se já era efetivo. Em qualquer dos casos, é indispensável prévio processo administrativo simplificado, em que seja dado ao servidor oportunidade para se defender amplamente. Essa é a orientação jurisprudencial em decorrência do disposto no art. 5º, LIV e LV da Constituição da República. O primeiro dispositivo garante o devido processo legal, o outro, o contraditório e a ampla defesa. A inobservância dessas formalidades invalida o ato de exoneração do servidor, na fase probatória, ainda que não preencha os requisitos indispensáveis à conquista da estabilidade.

O Estatuto dos Servidores Públicos Federais, no art. 20, §3º, com redação dada pela Lei nº 9.527, de 10.12.97, permite que os servidores, por ela alcançados, sejam nomeados para cargo em comissão ou função de confiança, durante o cumprimento do estágio probatório. Na nossa opinião, o legislador não foi feliz, posto que os cargos em comissão são de chefia, administração superior ou assessoria. Em qualquer desses casos, as funções dos cargos são completamente distintas das do cargo de carreira para o qual o servidor foi nomeado e empossado. Sendo as atribuições e funções totalmente distintas, o servidor afastado do cargo em regime probatório, para ocupar outro cargo, não poderá ser avaliado com a finalidade de obter a estabilidade. Ora, não sendo avaliado, não poderá adquirir a estabilidade. Assim, entendemos que o estágio se interrompe pelo prazo do afastamento para o desempenho de funções em outro cargo, recomeçando a contagem por ocasião do retorno do servidor ao cargo de origem em regime probatório.

Se dessa forma não se proceder, o servidor será estabilizado considerando-se apenas o decurso de tempo, sem a devida comprovação de suas aptidões e competência compatíveis com as exigências do cargo para o qual foi concursado e nomeado.

j) Estabilidade

Estabilidade no serviço público, e não no cargo, é a garantia de que goza o servidor, nomeado para cargo efetivo mediante concurso público, de não ser exonerado depois de ultrapassar o período probatório, devidamente avaliado. A Constituição da República, no art. 41, depois da Emenda Constitucional nº 19/1998, prescreve:

Art. 41. São estáveis após três anos de efetivo exercício os servidores nomeados para cargo de provimento efetivo em virtude de concurso público.

§1º O servidor público estável só perderá o cargo:

I - em virtude de sentença judicial transitada em julgado;

II - mediante processo administrativo em que lhe seja assegurada ampla defesa;

III - mediante procedimento de avaliação periódica de desempenho, na forma da lei complementar, assegurada ampla defesa.

Diogenes Gasparini define assim a estabilidade: "[...] garantia constitucional de permanência no serviço público, do servidor público civil nomeado, em razão de concurso público, para titularizar cargo de provimento efetivo, após o transcurso do estágio probatório".[8]

A estabilidade do servidor público, contemporaneamente criticada por alguns segmentos da sociedade, principalmente pelos governos em todos os níveis da Administração Pública, é de fundamental importância para respaldar decisão de servidor de não cumprir ordem superior em desacordo com a lei ou com a moralidade administrativa. O servidor não estável pode ser levado a praticar atos ilegais, embora em desacordo com a sua consciência, mas cumprindo ordem superior, por medo de perder o cargo. A instabilidade do servidor pode fragilizar a própria Administração e resultar em prejuízo para a sociedade. A estabilidade do servidor público é garantia da sociedade e não privilégio do servidor.

Antes da redação do art. 41 da Constituição Federal, o servidor público civil que ultrapassasse o período probatório, de dois anos, tornar-se-ia estável no serviço público. Uma vez estável, o servidor não poderia ser exonerado, visto que adquirira o direito de permanência no serviço público. A demissão, entretanto, seria possível em virtude de sentença judicial transitada em julgado, ou de processo administrativo disciplinar em que se tenha dado oportunidade ao servidor de ampla defesa e garantia do princípio do contraditório. Era o que dispunha o art. 41 da Constituição da República e os arts. 21 e 22 da Lei nº 8.112/1990.

A estabilidade do servidor, entretanto, usando a linguagem da moda, foi flexibilizada. O inc. III do art. 41, da Constituição, transcrito acima, prescreve que o servidor, mesmo depois de estável, submeter-se-á a procedimento de avaliação periódica de desempenho, nos termos que dispuser a lei complementar a ser editada especificamente para essa finalidade. Enquanto a aludida lei não for sancionada, a avaliação de desempenho de que trata o inc. III do art. 41, em referência, não se realizará, por se tratar de norma constitucional de eficácia limitada.[9]

---

[8] GASPARINI. *Direito administrativo*, p. 151.

[9] Tramita no Congresso Nacional o Projeto de Lei Complementar nº 248-D, 1998, atualmente no Senado, já votado pela Câmara dos Deputados. O texto, de acordo com o que foi aprovado pela Câmara, estabelece que a avaliação periódica de desempenho observará os princípios constitucionais da Administração Pública previstos no art. 37, *caput*, da Constituição Federal. Os órgãos ou entidades devem dar conhecimento prévio a seus servidores dos critérios a serem utilizados para avaliação de desempenho, de acordo com o disposto na lei. A avaliação terá por finalidade verificar o desempenho do servidor quanto aos seguintes itens: a) cumprimento das normas de procedimento e de conduta no desempenho das atribuições do cargo; b) produtividade no trabalho, com base em padrões previamente estabelecidos de qualidade e de economicidade; c) assiduidade; d) pontualidade; e e) disciplina. A avaliação anual será feita por comissão especial composta por quatro servidores, pelo menos três estáveis, que tenham pelo menos três anos de exercício no órgão ou entidade a que estejam vinculados. Todos

O art. 169 da mesma Constituição, com a redação dada pela Emenda nº 19/1998, acaba de fragilizar a estabilidade do servidor público. O *caput* do artigo prescreve que a despesa com pessoal ativo e inativo da União, dos estados, do Distrito Federal e dos municípios não pode ultrapassar o limite estabelecido em lei complementar. A lei complementar, recepcionada pela Constituição, era a de nº 82, de 27.3.95, alterada pela Lei Complementar nº 96, de 31.5.99. Essa lei fixou o limite da despesa com pessoal da União em 50% (cinquenta por cento) da receita corrente líquida federal, com pessoal dos estados-membros, em 60% (sessenta por cento) da receita corrente líquida estadual, e para pessoal dos municípios, também em 60% (sessenta por cento) da receita corrente líquida do município. A mesma regra aplica-se ao Distrito Federal.

As citadas leis complementares nº 82/1995 e nº 96/1999 foram revogadas pela Lei Complementar nº 101, de 4.5.2000. Entretanto, os limites de despesa total com pessoal continuam os mesmos fixados pelas leis revogadas, nos quatro planos de governo, conforme estabelece o art. 19 da LC nº 101/2000. O limite deve ser observado em cada período de apuração.

Na verificação dos gastos com pessoal para os efeitos do limite máximo de que trata o *caput* do art. 19 em referência, não serão considerados despesas relativas a pagamento de indenização nos casos de exoneração ou dispensa de servidores ou de empregados; despesas realizadas em virtude de incentivo à dispensa ou desligamento voluntário; despesa com pessoal nos casos de convocação extraordinária do Congresso Nacional pelo presidente da República, pelos presidentes da Câmara dos Deputados e do Senado Federal ou a requerimento da maioria dos membros das duas casas legislativas, nos casos de urgência ou interesse público relevante, art. 57, §6º, inc. II, da Constituição da República. Nessa hipótese, a despesa realizada com pessoal durante a convocação extraordinária não será computada na verificação do limite; as despesas oriundas de decisão judicial em benefício de servidor, referente à competência anterior ao da apuração de que cuida o §2º do art. 18 da lei complementar em comento. O aludido parágrafo está assim grafado: "A despesa total com pessoal será apurada somando-se a realizada no mês em referência com as dos onze imediatamente anteriores, adotando-se o regime de competência"; as despesas com pessoal do Distrito Federal e dos estados do Amapá e de Roraima, custeadas com recursos financeiros transferidos pela União conforme prevê o art. 21, incs. XIII e XIV, da Constituição Federal e art. 31 da Emenda Constitucional nº 19/98. O inc. XIII contém a seguinte redação: "Compete à União organizar e manter o Poder Judiciário, o Ministério Público e a Defensoria Pública do Distrito Federal e dos Territórios". Por seu turno, o inc. XIV prescreve: "Compete à União organizar e manter a Polícia Civil, a Polícia Militar e o Corpo de Bombeiros

---

devem ter nível hierárquico igual ou superior ao do servidor a ser avaliado. O chefe imediato do servidor será, necessariamente, um dos membros da comissão e outro será indicado ou aceito pelo servidor nos termos do regulamento, no prazo de quinze dias. A avaliação devidamente motivada será sempre homologada por autoridade superior e em seguida levada ao conhecimento do servidor avaliado. O termo de avaliação deve apontar as deficiências do servidor avaliado e propor o treinamento necessário ao desempenho desejado. Se, depois do treinamento, o servidor não melhorar as suas deficiências funcionais, será instaurado processo administrativo próprio com vista à sua demissão do cargo. Neste processo, sob pena de nulidade, deve ser dado ao servidor a oportunidade para realizar ampla defesa, observado o princípio do contraditório. É condição para a instauração do processo, entre outras: ter o servidor recebido dois conceitos sucessivos de desempenho insuficiente ou três conceitos interpolados de desempenho insuficiente, computados nos últimos cinco anos.

militar do Distrito Federal, bem como prestar assistência financeira ao Distrito Federal para a execução de serviços públicos, por meio de fundo próprio". O art. 31 da EC nº 19/98 institui quadro em extinção da Administração Federal integrado pelos servidores públicos federais da Administração direta e indireta, os servidores municipais e os da carreira militar dos ex-territórios federais do Amapá e de Roraima, que se encontravam nos exercícios de seus cargos ou funções na data em que os aludidos territórios se transformaram em estados-membros; os militares admitidos conforme lei federal e custeados pela União e os servidores civis nesses estados com vínculo funcional reconhecido pela União; as despesas com inativos custeadas com recursos oriundos de contribuições dos servidores segurados; receita decorrente da compensação nos casos de aposentadoria com base em tempo resultante da contagem recíproca de que trata o art. 201, §9º, da Constituição Federal, regulamentado pela Lei Federal nº 9.796/99; recursos relativos a receitas arrecadadas diretamente por fundos destinados ao custeio de aposentadoria. Incluem-se nessa modalidade de receitas as relativas à alienação de bens, direitos e ativos e os superávits financeiros.

O limite de despesas com pessoal nos quatro planos de governo, de que trata o art. 19 da Lei Complementar nº 101/2000, está distribuído entre os poderes em percentuais de conformidade com o art. 20 da mesma lei complementar, como segue:

I – Na esfera federal.

- no Poder Legislativo, Câmara e Senado Federal, incluindo o Tribunal de Contas da União, as despesas com pessoal têm por limite 2,5% (dois inteiros e cinco décimos por cento) da receita corrente líquida da União;
- no Poder Judiciário, o limite é de 6% (seis por cento);
- no Poder Executivo, as despesas limitam-se em 40,9% (quarenta inteiros e noventa décimos por cento). Dos 40,9% são destacados 3% (três por cento) destinados a pagamento de despesas de responsabilidade da União relativamente a pessoal que presta serviços ao Distrito Federal, aos estados do Amapá e de Roraima, nos termos do inc. V, §1º, do art. 19 da Lei Complementar nº 101/2000, combinado com o art. 21, incs. XIII e XIV, da Constituição Federal e art. 31 da Emenda Constitucional nº 19/98. Os 3%, nos termos da lei, serão repartidos proporcionalmente à média das despesas relativas a cada um dos dispositivos constitucionais aqui referidos, em percentual da receita corrente líquida, dos três exercícios financeiros imediatamente anteriores ao exercício da publicação da Lei Complementar nº 101/2000. Esse comando legal deixa evidente, no nosso entender, que a norma de exclusão de despesa de que trata o inc. V, §1º, do art. 19 da LC nº 101/2000, destina-se apenas ao Distrito Federal e aos estados do Amapá e o de Roraima;
- ao Ministério Público da União é lícito gastar com pessoal 0,6% (seis décimos por cento).

Verifica-se que a soma dos percentuais das despesas com pessoal do Legislativo, inclusive o Tribunal de Contas da União, com o pessoal do Judiciário, com o pessoal do Executivo e com o pessoal do Ministério Público da União perfaz o total de 50%

da receita corrente líquida da União no exercício financeiro, limite de despesas com pessoal, de conformidade com o art. 19 da LC nº 101/2000.

II – Na esfera estadual.

Na esfera estadual, a repartição da verba orçamentária pratica-se da seguinte forma:

- ao Poder Legislativo, incluído o Tribunal de Contas do estado, 3% (três por cento) da receita corrente líquida do estado;
- ao Poder Judiciário destinam-se 6% (seis por cento);
- ao Poder Executivo são destinados 49% (quarenta e nove por cento);
- por último, ao Ministério Público estadual cabe a fatia correspondente a 2% (dois por cento).

Também, aqui, como se vê, a soma dos percentuais destinada a cada órgão estadual, referidos acima, perfaz o total de 60% da receita corrente líquida do Estado, limite da despesa com pessoal de cada estado-membro.

III – Na esfera municipal.

No âmbito municipal, a verba orçamentária no limite de 60% (sessenta por cento) da receita corrente líquida do município, destinada ao pagamento de pessoal, está repartida da seguinte forma:

- ao Poder Legislativo, inclusive o Tribunal de Contas Municipal, quando for o caso, 6% (seis por cento) da receita corrente líquida do município;
- ao Poder Executivo, 54% (cinquenta e quatro por cento).

De conformidade com o §1º do art. 20 da lei complementar em comento, as verbas destinadas ao Poder Legislativo e ao Poder Judiciário em cada esfera serão repartidas a cada um de seus órgãos proporcionalmente à média das despesas com pessoal, percentual da receita corrente líquida, auferidas nos três exercícios financeiros imediatamente anteriores ao exercício da publicação da Lei Complementar nº 101/2000.

Para os efeitos do art. 20 da LC em exame são considerados órgãos: o Ministério Público (federal e estaduais); o Senado Federal, a Câmara dos Deputados e o Tribunal de Contas da União; a Assembleia Legislativa e o Tribunal de Contas do Estado, na esfera estadual; no Distrito Federal, a Câmara Legislativa e o Tribunal de Contas do Distrito; na esfera municipal, a Câmara Municipal e o Tribunal de Contas Municipal, quando existir; os Tribunais superiores aludidos no art. 92 da Constituição Federal e os Tribunais dos estados.

No estado que mantiver Tribunal de Contas dos municípios além do Tribunal estadual comum, o Poder Legislativo terá direito a 0,4% (quatro décimos por cento) deduzidos do percentual destinado ao Poder Executivo. Nesse caso, então, o montante da verba orçamentária do Poder Executivo destinada a pessoal será de 48,6% (quarenta e oito inteiros e seis décimos por cento) e não 49%, §4º do art. 20 da LC nº 101 em foco.

Esse art. 20 está sob suspeita de inconstitucionalidade. Tramita no Supremo Tribunal Federal ação direta de inconstitucionalidade. Alega-se que o dispositivo contraria o pacto federativo, por estar determinando conduta e limites aos estados-membros, ao Distrito Federal e aos municípios, além de estabelecer limites em percentuais vinculados aos poderes. O que seria proibido pela Constituição, segundo argumentam os defensores da tese.

O fato de o art. 20 estar *sub judice* restringe a nossa liberdade para analisá-lo quanto à sua conformação com a Constituição Federal, neste livro. Entretanto, devemos expressar, sem o aprofundamento que o caso requer, o nosso entendimento sobre a matéria. Parece-nos que o limite global de despesa com pessoal é constitucional por ter sido previsto no art. 169 da Constituição Federal de 1988, na sua redação primitiva. Entretanto, os limites previstos no questionado artigo para cada poder nos parecem inconstitucionais. O preceito fere a autonomia dos estados-membros, do Distrito Federal e dos municípios, fato que contraria o pacto federativo brasileiro. Lei federal, ainda que complementar, é incompetente para dispor sobre comportamento a ser observado pelos estados e os municípios em matéria de competência autônoma desses entes políticos. Cada um deles deve dispor quanto à distribuição do limite global da despesa com pessoal, entre os seus poderes. Será que o percentual da despesa do Legislativo do município de São Paulo é o mesmo do Legislativo de um município mineiro com seis mil habitantes? O percentual da despesa com o pessoal do Judiciário do estado de Minas Gerais é o mesmo do Judiciário do estado do Espírito Santo, por exemplo? Temos a impressão de que não. Cada qual, examinando criteriosamente as suas reais necessidades e disponibilidades orçamentárias e financeiras, deve promover a divisão dos sessenta por cento de que trata o art. 19 do LC nº 101/2000, da maneira mais justa possível.

Nos termos do art. 21 da LC nº 101/2000, é nulo de pleno direito o ato que propiciar aumento da despesa com pessoal sem a observância das exigências contidas nos arts. 16 e 17 da mesma lei complementar, previstas no inc. XIII do art. 37 da Constituição Federal e do §1º do art. 169 da mesma Constituição e, ainda, o limite previsto em lei de comprometimento de despesa com o pessoal inativo.

É igualmente nulo de pleno direito o ato jurídico legislativo ou administrativo que resulte em aumento de despesa com pessoal expedidos nos 180 dias imediatamente anteriores ao término do mandato do titular do poder ou de órgãos previstos no art. 20 da LC nº 101/2000.

A norma, como se pode ver, proíbe a concessão de aumento a servidores nos cento e oitenta dias que antecedem o final do mandato do titular de poder ou de quaisquer dos órgãos referidos no art. 20 da lei complementar em exame. Além da nulidade do ato, o aumento concedido nesse período é considerado crime que culmina pena de detenção de 1 a 4 anos, nos termos do art. 359-G do Código Penal, acrescentado pela Lei nº 10.028, de 11.10.2000.

A Lei Complementar nº 173, de 2020 alterou parcialmente a redação do art. 21 da LC nº 101/2000, acima comentado. A redação nova é a seguinte: "Art. 21. É nulo de pleno direito", inc. I, alíneas "a" e "b" – ato que contribui para o aumento de despesa com pessoal que não atenda às exigências contidas nos arts. 16 e 17 da LC nº 1001/2000 "e o disposto no inc. XIII do *caput* do art. 37 e no §1º do art. 169 da Constituição Federal" e ao limite estabelecido em lei sobre o comprometimento de gastos com o pessoal inativo; inc. II refere-se a ato que resulta aumento de despesa com pessoal em cento e oitenta dias antes do final do mandato dos titulares de poderes ou de outros órgãos previstos no art. 20; inc. III cuida de aumento de despesa com pessoal, com previsão de parcelas a se vencerem depois do término do mandato das autoridades previstas no inc. II; inc. IV – esse dispositivo amplia as hipóteses de condutas e atos e também amplia o número de agentes públicos, cujas condutas (aprovar, editar lei, sanção de lei, plano de alteração, reajuste e estruturação de carreias do setor público, nomeação de aprovados em concurso público, entre outros), praticadas por chefe do Executivo nos quatro planos de governo, presidente do Congresso, presidente da Câmara, presidentes das mesas diretoras das duas casas legislativas, presidentes dos Tribunais do Poder Judiciário, chefe do Ministério Público da União e dos estados, que resultarem aumento de despesas com pessoal, cento e oitenta dias antes do término dos respectivos mandatos, ou, ainda, criação de despesa com pessoal com previsão de pagamento de parcelas no ano subsequente ao final do mandato do titular do Poder Executivo dos quatro planos de governo. As restrições constantes dos incs. II, III e IV aplicam-se mesmo nos casos de prorrogação de mandato ou de reeleição de titular de poder ou de titular de órgãos autônomos.

As medidas de controle com vista a verificar se os gastos com pessoal estão se realizando nos limites previstos nos arts. 19 e 20 serão efetivadas no final de cada quadrimestre. Isso é, a cada quatro meses devem ser verificados os assentamentos contábeis relativos ao registro de pagamento de pessoal.

Se a despesa total com pessoal exceder a 95% (noventa e cinco por cento) do limite previsto para despesa com pessoal, o poder ou o órgão que incorrer nessa situação irregular ficará impedido de: a) conceder aumento ou qualquer outra vantagem financeira a qualquer título, salvo as vantagens decorrentes de decisão judicial ou de determinação legal ou contratual e os aumentos gerais anuais de que trata o inc. X do art. 37 da Constituição Federal; b) criar cargo, emprego ou função pública; c) alterar estrutura de carreira que concorra para aumento de despesa – a modificação de carreira só será possível, nesse caso, se a medida não trouxer aumento de despesa; d) prover cargo, admitir ou contratar pessoal, a qualquer título, ressalvados os casos de indispensáveis reposições em virtude de aposentadoria ou falecimento de servidor lotados nas áreas de saúde, educação e segurança. Essas áreas são prioritárias e, como tal, foram reconhecidas pelo legislador; e) convocar servidor para trabalhar em regime de hora extra, ressalvados os casos de convocação extraordinária do Congresso Nacional nas hipóteses de urgência ou de interesse público relevante, nos termos do inc. II, §6º, do art. 37 da Constituição Federal e nas situações previstas na lei de diretrizes orçamentárias.

Para a observância do limite de despesas com pessoal, o art. 169, §3º, da Constituição Federal prevê dois procedimentos a serem adotados pela União, estados, Distrito Federal e municípios. São eles, pela ordem: a) reduzir em pelo menos vinte por cento as despesas com servidores em cargo comissionado e em função de confiança, por meio de ato de exoneração e extinção dos respectivos cargos; b) exoneração de servidores não estáveis.

As duas medidas previstas como meio de redução de gastos com pessoal não atingem os servidores estáveis, visto que os acima referidos são comissionados ou exercem função de confiança, ou são detentores de cargo ou função pública não estáveis. Todavia, a Emenda Constitucional nº 19/1998 reservou aos estáveis a norma contida no §4º do art. 169 da CF. Esse dispositivo constitucional estabelece que, se as duas medidas previstas no §3º, citadas acima, não forem suficientes para manter o limite de despesa no percentual determinado, o servidor estável poderá perder o cargo, mediante ato normativo motivado de cada um dos poderes, demonstrando a necessidade de redução de pessoal.

O servidor que perder o cargo, em função do disposto no §4º em referência, terá direito à indenização correspondente a um mês por ano trabalhado (§5º do art. 169 da CF).

Estabelece, ainda, o mesmo artigo, no §6º, que os cargos objeto da redução de gastos, nos termos dos artigos examinados acima, serão automaticamente extintos. Outros e até mesmo funções públicas, iguais ou assemelhados aos extintos, não poderão ser criados antes de transcorridos pelo menos quatro anos imediatamente após as extinções.

A regulamentação sobre a perda de cargo por excesso de despesa de acordo com o disposto no §4º do art. 169 de CF foi baixada com a Lei Federal nº 9.081, de 14.6.99, que dispõe sobre normas gerais a serem observadas nos quatro planos de governo com vista à exoneração de servidores nos casos de redução do quadro de pessoal.

A exoneração de servidor aqui tratada será precedida de ato normativo motivado expedido pelo chefe de cada poder da União, dos estados-membros, do Distrito Federal e dos municípios. O ato normativo conterá as seguintes especificações: a) a economia de recursos financeiros que se pretende fazer e o número correspondente de servidores a serem exonerados; b) a atividade funcional e o órgão ou a unidade administrativa em que a redução de pessoal for necessária para atender à exigência constitucional; c) o critério geral impessoal adotado para a identificação dos servidores a serem exonerados dos respectivos cargos; d) os critérios e as garantias especiais escolhidos para a identificação de servidores estáveis, que em razão dos respectivos cargos desempenham atividades exclusivas de Estado; e) o prazo para a efetivação do pagamento da indenização decorrente da perda do cargo; f) a identificação da fonte orçamentária que suportará os ônus da despesa relativa à indenização (§1º, art. 1º, da Lei nº 9.801/99).

O §2º do mesmo artigo e lei prescreve que o critério geral impessoal será adotado observando-se a seguinte ordem: a) exonerar os servidores que contarem menor tempo de serviço público; b) exonerar os servidores que estejam percebendo maior remuneração; e, finalmente, c) exonerar os servidores mais novos.

O critério geral escolhido poderá conjugar-se com complementar, qual seja, o servidor com menor número de dependentes que permitirá estabelecer listagem de classificação para o fim de exoneração.

A mesma lei estabelece ainda no art. 3º que os servidores que desempenham funções ou atividades exclusivas de Estado somente poderão perder o cargo com a finalidade de redução da folha, depois de comprovada a exoneração de pelo menos trinta por cento de servidores ocupantes de outros cargos que não se enquadram na carreira de Estado, lotados no órgão ou unidade administrativa em que se está operando a redução de despesa. Cada ato deve reduzir, no máximo, trinta por cento dos servidores que atuam em atividade exclusiva de Estado.

Ressalte-se, por último, que, nos termos do §2º, art. 169 da CF, decorrido o prazo de adaptação à nova ordem, estabelecido em lei complementar, serão imediatamente suspensos os repasses de recursos federais e estaduais aos estados, ao Distrito Federal e aos municípios que não mantiverem as suas despesas com pessoal nos limites estabelecidos na referida lei complementar.

A Lei Complementar nº 101/2000 prescreve, no art. 23, que o poder ou órgão cuja despesa com pessoal eventualmente ultrapasse os limites previstos no art. 20 terá de eliminar o excedente, nos dois quadrimestres subsequentes, sendo pelo menos um terço no primeiro. As medidas a serem adotadas são as exonerações de que trata o art. 169, §§3º e 4º da Constituição de 1988. O §3º do art. 23 em exame prescreve que, na hipótese do inc. I, §3º, do art. 169 da CF (redução em pelo menos vinte por cento das despesas com cargos em comissão e função de confiança), o objetivo poderá se alcançar com a exoneração dos servidores ou com a redução do valor da remuneração relativa ao cargo. Esta segunda opção parece-nos inconstitucional, face norma expressa contra a redutibilidade de subsídio e de vencimentos dos cargos ou empregos (art. 37, inc. XV da CF). No §2º do mesmo artigo e lei está prevista ainda, como meio de redução de despesa com pessoal, a redução temporária da jornada e, na mesma proporção, a redução do vencimento. Esta medida, também, parece-nos inviável, por ser incompatível com o regime estatutário, considerando, principalmente, que a fixação ou majoração de remuneração viabiliza-se somente mediante lei de iniciativa do chefe do Executivo, no âmbito desse órgão.

O poder ou o órgão que não conseguir eliminar o excesso da folha no prazo estabelecido pela lei sujeitar-se-á às seguintes restrições até a data da efetiva supressão da parte excedente ao limite de que tratam os arts. 19 e 20 da LC nº 101/2000: a) não deverá receber transferências voluntárias; b) não obterá garantia, direta ou indireta, de outro ente público; c) ficará impedido de contratar operações de crédito. Não se incluem nessa proibição as operações de créditos que tenham por finalidade o refinanciamento da dívida mobiliária e as que se destinarem à redução de despesas com pessoal.

As limitações aludidas acima aplicam-se de imediato na hipótese de a despesa global com pessoal, no primeiro quadrimestre do último ano de mandato ou gestão do titular do poder ou do órgão, ultrapassar o limite legal. Essa medida, conjugada com outras, tem por finalidade evitar que o dirigente chegue ao final de sua gestão com dívida para o sucessor pagar. Situação que vem se verificando com muita frequência nos municípios e nos estados.

A lei complementar em estudo estabeleceu o prazo de até dois exercícios para os órgãos ou entidades adaptarem as suas despesas com pessoal de acordo com as novas regras, se na data da lei os valores estiverem acima do máximo permitido. A LC nº 101/2000, art. 70, prescreve que o órgão ou poder que, no exercício anterior à sua publicação, estiver com sua despesa de pessoal acima do limite, deverá, em até dois exercícios imediatamente futuros, suprimir o excesso, sendo que nos primeiros doze meses a redução deve chegar a pelo menos 50% (cinquenta por cento) do excesso da folha e, nos doze meses subsequentes, deve-se eliminar o restante da despesa que esteja acima dos cinquenta por cento no caso da União, e sessenta por cento nos demais entes federativos.

A inobservância das exigências acima resulta aplicação das restrições de que trata o §3º do art. 23 da LC nº 101/2000, supracomentado.

O art. 71 da mesma lei complementar em foco prescreve que a despesa com pessoal nos três primeiros exercícios posteriores à edição da lei não ultrapasse 10% (dez por cento) da despesa realizada no último exercício anterior, desde que inferior ao limite fixado para cada poder e para cada órgão previstos no art. 20 da lei.

Além da estabilidade ordinária, prevista no art. 41 da Constituição, acima examinada, existe a estabilidade especial extraordinária garantida pela Constituição Federal, nos termos do art. 19 do Ato das Disposições Constitucionais Transitórias (ADCT). Prescreve o dispositivo que serão estáveis os servidores civis da União, do Distrito Federal, dos estados-membros, dos municípios, das autarquias e das fundações públicas, admitidos sem concurso público há pelo menos cinco anos antes da promulgação da Constituição, que tenham ocupado continuamente cargo, função ou emprego e que estejam em exercício na data da Constituição. Esse benefício não alcançou os professores de curso superior nem os titulares de cargos em comissão e admitidos por tempo determinado. Os servidores beneficiados com a medida sujeitar-se-ão a concurso para tornarem-se servidores efetivos e integrantes da carreira.

Trata-se de benefício casuístico, que contraria todos os princípios constitucionais relativos à Administração Pública, principalmente o da moralidade administrativa e que afrontou a consciência social. Mas, ressalte-se, é fruto da praxe adotada pelos legisladores constituintes pátrios. As Constituições de 46 e de 67 contiveram semelhante dispositivo, assegurando estabilidade a servidores que, até a data de suas promulgações, tivessem sido admitidos sem concurso público.

A estabilidade é instituto distinto da vitaliciedade e da inamovibilidade. A estabilidade, como visto, destina-se aos servidores públicos civis regidos pelas normas estatutárias. A vitaliciedade é garantia de certas categorias de agentes públicos, os juízes, por exemplo, de não serem destituídos do cargo, senão em virtude de decisão judicial transitada em julgado. O processo disciplinar administrativo não se aplica aos agentes vitalícios. A inamovibilidade é prerrogativa do agente titular de certos cargos públicos de não ser removido, exceto nos casos de interesse público e nos termos e condições estabelecidos em lei. Exemplo: integrantes da carreira da Magistratura e da carreira do Ministério Público.

k) Vacância

Os cargos públicos são permanentes. As pessoas, não. Estas se aposentam, morrem, deixam o cargo voluntariamente ou por serem nomeadas para outro inacumulável ou em virtude de punição. Por isso, os cargos podem vagar a qualquer momento. A vacância, nos termos do art. 33 da Lei nº 8.112/90, ocorre em virtude de exoneração, demissão, promoção, readaptação, aposentadoria, posse em outro cargo inacumulável e falecimento.

A exoneração é ato administrativo por meio do qual a autoridade competente opera o desligamento do servidor público. A exoneração dá-se de ofício, durante o período probatório, se o servidor não atender às condições do estágio, nos casos de servidores ocupantes de cargo comissionado ou de função de confiança ou a pedido do servidor em qualquer situação, mesmo em pleno gozo da estabilidade.

A demissão é outra modalidade de ato da Administração destinado ao afastamento definitivo do servidor público do cargo em que fora investido. Ela tem natureza punitiva. Por isso, o servidor somente pode ser demitido em virtude de ilícito administrativo tipificado na lei estatutária, comprovado mediante processo administrativo disciplinar em que lhe seja garantida ampla defesa e a observância do contraditório, ou em virtude de decisão judicial transitada em julgado. A lei arrola as seguintes hipóteses de demissões: crime contra a Administração Pública; abandono de cargo; inassiduidade habitual; improbidade administrativa; incontinência pública e conduta escandalosa na repartição; insubordinação grave no serviço; ofensa física, em serviço, a servidor ou a particular, salvo em legítima defesa, própria ou de outrem; aplicação irregular de dinheiro público; revelação de segredo do qual se apropriou em razão do cargo; lesão aos cofres públicos e dilapidação do patrimônio nacional; corrupção; acumulação ilegal de cargos, empregos ou funções públicas; transgressão dos incs. IX a XVI do art. 117 da lei estatutária federal (art. 132 da Lei nº 8.112/90).

Os casos previstos nos incs. IX a XVI do art. 117, aludido acima, referem-se a proibições a que se sujeitam os servidores públicos. A transgressão às normas de conduta arroladas nos citados incisos implica a demissão do servidor após processo disciplinar. Com vista a facilitar a compreensão da matéria, transcrevemos os incisos em referência, do art. 117 da Lei nº 8.112/90, alterados pela Medida Provisória nº 1.909-18 de 24.9.99, substituída pela MP nº 2.225-45, de 4.9.2001, em vigor conforme art. 2º da EC nº 32/2001:

Art. 117. [...]

IX - valer-se do cargo para lograr proveito pessoal ou de outrem, em detrimento da dignidade da função pública;

X - participar de gerência ou administração de empresa privada, sociedade civil, salvo a participação nos conselhos de administração e fiscal de empresas ou entidades em que a União detenha, direta ou indiretamente, participação do capital social, sendo-lhe vedado exercer o comércio, exceto na qualidade de acionista, cotista ou comanditário;

XI - atuar, como procurador ou intermediário, junto a repartições públicas, salvo quando se tratar de benefícios previdenciários ou assistenciais de parentes até o segundo grau, e de cônjuge ou companheiro;

XII - receber propina, comissão, presente ou vantagem de qualquer espécie, em razão de suas atribuições;

XIII - aceitar comissão, emprego ou pensão de estado estrangeiro;

XIV - praticar usura sob qualquer de suas formas;

XV - proceder de forma desidiosa;

XVI - utilizar pessoal ou recursos materiais da repartição em serviços ou atividades particulares.

São essas as hipóteses de demissão dos servidores públicos estáveis. A manutenção, no cargo, de servidor corrupto (ou inassíduo, ou que pratica malversação de dinheiro público, ou revelador de segredo, entre outros) é consequência da má gerência pública e do descumprimento de normas jurídicas pelas autoridades públicas. Sempre se tem notícia do mau emprego do dinheiro público, de servidor que recebe propina, de servidor que pratica corrupção ativa ou passiva. Mas pouco se ouve dizer que o servidor, numa dessas condições, tenha sido processado e julgado administrativa ou judicialmente.

Não é, pois, a estabilidade dos servidores públicos a causa do desmando na Administração Pública, da sua ineficácia e de suas dificuldades financeiras. A causa principal é a generosidade do administrador público ou a omissão nos casos em que se impõe a ação.

O servidor titular de determinado cargo público, se vier a ser nomeado para outro inacumulável com o primeiro, terá de exonerar-se deste para empossar-se naquele. O art. 37, XVI, cuida da proibição de acumulação e dos casos de exceção à regra, que brevemente serão examinados.

O falecimento do servidor é outro fato que implica a vacância do cargo público. É óbvio. Com a morte, desaparece o servidor e, em consequência, surge a vacância. Para o mesmo cargo deve ser nomeado outro servidor de acordo com a conveniência do serviço. Em princípio, os cargos não devem permanecer vagos, pois esses são criados e lotados, na Administração Pública, em número indispensável para que se cumpram os deveres do Estado.

A aposentadoria, outro meio concorrente para a vacância de cargo público, será considerada em tópico próprio, quando se tratar dos direitos previdenciários.

l) Vedação de acumulação remunerada de cargos públicos

Aos servidores públicos é vedado o exercício de mais de um cargo remunerado, ressalvadas as hipóteses previstas em lei. A matéria está tratada na Constituição Federal (art. 37, XVI) e na Lei nº 8.112/90 (arts. 118 a 120). A proibição alcança os servidores da Administração direta dos três poderes e da Administração indireta: autarquias, fundações públicas, empresas públicas e sociedades de economia mista. A norma proibitiva ressalva e permite a acumulação, desde que haja compatibilidade de horários: a) a de dois cargos de professor; b) a de um cargo de professor com um cargo técnico ou científico; e c) a de dois cargos ou empregos privativos de profissionais de saúde, com profissão regulamentada. A legislação anterior impunha ainda outra condição, qual seja, a correlação de matéria nos casos de acumulação de um cargo de professor com um técnico ou científico. Com essa norma, hoje caduca, o advogado, por exemplo, poderia lecionar matéria relativa à ciência jurídica. O médico, igualmente, na área da medicina.

Para os fins da acumulação de cargo de professor com um técnico ou científico, a jurisprudência administrativa é pacífica no sentido de que os profissionais do segundo grau, integrantes de profissões regulamentadas, são técnicos para os efeitos da acumulação. Exemplo: técnico de contabilidade, técnico de laboratório, técnico de enfermagem e técnico agrícola. Os profissionais de terceiro grau, formados em curso superior, são técnicos ou científicos. Por esse motivo, o portador de diploma de curso superior é considerado técnico ou científico para o efeito da acumulação lícita do respectivo cargo público com um de professor.

Merece destaque outra questão, pelo fato de não haver unidade de pensamento a seu respeito. Trata-se da expressão "é vedada a acumulação *remunerada* de dois *cargos públicos*" (grifos nossos). A interpretação desse texto levou à formação de duas correntes de intérpretes. Uma entende que a proibição se relaciona à remuneração. A outra, prende-se à expressão *cargo remunerado*. Na compreensão da primeira, o servidor pode assumir um segundo cargo, inacumulável, se requerer licença para tratar de interesses particulares, em relação ao primeiro. Justificam os defensores dessa ideia que, afastado de um dos cargos, o servidor não estará percebendo remunerações acumuladas. A corrente oposta não aceita essa orientação. Para ela, a licença para tratar de interesses particulares não elide a acumulação proibida. Primeiro, porque a licença em pauta, embora direito do servidor, está condicionada à conveniência e à oportunidade. O administrador, no exercício da faculdade discricionária, pode conceder ou não o benefício. Outro fato é que a licença não desvincula o servidor do cargo, tanto que ela é concedida por prazo determinado. O não retorno imediato do servidor ao término da licença impõe a sua demissão do cargo por abandono.

Outro aspecto mais grave é o fato de que o servidor, mesmo afastado do cargo em virtude de licença voluntária, terá direito à aposentadoria no referido cargo, se for acometido de doença ensejadora de aposentadoria por invalidez. Nessa hipótese, o servidor detentor de dois cargos inacumuláveis, afastado de um para tornar lícita a acumulação (de acordo com a primeira corrente), seria aposentado nos dois, de acumulação vedada. Essa última orientação parece-nos ser a correta, e é a posição que defendemos, pelos motivos acima lançados. Os argumentos de sua sustentação são, juridicamente, mais convincentes do que os sustentados pela outra corrente. Entretanto, existem decisões judiciais favoráveis ao servidor, entendendo que o servidor em licença, sem remuneração, para tratar de assuntos de interesse particular, pode assumir outro cargo público sem contrariar a regra que proíbe a acumulação de cargos, porquanto a lei trata de cargos remunerados. Nesse sentido é a decisão do TRF-1 na Apelação em Mandado de Segurança nº 42.849/DF 200.34.042849-3.

A Lei nº 9.527, de 10.12.97, resultante da Medida Provisória nº 1.522, de 11.6.96, reeditada várias vezes, acrescenta o §3º ao art. 118 da Lei nº 8.112/90 com a seguinte redação:

§3º Considera-se acumulação proibida a percepção de vencimento de cargo ou emprego público efetivo com proventos de inatividade, salvo quando os cargos de que decorram essas remunerações forem acumuláveis na atividade.

A norma, que não deixa dúvida, proíbe o servidor estatutário e o empregado público aposentados de retornarem ao serviço público na Administração direta e na Administração indireta, para a investidura de cargo efetivo ou emprego permanente. A vedação não se aplica aos casos de nomeação para cargo ou função de confiança nem nas hipóteses de prestação de serviços temporários, previstos em lei, como exemplo, a prestação de consultoria por tempo determinado, sem vínculo, a não ser o contratual nos termos da Lei nº 8.666, de 21.6.1993.

Poder-se-ia indagar se o dispositivo em questão seria constitucional, considerando que a Constituição Federal não tratou da questão expressamente, ao cuidar da acumulação proibida no art. 37, XVI. À primeira vista, sem o devido cuidado que deve ter o intérprete, pode parecer que o preceito legal é inconstitucional. Estudo mais acurado, entretanto, conduz ao entendimento contrário. É a conclusão a que chegou o Supremo Tribunal Federal. Em decisão anterior à reforma administrativa e previdenciária, aquela Corte Suprema decidiu reconhecendo a inconstitucionalidade da acumulação de proventos com vencimentos de novo cargo, salvo nos casos em que o cargo em que se deu a aposentadoria seja acumulável com o novo, ou se a nomeação for para cargo em comissão.

Para não ficar nenhuma dúvida, a Emenda Constitucional nº 20/1998 acrescentou o §10 ao art. 37 da Constituição Federal com a seguinte redação:

É vedada a percepção simultânea de proventos de aposentadoria decorrente do art. 40 ou dos arts. 42 e 142 com a remuneração de cargo, emprego ou função pública, ressalvados os cargos acumuláveis na forma desta Constituição, os cargos eletivos e os cargos em comissão declarados em lei de livre nomeação e exoneração.

Excluem-se dessa regra os membros de poder e os inativos, servidores e militares que até a data da promulgação da Emenda Constitucional nº 20/1998 tenham ingressado novamente no serviço público mediante concurso público de provas ou de provas e títulos, e pelas demais formas previstas na Constituição Federal. Exceto nos casos de acumulação permitida, o servidor não poderá perceber proventos de mais de uma aposentadoria, pelo regime de previdência de que trata o art. 40 da CF, nem poderá ultrapassar o limite do teto de subsídio, remuneração e pensão, fixado nos termos do art. 37, inc. XI, da Constituição Federal.

Sintetizando: a soma dos proventos da inatividade com a remuneração do novo cargo, nos casos permitidos, não poderá ultrapassar o teto constitucional. O servidor ou militar inativo que na data da Emenda nº 20/98 ocupava novo cargo público, por concurso, não poderá obter segunda aposentadoria. É a regra contida no art. 11 da aludida emenda constitucional.

O art. 119 da Lei nº 8.112/1990, com a redação dada pela Lei nº 9.527/1997, proíbe o servidor público de exercer mais de um cargo comissionado, exceto se optar pelo vencimento de apenas um, nem ser remunerado pela participação em órgãos colegiados. Ao dispositivo foi acrescentado parágrafo único pela Medida Provisória nº 1.909-18, de 24.9.1999, substituída pela MP nº 2225-45/2001, em vigor nos termos do art. 2º da EC nº 32/2001, com a seguinte redação:

> o disposto neste artigo não se aplica à remuneração devida pela participação nos conselhos de administração e fiscal das empresas públicas e sociedades de economia mista, suas subsidiárias e controladas, bem como quaisquer empresas ou entidades em que a União, direta ou indiretamente, detenha participação do capital social, observado o que, a respeito, dispuser legislação específica.

Este assunto será retomado no subitem 2.5, a título de síntese conclusiva incorporando recentes decisões dos tribunais pátrios sobre o tema.

m) Direitos e vantagens

Vencimento – vencimento é a importância paga em pecúnia, ao servidor, em retribuição aos serviços prestados no desempenho das atividades pertinentes ao cargo que ocupa na União, no estado, no Distrito Federal, no município, na fundação de direito público ou na autarquia. Nas autarquias e nas fundações, sobretudo, o termo *vencimento* passou a ser adotado depois da adoção do regime unificado de pessoal (art. 39 da Constituição da República). Antes, as referidas entidades pagavam salários aos seus servidores por serem eles, até então, regidos pela Consolidação das Leis do Trabalho.

O valor do vencimento é atribuído de acordo com o cargo e fixado por lei de iniciativa do chefe do Executivo, do presidente do Supremo Tribunal Federal e do procurador-geral da República, relativamente aos respectivos servidores. No Poder

Legislativo, os vencimentos são, depois da Emenda nº 19/1998, estabelecidos por lei de iniciativa da mesa de cada uma de suas casas (Senado Federal e Câmara dos Deputados).

Os vencimentos dos servidores dos três poderes devem ser os mesmos para categorias idênticas ou semelhantes, tomando-se por base os pagos pelo Poder Executivo (inc. XII do art. 37 da CF). Na União, essa matéria está regulamentada pela Lei nº 8.852, de 4.2.94.

Pela Constituição da República de 1988, é garantida aos servidores públicos civis e aos militares a irredutibilidade de vencimentos. Antes, inexistia esse direito. A Administração podia, se julgasse conveniente, reduzir vencimento de servidor, alegando falta de disponibilidade financeira ou interesse público.

A redação atual do texto constitucional que trata da irredutibilidade de vencimento é a seguinte: "o subsídio e os vencimentos dos ocupantes de cargos e empregos públicos serão irredutíveis, ressalvados o disposto nos incs. XI e XIV desse artigo e nos artigos. 39, §4º, 150, II, 153, III, e 153, §2º, I" (art. 37, inc. XV da CF).

Cumpre ressaltar que o inc. XI do art. 37 da Constituição estabelecia que a remuneração do servidor público em geral, nos quatro níveis de governo, não poderia ultrapassar o subsídio recebido em espécie pelo ministro do Supremo Tribunal Federal. A EC nº 41/2003 alterou a redação do inc. XI do art. 37 da CF. A nova redação estabelece teto e subteto, conforme se verá em seguida.

Remuneração – A remuneração, semelhante à dos trabalhadores particulares regidos pela Consolidação das Leis do Trabalho, é a soma do vencimento do servidor com outras parcelas recebidas em razão do cargo, do lugar ou ambiente de trabalho ou da pessoa do servidor. Dessa forma, a remuneração representará valor sempre maior do que o vencimento. A Constituição de 88, no art. 39, §5º, prescreve que lei da União, dos estados e dos municípios poderá fixar a relação entre a maior e a menor remuneração dos servidores públicos, observado o teto constitucional.

Teto remuneratório – Antes da Emenda nº 19/1998, o teto de remuneração dos servidores de cada poder limitar-se-ia ao valor da remuneração, a qualquer título, percebida por membros do Congresso Nacional, por ministros de estado e ministros do Supremo Tribunal Federal. A mesma regra era obrigatória para os estados, o Distrito Federal e os municípios em relação aos seus cargos correspondentes aos federais citados (inc. XI do art. 37 da Constituição Federal).

Com a redação do inc. XI do art. 37 da Constituição Federal, introduzida pela Emenda Constitucional nº 19/1998, o teto passou a ser o subsídio recebido pelos ministros do Supremo Tribunal Federal. Aludido dispositivo constitucional estatui que a remuneração e o subsídio dos ocupantes de cargos, funções e empregos públicos, dos membros de quaisquer dos poderes da União, dos estados do Distrito Federal e dos municípios, dos detentores de mandatos eletivos e dos demais agentes políticos, não poderão ultrapassar o subsídio mensal, em espécie, dos ministros do Supremo Tribunal Federal. Esse mesmo teto aplica-se aos proventos de aposentadoria, às pensões e a qualquer outra forma remuneratória. O limite em foco abrange todas as composições remuneratórias, como adicionais, vantagens pessoais, gratificações, vencimento de outro cargo ou provento.

Na primeira edição, com base no texto constitucional então vigente, escrevemos:

A Administração de alguns Estados, entre eles o de Minas Gerais, no momento, tem entendido que, para o atingimento do teto constitucional, consideram-se também as vantagens pessoais. Esse entendimento leva à supressão de adicionais por tempo de serviço de determinado servidor, se a soma de suas vantagens pecuniárias for superior à remuneração do Secretário de Estado. Essa orientação não encontra abrigo jurídico. Celso Antônio Bandeira de Mello sustenta que as vantagens pessoais podem ser pagas além do limite.[10] Vantagem pessoal é aquela decorrente da situação individual do servidor. Ela existe em razão da pessoa e não do cargo ocupado. São exemplos: salário-família e adicionais por tempo de serviço. Esse entendimento é acolhido pelo Judiciário em todos os seus graus. O Supremo Tribunal Federal por sua 1ª Turma decidiu:

"Os servidores públicos vinculados ao Poder Executivo da União, ainda que aposentados, e sempre ressalvadas as vantagens de caráter individual e/ou as relativas à natureza ou ao local de trabalho (*RTJ* 130/475), não podem receber estipêndio que supere os valores pecuniários percebidos, a qualquer tipo, como remuneração, por Ministro de Estado, que representa, para esse específico efeito, o paradigma constitucional desses agentes estatais".[11]

A decisão, como se vê, é no sentido de que o servidor, mesmo aposentado, está sujeito à redução de seus proventos, se forem superiores à remuneração atribuída ao Ministro de Estado. Com exceção da parte remuneratória relativa à vantagem pessoal. O recebimento dessa vantagem é garantido pelo instituto do direito adquirido. Nesses casos, é lícito ao servidor perceber remuneração ou provento de aposentadoria, em quantia superior ao teto, até o limite da vantagem pessoal já incorporada em seu patrimônio. A Lei n. 8.112/90, no parágrafo único do art. 42, determina que se excluam do teto em referência "as parcelas recebidas a título de gratificação natalina, de adicional por tempo de serviço e de adicional pelo exercício de atividades insalubres, perigosas ou penosas".

A matéria, entendemos, precisa ser repensada. A Constituição Federal, após as emendas nºs 19 e 20, dela tratou de maneira expressa, clara e objetiva em mais de um artigo. Não há dúvida quanto à matéria positivada. O inc. XI do art. 37 da CF, com a redação alterada, é taxativo ao dispor que a remuneração, os proventos, as pensões "ou outra espécie remuneratória, percebidos cumulativamente ou não, incluídas as vantagens pessoais ou de qualquer outra natureza, não poderão exceder o subsídio mensal, em espécie, dos Ministros do Supremo Tribunal Federal".

O Conselho Nacional de Justiça excluiu do teto remuneratório a verba relativa à pensão. Veja o subitem 2.5.6 deste capítulo.

Como dito antes, a EC nº 41/2003 criou teto e subteto. De modo que o subsídio dos ministros do Supremo Tribunal Federal é teto para todas as categorias de agentes públicos lotados em órgãos integrantes da União e de suas autarquias e fundações

---

[10] BANDEIRA DE MELLO. *Op. cit.*, p. 131. "*Vantagem pessoal* é aquela que o servidor perceba em razão de uma circunstância ligada à sua própria situação individual e não ligada pura e simplesmente ao cargo. Além do adicional por tempo de serviço, podem ser citados como exemplo o adicional pela prestação de serviço extraordinário ou pelo trabalho noturno (o efetuado entre 22 horas e 5 horas do dia seguinte) que o servidor desempenhe. Contrapõem-se às vantagens pessoais as denominadas (ainda que inadequadamente) *vantagens de carreira*. Opostamente às anteriores, sua percepção corresponde a um acréscimo que está associado pura e simplesmente ao cargo ou à função. Qualquer que nele esteja preposto as receberá pelo só fato de exercê-los, sem que para tanto tenha que concorrer alguma circunstância ou incidente associável aos particulares eventos da vida funcional do agente ou as invulgares condições de trabalho em que preste sua atividade".

[11] Recurso em Mandado de Segurança nº 21.912-6. Origem Distrito Federal. Recorrente Alice Lotufo e outros. Recorrida União Federal (*DJ* de 20.10.95).

públicas. Nos estados, no Distrito Federal e nos municípios, aplica-se o subteto, que é variado nos poderes de cada ente. No Judiciário, o teto da remuneração de seus servidores é o subsídio percebido pelos desembargadores do respectivo estado, fixado pela EC nº 41/2003, em noventa inteiros e vinte e cinco centésimos por cento do subsídio dos ministros do Supremo Tribunal Federal. No Executivo, o subsídio do respectivo chefe é o teto para os seus servidores nos estados, Distrito Federal e nos municípios. Nas assembleias legislativas e na Câmara Legislativa Distrital, a remuneração dos servidores não deve ultrapassar o valor do subsídio dos respectivos deputados; nas câmaras municipais, o valor a ser observado como limite da remuneração dos seus servidores é o subsídio pago ao prefeito. Essa matéria está mais bem explicada e criticada no subitem 2.1.2 deste capítulo.

Direito adquirido – Nesse tópico não vamos desenvolver tese sobre o direito adquirido, mas apenas tecer algumas considerações sobre ele, tendo-se em mira o teto remuneratório visto nos subitens 2.1.2 e 2.5.5. Temos ouvido pessoas leigas e autoridades do Direito dizerem que as vantagens pessoais conquistadas pelo servidor não devem compor a remuneração para efeito do teto constitucional, mesmo depois da norma expressa contida na parte final do inc. XI do art. 37, pois, do contrário, estaria ferindo direito adquirido. Sustentam também, pelo mesmo motivo, que o art. 29 da Emenda nº 19/1998 é inconstitucional. Aludido dispositivo constitucional prescreve:

> Os subsídios, vencimentos, remuneração, proventos da aposentadoria e pensões e quaisquer outras espécies remuneratórias adequar-se-ão, a partir da promulgação desta Emenda, aos limites decorrentes da Constituição Federal, não se admitindo a percepção de excesso a qualquer título.

Para os defensores dessa linha de entendimento, os citados dispositivos constitucionais ferem dois outros dispositivos da mesma Constituição: art. 5º, inc. XXXVI, e art. 60, §4º, inc. IV. O primeiro, na ordem citada, prescreve que a lei não prejudicará o direito adquirido, o ato jurídico perfeito e a coisa julgada; o segundo, estabelece que não será objeto de deliberação proposta de emenda constitucional tendente a abolir os direitos e garantias individuais.

Alegam os integrantes dessa corrente, que a Emenda Constitucional nº 19/1998, nesse passo, é duplamente inconstitucional. Primeiro, porque rompe com direito adquirido; segundo, pelo fato de que, ao poder reformador, não compete suprimir direitos individuais ou coletivos.

Embora reconhecendo a importância da proteção do direito adquirido e dos direitos individuais, temos dificuldade, sem o aprofundamento necessário, de acolher integralmente a posição acima esboçada, pelos seguintes motivos: a) o inc. XXXVI do art. 5º da CF refere-se à lei. "A *lei* não prejudicará o direito adquirido [...]". Ora, lei, nesse contexto, deve ser entendida como lei infraconstitucional, ordinária ou complementar. Não nos parece que a emenda constitucional possa ser considerada lei para efeito do dispositivo constitucional em comento. Se o legislador constituinte originário tivesse a intenção de proteger o direito adquirido quanto à emenda constitucional, ele o teria certamente incluído entre as cláusulas pétreas contidas no art. 60 da Constituição Federal. Não o fez. Assim, devemos entender que o direito adquirido não está protegido face a emenda constitucional quando ele contraria normas ou princípios constitucionais. Não entendemos também que a Emenda nº 19/1998, no que tange à questão remuneratória, tenha ferido o texto do inc. IV do §4º do art. 60 da Constituição. A matéria remuneratória dos agentes públicos, ativos e inativos, está disciplinada em artigos próprios da Constituição Federal e não no art. 5º da mesma Constituição, que cuida dos direitos e deveres individuais e coletivos.

Essa foi a posição que adotamos nas 2ª e 3ª edições deste livro. Ela foi tomada no calor das discussões sobre o complexo texto da Emenda Constitucional nº 19/1998. Naquela oportunidade, as televisões e os jornais estampavam casos de agentes públicos na ativa ou na inatividade, em diversos órgãos públicos, nos quatro planos de governo, percebendo remuneração, proventos ou pensão vultosos. Em alguns casos, até cinco vezes mais do que recebe um ministro do Supremo Tribunal Federal. Esses servidores, chamados de marajás, questionados pela imprensa, alegavam estarem tranquilos em relação à reforma constitucional nesse passo, dizendo que eram titulares de direito adquirido, insuscetível de alteração ou supressão por emenda constitucional. Um desses, segundo ele próprio sustentou num dos canais de televisão, percebia, à época, R$75.000,00 (setenta e cinco mil reais) de proventos. Afirmou esse senhor que a sua pecúnia, a título de proventos, além de justa, pois trabalhou durante muitos anos no serviço público, os aumentos que obtivera durante todo o tempo que trabalhou, foram legítimos e rigorosamente de acordo com a lei. Nenhum aumento, alegou, foi concedido sem lei específica que o autorizasse. Só que ao lado desse então servidor, no mesmo estado, milhares de servidores, ocupando cargos menos nobres hierarquicamente, recebiam remuneração correspondente ao salário mínimo ou pouco mais e, em alguns casos, menos que o mínimo. Outro aposentado de outro estado ganhava, a título de proventos, a importância de R$45.000,00 e declarou, na maior tranquilidade, que ele não ganhava muito, os outros é que ganhavam pouco.

Ante esses fatos, e na tentativa de resgatar a moralidade, nos afastamos de certos princípios jurídicos, inclusive o da segurança das relações jurídicas, um dos postulados do Estado democrático de direito, e ignoramos, ainda, conscientemente, o princípio da irretroatividade das leis, acolhido expressamente pela Lei de Introdução ao Direito. Nesse estado de espírito, acabamos sustentando que emenda constitucional, por não ser lei ordinária, poderia contrariar direito adquirido. Essa afirmativa, entretanto, não tem encontrado apoio entre os juristas.

Durante os cinco anos e meio que medeiam a promulgação da Emenda Constitucional nº 19/1998 e a promulgação da Emenda Constitucional nº 41/2003, nada mudou. Tudo continuou como antes, no que tange à política de remuneração e subsídio dos agentes públicos, principalmente pelo fato de não ter sido editada a lei de iniciativa dos chefes dos três poderes que fixaria o subsídio dos ministros do Supremo Tribunal Federal, subsídio esse que serviria de teto para os demais agentes, como dito. Os agentes que percebiam remuneração, proventos ou pensões polpudos, continuam recebendo normalmente, e os que pouco recebem continuam percebendo pouco ou quase nada, em virtude do congelamento dos vencimentos dos servidores públicos em geral.

Com a promulgação da EC nº 41/2003, a questão se resolveu transitoriamente, de imediato. O art. 8º dessa emenda prescreve que, até a data da edição da lei que fixará o subsídio dos ministros do Supremo Tribunal Federal, será considerado teto a maior remuneração recebida, mensalmente, pelos ministros do Supremo, compreendendo vencimento, representação mensal e outras parcelas. Isso, para os membros dos outros poderes da União e servidores federais. Para os servidores municipais, o teto é subsídio percebido pelo respectivo prefeito; nos estados e no Distrito Federal, o subsídio pago aos respectivos governadores; e no Judiciário o subsídio dos desembargadores, fixado pela Constituição, por meio da Emenda nº 41/2003, em 90,25% da remuneração recebida pelos ministros do Supremo Tribunal Federal.

A Lei nº 11.143/2005, finalmente, estabeleceu o subsídio dos ministros do Supremo Tribunal Federal, para os anos de 2005 e 2006, conforme examinado antes.

Determina, ainda, a EC nº 41/2003 que se aplica de imediato, a determinação contida no art. 17 do ADCT da CF de 1988 (art. 9º da EC nº 41/2003).

A quase totalidade dos juristas pátrios entende que os direitos conquistados legal e licitamente não podem ser suprimidos, alterados ou modificados por meio de emenda constitucional. Entre esses autores ressaltam-se José Afonso da Silva, Cármen Lúcia Antunes Rocha, Maria Sylvia Zanella Di Pietro e Celso Antônio Bandeira de Mello.

Ante os fundamentados argumentos sustentados pelos autores citados, revendo a posição exposta acima, observa-se que o poder constituinte derivado não se reveste de competência para operar na Constituição a reforma que bem entender. O seu campo de atuação é delimitado pelo poder constituinte originário. Desse modo, os limites a serem observados pelo poder derivado estão contidos na própria Constituição. José Afonso da Silva sustenta que as limitações do poder de reforma estão distribuídas em três grupos: as temporais; as circunstanciais e as materiais. Estas se dividem em limitações materiais explícitas e limitações materiais implícitas. Cita o art. 60, §4º da Constituição Federal de 1988 como hipótese de limitações materiais explícitas. O dispositivo é do seguinte teor: "Não será objeto de deliberação a proposta de emenda tendente a abolir: a forma federativa de Estado; o voto direto, secreto, universal e periódico; a separação dos poderes; os direitos e garantias individuais".[12]

Mais adiante, tratando de direito adquirido, José Afonso da Silva ensina:

> Não se trata aqui da questão da *irretroatividade da lei*, mas tão-somente de limite de sua aplicação. A lei nova não se aplica a situação objetiva constituída sob o império da lei anterior.
>
> Vale dizer, portanto, que a Constituição não veda a retroatividade da lei, a não ser da lei penal que não beneficia o réu. Afora isso, o *princípio da irretroatividade da lei* não é de Direito Constitucional, princípio Geral de Direito. Decorre do princípio de que as leis são feitas para vigorar e incidir para o futuro. Isto é: são feitas para reger situações que se apresentem a partir do momento em que entram em vigor. Só podem surtir efeitos retroativos quando elas próprias o estabeleçam (vedado em matéria penal, salvo a retroatividade benéfica ao réu), resguardados os direitos adquiridos e as situações consumadas, evidentemente.[13]

A propósito do teto remuneratório previsto na EC nº 19/1998 e do *direito adquirido*, Cármen Lúcia Antunes Rocha sustenta, contundentemente, ser impossível reduzirem-se

---

[12] SILVA. *Curso de direito constitucional positivo*, 16. ed., p. 68.
[13] SILVA. *Op. cit.*, p. 435.

valores que legalmente vinham sendo pagos a servidor, antes da reforma constitucional. É da autora o texto seguinte:

> A norma constitucional relativa ao teto e a eventual fixação do valor máximo, em cada caso, para cada entidade política, haverá de compatibilizar-se com aquela outra relativa ao direito adquirido do agente público que esteja percebendo, legitimamente, valores ao quanto vier a ser definido.
>
> As dificuldades nesse passo hão de ser resolvidas na forma que até aqui vem sendo adotada pelo Supremo Tribunal Federal. Segundo decisões constitucionais postas, não há como desfazer o que feito está, segundo normas anteriormente vigentes, quando aquelas situações se configuram de maneira legítima e lícita e adentraram o patrimônio de seu titular. É que, segundo o art. 5º, XXXVI, o direito adquirido e o ato jurídico perfeito (assim como a coisa julgada) são insusceptíveis de mudança ou abolição por meio de lei superveniente. Ora, a palavra *lei* é aqui tomada em seu sentido material, vale dizer, nem mesmo norma constitucional introduzida no sistema mediante reforma poderá valer contra eles. De resto, quanto à reforma constitucional, proposta de emenda *tendente a abolir direitos e garantias fundamentais*, não pode sequer ser objeto de deliberação, que dirá de promulgação e vigência.[14]

Na mesma linha de Cármen Lúcia é o magistério de Maria Sylvia Zanella Di Pietro. Essa autora, comentando o art. 29 da Emenda Constitucional nº 19/1998 (que determina a adequação, quer dizer, redução dos subsídios, remunerações, proventos e pensões que estejam sendo pagos acima do teto), escreveu:

> [...] a norma fere, evidentemente, o preceito constitucional que protege os direitos adquiridos (art. 5º, XXXVI); é a vontade do poder constituinte derivado prevalecendo sobre a vontade do poder constituinte originário. A exigência de respeito aos direitos adquiridos foi incluída na própria Constituição, entre os direitos que o constituinte originário considerou *fundamentais*. Se são fundamentais, é por que devem ser respeitados pelos legisladores, qualquer que seja a natureza da norma a ser promulgada. Trata-se de princípio geral de direito que diz respeito à segurança jurídica e que existiria ainda que não previsto no corpo da Constituição.[15]

Finalizando as citações, traz-se, a seguir, a lição de Celso Antônio Bandeira de Mello:

> Conquanto o intento da "Emenda" haja sido o de exigir reduções que se ajustem ao teto, apurado segundo os termos que introduziu, nesta qualidade não poderá prevalecer, *porquanto assim ficariam agredidos os direitos individuais* que os servidores públicos, como qualquer outros cidadãos, têm garantidos pela Constituição. Entre estes direitos está o do *direito adquirido*, previsto no art. 5º, XXXVI, da Constituição Federal – no caso aos vencimentos que ora percebem. Acresce que – e isto é de suma relevância – *a irredutibilidade de vencimentos*, que o art. 37, XV, antes do "Emendão", lhes assegurava em termos diversos dos atuais é, *em si mesma*, um direito e uma garantia individual que assistem a cada um dos servidores públicos que dela desfrutavam antes de seu advento.[16]

Mesmo reconhecendo e admitindo que emenda constitucional é, materialmente, lei para os efeitos do art. 5º, inc. XXXVI, o art. 29 da Emenda Constitucional nº 19/1998,

---

[14] ROCHA. *Princípios constitucionais da administração pública*, p. 321.
[15] DI PIETRO. *Direito administrativo*, 11. ed., p. 440.
[16] BANDEIRA DE MELLO. *Curso de direito administrativo*, 11. ed., p. 214.

não deve ser considerado inconstitucional, visto que o seu conteúdo é mera repetição do art. 17 do ADCT da Constituição Federal de 1998, com a redação primitiva do teor seguinte:

> Os vencimentos, a remuneração, as vantagens e os adicionais, bem como os proventos de aposentadoria que estejam sendo percebidos em desacordo com a Constituição, serão imediatamente reduzidos aos limites dela decorrentes, não se admitindo, neste caso, invocação do *direito adquirido* ou percepção de excesso a qualquer título.

Ora, está evidente que o legislador constituinte originário, cauteloso, e para não deixar dúvida, determinou no artigo supratranscrito que nos casos de remuneração acima do teto previsto na Constituição Federal não se pode alegar *direito adquirido*. Tanto que o dispositivo proíbe a sua invocação. Proíbe, ainda, a alegação na defesa de vantagens pessoais.

O direito adquirido, mesmo estando a salvo de qualquer reforma constitucional, não poderá ser alegado no caso em questão. Isso porque a Constituição Federal de 1988, no art. 37, inc. XI, na redação primitiva, estabeleceu como limite de remuneração, em cada poder, a percebida por membros do Congresso Nacional, ministros de Estado e ministros do Supremo Tribunal Federal. A mesma regra foi estendida aos estados e aos municípios, tendo por limite a remuneração dos agentes estaduais e municipais correspondentes aos federais.

Sabe-se que existem na União, nos estados e até em municípios agentes na ativa e na inatividade percebendo remuneração ou proventos muito acima da remuneração dos agentes públicos previstos na Constituição como teto, antes da Emenda nº 19/1998.

Então, a parcela que excede o limite, em cada caso, é ilegítima e inconstitucional, logo, não constitui direito do beneficiário, muito menos direito adquirido. Trata-se, pois, de vantagem pecuniária sem amparo constitucional. Celso Antônio Bandeira de Mello, depois de sustentar que emenda constitucional não se reveste de legitimidade para contrariar ou suprimir direito adquirido, apresenta uma hipótese de regra que, por ser emanada do Poder Constituinte Originário, é legítima para mitigar o direito adquirido no que tange à remuneração, proventos e pensão, qual seja, o art. 17 do ADCT da Constituição Federal. É dele o seguinte texto:

> A única – e de resto, importantíssima, encareça-se – ressalva a ser feita, como, aliás, já o foi linhas acima, é a de que os que se encontravam, após a Constituição de 1988, percebendo vencimentos excedentes do teto por ela fixado no art. 17 do Ato das Disposições Constitucionais Transitórias, obviamente não têm proteção para esta demasia. Podem, portanto, assujeitar-se a que sejam reduzidos, porém, não mais do que até o limite que lhes decorria da restrição a que já estavam, de direito, constrangidos.[17]

Antes de concluir este tópico, procuraremos sintetizar a ideia central da tese de doutorado, convertida em livro, defendida por Maria Coeli Simões Pires versando sobre direito adquirido. Maria Coeli discute a aplicação do direito adquirido no campo do

---

[17] BANDEIRA DE MELLO. *Op. cit.*, p. 215.

Direito Público, buscando a releitura do instituto à luz do paradigma contemporâneo e, assim, desafiado pela tensão: segurança jurídica e transformação democrática.

A autora revisita as principais construções teóricas a respeito do tema, desde as formulações do Direito embrionário até a consolidação da matéria, em doutrina clássica, francesa, germânica e italiana, que ainda alicerçam as investigações nessa seara. Com esse embasamento e após aprofundada reflexão sobre as autonomias pública e privada e ruptura com noções apriorísticas de interesse público, busca construir regime específico de intertemporalidade no campo da ordem pública, para vislumbrá-lo dependente de conformação nas situações concretas.

Para além da compatibilidade do instituto do direito adquirido, como um dos sustentáculos da segurança jurídica, com o paradigma do Estado democrático de direito, Maria Coeli vislumbra na sua prevalência condição de validade dessa própria ordem, nele reconhecido o caráter de fundamentalidade e essencialidade.

Contudo, a autora procura ressemantizá-lo sobre as bases de segurança compartilhada, que não se compraz com uma segurança segregadora, mas, antes, apela por uma segurança paulatinamente ampliada para esferas coletivas.

No campo da ordem pública, no qual a disputa de princípios concorrentes mais se acirra, a autora enfatiza a importância dos processos interpretativos, em especial dos voltados para os princípios para a viabilização de soluções adequadas, tendentes a eliminar resquícios de injustiça.

Em metodologia multidisciplinar, percebe o câmbio de interferências do Direito Constitucional, do Direito Administrativo, da teoria geral do Direito, da teoria da Constituição, da filosofia do Direito e do Direito Civil nesse campo e, ao mesmo tempo, faz o aporte de suplementos dessas disciplinas na construção de uma extensa base argumentativa para o enfrentamento das múltiplas questões que se deduzem da indagação principal sobre a especificidade de tratamento da intertemporalidade no campo da ordem pública.

Reconhece a oponibilidade do direito adquirido à lei nova no campo da ordem pública, admitindo peculiaridades na aplicação do instituto de segurança nesse campo. Deduz da natureza do princípio de proteção do direito adquirido, do sistema de sua positivação e do arranjo que o explicita amplas limitações ao administrador, ao juiz, ao legislador, ordinário ou constituinte, vislumbrando, em relação ao último na sua atuação derivada, limites que protegem a garantia em si e as situações subjetivas de direito adquirido e, na sua atuação originária, ausência de limitação, com ressalva apenas para aquelas que se realizaram com os princípios essenciais da igualdade e da liberdade.

Não se trata de desconstrução, mas de reconstrução, em que elementos novos são trazidos em um leque amplo de cogitação acerca da segurança jurídica, desde o processo legislativo, passando pela atividade administrativa em seus diversos desdobramentos, até culminar com os atos de controle, estudados em sua interface com a segurança jurídica.

A obra aprofunda as noções de paradigma, temporalidade jurídica, esferas pública e privada, e, sobretudo, questiona com fundamentos irrefutáveis dogmas como o da inexistência de direito adquirido em face da Constituição, o da inoponibilidade de direito adquirido à norma de regime jurídico de servidor, entre outros falsos postulados.[18]

Coerente com o nosso posicionamento exposto acima, entendemos que o Poder Constituinte Originário não se obriga a respeitar o direito adquirido. Essa limitação impõe-se ao poder constituinte derivado e ao legislador ordinário. Por isso, a nossa opinião é no sentido de que o art. 9º da EC nº 41/2003 autoriza as autoridades competentes a promover, de imediato, revisão da remuneração, dos proventos e das pensões para adaptá-los aos limites do teto e subteto constitucionais, de conformidade com o disposto no inc. XI do art. 37 da Constituição Federal e no art. 8º da EC aqui citada. O dispositivo citado determina a aplicação do art. 17 do ADCT da Constituição Federal de 1988, sem alteração.

Luciano de Araújo Ferraz, a propósito do art. 17 do ADCT da CF, assevera:

> A EC nº 41/2003, por sua vez, afastou dúvidas quanto à eficácia e abrangência do teto remuneratório que fixou – o subsídio em espécie dos Ministros do Supremo Tribunal Federal –, mas, em contrapartida, pretendeu inconstitucionalmente ressuscitar o art. 17 do ADCT da Constituição da República para achatar remunerações que sobejassem (o teto), mas o Supremo Tribunal Federal pôs a coisa no seu devido lugar.[19]

Este assunto será retomado no subitem 2.5, examinando posições do STF, STJ e do CNJ.

- Perda parcial da remuneração – A remuneração, em regra, é paga integralmente ao servidor público. Nenhum desconto incidirá sobre ela, salvo casos previstos em lei (exemplos: impostos e contribuições previdenciárias), ou em mandado judicial (exemplo: restituição parcelada de quantia recebida indevidamente e pensão alimentar). O servidor, mediante ato formal, pode autorizar descontos em folha, em favor de seguradora ou de prestadora de serviços médicos por meio de planos de saúde preestabelecidos com o servidor e financiamento nos termos da legislação própria autorizativa. A Lei nº 13.172, de 24.10.2015, art. 3º, altera o art. 45, da Lei nº 8.112/1990, para permitir ao servidor público autorizar consignação em folha de pagamento em favor de terceiros, a critério da Administração, limitada a 35% do valor da remuneração mensal do servidor, nos casos de consignações voluntárias. 5% são reservados para despesas com cartão de crédito.

A reposição de quantias recebidas indevidamente pelo servidor deve ser feita mediante desconto em folha, mensalmente, no montante correspondente a, no mínimo, 10% do valor mensal da remuneração ou dos proventos. Haverá desconto, por perda da remuneração: referente aos dias em que o servidor não compareceu ao trabalho por motivo não justificável; referente aos minutos não trabalhados, por chegar atrasado ou por sair antes do horário previsto, salvo na hipótese de compensação de horário, até o

---

[18] PIRES. *Direito adquirido e ordem pública*: segurança jurídica e transformação democrática.
[19] FERRAZ. Teto remuneratório dos servidores públicos: perspectivas a partir da jurisprudência do Supremo Tribunal Federal. *In*: FORTINI. *Servidor público*, p. 227.

mês subsequente ao da ocorrência; nos casos de conversão da pena de suspensão em multa, nos termos do §2º do art. 130 da Lei nº 8.112/90. Nesse caso, a perda é da metade da remuneração no período. O referido dispositivo estabelece que, se for do interesse do serviço, a pena de suspensão pode ser substituída pelo pagamento de multa de 50%, por dia de vencimento. Nessa hipótese, o servidor continuará a prestação normal do serviço, sem interrupção, percebendo a metade do vencimento, visto que a outra metade será retida pela entidade pública, a título de recebimento da multa.

A Medida Provisória nº 2.225-45/2001 alterou a redação dos arts. 46 e 47 da Lei nº 8.112/90, relativos à reposição pecuniária acima considerada. De conformidade com a redação alterada, as reposições e indenizações a cargo dos servidores públicos obedecerão aos critérios seguintes:

a) as reposições e as indenizações ao erário serão atualizadas até 30.6.1994, e serão previamente comunicados o servidor, o aposentado e o pensionista, para efetivar o pagamento no prazo de 30 dias, podendo ser pago o débito em parcela, a requerimento do devedor;
b) na hipótese de parcelamento, o valor das parcelas não pode ser inferior a 10% da remuneração, provento ou pensão;
c) quando o pagamento indevido houver ocorrido no mês anterior ao do processamento da folha de pagamento, a reposição será efetivada imediatamente em parcela única;
d) nos casos de valor recebido em decorrência de medida liminar e tutela antecipada que venham a ser revogadas ou de sentença reformada, será atualizado até a data da reposição (os itens acima estão previstos no art. 46 com a nova redação);
e) o servidor em débito com o tesouro, que for demitido ou exonerado, ou que tiver a aposentadoria ou a disponibilidade cassada, terá o prazo de 60 (sessenta) dias para quitar o débito (art. 47).

O vencimento, a remuneração e o provento não se sujeitam ao arresto, sequestro nem à penhora, a não ser nos casos de prestação alimentícia, determinada pelo juiz em sentença transitada em julgado. O pagamento de pensão a filho ou a cônjuge é a única obrigação pecuniária do servidor que, não cumprida em tempo hábil, faculta ao alimentando, pela via judiciária, obter o desconto em folha do valor mensal da pensão alimentícia.

– Vantagens:

Além do vencimento, outras parcelas remuneratórias são pagas aos servidores nos termos da legislação pertinente. A Lei nº 8.112/1990 prevê, no art. 49, três tipos de vantagens pecuniárias. Algumas integram a remuneração do servidor e outras não: indenizações, gratificações e adicionais. Tais estipêndios subdividem-se em várias modalidades, a seguir consideradas.

• Indenizações – As indenizações estão fixadas em três espécies: ajuda de custo, diárias de viagem e transporte (art. 51 da Lei nº 8.112/1990). Os valores e as condições de concessão e pagamento das indenizações são estabelecidos em

regulamento expedido pelo presidente da República. Podem existir outras espécies de indenizações previstas em lei.
- Ajuda de custo – A ajuda de custo tem por finalidade compensar as despesas realizadas pelo servidor em virtude de mudança de domicílio por interesse do serviço, operada de ofício pela autoridade competente. O servidor não terá direito ao benefício se a mudança de sede e de domicílio se verificar em virtude do seu próprio interesse. A Administração arcava com os ônus relativos ao transporte do servidor, de sua família e dos bens móveis que lhe pertencem (utilidades domésticas). Essa despesa não é mais custeada pela Administração, em virtude da Lei nº 12.998, de 18.6.2014. E também todas as hipóteses de remoções previstas no inc. III do art. 36 da Lei nº 8.112/1990 não geram para o servidor direito à ajuda de custo (Lei nº 12.998/2014).

Nos casos de falecimento do servidor transferido, a sua família terá direito à ajuda de custo e ao transporte dos respectivos pertences se, no prazo de um ano, decidir voltar para o domicílio anterior. O valor da ajuda de custo deve ser calculado com base na remuneração do servidor, nos termos do regulamento, não podendo ultrapassar o limite de três vencimentos.

O benefício estende-se ao nomeado para cargo em comissão, mesmo não sendo servidor da União, se para o exercício do cargo for necessária a sua mudança de domicílio (art. 56 da Lei nº 8.112/1990). A norma deixa dúvida em relação ao nomeado para o referido cargo, que não seja servidor público. Parece-nos ser a sua vontade alcançar apenas os servidores públicos detentores de cargo em outra esfera administrativa. Chega-se a esse entendimento com a interpretação do termo "mesmo não sendo servidor da União".

Caso o servidor seja cedido para ocupar cargo em comissão ou função de confiança em outra entidade ou órgão, a ajuda de custo será de responsabilidade da cessionária, daquela que recebeu temporariamente o servidor de outra entidade ou órgão público.

O servidor que, no prazo de trinta dias contados da publicação do ato de transferência ou cessão, não se apresentar no novo domicílio, será obrigado a devolver a quantia recebida a título de ajuda de custo, salvo os casos de motivos justificadores na forma da lei.

- Diárias – Diária é valor em pecúnia a que faz jus o servidor que se desloca de sua sede de trabalho para outra, em serviço. Essa pecúnia destina-se a cobrir as despesas do servidor durante a ausência do seu domicílio, em virtude da viagem. As despesas de responsabilidade do Poder Público, nesses casos, são as relativas à alimentação e a pernoite.

A passagem de ônibus, de avião ou de trem de ferro, quando o servidor não se deslocar em viatura pública, é paga à parte, separado das diárias, na forma de adiantamento ou na de indenização *a posteriori*.

O valor da diária é fixado em decreto e pago por dia de afastamento da sede onde o servidor presta serviço. Nos casos em que o afastamento não implica pernoite fora do seu domicílio, a diária será paga pela metade. O interessado terá direito a apenas meia diária se a sua viagem terminar no mesmo dia.

São parâmetros para a fixação do valor da diária a remuneração do servidor e a localidade, destino da viagem. Assim, ter-se-á um valor para as viagens nas capitais, outro para as cidades consideradas de grande porte e outro para as cidades de pequeno porte. Quanto menor a cidade, menor será o valor da diária. Os critérios para a realização de viagens e as regras procedimentais são também estabelecidos em decreto da autoridade competente.

O servidor federal terá prazo de cinco dias para prestar contas mediante relatório de viagem, sob pena de sanção administrativa se o servidor descumprir o prazo. É dever do servidor restituir a importância recebida, se não iniciar a viagem no prazo de cinco dias, e de devolver o saldo na hipótese de o valor do adiantamento ter sido maior em virtude da estimativa de dias além do necessário.

- Indenização de transporte – O transporte de servidor público a serviço é feito em veículos públicos ou de empresas concessionárias de transporte de passageiros, nos horários próprios das respectivas linhas, mediante pagamento do bilhete de passagem de acordo com a tarifa usual para os passageiros em geral. Há, entretanto, casos em que o servidor viaja em seu próprio veículo. Esse meio de transporte constitui exceção. Só em casos especiais previstos em regulamento é que se permite ao servidor utilizar o seu meio próprio de transporte para a realização de viagem a serviço da Administração Pública. Nesse caso, o servidor receberá indenização correspondente ao gasto com o veículo durante o período em que nele se locomoveu. Na prática administrativa, é difícil estabelecer o valor real da indenização, principalmente considerando o componente depreciação do veículo. Além disso, outra questão que merece registro é o caso de dano sofrido pelo veículo ou por ele causado a terceiros. De quem seria a responsabilidade? O veículo é particular, mas, no momento do evento danoso, está a serviço da Administração, dirigido por servidor motorista não oficial. Parece-nos que a situação se enquadra na hipótese da responsabilidade objetiva prescrita no §6º do art. 37 da Constituição Federal.

Os valores e as condições para a concessão das indenizações examinadas acima são estabelecidos em regulamento (art. 52 da Lei nº 8112/1990, com a redação dada pela Lei nº 11.355/06. Veja o Decreto Federal nº 3.184/1999, que dispõe sobre a concessão de indenização de transporte aos servidores do Poder Executivo da União, incluindo os das autarquias e das fundações públicas).

Em virtude dos motivos alinhados acima, o uso de veículo do servidor para as suas locomoções nas viagens a serviço deve ser restritíssimo. Admitido, excepcionalmente, quando a Administração não tiver disponibilidade de veículo e não for possível o uso de transporte coletivo, e a situação fática for considerada de urgência.

– Auxílio-moradia:

A Lei nº 11.355/2006 introduziu o art. 60-A na Lei nº 8.112/1990, instituindo o auxílio-moradia destinado a ressarcir despesas realizadas pelo servidor com pagamento de aluguel de moradia ou meio de hospedagem administrado por empresa hoteleira.

O benefício é destinado ao servidor que tenha mudado de residência para outra localidade, em virtude de nomeação para cargo em comissão ou função de confiança do Grupo Direção e Assessoramento – DAS, níveis 4, 5 e 6 de natureza especial, de ministro de estado ou equivalentes.

O valor do auxílio é de 25% da remuneração do cargo em comissão ocupado pelo servidor, não podendo, em qualquer hipótese, ultrapassar o valor do auxílio-moradia percebido por ministro de estado. As demais condições estão previstas nos arts. 60-B a 60-E da Lei nº 8.112/1990.

– Gratificações:

- Gratificações pelo exercício de função de direção, chefia e assessoramento – Nos termos do art. 62 do Estatuto Federal, o servidor público federal de carreira que for investido em função de direção, chefia ou assessoramento fará jus a uma gratificação destinada a compensar o seu esforço maior em virtude das novas atribuições pertinentes ao cargo de confiança ou comissionado. A gratificação fixa-se por meio de lei própria.

Essa vantagem pecuniária incorpora-se à remuneração do servidor e integra o provento de aposentadoria na base de um décimo da remuneração ou parcela dela, para cada ano completo trabalhado no exercício do cargo de direção, chefia ou assessoramento, consecutivo ou não, até o limite de dez décimos. A concessão da primeira fração será efetivada depois de cinco anos de exercício no cargo de confiança ou comissionado. Depois da primeira, as outras são devidas a cada ano que se completar no exercício do cargo. Se, durante o período de um ano, o servidor ocupar mais de dois cargos de valores remuneratórios diferentes, o cálculo da vantagem pecuniária se fará tomando-se como base o vencimento do cargo ou função que ocupara por maior tempo. De modo que, se um servidor exercer determinado cargo pelo prazo de dois meses, outro de maior remuneração durante quatro meses e outro de remuneração inferior à do primeiro, durante o restante do ano, isto é, cinco meses, o cálculo da gratificação será efetuado tomando-se por base o valor do cargo de menor remuneração, por tê-lo ocupado por maior tempo.

Se, depois da incorporação dos dez décimos, o servidor vier a ocupar outro cargo de remuneração maior pelo prazo de doze meses, a lei permite seja feita a atualização progressiva das parcelas incorporadas, seguindo-se a mesma orientação prevista acima (art. 62 e parágrafos da Lei nº 8.112/1990).

- Gratificação natalina – A gratificação natalina é vantagem pecuniária a que faz jus o servidor no mês de dezembro de cada ano. O benefício corresponde a 1/12 (um doze avos) no valor da remuneração relativa ao mês de dezembro. O pagamento da importância deve ser efetivado até o dia 20 do mês de dezembro. O servidor exonerado do cargo antes do final do ano terá direito à percepção da gratificação em foco, proporcionalmente aos meses trabalhados. Para os cálculos de outras vantagens pecuniárias, não se levará em consideração a gratificação natalina (arts. 63 a 66 da Lei nº 8.112/1990).

– Adicionais:

- Adicional por tempo de serviço – A lei conferia aos servidores públicos federais adicional por tempo de serviço público efetivo, para cada cinco anos de efetivo serviço prestado à União, às autarquias e às fundações públicas federais. O valor do adicional corresponde a 5% (cinco por cento) do valor do vencimento básico do mês do pagamento, até o máximo de 35% (trinta e cinco por cento). A concessão do benefício era automática, sempre que o servidor completasse mais um quinquênio de efetivo exercício. Independe, portanto, de requerimento da parte interessada. O benefício era devido a partir da data em que o servidor completasse o período aquisitivo e pago mensalmente na folha. Se, por questões burocráticas ou quaisquer outras, o estipêndio não fosse pago no mês seguinte ao da implementação do prazo aquisitivo do direito, o servidor faria jus ao pagamento acumulado relativo aos meses em atraso (art. 67 da Lei nº 8.112/90, com a redação dada pela Lei nº 9.526/97).

Esse benefício foi previsto no art. 61, II e disciplinado no art. 67, ambos da Constituição Federal. Acontece que a Medida Provisória nº 2.225-45, de 4.9.2001, em vigor em conformidade com a EC nº 32/2001, revogou o inc. III do art. 61 e o art. 67. A medida respeitou as situações constituídas até 8.3.1999. O restante do texto relativo ao adicional será mantido no presente, mas só se aplica nas situações anteriores a 8.3.1999.

O dispositivo legal que trata desse benefício cuida de tempo de serviço público efetivo. A primeira leitura do texto pode conduzir ao entendimento de que o servidor federal tem direito de computar tempo trabalhado antes em município ou estado-membro, para a obtenção do adicional. Essa interpretação não reflete a melhor hermenêutica do texto. Ele refere-se, tão somente, ao tempo de trabalho na União. Isso porque a Lei Fundamental estabelece, no art. 40, §9º, que: "O tempo de contribuição federal, estadual ou municipal será contado para efeito de aposentadoria e o tempo de serviço computado para efeito de disponibilidade". O dispositivo constitucional não cuida de outros benefícios, além de aposentadoria e disponibilidade.

Vê-se que o tempo de contribuição enquanto servidor da União, dos estados-membros, do Distrito Federal e dos municípios somente se soma para aposentadoria e disponibilidade. Essa disposição legal leva então à conclusão de que a expressão "por ano de serviço público efetivo", de que trata o aludido art. 67, refere-se a tempo de serviço prestado à União. Se outro fosse o conteúdo do dispositivo, a sua inconstitucionalidade seria manifesta, pois teria concedido mais do que o preceito constitucional, o que, sabidamente, o sistema jurídico não permite. A norma jurídica inferior não pode ultrapassar os limites da superior, sob pena de incorrer no vício da inconstitucionalidade.

O adicional aqui tratado, então, somente incide sobre tempo de serviço prestado à União.

A base de cálculo para o benefício é o vencimento básico do cargo efetivo, mesmo que o servidor esteja ocupando função ou cargo de confiança.

O art. 17 da Lei nº 8.112/1990, que disciplinava o adicional quinquenal, examinado acima, foi revogado pela Medida Provisória nº 2.225-45/2001, em vigor nos termos do art. 2º da EC nº 32/2002. Ressalvou-se o direito de percepção do benefício pecuniário aos servidores que até 8.3.1999 tivessem as situações constituídas, segundo as regras antigas.

- Adicional de insalubridade – A insalubridade é condição de trabalho desfavorável ao servidor em razão do ambiente. As situações de insalubridade estão previstas em lei e regulamentos federais para os trabalhadores em geral e acolhidas para os servidores civis da União, das autarquias e fundações públicas federais, nos termos da Lei nº 8.270, de 17.12.91. Constatada a situação de insalubridade, o servidor terá direito a um adicional sobre o vencimento do cargo efetivo de que seja detentor.

O adicional é estabelecido de acordo com o grau de insalubridade. No grau mínimo, o servidor fará jus a 5%; no grau médio, 10% e, no grau máximo, 20% (inc. I do art. 12 da Lei nº 8.270/91).

A constatação da condição de insalubridade é verificada em perícia especial realizada por profissionais de engenharia e medicina do trabalho. O benefício deve ser pago só enquanto o servidor estiver prestando serviços no ambiente insalubre. A transferência do servidor para ambiente salubre, ou a eliminação dos fatores concorrentes para a insalubridade, importa a supressão do adicional. Por isso, o servidor, ao se aposentar, perde o direito ao adicional em questão, ainda que o esteja recebendo por vários anos.

- Adicional de periculosidade – Esse adicional é outro benefício conferido ao servidor em virtude não do ambiente de trabalho em si, mas do contato com produtos tóxicos ou radioativos, ou proximidade de locais que põem em risco a vida de pessoas. A quantia a ser recebida pelo servidor que fizer jus a esse adicional será na base de 10% do valor do vencimento básico do cargo efetivo do servidor (inc. II do art. 12 da Lei nº 8.270/1991).

A verificação do possível direito do servidor far-se-á também por perícia oficial especializada. O servidor que eventualmente se encontrar em situação fática que caracteriza as duas hipóteses geradoras do benefício terá de fazer opção por um dos adicionais. A lei não permite a percepção de ambas simultaneamente. A cessação da situação perigosa ou a transferência do servidor leva à supressão incontinente do benefício.

A Lei nº 8.270/91 cuida do adicional de irradiação ionizante na base de 5%, 10% e 20% do valor do vencimento do cargo efetivo, conforme dispuser o regulamento (art. 12, §1º). A mesma lei estabelece, ainda, que o servidor que opera raios X ou lida com substâncias radioativas terá direito ao adicional de 10% do valor do vencimento do cargo efetivo (art. 12, §2º).

- Adicional em virtude de atividade penosa – Essa modalidade de adicional é nova no sistema jurídico pátrio. Surgiu com a Constituição Federal de 1988. O benefício destina-se a servidor no exercício de atividade que exige muito esforço físico ou sacrifício pessoal, como carregar peso durante a jornada no limite da capacidade física do servidor; galgar obstáculos físicos; andar sobre cordas ou com auxílio delas; sobre fios elétricos, entre outros. A Lei nº 8.112/1990, no art. 71, objetivou dois casos de incidência do adicional: "O adicional de atividade

penosa será devido aos servidores em exercício em zona de fronteira ou em localidades cujas condições de vida o justifiquem, nos termos, condições e limites fixados em regulamento".
- Adicional por serviço extraordinário – O adicional por serviço extraordinário é devido ao servidor por desempenho de suas funções depois do horário normal de sua jornada. Essa regra se aplica também aos empregados regidos pela Consolidação das Leis do Trabalho. Cada hora excedente deve ser remunerada com o acréscimo mínimo de 50% da hora normal. Esse percentual mínimo é fixado pela Constituição da República (art. 7º, XVI), para os empregados em geral e estendido aos servidores públicos nos termos do art. 39, §3º, da mesma Constituição.

A prestação de serviços extraordinários na Administração Pública é disciplinada em lei e regulamentada por decreto do chefe do Executivo pertinente. Normalmente, só em casos excepcionais se convoca servidor público para realizar trabalho fora do seu horário. A medida visa à contenção de gastos e abusos nas autorizações para o servidor trabalhar extraordinariamente. O Estatuto dos Servidores Públicos Federais fixa em duas horas o limite máximo para a prestação de horas extraordinárias.

- Adicional noturno – O adicional noturno é outro direito conquistado primeiramente pelo empregado da iniciativa privada e, agora, com a Constituição Federal de 1988, foi estendido ao servidor público nas mesmas condições daquele. Trata-se de pagamento em pecúnia pago adicionalmente ao servidor em virtude de serviço noturno, prestado entre 22 horas de um dia e 5 horas do dia seguinte. A hora de trabalho para o efeito do benefício é de 52 minutos e 30 segundos. A remuneração excedente corresponde a 25% do valor da hora normal. Se o trabalho noturno for total ou parcialmente extraordinário, incidir-se-ão os dois adicionais pertinentes.
- Adicional de férias – A Constituição da República garante ao trabalhador da iniciativa privada e ao servidor público adicional de férias correspondente a um terço do valor do salário ou vencimento do mês de gozo das férias (art. 7º, XVII, combinado com o art. 39, §3º). A importância deve ser paga na data em que o servidor sair de férias, independentemente de requerimento (art. 76 da Lei Estatutária).

– Férias:

O servidor público terá, depois de doze meses de efetivo exercício de cargo público, direito a 30 dias consecutivos de férias. O direito a férias pode ser exercido logo que o servidor implementar o tempo aquisitivo. Entretanto, por interesse público, é permitido acúmulo de dois períodos, no máximo, ressalvados os casos em que haja legislação específica.

O pagamento das férias deve ser efetuado até dois dias antes da data do início do respectivo período juntamente com o terço constitucional (art. 7º, XVII c/c o art. 39, §3º, da CF). A Lei nº 8.112/1990 previa, ainda, nos §§1º e 2º do art. 78 a possibilidade de o servidor converter um terço das férias em pecúnia, desde que o requeresse no prazo mínimo de 60 dias antes da data prevista para o afastamento. O servidor que optasse por esse benefício receberia a vantagem acumulada com o terço constitucional tratado no item anterior. Estes dispositivos, entretanto, foram revogados pela Lei nº 9.527/1997.

Os servidores que operam direta e permanentemente com raios X ou substâncias radioativas terão, obrigatoriamente, férias de 20 dias por semestre. Estas férias são inacumuláveis e ao servidor é expressamente vedado optar pela transformação de um terço das férias em pecúnia.

O período de férias, em qualquer caso, deve ser usufruído ininterruptamente. Só em casos excepcionais, as férias podem ser interrompidas. O art. 80 da Lei nº 8.112/1990 arrola esses casos: "calamidade pública, comoção interna, convocação para júri, serviço militar ou eleitoral ou por motivo de superior interesse público". Em qualquer dessas hipóteses, é necessária competente fundamentação do ato, para efeito de controle pelos órgãos próprios.

– Gratificação por encargo de curso ou concurso:

A gratificação por encargo de curso ou concurso foi instituída pela Lei nº 11.314/2006, destinada a retribuir os servidores pelos serviços que, em caráter eventual, prestarem: atuando como instrutor em curso de formação, de desenvolvimento ou de treinamento regularmente instituído no âmbito da Administração Pública Federal; participando de banca examinadora de concurso de provas escritas, de julgamento de títulos e de exames orais ou elaboração de questões de prova; participando da logística preparatória para a realização de concurso, envolvendo planejamento, coordenação, supervisão, execução e avaliação de resultados, desde que essas funções não sejam próprias do cargo exercido pelo servidor; participação na elaboração, aplicação e fiscalização de provas de vestibular.

Os critérios de concessão e os limites da gratificação serão estabelecidos em regulamento federal que observará as seguintes orientações: valor do benefício fixado em hora, levando-se em consideração a complexidade da atividade exercida; o número de horas anuais não podendo ultrapassar 120 (cento e vinte) horas, ressalvada situação de excepcionalidade, devidamente justificada e aprovada por autoridade competente, nos termos da lei ou do regulamento; o valor máximo da hora trabalhada corresponderá a 2,2% ou a 1,2% do maior vencimento básico pago pela Administração Pública Federal, de acordo com a atividade desenvolvida pelo servidor, conforme prescreve o art. 76-A, §1º, III, da Lei nº 8.112/90.

A gratificação somente será paga ao servidor que não tenha prejudicado as suas atividades normais do cargo, para o desempenho das atividades de curso ou concurso. Ressalte-se que a gratificação não se incorpora ao vencimento ou salário do servidor para qualquer efeito, não podendo servir de base de cálculo para quaisquer outras vantagens, nem mesmo para o efeito de fixação do valor dos proventos de aposentadoria.

– Licenças:

De acordo com a Lei nº 8.112/1990, os servidores públicos têm direito às seguintes licenças: por motivo de doença de pessoa da família, por motivo de afastamento do cônjuge ou companheiro, para o serviço militar, para atividade política, para capacitação, para tratar de interesses particulares, para desempenho de mandato classista.

Os prazos das licenças são variados, podendo chegar a três anos, ressalvados os casos de afastamento do cônjuge ou companheiro, serviço militar, atividade política e mandato classista. Nessas hipóteses, o prazo da licença será de conformidade com cada caso. É vedado o exercício de atividade remunerada no setor privado ou público durante a vigência da licença por motivo de doença em pessoa da família.

- Licença por motivo de doença em pessoa da família – A lei permite a concessão de licença a servidor público nos casos de doença em pessoa da família. Essas pessoas, em conformidade com o art. 83 da Lei nº 8.112/1990, são o cônjuge ou companheiro, pais, filhos, padrasto, madrasta e enteado ou dependentes que vivam às expensas do servidor, desde que conste de seus assentamentos funcionais, mediante comprovação por meio de perícia médica oficial.

A concessão da licença depende de prévio exame do doente, a cargo de perícia médica oficial, observado o disposto no art. 204 da mesma lei e da constatação de que a assistência do servidor seja indispensável e não possa ser dada em horário compatível com o do trabalho ou mediante compensação de horário, na forma do disposto no inc. II do art. 44 da lei em exame. A licença será concedida ao servidor com direito à remuneração do cargo, pelo prazo de até 30 dias, consecutivos ou não, e até 90 dias, consecutivamente ou não, sem remuneração, a cada período de 12 meses (art. 83, §§1º, 2º e 3º, da Lei nº 8.112/1990).

- Licença para acompanhar o cônjuge – Essa licença é facultada ao servidor para acompanhar o cônjuge ou o companheiro, quando esse for deslocado para outra localidade no território nacional ou no exterior ou ainda para o exercício de mandato eletivo no Poder Executivo ou no Poder Legislativo. A licença será por tempo indeterminado – exceto nos casos de mandato em que o prazo da licença corresponderá ao do mandato –, e não dá direito à percepção de vencimentos. Durante o afastamento, por esse motivo, o servidor nada receberá dos cofres públicos em virtude do seu cargo.

A lei prevê, todavia, que o servidor, numa das hipóteses acima, poderá ser colocado à disposição, temporariamente, de órgão da Administração Federal direta ou de autarquia ou fundação vinculadas à União para exercer funções compatíveis com as do cargo de que seja detentor. Essa disponibilidade dependerá da conveniência e necessidade do serviço. Nesse caso, obviamente, não haverá licença e o servidor receberá, normalmente, os seus vencimentos.

- Licença para o serviço militar – O servidor convocado para o Serviço Militar tem direito à licença, na forma e condições estabelecidas em lei própria, enquanto durar o tempo da convocação. Liberado do serviço militar, o servidor tem o prazo de 30 dias, sem remuneração, para reassumir o seu cargo no serviço público. A não reassunção no referido prazo configura situação de abandono de cargo, fato que impõe a demissão por abandono, mediante processo administrativo disciplinar, observados os princípios do contraditório e da ampla defesa.
- Licença para atividade política – A licença para atividade política é facultada ao servidor interessado em participar de processo eletivo para cargo ou função política. Essa modalidade de licença divide-se em dois momentos. Um que vai

da data da escolha do nome do servidor em convenção do partido, para determinado cargo eletivo, até a data do registro da respectiva candidatura perante a Justiça Eleitoral, e outro que se inicia na data do registro da candidatura e vai até o décimo dia seguinte à data da realização das eleições. No primeiro momento, a licença implica a suspensão do vencimento. No segundo, o servidor fará jus ao vencimento do cargo efetivo que ocupa, pelo período de 3 (três) meses. As vantagens pecuniárias de cargo em comissão não são pagas durante a licença.

Registre-se também que, sendo o servidor ocupante de cargo de direção, chefia, assessoramento, arrecadação ou fiscalização, será do cargo afastado se o cargo eletivo pretendido for na localidade onde desempenha as suas funções relativas ao cargo público. Esse afastamento compulsório terá por consequência a perda do vencimento se o cargo for de recrutamento amplo. Nesse caso, não haverá licença remunerada. Esta só é permitida aos servidores detentores de cargo efetivo.

- Licença para capacitação – A Lei nº 8.112/1990 previa no art. 87 licença-prêmio por assiduidade. A aludida licença-prêmio foi substituída pela licença para capacitação, nos termos da Lei nº 9.527/1998.

Nos termos do art. 87 da Lei nº 8.112/1990, com a redação dada pela lei em referência, é facultado ao servidor público civil da União, suas autarquias e fundações, tirar licença a cada cinco anos de efetivo exercício em cargo efetivo, com os vencimentos do cargo, para participar de curso de capacitação profissional de interesse do serviço.

O prazo do curso será de três meses no máximo. Não é permitida a soma de dois ou mais períodos.

Os servidores detentores de cargo em comissão, que não forem titulares de cargo efetivo, não têm direito ao benefício. Caso seja titular de cargo efetivo, deve afastar-se do comissionado, e perceber o vencimento daquele (cargo efetivo).

- Licença para tratar de interesses particulares – À Administração é facultado conceder ao servidor, mediante solicitação, licença para tratar de interesses particulares. A licença pode ser pelo prazo de até três anos, sem vencimento. É possível nova concessão depois de transcorridos dois anos do término da anterior. Por motivo de interesse do serviço, a critério da Administração ou a requerimento do servidor, a licença pode ser interrompida a qualquer tempo. A licença não será concedida ao servidor em estágio probatório ou ao não estável, nem ao ocupante de cargo de recrutamento amplo. A autoridade competente deve avaliar, nos limites da faculdade discricionária, a conveniência e a oportunidade da concessão. Se a conclusão for pela inconveniência ou inoportunidade, o pedido deve ser negado.

O servidor licenciado para tratar de interesses particulares ou afastado do cargo por outro motivo, sem direito a vencimento, terá o seu vínculo com o regime do Plano de Seguridade Social do Servidor Público suspenso durante o prazo do afastamento, salvo se, no período, efetuar os recolhimentos, como se no exercício do cargo estivesse, nos termos da Lei nº 10.667 de, 14.5.2003.

- Licença para o desempenho de mandato classista – É direito subjetivo do servidor afastar-se do serviço em licença, sem vencimento, para desempenhar atividades pertinentes a mandato classista (entidades sindicais). A licença é de concessão obrigatória, nos limites e condições previstos na lei, pelo prazo do mandato em confederação, federação, associação de classe de âmbito nacional, sindicato representativo da categoria ou entidade fiscalizadora da profissão. A lei permite a renovação da licença por mais um único período, se o servidor for reeleito. Durante o afastamento, em virtude dessa licença, o servidor não receberá a remuneração do cargo. O respectivo tempo, entretanto, será computado como de efetivo exercício, para todos os fins, exceto para promoção por merecimento.

Somente servidores eleitos para cargos de direção ou representação nas referidas entidades podem ser licenciados, de acordo com o número de sindicalizados, como se verá no parágrafo seguinte. Cumpre ressaltar que o direito à licença em foco é garantido ao servidor só nos casos de sindicato e as demais entidades arroladas de servidores públicos. Na hipótese de o servidor vir a ser eleito para sindicato de categoria estranha à de servidor público, não terá direito à licença. Por exemplo, a eleição de um servidor para determinado cargo na Central Única dos Trabalhadores (CUT) ou Sindicato dos Bancários.

A licença do servidor condiciona-se, ainda, ao número de associados da entidade para a qual foi eleito dirigente: a) para a entidade com até 5 mil associados, só podem ser licenciados 2 (dois) servidores; b) para a entidade com 5.001 a 30.000 associados, 4 (quatro) servidores; e c) para a entidade acima de 30.000 mil associados, 8 (oito) servidores (art. 92 da Lei nº 8.112/90, com a redação da Lei nº 12.998/2014).

Essa licença foi estendida ao servidor para participar de gerência ou administração em sociedade cooperativa constituída por servidores públicos para prestar serviços a seus cooperados de conformidade com o art. 92, combinado com o art. 102, VIII, "c" da Lei nº 8.112/1990, com a redação dada pela Lei nº 11.094/2005.

– Afastamentos:

Além das licenças acima examinadas, existem os casos de afastamento do servidor, temporariamente, do seu cargo efetivo, por vários motivos previstos no Capítulo V da Lei nº 8.112/1990, a seguir considerados.

- Afastamento para servir a outro órgão ou entidade – A lei permite o afastamento do servidor público federal para, temporariamente, prestar serviços em outro órgão ou entidade dos poderes da União, dos estados, do Distrito Federal e dos municípios. A cessão se faz para o exercício de cargo em comissão ou função de confiança ou em outros casos previstos em leis específicas. No primeiro caso, o ônus do servidor, relativo à sua remuneração, passa a ser do órgão ou entidade para o qual fora cedido – cessionário, ressalvados, por óbvio, os casos de cessão a órgãos da própria União. Nos outros casos, será de acordo com o que dispuser a lei específica. No silêncio da lei, o ônus será do órgão cedente. Se o servidor cedido a sociedade de economia mista ou empresa pública, nos termos da respectiva norma, fizer opção pela remuneração do cargo de origem, o cessionário reembolsará as despesas efetuadas pela entidade ou órgão cedente. A cessão só será válida se efetivada mediante portaria publicada no *Diário Oficial da União*. Ainda, por autorização expressa do presidente da República, o servidor pode ser designado para prestar serviços em outro órgão da Administração Federal direta, que não tenham quadro próprio de pessoal. O respectivo ato deve estabelecer o prazo do afastamento e definir a finalidade da medida.

- Afastamento para o exercício de mandato eletivo – No tópico relativo à atividade política, *retro*, examinou-se a licença para atividades políticas. Aqui, trata-se do afastamento do servidor da Administração direta, autárquica e fundacional para o exercício de mandato eletivo. A matéria está contida no art. 38 da Constituição Federal e disciplinada pelo art. 94 da Lei nº 8.112/1990.

O servidor público escolhido para cargo eletivo poderá obter afastamento do cargo de carreira pelo prazo de duração do mandato, observando-se as seguintes orientações: a) nos casos de mandato federal, estadual ou no Distrito Federal, o servidor será afastado sem direito à remuneração do cargo público; b) se, para o exercício de mandato de prefeito, o servidor será afastado do cargo, mas lhe será permitido optar pelo vencimento do cargo. Nesse caso, será obrigatória a renúncia à remuneração do cargo eletivo; c) para o desempenho das funções de vereador. Nessa hipótese, o servidor poderá exercer cumulativamente as funções do cargo público e desempenhar as funções de vereança, se houver compatibilidade de horários. Hipótese em que terá direito à remuneração do cargo público e à remuneração do cargo de vereador. Essa possibilidade de acumulação verifica-se nos pequenos municípios onde a Câmara de vereadores reúne-se uma vez por semana ou de 15 em 15 dias, aos sábados ou à noite. Não sendo possível a conciliação das duas atividades, o servidor será afastado do cargo durante o exercício do mandato, podendo, entretanto, optar pela remuneração do cargo. No período do afastamento, o servidor deve recolher a contribuição para a seguridade social, como se no exercício do cargo estivesse.

- Afastamento para estudo ou missão no exterior – A lei permite ao servidor afastar-se do cargo para desenvolver estudo ou missão oficial no exterior, mediante prévia e expressa autorização do presidente da República, ou do presidente dos órgãos do Poder Legislativo ou do presidente do Supremo Tribunal Federal, dependendo da lotação do servidor. O afastamento não poderá exceder a quatro anos. Findo o prazo do afastamento, o servidor só poderá obter outro para as mesmas finalidades depois do transcurso de quatro anos. Durante os quatro anos seguintes ao retorno do servidor da missão oficial ou dos estudos no exterior, a Administração não concederá, ao beneficiado com o afastamento, licença para tratar de interesses particulares nem exoneração a pedido. O ressarcimento de todas as despesas arcadas pela Administração com o servidor durante o afastamento poderá elidir a obrigação de trabalhar pelo menos os primeiros quatro anos depois de concluir o curso ou a missão oficial (§2º do art. 95 da Lei nº 8.112/1990). Nesse período, o servidor terá de prestar serviços à Administração Pública com a finalidade de compensar os gastos relativos à sua atividade no exterior e de repassar a outros servidores a experiência adquirida. Excluem-se dessa regra os servidores da carreira diplomática. O afastamento do servidor para servir em organismos internacionais, de que o Brasil faça parte, implica a supressão total da remuneração durante o período do afastamento.

- Afastamento para participação em programa de pós-graduação *stricto sensu* no país – A Lei nº 11.907/2009 introduziu o art. 96-A na Lei nº 8.112/1990 dispondo sobre o afastamento do servidor público efetivo para participar de programa de pós-graduação *stricto sensu* em instituição de ensino superior no país, quando do interesse da Administração Pública. Esse afastamento condiciona-se, ainda, à impossibilidade de compatibilização de horários ou à impossibilidade de compensação de horário. Mesmo sendo do interesse da Administração, o afastamento será permitido pela autoridade competente, a servidor titular de cargo efetivo no respectivo órgão ou entidade há pelo menos três anos para fazer mestrado e de quatro anos para cursar doutorado. Nesse tempo, inclui-se o período do estágio probatório.

O servidor que na data do pedido tiver obtido licença para tratar de interesse particular ou para capacitação nos últimos dois anos, não terá direito ao afastamento. Esse prazo será elevado para quatro anos, se a pretensão do afastamento for para programa de pós-doutorado. O beneficiário do afastamento, nas hipóteses aqui previstas, terá direito à remuneração do cargo.

O beneficiário do afastamento para fazer mestrado, doutorado ou pós-doutorado obriga-se a retornar às funções do cargo ao término do curso e permanecer no cargo pelo prazo correspondente ao do afastamento. Caso o servidor peça exoneração do cargo ou aposentadoria nesse período, terá de ressarcir à Administração no prazo de 60 (sessenta) dias todos os gastos realizados com o aperfeiçoamento. O dever de ressarcimento estende-se ao servidor que não obtiver o título ou grau que fundamentou o pedido de afastamento.

– Concessões:

Outros benefícios conferidos aos servidores são os que a lei convencionou chamar de concessões. Não são licenças nem afastamento, mas pequenas ausências por motivos justos e legais, nos termos do art. 97 da Lei nº 8.112/1990. São as seguintes as concessões estabelecidas na lei: afastamento por um dia, para doação de sangue; pelo período comprovadamente necessário, para o seu alistamento ou recadastramento eleitoral, limitado em dois dias; por oito dias consecutivos em virtude de casamento e falecimento do cônjuge, companheiro, pais, madrasta, padrasto, filhos, enteados, menor sob guarda ou tutela e irmãos. Em qualquer desses casos, o servidor receberá, normalmente, a remuneração do cargo e o tempo de serviço será contado sem interrupção nas aludidas ausências, para todos os fins legais.

- Concessões ao servidor estudante – Ao servidor estudante é permitido o estabelecimento de horário especial, se comprovada a incompatibilidade do horário de exercício das funções do cargo com o das atividades escolares. A vontade da lei é no sentido de que o servidor desempenhe as funções do cargo sem prejuízo das atividades escolares. A concessão especial visa compatibilizar os horários do serviço e da escola.

O servidor estudante deverá, durante a semana e em horário diferente, repor as horas que deixou de trabalhar em razão do horário especial a ele concedido, de modo que, no fim de cada semana, ele deve ter cumprido as suas atividades integralmente. Saliente-se que, pela lei atual, ao servidor estudante não é conferido o direito de redução de jornada, mas a faculdade de sair mais cedo ou chegar mais tarde de acordo com o horário da aula, sem prejuízo da execução das tarefas decorrentes das funções do seu cargo.

- Matrícula escolar obrigatória no caso de mudança de local de trabalho – O servidor estudante, transferido de sede por interesse da Administração, terá o direito de se matricular em instituição de ensino congênere, localizada no município ou na região da nova sede de trabalho, em qualquer época, independentemente de vaga. O estabelecimento de ensino, nesse caso, é obrigado a receber o aluno, ainda que em desacordo com os seus regulamentos.

Mesmo direito é estendido ao cônjuge ou companheiro, aos filhos ou enteados do servidor que vivam na sua companhia e, ainda, aos menores sob sua guarda, com autorização judicial.

– Tempo de serviço:

O tempo de serviço público prestado pelo servidor em órgão federal, inclusive nas Forças Armadas, é contado para todos os efeitos previstos em lei. O tempo de serviço apura-se em dias, de acordo com a frequência. Os dias serão convertidos em anos de 365 dias (art. 101 da Lei Estatutária Federal). Esse artigo continha parágrafo único, dispondo sobre fração de tempo inferior a um ano do seguinte modo: se, na conversão, verificasse saldo de dias, até 182, não seria computado e se o número de dias fosse superior a 182 dias, o mesmo seria arredondado para um ano, para efeito de aposentadoria. Aludido parágrafo foi revogado pela Lei nº 9.527/1997.

São computados, como de efetivo exercício para os fins legais, os afastamentos examinados acima e mais férias regulamentares; exercício de cargo em comissão ou função de confiança, em órgão ou entidade integrantes dos poderes da União, dos estados-membros, do Distrito Federal e dos municípios; participação em programa de treinamento regularmente instituído; desempenho de mandato eletivo federal, estadual, municipal ou do Distrito Federal, exceto para fins de promoção por merecimento; participação em júri e em outros serviços obrigatórios por lei; para estudos ou missão no exterior, desde que autorizado por agente competente; licença concedida à gestante, à adotante e à paternidade; para tratamento da própria saúde, até dois anos; para o desempenho de mandato classista ou participação de gerência ou administração em sociedade cooperativa constituída por servidores para prestar serviços a seus membros, exceto para efeito de promoção por merecimento; por motivo de acidente em serviço ou de doença profissional; para capacitação; por convocação para o serviço militar; em virtude de deslocamento para nova sede; para participar de atividades esportivas no país ou no exterior, de acordo com o que dispuser a lei.

Para efeito apenas de aposentadoria e disponibilidade, são computados os seguintes tempos: o prestado pelo servidor aos estados, aos municípios e ao Distrito Federal; o de licença para tratamento de saúde de pessoa da família do servidor, com remuneração, até 30 dias; relativo à licença para atividade política, nos casos previstos no art. 86, §2º, da Lei nº 8.112/1990; o correspondente ao desempenho de mandato eletivo federal, estadual, municipal ou distrital, anterior ao ingresso no serviço público federal; o relativo ao tiro de guerra; e o tempo de serviço em atividade privada, vinculado à previdência social. Este último tempo se computa apenas para aposentadoria de acordo com o disposto no art. 201, §9º, da Constituição Federal (contagem recíproca). Na hipótese de contagem recíproca de tempo de contribuição, os sistemas de previdência social se compensarão financeiramente, de conformidade com o disposto na Lei Federal nº 9.796, de 6.5.1999.

No caso de renúncia à aposentadoria, o respectivo tempo de serviço pode ser contado apenas para nova aposentadoria em outro cargo. Ocorre essa hipótese quando o servidor já aposentado for nomeado para novo cargo.

O tempo de serviço prestado às Forças Armadas em operação de guerra pode ser contado em dobro para efeito de aposentadoria. O tempo simultâneo, trabalhado em órgãos da Administração Pública em qualquer dos poderes e esferas da Administração direta e nas entidades da Administração indireta, não se computa para fim algum.

– Direito de petição:

Ao servidor é assegurado o direito de requerer perante a Administração Pública, por meio da autoridade competente para decidir, em defesa de direito ou interesse legítimo. O requerimento deve ser encaminhado por intermédio da autoridade em que estiver subordinado o servidor postulante.

É permitido ao servidor dirigir pedido de reconsideração à autoridade que houver praticado o ato contrariado ou que tenha julgado em primeiro grau. Esse pedido não pode ser repetido.

A autoridade competente deve despachar o requerimento e o pedido de reconsideração no prazo de cinco dias, tendo o prazo de 30 dias, contados da data do despacho, para decidir.

A decisão indeferitória do pedido de reconsideração e do requerimento pode ser atacada por via de recurso hierárquico, interposto perante a autoridade imediatamente superior à que praticou o ato impugnado ou proferiu a decisão contrariada. O encaminhamento do recurso se verifica por intermédio da autoridade a que estiver imediatamente subordinado o servidor postulante.

O prazo para o interessado ingressar com o pedido de reconsideração ou com o recurso é de 30 dias corridos, contados da data da publicação do ato no órgão oficial, ou da data em que o servidor tiver ciência do ato indeferitório. Prescreve, como se vê, em 30 dias, o direito de recorrer ou de ingressar com o pedido de reconsideração. Não há previsão dos casos em que o recurso deva ser recebido com efeito suspensivo. A lei, entretanto, faculta à autoridade dar efeito suspensivo aos recursos, quando julgar conveniente à Administração e ao interessado. Os efeitos da decisão favorável nos recursos e nos pedidos de reconsideração retroagirão à data do ato impugnado (arts. 108 e 109 da Lei nº 8.112/1990).

O direito de requerer perante a Administração ou na via judicial prescreve em cinco anos, quanto aos atos de demissão, de cassação de aposentadoria e de disponibilidade, ou, ainda, os atos que afetem interesses patrimoniais e créditos financeiros decorrentes da relação funcional. Nos demais casos, o prazo prescricional é de 120 dias, salvo se lei específica dispuser de forma diferente. A contagem do prazo, nas duas hipóteses, inicia-se na data da publicação do ato contrariado ou na data em que o servidor tomou ciência dele, se não foi publicado.

A prescrição será interrompida com a interposição do recurso ou do pedido de reconsideração, desde que cabíveis. Dessa forma, interposto o recurso válido, o prazo prescricional recomeçará na data da edição do ato denegatório do recurso.

A prescrição, por ser de ordem pública, não pode ser relevada pelo agente administrativo. A Administração, por esse motivo, deve, a qualquer tempo, declarar a prescrição efetivamente ocorrida. A autoridade que ignorar essa situação e conceder benefício a servidor, depois de consumada a prescrição do direito postulatório, sujeitar-se-á às sanções administrativas, penais e civis. Na iniciativa privada, se o réu não alegar prescrição, a ação terá o curso normal, e o juiz poderá vir a condenar o demandado que já estaria desobrigado, por força da prescrição.

Para o exercício do direito de petição, o processo ou outro documento ficará à disposição do interessado na repartição. Ali, ele pode ser examinado pelo próprio servidor e por seu procurador legalmente constituído. Os autos não podem ser entregues ao interessado nem ao seu procurador. Entretanto, faculta-se ao interessado extrair cópias dos documentos julgados necessários para instruir recurso ou outro meio postulatório.

A Administração deve, a qualquer tempo, rever os seus atos eivados de ilegalidade, anulando-os, e também aqueles considerados inoportunos e inconvenientes, embora legais. Nesse caso, impõe-se a revogação, Súmula nº 473 do STF, art. 114 da Lei nº 8.112/90 e art. 53 da Lei nº 9.784, de 29.1.1999. Esse dispositivo está assim grafado: "a Administração deve alunar seus próprios atos, quando eivados de vício de legalidade, e pode revogá-los por motivo de conveniência ou oportunidade, respeitados os direitos adquiridos". Na hipótese de revogação, como se vê, deve-se respeitar o direito adquirido. Nos dois casos, é necessário prévio processo administrativo.

– Regime disciplinar:

- Deveres do servidor – A Lei nº 8.112/1990, no art. 116, enumera os principais deveres dos servidores públicos federais. Entre eles destacam-se cumprir com zelo e dedicação as atribuições do cargo que ocupa; ser leal à instituição que serve; tratar bem os colegas e as pessoas que demandam os seus serviços; atender às partes com presteza; evitar desperdício de materiais; levar ao conhecimento da autoridade superior as irregularidades de que tiver conhecimento em razão do cargo ou, quando houver suspeita de envolvimento da autoridade superior, levar o assunto ao conhecimento da autoridade competente para proceder à apuração; guardar sigilo sobre assuntos da repartição; ser assíduo e pontual ao serviço; representar contra ilegalidade, omissão ou abuso de poder.
- Proibições – A mesma Lei nº 8.112/1990, art. 117, arrola as proibições a que estão sujeitos os servidores públicos federais. São 19 (dezenove) proibições, que serão transcritas para melhor conhecimento, considerando que os servidores,

em geral, se preocupam muito com os seus direitos e se esquecem dos seus deveres e de suas proibições. Muitos nem sabem da existência dos capítulos do Estatuto que cuidam dessas restrições.

Ao servidor é proibido: ausentar-se do serviço durante o expediente, sem prévia autorização do chefe imediato; retirar, sem prévia autorização da autoridade competente, qualquer documento ou objeto da repartição; recusar fé aos documentos públicos; opor resistência injustificada ao andamento de documento e processo ou execução de serviço; promover manifestação de apreço ou desapreço no recinto da repartição; cometer à pessoa estranha à repartição, fora dos casos previstos em lei, o desempenho de atribuição que seja de sua responsabilidade ou de seu subordinado; coagir ou auxiliar subordinados no sentido de filiarem-se à associação profissional ou sindical, ou partido político; manter sob sua chefia imediata, em cargo ou função de confiança, cônjuge, companheiro ou parente até o segundo grau civil; valer-se do cargo para lograr proveito pessoal ou de outrem, em detrimento da dignidade da função pública; participar de gerência ou administração de empresa privada, personificada ou não, de sociedade civil, ou exercer o comércio, exceto na qualidade de acionista, cotista ou comanditário; atuar como procurador ou intermediário junto a repartições públicas, salvo quando se tratar de benefícios previdenciários ou assistenciais de parentes até o segundo grau civil, e cônjuge ou companheiro; receber propina, comissão, presente ou vantagem de qualquer espécie, em razão de suas atribuições: aceitar comissão, emprego ou pensão de estado estrangeiro; praticar usura sob qualquer de suas formas; proceder de forma desidiosa; utilizar pessoal ou recursos materiais da repartição em serviços ou atividades particulares; cometer a outro servidor atribuições estranhas ao cargo que ocupa, exceto em situação de emergência e transitória; exercer quaisquer atividades que sejam incompatíveis com o exercício do cargo ou função, e com o horário de trabalho.

- Responsabilidades – O servidor público responderá civil, penal e administrativamente por seus atos ilegais ou irregulares praticados em razão do cargo.

Pela responsabilidade civil o servidor responderá em virtude de comportamento ou ato omissivo ou comissivo, doloso ou culposo, que cause dano ao erário ou a terceiros. A sanção consiste na indenização, a cargo do servidor, correspondente ao dano por ele causado à Administração ou ao particular. Para a liquidação dessa obrigação, podem ser penhorados bens patrimoniais do servidor. Na hipótese de o servidor não ter bens a oferecer à penhora, o pagamento da indenização será feito mensalmente mediante desconto de até um décimo da remuneração ou do provento, nos termos do art. 46 da Lei nº 8.112/1990.

Tratando-se de danos causados a terceiros, a Administração Pública ou quem lhe faça as vezes responderá objetivamente perante a vítima, com direito de regresso contra o servidor, desde que este tenha agido com culpa ou com dolo. É o que dispõe o §6º do art. 37 da Constituição Federal:

> As pessoas jurídicas de direito público e as de direito privado prestadoras de serviços públicos responderão pelos danos que seus agentes, nessa qualidade, causarem a terceiros, assegurado o direito de regresso contra o responsável nos casos de dolo ou culpa.

As obrigações pecuniárias de responsabilidade do servidor público, em virtude de dano causado a terceiros, estendem-se aos seus sucessores, se deixar herança. A responsabilidade desses vai até o limite da herança recebida. Eles podem ser demandados pelo credor particular ou pela Administração Pública (art. 121, §3º, da Lei nº 8.112/1990).

A responsabilidade penal decorre da prática de crimes ou de contravenção imputados ao servidor nessa condição. O Código Penal, nos arts. 312 a 327, cuida dos crimes praticados por servidor público contra a Administração Pública. A prática de qualquer dos crimes ali tipificados enseja a competente ação penal contra o servidor, autor do ilícito penal.

A responsabilidade administrativa é consequência de comportamento do servidor caracterizado como ilícito administrativo. As respectivas sanções previstas em leis estatutárias são aplicadas por agentes administrativos, mediante prévio processo administrativo. A observância do devido processo legal passou a ser condição imposta pela Constituição Federal de 1988 (art. 5º, incs. LXIV e LXV).

As sanções civis, criminais e administrativas podem se acumular, mas são independentes entre si. Pode ocorrer hipótese de o servidor ser condenado em relação a uma e ser apenado em relação a outra. A regra contida no art. 126 do Estatuto dos Servidores Públicos Civis Federais é a de que a absolvição do servidor na Justiça penal, em virtude de negação da existência do fato ou da autoria, importa a absolvição na via administrativa.

A Lei nº 12.998/2014 acrescentou o art. 126-A. Por força desse dispositivo, nenhum servidor será responsável, civil, penal ou administrativamente, pela conduta de dar ciência a autoridade superior da existência de prática de crime ou improbidade de que tenha conhecimento, em decorrência do exercício do cargo, emprego ou função pública ou, no caso de suspeita de que a autoridade superior esteja envolvida nesses ilícitos administrativos e penais, levar o fato ao conhecimento da autoridade competente para promover a apuração. O objetivo desse dispositivo é assegurar ao servidor que ele não corre o risco de responsabilização pelo fato de promover as "denúncias" referidas no dispositivo.

n) Sanções disciplinares

As sanções previstas no art. 127 da Lei nº 8.112/1990 a que se sujeitam os servidores públicos federais, em virtude de comportamento contrário a normas estatutárias, são as que se seguem: advertência; suspensão; demissão; cassação de aposentadoria ou disponibilidade; destituição de cargo em comissão e destituição de função comissionada.

No Direito Administrativo brasileiro, não existe a tipicidade do ilícito administrativo como no Direito Penal. Por essa razão, não é predefinida, em regra, a sanção a ser imposta em virtude de determinado ilícito administrativo. A escolha da sanção a ser aplicada no caso concreto decorre, na maioria dos casos, da faculdade discricionária da autoridade competente para aplicá-la.

O atual Estatuto dos Servidores Públicos Civis Federais procura diminuir o campo do poder discricionário nesse particular. Nos seus arts. 129 e seguintes, a lei indica os comportamentos e as sanções correspondentes. Além disso, o art. 128 oferece, ao agente, orientações para melhor escolher a sanção adequada. Nos termos desse dispositivo legal, a eleição da sanção administrativa deve levar em consideração a natureza e a gravidade da infração cometida, o consequente dano ao serviço público ou ao Tesouro, as circunstâncias agravantes e atenuantes e os antecedentes funcionais.

– Advertência:

A advertência pode ser verbal ou escrita. Deve ser escrita nos casos de transgressão das normas que dispõem sobre as proibições a que se sujeitam os servidores públicos nos termos do art. 117, I a VIII e XIX, da Lei nº 8.112/1990, e por inobservância de conduta funcional obrigatória, prevista em lei, regulamento ou norma interna, quando em virtude de tal comportamento não se exigir sanção mais grave.

O Estatuto anterior previa a repreensão, substituída, no atual, pela advertência. Há quem entenda que a repreensão não deveria ter sido substituída, vez que ela era mais eficaz como medida sancionatória, em relação à advertência.

– Suspensão:

A pena de suspensão é cabível nos casos em que haja reiteração dos ilícitos punidos como a advertência ou a prática de ilícitos que não sejam puníveis com a demissão. O prazo da suspensão não pode ultrapassar 90 dias (art. 130 da Lei nº 8.112/1990). Será de 15 dias a suspensão, quando o servidor se recusar, sem motivo justo, a se submeter a exames ou inspeção médica solicitada pela autoridade competente. A pena deve ser interrompida se o servidor concordar com a exigência no prazo do afastamento.

A pena de suspensão pode ser convertida na multa de 50% do valor por dia de vencimento ou da remuneração, nos casos de relevante interesse do serviço. Nesse caso, obviamente, o servidor terá de manter-se no trabalho. Essa medida legal tem por finalidade evitar descontinuidade ou diminuição da qualidade do serviço, em virtude do afastamento temporário de determinado servidor, às vezes, elemento-chave na repartição.

As sanções de advertência e de suspensão terão os registros cancelados depois de três e cinco anos, respectivamente, se no período o servidor não tiver cometido outra infração disciplinar. O cancelamento das anotações não terá efeitos retroativos. Opera, dali para frente, *ex nunc*.

– Demissão:

São casos de demissão do servidor público os seguintes: prática de crime contra a Administração Pública; abandono de cargo; inassiduidade habitual; improbidade administrativa; incontinência pública e conduta escandalosa na repartição; insubordinação grave em serviço; ofensa física, em serviço, a servidor ou a particular, salvo em legítima defesa, própria ou de outrem; aplicação irregular de dinheiro público; revelação de segredo de que se apropriou em razão do cargo; lesão aos cofres públicos e dilapidação do patrimônio nacional; corrupção; acumulação ilegal de cargos, empregos ou funções públicas (art. 132 da Lei nº 8.112/1990) e transgressão aos incs. IX a XVI do art. 117 da mesma lei.

Em qualquer desses casos, é indispensável o competente processo administrativo, no qual se dará ao servidor, sob pena de nulidade, a oportunidade de ampla defesa e a observância do princípio do contraditório.

No caso de acumulação proibida de cargos públicos, constatada em processo próprio, será facultado ao servidor fazer opção por um dos cargos, se ficar provada sua boa-fé. Comprovada a má-fé, o servidor será demitido dos cargos, empregos ou função pública que configuram a acumulação ilegal (§6º do art. 133 da Lei nº 8.112/1990).

A cassação da aposentadoria ou da disponibilidade verifica-se quando, em processo próprio, ficar provado que o servidor, enquanto na ativa, praticou ilícito punível com a demissão do cargo.

Os servidores ocupantes de cargo comissionado ou de função de confiança, de recrutamento amplo, podem ser destituídos do cargo se comprovado, em processo administrativo, comportamento ilícito, punível com a suspensão ou a demissão.

A demissão, ou a destituição do cargo em comissão, dá-se em virtude de improbidade administrativa, aplicação irregular de dinheiro público, lesão aos cofres públicos e dilapidação do patrimônio nacional e corrupção. Implica a indisponibilidade dos bens do servidor e a obrigação de ressarcir os cofres públicos pelos danos causados. Essa sanção não ilide a competente ação penal. Os servidores que se enquadram nessa situação e também os punidos pela prática de crime contra a Administração Pública não poderão, em tempo algum, ocupar novo cargo no serviço público (arts. 136 e 137 da Lei nº 8.112/1990).

O servidor sancionado com a pena de demissão ou de destituição do cargo em comissão ficará impedido de ocupar novo cargo na estrutura federal pelo prazo de cinco anos, se a infração consistir em utilização do cargo para lograr proveito para si ou para outrem, em detrimento da dignidade da função pública ou em atuar como procurador ou intermediário junto a repartições públicas. Exclui-se dessa regra a intermediação para conseguir benefícios previdenciários ou assistenciais de parentes até o terceiro grau e de cônjuge ou companheiro. Nessa hipótese, a lei permite o retorno do servidor, cumprida a carência aludida (art. 137 da Lei nº 8.112/1990).

– Abandono de cargo:

Para os efeitos estatutários, de acordo com a lei federal, abandono de cargo é a ausência do servidor ao trabalho por mais de 30 dias consecutivos, ou mais de 90 dias intercalados no mesmo ano, por motivos não justificáveis nos termos da lei. O art. 102 da Lei nº 8.112/1990, já referido, estabelece os casos em que as faltas são consideradas como de efetivo exercício. A demissão, penalidade própria para o caso de abandono, não pode ser efetivada sem prévio processo administrativo, para dar ao servidor direito e oportunidade de ampla defesa. No curso do processo, o servidor pode alegar e comprovar motivos de afastamento diferentes daqueles arrolados na lei, mas que o exime de culpa e elide o abandono, como exemplo, o sequestro.

– Competência para aplicar as sanções administrativas:

A lei, no sistema brasileiro, confere a várias autoridades administrativas a competência para punir, de acordo com a respectiva posição na linha hierárquica, e de acordo com o grau da sanção a ser imposta.

- Pena de demissão e cassação de aposentadoria ou disponibilidade – A aplicação da pena de demissão e cassação de aposentadoria ou disponibilidade, no plano federal, é de competência do presidente da República, dos presidentes das casas legislativas federais, dos presidentes dos Tribunais Federais e do procurador-geral da República, relativamente aos respectivos servidores.
- Suspensão por prazo superior a 30 dias – A imposição da pena de suspensão por prazo superior a 30 dias compete às autoridades imediatamente inferiores às referidas no item anterior, na linha hierárquica. São os dirigentes de órgãos

logo abaixo às aludidas presidências e Procuradoria-Geral da República na estrutura organizacional.
- Suspensão por prazo inferior a 30 dias e advertência – A pena de suspensão pelo prazo de até 30 dias e a de advertência cabe ao chefe da repartição onde o servidor presta serviço, ou seja, ao chefe imediato, ou outros agentes definidos em regulamento ou regimento, como competentes.
- Destituição do cargo em comissão – A destituição do cargo em comissão compete à autoridade que editou o respectivo ato de nomeação. Esta regra nem precisava estar consignada no Estatuto, vez que só o agente que nomeia pode exonerar ou demitir servidor público, em qualquer dos poderes e em todas as esferas da Administração.

o) Prescrição da ação disciplinar

O direito da Administração Pública de processar e punir servidor prescreve em maior ou menor prazo de acordo com a sanção a ser imposta. Assim, a prescrição dá-se aos cinco anos nos casos de infrações puníveis com demissão, cassação de aposentadoria ou de disponibilidade, e a de destituição do cargo em comissão; em dois anos, se a pena prevista for a de suspensão e de 180 dias, nos casos de advertência.

O prazo prescricional inicia a sua contagem na data em que o fato tido como irregular tornar-se conhecido. Os prazos prescricionais previstos na lei penal aplicam-se às infrações disciplinares capituladas também como crime. A prescrição interrompe-se com a abertura de sindicância ou instauração de processo administrativo. A suspensão vai até a data da decisão final proferida pela autoridade competente. No caso de interrupção da prescrição, o prazo reinicia-se na data da cessação do fato ensejador da interrupção.

p) Direitos previdenciários

Com fulcro nos arts. 39, §3º, e 40 da Constituição da República, a Lei nº 8.112/1990 (arts. 183 e seguintes) e a Lei nº 8.647, de 13.4.1993, regulamentada pelo Decreto nº 835, de 22.9.1993, conferem-se aos servidores públicos federais diversos benefícios de natureza previdenciária. São eles:

– Quanto ao servidor

Aposentadoria; auxílio-natalidade; salário-família; licença para tratamento de saúde; licença à gestante, ao doente e licença-paternidade; licença por acidente em serviço; assistência à saúde; garantias de condições individuais e ambientais de trabalho satisfatório.

- Aposentadoria – a aposentadoria é direito dos servidores públicos nos quatro planos de governo, garantido pela Constituição Federal (art. 40). No âmbito federal, a matéria está disciplinada nos arts. 186 a 195 da Lei nº 8.112/1990, exceto os arts. 192 e 193 excluídos pela Lei nº 9.527/1997. Em conformidade com esses dispositivos, a aposentadoria do servidor dá-se por invalidez, compulsória por idade e voluntariamente. Essa pressupõe três hipóteses, como se verá adiante.

Esses dispositivos estatutários estão, em parte, modificados pela Emenda Constitucional nº 20/1998, que trouxe substanciais mudanças nos sistemas de aposentadorias dos servidores públicos estatutários e dos empregados regidos pela Consolidação das Leis do Trabalho.

Ressalte-se, mais uma vez, que a EC nº 41/2003 introduziu profundas mudanças no direito de aposentadoria. A Emenda Constitucional nº 47, de 5.7.2005, por seu turno, teve por finalidade abrandar algumas regras restritivas de direitos contidas na EC nº 41/2003, consideradas contrárias a direitos dos servidores públicos.

Em 2019, foi promulgada pelo Congresso Nacional a Emenda Constitucional nº 103, de 12.11.2019, outra reforma previdenciária, denominada, no âmbito do Governo Federal, "Nova Previdência". De fato, a reforma de 2019 introduziu profundas modificações no regime previdenciário pátrio. As mudanças e alterações introduzidas no regime previdenciário serão comentadas em momentos próprios, nesta revisão para a 9ª edição do livro. As emendas constitucionais anteriores permanecem, parcialmente, em vigor.

A despeito das alterações do regime de aposentadoria introduzidas pela EC nº 41/2003, por ocasião da revisão para a 5ª edição deste livro, mantivemos inalterado o texto da 4ª edição e, ao final, introduzimos as inovações contidas na Emenda Constitucional nº 41/2003. Esta decisão prendeu-se ao fato de que as regras transitórias da EC nº 20/1998 aplicam-se aos servidores que, até à data de 31.12.2003, tenham implementado as condições para se aposentar segundo suas normas. Além disso, o regime permanente continua e as regras para aposentadoria por invalidez, compulsória e voluntária por idade não sofreram alteração, a não ser quanto aos critérios para os cálculos dos proventos. Diversas disposições contidas na EC nº 20/1998, na EC nº 41/2000 e na EC nº 47/2005 foram mantidas pela EC nº 103/2019.

Nesse passo será examinada, superficialmente, apenas a parte da emenda pertinente aos servidores públicos, por ser a que nos interessa neste livro.

Antes da denominada Reforma Previdenciária, consubstanciada na Emenda Constitucional nº 20/1998, exigia-se para a aposentadoria do servidor público apenas a comprovação de tempo de serviço público ou serviço público e da iniciativa privada – contagem recíproca –, art. 201, §9º, da CF/88, regulamentado pela Lei nº 9.296/1999.

Com a reforma de 1998, duas condições cumulativas passaram a ser exigidas do servidor para a obtenção da aposentadoria voluntária, tempo de contribuição e idade mínima, como se verá oportunamente.

Outra novidade trazida pela emenda, visualiza-se no *caput* do art. 40 da Constituição, qual seja, a garantia de previdência para os servidores efetivos da União, dos estados, do Distrito Federal e dos municípios, de caráter contributivo, observando critérios atuariais que garantam viabilidade econômica e financeira para honrar os compromissos do sistema, inclusive o de pagar a aposentadoria dos respectivos filiados. O *caput* do mesmo art. 40 está assim redigido:

> O regime próprio de previdência social dos servidores titulares de cargos efetivos terá caráter contributivo e solidário, mediante contribuição do respectivo ente federativo, de servidores ativos, de aposentados, e de pensionistas, observado os critérios que preservem o equilíbrio financeiro e atuarial. (EC nº 103/2019)

Com a finalidade de implementar o disposto no artigo em referência, editou-se a Lei Federal nº 9.717, de 27.11.1998, que estabelece normas gerais de criação e manutenção dos regimes próprios de previdência social dos servidores públicos da União, dos estados, do Distrito Federal e dos municípios. Essa lei foi modificada pela Medida Provisória nº 2.187-13, de 24.8.2001, e pela Lei nº 10.887/2004, que já sofreu diversas alterações, com a finalidade de se ajustar às inovações constitucionais em matéria previdenciária.

Entre as regras contidas na aludida lei estão as seguintes: a contribuição das entidades públicas para o sistema de previdência dos servidores públicos não excederá à do segurado; a contribuição dos inativos civis e militares e pensionistas não poderá exceder a exigida do servidor da ativa; os regimes próprios de previdência dos servidores públicos não poderão conceder benefícios distintos dos prestados pelo Regime Geral de Previdência Social; o descumprimento das obrigações contidas na lei em comento, a partir de 1º.7.1999, pelos estados, Distrito Federal e municípios implica suspensão das transferências voluntárias de recursos pela União, impedimento para celebrar acordos, contratos, convênios e outros ajustes, receber empréstimos, avais e subvenções em geral, de órgãos ou entidades da Administração direta e indireta da União, suspensão de empréstimo e financiamento por agentes financeiros federais.

- Aposentadoria por invalidez – a aposentadoria por invalidez verifica-se em virtude de doença de que o servidor venha a ser acometido durante o seu vínculo com a Administração Pública ou por acidente no trabalho, quando o torna incapacitado para desempenhar as atividades relativas ao cargo que ocupa, se não for possível a sua readaptação para outro cargo, cujas atribuições sejam compatíveis com as restrições causadas por doença ou por acidente do trabalho (EC nº 103/2019). A constatação da doença ou acidente do trabalho e o respectivo grau de afetação são feitos por junta médica oficial. Tratando-se de doenças graves previstas em lei ou doença profissional ou acidente em serviço, os proventos a serem percebidos serão integrais. Se, ao contrário, a doença não for prevista em lei específica para o fim de aposentadoria e se a doença não for profissional e, ainda, não for caso de acidente em serviço, os proventos serão proporcionais ao tempo de contribuição, mas nunca inferiores ao salário mínimo. Esse é o menor valor em pecúnia a que tem direito o servidor, em qualquer circunstância, a título de aposentadoria ou de pensão, por força de norma expressa da Constituição Federal que estabelece que os benefícios previdenciários em pecúnia não podem ser inferiores ao salário mínimo vigente.

O §1º do art. 186 da Lei nº 8.112/1990 arrola os nomes das doenças que darão direito à aposentadoria com proventos integrais.[20] As outras doenças não relacionadas no dispositivo legal dão direito à aposentadoria com proventos proporcionais ao tempo de contribuição.

A aposentadoria por invalidez precede de licença para tratamento de saúde pelo prazo máximo de 24 meses. Ultrapassado esse prazo sem que o servidor recupere a

---

[20] "Art. 186, §1º Tuberculose ativa, alienação mental, esclerose múltipla, neoplasia maligna, cegueira posterior ao ingresso no serviço público, hanseníase, cardiopatia grave, doença de Parkinson, paralisia irreversível e incapacitante, espondiloartrose anquilosante, nefropatia grave, estados avançados do mal de Paget (osteíte deformante), Síndrome de Imunodeficiência Adquirida (AIDS), e outras que a lei indicar, com base na medicina especializada".

saúde ou não podendo ser readaptado, a aposentadoria será obrigatória. A aposentadoria é considerada a partir da data de sua publicação no *Diário Oficial*. O tempo que medeia o término da licença e a data da aposentadoria será considerado prorrogação da licença. A critério da Administração, o servidor em licença para tratamento de saúde ou aposentado por invalidez pode ser, a qualquer momento, convocado para avaliação médica de sua situação de saúde que ensejou a licença ou a aposentadoria (art. 188, §5º da Lei nº 8.112/1990, incluído pela Lei nº 11.907/2009).

- Aposentadoria compulsória – a aposentadoria compulsória é imposição constitucional, em virtude de idade do servidor. A Constituição Federal, no seu art. 40, §1º, II, fixa em setenta anos ou setenta e cinco anos na forma de lei complementar o limite máximo para o servidor público aposentar-se compulsoriamente. Essa regra atinge o servidor e a servidora, na forma de lei complementar, com redação modificada pela Emenda Constitucional nº 103/2019. Para essa espécie de aposentadoria não há distinção de sexo.

A aposentadoria, nesse caso, opera-se de ofício, independentemente da manifestação do servidor. A autoridade tem o poder-dever de aposentar o servidor ao completar a idade-limite. É a regra do art. 187 da Lei nº 8.112/90, assim grafado: "A aposentadoria compulsória será automática, e declarada por ato, com vigência a partir do dia imediato àquele em que o servidor atingir a idade-limite de permanência no serviço ativo".

Os proventos no caso de aposentadoria compulsória são proporcionais ao tempo de contribuição, desde que não inferiores ao valor do salário mínimo, pelos motivos já expostos.

- Aposentadoria voluntária – a aposentadoria voluntária, diferentemente das duas primeiras hipóteses examinadas, depende da manifestação formal do servidor quando preencher as condições estabelecidas na Constituição e em leis infraconstitucionais, entre elas, tempo de contribuição e idade mínima. Implementando o tempo de contribuição e a idade mínima exigida, o servidor fará jus à aposentadoria voluntária, desde que tenha dez anos de efetivo serviço público e cinco de exercício no cargo efetivo em que se dará a aposentadoria. É facultada a aposentadoria só por idade. Caso em que os proventos serão proporcionais ao tempo de contribuição, como segue:
  a) no âmbito da União, aos 60 anos de idade e 35 anos de contribuição, se homem, e aos 55 anos de idade e 30 anos de contribuição, se mulher. Nesse caso, os proventos serão integrais, cujo valor será obtido pela média aritmética simples das maiores remunerações, utilizadas para base de cálculo das contribuições para os regimes previdenciários, relativamente a 80% (oitenta por cento) de todo o tempo de contribuição desde a competência de julho de 1994 ou desde o início da contribuição, se ela teve início depois daquela competência, nos termos do art. 1º da Lei nº 10.887, de 18.6.2004. Se a média ultrapassar o valor da remuneração percebida por ocasião da passagem para a inatividade, o excesso será suprimido. Nessa situação o servidor aposentado receberá inicialmente, a título de proventos, a quantia

correspondente à remuneração que recebia na data da aposentadoria, exceto aquelas parcelas que, por força de lei, não incorporam a remuneração, inclusive a relativa a cargo em comissão ou função de confiança. Se a entidade pública adotou a previdência complementar, o valor máximo dos proventos será o teto do benefício pago pelo Regime Geral de Previdência Social, de conformidade com o art. 201 da Constituição Federal, corrigido aplicando-se os mesmos índices utilizados para a atualização dos benefícios pagos pelo mesmo Regime Geral;

b) aos 65 anos de idade, se homem, e aos 60 anos de idade, se mulher, com proventos proporcionais ao tempo de contribuição. Nesse caso, apurada a média referida na letra "a", o valor dos proventos será reduzido na proporção do tempo que faltou para o tempo integral de contribuição. O art. 90 da Lei Estatutária, com a redação dada pela Lei nº 11.907/2009, garante, ao servidor aposentado com percepção de proventos proporcionais ao tempo de serviço ou de contribuição que vier a ser acometido de uma das doenças arroladas no §1º do art. 186, citadas acima, proventos integrais, desde que a doença seja constatada por perícia médica oficial;

c) aos 55 anos de idade e aos 30 anos de contribuição, se homem, e aos 50 anos de idade e 25 de contribuição, se mulher, desde que comprovem efetivo exercício exclusivamente na função de professor no ensino infantil, fundamental e médio. Adota-se para a obtenção do valor dos proventos de aposentadoria a mesma média e condições examinadas na letra "a".

Essas regras para aposentadoria voluntária vigiam antes da promulgação da EC nº 103/2019. Esta emenda trouxe mudanças substanciais, nas condições para aposentadoria voluntária, vigentes antes de sua incorporação ao ordenamento jurídico pátrio. As regras atuais para aposentadoria voluntária são:

- no plano da União, aos 62 anos de idade, se mulher, e aos 65 anos de idade, se homem. O tempo de contribuição e outras condições previstos no texto constitucional federal foram remetidos para lei complementar;
- no âmbito dos estados, do Distrito Federal e dos municípios, a idade mínima será estabelecida por emenda às Constituições dos respectivos estados e emendas às leis orgânicas do Distrito Federal e dos municípios. Os demais requisitos serão, igualmente, disciplinados por meio de lei complementar (art. 40, §1º e III, da Constituição Federal);
- os ocupantes de cargo de professor, mulher e homem, terão a idade mínima para aposentar voluntariamente reduzido em 5 (cinco) anos em relação às idades mínimas, a que se refere o art. 40, §1º, III, da Constituição Federal, "desde que comprovem tempo de efetivo exercício nas funções de magistério na educação infantil e no ensino fundamental e médio fixado em lei complementar do respectivo ente federativo".

De acordo com o §5º do art. 40 da Constituição Federal e §8º do art. 201 da mesma Constituição, antes da EC nº 103/2019, a aposentadoria com o tempo de contribuição e idade reduzidos em cinco anos destina-se apenas aos professores de ensino infantil, fundamental e médio no exercício das respectivas funções em sala de aula no ensino público e no particular. Entretanto, a Lei nº 11.301, de 10.5.2006, alterou a redação do §2º do art. 67 da Lei nº 9.394, de 20.12.96 (LDB), para incluir outros titulares de cargos do magistério na regra de aposentadoria especial de que cuidam o §5º do art. 40 e §8º do art. 201, ambos da Constituição Federal. O aludido §2º passou a vigorar com a seguinte redação:

> Para os efeitos do disposto no §5º do art. 40 e no §8º do art. 201 da Constituição Federal, são considerados funções de magistério as exercidas por professores e especialistas em educação no desempenho de atividades educativas, quando exercidas em estabelecimento de educação básica em seus diversos níveis e modalidades, incluídas, além do exercício da docência, as de direção de unidade escolar e as de coordenação e assessoramento pedagógico.

A constitucionalidade do art. 1º da lei em referência foi questionada perante o Supremo Tribunal Federal por meio da ADI nº 3.772, cujo julgamento ocorreu em 29.10.2008. A Corte julgou a ação parcialmente procedente, e, consequentemente, inconstitucional, em parte, o artigo hostilizado, excluindo de seu alcance apenas os especialistas em educação, mantendo os professores em cargo de direção de unidade escolar, de coordenação e de assessoramento, por entender que essas funções são de magistério.

As demais aposentadorias especiais foram abolidas, inclusive as dos professores universitários. O art. 40, §4º, da CF/88, prevê hipóteses de aposentadorias especiais, além dos professores dos ensinos infantil, fundamental e médio, nos seguintes casos: portadores de deficiência que exerçam atividades de risco; e cujas atividades sejam exercidas sob condições especiais que prejudiquem a saúde física e mental do servidor. Nesses casos a aposentadoria será especial, nos termos em que dispuserem leis complementares. Até a data de fechamento desta edição, nenhuma lei complementar foi editada regulamentando o dispositivo constitucional referido. Assim, em princípio, o direito não poderá ser exercido por falta de lei implementadora. Em virtude da inércia do legislador, diversas ações de mandado de injunção foram impetradas perante o Supremo Tribunal Federal. No julgamento de uma delas, MI nº 721, relatado pelo Ministro Marco Aurélio, o Tribunal Pleno, em 30.8.2007, decidiu pela aplicação da regra contida no art. 57, §1º, da Lei nº 8.213/1991. Esse dispositivo disciplina a aposentadoria em situações especiais semelhantes às previstas no art. 40, §4º, da CF/88, concedidas pelo Regime Geral de Previdência Social. Dessa forma, enquanto não for editada lei complementar regulamentando a matéria, recorre-se à regra do RGPS, o que não é a ideal.

Nos termos do art. 40, §§4º-A, 4º-B e 4º-C, são previstas três hipóteses de aposentadorias especiais, na ordem dos citados parágrafos: a) aposentadoria "de servidores com deficiência, previamente submetidos a avaliação biopsicossocial realizada por equipe multiprofissional e interdisciplinar"; b) servidores ocupantes de cargo de agente penitenciário, socioeducativo ou policial dos órgãos referidos, conforme previsto no inc. IV do *caput* do art. 51, incs. I a IV, inc. XIII do *caput* do art. 52, e incs. I a IV do *caput* do art. 144; c) "servidores cujas atividades sejam exercidas com efetiva exposição a agentes químicos, físicos e biológicos prejudiciais à saúde, ou associação desses agentes, vedada a caracterização por categoria profissional ou ocupação". O tempo de contribuição e idade mínima para aposentadoria nesses casos serão estabelecidos e regulados por meio de lei complementar do respectivo ente da Federação (incisos acrescentados pela EC nº 103/2019).

O art. 193 do Estatuto dos Servidores Públicos Federais assegurava ao servidor que tenha ocupado, pelo prazo de cinco anos ou mais, cargo de direção, chefia, assessoramento, assistência ou cargo em comissão o direito de perceber proventos relativos a esses cargos. O dispositivo, entretanto, foi revogado pela Lei nº 9.527/1997. A Constituição emendada em 1998 respalda essa lei revogatória, ao dispor que o servidor tem direito à aposentadoria no cargo efetivo e proventos relativos à remuneração desse cargo efetivo. O vencimento ou remuneração de cargo em comissão ou função de confiança não se computa mais para efeito de aposentadoria. É vedado qualquer acréscimo. Em nenhuma hipótese o valor dos proventos poderá ultrapassar a remuneração percebida pelo servidor na ativa no mês da aposentadoria. A medida legislativa visa impedir promoção de agente público por ocasião da aposentadoria.

Aplicação da legislação anterior – Pelo art. 3º da Emenda nº 20, ficou assegurado o direito de se aposentar segundo as regras então vigentes, aos servidores públicos, que na data de publicação da emenda já tivessem preenchido todas as condições para a aposentadoria, mesmo não a tendo requerido antes. A regra vale para aposentadoria integral e proporcional, por tempo de serviço ou por idade, nos termos vigentes até então. Assim, por exemplo, o servidor, homem, que naquela data já contava 35 anos de serviço público ou particular e público, a qualquer momento, poderá requerer a aposentadoria com proventos integrais. Ainda, se esse mesmo servidor, à época, contava com 30 anos de serviço público ou recíproco, poderá também requerer a aposentadoria, a qualquer tempo, com proventos proporcionais a esse tempo, de acordo com a Constituição Federal de 1988 anterior à modificação introduzida pela EC nº 20/1998. A regra contida nesse art. 3º abrange todas as hipóteses de aposentadorias previstas no art. 40 da Constituição Federal antes da EC nº 20/1998. Ressalte-se, como já dito, para os servidores que ingressarem no serviço público depois da entrada em vigor da EC nº 103/2019, os respectivos proventos de aposentadoria não poderão ser inferiores ao salário mínimo nem estar acima do teto estabelecido para o Regime Geral de Previdência Social.

Regra de transição para aposentadoria – O art. 8º da EC nº 20/1998 foi revogado na íntegra. Entretanto, a regra transitória discutida neste tópico, como dito antes, aplica-se aos servidores que na data da EC nº 41/2003 haviam implementado as condições previstas para a aposentadoria. A Constituição Federal, nos termos do art. 8º da Emenda nº 20/1998, estabelecia regras especiais para aposentadoria do servidor que, até a data da publicação da aludida emenda constitucional, tenha sido admitido regularmente, para cargo efetivo na Administração direta, nas autarquias e nas fundações públicas, desde que atenda cumulativamente às seguintes condições: a) tiver 53 anos de idade, se homem, e 48 anos de idade, se mulher; b) contar pelo menos cinco anos de exercício no cargo em que pretende se aposentar; c) contar tempo de contribuição que corresponda, no mínimo, à soma de 35 anos, se homem, e 30 anos, se mulher e um período de contribuição, segundo a regra nova, correspondente a 20% (vinte por cento) do tempo que faltava, à data da emenda, para implementar o tempo exigido antes da alteração constitucional. Essa regra disciplina a aposentadoria com proventos integrais.

O §1º do mesmo art. 8º em exame regula a aposentadoria proporcional, para os servidores admitidos antes da emenda, mas que não implementaram o tempo necessário, na vigência da lei velha. Nessa hipótese, as condições são as seguintes: ter 53 anos de idade, se homem, e 48 de idade, se mulher; estar no exercício do cargo em que se dará a aposentadoria há pelo menos cinco anos; e contar tempo de contribuição igual à soma de 30 anos, se homem, e 25, se mulher, e um período adicional de 40% (quarenta por cento) do tempo, que à data da emenda estivesse faltando para completar o tempo exigido para aposentadoria proporcional, antes da reforma.

Os proventos nas aposentadorias proporcionais, na regra de transição, são calculados segundo critérios vigorantes com a Emenda nº 20/1998. Antes, tais proventos eram proporcionais ao tempo de serviço. Essa norma não prevalece mais. Dispõe o inc. II do §1º do art. 8º da Emenda nº 2019/98 que o valor básico dos proventos na aposentadoria proporcional, na fase de transição, corresponderá a 70% (setenta por cento) do valor total a que teria direito o servidor, se ele se aposentasse com o tempo integral. Sobre esta base adicionam-se 5% (cinco por cento), por ano de contribuição, até no máximo 100% (cem por cento). Se os proventos chegarem a esse limite, de acordo com essa regra, a aposentadoria deixa, naturalmente, de ser proporcional.

Aos magistrados, aos membros do Ministério Público e aos membros de Tribunal de Contas aplicam-se as regras do art. 8º da Emenda nº 20/1998, estudado acima, mas com uma particularidade: o tempo de serviço por eles prestado até a data da emenda será acrescido de 17% (dezessete por cento) do aludido tempo, para os homens. Somente para eles. Por que só para os homens? Privilégio? Não. É que o tempo para aposentadoria do agente feminino dessas categorias não sofreu mudança.

O professor, servidor da União, dos estados, do Distrito Federal, dos municípios, das autarquias e das fundações que tenha sido admitido regularmente no cargo de magistério, anteriormente à data da Emenda nº 20/98, que fizer opção para se aposentar segundo as regras de transição, aqui examinadas, terá o tempo anterior acrescido de 17% (dezessete por cento), se homem, e 20% (vinte por cento), se mulher. Essa regra não nos parece clara. Depreende-se do texto constitucional que esta norma tem por destinatário os professores públicos universitários, visto que eles perderam o direito à aposentadoria especial, mantida para os professores de graus inferiores.

O servidor que preencher as condições para se aposentar, segundo as regras de transição, e, ao invés de se aposentar, fizer opção por continuar no serviço, ficará isento do pagamento da contribuição previdenciária, desde o implemento do tempo transitório até completar o tempo para aposentadoria prevista na regra permanente.

Essa isenção temporária tem por finalidade incentivar o servidor a continuar mais tempo em atividade. Nos termos da EC nº 41/2003, o servidor continua contribuindo para a previdência e, simultaneamente, recebe o abono de permanência correspondente ao valor da contribuição.

A EC nº 103/2019 alterou a redação da EC nº 41/2003, no que se refere a "abono de permanência", conforme dispõe o art. 40, §19, da Constituição da República, com a nova redação. O abono de permanência sai da regulação direta da Constituição e passa a ser regulamentado por lei dos respectivos entes da Federação, sendo que o valor do abono não poderá exceder o valor da contribuição previdenciária, paga mensalmente pelo servidor, até completar a idade para se aposentar compulsoriamente.

Detentores de cargo comissionado e outros – Os servidores ocupantes exclusivamente de cargo em comissão e os contratados para funções públicas são filiados obrigatórios ao Regime Geral de Previdência Social. Norma neste sentido já constava da Lei nº 8.212/1991. Se não bastasse, a matéria alcançou posição na Constituição. O §13 do art. 40 da Constituição Federal, introduzido pela Emenda nº 20/1998, está assim redigido:

> Ao servidor ocupante, exclusivamente, de cargo em comissão declarado em lei de livre nomeação e exoneração, bem como de outro cargo temporário ou de emprego público e os de mandatos eletivos ou de emprego público, aplica-se o regime geral de previdência social. (Redação alterada pela EC nº 103/2019)

Esse texto veio em boa hora para resolver dificuldades que os setores de pessoal enfrentavam, em vários estados e municípios, quando se deparavam com caso concreto em que o servidor, detentor de cargo, exclusivamente, em comissão há alguns anos em repartição pública, requeria aposentadoria, completando o tempo trazido da iniciativa privada. Teria o postulante, neste caso, direito à aposentadoria no ente público? A situação era dramática. Sabe-se que muitos foram aposentados. Essa situação incômoda desapareceu. Por força do comando constitucional, os referidos agentes devem se aposentar pelo Regime Geral de Previdência Social, se preencherem as condições ali exigidas.

Entretanto, estados e municípios manejaram ações judiciais contra o dispositivo constitucional visando obter ordem que lhes garantisse contribuir para o sistema próprio de previdência, a parcela relativa aos servidores detentores de cargo em comissão de recrutamento amplo, contratados temporários e empregados públicos. A questão ainda não está definitivamente resolvida.

Em decorrência do comando constitucional (art. 195, §5º, da Constituição Federal), nenhum benefício ou serviço de competência da seguridade social poderá ser criado, majorado ou estendido sem a indicação da fonte de custeio total. A matéria está regulada em conformidade com o art. 24 combinado com o art. 17 da Lei Complementar nº 101/2000.

Ressalte-se que a regra se aplica ao Regime Geral de Previdência Social e aos regimes próprios dos estados e municípios.

Vejam-se adiante as inovações constantes da EC nº 41/2003.

O art. 40 da Constituição Federal, *caput*, com a redação da EC nº 41/2003, assegura aos servidores públicos titulares de cargos efetivos da União, dos estados, do Distrito Federal, dos municípios e das autarquias e fundações públicas, regime de previdência de caráter contributivo e solidário, mediante contribuição do respectivo ente público, dos servidores ativos, dos inativos e dos pensionistas, observados critérios que preservem o equilíbrio financeiro e atuarial.

O *caput* do art. 40 da Constituição Federal foi novamente alterado pela EC nº 103/2019, nos seguintes termos:

o regime próprio de previdência social dos servidores titulares de cargos efetivos terá caráter contributivo e solidário, mediante contribuição do respectivo ente federativo, de servidores ativos, de aposentados e de pensionista, observados critérios que preservem o equilíbrio financeiro e atuarial.

O texto, como se vê, comparando com a redação anterior, não menciona os entes da Federação (União, estados, Distrito Federal e municípios). Essa omissão decorre do fato de que a EC nº 103/2019 dispõe sobre o regime próprio de previdência dos servidores da União. O Congresso Nacional, por meio da emenda constitucional em exame, entendeu por bem transferir aos estados, ao Distrito Federal e aos municípios competência para promover as respectivas reformas previdenciárias.

O regime previdenciário contributivo e solidário evidencia que o regime próprio de previdência dos servidores efetivos adotado pela Constituição Federal é o de repartição simples constituído pelo modelo de financiamento solidário. Nesse modelo, o participante não realiza espécie de poupança, para ao cabo de certo tempo, ter direito à aposentadoria recebida, mensalmente, com valor atualizado periodicamente. Ao contrário, o contribuinte pode até não usufruir do benefício nem os seus legítimos beneficiários, nos termos da lei previdenciária. Essa hipótese pode verificar-se por diversos motivos, como exemplo: morte prematura ou afastamento definitivo do serviço público por exoneração ou demissão do cargo efetivo de que era detentor.

Por esse regime de repartição simples e solidário não se cogita do direito de resgate da quantia recolhida pelo participante. Outro contribuinte que chegou a implementar as condições para a aposentadoria voluntária, compulsória ou por invalidez e passou para a inatividade antes do desligamento daquele que se afastou do cargo nos exemplos dados pode beneficiar-se da contribuição recolhida por esse então colega. Não só dele, mas de outros que ingressaram no serviço público investidos em cargo efetivo, posteriormente à sua aposentadoria.

O sistema de repartição simples e solidário consiste basicamente na formação de uma espécie de cofre de recursos financeiros sem se saber exatamente quais, quantos e quando serão beneficiados. O que se tem certeza é que, não havendo falha no regime nem má administração/gestão, todos os contribuintes em qualquer tempo, se preencherem as condições previstas em lei para a aposentadoria, serão aposentados e receberão o benefício, proventos durante o resto de vida que terão pela frente. Esse benefício pecuniário ainda pode ser deixado ao cônjuge ou a outro beneficiário, nos termos da lei, a título de pensão.

Base de cálculo para efeito de contribuição previdenciária

O art. 40, §18, combinado com o art. 149, §1º, da Constituição, em conformidade com a EC nº 41/2003 institui contribuição previdenciária sobre os proventos e as pensões. A regra vigorante até então isentava da imposição os servidores aposentados e os pensionistas. Este texto foi mantido integralmente, pela EC nº 103/2019.

O percentual aplicado sobre a base de cálculo para efeito de retenção e recolhimento ao fundo previdenciário próprio, pelos inativos e pelos pensionistas, é o mesmo a que se sujeitam os servidores na ativa. A diferença que se verifica, entre uns e outros, está na base de cálculo. Os servidores da ativa contribuem sobre o valor total da remuneração, nos termos da Lei nº 10.887, de 18.6.2004, art. 4º, §1º:

Entende-se como base de contribuição o vencimento do cargo efetivo, acrescido das vantagens pessoais permanentes estabelecidas em lei, os adicionais de caráter individual ou quaisquer outras vantagens, excluídas:

I - as diárias para viagem;

II - a ajuda de custo em razão de mudança de sede;

III - a indenização de transporte;

IV - o salário-família;

V - o auxílio-alimentação;

VI - o auxílio-creche;

VII - as parcelas remuneratórias pagas em decorrência de local de trabalho;

VIII - a parcela percebida em decorrência do exercício de cargo em comissão ou de função comissionada ou gratificada;

IX - o abono de permanência previstos no §19, art. 40, da CF, no §5º, art. 2º e o §1º, art. 3º, EC nº 41/2003;

X - adicional de férias;

XI - o adicional noturno;

XII o adicional por serviço extraordinário;

XIII - a parcela paga a título de assistência à saúde suplementar;

XIV - a parcela paga a título assistência pré-escolar;

XV - A parcela paga a servidor público indicado para integrar conselho ou órgão deliberativo, na condição de representante do governo, de órgão ou entidade da Administração pública do qual é servidor;

XVI - o auxílio-moradia;

XVII - a gratificação de encargo de curso ou concurso, de que trata o art.76 - A da Lei nº 8.112/1990;

XVIII - a Gratificação Temporária das Unidades dos Sistemas Estruturantes da Administração Pública Federal, instituída pela Lei nº 11.356, de 19.10..2006;

XIX - a Gratificação Temporária do Sistema de Administração dos Recursos de Informação e Informática instituída pela Lei nº 11.907/2009 XX Gratificação Temporária de Atividade em Escola de Governo, instituída pela Lei nº 11.907/2009 XXI - a Gratificação Específica de Produção de Radioisótopos e Radiofármacos (GEPR), instituída pela Lei nº 11.907, de 2 de fevereiro de 2009; (Incluído pela Lei nº 13.328, de 2016);

XXII - a Gratificação de Raio X; (Redação dada pela Lei nº 13.464, de 2017);

XXIII - a parcela relativa ao Bônus de Eficiência e Produtividade na Atividade Tributária e Aduaneira, recebida pelos servidores da carreira Tributária e Aduaneira da Receita Federal do Brasil; (Incluído pela Lei nº 13.464, de 2017);

XXIV - a parcela relativa ao Bônus de Eficiência e Produtividade na Atividade de Auditoria-Fiscal do Trabalho, recebida pelos servidores da carreira de Auditoria-Fiscal do Trabalho. (Incluído pela Lei nº 13.464, de 2017);

XXV - (Incluído Medida Provisória nº 805, de 2017) (Vigência encerrada);

XXVI - o Bônus de Desempenho Institucional por Perícia Médica em Benefícios por Incapacidade (BPMBI); e (Incluído pela Lei nº 13.846, de 2019);

XXVII - o Bônus de Desempenho Institucional por Análise de Benefícios com Indícios de Irregularidade do Monitoramento Operacional de Benefícios (BMOB). (Incluído pela Lei nº 13.846, de 2019)

Entretanto, o servidor poderá fazer opção por inclusão dessas fontes de receita para composição da base de cálculo da contribuição, conforme §2º do mesmo artigo, transcrito a seguir:

§2º O servidor ocupante de cargo efetivo poderá optar pela inclusão, na base de cálculo da contribuição, de parcelas remuneratórias percebidas em decorrência de local de trabalho e do exercício de cargo em comissão ou de função comissionada ou gratificada, da Gratificação Temporária das Unidades dos Sistemas Estruturadores da Administração Pública Federal (GSISTE), da Gratificação Temporária do Sistema de Administração dos Recursos de Informação e Informática (GSISP), da Gratificação Temporária de Atividade em Escola de Governo (GAEG), da Gratificação Específica de Produção de Radioisótopos e Radiofármacos (GEPR), da Gratificação de Raio X e daquelas recebidas a título de adicional noturno ou de adicional por serviço extraordinário, para efeito de cálculo do benefício a ser concedido com fundamento no art. 40 da Constituição Federal e no art. 2º da Emenda Constitucional nº 41, de 19 de dezembro de 2003, respeitada, em qualquer hipótese, a limitação estabelecida no §2º do art. 40 da Constituição Federal. (Redação dada pela Lei nº 13.328, de 2016)

Alíquota de contribuição

A Lei nº 10.887/2004, que dispõe sobre aplicação e disposições da Emenda Constitucional nº 41/2003, fixou a alíquota de 11% da remuneração ou subsídio percebido pelos servidores públicos, para contribuição para o regime próprio de previdência, conforme arts. 4º a 6º. Todavia, a EC nº 103/2019, em disposições transitórias, estabelece que enquanto lei não dispuser sobre a alíquota, os atuais 11% passam para 14%, com vigência a partir do primeiro dia do quarto mês posterior à sua publicação (art. 36, I). A nova alíquota de 14% será reduzida ou majorada de acordo com o valor da base de contribuição ou do benefício recebido. O §1º do art. 11 da EC nº 103/2019 compõe-se de oito incisos de escalonamento dos parâmetros. São, portanto, oito faixas de variação do valor base de cálculo. Nas três primeiras, haverá redução da alíquota de 14%, fixadas em percentual da base de cálculo, sendo que a primeira base é o salário mínimo. Na quarta faixa, compreendendo base de cálculo de R$3.000,01 até R$5.839,45, não há redução. Vale dizer que a alíquota é a básica, 14%. Da quinta à oitava haverá majoração da alíquota, como segue: de R$5.839,46 até R$10.000,00, o acréscimo é de 0,5%; de R$10.000,01 a R$20.000,00, o acréscimo é de 2,5%; de R$20.000,01 a R$39.000,00, o acréscimo é de 5%; acima de R$39.000,00, o acréscimo é de 8%. Nesta última situação, como se vê, a alíquota será de 22%. O que, a nosso juízo, é exorbitante.

Os futuros aposentados e pensionistas terão, como base de cálculo dos proventos e das pensões, o valor resultante da média das remunerações, nos termos da Lei nº 10.887/2004, deduzido o valor máximo dos benefícios concedidos pelo Regime Geral de Previdência Social, nos termos do art. 201 da Constituição Federal.

Aos servidores das entidades públicas mantenedoras do regime de previdência próprio e do de previdência complementar, o valor máximo dos proventos e da pensão por morte é o máximo pago pelo Regime Geral de Previdência Social.

A contribuição dos inativos e dos pensionistas, que se tornou obrigatória com o advento da EC nº 41/2003, é imposição duvidosa quanto ao aspecto constitucional, principalmente em relação aos que se aposentaram antes da exigência, tendo-se em vista que se aposentaram com direito a proventos integrais. Mas se considerarmos o princípio da solidariedade e se levarmos em consideração que a base de cálculo da contribuição não é a totalidade do benefício da aposentadoria, talvez se possa admitir que a imposição aos inativos seja constitucional, considerando ainda que a contribuição previdenciária se reveste de natureza tributária, segundo entendimento de especialistas. Deixa-se de discutir a matéria, uma vez que o STF, por sete votos a quatro, considerou constitucional a contribuição previdenciária dos inativos, prevista no art. 4º da Emenda Constitucional nº 41/2003, conforme acórdão proferido nas ADIn nºs 3.105-8 e 3.128-7 (*DJU* de 18.2.2005).

Em outras ações diretas, o Supremo confirmou o entendimento quanto à constitucionalidade da contribuição previdenciária a cargo dos servidores aposentados e aos pensionistas. Entre elas destacam-se: ADIn nº 3.188/BA, Rel. Min. Carlos Brito, 18.10.2006 e ADIn nº 3.205/MS, Rel. Min. Sepúlveda Pertence, 19.10.2006.

Maria Sylvia Zanella Di Pietro sustenta que a contribuição dos inativos e dos pensionistas para a previdência é inconstitucional, mas que a Corte Máxima decidiu em sentido contrário, lamentavelmente, afirma a autora.[21]

O §1º do art. 40 do CF sofreu profunda alteração. A redação anterior era mais benéfica aos servidores públicos. O dispositivo garantia ao servidor, que implementasse as condições previstas em lei, o direito de se aposentar com os proventos integrais correspondentes ao valor total da remuneração que recebia por ocasião da concessão do benefício.

A redação do mesmo dispositivo, introduzida pela EC nº 41/2003, rompeu com a integralidade até então garantida. O valor dos proventos será o resultado de média ponderada das remunerações recebidas, utilizadas para a base de cálculo conforme as regras previstas em lei, nos termos do art. 201 da Constituição Federal, Regime Geral de Previdência Social, e as regras do Regime Próprio.

Os valores das remunerações que servirão de base de cálculo para os proventos serão atualizados na forma da lei. A Lei nº 10.887/2004, com a redação dada pela Lei nº 11.784/2008, estabeleceu a seguinte regra:

> Art. 15. Os proventos de aposentadoria e as pensões de que tratam os art. 1º e 2º desta lei serão reajustados, a partir de 2008, na mesma data e índice em que se der o reajuste dos benefícios do regime geral de previdência social, ressalvados os beneficiados pela garantia de paridade de revisão de proventos de aposentadoria e pensões de acordo com a legislação vigente.

---

[21] DI PIETRO. *Direito Administrativo*, 19. ed., p. 568-570.

A regra como posta pretendeu alcançar, além da União, os estados, o Distrito Federal e os municípios, fato que levou à suspeita de inconstitucionalidade do texto, pois estaria invadindo área de competência, principalmente dos estados-membros e do Distrito Federal, visto que essas duas categorias de entes federativos se revestem de competência concorrente pala legislar sobre previdência social e proteção e defesa da saúde, nos termos do art. 24, inc. XII. O assunto foi objeto de apreciação pelo Supremo Tribunal Federal por meio da ADIn nº 4.582 em Cautelar, decisão do Pleno publicada em 7.10.2011. A Corte entendeu que a lei federal em pauta deve ser observada, em princípio, nesse particular, como norma geral, e não de natureza específica. Do contrário, seria no mínimo estranho, considerando que os estados, o Distrito Federal e os municípios são competentes para fixar e majorar remuneração de seus servidores enquanto a correção dos proventos e das pensões seria atribuição federal. Daniela Mello Coelho, interpretando o acórdão, assevera:

> Ponderou-se que, da mesma maneira que a normalização de revisão geral do pessoal da ativa caberia ao próprio ente federativo, competiria ainda a este legislar sobre o reajuste do que percebido pelos inativos, sob pena de o sistema ficar capenga. Explicitou-se ainda, que, na espécie, ter-se-ia a regência da revisão do pessoal da ativa mediante lei estadual e dos inativos e pensionistas via lei federal. Ato contínuo, assinalou-se que nada justificaria esse duplo enfoque, cujo tratamento deveria ser uniformizado.[22]

Considerando-se a Lei nº 10.887/2004 no ângulo aqui examinado, ter-se-ia a probabilidade de os servidores inativos e os pensionistas dos entese federativos, exceto os da União, receberem proventos ou pensão além dos valores permitidos constitucionalmente comparados com os servidores da ativa.

- Regime próprio único em cada ente federativo – a Constituição veda a existência de mais de um regime próprio e unidade gestora de previdência social para servidores de cargo efetivo, por ente estatal instituidor e mantenedor do regime previdenciário. É o que dispõe o art. 40, §20, da Constituição Federal, com a redação da EC nº 41/2003. O dispositivo excluiu expressamente, dessa regra, os militares membros das Forças Armadas. Foi, entretanto, silente quanto aos militares dos estados e do Distrito Federal. O silêncio tem provocado discussão sobre o tema. Ante a seguinte indagação: os militares dos estados e do Distrito Federal estão, após a EC nº 41/2003, proibidos de manter os respectivos regimes de previdência social? Entendemos que a resposta seria negativa pelos seguintes motivos: a) o regime próprio de previdência em exame contém-se nas normas do art. 40 da Constituição Federal, que disciplina os servidores públicos civis; b) os militares têm seus direitos e deveres disciplinados no art. 42 da mesma Constituição; c) antes da Emenda Constitucional nº 18/1998, os servidores públicos denominavam-se servidores civis e servidores militares. Com a promulgação da citada emenda, foi retirado dos militares o termo *servidor*. Com essa medida, os militares se desvincularam totalmente dos servidores

---

[22] COELHO. *Op. cit.* p. 53.

civis, inclusive no tocante ao regime jurídico, remuneratório e previdenciário. As regras da previdência, do subsídio, dos proventos de aposentadoria e da pensão dos militares são distintas das que se submetem os servidores civis. Não é por outra razão que o §20 do art. 40 da CF refere-se a servidores detentores de cargo efetivo. Por essas razões, entendemos que a norma proibitiva vale somente para os regimes que abrigam servidores civis.

A EC nº 103/2019 alterou o inc. XXI, do art. 22 da Constituição Federal, para conferir à União competência privativa, para legislar sobre inatividades e pensões dos polícias militares e dos corpos de bombeiros militares. Com essa nova redação do citado dispositivo constitucional, o regime previdenciário dos policiais militares e dos bombeiros militares é disciplinado por meio de lei federal. A matéria, então, não será mais veiculada por meio de emenda constitucional, mas, por lei.

Previdência complementar – A EC nº 20/1998 previu a instituição de regime de previdência complementar a ser criado, facultativamente, pela União, os estados, o Distrito Federal e os municípios, de conformidade com lei complementar federal, para os seus servidores. Referida lei complementar reguladora e disciplinadora do regime de providência complementar é a Lei Complementar nº 109, de 29.5.2001.

Estabelecia o §14 do art. 40 da Constituição Federal, que o ente político que adotar a previdência complementar poderá fixar o valor dos proventos e das pensões, a serem concedidos pelo regime próprio, até o limite máximo dos benefícios de responsabilidade do Regime Geral de Previdência Social, na forma e de conformidade com o art. 201 da CF. Posteriormente, o valor foi fixado em R$4.390,24. Este era o valor vigente em 14.7.2014.

O §15 do art. 40 da Constituição Federal, com a redação conferida pela EC nº 41/2003, estabelece que a previdência complementar será instituída mediante lei ordinária de iniciativa do chefe do Executivo nas quatro esferas de governo, observado o disposto no art. 202 da Constituição Federal, no que couber.

A EC nº 103/2019 alterou as redações dos §§14 e 15, do art. 40 da Constituição Federal, nos seguintes termos: a União, os estados, o Distrito Federal e os municípios instituirão Regime de Previdência Complementar, por meio de lei de iniciativa do chefe do respectivo Poder Executivo, para os servidores públicos ocupantes de cargos efetivos. O valor dos benefícios desta espécie de previdência complementar deve pautar no limite máximo dos benefícios do Regime Geral de Previdência Social, para os valores dos proventos e das pensões do Regime Próprio de Previdência Social. O plano de benefícios somente pode ser oferecido na modalidade de contribuição definida, observado o disposto no art. 202 da Constituição e efetivado por entidade fechada ou entidade aberta de previdência complementar (art. 40, §§14 e 15).

A previdência complementar, aqui tratada, não se aplica aos servidores que tenham ingressado no serviço público antes da data da publicação da EC nº 20, de 15.12.1998, salvo se o servidor, nessa condição, fizer opção pelo Regime de Previdência Complementar.

Como se pode ver, o regime desse sistema não é o da repartição simples, eleito para o regime de previdência próprio, analisado antes. Mas, regime de poupança ou regime de capitalização. É semelhante ao regime de previdência privada.

O servidor que aderir à previdência complementar terá a liberdade de escolher o plano que julgar melhor, observados os limites e as condições estabelecidos pelo regime.

Instituído o regime de previdência complementar, mesmo o servidor não aderindo a ele, o valor dos proventos de aposentadoria mantidos pelo regime próprio de repartição simples será o estabelecido pelo Regime Geral de Previdência Social, nos termos do art. 201 da CF. Enquanto não for criada a previdência complementar, o servidor contribuirá pela totalidade de sua remuneração e terá os proventos integrais apurados pela média das maiores remunerações correspondentes a 80% de todo o período de contribuição, nos termos da Lei nº 10.887/2004.

Essa regra, a despeito da vigência da EC nº 103/2019, continua em vigor nos estados, no Distrito Federal e nos municípios que ainda não editaram leis específicas, disciplinando a matéria. No âmbito da União, o art. 26 da EC nº 103/2019 estabelece que, enquanto não for editada lei que "discipline o cálculo dos benefícios do regime próprio de previdência social da União e do regime geral de previdência social", será adotada a média aritmética simples dos salários de contribuição e das remunerações adotados como base para contribuições para os regimes próprio e geral de previdência social ou como base para contribuições decorrentes das atividades militares, conforme arts. 42 e 142 da CF, atualizados monetariamente, correspondentes a 100% do período de contribuição desde a competência julho de 1994 ou desde o início da contribuição, iniciada depois da referida data. A média em referência, limita-se:

> ao valor máximo do salário de contribuição do Regime Geral de Previdência Social para os segurados desse regime e para o servidor que ingressou no serviço público em cargo efetivo após a implantação do regime de previdência complementar ou que tenha exercido a opção correspondente, nos termos do disposto nos §§14 a 16 do art. 40 da CF. (§1º do art. 26, da EC nº 103/2019)

Observadas as regras e condições estabelecidas no *caput* do art. 26 e do §1º, o valor do benefício de aposentadoria corresponderá a 60% da referida média aritmética, acrescido de dois pontos percentuais para cada ano de contribuição que exceder o tempo de 20 anos de contribuição, conforme disposto no §2º do mesmo artigo.[23] Veja detalhamento nesta nota de rodapé.

---

[23] "§2º O valor do benefício de aposentadoria corresponderá a 60% (sessenta por cento) da média aritmética definida na forma prevista no caput e no §1º, com acréscimo de 2 (dois) pontos percentuais para cada ano de contribuição que exceder o tempo de 20 (vinte) anos de contribuição nos casos: I - do inciso II do §6º do art. 4º, do §4º do art. 15, do §3º do art. 16 e do §2º do art. 18; II - do §4º do art. 10, ressalvado o disposto no inciso II do §3º e no §4º deste artigo; III - de aposentadoria por incapacidade permanente aos segurados do Regime Geral de Previdência Social, ressalvado o disposto no inciso II do §3º deste artigo; e IV - do §2º do art. 19 e do §2º do art. 21, ressalvado o disposto no §5º deste artigo. §3º O valor do benefício de aposentadoria corresponderá a 100% (cem por cento) da média aritmética definida na forma prevista no caput e no §1º: I - no caso do inciso II do §2º do art. 20; II - no caso de aposentadoria por incapacidade permanente, quando decorrer de acidente de trabalho, de doença profissional e de doença do trabalho. §4º O valor do benefício da aposentadoria de que trata o inciso III do §1º do art. 10 corresponderá ao resultado do tempo de contribuição dividido por 20 (vinte) anos, limitado a um inteiro, multiplicado pelo valor apurado na forma do caput do §2º deste artigo, ressalvado o caso de cumprimento de critérios de acesso para aposentadoria voluntária que resulte em situação mais favorável. §5º O acréscimo a que se refere o caput do §2º será aplicado para cada ano que exceder 15 (quinze) anos de tempo de contribuição para os segurados de que tratam a alínea "a" do inciso I do §1º do art. 19 e o inciso I do art. 21 e para as mulheres filiadas ao Regime Geral de Previdência Social. §6º Poderão ser excluídas da média as contribuições que resultem em redução do valor do benefício, desde que mantido o tempo mínimo de contribuição exigido, vedada a utilização do tempo excluído para qualquer finalidade, inclusive para o acréscimo a que se referem os §§2º e 5º, para a averbação em outro regime previdenciário ou para a obtenção dos proventos de inatividade

A União, por meio da Lei nº 12.618, de 30.4.2012, instituiu o regime de previdência complementar para os servidores públicos titulares de cargo efetivo do Executivo, do Legislativo, do Judiciário, do Ministério Público da União, do Tribunal de Contas da União e das fundações e autarquias federais. Os membros do Judiciário, do MPF e do TCU são, também, alcançados pelo regime.

Os servidores e os membros referidos no parágrafo anterior, que tenham ingressado em seus cargos antes da instituição do regime de previdência complementar, podem aderir a ele mediante opção expressa, observando-se o disposto no art. 3º da lei em comento. Esse dispositivo estabelece que os valores dos proventos de aposentadoria e da pensão dos servidores públicos, inclusive os membros referidos, têm por limite o teto de benefícios concedidos pelo Regime Geral de Previdência Social.

Para efeitos da lei em exame (art. 2º), entende-se por: patrocinador, a União e suas fundações e autarquia; participantes os servidores ocupantes de cargo efetivo e os membros do Judiciário, do Ministério Público da União e do Tribunal de Contas da União, que aderirem aos planos de benefícios administrados por fundações públicas de direito privado criadas no âmbito de cada poder, nos termos do art. 4º da lei em foco; e, assistidos, os participantes ou o seu beneficiário, em gozo de benefício de prestação continuada.

Os critérios de fixação dos benefícios de responsabilidade da previdência complementar estão detalhados no art. 3º. Por serem essencialmente técnicos, remete-se o leitor ao dispositivo.

Os servidores públicos da União e os membros dos órgãos já referidos, que ingressarem no serviço público a partir da data de entrada em vigor da lei instituidora do regime de previdência complementar, não são a ele vinculados obrigatoriamente. Os interessados terão de fazer opção formal. Os que tiverem ingressado no serviço público federal antes da data de início de vigência da previdência complementar e que nele tenham permanecido sem perda do vínculo efetivo podem, também, optar pelo regime, conforme prevê o art. 40, §16, da Constituição da República. O prazo para o exercício dessa faculdade é de 24 (vinte e quatro) meses contados do início de vigência da lei em exame.

A lei em comento (art. 4º) autorizou a União a instituir três fundações públicas tendo por objeto administrar e executar planos de caráter previdenciário, sendo uma para o Executivo, por ato do presidente da República, outra para o Legislativo, por ato conjunto do presidente da Câmara dos Deputados e do presidente do Senado Federal, e, finalmente, para o Judiciário, por ato do presidente do Supremo Tribunal Federal.

O §2º do art. 4º faculta às autoridades acima referidas criarem uma fundação para dois ou para os três poderes. Essa, na nossa visão, deveria ser a regra. Não há justificativa plausível para instituir três fundações para essa finalidade. Uma é perfeitamente capaz de administrar os planos de assistência previdenciária previstos no regime de previdência complementar. Ter-se-ia apenas uma diretoria, um quadro técnico, um quadro de servidores administrativo, determinada frota de veículos e uma sede. Da forma como está previsto como regra, tudo será multiplicado por 3 (três). Os recursos

---

das atividades de que tratam os arts. 42 e 142 da Constituição Federal. §7º Os benefícios calculados nos termos do disposto neste artigo serão reajustados nos termos estabelecidos para o Regime Geral de Previdência Social".

do Tesouro diminuem na proporção do aumento de entidades públicas. Quanto mais pessoas públicas se criam, menos recursos financeiros sobram para infraestrutura, saúde, educação e segurança pública. As entidades estatais são, em regra, moedoras de dinheiro público sem parcimônia.

Outro ponto que merece atenção é a opção por fundação de direito privado. As pessoas de direito privado, mesmo sendo públicas, sabidamente, não se revestem de competência para exercer o poder de polícia. Essa função é prerrogativa de órgão da Administração direta ou de autarquia.

Por meio do Decreto Federal nº 7.808, de 20.9.2012, foi instituída a Fundação de Previdência Complementar do Servidor Público Federal do Poder Executivo (Funpresp-Exe), vinculada ao Ministério do Planejamento, Orçamento e Gestão. Trata-se de entidade fechada de previdência complementar encarregada de executar planos de benefícios de caráter previdenciário.

A base de cálculo para a contribuição é a diferença entre o valor do teto pago pelo Regime Geral de Previdência Social e o valor da remuneração do servidor. Exemplo: o servidor percebe remuneração de R$10.000,00, o teto do GRPS atualmente é R$4.390,24. Subtraindo-se este último do primeiro, ter-se-á a importância de R$5.609,76. Esse valor é a base de cálculo da contribuição. A alíquota de contribuição do patrocinador e do participante deve ser igual e não poderá exceder a 8,5%. Este estudo foi realizado em 2015. O teto do INSS para aposentadoria, em 2022, é R$7.087,22.

- Direito de opção – em conformidade com o art. 2º da EC nº 41/2003, está assegurado aos servidores da Administração direta, das autarquias e das fundações públicas, admitidos regularmente em cargo efetivo, até a data da publicação da Emenda Constitucional nº 20/1998, o direito de opção pela aposentadoria voluntária com proventos calculados de acordo com a média das remunerações citada acima, quando o servidor atender aos seguintes requisitos, cumulativamente:
  a) contar pelo menos cinquenta e três anos de idade, se homem, e quarenta e oito anos de idade, se mulher;
  b) tiver cinco anos no cargo em que pretende se aposentar;
  c) contar tempo de contribuição igual, no mínimo, à soma de:
     c1) trinta e cinco anos, se homem, e trinta anos, se mulher;
     c2) um período adicional de contribuição equivalente a 20% (vinte por cento) do tempo, que na data da publicação da EC nº 20/1998, faltava para atingir o limite de tempo, trinta e cinco anos, se homem, e trinta anos, se mulher.

Os servidores que fizerem opção para se aposentar segundo as condições estabelecidas acima terão seus proventos de aposentadoria reduzidos, para cada ano antecipado, considerando-se o limite da regra geral, na seguinte proporção:

- 3,5% (três inteiros e cinco décimos por cento) para os servidores que atenderem às condições para essa aposentadoria antecipada, até 31.12.2005;
- 5% (cinco por cento) para os servidores que implementarem as condições a partir de 1º.1.2006.

Esses percentuais diferenciados têm por finalidade beneficiar os servidores para os quais, na data da publicação da EC nº 41/2003, faltava pouco tempo para completar o tempo normal.

Sintetizando, o servidor que fizer a opção aqui tratada terá os seus proventos reduzidos em 3,5% por ano antecipado, se preencher as condições até 31.12.2005, e em 5% por ano antecipado, se o implemento das condições se verificar a partir de 1º.1.2006.

Os magistrados, os membros do Ministério Público e os membros de Tribunais de Contas podem optar por essa regra de aposentadoria, nas mesmas condições.

O magistrado e o membro do Ministério Público e dos Tribunais de Contas, que fizerem a opção de aposentadoria nas condições estabelecidas acima, se homens, terão o tempo de trabalho/contribuição cumprido até a data da EC nº 20/1998, acrescido de 17% (dezessete por cento).

Os professores de instituição de ensino superior da União, dos estados, do Distrito Federal, dos municípios, das autarquias e das fundações públicas, que tenham sido admitidos regularmente, para o cargo de professor até a data da EC nº 20/98, que fizerem opção para a aposentadoria antecipada, nos termos e condições em exame, terão o tempo, exclusivamente de magistério, trabalhado até a data da EC nº 20/1998, acrescido de 17% (dezessete por cento), se homem, e de 20% (vinte por cento), se mulher. Ressalte-se que, nesse caso, a aposentadoria será possível, se todo o tempo computado para a aposentadoria for de magistério, exceto os especialistas em educação.

O servidor que preencher as condições para se aposentar nas condições acima, e não fizer a opção, poderá continuar no exercício do respectivo cargo até completar setenta ou setenta e cinco anos de idade, condição para aposentadoria compulsória com proventos proporcionais ao tempo de contribuição (Lei Complementar nº 152, de 3.12.2015). Nesse caso, o servidor terá, como estímulo, um abono de permanência de valor igual ao da contribuição previdenciária a que se obriga. O valor será pago desde a data do implemento das condições para a aposentadoria antecipada, até a data da aposentadoria compulsória.

O valor dos proventos resultante de aposentadoria concedida de acordo com as regras de opção supraexaminadas será reajustado, periodicamente, de modo a preservar-lhe o valor real, segundo critérios estabelecidos em lei.

O art. 8º da EC nº 20/1998 que dispunha sobre regras transitórias para aposentadoria foi revogado. O art. 10 da emenda também foi revogado. Este dispositivo previa que o regime de previdência complementar somente poderia ser instituído depois da lei complementar federal prevista no §15 do art. 40 da Constituição Federal.

A partir da Emenda nº 41/2003, a instituição do regime de previdência complementar dependerá de lei de iniciativa do chefe do Executivo de cada ente que desejar criá-lo.

Por último, foi revogado o inc. IX do §3º do art. 142. O dispositivo determinava a aplicação aos militares e a seus pensionistas, das regras sobre concessão de proventos e de pensão e sobre critérios de correção dos valores dos respectivos benefícios.

Os pensionistas dos militares dos estados, do Distrito Federal e dos territórios terão os seus direitos relativos à pensão regulados por lei específica do respectivo ente estatal.

Nos termos da EC nº 103/2019, o regime de previdência complementar é obrigatório para todos os servidores, sem exceção. A possibilidade de opção é vedada para os agentes públicos que ingressarem depois de instituído o Regime de Previdência Complementar. É o que explica José dos Santos Carvalho Filho: "O sistema de previdência complementar alcançará todos os servidores que ingressarem no ente público após a vigência do ato instituidor do regime, isso independentemente de sua adesão ao plano de benefícios".[24]

- Aplicação da regra antiga – o legislador reformador, seguindo a tradição, em consonância com o instituto do direito adquirido, garantiu aos servidores o direito de se aposentarem, a qualquer tempo, ou a concessão de pensão aos seus dependentes, que tenham reunido todas as condições para a obtenção dos benefícios até a data da publicação da EC nº 41/2003, segundo as regras vigentes antes das contidas na EC nº 20/1998.

Os servidores que se encontrarem nessas condições não precisam ter pressa de se aposentar, pois a eles está garantida a faculdade de exercer o direito quando lhes convier.

Se o servidor implementar as condições para se aposentar de acordo com o art. 40, §1º, inc. III, "a", e optar por continuar na ativa, terá direito a um abono de permanência correspondente ao valor da sua contribuição previdenciária até completar setenta anos de idade, quando a aposentadoria será compulsória.

As condições de que trata o art. 40, §1º, da Constituição da República são: 35 anos de contribuição e 60 anos de idade, se homem, e 30 anos de contribuição e 55 anos de idade, se mulher. Estas são as condições constantes da regra geral e permanente instituída pela EC nº 20/98 e mantida pela EC nº 41/2003.

Se permanecerem na ativa, terão direito ao abono de permanência, se a servidora comprovar pelo menos vinte e cinco anos de contribuição e, se o servidor comprovar, no mínimo, trinta anos de contribuição. O abono, equivalente ao valor da contribuição para a previdência, será pago até a aposentadoria compulsória de que cuida o art. 40, §1º, inc. II, da Constituição.

Os valores dos proventos em virtude de aposentadoria estudada neste item, integrais ou proporcionais por tempo de serviço, bem como as pensões, serão calculados de conformidade com a legislação em vigor até a data da EC nº 41/2003 (art. 3º da EC nº 41/2003).

Os valores dos proventos e de pensão concedidos em conformidade com o disposto no art. 3º da EC nº 41/2003, e dos aposentados ou pensionistas que vinham recebendo até a data da publicação da emenda em foco, serão corrigidos nas mesmas épocas e nos mesmos percentuais em que for majorada a remuneração dos servidores na ativa. Será estendida ao servidor aposentado ou ao pensionista a vantagem pecuniária decorrente de transformação ou reclassificação do cargo ou função em que o servidor foi aposentado ou que serviu de referência para a concessão da pensão (art. 7º da EC nº 41/2003).

- Regra de transição – o art. 6º da EC nº 41/2003 introduziu outra regra de transição destinada aos servidores públicos da União, dos estados, do Distrito Federal, dos municípios, das autarquias e das fundações públicas que tenham

---

[24] CARVALHO FILHO. *Op. cit.* p. 591.

ingressado no serviço público até a data da publicação da aludida emenda nos seguintes termos:

Ressalvado o direito de opção de que trata o art. 40 da Constituição Federal ou o estabelecido nas normas contidas no art. 2º da mesma Emenda e observada a redução de idade e de tempo de contribuição em cinco anos, nos termos do art. 40, §5º, da Constituição Federal, o servidor poderá aposentar-se com proventos integrais correspondentes à remuneração do cargo efetivo em que se der a aposentadoria, preenchendo, cumulativamente, as seguintes condições:

I - sessenta anos de idade, se homem, e cinquenta e cinco anos de idade, se mulher;
II - trinta e cinco anos de contribuição, se homem, e trinta anos de contribuição, se mulher;
III - vinte anos de efetivo exercício no serviço público; e
IV - dez anos de carreira e cinco anos de efetivo exercício no cargo em que se dará a aposentadoria.

Os valores dos proventos de aposentadoria concedida de acordo com essa regra serão revistos na mesma época e percentuais em que for revista a remuneração dos servidores em atividade, nos termos da lei, respeitado o teto remuneratório a que esteja submetido.

Essa, como se pode ver, é mais uma hipótese de proventos correspondentes ao valor da remuneração do cargo efetivo ocupado pelo servidor na data da aposentadoria, se nele tenha sido investido há pelo menos cinco anos.

Por fim, a regra de opção introduzida pela Emenda Constitucional nº 47, de 5.7.2005 – essa emenda prescreve no art. 3º outra regra opcional para a aposentadoria. Segundo prescreve o dispositivo, ressalvado o direito de opção pela aposentadoria nos termos previstos no art. 40 da Constituição Federal ou pelas regras estabelecidas nos arts. 2º e 6º da Emenda Constitucional nº 41/2003, os servidores detentores de cargo efetivo, da União, dos estados-membros, do Distrito Federal, dos municípios e das respectivas autarquias e fundações, que tenham ingressado no serviço público até 16.12.98 poderão aposentar-se com proventos integrais, desde que preencham cumulativamente, as condições seguintes:

a) trinta e cinco anos de contribuição, se homem, e trinta anos de contribuição, se mulher;
b) vinte e cinco anos de efetivo exercício no serviço público, quinze anos de carreira e cinco anos no cargo em que se der a aposentadoria;
c) idade mínima resultante da redução, relativamente aos limites de que trata o art. 40, §1º, inc. III, alínea "a", da Constituição Federal, de um ano de idade para cada ano de contribuição que exceder a trinta e cinco anos, se homem, e a trinta anos, se mulher.

Essa regra beneficia o servidor que começar a contribuir para a previdência, (Regime Próprio ou Regime Geral), na mocidade. De modo que quanto mais novo começar a contribuir mais novo se aposentará, posto que cada ano de contribuição além do mínimo necessário dá direito à redução de um ano de idade, desde que o interessado tenha vinte e cinco anos de efetivo exercício no serviço público, quinze anos de carreira e cinco anos no cargo em que pretende se aposentar. Essa condição vale para homem e para mulher. Assim, nesse caso, a servidora somente poderá computar, para se aposentar, cinco anos de tempo de contribuição para o Regime Geral, e o servidor, dez anos, no máximo.

Veja-se ementa do Acórdão do STF na ADIn nº 3.105, que examinou a alegação de inconstitucionalidade do art. 4º da EC nº 41/2003, já examinada acima:

> EMENTA: 1. Inconstitucionalidade. Seguridade social. Servidor público. Vencimentos. Proventos de aposentadoria e pensões. Sujeição à incidência de contribuição previdenciária. Ofensa a direito adquirido no ato de aposentadoria. Não ocorrência. Contribuição social. Exigência patrimonial de natureza tributária. Inexistência de norma de imunidade tributária absoluta. Emenda Constitucional n. 41/2003 (art. 4º, *caput*). Regra não retroativa. Incidência sobre fatos geradores ocorridos depois do início de sua vigência. Precedentes da Corte. Inteligência dos arts. 5º, XXXVI, 146, III, 149, 150, I e III, 194, 195, *caput*, II e §6º, da CF, e art. 4º, *caput*, da EC n. 41/2003. No ordenamento jurídico vigente, não há norma, expressa nem sistemática, que atribua à condição jurídico-subjetiva da aposentadoria de servidor público o efeito de lhe gerar direito subjetivo como poder de subtrair *ad aeternum* a percepção dos respectivos proventos e pensões à incidência de lei tributária que, anterior ou ulterior, os submeta à incidência de contribuição previdenciária. Noutras palavras, não há, em nosso ordenamento, nenhuma norma jurídica válida que, como efeito específico do fato jurídico da aposentadoria, lhe imunize os proventos e as pensões, de modo absoluto, à tributação de ordem constitucional, qualquer que seja a modalidade do tributo eleito, donde não haver, a respeito, direito adquirido com o aposentamento. 2. Inconstitucionalidade. Ação direta. Seguridade social. Servidor público. Vencimentos. Proventos de aposentadoria e pensões. Sujeição à incidência de contribuição previdenciária, por força de Emenda Constitucional. Ofensa a outros direitos e garantias individuais. Não ocorrência. Contribuição social. Exigência patrimonial de natureza tributária. Inexistência de norma de imunidade tributária absoluta. Regra não retroativa. Instrumento de atuação do Estado na área da previdência social. Obediência aos princípios da solidariedade e do equilíbrio financeiro e atuarial, bem como aos objetivos constitucionais de universalidade, equidade na forma de participação no custeio e diversidade da base de financiamento. Ação julgada improcedente em relação ao art. 4º, *caput*, da EC n. 41/2003. Votos vencidos. Aplicação dos arts. 149, *caput*, 150, I e III, 194, 195, *caput*, II, e §6º, e 201, *caput*, da CF. Não é inconstitucional o art. 4º, *caput*, da Emenda Constitucional n. 41, de 19 de dezembro de 2003, que instituiu contribuição previdenciária sobre os proventos de aposentadoria e as pensões dos servidores públicos da União, dos Estados, do Distrito Federal e dos Municípios, incluídas suas autarquias e fundações. 3. Inconstitucionalidade. Ação direta. Emenda Constitucional (EC n. 41/2003, art. 4º, parágrafo único, I e II). Servidor público. Vencimentos. Proventos de aposentadoria e pensões. Sujeição à incidência de contribuição previdenciária. Bases de cálculo diferenciadas. Arbitrariedade. Tratamento discriminatório entre servidores e pensionistas da União, de um lado, e servidores e pensionistas dos Estados, do Distrito Federal e dos Municípios, de outro. Ofensa ao princípio constitucional da isonomia tributária, que é particularização do princípio fundamental da igualdade. Ação julgada procedente para declarar inconstitucionais as expressões 'cinquenta por cento do' e 'sessenta por cento do', constante do art. 4º, parágrafo único, I e II, da EC n. 41/2003. Aplicação dos arts. 145, §1º, e 150, II, cc. art. 5º, *caput* e §1º, e 60, §4º, IV, da CF, com restabelecimento do caráter geral da regra do art. 40, §18. São inconstitucionais as expressões 'cinquenta por cento do' e 'sessenta por cento do', constantes do parágrafo único, incisos I e II, do art. 4º da Emenda Constitucional n.

41, de 19 de dezembro de 2003, e tal pronúncia restabelece o caráter geral da regra do art. 40, §18, da Constituição da República, com a redação dada por essa mesma Emenda. (STF – ADI 3105/DF – Rel. Min. Ellen Gracie, Rel. p/ Acórdão: Min. Cezar Peluso, Julgamento: 18.8.2004, Tribunal Pleno, Publicação DJ 18.2.2005 PP-00004, Ementa v. 02180-02 PP-0012, RTJ v. 00193-01 PP-00137).

A EC nº 103/2019 estabelece regra de transição contida no art. 4º, nos seguintes termos: o servidor público federal investido em cargo efetivo antes da sua edição poderá aposentar-se voluntariamente, quando preencher, cumulativamente, os seguintes requisitos: mulheres, 56 (cinquenta e seis) anos de idade e 30 anos de contribuição, perfazendo o total de 86 (oitenta e seis) pontos; homens, 61 (sessenta e um) anos de idade e 35 (trinta e cinco) anos de contribuição, somando o total de 96 (noventa e seis) pontos, em 2019, observados 20 (vinte) anos de efetivo exercício no serviço público, inc. III; e, adicionalmente, ter 5 (cinco) anos no cargo efetivo em que se der a aposentadoria inc. IV, observado o disposto nos §§2º e 3º.

A partir de 1º.1.2022, a idade mínima será de 57 (cinquenta e sete) anos de idade para mulher, e 62 (sessenta e dois) anos para homem (art. 4º, §1º). A partir de 1º.1.2020, a pontuação prevista no inc. V será acrescida a cada ano de 1 (um) ponto, até atingir 100 (cem) pontos, para mulher, e 105 (cento e cinco), para homem (art. 4º, §2º). A idade e o tempo de contribuição, previstos no inc. V, serão apurados em dias para o efeito de somatório de pontos (art. 4º, §3º).

Para quem comprovar tempo exclusivo de exercício de funções do cargo de professor do ensino infantil, fundamental e médio, as regras são as seguintes: I – 51 (cinquenta e um) anos de idade, se mulher, e 56 (cinquenta e seis) anos de idade, se homem; II – 25 (vinte e cinco) anos de contribuição, se mulher, e 30 (trinta) anos de contribuição, se homem; e III – 52 (cinquenta e dois) anos de idade, se mulher, e 57 (cinquenta e sete) anos de idade, se homem, a partir de 1º.1.2022 (art. 4º, §4º). Nesse caso, a soma da idade e do tempo de contribuição é de 81 (oitenta e um) pontos para mulher professora, e 91 (noventa e um) pontos para homem professor. A esses pontos serão acrescidos, a partir de 1º.1.2020, 1 (um) ponto a cada ano, até atingir o limite de 92 (noventa e dois) pontos, se mulher, e de 100 (cem) pontos, se homem (art. 4º, §5º).

Os proventos de aposentadoria nas situações examinadas acima corresponderão (art. 4º, §6º):

> I - à totalidade da remuneração do servidor público no cargo efetivo em que se der a aposentadoria, observado o disposto no §8º, para o servidor público que tenha ingressado no serviço público em cargo efetivo até 31 de dezembro de 2003 e que não tenha feito a opção de que trata o §16 do art. 40 da Constituição Federal, desde que tenha, no mínimo, 62 (sessenta e dois) anos de idade, se mulher, e 65 (sessenta e cinco) anos de idade, se homem, ou, para os titulares do cargo de professor de que trata o §4º, 57 (cinquenta e sete) anos de idade, se mulher, e 60 (sessenta) anos de idade, se homem;
>
> II - ao valor apurado na forma da lei, servidor que não se enquadrar na regra do inc. I.

Transição com fator previdenciário. Nessa espécie de transição, o contribuinte para a previdência pode optar por se aposentar pelo tempo mínimo de contribuição, com proventos proporcionais enquanto não completar as condições para fazer jus aos proventos integrais. Da seguinte forma: mulheres com pelo menos 28 (vinte oito) anos de contribuição, e homens com pelo menos 33 (trinta e três) anos de contribuição, sem se levar em conta a idade mínima, nesse caso, o contribuinte para o regime previdenciário, terá que trabalhar o tempo que ainda faltava para a implementação da aposentadoria com proventos plenos, 30 (trinta) anos mais um tempo adicional de 50%, denominado pedágio.

Transição com idade mínima. O tempo mínimo de contribuição exigido de contribuição, sendo 30 (trinta) para as mulheres e 35 (trinta e cinco) para os homens. Idade 57 (cinquenta e sete anos) para as mulheres e 60 (sessenta) anos para os homens. Exemplo, determinado homem completou a idade mínima, 60 (sessenta) anos, e quer se aposentar. Entretanto, ele tem 30 anos de contribuição, faltam, por tanto, 5 (cinco) anos de contribuição. O pedágio nesta hipótese é de 100% (cem por cento). Dessa forma, o interessado terá de trabalhar mais 10 (dez) anos, sendo 5 (cinco) anos faltantes para completar o tempo de contribuição e 5 (cinco) anos de pedágio de 100% (cem por cento) do tempo que faltava. Cumprido esses prazos, o benefício pode ser requerido.

Os valores dos proventos das aposentadorias aqui discutidas não serão inferiores ao estabelecido pela Constituição da República, art. 201, §2º, salário mínimo, e serão reajustados (art. 4º, §7º):

I - de acordo com o disposto no art. 7º da Emenda Constitucional nº 41, de 19 de dezembro de 2003, se cumpridos os requisitos previstos no inc. I do §6º; na mesma proporção e data de aumento da remuneração dos servidores da ativa ocupantes de cargo igual ao que foi ocupado pelo aposentado na data da passagem para a inatividade ou

II - nos termos estabelecidos para o Regime Geral de Previdência Social, na hipótese prevista no inc. II do §6º.

- Auxílio-natalidade – é o benefício pecuniário pago pelo regime próprio à servidora em virtude de nascimento de filho. O valor desse estipêndio corresponde ao menor vencimento do serviço público. Tratando-se de parto múltiplo, o valor será acrescido de 50% (cinquenta por cento) para cada nascituro. Mesmo na hipótese de a criança nascer morta, o auxílio é devido. Quando a parturiente não for servidora pública, o benefício será pago ao marido ou ao companheiro, se for servidor público.
- Salário-família – Por dependente econômico, o servidor da ativa ou o inativo faz jus ao salário-família, cujo valor é estabelecido em lei específica. Para os efeitos da Lei nº 8.112/90, são considerados dependentes econômicos o cônjuge ou companheiro, os filhos e enteados até 21 anos de idade, ou até 24 anos, se estudante, ou qualquer idade, na hipótese de filho portador de invalidez. É também considerado dependente o menor de 21 anos, cujos pais não tenham renda própria e que, mediante autorização judicial, viva em companhia e às expensas do servidor ou do inativo.

Descaracteriza a dependência econômica, para os efeitos do salário-família, o fato de o dependente perceber rendimento do trabalho ou de qualquer outra fonte, inclusive pensão ou provento, em valor igual ou superior ao salário mínimo. Quando pai e mãe forem servidores públicos e viverem maritalmente, mesmo casados, o benefício será pago a um deles apenas. Se separados, pode ser pago a ambos, de acordo com a distribuição dos dependentes entre eles. Equiparam-se aos pais o padrasto, a madrasta e os representantes legais dos incapazes.

O salário-família é isento de tributação e não participa da composição da base de cálculo para efeito de contribuição previdenciária. O afastamento do servidor do cargo efetivo e a consequente suspensão do vencimento não implicam a suspensão do pagamento do salário-família.

- Licença para tratamento de saúde – O servidor terá direito à licença para tratamento de saúde, a pedido ou de ofício, em conformidade com perícia médica, sem prejuízo da remuneração do cargo. Para licença de até 15 (quinze) dias, a inspeção pode ser feita por médico do órgão de assistência do pessoal. Acima de 15 (quinze) dias, é obrigatória a realização de perícia por junta médica oficial. A avaliação pericial deve ser periódica.

Comprovada a necessidade, a perícia será realizada na residência do servidor enfermo ou no hospital em que estiver internado. Não havendo médico oficial na localidade onde o servidor presta serviço, a inspeção pode ser feita por médico particular. O respectivo atestado será encaminhado ao órgão de saúde competente para homologação, se for o caso. Enquanto não for homologado, o atestado expedido por médico particular não produzirá efeito.

Vencido o prazo da licença, o servidor submeter-se-á à nova perícia. Nessa oportunidade, a junta médica oficial concluirá pela volta do servidor ao trabalho, pela prorrogação da licença ou, dependendo do caso, pela aposentadoria por invalidez. A regra determina que depois de 24 (vinte e quatro) meses de licença ininterruptos, o servidor será aposentado. Nos casos de doença bucal, a perícia será feita por odontólogo da respectiva especialização (arts. 202 a 206 da Lei nº 8.112/90).

A Lei nº 11.907/2009 acrescentou à Lei nº 8.112/1990 o art. 206-A, do seguinte teor: o servidor deve ser submetido a exame médico periódico, nos termos e condições estabelecidos em regulamento. O Decreto nº 6.856/2009 regulamentou o dispositivo.

O parágrafo único do art. 206-A dispõe sobre meios disponibilizados para a realização dos exames médicos dos servidores da União e das respectivas autarquias e fundações de que trata o *caput* do artigo em comento.

A União e suas autarquias e fundações podem valer-se dos seguintes meios para realizar os referidos exames médicos: a) prestar os exames médicos periódicos diretamente por meio de entidade ou órgão no qual o servidor estiver lotado; b) por meio de entidade parceira mediante convênio, instrumento de cooperação ou termo de parceria firmado com órgãos da Administração direta e com as fundações e autarquias federais; c) por meio de operadora de plano de assistência à saúde, autorizada pela entidade reguladora, nos termos do art. 230 da Constituição da República; ou d) por meio de entidade da área de saúde contratada mediante licitação em conformidade com a Lei nº 8.666/1990 e demais normas pertinentes.

- Licença à gestante, à adotante e licença-paternidade – A servidora gestante tem direito à licença pelo prazo de 120 (cento e vinte) dias consecutivos com direito à remuneração do cargo que ocupa. A licença deve ter início no primeiro dia do nono mês de gravidez ou antes, por recomendação médica. Se o nascimento for prematuro, a licença terá início na data do parto. No caso de a criança nascer morta, a mãe será submetida a exames médicos depois de 30 dias do parto. Nessa oportunidade, a perícia deve concluir pelo retorno da servidora às suas atividades, se julgá-la apta. No caso de aborto devidamente atestado por médico, a servidora terá repouso remunerado de 30 dias.

Ressalte-se que a Lei nº 11.770, 9.9.2008, dispõe sobre o programa da empresa cidadã, incentivando as empresas a conceder às suas empregadas mais 60 (sessenta) dias de licença-maternidade, além dos 120 (cento e vinte) dias obrigatórios, totalizando 180 (cento e oitenta) dias. As empresas que aderirem ao programa gozarão de benefícios fiscais, a título de incentivo.

A Administração Pública, direta e indireta, foi, em todos os níveis da Federação, autorizada a instituir programa que garanta a prorrogação da licença em exame, às respectivas servidoras, totalizando 180 dias (Lei nº 11.770/2008, art. 2º).

O servidor homem tem direito à licença-paternidade de cinco dias, por ocasião do nascimento de filho ou de adoção.

Para amamentar o próprio filho, a servidora, durante os seis primeiros meses da criança, terá direito a uma hora de descanso por jornada de trabalho, que poderá ser de meia hora em cada período. A servidora que adotar ou obtiver a guarda de filhos, por ordem judicial, terá direito a 90 dias de licença remunerada, se a criança tiver menos de um ano, e de 30 dias, se tiver mais de um ano de idade.

- Licença por acidente em serviço – Em virtude de acidente em trabalho, o servidor terá direito à licença remunerada pelo prazo da recuperação. Considera-se acidente em serviço, para os efeitos da licença, o dano físico ou mental sofrido pelo servidor, em razão do exercício das funções pertinentes ao cargo. Equiparam-se ao acidente em serviço o dano em virtude de agressão sofrida pelo servidor, sem provocação, no exercício do cargo. São também equiparados a acidente os danos sofridos pelo servidor no itinerário de sua residência ao serviço e vice-versa.

O servidor acidentado em serviço fará jus a tratamento em entidade privada, se os órgãos de saúde oficial não estiverem aparelhados para tratamento especializado, recomendado por junta médica oficial. O prazo para a produção de prova do acidente é de dez dias, podendo ser prorrogado, dependendo das circunstâncias, a juízo da Administração.

– Quanto ao dependente: pensão vitalícia e temporária; auxílio-funeral; auxílio reclusão e assistência à saúde.

As aposentadorias e pensões eram mantidas pela entidade pública a que se vinculava o servidor antes da aposentadoria, com recursos próprios e contribuição dos servidores (art. 40, §6º, da Constituição Federal). Se recebidas indevidamente, em virtude de comportamento de má-fé ou fraude, devem ser devolvidas, e o beneficiado sujeitar-se-á às sanções cabíveis. Com o advento da EC nº 20/98, os benefícios devem ser pagos pelo regime de previdência especial, destinado aos servidores efetivos (art. 40, *caput*, CF/88).

- Pensão – No caso de falecimento do servidor público, os seus dependentes terão direito a uma pensão em dinheiro, a partir da data do óbito, correspondente ao valor da remuneração, se estava na ativa, ou dos proventos, se já estava aposentado, nunca superior ao limite remuneratório estabelecido na Constituição da República (art. 40, §7º, e art. 215 da Lei nº 8.112/1990). Esse artigo teve a sua redação alterada pela Medida Provisória nº 664, de 30.12.2014, nos seguintes termos:

    Art. 215. Por morte do servidor, os seus dependentes, nas hipóteses legais, fazem jus à pensão por morte, observados os limites estabelecidos no inciso XI do *caput* do art. 37 da Constituição e no art. 2º da Lei nº 10.887, de 18 de janeiro de 2004. (Redação dada pela Lei nº 13.846, de 18.6.2019)

O parágrafo único do mesmo artigo estabelece que o gozo do benefício se condiciona à carência de vinte e quatro contribuições mensais, ressalvados os casos de morte decorrente de acidente do trabalho, doença profissional ou do trabalho.

O art. 217 da mesma lei sofreu alteração. O seu *caput* inalterado, diz: "São beneficiários das pensões". Seus incisos e parágrafos relacionam quem pode ser pensionista e estabelecem as condições para a percepção do benefício. São beneficiários: I – o cônjuge; II – o cônjuge divorciado, separado judicialmente ou de fato, com percepção de pensão alimentícia estabelecida judicialmente; III – o companheiro ou companheira que comprove união estável como entidade familiar; IV – os filhos até vinte e um anos de idade, ou, se inválido, enquanto durar a invalidez; V – a mãe e o pai que comprovarem dependência econômica do servidor; e VI – o irmão, até vinte e um anos de idade, ou o inválido ou que tenha deficiência intelectual ou mental que o torne absoluta ou relativamente incapaz, enquanto durar a invalidez ou a deficiência que estabeleça a dependência econômica do servidor.

Os pensionistas que se enquadrarem nas categorias previstas nos incs. I a IV não têm direito aos benefícios nas hipóteses previstas nos incs. V e VI (§1º do artigo em pauta). O pensionista que se enquadrar na hipótese prevista no inc. V não tem direito à pensão na situação que se enquadra no disposto no inc. VI (§2º).

Aos pensionistas que se enquadrarem nas hipóteses previstas nos incs. I a III aplicam-se as seguintes regras: I – o tempo de duração da pensão por morte será calculado de acordo com a expectativa de sobrevida do beneficiário na data do óbito do servidor ou aposentado conforme tabela constante do §3º, inc. I, do art. 217 da lei estatutária com a nova redação; II – o cônjuge, companheiro ou companheira não terá direito à pensão por morte se o casamento ou o início da união estável tiver ocorrido a menos de dois anos do falecimento do instituidor do benefício. Essa regra não se aplica nos seguintes casos: a) se o óbito do segurado tiver ocorrido em virtude de acidente posterior ao casamento ou o início da união estável; b) se o cônjuge, companheiro ou companheira for declarado incapaz para o exercício de atividade remunerada, comprovada por meio de exame médico-pericial, por doença ou acidente ocorrido posteriormente ao casamento ou início da união estável e anterior ao óbito, observando-se o disposto no parágrafo único do art. 222 da lei em exame. O citado artigo disciplina as hipóteses de perda da qualidade de beneficiário. O referido parágrafo único, com a nova redação assim dispõe: "A critério da administração, o beneficiário de pensão motivada por invalidez poderá ser convocado a qualquer momento para avaliação das condições que ensejaram a concessão do benefício"; III – quando o cônjuge, companheiro ou companheira for considerado(a) incapaz para o exercício de atividade remunerada, comprovada por meio de exame médico-pericial, por doença ou acidente ocorrido entre o casamento ou início da união estável e cessação do pagamento do benefício, terá direito à pensão vitalícia por morte, observando-se o disposto no parágrafo único do art. 222 referido e transcrito acima.

A expectativa de sobrevida a que se refere o inc. I do §3º, referido acima, "será obtida a partir da Tábua Completa de Modalidade – ambos os sexos – construída pela Fundação Instituto Brasileiro de Geografia e Estatística – IBGE, vigente no momento do óbito do servidor ou aposentado" (§4º do art. 217).

O enteado e o menor tutelado são equiparados a filho para os efeitos previdenciários mediante declaração do segurado e desde que seja comprovada a dependência econômica na forma estabelecida no Regulamento (§5º do art. 217).

Na hipótese de serem habilitados mais de um beneficiário da pensão, o valor desta será dividido em partes iguais entre os habilitados (art. 218 da lei em estudo).

O art. 222, que trata da perda da qualidade de beneficiário, sofreu as seguintes alterações: o inc. IV – "o atingimento da idade de vinte e um anos pelo filho ou irmão, observado o disposto no §5º do art. 217"; VI – "a renúncia expressa"; VII – "o decurso do prazo de recebimento de pensão dos benefícios de que tratam os incs. I a III do *caput* do art. 217".

A restrição à acumulação de pensões está disciplinada pelo o art. 225, com a redação atribuída pela MP em exame, do seguinte teor: "Ressalvado o direito de opção, é vedada a percepção cumulativa de pensão deixada por mais de um cônjuge, companheiro ou companheira, e de mais de duas pensões". Nesse dispositivo, como se vê, estão contidas duas regras. A primeira é dirigida à pessoa que foi casada mais de uma vez ou teve mais de um companheiro filiado ao regime previdenciário. Nesse caso, o cônjuge terá direito à pensão deixada por um deles, cônjuge ou companheiro. A segunda regra limita a acumulação de pensões em duas – por exemplo: uma deixada pelo cônjuge ou companheiro e outra deixada por um filho.

Agora, na vigência da EC nº 103/2019, as regras de acumulação de pensões são as constantes do seu art. 24, cujo *caput* é assim redigido:

> É vedada a acumulação de mais de uma pensão por morte deixada por cônjuge ou companheiro, no âmbito do mesmo regime de previdência social, ressalvadas as pensões do mesmo instituidor, decorrentes do exercício de cargos acumuláveis na forma do art. 37 da Constituição Federal.

O §1º do citado artigo prevê três situações em que é permitida acumulação de pensões, como segue: a) a pensão por morte do cônjuge ou companheiro de um regime de previdência social com pensão por morte, concedida a benificiário de outro regime de previdência social ou pensão decorrente de atividade militar, conforme dispõem os arts. 42 e 142 da Constituição Federal; b) a pensão por morte do cônjuge ou companheiro de um regime de previdência social com pensão decorrente do Regime Geral de Previdência Social ou com proventos decorrentes de atividade militar, conforme dispõem o arts. 42 e 142 da Constituição Federal; c) pensão oriunda das atividades militares com aposentadoria oriunda do Regime Geral de Previdência Social ou do Regime Próprio de Previdência Social.

O §2º do mesmo art. 24 estabelece que nas hipóteses de acumulação, nas situações comentadas acima, é assegurado ao pensionista 100% (cem por cento) da pensão mais vantajosa, acrescida de percentual do valor da outra fonte acumulada conforme percentuais seguintes:

I - 60% do valor que exceder a um salário-mínimo até dois salários-mínimos;

II - 40% do valor que exceder a dois salários-mínimos, até o limite de três salários-mínimos;

III - 20% do valor que exceder a 3 salários-mínimos, até o limite de quatro salários-mínimos; e 10 % do valor que exceder a 4 salários-mínimos.

Essas percentagens poderão ser revistas a qualquer tempo, a pedido do interessado, nos casos de alteração em algum dos benefícios (§3º do art. 24).

As restrições de que trata o artigo não se aplicam nos casos em que o direito aos benefícios tenha sido adquirido antes da edição da EC nº 103/2019 (art. 24, §4º).

As regras sobre acumulação de pensões, conforme preveem o artigo em exame e a legislação vigente na data da entrada em vigor da EC nº 103/2019, podem ser alteradas na forma do §6º do art. 40 e do §15 do art. 201 da Constituição Federal (art. 24, §5º).

O cálculo da pensão está, na atualidade, regrado pela EC nº 103/2019, art. 23, nos seguintes termos: o *caput* estabelece que nos casos de morte de servidor público federal e de segurado do Regime Geral de Previdência Social, será devido pensão aos respectivos dependentes, equivalente a uma cota de cinquenta por cento do valor do subsídio percebido pelo segurado ou servidor falecido ou daquele que, embora ainda não tivesse sido aposentado, teria o direito garantido em virtude de incapacidade permanente na data do óbito. O valor será acrescido de dez pontos percentuais por dependente, até o máximo de 100% (cem por cento).

No caso de o beneficiário da pensão perder essa condição, a sua cota cessará e não será redistribuída entre os beneficiários remanescentes. Entretanto, se houver cinco ou mais dependentes remanescentes, estes terão direito a 100% (cem por cento) do valor da pensão por morte (art. 23, §1º).

Havendo dependente inválido ou deficiente, a pensão por morte será equivalente: i) a 100% (cem por cento) do valor dos proventos recebidos pelo segurado ou servidor federal ou quem, destas duas categorias, na data do óbito, teria direito de se aposentar com proventos até o limite máximo dos benefícios do Regime Geral de Previdência Social; e ii) "uma cota familiar de 50% (cinquenta por cento) acrescida de 10 pontos percentuais por dependente, até o máximo de 100% (cem por cento) para o valor que supere o limite máximo de benefícios do Regime Geral de Previdência Social" (art. 23, §2º).

Na hipótese de não haver mais dependentes inválidos ou deficientes, o valor da pensão por morte será recalculado na forma prevista no *caput* e no §1º do art. 23 (art.

23, §3º). A Lei nº 8.213/1991 (Lei do Regime Geral de Previdência Social) regulamenta o tempo de vigência da pensão por morte e dispõe sobre as cotas individuais por dependentes, sobre o rol de dependentes e sua qualificação e, ainda, sobre as condições necessárias para enquadramento (art. 23, §4º).

O enteado e o menor tutelado são equiparados a filho para o fim exclusivo de recebimento de pensão por morte. É necessária a comprovação de dependência econômica (§6º do art. 23).

As disposições e regras sobre pensão examinadas acima e as previstas em legislação vigente da data de entrada em vigor da EC nº 103/2019 poderão ser alteradas, na forma da lei, para o Regime Geral de Previdência Social e para o Regime Próprio de Previdência Social da União (art. 23, §7º).

Enquanto os estados, o Distrito Federal e os municípios não instituírem os respectivos regimes próprios de previdência social, serão aplicadas às pensões concedidas aos dependentes de servidores dos citados entes da Federação as normas constitucionais e infraconstitucionais anteriores à data de entrada em vigor da EC nº 103/2019 (§8º do art. 23).

O texto seguinte será mantido, pelo fato de que o seu conteúdo, decorrente da EC nº 41/2003, continua parcialmente em vigor nos termos e condições constantes do §8º, do art. 23, da EC nº 103/2019, acima examinado.

Quanto à sua natureza, a pensão pode ser vitalícia ou temporária. A vitalícia é paga em cota permanente enquanto vida tiver o pensionista. Só com a morte ela se extingue ou reverte-se. A pensão temporária pode extinguir-se ou reverter-se por motivo de morte, cassação de invalidez, ou quando o beneficiário completar maioridade.

Podem ser destinatários da pensão vitalícia: o cônjuge; a pessoa desquitada ou divorciada, com direito à pensão alimentícia; o companheiro ou a companheira designada pelo servidor, desde que prove a união estável como unidade familiar; a mãe e o pai que provarem a dependência econômica do servidor; a pessoa designada, maior de 60 anos, e a pessoa portadora de deficiência, que viva sob a dependência econômica do servidor.

À pensão temporária fazem jus os filhos ou enteados até 21 anos de idade, ou, se inválido, enquanto durar essa situação; o menor sob guarda ou tutela até completar 21 anos de idade; o irmão órfão, até completar 21 anos de idade, e o irmão portador de invalidez, enquanto durar essa situação, desde que comprove a sua dependência econômica do servidor público falecido; a pessoa designada que vivia na dependência do servidor, até 21 anos de idade ou durante a invalidez, se for o caso.

A pensão pode ser requerida a qualquer tempo, mas o direito à percepção das parcelas se sujeita à prescrição quinquenal. Dessa forma, se determinada pessoa se tornou beneficiária de uma pensão há dez anos, mas só agora requer o benefício, receberá as parcelas relativas aos cinco últimos anos. As outras, relativas ao restante do período, estão prescritas.

– Alterações decorrentes da EC nº 41/2003:

O §7º do art. 37 da Constituição Federal, com a redação dada pela EC nº 41/2003, estabelece que lei disporá sobre a concessão de pensão por morte. O dispositivo estabelece o parâmetro para o legislador ordinário o fixar redução das futuras pensões nos seguintes termos: o pensionista terá direito ao valor total da remuneração do servidor ou dos proventos que recebia na inatividade, até o limite estabelecido para os benefícios do Regime Geral de Previdência Social, nos termos do art. 201 da Constituição Federal. Esse valor será acrescido de 70% (setenta por cento) do valor que exceder a esse limite. Dito de outra forma, a pensão será reduzida em 30% (trinta por cento) do valor da remuneração ou dos proventos do servidor, que exceder o limite do benefício previdenciário de que cuida o art. 201 da CF.

O valor da pensão deve ser reajustado periodicamente, segundo critérios estabelecidos em lei, de modo a assegurar-lhe, permanentemente, o real valor.

As pensões concedidas até a data da emenda em comento serão mantidas com valores integrais, salvo a hipótese de exceder o teto de que trata o inc. XI do art. 37 da Constituição Federal, com a redação da EC nº 41/2003. A inexistência de regra de transição trará consequências danosas para os pensionistas na hipótese de morte inesperada do servidor. Vale dizer que os beneficiários, nesse caso, passarão a perceber, no mês seguinte ao falecimento do responsável pelo benefício, o valor da remuneração reduzido em 30% (trinta por cento).

- Auxílio-funeral – O auxílio-funeral é a importância paga em dinheiro à família do servidor falecido. O valor do benefício corresponde ao vencimento ou provento mensal do falecido. Se o servidor era ocupante de dois cargos de acumulação permitida, o valor a ser pago será o do cargo de maior remuneração. No caso de o funeral ser custeado por terceiro, o auxílio será pago a ele, mediante comprovação da realização das despesas.
- Auxílio-reclusão – A família do servidor recluso tem direito ao auxílio-reclusão no valor de dois terços da remuneração do servidor, por prisão temporária ou preventiva, e, de metade da remuneração, em virtude de prisão decorrente de condenação por sentença definitiva. Na primeira hipótese, se o servidor for absolvido, terá direito à diferença. O pagamento do benefício será suspenso na data em que o servidor for posto em liberdade, ainda que condicional.
- Assistência à saúde – O servidor, ativo e inativo, e a sua família têm direito à assistência à saúde, compreendendo tratamento médico, odontológico, psicológico, farmacêutico, hospitalar, prestados pelo Sistema Único de Saúde, por órgãos da própria Administração, ou mediante convênio com entidade privada.

q) Direitos sindicais

Até o advento da Constituição de 1988, os servidores públicos e os empregados das entidades integrantes da Administração indireta eram proibidos de se sindicalizarem e de participarem de greve, por força de texto expresso na Consolidação das Leis do Trabalho, arrimada no texto constitucional anterior. A Constituição de 1988 inovou nesse particular. Ela permite ao servidor o exercício dos dois direitos. As matérias estão tratadas no art. 37, VI e VII. O primeiro prescreve: "É garantido ao servidor público civil o direito à livre associação sindical". O outro estabelece: "O direito de greve será exercido nos termos e nos limites definidos em lei específica", com a redação da Emenda nº 19/1998.

O art. 8º da Constituição Federal trata da organização sindical em geral, e o art. 9º cuida do direito de greve destinado aos trabalhadores da iniciativa privada, regulado pela Lei nº 7.783, de 28.6.1989. Essa lei não se aplicaria aos servidores públicos, vez que o direito deles de fazer greve está sujeito a uma regulamentação especial, prevista do inc. VII do art. 37 da Constituição, por meio de lei específica. Essa lei ainda não foi editada. Consequentemente, o direito de greve reconhecido aos servidores públicos ainda não poderia ser exercido, em virtude da inexistência da lei que disporá sobre as condições e os limites em que a greve será permitida. Sabidamente, norma jurídica que depende de outra norma implementadora é ineficaz até a edição desta última. Acontece que o Supremo Tribunal Federal, em decisão histórica proferida no Mandado de Injunção nº 670/712, determinou que o direito de greve dos servidores públicos será exercido nos termos da Lei nº 7.783/1989, até que a lei própria seja editada. Resumindo, a lei de greve dos empregados da iniciativa privada aplica-se aos servidores públicos na falta da lei que disciplinará o exercício do direito de grave.

Tramita no Congresso Nacional o Projeto de Lei Complementar nº 45/2022, de autoria do Deputado Gilson Marques, de Santa Catarina, apresentado em 4.4.2022. Esse projeto dispõe sobre o direito de greve dos servidores públicos, garantido pela Constituição de 1988, art. 37, inc. VII. A despeito da importância do projeto, que dá entrada no Parlamento com 34 anos de atraso, ele não será comentado, pelo fato de estar no início de sua tramitação. Entretanto, serão informados os efeitos automáticos decorrentes da efetivação de greve, conforme previsto no *caput* do art. 2º: o servidor em greve não receberá qualquer vantagem financeira a título de serviço prestado, dos dias não trabalhados, em virtude da greve; o tempo da não prestação de serviço durante a greve não será computado para fins de tempo de serviço, estágio probatório, progressão, benefícios, férias ou previdência; o grevista beneficiário ou usuário de serviço público perderá a respectiva matrícula, benefício ou atendimento; será permitido ao gestor público do serviço afetado pela greve terceirizar a prestação do serviço, conceder ou privatizar, até o fim da greve ou o término dos contratos firmados com terceiros, para garantir a prestação dos serviços públicos afetados pela greve; e, por fim, os contribuintes, que em tempo hábil, não puderem cumprir as suas obrigações para com o fisco, em virtude de greve dos agentes responsáveis pela exação tributária, ficam liberados, temporariamente, das obrigações fiscais, diferidas para depois do término da greve.

O art. 3º dispõe sobre o abuso do direito de greve e arrola as hipóteses que caracterizam abuso, entre as quais, o descumprimento, por sindicato ou entidade grevista, quanto ao dever de manter o número mínimo de servidores suficiente para atender à população no exercício de seus direitos e dever do Estado. Nos casos de serviços de saúde, previdenciário, segurança e educação, devem ser mantidos, em seus postos de trabalho, 80% dos servidores. Nos demais serviços, devem ser mantidos 50% dos funcionários, exceto nas atividades de "exação tributária em que não há patamar mínimo de atendimento".

Quanto ao direito à sindicalização, registre-se que os militares ainda não são destinatários dele. Essa categoria de agentes não pode, por conseguinte, filiar-se a sindicato nem participar de greve. Assinale-se também a divergência da doutrina no trato da matéria. Alguns estudiosos entendem que a sindicalização dos servidores públicos não está condicionada às regras e aos limites estabelecidos no art. 8º da Constituição Federal. Outros sustentam que não podem existir outras regras sobre organização sindical, além daquelas contidas no aludido art. 8º e, por isso, os servidores públicos estariam sujeitos a elas. Este último entendimento parece ser o mais correto. A sindicalização do servidor público é concessão, considerando a legislação sindical pretérita desde a adoção do respectivo direito no sistema jurídico brasileiro. Ora, se é assim, por qual motivo os servidores públicos teriam conquistado direito sindical mais amplo em relação aos dos trabalhadores da iniciativa privada? Não há, entendemos, justificativa plausível. Por tais razões, deve se concluir que a organização sindical dos servidores públicos se sujeita às restrições impostas pelo art. 8º da Lei Fundamental, inclusive quanto à proibição de mais de um sindicato da mesma categoria em uma mesma base territorial. O máximo que se poderia admitir na mesma base territorial, com reserva, seriam sindicatos de servidores públicos por área de atuação do Estado. Assim se teria, numa base, sindicato dos servidores da educação, sindicato dos servidores da saúde, sindicato dos servidores fazendários ou da carreira fiscal, por exemplo.

2.3.2 Empregados públicos

A Constituição Federal trata, no art. 37, I e II, da investidura em cargo e emprego público. No art. 39, cuida da instituição do regime jurídico único dos servidores da União, dos estados-membros, do Distrito Federal, dos municípios e das fundações públicas e das autarquias vinculadas a tais pessoas políticas. No art. 173, estabelece que as empresas públicas e as sociedades de economia mista terão o seu pessoal regido pelo Direito do Trabalho.

A conclusão a que se chega confrontando-se os três dispositivos constitucionais em realce é que empregado público é categoria distinta daquela de servidor público. Essa categoria é regida pelo estatuto dos servidores públicos civis, e a dos empregados públicos submete-se às regras da CLT. Ora, se os servidores da Administração direta e os das autarquias e fundações públicas são estatutários, os empregados públicos, em princípio, por exclusão, só podem ser os empregados das empresas públicas e das sociedades de economia mista, ressalvadas exceções expressas.

Alguns autores, entre eles Celso Antônio Bandeira de Mello, entendem que, no desempenho das atividades subalternas, a Administração poderá admitir servidor, mediante contrato de trabalho regido pela CLT.[25] Outros defendem a adoção do Direito do Trabalho nos casos de contratações temporárias de que trata o art. 37, IX, da Lei Fundamental, e a Lei nº 8.745 de 9.12.1993. Parece-nos mais correto o entendimento segundo o qual, enquanto vigorar o atual texto do art. 39 da mesma Constituição, não é possível as entidades de direito público admitirem servidor, ainda que a título precário e temporariamente, pelo regime da CLT, ressalvadas hipóteses previstas em leis específicas.

Entendemos que o emprego público referido no art. 37 da Constituição destina-se às empresas públicas e às de economia mista. O emprego foi tratado, naquele dispositivo, pelo fato de cuidar, no *caput*, da Administração indireta. É a melhor justificativa,

---

[25] BANDEIRA DE MELLO. *Op. cit.*, p. 142-143.

parece-nos. O regime jurídico único dos servidores, previsto no art. 39 da mesma Constituição, parece-nos não deixar margem para convivência com outro regime, mesmo nos casos defendidos por Celso Antônio Bandeira de Mello. Se se puder contratar motoristas, artífices, e outros, segundo as regras da CLT, o regime jurídico não será único. Para as contratações temporárias previstas em lei, elegeu-se o contrato administrativo.

Na 2ª edição, tendo-se em vista, a nova redação do art. 39 da Constituição Federal, introduzida pela Emenda Constitucional nº 19/1998, foram feitas as seguintes considerações sobre o texto.

> Na 1ª edição dissemos que enquanto vigorasse o art. 39 da Constituição não seria possível a contratação de empregados pelo regime da CLT, ao lado de servidores estatutários, em virtude da unicidade de regime jurídico dos servidores públicos então vigente no país.
>
> Acontece que o regime jurídico único previsto no aludido art. 39 na redação primitiva, passou a não ser mais obrigatório, com a publicação da Emenda nº 19/1998.
>
> Inexistindo a obrigatoriedade do regime unificado, as entidades políticas ficam livres para adotar regime de pessoal que melhor lhes aprouver. Assim, do ponto de vista constitucional, é possível a coexistência dos dois regimes de pessoal: o estatutário e o da Consolidação das Leis do Trabalho.
>
> Assim, não há mais impedimento constitucional para se adotar, na Administração direta, a figura do empregado público, para as funções que não sejam próprias do Estado. Para essas, a admissão há de ser sempre, de servidores estatutários, pelos motivos expostos alhures. No âmbito federal, como já se afirmou antes, o emprego público está previsto na Lei nº 9.962, de 22 de fevereiro de 2000 e regulado nas Agências Reguladoras, nos termos da Lei nº 9.986, de 18 de julho de 2000.

Nas últimas edições e na atual, foram registradas as modificações a que a matéria vem se submetendo por meio de medidas legislativas e jurisprudenciais. Assim, o que foi dito acima sobre a possibilidade de os entes públicos virem a admitir pessoal regido pela Consolidação das Leis do Trabalho pode ser novamente revisto, considerando que o art. 39 da Constituição Federal, com a redação dada pela EC nº 19/98, está *sub judice* em virtude da ADIn nº 2.135-4 em tramitação no Supremo Tribunal Federal, tendo a Corte já se pronunciado liminarmente pela inconstitucionalidade do art. 39 da CR com a redação da EC nº 19/1998 e determinado sua observância com a redação primitiva, impedindo, assim, a contratação pelas entidades de direito público de empregados públicos. A Lei nº 9.986/2000 também foi parcialmente julgada inconstitucional, no que se refere à adoção do regime da CLT nas agências reguladoras.

Dessa forma, a possibilidade de se admitir servidor empregado público, regido pela CLT, está suspensa.

- Admissão de empregado público:

A admissão de empregado público, como já dito quando do exame das empresas estatais, precede de concurso público, em obediência ao comando do art. 37, *caput*, e incs. I e II da Constituição Federal.

A Emenda nº 19/1998 manteve a exigência do concurso público para a admissão de empregados públicos. Mas trouxe, contudo, novidade. Com a nova redação, o art. 39 da Constituição prescreve que a investidura em cargo ou emprego público depende de concurso público de provas ou de provas e títulos de acordo com a natureza e complexidade do cargo ou do emprego. Lei disporá sobre essa matéria.

- Direitos e deveres dos empregados públicos:

Os direitos e deveres dos empregados públicos são os previstos na Consolidação das Leis do Trabalho ou outras regras jurídicas pertinentes ao Direito do Trabalho, como exemplo, as Convenções da Organização Internacional do Trabalho. Outros direitos e deveres podem ser garantidos pelos estatutos das empresas, como vantagens pecuniárias por tempo de serviço ou por mérito.

Caso a Administração direta, em qualquer dos níveis, venha a admitir empregados públicos regidos pelo regime da CLT, os direitos dos contratados serão os mesmos dos celetistas em geral. Não se cogita, portanto, de estabilidade para tais servidores empregados, nos termos do art. 41 da Constituição Federal. A estabilidade ali disciplinada alcança tão somente os servidores estatutários efetivos.

Para os servidores ou empregados públicos regidos pela CLT, mesmo sendo da Administração direta, o regime de garantia é o do Fundo de Garantia de Tempo de Serviço. Esse fundo, sabidamente, veio substituir a estabilidade até então assegurada pela Consolidação das Leis do Trabalho. Ora, se o FGTS substituiu a estabilidade, logo, um instituto é incompatível com o outro. Assim, enquanto vigorar o Fundo de Garantia de Tempo de Serviço, com assento no art. 7º, inc. III, da Constituição da República, não será possível a estabilidade de empregados celetistas, ainda que admitidos pelo Estado, mediante concurso público. Esse é apenas procedimento formal utilizado para, democraticamente, selecionar as pessoas que devem trabalhar no Estado. Não é o concurso, por conseguinte, que garante a estabilidade, mas o regime jurídico estatutário. Tanto que, nas empresas públicas e nas sociedades de economia mista, que já vêm adotando, por força constitucional, o concurso público, seus servidores, empregados, não têm direito à estabilidade.

O §13 do art. 40 da Constituição Federal, com a redação da Emenda nº 20/98, prescreve que os ocupantes de cargos exclusivamente comissionados, os contratados para funções públicas temporárias e os empregados públicos sujeitam-se ao Regime Geral de Previdência Social. Esses estão impedidos de se filiarem às previdências públicas instituídas para os servidores efetivos, nos termos do mesmo art. 40.

Ora, se a previdência especial é de instituição obrigatória pela União, estados, Distrito Federal e municípios para os respectivos servidores efetivos, e se os empregados públicos são filiados obrigatórios da previdência geral, não nos parece possível, juridicamente, sustentar a tese de que os contratados pelo Estado, mesmo mediante concurso público, conquistem a estabilidade constitucional, depois de três anos de contratados.

Seria fora de propósito admitir-se a estabilidade para os empregados públicos da Administração direta. Se ela ocorresse, chegar-se-ia à seguinte situação, por exemplo: dois servidores de determinado estado são admitidos na mesma época, um pela CLT e outro pelo regime estatutário. Ao se aposentarem, o primeiro passaria a receber proventos mensais e levantaria a importância em dinheiro, relativamente ao FGTS, recolhido pelo estado durante todo o tempo de serviço; e o segundo passaria a receber, apenas, os proventos mensais. Nessa hipótese, estaríamos ante uma desigualdade que a Constituição não permite.

2.3.3 Contratados temporários

A Constituição de 1967, emendada em 1969, no art. 106, previa, mediante regime especial, a admissão de servidor para serviços temporários e a contratação para as funções técnicas especializadas, nos termos da lei. Cada ente da Federação deveria editar lei regulamentando a contratação. A válvula do art. 106 em referência deu margem a empreguismo no serviço público.

A Constituição de 1988, no art. 37, inc. IX prescreve que "a lei estabelecerá os casos de contratação para atender às necessidades temporárias de excepcional interesse público".

O citado dispositivo constitucional foi regulamentado pela Lei nº 8.745, de 9.12.1993, alterada pelas leis nº 9.849, de 26.10.1999 e nº 10.667, de 14.5.2003. Essa lei, no art. 2º, estipula os casos de contratações especiais, que são os seguintes: assistência a situações de calamidade pública; combate a surtos endêmicos; realização de recenseamentos e/ou realização de pesquisa de natureza estatística, realizada pela Fundação Instituto Brasileiro de Geografia e Estatística (IBGE); admissão de professor substituto e professor visitante; admissão de professor e pesquisador estrangeiro; manutenção e normalização de serviços públicos essenciais à comunidade, quando há ausência coletiva do serviço, paralisação ou suspensão de atividades por servidores públicos, por prazo superior a dez dias, respeitada a quantidade de contratados não superior ao número de servidores que aderiram ao movimento; e, ainda, para a realização das seguintes atividades, previstas no inc. VI: atividades especiais nas organizações das Forças Armadas para atender à área industrial ou a encargos temporários de obras ou serviços de engenharia; atividades relativas à identificação e demarcação desenvolvidas pela Funai; atividades finalísticas do Hospital das Forças Armadas; de pesquisa e desenvolvimento de produtos destinados à segurança de sistema de informações, sob a responsabilidade do Centro de Pesquisa e Desenvolvimento para a Segurança das Comunicações; atividades e inspeção, relacionadas à defesa agropecuária, no âmbito do Ministério da Agricultura e do Abastecimento, para atendimento de situações emergenciais ligadas ao comércio internacional de produtos de origem animal ou vegetal ou iminente risco à saúde animal, vegetal ou humana; atividades desenvolvidas no âmbito dos projetos do Sistema de Vigilância da Amazônia e do Sistema de Proteção da Amazônia; atividades técnicas especializadas, no âmbito de projetos de cooperação com prazo determinado, implementados mediante acordos internacionais, desde que o contratado seja subordinado a órgão ou entidade pública.

O recrutamento de pessoal para os casos previstos acima faz-se por meio de procedimento seletivo simplificado, exceto as hipóteses previstas na lei, entre elas, os casos de calamidade pública.

A contratação é por tempo determinado, podendo ser prorrogado excepcionalmente, de conformidade com o disposto no art. 4º da lei em comento, como segue:

- prazo de seis meses nos casos de calamidade pública e de surto endêmico;
- prazo de um ano nos casos de recenseamento e pesquisas estatísticas de responsabilidade do IBGE, de contratação de professor substituto ou visitante, de atividades finalísticas do Hospital das Forças Armadas e vigilância sanitária

e animal de competência do Ministério da Agricultura e do Abastecimento. Nesses casos, o contrato poderá ser prorrogado pelo prazo de até dois anos;
- prazo de dois anos nos casos de identificação e demarcação de responsabilidade da Funai e de pesquisa e desenvolvimento de produtos destinados à segurança dos sistemas de informação. No primeiro caso, o contrato pode ser prorrogado pelo prazo de até dois anos e, no último, até três anos;
- prazo de três anos nos casos de técnicas especializadas para atender a projetos de cooperação com prazo determinado, conforme dito acima, podendo ser prorrogado por mais um ano;
- prazo de quatro anos nos casos de professores e pesquisadores visitantes estrangeiros, de atividades especiais das Forças Armadas para atender à área industrial ou obras e serviços de engenharia temporários, e atividades relativas a projetos na área de vigilância e defesa da Amazônia. Nestas hipóteses o contrato não pode ser prorrogado, salvo na última, vigilância e defesa da Amazônia, cujo prazo pode chegar a cinco anos.

Além das alterações da Lei nº 8.745/1993 pelas duas leis mencionadas acima, outras alterações operaram-se por meio das Leis nº 12.425/2011, nº 12.772/2012, nº 12.871/2013 e nº 12.998/2014. As três primeiras leis citadas neste parágrafo aumentam o leque de hipóteses de contratações temporárias, principalmente, de professores. A última cuida basicamente dos prazos das contratações.

Os servidores contratados nas hipóteses aqui previstas são filiados obrigatórios do Regime Geral de Previdência Social, nos termos dispostos na Emenda nº 20/98 e de lei específica.

Outras pessoas da sociedade podem, eventualmente, colaborar com a Administração Pública, normalmente, sem remuneração, mas não chegam a ser, no nosso entender, agentes públicos, a despeito de a doutrina considerá-las agentes colaboradores. Servem de exemplos os mesários nas eleições e os jurados integrantes do Tribunal do Júri. Nós mesmos, na primeira edição deste livro, consideramos esses colaboradores agentes temporários.

2.4 Agentes militares

Os militares, até antes da Emenda Constitucional nº 18, sempre foram considerados servidores militares. O art. 42 da Constituição dispunha que os integrantes das Forças Armadas eram servidores policiais federais, e que os integrantes da polícia militar e corpo de bombeiros eram servidores policiais do estado, do Distrito Federal e dos territórios.

Com a redação dada pela Emenda nº 18/1998, o *caput* do art. 42 da Constituição Federal passou a vigorar com a seguinte redação: "Os membros das Polícias Militares e Corpos de Bombeiros Militares, instituições organizadas com base na hierarquia e disciplina, são militares dos Estados, do Distrito Federal e dos Territórios".

Os militares das Forças Armadas, antes tratados no art. 42, foram deslocados para o art. 142 da Constituição. Nesse artigo, foi acrescentado o §3º, que trata de todo o disciplinamento da carreira, na condição de militares das Forças Armadas. Suprimiu-se, também, no aludido dispositivo, o termo *servidores*.

Com esta profunda alteração, é incorreto tratar os militares como espécie de servidores públicos. Até a edição da Emenda nº 1819/98 o tratamento constitucional e infraconstitucional era diferente em relação a estas duas categorias de agentes. Figuravam sempre como servidores civis e servidores militares.

A Emenda nº 19/98 introduziu o §9º no art. 144 da Constituição, dispondo no sentido de que os militares federais, estaduais e do Distrito Federal passam a ser remunerados com subsídio único, nos termos do §4º do art. 39 da mesma Constituição.

Para essa categoria de agentes deve ser adotado o mesmo sistema de subsídio defendido para os agentes de carreiras especiais.

2.5 Subsídio e remuneração: teto constitucional e questões polêmicas

2.5.1 Introdução

Neste subitem, pretende-se retomar o tema já tratado neste capítulo e trazer à reflexão alguns pontos polêmicos quanto ao sistema remuneratório dos agentes políticos e demais membros de carreiras especiais e servidor público em geral. Como parâmetro de análise, são examinados os seguintes tópicos: remuneração e subsídio; competência para fixação do subsídio; acumulação de subsídios e de subsídio com proventos; acumulação de proventos com pensão; teto constitucional e subteto, eficácia do teto. A argumentação do tema fundamenta-se nas emendas constitucionais nº 19/1998, nº 20/1998, nº 41/2003 e nº 47/2005; nas resoluções do Conselho Nacional de Justiça e em decisão do Supremo Tribunal Federal relativa à redução de proventos de aposentadoria.

2.5.2 Remuneração e subsídio

Remuneração, em sentido amplo, pode ser entendida como pagamento, forma de remunerar determinado serviço prestado. Contudo, no Direito Público, a palavra *remuneração* é comumente adotada em sentido restrito, designando a soma do vencimento básico e demais parcelas remuneratórias percebidas pelos agentes públicos. Exemplos: adicionais, abonos, gratificações, adicionais por tempo de serviço e prêmio de produtividade, entre outras vantagens. Parte da doutrina pátria utiliza o termo *vencimentos*, englobando vencimento do cargo e as demais vantagens financeiras recebidas pelo servidor, substituindo o termo *remuneração*.

Subsídio, por sua vez, é definido na Constituição da República, nos termos do §4º do art. 39, como *parcela única*, à qual é vedado somar qualquer *gratificação, adicional, abono, verba de representação* ou *outra espécie remuneratória*, e constitui a forma de remunerar os agentes políticos e outras categorias de agentes públicos.

Em conformidade com o texto original da Constituição da República, os agentes públicos em geral, neles compreendidos os agentes políticos, percebiam remuneração, *vencimentos*, em contraprestação pelos serviços prestados em virtude de suas atribuições. Esse critério remuneratório alcançava, portanto, os parlamentares, os magistrados, os membros do Ministério Público, os membros dos Tribunais de Contas e servidores públicos estatutários. Todavia, a possibilidade de agregar, ao vencimento básico, outras vantagens pecuniárias acabou por facilitar a criação desordenada de diversas verbas com a finalidade de aumentar a remuneração de determinadas categorias de agentes públicos. Essa prática, em alguns órgãos, nos quatro níveis federativos, chegou ao descontrole. Muitas categorias de agentes públicos chegaram a perceber remuneração que superava, absurdamente, o valor do vencimento básico do cargo.

Com o objetivo de coibir ganhos desmedidos, a Emenda Constitucional nº 19/98 trouxe dispositivos determinando a forma de pagamento por subsídio para diversas categorias de agentes públicos, como se vê do texto atualizado do §4º do art. 39 da Constituição da Republica:

> §4º O membro de Poder, o detentor de mandato eletivo, os Ministros de Estado e os Secretários Estaduais e Municipais serão remunerados exclusivamente por subsídio, fixado em parcela única, vedado o acréscimo de qualquer gratificação, adicional, abono, prêmio, verba de representação ou outra espécie remuneratória, obedecido, em qualquer caso, o disposto no art. 37, X e XI.

O texto constitucional, nos termos do §8º do art. 39, facultou a extensão do subsídio de que trata o §4º a outras categorias de servidores organizados em carreira. O valor do subsídio está sujeito a teto remuneratório, nos termos do art. 37, inc. XI, como menciona o dispositivo. Adiante, serão examinados os meios de fixação do subsídio e respectivo teto constitucional nos quatro níveis de governo.

Esse artigo, como dito, tem por enfoque a limitação do valor do subsídio, embora, evidentemente, a remuneração dos servidores públicos também seja alvo de limitação constitucional, nos termos do art. 37, inc. IX da Constituição da República.

2.5.3 Competência para fixar o subsídio

A fixação e a correção do subsídio dos agentes públicos observam as seguintes normas de competência: a dos ministros do Supremo Tribunal Federal é estabelecida por lei de iniciativa do presidente do Supremo Tribunal Federal, nos termos do art. 48, XV, da Constituição da República, com redação dada pela EC nº 41/2003; a dos deputados federais, dos senadores, do presidente da República, do vice-presidente e dos ministros de estado, por meio de ato próprio do Congresso Nacional, dispensada, nesses casos, a lei formal; a dos deputados estaduais, do governador do estado, do vice-governador e dos secretários titulares de pastas nos estados-membros, por meio de lei de iniciativa da respectiva assembleia legislativa; a do prefeito municipal, por meio de lei de iniciativa da câmara municipal e dos vereadores por meio de resolução da câmara municipal, obedecido o princípio da anterioridade (até dezembro do ano em que terminam os mandatos dos vereadores, a câmara deve fixar o valor do subsídio para os vereadores que serão empossados em 1º de janeiro do ano seguinte). A medida visa evitar que o parlamentar municipal fixe o próprio subsídio (o que se poderia chamar de legislar em causa própria); e a do governador e do vice-governador do Distrito Federal, dos deputados distritais e dos secretários, por lei de iniciativa da câmara distrital.

O subsídio e também a remuneração dos servidores públicos devem ter seus valores revistos anualmente, na mesma época e sem distinção de índices, nos termos do inc. X do art. 37 da Constituição da República. O comando desse dispositivo, como se vê, é no sentido de se evitarem aumentos diferenciados. As correções devem ser gerais, alcançando todos servidores de forma igual.

Os vereadores não se enquadram nessa regra, posto que não podem corrigir o próprio subsídio, como visto. Assim, visando evitar que o parlamentar municipal tenha o subsídio congelado durante quatro anos, prazo de uma legislatura, a lei permite que a resolução fixadora do subsídio estabeleça índice de correção anual.

2.5.4 Teto remuneratório constitucional

A Emenda Constitucional nº 19/98, no art. 3º, alterou vários dispositivos do art. 37 da Constituição da República. Entre eles, o inc. XI. Esse, com a nova redação, estabeleceu que o teto da remuneração, do subsídio, dos proventos e das pensões percebidos por agentes públicos em geral, ativos ou inativos e pensionistas, passa a ser o subsídio mensal em espécie dos ministros do Supremo Tribunal Federal. O dispositivo inclui, para o efeito de observância do teto, "as vantagens pessoais ou de qualquer outra natureza".

O inc. XV do art. 48 da Constituição da República, com a redação que lhe conferiu o art. 7º da emenda em comento, estabelecia que o subsídio dos ministros do Supremo Tribunal Federal seria fixado pelo Congresso Nacional, por meio de lei de iniciativa do presidente do Supremo Tribunal Federal, do presidente da República, do presidente do Senado e do presidente da Câmara dos Deputados.

O art. 29 da mesma EC nº 19/1998 estabeleceu:

Os subsídios, vencimentos, proventos da aposentadoria e pensões e quaisquer outras espécies remuneratórias adequar-se-ão, a partir da promulgação desta Emenda, aos limites decorrentes da Constituição Federal, não se admitindo a percepção de excesso a qualquer título.

O Supremo Tribunal Federal, em decisão administrativa, entendeu que o dispositivo acima transcrito não teria eficácia enquanto não fosse editada a lei destinada a fixar o subsídio dos ministros daquela Corte, nos termos do art. 48, inc. XV, da Constituição Federal.

A aludida lei, de iniciativa dos presidentes dos três poderes, não chegou a ser editada, por falta de consenso das autoridades quanto ao valor do subsídio dos ministros do Supremo Tribunal Federal. Várias reuniões dos quatro presidentes realizaram-se, todas infrutíferas.

Por esse motivo, não se cogitou de adequar as remunerações, os subsídios, os proventos e as pensões ao teto remuneratório constitucional, como determina o art. 29 da Emenda Constitucional nº 19/98.

A Emenda Constitucional nº 41/2003 alterou a redação do inc. XV do art. 48 da Constituição Federal visando viabilizar a fixação do subsídio dos ministros do STF. Assim, segundo a atual redação do citado dispositivo constitucional, a lei que objetiva a fixação do subsídio dos ministros do Supremo Tribunal Federal é de iniciativa exclusiva do presidente da aludida Corte, tornando-se desnecessária a participação dos outros três presidentes na formulação da proposição da lei. A mesma emenda, no art. 8º, estabeleceu que, enquanto não for fixado o subsídio de que trata o art. 37, inc. XI, será considerada como limite a maior remuneração atribuída por lei aos ministros do Supremo Tribunal Federal, compreendendo vencimento, verba de representação e parcela recebida em virtude de tempo de serviço.

O art. 37, inc. XI, da Constituição com a redação data pela Emenda Constitucional nº 41/203, é do seguinte teor:

> Art. 37. [...]
> XI - a remuneração e o subsídio dos ocupantes de cargos, funções e empregos públicos da administração direta, autárquica e fundacional, dos membros de qualquer dos Poderes da União, dos Estados, do Distrito Federal e dos Municípios, dos detentores de mandato eletivo e dos demais agentes políticos e os proventos, pensões ou outra espécie remuneratória, percebidos cumulativamente ou não, incluídas as vantagens pessoais ou de qualquer outra natureza, não poderão exceder o subsídio mensal, em espécie, dos Ministros do Supremo Tribunal Federal, aplicando-se como limite, nos Municípios, o subsídio do Prefeito, e nos Estados e no Distrito Federal, o subsídio mensal do Governador no âmbito do Poder Executivo, o subsídio dos Deputados Estaduais e Distritais no âmbito do Poder Legislativo e o subsídio dos Desembargadores do Tribunal de Justiça, limitado a noventa inteiros e vinte e cinco centésimos por cento do subsídio mensal, em espécie, dos Ministros do Supremo Tribunal Federal, no âmbito do Poder Judiciário, aplicável este limite aos membros do Ministério Público, aos Procuradores e aos Defensores Públicos;

O art. 9º da Emenda Constitucional nº 41/2003 determina a aplicação do art. 17 do Ato das Disposições Constitucionais Transitórias aos vencimentos, remunerações e subsídios pagos aos ocupantes de cargos, funções e empregos públicos da Administração direta, autárquica e fundacional; dos membros dos poderes da União, dos estados, do Distrito Federal, dos municípios; dos detentores de cargos eletivos, dos que percebem proventos e dos que percebem pensão, nos casos em que o valor pago estiver acima do teto.

O art. 17 do ADCT da Constituição Federal contém a seguinte redação:

> Os vencimentos, a remuneração, as vantagens e os adicionais, bem como os proventos de aposentadoria que estejam sendo percebidos em desacordo com a Constituição serão imediatamente reduzidos aos limites dela decorrentes, não se admitindo, neste caso, invocação do direito adquirido ou percepção de excesso a qualquer título.

A Lei nº 11.143/2005, de iniciativa do presidente do Supremo Tribunal Federal, fixou o subsídio dos ministros daquela Corte em R$21.500,00 (vinte e um mil e quinhentos reais) para o exercício de 2005, retroagindo os seus efeitos a 1º de janeiro daquele ano. Para o ano de 2006, o valor do subsídio fixado pela mesma lei foi R$24.500,00 (vinte e quatro mil e quinhentos reais). Em 2014, o valor do subsídio foi de R$29.400,00 e em 2015 foi de 30.900,00 (Lei nº 12.771, 28.12.2012).

Por seu turno, a Emenda Constitucional nº 47, de 5.7.2005, acrescentou o §11 ao art. 37 da Constituição Federal. O aludido parágrafo exclui dos limites remuneratórios de que trata o inc. XI, do mesmo artigo, as vantagens pecuniárias de natureza indenizatória previstas em lei. As vantagens pessoais foram mantidas na composição do teto.

O presidente do Supremo Tribunal Federal, por meio do Ofício-Circular GP nº 32/2005, de 27.7.2005, esclareceu:

> De acordo com o art. 39, §4º da Constituição Federal, o subsídio é devido aos Magistrados em *parcela única, vedado o acréscimo de qualquer gratificação, adicional, abono, prêmio, verba de*

representação ou outra espécie remuneratória, obedecido, em qualquer caso, o disposto no art. 37, X e XI, do texto constitucional. (Grifos no original)

O mesmo documento informa que não são consideradas para efeito do teto apenas as parcelas de natureza indenizatórias previstas em lei, de conformidade com o §11 do art. 37 da Constituição Federal, acrescentado pela Emenda Constitucional nº 47/2005.

Com o ofício-circular, a aludida autoridade encaminhou cópia da Resolução nº 306, de 27.7.2005. Esse documento torna público o subsídio mensal da Magistratura da União para o ano de 2005. Em janeiro de 2006, o Supremo Tribunal Federal, em virtude da majoração do subsídio dos ministros do Supremo para R$24.500,00, editou a Resolução nº 318, de 9.1.2006, estabelecendo o subsídio mensal da Magistratura da União observando a legislação pertinente.

Tomando-se por base essas orientações do presidente do STF, nas emendas constitucionais nº 19/98, nº 41/2003 e nº 47/2005, e na Lei nº 11.143/2005, os Tribunais, em geral, inclusive o Supremo Tribunal Federal, tomaram medidas visando adequar os subsídios, os proventos e as pensões dos Magistrados da ativa e dos inativos e dos pensionistas. Os outros poderes, nas quatro entidades federativas, também adotaram, em princípio, semelhante medida.

A matéria, no âmbito da magistratura, foi ainda elucidada nos pontos em que pairavam dúvidas, pelas resoluções nºs 13 e 14, de 21.3.2006, do Conselho Nacional de Justiça.

O art. 3º da Resolução nº 13/2006, confirmando o disposto na Constituição Federal e na Lei nº 11.143/2005, prescreve:

O subsídio mensal dos Magistrados constitui-se exclusivamente de parcela única, vedado o acréscimo de qualquer gratificação, adicional, abono, prêmio, verba de representação ou outra espécie remuneratória, de qualquer natureza.

No art. 4º da mesma resolução estão arrolados os vencimentos, as gratificações, os adicionais, os abonos, os prêmios, a verba de representação e as vantagens de qualquer natureza. Entre os adicionais, ressalta-se o adicional por tempo de serviço previsto na Lei Complementar nº 35/79, art. 65, inc. VIII. Essas vantagens pecuniárias foram extintas com a instituição do subsídio.

As verbas que não se compreendem no subsídio e, por isso, podem ser percebidas independentemente do teto constitucional estão previstas no art. 8º da resolução em comento.

Pode-se questionar a constitucionalidade da medida considerando, principalmente o direito adquirido, a irredutibilidade de vencimentos constitucionalmente garantida e ainda o ato jurídico perfeito. Entretanto, essas garantias constitucionais defendidas por agentes públicos interessados e com respaldo em renomados autores e decisões judiciais de tribunais inferiores não são observadas pelos tribunais superiores nos casos em que a soma das vantagens pecuniárias ultrapassa o limite remuneratório, por força da mesma Constituição.

A discussão que se levanta atine à constitucionalidade das aludidas emendas constitucionais. A primeira e importante indagação é: emenda constitucional pode ser inconstitucional? A segunda, não menos importante: em face de emenda constitucional não se pode alegar direito adquirido ou ato jurídico perfeito? E, por último, a terceira: na situação fática, a supressão remuneratória para compatibilizar com o teto constitucional é constitucional?

As duas primeiras indagações não exigem profundo saber jurídico para serem respondidas. A terceira, entretanto, requer mais cautela.

Resposta à primeira indagação.

À primeira vista, pode parecer estranho conceber a ideia de que emenda constitucional possa ser inconstitucional. Entretanto, verifica-se, com relativa frequência, que o Congresso Nacional tem promulgado emendas constitucionais em desacordo com os limites estabelecidos pelo Poder Constituinte Originário. O balizamento da competência do chamado poder derivado está contido no art. 60, §4º, da Constituição da República, do teor seguinte:

§4º Não será objeto de deliberação a proposta de emenda tendente a abolir:
I - a forma federativa de Estado;
II - o voto secreto, universal e periódico;
III - a separação dos poderes;
IV - os direitos e garantias individuais.

O art. 5º da mesma Constituição, em diversos incisos, contém normas que limitam a competência do poder derivado – por exemplo, emenda constitucional não pode ofender direito adquirido, ato jurídico perfeito, coisa julgada e segurança jurídica, entre outros. Assim, a emenda constitucional que não se contiver nos limites dessas proibições emanadas do Poder Constituinte Originário é, em tese, inconstitucional. Nesse sentido, o Supremo Tribunal Federal já decidiu por mais de uma vez.

Resposta à segunda indagação.

Ora, ao se admitir a possibilidade de edição de emenda constitucional inconstitucional não se pode, por questão de coerência, deixar de admitir a hipótese de se questionar ofensa a "direito adquirido" ou a "ato jurídico perfeito".

O art. 5º, inc. XXXVI, da Constituição Federal prescreve que "a lei não prejudicará o direito adquirido, o ato jurídico perfeito e a coisa julgada".

O dispositivo, como se vê, refere-se à lei. Ele alcança apenas a lei ordinária e a complementar? A emenda constitucional seria inatingível pelo seu comando? A doutrina é remansosa no sentido de que, para os efeitos do dispositivo constitucional em comento, a emenda constitucional é lei. Em outras palavras, o preceptivo constitucional ao adotar o termo "lei" quis abranger a emenda constitucional também.

A maioria dos doutrinadores pátrios entende que os direitos adquiridos legal e licitamente não podem ser suprimidos, alterados ou modificados por emenda constitucional. Entre os que sustentam esse entendimento citam-se: José Afonso da Silva, Cármen Lúcia Antunes Rocha, Maria Sylvia Zanella Di Pietro e Celso Antônio Bandeira de Mello.

O Poder Constituinte Derivado não se reveste de competência para operar na Constituição as alterações que entender. O seu espaço para agir foi previamente delimitado pelo poder constituinte originário. É o que se tentou demonstrar acima.

Concluindo esta resposta, reafirma-se: o "direito adquirido" é imune a ataque emanado de emenda constitucional. O titular de direito adquirido somente poderá perdê-lo mediante Constituição outorgada pelo Poder Constituinte Originário. Esse é o entendimento dominante. Entretanto, na prática, faz-se muita confusão com o "direito adquirido". Os interessados, em geral, equivocadamente, sustentam indevidamente o "direito adquirido".

Por esse motivo, diversas situações tidas, em princípio, como sendo "direito adquirido" não encontram amparo no ordenamento jurídico.

Resposta à terceira indagação.

Como predito, a resposta à terceira indagação é mais difícil se comparada às duas primeiras. Já se disse que é possível declarar inconstitucionalidade de emenda constitucional. Dúvida também não restou quanto à impossibilidade de ofensa ao direito adquirido decorrente de emenda constitucional.

Com essas conclusões, poder-se-ia afirmar que o art. 29 da Emenda Constitucional nº 19/1998 era, em princípio, inconstitucional, considerando que o seu comando foi no sentido de reduzir remunerações, subsídios, proventos e pensões até atingir o teto remuneratório da respectiva categoria. Nessa linha é o entendimento de Celso Antônio Bandeira de Mello:

> Conquanto o intento da "Emenda" haja sido o de exigir reduções que se ajustem ao teto, apurado segundo os termos que introduziu, nesta qualidade não poderá prevalecer, porquanto assim ficariam agredidos os direitos individuais que os servidores públicos, como quaisquer outros cidadãos, têm garantidos pela Constituição. Entre estes direitos está o direito adquirido, previsto no art. 5º, XXXVI, da Constituição Federal – no caso, aos vencimentos que ora percebem. Acresce que – e isso é de suma relevância – a irredutibilidade de vencimentos, que o art. 37, XV, antes do "Emendão", lhes assegurava em termos diversos dos atuais, é, em si mesma, um direito e uma garantia individual que assistem a cada um dos servidores públicos que dela desfrutavam antes de seu advento.[26]

Maria Sylvia Zanella Di Pietro, analisando o comando do art. 29 da EC nº 19/98, assim se posiciona quanto à sua inconstitucionalidade:

> A norma fere, evidentemente, o preceito constitucional que protege os direitos adquiridos (art. 5º. XXXVI); é a vontade do poder constituinte derivado prevalecendo dobre o poder constituinte originário. A exigência de respeito aos direitos adquiridos foi incluída na própria Constituição, entre os direitos que o constituinte originário considerou *fundamentais*. Se são fundamentais é porque devem ser respeitados pelo legislador, qualquer que seja a natureza da norma a ser promulgada. Trata-se de princípio geral do direito, que diz respeito à segurança jurídica e que existiria ainda que não previsto no corpo da Constituição.[27]

A despeito dos apelos dos autores transcritos e de outros, sobre a inconstitucionalidade do art. 29 da EC nº 19/98, o Supremo Tribunal Federal não se pronunciou sobre a matéria.

---

[26] BANDEIRA DE MELLO. *Direito administrativo*. 15. ed., p. 304.
[27] DI PIETRO. *Direito administrativo*, 27. ed. p. 633.

A Emenda Constitucional nº 41/2003, visando aos mesmos objetivos contidos no art. 29 da Emenda nº 19/98, qual seja, a redução de vantagens remuneratórias no que exceder o teto da categoria, prescreveu no art. 9º que se aplicasse o art. 17 do ADCT da Constituição Federal.

Esse artigo foi promulgado com a Constituição de 1988. Portanto, pelo Poder Constituinte Originário. A sua constitucionalidade é, pois, irrefutável. O próprio Celso Antônio Bandeira de Mello reconhece a sua constitucionalidade, ao afirmar:

> A única – e, de resto, importantíssima, encareça-se – ressalva a ser feita, como, aliás, já o foi linhas acima, é a de que os que se encontravam, após a Constituição de 1988, percebendo vencimentos excedentes do teto por ela fixado no art. 17 do Ato das Disposições Constitucionais Transitórias obviamente não tem proteção para esta demasia. Podem, portanto, assujeitar-se a que sejam reduzidos, porém não mais do que até o limite que lhes decorria da restrição a que já estavam, de direito constrangidos.[28]

Luciano de Araújo Ferraz posiciona-se em sentido contrário:

> A Emenda Constitucional nº 41/2003 (art. 9º) pretendeu, ainda, ressuscitar o art. 17 do ADCT, determinando a redução imediata de todas remunerações e proventos que ultrapassassem os tetos e subtetos por ela fixados, preensão esta objeto de minhas críticas. Com efeito, não se afigurava juridicamente viável que um dispositivo transitório da Constituição originária – que não cumpriu sua finalidade por conta de interpretação firmada pela Suprema corte – e que autoriza, para a sua completa incidência, a violação a direitos adquiridos, viesse a ter seus efeitos restaurados por meio de emenda à Constituição.[29]

Considerando o disposto no art. 9º da Emenda Constitucional nº 41/2003 e a ressalva feita por Celso Antônio à limitação do comando do art. 17 do ADCT, seria possível a aplicação do aludido dispositivo transitório, nos dias atuais, tendo-se em vista o seu descumprimento por ocasião da promulgação da Constituição Federal?

A questão é delicada. Se o art. 17, em foco, tivesse sido rigorosamente observado naquela oportunidade, talvez, nas datas das emendas nº 19/98 e nº 41/2003, não houvesse excessos a serem suprimidos. Essa questão só pode ser respondida pelo Supremo Tribunal Federal. A ele compete pronunciar-se quanto ao corte de remunerações, subsídios, proventos de aposentadoria e pensões, que vem sendo efetivado pelas entidades e órgãos públicos, visto que as emendas constitucionais em foco não foram declaradas inconstitucionais.

O administrador público, mesmo suspeitando da constitucionalidade de determinada lei, deve observá-la até que ela seja declarada inconstitucional, se for o caso.

Por esses motivos, deve-se entender que os tribunais nas suas funções administrativas devem promover a supressão do excesso remuneratório percebido pelos magistrados e pelos servidores públicos de seus quadros, sob pena de descumprirem normas constitucionais em pleno vigor. Mesma conduta deve ser adotada pelos poderes Legislativo e Executivo, pelo Ministério Público e pelos Tribunais de Contas.

---

[28] BANDEIRA DE MELLO. *Op. cit.*, p. 305.
[29] FERRAZ. *Op. cit.*, p. 223.

2.5.5 Eficácia do teto constitucional

No item anterior, já se falou da compatibilização das verbas remuneratórias, inclusive subsídio, proventos e pensão com o teto constitucional. Para melhor esclarecimento, retoma-se aqui o assunto.

A Resolução nº 13, de 21.3.2006, do Conselho Nacional de Justiça, estabelece no art. 1º que o teto remuneratório no âmbito do Poder Judiciário da União é o valor do subsídio dos ministros do Supremo Tribunal Federal. Esclarece-se que nos dois outros poderes da União o teto é o mesmo do Poder Judiciário. A resolução em referência se restringiu ao Poder Judiciário pelo fato de ele ser órgão de controle apenas do Judiciário. Como já foi dito, o subsídio dos magistrados compreende vencimentos, gratificações, adicionais, abonos, prêmios, verba de representação e vantagens de qualquer natureza. E a remuneração, que engloba todas essas vantagens remuneratórias, limita-se ao teto a que se submete a categoria de servidor.

O STF, no Mandado de Segurança nº 24.875-1, entretanto, decidiu que os ministros aposentados daquela corte, impetrantes, têm direito de receber a gratificação de 20% (vinte por cento) prevista no art. 184, III, da Lei nº 1.711/1952 no que exceder o teto, até que a diferença seja suprimida em virtude da majoração do subsídio dos ministros daquela Corte.

O referido mandado de segurança foi impetrado por três ministros aposentados do Supremo Tribunal Federal em face de ato administrativo do mesmo Tribunal que lhes suprimiu parcela de seus proventos relativa a 20% (vinte por cento) que percebiam a título de adicional por tempo de serviço. O corte, em cumprimento ao disposto no art. 9º da Emenda Constitucional nº 41/2003, reconheceu que a verba correspondente aos referidos 20% (vinte por cento) ultrapassava o teto remuneratório constitucional.

Os impetrantes alegaram, entre outros fundamentos, o "direito adquirido", a "segurança jurídica" e a irredutibilidade de remuneração. O Tribunal por maioria apertada, seis a cinco, concedeu a segurança parcial. O Tribunal não reconheceu o "direito adquirido" ao argumento de que não há direito adquirido a regime funcional e regime remuneratório. Reconheceu, entretanto, a irredutibilidade de vencimento. Assim, determinou que o excesso recebido em virtude do adicional de 20% seja contabilizado como vantagem pessoal congelada que se extinguirá com os aumentos gerais e anuais do subsídio dos ministros do Supremo Tribunal Federal nos termos do inc. X, art. 37 da Constituição Federal.

O Conselho Nacional de Justiça, conforme enunciado administrativo, publicado em 24.7.2006, esclareceu que as resoluções nº 13 e nº 14 do mesmo Conselho, referentes ao teto remuneratório previsto no art. 37, inc. XI, da Constituição da República, têm aplicação imediata a partir de junho de 2006. O enunciado resguarda a irredutibilidade de subsídio em conformidade com o art. 95, III, da Constituição da República.

O aludido art. 95 prescreve:

Os juízes gozam das seguintes garantias:
I - Vitaliciedade [...];
II - Inamovibilidade [...];

III - Irredutibilidade de subsídio, ressalvado o disposto nos arts. 37, X e XI, 39, §4º, 150, II, e 153, §2º, I.

Percebe-se que a irredutibilidade de subsídio, remuneração, proventos de aposentadoria, pensões e outras vantagens remuneratórias é garantida desde que não ultrapasse o valor do subsídio dos ministros do Supremo Tribunal Federal. Isto, para os agentes públicos federais. Os agentes estaduais, distritais e municipais estão sujeitos a subteto nos termos da parte final do texto do inc. XI, do art. 37, da Constituição da República.

No nosso sentir, a decisão do Supremo Tribunal Federal no mandado de segurança em foco contraria a Constituição da República, pois reconheceu aos ministros aposentados impetrantes o direito de, durante certo prazo, perceber vantagem remuneratória acima do limite permitido, conforme art. 37, XI, da Constituição da República, combinado com o art. 9º da Emenda Constitucional nº 41 e com o art. 17 do ADCT da mesma Constituição. Ou, então, o art. 17 não se aplica. E, não se aplicando, os aludidos 20% não poderiam ser congelados e, muito menos, suprimidos.

Entretanto, independentemente do mérito, a decisão deve ser cumprida. Afinal, cabe ao Supremo Tribunal Federal a última palavra nas contendas judiciais, de sua competência em grau recursal ou em ações julgadas por ele em única instância, como é o caso em espécie.

Segundo notícia divulgada pelo STF, aquela Corte, em sessão administrativa realizada no dia 30.6.2006, estendeu a mais seis ministros aposentados e a seis pensionistas o benefício concedido aos três ministros impetrantes do Mandado de Segurança nº 24.875-1. A referida notícia termina com o seguinte texto:

> O diretor-geral do Supremo [...] explicou que a vantagem mencionada, e estendida a mais 12 beneficiários, não supera hoje o teto remuneratório de R$24,5 mil. Assim, a medida implica apenas o ressarcimento dos valores retidos.

Veja-se que os ministros da ativa e os demais servidores ativos e inativos não foram beneficiados com a decisão administrativa, razão pela qual aos poderes não compete estender a seus servidores os benefícios da decisão no aludido mandado de segurança, visto que ele produz efeitos somente entre as partes.

O §11 do art. 37 da Constituição, introduzido pela EC nº 47 de 5.7.2005, exclui do teto as parcelas de natureza indenizatória previstas em lei. Logo, as demais vantagens pecuniárias, inclusive as denominadas vantagens pessoais, computam-se para o efeito do teto remuneratório, matéria já reconhecida pelo STF. É o entendimento da Corte, conforme ementa seguinte:

> EMENTAS: 1. Servidor Público. Sistema remuneratório e benefícios. Subteto salarial. Matéria objeto de repercussão geral reconhecida nos RE nº 476894 (Rel. Min. Gilmar Mendes, DJe de 22.10.2010) e RE nº 606.358 (Rel. Min. ELLEN GRACIE, DJe de 4.6.2010). Foi reconhecida repercussão geral de recursos extraordinários que tenham por objeto a constitucionalidade da incidência do abate-teto sobre salários e proventos de servidores públicos ativos e inativos e a inclusão de vantagens pessoais no teto remuneratório. 2. RECURSO. Extraordinário. Matéria objeto de repercussão geral reconhecida. Devolução dos autos à origem. Observância dos arts. 328, parágrafo único, do RISTF e 543-B do CPC. Reconsideração da decisão agravada.

Agravo regimental prejudicado. Reconhecida a repercussão geral da questão constitucional objeto do recurso extraordinário, devem os autos baixar à origem, para os fins do art. 543-B do CPC (STF – RE: 561375 SP, Relator: Min. Cezar Peluso, Data de julgamento: 14.8.2012, Segunda Turma, Data de publicação: Acórdão Eletrônico DJe 170, Public. 29.8.2012).[30]

A propósito, assevera Luciano Ferraz:

[...] No Supremo Tribunal Federal, encontram-se com repercussão geral reconhecida a inclusão das vantagens pessoais no teto estadual após a EC nº 41/2003 no RE nº 606.358, Rel. Min. Rosa Weber, e a possibilidade de aplicação do abate teto sobre o valor líquido dos vencimentos/proventos dos servidores, após o desconto do imposto de Renda, das contribuições previdenciárias e demais deduções legais, no RE nº 675.978, Rel. Min. Cármen Lúcia.[31]

Como visto, o STF reconheceu a constitucionalidade das referidas emendas constitucionais no que tange à redução da parcela de subsídio, remuneração, proventos e pensão que ultrapassar o teto constitucional. Entretanto, criou uma regra que não está prevista nas emendas, qual seja, a incidência do "abate teto" sobre o valor líquido percebido pelo agente da ativa ou na inatividade (valor bruto deduzido o imposto de renda, a contribuição previdenciária e outras deduções legais).

Essa orientação do STF, no nosso entender, não se amolda adequadamente ao comando constitucional, considerando que o subsídio dos ministros do Supremo Tribunal Federal tomado por teto é o bruto, e não o valor percebido depois de descontado o imposto de renda e a contribuição previdenciária. Assim, observando-se a orientação da Corte, inúmeros servidores públicos federais, estaduais, distritais e municipais estão ganhando mais que os ministros do STF.

2.5.6 Acumulação de proventos com pensão

As resoluções nº 13/2005 e nº 14/2005 do Conselho Nacional de Justiça dispõem, a primeira, sobre a aplicação do teto remuneratório da magistratura federal e, a segunda, sobre a aplicação do subteto da Magistratura estadual e dos servidores do Poder Judiciário.

As duas resoluções, interpretando os dispositivos constitucionais pertinentes, prescrevem as vantagens pecuniárias que se contêm no limite do teto e do subteto e as que podem ser percebidas além do teto. São as arroladas no art. 8º da Resolução nº 13/2005 e no art. 4º da Resolução nº 14/2005.

A Constituição Federal, art. 37, inc. XI, como dito antes, inclui no limite do teto e do subteto os proventos e as pensões. Os proventos de aposentadoria são acumuláveis com vencimento de novo cargo acumulável na ativa, com o de cargo em comissão ou, ainda, com pensão, desde que a soma das duas verbas não ultrapasse o teto a que se sujeita o interessado.

---

[30] BRASIL. Supremo Tribunal Federal. Servidor Público. Sistema remuneratório e benefícios. Subteto salarial. Matéria objeto de repercussão geral reconhecida nos RE nº 476894 (Rel. Min. Gilmar Mendes, *DJe*, 22.10.2010) e RE nº 606.358 (Rel. Min. Ellen Gracie, *DJe*, 4.6.2010). Disponível em: http://stf.jusbrasil.com.br/jurisprudencia/22288284/agreg-no-recurso-extraordinario-re-561375-sp-stf. Acesso em: 23 jul. 2014.

[31] FERRAZ. *Op. cit.*, p. 224.

Entretanto, o Conselho Nacional de Justiça, atendendo à consulta do Tribunal Superior do Trabalho, conforme Pedido de Providência nº 445, decidiu favoravelmente à percepção conjunta, por magistrado ou servidor, de pensão e remuneração, subsídio ou provento, sem a observância do teto, por se tratar de vantagem decorrente de regime previdenciário de natureza contributiva.

Nesse caso, observa-se o teto para cada verba, e não a soma das duas, em virtude da fonte da pensão. A decisão do CNJ fundamentou-se em decisão do Tribunal de Contas da União, Acórdão nº 2.079/2005 – Plenário/TCU.

As decisões, como visto, são de órgãos administrativos. Não fazem, portanto, coisa julgada, uma vez que a jurisdição brasileira é una nos termos do art. 5º, inc. XXXV, da Constituição Federal: "A lei não excluirá da apreciação do Poder Judiciário lesão ou ameaça a direito".

Os poderes por seus órgãos administrativos não estão, a princípio, sujeitos aos comandos do TCU e do CNJ nesse particular. Entretanto, se adotá-los, terão respaldo, na hipótese de questionamento judicial, considerando que os dois órgãos dos quais emanaram as decisões administrativas são investidos de poderes de controle externo.

2.5.7 Acumulação de proventos com vencimento de novo cargo

A Constituição Federal permite a percepção simultânea de proventos de aposentadoria e subsídio ou remuneração de outro cargo nos seguintes casos: quando o novo cargo ou cargo comissionado for de livre nomeação e exoneração previsto em lei; quando o novo cargo for acumulável na ativa com o que deu origem à aposentadoria; quando o cargo for eletivo; e em qualquer cargo se a investidura deu-se mediante aprovação em concurso público e tenha ocorrido até a data da publicação da Emenda Constitucional nº 20, de 15.12.98.

A vedação de acumulação e as três primeiras exceções estão previstas no art. 37, §10 da Constituição da República, com a seguinte redação:

> §10 É vedada a percepção simultânea de proventos de aposentadoria decorrentes do art. 40 ou dos arts. 42 e 142 com a remuneração de cargo, emprego ou função pública, ressalvados os cargos acumuláveis na forma desta Constituição, os cargos eletivos e os cargos declarados em lei de livre nomeação e exoneração.

A última exceção, qual seja, a investidura em qualquer cargo depois de uma aposentadoria, ocorrida antes da EC nº 20/1998, está prevista no art. 11 dessa emenda. O dispositivo estabelece que a proibição constante do §10 do art. 37 da Constituição da República não se aplica aos membros de poder e aos aposentados que tenham retornado a outro cargo, mediante concurso público de provas ou de provas e títulos e pelas demais formas previstas na mesma Constituição.

O aludido dispositivo, art. 11 da EC nº 20/98, veda a aposentadoria em mais de um cargo pelo regime próprio de que trata o art. 40 da Constituição. Essa regra não se aplica aos casos de cargos acumuláveis.

Em qualquer dos casos de acumulação de proventos ou de proventos e subsídio ou remuneração, a soma das duas verbas sujeita-se ao teto remuneratório de que tratam o inc. XI e o §11, ambos do art. 37 da Constituição Federal.

Nessa linha é o entendimento do Conselho Nacional de Justiça, atendendo à consulta formulada pelo presidente do Tribunal Regional do Trabalho da 18ª Região, Processo nº P. P. 729. A consulta refere-se à aplicação da Resolução nº 13/2006 do CNJ nas situações de dois juízes do Tribunal consulente, admitidos após aposentadoria em outro cargo público. Para melhor entendimento, transcreve-se a seguir os principais trechos do voto do relator, Conselheiro Paulo Schimidt:

> Voltando ao caso dos autos, considerada a realidade constitucional anterior à EC 41/2003, merece registro que aos juízes nominados e objeto da consulta foi assegurado o direito à percepção acumulada de proventos da inatividade com os vencimentos dos cargos de juiz do trabalho, de segundo e primeiro grau, respectivamente, uma vez que o reingresso desses nos quadros da magistratura trabalhista da 18ª Região se deu, mediante concurso público, antes da edição da EC 20/98. E o direito restou assegurado pelas seguintes decisões: RE 458.794-7-Goiás, Min. Pertence, e TST-RXOF-392.842/1997.6, Min. Mareia Cristina Peduzzi: [...]
>
> No caso em exame, pelo permissivo da regra de transição contida no art. 11 da EC 20/98 e nos termos das decisões judiciais transitadas em julgado já referidas, os dois juízes objeto da consulta do Tribunal tinham assegurado o direito à acumulação, o que de resto está aqui reconhecido. Confrontados o direito de acumulação assegurado pela regra transitória da EC 20/98 e limite de ganhos por ela mesma impostos, defronta-se este Conselho com a difícil tarefa de encontrar a decisão que melhor atenda ao interesse público, contrapondo, de um lado, o princípio da irredutibilidade – modalidade qualificada de direito e garantia individual –, e de outro, a regra expressa do §11 do art. 40 da CF, que sujeita ao teto a soma de proventos com subsídio de cargo ocupado de forma regular, nos termos da própria Constituição Federal.
>
> De outra banda, tendo-se em conta que o princípio da irredutibilidade é uma modalidade qualificada de direito adquirido, no dizer do Min. Pertence, penso ser desnecessário navegar por outros expressamente previstos na Carta Maior ou buscar inspiração na doutrina para invocar o princípio da proibição do retrocesso social. Na linha do que decidiu o STF, impõe-se a observância da irredutibilidade, mas não como princípio absoluto, de modo a que aos juízes a respeito dos quais consultou o TRT da 18ª Região, também se aplica o teto, impondo-se, todavia, regra de transição que conjugue tanto o direito à irredutibilidade quanto a sujeição da soma de proventos e subsídio ao teto. Desse modo, e respondendo a consulta formulada, reconheço assegurada a acumulação de proventos com subsídio, sendo que a soma deve encontrar limite no teto remuneratório de que trata o inc. XI do art. 37 da CF, assegurando-se o recebimento do excedente como verba remuneratória destacada e não sujeita a qualquer tipo de reajuste, majoração ou correção, até que seja absorvida pelas majorações futuras do subsídio.

A conclusão do CNJ, acima em parte transcrita, é semelhante à proferida pelo Supremo Tribunal Federal no Mandado de Segurança nº 24.875/DF, examinado acima. Contudo, a situação dos ministros impetrantes não guarda semelhança com a dos juízes do TRT da 18ª Região, objeto da decisão do Conselho.

A situação fática dos interessados, como visto, é a acumulação de proventos com subsídio de cargo de juiz em que foram investidos depois da aposentadoria em outro cargo público. Já a dos ministros do Supremo Tribunal Federal impetrantes é outra, muito diferente. Trata a espécie de ministros aposentados que recebiam proventos, cujo montante mensal incorporava a vantagem pecuniária correspondente a 20% dos então vencimentos, conforme prescrevia o art. 184, inc. II, da Lei nº 1.711/52 e mantido pela Lei nº 8.112, de 11.12.90, art. 192, II, até 10.12.1997, quando o benefício foi suprimido com a revogação do mencionado artigo pela Lei nº 9.527, de 10.12.97. A lei extintora do benefício produziu efeito a partir da data de sua publicação. De modo que os ministros beneficiados até a data da lei nova continuaram recebendo a pecúnia.

O Supremo Tribunal Federal, como visto, reconheceu o direito à irredutibilidade dos proventos, alicerçado no art. 37, inc. XV, da Constituição Federal que assegura a irredutibilidade de subsídio e de vencimentos dos ocupantes de cargo e emprego público.

Nesse caso, conforme explicado antes, destacou-se do valor dos proventos dos impetrantes a parcela excedente ao teto, correspondente aos mencionados 20%. Esse excedente se congela e extingue-se com os aumentos do teto remuneratório federal, em virtude das correções anuais, previstas na Constituição.

Na situação constante da consulta formulada pelo TRT da 18ª Região, os interessados percebem verbas autônomas distintas e sujeitas a reajustes normalmente anuais. Não há, no nosso entender, meio jurídico adequado e correto que possibilite congelar nem uma nem outra das duas pecúnias. A solução apropriada, em princípio, seria a percepção de uma das verbas integral e a outra parcialmente, apenas a diferença entre os proventos ou o subsídio e o valor do teto federal, subsídio do ministro do STF. De preferência o decote do excesso deve dar-se no subsídio ou no vencimento, considerando que essa verba é que ensejou o excedente do teto. Esse entendimento sustenta-se no art. 37, incs. XVI e XVII, e no art. 9º da EC nº 41/2003 conjugado com o art. 17 do ADCT. Entretanto, essa parece não ser a solução juridicamente ideal. Como justificar a hipótese, por exemplo, dos dois magistrados referidos na consulta do TRT da 18ª Região, percebendo subsídio parcial, pelo fato de serem aposentados em outro cargo público, enquanto seus colegas do mesmo grau recebem subsídio integral porque não acumulam com proventos. Os primeiros recebem apenas uma parcela equivalente à diferença entre o valor do cargo e o teto remuneratório da categoria. Há um princípio do Direito do Trabalho que se aplica na relação de trabalho estatutária, qual seja, igual função igual salário. Ora, se os dois magistrados exercem as mesmas funções dos outros, o subsídio de ambos não pode ser inferior. Essa situação, além de ofender regras da relação de trabalho, afronta a regra da proibição do enriquecimento sem causa. No caso em exame, a União é que estaria se locupletando ilicitamente.

Há aparente contradição entre dispositivos constitucionais: o art. 37, inc. XVI, permite, excepcionalmente, três hipóteses de acumulações permitidas: alíneas "a", "b" e "c"; o art. 38, inc. III, permite a acumulação de cargo público com um de vereador; o art. 95, parágrafo único, inc. I, permite acumulação de um cargo de magistrado com um de magistério; e o art. 128, inc. II, alínea "d", permite acumulação de um cargo de membro do Ministério Público com um de magistério.

Esses dispositivos na redação original não cogitavam de teto remuneratório. Em todas as situações de acumulações permitidas, o servidor recebia integralmente a remuneração de cada cargo que ocupava, sem se preocupar com o valor da soma das duas vantagens pecuniárias. Entretanto, as emendas constitucionais nº 19/98, nº 20/98 e nº 41/2003 estabelecem que, nos casos de acumulações permitidas, a soma das vantagens decorrentes da acumulação sujeita-se ao teto constitucional. Na hipótese de a soma ultrapassar o teto, o excedente deve ser glosado.

As inovações, nesse particular, introduzidas pelas citadas emendas constitucionais, colidem com as disposições dos artigos acima referidos, com a redação original. Ante esse conflito de regras prevalecem as emanadas do poder constituinte original ou as do poder derivado? A lógica é no sentido de que as primeiras se sobrepõem às segundas, e por isso não devem prevalecer. Se prevalecer esse entendimento, deve sujeitar-se ao teto cada vantagem pecuniária decorrente da acumulação, e não a soma de ambas. O Judiciário começa a caminhar nessa linha. O Superior Tribunal de Justiça, até 2011, vinha decidindo no sentido de que a soma das vantagens decorrentes das acumulações permitidas não poderia ultrapassar o teto constitucional. Entretanto, em 2012, o mesmo Tribunal iniciou entendimento em sentido oposto ao manifestado até então, conforme decisões no RMS nº 33.170/DF, relatadas pelo Ministro César Afonso Rocha, *DJ* de 7.8.2012, e RMS nº 38.682/ES, da relatoria do Ministro Herman Benjamim, *DJ* de 5.11.2012. As decisões em ambos os casos foram no sentido de que está sujeita ao teto cada verba, e não a soma delas. Essas decisões coadunam com o preceito constitucional promulgado pelo poder constituinte originário.

Sobre o tema, Luciano de Araújo Ferraz alerta:

> Em reforço, deve-se frisar que o direito à acumulação de cargos foi previsto pelo constituinte originário, enquanto o teto remuneratório (tal como hoje é compreendido) foi veiculado por Emenda à Constituição (EC nº 41/2003). Assim, diante da possível divergência interpretativa há de se reconhecer prevalência àquela que preserva o quanto possível a disciplina originária do Texto Constitucional, consoante leciona Norberto Bobbio.[32]

O assunto, como se vê, é polêmico; não há unanimidade na doutrina nem na jurisprudência. A hermenêutica constitucional deve se orientar no sentido da prevalência das garantias conquistadas com a promulgação da Constituição da República de 1988, no que se refere à matéria em foco, teto constitucional a que se sujeita o servidor que ocupa dois cargos acumuláveis.

2.5.8 Subteto

O teto remuneratório constitucional previsto na EC nº 20/98 teve abrangência nacional, inicialmente, vale dizer, o subsídio dos ministros do Supremo Tribunal Federal era teto para todos servidores públicos federais, estaduais, municipais e distritais. Todas as categorias, inclusive os agentes políticos, se submetiam a esse teto. A EC nº 41/2003 instituiu subteto para os servidores do Distrito Federal, dos estados e dos municípios.

Nos termos do inc. XI do art. 37 da Constituição, nos municípios o teto para os servidores públicos (excluídos os vereadores, os quais se submetem a regras próprias, já examinadas em outro tópico) é o subsídio do respectivo prefeito; nos estados, o subsídio do governador é teto para todos servidores do Poder Executivo; os servidores do Poder Legislativo têm por teto o subsídio do deputado estadual; e o teto dos servidores do Judiciário é o subsídio do desembargador do Tribunal de Justiça, que tem por limite

---

[32] FERRAZ. *Op. cit.*, p. 226.

máximo o valor correspondente a noventa inteiros e vinte e cinco centésimos por cento do subsídio dos ministros do Supremo Tribunal Federal. A esse mesmo limite sujeitam-se os membros do Ministério Público, os procuradores do estado e os defensores públicos. No Distrito Federal, o subsídio do governador é teto para os servidores do Poder Executivo; o subsídio dos deputados distritais é teto para os servidores da Câmara Legislativa e, no Poder Judiciário, os servidores distritais têm por teto o subsídio do desembargador distrital, cujo subsídio se sujeita ao mesmo limite a que se submetem os desembargadores estaduais.

2.5.9 Conclusão

A conclusão a que se chega é que as medidas constitucionais, aqui examinadas, são fundamentais para coibir os abusos remuneratórios que se praticam neste tão vasto e desigual país. Na prática, entretanto, a concretização das medidas encontra obstáculos de difícil transposição.

Entre eles a inércia de autoridades na tomada de decisão, liminares expedidas por alguns juízes, em nome do *direito adquirido*, da *irredutibilidade de vencimentos* e da *segurança jurídica*, suspendendo atos administrativos praticados em cumprimento ao comando constitucional.

Os princípios mencionados não poderão ser invocados se o art. 17 do ADCT tiver aplicação, na atualidade, por força do art. 9º da EC nº 41/2003. Caso se entenda que as regras transitórias não mais se aplicam nos dias de hoje, os cortes e os congelamentos que vêm sendo adotados pelos Tribunais, pelo CNJ e por órgãos administrativos são inconstitucionais, posto que a emenda constitucional não deve contrariar aludidos princípios.

Se adotado este último entendimento, então é forçoso concluir que o teto somente poderia ser aplicado aos agentes que ingressaram no serviço público após a publicação da Emenda Constitucional nº 19/98.

No nosso entendimento, reafirmando o que já se disse, o art. 17 do ADCT, embora transitório, terá vigência enquanto posto na ordem jurídica, desde que a situação por ele regrada ainda permaneça inalterada.

A aplicação do dispositivo constitucional em apreço não foi observada por ocasião da promulgação da Constituição Federal de 1988.

Por isso, parece-nos razoável a sua aplicabilidade ainda hoje, em obediência à prescrição do art. 9º da Emenda Constitucional nº 41/2003.

Veja-se, a seguir, ementa do acórdão relativo ao citado MS impetrado pelos ministros aposentados do Supremo Tribunal Federal:

> EMENTA: I. Ministros aposentados do Supremo Tribunal Federal: proventos (subsídios): teto remuneratório: pretensão de imunidade à incidência do teto sobre o adicional por tempo de serviço (ATS), no percentual máximo de 35% e sobre o acréscimo de 20% a que se refere o art. 184, III, da Lei 1711/52, combinado com o art. 250 da L. 8.112/90: mandado de segurança deferido, em parte. II. Controle incidente de constitucionalidade e o papel do Supremo Tribunal Federal. Ainda que não seja essencial à decisão da causa ou que a declaração de ilegitimidade constitucional não aproveite à parte suscitante, não pode o Tribunal – dado o seu papel de 'guarda da Constituição' – se furtar a enfrentar o problema

de constitucionalidade suscitado incidentemente (*v.g.* SE 5.206-AgR, 8.5.97, Pertence, RTJ 190/908; Inq 1915, 5.8.2004, Pertence, *DJ* 5.8.2004; RE 102.553, 21.8.86, Rezek, *DJ* 13.02.87). III. Mandado de segurança: possibilidade jurídica do pedido: viabilidade do controle da constitucionalidade formal ou material das emendas à Constituição. IV. Magistrados. Subsídios, adicional por tempo de serviço e o teto do subsídio ou dos proventos, após a EC 41/2003: argüição de inconstitucionalidade, por alegada irrazoabilidade da consideração do adicional por tempo de serviço quer na apuração do teto (EC 41/03, art. 8º), quer na das remunerações a ele sujeitas (art. 37, XI, CF, cf EC 41/2003): rejeição. 1. Com relação a emendas constitucionais, o parâmetro de aferição de sua constitucionalidade é estreitíssimo, adstrito às limitações materiais, explícitas ou implícitas, que a Constituição imponha induvidosamente ao mais eminente dos poderes instituídos, qual seja o órgão de sua própria reforma. 2. Nem da interpretação mais generosa das chamadas 'cláusulas pétreas' poderia resultar que um juízo de eventuais inconveniências se convertesse em declaração de inconstitucionalidade da emenda constitucional que submeta certa vantagem funcional ao teto constitucional de vencimentos. 3. No tocante à magistratura – independentemente de cuidar-se de uma emenda constitucional – a extinção da vantagem, decorrente da instituição do subsídio em 'parcela única', a nenhum magistrado pode ter acarretado prejuízo financeiro indevido. 4. Por força do art. 65, VIII, da LOMAN (LC 35/79), desde sua edição, o adicional cogitado estava limitado a 35% calculados sobre o vencimento e a representação mensal (LOMAN, art. 65, §1º), sendo que, em razão do teto constitucional primitivo estabelecido para todos os membros do Judiciário, nenhum deles poderia receber, a título de ATS, montante superior ao que percebido por Ministro do Supremo Tribunal Federal, com o mesmo tempo de serviço (cf. voto do Ministro Néri da Silveira, na ADIn 14, RTJ 130/475,483). 5. Se assim é – e dada a determinação do art. 8º da EC 41/03, de que, na apuração do 'valor da maior remuneração atribuída por lei [...] a Ministro do Supremo Tribunal Federal', para fixar o teto conforme o novo art. 37, XI, da Constituição, ao vencimento e à representação do cargo, se somasse a 'parcela recebida em razão do tempo de serviço' – é patente que, dessa apuração e da sua aplicação como teto dos subsídios ou proventos de todos os magistrados, não pode ter resultado prejuízo indevido no tocante ao adicional questionado. 6. É da jurisprudência do Supremo Tribunal que não pode o agente público opor, à guisa de direito adquirido, a pretensão de manter determinada fórmula de composição de sua remuneração total, se, da alteração, não decorre a redução dela. 7. Se dessa forma se firmou quanto a normas infraconstitucionais, o mesmo se há de entender, no caso, em relação à emenda constitucional, na qual os preceitos impugnados, se efetivamente aboliram o adicional por tempo de serviço na remuneração dos magistrados e servidores pagos mediante subsídio, é que neste – o subsídio – foi absorvido o valor da vantagem. 8. Não procede, quanto ao ATS, a alegada ofensa ao princípio da isonomia, já que, para ser acolhida, a argüição pressuporia que a Constituição mesma tivesse erigido o maior ou menor tempo de serviço em fator compulsório do tratamento remuneratório dos servidores, o que não ocorre, pois o adicional correspondente não resulta da Constituição, que apenas o admite – mas, sim, de preceitos infraconstitucionais. V. Magistrados: acréscimo de 20% sobre os proventos da aposentadoria (art. 184, III, da Lei 1.711/52, c/c o art. 250 da Lei 8.112/90) e o teto constitucional após a EC 41/2003: garantia constitucional de irredutibilidade de vencimentos: intangibilidade. 1. Não obstante cuidar-se de vantagem que não substantiva direito adquirido de estatura constitucional, razão por que, após a EC 41/2003, não seria possível assegurar sua percepção indefinida no tempo, fora ou além do teto a todos submetido, aos impetrantes, porque magistrados, a Constituição assegurou diretamente o direito à irredutibilidade de vencimentos – modalidade qualificada de direito adquirido, oponível às emendas constitucionais mesmas. 2. Ainda que, em tese, se considerasse susceptível de sofrer dispensa específica pelo poder de reforma constitucional, haveria de reclamar para tanto norma expressa e inequívoca, a que não se presta o art. 9º da EC 41/03, pois o art. 17 ADCT, a que se reporta, é norma referida ao momento inicial de vigência da Constituição de 1988, no qual incidiu e, neste momento, pelo fato mesmo de incidir, teve extinta a sua eficácia; de qualquer sorte, é mais que duvidosa a sua compatibilidade com a 'cláusula pétrea' de indenidade dos direitos e garantias fundamentais outorgados pela Constituição de 1988, recebida como ato constituinte originário. 3. Os impetrantes – sob o pálio da garantia da irredutibilidade de vencimentos –, têm direito a continuar percebendo o acréscimo de 20% sobre os proventos, até que seu montante seja absorvido pelo subsídio fixado em lei para o Ministro do Supremo Tribunal Federal. VI. Mandado de segurança contra ato do Presidente do Supremo Tribunal: questões de ordem decididas no sentido de não incidência, no caso, do disposto no art. 205, parágrafo único, e inciso II, do RISTF, que têm em vista hipótese de impedimento do Presidente do Supremo Tribunal, não ocorrente no caso concreto. 1. O disposto no parágrafo único do art. 205 do RISTF só se aplica ao Ministro Presidente que tenha praticado o ato impugnado e não ao posterior ocupante da Presidência. 2. De outro lado, o inciso II do parágrafo único do art. 205 do RISTF prevê hipótese excepcional, qual seja, aquela em que, estando impedido o presidente do STF, porque autor do ato impugnado, o Tribunal funciona com número par, não sendo possível solver o empate. (STF. MS nº 24.875-DF. Rel. Min. Sepúlveda Pertence, Tribunal Pleno, j. 11.5.2006. *DJ*, 6 out. 2006, p. 00033, Ement. v. 02250-02, p. 00284)

A matéria examinada neste subitem é bastante polêmica, como se pode perceber. De um lado, há os direitos subjetivos dos servidores ativos, inativos e pensionistas, além da irredutibilidade de remuneração, do direito adquirido e da segurança jurídica; de outro, há os abusos remuneratórios, aparentemente legais, visto terem sido previstos em regras jurídicas de constitucionalidade muitas vezes duvidosa.

3 Atribuição do órgão e vontade do agente

Já se disse antes que o órgão não atua por si só, depende da pessoa humana para realizar as suas atribuições conferidas por lei. A vontade do agente público, no exercício de suas funções, em razão do cargo que ocupa na Administração Pública, deve ser pautada nos limites da lei, mesmo quando age segundo a faculdade discricionária.

Dessa forma, o agente é o porta-voz do Estado, ou, dito de outra forma, o Estado atua por intermédio de seus agentes. Os deferimentos e os indeferimentos dos pedidos formulados pelos cidadãos, pelas entidades da iniciativa privada ou pelos próprios servidores à Administração devem ser fundados na legislação pertinente e nunca na vontade pessoal do agente quando manifestada em desacordo com a lei de regência.

Os atos administrativos, quando editados segundo a vontade pessoal do seu autor, em desacordo com o direito, são viciados e sujeitos ao desfazimento, em benefício do interesse público e observância dos princípios constitucionais da legalidade e da moralidade. O agente público que deixar de agir quando tem o dever de adotar determinada conduta pode ser punido, porque a omissão não está prevista como conduta que pode ser adotada, ressalvados os casos em que a omissão seja respaldada em motivação capaz de provar que, na situação fática, a conduta omissiva é benéfica em oposição à conduta comissiva.

CAPÍTULO 5

PODER DE POLÍCIA

Sumário: **1** Síntese da evolução do poder de polícia – **2** Outras considerações – **3** Conceito legal – **4** Fundamento – **5** Polícia administrativa e polícia judiciária – **6** Competência para exercer a polícia administrativa – **7** Discricionariedade e regramento – **8** Autoexecutoriedade – **9** Condições de validade do ato de polícia – **10** Modalidades de polícias por áreas de atuação – **11** Modalidades de sanções

1 Síntese da evolução do poder de polícia

Registra Oviedo[1] que, na Grécia antiga, o termo *politeia* significou a Constituição do estado ou da cidade. Era ordenamento de um regime político que prosperou durante a Idade Média. No final do século XIV, os termos *police* e *policité* foram considerados em França como equivalentes à ordem, prosperidade e segurança públicas que deviam ser perseguidas pela autoridade pública. Um século mais tarde, esse conceito de polícia foi adotado na Alemanha, e,

> a partir de entonces y a virtud del nacimiento del Estado absoluto, acusando un fuerte intervecionismo social, por ius politiae se entendió el Derecho reconocido al soberano de poder adoptar las medidas que estimase necesarias para la realización de la felicidad pública. Estado absoluto fué, así, igual a Estado de policía.[2]

Esse entendimento amplo sobre o conceito de polícia foi mais tarde refutado pelo movimento cultural que culminou com a Revolução Francesa de 1789.

Com a evolução e o passar do tempo, o Estado-Polícia (Estado *Gendarme*) sofreu restrições e, aos poucos, foi perdendo competências. Assim, os assuntos internacionais, os financeiros, a Justiça e a guerra passaram a ser tratados por órgãos próprios. A partir de então, passou a não ser mais polícia todo o negócio de Estado, mas apenas os assuntos próprios da Administração interna.

Inicialmente, a ideia não era apenas a de que a polícia fosse conservadora, mas também, perfeccionista, pois o bem-estar social era o seu propósito. Essa compreensão sofreu profundas restrições com o surgimento do Estado liberal. Defendeu-se, a

---

[1] GARCIA OVIEDO; MARTINEZ USEROS. *Derecho administrativo*, 3. ed., p. 617 *et seq.*
[2] GARCIA OVIEDO; MARTINEZ USEROS. *Op. cit.*, p. 618.

partir daí, que o Estado não deveria intervir na liberdade individual com o objetivo de promover o bem-estar. Esse não seria o papel do Estado, principalmente porque ao indivíduo foram reconhecidos direitos decorrentes diretamente da natureza humana. Ao Estado deveria reservar, tão somente, a polícia pertinente à segurança e à defesa.

Pontifica Oviedo que, na doutrina, foi Pütter o primeiro autor a defender a redução da polícia administrativa no campo de atuação com o seguinte pensamento: "Ea supremaee potestatis qua exercetur cura avvertendi mala futura in statu rei publicae interno in commune metuenda, dicitur politia. Promovendoe salutis cura proprie non est politiae".[3]

Após esse posicionamento doutrinário, surgiram três vertentes sobre o tema. A primeira defendia que toda atuação coativa do Estado era polícia. A segunda sustentava que polícia administrativa seria a ação administrativa voltada para prevenir a coletividade contra danos provocados por atos humanos e por fatos da natureza. A terceira e prevalecente entende ser polícia a ação da Administração asseguradora da boa ordem, em face dos perigos decorrentes da atuação da livre vontade humana.

Oviedo discorda da primeira, por entender que o conceito é demasiadamente amplo, visto que nem tudo que é coerção do Estado é polícia. São exemplos de obrigações que se excluem da polícia: serviço militar obrigatório, instrução primária obrigatória etc. O mesmo autor refuta a segunda corrente, afirmando que ela é conservadora, preocupando-se somente com os danos, sem indagar a origem ou os seus motivos causadores, mesmo os provocados pela natureza. Não se preocupam os defensores dessa linha de entendimento com a promoção do bem-estar social. As medidas relativas a fatos da natureza não são de polícia administrativa, mas de segurança ou de defesa. A polícia administrativa deve restringir-se aos fatos humanos. O autor entende que a última é a posição que prevaleceu, chegando aos dias atuais. É correto afirmar-se, contemporaneamente, que o poder de polícia atua na restrição ao exercício do direito de propriedade e da liberdade.

Os defensores do nacional-socialismo entendiam que o poder de polícia deve ser voltado para o contato com o cidadão, mandando, tutelando, dirigindo e aconselhando. Certamente, o poder de polícia não tem essa abrangência.[4] O seu papel primordial, na atualidade, em conformidade com o Estado de direito, limita-se a compatibilizar o exercício do direito de propriedade e o direito à liberdade.

2 Outras considerações

O Direito Positivo contemporâneo assegura direitos conhecidos como *individuais*, além dos coletivos. O exercício desses direitos é limitado pelo Direito. O limite do direito de um é o início do direito do outro e do interesse coletivo. A Constituição Federal de 1988, no art. 5º, declara vários direitos individuais, entre eles o de propriedade e o de liberdade. Ao garantir o direito de propriedade, a Constituição, logo em seguida, estabeleceu que a propriedade atenderá a sua função social (incs. XXII e XXIII do art. 5º). Esses preceitos constitucionais, em outros termos, prescrevem que o direito de

---

[3] GARCIA OVIEDO; MARTINEZ USEROS. *Op. cit.*, p. 619.
[4] GARCIA OVIEDO; MARTINEZ USEROS. *Op. cit.*, p. 622.

propriedade é garantido, mas que o seu exercício se condiciona ao interesse coletivo. Desse modo, o uso da propriedade não deve contrariar interesses coletivos ou difusos. Também o direito à liberdade não pode ser exercido ilimitadamente. Ele sofre, por isso, restrições. O seu titular deve reconhecer os seus limites estabelecidos em lei.

A despeito de a norma constitucional dispor quanto às limitações a que se submetem os titulares dos direitos individuais, a observância deles nem sempre se verifica. É preciso, com frequência, a intervenção do Estado, ora para inibir a atuação individual, ora para impor ação ao indivíduo com a finalidade de atender ao interesse social.

A doutrina registra divergências entre autores quanto ao objeto do poder de polícia. Entendem alguns que a interferência recai sobre os direitos de liberdade e de propriedade. Outros sustentam que ele persegue o exercício desses direitos. Celso Antônio Bandeira de Mello, a propósito, ensina:

> Convém desde logo observar que não se deve confundir liberdade e propriedade com direito de liberdade e direito de propriedade. Estes últimos são as expressões daqueles, porém, tal como admitidos em um dado sistema normativo. Por isso, rigorosamente falando, não há limitações administrativas ao direito de liberdade e ao direito de propriedade – é a brilhante observação de Alessi – uma vez que estas simplesmente integram o desenho do próprio perfil do direito. São elas, na verdade, a fisionomia normativa dele. Há, isto sim, limitações à liberdade e à propriedade.[5]

Na mesma linha de Celso Antônio Bandeira de Mello é a posição de Diogenes Gasparini, *in verbis*:

> Vê-se que essa atribuição não se presta a condicionar os direitos de liberdade ou de propriedade, como ensina, calcado em Alessi, Celso Antônio Bandeira de Mello [...]. As limitações, os condicionamentos, as restrições incidem sobre a liberdade e a propriedade, não sobre os respectivos direitos.[6]

Hely Lopes Meirelles, ao conceituar o poder de polícia, ensina que a restrição visa "condicionar e restringir o uso e gozo de bens, atividades e direitos individuais, em benefício da coletividade ou do próprio Estado".[7]

O poder de polícia é exercido em dois momentos, conforme ensina Celso Ribeiro Bastos. Num primeiro momento, ele é exercido pelo Legislativo, que edita a lei geral e abstrata, estabelecendo limites para o exercício do direito. No segundo momento, a Administração pode editar regulamentos estabelecendo critérios para a conduta do indivíduo nos limites fixados na lei e fiscalizar o exercício do direito nesses limites. Isso é exercício de poder de polícia. A Administração não restringe o direito, mas traça balizamentos já previstos na lei.[8]

A matéria é delicada. É difícil afirmar-se qual entendimento é o correto. Seria o que propugna pela limitação dos direitos de propriedade e de liberdade ou o que entende

---

[5] BANDEIRA DE MELLO. *Curso de direito administrativo*, 4. ed., p. 349.
[6] GASPARINI. *Direito administrativo*, 4. ed., p. 108.
[7] MEIRELLES. *Direito administrativo brasileiro*, 16. ed., *passim*.
[8] BASTOS. *Curso de direito administrativo*, p. 147.

tratar-se de restrição à propriedade e à liberdade? Considerando que a polícia administrativa é vista sob o ângulo da legislação e o do comportamento da Administração Pública, fiscalizando o exercício dos direitos em pauta, deve-se chegar à seguinte conclusão: o poder de polícia, visto do ângulo do Poder Legislativo, editando a lei, concedendo o direito com os limites que julgar necessários, ou apenas regulando direito já previsto na Constituição, é limitador do direito de propriedade ou do direito de liberdade. Da face da competência da Administração, o limite verifica-se quanto ao exercício dos direitos, impedindo que a conduta do titular do direito seja compatível com os limites estabelecidos na lei garantidora do respectivo direito. Em verdade, à Administração compete coibir os abusos praticados ou em vias de ser praticados. Nesses casos, imporá as sanções previstas na lei. A restrição a cargo da Administração, então, acontece só quando o direito for exercido fora dos limites estabelecidos na lei assecuratória ou regulamentadora do direito.

Cooly, segundo Meirelles, ensina:

> O poder de polícia (*police power*), em seu sentido amplo, compreende um sistema total de regulamentação interna, pelo qual o Estado busca não só preservar a ordem pública, senão também estabelecer para a vida de relações dos cidadãos aquelas regras de boa conduta e de boa vizinhança que se supõem necessárias para evitar conflito de direitos e para garantir a cada um o gozo ininterrupto de seu próprio direito, até onde for razoavelmente compatível com o direito dos demais.[9]

O poder de polícia pode ser visto no sentido amplo, como assevera Cooly no texto transcrito. Aqui, entretanto, dá-se mais ênfase ao aspecto mais restrito, voltado para concretude.

3 Conceito legal

O Código Tributário Nacional, no art. 78, define o poder de polícia assim:

> Considera-se poder de polícia a atividade da Administração Pública que, limitando ou disciplinando direito, interesse ou liberdade, regula a prática de ato ou abstenção de fato, em razão de interesse público concernente à segurança, à higiene, à ordem, aos costumes, à disciplina da produção e do mercado, ao exercício de atividades econômicas dependentes de concessão ou autorização do Poder Público, à tranqüilidade pública ou ao respeito à propriedade e aos direitos individuais ou coletivos.

Em face dessa definição legal, abrangente, clara e objetiva dispensa-se, neste trabalho, definição doutrinária. Entretanto, pode-se afirmar que poder de polícia, em sentido estrito, é a atribuição legal conferida à Administração Pública para, no exercício de suas competências (regrada ou discricionária), promover a fiscalização do exercício dos direitos de propriedade e de liberdade, com vista a evitar abusos em prejuízo da coletividade ou do Estado. Para isso, vale-se de seus meios próprios, nos limites da lei, para coibir os atos lesivos e impor sanções previstas em lei.

---

[9] MEIRELLES. *Direito administrativo brasileiro*, 16. ed., p. 111.

4 Fundamento

O fundamento do poder de polícia, na lição de Hely Lopes Meirelles,

> [...] é a supremacia geral que o Estado exerce em seu território sobre todas pessoas, bens e atividades, supremacia que se revela nos mandamentos constitucionais e nas normas de ordem pública, que a cada passo opõem condicionamentos e restrições aos direitos individuais em favor da coletividade, incumbindo ao poder público o seu policiamento administrativo.[10]

Do mesmo entendimento comunga Celso Antônio Bandeira de Mello, ao afirmar:

> O poder expressável através da atividade de polícia administrativa é o que resulta de sua qualidade de executora das leis administrativas. É a contraface de seu dever de dar execução a estas leis. Para cumpri-lo não pode se passar de exercer autoridade – nos termos destas mesmas leis – indistintamente sobre todos os cidadãos que estejam sujeitos ao império destas leis. Daí a supremacia geral que lhe cabe.[11]

Segundo Seabra Fagundes, a Administração Pública tem por função primordial aplicar a lei de ofício aos casos concretos. O Poder Legislativo edita as leis decorrentes do poder de polícia, condicionando a conduta dos indivíduos no exercício do direito de liberdade e do direito de propriedade. À Administração, em virtude da aludida supremacia geral, compete, na preservação e na defesa do interesse comum, fiscalizar a conduta individual em face dessas leis. Esse comportamento é o exercício da polícia administrativa.

Caminhando para o fechamento deste item, traz-se um ângulo da visão de Marçal Justen Filho sobre o poder de polícia:

> O poder de polícia compreende a utilização da força e a estruturação de um aparato estatal destinado à coerção dos particulares. Propicia a intervenção estatal na órbita individual e no âmbito subjetivo. Trata-se de limitar o exercício de liberdades, o que acarreta uma atividade estatal de grande potencial antidemocrático. Por isso, o poder de polícia se encontra sujeito aos princípios constitucionais e legais disciplinadores da democracia republicana. Não se admite que as competências de poder de polícia administrativa sejam utilizadas de modo antidemocrático.
>
> É indispensável condicionar a atividade de poder de polícia à produção concreta e efetiva da realização de direitos fundamentais e da democracia.[12]

Para o exercício do poder de polícia administrativa, a autoridade reveste-se de autoridade, mas, não de autoritarismo, sujeitando-se a procedimento próprio, observando os princípios da legalidade, do contraditório, da ampla defesa, da razoabilidade e da proporcionalidade.

Existem outras situações em que a Administração exerce poderes sobre pessoas, mas que não têm pertinência com a supremacia geral nem com o poder de polícia. São

---

[10] MEIRELLES. *Op. cit.*, p. 111.
[11] BANDEIRA DE MELLO. *Op. cit.*, p. 353.
[12] JUSTEN FILHO. *Curso de direito administrativo*, p. 286.

exemplos os servidores públicos e os concessionários de serviços públicos. Os primeiros vinculam-se à Administração em virtude do estatuto dos servidores. Os segundos, pelo instrumento contratual que rege a concessão. Nos dois casos, a Administração exerce poder de controle e de restrição de liberdade nos limites das respectivas normas. Tais limitações, como se vê, restringem-se a grupos ou pessoas determinados em virtude de contrato ou de lei específica, a estatutária.

A Constituição da República de 1988 impõe ao indivíduo restrições à propriedade e à liberdade. Essas limitações pertencem à esfera do poder geral de polícia. Entre tais dispositivos constitucionais, destacam-se o art. 5º em vários incisos, o art. 15 e os arts. 170 e 173.

As limitações impostas pelo Estado fundam-se na compreensão moderna sobre políticas públicas. Segundo essa visão, conferem-se aos indivíduos em geral o direito à liberdade e o direito à propriedade, mas o exercício destes direitos deve compatibilizar-se com o interesse coletivo. O uso abusivo da propriedade privada, como se admitiu no Direito romano, não é mais permitido. Reafirme-se, o direito continua. O seu exercício é que sofreu recortes ou limitações. Em nome do poder de polícia, a autoridade não pode suprimir direitos constitucionalmente garantidos, mas apenas condicioná-los de acordo com o interesse social. Afastando-se desses limites, a conduta do agente será arbitrária e o ato resultante, eivado de vício.

5 Polícia administrativa e polícia judiciária

O poder de polícia, a cargo da Administração Pública, é exercido por duas modalidades de polícias a saber: a polícia administrativa e a polícia judiciária. Os objetos dessas polícias são distintos. Cada qual persegue fim diferente. Alguns autores, na tentativa de definir as duas polícias, apresentam como traço diferenciador o fato de a polícia administrativa atuar preventivamente e a polícia judiciária agir repressivamente. Essa afirmação não é absoluta. Tanto uma quanto a outra podem se realizar atuando preventiva ou repressivamente. Em princípio, a polícia administrativa deve atuar mais no campo preventivo, procurando evitar o acontecimento lesivo ou incômodo ao interesse social. Nessa atividade e nessa fase, a Administração deve policiar, por exemplo, os estabelecimentos de comércio de gêneros alimentícios, orientando os comerciantes quanto à proibição de expor à venda produtos deteriorados ou impróprios para o consumo. Essa orientação, mesmo com ameaça de sanção, nem sempre encontra eco entre os comerciantes. Com frequência, os agentes encarregados dessa inspeção se deparam com mercadorias sendo vendidas sem as condições mínimas de higiene ou em condições não recomendáveis para o consumo humano (principalmente carnes em geral). Em casos assim, os agentes fiscais têm o dever de proceder à apreensão da mercadoria imprópria; podendo ainda aplicar multa e até fechar o estabelecimento nos casos de reincidência. Em qualquer dessas hipóteses, a polícia estará agindo repressivamente.

A polícia judiciária, exercida por corporações especializadas (polícia civil e polícia militar), atua, em princípio, repressivamente na perseguição de marginais ou atuando prisões de pessoas que praticaram delitos penais. Mas essa não é a função única da polícia judiciária. É a preponderante, é verdade, mas ela atua também na esfera preventiva, quando faz policiamento de rotina em regiões de risco, nos locais em que a prática de crime ou de contravenção é risco iminente. Mesmo nos casos de efetuação de prisões, ato de repressão, pode-se entender, em sentido mais abrangente, tratar-se de medida preventiva, considerando que ela evita a prática de outros crimes.

As diferenças básicas entre as duas polícias são as seguintes:

- *polícia administrativa* – atua por meio de agentes credenciados por diversos órgãos públicos, procurando impedir a prática de atos lesivos por infração a regras de Direito Administrativo; as sanções por ela aplicadas não compreendem a de privação da liberdade; a sua atuação não tem por finalidade colaborar com outros órgãos, mas realizar a sua missão independentemente dos desdobramentos futuros. O seu compromisso é zelar pela boa conduta dos indivíduos em face das leis e dos regulamentos administrativos em relação ao exercício do direito de propriedade e de liberdade. Enfim, a polícia administrativa preocupa-se com o comportamento antissocial;
- *polícia judiciária* – a polícia judiciária funciona como suporte ao Judiciário e ao sistema de repressão contra o crime. Ela atua valendo-se de órgãos próprios, como exemplo, Secretaria de Segurança Pública. Seus agentes são policiais civis e militares. Tem por objeto o indivíduo infrator da lei penal. Ela se pauta nas normas do direito processual penal. A sua atividade deve ser entendida como meio subsidiário ao aparelhamento judicial penal na atividade-fim de apenar os criminosos e os contraventores. Em suma, a preocupação da polícia judiciária é com a repressão ao crime.

Celso Antônio Bandeira de Mello apresenta a seguinte distinção entre as duas modalidades de polícia: "O que efetivamente aparta Polícia Administrativa de Polícia Judiciária é que a primeira se predispõe unicamente a impedir ou paralisar atividades antissociais enquanto a segunda se pré-ordena à responsabilização dos violadores da ordem jurídica".[13]

Celso Ribeiro Bastos conclui sua análise sobre as polícias em foco, afirmando:

> Por outro lado, diferenciam-se ainda ambas as polícias pelo fato de que o ato fundado na polícia administrativa exaure-se nele mesmo. Dada uma injunção, ou emanada uma autorização, encontra-se justificados os respectivos atos, não precisando ir buscar seu fundamento em nenhum ato futuro. A polícia judiciária busca seu assento em razões estranhas ao próprio ato que pratica. A perquirição de um dado acontecimento só se justifica pela intenção de futuramente submetê-lo ao Poder Judiciário. Desaparecida esta circunstância, esvazia-se igualmente a competência para a prática do ato.[14]

Resumindo a lição de Celso Ribeiro Bastos, pode-se afirmar que a polícia administrativa é fim em si mesmo, identifica a ocorrência de ilícito administrativo e aplica a correspondente sanção independentemente do Judiciário, enquanto a polícia judiciária

---

[13] BANDEIRA DE MELLO. *Op. cit.*, p. 359.
[14] BASTOS. *Op. cit.*, p. 153.

tem por objeto apurar infrações penais, identificar a autoria e encaminhar ao Judiciário, por meio do Ministério Público, para processar e julgar.

6 Competência para exercer a polícia administrativa

Inicialmente, é oportuno registrar que só a Administração direta, nas quatro esferas da Administração Pública, e as autarquias são dotadas de competência para exercer a polícia administrativa. Hoje, as fundações de direito público, por terem natureza autárquica, podem, a nosso ver, desempenhar essa função. As demais entidades integrantes da Administração indireta e as concessionárias de serviços públicos não se revestem de competência para exercer a polícia administrativa. Entretanto, o Supremo Tribunal Federal – Plenário, em sessão virtual, encerrada em 23.10.2020, decidiu, no julgamento do Recurso Extraordinário (RE) nº 633.782, por maioria, que é constitucional a delegação da atividade de policiamento de trânsito à Empresa de Transporte e Trânsito de Belo Horizonte – BHTrans, inclusive aplicação de multas. Trata-se de empresa de economia mista. À decisão foi dado o efeito de repercussão geral.[15] Essa decisão conduz ao entendimento de que as empresas públicas e as sociedades de economia mista podem ser delegatárias do exercício do poder de polícia, por meio de leis específicas, no desempenho das respetivas atribuições estabelecidas pela lei autorizativa de criação delas.

Resta saber, no caso concreto, de quem é a competência para o exercício da polícia administrativa. A regra prevalecente e não contestada é a de que a legitimidade para o exercício dessa atividade é da entidade competente para legislar sobre a matéria. Assim, se a matéria objeto da polícia for de regulamentação atribuída à União, compete-lhe exercer a fiscalização. Exemplo: trânsito e transporte são matérias cuja competência para legislar é da União (art. 22, XI, da Constituição Federal de 1988). É da União, portanto, a competência para exercer a fiscalização do trânsito e transportes federais. Aos estados e municípios compete legislar sobre transporte coletivo nos limites constitucionais. É do município também, além de outras, a competência para legislar sobre políticas urbanísticas observada a legislação federal, em especial o Estatuto da Cidade. A ele, naturalmente, cabe, no exercício de polícia, controlar e fiscalizar o transporte coletivo e as construções urbanas. O mesmo ocorre com o estado-membro em relação às matérias sobre as quais lhe compete legislar.

Há casos, entretanto, em que determinada matéria ou atividade pode sujeitar-se à polícia exercida até pelas três esferas, simultaneamente, sem sobreposição. Citam-se dois exemplos de atuação da União e do município, em matéria de polícia: comércio e atividade bancária. A Constituição reserva à União a exclusividade para legislar sobre o comércio e sobre a atividade bancária. Por isso, a ela compete fiscalizar o exercício do comércio e o exercício da atividade bancária. Entretanto, a mesma Carta confere ao município competência para legislar sobre assuntos de interesse local (art. 30, I). Ao município compete, então, legislar sobre os horários de funcionamento do comércio e dos bancos na respectiva sede. Consequentemente, é do município a atribuição de fiscalizar as duas atividades, quanto ao cumprimento dos horários de funcionamento.

---

[15] Disponível em: https://portal.stf.jus.br/noticias/verNoticiaDetalhe.asp?idConteudo=454211&ori=1. Acesso em: 23 dez. 2022.

Não sendo pessoa política, a autarquia não edita, obviamente, o direito. As normas jurídicas a que se submete são as editadas pela entidade que a instituiu. Embora não legisle sobre matéria alguma, pode ser credenciada a exercer o poder de polícia, na área de sua atuação, mediante delegação da pessoa que detém a competência originária, mediante lei específica. É o caso do Departamento Nacional de Transportes Terrestres, que fiscaliza o trânsito e o tráfego nas rodovias federais e do Ibama, em relação ao meio ambiente e recursos naturais renováveis.

7 Discricionariedade e regramento

O poder de polícia, na maioria dos casos, é exercido sobre o impulso do poder discricionário. Ao editar a norma jurídica sobre matéria sujeita ao poder de polícia, o legislador nem sempre dispõe de meios e condições que lhe permita regrar, de maneira explícita e objetiva, o comportamento do agente público ante a situação concreta. Nesses casos, que são a maioria, ao agente é, pela lei, conferida liberdade discricionária para, de acordo com a conveniência ou oportunidade, optar pela atuação da polícia administrativa. Desse modo, a fiscalização do comércio de gêneros alimentícios ou da pesca, por exemplo, é feita de acordo com a escolha, meios e condições estabelecidos pelo órgão ou entidade encarregados do mister. A Administração Pública deve, no exercício dessa faculdade discricionária, estabelecer a periodicidade e a extensão do exercício do poder de polícia, levando em consideração vários fatores, entre eles o mais importante: o interesse público. A discricionariedade, como se verá em outro tópico, não é absoluta. A liberdade do agente cinge-se a motivos e finalidade de acordo com a vontade da lei, ainda que implícitos.

Existem casos, entretanto, em que o comportamento do agente encarregado do poder de polícia vem regrado na lei que disciplina a matéria. Nesses casos, não há escolha. O agente está jungido à conduta prescrita na lei. É exemplo dessa vinculação a polícia que cuida das edificações civis na zona urbana. A expedição do alvará de construção, instrumento materializador da licença para construir, de competência do município, é obrigatória, se o interessado atender às condições e às exigências emanadas da lei e do regulamento. Nessa hipótese, o poder de polícia é vinculado ou regrado. O agente não encontra espaço para escolha. O mesmo acontece nos casos de licenciamento para localização comercial.

8 Autoexecutoriedade

Normalmente, a execução dos atos jurídicos, nos casos de conflitos, faz-se por intermédio do Poder Judiciário. O indivíduo não tem poder para, diretamente, executar os atos de seu interesse, a não ser em casos excepcionais, previstos no Código Civil brasileiro. Os atos administrativos em geral podem, na maioria, ser executados pela Administração sem a interferência do Poder Judiciário. Os atos decorrentes do poder de polícia inserem-se entre os autoexecutáveis. A regra, não absoluta, é a de que a Administração impõe os atos decorrentes do poder de polícia e os executa, diretamente, sem a colaboração do Judiciário. Hely Lopes Meirelles entende que apenas em casos excepcionais a Administração deve recorrer ao Poder Judiciário. São dele as seguintes palavras:

> Com efeito, no uso desse poder, a Administração impõe diretamente as medidas ou sanções de polícia administrativa, necessárias à contenção da atividade anti-social, que visa obstar. Nem seria possível condicionar os atos de polícia à aprovação prévia de qualquer outro órgão ou Poder estranho à Administração. Se o particular se sentir agravado em seus direitos, sim, poderá reclamar, pela via adequada, ao Judiciário, que intervirá para a correção de eventual ilegalidade administrativa ou fixação de indenização que for cabível.[16]

A posição do citado autor, quanto a essa particularidade, é bastante abrangente em favor da prerrogativa da Administração Pública para executar os próprios atos. A maioria dos autores, entretanto, é mais cautelosa quanto a essa liberdade ou poder. Entre os que pensam dessa forma, destacam-se Celso Antônio Bandeira de Mello e Celso Ribeiro Bastos. Esses autores sustentam que a autoexecutoriedade, se necessária, deve ser praticada nos limites indispensáveis à consecução do objetivo. Fora disso, será desmando, arbitrariedade ou abuso de poder. Os dois autores afirmam que só em três casos a autoexecutoriedade do ato de polícia pode ser realizada. Na palavra de Celso Antônio, são as seguintes:

> Todas estas providências, mencionadas exemplificativamente, têm lugar em três diferentes hipóteses:
> a) quando a lei expressamente autorizar;
> b) quando a adoção da medida for urgente para a defesa do interesse público e não comportar as delongas naturais do pronunciamento judicial sem sacrifício ou risco para a coletividade;
> c) quando inexistir outra via de direito capaz de assegurar a satisfação do interesse público que a Administração está obrigada a defender em cumprimento à medida de polícia.[17]

São exemplos de situações que permitem a autoexecução dos atos de polícia, sem a interveniência do Poder Judiciário: apreensão de gêneros alimentícios postos à venda em condições impróprias para o consumo; fechamento do estabelecimento ou até a cassação da respectiva licença para o exercício do comércio nos casos de reiteração do ilícito, além de aplicação de multa; apreensão de equipamentos de pesca, se estiverem em desacordo com as especificações estabelecidas em lei ou regulamento, ou em épocas em que a pesca esteja proibida; apreensão de peixes pescados de tamanho menor do que o permitido; demolição de prédio que, em razão de sua ruína, esteja pondo em risco a segurança de prédio vizinho ou de pessoas; reboque de veículo que esteja obstruindo o trânsito ou estacionado em lugar proibido; impedimento de venda de bebidas alcóolicas em determinados locais ou dias; imposição de multas em virtude de desmatamento sem prévia autorização ou em virtude de poluição, entre outras.

Em todos os casos de atuação executória da Administração, ao particular que se julgar prejudicado com a medida é facultado ingressar em juízo pleiteando a anulação

---

[16] MEIRELLES. *Op. cit.*, p. 115.
[17] BANDEIRA DE MELLO. *Op. cit.*, p. 366.

do ato ou a reparação, se este foi editado em desacordo com o direito. Compete ao interessado, nesse caso, o ônus da prova. Ele terá de provar o vício do ato atacado.

A cobrança de multa ou de outra vantagem pecuniária não se opera diretamente pela Administração. Nesses casos, não se aplica a autoexecutoriedade. É indispensável a audiência do Poder Judiciário. Não havendo concordância do devedor em pagar, na via administrativa, o recurso à Justiça é condição indispensável para compeli-lo a cumprir a obrigação imposta pela autoridade no exercício da polícia administrativa.

9 Condições de validade do ato de polícia

Os atos decorrentes do poder de polícia são jurídicos da especialidade "ato administrativo" e estão sujeitos às mesmas condições de validade dos atos administrativos em geral. A observância dos cinco elementos – competência, objeto, forma, finalidade e motivo – é obrigatória. A falha ou defeito em qualquer um deles impõe a anulação do ato por vício. Essa anulação pode se dar: a) pela Administração, de ofício ou por requerimento da parte interessada; b) pelo Judiciário, sempre mediante provocação da parte interessada.

Outra condição de validade do ato é a proporcionalidade entre a restrição imposta ao particular e o benefício social pretendido, e também a proporcionalidade entre o dano causado pelo infrator da norma administrativa e a sanção imposta ao agente. A desproporcionalidade no comportamento de polícia da Administração, quanto aos citados aspectos, implica a nulidade do ato. Hely Lopes Meirelles cita outro caso em que a desproporcionalidade é responsável pela nulidade do ato de polícia: "Desproporcionalidade é também o ato de polícia que aniquila a propriedade ou a atividade, a pretexto de condicionar o uso do bem ou de regular a profissão".[18]

10 Modalidades de polícias por áreas de atuação

A polícia administrativa é especializada por área de atividade econômica ou em virtude de defesa ou preservação da natureza ou do meio ambiente. De acordo com esses pressupostos básicos há as seguintes polícias, entre outras:

a) de trânsito – tem por finalidade disciplinar, controlar e fiscalizar o trânsito de veículos automotores, coibindo os abusos de motoristas; a circulação de veículos inadequados mecanicamente ou quanto a equipamentos obrigatórios ou que estejam desenvolvendo velocidade acima da permitida. Essas medidas visam à segurança e à tranquilidade dos passageiros e dos pedestres e também dos animais domésticos e silvestres no meio rural;

b) de caça e pesca – visa à compatibilização da atividade pesqueira com a preservação dos animais, principalmente daqueles cuja espécie está em extinção. Nesse caso, a pesca e a caça são proibidas. Na época da piracema, a pesca é proibida, por ser a época da fecundação das fêmeas. Mesmo nas épocas e locais em que a pesca é permitida, é proibida a pesca de alevino, filhotes de peixe. A

---

[18] MEIRELLES. Op. cit., p. 119.

caça e a apreensão dos animais terrestres, inclusive os bípedes e os répteis, são proibidas em quase todo o território brasileiro. No âmbito federal, essa espécie de polícia é exercida pelo Instituto Brasileiro do Meio Ambiente (Ibama). Os estados têm os seus órgãos próprios de polícia nessa área, que atuam concorrentemente com o Ibama. Em Minas Gerais, são a autarquia Instituto Estadual de Floresta e a Polícia Militar por meio de uma corporação denominada Polícia do Meio Ambiente;

c) florestal – voltada para a preservação da cobertura florestal existente no território nacional. Essa polícia procura manter o equilíbrio ecológico por meio do controle do desmatamento e do incentivo ao florestamento com plantas nativas ou com as chamadas econômicas, estas cultivadas com o objetivo principal de atender às siderurgias como fonte energética. É exemplo de floresta econômica e homogênea a formada por eucalipto e pinos. Essa espécie de polícia é de competência, no plano federal, do Ibama e do Instituto Chico Mendes. No Estado de Minas Gerais, são o Instituto Estadual de Floresta e a Polícia Militar do Meio Ambiente;

d) sanitária – cuida da fiscalização da produção e da comercialização de alimentos em geral e medicamentos, visando impedir a venda de produtos impróprios para o consumo, com a finalidade precípua de preservar a saúde pública. A polícia sanitária é exercida pelos quatro entes da Federação, por exemplo, o abate de animal para fins de carne é fiscalizado pelo Ministério da Agricultura, Pecuária e Abastecimento em abatedouro legalizado, se a carne dos animais ali abatidos for vendida em mais de um estado-membro; pelo estado, se a carne for comercializada em dois ou mais municípios, e pelo município, se a carne for comercializada apenas na sua circunscrição. As compotas, os embutidos, os enlatados, as conservas, os vinhos e outras bebidas são fabricados sob a inspeção do Serviço de Inspeção Federal (SIF), órgão do Ministério da Agricultura. O comércio desses produtos no atacado e varejo é inspecionado pelo estado e pelo município.

e) dos costumes – visa impedir comportamentos obscenos ou contrários aos costumes locais. A despeito da evolução dos costumes e dos valores morais, experimentada nos últimos anos, ainda há espaço para a plena atividade de polícia nesse particular. Antigamente, não se permitiam beijos ardentes entre casais de namorados em logradouro público. Hoje, os beijos sensuais, praticados em vias públicas, são perfeitamente tolerados pela sociedade. Assim, não há motivos para o Estado, no uso do poder de polícia, proibir tal comportamento. Entretanto, apesar da evolução dos costumes e da liberalidade conquistada, a sociedade não tolera a prática de sexo explícito nas vias públicas. Também não se admitem pessoas transitando nuas pelas ruas. Nesses dois casos e noutros não citados, a polícia administrativa atua preventiva e repressivamente, autuando e recolhendo os casais que forem encontrados praticando atos contrários aos costumes em logradouro público;

f) edilícia – de competência do município e do Distrito Federal, é voltada para o controle e fiscalização das construções civis no perímetro urbano. Essa medida objetiva garantir ao cidadão melhor qualidade de vida. Para isso, determina-se a observância de espaço entre uma edificação e outra, o afastamento delas em relação à testada do lote, o gabarito máximo, o zoneamento por área de destinação das construções, entre outras limitações. A legislação básica para o exercício dessa modalidade de polícia são o art. 182 da Constituição da República, Lei Federal nº 6.766, de 19.12.1979, Lei Federal nº 10.257, de 10.7.2001 (Estatuto das Cidades), lei orgânica do município, plano diretor, lei municipal sobre parcelamento, uso e ocupação do solo urbano. Esse conjunto de leis, os regulamentos e os atos administrativos implementadores visam proporcionar aos habitantes das cidades melhor qualidade ambiental e de vida;

g) funerária – que se encarrega da manutenção de cemitérios, de casas funerárias, transporte e sepultamento ou cremação de corpos humanos. Para isso, a prefeitura do município mantém cemitérios e velórios próprios ou por meio da iniciativa privada mediante contrato de concessão. A loja funerária é, normalmente, explorada por empresas privadas, mediante concessão. Em todos os casos, o exercício do poder de polícia é exercido por órgão próprio da prefeitura.

11 Modalidades de sanções

Norma jurídica sem sanção não é, normalmente, observada. A mesma regra aplica-se ao poder de polícia. Se ele não for adequadamente aparelhado para impor sanções nos casos cabíveis, de nada valerá o esforço da Administração na missão de coibir os comportamentos antissociais. Por esses motivos a legislação de polícia prevê diversas modalidades de sanções a serem impostas aos indivíduos e às entidades desrespeitadoras das regras impostas pelo Poder Público em razão do poder de polícia. As sanções têm, normalmente, caráter intimidatório e natureza puramente punitiva. Há, entretanto, casos em que a imposição visa evitar danos a pessoas ou a objetos. As principais sanções previstas no sistema jurídico brasileiro são:

a) multa – estabelecida no caso concreto, de acordo com a extensão da infração e critérios discricionários da autoridade competente;
b) demolição de construção – esta ocorre nos casos de prédios em ruína ou em situação em que esteja expondo a vizinhança ou os transeuntes em risco, ou na hipótese de construção clandestina ou em desacordo com o projeto aprovado pela prefeitura;
c) interdição de atividade – essa sanção é imposta principalmente quando o autuado está fabricando ou vendendo produtos inadequados ao consumo ou à finalidade a que se destinam. A interdição, em regra, é por prazo determinado ou até a normalização da atividade;
d) fechamento de estabelecimento – modalidade sancionatória que se verifica nos casos de reincidência reiterada ou de fabrico ou comércio de produtos proibidos por nocivo à saúde, ou em outros casos de atividades ilícitas;
e) destruição de objetos – quando inadequados ou impróprios à sua finalidade, por motivos técnicos ou proibição. Exemplo é a incineração de redes e outros

equipamentos de pescaria apreendidos por estarem fora dos padrões e especificações estabelecidos pelo órgão responsável pela polícia da pesca;
f) inutilização de gêneros – esta hipótese ocorre quando o comerciante for flagrado vendendo alimentos *in natura* ou industrializados, em condições impróprias para o consumo. Exemplos: carne deteriorada, arroz e feijão carunchados, frutas e legumes passados;
g) proibição do exercício do comércio de certos produtos;
h) proibição de instalação de indústria ou de comércio em determinada região ou local – essa medida visa à preservação do meio ambiente e à boa qualidade de vida, na zona urbana, principalmente.

Todas as sanções referidas acima, bem como outras não arroladas, devem estar previstas em lei, e a imposição delas depende de prévio procedimento administrativo adequado em conformidade com cada caso. Diversas são, como visto, autoexecutáveis, independentemente da participação do Judiciário. Em qualquer caso, aquele que sofreu o ônus decorrente da sanção tem o direito de recorrer à Justiça, se se julgar prejudicado com a medida. Esse direito é assegurado no art. 5º, XXXV, da Constituição Federal, que garante a apreciação pelo Judiciário de toda e qualquer lesão ou a ameaça de direito. O ônus da prova é do particular que investe contra o ato, em virtude do atributo de legitimidade de que goza o ato administrativo.

CAPÍTULO 6

ATO ADMINISTRATIVO

Sumário: 1 Fato jurídico – **2** Ato jurídico – **3** Ato administrativo e fato administrativo – **4** Distinção entre ato administrativo e ato jurídico civil – **5** Síntese conclusiva – **6** Conceito de ato administrativo – **7** Requisitos do ato administrativo – **8** Classificação dos atos administrativos – **9** Espécies de atos administrativos – **10** Atributos do ato administrativo – **11** Discricionariedade – **12** Desfazimento ou retirada de atos administrativos

Antes de adentrar o tema, convém recordar, em breves linhas, as definições de fato jurídico e de ato jurídico, para melhor compreensão da matéria.

1 Fato jurídico

1.1 Conceito

Fatos jurídicos, em sentido amplo, são acontecimentos indispensáveis ao nascimento e à extinção da relação jurídica. A ocorrência do fato é condição essencial à realização do direito. A manifestação da vontade não é indispensável para a verificação do fato jurídico. Em alguns casos, ele se manifesta independentemente da vontade. Exemplo, o nascimento.[1]

1.2 Classificação

Os fatos jurídicos classificam-se em dois grandes grupos: acontecimentos naturais e ações humanas. Do primeiro grupo destacam-se os acontecimentos ordinários e os acontecimentos extraordinários. Acontecimentos naturais ordinários são aqueles dotados de valor que interessa ao direito. São exemplos: o nascimento, a morte e o transcurso do tempo. Esses acontecimentos independem da vontade do homem. Têm repercussão jurídica porque o Direito lhes conferiu essa qualidade. Os acontecimentos naturais extraordinários não produzem efeitos jurídicos. Exemplo: o caso fortuito (o terremoto e a inundação).

---

[1] LIMA. *Curso de direito civil brasileiro*, 4. ed., v. 1, p. 270-271.

O segundo grupo compreende as condutas humanas comissivas ou omissivas de efeito jurídico, voluntária ou involuntária, atos jurídicos *lato sensu*.

2 Ato jurídico

Ato jurídico, na definição do Código Civil de 1916 (art. 81), é "todo ato lícito, que tenha por fim imediato adquirir, resguardar, transformar, modificar ou extinguir direito". O Código Civil de 2002 não trouxe artigo correspondente. Mas pode-se afirmar que o ato jurídico, decorrente da livre manifestação da vontade, é lícito e válido quando, para a sua edição, verifica-se a ocorrência dos seguintes requisitos: agente capaz, objeto lícito e forma prescrita ou não defesa em lei. A inobservância dessas condições conduz à prática de atos ilícitos.

César Fiuza define assim o ato jurídico, em conformidade com o Código Civil de 2002:

> Sem entrar em maiores discussões acadêmicas, que, de resto, não cabem no presente trabalho, podemos dizer que ato jurídico é todo fato jurídico humano. É, assim, toda ação ou omissão do homem, voluntária ou involuntária, que cria, modifica ou extingue relações ou situações jurídicas.
>
> Ato jurídico, nesse sentido amplo (*lato sensu*), admite três espécies, a saber, atos jurídicos em sentido estrito (*stricto sensu*), negócios jurídicos e atos ilícitos.[2]

Ato lícito é aquele que não contraria dispositivo legal e depende sempre de ação comissiva para a sua edição. O ilícito decorre de comportamento omissivo ou de ação comissiva em desacordo com o Direito.

3 Ato administrativo e fato administrativo

A Administração Pública, no sentido geral, edita três tipos fundamentais de atos jurídicos: lei, sentença e ato administrativo. Pela lei, o Poder Legislativo materializa a sua principal atividade. O Poder Judiciário faz o mesmo por meio da sentença. O ato administrativo é o meio pelo qual a Administração Pública estrita exterioriza o seu comportamento no exercício das atribuições que lhe competem. Desse modo, o ato administrativo está para a Administração Pública assim como a sentença está para o Judiciário e a lei para o Legislativo.

O ato administrativo é, pois, modalidade de ato jurídico, editado pela Administração no desempenho das competências conferidas pela Constituição. Nem todos os atos emanados da Administração são considerados atos jurídicos. Os autores denominam esses atos não jurídicos de fatos administrativos ou atos materiais da Administração. Eles não produzem efeitos jurídicos, a não ser por via indireta, nos casos de danos. São exemplos: abertura de vala para a canalização de água e esgoto, a construção de vias públicas, a construção de prédios públicos, o ministério de aulas por professor de

---

[2] FIUZA. *Direito civil*, 7. ed., p. 158.

escolas públicas, o atendimento por médico de órgão público de saúde, a construção e manutenção de rede de transmissão e distribuição de energia.³

Celso Antônio Bandeira de Mello registra três modalidades de atos da Administração que não são atos administrativos: a) os regidos pelo Direito Privado, por exemplo, o de locação de prédio para a instalação de repartição pública e aquisições. A compra e venda e a locação regem-se pelo Direito Comercial e pelo Direito Civil. As condições e restrições impostas pela Administração não têm o poder de mudar a natureza do ato; b) os atos materiais, que nem jurídicos são, mas apenas fatos administrativos; c) os atos políticos ou de governo. Tais atos, ensina, são emanados das autoridades investidas do poder discricionário, no sentido mais amplo possível. São exemplos desses atos políticos, segundo o autor em referência: o indulto, a iniciativa de lei pelo Executivo, a sanção e veto de proposição de lei.⁴

Hely Lopes Meirelles pontua quanto ao fato administrativo:

> Fato administrativo é toda realização material da Administração, em cumprimento de alguma decisão administrativa, tal como a construção de uma ponte, a instalação de um serviço público, etc. O fato administrativo, como materialização da vontade administrativa, é dos domínios da técnica e só reflexamente interessa ao direito, em razão das conseqüências jurídicas que dele possam advir para a Administração e para os administrados. O que convém fixar é que o ato administrativo não se confunde com o fato administrativo, se bem que estejam intimamente relacionados, por ser este conseqüência daquele. O fato administrativo resulta sempre do ato administrativo que o determina.⁵

A clareza do texto acima evidencia que os fatos administrativos decorrem normalmente de atos administrativos. É por meio destes que se autoriza ou determina aqueles. O comportamento material da Administração pode ser impugnado se resulta de ato administrativo viciado. Os atos inquinados de nulidade não produzem efeitos jurídicos. Logo, a pavimentação de uma rua, por exemplo, pode ser embargada se a autorização do serviço emanou de ato viciado quanto à competência, à finalidade, ao motivo, à forma etc. Outra hipótese de impugnação do ato verifica-se quando a concretização do fato administrativo provocar danos materiais a terceiros. O rebaixamento de uma rua, por exemplo, pode por em risco ou mesmo danificar construções no local, edificadas mediante alvará legalmente expedido. Nesse caso, os proprietários terão direito à reparação do prejuízo sofrido.

Os fatos administrativos, como visto, não têm a mesma natureza dos fatos jurídicos. Estes são gêneros de que os atos jurídicos são espécies. Aqueles não são gêneros nem espécies de atos administrativos.

4 Distinção entre ato administrativo e ato jurídico civil

O ato administrativo, embora jurídico, diferencia-se do ato jurídico civil. Ambos são emanados de fontes diferentes e visam a objetos também diferentes. O primeiro é

---

[3] FAGUNDES. *O controle dos atos administrativos*, 6. ed., p. 21 *et seq.*
[4] BANDEIRA DE MELLO. *Op. cit.*, p. 173.
[5] MEIRELLES. *Op. cit.*, p. 123.

voltado para o interesse social; o segundo resguarda interesses individuais. Manoel Maria ressalta que vários são os pontos de distinção entre os dois tipos de atos em questão. Segundo ele, há autores que sustentam a tese de que a diferença fundamental entre os atos está na causa originadora de ambos. A causa do ato jurídico comum tem fim econômico, interesse patrimonial, e a do ato administrativo é o interesse público em geral.

Diez critica essa posição por não a considerar verdadeira. Para ele, certos atos administrativos são de natureza econômica. Os da atividade fiscal, por exemplo. Além disso, a Administração pratica atos próprios da atividade privada.[6] Para o autor, ato jurídico privado é regido pela autonomia da vontade. As partes podem manifestar livremente suas vontades sobre a relação jurídica, desde que nos limites da lei. O ato administrativo, ao contrário, deve estar jungido à prescrição legal. A autoridade administrativa não pode querer, mas cumprir a vontade da lei nas condições e modalidades por ela determinadas.

Diez, baseado em Forsthoff, sustenta que a diferença fundamental entre os atos em tela está em que o ato administrativo emana da Administração Pública, dotada de poder de coerção e destina-se ao administrado, impondo obrigações ou direitos àqueles a quem o ato é dirigido, enquanto a declaração de vontade do direito privado só pode gerar obrigações ou direitos para quem as declare.

Carlos Fernando Urzua Ramirez afirma que o ato administrativo é ato de direito, por conseguinte, ato jurídico em sentido amplo, produzido no Estado de direito. O ato jurídico, como tal (privado), situa-se numa perspectiva distinta da análise. São, portanto, espécie de atos distintos. Cada qual obedecendo a pressupostos, a princípios e a fundamentos diversos.[7]

Bartolomeu A. Fiorini procura demonstrar a inexistência de identidade entre os atos jurídicos e os atos administrativos. Os primeiros, nascidos no âmbito da iniciativa privada, são fundados em princípios gerais comuns e decorrem das vontades naturais das partes interessadas. Os atos administrativos nascem em virtude de normas que regulam a atividade administrativa do Estado. Esses atos são, contudo, jurídicos, como também o são os atos parlamentares e os judiciais. Mas todos emanados segundo processos específicos.[8]

5 Síntese conclusiva

Os atos administrativos e os jurídicos civis revestem-se de pontos comuns ou convergentes. Um e outro objetivam criar, modificar e extinguir direito, buscando atender a interesses individuais ou coletivos. Ambos são emanados em conformidade com a lei e têm por fim último a Justiça. Entretanto, são as divergências que mais se destacam. A primeira delas consiste no fato de que, no direito privado, prevalece a liberdade das partes desde que não contrarie a lei. Ao particular é lícito fazer tudo aquilo que a lei não proíbe. O agente administrativo deve praticar atos só nos casos em que a lei determina ou autoriza, nos limites por ela fixados.

---

[6] DIEZ. *Ato administrativo*, 2. ed., p. 114-116.
[7] RAMIREZ. *Requisitos do ato administrativo*, p. 19-36.
[8] FIORINI. *Teoría jurídica del acto administrativo*, p. 14 *et seq.*

Ressalte-se que a autonomia da vontade de que gozam os particulares nas suas relações jurídicas, quase ilimitadas no passado, sofreu restrições no tempo. O intervencionismo estatal na atividade econômica vem impondo crescentes limitações à autonomia da vontade. Em oposição ao liberalismo do século XIX, vigora nos Estados modernos a preocupação com a justiça social. O interesse coletivo passa a sobrepor o interesse individual antes prevalecente. Esse reconhecimento da prevalência do interesse social condiciona a liberdade no campo dos negócios jurídicos. Fato que concorre, invariavelmente, para o estreitamento da faixa dos direitos individuais.

Outro ponto que merece destaque é o fato de que os atos jurídicos praticados pelo particular não podem ser executados diretamente por ele; é indispensável o socorro à via judiciária para obter tal intento, exceto as exceções previstas no Código Civil. Já os atos administrativos, na sua maioria, são autoexecutáveis, independente da participação do Poder Judiciário, conforme consta do capítulo anterior deste livro.

Há também divergência das duas modalidades de atos sob o ângulo do conflito do ato com a lei. O vício do ato jurídico privado, isto é, a sua desconformidade com a lei, o torna nulo ou anulável. Nem sempre o mesmo ocorre com o ato administrativo. Em certas situações, considerando a repercussão social, pode ser mais conveniente convalidar o ato viciado do que operar o seu desfazimento.

A última consideração que ainda merece realce prende-se à posição de Diez e outros autores que sustentam o entendimento de que a Administração Pública pratica atos privados. Esse entendimento não é absoluto. Os autores contemporâneos, entre eles Cretella Júnior, entendem que a Administração não pratica atos inteiramente privados. Mesmo o ato de locação ou o de compra e venda praticado pelo Poder Público não é propriamente privado. Nesses casos, há interferência do Direito Administrativo. O edital de licitação e a minuta do contrato a ser firmado com o fornecedor contêm cláusulas de interesse público com as quais o particular deve concordar se tiver interesse em vender para o Estado. O mesmo acontece nos casos de locação e alienação. A antiga teoria segundo a qual a Administração, nesses casos, desce do seu pedestal, expungindo-se do seu poder de império, para igualar-se ao particular, não nos parece mais verdadeira. Condições de resguardo do interesse social são impostas pelo Poder Público, em todos os casos. Logo, parece-nos mais correto afirmar-se que a Administração não pratica atos privados. Os contratos dos quais participa são sempre de Direito Público ou contêm cláusulas e condições de Direito Público, nos casos de compra e de locação. Nesses dois casos, o conteúdo de direito privado sobrepõe-se, inegavelmente. Mas nem por isso os contratos deixam de ser administrativos.

6 Conceito de ato administrativo

É incumbência difícil estabelecer conceito. Por isso, o conceito de determinado objeto pode não exteriorizar com fidelidade a sua realidade, principalmente quando se cogita de fenômeno imaterial. É o caso do ato administrativo. Tratando-se de objeto concreto, a conceituação não oferece muita dificuldade. Por exemplo, qualquer indivíduo tem na mente a nítida ideia de mesa, por isso tem facilidade de explicar o que seja mesa. Mas quando se trata de algo imaterial, o conceito sobre ele emitido por pessoas distintas pode ser divergente. Isto porque, nesse caso, o objeto que se quer conceituar não está na realidade concreta, mas na imaginação, realidade invisível contida na ideia. Daí o fato de o conceito do ato administrativo encontrar-se mais na ideia de quem o conceitua do que nele próprio. Impera a subjetividade que pode levar a entendimentos diversos. A busca de conceituação do ato administrativo é preocupação dos autores há muitos anos, mas ainda há divergência entre eles.

Pode-se dizer, no entanto, que há conceitos de ato administrativo que guardam coerência ente si. As discrepâncias verificadas não chegam a impedir a exata compreensão do conteúdo essencial do ato.

À guisa de ilustração, transcrevem-se conceitos ou definições de quatro autores estrangeiros e quatro nacionais, pela ordem:

Marcelo Caetano: "Conduta voluntária de um órgão da Administração que no exercício de um poder público e para processamento de interesses – postos por lei a seu cargo – produza efeitos num caso concreto".[9]

Jean Rivero: "Ato jurídico da Administração [...] é, como todo ato jurídico, um ato de vontade destinado a introduzir uma mudança nas relações de direito que existem no momento em que ele se produz, ou melhor, a modificar o ordenamento jurídico".[10]

Andrés Sena Rojas: "O ato administrativo é uma declaração unilateral e concreta que constitui uma decisão executória, que emana da Administração Pública e cria, reconhece, modifica ou extingue uma situação jurídica subjetiva e sua finalidade é a satisfação do sistema geral".[11]

Otto Mayer:

> A expressão ato administrativo, que foi tomada da terminologia francesa, usa-se para designar aquela qualidade de ato em virtude da qual decide por via de autoridade a juridicidade o caso individual. Logo se procura diferenciar e classificar estes atos segundo a natureza especial da determinação jurídica produziu como respeito ao indivíduo.[12]

Miguel Seabra Fagundes:

> No sentido material, ou seja, sob o ponto de vista do conteúdo e da finalidade, os atos administrativos são aqueles pelos quais o Estado determina situações jurídicas individuais ou concorre para a sua formação [...]. Serão atos administrativos, no sentido formal, todos os que emanarem desse Poder Executivo, ainda que materialmente não o seja.[13]

Oswaldo Aranha Bandeira de Mello:

> Então se pode defini-lo (ato administrativo), no sentido material, ou objetivo, como manifestação da vontade do Estado, enquanto poder público, individual, concreta, pessoal, na consecução de seu fim de criação da utilidade pública, de modo direto e imediato, para produzir efeitos de direito. Já no sentido orgânico-formal ou subjetivo, se pode conceituá-

---

[9] CAETANO. *Manual de direito administrativo*, p. 390.
[10] RIVERO. *Direito administrativo*, p. 103.
[11] ROJAS. *Derecho administrativo*, t. II, p. 246.
[12] MAYER. *Derecho administrativo alemán*, t. 2, p. 82.
[13] FAGUNDES. *Op. cit.*, p. 21-24.

lo como ato emanado de órgãos encarregados da Administração Pública, compreendendo os integrantes do Poder Executivo, ou mesmo dos outros, desde que tenham a mesma estrutura orgânico-formal daquele como sejam a Secretaria do Legislativo e do Judiciário.[14]

Hely Lopes Meirelles:

Ato administrativo é toda manifestação unilateral de vontade da Administração Pública, que, agindo nessa qualidade, tenha por fim imediato adquirir, resguardar, transferir, modificar, extinguir e declarar direito, ou impor obrigações aos administrados ou a si própria.[15]

Celso Antônio Bandeira de Mello:

Declaração do Estado (ou de quem lhe faça às vezes como, por exemplo, um concessionário de serviço público), no exercício de prerrogativas públicas, manifestada mediante comando complementares da lei a título de lhe dar cumprimento, e sujeitos a controle de legalidade por órgão jurisdicional.[16]

Podemos concluir que ato administrativo é a declaração unilateral da Administração Pública, manifestada por agente competente, com vista ao interesse público, criando, mantendo, modificando ou extinguindo relações jurídicas ou ainda impondo deveres aos cidadãos e a si mesma, com força de imperatividade.

Quanto à fonte emanadora, o ato administrativo pode ser material e/ou formal (orgânico). Quanto ao aspecto formal, são emanados do Poder Executivo, que, em virtude de sua função, tem competência primordial para a aplicação do direito ao caso concreto. No sentido material, são também atos administrativos os praticados pelos poderes Judiciário e Legislativo, no desempenho de atividade administrativa.

A vontade na formação do ato administrativo é condição essencial para a sua validade. Todos os autores examinados, com exceção de Celso Antônio Bandeira de Mello, entendem que a vontade do Estado é condição indispensável à existência válida do ato administrativo. A ausência da vontade estatal eiva o ato do vício de nulidade. Celso Antônio Bandeira de Mello entende que nem sempre a manifestação da vontade da Administração é necessária à legitimidade do ato. Afirma o referido autor que pode ocorrer hipótese em que o Estado edita comandos ordenatórios semelhantes aos de certos atos administrativos com a mesma força destes, sem se verificar a vontade do seu produtor. Exemplo: sinal de trânsito. A ordem emanada do semáforo é substituta do ato administrativo formal e gera os mesmos efeitos dele.

7 Requisitos do ato administrativo

Os atos jurídicos próprios do Direito Privado dependem de três requisitos, como assinalado antes, para que sejam válidos e produzam efeitos válidos. Para que os atos administrativos possam produzir efeitos jurídicos, condicionam-se à observância de

---

[14] BANDEIRA DE MELLO. *Princípios gerais de direito administrativo*, v. 6, p. 413-414.
[15] MEIRELLES. *Op. cit.*, p. 126.
[16] BANDEIRA DE MELLO. *Op. cit.*, p. 173.

cinco requisitos, dois além dos necessários aos atos jurídicos comuns: agente competente, objeto, forma, motivo e finalidade. Esse número de elementos varia entre os autores. Alguns entendem que outros requisitos são também necessários, além desses. A maioria, entretanto, consagra os cinco referidos.

Celso Antônio Bandeira de Mello divide os requisitos do ato administrativo em elementos do ato e pressupostos do ato. Para ele, os *elementos* são partes integrantes de um todo. E, no ato administrativo, alguns requisitos, tidos pela doutrina como elementos, estão fora do ato, não o integram. Sustenta o autor que os atos administrativos não prescindem de certos requisitos e que a inobservância de um deles pode levar à inexistência ou à anulação do ato, conforme seja o grau de importância dos requisitos. Esses são divididos em duas categorias: elementos do ato e pressupostos do ato. Os elementos são, para ele, apenas dois, o conteúdo (objeto) e a forma, enquanto que pressupostos são: a) pressupostos subjetivos (sujeito); b) pressupostos objetivos (motivos e requisitos procedimentais); c) pressupostos teleológicos (finalidade); d) pressupostos lógicos (causa); e e) pressupostos formalísticos (formalidade).[17]

O mesmo autor sustenta ainda que os elementos são os requisitos integrantes do ato e que os pressupostos são requisitos que se verificam antes da edição do ato. Não ocorrendo esses pressupostos, não se produzirá o ato, pois são condições para a sua validade.

Miguel Seabra Fagundes discorda dessa posição.[18] Entretanto, outros autores a adotam, entre eles, Carlos Ari Sundfeld, Weida Zancaner e Florivaldo Dutra de Araújo.

7.1 Agente competente

Para a prática de atos jurídicos válidos, a primeira condição é a de que a autoria esteja a cargo de agente civilmente capaz, pois a capacidade jurídica é condição inarredável para a prática de qualquer ato jurídico. No Direito Administrativo, além da capacidade civil, o agente público deve revestir-se de competência. Essa é atribuída por lei. É, portanto, competente aquele que a lei diz que é. A rigor, a competência não é do agente administrativo, mas do órgão que dirige ou do cargo que ocupa. A distribuição de competências se faz de acordo com a hierarquia dos órgãos. De modo que o órgão situado no cume da pirâmide administrativa é dotado de mais competências do que aquele localizado nas proximidades da base da pirâmide. Essas atribuições legais são exercidas pelos titulares dos cargos, por terem a capacidade natural de manifestar a vontade. As entidades jurídicas em geral e os órgãos públicos se manifestam, como visto antes, por intermédio de pessoas físicas. Por essa razão se diz, impropriamente, que o agente público é dotado de competências para o exercício do cargo de que esteja investido. Assim, as competências de um ministro de estado são as definidas em lei para o cargo de ministro. É o mesmo em relação às secretarias de estado e as secretarias municipais. A regra aplica-se a todos os cargos, desde o mais simples até o mais complexo e importante hierarquicamente.

---

[17] BANDEIRA DE MELLO. *Op. cit.*, p. 177 et seq.
[18] FAGUNDES. *Op. cit.*, p. 22.

O limite do poder do agente público é exatamente o poder do órgão que dirige. Por isso, é vedado à autoridade pública exercer atividade ou praticar atos arrolados como sendo de outro órgão. O comportamento de agente público fora dos limites legais, isto é, além dos limites estabelecidos para o órgão que dirige ou para o cargo que ocupa, configura ilícito administrativo. Sobre o tema escreve Celso Ribeiro Bastos:

> Há que se observar algumas regras em matéria de competência. Em primeiro lugar, elas decorrem sempre da lei, o que vale dizer que os próprios órgãos não podem estabelecer ou alterar as suas atribuições. São inderrogáveis ainda, com o acordo de terceiros, apenas admitindo a delegação ou a avocação (conforme se dê na linha descendente ou ascendente da escala hierárquica) e desde que a lei não atribua tal competência com caráter de exclusividade.[19]

Patente está que o órgão público, por mais poder que tenha, é incompetente para alterar as suas atribuições, visto que elas são fixadas por lei. Nada impede, entretanto, que o órgão proponha à autoridade competente a sua reorganização e modificações da respectiva competência. Pode ocorrer a hipótese de determinado órgão exercer atribuições que não estejam arroladas como suas. Essa possibilidade verifica-se quando, nos limites do poder hierárquico, a autoridade superior na escala hierárquica avoca atribuições de órgão inferior, ou quando a autoridade delega competência a órgão ou agente administrativo situado em plano inferior na linha hierárquica. Ressalte-se, todavia, que determinadas competências são indelegáveis.

No exercício do controle do ato administrativo, quando se examina a legalidade quanto à competência, é preciso verificar na lei as atribuições conferidas ao órgão dirigido pelo autor do ato delegatório. Além dessa verificação, é necessário examinar, se for o caso, a legalidade do ato delegatório ou avocatório de competência. Em qualquer desses casos, a atuação do agente além dos limites das competências ordinárias do cargo ou das que lhe foram atribuídas por delegação configura abuso de poder e implica, em princípio, a nulidade do ato.

7.2 Objeto

Para alguns autores, o objeto do ato administrativo é sinônimo de conteúdo. Para outros, os dois termos são distintos por configurarem realidades diferentes. Entre os que adotam o primeiro entendimento, incluem-se Celso Ribeiro Bastos[20] e Maria Sylvia Zanella Di Pietro.[21] Da segunda corrente citam-se Celso Antônio Bandeira de Mello e Réges Fernandes de Oliveira, inspirados em Zanobini, consagrado autor italiano. É de Celso Antônio o seguinte texto:

> Preferimos a expressão "conteúdo" à expressão "objeto", acolhendo o ensinamento de Zanobini, segundo quem o conteúdo dispõe sobre alguma coisa que é, esta sim, o objeto do

---

[19] BASTOS. *Op. cit.*, p. 92.
[20] BASTOS. *Op. cit.*, p. 93.
[21] DI PIETRO. *Direito administrativo*. 4. ed., p. 171.

ato. Com efeito, quem decide, decide alguma coisa a respeito de outra coisa. O conteúdo e o objeto seriam duas realidades perfeitamente distintas.[22]

Hely Lopes Meirelles parece-nos ter posição intermediária. Na sua lição, o objeto do ato administrativo identifica-se com o seu conteúdo.[23] Pelo que se deduz do seu ensinamento, o termo *objeto* não se emprega como sinônimo do termo *conteúdo*. Nem se entende também que entre os elementos do ato administrativo figura-se o conteúdo ao invés de objeto.

A posição de Hely Lopes Meirelles parece ser mais apropriada, considerando que o ato administrativo cria, modifica, extingue direito ou relação jurídica atinente a pessoas, coisas ou atividades sujeitas ao comportamento ou interferência da Administração Pública. Ora, a criação ou a alteração do direito ou da situação jurídica é o objeto do ato administrativo e o conteúdo é o resultado dessa atuação administrativa. Desse modo, no ato de nomeação de servidor para o exercício de cargo público, o objeto é a nomeação. A alteração no mundo jurídico, decorrente da nomeação, ou melhor, o resultado concreto e prático obtido com a nomeação é o conteúdo. Daí a identificação do objeto com o conteúdo, sustentada por Hely Lopes Meirelles.

7.3 Forma

A forma do ato administrativo é considerada na doutrina como o meio de que se vale a Administração Pública para a exteriorização de seus atos. O entendimento dominante entre os autores é o de que a forma do ato administrativo é a escrita. Por vários motivos, entre eles a exigência da publicidade e o princípio da moralidade administrativa. A materialização do ato na forma escrita, além de ser condição para a publicação, facilita a atividade dos órgãos de controle.

No direito privado, os atos jurídicos, salvo exceções, não estão sujeitos à forma predefinida. As partes gozam de autonomia para estabelecer a forma que julgarem conveniente e mais adequada em cada caso. No Direito Administrativo, a forma é condição essencial para a perfeição do ato. A regra, como visto, é a de que o ato se revista da forma escrita, mas existem casos em que se admite a manifestação da vontade da Administração Pública por meio de ato não escrito. Essas hipóteses verificam-se nos casos de urgência ou emergência. Também as ordens do superior ao inferior hierárquico, em muitos casos, são verbais. Igualmente verbal é a sanção na modalidade de advertência, quando a lei não determina a forma escrita. O exercício da polícia do trânsito vale-se também de atos não escritos. O agente de trânsito, valendo-se de gestos ou do apito, ordena ao motorista determinada conduta, nos termos do Código Brasileiro de Trânsito. Os semáforos e as placas regulamentares de trânsito emitem ordem estatal que, se descumpridas, acarretarão ao transgressor sérias consequências, como a apreensão do veículo, a apreensão da carteira de habilitação ou até a cassação desta, além da aplicação de multas.

---

[22] BANDEIRA DE MELLO. *Op. cit.*, p. 178.
[23] MEIRELLES. *Op. cit.*, p. 131.

Fora dos casos referidos acima, os atos administrativos não escritos são inválidos e não produzem, em regra, efeitos jurídicos válidos. Por exemplo: a nomeação de candidato aprovado em concurso público e classificado em primeiro lugar pela autoridade competente será inválida se feita por ato verbal. O ato será considerado inexistente.

7.4 Finalidade

A finalidade é requisito indispensável à validade do ato administrativo. O ato sem finalidade não pode prosperar. Saliente-se que não é qualquer finalidade que justifica a expedição do ato. Ela deve sempre atender a um interesse público ou social. Dessa forma, a finalidade do ato administrativo deve ser pública, não particular. O ato dirigido a atender a interesse pessoal da autoridade de quem emanou ou de outrem é inquinado de vício que o invalida.

A finalidade pública vem explícita ou implícita na lei. A essa finalidade legal vincula-se o agente público, mesmo quando atua no exercício do poder discricionário. Quanto a esse aspecto, à autoridade não se confere margem para escolha nem mesmo para outra finalidade pública diferente daquela prevista na lei. A escolha de finalidade diversa da constante na lei, ainda que implicitamente, caracteriza desvio de finalidade, fato que por si só torna o ato nulo. É de Hely Lopes Meirelles a seguinte conclusão:

> A alteração da finalidade expressa na norma legal, ou implícita no ordenamento da Administração, caracteriza o desvio de poder (*détournement de pouvoir – sviamento di potere*), que rende ensejo à invalidação do ato, por lhe faltar um elemento primordial em sua formação: o fim público desejado pelo legislador.[24]

Celso Ribeiro Bastos formula o seguinte exemplo de desvio de finalidade:

> Assim, o agente público que tem competência para remover e suspender um funcionário, não pode removê-lo com a finalidade de puni-lo. A finalidade do ato de remoção não é punitiva. Para punir o funcionário o agente deverá valer-se de ato previsto no sistema legal para esta finalidade.
> O uso de um ato para alcançar uma finalidade que não lhe é própria caracteriza o desvio de poder ou desvio de finalidade.[25]

Marçal Justen Filho alerta para a necessidade de "diferenciar as finalidades contempladas nas normas jurídicas e as finalidades concretamente eleitas pelo agente".

Vamos tentar um exemplo: a lei municipal, em atendimento a comando constitucional, quer que em bairro da cidade em que mora determinado número de crianças em idade escolar (ensino fundamental) tenha uma escola para atender às crianças sem o desconforto e os transtornos da locomoção para escola distante daquele bairro.

A cidade do Município de Espera Infeliz se enquadra na hipótese acima, cujo orçamento contempla recurso para a construção de uma escola. O prefeito, entretanto, visando a interesse de parentes ou de amigos ou de empresa que financiou sua eleição, valendo-se da sua competência discricionária, resolve construir uma escola do ensino

---

[24] MEIRELLES. *Op. cit.*, p. 129.
[25] BASTOS. *Op. cit.*, p. 96.

fundamental num loteamento novo onde moram poucas famílias. Algumas, nem filhos têm.

Ora, nesse caso, houve desvio de finalidade, pois a finalidade escolhida pelo prefeito não foi atender aos alunos do bairro populoso, mas beneficiar, quem sabe, o dono do loteamento, porque a escola certamente atrairá compradores de seus lotes.

7.5 Motivo

O motivo é fundamental para qualquer comportamento das pessoas naturais e jurídicas particulares ou do Estado. Ele pode ser irrelevante ou injusto, mas terá de existir. No mundo jurídico, o motivo é fundamental para o exercício ou a prática do Direito. Ele pode vir expresso ou não na lei. Não estando previsto claramente na lei, compete ao agente público indicá-lo para decidir no caso concreto. A inexistência do motivo ou a alegação de motivo falso leva o respectivo ato a não ter validade jurídica. Celso Antônio Bandeira de Mello ensina:

> O motivo pode ser previsto em lei ou não. Quando previsto em lei, o agente só pode praticar o ato se houver ocorrido a situação prevista. Quando não há previsão legal, o agente tem liberdade de escolher a situação (motivo) em vista da qual editará o ato. Contudo, mesmo neste caso, se o agente se embasar na ocorrência de um dado motivo, a validade do ato dependerá da existência do motivo que houver sido enunciado. Isto é, se o motivo que invocou for inexistente, o ato será inválido. É esta vinculação do administrador ao motivo que houver alegado que se conhece doutrinariamente como teoria dos motivos determinantes.[26]

Seabra Fagundes pontifica que a razão do ato está nos motivos. É mister que o ato se baseie em motivos e que, na Administração Pública, dada a sua natureza, o motivo do ato há de ser sempre legal, tendo como escopo o interesse social, ao contrário do que se verifica na iniciativa privada. Nessa, as partes podem escolher os motivos que julgarem convenientes para ambas.[27]

Marçal Justen filho explica:

> O Motivo do ato administrativo consiste não nos fatos propriamente ditos, mas na representação intelectual que o agente realiza a propósito deles, relacionando-a com o direito e atingindo uma conclusão. Essa representação mental conjuga os fatos e o direito aplicável e resulta em uma "causa jurídica".
>
> Assim, imagine-se que uma tempestade gere o risco de deslizamento, que poderá destruir casas e vidas humanas. O agente avalia esses eventos e formula uma representação mental, que o conduz a promover uma conduta de emergência. O motivo do contrato não é exatamente a chuva ou o risco de deslizamento, mas a interpretação metal do agente, que qualifica aquela situação como causa jurídica para assinatura de um contrato de emergência.[28]

A lei prevê que, em caso de calamidade pública ou em estado de emergência, o agente pode contratar, com dispensa de licitação, fornecimento de alimentos, de medicamentos, de remoção de pessoal e de objetos, contratação de obras, além de outras

---

[26] BANDEIRA DE MELLO. *Op. cit.*, p. 179.
[27] FAGUNDES. *O controle dos atos administrativos pelo Poder Judiciário*, p. 25.
[28] JUSTEN FILHO. *Op. cit.*, p. 404.

medidas necessárias para minimizar os efeitos do fato da natureza ou do homem que desencadeou a tragédia.

O motivo do ato administrativo é, então, a situação de fato ou de direito que determina ou recomenda a edição do ato. Ele deve estar previsto na lei explícita ou implicitamente. Se explícito, à autoridade não compete escolha; deve praticar o ato de acordo com o motivo, sempre que a hipótese se verificar. Não estando o motivo evidenciado na lei, cabe ao agente, no exercício da faculdade discricionária, escolher ou indicar o motivo, devidamente justificado.

A finalidade e o motivo do ato administrativo costumam oferecer confusão. As explicações não bem apreendidas podem levar ao entendimento de que eles são semelhantes ou até iguais. Na verdade, não o são. Marçal Justen Filho esclarece, afastando a confusão:

> É usual a confusão entre motivo e finalidade do ato administrativo. Evidência desse equívoco reside na afirmativa de que o motivo de um ato é promover o bem público. Promover o bem público não é motivo, mas finalidade de um ato administrativo.
>
> A distinção entre motivo e finalidade é facilmente estabelecida quando o ato administrativo é considerado como uma etapa num processo de causa e efeito. O ato administrativo é efeito, no sentido de ser produzido por certas causas. Mas ele também é causa, uma vez que gera consequências jurídicas.[29]

O motivo é a causa do ato administrativo. A finalidade é a consequência a que ele visou. O autor toma a título de exemplo o caso da tempestade hipotética relatado acima. Nesse caso, o motivo do contrato emergencial é a compreensão da existência de riscos irreparáveis. A finalidade da contratação é evitar a ocorrência dos danos previstos.

7.5.1 Motivação

A motivação não se confunde com o motivo. Aquela é procedimento adotado para apresentar este. O motivo existe por si só e é principal em relação à motivação. Esta não tem existência própria, depende do motivo e lhe é acessória.

Motivar o ato administrativo é explicitá-lo, explicar o motivo que levou a Administração a praticar o ato. O ato é real, é concreto e é tangível. O seu motivo, não. Depende da motivação. Esta é o meio pelo qual se conhece o motivo. Stassinopoulos ensina que motivação é menção das circunstâncias ou das considerações que fundaram o ato e que se relacionam, ora a oportunidade do ato, ora a sua legalidade.[30] Antônio Carlos de Araújo Cintra sustenta que a ideia de motivação deve partir da constatação de que ela constitui um discurso, compreendendo um conjunto de proposições ligadas entre si e inseridas num contexto autonomamente identificável.[31] O autor esclarece, ainda, que a motivação é meio pelo qual o agente público procura explicar, esclarecer e convencer o particular interessado e a coletividade de que o ato tem razão ou causa de ser.

---

[29] JUSTEN FILHO. *Op. cit.*, p. 403.
[30] STASSINOPOULOS. *Traité des actes administratifs*, p. 198-199.
[31] CINTRA DO AMARAL. *Motivo e motivação do ato administrativo*, p. 106.

7.5.2 Posição de alguns autores quanto à necessidade da motivação

A doutrina e a jurisprudência apontam que não há unanimidade entre os autores pátrios e estrangeiros quanto à necessidade de motivação dos atos administrativos. Entendem alguns que a motivação é indispensável só quando a lei determinar. Se não prevista em lei, a motivação é facultativa e, por isso, a sua inexistência não prejudica o ato. Outros acatam a motivação, mesmo nos casos em que ela não esteja prevista na lei.

A tendência dominante, embora existam algumas resistências, é no sentido de que a motivação se vai tornando obrigatória para a edição de quase todos os atos administrativos. Essa tendência contemporânea verificada na doutrina, na jurisprudência e na lei tem por objetivo mediato facilitar o controle dos atos e evitar abusos dos agentes públicos.

A falta de motivação dificulta o conhecimento do motivo que inspirou o agente para editar determinado ato, principalmente quando emanado de autoridade investida de poder discricionário.

Fiorini afirma que, segundo o art. 79, "e", da Lei nº 19.549, de seu país, a motivação do ato administrativo é indispensável em qualquer circunstância. A falta desse procedimento pode levar à nulidade ou anulabilidade do ato.[32]

Rafael Bielsa sustenta que, por princípio, todo ato do Estado deve ser justificado. Logo, todos os atos administrativos devem ser motivados, principalmente os resultantes do poder discricionário. É desse autor, o seguinte texto:

> Toda Administração subordina-se ao direito em um regime republicano deve dar conta dos atos, porque sujeitos à revisão jurisdicional, por tribunal contenciosos administrativos ou judiciário, não seria possível examinar-lhes a legalidade para consolidá-los, nem em caso contrário, para anulá-los, se não se explicassem os motivos.[33]

Bielsa fundamenta sua posição no fato de que o Poder Executivo é essencialmente administrativo e movido por motivos políticos e jurídicos. Daí conclui-se que a necessidade de motivar a decisão funda-se em dois fatos; um de ordem jurídica e outro de natureza política. Em virtude do primeiro, procura-se demonstrar a pertinência do ato com o direito, para facilitar o exame e o controle de sua validade. Quanto ao aspecto político, a motivação tem por finalidade submeter o ato à opinião pública.[34]

Ainda o mesmo autor entende que, do ponto de vista prático, a motivação constitui freio para o autor da decisão. Este, ao avaliar os motivos pressupostos, terá de atuar na realidade concreta e, ao formular os motivos determinantes, deverá verificar se a sua decisão está fundada em direito e prever as consequências, caso não esteja.[35]

Cassagne, embora faça menção à lei argentina que determina a generalidade quanto à necessidade de motivar o ato administrativo, afirma que a Argentina se filia à teoria da Itália neste particular, qual seja, o de que não há, em princípio, necessidade

---

[32] FIORINI. *Derecho administrativo*, 2. ed., t. I, p. 509-510.
[33] BIELSA. *Derecho administrativo*, 4. ed., p. 35.
[34] BIELSA. *Op. cit.*, p. 158.
[35] BIELSA. *Op. cit.*, p. 556.

de motivar todos os atos administrativos, mas apenas aqueles que a lei expressamente determina ou quando a própria natureza do ato o requeira.[36]

Diez comunga com o entendimento de Cassagne.[37]

No Direito francês, o entendimento jurisprudencial prevalecente é no sentido também de que a autoridade administrativa só está obrigada a motivar o ato quando a lei, ou regulamento o previr. No caso de previsão legal, a motivação é considerada elemento substancial do ato. Sem a motivação, o ato se expõe à nulidade. Esta é a regra geral nesses sistemas jurídicos. Entretanto, a doutrina e a própria jurisprudência abrem exceção para, em alguns casos, mesmo na falta de determinação legal ou regulamentar, admitir a motivação do ato com fundamento na vontade implícita do legislador.

No sistema inglês, parece-nos não haver regras expressas a propósito da motivação do ato administrativo. Nem mesmo as sentenças judiciais estão sujeitas à motivação obrigatória.

No Direito americano, segundo Antônio Carlos de Araújo Cintra, a tendência é no sentido de aprimorar ao máximo a motivação dos atos nas questões administrativas.

> Nota-se que os tribunais [referindo-se aos tribunais americanos] vêm ampliando os casos em que julga necessária a motivação completa incluindo *findings and reasons*, para abranger até mesmo hipóteses de atos praticados independentemente de procedimento administrativo formal.[38]

Os autores brasileiros não são também uníssonos quanto a esta matéria. Seguem mais ou menos as posições dos autores estrangeiros referidos acima. Prevalece, entretanto, atualmente, o entendimento de que os atos administrativos dependem, na quase totalidade, de motivação. A posição de Hely Lopes Meirelles é no sentido de que, quando o motivo for vinculante pela lei, a autoridade terá o dever de explicar a ocorrência do motivo através da motivação. A inexistência da motivação leva à invalidação do ato. Não sendo o motivo condição vinculante para a perfeição do ato, o agente público não está obrigado a motivar, mas, se o fizer, ficará vinculado ao motivo alegado, devendo demonstrar a ocorrência dele.[39]

Celso Antônio Bandeira de Mello filia-se à corrente mais moderna, que defende a motivação do ato administrativo como regra. São suas as palavras:

> Parece-nos que a exigência de motivação dos atos administrativos contemporânea à pratica do ato, ou pelo menos anterior a ela, há de ser tida como uma regra geral, pois os agentes administrativos não são "donos" da coisa pública, mas simples gestores de interesses de toda coletividade, esta, sim, senhora de tais interesses, visto que, nos termos da Constituição, "todo poder emana do povo" (art. 1º, parágrafo único).[40]

---

[36] CASSAGNE. *El acto administrativo*, p. 214.
[37] DIEZ. *Ato administrativo*, p. 241.
[38] CINTRA DO AMARAL. *Motivo e motivação do ato administrativo*, p. 116.
[39] MEIRELLES. *Op. cit.*, p. 130.
[40] BANDEIRA DE MELLO. *Op. cit.*, p. 183.

Para o mesmo autor, o entendimento segundo o qual a motivação do ato só é necessária quando a lei a impuser é retrógrado e vem, aos poucos, perdendo força na doutrina e nas jurisprudências pátrias e estrangeiras.

Celso Ribeiro Bastos também sustenta o entendimento de que os atos administrativos, em geral, devem ser motivados, sob pena da sua invalidação. Sustenta também que quando a lei for silente, compete ao agente indicar o motivo que recomenda a edição de determinado ato. Essa competência para a escolha do motivo é discricionária, mas, mesmo nesse caso, o agente está obrigado a apresentar e justificar o motivo ou os motivos que recomendaram a edição do ato.[41]

Florivaldo Dutra de Araújo defende a motivação do ato administrativo como regra, incluindo-a entre os requisitos procedimentais do ato administrativo:

> Entre os requisitos procedimentais do ato administrativo está a motivação, também dita fundamentação ou justificação, que é a exposição capaz de deixar claro que o ato tenha sido praticado segundo motivos reais aptos a provocá-lo, que estes motivos guardem relação de pertinência lógica com o conteúdo do ato e que este tenha emanado da autoridade competente, em vista da correta finalidade legal.[42]

Maria Sylvia Zanella Di Pietro externa assim sua posição sobre o tema:

> Entendo que a motivação é, em regra, necessária, seja para os atos vinculados, seja para os atos discricionários, pois constitui garantia de legalidade, que tanto diz respeito ao interessado como à própria Administração Pública; a motivação é que permite a verificação, a qualquer momento, da legalidade do ato, até mesmo pelos demais Poderes do Estado. Note-se que o art. 111 da Constituição Paulista de 1989 inclui a motivação entre os princípios da Administração Pública.[43]

As transcrições acima exteriorizam as divergências dos doutrinadores quanto à motivação do ato administrativo. Alguns entendem que a justificação do ato só é necessária quando a lei a exigir expressamente; outros defendem a motivação apenas para os atos vinculados em geral, excluindo, portanto, os atos decorrentes do poder discricionário; outros, finalmente, sustentam que a motivação é exigida para todos os atos administrativos, tantos os vinculados quanto os discricionários. Esta última corrente é a dominante nos tempos contemporâneos. É inconcebível hodiernamente o entendimento de que os atos decorrentes da discricionariedade não precisam ser motivados, ao argumento de que a lei conferiu ao agente público o poder de escolha no caso concreto e que, por isso, não precisaria justificar o seu comportamento. Todos os atos, sem exceção, estão sujeitos a controles internos e externos; logo, a motivação dos atos discricionários, principalmente, é indispensável para que os órgãos de controle tenham condições de verificar a validade do ato quanto ao motivo e à finalidade.

A Constituição da República de 1988, no art. 37, *caput*, arrola os princípios básicos da Administração Pública: legalidade, impessoalidade, moralidade, publicidade e eficiência.

---

[41] BASTOS. *Op. cit.*, p. 96.
[42] ARAÚJO. *Motivação e controle do ato administrativo*, p. 186.
[43] DI PIETRO. *Direito administrativo*, 4. ed., p. 175.

Entretanto, não explicitou o princípio da motivação, e não o fez por desnecessidade. O próprio art. 37 e vários outros deixam patente, implicitamente, a necessidade de se motivar os atos administrativos. Ora, como se poderia verificar se determinado ato praticado sob o impulso da discricionariedade estaria compatível com a moral administrativa ou com o princípio da impessoalidade sem o conhecimento dos motivos que o justificaram e da finalidade por ele alcançada. A observância desses dois princípios só se constata, nos atos decorrentes do poder discricionário, por intermédio da motivação. Tanto que, a título de exemplos, a Constituição do Estado de São Paulo, no art. 111, como visto, inclui a motivação entre os princípios da Administração Pública, e a do Estado de Minas Gerais de 1989, no art. 13, §2º, estabelece: "O agente público motivará o ato administrativo que praticar, explicando-lhe o fundamento legal, o fático e a finalidade".

As Constituições dos estados-membros não poderiam, sob pena do vício de inconstitucionalidade, conter o princípio da motivação, se não encontrassem base jurídica na Constituição.

A conclusão a que se chega é a de que todos os atos administrativos estão sujeitos à motivação, sejam eles originados do poder vinculado ou editados em virtude da faculdade discricionária. Na prática, têm-se excluído dessa exigência os atos de livre nomeação e exoneração previstos em lei. Entendemos que até esses dependem de apresentação dos motivos que levaram a autoridade a escolher o agente. Entretanto, a doutrina e a jurisprudência são pacíficas no sentido de que, nesses casos, a motivação é absolutamente dispensável.

7.5.3 Teoria dos motivos determinantes

Motivos determinantes são os alegados, como certas situações de fato ou de direito que recomendam a edição de determinado ato administrativo. A razão do ato está, pois, na ocorrência de fato previsto em lei, ainda que genericamente, como condição para a edição de ato administrativo. O motivo determinante do ato administrativo não pode, por conseguinte, estar na vontade livre do agente. Ele não pode criá-lo ou supô-lo, mas apenas verificar a sua existência. A não ocorrência dele implica a impossibilidade da edição do ato.

Caio Tácito ensina:

> O ato administrativo se inicia, portanto, com a verificação da existência dos motivos. Segue-se, imediatamente, a apreciação do valor desses motivos, a fim de que possa a autoridade se orientar no tocante à necessidade de agir ou sobre os mais indicados para a obtenção do resultado.[44]

A teoria dos motivos determinantes consagrada no Direito estrangeiro e no brasileiro é no sentido de que a autoridade se vincula ao motivo alegado para a edição do ato. Dessa forma, se o motivo alegado inexistir ou for falso, o ato nascerá viciado, sujeitando-se à nulidade, ainda que o motivo não precisasse ser evidenciado. Hely Lopes Meirelles pontifica que a autoridade está dispensada de alegar motivos para desligar do serviço

---

[44] TÁCITO. Administração e controle de legalidade. *RDA*, v. 37, p. 15.

público o servidor de livre exoneração, mas, se o fizer, terá de provar a existência do motivo. Caso contrário, o ato poderá ser anulado ou declarado nulo.

Na mesma linha de Meirelles e de outros que o seguiram, pode-se concluir que, se a autoridade dispensar ocupantes de cargos comissionados de recrutamento amplo, alegando como motivo a falta de recursos financeiros para efetuar os respectivos vencimentos, e, em seguida, nomear outros para os mesmos cargos, os atos de exoneração podem ser anulados, pois o motivo apontado teria sido falso. Bastos ensina que "a desconformidade entre os motivos e a realidade acarreta a invalidade do ato".[45]

7.6 Considerações conclusivas

Os estudos relativos aos requisitos dos atos administrativos, aqui apresentados por amostragem, requerem cautelosa consideração, à vista das divergências apontadas. Deve-se ter em conta que requisitos exprimem o gênero de que os pressupostos e elementos são espécies.

Verifica-se, nos posicionamentos trazidos a este trabalho, que a quase unanimidade dos autores é do entendimento de que o ato administrativo contém três requisitos, oriundos do direito privado: o agente (manifestação da vontade) competente, o objeto, que se requer lícito e a forma, em regra escrita. Há outro ponto em que os autores são quase unânimes também; refere-se ao entendimento pacífico de que nos atos administrativos existem mais dois requisitos indispensáveis: o motivo e a finalidade. Alguns autores, entre eles Oswaldo Aranha Bandeira de Mello, apresentam outros requisitos que parecem desnecessários. A existência, pois, de cinco elementos como condição de validade do ato administrativo ainda é defendida pela maioria dos autores. Adotamos esse entendimento considerando que não se alega vício do ato pelo fato de inexistirem outros requisitos além dos cinco acima referidos.

8 Classificação dos atos administrativos

Os atos administrativos comportam várias classificações, por isso não há uniformidade entre as apresentadas pelos administrativistas. Em vários pontos, entretanto, os autores conduzem-se na mesma direção. A classificação, mesmo disforme, é necessária para facilitar o estudo e a compreensão dos atos administrativos nas suas múltiplas facetas.

Neste trabalho, não se pretende apresentar mais uma classificação dos atos administrativos, mas realçar, de maneira objetiva e clara, uma síntese ou, às vezes, repetição das mais importantes, feitas pelos principais autores pátrios.

8.1 Quanto à produção de efeitos

- Atos concretos – são aqueles destinados a produzir apenas um efeito, perdendo a eficácia e o poder de produzir efeitos simultaneamente à única aplicação que

---

[45] BASTOS. *Op. cit.*, p. 96.

motivou a edição deles. Exemplos: demissão de servidor público, remoção de servidor público e anulação de ato administrativo.
- Atos abstratos – são atos opostos aos concretos, dirigidos abstratamente à comunidade, destinados a produzir efeitos sempre que o caso concreto se identifique com a hipótese contida no ato. O número de hipóteses fáticas que pode coincidir com uma ou mais das previstas no ato abstrato é imensurável, por isso o número de incidências do ato-regra, nos casos concretos, é imprevisível. Exemplos: decretos regulamentares, portarias e resoluções. Tais atos são normativos, em princípio (podendo ser de efeito concreto). Salvo a exceção, eles não se dirigem a ninguém em especial, mas à coletividade que tenha relação com a matéria neles tratada.

8.2 Quanto aos destinatários do ato

- Atos individuais – o nome já está a indicar, são aqueles que identificam, individualmente ou em grupo, os destinatários dos seus efeitos. Assim, tais atos podem ser singulares ou plúrimos. O ato será singular quando os seus efeitos alcançarem apenas um indivíduo e plúrimo quando mais de uma pessoa for beneficiada ou contrariada por um único ato. É exemplo do primeiro caso a nomeação de uma pessoa para o exercício de determinado cargo público. Do segundo pode ser exemplo o decreto do presidente da República que exonera todos os servidores públicos detentores de cargos em comissão lotados na União. Esse ato não identifica os servidores, mas possibilita a individualização através dos cargos e dos registros relativos aos respectivos ocupantes.
- Atos gerais – não se confundem com os atos abstratos. Esses podem ser gerais, mas aqueles não podem ser abstratos. São gerais aqueles que se destinam a pessoas não especificadas, mas integrantes de determinada coletividade em razão de certo interesse. Exemplos: ato que dissolve um comício político, por estar sendo realizado na véspera das eleições e o ato que suspende, temporariamente, a concessão de licença para tratar de interesses particulares.

8.3 Quanto ao alcance

- Atos internos – são aqueles que produzem efeitos somente no âmbito interno da Administração (atos domésticos) e têm por finalidade disciplinar serviços, orientar servidores, entre outros. Exemplos: instruções ministeriais, circulares e portarias entre outros. Na prática, atos dessa categoria vêm sendo editados ilegalmente e produzindo efeitos fora do âmbito da Administração e em desconformidade com o ordenamento jurídico, principalmente as instruções normativas e portarias do Banco Central, do INSS e do Ministério da Fazenda. Esses atos com frequência vão além da lei.

Os atos internos não produzem efeitos jurídicos e não atingem a esfera do particular. Por tais razões, não são de publicação obrigatória no órgão oficial. Basta a divulgação interna de modo a atingir a todos os seus destinatários. Podem, pela mesma razão, serem revogados a qualquer tempo, segundo a conveniência do serviço ou da Administração, fato que não gera direito subjetivo. Contudo, se editados em desacordo com o direito e, em consequência, produzem danos a pessoas ou ao patrimônio público, serão passíveis de controle pelo Judiciário.

- Atos externos – são todos aqueles editados pela Administração Pública com a força de interferir na esfera dos cidadãos, impondo-lhes obrigação e deveres ou concedendo-lhes benefícios e vantagens. Esses atos, dada a sua importância jurídica, iniciam a produção dos efeitos colimados depois de publicados no órgão oficial. Eles podem gerar direitos subjetivos, por isso a sua retirada do mundo jurídico condiciona a observância de possíveis direitos adquiridos. Exemplos: decreto proibindo o trânsito de animais portadores de determinada doença no território nacional ou estadual e decreto que cuida da regulamentação dos serviços decorrentes do poder de polícia.

8.4 Quanto à liberdade do agente

- Atos vinculados – são denominados atos vinculados ou editados em virtude do poder vinculado ou regrado aqueles em que o agente público não tem a oportunidade de escolha. A lei já lhe traçou previamente a direção e a conduta que deve adotar, ante o caso concreto. Nessa hipótese, a norma traça a linha que servirá de pauta para o agente editor do ato. A ele não é facultada a escolha; terá de praticar o ato no momento, nas condições e modos preditos pela norma jurídica. O comportamento comissivo em desacordo com esse regramento conduz à nulidade do ato e o omissivo enseja o questionamento em juízo pelo interessado, contra a inércia do agente. Em razão dessas circunstâncias é que se diz que o ato é vinculado ou regrado.
- Atos discricionários – atos discricionários, assim chamados impropriamente. A nosso ver, são aqueles emanados de autoridade no exercício do poder discricionário. O ato em si não é discricionário. Discricionário é o poder do agente. O ato administrativo editado pelo impulso da faculdade discricionária vincula-se quanto ao sujeito, à finalidade, ao motivo e à forma. O poder discricionário consiste na margem de escolha que o legislador confia ao agente administrativo para, no caso concreto, decidir pela opção que julgar mais adequada, nos limites e condições estabelecidos pela lei. Não se trata de arbitrariedade. Essa se verifica quando o agente transborda os limites legais no exercício de suas competências. A discricionariedade, ao contrário, é liberdade limitada de agir conferida à autoridade para exercer a melhor administração no interesse da coletividade. Exemplos: permissão para que o particular explore banca de jornal em logradouro público e a dispersão de uma passeata.

8.5 Quanto à vontade concorrente para a formação do ato

- Atos simples – são atos simples aqueles para cuja formação concorre a vontade de um só órgão. Pode ser órgão singular ou colegiado. O órgão é singular quando a sua decisão emana de um agente, e é coletivo quando a decisão é tomada por vários agentes, mas consubstanciada em um ato apenas. Exemplos:

do primeiro caso, ato de exoneração de servidor; do segundo caso, deliberação de determinado conselho ou comissão sobre matéria de sua competência.
- Atos complexos – o ato será complexo quando para a sua edição for necessária a concorrência da vontade de dois ou mais órgãos, singulares ou colegiados, destinadas à feitura de um só ato. Exemplo: os atos da autoridade de um órgão, que para a sua perfeição dependem do referendo ou visto de autoridade titular de outro órgão, ato de nomeação de servidor para cargo em comissão, editado pelo presidente da República e referendado pelo ministro de estado em cuja pasta for lotado o servidor.
- Atos compostos – atos compostos são os decorrentes das vontades de dois ou mais órgãos concorrentes para a edição de dois atos distintos, sendo que um é acessório em relação ao outro, principal. O ato secundário é indispensável à validade do ato principal. Os atos compostos não se confundem com os complexos. Esses dependem de duas vontades, como visto, para a formação de um ato. Já o composto pressupõe dois atos distintos. Exemplos: ato de nomeação de ministro do Supremo Tribunal Federal, de representante diplomático em outro país. Em ambos os casos, a nomeação depende de prévia aprovação do Senado Federal. Essa aprovação é pressuposto da nomeação e, por conseguinte, ato acessório ao ato de nomeação, que é o principal.

8.6 Quanto ao objeto

- Atos de império – são atos de império os emanados da Administração Pública investida do seu poder de império que exerce em relação aos cidadãos. Esses atos são praticados com vista a interesse público. São atos que obrigam ou reprimem comportamento do administrado, que restringem ou suprimem direito, que interditam atividades e que impõem sanções. Exemplos: os que aplicam sanções aos eleitores que deixarem de votar nas eleições gerais, sem justificativa na forma da lei; os que proíbem ou impedem a realização de comícios, os que instituem tombamento de interesse do patrimônio cultural, os que desapropriam bens de utilidade pública ou de interesse social, os que interditam o funcionamento de estabelecimento comercial ou industrial e os que impõem multas, no exercício do poder de polícia.
- Atos de gestão – na sua atividade permanente, a Administração Pública pratica infinidade de atos além daqueles denominados de império, ressaltados no parágrafo anterior. São atos de gerenciamento dos negócios públicos aqueles para a realização dos quais o agente não precisa atuar imperativamente. Esses atos, denominados de gestão, podem ser editados até por provocação de particular, quando interessado no resultado. Todos, nessas condições, serão atos da Administração, mas nem todos serão atos administrativos propriamente, pelo fato de nem sempre terem o poder de interferir na esfera jurídica para criar, modificar ou extinguir direito. Exemplos de atos de gestão: gerência e controle dos bens públicos em geral, aquisições, alienações, locações, licenças a servidores para realizarem cursos etc.

8.7 Quanto à formação do ato

- Atos unilaterais – atos jurídicos unilaterais são os emanados de uma só parte. Atos administrativos unilaterais são, por conseguinte, os editados pela Administração Pública sem a concorrência de vontade de outra pessoa pública ou privada na elaboração do ato. Ressalte-se que não deixa de ser unilateral o ato administrativo que, para a sua edição, tenha dependido da vontade do interessado. Vale dizer, quando o particular ou outro interessado provoca a edição do ato. Exemplos: aposentadoria voluntária, permissão para utilizar espaço público, licença para construir, licença para localização de estabelecimento comercial etc.
- Atos bilaterais – ato bilateral ou negócio jurídico não é ato administrativo, embora alguns autores entendam que seja. Trata-se de instrumento jurídico que, para a sua formação, depende de acordo bilateral, decorrente das vontades de duas ou mais partes, em relação a determinado objeto. Exemplo: contratos e outros ajustes jurídicos formalizados interpartes.

8.8 Quanto à produção de efeitos válidos

- Perfeito, válido e eficaz – o ato administrativo é perfeito, quando cumpridas todas as fases de sua formação. A inobservância de fase ou etapa necessária à sua formação implica a inexistência do ato, pois não se atendeu aos requisitos indispensáveis à sua existência.

O ato é considerado válido quando da sua edição observaram-se as condições e os limites estabelecidos na regra jurídica que o fundamenta. A validade resulta, pois, da perfeita sintonia do ato com o sistema normativo pertinente. É eficaz o ato posto a produzir efeitos, isto é, o ato que independe de condição futura para produzir os efeitos nele colimados. Os atos administrativos editados nessas condições estão aptos a produzir efeitos válidos.

Pode ocorrer a hipótese de o ato ser perfeito, inválido e eficaz. Ele será inválido se editado sem a observância da legislação a que se sujeita. Nesse caso, carrega o vício de ilegalidade. Entretanto, está produzindo efeitos desde a sua edição por independer de acontecimento posterior. Pode ainda o ato ser perfeito, válido e ineficaz. Nessa hipótese, embora juridicamente correto, em condições de produzir efeitos válidos, ainda não os produz, por estar na dependência de determinada condição futura. Verificada a condição suspensiva, o ato dispara incontinente a produção de efeitos válidos. São exemplos de condição: a homologação, o visto e a aprovação. Esses atos são meios de controle hierárquico que condicionam a eficácia dos atos dependentes desses meios de controle.

9 Espécies de atos administrativos

Os atos administrativos podem ser considerados também relativamente ao conteúdo que encerram e à forma de que são revestidos para se apresentarem no mundo jurídico. É o que se tenta estabelecer a seguir.

9.1 Quanto à forma

Em outro tópico afirmamos que a forma do ato administrativo é a escrita, ressalvados os casos ali previstos. Entretanto, convencionou-se chamar também de forma a característica apresentação concreta do ato. Compreende a roupagem usada para a sua exteriorização.

- Decretos – são atos de competência do chefe do Executivo da União, dos estados, do Distrito Federal e dos municípios. Os decretos podem ser de efeito concreto ou de efeito geral e abstrato. O primeiro é destinado a produzir efeitos uma vez apenas, quando editado, normalmente. Exemplos: decreto que declara guerra ou a paz, decreto de banimento, decreto que declara propriedade rural de interesse social para fins de reforma agrária etc. Decreto geral e abstrato é aquele dirigido aos administrados indistintamente, destinados a produzir efeitos permanentemente, sempre que ocorrer hipótese nele descrita como capaz de interferir no direito ou no comportamento individual.

Os regulamentos das leis infraconstitucionais são baixados por meio de decretos (com forma e generalidade semelhante às leis, mas conteúdo distinto). Também por decretos são regulamentados os órgãos e serviços públicos. Nesses casos, os regulamentos são distintos dos decretos, mas por eles aprovados. No caso de regulamento de lei, ele é o próprio regulamento.

As leis dependentes de regulamento adquirem eficácia com a edição dos respectivos regulamentos. Esses têm a função de explicitar as leis, torná-las claras e minudentes quanto à aplicação nos casos concretos. No Direito brasileiro, o regulamento não deve ultrapassar o limite da lei. Terá de conformar-se com ela nos seus exatos limites; caso os ultrapasse, padecerá do vício de ilegalidade e, consequentemente, será inválido.

Compete ao Congresso Nacional sustar atos regulamentares emanados do Poder Executivo que exorbitarem a competência regulamentar ou os limites de delegação legislativa (art. 49, inc. V, da Constituição da República).

Nos Estados europeus, sobretudo na França, existem regulamentos autônomos, ou seja, normas gerais, abstratas, obrigatórias criando inovações semelhantes à lei. Os sistemas jurídicos daqueles países conferem ao chefe do Executivo competência para legislar sobre determinadas matérias que não tenham reserva legal, por meio de decreto autônomo. No Brasil, essa modalidade de regulamento não existe.

- Regimentos – são atos administrativos destinados a regulamentar o funcionamento de órgãos colegiados. Diferem dos regulamentos que são mais abrangentes alcançando os cidadãos, enquanto que os regimentos não extrapolam os limites dos órgãos a que se destinam. Outra distinção consiste no fato de que o regulamento emana do poder regulamentar, e o regimento, do poder hierárquico.
- Portarias – são atos editados pelos ministros de estado com a finalidade de implementar normas jurídicas não detalhadas em decretos regulamentares ou de disciplinar atividades ou funcionamento de órgãos, nos limites da lei e do respectivo regulamento, quando for o caso.

As portarias são utilizadas também pelos dirigentes de autarquias, fundações públicas, sociedades de economia mista e empresas públicas nas três esferas da Administração Pública. As competências dessas autoridades para o exercício dessa regulamentação secundária são estabelecidas na lei de criação ou autorização de criação da respectiva entidade e nos regulamentos próprios.

- Resoluções – são atos regulamentares, de categoria inferior ao decreto regulamentar, utilizadas pelos secretários de estado. Nas secretarias de estado as resoluções têm a mesma função e poder das portarias nos ministérios de estado.

Saliente-se que as corporações legislativas, Senado Federal, Câmara dos Deputados, assembleias legislativas e câmaras municipais utilizam-se também de resoluções por intermédio das respectivas mesas diretoras. Essas resoluções, entretanto, têm conteúdo distinto daquelas editadas pelos secretários de estado. Elas não têm a função regulamentar, mas a de gerar direito.

- Despachos – são atos emanados de autoridade com competência para decidir. São editados, normalmente, em virtude de provocação do interessado; servidor público ou não. O despacho precede, na maioria dos casos, de parecer emitido por órgão competente. Com fundamento nos fatos alegados, na norma jurídica pertinente e no parecer jurídico, a autoridade decide por meio do ato chamado despacho, deferindo ou indeferindo a pretensão postulada.

O despacho pode ser concreto e singular, ou pode ter efeito normativo para alcançar os demais casos que se enquadrem nas hipóteses examinadas no parecer. Nesses casos, o interessado terá apenas de requerer o benefício e provar situação idêntica ou semelhante à que ensejou o despacho normativo. Mesmo normativo, o despacho não cria direito, apenas reconhece direito preexistente que, até então, estava sendo negado aos destinatários por omissão ou em virtude de interpretação errônea.

- Circulares – são modalidades de atos expedidos por autoridade pública, em qualquer nível de direção e nos limites das respectivas competências, destinadas a transmitir a vários servidores, no âmbito da Administração Pública, mensagem de idêntico teor. O conteúdo desses atos pode ser ordenatório, recomendatório ou disciplinatório. Em virtude de sua natureza, a circular pode ser revogada a qualquer tempo, fato que não prejudica direito nem gera direito à indenização.
- Alvarás – são atos materializadores de licença concedida pela autoridade administrativa, no exercício do poder de polícia, nos casos de construções civis e localizações de estabelecimentos comerciais, por exemplo. São atos vinculados. Por conseguinte, não podem ser revogados.

9.2 Quanto ao conteúdo[46]

Trata-se de atos, em sua maioria, resultantes de provocação do interessado imediato na expedição daqueles. A Administração depende de provocação para atuar. Entretanto,

---

[46] Os atos administrativos considerados neste subitem são reunidos por Hely Lopes Meirelles sob o título "Atos Negociais". O referido autor esclarece que escolheu esta nomenclatura em virtude da falta de denominação

a casos em que a atuação se dá de ofício. A despeito dessa particularidade, parece que a classificação adotada por Maria Sylvia Zanella Di Pietro é mais adequada. No Direito Privado, o negócio jurídico contém-se no ato jurídico; são os contratos em geral. Embora Hely Lopes Meirelles tenha advertido que tais atos não se confundem com os negócios jurídicos, é difícil entender, então, atos negociais unilaterais da Administração resultantes em negócios jurídicos públicos. Por esses motivos adotou-se neste trabalho o agrupamento de tais atos sob o título "Quanto ao conteúdo" usado por Maria Sylvia Zanella Di Pietro.

- Licença – é ato unilateral vinculado e tem natureza de definitividade. A Administração, ante requerimento de interessado, titular de direito subjetivo, devidamente comprovado e atendidas as condições legais e regulamentares, terá de licenciar. O agente público, nesse caso, não tem o poder de escolha de atender ou não atender ao postulante. O indeferimento, entretanto, é possível e até se impõe nos casos em que o pretendente deixar de atender às condições preestabelecidas para a obtenção da licença. Uma vez atendida a solicitação, a Administração não poderá desfazer o ato, a não ser em virtude de vício no processo ou procedimento de expedição do benefício, ou por descumprimento de condições impostas por lei ou contidas no respectivo ato. É ainda possível a retirada da licença nos casos de relevante interesse público, em virtude de fatos supervenientes, mas, por meio de desapropriação do direito por ela conferido ao interessado, mediante justa e prévia indenização. São exemplos de situações que dependem de licença: exercício de determinadas profissões, exercício de atividade comercial, construção civil (casa, edifício, galpão etc.). Em todos esses casos, o exercício dos respectivos direitos depende de prévia licença expedida pelo órgão competente.
- Autorização – é ato unilateral e discricionário expedido pela Administração Pública mediante pedido formal do interessado nos casos previstos em normas jurídicas. A autorização não se confunde com a licença, que é vinculada e goza da presunção de definitividade. Essa é precária e pode ser revogada a qualquer época por conveniência e oportunidade. Pode também ser negado o pedido se a autoridade, nos limites da discricionariedade, julgar inconveniente ou inoportuna a expedição da autorização.

A autorização, de acordo com a legislação vigente, pode ser considerada sob três acepções: para uso de bem público, meio de outorga de serviços públicos e para o exercício de certa atividade ou uso de objetos que a lei condiciona à prévia manifestação da Administração Pública. A primeira hipótese verificar-se-á quando a autoridade pública aquiescer a um pedido do particular para usar determinado bem público. Exemplo: a ocupação temporária de determinado prédio público e o uso de certo equipamento ou material, nos casos previstos em lei.

---

específica em nossa língua e por considerar tratar-se de atos resultantes de negócios jurídicos públicos (MEIRELLES. *Direito administrativo brasileiro*, 16. ed., p. 162).

A segunda modalidade verifica-se nos casos em que a Administração Pública outorga a prestação de serviços públicos ao particular escolhendo a autorização, meio excludente da concessão e da permissão nos termos do art. 21, XII, da Constituição da República, e Lei nº 8.987, de 13.2.1995, que regula a delegação de serviços públicos.

A terceira modalidade de autorização consiste na manifestação formal da administração indispensável ao exercício de certas atividades ou uso de determinados objetos, policiados pela Administração. Exemplo: autorização para porte de arma.

- Admissão – é ato unilateral vinculado e goza da presunção da definitividade. É expedido pela Administração Pública, verificadas as condições de direito e de fato a serem atendidas pelo interessado.

Saliente-se, desde logo, que a admissão administrativa aqui tratada não se confunde com a admissão no serviço público, considerada em outro tópico com o título de investidura em cargo público. São, pois, institutos diferentes. Trata a espécie de admissão a determinado benefício prestado institucional e regularmente pela Administração, mediante formalidades e requisitos legais, a que o interessado terá de, previamente, atender. Atendidas essas condições, o interessado adquire o direito subjetivo à admissão. Exemplo: ato que admite o vestibulando aprovado e classificado a matricular-se em escola pública de ensino superior.

- Aprovação – é ato unilateral e discricionário da Administração. É meio de controle administrativo. A aprovação é sempre necessária na atividade administrativa. Ela pode ser prévia, *a priori* ou depois do fato consumado, *a posteriori*. O momento da aprovação não é de livre escolha. A lei ou regulamento determina quando o controle será prévio e quando posterior.

A desobediência, quanto à obtenção da aprovação, pode determinar vício da decisão ou do comportamento adotado à revelia do órgão ou autoridade de controle. A autoridade competente para expedir a aprovação não é obrigada a assim proceder, se entender não ser conveniente ou oportuna a medida proposta, ou quando constatar vício no processo ou procedimento. Nesse caso, a autoridade deve devolver o expediente à origem para correção da irregularidade.

- Permissão – os autores sempre afirmaram que a permissão é modalidade de ato administrativo unilateral, discricionário e precário da Administração. Contemporaneamente, sobretudo, depois da edição da Lei de Concessões e Permissões de Serviços Públicos, não seria mais correto sustentar tal afirmação. Isso porque, depois do advento da referida lei, a permissão de serviço público, feita até então por meio de ato unilateral, discricionário, precário e revogável a qualquer tempo, passou a ser vinculada e concretizada por instrumento bilateral. A Lei nº 8.987/1995 estabelece, nos arts. 4º e 5º, que a delegação de serviços públicos, mediante concessão, precede de concorrência; e, por meio de permissão, depende de prévia licitação, podendo, neste caso, adotar-se qualquer das modalidades licitatórias previstas na lei. O art. 40 da mesma lei dispõe que a permissão se materializa por meio de contrato precário de adesão.

Parece-nos ser mais conveniente afirmar-se que a permissão pode ser discricionária, unilateral e precária ou vinculada, bilateral e duradoura, dependendo do seu objeto. Da primeira modalidade seria a permissão para o particular explorar bem público ou ocupar espaço físico público, mediante procedimento licitatório, em regra. Exemplo: instalação e exploração de banca de jornais em logradouro público. Da segunda modalidade, a permissão para o particular, vencedor em procedimento licitatório, prestar determinado serviço público. Neste caso, formalizar-se-á contrato de adesão precário e por tempo determinado (art. 40 da Lei nº 8.987/1995).

- Homologação – é ato de controle, unilateral e vinculado. Por intermédio da homologação, a autoridade superior hierarquicamente controla a legalidade de atos e de procedimentos administrativos. O agente, na oportunidade, homologa o ato ou o procedimento. Se este não estiver jurídica e formalmente correto, a autoridade o devolverá ao grau inferior para sanar os vícios encontrados, se for o caso, ou o revogará por conveniência ou oportunidade, nas condições previstas em lei. Exemplos: homologação de concurso público, homologação de licitação e homologação da avaliação periódica de desempenho de servidor público, de conformidade com o art. 41, §1º, III, da CF/88.
- Parecer – os pareceres não são atos administrativos propriamente. Incluem-se entre aqueles classificados como meros atos administrativos. Não são, portanto, atos jurídicos, mas concorrem para a edição de atos administrativos. O parecer é ato opinativo de autoria de agente competente ou credenciado e tem por finalidade subsidiar a autoridade administrativa com informações de fato, de direito, ou técnicas para a tomada de decisão no caso concreto.

Enquanto não aprovado pela autoridade competente, o parecer é mera opinião do seu autor. Com o *aprovo*, ele passa a espelhar a posição da Administração. Maria Sylvia Zanella Di Pietro classifica os pareceres em três categorias: facultativo, obrigatório e vinculante. Parece-nos oportuna essa classificação. Por esta razão, será lançada aqui.

Ocorre a hipótese de parecer facultativo, nos casos em que o agente se encontra livre para decidir sem a necessidade de audiência de órgão técnico, mas que prefere, para melhor segurança, solicitar parecer de órgão pertinente em virtude do assunto em pauta.

Verifica-se hipótese de parecer obrigatório nos casos em que a lei determina que a decisão necessita de parecer. Nesse caso, a autoridade será obrigada a consultar o órgão próprio. A Lei nº 8.666, de 23.6.1993, por exemplo, em vigor até 2.4.2023, nos termos da Lei nº 14.133/2021, exige parecer jurídico nos casos de recursos administrativos interpostos por licitantes. Sendo obrigatório o parecer, a autoridade deve acatar a recomendação nele contida, mas não está vinculada de forma absoluta a ele. Caso entenda, o agente poderá decidir em desacordo com o parecer, desde que fundamente a sua conduta de modo a explicitar de maneira convincente os motivos que o levaram a discordar do opinamento.

Parecer vinculante é aquele que o administrador está obrigado a solicitar e sujeitar-se às suas recomendações. Nesse caso, o agente não deve optar por outra solução nem mesmo rejeitar o parecer. Essa hipótese de parecer ocorre principalmente na área médica.

A aposentadoria do servidor, por invalidez, é direito garantido constitucionalmente, nos termos do art. 40, §1º, I, da Constituição da República. Entretanto, depende de prévio reconhecimento ou constatação da realidade configuradora da hipótese legal, por junta médica oficial. Se a junta recomendar a aposentadoria, a autoridade não terá escolha entre aposentar ou não aposentar o servidor, a menos que o laudo seja manifestamente viciado. Nesse caso, outra junta deve ser nomeada para realizar novamente a perícia.

10 Atributos do ato administrativo

O ato administrativo goza de certas prerrogativas que não são comuns aos demais atos jurídicos, denominadas, pela doutrina, atributos do ato administrativo, quais sejam: presunção de legitimidade, imperatividade e autoexecutoriedade ou simplesmente executoriedade, para alguns autores.

Os objetivos da iniciativa privada são, normalmente, opostos aos da Administração Pública. Se não são opostos, não se direcionam no mesmo sentido dos objetivos públicos. A função primordial da Administração Pública é administrar os bens públicos, formular e executar as políticas públicas em geral, tendo por objetivo principal a promoção social, visando ao bem-estar da coletividade, enquanto que o particular tem por objetivo a sua sobrevivência, o seu conforto e riqueza material. Em virtude desses objetivos distintos, a ordem jurídica cria para a Administração Pública certas prerrogativas que a desiguala, sob o prisma jurídico, das entidades privadas e das pessoas naturais. Daí a justificativa dos atributos conferidos aos atos administrativos, referidos acima e explicitados a seguir.

10.1 Presunção de legitimidade

O ato administrativo presume-se legítimo até prova em contrário. Essa presunção, que é *juris tantum*, vale dizer, admite prova em sentido contrário, decorre do fato de que a Administração se pauta nos princípios básicos da legalidade, da moralidade, da impessoalidade, da igualdade, da publicidade, da moralidade administrativa, da eficiência, entre outros. Ora, estando a Administração jungida a esses princípios, sobretudo o da legalidade, é de se presumir que o seu comportamento seja sempre correto e, consequentemente, não cause dano ao administrado em geral e aos seus servidores em particular. Por essa razão, os atos por ela editados gozam da presunção de legitimidade e de legalidade.

A presunção, como dito, é relativa. A lei confere poder facultativo ao interessado que sofreu a ação do ato, diretamente ou pela via reflexa, para questionar a licitude do ato. Contudo, a ele compete o ônus da prova. A Administração tem o ônus apenas de impugnar as provas que julgar impertinentes. Enquanto não for provada a ilegalidade ou ilegitimidade do ato, os respectivos efeitos continuam sendo produzidos.

10.2 Imperatividade

É a qualidade do ato, segundo a qual ele pode ser editado contra o interesse ou a vontade do particular que sofrerá as consequências do ato. Entre os particulares, os atos jurídicos que editam são resultado da manifestação livre das partes envolvidas, salvas as restrições impostas pelo direito. A Administração, em virtude das prerrogativas legais e da supremacia sobre os administrados, edita atos legítimos que extrapolam os limites em que se circunscreve para interferir na esfera jurídica do particular. Esses atos, normalmente, impõem ao seu destinatário comportamento de fazer, de não fazer e de abster-se. Esses atos devem ser observados, enquanto permanecerem no mundo jurídico. A propósito, ensina Hely Lopes Meirelles:

> A imperatividade decorre da só existência do ato administrativo, não dependendo da sua declaração, da sua validade ou invalidade. Assim sendo, enquanto não for retirado do mundo jurídico por revogação ou anulação, mesmo porque as manifestações de vontade do Poder Público trazem em si a presunção de legitimidade.[47]

A imperatividade do ato é, pois, a qualidade que lhe permite a edição e imposição sem que o particular, mesmo destinatário direto, se manifeste favoravelmente. São os atos, normalmente, emanados do poder de império.

10.3 Autoexecutoriedade

É atributo de certos atos administrativos, que permite à Administração executá-los diretamente, sem a participação do Poder Judiciário. Essa matéria já foi considerada no Capítulo 5, item 8, para o qual se remete o leitor, evitando-se repetição desnecessária.

11 Discricionariedade

11.1 Considerações gerais

Como visto em outro tópico, a lei confere ao agente público poder vinculado e poder discricionário, entre outros. No exercício do primeiro, o comportamento da autoridade é regrado pela lei, que estabelece a conduta a ser adotada no momento da ocorrência da hipótese nela prevista. É o caso, por exemplo, do servidor público que requer aposentadoria quando completa as condições para obter o benefício (tempo de contribuição e idade mínima). Nesse caso, comprovado o tempo e idade alegados e se a situação funcional do interessado estiver regular (não estiver, por exemplo, respondendo a processo ou sindicância administrativa disciplinar), a aposentadoria terá de ser concedida. Já no uso do poder discricionário, a autoridade vale-se de certa margem de escolha.

O legislador, como dito, encontra dificuldade, na maioria dos casos, para prever todos os fatos e situações que possam ocorrer. Ante esta real e concreta impossibilidade, ele faculta ao administrador público a escolha da melhor solução ao se deparar com o fato concreto. Essa liberdade não é absoluta. O administrador não deve agir livremente em nome da discricionariedade. Deve se conter nos limites estabelecidos pela lei. Nessa faixa de conduta, cumpre ao agente escolher entre as várias alternativas que se lhe apresentam, aquela que melhor atenda à vontade genérica e abstrata da lei.

---

[47] MEIRELLES. *Op. cit.*, p. 137.

A faculdade discricionária é limitada segundo os parâmetros postos pela lei e ao atendimento ao interesse público. Outros limites lhe são impostos também em decorrência das circunstâncias indispensáveis à validade dos atos administrativos. Cuida-se dos elementos vinculantes do ato aos quais se submete a autoridade no exercício da discricionariedade. São eles: capacidade, forma e finalidade. A liberdade de escolha limita-se ao conteúdo e ao motivo. Essa é a posição dominante entre os autores pátrios e estrangeiros. Registrou Seabra Fagundes:

> Noutros casos, a lei deixa a autoridade administrativa livre na apreciação do motivo ou do objeto do ato, ou de ambos ao mesmo tempo. No que respeita ao motivo, essa discrição se refere à ocasião de praticá-lo (oportunidade) e à sua utilidade (conveniência). No que respeita ao conteúdo, a discrição está em poder praticar o ato com objetivo variável. A propósito de tais atos, não é possível cogitar de nulidade relacionada com o motivo, com o objeto, ou com ambos, conforme a respeito de qualquer um desses requisitos, ou dos dois, possa deliberar livremente a Administração. No mais, entretanto, ou seja, quanto à manifestação da vontade (falta de competência para agir e defeito pessoal na vontade do agente), finalidade e forma, o ato discricionário incide nos mesmos casos de invalidez dos atos vinculados.[48]

A oportunidade e a conveniência a que se refere Seabra Fagundes são fundamentais na edição do ato discricionário. Elas são o núcleo do ato, denominado na doutrina e na jurisprudência como mérito do ato. Esse mérito corresponde exatamente ao espaço do poder de escolha conferido ao agente. O entendimento dominante é o de que neste conteúdo o Judiciário não pode adentrar. Do contrário, estaria ele substituindo o Poder Executivo, quanto à verificação da conveniência e da oportunidade na concretização de sua atividade discricionária. Essa substituição seria inconstitucional, por ferir norma expressa tangente às competências dos três poderes.

A liberdade conferida ao administrador público pelo legislador decorre, principalmente, do fato de que aquele está mais próximo da realidade social em virtude das atribuições constitucionais da Administração Pública. Na atividade permanente, no desempenho de suas competências, a autoridade deve saber o que é melhor para o interesse coletivo. Por isso, a lei lhe confere o poder de, na situação concreta, adotar a alternativa que melhor atenda ao interesse público, finalidade da lei. O desvio dessa finalidade importa a ilegitimidade e a ilegalidade do ato. Esses vícios devem ser sanados pela Administração, por iniciativa própria ou por provocação do interessado, ou pelo Poder Judiciário. É a lição de Hely Lopes Meirelles:

> O bem comum, identificado com o interesse social ou interesse coletivo, impõe que toda atividade administrativa lhe seja endereçada. Fixa, assim, o rumo que o ato administrativo deve procurar. Se o administrador se desvia desse roteiro, praticando ato que, embora discricionário, busque outro objetivo, incidirá em ilegalidade, por desvio de poder ou de finalidade, que poderá ser reconhecido e declarado pela própria Administração ou pelo Poder Judiciário.[49]

---

[48] FAGUNDES. *Op. cit.*, p. 65.
[49] MEIRELLES. *Op. cit.*, p. 99.

O poder discricionário não se confunde com a arbitrariedade. Trata-se de vocábulos distintos (entretanto o agente menos orientado pode ser levado a entender a discricionariedade como sinônimo de arbitrariedade). Discricionariedade é faculdade legal para comportamento com limitado poder de escolha, nos contornos preestabelecidos pela lei. A arbitrariedade verifica-se quando o agente no exercício do poder discricionário transborda os limites assinalados na lei. Os atos editados nos limites da discricionariedade são válidos. Os praticados com arbitrariedade são viciados e não produzem efeitos válidos.

O rompimento dos limites estabelecidos pela lei, no exercício da discricionariedade, caracteriza desvio de poder ou desvio de finalidade. Ocorre o primeiro quando o agente, embora capaz, pratica atos além de seus limites; o segundo, quando o agente pratica o ato visando atender à finalidade diversa daquela prevista na lei, interesse público.

11.2 Limites da discricionariedade

Já se afirmou que no exercício da discricionariedade o agente transita numa faixa com liberdade de movimentação sem ultrapassar os seus limites. Durante muitos anos se entendeu que nessa faixa existia verdadeiro leque de opções à disposição do agente e que lhe caberia escolher a que julgasse melhor, segundo sua convicção, ainda que outra atendesse à situação concreta. O entendimento contemporâneo, todavia, conduz-se para restringir essa liberdade. Para uma corrente formada por renomados autores brasileiros, só uma opção entre todas previstas efetivamente atende à vontade da lei. As demais, não. De modo que a faculdade não teria sido dada para a livre escolha, mas para encontrar a opção correta de acordo com a hermenêutica constitucional.

Na prática, não é tão simples assim. Pelo contrário, é difícil dizer que determinada escolha é a melhor ou que não é a melhor. O subjetivismo estará sempre a nortear o comportamento do autor do ato e do que lhe controla. Alguns parâmetros vêm sendo selecionados pela doutrina especializada, na tentativa de estabelecer limites ao poder discricionário. Entre eles, destacam-se os dispostos a seguir.

11.2.1 Abuso de poder

Os atos praticados com abuso de poder são ilegais, por extrapolarem os limites da discricionariedade. Eles se manifestam no momento em que o agente transgride os limites da legalidade. A verificação dessa irregularidade, muitas vezes, é missão tormentosa. Entre a discricionariedade e o comportamento ilegal há uma zona cinzenta que dificulta reconhecer, no caso concreto, quando ou em que momento o agente transbordou os limites da discricionariedade. Em razão dessa dificuldade, segundo Oswaldo Aranha Bandeira de Mello, a teoria vem perdendo prestígio no Direito francês. O Conselho de Estado, ante a dificuldade, vem solucionando a questão com a adoção da teoria dos motivos determinantes. Assim, ao invés de examinar a intenção do agente público, verifica-se o fato que constitui fundamento do ato e se é suficiente para justificá-lo.[50]

---

[50] BANDEIRA DE MELLO. *Op. cit.*, p. 434.

Cretella Júnior ensina:

> Desvio de poder é o uso indevido que o administrador faz do poder discricionário de que é detentor para atingir fins diversos do que a lei assinala. Ou é o uso indevido que a autoridade administrativa faz do poder que lhe é conferido para atingir finalidade diversa daquela que a lei preceituara.[51]

Fiorini afirma que o fim do ato administrativo é elemento essencial à sua formação. Segundo ele, os franceses desenvolveram estudos sobre esse elemento, chegando à teorização do desvio de poder. Trata-se de modalidade de vício que não alcança os atos vinculados. Sustenta ainda o autor que é nos atos discricionários que o desvio pode justificar-se e que o vício do fim implica o desfazimento do ato.[52]

No Direito francês, para coibir os abusos, foi criado o *recurso por abuso de poder*, em 1790. Esse recurso destina-se a anular atos da autoridade administrativa quando praticados contra regra de direito.

11.2.2 Teoria dos motivos determinantes

A teoria dos motivos determinantes, já noticiada, foi desenvolvida pelos autores franceses e hoje é adotada pela maioria dos Estados de direito. A teoria é no sentido de que os fatos, que deram origem ao ato, devem ser apresentados e justificados pelo autor do ato, por meio do procedimento denominado motivação do ato. A inexistência da indicação do motivo ou a alegação de motivos falsos macula o ato do vício de nulidade, acarretando contra ele a possibilidade de invalidação pela própria Administração ou a invalidação pelo Poder Judiciário.

11.2.3 Conceitos jurídicos indeterminados

Com o objetivo de ampliar o controle do Judiciário sobre os atos decorrentes do poder discricionário, desenvolveu-se na Alemanha a teoria dos conceitos jurídicos indeterminados. Com essa teoria, restringiu-se o espaço da discricionariedade. Vários comportamentos da Administração, tidos até então como discricionários, eram, na verdade, casos de intelecção da lei e não de escolha. Assim, no caso concreto, a autoridade não terá a faculdade de valorar, mas o dever de descobrir na lei a sua vontade para aquela situação fática. Só há poucos anos iniciou-se o estudo e a adoção da teoria dos conceitos jurídicos indeterminados no Direito brasileiro. São exemplos de conceitos jurídicos indeterminados ou vagos: "notório saber", "boa reputação", "pobreza", "interesse público", "imediatamente", entre outros.

Celso Antônio Bandeira de Mello, a propósito escreveu:

> Deveras, a apreensão do significado dos conceitos imprecisos é, sem dúvida, um ato de intelecção e ao Judiciário assiste praticá-lo para interpretar a lei. As decisões de mérito são, induvidosamente, atos volitivos, decididos segundo critérios de conveniência e oportunidade,

---

[51] CRETELLA JÚNIOR. Sintomas denunciadores do "desvio de poder". *Revista da Faculdade de Direito da USP*, v. 71, p. 79.
[52] FIORINI. *Derecho administrativo*, 2. ed., t. I, p. 516.

que traduzem opção por um entre dois ou mais comportamentos pela norma a ser aplicada. Daí não se segue entretanto que só nesta segunda hipótese esteja a Administração a exercer atividade discricionária.[53]

Os autores divergem no exame e estudo dos conceitos jurídicos indeterminados, vagos ou fluidos. A corrente majoritária alemã e o espanhol Eduardo García de Enterría entendem que, quando se trata de conceitos jurídicos indeterminados, não se vislumbra a possibilidade de escolha, valoração, mas tão somente a interpretação da lei no caso concreto. Outra corrente entende ser possível o exercício da discricionariedade no exame dos conceitos jurídicos indeterminados. No Brasil, Celso Antônio Bandeira de Mello é um dos expoentes dessa linha de pensamento. Esse autor entende que, mesmo adotando-se o critério da intelecção da norma, pode-se chegar a um momento dessa conformação da lei ao caso concreto nas hipóteses de conceitos jurídicos indeterminados em que o interprete se vê diante de duas ou mais situações de condutas igualmente válidas. Nesse caso, pode-se fazer opção por qualquer uma delas, hipótese de exercício da discricionariedade.

Nosso entendimento sobre essa matéria é no sentido de que a regra é a intelecção da norma no caso concreto, quando se está diante de conceitos jurídicos indeterminados, a faculdade de valoração somente será possível excepcionalmente, depois de esgotado o procedimento de intelecção.

11.2.4 Razoabilidade e proporcionalidade

A razoabilidade e a proporcionalidade vêm sendo defendidas pelos autores modernos como meio de limite do poder discricionário. O agente público no exercício da faculdade discricionária, ao aplicar a lei, deve ter noção clara do razoável, para saber dosar o seu comportamento nos limites da norma jurídica e de acordo com a vontade dela.

As decisões administrativas que extrapolam os limites da razoabilidade e da proporcionalidade ultrapassam igualmente os limites da discricionariedade. O rompimento desses parâmetros leva à edição de atos ilegais, passíveis de nulidade. Concluindo, a razoabilidade e a proporcionalidade são valores que se devem incluir na noção de legalidade como meios estabelecedores ou fixadores dos limites da discricionariedade.

11.2.5 Arbitrariedade

A arbitrariedade é conhecida no Direito Administrativo como resultante do comportamento do agente público, além ou em desacordo com o espaço que lhe é reservado pelo poder discricionário. O transbordamento dos limites desse poder, seja pelo excesso de poder, seja pelo desvio de finalidade, caracteriza comportamento arbitrário.

A arbitrariedade não é, a rigor, limitação ao poder discricionário, mas a sua constatação caracteriza a atuação administrativa fora do espaço reservado pelo legislador para, nos casos concretos, a autoridade adotar o comportamento adequado, considerando a vontade genérica da lei e o interesse público. A identificação do comportamento

---

[53] BANDEIRA DE MELLO. *Discricionariedade e controle jurisdicional*, 2. ed., p. 24.

arbitrário do agente administrativo implica o reconhecimento do abuso de poder no exercício da faculdade discricionária.

12 Desfazimento ou retirada de atos administrativos

Os atos administrativos extinguem-se em razão do cumprimento de seus efeitos, por perda do objeto, desaparecimento do sujeito destinatário do ato, pela caducidade, pela anulação e pela revogação. Aqui serão examinadas apenas as duas últimas modalidades de retirada dos atos, dada a importância delas.

Os atos administrativos ilegais – assim considerados os editados em desacordo com as condições e postulados legais e regulamentares – não devem continuar no mundo jurídico, produzindo efeitos danosos. Também devem ser afastados os atos que, embora legais, se tornaram inconvenientes ou inoportunos. No primeiro caso, o meio adequado para a retirada do ato é a sua invalidação ou a anulação. No segundo, a revogação.

A doutrina não é pacífica quanto à obrigatoriedade ou não de se retirar os atos viciados e os inconvenientes. Dito de outra forma: o agente administrativo é obrigado a anular o ato ao constatar a sua irregularidade? Deve revogá-lo quando inconveniente ou inoportuno? Ou pode, nos dois casos, optar pela manutenção deles? Há posições nos dois sentidos. Existem autores que entendem que, em certos casos, pode a autoridade decidir pela permanência do ato, ainda que viciado ou inconveniente.

Parece-nos ser mais correto o entendimento de que os atos viciados e os inconvenientes ou inoportunos devem ser desfeitos assim que se constatarem os respectivos defeitos, salvo os casos em que a retirada do ato possa ser mais danosa para a sociedade do que a sua permanência. Nessa hipótese, o ato viciado deve ser convalidado pela autoridade competente. A matéria está sumulada pelo Supremo Tribunal Federal, de maneira facultativa, nos seguintes termos: "A Administração Pública pode declarar a nulidade de seus próprios atos" (Súmula nº 346 do STF) e "A Administração pode anular seus próprios atos, quando eivados de vícios que os tornem ilegais, porque deles não se originam direitos: ou revogá-los, por motivos de conveniência ou oportunidade, respeitados os direitos adquiridos, e ressalvada, em todos os casos, a apreciação judicial" (Súmula nº 473 do STF).

12.1 Anulação

A anulação consiste na retirada de atos administrativos com vícios de ilegalidade insanáveis. A medida tem por motivo, principalmente, o fato de tais atos não gerarem efeitos válidos. O vício do ato que conduz à sua anulação verifica-se quanto à capacidade, ao objeto, à finalidade, à forma e ao motivo. São os cinco elementos do ato que devem ser observados com rigor por ocasião de criação ou da sua feitura. Editado o ato, o órgão de controle deve verificar a competência, as condições e o comportamento do agente emanador do ato. É necessário examinar o objeto ou conteúdo do ato, a finalidade desejada pelo agente, o motivo por ele apontado e, finalmente, a forma adotada para a exteriorização do ato. A irregularidade em qualquer desses elementos inquina o ato de ilegalidade.

Quanto às consequências decorrentes dos vícios atribuídos aos atos administrativos, a doutrina pátria é divergente. Os autores defendem posições distintas quanto a essas consequências. Para Hely Lopes Meirelles, os atos são classificados, em razão dos vícios, em nulos e inexistentes. O autor não admite a existência de atos anuláveis. Na sua opinião, não existe ato meio nulo e meio correto. Se é nulo, é ilegal e, sendo ilegal, não pode permanecer. Daí a impossibilidade de atos anuláveis ou convalidáveis serem aceitos.[54]

Seabra Fagundes sustenta que os atos viciados dividem-se em atos nulos, anuláveis e irregulares. Nulos são os atos que contrariam normas fundamentais quanto à manifestação da vontade, à finalidade, à forma ou ao motivo. Atos anuláveis são aqueles que, mesmo tendo ofendido qualquer dos cinco elementos do ato, mas considerando as condições em que foram editados e os efeitos já produzidos na sociedade, permanecem em razão do interesse público. A hipótese prevalece quando o interesse público do desfazimento do ato, em razão das consequências próprias, for menor do que o interesse público da continuidade do ato. Atos irregulares são os portadores de vícios menos importantes, que não chegam a recomendar o desfazimento dos mesmos vícios materiais.[55]

Celso Antônio Bandeira de Mello agrupa os atos, quanto aos vícios, em atos irregulares, atos anuláveis e atos nulos. Atos irregulares são, para o autor, aqueles que padecem de vícios materiais irrelevantes. Exemplo: erro quanto à forma de exteriorização do ato, portaria em vez de decreto. Nesse particular, a sua posição coincide com a de Seabra Fagundes, citada no parágrafo anterior. Anuláveis são os atos assim declarados por lei e os que possam ser reeditados sem o vício. Exemplo: os emanados de autoridade incompetente, os decorrentes de vontade viciada, entre outros. Nulos são aqueles que, como tais, sejam declarados por lei e aqueles impossíveis de serem convalidados em virtude da gravidade do vício de que sejam portadores. Exemplo: objeto ilícito, motivo falso.[56]

Osvaldo Aranha Bandeira de Mello reduz os atos administrativos, quanto ao vício, apenas em nulos e anuláveis. Nulos são editados por pessoas jurídicas sem atribuição, órgãos incompetentes ou por pessoas usurpadoras de função pública. Anuláveis são os praticados com vício de vontade ou de competência, entre outros.[57]

A conclusão a que se pode chegar é que há situações em que a manutenção do ato viciado é mais conveniente ao interesse público do que a sua retirada do mundo jurídico. Vale dizer que o dano social da retirada do ato é maior do que o da sua permanência. É preciso, no caso concreto, sopesar os dois interesses públicos e optar pelo que melhor satisfaça. Assim entendido, é forçoso admitir atos administrativos anuláveis ao lado dos absolutamente nulos que não podem, de modo algum, ser convalidados, pelos motivos expostos.

---

[54] MEIRELLES. *Op. cit.*, p. 150.
[55] FAGUNDES. *Op. cit.*, p. 42-51.
[56] BANDEIRA DE MELLO. *Op. cit.*, p. 231-237.
[57] BANDEIRA DE MELLO. *Op. cit.*, p. 650.

12.1.1 Motivo

O motivo da anulação do ato é o vício de ilegalidade de que seja portador. A irregularidade, já apontada neste capítulo, se manifesta em virtude de atos editados sem a observância do preceito legal e dos procedimentos regulamentares, principalmente quanto aos cinco elementos ou requisitos de validade do ato.

12.1.2 Competência para anular

A competência para anular o ato é da própria Administração Pública ou do Poder Judiciário. A primeira atua de ofício ou em virtude de requerimento do interessado – aquele que sofreu as consequências do ato tido como ilegal –, ou em decorrência de representação. Em qualquer das duas formas de iniciativa, a Administração terá de adotar procedimento e processo administrativo próprio. Depois da promulgação da Constituição da República de 1988, os tribunais vêm entendendo que, mesmo nos casos de atos absolutamente nulos, a Administração estará obrigada a instaurar processo administrativo, garantindo à pessoa que se está beneficiando com o ato o princípio do contraditório, e a dar-lhe a oportunidade de ampla defesa. Esse entendimento decorre da aplicação da norma contida no art. 5º, LIV, da Constituição da República, que garante o devido processo legal.

O Poder Judiciário depende sempre de provocação para atuar na sua função primordial, a jurisdicional. Assim, a anulação de ato administrativo pelo Judiciário sujeita-se à postulação do interessado (qualquer pessoa que tiver legitimidade *ad causam* e *ad processum*, por exemplo: ação popular). No exame e controle dos atos administrativos, o Judiciário julga inclusive os pedidos contra ato de anulação editado por agente administrativo, por força do permissivo constitucional ínsito no art. 5º, XXXV, da Constituição da República.

12.1.3 Efeitos do ato de anulação no tempo

O ato de anulação produz efeito retro-operante até a data de entrada em vigor do ato anulado ou declarado nulo, efeito *ex tunc*. Esse efeito decorre do fato de que ato inválido não produz direito e, consequentemente, não gera efeitos jurídicos.

Com a anulação decretada pela Administração ou pelo Judiciário, os fatos voltam ao *status quo ante*, às situações preexistentes ao ato, e por ele modificadas, se recompõem integralmente com a expedição do ato anulatório. Há, todavia, casos em que não é possível restabelecer integralmente a situação pretérita. Nesses casos, os efeitos do ato anulado serão mantidos até a data da declaração de sua nulidade. Exemplo: pessoa admitida irregularmente no serviço público e que, depois, foi dele afastada definitivamente em virtude de anulação do ato de admissão. O *servidor* pode até ter condições de devolver os vencimentos recebidos no período em que trabalhou. Mas a Administração não terá condições de lhe restituir a energia expendida durante o tempo em que esteve vinculado à Administração. Por esse motivo, não deve haver a devolução dos vencimentos.

12.1.4 Indenização

O ato nulo, como visto, não gera direitos. Por esse motivo, do ato de anulação não brota o direito de indenização, pois, na espécie, não há direito lesado. Excluem-se dessa regra os terceiros de boa-fé, aqueles que por via reflexa foram, inconscientemente, beneficiados em decorrência do ato eivado.

Esse entendimento mantivemos até a 4ª edição, sustentados na doutrina dominante. A doutrina, entretanto, vem evoluindo para permitir ao administrado, destinatário de ato viciado anulado, o direito de perceber indenização, se o prejudicado, mesmo sendo o destinatário do ato anulado, tenha agido de boa-fé e tenha realizado gasto em virtude do ato retirado.

Ante essa orientação doutrinária, estamos reexaminando a matéria, visando flexibilizar o posicionamento sustentado nas edições passadas.

Celso Antônio Bandeira de Mello, analisando o dever da Administração de indenizar nos casos de invalidação de ato administrativo, divide a matéria em duas situações. Na primeira considera os casos em que o ato tenha sido invalidado antes de o administrado realizar despesas em decorrência do ato. Nessa hipótese não se cogitaria de indenização. Na outra situação, ao contrário, o ato de invalidação colheu o destinatário do ato ou relação jurídica invalidado(a) quando já havia desenvolvido atividade dispendiosa em razão do vínculo, como desembolso à Administração Pública ou a particular. Nesse caso, o administrado terá direito à indenização, se agiu de boa-fé. Para ilustrar transcreve-se, a seguir, o texto núcleo do citado autor:

> Com efeito, se o ato administrativo era inválido, isto significa que a Administração, ao praticá-lo, feriu a ordem jurídica. Assim, ao invalidar o ato, está *ipso facto*, proclamando que fora autora de uma violação da ordem jurídica. Seria iníquo que o agente violador do direito, confessando-se tal, se livrasse de quaisquer ônus que decorreriam do ato e lançasse sobre as costas alheias todas as consequências patrimoniais gravosas que daí decorreriam, locupletando-se, ainda, à custa de quem, não tendo concorrido para o vício, haja procedido de boa-fé.[58]

Temos dificuldades para aceitar o dever de indenização nos termos realçados por Celso Antônio Bandeira de Mello. Entendemos não ser mais possível sustentar, categoricamente, como já o fizemos, que o destinatário do ato invalidado não tem direito à indenização, pelo fato de que usufruía os benefícios decorrentes de ato viciado, nulo ou anulável. Assim, entendemos que a indenização nos casos de invalidação de ato administrativo não deve ser regra absoluta. Pode ser admitida, no exame de cada caso. Se comprovado efetivo prejuízo patrimonial sofrido por alguém, pessoa natural ou jurídica, em decorrência de anulação de determinado ato administrativo, é possível cogitar-se de indenização, desde que se comprove, também, não ter o interessado agido de má-fé para obter o ato maculado que o beneficiou.

Não comporta indenização, por exemplo, a hipótese de nomeação irregular de determinada pessoa para o exercício de cargo público, ainda que de boa-fé tenham agido o agente público e o particular nomeado. O direito deste não vai além do de

---

[58] BANDEIRA DE MELLO. *Curso de direito administrativo*, p. 436.

receber o vencimento relativo ao cargo que ocupou até a data do desfazimento do ato de nomeação.

12.1.5 Prescrição do direito de anular

A anulação de ato administrativo ou a declaração de sua nulidade, em princípio, pode dar-se em qualquer tempo, já que não produz efeitos válidos. Seria impertinente alegar prescrição do direito da Administração de rever tais atos. Há, entretanto, entendimento de que o ato eivado de nulidade não deve ficar indefinidamente sujeito à declaração de sua nulidade. Celso Antônio Bandeira de Mello filia-se a esse entendimento e sugere a prescrição de maior tempo para a espécie: vinte anos. Sustenta esse autor que, se a Administração, nesse prazo, não teve o interesse de promover a anulação do ato defeituoso, este se tornou, depois de vinte anos de existência, convalidado pelo tempo.

Este foi o entendimento mantido até a 4ª edição deste *Curso*. Isso porque a doutrina mudou a orientação baseada nas leis de Direito Público, sobretudo as editadas na última década do século XX.

Celso Antônio Bandeira de Mello, por exemplo, reviu de maneira muito profunda a sua posição quanto à prescrição do direito de ação nos casos de atos viciados. Esse autor sustentava que, na falta de especificação legal de prazo para a invalidação de ato viciado, dever-se-ia adotar, por analogia, a regra geral estabelecida na lei civil: prazo mais longo para os atos nulos e mais curtos para os anuláveis, sendo o mais longo, 20 (vinte) anos, é o que dispunha o Código Civil de 1916.

A partir da 12ª edição de seu *Curso de direito administrativo*, o autor em relevo remedita sobre a matéria e chega à conclusão de que não se deve tomar por analogia o Direito Civil para solucionar matéria de Direito Público, inclusive a prescricional, argumentando que as razões informadoras do Direito Civil são profundamente distintas das que orientam o Direito Público. Depois de examinar cuidadosamente a legislação pertinente à prescrição no Direito Público brasileiro, opinou:

> Vê-se pois, que este prazo de cinco anos é uma constante nas disposições gerais estatuídas em regras de Direito Público, Quer quanto quando reportadas ao prazo o administrado agir, quer quanto reportadas ao prazo para a Administração fulminar seus próprios atos. Ademais, salvo disposição legal explícita, não haveria razão prestante para distinguir entre Administração e Administrado no que concerne ao prazo ao cabo do qual faleceriam o direito de reciprocidade se proporem ações.
>
> Isto posto, estamos que, *faltando regra específica que disponha de modo diverso*, ressalvada a hipótese de comprovada má-fé em uma, outra ou em ambas as partes de relação jurídica que envolva atos ampliativos de direito dos administrados, o prazo para a Administração proceder judicialmente contra eles é, como regra, de cinco anos, quer se trate de atos nulos, quer se trate de atos anuláveis.[59]

Veja-se que Celso Antônio passou a admitir a hipótese de prescrição em cinco anos, em qualquer caso, inclusive em relação aos atos nulos para a invalidação de ato administrativo, tanto na via administrativa quanto na judiciária, abandonando por completo

---
[59] BANDEIRA DE MELLO. *Op. cit.*, p. 906-907.

os prazos do Direito Civil. Esse prazo de cinco anos, de acordo com o ensinamento do aludido autor, vale para a Administração e para o administrado.

Maria Sylvia Zanella Di Pietro entende que a prescrição quinquenal se aplica somente às ações pessoais. Nos casos de ações reais contra a Fazenda Pública, prevalecem os prazos disciplinados pelo Código Civil, art. 177, 10 (dez) anos entre presentes e em 15 (quinze) anos entre ausentes.[60]

Há, aqui, ligeiro equívoco da autora, posto que o Código Civil de 2002 não faz, como o anterior, distinção entre presentes e ausentes em matéria de prescrição. O art. 205 dispõe: "A prescrição ocorre em 10 (dez) anos, quando a lei não lhe haja fixado prazo menor". Esta é a regra. Não há também, no Código vigente, a distinção entre ação pessoal e ação real.

Ressalte-se que nos casos de prescrição aquisitiva, usucapião, o prazo é de 10 (dez) anos nos casos de possuidor de boa-fé e justo título, se durante esse prazo, a posse não for contestada pelo titular do domínio, art. 1.242, e de 15 (quinze) anos, nos casos de possuidor sem justo título nem boa-fé. Esse prazo reduz-se para 10 (dez) anos, se o possuidor houver estabelecido sua moradia habitual no imóvel, ou nele realizado obra ou serviço de natureza produtiva, conforme o art. 1.238.

Arrolam-se adiante, na ordem cronológica, as leis federais que cuidam da prescrição quinquenal no Direito Público:

- Decreto nº 20.910, de 6.1.1932. O art. 1º desse decreto prescreve:

    As dívidas passivas da União, dos Estados e dos Municípios, bem assim todo e qualquer direito ou ação contra a Fazenda Pública federal, estadual e municipal, seja qual for a sua natureza, prescrevem em 5 (cinco) anos, contados da data do ato ou fato do qual se originarem.

- Lei nº 4.717, de 29.6.1965. Essa lei regula a ação popular, já alterada por leis supervenientes. O seu art. 21 estabelece que prescreve em 5 (cinco) anos a ação de que trata a lei. Em outras palavras, a ação popular prescreve em 5 (cinco) anos.
- Decreto-Lei nº 4.597, de 19.8.1942. Pelo art. 2º deste decreto-lei, o prazo prescricional de que cuida o art. 1º do Decreto nº 20.910/32 foi estendido às autarquias. Como autarquia devem ser compreendidas também as fundações de direito público, posto que em nada diferem das autarquias propriamente ditas.
- Lei nº 8112, de 11.12.1990. Dispõe sobre o regime jurídico dos servidores civis da União, das autarquias e das fundações públicas federais. No art. 110, essa lei estabelece o prazo prescricional de 5 (cinco) anos para o servidor requerer, quando atingido com ato de punição de demissão, cassação de aposentadoria ou disponibilidade.
- Lei nº 8.429, de 2.7.1992. Essa lei, denominada "lei de improbidade" ou "lei contra a improbidade administrativa", prevê sanções administrativas, civis e penais imputadas a agentes públicos nos casos nela previstos. O seu art. 23 estabelece que as ações com vista à aplicação das sanções de que cuida a lei

---

[60] DI PIETRO. *Direito Adminstrativo*, 15. ed., p. 623.

prescrevem em até 5 (cinco) anos após o término de mandato, de cargo em comissão ou de função de confiança ou, no prazo previsto em lei específica que cuida de sanção disciplinar de demissão de servidor público ocupante de cargo efetivo ou de emprego público.
- Lei nº 9.784, de 29.1.1999. Trata essa lei do processo administrativo, no âmbito da Administração Pública Federal, abrangendo as respectivas autarquias e fundações de direito público. O art. 54 estampa não a prescrição, mas a decadência, nos seguintes termos:

> O direito da Administração de anular os atos administrativos que decorram efeitos favoráveis para os destinatários decai em 5 (cinco) anos, contados da data em que forem praticados, salvo comprovada má-fé.
> §1º no caso de efeitos patrimoniais contínuos, o prazo de decadência contar-se-á percepção do primeiro pagamento.
> §2º considera-se exercício do direito de anular qualquer medida de autoridade administrativa que importa impugnação à validade do ato.

- Lei nº 9.873, de 23.11.1999. Essa lei estabelece prazo de prescrição para a Administração Pública, direta e indireta, exercer ação punitiva. Nos termos do art. 1º, o prazo é de 5 (cinco) anos para a Administração Pública, direta ou indireta, no exercício do poder de polícia, apurar infração à legislação pertinente. Conta-se o prazo, da data em que o ato foi praticado. Tratando-se de infração continuada ou permanente, o prazo será contado a partir da data em que a conduta ilegal tiver cessado.

Algumas das leis acima citadas estabelecem, em determinados casos, prescrição menor. Esses prazos, entretanto, não foram cogitados pelo fato de que aqui nos interessa o prazo mais longo. Pôde-se observar que esse prazo é de 5 (cinco) anos em todas as leis examinadas. A pesquisa não revelou outro prazo prescricional ou decadencial além dos cinco anos na legislação pátria, na seara do Direito Público.

Parece-nos estar correto Celso Antônio Bandeira de Mello, que revendo a sua posição, defendida por muitos anos, sustenta que as regras prescricionais do Direito Civil não devem ser aplicadas por analogia em matéria de Direito Público. Parece que a única hipótese de prescrição regrada no Código Civil a ser observada pela Administração Pública é a da usucapião, que se constitui em 15 (quinze) ou em 10 (dez) anos, nos termos dos arts. 1.238 e 1.242 do CC. Nos demais casos, aplica-se a prescrição quinquenal disciplinada nas diversas leis examinadas neste subitem.

12.2 Revogação

A revogação é meio jurídico, de natureza discricionária, posto à disposição da Administração Pública para retirar os atos administrativos válidos, mas inconvenientes e inoportunos, atos que se tornaram indesejáveis ao interesse público.

12.2.1 Motivo

O motivo da revogação do ato administrativo é a conveniência ou a oportunidade. Diferente do que ocorre com a anulação que atinge atos viciados, como visto. A inconveniência do ato pode surgir com o seu nascimento, mas é possível ocorrer hipótese de ato tido como conveniente e oportuno, desde a sua expedição, mas que em dado momento, em virtude de alteração dos fatos ou de outros motivos, passou a não ser útil ao interesse coletivo. Nesses casos, a retirada do ato, normalmente, é a solução mais recomendada. À autoridade competente cabe ajuizar da conveniência da medida, no exercício da faculdade discricionária que lhe é atribuída pela ordem jurídica.

12.2.2 Competência

A competência para retirar os atos administrativos pela via da revogação é exclusiva da Administração Pública. O Poder Judiciário, nesse caso, é incompetente, visto que a revogação decorre do poder discricionário da Administração. Ao Judiciário não é lícito substituir o Poder Executivo, para promover escolha quanto à conveniência ou não de se revogar determinado ato administrativo.

O ato de revogação está sujeito aos mesmos requisitos e condições próprias dos atos administrativos em geral. A autoridade competente para editar o ato de revogação é a mesma que praticou o ato que se pretende revogar ou a superior hierarquicamente àquela. O ato de revogação, quando viciado, pode ser anulado pela Administração e pelo Judiciário. Adota-se, nesse caso, a mesma orientação a respeito da nulidade.

12.2.3 Efeito no tempo

O efeito do ato revogatório é *ex nunc*, isto é, produz resultados jurídicos válidos após a data de sua publicação, ou depois de verificada a condição suspensiva condicionadora da sua eficácia, se for o caso. Nessa hipótese, o tratamento jurídico difere da anulação pelo fato de a revogação mirar sempre atos sadios, sem mácula de vícios. Em razão disso, todos os efeitos do ato revogado são respeitados até a data da edição do ato revogatório.

12.2.4 Indenização

A revogação gera direito à indenização pelo fato de que os atos por ela retirados são juridicamente perfeitos e hábeis para produzir os efeitos próprios e gerar os direitos pertinentes. A retirada de atos nessas condições poderá prejudicar direitos subjetivos, com consequências patrimoniais. O fundamento da revogação é o interesse público. Assim, a sociedade deve arcar com o ônus decorrente da revogação, em virtude do princípio de que o indivíduo não deve suportar sozinho o sacrifício que lhe for imposto em virtude de medida administrativa de interesse da coletividade.

12.2.5 Limites do poder revogatório

O poder de revogar conferido à Administração é limitado quanto à liberdade e quanto à espécie dos atos. Quanto à liberdade, a Administração sujeita-se à constatação da existência de conveniência ou oportunidade. A inexistência de um desses dois requisitos inviabiliza a edição do ato de revogação. Quanto à espécie, somente os atos discricionários podem ser revogados, excluídos aqueles que geraram direito adquirido (Súmula nº 473 do STF), e aqueles que já exauriram os seus efeitos, pelo fato de a revogação não ser retroativa, *ex nunc*. Nesses dois casos, mesmo sendo discricionários os atos preexistentes, a revogação deles se inviabiliza em virtude da condição particular de ambos, a qual os torna especiais em relação aos demais atos discricionários.

Os atos vinculados ou regrados, sem exceção, não podem ser revogados. O poder de revogar não alcança os atos vinculados, em virtude da garantia oferecida pela ordem jurídica aos seus destinatários. Atos vinculados se desfazem por meio de anulação, se viciados. Não serão retirados da circulação jurídica por motivo de conveniência ou oportunidade.

12.3 Convalidação

A convalidação é ato discricionário que a Administração, em certos casos, edita para validar determinados atos viciados, com vista a aproveitar os efeitos já produzidos. Os efeitos da convalidação são, portanto, retroativos. O agente administrativo, ao analisar o caso concreto, examina o ato em face dos seus elementos: agente competente (capacidade), objeto (conteúdo), forma, motivo e finalidade; e verifica qual – ou quais – elemento foi inobservado ou desrespeitado na feitura do ato. Constatado que o vício é quanto à competência, quanto à forma ou quanto ao objeto (se esse não for ilícito), é possível a convalidação. Para essa medida, a autoridade administrativa deve avaliar com critério as consequências do ato viciado para a sociedade, invocando sempre o princípio da razoabilidade e da proporcionalidade, para concluir e decidir se os danos da retirada do ato viciado são mais graves para a coletividade do que a sua permanência. Se essa for a constatação, a convalidação será medida recomendável.

Quando os vícios do ato forem em relação ao motivo e à finalidade, a convalidação não será possível. Também não será caso de convalidação quando o objeto do ato for ilícito. Em tais hipóteses, não haverá outra opção senão declarar a nulidade do ato.

A anulação e a revogação devem ser precedidas do devido processo administrativo, em que se dê ao interessado a oportunidade de produzir ampla defesa e a observância do contraditório. Esse entendimento é pacificado no STJ e STF, conforme ementa seguinte:

EMENTA: CONSTITUCIONAL. ADMINISTRATIVO. MANDADO DE SEGURANÇA. ANISTIA. ANULAÇÃO DE PORTARIA QUE RECONHECE A CONDIÇÃO DE ANISTIADO POLÍTICO. DEFESA APRESENTADA TEMPESTIVAMENTE. AUSÊNCIA DE ANÁLISE PELA AUTORIDADE IMPETRADA. INOBSERVÂNCIA DO DEVIDO PROCESSO LEGAL. SEGURANÇA CONCEDIDA. 1. Orienta-se a jurisprudência do Superior Tribunal de Justiça e do Supremo Tribunal Federal no sentido da necessidade de observância do devido processo legal e dos princípios da ampla defesa e do contraditório quando da desconstituição de ato administrativo que atinja os interesses individuais dos servidores ou administrados. 2. Hipótese em que, embora o impetrante tenha apresentado sua defesa tempestivamente, a autoridade impetrada deixou de analisá-la, por entender que teria transcorrido *in albis* o prazo previsto no mandado de intimação, e anulou a portaria que lhe reconhecera a condição de anistiado político, violando, por conseguinte, o devido processo legal. 3. Constatada, de plano, a violação ao direito líquido e certo do impetrante, por inobservância do devido processo legal, remanescem prejudicados os demais fundamentos da impetração. 4. Segurança concedida para, sem prejuízo da instauração de novo processo administrativo, anular a Portaria 2.799, de 6/10/2004, do Ministro de Estado da Justiça. (STJ. MS nº 10.208/DF; Mandado de Segurança nº 2004/0176933-2. Rel. Min. Arnaldo Esteves Lima, Terceira Seção, j. 23.8.2006. *DJ*, 18 set. 2006, p. 264)

LICITAÇÃO

Sumário: **1** Conceito – **2** Base jurídica – **3** Considerações sobre os princípios da licitação – **4** Entidades sujeitas à licitação – **5** Necessidade de agentes públicos qualificados – **6** Direito público subjetivo dos interessados – **7** Dos pagamentos – **8** Definições – **9** Contratação de obras e serviços de engenharia – **10** Programação da execução de obra ou serviço – **11** Proibição de participar de licitação e de execução de obras – **12** Formas de execução indireta de obras e serviços de engenharia – **13** Serviços técnicos profissionais especializados de natureza predominantemente intelectual – **14** Compras – **15** Modalidades de licitação – **16** Processo licitatório – **17** Critério de julgamento da concorrência – **18** Contratação direta – **19** Fases da licitação – **20** Processo de licitação das empresas estatais

1 Conceito

A iniciativa privada – pessoas jurídicas e pessoas físicas – é livre para promover as compras e as alienações de que necessita. As regras a que se sujeita, na atividade particular, são basicamente as do Direito Comercial e as do Direito Civil pertinentes, com as restrições decorrentes do Direito Público. Não há interferência estatal quanto ao procedimento de compras. As regras e os costumes de mercado é que são observados.

A Administração Pública não goza dessa liberdade, pelo fato de gerir coisa pública, devendo submeter-se a certas condições legais, com vista a evitar a escolha subjetiva do fornecedor e do comprador. Daí a necessidade de licitar, nos termos e condições estabelecidos em lei própria.

Licitação é procedimento administrativo formal, utilizado pela Administração Pública direta e indireta, precedente à contratação de serviços, de obras, de serviço de arquitetura e de engenharia, de locação, de compras, de concessões, de permissões de uso de bens públicos e de alienações, tecnologia da informação e de comunicação (art. 2º da Lei nº 14.133/2021).

Visa a Administração, por meio da licitação, obter a melhor e mais vantajosa proposta entre todos os ofertantes interessados, atuantes no ramo do objeto pretendido. Para conseguir a proposta que melhor atenda à Administração e ao interesse público, ter-se-ão de observar os seguintes princípios: legalidade, impessoalidade, moralidade, igualdade, publicidade, probidade administrativa, vinculação ao instrumento convocatório, julgamento objetivo, além de outros pertinentes ao art. 3º da Lei nº 8.666, de 21.6.1993, Lei Complementar nº 147, de 2014, e Lei nº 14.133, de 1º.4.2021.

Pelo procedimento licitatório, além de se pretender a melhor proposta entre o universo de fornecedores, procura-se evitar escolha indesejada de fornecedores por apadrinhamento político, por amizade ou por outros meios de corrupção. É para se evitar as escolhas subjetivas e casuísticas que a lei prescreve a necessidade da publicação, do tratamento isonômico e do julgamento objetivo das propostas e documentos de habilitação, além de outras formalidades.

A licitação é, por isso, procedimento obrigatório, previamente à assinatura de contratos administrativos, exceto nos casos previstos em lei de dispensa e de inexigibilidade.

2 Base jurídica

Antes, o procedimento de compras públicas era denominado *concorrência*. Com a Lei nº 4.401, de 10.9.1964, o procedimento passou a denominar-se *licitação*, compreendendo a concorrência e outras modalidades. Concorrência, então, passa a ser parte do todo: licitação.

A primeira lei a tratar efetivamente da então concorrência pública foi o Código de Contabilidade Pública da União, Decreto Legislativo nº 4.536, de 28.1.1922, e seu regulamento baixado pelo Decreto nº 15.783, de 22.11.1922.

A segunda lei a fazer referência à licitação é o Código de Águas, Decreto nº 41.019, de 26.12.1957.

A terceira lei a dispor sobre o tema, e a primeira a ampliar as normas pertinentes do Código de Contabilidade Pública da União, data de 1964. Trata-se da Lei nº 4.320/1964.

Em 1965, a Emenda nº 15 à Constituição Federal de 1946 introduziu a expressão "concorrência pública" no texto da Constituição então vigente. Foi nessa época que o instituto conquistou, com críticas, a magna posição de norma constitucional.

A quarta lei que também cuidou do assunto foi o Decreto-Lei nº 200, de 25.2.1967. Esse decreto-lei estabeleceu novas regras, entre elas as definições das cinco modalidades de licitação de que cuida a Lei nº 8.666, de 21.6.1993. Atualmente existe mais uma modalidade, denominada pregão, nos termos da Lei nº 10.520, de 17.7.2002.

A quinta lei sobre o tema foi o Decreto-Lei nº 2.300, de 21.11.1986. Esse dispositivo reestruturou o procedimento licitatório e estabeleceu normas e regras fundamentais sobre contratos administrativos.

A Constituição da República, de 5.10.1988, dispensa ao tema os seguintes dispositivos: inc. XXVII do art. 22; inc. XXI do art. 37; e §1º, inc. III, do art. 173. Este último destina-se às sociedades de economia mista e às empresas públicas, com a redação dada pela Emenda Constitucional nº 19/1998.

Posteriormente à promulgação da Constituição Federal de 1988, foram editadas: a Lei nº 8.666, de 21.6.1993, revogada pela Lei nº 14.133, de 1º.4.2021, novo Estatuto Geral sobre Licitações e Contratações Públicas. Pela mesma lei fora, também, revogada a Lei nº 10.520/2002, que dispõe sobre licitação da modalidade pregão. As revogações de ambas ocorrerão dois anos depois da publicação da lei revogante (art. 193, inc. II).

Portanto, em 1º.4.2023. A Lei nº 12.462/2011, que disciplinava o Regime Diferenciado de Contratações Públicas (RDC), foi revogada pelo novo estatuto, na data de sua publicação.

Remanescem outras leis que cuidam de licitações e contratações em casos especiais. São as Leis nº 8.987, de 13.2.1995 (concessão, permissão e autorização), a nº 9.074, de 7.7.1995, e a Lei Complementar nº 147/2014. O novo estatuto, já anunciado, prevê que durante esse período de transição as entidades públicas poderão optar por uma das duas leis antigas que se amoldar à situação fática, ou pelo estatuto novo, não podendo, entretanto, mesclar normas de uma e de outras, num processo de licitação.

É à luz desses preceitos constitucionais e legais que se pretende examinar o procedimento licitatório de que trata este capítulo.

3 Considerações sobre os princípios da licitação

A Lei nº 8.666/93, no art. 3º, prescreve que a licitação destina-se a garantir a observância do princípio constitucional da isonomia, a seleção da proposta mais vantajosa para a Administração Pública e a promoção do desenvolvimento nacional sustentável, e será processada e julgada em estrita conformidade com os princípios da legalidade, da impessoalidade, da moralidade, da igualdade, da publicidade, da probidade administrativa, da vinculação ao instrumento convocatório, do julgamento objetivo e dos que lhes são correlatos. Esses princípios são básicos da Administração Pública e a maioria deles já foi examinada no Capítulo 3.

Nesta 9ª edição, este texto ainda será mantido, pelo fato de que a Lei nº 8.666/1993 esteve em vigor, como já dito, até o dia 1º.4.2023.

A Lei nº 14.133/2021 dispõe no art. 1º, *caput* e §§1º, 2º e 3º: "esta Lei estabelece normas gerais de licitação e contratação para as Administrações Públicas diretas, autarquias e fundações da União, dos Estados, do Distrito Federal e dos Municípios, e abrange": os órgãos dos demais poderes de todos os entes da Federação, no exercício das funções administrativas; os fundos legalmente instituídos e outras entidades controladas pela Administração Pública, ainda que indiretamente. Excluem-se dessa regra as empresas públicas, as sociedades de economia mista e suas subsidiárias, pelo fato de serem sujeitas à Lei nº 13.303/2016.

Nos casos de repartições sediadas no exterior, serão observadas as peculiaridades dos locais em que estão sediadas, mas regem-se pelo estatuto das licitações brasileiro.

Nas contratações, cujos pagamentos sejam efetivados com recursos oriundos de empréstimo ou doação de agência oficial de cooperação estrangeira ou de agência financeira de que o Brasil faça parte, a respectiva licitação poderá observar: i) condições constantes de acordos internacionais aprovados pelo Congresso Nacional e ratificados pelo presidente da República; ii) condições peculiares à seleção e à contratação constantes de normas e procedimentos das agências ou dos organismos sob as condições seguintes: a) sejam as condições previamente exigidas para a concessão do empréstimo ou doação; quando as condições impostas não forem conflitantes com os princípios constitucionais; c) desde que as exigências constem do contrato de empréstimo ou doação, devidamente aprovado com fundamento em parecer jurídico prévio do contratante do financiamento.

A licitação é obrigatória nos seguintes casos: I – alienação e concessão de direito real de uso de bens; II – compras; III – locação nos casos em que a Administração Pública for locatária; IV – concessão e permissão de uso de bens públicos; V – prestação de serviços, inclusive os técnico-profissionais especializados; VI – obras e serviços de arquitetura e engenharia; VII – contratações de tecnologia da informação e de comunicação (art. 2º).

A Lei de Licitações e Contratos não se aplica nas seguintes situações: contrato de operação de crédito, interno e externo, e gestão de dívida pública; contratação de agente relacionado aos referidos contratos e as contratações regidas por lei própria. Por exemplo, Lei nº 8.987/1995 (art. 3º).

Nos casos dos contratos referidos no parágrafo imediatamente anterior, a adoção de procedimento licitatório é inviável, em virtude do objeto de cada uma das espécies de contratos citados, porque as especialidades e especificidades inviabilizam a competitividade. Daí a não incidência da lei de licitações.

3.1 Princípio da publicidade

O princípio da publicidade é obrigatório para a Administração em todas as suas atividades, inclusive, na licitação. A publicidade é o melhor meio utilizado pela Administração para dar ciência aos interessados em participar dos certames licitatórios, aos órgãos de controle e inclusive à sociedade. Por esses motivos, todos os atos praticados no procedimento licitatório devem ser publicados no órgão oficial, físico e eletrônico. O edital pode ser publicado na íntegra ou em forma de aviso. A segunda forma é mais comum, por medida de economia. Além do edital, devem ser publicados os despachos de diligências, síntese da ata de habilitação e inabilitação, da ata de classificação e desclassificação, do ato de homologação e adjudicação, das decisões em recursos administrativos, entre outros.

A licitação não poderá, por isso, ser sigilosa, exceto as propostas e os documentos até o momento da abertura dos respectivos envelopes, nos casos de licitação fechada. Quando for aberta, as propostas de ofertas ou lances são conhecidos durante a realização da licitação por meio eletrônico em data previamente estabelecida no edital (o art. 5º da Lei nº 14.133/2021 arrola os princípios da licitação).

Pela publicação, assegura-se a igualdade entre os interessados, visto que todos tomam conhecimento da licitação ao mesmo tempo, o que evita privilégios de uns em prejuízo dos outros interessados, quanto aos critérios para apresentação de propostas, ao prazo para o cumprimento de determinada diligência ou providência, entre outras.

3.2 Princípio da legalidade

O princípio da legalidade assegura ao procedimento licitatório em conformidade com regras jurídicas positivas. As leis e os regulamentos sobre licitação devem ser rigorosamente observados. O descumprimento de qualquer formalidade legal ou regulamentar eiva de nulidade o processo, total ou parcialmente, dependendo do momento em que se deu início a prática da irregularidade.

3.3 Princípio da impessoalidade

Consiste, este princípio da impessoalidade, na ideia de que a Administração deve estar sempre voltada para o coletivo, para o interesse geral, e não para o interesse individual. As licitações devem ser realizadas visando a atender aos interesses da Administração. Ao agente administrativo não é lícito promover licitação e contratar determinado objeto com a finalidade de beneficiar o fornecedor ou privilegiar determinadas categorias de servidores. As compras ou as alienações destinadas a beneficiar pessoas individualizadas ou grupos são passíveis de nulidade.

3.4 Princípio da moralidade

A moralidade administrativa é de observância obrigatória. A doutrina, a jurisprudência e a legislação vêm se preocupando com o comportamento ético-moral do agente público. A moral administrativa – que não se confunde com a moral comum, embora com ela tenha pertinência –, é de difícil conceituação e identificação nos casos concretos, por se tratar de conceito jurídico indeterminado. O que é moral para um agente público pode não o ser para outro. A falta de norma jurídica objetiva abre espaço para o atuar subjetivo nesse campo tão importante do comportamento do administrador público.

Carlos Pinto Coelho Motta sustenta: "A moralidade pública constitui, sem dúvida, uma das preocupações mais imediatas e cruciais da sociedade brasileira. Mais uma vez, é o Direito, ou a experiência jurídica, que irá fornecer o modelo ético a ser seguido pelos administradores".[1]

Sobre a moralidade administrativa, José dos Santos Carvalho Filho escreveu:

> A licitação veio prevenir eventuais condutas de improbidade por parte do administrador, algumas vezes curvados a acenos ilegítimos por parte de particulares, outras, levados por sua própria deslealdade para com a Administração e a coletividade que representa. Daí a vedação que se lhe impõe, de optar por determinado particular. Seu dever é o de realizar o procedimento para que o contrato seja firmado com aquele que apresentar a melhor proposta. Nesse ponto, a moralidade administrativa se toca com o próprio princípio da impessoalidade, também insculpido no art. 37, *caput*, da Constituição, porque, quando o administrador não favorece este ou aquele interessado, está, *ipso facto*, dispensando tratamento impessoal a todos.[2]

Em síntese, pode-se entender como comportamento contrário à moral pública aquele, adotado pelo agente público, que contraria ou afronta a ideia mediana da sociedade sobre moralidade pública, ainda que legal. Pois nem sempre a lei é moral.[3] O princípio da moral administrativa e os demais constantes do art. 37, *caput*, CF, são de observância obrigatória, para se evitar conduta antiética, imoral, ímproba e criminosa, como a corrupção, por exemplo, praticada, com frequência nas licitações e contratações públicas.

---

[1] MOTTA. *Eficácia nas licitações e contratos*, 4. ed., p. 66.
[2] CARVALHO FILHO. *Op. cit.*, p. 201.
[3] A Câmara de Vereadores de Belo Horizonte, no dia 24.12.96, derrubou veto do prefeito em proposição de lei que prorroga por mais dez anos os atuais contratos de concessões e permissões dos serviços de transportes coletivos do município. Essa norma, se prevalecer, será imoral.

3.5 Princípio da igualdade

O princípio da igualdade consiste no tratamento isonômico que se deve dispensar aos licitantes. É vedada à Administração fazer exigências a uns, e a outros, não, ou conceder benefícios ou vantagens não extensivos a todos os interessados. O embasamento deste princípio é o art. 5º, da Constituição Federal, que dispõe sobre os direitos fundamentais individuais e coletivos. Um desses direitos é o da igualdade. Também, o art. 37, XXI, da mesma Constituição dispõe sobre a obrigatoriedade de a Administração adotar o procedimento licitatório para contratação, ressalvados os casos específicos previstos em lei. O edital deve assegurar igualdade de condições a todos os concorrentes.

O §1º do art. 3º da Lei nº 8.666/93, alterado pela Lei nº 12.349, de 15.12.2010, em processo de revogação em 1º.4.2023, estabelece regras proibindo o agente público de adotar, nos instrumentos convocatórios, cláusulas restritivas ou que frustrem o caráter competitivo dos interessados na licitação, inclusive as sociedades cooperativas quanto à natureza, sede ou domicílio dos licitantes, tratamento diferenciado de natureza comercial, legal, trabalhista, tributária e outras que possam impedir a participação de interessados nas licitações em igualdade de condições, ressalvado o disposto nos §§5º a 12 do artigo em comento e no art. 3º da Lei nº 8.248, de 23.10.1991, alterada pela Lei nº 10.176, de 11.1.2001. É, por exemplo, vedado à Administração dispor em edital de licitação que terão preferência as fornecedoras sediadas no município ou no estado promotor da licitação, ressalvadas as exceções introduzidas pela Lei nº 12.349/2010.

As empresas estrangeiras, desde que operando regularmente no país, devem concorrer em igualdade de condições com as nacionais. Nos casos de empate, dar-se-á preferência sucessivamente em conformidade com o §2º do aludido art. 3º nos seguintes termos:

> Art. 3º [...]
> §2º Em igualdade de condições, como critério de desempate, será assegurada preferência, sucessivamente, aos bens e serviços:
> I - produzidos ou prestados por empresas brasileiras de capital nacional; (Revogado pela Lei nº 12.249/2010)
> II - produzidos no País;
> III - produzidos ou prestados por empresas brasileiras;
> IV - produzidos ou prestados por empresas que invistam em pesquisa e no desenvolvimento de tecnologia no País. (Redação da Lei nº 11.196, 21.11.1995)

A Lei nº 14.133/2021 trata da margem de preferência no art. 26, examinado no subitem 17.1. Entretanto, optamos por manter o texto seguinte para a finalidade de pesquisa comparativa sobre o tema, caso haja interessados. Nos casos, entretanto, de aquisição de equipamentos e programas de informática, a lei assegura preferências às empresas brasileiras, em conformidade com a Lei nº 8.248, de 23.10.1991, art. 3º – lei de reserva de mercado quanto à informática.

A Medida Provisória nº 495, de 19.7.2010, convertida na Lei nº 12.349/2010, alterou a redação do art. 3º da Lei nº 8.666/1993 para permitir outras hipóteses de preferências. São elas: a possibilidade de o edital de licitação prever margem de preferência para aquisição de produtos manufaturados e contratação de serviços nacionais que atendam a normas técnicas brasileiras – §5º, art. 3º.

A margem de preferência, acima referida, será estabelecida com base em estudos revistos periodicamente, em prazo não superior a cinco anos. Para a adoção dessa medida, devem-se observar os seguintes critérios em relação ao Brasil: a) geração de emprego e renda; b) efeito na arrecadação de tributos federais, estaduais e municipais; c) desenvolvimento e inovação tecnológica realizados no país; d) custo adicional dos produtos e serviços; e e) em suas revisões, análise retrospectiva de resultados – §6º, art. 3º.

Nos casos de produtos manufaturados e serviços resultantes de desenvolvimento e inovação tecnológica realizados no país, permitir-se-á margem de preferência adicional às previstas no citado §5º, art. 3º. Regra prevista no §7º, art. 3º.

As margens de preferência por produto ou serviço ao grupo de produtos ou grupo de serviços, referidos nos §§5º e 7º, noticiadas acima, serão definidas pelo Poder Executivo federal. A soma das margens de preferência não poderá ultrapassar vinte e cinco por cento sobre o preço dos produtos manufaturados e serviços estrangeiros – §8º, art. 3º.

A preferência em exame não será adotada quando a capacidade de produção de bens ou prestação de serviço no país for inferior à quantidade que se deseja adquirir ou contratar e, ainda, quando inferior ao quantitativo fixado em conformidade com o §7º do art. 23 da Lei nº 8.666/93, quando for o caso – §9º do art. 3º em comento.

A margem de referência de que trata o §5º do art. 3º, em exame, pode ser estendida a bens e serviços de origem dos Estados-Partes do Mercado Comum do Sul – Mercosul – §10, art. 3º.

Os editais de licitação para compras, contratação de serviços e de obras, nos termos do disposto no art. 3º, §11, da lei em comento, poderão, mediante prévia justificativa da autoridade competente, consignar cláusula obrigando o futuro contratado a promover, em favor da Administração Pública ou de quem por ela indicado a partir de processo isonômico, "medidas de compensação comercial, industrial, tecnológica ou acesso a condições vantajosas de financiamento, cumulativamente ou não, na forma estabelecida pelo Poder Executivo Federal".

Por fim, o §12 do mesmo artigo prevê que nos casos de contratações destinadas à instalação, manutenção e ao aperfeiçoamento dos sistemas de tecnologia de informação considerados estratégicos, por ato do Poder Executivo Federal, a licitação poderá restringir-se aos bens e serviços dotados de tecnologia desenvolvida e produzida no Brasil, em conformidade com a Lei nº 10.179, de 11.1.2001.

A Lei Complementar nº 123, de 14.12.2006, nos arts. 42 a 49, estabelece regras diferenciadas de licitação em benefício das microempresas e empresas de pequeno porte.

O art. 44 estabelece que nas licitações públicas será assegurada, como critério de desempate, a preferência de contratação para as microempresas e empresas de pequeno porte. Nos termos do §1º do citado artigo, é considerado empate, nos casos das empresas em referência, quando os preços das propostas forem iguais ou até 10% (dez por cento) superiores à proposta mais bem classificada. O §2º estabelece que, nos casos de pregão, o percentual previsto no parágrafo anterior é de 5% (cinco por cento) superior ao melhor preço.

Para os efeitos do art. 44, ocorrendo o empate, proceder-se-á da seguinte forma: I – a microempresa ou empresa de pequeno porte mais bem classificada poderá apresentar proposta de preço inferior àquela considerada vencedora do certame, situação em que será adjudicado o objeto da licitação; II – não ocorrendo a contratação na forma prevista no inc. I, serão convocadas as remanescentes que se enquadrem nas hipóteses dos §§1º e 2º do art. 44, na ordem classificatória, para o exercício do mesmo direito; e, III – nos casos de equivalência dos valores apresentados pela citada categoria de empresas que se encontraram nos intervalos previstos nos §§1º e 2º do art. 44, será realizado sorteio entre elas (art. 45).

Na hipótese de a contratação não se efetivar nos termos do *caput* do art. 45, será adjudicada a licitante originariamente vencedora (§1º do art. 45).

O disposto no artigo em referência só se aplicará quando a melhor oferta inicial não tiver sido apresentada por microempresa ou empresa de pequeno porte (§2º do art. 45).

Quando a licitação for da modalidade pregão, a microempresa ou empresa de pequeno porte mais bem classificada será convidada para apresentar nova proposta no prazo de 5 (cinco) minutos após o encerramento dos lances, sob pena de preclusão (§3º do art. 45).

Nas contratações a serem realizadas pela Administração direta e indireta nos quatro planos de governo, deverá ser dado tratamento diferenciado e simplificado às empresas das categorias em foco, objetivando a promoção do desenvolvimento econômico e social nos âmbitos municipal e regional, a aplicação da eficiência das políticas públicas e o incentivo à inovação tecnológica (art. 47 com a redação introduzida pela LC nº 147, de 7.8.2014).

O parágrafo único desse artigo estabelece que, enquanto não sobrevier legislação dos demais entes da Federação mais favoráveis às microempresas e às empresas de pequeno porte, aplica-se a legislação federal (LC nº 147/2014).

Com vista a dar cumprimento ao disposto no art. 47: I – a Administração Pública deverá realizar processo licitatório destinado exclusivamente à participação de microempresa e empresa de pequeno porte nos itens cujo valor seja de até R$80.000,00 (oitenta mil reais); II – a Administração Pública poderá exigir da empresa vencedora em licitação para a contratação de obras e serviços a subcontratação de microempresa e empresa de pequeno porte; e III – nos casos de aquisição de bens divisíveis, 25% (vinte e cinco por cento) deverão ser fornecidos por microempresa e empresa de pequeno porte (art. 48 com redação da LC nº 147/2014).

Nos casos de subcontratações previstas no inc. II, o contratante público pode pagar diretamente à microempresa ou à empresa de pequeno porte o valor previsto no contrato da subcontratação (§2º do art. 48, redação primitiva).

O §3º incluído pela LC nº 147/2014 é do seguinte teor: "Os benefícios referidos no *caput* deste artigo poderão, justificadamente, estabelecer a prioridade de contratação para as microempresas e empresas de pequeno porte sediada no locar ou regional, até o limite de 10% (dez por cento) do melhor preço válido". O §1º do artigo em questão foi revogado pela LC nº 147/2014.

As regras contidas nos arts. 47 e 48 examinados acima não se aplicam quando: I – os critérios de tratamento diferenciado ou simplificado não forem expressamente previstos no instrumento convocatório; II – não houver o mínimo de três fornecedores competitivos enquadrados na condição de microempresa e empresa de pequeno porte, sediados no local ou na região da licitação e capazes de cumprir as exigências estabelecidas no instrumento convocatório; III – o tratamento simplificado não for vantajoso para a Administração Pública ou representar prejuízo para o complexo ou conjunto do objeto a ser contratado; e IV – a licitação for dispensável ou inexigível nos termos da Lei nº 8.66693, arts. 24 e 25, excetuando-se os casos previstos nos incs. I e II do art. 24, dispensa em razão do valor. Nesses casos, a compra ou contratação deve ser feita preferencialmente de microempresa e empresa de pequeno porte, observado o disposto no inc. I do art. 48 (redação dada pela LC nº 147/2014).

Houve quem entendesse que, com a promulgação da Emenda Constitucional nº 6, de 15.8.1995, o §2º, do art. 3º da Lei nº 8.666/93 e o art. 3º Lei nº 8.248/91 tornaram-se inconstitucionais, perdendo, portanto, a eficácia nesse particular. Foi, por exemplo, o entendimento esboçado no Parecer nº 231, de 20.11.1995, do Ministério da Ciência e Tecnologia, concluindo que depois da edição da Emenda Constitucional nº 6/1995, à Administração Pública é vedado adotar o critério de desempate previsto no aludido parágrafo. A mesma vedação se observaria em relação às restrições impostas às empresas estrangeiras previstas na Lei nº 8.248/1991.

Cármen Lúcia Antunes Rocha, naquela oportunidade, manifestou entendimento oposto ao defendido no aludido parecer. Para ela, as duas normas, mesmo depois da emenda constitucional, continuam vigorando normalmente, sem afrontar a norma constitucional. Afirmou a autora que o novo preceito constitucional não impede que lei ordinária imponha regras restritivas, nos limites e condições previstos nas duas leis em realce.[4]

Apesar dos fundamentos do parecer acima referido, parece-nos que o melhor entendimento sobre a matéria é o esboçado e suficientemente justificado por Cármen Lúcia Antunes Rocha. A prova disso são as alterações operadas no art. 3º da Lei nº 8.666/93 pela Lei nº 12.349/2010, salientadas acima. Para efeito de controle, o §13 do art. 3º em exame prescreve a obrigatoriedade de divulgação na internet, em cada exercício financeiro, da relação das empresas favorecidas em virtude da aplicação do disposto nos §§5º, 7º, 10, 11 e 12 do art. 3º da Lei nº 8.666/93, com a nova redação.

Em cada exercício financeiro, será divulgada na internet a relação das empresas favorecidas nos termos dispostos nos §§5º, 7º, 10, 11 e 12 do art. 3º da Lei nº 8.666/93, com a indicação do volume de recursos financeiros destinados a cada uma delas (§13 do art. 3º da Lei nº 8.666/93, incluído pela Lei nº 12.349/2010).

A Lei Complementar nº 147 incluiu no artigo em foco os §§14 e 15. O primeiro na ordem citada prescreve: "As preferências definidas neste artigo e nas demais normas de licitação e contrato devem privilegiar o tratamento diferenciado e favorecido às microempresas e empresas de pequeno porte na forma da lei". O segundo estabelece: "As preferências dispostas neste artigo prevalecem sobre as demais preferências previstas na legislação quando estas forem aplicadas sobre produtos ou serviços estrangeiros".

---

[4] ROCHA. *Estudo sobre concessão de serviço público no direito brasileiro.*

Outra regra em favor das microempresas e empresas de pequeno porte foi introduzida pela Lei Complementar nº 147/2014, que incluiu na Lei nº 8.666/93 o art. 5º-A, com a seguinte redação: "As normas de licitações e contratos devem privilegiar o tratamento diferenciado e favorecido às microempresas e empresas de pequeno porte na forma da lei".

Acrescente-se, a este subtópico, o seguinte tipo penal introduzido pelo novo Estatuto, do seguinte teor: entregar à Administração Pública levantamento cadastral com omissão ou alteração destoante da realidade, que possa levar à frustração do caráter competitivo da licitação ou que inviabilize a seleção da proposta mais vantajosa para a Administração Pública, nos casos de contratação para elaborar projeto básico e executivo ou anteprojeto, em diálogo competitivo. Pena de reclusão, de 6 (seis) meses a 3 (três) anos, e multa (art. 337 – do Código Penal, incluído pela Lei nº 14.133/2021).

3.6 Princípio da eficiência

No novo *Dicionário Aurélio*, eficiência significa "ação, força, virtude de produzir um efeito; eficácia". Essas ações, força e eficácia, manifestações da eficiência, são reclamadas e exigidas, nos tempos contemporâneos em todas as atividades humanas. A competitividade no mundo dos negócios, principalmente, com a globalização econômica, exige da iniciativa privada e da Administração Pública comportamento e atuação de modo a produzir resultados eficazes, com eficiência. A eficiência assumiu papel tão relevante na atividade econômica e na prestação dos serviços públicos que o Congresso Nacional, por meio da Emenda Constitucional nº 19/1998, a erigiu à condição de princípio da Administração Pública ao lado dos outros quatro arrolados antes, no *caput* do art. 37 da Constituição Federal. A Administração Pública, embora não atue, em regra, na atividade econômica, deve desenvolver as suas atividades próprias, com eficiência, produzindo os respectivos efeitos de modo a atender com presteza às exigências e às necessidades dos cidadãos e das pessoas jurídicas em geral.

A Administração Pública, embora não tenha, em princípio, a função de produzir resultados econômicos, deve atuar em observância ao princípio do custo/benefício. O administrador público precisa ter em mente que ele é gestor de coisa pública, coisa de interesse da sociedade, e, por isso, deve planejar a atividade do órgão ou entidade que dirige de forma a gastar menos e obter o máximo de resultado social e econômico, quando for o caso.

A eficiência da Administração Pública brasileira, na ordem jurídica positivada, não é novidade. É evidente que ela adquiriu, com a Emenda Constitucional nº 19/1998, *status* de princípio constitucional. Entretanto, a eficiência administrativa já vinha sendo tratada em norma infraconstitucional. O Decreto-Lei nº 200, de 25.2.1967 – Reforma Administrativa Federal –, submete a atividade do Poder Executivo ao controle de resultados, arts. 13 e 25, V e, no art. 25, VII, reforça o sistema de mérito, no art. 100, prevê a dispensa ou demissão de servidor público efetivo insuficiente ou desidioso. Por último, o art. 26, *caput* e inc. III, do mesmo decreto-lei, estabelece que a Administração indireta é supervisionada pelo ministério pertinente, para efeito de controle inclusive quanto à eficiência administrativa.

Maria Sylvia Zanella Di Pietro,[5] a propósito, sustenta: "O princípio da eficiência impõe ao agente público um modo de atuar que produza resultados favoráveis à consecução dos fins que cabe ao Estado alcançar".

O atendimento tardio, pela Administração Pública, aos reclames individuais ou coletivos, ou a má qualidade dos serviços ou de outros benefícios sociais, sem justificado motivo, podem levar o agente competente a responder por crime de responsabilidade, com as consequências pecuniárias decorrentes da responsabilidade civil, de acordo com art. 37, §6º da Constituição Federal.

Por último, a Lei nº 14.129, de 29.3.2021 estabelece, no art. 1º: "Esta Lei dispõe sobre princípios, regras, e instrumentos para o aumento da eficiência na administração pública, especialmente por meio da desburocratização, da inovação, da transformação digital e da participação digital".

Essa lei é de relevância ímpar, pois além de conter elementos destinados a contribuir para efetivação do princípio da eficiência, é de extrema relevância, considerando a inovação tecnológica, culminando com a quarta revolução industrial, a indústria 4.0.

3.7 Princípio do interesse público

O princípio do interesse público é relevante na gestão pública, incluindo o procedimento licitatório. A Administração Pública, no exercício de sua atividade primordial, qual seja, a de gerir a coisa pública, com cautela, no sentido de proteger o patrimônio público e promover as políticas públicas com vistas a atender aos interesses e necessidades sociais, deve atuar observando o princípio do interesse público. A final, o que se entende por interesse público é o interesse da Administração Pública ou o interesse da sociedade ou de segmento da sociedade? A resposta não é simples, pois, no nosso sentir, é a fusão do interesse da Administração Pública com o interesse social que constitui o interesse público. No que tange à licitação, José dos Santos Carvalho Filho explica:

> Em matéria de licitação, o interesse público é materializado nos vários aspectos que circundam o instituto, como a proteção à integridade nas contratações e ao patrimônio público, isso sem falar na fisionomia democrática do instituto, na qual se ressalta a impessoalidade e se busca reduzir um pouco o sentimento de improbidade que roda agentes e interessados.[6]

Com esse posicionamento sintético e claro de Carvalho Filho, concluímos a noção básica sobre o princípio do interesse público.

3.8 Princípio da probidade administrativa

No nosso entender, princípio da probidade administrativa se confunde com o da moralidade pública. Com fundamento nesse princípio, a licitação, em todas as suas fases, deve voltar-se para os interesses da Administração, mas sem prejudicar os interesses do particular. A lealdade, o respeito, a sinceridade, a transparência e a boa-fé devem estar presentes e serem respeitados pela Administração e pelos licitantes. A realização

---

[5] DI PIETRO. *Direito administrativo*, 10. ed., p. 73.
[6] CARVALHO FILHO. *Op. cit.*, p. 205.

de licitação para beneficiar a iniciativa privada configura ilícito administrativo e pode configurar hipótese de crime tipificado no art. 337-L, incs. I a V, do Código Penal, incluído pela Lei nº 14.133/2021, com pena de reclusão de 4 (quatro) a 8 (oito) anos, e multa.

Na mesma pena incorre o contratado que, tendo participado do processo de licitação com vista à consumação da ilegalidade, obtiver vantagens indevidas ou se beneficiar com a modificação ou prorrogação de contrato.

Por seu turno, o §4º do art. 37 da Constituição da República prescreve sanções severas para o agente público que agir em desacordo com a probidade administrativa. É o comando do dispositivo:

> Os atos de improbidade administrativa importarão a suspensão dos direitos políticos, a perda da função pública, a indisponibilidade dos bens e o ressarcimento ao erário, na forma e graduação previstas em lei, sem prejuízo da ação penal cabível.

A despeito das sanções previstas na Constituição Federal, nos casos de inobservância do princípio da probidade administrativa, com certa frequência, verifica-se, nos órgãos de controle interno e de controle externo ou, até mesmo, por meio da mídia, informação sobre agente público de entes da Federação adotando ou que adotou conduta ímproba, com participação de pessoas físicas ou jurídicas particulares.

3.9 Princípio do planejamento

O planejamento público inicia-se com a programação orçamentária. O orçamento público compõe-se de duas espécies: orçamento plurianual, e orçamento anual. O orçamento plurianual é o marco de início do planejamento público, indispensável nos casos de políticas públicas que ultrapassam um exercício financeiro. As construções de prédios públicos, as construções de rodovias, de ferrovias, de portos e de aeroportos, por exemplo, só são viáveis se previstas em orçamento plurianual. Isso, porque, essas obras de vulto não se constroem em um exercício financeiro (que compreende de 1 de janeiro a 31 de dezembro). Dois são os principais motivos: custos das obras e o tempo necessário para as construções destas. Nenhuma das espécies das obras citadas se constrói em um ano – dependendo da espécie de obra, a sua construção poderá durar, se bem planejada, de dois a seis anos, ou mais. Para viabilizar a execução do plano plurianual, edita-se, anualmente, a lei de diretriz orçamentária, para quantificar os custos das obras e serviços previstos na lei que instituiu o plano plurianual, para realização parcial, no exercício financeiro subsequente. Com base na lei do plano plurianual, e na lei de diretriz orçamentária, estimam-se as receitas e as despesas públicas para o exercício subsequente por meio da lei de orçamento anual, conforme dispõe o art. 165, da CF.

Por óbvio, nesse planejamento, informado genericamente, incluem-se o planejamento de licitações, contratações e obras, os serviços e as compras. Daí a importância do princípio do planejamento e a sua inafastabilidade nas licitações e contratações públicas. Inclusive nos casos de contratação direta, por dispensa ou inexigibilidade de licitação. Deve ainda estabelecer metas e indicar o resultado esperado. Para a boa execução do projeto, é indispensável a adoção de procedimentos de acompanhamento da execução das metas, acompanhamento dos gastos e da qualidade técnica das obras contratadas e, por fim, demonstrativo do resultado alcançado.

3.10 Princípio da transparência

O planejamento no setor público, como visto, constitui dever da Administração Pública, nos quatro planos de governo, conforme estabelece o art. 165, da Constituição da República. Não basta só planejar e executar o que foi planejado. É preciso que as realizações e os respectivos gastos financeiros sejam transparentes, para que os órgãos de controle e a sociedade tenham plenos conhecimentos das políticas públicas realizadas, e o custo destas. Para obrigar o Poder Público a efetivar a transparência, foi sancionada a Lei Complementar nº 131, de 27.5.2009. Essa LC acrescentou dispositivos à Lei Complementar nº 101, de 4.5.2000 (Lei de Responsabilidade Fiscal). Ao art. 48 da LC nº 101 foi acrescentado o parágrafo único, com o seguinte título:

> A transparência será também mediante: incentivo à participação social nas audiências públicas convocadas, durante a elaboração ou modificação dos planos, da lei de diretriz orçamentária e o da lei do orçamento anual; disponibilizar à sociedade, em tempo real, por meio eletrônico informações sobre a execução orçamentária; e adotar sistema integrado de administração financeira e de controle com o mínimo de qualidade, estabelecido pelo Poder Executivo da União.

Nos termos do art. 2º da LC em comento, foram acrescidos, à LC nº 101/2000, os arts. 48-A, 73-A, 73-B e 73-C. O art. 48-A estabelece que os entes da Federação devem disponibilizar a qualquer pessoa, física e jurídica, o acesso a informações: relativas à *despesa* realizada, constando o valor da despesa, os atos praticados, no caso de licitação, dispensa ou inexigibilidade, o número do respectivo processo, o prazo de execução da obra, quando for o caso, o nome do executor ou do fornecedor, quando for o caso; e quanto à *receita*, "o lançamento e o recebimento de toda a receita das unidades gestora, inclusive referente a recursos extraordinários".

O art. 73-A estabelece que o cidadão, sem distinção, o partido político, a associação e o sindicato são legitimados para representar ao Tribunal de Contas competente e ao órgão competente do Ministério Público o descumprimento ou a inobservância da Lei Complementar nº 101/2000.

O art. 73-B estipula prazos e condições para o cumprimento das providências constantes do parágrafo único do art. 48 da Lei nº 101/2000, no art. 48-A e art. 73-A. São os seguintes prazos: 1 (um) ano para a União, os estados, o Distrito Federal e os municípios com mais de 100 mil habitantes; 2 (dois) anos para municípios entre 50.000 e 100.000 habitantes; e 4 (quatro) para os municípios com até 50.000 habitantes. Esses prazos são contados da data da publicação da Lei Complementar nº 131/2.000.

O art. 73-C estabelece sanção a ser aplicada ao ente que não cumprir seus deveres previstos nos artigos referenciados acima. A sanção é a prevista no inc. I do §3º, do art. 23 da Lei Complementar nº 101/2000, qual seja, não receber transferências voluntárias.

3.11 Princípio da vinculação ao edital

O instrumento convocatório da licitação é o edital. A Lei nº 8.666/1903 prevê, além do edital, o convite, que foi extinto pela Lei nº 14.133/2021, que regula a licitação a que se refere. Em outras palavras, o edital é a lei que regula a licitação – procedimento concreto. A Administração e os licitantes sujeitam-se às regras nele contidas. Comportamentos ou atos praticados em desacordo com as regras do instrumento convocatório viciam a licitação, expondo o procedimento irremediavelmente à nulidade. Nesse sentido são as reiteradas decisões dos tribunais pátrios, como exemplificado nas ementas seguintes:

> EMENTA: ADMINISTRATIVO. RECURSO ESPECIAL EM MANDADO DE SEGURANÇA. LICITAÇÃO. ALEGADA VIOLAÇÃO DOS ARTS. 28, III, E 41 DA LEI 8.666/93. NÃO-OCORRÊNCIA. HABILITAÇÃO JURÍDICA COMPROVADA. ATENDIMENTO DA FINALIDADE LEGAL. DOUTRINA. PRECEDENTES. DESPROVIMENTO. 1. A Lei 8.666/93 exige, para a demonstração da habilitação jurídica de sociedade empresária, a apresentação do ato constitutivo, estatuto ou contrato social em vigor, devidamente registrado (art. 28, III).2. A recorrida apresentou o contrato social original e certidão simplificada expedida pela Junta Comercial, devidamente autenticada, contendo todos os elementos necessários à análise de sua idoneidade jurídica (nome empresarial, data do arquivamento do ato constitutivo e do início das atividades, objeto social detalhado, capital social integralizado e administradores). 3. Inexiste violação da lei ou do instrumento convocatório, porquanto a recorrida demonstrou sua capacidade jurídica e atendeu, satisfatoriamente, à finalidade da regra positivada no art. 28, III, da Lei 8.666/93. 4. A Administração Pública não pode descumprir as normas legais, tampouco as condições editalícias, tendo em vista o princípio da vinculação ao instrumento convocatório (Lei 8.666/93, art. 41). Contudo, rigorismos formais extremos e exigências inúteis não podem conduzir a interpretação contrária à finalidade da lei, notadamente em se tratando de concorrência pública, do tipo menor preço, na qual a existência de vários interessados é benéfica, na exata medida em que facilita a escolha da proposta efetivamente mais vantajosa (Lei 8.666/93, art. 3º). 5. Recurso especial desprovido (STJ. REsp nº 797.170/MT, Recurso Especial nº 2005/0188019-2. Rel. Min. Denise Arruda, Primeira Turma, j. 17.10.2006. *DJ*, 7 nov. 2006, p. 252)

> EMENTA: ADMINISTRATIVO. PROCESSUAL CIVIL. PROCEDIMENTO LICITATÓRIO. INSTRUMENTO CONVOCATÓRIO. VINCULAÇÃO DA ADMINISTRAÇÃO E DOS PARTICIPANTES. PRESSUPOSTOS DE SUA MUTABILIDADE. INOBSERVÂNCIA. MANDADO DE SEGURANÇA CONCEDIDO. Vinculada, que está, a Administração, ao Edital – que constitui lei entre as partes – não poderá dele desbordar-se para, em pleno curso do procedimento licitatório, instituir novas exigências aos licitantes e que não constaram originariamente da convocação. Estabelecido, em cláusula do Edital, que as empresas recém-criadas ficaram dispensadas (como prova de qualificação técnica) da apresentação do balanço patrimonial e demonstrações contábeis do último exercício, era defeso, à Administração, mediante simples aviso interno, criar novas obrigações aos licitantes, inobservando o procedimento consignado na lei. É lícito, à Administração, introduzir alterações no Edital, devendo, em tal caso, renovar a publicação do Aviso por prazo igual ao original, sob pena de frustrar a garantia da publicidade e o princípio formal da vinculação ao procedimento. A exigência da publicidade plena (do processo licitatório) não preclui pela inexistência de reclamação dos licitantes, na fase administrativa e não impede que a corrigenda se faça na esfera jurisdicional, porquanto, segundo mandamento constitucional, nenhuma lesão de direito poderá ficar sem a apreciação do Judiciário. Não é irregular, para fins de habilitação em processo de licitação, o balanço que contém a assinatura do contador,

ao qual a lei comete atribuições para produzir e firmar documento de tal natureza, como técnico especializado. Segurança concedida. Decisão indiscrepante. (STJ. MS nº 5.601/DF; Mandado de Segurança nº 1998/0002215-5. Rel. Min. Demócrito Reinaldo, Primeira Seção, j. 6.11.1998. *DJ*, 14 dez. 1998, p. 81)

3.12 Princípio do julgamento objetivo

Pelo princípio do julgamento objetivo, evidencia-se que a comissão de licitação não deve se valer de critérios subjetivos nos julgamentos das propostas, tampouco na fase habilitatória. Por isso mesmo, o edital que não contiver critérios objetivos de julgamento é viciado e não pode prosperar, a menos que corrigido.

O princípio visa a evitar que o licitante seja surpreendido com critérios subjetivos desconhecidos até o momento do julgamento. As decisões tomadas pela comissão, valendo-se de critérios subjetivos, ainda que poucas em relação ao total, são passíveis de nulidade. Nesse sentido, é a Decisão nº 521/95 – TCU – Pleno. Por essa decisão, o Tribunal de Contas da União determinou a anulação da Concorrência nº 001/95 DRM/CCO, sob o fundamento de que o edital não fixara critérios objetivos para o julgamento. O pronunciamento da Corte de Contas foi provocado por um dos licitantes por meio de representação.[7]

3.13 Princípio do desenvolvimento nacional sustentável

O princípio do desenvolvimento sustentável já constava do art. 3º, da Lei nº 8.666/1993, incluído que foi pela Lei nº 12.349, de 15.12.2010, e mantido pela nova Lei de Licitações e Contratação, art. 5º, que arrola os demais princípios da licitação.

O desenvolvimento sustentável, como já informado em outro tópico, é mais do que princípio, é uma necessidade. O Estado legislador, executor, controlador e fiscalizador deve desenvolver meios e gestão com vistas a preservar o meio ambiente e garantir o desenvolvimento sustentável. A atividade econômica não controlada tende a sacrificar o desenvolvimento sustentável. A atividade econômica da iniciativa privada e do Estado deve levar em conta o custo/benefício. Isto é, a atividade econômica é garantida pela Constituição da República, mas mediante condições disciplinadas em leis infraconstitucionais. Entre elas, a proteção do meio ambiente. Dessa forma, determinada atividade, se for efetivada, romperá o equilíbrio do desenvolvimento sustentável. Nessa hipótese, a atividade não deve ser implementada, porque o resultado econômico dela decorrente, se fosse implementada, não justificaria o sacrifício ambiental.

Considerando que as licitações, em regra, têm por objeto contratação de obras e de serviço, é necessário que o agente público, antes de divulgar edital de licitação, proceda a estudos e planejamentos prévios para evitar contratação cuja execução do objeto possa contrariar o desenvolvimento sustentável. Daí, a justificativa da observância deste princípio nas licitações.

---

[7] *BLC*, n. 2, p. 92 *et seq.*

3.14 Princípio da segregação de funções

O procedimento de licitação envolve a participação de vários agentes públicos, desde a fase interna. A segregação de funções de que trata o princípio em exame consiste na definição das funções de cada agente na cadeia procedimental da licitação. A finalidade precípua do princípio em estudo é de, no caso de conduta em desacordo com a lei de licitações, facilitar a identificação da autoria e as espécies de sanções a serem aplicadas pelo órgão de controle interno. A apuração da autoria e identificação de sanções a serem aplicadas aos infratores ocorrem não só na licitação, mas, também, nas contratações. Os particulares que contribuíram para condutas ilegais ou que levaram vantagens ilícitas estão sujeitos a sanções administrativas, civis e penais, se o ilícito for tipificado.

3.15 Princípio da motivação

A motivação do ato administrativo é princípio a ser observado pela Administração, principalmente quando se trata de ato administrativo decorrente do poder discricionário. A faculdade discricionária ou poder discricionário é outorgado ao administrador público, pelo legislador, quando, durante o processo de elaboração de lei, não tem condições de antever ocorrências que possam revelar a necessidade de edição de ato administrativo. Nessa situação, a lei confere ao administrador público poder para, ante a situação fática, se julgar conveniente ou oportuno, adotar a conduta adequada à situação. Ora, se o administrador detém essa faculdade de eleição, é necessário que ele motive o ato que se enquadra na situação de conveniência ou oportunidade, ou de ambas.

A realização de licitações e contratações públicas estão previstas na lei. Mas o momento de licitar e contratar será definido pelo administrador público competente. O agente que opera a escolha, o faz exercendo o seu poder discricionário. Por essa razão, a licitação e a contratação pública estão sujeitas à motivação.

3.16 Princípio da segurança jurídica

O princípio da segurança jurídica tem relação direta com o princípio da motivação, visto que a motivação dos atos administrativos desnuda a conduta da Administração, revelando a verdadeira finalidade do ato por ela emanado. Essa clareza e certeza revelam a segurança jurídica, princípio fundamental no mundo dos negócios. A atividade econômica nos diversos setores depende da certeza da segurança jurídica, não só em relação aos atos praticados pelo agente administrativo, mas também os atos do parlamento (leis e decretos legislativos). As leis, principalmente, costumam ser mudadas com certa facilidade, por questões políticas subalternas, dificultando ou inviabilizando o fluxo dos negócios iniciados na vigência antes do surgimento da lei nova que a alterou, ou até a revogou.

Mesmo que a lei na qual o cidadão ou empresa privada se baseou para investir em determinado negócio não sofra alteração, poderá suscitar insegurança jurídica na sua aplicação. Na tentativa de evitar aplicação indevida da lei, um dos meios eficazes é a motivação que tem por finalidade principal, na linguagem do saudoso Professor Paulo Neves de Carvalho, apresentar o motivo do ato. Divulgada a motivação do ato que autoriza realizar licitação para construção de uma rodovia, por exemplo, descortina oportunidade para os órgãos de controle e a sociedade verificarem e conferirem se o motivo do ato que autorizou a licitação é compatível com a finalidade da pretendida rodovia, se o custo/benefício da obra está adequadamente demonstrado e se ela é oportuna e prioritária comparando com outras prioridades reclamadas pela sociedade.

Os demais princípios previstos no art. 5º da Lei nº 14.133/2021 podem ser examinados no tópico que trata dos princípios da Administração Pública.

4 Entidades sujeitas à licitação

A legislação vigente, com fundamento no *caput* e no inc. XXI, art. 37, da Constituição da República de 1988, obriga as entidades de Direito Público e as públicas de Direito Privado a procederem à licitação, previamente à contratação. Estão, portanto, obrigados a tal procedimento a União, os estados-membros, o Distrito Federal, os municípios, as autarquias, as sociedades de economia mista, as empresas públicas e as fundações criadas ou mantidas pelo Poder Público em qualquer das esferas da Administração. Sintetizando, devem licitar: todas as entidades e órgão da Administração direta e todas as entidades integrantes da Administração indireta e, ainda, os fundos especiais.

A União, os estados, o Distrito Federal, os municípios, as autarquias e as fundações estão sujeitos à licitações e contratações nos termos da Lei nº 14.133/2021, enquanto que as empresas públicas, as sociedades de encomia mista e suas subsidiárias sujeitam-se à Lei nº 13.303/2016.

5 Necessidade de agentes públicos qualificados

Um dos motivos que contribuem para a má condução dos processos de licitação consiste na designação de servidores despreparados ou desqualificados para comporem comissão de licitação. Durante a vigência da Lei nº 8.666/1993, talvez pelo fato de ela ser silente quanto à necessidade de a autoridade competente designar servidores ou empregados públicos para comissões de licitação, inúmeras licitações foram mal conduzidas, por falta de conhecimento das regras do processo licitatório, com resultados danosos para a Administração Pública e para a sociedade, em virtude de sobrepreço ou superfaturamento ou contratação do objeto da licitação em desconformidade com as especificações constantes do edital da licitação. A Lei nº 14.133/2021 contém dispositivos indutores da governança pública na condução dos processos de licitações e contratações públicas, entre os quais os arts. 7º e 11.

O *caput* do art. 7º estatui que à autoridade pública competente caberá promover gestão com competência designando agentes públicos preparados para desempenhar as funções essenciais do novo Estatuto, revestidos de competências que se enquadrem nos seguintes requisitos: preferencialmente, a escolha deve recair sobre servidor efetivo de carreira ou empregado público dos quadros permanentes da Administração Pública. Esse inciso parece ser equivocado, isso porque os quadros permanentes da Administração Pública são preenchidos por servidores estatutários e estáveis detentores de carreiras. Os empregados públicos são regidos pela Consolidação das Leis do Trabalho CLT. Essa categoria de funcionário não tem direito à estabilidade, mas em substituição, tem direito ao Fundo de Garantia de Tempo de Serviço (FGTS). Logo, não integram os quadros permanentes da Administração Pública. São empregados públicos os integrantes dos quadros das fundações públicas de direito privado e das empesas públicas e das sociedades de economia mista. Estas duas últimas são regidas pelo Estatuto Jurídico das Empresas Estatais, que disciplina, entre outras matérias, os processos de licitações e contratações (art. 7º, inc. I).

A comissão de contratação, formada por 3 (três) membros, no mínimo, é prevista no art. 8º, §2º. O *caput* deste artigo estabelece que a licitação será conduzida por agente de contratação designado por agente competente, que será auxiliado por equipe de apoio, mas responderá, individualmente, pelos atos que praticar nesta condição, ressalvados os casos em que for induzido a erro pela atuação da equipe (art. 8º, §1º). O agente de contratação poderá ser substituído por comissão de contratação (art. 8º, §3), que deve ser composta por servidores que tenham atribuições relacionadas a licitações e contratações ou formação compatível ou qualificação para o desempenho de atividades iguais ou semelhantes às necessárias para adequada licitação e contratação atestada por meio de certidão emitida por escola de governo. Em Minas Gerais é a Escola de Contas e Capacitação do Tribunal de Contas do Estado. O servidor que não for portador da referida certificação não poderá participar de comissão de licitação nem exercer a função de pregoeiro (art. 7º, inc. II).

Os servidores que trabalham no setor de licitações e contratações não podem ser cônjuge ou companheiro de licitantes ou contratados habituais da Administração nem ter com eles vínculo de parentesco, colateral ou por afinidade, até o terceiro grau, ou de natureza técnica, comercial, econômica, financeira, trabalhista e civil (art. 7º, III).

A autoridade a que se refere o *caput* do artigo em pauta deverá observar o princípio da segurança de funções. Por isso, não deve designar um servidor para exercer duas funções distintas susceptíveis de riscos. A medida visa "reduzir a possibilidade de ocultação de erros e de ocorrência de fraudes na respectiva contratação". A pessoa, em qualquer área de atuação, que desempenha duas funções distintas, simultaneamente, tende a não desempenhar plenamente uma das funções ou as duas. Tratando-se de setor público, a ineficiência da execução de funções contraria os princípios da eficiência, da razoabilidade, da improbidade, da legalidade e da boa gestão pública, o que, normalmente, resulta em prejuízo para a sociedade, e, até mesmo, para a Administração (art. 7º, §1º).

As exigências e as cautelas constantes do *caput* e do §1º do artigo em foco aplicam-se "aos órgãos de assessoramento jurídico e de controle interno da Administração" (art. 7º, §2º).

Tatiana Camarão termina o comentário do art. 7º com o seguinte texto:

> É importante que sejam definidas as responsabilidades das áreas de assessoria jurídica e de controle interno, visto que a participação do jurídico foi intensificada com o objetivo de avaliar a conformidade dos atos em várias fases do processo licitatório. Aliás, a assessoria

jurídica assume função estratégica na estrutura das organizações, apoiando a alta direção e os agentes públicos que atuam nas contratações e na tomada de decisão.[8]

A Lei nº 8.666/1973 valorizou, consideravelmente, a função do jurídico no processo de licitação, na elaboração do edital de licitação e do contrato administrativo resultante da licitação e na emissão de pareceres nos casos de recursos administrativos durante o percurso do processo licitatório. A Lei nº 14.133.2021 manteve essas funções e adicionou outras.

O art. 11 será examinado no tópico 15.

6 Direito público subjetivo dos interessados

Todos os participantes das licitações promovidas pelas entidades públicas têm o direito público subjetivo à observância dos princípios e formalidades estabelecidos pela lei para a condução do procedimento licitatório. Os cidadãos em geral, que não participam diretamente da licitação, têm direito subjetivo de acompanhar todas as fases da licitação desde que não prejudiquem, perturbem ou impeçam a realização dos trabalhos pertinentes.

Procedimentos administrativos que visem a impedir ou a dificultar o exercício desses direitos maculam o procedimento licitatório, com consequências sancionatórias para os responsáveis pelas medidas.

7 Dos pagamentos

A lei prescreve que os valores e preços em decorrência de licitação devem ser expressos em moeda corrente nacional, exceto nos casos de concorrência internacional, nos quais, para atendimento às diretrizes da política de câmbio e do comércio exterior, seja necessário admitir a cotação do preço em moeda estrangeira. Mesmo nesse caso, o pagamento será feito em moeda brasileira, convertida ao câmbio do dia útil imediatamente anterior à data do efetivo pagamento da quantia devida.

Os pagamentos, em virtude de licitação, devem ser efetuados de acordo com a ordem cronológica das datas de suas exigibilidades, ressalvados os casos de relevantes razões públicas devidamente justificadas, aprovadas e publicadas.

A prescrição legal visa evitar favoritismos e tratamento desigual. A inexistência dessa norma deixaria o administrador público descompromissado com a ordem cronológica ao programar os pagamentos segundo critérios discricionários e até arbitrários, privilegiando aqueles que passaram a ter seus créditos exigíveis em data posterior aos de outros fornecedores. Com a imposição legal, o credor terá o seu pagamento efetivado de acordo com a ordem de exigibilidade, afastando-se, pois, a possibilidade de o administrador privilegiar amigos. Essa era a orientação da Lei nº 8.666/1993, contida no art. 5º. O novo Estatuto, no art. 40, inc. I, estabelece apenas que as condições de aquisições e pagamentos serão semelhantes ao do setor privado. Veja-se que o dispositivo não

---

[8] CAMARÃO. Artigo 01 ao 70. *In*: FORTINI; OLIVEIRA; CAMARÃO. *Comentários à Lei de Licitações e Contratos Administrativos*, p. 163.

tratou de igualdade, mas semelhança. Daí, infere-se que a Administração Pública não poderá estabelecer condições de pagamentos que contrariem o usualmente praticado no mercado. Os critérios e condições de pagamentos na iniciativa privada são estabelecidos em cláusulas contratuais resultantes de livre manifestação das partes.

As minutas dos contratos administrativos são estabelecidas pelos setores competentes da Administração Pública e divulgadas com o edital da licitação. Entretanto, nenhuma cláusula poderá exorbitar as regras e práticas dos contratos privados. Mas a Administração, sem ferir o Direito, poderá estabelecer condições e critérios de pagamentos que resguardem a sua integridade, ética e observância do princípio da isonomia. Por assim entender, parece que as condições previstas na lei em processo de revogação são compatíveis com a sua sucessora, Lei nº 14.133/2021.

8 Definições

O art. 6º, da Lei nº 14.133/2021, cuida das definições para os efeitos de licitações e contratações. São várias as definições, mas o dispositivo não cuidou de todas. O que é uma pena. Muitas situações que na legislação passada ofereciam divergência de entendimento, com a definição legal, sanaram suas dificuldades. Por exemplo, *obra* e *serviço* ofereciam dificuldade quando se estava diante do caso concreto. Não era fácil encontrar a linha distintiva de ambos. A Lei nº 8.666/1993 deixou bem claro o que é uma e o que é outro. O art. 6º, do novo Estatuto, contém definições, 60 (sessenta) incisos, sendo que o XVI compõe-se de três alíneas, o XVIII, oito alíneas, o XXI, duas alíneas, o XXIII, dez alíneas, o XXIV, nove alíneas, o XXV, seis alíneas, o XXVII, três alíneas, o XXXVIII, cinco alíneas, e o LVII, quatro alíneas. Todas as definições são autoexplicáveis, por isso não serão comentadas. Entretanto, recomendamos leitura atenta do inteiro teor do art. 6º. Em momento próprio, algumas definições serão examinadas.

9 Contratação de obras e serviços de engenharia

A Lei nº 8.666/1993, em vigor até 1º.4.2023, estabelece condições a serem observadas pelo agente público para a realização de obras e serviços, com vista a evitar obras faraônicas, mal planejadas, desnecessárias ou inacabadas. O país é pródigo em obras que se enquadram nessas situações e isso é danoso para a sociedade. Daí o legislador ter se preocupado com a situação e procurado reduzir a proliferação de obras sem planejamento e sem recursos orçamentários e financeiros. As limitações estão contidas no art. 7º da Lei nº 8.666/93. Estabelece o dispositivo legal que as licitações para a execução de obras e prestação de serviços devem obedecer às condições nele previstas, segundo a sequência: projeto básico, projeto executivo e execução das obras e serviços.

A primeira providência que a Administração Pública deve tomar, quando pretender construir uma obra ou realizar determinado serviço de engenharia, é providenciar o projeto básico. O projeto básico está definido no inc. XXIV do art. 6º da nova lei sobre licitações. Em síntese, projeto básico é o conjunto de elementos necessários e suficientes para a caracterização da obra ou serviço, ou o complexo de ambos. Ele deve basear-se em dados técnicos constantes de estudos preliminares, levando em consideração aspectos do solo, localização, custo-benefício, impacto ambiental, prazo de entrega, memorial descritivo dos elementos da edificação, o valor estimado do empreendimento, subsídios para montar o plano de licitação, entre outros elementos pertinentes.

O projeto básico está assim definido no art. 6º, *caput*, inc. XXV:

> projeto básico: conjunto de elementos necessários e suficientes, com nível de precisão adequado para definir e dimensionar a obra ou o serviço, ou o complexo de obras ou de serviços objeto da licitação, elaborado com base nas indicações dos estudos técnicos preliminares, que assegure a viabilidade técnica e o adequado tratamento do impacto ambiental do empreendimento e que possibilite a avaliação do custo da obra e a definição dos métodos e do prazo de execução, devendo conter os seguintes elementos: [constantes das alíneas "a" a "f"].

Aprovado o projeto básico, a próxima etapa deve ser a elaboração do projeto executivo. Esse documento conterá o conjunto de elementos detalhadores do projeto básico, necessários à execução da obra ou do serviço de engenharia, como identificação de serviços, de matérias e de equipamentos a serem incorporados à obra, pautando-se nas regras técnicas próprias e nas normas pertinentes da Associação Brasileira de Normas Técnicas (ABNT) (inc. XXVI).

Eventualmente, o projeto executivo poderá ser elaborado posteriormente à licitação pelo contratado para a execução da obra ou do serviço, quando previsto no edital como parte do objeto a ser prestado pelo vencedor no certame (§2º do art. 9º da Lei nº 8.666/93).

O projeto básico é condição indispensável para a elaboração do instrumento convocatório da licitação. Outras medidas devem ser implementadas para que a licitação possa ser realizada. Entre elas: a existência de orçamento do custo do objeto que se quer contratar, elaborado com a utilização de planilhas que contemplem a composição de todos os custos unitários e a previsão no orçamento público, para suportar os custos relativos à execução do objeto.

O orçamento do custo do objeto que se quer contratar é fundamental por dois motivos: primeiro, com o conhecimento prévio do valor do objeto, a Administração terá noção estimada do montante de recursos financeiros necessário para o pagamento, verificando se os recursos orçamentários públicos são suficientes para custear as despesas; o outro motivo prende-se ao fato de que o orçamento prévio do custo servirá de parâmetro para a comissão de licitação por ocasião do julgamento das propostas, facilitando a constatação de propostas com preços inexequíveis ou exorbitantes.

É preciso que haja garantia da existência de recursos consignados no orçamento da entidade promotora da licitação, para se evitar a contratação de obras ou serviços sem recursos públicos suficientes para o pagamento do objeto.

As obras, normalmente, são realizadas por etapas. A lei determina que, nesses casos, uma etapa da obra não deve ser executada enquanto a anterior não for concluída e aprovada ou recebida pela autoridade competente.

A Lei Complementar nº 101/2000, no art. 15, prescreve que a gestão de despesa e assunção de obrigações que não atenderem às condições previstas nos arts. 16 e 17 e não as observarem *serão consideradas não autorizadas, irregulares e lesivas ao patrimônio público*. As exigências e condições contidas nos citados arts. 16 e 17 serão ligeiramente consideradas no subitem 17.1.

Desde já, pode-se adiantar que o descumprimento do disposto nos artigos em referência caracteriza ato de improbidade, nos ternos dos arts. 7º e 10, incs. VII e IX, da Lei nº 8.429/1992, além de lesivo ao patrimônio público. Nos dois casos, a autoridade ou as autoridades responsáveis podem ser acionadas em juízo por intermédio de ação popular e de ação civil pública.

9.1 Vedações

Para compatibilização com o que foi registrado acima, sobretudo no que tange à disponibilidade orçamentária e financeira da Administração Pública, a lei prescreve as seguintes vedações: a) incluir no objeto da licitação a obtenção de recursos financeiros por parte do licitante, qualquer que seja a origem, salvo nos casos em que o objeto for concessão de serviços públicos, nos termos da legislação própria; b) constar do objeto a ser licitado o fornecimento de materiais ou serviços sem a previsão de quantidade ou com quantitativos não correspondentes às previsões reais constantes do projeto básico ou executivo; c) constar do edital de licitação a especificação de bens ou serviços sem similar, ou de marcas características e especificações exclusivas. A não ser nos casos em que haja recomendações técnicas devidamente justificadas, ou quando se tratar de fornecimento de tais serviços e materiais em virtude de administração contratada, quando previstos e discriminados no edital.

9.1.1 Sanções

A inobservância de quaisquer dessas restrições importa a nulidade do contrato ou ato resultante da licitação viciada e, ainda, a apuração de responsabilidade de quem tiver dado causa ou concorrido para que a irregularidade se materializasse.

9.1.2 Controle popular

É garantido a qualquer cidadão, mediante requerimento à Administração Pública, ter acesso aos quantitativos e preços unitários das obras executadas ou em execução.

Tudo que se disse aqui, no exame do art. 7º da Lei nº 8.666/93, aplica-se aos casos de dispensa e inexigibilidade de licitação. Vale dizer que a dispensa e a declaração de inexigibilidade de licitação que não observarem as regras contidas no aludido dispositivo são nulas e, como tais, devem ser declaradas.

Os meios de acesso popular às informações sobre licitações e contratações públicas vêm passando por transformações evolutivas, em ritmo acelerado, depois da edição da Lei nº 8.666/1993. Em seguida veio a Lei nº 10.520, de 17.7.2002, que instituiu o pregão, modalidade de licitação, de forma eletrônica de preferência. Depois veio a Lei nº 12.527, de 18.11.2011, que dispõe sobre procedimentos para garantir o acesso a informações. Todos os entes da Federação estão obrigados a divulgar os seus atos, procedimentos e condutas no sítio da transparência. Por último, a Lei nº 14.133/2021, novo Estatuto sobre Licitações e Contratações, sob exame, cria o Portal Nacional de Contratações Públicas (PNCP) (arts. 174, 175 e 176).

O art. 174, *caput*, estabelece que o PNCP, sítio eletrônico oficial, destina-se à divulgação centralizada dos atos previstos na lei. O Portal será gerido por um "Comitê Gestor da Rede Nacional de Contratações Públicas", presidido pelo presidente da República e composto por mais sete membros, sendo três representando a União, dois representando os estados e o Distrito Federal e dois representando os municípios, nos termos do §1º. A Administração deve fazer constar do Portal as seguintes informações, além de outras, pertinentes à finalidade do Portal:

I - planos de contratação anuais;

II - catálogos eletrônicos de padronização;

III - editais de credenciamento e de pré-qualificação, avisos de contratação direta e editais de licitação e respectivos anexos;

IV - atas de registro de preços;

V - contratos e termos aditivos;

VI - notas fiscais eletrônicas, quando for o caso.

O Portal deverá oferecer também as seguintes informações, além de outras que possam complementar:

I - sistema de registro cadastral unificado;

II - painel para consulta de preços, banco de preços em saúde e acesso à base nacional de notas fiscais eletrônicas;

III - sistema de planejamento e gerenciamento de contratações, incluído o cadastro de atesto de cumprimento de obrigações previsto no §4º do art. 88 desta Lei;

IV - sistema eletrônico para a realização de sessões públicas;

V - acesso ao Cadastro Nacional de Empresas Inidôneas e Suspensas (Ceis) e ao Cadastro Nacional de Empresas Punidas (Cnep);

VI - sistema de gestão compartilhada com a sociedade de informações referentes à execução do contrato [...].

Além do disposto no art. 174, os entes da Federação poderão instituir sítio eletrônico para publicações complementares relativas às suas contratações. Mantida a integração com o Portal Nacional, as contratações podem ser realizadas valendo-se de sistema eletrônico mantido por pessoa jurídica de direito privado, em conformidade com regulamento (art. 175, *caput* e §1º). Os municípios devem, até 31.12.2023, providenciar publicação complementar de suas contratações, por meio de extrato do edital, em jornal diário de grande circulação local (art. 175, §2º).

Como visto acima, os municípios têm o dever de observar, integralmente, as regras e condicionantes constantes dos arts. 174 e 175. Todavia, o art. 176 estabelece que os municípios com até 20.000 (vinte mil) habitantes têm o prazo de 6 (seis) anos, contados da data da publicação da lei, novo Estatuto, para cumprir as seguintes disposições: I – os requisitos estabelecidos no art. 7º e no *caput* do art. 8º do novo Estatuto (em síntese, o art. 7º volta-se para a boa gestão pública, cabendo à autoridade máxima do órgão ou entidade promover o preenchimento dos cargos públicos, com vistas à gestão por competência. As escolhas devem recair, preferencialmente, sobre servidor efetivo ou empregado público dos quadros permanentes da Administração pública; que tenha conhecimento de licitação e contratação pública ou tenha formação compatível ou qualificação certificada por escola de governo; "não sejam cônjuge ou companheiro de licitantes ou contratados habituais da Administração nem tenham com eles vínculo de parentesco, colateral ou por afinidade, até o terceiro grau, ou de natureza técnica, comercial, econômica, financeira, trabalhista e civil". O art. 8º trata da obrigatoriedade de designar servidor efetivo ou empregado público para conduzir processo de licitação, com poder para tomar decisões e dar impulso ao procedimento licitatório); II – a obrigatoriedade de realizar licitação sob a forma eletrônica em conformidade com o art. 17, §2º do novo Estatuto; III – a observância das regras relativas à divulgação em sítio eletrônico oficial.

O parágrafo único do art. 176 estabelece que os municípios referidos no *caput*, enquanto não adotarem o PNCP, deverão:

> I - publicar em diário oficial, as informações que o novo Estatuto exige que sejam divulgadas em sítio eletrônico oficial. A publicação do texto pode ser na forma de extrato;
>
> II - disponibilizar a versão física dos documentos em suas repartições, sem ônus para o solicitante, salvo o referente ao fornecimento de edital ou de cópia de documento, que não será superior ao custo de sua reprodução gráfica.

10 Programação da execução de obra ou serviço

Outra medida, visando evitar obras inacabadas e desperdício de dinheiro público, está contida no art. 8º da lei em comento. Estabelece o dispositivo que as obras devem sempre ser programadas na sua totalidade, prevendo-se o custo atual e o final, levando-se em consideração o tempo necessário à sua conclusão.

A execução da obra pode ser por etapas, de acordo com as previsões financeiras, mas a programação deve ser da totalidade da obra, para que se possa comprometer os recursos financeiros necessários. Se o orçamento, ainda que plurianual, não suportar o custo total, não se deve programar apenas parte da obra, exceto nos casos em que o objeto seja composto de partes autônomas, como exemplo, conjuntos habitacionais populares em que cada casa é uma unidade autônoma e que, uma vez construída, em princípio, pode ser habitada independentemente da conclusão das outras previstas no mesmo conjunto, considerando que a infraestrutura urbana esteja concluída.

O mesmo art. 8º, parágrafo único, vedava o retardamento de início de obras ou serviços ou de suas etapas, salvo nos casos de insuficiência de recursos financeiros ou de ocorrência de motivos de ordem técnica, devidamente justificados pela autoridade competente. Essa é outra medida legal visando evitar as paralisações de obras ou serviços sem ponderáveis motivos.

11 Proibição de participar de licitação e de execução de obras

São proibidos de participar de licitação e de execução de obras, de serviços ou de fornecimento necessários às obras e serviços: I) o autor do anteprojeto, do projeto básico ou projeto executivo pertinente, seja ele pessoa física ou jurídica; II) a empresa, isoladamente ou consórcio de empresas responsáveis pela elaboração do projeto básico ou de projeto executivo, ou aquela em que o autor do projeto, pessoa física, seja seu dirigente, gerente, acionista ou detentor de mais de cinco por cento do capital com direito a voto ou controlador, responsável técnico ou subcontratado; III) pessoa física ou jurídica que se encontre, ao tempo da licitação, impossibilitada de participar da licitação em decorrência de sanção que lhe foi imposta; IV) aquele que mantenha vínculo de natureza técnica, comercial, econômica, financeira, trabalhista ou civil com dirigente do órgão ou entidade contratante ou com agente público que desempenhe função na licitação ou atue na fiscalização ou na gestão do contrato, ou que deles seja cônjuge, companheiro ou parente em linha reta, colateral ou por afinidade, até o terceiro grau, devendo essa proibição constar expressamente do edital de licitação; V) empresas controladoras, controladas ou coligadas, nos termos da Lei nº 6.404, de 15.12.1976, concorrendo entre si; VI) pessoa física ou jurídica que, nos 5 (cinco) anos anteriores à divulgação do edital, tenha sido condenada judicialmente, com trânsito em julgado, por exploração de trabalho infantil, por submissão de trabalhadores a condições análogas às de escravo ou por contratação de adolescentes nos casos vedados pela legislação trabalhista (art. 14, *caput*). A intenção manifestada no inciso é boa, mas a aplicação da norma condiciona-se ao trânsito em julgado de ação contra o infrator, transitada em julgado, fato que torna a norma ineficaz. As condutas previstas no inciso, cujos praticantes ficam impedidos de participar e de contratar com a Administração Pública, independem de ações judiciais para sua comprovação. O art. 243 da Constituição da República prevê a expropriação, sem indenização, de glebas rurais e urbanas nas quais são cultivadas plantas psicotrópicas proibidas ou que exploram mão de obra análoga a de escravo, sem prejuízo de outras sanções.

A hipótese de impedimento previsto no inc. III aplica-se ao licitante que esteja substituindo outra pessoa, física ou jurídica, com o firme propósito de burlar a efetividade de sanção imposta à pessoa substituída, à sua controladora, controlada ou coligada, se o fato for devidamente comprovado (art. 14, §1º). Os impedimentos previstos no inc. III e §1º do artigo em foco são uma espécie de ratificação do disposto na Lei nº 8.429/1902, Lei de Improbidade, e na Lei nº 8.443, de 16.7.1992, art. 46.

É considerado participação indireta da elaboração do projeto, para os efeitos de licitação, qualquer vínculo entre o autor do projeto, pessoa física ou jurídica, com a entidade ou órgão licitante ou responsável pelo serviço. Os vínculos, para esse efeito, são de ordem técnica, financeira, econômica, comercial ou trabalhista. Equiparam-se a esses, para os mesmos fins, os membros da comissão de licitação.

O autor do projeto não está, entretanto, impedido de participar da execução da obra ou serviço, na condição de consultor, fiscal, ou na função de supervisão ou gerenciamento a serviço exclusivamente da Administração Pública.

Por óbvio, as restrições constantes do art. 14 não se aplicam aos interessados em participar de licitação e de contratação pública, quando a contratação de obra ou de serviço prever que a elaboração do projeto básico e do projeto executivo forem de responsabilidade do licitante vencedor (art. 14, §4º).

12 Formas de execução indireta de obras e serviços de engenharia

A Lei nº 14.133/2021 disciplina a licitação e contratação de obras e serviços de engenharia nos arts. 45 e 46, nos termos seguintes: as licitações para a contratação de obras e serviços de engenharia devem observar as normas:

> [...] relativas a:
> I - disposição final ambientalmente adequada dos resíduos sólidos gerados pelas obras contratadas;
> II - mitigação por condicionantes e compensação ambiental, que serão definidas no procedimento de licenciamento ambiental;
> III - utilização de produtos, de equipamentos e de serviços que, comprovadamente, favoreçam a redução do consumo de energia e de recursos naturais;
> IV - avaliação de impacto de vizinhança, na forma da legislação urbanística;
> V - proteção do patrimônio histórico, cultural, arqueológico e imaterial, inclusive por meio da avaliação do impacto direto ou indireto causado pelas obras contratadas; e
> VI - acessibilidade para pessoas com deficiência ou com mobilidade reduzida. (Art. 45)

A execução indireta de obras e serviços de engenharia pode ser: a) pelo regime de empreitada por preço global; b) pelo regime de empreitada por preço unitário; c) pelo regime de parcerias público-privadas; d) pelo regime de tarefa; e) pelo regime de empreitada integral; e f) por contratação semi-integrada (art. 46).

O texto do art. 45, integralmente transcrito, está perfeitamente afinado com os reclames e preocupações relativos à preservação do meio ambiente e à redução do aquecimento global, e em relação à acessibilidade para as pessoas portadoras de deficiência e com mobilidade reduzida. Espera-se que as execuções de obras públicas e de serviços de engenharia cumpram, rigorosamente, as disposições constantes do artigo em exame, fato que contribuirá, satisfatoriamente, para a proteção do meio ambiente em geral, considerando, principalmente, que a quase totalidade das obras civis pesadas são executadas pelo Estado por meio de empresas privadas.

A execução direta é aquela que a Administração Pública executa com os seus próprios recursos materiais e humanos. Os executores são servidores de seus quadros; as máquinas e equipamentos são de sua propriedade, e os materiais necessários são por ela adquiridos. Em outras palavras, a entidade pública não contrata terceiros para realizar a obra ou o serviço. Daí a expressão *execução direta*.

Na prática, a forma de execução direta tem sido pouco utilizada. No passado, todavia, essa modalidade foi largamente utilizada pelos órgãos estatais encarregados da construção e conservação de estradas e prédios públicos. Com o tempo, essa prática foi sendo substituída pela forma de execução indireta.

A execução indireta – a expressão já está a indicar – é a forma de execução por meio de terceiros contratados mediante licitação. As empresas privadas se especializaram em obras públicas e se aparelharam de modo a se credenciar à disputa por obras ou serviços contratados pela Administração Pública. As formas de empreitadas para a execução indireta estão explicadas no tópico "Contrato administrativo", e as outras formas de contratação estão previstas no tópico "Serviços públicos", para os quais remetemos o leitor.

Com o objetivo de padronizar e racionalizar as obras públicas e os serviços de engenharia, a lei prevê que, sempre que destinados ao mesmo fim, devem observar projeto padronizado por tipo, categoria ou classe. Exemplos: prédios escolares, cadeias públicas e prédios para fóruns. O projeto-padrão não seria utilizado nos casos em que as peculiaridades locais ou especificações do empreendimento recomendassem outro.

13 Serviços técnicos profissionais especializados de natureza predominantemente intelectual

A Lei nº 14.133/2021, no art. 6º, inc. XVIII, define, para os seus fins, o que sejam serviços técnicos profissionais especializados. São eles:

a) estudos técnicos, planejamentos e projetos básicos ou executivos;

b) pareceres, perícias e avaliação em geral;

c) assessorias ou consultorias técnicas e auditorias financeiras ou tributárias;

d) fiscalização, supervisão ou gerenciamento de obras ou serviços;

e) patrocínio ou defesa de causas judiciais e administrativas;

f) treinamento e aperfeiçoamento de pessoal;

g) restauração de obras de arte e bens de valor histórico.

h) controles de qualidade e tecnológico, análises, testes e ensaios de campo e laboratoriais, instrumentação e monitoramento de parâmetros específicos de obras e do meio ambiente e demais serviços de engenharia que se enquadrem na definição deste inciso.

A contratação desses serviços independe de licitação, nos termos do inc. III, do art. 74, que os inclui na categoria das contratações diretas por inexigibilidade, ressalvando, entretanto, as contrações de serviços de publicidade e divulgação. Alerte-se que o serviço de publicidade e divulgação não constam das hipóteses de contratação por inexigibilidade, elencadas no citado inc. III.

As empresas prestadoras de serviços técnicos, em foco, devem apresentar, durante o processo destinado à declaração de inexigibilidade, a relação dos técnicos integrantes do seu quadro e garantir que os serviços ou obras serão executados pessoalmente pelos técnicos relacionados.

14 Compras

A Administração sujeita-se a certas condições para realizar as aquisições necessárias às suas atividades. Os arts. 40 a 44, da Lei nº 14.133 dispõem sobre condições para efetivação de compras pela Administração Pública, nos seguintes termos: I – condições de compra e pagamento semelhantes às praticadas no setor privado; II – sempre que possível, adotar sistema de registro de preços; III – "determinação de unidades e quantidades a serem adquiridas em função de consumo e utilização prováveis, cuja estimativa será obtida, sempre que possível, mediante adequadas técnicas quantitativas, admitido o fornecimento contínuo"; IV – armazenamento adequado, de modo a evitar deterioração do material; V – observância dos seguintes princípios: da padronização, do parcelamento quando economicamente vantajoso e da responsabilidade fiscal, compreendendo a comparação entre o valor estimado da compra e a previsão orçamentária constante da lei de orçamento anual (LOA). O setor de compras deve planejar as compras estimando o consumo anual, observando o seguinte: especificar e caracterizar, adequadamente, o objeto desejado e indicar a fonte de recursos orçamentários necessários ao pagamento do preço do bem a ser comprado. A inexistência de um desses requisitos leva à nulidade da compra e à apuração de responsabilidade do agente ou agentes que deram causa, promovendo aquisição sem a observância das condições referidas.

Reforçando, as condições previstas acima são necessárias para observância, sempre que possível. São elas: padronização dos materiais; registro de preços; condições de aquisição e pagamento semelhantes aos praticados no setor privado; subdivisão com a finalidade de aproveitar as peculiaridades do mercado, visando à economicidade; e orientação pelos preços praticados na localidade em que se situa a entidade ou órgão público, promotor da licitação.

14.1 Princípio da padronização

Decorre deste princípio a orientação de que as compras de materiais, equipamentos e máquinas de uso constante da Administração Pública devem orientarse segundo especificações uniformes, levando-se em conta técnica e desempenho, observando, quando for o caso, as condições de manutenção, assistência técnica e garantias oferecidas (art. 15, I, da Lei nº 8.666/1993).

Na licitação para a primeira compra destinada à padronização de determinado objeto, por exemplo, móveis de escritório, deve-se consignar no edital essa finalidade. Isso para que os fornecedores interessados formulem as suas propostas com vista a fornecimentos futuros, se forem classificados.

Hely Lopes Meirelles, a propósito, escreveu:

> As especificações para a licitação de compras equivalem ao projeto base exigido para obras e serviços, devendo atender também às prescrições cabíveis do art. 12, em especial aos requisitos segurança, funcionalidade, adequação ao interesse público e normas técnicas adequadas. Destarte, tal como ocorre com o projeto-padrão, a especificação-padrão, de bens de uso comum deverá aliar a esses requisitos impositivos os da economicidade e facilidade operação e manutenção.[9]

A padronização é obrigatória nas situações em que for possível. Nesse sentido, é o comando do art. 15 da Lei nº 8.666/1993, *caput*, ao estabelecer que "as compras, sempre que possível, deverão atender ao princípio da padronização". Diogenes Gasparini sustenta que "padronizar significa igualar, uniformizar, estandardizar. Padronização, por sua vez, quer dizer: adoção de um *standard*, um modelo". Afirma ainda o mesmo autor que a padronização é obrigatória, ressalvados apenas os casos em que a impossibilidade ficar demonstrada, e acrescenta:

---

[9] MEIRELLES. *Licitação e contrato administrativo*, 11. ed., p. 56.

Em síntese, cabe à Administração Pública, sempre que possível, adotar o estândar, o modelo, entre os vários bens similares encontráveis no mercado, ou criar o seu próprio padrão, inconfundível com qualquer dos existentes no comércio. Na primeira hipótese, acolherá, conforme o bem, uma marca (bens móveis), uma raça (animais), um tipo (alimento), por exemplo. Na segunda hipótese, indicará como deve ser o bem desejado.[10]

Toshio Mukai, entre outros, também entende que a padronização é obrigatória. É o seu registro, segundo Diogenes Gasparini: "A padronização é, portanto, a regra que será excepcionada somente quando as condições intrínsecas do bem a ser adquirido impedirem sua execução".[11]

O princípio da igualdade que permeia toda a Constituição da República, e que está presente em diversos artigos da Lei nº 8.666/1993, terá de ser observado pela comissão de padronização. Deve ser dada a todos interessados a oportunidade de concorrer com o seu produto em igualdade de condições estabelecidas no edital, ou de apresentar exemplar segundo o protótipo criado pela Administração, quando ela optar por esta hipótese.

Entre as vantagens da padronização, tanto do material de consumo quanto o permanente, destacam-se: a facilidade de manutenção, conservação e reparos; a uniformidade de ambiente em relação aos móveis; o impedimento de cada órgão público escolher mobiliário e outros bens, segundo a vontade do seu dirigente.

A falta de padronização de móveis, de formulários e de viaturas propicia verdadeiros absurdos nas repartições públicas. A disparidade desses bens é tão acentuada que a comparação de determinada secretaria estadual com outra do mesmo estado dá a falsa ideia de que pertencem a estados distintos. Enquanto umas adotam móveis bons, funcionais, resistentes, mas simples, outras preferem mobiliário de requintado luxo e nem sempre resistente e adequado à finalidade a que se destina.

A Lei nº 14.133/2021 trata da padronização nos arts. 41, inc. I, e 43. A regra na lei antiga e na atual é a de que a indicação de marca no edital de licitação não é permitida, exceto em situações expressas na lei de licitações. O art. 41, *caput*, estabelece que a Administração Pública poderá, nos casos de aquisição de bens, indicar I – uma ou mais marcas e modelos, devidamente justificadas, nas hipóteses seguintes: a) nos casos de necessidade de padronização do objeto; b) para manter a compatibilidade com plataforma e padrões existentes; c) "quando determinada marca ou modelo comercializados por mais de um fornecedor forem os únicos capazes de atender às necessidades do contratante"; d) "quando a descrição do objeto a ser licitado puder ser mais bem compreendida pela identificação de determinada marca ou determinado modelo aptos a servir apenas como referência".

A padronização de determinados bens, por mais conveniente que possa ser, não deve decorrer de escolha subjetiva do agente administrativo competente, isso porque, o bem escolhido para padronização poderá não ser o mais vantajoso para a Administração, quanto à qualidade, ao preço, à garantia, à manutenção e ao prazo de vida útil. Além desses aspectos, a escolha pode recair sobre um produto fabricado, produzido ou fornecido por um amigo. Nesse caso, o agente não estará preocupado

---

[10] GASPARINI. *BLC*, n. 5, p. 219.
[11] *Ibidem*, p. 219.

com o interesse, mas interesse em receber propina ou, apenas, ajudar o amigo. Para evitar essas ocorrências, o art. 43 do novo Estatuto disciplina processo de padronização. O processo compreende: parecer técnico sobre o objeto que se pretende padronizar, considerando as especificações técnicas e estéticas, desempenho, informações sobre contratações anteriores, custo, condições de manutenção, assistência técnica, peças de reposição e garantia (inc. I) depois do parecer a próxima providência é o despacho da autoridade competente, devidamente motivado (inc. II); justificativa e descrição do padrão escolhido, divulgadas em sítio eletrônico oficial (inc. III).

A lei faculta a órgãos públicos aderir a processo de padronização de outro órgão ou entidade de outro ente da Federação do mesmo nível ou superior. A decisão deve ser devidamente motivada, contendo informação sobre a necessidade da aquisição, os riscos da decisão, divulgados em sítio eletrônico oficial (§1º); "As contratações de soluções baseadas em *software* de uso disseminado serão disciplinadas em regulamento que defina processo de gestão estratégica das contratações desse tipo de solução" (§2º).

Como se percebe, a padronização de objetos para o efeito de aquisição pela Administração disciplinada pela lei atual é bem mais complexa do que a prevista na Lei nº 8.666/1993. É louvável que assim seja, para se evitar banalização do procedimento de compra de bens padronizados.

Marcos Nóbrega apresenta um aspecto que considera desfavorável à padronização, nos seguintes termos:

> Um problema inerente à padronização é o efeito no qual o vencedor leva tudo (*the winner takes all*), só havendo vantagem econômica, portanto, para um tipo de padrão. Ao ser escolhido pela Administração, considerando que, em muitos casos, ela é monopsonista em diversos mercados, isso gera um problema de monopólio natural para o ofertante do bem, o que poderá ser prejudicial para os interesses públicos, ensejando maiores preços, por exemplo.[12]

Concluindo este subtópico, ressalte-se que, no nosso entender, a despeito das vantagens da padronização, reconhecidas, a opção se torna difícil e, às vezes, até inconveniente, neste estágio da evolução tecnológica acelerada. Principalmente quando se trata de máquina e equipamento, cujas respectivas tecnologias são aprimoradas e avançadas em curtíssimo espaço de tempo.

14.2 Sistema de registro de preços

A lei estabelece que as compras devem ser processadas por meio de sistema de registro de preços. O Decreto-Lei nº 2.300/86 já previa este sistema de registro e o art. 15, II, da Lei nº 8.666/93, o manteve e a sua utilização vem sendo ampliada gradativamente. Sobretudo depois da adoção de licitação da modalidade pregão eletrônico. Diversos órgãos e entidades já o adotam. Entretanto, ainda existem órgãos e entidades que não se dispuseram a adotá-lo. A União, só em agosto de 1998, editou regulamento sobre o registro de preços. Trata-se do Decreto nº 2.743, de 21.8.1998.

Sobreveio a Lei nº 14.133/2021, cujo art. 6º, inc. XLV, define assim o sistema de registro preços: "conjunto de procedimentos para realização, mediante contratação

---

[12] NÓBREGA. Comentários à lei de licitações e contratos administrativos: Lei n. 14.133, de 1º de abril de 2021, art. 41. *In*: FORTINI; OLIVEIRA; CAMARÃO. *Comentários à Lei de Licitações e Contratos Administrativos*, p. 460.

direta ou licitação as modalidades pregão ou concorrência, de registro formal de preços relativos à prestação de serviços, a obras e a aquisição e locação de bens para contratações futuras".

O registro de preços consiste em assentamento, em órgão próprio, contendo o nome do objeto, seu preço e seu fornecedor, obtidos por meio de ampla pesquisa de mercado (art. 82, §5º, inc. I da Lei nº 14.133/2021). Essa pesquisa deve realizar-se por via de licitação da modalidade concorrência, por ser a mais abrangente e adequada, considerando o objeto da licitação. O edital para o registro de preços deve observar as disposições gerais previstas no novo Estatuto, relativas ao processo de licitação e dispor sobre:

I - as especificidades da licitação e de seu objeto, inclusive a quantidade máxima de cada item que poderá ser adquirida;

II - a quantidade mínima a ser cotada de unidades de bens ou, no caso de serviços, de unidades de medida;

III - a possibilidade de prever preços diferentes:

a) quando o objeto for realizado ou entregue em locais diferentes;

b) em razão da forma e do local de acondicionamento;

c) quando admitida cotação variável em razão do tamanho do lote;

d) por outros motivos justificados no processo;

IV - a possibilidade de o licitante oferecer ou não proposta em quantitativo inferior ao máximo previsto no edital, obrigando-se nos limites dela;

V - o critério de julgamento da licitação, que será o de menor preço ou o de maior desconto sobre tabela de preços praticada no mercado;

VI - as condições para alteração de preços registrados;

VII - o registro de mais de um fornecedor ou prestador de serviço, desde que aceitem cotar o objeto em preço igual ao do licitante vencedor, assegurada a preferência de contratação de acordo com a ordem de classificação;

VIII - a vedação à participação do órgão ou entidade em mais de uma ata de registro de preços com o mesmo objeto no prazo de validade daquela de que já tiver participado, salvo na ocorrência de ata que tenha registrado quantitativo inferior ao máximo previsto no edital;

IX - as hipóteses de cancelamento da ata de registro de preços e suas consequências. (Art. 82, *caput*)

O critério de julgamento de menor preço por grupo de itens pode ser adotado, se demonstrada a inviabilidade de adjudicação por item e demonstrada a sua vantagem técnica e econômica. Nesse caso, o edital deve estabelecer o critério de aceitabilidade de preções unitários máximos (art. 82, §1º).

§3º O registro de preços com indicação limitada a unidades de contratação, pode ser permitido sem indicação do total a ser adquirido, nas seguintes situações:

I - quando for a primeira licitação para o objeto e o órgão ou entidade não tiver registro de demandas anteriores;

II - no caso de alimento perecível;

III - no caso em que o serviço estiver integrado ao fornecimento de bens. (Art. 82, §3º)

O sistema de registro de preços pode ser usado para contratação de bens, serviços, obras e serviços de engenharia, observando, entre outras, as seguintes condições: utilização de rotina de controle; atualização periódica dos preços registrados; estabelecimento do prazo de validade do registro de preço. Os preços registrados são lançados em ata, denominada ata de registro de preços. Nela deve ser incluído licitante que aceitar cotar os bens ou serviços com preços iguais aos de licitante vencedor na sequência de classificação, e o licitante que mantiver a sua proposta original (art. 82, §5º).

O registro de preços, se estiver previsto no seu regulamento, poderá ser efetivado sem licitação nas hipóteses que se enquadrem nos casos de contratação direta, inexigibilidade e dispensa de licitação, para a aquisição de bens ou para a contratação por mais de um órgão ou entidade (art. 82, §6º).

Os preços registrados devem ser publicados trimestralmente em órgão oficial para orientação da Administração Pública. O prazo de vigência da ata é de um ano, podendo ser prorrogado, por igual período, se comprovado o preço vantajoso (art. 84, *caput*).

O sistema de registro de preços, como visto, é dotado de regulamento próprio (art. 82, §6º). Entretanto, a lei não dispôs sobre ele. Por isso, vamos nos valer do disposto no §3º do art. 15 da Lei nº 8.666/1993, no sentido de que o registro de preço será regulamentado por decreto, observadas as peculiaridades regionais, critérios e meios de controle e atualização de preços, seleção dos interessados mediante concorrência e validade pelo prazo de até um ano.

Se o sistema deve ser regulamentado por decreto, implícito está que a competência é dos chefes dos Executivos, nas quatro esferas da Administração Pública, visto ser deles a prerrogativa para editar decretos regulamentadores de leis e de serviços. Dessa assertiva extrai-se outra ilação: o sistema de registro de preços regulamentado pelo Poder Executivo obriga os outros poderes e as entidades da Administração indireta, sendo que as empresas públicas e as sociedades de economia mista podem editar regulamentos implementadores, em conformidade com as suas peculiaridades. As autarquias e as fundações públicas sujeitam-se às mesmas regras estabelecidas pela entidade criadora, enquanto pessoas de direito público.

O registro de preço não vincula absolutamente a Administração, isto é, a Administração não ficará obrigada a só comprar do interessado cujo preço foi registrado. Ela poderá, no interesse público, valer-se de outros meios para adquirir o objeto desejado, desde que obedeça às regras estabelecidas na lei de licitações e dê preferência ao beneficiário do registro em igualdade de condições, inclusive preço. Ao contrário, o fornecedor que mantém o seu preço registrado tem o compromisso de fornecer nas condições estabelecidas na ata de registro de preços ou no contrato (art. 83, do novo Estatuto). Gabriela Verona Pércio comenta essa espécie de ajuste jurídico constante do sistema de registro de preços, que gera obrigação de comprimento, apenas para uma parte, a fornecedora:

> O Sistema de Registro de Preços que ganhou forma na regulamentação federal e se espraiou como modelo absoluto, replicando-se nos demais níveis federativos, é diferente. A ata de registro de preços, um documento apto a gerar compromisso de fornecimento e obrigar o fornecedor a manter o preço nela registrado durante sua vigência, sob pena de sanção administrativa, trouxe ao mundo um instituto mais complexo. O Sistema de Registro de

Preços passou a ser compreendido como uma promessa unilateral de fornecimento, espécie de contrato preliminar, em que apenas uma das partes – a Administração - tem a faculdade de exigir o seu cumprimento.[13]

Além dos controles normais da Administração, a lei legitima qualquer cidadão para denunciar o órgão controlador do registro de preços, quando os preços registrados estiverem acima da média praticada no mercado.

No âmbito federal, o registro de preço foi regulamentado pelo Decreto nº 449/1992, com a denominação de *Sistema Integrado de Registro de Preços*. Hoje, como dito, a matéria está regulamentada pelo Decreto nº 7.892, de 23.1.2013, alterado pelo Decreto nº 8.250, de 2014.

De acordo com o Regulamento Federal, a Administração poderá subdividir a quantidade total do item em lotes, se viável técnica e economicamente, com vista a possibilitar maior competitividade. Para isso, devem ser observados, entre outros requisitos, a quantidade mínima, o prazo e o local de entrega ou prestação de serviço (art. 8º do Decreto nº 7.892/2013).

Essa regra possibilita a participação de mais de um fornecedor, oferecendo cada um, parte do objeto constante de mesmo item.

O sistema prevê o registro de preços de tantos fornecedores licitantes quantos forem necessários para atingir, no período de validade do registro, a totalidade do item ou do lote. Para isso, é necessário que se observe o preço do primeiro colocado.

O edital da concorrência para o registro de preços deve conter, entre outras cláusulas, as seguintes:

1. estimativa da quantidade do objeto da licitação a ser adquirido no prazo de validade do registro;
2. o preço unitário máximo que a Administração se dispõe a pagar por item, levando em consideração as regiões e a quantidade estimada de compra no período, prazo de validade do registro;
3. quantidade mínima de unidades a ser cotada, por item;
4. as condições quanto aos locais e prazos de entrega e a forma de pagamento;
5. o prazo de validade do registro de preços, que não pode ser superior a um ano;
6. a indicação dos órgãos federais que poderão se utilizar do respectivo registro de preços.

Depois da homologação da licitação, observada a ordem classificatória e o número de fornecedores a serem registrados, o órgão ou a entidade encarregada do registro chamará os interessados para assinarem a ata de registro de preços.

O contrato decorrente da ata de registro de preços terá o prazo de vigência em conformidade com o estabelecido na ata (art. 84, parágrafo único).

O sistema de registro de preços pode ser usado para contratação de obra e serviços de engenharia, desde que existam projetos padronizados, sem complexidade

---

[13] PÉRCIO. *Coletânea dos 5 artigos mais lidos no Portal ONLL em 2022*. p. 8.

técnica e operacional e necessidade permanente ou frequente de obra ou serviço a ser contratado (art. 85).

Órgãos ou entidades que não tenham participado da formação da ata de registro de preços poderão aderir a ela, na condição de não participantes (art. 86, §2º). As contratações ou aquisições realizadas por órgão ou entidade não participante não podem exceder a 50% dos quantitativos constantes do edital registrado na ata de registro de preço (art. 86, §4º). O quantitativo decorrente das adesões à ata de registro de preços não poderá exceder, na totalidade, ao dobro do quantitativo de cada item registrado na ata para o órgão gerenciador e órgãos participantes, independentemente do número dos órgãos não participantes que aderirem (art. 86, §5º). Nos casos de aquisição emergencial de medicamentos e material de uso médico-hospitalar por órgãos ou entidades da Administração Pública federal, estadual, distrital e municipal, a adesão à ata gerenciada pelo Ministério da Saúde não está sujeita ao limite estabelecido no §5º (art. 86, §7º). Órgãos ou entidades da Administração Pública federal não podem aderir à ata de registro de preços gerenciadas por órgãos ou entidades estaduais, distritais e municipais (art. 86, §8º).

Registrados os preços, o órgão competente formalizará a compra por meio de autorização de fornecimento ou outro documento equivalente, precedida da correspondente nota de empenho de despesa.

A compra será formalizada com o primeiro classificado até chegar ao limite de quantidade que se propôs a fornecer, em conformidade com a sua proposta apresentada na licitação. Depois desse procedimento, passa-se ao segundo colocado, e assim por diante, até chegar ao último classificado. Saliente-se que a Administração sempre começará pelo preço do primeiro, pois o registro de preços só poderá efetivar-se pelo menor preço, isto é, o do primeiro classificado.

Na hipótese de os preços praticados no mercado, relativos à mercadoria ou serviço, objeto do preço registrado, estarem abaixo dos valores registrados, a Administração, por seu órgão próprio, deve chamar os fornecedores registrados e negociar com eles a redução dos seus preços, estabelecendo novo valor.

A Administração deve cancelar o registro de preços do fornecedor nos seguintes casos:

1. descumprimento das condições previstas na ata de registro de preços, pelo fornecedor;
2. sem motivo aceitável pela Administração, deixar de retirar a autorização de FORNECIMENTO ou outro documento equivalente, no prazo estipulado;
3. não concordar com a redução do seu preço quando constatado que ele está acima do praticado no mercado; e
4. sofrer sanções previstas na lei (art. 20, *caput* do Decreto nº 7.892/2013).

Em qualquer das hipóteses acima, a Administração terá de garantir ao fornecedor o exercício do direito de ampla defesa, observado o princípio do contraditório.

Ao fornecedor é garantido pedir o cancelamento do seu registro de preços, na ocorrência de caso fortuito ou força maior. Nesse caso, o pedido deve ser aceito pela Administração, ficando o fornecedor plenamente desobrigado.

14.3 Submeter-se às condições de aquisição e pagamentos semelhantes às do setor privado

A lei sobre licitações estabelece que a Administração deve observar as condições de aquisição e pagamentos semelhantes às do setor privado. Qual será efetivamente o conteúdo desse comando legal? A primeira observação que se deve fazer é que a compra e venda são atividades próprias do setor privado. Tanto que vários autores administrativistas entendem que a Administração, quando realiza compras, se iguala ao particular. Essa afirmativa não nos parece absoluta. Reconhecemos que as regras do Direito Empresarial predominam. Todavia, o Direito Administrativo impõe, para a Administração Pública, algumas das suas regras, restringindo e condicionando a liberdade do comprador público e do vendedor particular.

Além disso, o dispositivo sugere que a Administração deve ser ágil e profissional nas aquisições, comprando o que melhor atender ao interesse do serviço ou da Administração e o que realmente necessita. Não devendo comprar o que lhe seja desnecessário ou que possa ser útil no futuro. A dinâmica da tecnologia não permite que se adquira, hoje, certo equipamento para utilização futura, ainda que o futuro seja próximo. Se for adquirido, quando chegar a época de o equipamento ser utilizado, estará, possivelmente, obsoleto. Também não se deve comprar sem programação, no fim do exercício financeiro, apenas para gastar sobras de dotações orçamentárias.

Sobre o tema, escreve Carlos Pinto Coelho Motta:

> Significa, no meu entender, que a Administração deve desenvolver seus processos de compra com competência e rapidez, adotando controles ágeis e flexíveis e otimizando os projetos. O setor privado, movido pela necessidade de reduzir custos, desperdícios e aumentar os lucros, não pode conviver com preços superfaturados ou com deficiências de manutenção e assistência técnica.
>
> Essa perspectiva significaria, para o Poder Público, esforçar-se por elaborar bons editais, juridicamente corretos, evitando problemas futuros. Na fase externa, além da observância do rito imposto pela lei, o procedimento não deve sofrer paralisações além das previstas em lei.[14]

14.4 Subdividir em parcelas, com vista a atender a peculiaridades do mercado e a fazer economia

A lei proíbe o parcelamento do objeto, com a finalidade de fugir à licitação ou de utilizar modalidade mais simples. Por exemplo, convite, em vez de tomada de preços. Recomenda, todavia, o parcelamento com vista a atender a peculiaridades do mercado e à obtenção de economia.

A matéria é delicada. Parece-nos difícil conciliar a regra da proibição do parcelamento para se evitar licitação de procedimento mais complexo, com a regra que recomenda o parcelamento para atender a particularidades do mercado, com vista à economicidade.

---

[14] MOTTA. *Op. cit.*, p. 106.

O Tribunal de Contas da União, em decisão proferida em caso concreto, entendeu que parcelamento, na espécie, consiste na subdivisão do objeto em itens autônomos sempre que for possível. O edital não deve prever julgamento pelo preço global, quando se tratar de vários itens. O julgamento por item, além de ensejar a possibilidade de maior número de ofertas, poderá levar a Administração a comprar por preços melhores, mais vantajosos para o erário. É a ementa do acórdão:

> Ementa: Licitação (Tomada de Preços) – Infringência a dispositivos reguladores da espécie – Compra de jornais e revistas nacionais e estrangeiras. Subdivisão em parcelas – Vantagem para a administração (art. 15, IV, da Lei n. 8.666/93) – Rejeição às alegações de defesa produzidas. Aplicação de multa aos responsáveis – Responsabilidade dos membros da Comissão de Licitação – Defesa rejeitada – Decisão em caráter normativo – Fixação de prazo para adoção de providências.
> Processo n. 10166005542/93-85.[15]

Retomaremos o tema logo adiante ao examinarmos as modalidades de licitação.

15 Modalidades de licitação

A legislação brasileira, desde o Decreto-Lei nº 200/1967, estabelecia três modalidades de licitação: concorrência; tomada de preços; e convite (art. 127). O Decreto-Lei nº 2.300, de 21.11.1986, manteve as modalidades prevista no DL nº 200/1967 e incluiu as modalidades concurso e leilão. A Lei nº 8.666/1993, art. 22, manteve as cinco modalidades de licitação: concorrência, tomada de preços, convite, concurso e leilão. A Lei nº 10.520, de 2002, instituiu a modalidade pregão. O novo Estatuto, Lei nº 14.133/2021, suprimiu duas modalidades previstas na legislação anterior e instituiu uma nova. Assim, é hoje, o rol de modalidades de licitação: concorrência, pregão, concurso, leilão e diálogo competitivo. Foram excluídas as modalidades convite e tomada de preços, de acordo com art. 28, incs. I a V.

15.1 Concorrência

A Lei nº 8.666/1993, ainda em vigor, temporariamente, como informado em outro tópico, estabelece que a modalidade concorrência é adotada quando o valor estimado do objeto a ser licitado for acima do valor da tomada de preços. A lei nova, tendo excluído as modalidades tomada de preços e convite, obviamente, não condiciona a adoção da concorrência, acima de determinado valor. Dessa forma, qualquer que seja o valor estimado do objeto, a modalidade será a concorrência, se não for hipótese da modalidade pregão (art. 17 do novo Estatuto).

Concorrência é, por tanto, a modalidade que permite a participação de quaisquer interessados, desde que na fase de habilitação preencham todas as condições previstas no edital para essa fase do procedimento, comprovando as condições mínimas para a execução do objeto da licitação, caso sejam classificados. É a modalidade mais complexa e que exige mais rigor na fase habilitatória, visto que o objeto que a Administração pretende

---

[15] BLC, n. 10, p. 510.

contratar é, em regra, de custo elevado e exige reconhecida capacidade técnica e boa condição econômica e financeira dos interessados (art. 6º, XXXVIII, do novo Estatuto).

15.2 Concurso

Concurso é a modalidade destinada à escolha de trabalho técnico, científico ou artístico, mediante pagamento de prêmio nos termos do regulamento publicado com o edital. Dessa modalidade pode participar qualquer interessado. Será vencedor aquele que apresentar a sua criação nos termos do regulamento do concurso e que, no entender da comissão ou banca julgadora, for o melhor. São exemplos de objetos escolhidos por meio de concurso: instrutores para cursos e treinamento de pessoal, quando não for caso de inexigibilidade, hino, logotipo, brasão, arma símbolo de Estado, bandeira, entre outros. Não se cogita de menor preço nessa modalidade, por ser este fixado pelo Poder Público. O critério técnica também não se exige, tendo-se em vista que, na modalidade concurso, interessa-se pela criatividade. Daí, a desnecessidade de prévia habilitação do participante (art. 30 do Estatuto).

O art. 30, parágrafo único, combinado com o art. 93, ambos do Estatuto novo, estabelece que no concurso, cujo objeto é elaboração de projeto, o concorrente vencedor deverá ceder à Administração Pública os direitos patrimoniais relativos ao projeto e autorizar a sua execução.

15.3 Leilão

Leilão é a modalidade destinada à alienação de bens móveis considerados desnecessários à Administração, inservíveis e de bens legalmente apreendidos por fiscais ou policiais, ou ainda bens penhorados. Nesta modalidade, podem participar todos os interessados. Vencedor será o que apresentar maior lance, ou oferta, desde que não seja inferior ao valor da avaliação oficial e atenda às condições do edital. Uma delas é a de pagar, no ato da realização do leilão 5% (cinco por cento), do valor do lance vencedor, e o restante, no momento da retirado do objeto.

O edital deve ser publicado por meio de sítio oficial eletrônico e fixado em quadro de aviso de licitações, constante da repartição pública promotora de licitações (art. 31, §§3º e 4º).

15.4 Pregão

Pregão é a modalidade de licitação adotada para a aquisição de bens e serviços comuns, promovida por entidades e órgãos públicos da Administração direta e da indireta, qualquer que seja o valor do objeto a ser contratado, em que a disputa dos licitantes com vista à classificação e à adjudicação se realiza por meio de propostas e lances em sessão pública ou por meio eletrônico, denominado *pregão eletrônico*.

Essa modalidade de licitação surgiu no sistema jurídico pátrio por meio da Medida Provisória nº 2.026, de 4.5.2000, reeditada mês a mês até a data em que foi convertida na Lei nº 10.520, de 17.7.2002.

A modalidade de licitação em realce, durante a vigência da medida provisória que a instituiu, podia ser utilizada, somente, no âmbito federal, abrangendo os órgãos da

Administração direta e as entidades integrantes da Administração indireta. Os estados, o Distrito Federal, os municípios e respectivas entidades vinculadas não foram alcançados pela medida provisória instituidora da nova modalidade de licitação. A Lei nº 10.520/2002 ampliou o pregão para todos os entes da Federação.

Havia dúvida quanto à constitucionalidade da Medida Provisória nº 2.026/2000, considerando, principalmente a norma contida no inc. XXVII do art. 22 da Constituição Federal. O dispositivo prescreve que compete à União legislar sobre:

> normas gerais de licitação e contratação, em todas as modalidades, para as administrações públicas diretas, autárquicas e fundações da União, Estados, Distrito Federal e Municípios, obedecido o disposto no art. 37, XXI, e para as empresas públicas e sociedades de economia mista, nos termos do art. 173, §1º, III.

Ora, se as modalidades de licitação se contêm em norma geral, a União não poderia criar, para si, nova modalidade. À União e aos demais entes políticos é lícito editar normas específicas sobre licitação. Entretanto, nem mesmo a União reveste-se de competência para editar norma sobre licitação destinada apenas ao âmbito federal, se a matéria for reservada a normas gerais.

O nosso entendimento é no sentido de que matéria sobre licitação não deve ser regulamenta por meio de medida provisória, considerando os estreitos limites da competência conferida ao presidente da República para expedir normas dessa natureza, fixados no art. 62 da Constituição. Apesar dessa posição, parece-nos que a solução para o impasse, considerando que as alterações da Lei nº 8.666/93 resultam de conversão de medidas provisórias, seria a alteração da redação do art. 22 da Lei sobre Licitações e Contratos, de modo a tornar o pregão modalidade a ser adotada por todos os entes e órgãos que se sujeitam à licitação.

Escoimar o vício de inconstitucionalidade da MP em questão e estender o *pregão* a todas entidades e órgãos públicos é fundamental. A nova modalidade de licitação vem recebendo elogios dos estudiosos. Entre os argumentos positivos ressaltam-se: a redução dos custos, a simplificação do procedimento, a redução de gastos com a licitação, a desburocratização e a economia de tempo. Essas inovações e vantagens compatibilizam-se com o princípio da eficiência e com o da moralidade administrativa, agasalhados no *caput* do art. 37 da CF.

As dúvidas que pairavam sobre a constitucionalidade da medida provisória em foco foi sanada com a edição da Lei nº 10.520/2002, que disciplinou a modalidade *pregão* nos âmbitos federal, estadual, distrital e municipal. Os atos praticados com suporte na medida provisória foram convalidados, nos termos do art. 10 da citada lei. Outras considerações sobre esta modalidade serão trazidas a lume mais adiante.

O pregão na redação da Lei nº 14.133/2021, art. 6º, XLI, é modalidade de licitação obrigatória nos casos de aquisição de bens e serviços comuns, e o critério de julgamento pode ser o de menor preço ou o de maior desconto. O inc. XIII do mesmo artigo define bens e serviços comuns como sendo "aqueles cujos padrões de desempenho e qualidade podem ser objetivamente definidos pelo edital, por meio de especificações usuais de mercado". Um exemplo, contratação de serviço de pintura de paredes de uma edificação civil. Nesse caso, o objeto da licitação pode ser assim especificado no edital: o objeto da presente licitação é a contratação de serviço de pintura de, por exemplo, 500 m² de paredes da edificação X. O preço deve ser cotado por metro quadrado. Os lances, durante a realização do pregão, podem ser presenciais ou eletrônicos.

Os "serviços técnicos especializados de natureza predominantemente intelectual" arrolados no art. 6º, XVIII, do Estatuto, excluem-se do alcance da modalidade pregão. Esses, em virtude de suas especificidades, são objeto de inexigibilidade de licitação (art. 29, parágrafo único).

A modalidade pregão sujeita-se ao rito procedimental comum constante do art. 17 do novo Estatuto e deve ser adotado "sempre que o objeto possuir padrões de desempenho e qualidade que possam ser objetivamente definidos pelo edital, por meio de especificações usuais de mercado" (art. 29, *caput*, do novo Estatuto).

15.5 Diálogo competitivo

A modalidade diálogo competitivo é novidade no ordenamento jurídico pátrio. Trata-se de uma espécie que se distingue das demais modalidades preexistentes, no que se refere à estrutura básica do sistema licitatório. A definição legal dessa modalidade está contida no art. 6º, XLII, do Estatuto, nos seguintes termos: o diálogo competitivo é

> modalidade de licitação para contratação de obras, serviços e compras em que a Administração Pública realiza diálogos com licitantes previamente selecionados mediante critérios objetivos, com o intuito de desenvolver uma ou mais alternativas capazes de atender às suas necessidades, devendo os licitantes apresentar proposta final após o encerramento dos diálogos.

A utilização desta modalidade é restrita, conforme dispõe o art. 32, inc. I, alíneas "a", "b" e "c", do Estatuto. As condições são as seguintes: quando o objeto for inovação tecnológica ou técnica; situação em que a Administração Pública, órgão ou entidade, esteja impossibilitada de satisfazer sua necessidade de adaptação com meios disponíveis no mercado; e a impossibilidade de a Administração definir especificação técnica com precisão indispensável.

A licitação da modalidade diálogo competitivo depende de procedimento licitatório distinto das demais modalidades. Nesta modalidade, o procedimento passa pelas seguintes etapas: A) edital de pré-seleção; B) pré-seleção; C) diálogos; D) edital da fase competitiva; E) e fase competitiva.

Na fase A, a Administração divulgará um edital de licitação, tendo por objeto convocar os possíveis interessados em participar do diálogo competitivo. O instrumento deve ser claro, observar os requisitos legais, informar as necessidades do órgão ou entidade e as condições a serem atendidas pelas empresas interessadas. A divulgação deve acontecer por meio eletrônico, com prazo de 25 (vinte e cinco) dias úteis. Esse prazo é necessário para que os interessados tenham condições de se organizar para os diálogos. A fase B, pré-seleção, é realizada depois de decorrido o prazo editalício. A Administração, por meio do órgão que conduz a licitação, promoverá a primeira seleção, examinando a documentação de cada licitante e verificando se todos os requisitos do edital foram cumpridos. Todos que atenderem às condições passam para a fase seguinte. Na fase C, diálogo competitivo, o condutor do certame convoca, um a um, todos os pré-selecionados para o diálogo. A finalidade precípua é verificar a possibilidade de identificar uma ou mais soluções que interessam ao órgão ou à entidade pública responsável pela realização do procedimento licitatório na modalidade diálogo competitivo. Concluída a fase C, com sucesso, passa-se para a fase D, edital da fase competitiva. Para isso, é necessária a publicação do segundo edital com a finalidade de convocar todos os licitantes pré-selecionados a apresentarem suas propostas, observando as condições previstas no instrumento convocatório, cujo prazo da sua publicação, até o último dia para a entrega das propostas, é de 60 (sessenta) dias úteis. Por fim, na fase E, fase competitiva, acontece competição entre os presentes, surgindo, daí, a proposta mais vantajosa, cujo proponente será o vencedor.[16] (art. 32, §1º, incs. I a VIII).

16 Processo licitatório

O processo licitatório inicia-se com o art. 11, cujo *caput* é do seguinte teor: "O processo licitatório tem por objetivo" obter a proposta mais vantajosa para a Administração Pública, consequentemente, evitar sobrepreço, ou preço inexequível, garantir tratamento isonômico entre os licitantes, conduta em desconformidade com a lei de regência e "incentivar a inovação e o desenvolvimento nacional sustentável" (art. 11, *caput*). O parágrafo único do mesmo artigo aprofunda mais a ideia de lisura nas contratações públicas, estabelecendo que a administração superior do órgão ou entidade contratante, "é responsável pela governança das contratações", abrangendo a gestão de risco, cuidando da eficácia e confiabilidade do controle interno, e observância do orçamento, de modo a evitar transbordamento de seus limites e manter o alinhamento com o planejamento estratégico.

A Lei nº 8.666/1993 prevê que no julgamento da proposta de preço será classificada a proposta de menor preço. Semelhante redação contém a Lei nº 10.520/2002 (lei que instituiu a licitação da modalidade pregão). À primeira vista, focado somente no preço, parece que o menor preço é o ideal para a Administração, porque ela gastará menos, e, com isso, faz economia nos processos licitatórios. Entretanto, esta assertiva é falsa, pois nem sempre o menor preço é vantajoso. Ao contrário, é normalmente, desvantajoso. Vamos dar um exemplo simples, real, na nota de rodapé. Se você, leitor, tiver interesse, leia a nota.[17]

A Lei nº 14.133/2021 inovou consideravelmente, em relação à Lei nº 8.666/1993. Manteve o "menor preço" na relação de critérios de julgamento de licitação (art. 33), entretanto, estabelece que "o julgamento por menor preço ou maior desconto e, quando

---

[16] MIRANDA. *O diálogo competitivo na nova Lei de Licitações*.

[17] No final da década de 60 ou início da década de 70, do século XX, a Secretaria de Estado da Agricultura, Pecuária e Abastecimento de Minas Gerais promoveu licitação para comprar papel higiênico, para uso em todas as suas repartições, durante o exercício financeiro. Naquela época, existia no mercado, uma qualidade de papel higiênico marca "tico-tico", da pior qualidade, de textura áspera semelhante a uma lixa. O edital previa 2.000 rolos de papel higiênico, de 24 metros. Seria vencedora a licitante que atendesse às especificações do edital e contasse com o menor preço. Na abertura dos envelopes, a Comissão constatou que o menor preço foi o da licitante que cotou o papel "tico-tico". As demais licitantes cotaram outras marcas de papel de boa qualidade, macio e de preço bem superior ao do "tico-tico". Ante esse quadro, a Comissão informou, à licitante que cotou o menor preço, que não poderia comprar o seu produto, pelo fato de ser de péssima qualidade. Ao que o representante da licitante, de pronto, argumentou: atendemos rigorosamente às especificações do edital. A Comissão não teve outra saída a não ser a de comprar o "tico-tico". E nós, servidores da Secretaria, usamos lixa o ano inteiro.

couber, por técnica e preço considerará o menor dispêndio para a Administração, atendidos os parâmetros mínimos de qualidade definidos no edital de licitação" (art. 34). O dispositivo conduz à compreensão de que a proposta que deve ser classificada é a que for apta a gerar o resultado de contratação mais vantajoso para a Administração Pública. Sintetizando, proposta mais vantajosa. A aferição da proposta mais vantajosa é tarefa que exige do agente ou comissão responsável pela licitação não só o conhecimento sobre o processo de licitações e contratações públicas, mas também outros conhecimentos, como longevidade do objeto a ser adquirido ou do serviço a ser prestado, meio ambiente, desenvolvimento sustentável. Por isso, as pessoas que atuam em todas as fases dos processos de licitações e contratações devem passar por processo de treinamento e capacitação. Principalmente, na área de inovação, tecnologia e desenvolvimento de processos digitais, que aprimoram e avançam em ritmo acelerado. As escolas de governo devem se aparelhar e ajustarem os seus processos e procedimentos de ensino e aprendizagem, de modo a manter os respectivos quadros de docentes suficientemente preparados para capacitar os servidores públicos, em geral, e, em especial, os que trabalham nos setores de licitações e contratações públicas.

Nos processos de licitação para compra de materiais de consumo, equipamentos e máquinas, a seleção da proposta mais vantajosa requer conhecimento e expertise dos condutores da licitação. Não é tarefa fácil, pois, no caso de compra, é necessário verificar a qualidade do produto, comparando-o com outros produtos similares, o prazo de validade, o material da embalagem, a possibilidade de reaproveitamento ou de reciclagem ou a decomposição. Nos casos de equipamentos e máquinas, é necessário verificar prazo de vida útil, garantia, assistência técnica, facilidade de obtenção de peças de reposição, consumo de energia elétrica ou de combustíveis, entre outros. Tudo isso precisa ser avaliado em quadro comparativo contendo os pontos positivos numa coluna e os pontos negativos em outra coluna. Esse procedimento deve ser adotado nas propostas de cada concorrente, para se chegar à proposta mais vantajosa para a Administração e para a sociedade.

Nos processos de licitação para contratação de obras e de serviço de engenharia, como rodovias, ferrovias, portos, barragens para geração de energia hidrelétrica, a seleção da proposta mais vantajosa é ainda mais difícil do que na de compras, porque, nesta modalidade de objeto, outros elementos interferem no processo licitatório, na atualidade, como meio ambiente, desenvolvimento sustentável e aquecimento global. A comissão tem que avaliar, além dos elementos considerados nos casos de compra, no que couber, qual é a proposta que menos agride o meio ambiente, qual licitante pratica ações indispensáveis ao desenvolvimento sustentável e qual licitante adota projetos com metas definidas, visando contribuir para a redução da emissão de gás de efeito estufa, e, consequentemente, para a redução do aquecimento global. Essas medidas/políticas adotadas pelas empresas nacionais resultam em dois inestimáveis benefícios para o país: melhores condições de vidas humanas, animais e vegetais; e exportação de produtos agropecuários para os países que não compram de empresas que ignoram a política de desenvolvimento sustentável. Daí a cautela que a comissão deve ter na aferição da proposta mais vantajosa. Para isso, terá que fazer sopesamento de todas as propostas, para chegar à melhor delas (mais vantajosa).

Sobre a temática, a Equipe Legado desenvolveu estudo com o seguinte título: "Os benefícios da sustentabilidade para a sua marca", publicado em 19.5.2020.

Do estudo extraiu-se o trecho seguinte:

> Imersas nessa nova onda de consumo, em que o público se tornou muito mais consciente, as empresas precisam se reinventar, adotando um caráter mais "verde". Porém, para se tornar uma marca sustentável é preciso entender os conceitos envolvidos nessa revolução, adaptando todo o processo produtivo para que estes estejam em concordância.
>
> Tendo isso em mente, é hora de começar a agir, buscando mudanças que vão tornar a empresa mais competitiva, agregando mais valor à marca. Apesar do que se pensa, ser uma marca com consciência ambiental não custa caro e os benefícios são bem maiores que o investimento.[18]

No processo de licitação deve ser observado o seguinte: a) os documentos integrantes do processo, para terem validade, devem ser formalizados por escrito, datados, assinados pelos respectivos autores e conter informação do local em que foram praticados; b) os valores e custos financeiros devem ser estabelecidos em moeda corrente no país, com exceção do disposto no art. 52 do Estatuto. Este artigo refere-se a licitações internacionais, casos em que se observa a legislação do país onde a licitação ocorrerá; c) deixar de atender a exigências meramente formais que não prejudicam a sua qualificação nem afetam a compreensão do conteúdo da respectiva proposta não implica o afastamento do licitante da competição; d) a autenticidade de cópia de documentos públicos ou privados pode ser reconhecida por agente público, mediante apresentação do original, ou em face de declaração de advogado, sob sua responsabilidade pessoal; e) o reconhecimento de firma, nos casos de licitação, é dispensado, exceto no caso de dúvida sobre a autenticidade documento ou quando for exigido por lei; f) os atos, preferencialmente, são digitais e validados por meio eletrônico; e g) o Estatuto sugere que os setores de compras e contrações, dos entes da Federação, ante os documentos de formalização de demandas, planejem na forma do respetivos regulamento, elaborem plano de contratação anual, com o objetivo de racionalizar as contratações, de modo a garantir o alinhamento com o respectivo planejamento estratégico e subsidiar a elaboração de suas leis de orçamento anual (art. 12, incs. I a VII, do Estatuto).

Os atos decorrentes da licitação são públicos, ressalvadas informações cuja divulgação poderá pôr em risco a segurança da sociedade e do Estado, na forma da lei (art. 13, *caput*). O parágrafo único prescreve que a publicação será diferida, nos seguintes casos: a) quanto ao conteúdo das propostas até a abertura dos respectivos envelopes; e b) quanto ao valor do objeto da licitação estimado pela Administração. O valor, temporariamente sigiloso, não alcança os órgãos de controle interno e externo. Esses órgãos têm plena prerrogativa para examinar e inspecionar os orçamentos públicos em qualquer momento e circunstância.

Estão impedidos de disputar licitação e de participar de execução de contrato direta ou indiretamente: a) autor do anteprojeto, do projeto básico ou projeto executivo,

---

[18] Disponível em: https://legadoconsultoriajr.com.br/beneficios-sustentabilidade/?gclid=Cj0KCQiAkMGcBhCSAR IsAIW6d0BYwrI9WiaRLlfergSA4MsylzidtNb8loJ2Ie5ySEWYjp50bh70qq0aAuy_EALw_wcB. Acesso em: 7 dez. 2022.

pessoa física ou jurídica, quando o objeto da licitação for resultado de seu projeto ou anteprojeto; b) empresa individualmente ou em consórcio, que tenha elaborado o projeto básico e/ou o projeto executivo, ou, ainda, a empresa cujo dirigente, gerente, controlador, acionista ou detentor de 5% (cinco por cento) do capital com direito a voto, quando objeto da licitação resultante for projetado por agente seu que se enquadra em uma das situações arroladas acima; c) pessoa física ou jurídica que estiver suspensa do direito de participar de licitação e de contratar com a Administração Pública, em virtude de sanção sofrida anteriormente; d) pessoa que tenha qualquer espécie de vínculo com dirigente do órgão ou entidade contratante ou com agente público ou que atua na fiscalização ou gestão do contrato ou seja cônjuge ou companheiro da pessoa referida nas duas linhas anteriores, ou ainda, parente consanguíneo ou colateral até o terceiro grau. Com a finalidade de evitar discussão durante o processo da licitação, a proibição aqui tratada deve ser consignada expressamente no edital; e) as "empresas controladoras, controladas ou coligadas, conforme dispõe a Lei nº 6.404/1976, concorrendo entre si"; f) e, por fim, é proibida de participar de licitação pessoa física ou jurídica que, nos 5 (cinco) anos antecedentes à publicação de edital de licitação, tenha sido condenada e a decisão transitada em julgado, pelo fato de manter trabalhador em condição análoga à de escravo ou de contratar menor nos casos vedados pela Consolidação das Leis do Trabalho (CLT) (art. 14, incs. I a VI).

Esse último inciso é excessivamente benevolente com as pessoas físicas ou jurídicas que mantêm empregados em situação análoga à de escravo ou que usam mão de obra infantil ou de adolescentes proibidas pela CLT. Ora, o trânsito em julgado de decisão judicial leva anos. Nesse longo período, a pessoa física ou jurídica que esteja cometendo uma ou as duas infrações previstas no inc. VI, mesmo tendo sido condenada no 1º grau, está livre para licitar e contratar com a Administração Pública, considerando que o dispositivo legal veda da participação em licitação a pessoa condenada em ação judicial transitada em julgado. Isso é inadmissível. O legislador deve dispensar atenção especial aos trabalhadores braçais e aos menores. A situação é tão grave que, para efeito de licitação, a apuração das duas ilegalidades pode ser realizada pela via administrativa.

O art. 15 dispõe sobre a possibilidade de as empresas se organizarem em consórcio, para participar de licitação e contratação, se o consórcio for vencedor, observadas as seguintes condições: a) provar a constituição do consórcio, por meio de documento público ou privado, subscrito pelos consorciados; b) com relação aos consórcios de empresas instituídos para concorrer em licitação e firmar contrato para a execução do objeto, se forem vencedores, um dos itens indispensáveis é a indicação da empresa líder do consórcio, que será responsável pela execução do contrato e também para representar o consórcio perante a Administração Pública contratante; c) para o efeito de habilitação técnica, é permitida a soma das condições técnicas de todas as empresas consorciadas. Também é permitida a soma dos valores financeiros e econômicos de todas consociadas, para o efeito da habilitação técnica; d) empresa integrante do consórcio está impedida de participar da mesma licitação por meio de outro consórcio ou individualmente; e) as empesas consorciadas são responsáveis solidariamente, na fase de licitação e na execução do contrato.

De acordo com o art. 15, §§1º e 2º, nos casos de consórcios, o edital deve estabelecer acréscimo de 10% (dez por cento) até 30% (trinta por cento) a mais do valor estabelecido para as empresas individualmente, como condição para habilitação econômico-financeira. Esse valor não se aplica aos consórcios instituídos por microempresas e pequenas empresas definidas na lei de regência.

De acordo com o art. 16, cooperativa de profissionais pode participar de licitação desde que a sua constituição e funcionamento tenham observado o disposto em leis pertinentes, principalmente as seguintes leis: nº 5.764, de 16.12.1971; nº 12.690, de 19.7.2012 e a Lei Complementar nº 130, de 17.4.2009; e apresente demonstrativo de atuação em regime cooperado, com repartição de despesas e receitas com os cooperados. Pelo fato de tratar-se de cooperativa de profissionais, todos na respectiva área de formação devem ter capacidade para executar o objeto do contrato.

O processo de licitação, sabidamente, compõe-se de diversas fases. O art. 17 arrola as seguintes fases: preparatória; de divulgação do edital; de apresentação de propostas e lances, quando couber, por exemplo, leilão; de julgamento; de habilitação; recursal, e de homologação. Essas fases serão examinadas no tópico 17.

17 Critério de julgamento da concorrência

O Decreto-Lei nº 2.300/1986 previa três tipos de licitação. A Lei nº 8.666/93, no art. 45, §1º, acrescentou mais uma às três anteriores. Dessa forma, atualmente temos os seguintes tipos de licitação: a de menor preço; a de melhor técnica ou conteúdo artístico; a de técnica e preço; a de maior retorno econômico; e a de maior desconto (Lei nº 14.133/2021, §6º, XXXVIII), lance ou oferta, nos casos de alienações de bens ou concessão de direito real de uso. Este último tipo foi introduzido no sistema pela Lei nº 8.883/1994.

O critério menor preço é a regra. Os outros são exceções. Assim, para as compras em geral, o critério é o do menor preço. Nesse caso, será vencedor o licitante que, atendendo às condições e especificações previstas no edital, apresentar proposta de menor preço.

18 Contratação direta

A regra, como visto, é da licitação, pois por meio dela é que se pode dar a todos interessados a oportunidade que a lei lhes confere.

Apesar de ser essa a regra, há situações em que o procedimento licitatório pode ser dispensado ou inexigido. As hipóteses verificam-se nos casos em que a competição é impossível ou inconveniente, em virtude da situação fática.

A Lei nº 14.133/2021 estabelece casos de dispensa (art. 74) e de inexigibilidade de licitação (art. 75). A contratação decorrente da inexigibilidade e da dispensa é chamada pelo Estatuto novo e pela doutrina de "contratação direta".

Antes do exame de cada artigo, calha, à guisa de alerta, a lição de Adilson de Abreu Dallari, do teor seguinte:

> É um princípio fundamental de hermenêutica que as exceções devem ser tratadas de maneira restrita. Quando houver alguma dúvida quanto à exigibilidade ou dispensa de licitação, é preciso não esquecer que a regra geral é a exigibilidade, e que a exceção é a dispensa. A

legislação vigente cuida, em artigos separados, da dispensa e da inexigibilidade. Os casos de inexigibilidade são aqueles onde, logicamente, não existe possibilidade de licitação, uma circunstância relevante autoriza uma discriminação. É preciso, porém, deixar uma coisa bastante clara: não é dado ao legislador, arbitrariamente, criar hipótese de dispensa de licitação, porque a licitação é uma exigência constitucional.[19]

A advertência final do autor é no sentido de que ao legislador não é conferido o poder de, arbitrariamente, criar hipótese de dispensa ou de inexigibilidade de licitação. Isto porque a Constituição determina que em situações excepcionais deve-se dispensar a licitação.

Ora, se ao legislador, que tem o poder de criar o direito, falece competência para criar, aleatoriamente, situações de dispensa e inexigibilidade de licitação, muito menos o poderá fazer o administrador, jungido que está aos princípios da legalidade, da moralidade, da igualdade, da indisponibilidade, da publicidade, da impessoalidade, além de outros.

O princípio da igualdade ou isonomia, garantido na Constituição, visa dar a todos interessados a oportunidade de concorrer em oferta pública do objeto que a Administração pretende contratar; ao mesmo tempo permite à Administração proceder à melhor escolha entre maior número de ofertas. É a lei da oferta e da procura que estabelece que, quanto maior for a oferta, menor será o preço unitário.

De Lúcia Valle Figueiredo extrai-se a seguinte citação: "Só se justifica a licitação se houver possibilidade de confronte quer de pessoas, quer de objetos. Se essa existir, a licitação impõe-se. Entretanto, se não existir, carece de qualquer fundamento a utilização do procedimento licitatório".[20]

Na prática, nem sempre é possível saber, previamente, se não existem concorrentes – pessoas ou objeto. Na dúvida, o procedimento licitatório é a solução recomendável. Ante a incerteza, é prudente licitar nos casos em que se poderia dispensar ou inexigir, e é imprudente dispensar ou inexigir nos casos em que a licitação é obrigatória. Na primeira hipótese, em princípio, não haverá consequências danosas para a Administração nem disciplinar para os agentes envolvidos. Na segunda, entretanto, contratação direta, caso a respectiva contratação tenha inobservado dispositivos legais, por dolo, fraude ou erro grosseiro, o contratado e o agente público responsável pela contratação responderão pelo dano causado ao erário, sem prejuízo de outras sanções cabíveis (art. 73 do Estatuto).

18.1 Dispensa de licitação

A Lei nº 14.133/2021, art. 75, arrola as hipóteses de dispensa de licitação que, a seguir, serão examinadas, uma a uma, de acordo com a ordem apresentada no dispositivo.

- Na contratação de obras ou serviços de engenharia, ou serviço de manutenção de veículos automotores, quando o valor for igual ou inferior a R$108.040,82 (Decreto nº 10.922, de 30.12.2021).

---

[19] DALLARI. *Aspectos jurídicos da licitação*, 3. ed.
[20] FIGUEIREDO. *Direitos dos licitantes*, 3. ed., p. 30.

Para se valer desse permissivo, é preciso não se tratar de parcelamento da mesma obra ou serviço. É necessário verificar se não se trata de obras ou serviços da mesma natureza e local, que possam ser executados conjuntamente. É, portanto, defeso o parcelamento do objeto, com a finalidade de se evitar a licitação. Além disso, é dever da autoridade verificar, em cada caso, se não se trata de objetos da mesma natureza e no mesmo local, que possam ser realizados conjuntamente. Caso contrário, a licitação impõe-se e a dispensa inviabiliza-se (art. 75, I).

- Para contratação de outros serviços e compras, quando o valor for inferior a R$54.020,41 (Decreto nº 10.922, de 30.12.2021). Nesse caso, é necessário observar as mesmas condições e requisitos previstos no item anterior (art. 75, II).
- Para contratação que mantenha todas as condições definidas em edital de licitação realizada há menos de 1 (um) ano, à qual não compareceram licitantes ou mesmo que tenham comparecido licitantes, mas as suas propostas foram consideradas inválidas ou os preços cotados foram superiores aos praticados no mercado ou incompatíveis com os fixados no edital (art. 75, III, alíneas "a" e "b").
- Para contratação que tenha por objeto: aquisição de produtos para pesquisa e desenvolvimento, limitado em R$324.122,46 (Decreto nº 10.922, de 30.12.2021), nos casos de obra e serviço de engenharia (art. 75, IV, alínea "c").
- Nos casos de "transferência de tecnologia ou licenciamento de direito de uso ou de exploração de criação protegida, nas contratações realizadas por instituição científica, tecnológica de informação (ICT) pública ou por agência de fomento, desde que demonstrada vantagem para a Administração" (art. 75, IV, alínea "d").
- Nos casos de compra de bens ou contratação de alta complexidade tecnológica, a dispensa é prevista no Estatuto, desde que sejam produzidos ou prestados no Brasil (art. 75, IV, "f", do Estatuto).
- É hipótese também de dispensa os casos de guerra, estado de defesa, estado de sítio ou grave perturbação da ordem.

Essa regra é de pouca ou nenhuma aplicação, vez que vivemos num país pacífico e ordeiro. Entretanto, é conveniente a existência da regra, pois, apesar da característica ordeira do nosso povo, certos fatos podem se caracterizar como perturbação da ordem. Cita-se, como exemplo, a situação de intranquilidade provocada pelos traficantes na cidade do Rio de Janeiro. Caso o Governo Federal venha a intervir no Estado, com a finalidade de combater o narcotráfico, declarando estado de emergência ou estado de defesa ou estado de sítio, poderá configurar a hipótese de aplicação da norma do inciso (art. 75, VII).

- Emergência e calamidade pública.

Os casos de emergência e calamidade pública podem justificar a dispensa de licitação desde que caracterizem urgência de atendimento, com vista a evitar prejuízo ou comprometimento da segurança das pessoas, obras, serviços, equipamentos e outros bens, públicos ou privados.

Essa permissividade excepcional é possível apenas para a contratação dos bens indispensáveis ao socorro das vítimas decorrentes da situação emergencial ou calamitosa. É de se observar, ainda, que a condição estabelecida na lei de que as obras ou serviços que possam ser construídos "no prazo máximo de 1 (um) ano, contado da data da ocorrência da emergência ou da calamidade. Respectivos contratos e a recontratação de empresas já contratadas com base no disposto neste inciso". É expressamente proibida a prorrogação dos respectivos contratos e recontratação de empresas antes contratadas para prestação de serviços e realização de obras de emergência ou de calamidade, aqui examinados (art. 75, VIII).

Ressalte-se que situação de calamidade não pode ser declarada arbitrariamente. Os fatos que, em regra, levam ao reconhecimento dessa situação extraordinária são os da natureza, os chamados casos fortuitos, ou epidemias.

De acordo com a legislação vigente, somente os chefes dos poderes Executivos, das três esferas da Administração Pública, têm competência para declarar o estado de calamidade pública, em cada caso, e no âmbito e limites das respectivas competências. A calamidade não é, pois, criação do homem. Este apenas a declara, quando for autoridade competente.

O mesmo alerta se deve fazer em relação à urgência. Esta surge em decorrência de fatos do homem ou da natureza, imprevisíveis. Dito de outro modo, a urgência não pode ser criada, não decorre do mal ou deficiente planejamento do agente público. Exemplo: admita-se que o Ministério da Educação distribua, no início do ano letivo, cadernos e livros aos alunos carentes, matriculados na rede pública de ensino do ensino infantil, fundamental e médio. Sabe-se que o ano letivo se inicia, normalmente, no primeiro dia útil do mês de fevereiro. Ora, se em meados do mês de janeiro alegar-se urgência para adquirir os referidos objetos sem licitação, por não haver mais prazo suficiente para comprá-los por meio do procedimento licitatório próprio, essa alegação será improcedente. Nesse caso, a emergência ou urgência não se configura. Configura-se, sim, mal planejamento do órgão de compras ou financeiro. Em hipóteses semelhantes a essa, a licitação não pode ser dispensada, sob pena de o agente que dispensar incorrer em ilícitos administrativos e penais.

- Quando a União tiver de intervir no domínio econômico com propósito de regular preço ou normalizar fornecimento.

Essa hipótese aplica-se apenas à União. Posto ser dela a competência para intervir no domínio econômico com a finalidade de estabelecer estoques reguladores, visando evitar desabastecimento ou preços excessivos. Essa medida verifica-se principalmente quando o produtor ou o comerciante, ou ambos, provocam, deliberadamente, o desequilíbrio do abastecimento, seja mantendo a mercadoria estocada, seja vendendo-a por preço manifestamente alto em relação ao normalmente praticado no mercado.

É a importância e a nobreza da intervenção do governo que, nesse caso, justifica a dispensa da licitação (art. 75, X).

- O Estatuto prevê dispensa de licitação para formalizar contrato de programa com ente da Federação ou com entidade da sua Administração Pública indireta

que presta serviço público por meio de consórcio ou convênio de cooperação (art. 75, XI).
- Este item é tão importante que deve ser reproduzido na íntegra para melhor compreensão do seu conteúdo. É o seguinte:

> Para a aquisição, por pessoas jurídicas de direito público interno, de bens produzidos ou serviços prestados por órgão ou entidade que integra a Administração Pública e que tenha sido criado para esse fim específico em data anterior à vigência desta Lei, desde que o preço contratado seja compatível com o praticado no mercado. (Art. 75, IX)

A norma, além de casuística, é de má redação. Esta não precisava preceituar que a dispensa será permitida quando o contratante ou adquirente for pessoa jurídica de direito público interno. A lei regula exatamente as compras e as contratações por essas pessoas jurídicas. As demais pessoas, as públicas de direito privado, empresas públicas e sociedades de economia mista não são regidas pelo Estatuto em exame.

As pessoas jurídicas públicas de direito privado, as sociedades de economia mista e as empresas públicas, como se vê da norma, não foram alcançadas pelo preceito legal. Tais empresas não podem contratar, por exemplo, com a empresa federal ou estadual de processamento de dados, com dispensa de licitação.

Entendemos que nem todas as entidades consideradas estatais podem fornecer ao Estado sem participar de licitação. Devem-se entender como destinatárias da norma reguladora da dispensabilidade as entidades estatais prestadoras de serviços públicos ou serviços de interesse público. As outras, aquelas que atuam no campo econômico, terão de se submeter ao certame licitatório, se tiverem interesse de contratar com entidade de direito público interno.

- Quando a publicidade da licitação puder comprometer a segurança nacional, permite-se a contratação direta, nos casos estabelecidos pelo Ministro da Defesa, mediante demanda das Forças Armadas ou dos demais ministérios (art. 75, inc. VI).
- A lei autoriza a dispensa de licitação para a compra temporária de hortifrutigranjeiros, pães e outros gêneros perecíveis.

A compra pode ser feita diretamente no mercado ao preço praticado no dia da aquisição.

A compra sem o procedimento licitatório é temporária, pois se limita ao tempo necessário à realização de licitação para o fornecimento da mesma mercadoria, mediante contrato, por prazo determinado.

Enquanto o processo de licitação estiver em andamento, ainda que demore em razão de recursos administrativos e judiciais ou repetição do procedimento, a compra pode ser feita diretamente, nos termos desse item. O contrato temporário poderá ser prorrogado até a conclusão da licitação, quando o prazo para a sua realização for maior do que o estimado. Para isso é indispensável prévia justificativa (art. 75, IV, alínea "e").

- A regra desse item é a dispensa para contratar diretamente com instituições brasileiras que têm por objeto, nos termos do respectivo regimento ou estatuto, atuação no campo da pesquisa, do ensino, do desenvolvimento institucional ou da recuperação social do preso. Além disso, é indispensável a verificação de duas outras condições: ser a entidade reconhecidamente de reputação ético-profissional e não ter fins lucrativos.

Essas entidades podem ser públicas ou privadas. Servem de exemplo a Fundação de Amparo à Pesquisa de Minas Gerais (Fapemig), Fundação Ezequiel Dias (Funed), Fundação para o Desenvolvimento e a Pesquisa (Fundep), Fundação Hilton Rocha, Fundação Ayrton Senna, entre outras (art. 75, XV)

- As pessoas jurídicas de direito público podem ser dispensadas de licitação, para aquisição de insumos estratégicos para a saúde, produzidos por fundação que tenha por finalidade, prevista no respectivo estatuto ou regimento, apoiar órgão da Administração Pública direta, suas autarquias e fundações em projeto de ensino, pesquisa e extensão, desenvolvimento institucional, científico e tecnológico e de estímulo à inovação ou em parcerias que envolvam transferências de tecnologia de produtos estratégicos para o SUS, em conformidade com o disposto no inc. XII do *caput* do art. 75 sob exame, criada antes de o novo Estatuto entrar em vigor e que o preço seja compatível com o praticado no mercado (art. 75, XVI).
- O Brasil mantém acordos internacionais, aprovados pelo Congresso Nacional, sobre comércio de interesse do país, com vista a intercâmbio recíproco ou a transferência de tecnologia, além de outros benefícios.

Nesses casos, a lei prevê a possibilidade da dispensa de licitação para contratação de bens e serviços, desde que as condições oferecidas sejam manifestamente vantajosas para a Administração.

Havendo dúvida quanto às vantagens, deve-se recorrer à licitação. A dispensa deve prevalecer só mesmo nos casos em que, inequivocamente, esteja patente a vantagem para a Administração Pública. Essa vantagem pode ser econômica ou social (art. 75, IV, alínea "b").

- Para a aquisição ou restauração de obras de arte e objeto histórico, de autenticidade comprovada, é permitida a dispensa de licitação, desde que inerente às finalidades do órgão ou com elas compatível (art. 75, IV, alínea "k"). A norma se justifica tendo-se em vista que, tratando-se de obras contendo manifestação cultural de interesse coletivo, a licitação para a sua compra, conservação ou restauração pode inviabilizar-se em virtude, principalmente, da peculiaridade do objeto. Daí a faculdade da dispensa.
- Para contratar serviços especializados ou aquisição ou locação de equipamentos para rastreamento e obtenção de provas, como "captação ambiental de sinais eletromagnéticos, ópticos ou acústicos e intercepção de comunicações telefônicas e telegráficas, nos termos da legislação específica", conforme dispõe o art. 3º, II e V, da Lei nº 12.850, de 2.8.2013 (art. 75, IV, alínea "l").

- É facultada a dispensa de licitação para aquisição de medicamentos destinados exclusivamente a pessoas acometidas de doenças raras definidas pelo Ministério da Saúde (art. 75, IV, alínea "m").
- Para contratação nas situações previstas nos arts. 3º, 3º-A, 4º, 5º e 20 da Lei nº 10.973, de 2.12.2004, a licitação é dispensável quando observados os princípios gerais de contratação constantes da citada lei (art. 75, V).
- Para aquisição de peças para equipamento nacional ou importado, no período de garantia técnica, a licitação é dispensável. Caso em que se poderá comprar do fornecedor originário, quando essa exclusividade for indispensável à manutenção da garantia.

Normalmente, a exclusividade é necessária nestes casos. Os fabricantes, em regra, não sustentam a garantia se forem introduzidas, no equipamento, peças que não sejam genuínas. Por essa razão, é conveniente, durante o prazo da garantia, usar somente peças fornecidas pelo fabricante ou empresa por ele credenciada (art. 75, IV, alínea "a").

- Na área militar, a dispensa é prevista nos casos de compra de material de uso das Forças Armadas, quando necessário à padronização exigida pela estrutura logística naval, terrestre e aérea, excluídos os de uso pessoal e administrativo. É necessário, para a caracterização dessa hipótese, parecer emitido por comissão instituída por decreto e autorizado pelo comandante da força militar (art. 75, IV, alínea "g").
- E, ainda, "bens e serviços para atendimento dos contingentes militares das forças singulares brasileiras empregadas em operações de paz no exterior, hipótese em que a contratação deverá ser justificada quanto ao preço e à escolho do fornecedor ou executante e ratificada pelo comandante da força militar" (art. 75, IV, alínea "h").
- Por último, na área militar, a licitação pode ser dispensada para "abastecimento ou suprimento de efetivos militares em estada eventual de curta duração em portos, aeroportos e localidades diferentes de suas sedes, por motivo de movimentação operacional ou de adestramento" (art. 75, IV, alínea "i").
- As associações ou cooperativas formadas exclusivamente por pessoas físicas de baixa renda reconhecidas pelo Poder Público como sendo catadores de materiais recicláveis e que usam equipamentos compatíveis com as normas técnicas, ambientais e de saúde pública, podem ser contratadas com dispensadas de licitação, para realizar coleta, processamento e comercialização de resíduos sólidos urbanos recicláveis ou reutilizáveis de sistema de coleta seletiva de lixo. Essa possibilidade de dispensa visa incentivar e apoiar os catadores invisíveis pela sociedade. A possibilidade de as associações ou cooperativas formadas por esse segmento social serem contratadas pela Administração Pública é uma forma de elevar autoestima e elevar a dignidade dos associados ou cooperados (art. 75, IV, alínea "j").
- Depois da edição da Constituição Federal de 1988, sobretudo, vem aumentando a preocupação com os portadores de deficiência física. Entre as formas de

colaborar com a categoria, nessa missão nobre de valorização das pessoas deficientes, a lei prevê hipótese de contratação direta com associações da categoria.

Para que a dispensa se verifique nesse caso, é necessário que se observem os seguintes requisitos: ser a associação de portadores de deficiência; não ter fins lucrativos; gozar de comprovada idoneidade e o preço a ser contratado estar compatível com o praticado no mercado e o objeto do contrato ser executado por pessoas com deficiência (art. 75, XIV).

Para a constatação ou verificação do preço de mercado, deve-se, previamente, realizar pesquisa por telefone, ou por meios eletrônicos, ou, ainda, pessoalmente nos estabelecimentos. Com esse procedimento, deve-se apurar o preço resultante de média aritmética. O preço encontrado deve ser referência para a contratação com a associação, em cumprimento à faculdade ínsita no dispositivo em foco.

- Para a contratação pelas empresas públicas e sociedades de economia mista e suas subsidiárias – A lei permite que as empresas públicas e as sociedades de economia mista dispensem licitação para contratar com as respectivas subsidiárias ou controladas, nos casos de aquisição e alienação de bens, prestação ou obtenção de serviços, normalmente prestados por essas empresas. Além das regras próprias da dispensa, é necessário verificar se os preços do objeto pretendido estão compatíveis com o praticado no mercado.
- Para a contratação direta com as organizações sociais – As organizações sociais, que serão examinadas no Capítulo 9, podem ser contratadas sem licitação pelas entidades públicas responsáveis pela sua qualificação. Desse modo, a União, por exemplo, tem a faculdade de dispensar a licitação para contratar com as organizações sociais por ela qualificadas, desde que o objeto a ser contratado seja atividade prevista no contrato de gestão.
- Com a edição da Lei nº 10.973/2004, a licitação passou a ser dispensável nos casos de contratação efetivada por instituição científica e tecnológica – ICT ou ainda por agência de fomento com a finalidade de transferência de tecnologia ou de licenciamento de direito de uso ou de exploração de criação protegida.
- Nas hipóteses de celebração de contrato de programa com ente da Federação ou com entidades da respectiva Administração indireta, para a prestação de serviços públicos de forma associada, de conformidade com a autorização prevista no contrato de consócio público ou em convênio de colaboração. Hipótese de dispensa incluída pela Lei nº 11.107/2005.
- "Na contratação em que houver transferência de tecnologia de produtos estratégicos para o Sistema Único de Saúde – SUS, inclusive por ocasião da aquisição destes produtos durante as etapas de absorção tecnológica, e em valores compatíveis com aqueles definidos no instrumento firmado para a transferência de tecnologia" (art. 75, XII).
- O Estatuto novo prevê a hipótese de contratação de profissionais para compor comissão de avaliação de critérios de técnica, nos casos de profissional técnico de notória especialização (art. 75, XIII).

18.2 Inexigibilidade de licitação

Existem casos que não são de licitação nem de dispensa, mas de inexigibilidade, por impossibilidade de competitividade.

As hipóteses de inexigibilidade estão previstas no art. 74, *caput*, incs. I a V do Estatuto das Licitações e Contratações, Lei nº 14.133/2021. Os casos de inexigibilidade de licitação exemplificados estão contidos no art. 74 do novo Estatuto. No caso da dispensabilidade, a lei foi exaustiva. As hipóteses contêm-se em *numerus clausus*, nos termos do art. 75, que será considerado em seguida à conclusão deste tópico. Fora das hipóteses no aludido artigo, não é possível cogitar de dispensa de licitação. Na inexigibilidade, ao contrário, o art. 75 estabelece: "É inexigível a licitação quando inviável a competição, em especial nos casos de: [...]".

O artigo arrolou como especial as hipóteses constantes de cinco incisos, sendo que o inc. III compõe-se das alíneas "a" a "g". Carlos Pinto Coelho Motta, no início da vigência da Lei nº 8.666/1993, escreveu: "a expressão *em especial*, no final do *caput* do artigo em exame, conduz ao entendimento de que as três hipóteses contidas no mesmo artigo são exemplificativas".[21] Com esse entendimento, que também é o nosso, poderão, na prática, ocorrer outros casos de inexigibilidade além dos três enumerados pela lei.

A diferença fundamental entre a dispensabilidade estudada no item anterior e a inexigibilidade, agora sob o foco do exame é: no primeiro caso, a licitação pode ser dispensada ou não, cabendo à Administração, nos limites da lei, fazer a escolha mais adequada e mais vantajosa para a Administração. Na inexigibilidade, ao reverso, não comporta escolha, pois a competitividade é impossível.

Lúcia Valle Figueiredo, sobre o assunto, na mesma época, opinou:

> Quando há possibilidade de dispensa, em princípio, a licitação é exigível, todavia, as peculiaridades da situação fazem com que a Administração possa contratar diretamente. Na inexigibilidade, afasta-se o dever de licitar, pela impossibilidade fática, lógica ou jurídica do confronto licitatório.[22]

Eis as hipóteses de inexigibilidade arroladas pela lei nova: aquisição de materiais, equipamentos ou gêneros ou contratação de serviços que só possam ser fornecidos por produtor, empresa ou representante exclusivo (art. 74, I).

A norma estabelece que, quando o objeto a ser contratado só puder ser fornecido por produtor, fabricante ou fornecedor exclusivo, a licitação será inexigível. A prova da exclusividade ver-se-á, nos termos da lei, mediante atestado expedido pelo órgão de registro do comércio da localidade onde seria realizada a licitação, ou de onde for executada a obra ou serviço. A comprovação se faz também, de acordo com a mesma regra, por atestado fornecido por sindicato, federação ou confederação patronal ou, ainda, por entidades equivalentes.

O dispositivo legal veda a possibilidade de se escolher marca.

---

[21] MOTTA. *Op. cit.*, p. 133.
[22] *Apud* MOTTA. *Op. cit.*, p. 133.

- Para a contratação de profissional do setor artístico. O profissional pode ser contratado diretamente ou por meio de empresário exclusivo. Para que essa contratação possa efetivar-se, é necessário que o artista seja consagrado pela crítica especializada ou pela opinião pública. Com base nessa regra, um cantor, por exemplo, residente em uma cidade do interior, reconhecido pela opinião pública local, pode ser contratado diretamente, mesmo não sendo consagrado pela crítica especializada (art. 74, II).
- Inc. III – para "contratação dos seguintes serviços técnicos especializados de natureza predominantemente intelectual com profissionais ou empresa de notória especialização". Os serviços de publicidade e divulgação não podem ser contratados por meio do processo de inexigibilidade. A contratação nesses casos foi excluída expressamente.

Os serviços constantes do rol do inc. III são: (i) "contratação de estudos técnicos, planejamentos, projetos básicos ou projetos executivos". Existem diversos profissionais e empresas que prestam os serviços aqui referidos, mas dada a singularidade e especificidade deles, a escolha por meio de licitação, nesses casos, não é, em princípio, viável. Daí a inteligência da lei de permitir à Administração Pública, por meio de seu agente competente, operar a escolha (art. 74, III, alínea "a"); (ii) "pareceres, perícias e avaliações em geral" (art. 74, III, alínea "b"); (iii) "assessorias ou consultorias técnicas e auditorias financeiras ou tributárias" (art. 74, III, alínea "c"); (iv) "fiscalização, supervisão ou gerenciamento de obras ou serviços" (art. 74, III, alínea "d"); (v) "patrocínio ou defesa de causas jurídicas ou administrativas" (art. 74, III, alínea "e"); (vi) "treinamento e aperfeiçoamento de pessoal" (art. 74, III, alínea "f"); (vii) "restauração de obras de arte e de bens de valor histórico" (art. 74, III, alínea "g"); (viii) "controles de qualidade e tecnológico, teste de ensaio de campo e laboratoriais, instrumentação e monitoramento de parâmetros específicos de obras e do meio ambiente e demais serviços de engenharia", nas regras e condições previstas no inc. III do artigo em comento, alínea "h".

O inc. IV do mesmo artigo prevê a possibilidade de declaração de inexigibilidade por meio de credenciamento; e o inc. V dispõe sobre a possibilidade de se declarar inexigibilidade para locação ou aquisição de imóvel necessário à Administração Pública, desde que o imóvel tenha instalações adequadas para o funcionamento da repartição e que esteja situado em ponto estratégico.

A aquisição e locação de imóvel, pela Administração Pública, estão previstas no art. 24, inc. X, da Lei nº 8.666/1993, nesse caso, além do disposto, no inc. V do novo Estatuto condiciona a observância de preço compatível com os praticados no mercado. Essa orientação deve ser observada pelo agente competente para declarar a inexigibilidade, com a finalidade de locar ou adquirir imóvel para uso da Administração Pública, a despeito do silêncio do novo Estatuto.

No caso de parecer jurídico, ou patrocínio de causas jurídicas ou administrativas, não basta o profissional ser formado em Direito. A colação de grau e a inscrição na Ordem dos Advogados são condições elementares para o exercício da profissão. Já a notoriedade caracteriza-se pela qualidade especial do profissional em relação à sua atividade, que o distingue do apenas formado, profissional.

Dessa forma, se a Administração quer contratar um advogado, por exemplo, o procedimento inarredável é o concurso, nos termos da lei estatutária dos servidores públicos. Já, se a Administração necessita contratar um profissional do Direito, com reconhecida especialização em licitação, por exemplo, para emitir parecer em caso concreto nessa mesma área, a inexigibilidade é cabível. Ressalte-se que a comprovação é indispensável para a legitimação da contratação direta.

José Cretella Júnior, comentando o art. 126, §2º, "d", do Decreto-Lei nº 200/1967, escreveu:

> Notoriedade não se confunde com habilitação profissional. Esta é a autorização legal obtida por pessoas físicas ou jurídicas para exercício profissional; aquela é o reconhecimento público e generalizado da alta capacidade técnica no desempenho da profissão e, em particular, da especialidade. Toda profissão dispõe de habilitação para o desempenho da atividade, mas nem todos têm notoriedade na profissão. Somente para os de notória especialização é que a lei dispensa a licitação, admitindo a escolha e a contratação direta de seus serviços.[23]

Celso Antônio Bandeira de Mello sustenta:

> Um serviço deve ser havido como singular quando nele tem de interferir, como requisito de satisfatório atendimento da necessidade administrativa, um componente criativo de seu autor, envolvendo o estilo, o traço, a engenhosidade, a especial habilidade, a contribuição intelectual, artística ou experiência de quem o executa.[24]

Carlos Pinto Coelho Motta, na mesma linha, salienta que são fatores distintivos a capacidade e a singularidade dos serviços prestados.[25]

Marçal Justen Filho opina:

> A primeira exigência, então, é o profissional a ser contratado apresentar objetivamente as condições de atender as necessidades da administração. Tratando-se de serviços técnico-científicos especificados, o exercício dos serviços pressupõe, de ordinário, certos requisitos formais. Assim, a conclusão de cursos, a participação em certos organismos voltados à atividade especializada, o desenvolvimento de serviços semelhantes em outras oportunidades, a autoria de obras literárias (técnico-científicas se for o caso), o exercício do magistério superior, a premiação por serviços similares, a existência de aparelhamento específico, a organização de equipe técnica, etc.[26]

Em virtude das dificuldades que se enfrentavam na avaliação, com vista a saber tratar-se de notoriedade, o legislador estabeleceu critérios objetivos para facilitar o julgamento. Assim é que se inseriu, no art. 25 da Lei nº 8.666/1993, o §1º, estabelecendo que, para o reconhecimento ou constatação da notoriedade do profissional ou da empresa, deve-se verificar o seu desempenho anterior, levando-se em consideração estudos, experiências, publicações, organização, aparelhamento, equipe técnica ou outros requisitos

---

[23] CRETELLA JÚNIOR. *Das licitações públicas*, p. 194.
[24] BANDEIRA DE MELLO. *BLC*, v. 9, p. 419.
[25] MOTTA. *Op. cit.*, p. 135.
[26] JUSTEN FILHO. *Comentário à Lei de Licitações e Contratos Administrativos*, 4. ed., p. 172.

relacionados com a sua atividade, que possam levar ao entendimento de que a sua condição especial é, indiscutivelmente, a mais adequada à plena realização do objeto.

Na contratação de profissional das mais variadas atividades artísticas, a licitação é inexigível, desde que o escolhido goze de consagração pela crítica especializada ou pela opinião pública. Nesse caso, a contratação se fará diretamente com o artista ou por intermédio de seu empresário. Exemplo de profissionais do mundo artístico que podem ser contratados sem licitação: Ivete Sangalo, Milton Nascimento, Fernanda Montenegro, entre outros.

18.3 Processo de contratação direta

A dispensa e a inexigibilidade de licitação sujeitam-se a procedimento e processo próprios, observadas, no que couber, as formalidades do processo de licitação.

A Lei nº 4.133/2021, art. 72, arrola os documentos necessários ao processo de contratação direta, compreendendo a inexigibilidade e a dispensa de licitação. São eles: a) documento que comprova a necessidade de compra ou contratação de serviço e, se o objeto for obra ou serviço de engenharia, será necessário "estudo técnico preliminar, análise de risco, termo de referência, projeto básico ou projeto executivo"; b) estimativa da despesa a ser realizada, na hipótese de efetivação do contrato, observado o disposto no art. 23 da mesma lei; c) parecer jurídico e, se for o caso, parecer técnico. Ambos pareceres devem demonstrar o atendimento dos requisitos indispensáveis; d) demonstração do órgão competente de que existe previsão orçamentária e, quando tratar-se de compra, a existência de recurso financeiro suficiente para suportar o custo do objeto, caso seja efetivada a contratação; e) comprovação de que a pessoa jurídica ou física a ser contratada atende às condições de habilitação e qualificação necessária; f) motivo da opção pelo fornecedor a ser contratado; g) justificativa do preço; e h) autorização da autoridade competente.

O ato da autoridade que autoriza a contratação direta ou extrato do contrato deve ser divulgado e disponibilizado ao público, em sítio eletrônico oficial. A observância obrigatória, de apresentação dos documentos citados no parágrafo anterior, evitará escolha por motivos pessoais.

O parágrafo único do art. 26 da Lei nº 8.666/93, ainda em vigor, prescreve que o processo de dispensa e de inexigibilidade de licitação será instruído com documento devidamente fundamentado, que caracterize a situação de emergência ou de calamidade pública, que justifique a dispensa; prova da razão da escolha do fornecedor ou executor da obra ou do serviço que a Administração pretende contratar; justificativa do preço; e nos casos de dispensa para aquisição de bens destinados a programas de pesquisa, financiados por entidades de pesquisa, nos termos do inc. XI do art. 24 da lei em processo de revogação.

O processo deve ser numerado de acordo com a ordem cronológica anual, do mesmo modo que se faz nos casos de licitação.

18.4 Conclusões

a) A licitação é a regra de que se vale a Administração para contratar serviços, obras e fornecimentos. Essa exigência tem por finalidade, entre outras, dar a todos os interessados a oportunidade de apresentar ofertas à Administração, em igualdade de condições, evitar-se privilégios pessoais e propiciar à Administração proceder, no maior campo possível, à escolha da proposta mais vantajosa ao interesse público.

b) A dispensa da licitação é, por conseguinte, regra de exceção, utilizável apenas nos casos previstos no art. 75 da Lei nº 14.133/2021, quando constatado que esse procedimento seja mais conveniente do que a licitação. Na dúvida, deve-se realizar o certame.

c) A inexigibilidade verifica-se, em síntese, nos casos em que a competitividade for, comprovadamente, impossível em virtude da exclusividade do fornecedor ou produtor do objeto ou da singularidade do objeto.

d) O ato de dispensa ou de reconhecimento de inexigibilidade deve observar prévio procedimento formal, contendo os motivos, o enquadramento do fato na norma jurídica, as provas dos fatos, da situação invocada e da exclusividade, quando for o caso, e, ainda, os documentos necessários à habilitação nos termos do novo Estatuto.

e) Da exigência contida no item anterior, excluem-se os casos de dispensabilidade previstos nos incs. I e II do art. 75, da Lei nº 14.133/2021. O inc. I trata de dispensa de contratação de serviços de engenharia, obras, ou de serviços de manutenção de veículos automotores, cujo valor seja inferior ou igual a R$108.040,82. Já o inc. II trata de outros serviços e compras. Nesse caso, a dispensa de licitação será possível se o custo for inferior ou igual a R$54.020,41.

f) A dispensa de licitação ou a inexigibilidade em desacordo com as regras, limites e procedimentos previstos nos arts. 74 e 75 da Lei nº 14.133/2021, sujeita o agente a sanções. O agente público responsável pela contratação responde solidariamente com o contratado, pelos danos causados ao erário, sem prejuízo de outras sanções cabíveis. A Lei nº 8.666/1993, art. 89, ainda em vigor optativamente, prevê pena de três a cinco anos de detenção, mais multa aos agentes públicos envolvidos e aos particulares que concorreram para a prática do ato e dele levaram vantagem.

19 Fases da licitação

A licitação, em qualquer de suas modalidades, compreende uma fase interna e quatro externas. A interna compõe-se de diversos procedimentos formais, e as externas são procedimentos distintos, mas se completam. Não se pode passar de uma fase para outras, com pendência. São elas apresentação das propostas e documentos; habilitação; julgamento e classificação; e homologação e adjudicação. Cada uma delas será examinada no subitem 19.6.

19.1 Fase interna, preparatória

A fase interna, *preparatória* da licitação, é fundamental no procedimento. Entretanto, nem sempre se lhe dá o destaque e a importância que merece. A inobservância ou negligência de formalidades prescritas na lei e regulamento pode conduzir ao fracasso do certame, abortando-o no curso de sua formação. A Lei nº 14.133/2021, nos arts. 18 a 27, dispõe sobre a fase preparatória, apresentando os requisitos básicos e indispensáveis ao processo de licitação.

A fase preparatória do processo licitatório é a que cuida do planejamento e deve observar: plano de contratações anual; leis orçamentárias; considerações técnicas; considerações mercadológicas; e considerações de gestão. Em síntese, os requisitos principais são: "descrição da necessidade da contratação fundamentada em estudo técnico preliminar que caracterize o interesse público"; definição do objeto necessário à Administração Pública, contendo termo de referência, anteprojeto, projeto básico ou projeto executivo, se for o caso; definição das condições de execução e pagamento do valor do objeto a ser licitado e contratado; definição da forma de garantias a serem exigidas do licitante e das condições de recebimento do objeto; informação do valor do orçamento estimado do custo do objeto contendo as composições dos preços utilizados para sua formação; elaboração do edital convocatório da licitação; elaboração de minuta de contrato, exceto nos casos em que o instrumento é desnecessário, na forma da lei; regime de fornecimento de bens, de prestação de serviços ou de execução de obras e serviços de engenharia, levando em consideração a economia de escala; modalidade de licitação a ser adotada, o critério de julgamento, o modo de disputa e a adequação e eficiência para a seleção da proposta mais vantajoso para a Administração Pública; "a motivação circunstanciada das condições do edital, tais como justificativa de exigências de qualificação técnica, mediante indicação das parcelas de maior relevância técnica ou valor significativo do objeto, e de qualificação econômico-financeira, justificativa dos critérios de pontuação e julgamento das propostas técnicas, nas licitações com julgamento por melhor técnica ou técnica e preço, e justificativa das regras pertinentes à participação de empresas em consórcio"; "a análise dos riscos que possam comprometer o sucesso da licitação e a boa execução contratual"; e "a motivação sobre o momento da divulgação do orçamento da licitação, observado o art. 24 desta Lei" (art. 18).

"Os órgãos da Administração com competências regulamentares relativas às atividades de administração de materiais, de obras e serviços e de licitações e contratos deverão: instituir instrumentos que permitam, preferencialmente, a centralização dos procedimentos de aquisição e contratação de bens e serviços"; adotar catálogo eletrônico de padronização de compras, serviços e obras. Os entes da Federação podem adotar o catálogo instituído pelo Poder Executivo Federal; adotar sistema informatizado de acompanhamento de obras; instituir, com auxílio dos órgãos de assessoramento jurídico e de controle interno, modelos de minutas de editais, de termos de referência, de contratos padronizados e de outros documentos. Também aqui, os entes da Federação podem valer-se de minutas elaboradas pelo Poder Executivo federal; "promover a adoção gradativa de tecnologias e processos integrados que permitam a criação, a utilização e a atualização de modelos digitais de obras e serviços de engenharia" (art. 19).

A Administração Pública, antes de publicar edital de licitação, deve ou poderá, em determinados casos, convocar audiência pública presencial ou a distância com antecedência mínima de 8 (oito) dias úteis, contados da data da convocação com a finalidade de discutir licitação que pretende realizar. Para isso, é necessária disponibilização prévia de informações pertinentes, inclusive de estudo técnico preliminar e elementos do edital de licitação, e com possibilidade de manifestação dos interessados. A Administração poderá, também, submeter a licitação à prévia consulta pública, mediante a disponibilização de seus elementos a todos os interessados, que poderão formular sugestões no prazo fixado (art. 21, *caput* e §1º).

> O valor previamente estimado da contratação deverá ser compatível com os valores praticados pelo mercado, considerados os preços constantes de bancos de dados públicos e as quantidades a serem contratadas, observadas a potencial economia de escala e as peculiaridades do local de execução do objeto. (Art. 23)

Quando justificado, o orçamento estimado da contratação poderá ser sigiloso, sem prejuízo da divulgação do detalhamento dos quantitativos e das demais informações necessárias para a elaboração das propostas. Na hipótese de o orçamento ser sigiloso, o será apenas para o público. Os órgãos de controle interno e externo terão pleno acesso ao orçamento estimado.

Na hipótese de licitação em que for adotado o critério de julgamento por maior desconto, o preço estimado ou o máximo aceitável constará do edital da licitação (art. 24).

"O edital deverá conter o objeto da licitação e as regras relativas à convocação, ao julgamento, à habilitação, aos recursos e às penalidades prevista na lei de licitação, à fiscalização e à gestão do contrato, à entrega do objeto e às condições de pagamento" (art. 25).

O edital, com todos os itens indispensáveis, nos termos da lei, deve ser divulgado em sítio eletrônico oficial, com os seus anexos: minuta de contrato, termos de referência, anteprojeto, projetos, entre outros, sem necessidade de registro ou de identificação para acesso (art. 25, §3º).

> Nas contratações de obras, serviços e fornecimentos de grande vulto, o edital deverá prever a obrigatoriedade de implantação de programa de integridade pelo licitante vencedor, no prazo de 6 (seis) meses, contado da celebração do contrato, conforme regulamento que disporá sobre as medidas a serem adotadas, a forma de comprovação e as penalidades pelo seu descumprimento. (Art. 25, §4º)

O edital poderá prever a obrigação do contratado de providenciar a licença ambiental e promover execução da desapropriação de imóveis e outros bens necessários à realização da obra ou serviço de engenharia, dede que a autoridade competente tenha editado o ato declaratório, para fins de desapropriação do bem.

Os licenciamentos ambientais para construção de obras e realização de serviços de engenharia, a serem licitados e contratados nos termos da nova lei, terão prioridade de tramitação nos órgãos e entidades integrantes do Sistema Nacional do Meio Ambiente (Sisnama) e deverão observar os princípios da celeridade, da cooperação, da economicidade e da eficiência (art. 25, §§5º e 6º). Essa regra é relevante para reduzir o prazo exagerado do procedimento de licenciamento, vivenciado na prática nos dias atuais.

O contrato decorrente de licitação, de dispensa de licitação ou de inexigibilidade, deve ter o seu valor atualizado de doze em doze meses, no mínimo, contados da data de sua assinatura, para a primeira atualização e, nas demais, contados da data da última atualização. O edital deve prever o índice a ser adotado para a atualização do preço, ou revisão nos casos de ocorrência de fatos imprevisíveis, que contribuírem para o desequilíbrio da equação econômica do contrato. Nesse caso, não se adotará índice oficial previsto no edital e constante do contrato, mas o valor apurado entre o pactuado e o aumento do custo da mão de obra, dos materiais e outros insumos, constantes da proposta do licitante vencedor, em virtude de fatos imprevisíveis, portanto, imprevisto. Nessa situação, não se observa o transcurso de um ano (art. 25, §7º).

Nas licitações para contratação de serviços contínuos, observado o interregno mínimo de 1 (um) ano, o critério de reajustamento será por: reajustamento em sentido estrito, quando não houver regime de dedicação exclusiva de mão de obra ou predominância de mão de obra, mediante previsão de índices específicos ou setoriais; repactuação, quando houver regime de dedicação exclusiva de mão de obra ou predominância de mão de obra, mediante demonstração analítica da variação dos custos (art. 25, 8º, I e II). A mão de obra, nas diversas espécies de serviços, é reajustada anualmente, na data base de cada categoria profissional. Para essa espécie de reajuste de salário, não há índice oficial. A majoração resulta, normalmente, de acordo firmado pelo sindicato da categoria e o sindicato do empregador. Esse é um dos motivos previstos na lei, como justificativa para revisão dos valores dos contratos de prestação de serviço, além da atualização anual.

"O edital poderá, na forma disposta em regulamento, exigir que percentual mínimo da mão de obra responsável pela execução do objeto da contratação seja constituído por: mulheres vítimas de violência doméstica; e oriundos ou egressos do sistema prisional" (art. 25, §9º).

"No processo de licitação, poderá ser estabelecida margem de preferência para: I - bens manufaturados e serviços nacionais que atendam a normas técnicas brasileiras; e II bens reciclados, recicláveis ou biodegradáveis, conforme regulamento" (art. 26, I e II, *caput*).

De acordo com o §1º, a margem de preferência prevista no *caput* na situação prevista no inc. I será definida por autoridade do Poder Executivo Federal, por meio de ato fundamentado. Na situação de que trata o inc. II, a margem de preferência poderá ser fixada em até 10% (dez por cento) sobre o preço de bens e serviços que não se enquadram nas situações previstas nos incs. I e II. A margem de preferência poderá ser estendida nos casos de bens manufaturados e serviços originários de estado-membro "do Mercado Comum do Sul (Mercosul) com o país previsto em acordo internacional aprovado pelo Congresso Nacional e ratificado pelo Presidente da República" (art. 26, §1º, I, II e III).

Tratando-se de bens manufaturados nacionais e serviços nacionais resultantes de desenvolvimento e inovação tecnológica no país, definidos por meio de regulamento do Poder Executivo federal, a margem de preferência pode ser de até 20% (vinte por cento) (art. 26, §2º).

A margem de preferência prevista no §2º não será adotada, se a quantidade de produção dos bens ou a prestação de serviços no país for menor do que a quantidade a ser adquirida ou contratada; ou aos quantitativos fixados em razão do parcelamento do objeto, quando for o caso (art. 26, §5º).

> Os editais de licitação para a contratação de bens, serviços e obras poderão, mediante prévia justificativa da autoridade competente, exigir que o contratado promova, em favor de órgão ou entidade integrante da Administração Pública ou daqueles por ela indicados a partir de processo isonômico, medidas de compensação comercial, industrial ou tecnológica ou acesso a condições vantajosas de financiamento, cumulativamente ou não, na forma estabelecida pelo Poder Executivo federal. (Art. 26, §6º)
>
> Nas contratações destinadas à implantação, à manutenção e ao aperfeiçoamento dos sistemas de tecnologia de informação e comunicação considerados estratégicos em ato do Poder Executivo federal, a licitação poderá ser restrita a bens e serviços com tecnologia desenvolvida no país produzidos de acordo com o processo produtivo básico de que trata a Lei nº 10.176, de 11 de janeiro de 2001. (Art. 26, §7º)

A cada exercício financeiro, a autoridade competente publicará, em sítio eletrônico oficial, a relação de empresas favorecidas em decorrência do disposto no art. 26 da lei em comento, com indicação do volume de recursos destinados a cada uma delas (art. 27).

Outras exigências, compatíveis com as acima referidas, foram adicionadas pela Lei Complementar nº 101/2000, nos arts. 16 e 17. Tais exigências são de observância obrigatória na fase interna da licitação, da dispensa e da inexigibilidade de licitação em conformidade com os arts. 74 e 75 da Lei nº 14.133/2021, sob pena de nulidade do certame, com apuração de responsabilidade e aplicações das respectivas sanções.

O art. 16 da LC nº 101/2000 dispõe que "A criação, expansão ou aperfeiçoamento de ação governamental que acarrete aumento da despesa será acompanhado de: I - estimativa do impacto orçamentário-financeiro no exercício em que deva entrar em vigor e nos dois exercícios subsequentes". Essa estimativa deve ser acompanhada das planilhas e metodologia de cálculo utilizadas; e "II - declaração formal da autoridade ordenadora de despesa assegurando que as despesas que se pretende realizar estão compatíveis e nos limites disponíveis do orçamento e das finanças previstos na lei orçamentária anual, no plano plurianual e na lei de diretrizes orçamentárias". Veja-se, que não basta apenas a disponibilidade orçamentária; passou, com a nova lei, a ser condição entre as outras a comprovação da existência de recursos financeiros disponíveis no exercício atual e nos dois imediatamente seguintes, na ocasião do pagamento.

Esses dois documentos: estimativa do impacto orçamentário e financeiro, e a declaração do ordenador da despesa de que a despesa que se pretende realizar harmoniza-se com as leis orçamentárias, sem prejuízo de outras despesas já planejadas, são indispensáveis nessa fase da licitação. O §4º do art. 16 em exame estatui que as exigências previstas no *caput* sejam condição prévia para a emissão de nota de empenho, para licitação de serviços, fornecimento de bens e execução de obras; e para a desapropriação de imóveis urbanos nos casos previstos no §3º do art. 182 da Constituição Federal.

Nos termos do art. 17 da LC em comento, é despesa corrente obrigatória aquela criada por lei, medida provisória ou por ato administrativo normativo que fixe para a entidade ou órgão a obrigação de executá-la durante um período nunca inferior a dois exercícios financeiros.

O ato normativo criador de despesa corrente nos termos do *caput* será obrigatoriamente instruído com a estimativa do impacto orçamentário-financeiro, de que trata o inc. I do art. 16, cogitado acima e de demonstração da origem dos recursos necessários ao seu custeio. Esta exigência não se aplica nos casos de aumento geral de remuneração de servidores públicos, nos termos do art. 37, inc. X, da Constituição e nos casos das despesas destinadas ao serviço da dívida.

O titular de poder ou de órgão está proibido de contrair, nos últimos oito meses de seu mandato ou gestão, despesa que não possa ser paga integralmente até 31 de dezembro, ou com parcelas a serem pagas no exercício seguinte sem que haja provisão em caixa para os respectivos pagamentos (art. 42, LC nº 101/2000).

Para o pagamento de despesa corrente, não se pode lançar mão de receita de capital proveniente de alienação de bens e direitos integrantes do patrimônio público, salvo para pagamento de previdência social geral e dos servidores públicos, se destinada a esse fim, por lei específica (art. 44, LC nº 101/2000).

A passagem da fase interna para a externa faz-se por meio do instrumento convocatório: edital. Concluída a fase interna com o ato da autoridade competente autorizando a aquisição ou a contratação da obra ou do serviço, a primeira providência a ser tomada é a elaboração do edital ou do convite, dependendo do caso. O edital é meio adotado nas licitações das modalidades pregão, concorrência, concurso, leilão e diálogo competitivo (Lei nº 14.133/2021, art. 28).

A fase externa da licitação tem início com a divulgação do instrumento convocatório. É ele, como se verá adiante, o meio pelo qual a sociedade, em geral, e os fornecedores interessados, em particular, tomam conhecimento da pretensão da Administração Pública de contratar o objeto nele referido.

19.2 Edital e sua divulgação

O edital, como visto, é o regulamento de determinada licitação. Nele a Administração estabelece as condições a serem observadas pelos licitantes e por ela própria, conforme exposto no item 19.1. As condições constantes do edital são de observância obrigatória pela Administração promotora da licitação e pelos participantes interessados em fornecer o objeto da licitação, nos termos do art. 3º da Lei nº 8.666/1993: princípio da "vinculação ao instrumento convocatório". Por isso se diz que o edital é a lei da licitação, e como tal deve ser obrigatoriamente observado pelos envolvidos. Nada pode ser exigido do fornecedor ou da Administração além do que estiver consignado no edital. O princípio da vinculação ao instrumento convocatório não consta do atual Estatuto. Entretanto, a doutrina deve continuar sustentando a necessidade da vinculação ao edital, considerando o zelo e o cuidado que devem ter os responsáveis pela elaboração do edital. O seu defeito prejudicará irremediavelmente todo o procedimento licitatório, podendo até inviabilizá-lo.

O edital, como regra jurídica, tem estrutura semelhante à da lei, dividido em três partes: preâmbulo, corpo ou conteúdo e fecho.

19.2.1 Preâmbulo

O preâmbulo do edital, nos termos do *caput* do art. 40 da Lei nº 8.666/93, constitui-se de uma síntese do instrumento. Por meio dele, qualquer interessado terá as informações gerais sobre a licitação por ele divulgada. São sete as informações que obrigatoriamente terão de constar nesta parte do edital. A omissão de uma delas vicia o instrumento. São as seguintes:

a) o número de ordem em série anual. Consiste na numeração do edital segundo a ordem de elaboração dos editais, durante o ano que a que corresponde o exercício financeiro. Assim, o primeiro edital elaborado em janeiro terá o primeiro número da série anual e, normalmente, em dezembro, terá o último número, que corresponde ao número de editais expedidos pela Administração no exercício. Exemplo: Edital nº 1/2022; Edital nº 84/2022, se ao final do ano a Administração completar 84 editais publicados, por exemplo.

b) o nome da repartição interessada e de seu setor. Deve-se registrar o nome da entidade ou do órgão público que está promovendo a licitação. Exemplos: prefeitura municipal, autarquia, ministério e secretaria de estado ou departamento dessas entidades e órgãos, quando for o caso;

c) a modalidade da licitação. Deve ser registrada a modalidade da licitação que se está promovendo concorrência, pregão ou leilão, por exemplo;

d) o regime de execução. No caso de obra ou serviço de engenharia, consignar que o objeto será contratado por empreitada global ou por preço unitário ou por empreitada integral. No caso de compra, que a entrega será única ou parcelada;

e) o tipo da licitação. É preciso consignar o critério de julgamento;

f) a menção da lei ou leis que regerão a licitação. A lei básica é a nº 14.133/2021, por tratar-se de lei nacional sobre licitações e contratos. Ela então terá de constar no preâmbulo de todas as licitações. Além dela, a estadual ou municipal, conforme a esfera administrativa em que se situa a promotora da licitação. Tratando-se de equipamentos, serviços e programas de informática, terá de mencionar a Lei nº 8.248/91. Se o objeto for concessão, terá de constar o número da Lei nº 8.987, de 13.2.1995;

g) por último, o preâmbulo deve consignar o local, a data, o dia e a hora em que as propostas e documentos serão recebidos, e também o local, a data, o dia e a hora previstos para início da abertura dos envelopes. No caso de recebimento, deve-se consignar que os envelopes serão recebidos até as tantas horas do dia tal. Para o início da abertura, deve-se, para evitar tumulto, marcar-se para o dia seguinte ao último do recebimento, se não existir motivo que recomende o início da abertura no mesmo dia.

A Lei nº 14.133/3031 é silente quanto ao preâmbulo do edital. O uso dele é importante, pois compatibiliza-se com os princípios da isonomia e da transparência, e não contraria o novo Estatuto.

19.2.2 Conteúdo

O art. 40 da Lei nº 8.666/1993, contando os meses para a sua retirada definitiva do ordenamento jurídico pátrio, elenca as cláusulas ou requisitos mínimos que devem constar do corpo do edital, começando pelo objeto. No tópico 19.1 examinamos o art. 25 da Lei nº 14.133/2021, o que deve constar, obrigatoriamente, do edital. Entretanto, vamos manter o disposto na lei velha. A maioria dos seus itens ou conteúdos está contemplada na lei nova (art. 25), que inovou e ampliou em muitos pontos, mas, foi silente em pequenos detalhes importantes, constantes da lei antiga.

a) objeto da licitação. O objeto da licitação, qualquer que seja ele, deve ser bem descrito, de modo sucinto e claro. O texto não deve ser prolixo nem tão resumido a ponto de prejudicar o entendimento quanto ao objeto. A especificação detalhada e completa do objeto é fundamental, principalmente quando se tratar de licitação do tipo menor preço. É recomendável remeter para anexo ao edital a especificação do objeto quando este for complexo ou se compuser de muitos itens. Quanto melhores a especificação e o detalhamento do objeto, melhor será a compreensão dos fornecedores para a elaboração das propostas;

b) prazo e condições para assinatura do contrato ou a retirada dos documentos. A lei estabelece, no art. 64, que "a Administração convocará regularmente o interessado para assinar o termo de contrato, aceitar ou retirar o documento equivalente no prazo e condições estabelecidos, sob pena de decair do direito à contratação, sem prejuízo das sanções previstas no art. 81 desta Lei". É necessário então que o edital estabeleça o prazo que o licitante vencedor terá para assinar o contrato ou, quando não for o caso de ajuste, retirar o documento que o substitua. Além de fixar o prazo, terá de prever as sanções a serem impostas ao adjudicatário que se recusar a assinar o contrato ou a retirar o documento equivalente no prazo estabelecido pela Administração;

c) sanções para os casos de inadimplemento. A Lei nº 8.666/93 estabelece, nos arts. 86 a 88, as sanções a que os fornecedores, contratados ou não, sujeitam os licitantes por descumprimento da lei, do edital ou do contrato. Para cada ilícito, está prevista a sanção correspondente. Não basta apenas estar previsto na lei. É necessário prever, no edital e depois no contrato, quais os comportamentos do particular serão considerados em desacordo com a legislação pertinente e que configuram descumprimento total ou parcial do contrato. É indispensável também determinar qual a sanção a ser aplicada em cada caso, entre aquelas contidas na lei. Será considerada inexistente a cláusula que prevê sanção que não esteja prevista na lei de regência;

d) local onde poderá ser examinado e adquirido o projeto básico, caso não esteja previsto no *site* da transparência das licitações. No caso de objeto em que é imprescindível a elaboração prévia do projeto básico, conforme já visto, a Administração terá de estabelecer, no edital, que será divulgado em sítio eletrônico, com todas as informações necessárias retiradas da fase preparatória da licitação (Lei nº 14133/2021);

e) condições para o interessado participar da licitação, a serem observadas e preenchidas pelo interessado para que ele seja declarado habilitado para continuar participando do certame. O edital não deve apenas fazer referência aos artigos. Precisa especificar detalhadamente as exigências para a habilitação jurídica, para a regularidade fiscal, para a qualificação técnica e para a qualificação econômico-financeira. Para a comprovação de cada uma dessas condições, o edital deve especificar minudentemente os documentos necessários, tendo-se em vista a natureza do objeto que se pretende contratar;

f) critérios de julgamento. A Lei nº 14.133/20021, art. 33, estabelece os seguintes critérios de julgamento: menor preço; maior desconto; melhor técnica ou conteúdo artístico; técnica e preço; e maior lance, no caso de leilão. Junte-se, a esses critérios, o princípio do julgamento objetivo. A falta de objetivação de todos os critérios a serem utilizados pela comissão de licitação, por ocasião do julgamento, invalida o edital e, consequentemente, a licitação. A comissão não pode, por ocasião do julgamento, valer-se de critérios subjetivos à falta de previsão no edital, sob pena de nulidade do julgamento;

g) condições equivalentes de pagamento entre empresas brasileiras e estrangeiras, quando se tratar de licitação internacional. Nos casos de concorrência internacional, o edital deve cuidar das questões relativas à política monetária e ao comércio exterior, e ainda às exigências do órgão competente. Se for permitido ao licitante estrangeiro cotar preço em moeda estrangeira, o mesmo direito deve ser estendido ao licitante brasileiro. O pagamento ao brasileiro, caso venha a ser contratado, será feito em moeda nacional convertida segundo o câmbio do último dia útil da data da efetivação do pagamento. As garantias de pagamento ao licitante brasileiro serão semelhantes às oferecidas ao licitante estrangeiro; os gravames incidentes sobre os preços constantes do edital serão definidos baseados em estimativa ou médias dos tributos; as propostas de todos os licitantes sujeitam-se às mesmas regras e condições estabelecidas no edital. Não poderão ser previstas no edital condições de habilitação, classificação e julgamento que restringem, dificultam ou impeçam o licitante estrangeiro, "admitida a previsão de margem de preferência para bens produzidos no país e serviços nacionais que atendam às normas técnicas brasileiras", conforme previsto no art. 26 da mesma lei (art. 52 do novo Estatuto). A inexistência de previsão no edital de condições equivalentes de pagamento entre fornecedores estrangeiros e fornecedores brasileiros quebra a igualdade de condições exigidas dos fornecedores;

h) critério de aceitabilidade dos preços unitários e global. Em princípio, os preços podem ser cotados por item ou pela globalidade dos itens. Daí preços unitários e preços globais. O edital terá de especificar o critério a ser adotado. A omissão desse dado inviabilizará a licitação. Na nossa opinião, é recomendável a adoção do critério de aceitabilidade de preços unitários. Ele pode ensejar a participação de maior número de interessados e ainda pode propiciar à Administração obter melhor preço. É proibida a fixação de preço mínimo ou percentual de variação de preço médio. Em síntese, o edital não poderá estabelecer que não serão admitidos os preços abaixo de determinado valor nele estipulado.

Nem poderá prever o denominado preço padrão que seria estabelecido pela Administração, admitindo-se margem de variação percentual para mais ou para menos. Esse critério já foi adotado no passado. Agora, entretanto, está banido da legislação vigente;

i) critério de reajuste. A lei, como visto, contém disposições com a finalidade de evitar o desequilíbrio econômico do contrato. Uma das prescrições da lei nesse contexto é a manutenção do valor contratado, isso é, o contratado deve sempre receber, na época oportuna, a quantia correspondente à que foi estipulada. Por essa razão, o edital deve fixar os critérios de reajuste do preço ou do valor do contrato desde a data da proposta ou do orçamento até a data do efetivo pagamento de cada parcela.

j) limites para pagamento de instalação e mobilização a cargo do contratado. A lei prevê que o contratado terá despesas com mobilização e instalação para iniciar a execução do contrato, principalmente nos casos de obras. A construção dessa instalação e a mobilização de máquinas e equipamentos implicam dispêndio financeiro de valor normalmente elevado. A lei estabelece que, neste caso, o edital deve fixar o limite do valor que a Administração aceita ser gasto com tal providência. O pagamento da importância relativa a esses gastos deve ser efetuado separadamente das demais etapas. Por tais motivos, o edital deve consignar que aludidas despesas devem ser limitadas e previstas em orçamento à parte;

k) condições de pagamento. O edital deve dispor quanto às condições de pagamento ao contratado. Quando o objeto for compra para uma única entrega, o pagamento deve ser feito de uma só vez, após a entrega. Tratando-se de fornecimento parcelado ou de obra, o pagamento será de acordo com cada entrega ou de conformidade com o cronograma da obra. Em quaisquer dos casos, o instrumento convocatório deve estabelecer o prazo de efetivação do pagamento, contado do adimplemento da obrigação pelo contratado. No caso de obra, deve ser previsto o cronograma máximo de desembolso por período de conformidade com o cronograma físico da obra e a disponibilidade de recursos financeiros. O edital deve prever o critério de atualização financeira nos casos de pagamentos feitos depois da data prevista. Essa atualização deve ser no período compreendido entre a data do adimplemento da obrigação e a data do efetivo pagamento correspondente. Deve prever também, quando for o caso, compensações, sanções por pagamentos efetuados fora dos prazos ou das datas previstas, descontos por eventuais pagamentos efetuados antecipadamente e exigências de o contratado fazer seguros nos casos previstos no novo Estatuto;

l) instruções e normas para a interposição de recursos administrativos. A lei estabelece as espécies de recursos administrativos que podem ser manejados pelo licitante ou contratado contra decisões da Administração. O edital deve dispor quanto às instruções, normas e condições para a interposição dos recursos administrativos;

m) condições de recebimento do objeto da licitação. A lei dispõe que o objeto da licitação poderá ser recebido provisoriamente e definitivamente. Quando se tratar de material de consumo, normalmente, o recibo é definitivo. A conferência da ordem de fornecimento com a nota fiscal e a mercadoria é suficiente para que o responsável pelo recebimento tenha certeza de que o objeto está conforme o licitado. Tratando-se de máquinas, equipamentos ou de obra, o recebimento será feito em dois momentos: um provisório e outro definitivo. O provisório se emitirá no momento em que o contratado pretende entregar ao contratante o objeto. Nesse momento, o agente administrativo competente procede à verificação rasa do bem. Posteriormente, técnico, ou comissão especial, examina com detalhe o objeto em face do contrato, do edital e da lei para constatar se efetivamente corresponde ao que foi contratado. Esses detalhes precisam estar previstos no edital. A omissão desses dados pode conduzir a impasse insuperável, por ocasião do recebimento do objeto;

n) exigência de prestação de garantia para licitar, quando for o caso, e para execução do futuro contrato. As modalidades de garantia previstas na lei são: caução em dinheiro ou em título da dívida pública, seguro-garantia e fiança bancária imitidas por banco ou instituição financeira autorizada a operar no país, pelo Banco Central (art. 96, §1º do novo Estatuto).

Essas são condições mínimas que devem constar do edital. Muitas outras serão necessárias, dependendo do objeto. A construção de uma usina nuclear, por exemplo, exigirá muito mais cuidados técnicos do que a construção de alguns quilômetros de rodovias ou ferrovias.

19.2.3 Fecho

Esta parte do edital constitui-se das disposições finais ou transitórias, quando for o caso, da data e da assinatura da autoridade responsável pela sua edição. Exemplo de disposição que faz parte do fecho do edital: "Fazem parte integrante deste edital [...]".

19.2.4 Outras considerações sobre o edital

a) O edital deve ser aprovado pelo órgão jurídico da Administração, quanto aos aspectos jurídicos. O instrumento será assinado pela autoridade competente para a sua expedição e todas as folhas rubricadas pela mesma autoridade e em seguida acostado ao processo de licitação. Dele podem ser extraídas cópias – ou resumo – para divulgação e para atender aos licitantes interessados.

b) Constituem anexos do edital, dele sendo parte integrante para todos os efeitos: o projeto básico e o projeto executivo com todas as suas partes, desenhos, especificações e outros dados relevantes; orçamento estimativo do objeto em planilha de quantitativo e preços unitários; a minuta do contrato a vir a ser assinado pela Administração e o licitante vencedor – a inexistência da minuta do contrato nesta fase do procedimento inviabiliza a licitação; as especificações complementares e as normas relativas à execução pertinentes à licitação.

19.2.5 Divulgação do edital

O edital de licitação depende de divulgação para alcançar os seus objetivos e finalidades. O meio mais comum de divulgação é a publicação do instrumento convocatório, na íntegra com os respectivos anexos no Portal Nacional de Contratações Públicas (PNCP).

Além da divulgação do edital por meio do PNCP, é obrigatória a publicação de seu extrato no *Diário Oficial* União, do estado, do Distrito Federal, ou do município, ou, ainda, nos casos de consórcio público, no *Diário Oficial* do ente de maior nível entre eles e em jornal diário de grande circulação. Na hipótese de um consórcio público formado por dois estados-membros e quatro municípios, por exemplo, o edital será divulgado no sítio eletrônico oficial de qual dos dois estados? Tentativa de apresentar uma resposta correta: se os quatro municípios se situam no território de um dos estados, é no sítio desse estado que o edital deve ser publicado, agora, se pelo menos um município pertencer ao outro estado, a publicação deve ocorrer nos dois estados (art. 54, *caput* e §§1º e 2º do Estatuto).

19.2.6 Impugnação do edital

O edital pode ser impugnado por qualquer cidadão em virtude de sua desconformidade com a lei que o regula ou pedido de esclarecimento. Este direito de fiscalização popular deve ser exercido até 3 (três) dias úteis antes da data prevista para a abertura dos procedimentos da licitação, abertura dos envelopes contendo as propostas técnicas e de preços ou propostas e lances pelo procedimento eletrônico e, por fim, os demais documentos de habilitação. A Administração, por meio da autoridade competente, responsável pela elaboração e divulgação do edital, deve apreciar a impugnação ou o pedido de esclarecimento e divulgar a resposta à impugnação ou ao pedido de esclarecimento em sítio eletrônico oficial, no prazo de três dias úteis, limitado ao último dia útil anterior à data da abertura do certame (Lei nº 14.133/2021, art. 164, *caput* e parágrafo único).

A propósito da observância do prazo de resposta atribuído à Administração, Anderson Sant'Ana Pedra esclarece:

> Nos termos do parágrafo único do art. 164, a resposta ao requerimento de impugnação ou ao pedido de esclarecimento deverá ocorrer no prazo de até 3 (três) dias úteis, limitado ao último dia útil anterior à data da abertura do certame. Note-se, assim, que caso o requerimento seja interposto no último dia do prazo, a Administração terá apenas 2 (dois) dias úteis para divulgar a resposta.[27]

O cidadão poderá, ainda, representar perante o Tribunal de Contas (art. 41, §1º, e art. 113, §1º da Lei nº 8.666/93).

Estabelece a lei que o licitante decai do direito de impugnar os termos do edital perante a Administração, se não o fizer até o segundo dia útil antecedente à abertura dos envelopes de habilitação ou dos envelopes de propostas nos casos em que não se

---

[27] SANT'PEDRA. Das impugnações, dos pedidos de esclarecimento e dos recursos. *In*: FORTINI; OLIVEIRA; CAMARÃO. *Comentários à Lei de Licitações e Contratos Administrativos*, v. 2, p. 514.

exige a habilitação. A impugnação feita no último dia antes da abertura dos envelopes, ou no próprio dia da abertura, não teria efeito jurídico. A rigor, nem seria examinado quanto à matéria de mérito. Ter-se-ia apenas a existência da preclusão ou da decadência do direito de impugnar.

Apesar do comando legal, entendemos que a Administração deve acolher a impugnação se esta for procedente, ainda que formulada fora do prazo estipulado pela lei. Dois são os motivos que nos conduzem a esse entendimento: a possibilidade de o interessado representar ao Tribunal de Contas ou de recorrer à via judiciária e o fato de que o edital viciado deve ser revisto em qualquer época, sob pena de nulidade de todo o procedimento licitatório. Dar continuidade a um processo de licitação, sabendo que o edital está viciado, contraria a própria lei de licitações.

O §3º do art. 41 da Lei nº 8.666/93 estatui que a impugnação tempestiva não impede o impugnante de participar do procedimento licitatório até o trânsito em julgado, administrativamente, da decisão a ela relativa. Se a decisão for pela legalidade do edital e se o licitante não tiver atendido às exigências contidas no edital, este será excluído do procedimento.

Finalmente, é oportuno alertar que é fundamental observar com rigor as normas que dispõem sobre o edital. A sua elaboração exige cuidado, atenção e conhecimento jurídico e técnico. O defeito do edital contamina todo o procedimento licitatório. Cláusulas inexistentes no edital não podem figurar no contrato. Dito de outra forma, o que não estiver no edital não poderá estar no futuro contrato.

A Administração deve valer-se de outros meios de comunicação, como televisão, rádio, internet, mala direta para entidades de classe interessadas, principalmente quando se tratar de licitação de vulto. Quanto maior for a abrangência da convocação, mais se cumpre o preceito legal que quer que todos interessados tenham conhecimento da licitação.

19.3 Conteúdo do extrato do edital

O aviso da licitação deve conter resumo básico do edital, informando o nome da entidade ou órgão público promotor da licitação, o objeto a ser contratado, a modalidade da licitação, data para a entrega dos documentos de habilitação e das propostas, quando for o caso, entre outras indispensáveis ao conhecimento prévio da licitação.

19.4 Prazos mínimos para apresentação de propostas e lances

O edital, sendo o documento por meio do qual a Administração convoca os interessados em geral para concorrerem com vista a prestarem determinado objeto, precisa ser divulgado com antecedência mínima da data prevista para apresentação das propostas ou lances. Esse prazo é indispensável ao fornecedor para preparar adequadamente a sua proposta. A Lei nº 14.133, art. 55, estabelece prazos diferentes levando em consideração a modalidade e o objeto da licitação e o regime de execução. Dessa forma, têm-se os seguintes prazos contados da data de divulgação do edital: I – nos casos de aquisição de bens: a) 8 (oito) dias úteis, na licitação em que os critérios de julgamento forem de menor preço ou maior desconto; b) 15 (quinze) dias úteis, nas demais hipóteses de critérios de julgamento; II – quando se tratar de serviços e obras: a) 10 (dez) dias úteis, se os critérios de julgamento forem o de menor preço ou maior desconto, quando se tratar de serviços comuns e de obras e serviços comuns de engenharia; b) 25 (vinte e cinco) dias úteis, quando os critérios de julgamento forem menor preço ou menor desconto, no caso de serviços especiais e de obras e de serviços especiais de engenharia; c) 60 (sessenta) dias úteis, nos casos em que o regime de execução for de contratação integrada; d) 35 (trinta e cinco) dias úteis, se o regime de execução for o de contratação semi-integrada ou nas situações que não se enquadram nas situações previstas nas alíneas "a", "b" e "c" do inc. II; III – nas licitações, cujo critério de julgamento for o de maior lance, o prazo é de 15 (quinze) dias úteis; IV – quando o critério de julgamento for o de técnica e preço ou melhor técnica ou conteúdo artístico, o prazo é de 35 (trinta e cinco) dias úteis.

Na hipótese de alteração do conteúdo do edital, será necessária a republicação na mesma forma e meio adotados para a divulgação primitiva. Nesse caso, o prazo constante do edital original será o mesmo, contado da data da republicação. Não será necessária a republicação, se a alteração não prejudicar a formulação das propostas. Por exemplo, correção de erro material (art. 55, §1º).

Nos casos de licitações promovidas pelo Ministério da Saúde, para atender ao Sistema Único de Saúde, os prazos podem ser reduzidos até a metade, desde que a redução do prazo seja fundamentada (art. 55, §2º).

A disputa em licitação pode ser de modo isolado ou conjunto: aberta ou fechada. Aberta é a hipótese em que as propostas dos licitantes serão apresentadas por meio de lances públicos sucessivos, crescentes ou decrescentes; no modo de disputa fechado, acontece o contrário, as propostas são sigilosas até a data e hora previstas no edital, para a sua divulgação, momento em que todos os participantes conhecerão as propostas dos respectivos concorrentes (art. 56, *caput*, I e II). A disputa na licitação da modalidade pregão enquadra-se na regra da disputa aberta, inc. I do art. 56.

Quando o critério de julgamento for o de menor preço ou maior desconto, não poderá utilizar a disputa isolada do modo fechado (art. 56, §1º).

Nas licitações, cujo critério de julgamento for o de técnica e preço, não é permitido o modelo de disputa aberta (art. 56, §2º).

Lances intermediários em licitação, considerados nos termos da lei, são os seguintes: nas licitações, cujo critério de julgamento for o de maior lance, são considerados lances intermediários os iguais ou inferiores ao maior já ofertado ou os iguais ou superiores ao menor ofertado (art. 56, §3º).

Definida a melhor proposta e verificado que a diferença entre ela e a proposta classificada em segundo lugar for de no mínimo 5% (cinco por cento), o órgão que conduz a licitação poderá reiniciar o procedimento de disputa aberta nos termos e condições constantes do edital, para definir as demais colocações (art. 56, §4º).

No caso de licitação para contratar realização de obra ou serviço de engenharia, o licitante vencedor deverá reelaborar as planilhas com a indicação dos quantitativos e dos custos unitários, incluindo os detalhamentos das bonificações e despesas indiretas e os encargos sociais, "com os respectivos valores adequados ao valor final da proposta vencedora". Nessa situação, permite-se o uso dos preços unitários, quando se tratar de licitação para contratação "de empreitada por preço global, empreitada integral, contratação semi-integrada e contratação integrada, mas somente nas hipóteses de necessidade imperiosa de adequações do "cronograma físico-financeiro e para balizar excepcionalmente aditamento do contrato" (art. 56, §5º).

É facultado estabelecer, no edital, intervalo mínimo de diferença de valores entre os lances, nos casos de lances, que incidirá nos lances intermediários e na proposta que cobrir melhor oferta (art. 57).

A exemplo do que já previa a Lei nº 8.666/1993, o novo Estatuto faculta à Administração exigir dos licitantes, por ocasião da proposta, a comprovação de recolhimento do valor correspondente a 1% do valor estimado para a contratação, a título de garantia de proposta. O aludido recolhimento, quando exigido, é um dos requisitos para a pré-habilitação. A garantia será devolvida aos licitantes no prazo de 10 (dez) dias úteis, contado da data da assinatura do contrato ou da data em que for declarado o fracasso da licitação, se for o caso. Os interessados em concorrer na licitação poderão optar pelas seguintes formas de garantia, nos termos do art. 96, §1º, da Lei nº 14.133/2021: caução em dinheiro ou título da dívida pública; seguro garantia; ou fiança bancária (art. 58, §§1º, 2º, 3º e 4º do novo Estatuto).

19.5 Contagem dos prazos

A contagem dos prazos no procedimento licitatório segue a mesma orientação do Código de Processo Civil. Não se conta o dia do início e se computa o dia final. Assim, se o edital for publicado no dia 16 de determinado mês, o prazo começa a fruir a partir do dia 17 do mesmo mês. Se o dia 17, no exemplo dado, cair no sábado, o início da contagem será prorrogado para a segunda-feira ou para o primeiro dia útil. Se o último dia cair numa sexta-feira, este será efetivamente o dia fatal. Se, entretanto, cair em sábado ou em outro dia inútil (não útil), o término do prazo será no primeiro dia útil.

19.6 Fases externas da licitação

Com a divulgação do instrumento convocatório, iniciam-se as providências destinadas a atender às fases externas da licitação já noticiadas antes e que agora serão consideradas uma por uma.

19.6.1 Apresentação das propostas

Os interessados em participar da licitação, depois de conhecer detalhadamente os termos do edital, preparam as suas propostas. A proposta no aspecto geral compreende: os documentos de habilitação, a proposta técnica, quando for o caso, e a proposta financeira conhecida também por proposta comercial. Esses documentos devem ser encaminhados ao setor de compras em envelopes distintos, de acordo com orientações contidas no edital, conforme previsto nos art. 55 e 56 do novo Estatuto, comentados nos subitens 19.4 e 19.5.

19.6.2 Habilitação

Na licitação, entende-se por habilitação o atendimento do fornecedor das exigências e condições impostas pela Administração nos termos do edital e em conformidade com a lei, para que ele possa ser admitido como licitante. É a comprovação mínima de que o interessado está em condições de prestar o objeto, da licitação, caso seja vencedor no certame.

O art. 62 da Lei nº 14.133/2021 prescreve que, para o efeito de habilitação dos fornecedores, devem ser exigidos documentos relativos à habilitação jurídica; qualificação técnica; qualificação econômico-financeira e regularidade fiscal, social e trabalhista. Além dessas comprovações, não se pode exigir qualquer documento ou condição.

O art. 63 estabelece que serão observadas as seguintes disposições: a) declaração dos licitantes de que atendem aos requisitos de habilitação e responderão pela veracidade das informações prestadas, na forma da lei; b) os documentos de habilitação serão exigidos apenas do licitante vencedor no quesito financeiro, ressalvados os casos em que a fase de habilitação anteceder a de julgamento. Aqui, como se percebe, há inversão da ordem do processo de julgamento, comparando-se com a Lei nº 8.666/1993. Na sua dicção, primeiro se habilitam os licitantes, depois; c) os documentos que comprovam a regularidade fiscal serão exigidos somente do licitante mais bem classificado na fase de julgamento das propostas; d) os licitantes devem declarar que mantêm a reserva de postos de trabalho para pessoas com deficiência e para reabilitado da Previdência Social, conforme disposto em lei ou em normas específicas.

O edital, entre outras cláusulas, deve constar que os licitantes têm o dever de declarar que as respectivas propostas econômicas contemplam os custos relativos ao atendimento dos direitos trabalhistas assegurados pela Constituição Federal, na Consolidação das Leis do Trabalho (CLT), em normas infralegais, nas convenções coletivas de trabalho e nos termos de ajustamento de conduta (TAC), eventualmente existente na data da entrega das propostas. O licitante que omitir a declaração em referência será desclassificado (art. 63, §1º).

O edital pode prever a necessidade de o licitante atestar que conhece o local e as condições de construção da obra ou prestação do serviço, quando esta for o objeto da licitação. Esta previsão editalícia é necessária apenas nos casos em que a avaliação prévia do local de execução for imprescindível. Se prevista no edital, o licitante que não atestar que conhece o local e as condições de realização da obra ou de prestação do serviço será inabilitado (art. 63, §2º).

Nas situações e condições previstas no §2º, o edital deverá prever a possibilidade de substituir a vistoria por declaração formal "do responsável técnico do licitante que tem conhecimento pleno das condições e peculiaridades da contratação" (art. 63, §3º).

Ainda, para atender ao disposto no §2º, na hipótese de os licitantes optarem por realizar vistoria prévia, o órgão da Administração Pública, condutor da licitação, deve estabelecer datas e horários distintos para cada interessado realizar a vistoria. Essa medida de dias e horários distintos tem por finalidade evitar encontros de interessados na licitação, principalmente para resguardar o sigilo e o princípio da isonomia (art. 63, §4º).

Depois que o licitante entregar os documentos necessários à licitação, não será permitida a substituição de qualquer dos documentos apresentados nem a apresentação de outros, exceto nos casos de diligência com a finalidade de: a) complementar informações sobre documentos apresentados pelos licitantes em tempo hábil, necessário para apurar fatos preexistentes à época da abertura da licitação; b) atualizar documentos que tenham perdido o prazo de validade depois da data do recebimento das propostas. Exemplo, certidões, certidões do INSS, de cartórios, das receitas federal, estadual, do Distrito Federal e municipal, entre outros documentos (art. 64, I e II).

A comissão de licitação, durante o procedimento de verificação e de conferência dos documentos da habilitação, poderá sanar erros ou falhas que não comprometam a substância de documentos e a validade jurídica deles. A validade desse procedimento depende de despacho fundamentado da comissão, registrado e acessível a todos os licitantes e cidadãos interessados em acompanhar a licitação. Com esse procedimento, os documentos adquirirão eficácia para os fins de habilitação e classificação (art. 64, §1º).

Nos casos de a habilitação anteceder a fase de julgamento, se já concluída, é vedado excluir licitante por questões relacionadas com a habilitação, ressalvados os casos de fatos supervenientes ou conhecidos depois do julgamento (art. 64, §2º).

Todas as condições do processo de licitação devem ser estabelecidas no edital de licitação, como informado e discutido em outro tópico, as relativas à fase de habilitação, ratificada pelo art. 65. As empresas instituídas durante o exercício financeiro em que a licitação ocorrer, se pretender concorrer, deverão atender a todas as exigências necessárias à habilitação. Podendo substituir os demonstrativos contábeis pelo balanço de abertura de habilitação econômico-financeira (art. 65, §1º); e "a habilitação poderá ser realizada por processo eletrônico de comunicação a distância, nos termos dispostos em regulamento" (art. 65, §2º). Essa é uma das diversas inovações trazidas pelo novo Estatuto, em consonância com a era digital em plena evolução, culminando com a inteligência artificial (IA), chegando à quarta revolução industrial (4.0).

- Habilitação jurídica – O art. 66 da nova lei sobre licitações e contratações dispõe que a habilitação jurídica tem por finalidade demonstrar que o licitante exerce direitos e assume obrigações. A comprovação dessas condições faz-se por meio de documentos hábeis para comprovar a sua existência jurídica, nada além disso. Os documentos necessários para comprovar a habilitação jurídica do licitante são:
  - cédula de identidade. É o documento mais conhecido por carteira de identidade. Este documento deve ser apresentado por licitante pessoa física. Alguns setores de compra ou de cadastro têm exigido cédula de identidade dos diretores, administradores ou titulares de pessoas jurídicas. Essa exigência é ilegal e, por isso, as referidas autoridades não estão obrigadas a atender ao edital neste particular;
  - registro comercial, nos casos de empresa individual. O Direito disciplina a criação de uma espécie de entidade comercial que não é pessoa jurídica nem simples pessoa física. Denomina-se empresa individual. É modalidade de empresa registrada na junta comercial em nome próprio do seu titular. O capital da empresa é o capital do proprietário. A empresa individual, se for o caso de participar de licitação, terá de apresentar, para habilitação jurídica, o respectivo registro comercial. Mas, efetivamente, é o seu titular

que participa da licitação. Nesse caso, entendemos ser necessária a apresentação da cédula de identidade e CNPJ. Nessa regra, inclui-se o MEI, microempreendedor individual, instituído nos termos da Lei Complementar nº 123, de 14.12.2006, art. 18-A, §1º;
- atos constitutivos da pessoa jurídica. As pessoas jurídicas de direito privado se constituem por meio de contrato social ou estatuto. Essas entidades, sabidamente, adquirem personalidade jurídica com o registro do respectivo ato constitutivo no órgão ou entidade pública. Esse registro faz-se na junta comercial, quando se trata de empresa que atuará no exercício da mercancia e todas as sociedades anônimas, independentemente da atividade delas. As sociedades civis são registradas no cartório de registros de pessoas jurídicas civis.

A prova da existência das pessoas jurídicas se faz, então, por meio dos atos constitutivos devidamente registrados nas entidades ou órgãos competentes. Daí a exigência da lei. Nos casos de sociedades por ações, é necessário que o interessado apresente, nesta oportunidade, a prova da eleição da diretoria atual. Essa prova, em regra, faz-se por intermédio de ata da assembleia-geral ordinária (AGO) ou da assembleia-geral extraordinária (AGE), quando for o caso. As sociedades comerciais por quotas provam a composição de sua direção pela última alteração do respectivo contrato social; as sociedades civis, através de ata de deliberação de sua assembleia, quando os responsáveis pela administração não forem definidos no contrato ou estatuto;

- decreto de autorização. Essa exigência destina-se às empresas ou sociedades que estejam funcionando no país. As empresas estrangeiras, para atuarem no Brasil, dependem, entre outras formalidades, de autorização por decreto do presidente da República devidamente arquivado no órgão competente. As mesmas empresas terão de apresentar autorização de funcionamento expedida pela autoridade competente, quando a atividade exigir essa formalidade.
- Habilitação fiscal, social e trabalhista, conforme o caso – A comprovação da regularidade fiscal faz-se com a exibição dos documentos relacionados no art. 68, observando-se a seguinte ordem:
    - prova de inscrição no Cadastro de Contribuinte. Refere-se a registro obrigatório dos contribuintes em geral no Ministério da Economia. Esse registro pode ser de pessoa física e de pessoa jurídica. No primeiro caso, denomina-se Cadastro de Pessoas Físicas, identificado pela sigla CPF. No segundo caso, pessoas jurídicas, Cadastro Nacional de Pessoa Jurídica, representado pela sigla CNPJ;
    - essa mesma prova deve ser exigida do licitante em relação aos estados, Distrito Federal e municípios, quando tais entidades políticas mantiverem o cadastro em referência. A comprovação é necessária relativamente ao estado e ao município onde a empresa mantém a sua sede, pertinente ao ramo de atividade e compatível com o objeto contratual;

– prova de regularidade fiscal. O licitante deve comprovar, nesse passo, a sua regularidade fiscal para com a Fazenda Pública federal, Fazenda Pública estadual e Fazenda Pública municipal do seu domicílio ou sede (art. 68, inc. III); regularidade relativa à Seguridade Social e ao FGTS, por meio de certidão expedida pelo INSS e pela Caixa Econômica Federal, respectivamente (art. 68, inc. IV); regularidade perante a Justiça do Trabalho, comprovada por meio de certidão ou outro documento equivalente, expedida pelo órgão competente da Justiça do Trabalho (art. 68, inc. V); prova de que o licitante não mantém empregado menor de 18 anos, em trabalho noturno, perigoso ou insalubre, e que não mantém empregado menor de dezesseis anos, a não ser na condição de aprendiz, acima de quatorze anos, conforme dispõe o art. 7º, inc. XXXIII, da Constituição Federal (art. 68, inc. VI).

A pessoa jurídica tem sua sede em um ou mais estado e em um ou mais municípios. Determinada empresa, com sede no Estado de Minas Gerais, certamente estará localizada na circunscrição de determinado município mineiro. A Fiat Automóveis, por exemplo, é sediada no estado, mas a montadora está instalada no Município de Betim. Assim, se ela pretender participar de licitação para venda de seus produtos, terá de apresentar prova de sua regularidade fiscal para com a Fazenda municipal de Betim, para com a Fazenda estadual de Minas Gerais e para com a Fazenda federal.

Veja-se que a prova é de regularidade e não de quitação. Não se exige, portanto, certidão negativa de débito para com as fazendas públicas. Assim, determinado fornecedor pode estar devendo tributos ou multas, mas com a sua situação fiscal regularizada. Por exemplo, parcelamento do débito mediante acordo de renegociação da dívida ou depósito em juízo da quantia cobrada por uma das fazendas, mas contestada pelo contribuinte. Enquanto a matéria estiver em litígio, não se tem certeza de que a executada seja devedora do tributo ou da multa. Por isso não se pode exigir de determinada fornecedora, que esteja sendo cobrada judicialmente, prova de quitação, mas a de regularidade, que, nesse caso, faz-se com a exibição do comprovante do depósito em juízo da quantia demandada;

– prova de regularidade relativa à seguridade social (INSS) e ao Fundo de Garantia por Tempo de Serviço (FGTS). A lei que instituiu e regula o FGTS cuida da exigência da regularidade das empresas quanto ao recolhimento da parcela mensal devida ao Fundo, e a Constituição da República no art. 195, §3º, não permite às entidades públicas contratarem com as pessoas jurídicas que estejam em débito com a Previdência Social. Os dois dispositivos estão tratados no inc. IV do art. 68 em comento. Também aqui a hipótese é de regularidade e não de negativa de débito.

Alguns autores criticam a lei quanto a essa exigência habilitatória. Sustentam que a Lei de Licitações e Contratos não deve ser instrumento destinado à cobrança de tributos. Para isto, o Estado mantém mecanismo próprio (a máquina fiscal). Em princípio, a tese é aceitável. O Poder Público não deveria valer-se de meios indiretos para cobrar tributos. Acontece que expressiva parte dos contribuintes se vale de vários meios para sonegar impostos ou contribuições sociais. Ora, se o contribuinte usa esses meios, e muitas vezes ilícitos, para burlar o fisco, por que o Estado não pode valer-se de meio legal, ainda que indireto, para exigir o pagamento do tributo? Ademais não seria justo concorrerem em igualdade de condições em licitação, o contribuinte que honra religiosamente os seus compromissos tributários, e um que, sistematicamente, não paga obrigações dessa natureza. Seria tratamento desigual, o que não é permitido pela lei. Marçal Justen Filho defende a constitucionalidade do dispositivo e entende, consequentemente, correta a exigência da regularidade fiscal a que se submetem os fornecedores nas licitações promovidas pelo Estado.[28]

Os documentos a que se refere o art. 68, *caput*, podem ser substituídos por outros meios hábeis que comprovam a regularidade do licitante, inclusive por meio eletrônico (art. 68, §1º).

A comprovação relativa ao disposto nos incs. III, IV e V do *caput* do artigo em comento deve ser feita em conformidade com a legislação específica (art. 68, §2º).

- Qualificação técnica – o art. 67 do novo Estatuto trata da qualificação técnico-profissional e técnico-operacional. Nesse caso é necessária a comprovação de que o profissional está registrado no conselho profissional competente; atestado de responsabilidade técnica, se a pretendida contratação for para atividades relacionadas com obra ou serviço de característica semelhante; certidão ou atestado emitido pelo conselho profissional da sua categoria, que comprova capacidade operacional do interessado, na execução de serviços de complexidade tecnológica e operacional ou superior e documentos comprobatórios nos termos do art. 88, §3º; indicação e qualificação do pessoal técnico e equipamentos necessários à execução do objeto; declaração do licitante de que tem conhecimento de todas informações e das condições locais da realização do objeto da licitação.

A qualificação técnica é o meio de comprovação de que o interessado em participar de licitação tem aptidão para prestar o objeto licitado. Não se deve contratar quem não esteja habilitado para executar ou para prestar determinado objeto. E o Estado está impedido de o fazer. Por isso, a lei prevê que previamente o licitante terá que provar perante órgão próprio que preenche as condições e requisitos técnicos para executar o objeto, caso seja vencedor na licitação. Os itens de comprovação dessa qualidade são os seguintes, nos termos do art. 67 em referência:

- Registro ou inscrição na entidade profissional competente. A qualificação de que trata esse item tem pertinência com a equipe técnica de que o licitante dispõe para o desempenho de suas atividades no que toca ao objeto a ser prestado. Trata, portanto, de inscrições dos integrantes da equipe técnica nas respectivas entidades de classe, as reguladoras e fiscalizadoras das profissões.

Dependendo da atividade da empresa e da sua complexidade, ela deve ter, em seus quadros, profissionais de várias áreas. Por exemplo: engenheiros, administradores,

---

[28] JUSTEN FILHO. *Op. cit.*, p. 187.

psicólogos, médicos, enfermeiros, assistentes sociais, advogados, entre outros. O licitante com esse perfil terá de comprovar que todos esses profissionais estão devidamente inscritos nos respectivos conselhos de classe profissionais.

O licitante terá que apresentar, na fase habilitatória, prova de sua capacidade técnica, relacionando os integrantes da sua equipe técnico-profissional constante de seu quadro permanente na data prevista para a entrega das propostas. Esses profissionais técnicos são de nível superior ou de 2º grau, nos casos de profissões regulamentadas (técnico em contabilidade, técnico em enfermagem, técnico de laboratório, entre outros).

Não basta, entretanto, só o registro ou inscrição na entidade competente. É necessário ainda o atestado expedido pela respectiva entidade de classe, comprovando a capacidade técnica do profissional e a responsabilidade técnica por execução de obras ou serviços pertinentes ao objeto da licitação. Nos casos de obras, por exemplo, a prova de responsabilidade técnica é expedida pelo Crea da região.

O corpo técnico relacionado pela licitante deve ser mantido durante a execução do objeto. A lei o prevê, a despeito da obrigatoriedade de os técnicos arrolados participarem da execução do objeto. É possível a substituição de parte deles por outros do mesmo nível ou superior, se houver autorização da Administração Pública, mediante ato motivado (art. 67, §6º).

- Outras provas de aptidão. Além da equipe técnica referida no item anterior, o licitante terá de comprovar na habilitação que dispõe de instalações e equipamentos necessários à prestação do objeto licitado. A prova dessa condição faz-se mediante apresentação da relação das máquinas e equipamentos disponíveis, por meio de declaração formal expedida pelo representante legal da licitante, sob as penas cabíveis. Ainda se exige a comprovação de aptidão da interessada, mediante atestado ou certidão expedida por pessoa jurídica, pública ou privada, para a qual já tenha realizado obra ou prestado serviços "similares de complexidade tecnológica e operacional equivalente ou superior".

A lei proíbe a exigência de outras condições que possam contribuir para inibição de interessados. Não se pode, por exemplo, fazer constar do edital de licitação de obra que o licitante prove já ter construído até certa data, determinada quantidade de estrada asfaltada no país ou fora dele. Exigências desse tipo podem excluir quase todas as empresas do certame, o que contrariaria a livre e ampla competição assegurada pela lei;

- Prova de que o licitante recebeu os documentos e todas informações pertinentes. O dispositivo determina que o licitante deve provar, por meio de declaração prestada pela entidade promotora da licitação, que recebeu os documentos necessários ou que teve acesso a eles e ainda recebeu informações quanto às condições e aos locais da prestação do serviço ou da construção da obra objeto da licitação. A medida tem por finalidade básica evitar que o licitante venha a alegar que não tinha conhecimento desses detalhes, provocando tumulto na licitação ou até inviabilizando-a (art. 67, *caput*, VI).
- Prova de atendimento a outras condições previstas em leis especiais. Há casos em que a lei estabelece determinadas condições para que a empresa possa atuar

no ramo que pretende. Nesse caso, não se trata de exigência do procedimento licitatório, mas, pela via oblíqua, acaba por exigir, se, para a prestação de objeto de determinada natureza, a empresa tiver de preencher requisitos especiais para efeito de segurança ou sigilo, por exemplo (art. 67, *caput*, IV).

Os atestados de que trata o inc. II do *caput* restringem-se "às parcelas de maior relevância ou valor significativo do objeto da licitação, assim consideradas as que tenham igual ou superior a quatro por cento do valor total estimado da contratação" (art. 67, §1º).

Ressalvada a hipótese prevista no *caput* e §1º, devem ser exigidos atestados com quantidades mínimas de até cinquenta por cento das parcelas referidas no §1º. É vedado, entretanto, estabelecer limite de tempo e de locais específicos relativos aos atestados (art. 67, §2º).

Ressalvados os casos de contratação de obras ou serviços de engenharia, as exigências referidas acima podem ser substituídas por outros meios de provas de que o profissional ou a empresa detém conhecimento técnico e experiência técnica na execução de serviços de características semelhantes, desde que os meios de provas sejam previstos em regulamento (art. 67, §3º).

Atestados ou outros documentos hábeis emitidos por entidade estrangeira podem ser aceitos, desde que traduzidos para a língua portuguesa, salvo os casos em que a entidade emissora seja inidônea, devidamente comprovado (art. 67, §4º).

Tratando-se de serviços continuados, pode ser exigido, conforme dispuser o edital, certidão ou atestado comprobatório de que o licitante já executou serviço semelhante ao do objeto da licitação, por prazo mínimo não superior a três anos (art. 67, §5º).

Entidades estrangeiras interessadas em participar de licitação devem comprovar, no momento da assinatura do contrato, a sua inscrição ou registro em entidade profissional correspondente no Brasil (art. 67, §7º).

- Art. 69: habilitação econômico-financeira – Salvo os raros casos de pagamento antecipado, o licitante contratado executará parcial ou totalmente o objeto da licitação às suas expensas, para recebimento posterior. Sendo assim, é necessário que a Administração verifique previamente se os concorrentes têm condições econômico-financeiras suficientes para suportar os ônus decorrentes da contratação futura.

A Lei nº 14.133/2021, no art. 69, estabelece os meios de provas necessários à habilitação econômico-financeira na seguinte ordem:

- Balanço patrimonial, demonstração de resultado e demais demonstrações contábeis dos dois últimos exercícios sociais exigíveis, na forma da lei. Na hipótese de concorrentes com menos de dois anos de existência, o balanço patrimonial e os demais documentos citados serão relativos ao último exercício; e certidão negativa de feito sobre falência expedida pelo distribuidor da sede do licitante. Balancete provisório e balancete são vedados. O art. 65, §1º do novo Estatuto estabelece, entretanto, como visto acima, que as empresas instituídas durante o exercício financeiro em que a licitação ocorrer, se pretenderem participar do certame, deverão atender a todas as exigências necessárias à habilitação, podendo substituir os demonstrativos contábeis pelo balanço de abertura (art. 68, §1º). Não é suficiente apenas a apresentação do balanço, é indispensável que ele espelhe boa situação financeira da empresa que lhe permita cumprir os compromissos que vier a assumir em decorrência da licitação ou da dispensa ou da inexigibilidade de licitação, quando for o caso.

As empresas, na quase totalidade, exceto as sociedades anônimas, encerram os seus exercícios em dezembro de cada ano. É nesse momento que o balanço é elaborado. Assim, durante todo o ano subsequente, para todos os efeitos legais, a empresa exibe o balanço realizado em dezembro do ano imediatamente anterior ao ano da realização da licitação. As companhias de sociedade anônima, nos termos da Lei nº 6.404, de 15.12.1976, devem ter os seus balanços aprovados pela assembleia-geral até o mês de abril de cada ano. Desse modo, só depois do mês de abril é que se pode exigir balanço novo. Até essa data, vigora o balanço realizado no ano anterior.

A lei prevê que os balanços com mais de três meses de elaborados podem ser atualizados monetariamente de acordo com índices oficiais previstos no instrumento convocatório.

A comprovação da boa saúde financeira da empresa faz-se por meio de análise do balanço, com base em índices contábeis previamente estabelecidos no instrumento convocatório. A fixação desses índices requer conhecimento técnico e cuidado. Devem ser levados em consideração o valor e a natureza do objeto, o tipo de negócio da licitante. A inobservância destes dados pode prejudicar a licitação, exigindo-se índices inexpressivos e que não oferecem condições para a aferição da boa situação financeira da empresa, ou índices elevados a que poucas empresas, ou nenhuma, terão condições de atender.

Nos casos de pequena e microempresa, outros critérios de avaliação devem ser adotados, de modo a permitir a participação daquelas que oferecem o mínimo de condições econômico-financeiras que lhes permitam honrar o compromisso que vierem a assumir com a Administração, na hipótese de serem contratadas.

– Certidão negativa de falência. O inc. II do art. 69 do novo Estatuto estabelece que a Administração deve exigir certidão negativa de falência expedida pelo distribuidor da sede do licitante interessado em participar da licitação e, igualmente, certidão negativa de execução patrimonial.

Os autores identificam dificuldade no estabelecimento do momento em que a certidão de falência deve retratar o fato para efeito do dispositivo legal em exame. Poder-se-ia considerar positiva a certidão que constasse o pedido de falência, ou a positivação só seria possível depois da decretação da falência pelo juiz competente? A falência efetivamente é como tal considerada após a sua decretação. O pedido de falência, tanto pela própria empresa quanto por credor, pode ser infundado ou o débito ser elidido antes da decretação da falência. Por isso, em regra, deve-se entender positiva a certidão que registra a decretação da falência e não a que noticia o pedido. Entretanto, se o pedido de falência for da própria empresa, entendemos que se possa considerar positiva a certidão comprovadora desse fato por dois motivos: a empresa realmente está com a sua situação financeira abalada ao ponto de configurar o estado pré-falimentar, ou a empresa quer valer-se do benefício legal para fraudar credores. Em qualquer dos casos, a Administração não deve admitir a empresa no procedimento licitatório, pois ela está realmente falida, dependendo apenas do reconhecimento pelo juiz, ou ela é desonesta e fraudadora.

A execução patrimonial de pessoa física configura-se com a distribuição do feito. Assim, será positiva para fins de licitação a certidão que consignar a distribuição no domicílio do interessado de ação de execução patrimonial.

- Valores mínimos de faturamento. É vedado ao edital prever que o licitante deve comprovar "valores mínimos de faturamento anterior e de índices de rentabilidade ou lucratividade" (art. 69, §2º).
- Capital mínimo. A lei permite que se consigne em edital a exigência de capital mínimo, nos casos de obras e serviços e entrega futura. Para isso, o edital deve prever a necessidade de o licitante comprovar que o seu capital social ou patrimônio líquido mínimo corresponde a até 10% do valor estimado do contrato a ser assinado (art. 69, §4º).

Deve-se ter como referência, para fins de verificação do capital, a data prevista para a apresentação da proposta, permitida atualização do valor do capital social, mediante aplicação de índices oficiais, relativamente ao período da última alteração do capital até a data da apresentação das propostas.

- Relação de compromissos. A lei faculta ainda à Administração exigir que o licitante relacione os compromissos por ela assumidos que impliquem a diminuição de sua capacidade operativa ou de sua disponibilidade financeira. Essa medida visa oferecer à Administração meios para verificar se a licitante não tem, no momento, compromissos que possam inviabilizar o que pretende assumir com a Administração, caso seja vencedora na licitação.
- Prova de estar cumprindo o disposto no inc. XXXIII, do art. 7º, da Constituição Federal. Essa exigência habilitatória decorre da Lei nº 9.854, de 27.10.1999. Consiste na necessidade de o licitante apresentar, junto com os documentos de habilitação no certame, prova de que esteja cumprindo o preceito do inc. XXXIII do art. 7º da CF, do seguinte teor: "proibição de trabalho noturno, perigoso ou insalubre a menores de dezoito e de qualquer trabalho a menor de dezesseis anos, salvo na condição de aprendiz, a partir de quatorze anos".
- Outras considerações sobre a habilitação:
  - os documentos necessários à habilitação podem ser apresentados em originais, cópias autenticadas por cartório competente, ou ainda cópias, sem autenticação, acompanhadas dos originais, para serem autenticadas por servidor da Administração. Podem também ser apresentados em recortes de publicação em órgão oficial de imprensa (art. 32 da Constituição da República);

Além da certidão expedida pelo INSS, entendemos ser necessária a apresentação de certidões que comprovem a regularidade do fornecedor perante as fazendas públicas. Também os documentos que comprovem a personalidade jurídica da empresa nos parecem indispensáveis. E, ainda, nos casos de compra de material permanente, com garantia inclusive de assistência técnica.

Os casos de concurso que visa a determinado objeto mediante pagamento de prêmio e leilão parece-nos serem as únicas hipóteses de dispensa total da apresentação dos documentos necessários à habilitação. No primeiro caso, não se está comprando nada, mas apenas pagando um prêmio ao vencedor. E, no outro, leilão, se está alienando mediante pagamento à vista, antes da entrega do objeto leiloado;

- o certificado de registro cadastral substitui os documentos de habilitação. Os documentos de habilitação podem ser substituídos pelo registro cadastral de que trata o art. 87 da Lei nº 14.133/2021, quanto às informações disponibilizadas no Portal Nacional de Contratações Públicas (PNCP) de consulta direta indicado no edital. Nesse caso o licitante fica obrigado a declarar, sob as penalidades legais, a superveniência de fatos impeditivos da habilitação;
- habilitação de consórcio. Nos casos em que o edital permitir a participação de empresas em consórcio nos procedimentos licitatórios, a habilitação delas obedecerá às seguintes regras: prova de compromisso por instrumento público ou particular, de constituição de consórcio, firmado por todas as empresas que participarão do consórcio; indicação da empresa responsável pelo consórcio, que preencha as condições de liderança previstas e estabelecidas no edital de licitação; apresentação de todos os documentos de habilitação relativamente a todas empresas que participarão do consórcio. Para os efeitos da qualificação técnica, é permitida a soma dos quantitativos de cada consorciada, e, para a qualificação econômico-financeira, é facultada a soma dos valores de cada empresa, na proporção da participação de cada uma delas no consórcio. É facultado à Administração exigir do consórcio o acréscimo de até 30% dos limites estabelecidos para as empresas concorrentes individualmente. Esse acréscimo, entretanto, é vedado nos casos de consórcios formados por pequenas e microempresas definidas em lei;
- nos casos de licitação da modalidade pregão, a comprovação da regularidade fiscal faz-se mediante apresentação de certidões relativas à Fazenda nacional, a Seguridade Social e o Fundo de Garantia de Tempo de Serviço (FGTS) e as fazendas estaduais e municipais, quando for o caso. Deve comprovar, ainda, que atende às condições editalícias relativas à habilitação jurídica, qualificação técnica e qualificação econômico-financeira.

Os licitantes no caso de pregão ficam dispensados de apresentar, na licitação, os documentos de habilitação exigidos para se cadastrar no Sistema de Cadastramento Unificado de Fornecedores (Sicaf), se já forem cadastrados.

19.6.3 Apreciação dos documentos de habilitação e julgamento das propostas e critérios

O julgamento da licitação está disciplinado pelos arts. 59, 60 e 61 do novo Estatuto. A comissão de licitação terá de observar os passos e as condições estabelecidos nesses dispositivos, sob pena de nulidade do certame.

- Os critérios de julgamento, como informado em tópico antecedente, são: (i) critérios do menor preço ou maior desconto. Em ambos os casos, o que se pretende é menor ônus financeiro para o erário. O menor preço afere-se por meio da comparação de todas as propostas financeiras apresentadas pelos licitantes, em conformidade com as condições mínimas de qualidade estabelecidas no edital. O critério do maior desconto resulta da proposta apurada durante o procedimento do julgamento, que representa menor preço em relação ao preço global estabelecido no edital. A diferença a menor entre o valor constante do edital e a proposta do licitante é que significa desconto. Assim, o licitante que der maior desconto é o vencedor, nesse quesito (art. 34, §§1º e 2º); (ii) o critério da melhor técnica ou conteúdo artístico. Nesse critério de julgamento, consideram-se apenas as propostas técnicas ou artísticas apresentadas pelos licitantes, pois não há proposta financeira, visto que o vencedor é recompensado pela sua criatura, por meio de um prêmio em dinheiro, constante do edital, quando o objeto for uma espécie de criação artística ou remuneração, cujo valor será fixado no edital, nos casos de contratação de projetos e trabalhos de natureza técnica e científica (art. 35); (iii) critério de julgamento por técnica e preço. Nessa espécie de critério, será considerada a maior pontuação resultante da ponderação das notas atribuídas aos aspectos de técnicas e de preços das propostas, observando-se fatores objetivos constantes do edital. O critério de julgamento em foco deve ser adotado quando estudo técnico preliminar deixar patente que a avaliação e a ponderação técnica das propostas que superem os requisitos mínimos constante do edital forem relevantes para a Administração quando os objetos das licitações forem os seguintes: a) serviços técnicos especializados em que a natureza intelectual for predominante. Nesse caso deve adotar, preferencialmente, o critério de técnica e preço; b) serviços dependentes, impreterivelmente, de tecnologia refinada e de domínio restrito, atestado por autoridades técnicas de reconhecida qualificação; c) "bens e serviços especiais de tecnologia da informação e de comunicação"; d) "obras e serviços especiais de energia"; e) objetos que possibilitam soluções específicas e alternativas de execução, com resultados mensuráveis sobre a qualidade, produtividade, rendimento e de durabilidade, "quando essas soluções e variações puderem ser adotadas à livre escolha dos licitantes", em conformidade com o disposto objetivamente no edital. Tratando-se do critério técnica e preço, avaliam-se primeiro as propostas técnicas e na sequência as de preço ou financeira, apresentadas pelos licitantes, na proporção de até 70% (setenta por cento) de valoração para a proposta técnica. O desempenho na execução de contrato com a Administração Pública, cujo contrato já cumpriu o seu prazo de vigência, deve ser considerado, se o ex-contratado tiver interesse em firmar novo contrato, "observado o disposto nos §§3º e 4º do art. 88 do no Estatuto e regulamento" (art. 36, §§1º, 2º e 3º); (iv) no item anterior, em que examinamos o art. 36, cuidou-se do julgamento por técnica e preço. Agora, será examinado o art. 37, que dispõe sobre julgamento por melhor técnica ou por técnica e preço. Neste caso, o julgamento observará o seguinte: a) a primeira providência será verificar a capacitação e experiência do licitante. Essa verificação se fará por meio de atestado expedido por pessoa jurídica privada ou pública, comprovando que a licitante realizou obra ou prestou serviço ou forneceu produtos, observando rigorosamente o disposto no respectivo contrato; b) o segundo item a ser observado consiste na atribuição de notas por banca designada para esse fim, conforme disposto no edital. A nota será atribuída a quesitos de natureza qualitativa, levando em conta o conhecimento do objeto, a metodologia e o programa de trabalho, a qualificação das equipes técnicas da licitante e a relação dos produtos que devem ser entregues; c) a atribuição de notas de que trata o artigo em pauta deve levar em consideração o disposto no "§3º do art. 88 do Estatuto e em registro cadastral unificado disponível no Plano Nacional de Contratações públicas (PNCP)".

A banca referida na letra *b* será composta por três membros, no mínimo, escolhidos entre: servidores públicos efetivos ou empregados públicos integrantes dos quadros de pessoal da Administração Pública; e profissionais contratados, dotados de conhecimento técnico, experiência ou renome na avaliação dos quesitos constantes do edital, supervisionados por profissionais designados, nos termos do art. 7º do Estatuto.

Na licitação para a contratação de serviços técnicos especializados de natureza predominantemente intelectual, em que o valor do contrato que se pretende firmar for superior a R$324.122,46, valor corrigido pela Lei nº 10.922/2021, o julgamento será: pelo critério da melhor técnica; ou o critério "de técnica e preço, na proporção de 70% (setenta por cento) de valoração da proposta" (art. 37, *caput* e §§1º e 2º).

Ressalte-se que, em julgamento por melhor técnica ou técnica e preço, a pontuação relativa à capacitação técnico-profissional exige a participação direta do profissional correspondente, na execução do respectivo contrato (art. 38 do Estatuto).

No julgamento por meio de retorno econômico, utilizado nos casos de celebração de contrato de eficiência, será considerada a maior economia para a contratante e a remuneração do licitante contratado, e deve ser fixada em percentual que indicará de forma proporcional a economia efetivamente obtida na execução do contrato (art. 39, *caput*).

Nas licitações, cujo critério de julgamento seja o constante do *caput*, os licitantes devem apresentar duas espécies de propostas: a primeira, de trabalho; e a segunda, de preço. A proposta de trabalho deve compreender o objeto do futuro contrato a ser firmado com o vencedor. O objeto pode ser obras, ou serviços ou bens. Nessa proposta de trabalho, os licitantes devem informar o prazo previsto para realização da obra ou serviço ou entrega do bem, e a economia que estimam gerar, expressada em unidade de medida e unidade monetária, nas três hipóteses de contrações em referência (art. 39, §1º, inc. I). A proposta de preço deve informar o percentual sobre a economia que o licitante pretende gerar em determinado período, em unidade monetária (art. 39, §1º, inc. II).

Nessa espécie de critério de julgamento, é necessário que o edital preveja parâmetros objetivos de mensuração da economia que o licitante deve gerar com a execução do contrato, se for vencedor na licitação. A economia gerada servirá de base de cálculo da remuneração a que o contratado terá direto (art. 39, §2º).

O retorno econômico, na situação em exame, será o resultado da economia que o licitante pretende gerar com a execução da proposta de trabalho, deduzido o valor da proposta de preço (art. 39, §3º).

Na hipótese de a economia prevista no contrato de eficiência ser frustrada, ou, em outras palavras, não ter sido gerada, o contratado estará sujeito: "I – a diferença entre a economia contratada e a efetivamente obtida será descontada da remuneração" estipulada no contrato; a hipótese de a diferença entre a economia prevista no contrato e a efetivamente obtida ser superior ao limite máximo estipulado no contrato sujeitará, ainda, a outras sanções cabíveis (art. 39, §4º, I e II).

Nos casos de licitação fechada, os documentos necessários à habilitação, proposta técnica e proposta de preço, devem ser apresentados em envelopes opacos e hermeticamente fichados. Pela ordem apresentada, são três envelopes: envelope nº 1, contendo os documentos de habilitação; envelope nº 2, contendo a proposta técnica; e envelope nº 3, contendo a proposta de preço.

Na reunião da comissão de licitação, que inicia o julgamento, a primeira providência deve ser verificar, com a participação dos representantes dos licitantes presentes, devidamente credenciados, se os envelopes estão rigorosamente de acordo com o que dispõe o edital. Os que estiverem em desacordo serão, de plano, excluídos. Os que atenderam a todas as exigências serão abertos um por um, até o último.

De acordo com o novo Estatuto, o primeiro envelope a ser aberto é o nº 3, contendo a proposta de preço de todas as proponentes. Os envelopes e os documentos neles contidos serão rubricados obrigatoriamente por todos os membros da comissão e, facultativamente, pelos representantes dos licitantes que se encontrarem presentes ao ato. Por ser facultativa a rubrica dos representantes dos licitantes, não é necessário que todos os presentes rubriquem os documentos. Entretanto, a comissão não pode impedir qualquer deles de exercer esse direito. O procedimento será anulado se qualquer licitante provar que fora impedido, pela comissão, de rubricar os documentos.

Vencida essa fase, passa-se ao exame de cada documento quanto ao aspecto material e formal, confrontando-os com os itens pertinentes constantes do edital. Nesse exame, verifica-se a autenticidade do documento e seu prazo de validade, quando for o caso (por exemplo, certidões); a análise dos balanços patrimoniais, valendo-se dos índices contábeis constantes do edital; e a conformidade dos documentos comprobatórios da qualificação técnica com o exigido no edital. Enfim, os menores detalhes devem ser observados, mas, valendo-se a comissão, sempre, de elementos objetivos. Os documentos duvidosos quanto à sua autenticidade ou quanto a outras exigências contidas no edital ou na lei não podem ser aceitos antes de estudos técnicos seguros. Não existe, em licitação, o princípio *in dubio pro licitante*. Na dúvida, deve a comissão de recorrer a diligências com vista ao esclarecimento.

É facultado à comissão solicitar a colaboração de órgãos ou profissionais técnicos, para o exame de matéria que não seja de seu domínio. Esses terceiros solicitados não têm o poder de julgar, mas de elaborar laudos, perícias ou pareceres técnicos, que podem ser adotados ou não pela comissão no momento de julgar.

Qualquer licitante pode, durante essa etapa, impugnar documento de concorrente que julgar em desacordo com o edital, desde que fundamente as suas razões. Se a impugnação não for acatada pela comissão, o fato deve ser registrado em ata, para instrução de recurso, oportunamente.

Dependendo da complexidade do objeto e do número de participantes, a comissão poderá não ter condição de proferir o resultado da habilitação na sessão de abertura dos envelopes, principalmente se depender de diligências ou de assessoramento de pessoas ou órgãos técnicos. Nesse caso, depois que todos os documentos estiverem devidamente rubricados e acostados aos autos da respectiva licitação, a comissão deve suspender a sessão, marcando outra data para o julgamento ou deixando a designação da data para outra oportunidade, se julgar conveniente. Nessa hipótese, será necessária a publicação de aviso no órgão oficial e em outros meios de publicidade e comunicação, fixando a data para a leitura pública da ata da comissão contendo o resultado da habilitação, com as justificativas, nos casos de inabilitação.

Dessa reunião será lavrada ata que registrará as ocorrências e os fatos pertinentes, de modo claro e objetivo. A ata será assinada por todos os membros da comissão e pelos representantes dos licitantes presentes.

A comissão, por ser órgão colegiado, toma as suas decisões pelos votos da totalidade ou da maioria de seus membros. Os votos dissidentes devem, sempre que possível, ser motivados. O voto divergente na íntegra, além de outras finalidades, servirá de meio de defesa do seu prolator, se a comissão deliberar em desacordo com o direito.

Concluídos trabalhos da comissão nessa fase, na data prevista serão habilitados os concorrentes que satisfizerem às condições do edital pertinentes à habilitação e inabilitados os que não atenderam às exigências editalícias.

Da decisão da comissão, nessa fase de habilitação ou inabilitação dos concorrentes, cabe recurso administrativo. Nos termos da Lei nº 14.133/2021, art. 165, o prazo para a interposição do recurso é de 3 (três) dias úteis, contados da data em que o licitante tomar conhecimento da decisão. Esse conhecimento poderá ocorrer na data da divulgação da ata em reunião, se todos os licitantes estiverem presentes e assinarem a respectiva ata, ou na data da publicação do aviso no órgão oficial. O mesmo prazo é observado nos casos de anulação ou revogação da licitação ou de extinção de contrato, por ato unilateral emanado de autoridade da Administração Pública (art. 165, I, alíneas "d" e "e"). No caso de pedido de reconsideração, na hipótese de ato que não comporta recurso hierárquico, o prazo recursal é de 3 (três) dias úteis, contados da data da intimação (art. 165, II).

Se o interessado pretende recorrer em face de ato decorrente de julgamento das propostas ou de ato de habilitação ou de inabilitação de licitante, deverá observar as seguintes disposições: manifestar, imediatamente após o conhecimento da intimação ou da lavratura da ata de habilitação ou inabilitação, o interesse de recorrer, sob pena de preclusão, e o prazo para a interposição do recurso é de 3 (três) dias úteis (art. 165, §1º).

O recurso, que opera efeito suspensivo por força da lei, será dirigido à autoridade administrativa imediatamente superior à comissão de licitação, por intermédio dela. A comissão, recebendo o recurso, dará ciência deste aos demais licitantes, no prazo de três dias úteis, para impugná-lo, se quiserem, em três dias úteis, também. Decorrido esse prazo, com ou sem impugnação ao recurso, a comissão terá o prazo de cinco dias úteis para rever a sua decisão, caso se convença, em face das razões apresentadas pelo recorrente, ou mediante informações fundamentadas, e remeterá o recurso à autoridade superior. Esta deverá proferir a decisão no prazo de até dez dias úteis, contado da data do recebimento dos autos (art. 165, §2º). Na hipótese de o recurso ser acolhido, não será invalidado todo o processo, mas, tão somente, o ato inaproveitável (art. 165, §3º). Se a decisão for em desfavor do recorrente, ele poderá apresentar contrarrazões, no prazo de 3 (três) dias úteis (art. 165, §4º). Para que o licitante possa exercer o seu direito de recorrer, a ele serão asseguradas vistas dos autos no que for indispensável à defesa de seus interesses (art. 165, §5º)

Ressalte-se que o entendimento dominante é o de que em procedimento licitatório admite-se apenas um grau recursal. Vale dizer que da decisão da autoridade imediatamente superior à comissão de licitação não cabe recurso. Esse entendimento prevalece na vigência da Lei nº 8.666/1993 e deve continuar, porque os recursos administrativos se contêm nos limites da linha hierárquica da Administração. Por isso, são hierárquicos, significa que os recursos administrativos são dirigidos à autoridade superior à que praticou o ato ou o julgamento molestado, como previsto no art. 165 do Estatuto, acima examinado. Salvo melhor juízo, não configura duplo grau de jurisdição.

Em virtude da possibilidade da interposição de recurso, nas licitações fechadas, a comissão não pode passar à abertura dos envelopes contendo as propostas logo em seguida ao encerramento do julgamento da habilitação. Essa é a regra. Entretanto, se os licitantes estiverem todos presentes e renunciarem ao prazo recursal mediante manifestação e decisão inequívocas, registradas em ata assinada por todos, pode-se passar à fase seguinte. Do contrário, ter-se-á de aguardar o transcurso do prazo recursal. Se no prazo for interposto recurso, só depois do seu trânsito em julgado, na via administrativa, é que a comissão poderá dar início à abertura dos envelopes de propostas.

- Julgamento das propostas técnicas – Admitindo-se que a licitação seja do critério técnica e preço e fechada, os envelopes a serem abertos primeiro, em seguida à habilitação, são os que contêm as propostas técnicas, envelope nº 2.

As formalidades são as mesmas examinadas no item anterior. A data da reunião de abertura deve ser fixada com antecedência mínima necessária para que os interessados tomem conhecimento dela, a tempo de comparecer à sessão de abertura.

A comissão, valendo-se sempre de critérios objetivos, deve examinar cuidadosamente as propostas técnicas, confrontando-as com as condições previstas no edital. Ressalte-se que os envelopes dos concorrentes inabilitados não podem ser abertos. Com a inabilitação, os concorrentes são automaticamente excluídos do procedimento licitatório, ficando, por isso, impedidos de participar das fases subsequentes. Os envelopes de propostas técnicas e propostas financeiras são devolvidos incólumes.

Ao final do julgamento dessa etapa, serão classificadas as propostas que atenderem às condições e requisitos do edital, e, consequentemente, desclassificadas as propostas que não preencherem as condições editalícias. As não classificadas, embora tenham sido habilitadas, afastam-se do processo nessa fase, não podendo ter as respectivas propostas financeiras abertas.

Essa decisão desafia recurso administrativo, conforme disposto no art. 165, do novo Estatuto. Os procedimentos e regras são os mesmos examinados na fase de habilitação.

Também aqui é obrigatório aguardar o decurso do prazo recursal ou do trânsito em julgado dos recursos, caso sejam interpostos. A abertura dos envelopes de propostas financeiras antes dessas formalidades implica a anulação do procedimento.

- Julgamento das propostas financeiras – Decorrido o prazo recursal ou decididos os recursos contra o julgamento das propostas técnicas, em todas as instâncias administrativas, a comissão designa dia e hora para o julgamento das propostas financeiras. A fixação de data pode ser dispensada na hipótese de os licitantes, na totalidade, renunciarem formalmente ao direito de recorrer. Nesse caso, a abertura dos envelopes de propostas financeiras pode ocorrer imediatamente após o encerramento do julgamento das propostas técnicas.

Nesse julgamento se considera a questão financeira. A aptidão técnica ou capacitação técnica e a habilitação são fases superadas. Sobre elas é vedado qualquer questionamento no julgamento das propostas financeiras.

A comissão deve cuidar dos aspectos relacionados com a autenticidade das propostas. Tratando-se de materiais de consumo ou permanente, é indispensável redobrada atenção quanto às especificações do objeto cotado, confrontando os dados constantes das propostas com as especificações previstas no edital, e a verificação se as especificações coincidem com a amostra ou protótipo, quando for o caso.

É preciso examinar os preços, confrontando-os com os praticados no mercado, com vista a verificar se estão compatíveis com o preço médio ou se não estão superiores aos do sistema de registro de preços, se existir.

As propostas com preços muito abaixo dos preços médios praticados no mercado são, em princípio, consideradas inexequíveis. Os preços muito acima da média praticada no mercado são considerados exorbitantes. Tanto um quanto o outro não podem ser aceitos. Se todas as propostas apresentarem estes ou outros vícios, é facultado à comissão a abrir aos licitantes o prazo de oito dias para que apresentem novas propostas escoimadas dos vícios. Se as novas propostas vierem, todas, ainda com irregularidades, a solução será o encerramento da licitação sem classificação e sem adjudicação. Esses procedimentos estão previstos na Lei nº 8.66/1993.

Alerte-se que a ordem de julgamento prevista na Lei nº 8.666/1993 – documentos de habilitação; proposta técnica; e propostas de preço –, examinada acima, não se constitui regra no novo Estatuto. A regra nele contida é a de julgar primeiro as propostas de preção. A licitante, que ao final do julgamento das propostas de preço, se classificar no primeiro lugar, terá os demais documentos de habilitação conhecidos e julgados. As demais não terão os respectivos envelopes contendo os documentos e os da proposta técnica abertos, salvo se a licitante classificada no primeiro lugar não for classificada na habilitação ou na proposta técnica. Nesse caso, abrem-se os envelopes da segunda classificada na proposta de preço. Se a segunda também não for classificada, abrem-se os envelopes da terceira, e assim por diante.

Os documentos previstos no Capítulo VI, que trata da habilitação, art. 70, e acima referidos podem ser: I – apresentados em original, por cópia ou qualquer outro meio previsto no edital e admitido pela Administração; II – substituídos por registro cadastral mantido por órgão ou entidade pública, se previsto no edital e que tenha se efetivado em conformidade com as disposições constantes da Lei nº 14.133/2021; III – dispensados total ou parcialmente nos casos de licitação para contratação, quando o objeto for para entrega imediata, nas contratações cujo valor do objeto seja inferior a um quarto do limite estabelecido para compras em geral e nos casos de contratações destinadas à pesquisa e desenvolvimento até o valor de R$324.122,46. O valor inicial fixado pela lei em comento era de R$300.000,00. Esse valor foi alterado pela Lei nº 10.922/2021 (art. 70, I, II e III).

As empresas estrangeiras que não têm filial no Brasil apresentarão documentos equivalentes, conforme regulamento expedido pelo chefe do Executivo Federal (art. 70, parágrafo único).

19.6.4 Encerramento da licitação

O julgamento da licitação conclui-se com a classificação dos licitantes quanto aos preços, figurando no primeiro lugar a que cotou menor preço. Na ordem crescente dos preços, serão classificados os fornecedores que tiveram as suas propostas aceitas, desde que sejam mais vantajosas para a Administração, nos termos do novo Estatuto.

Desse julgamento cabe recurso administrativo segundo os mesmos procedimentos, condições, prazos e órgãos ou autoridades recorridas. O que foi estudado na habilitação quanto a recurso aplica-se também aqui.

Transcorrido o prazo de recurso, transitados em julgado administrativamente os recursos intentados ou renunciado o prazo recursal por todos os licitantes que permanecem no certame, o processo será remetido à autoridade competente para homologação.

- Julgamento e habilitação na modalidade pregão – As regras de apresentação das propostas, habilitação e julgamento na licitação da modalidade pregão são diferentes comparando-se com as regras gerais examinadas acima. No pregão presencial as propostas são entregues em audiência pública, instalada para esse fim, em local, dia e hora previamente determinados. O prazo para a realização dessa audiência pública, contado da divulgação do edital, é de no mínimo oito dias úteis.

As licitações das demais modalidades, em regra, são conduzidas por comissão permanente de licitação ou por comissão especial de licitação. Na modalidade pregão, a licitação é presidida e conduzida por um servidor do órgão ou entidade promotora do certame, designado pela autoridade competente para a função de pregoeiro. O pregoeiro será auxiliado por uma equipe de apoio, também designada pela mesma autoridade. As atribuições básicas do pregoeiro e de sua equipe de apoio são: receber as propostas e lances, examinar sua aceitabilidade e sua classificação e habilitar e adjudicar o objeto da licitação ao proponente vencedor.

Aberta a sessão pública referida acima, os licitantes entregam os envelopes identificando o objeto e o valor da proposta. Nesse momento, deve ser verificado se as propostas estão em conformidade com o disposto no edital.

Na mesma sessão, o licitante que cotou o menor preço e os que ofereceram preço até dez por cento acima do valor daquele poderão fazer lances verbais sucessivos, até a proclamação do vencedor. Os lances nesse caso são decrescentes. O martelo será batido pelo pregoeiro no momento em que verificar que nenhum dos participantes deseja cobrir o último lance. Batido o martelo, o pregoeiro declara vencedor o licitante que, na disputa, ofereceu o seu produto pelo menor preço.

19.6.5 Homologação e adjudicação

A homologação é ato de controle de competência de autoridade hierarquicamente superior à comissão de licitação. A autoridade encarregada desse controle deve examinar cuidadosamente o processo desde os primeiros atos da fase interna até o último da fase externa, que consiste na classificação do licitante vencedor.

A autoridade, constatando que o processo está integralmente em conformidade com as exigências legais, deve homologar a decisão da comissão materializada em ato de julgamento. Se for verificado vício, a autoridade deve anular o processo todo ou em parte. A anulação será total se o vício verificado se localizar na fase interna da licitação, e será parcial quando o vício se verificar em fase posterior. Assim, por exemplo, se o vício estiver no edital, o procedimento será anulado a partir do edital; se for na habilitação, será a partir daí a anulação. E assim por diante, até a última etapa, que é o julgamento das propostas de preço e a classificação do vencedor.

Com a anulação, o processo é devolvido à comissão para proceder a novo julgamento ou iniciar outro processo se a anulação atingir todo o procedimento.

A adjudicação é ato formal da autoridade competente por meio do qual é atribuído ao licitante vencedor o objeto da licitação. A quem compete a expedição desse ato? À comissão de licitação ou à autoridade encarregada da homologação? Não há unanimidade, entre os autores, quanto a essa matéria. Algumas leis estaduais, entre elas a mineira, hoje revogada, estabelecem que a função de adjudicar é da comissão de licitação; ato que praticará no momento da classificação. Outras atribuem a competência para adjudicar à autoridade que homologa a licitação. Esta é a dicção da Lei nº 8.666/1993, nos termos do art. 43, VI, a autoridade competente para homologar a licitação é a competente também para adjudicar. A lei do pregão adotou essa mesma regra.

Parece-nos que esta é a melhor solução, considerando principalmente que o procedimento licitatório se conclui com a homologação. O julgamento pela comissão tem eficácia e produz efeitos somente após à homologação. A autoridade competente para homologar pode anular o procedimento ou revogar a licitação. Por isso não é prudente atribuir competência à comissão para adjudicar. A sua missão deve encerrar-se no momento da classificação do proponente vencedor. Nessa linha é o magistério de Marçal Justen Filho:

> Neste ponto, a solução da nova lei foi correto. O conteúdo jurídico e os efeitos atribuídos à adjudicação ultrapassam os limites da competência da Comissão de Licitação. Não compete a ela atribuir o "objeto" da licitação ao vencedor, reconhecendo a satisfatoriedade à autoridade com poderes para vincular a pessoa administrativa. A comissão apenas seleciona a proposta que reputar mais vantajosa, segundo os critérios previstos no ato convocatório.[29]

O novo Estatuto não deixa dúvida quanto à competência para adjudicar e homologar conforme dispõe o art. 71, cujo *caput* estabelece que, concluídas as fases de julgamento e habilitação, após o julgamento de eventuais recursos administrativos, o processo será remetido à autoridade superior para as seguintes providências: I – devolver os autos do processo à comissão para sanar vícios por ventura detectados durante a verificação

---
[29] JUSTEN FILHO. *Op. cit.*, p. 281.

preliminar. Nesse caso, a autoridade deve informar expressamente o vício ou os vícios insanáveis encontrados no processo, e deve ser também apurada a responsabilidade de quem concorreu direta ou indiretamente para a ocorrência da nulidade; II – revogar a licitação por motivo de conveniência ou oportunidade, no caso de fato superveniente à licitação e que tenha pertinência com ela; III – anular a licitação se ela contiver vício insanável. Esta providência pode ser de ofício ou em virtude de provocação de terceiro ou, ainda, em decorrência de recurso interposto por licitante; e, por fim, se não ocorreu nenhuma das hipóteses acima, a autoridade terá o dever de adjudicar o objeto ao vencedor e homologar a licitação.

A revogação e anulação condicionam-se à manifestação prévia dos interessados, em observância do princípio do devido processo legal, garantidos ampla defesa e contraditório.

As disposições constantes do artigo em comento se aplicam, no que couber, aos casos de contratação direta (dispensa e inexigibilidade de licitação) e "aos procedimentos auxiliares da licitação" (art. 71, incisos e parágrafos).

- Revogação e anulação – A revogação, sabidamente, é ato decorrente da discricionariedade do agente administrativo. O vício, portanto, não será motivo para a revogação, mas a conveniência e a oportunidade (art. 71, II). Embora discricionário, o poder de revogar não se funda em qualquer interesse público que justifica a medida. A lei antiga estabelece que a revogação da licitação é possível nos casos de interesse público decorrente de fato superveniente à licitação e que com ela tenha pertinência. O novo Estatuto sintetiza nos seguintes termos: "O motivo determinante para a revogação do processo licitatório deverá ser resultante de fato superveniente devidamente comprovado" (art. 71, §2º). Fora dessa hipótese, o ato de revogação será acoimado do vício de nulidade.

O ato de revogação e de anulação da concorrência sujeita-se a recursos administrativos segundo as mesmas regras e condições previstas na fase de julgamento. Já contra o ato de homologação não cabe recurso, visto que as questões pendentes foram resolvidas nas fases do julgamento.

O novo Estatuto, Lei nº 14.133/2021, art. 156, prevê as seguintes sanções administrativas: advertência; multa; impedimento de licitar e contratar; e declaração de inidoneidade para licitar ou contratar com a Administração Pública, a serem aplicadas aos licitantes ou contratados que praticarem infrações administrativas previstas no novo Estatuto.

A autoridade competente para aplicar sanções administrativas deve observar, obrigatoriamente, os seguintes critérios:

I - a natureza e a gravidade da infração cometida;
II - as peculiaridades do caso concreto;
III - as circunstâncias agravantes ou atenuantes;
IV - os danos que dela provierem para a Administração Pública;
V - a implantação ou o aperfeiçoamento de programa de integridade, conforme normas e orientações dos órgãos de controle. (Art. 156, §1º)

20 Processo de licitação das empresas estatais

No subitem 19.6.5, terminamos o estudo do processo de licitação na Administração Pública direta, nas autarquias e nas fundações públicas, em conformidade com a Lei nº 14.133/2021. A partir daqui vamos examinar as licitações nas sociedades de economia mista, nas empresas públicas e nas suas subsidiárias, regidas pela Lei nº 13.303, de 30.1.2016, Estatuto Jurídico das Empresas Públicas, da Sociedade de Economia Mista e de suas Subsidiárias, da União, dos estados, do Distrito Federal e dos municípios. Essa lei decorre do art. 173, §1º, da Constituição Federal, já noticiado em outro momento, no estudo das empresas estatais.

20.1 Exigências de licitação e dos casos de dispensa e de inexigibilidade

A lei em referência disciplina a licitação e contratação nas empresas estatais, conforme arts. 28 a 84. Os procedimentos relativos à licitação iniciam-se com as modalidades de licitação nas estatais.

As empresas públicas e as sociedades de economia mista dependem de prévia licitação para firmar contrato com pessoas jurídicas privadas ou pessoas físicas, para prestação de serviços comuns, serviços de engenharia, de publicidade, execução de obras, locação de bens, alienação de bens integrantes do respectivo patrimônio, entre outros, ressalvados os casos de dispensa e de inexigibilidade de licitação previstos nos arts. 29 e 30 da lei em comento (art. 28, *caput*). Os procedimentos relativos à licitação iniciam-se com as modalidades de licitação previstas para as empresas estatais.

20.2 Normas específicas para obras e serviços

Aplica-se às empresas estatais o disposto nos arts. 42 a 49, da Lei Complementar nº 123/2006. O art. 42 dispõe que, nas contratações públicas, as microempresas e empresas de pequeno porte devem apresentar os documentos relativos à regularidade fiscal e trabalhista, somente por ocasião da assinatura do contrato; o art. 43 é, aparentemente, contraditório em relação ao disposto no art. 42, pois prescreve a necessidade de as microempresas e as de pequeno porte apresentarem toda documentação relativa à regularidade fiscal e trabalhista, por ocasião da participação em licitação, mesmo que apresente alguma restrição (art. 28, §1º da Lei nº 13.303/2016).

Se a documentação estiver incompleta ou documento vencido, certidão, por exemplo, será conferido ao licitante o prazo de cinco dias úteis, para sanar a irregularidade. Esse prazo, a critério da empresa promotora da licitação, poderá ser prorrogado por igual prazo (art. 43, §1º).

Na hipótese de o licitante não promover a regularização dos documentos no prazo previsto no §1º, perde o direito à contratação, além das sanções previstas na Lei nº 14.133/2021, art. 43, §2º.

Nos casos de empate, será adotado, como critério de desempate, preferência para contratação de microempresas e empresas de pequeno porte. Considera-se empate quando os preços cotados pelas microempresas e empresas de pequeno porte forem iguais ou acima até 10% da proposta da empresa mais bem qualificada; nos casos de licitação da modalidade pregão, a diferença será de até 5% da proposta mais bem qualificada (art. 44, §§1º e 2º).

Para efeito do disposto no art. 44, ocorrendo o empate, podem-se adotar as seguintes medidas: I – a microempresa ou a empresa de médio porte mais bem classificada poderá abaixar o seu preço a patamar inferior ao da licitante considerada vencedora. Nesse caso, ela será adjudicada; II – na hipótese de a microempresa ou a empresa de pequeno porte não ser contratada, conforme inc. I, serão convocadas as licitantes remanescentes que se enquadram nas hipóteses dos §§1º e 2º, do art. 44; III – na hipótese de haver empate entre a microempresa e a empresa de pequeno porte, será realizado sorteio para escolher qual delas poderá, primeiro, apresentar melhor proposta.

Passado todo o processo previsto no *caput* do art. 45, se nenhuma for contratada, será adjudicada a concorrente que originariamente apresentou a proposta vencedora (art. 45, §1º). O disposto no artigo em comento somente será adotado na hipótese de microempresa ou empresa de pequeno porte que não tiver apresentado a melhor oferta inicialmente (art. 45, §2º). Na licitação da modalidade pregão, a microempresa ou a empresa de pequeno porte mais bem classificada depois do último lance será convidada para, em 5 (cinco) minutos depois de encerrada a fase de apresentação de lances, apresentar nova proposta. Decorrido esse prazo, sem apresentar nova proposta, o direito de o fazer fica precluso (art. 45, §3º). Os arts. 46 a 49 são irrelevantes para as empresas estatais.

As empresas públicas e as sociedades de economia mista podem celebrar convênios e contratos com pessoas físicas e jurídicas para implementar políticas públicas de interesse social, no cumprimento da função social das empresas estatais. Esses ajustes jurídicos condicionam-se à prévia licitação, no que couber. Significa que, sempre que houver possibilidade de competição, a licitação se impõe (art. 28, §2º).

Os arts. 29 e 30 da Lei nº 13.303/2016 tratam das hipóteses de contratação direta, por dispensa e inexigibilidade de licitação. Os fundamentos e os motivos são os mesmos constantes da Lei Geral de Licitações de 2021. Os arts. 74 e 75 foram exaustivamente examinados nos tópicos 18, 18.1, 18.2 e 18.3, razão pela qual não se justifica repetir aqui. Remete-se o leitor ao tópico e subtópico referidos neste parágrafo, que tratam da contratação direta por dispensa e inexigibilidade de licitação na Administração direta, nas autarquias e nas fundações.

20.3 Disposições de caráter geral sobre licitações e contratações

A exemplo da Administração direta, autarquia e fundação pública, a licitação realizada pelas empresas públicas e sociedades de economia mista tem por finalidade precípua contratar fornecedor ou prestador de serviços que apresentar a proposta mais vantajosa. Inclui-se, na escolha da melhor proposta, o ciclo de vida útil do objeto, quando se tratar de aquisição de bens. Evita-se, com essa medida, contratação por preço superfaturado ou sobrepreço, observados os princípios da licitação seguintes: da impessoalidade, da moralidade, da igualdade, da publicidade, da eficiência, da probidade administrativa, da economicidade, do desenvolvimento nacional sustentável, da vinculação ao instrumento convocatório, da obtenção de competitividade e do julgamento objetivo (art. 31, *caput*). A Administração direta e as empresas estatais, sabidamente, estimam, na fase preparatória, o valor do objeto que pretendem contratar. Esse preço serve de referência, por ocasião do julgamento das propostas. Caracteriza-se sobrepreço o cotado pelo licitante expressivamente superior ao preço praticado no mercado (art. 31, §1º, I).

Considera-se superfaturada a contratação levada a efeito pela empresa contratante, configurando-se dano ao seu patrimônio:

a) pela medição de quantidades superiores às efetivamente executadas ou fornecidas;

b) pela deficiência na execução de obras e serviços de engenharia que resulte em diminuição da qualidade, da vida útil ou da segurança;

c) por alterações no orçamento de obras e de serviços de engenharia que causem o desequilíbrio econômico-financeiro do contrato em favor do contratado;

d) por outras alterações de cláusulas financeiras que gerem recebimentos contratuais antecipados, distorção do cronograma físico-financeiro, prorrogação injustificada do prazo contratual com custos adicionais para a empresa pública ou a sociedade de economia mista ou reajuste irregular de preços. (Art. 31, §1º, II)

O orçamento estimado ou orçamento de referência do custo global, nos casos de obras e serviços de engenharia, deve ser obtido baseado nos

custos unitários de insumos ou serviços menores ou iguais à mediana de seus correspondentes no Sistema de Pesquisa de Custo e Índices da Construção Civil (Sinapi), no caso de construção civil em geral, ou no Sistema de Custos Referencias de obras (Sicro), no caso de obras e serviços rodoviários, devendo ser der observadas as peculiaridades geográficas. (Art. 31, §2º)

Na hipótese de inviabilidade de definição dos custos nos termos do §2º, esses poderão ser definidos por meio "de dados em tabela de referência aprovada por órgão ou entidades da Administração Pública federal, em publicações técnicas especializadas, em banco de dados e sistema específico instituído para o setor ou em pesquisa de mercado" (art. 31, §3º). Na nossa opinião, a pesquisa de mercado é mais adequada, além da facilidade da pesquisa por meio eletrônico, e por isso, a rapidez, e, ainda, pelo fato de que os preços de mercado são atualizados. As empresas estatais podem "adotar procedimento de interesse privado para o recebimento de propostas e projetos de empreendimentos com vistas a atender necessidades previamente identificadas". Nesse caso, a empresa deve adotar regulamento específico (art. 31, §4º). Na hipótese de ser adotado o critério previsto no §4º, o autor ou fornecedor poderá participar da licitação para a execução do respectivo empreendimento, podendo ser ressarcido pelos custos aprovados pela empresa estatal promotora da licitação, caso não seja vencedor da licitação e que seja promovida a cessão de direito, nos termos do art. 80 da mesma lei (art. 31, §5º).

Nas licitações e contratações reguladas pela Lei nº 13.303/2016:

Art. 32. [...] serão observadas as seguintes diretrizes:

I - padronização do objeto da contratação, dos instrumentos convocatórios e das minutas de contratos, de acordo com normas internas específicas;

II - busca da maior vantagem competitiva para a empresa pública ou sociedade de economia mista, considerando custos e benefícios, diretos e indiretos, de natureza econômica, social ou ambiental, inclusive os relativos à manutenção, ao desfazimento de bens e resíduos, ao índice de depreciação econômica e a outros fatores de igual relevância;

III - parcelamento do objeto, visando a ampliar a participação de licitantes, sem perda de economia de escala, e desde que não atinja valores inferiores aos limites estabelecidos no art. 29, incs. I e II;

IV - adoção preferencial da modalidade de licitação denominada pregão, para a aquisição de bens e serviços comuns, assim considerados aqueles cujos padrões de desempenho e qualidade possam ser objetivamente definidos pelo edital, por meio de especificações usuais no mercado;

V - observação da política de integridade nas transações com partes interessadas.

§1º As licitações e os contratos disciplinados por esta Lei devem respeitar, especialmente, as normas relativas à:

I - disposição final ambientalmente adequada dos resíduos sólidos gerados pelas obras contratadas;

II - mitigação dos danos ambientais por meio de medidas condicionantes e de compensação ambiental, que serão definidas no procedimento de licenciamento ambiental;

III - utilização de produtos, equipamentos e serviços que, comprovadamente, reduzam o consumo de energia e de recursos naturais;

IV - avaliação de impactos de vizinhança, na forma da legislação urbanística;

V - proteção do patrimônio cultural, histórico, arqueológico e imaterial, inclusive por meio da avaliação do impacto direto ou indireto causado por investimentos realizados por empresas públicas e sociedades de economia mista;

VI - acessibilidade para pessoas com deficiência ou com mobilidade reduzida.

Contratações pelas empresas estatais, que posam causar efeitos negativos em bens dotados de conteúdos cultural, histórico, arqueológico e imaterial tombados, portanto, integrantes do patrimônio cultural, dependem de prévia autorização da entidade responsável pelo tombamento nos entes da Federação. Na União, a entidade responsável é o Instituto do Patrimônio Histórico e Artístico Nacional (IPHAN); no Estado de Minas Gerais, por exemplo, o Instituto Estadual do Patrimônio Histórico e Artístico (IEPHA) e, no Município de Belo Horizonte, o Conselho Deliberativo do Patrimônio Cultural de Belo Horizonte (CDPCM-BH). Impacto negativo sobre bens tombados pela União, estados, Distrito Federal e municípios e integrantes do patrimônio cultural, em decorrências de obras contratadas por empresa pública ou sociedade de economia mista, deve ser "compensado por meio de medidas determinadas pela autoridade máxima da empresa contratante, na forma da legislação aplicável" (art. 32, §2º). As licitações da modalidade pregão, na forma eletrônica, serão realizadas exclusivamente em portais de compras de acesso público por meio da internet (art. 32, 3º).

Nos casos de licitação com etapa de lances, a empresa estatal disponibilizará meios eletrônicos para os licitantes enviarem seus lances (art. 32, §4º). O edital de licitação deve especificar, de modo claro e objetivo, o objeto que a empresa pretende contratar ou adquirir. Da mesma forma, o edital deve informar, de modo claro, as cláusulas do contrato decorrente da licitação (art. 33).

O valor estimado do objeto da licitação e do futuro contrato é de caráter sigiloso, exceto para os órgãos de controle interno e externo. O valor será revelado por ocasião do julgamento das propostas. A empresa promotora da licitação deve registrar em documento formal a informação de que o valor estimado foi disponibilizado aos órgãos de controle interno e externo (art. 34). A empresa pública e a sociedade de economia mista podem adotar a pré-qualificação de seus fornecedores ou produtores, conforme dispõe o art. 64 (art. 36). As empresas em estudo devem informar as sanções por elas aplicadas ao contratado, nos termos das definições constantes do art. 83, com a finalidade de manter atualizado o cadastro de empresas inidôneas. Os fornecedores declarados inidôneos são impedidos de participar de licitação, enquanto durar a suspensão por esse motivo. Podem, entretanto, ser excluídos do cadastro negativo os fornecedores que demostrarem que os motivos que deram causa à suspensão foram superados, e desde que isso seja aceito pela empresa que os suspenderam do direto de licitar e contratar (art. 37, *caput* e §2º).

É impedida de participar de licitação e de ser contratada pelas empresas estatais a empresa:

Art. 38. [...]

I - cujo administrador ou sócio detentor de mais de 5% (cinco por cento) do capital social seja diretor ou empregado da empresa pública ou sociedade de economia mista contratante;

II - suspensa pela empresa pública ou sociedade de economia mista;

III - declarada inidônea pela União, por Estado, pelo Distrito Federal ou pela unidade federativa a que está vinculada a empresa pública ou sociedade de economia mista, enquanto perdurarem os efeitos da sanção;

IV - constituída por sócio de empresa que estiver suspensa, impedida ou declarada inidônea;

V - cujo administrador seja sócio de empresa suspensa, impedida ou declarada inidônea;

VI - constituída por sócio que tenha sido sócio ou administrador de empresa suspensa, impedida ou declarada inidônea, no período dos fatos que deram ensejo à sanção;

VII - cujo administrador tenha sido sócio ou administrador de empresa suspensa, impedida ou declarada inidônea, no período dos fatos que deram ensejo à sanção;

VIII - que tiver, nos seus quadros de diretoria, pessoa que participou, em razão de vínculo de mesma natureza, de empresa declarada inidônea.

Parágrafo único. Aplica-se a vedação prevista no *caput*:

I - à contratação do próprio empregado ou dirigente, como pessoa física, bem como à participação dele em procedimentos licitatórios, na condição de licitante;

II - a quem tenha relação de parentesco, até o terceiro grau civil, com:

a) dirigente de empresa pública ou sociedade de economia mista;

b) empregado de empresa pública ou sociedade de economia mista, cujas atribuições envolvam a atuação na área responsável pela licitação ou contratação;

c) autoridade do ente público a que a empresa pública ou sociedade de economia mista esteja vinculada.

III - cujo proprietário, mesmo na condição de sócio, tenha terminado seu prazo de gestão ou rompido seu vínculo com a respectiva empresa pública ou sociedade de economia mista promotora da licitação ou contratante há menos de 6 (seis) meses.

O art. 39 prescreve que as empresas públicas e as sociedades de economia mista devem manter, cada uma, portal específico eletrônico, acessado por meio da internet, no qual devem ser divulgados: procedimentos licitatórios; pré-qualificação; e contratos disciplinados pelo Estatuto Jurídico das empresas estatais. Devem ser divulgados também, no mesmo portal, os prazos para apresentação de propostas ou lances. Devem ser observados os seguintes prazos:

I - para aquisição de bens:

a) 5 (cinco) dias úteis, quando adotado como critério de julgamento o menor preço ou o maior desconto;

b) 10 (dez) dias úteis, nas demais hipóteses;

II - para contratação de obras e serviços:

a) 15 (quinze) dias úteis, quando adotado como critério de julgamento o menor preço ou o maior desconto;

b) 30 (trinta) dias úteis, nas demais hipóteses;

III - 45 (quarenta e cinco) dias úteis, no mínimo, quando o critério de julgamento adotado for o de melhor técnica ou a melhor combinação de técnica e preço, e ainda, nos casos em que a licitação for para contratação semi-integrada ou integrada.

A exemplo da Lei Geral de Licitações e Contratações, Lei nº 14.133/2021, a lei em comento, no mesmo sentido, estabelece que, nos casos de alteração ou modificação do edital, é necessária a divulgação nos mesmos termos e prazo, a contar da data da divulgação, ressalvados os casos em que a alteração prejudica a elaboração das propostas. Por exemplo, correção de erros materiais (art. 39, parágrafo único).

As empresas estatais a que se refere o respectivo Estatuto Jurídico devem divulgar regulamento interno, sobre licitações e contratos, mantendo-o sempre atualizado. Aludido regulamento deve conter, entre outros conteúdos, os seguintes: glossários de expressões técnicas; cadastro de fornecedores; minutas-padrão de editais e contratos; procedimentos de licitação e contratação direta; tramitação de recursos; formalização de contratos; gestão e fiscalização de contratos; aplicação de penalidades; e recebimento do objeto do contrato (art. 40).

Dependendo do objeto do contrato, são usadas diversas expressões técnicas, por isso, é bom que elas constem do regulamento interno das empresas, para facilitar a elaboração das propostas pelos licitantes. O cadastro de fornecedores está previsto, também, na Lei nº 14.133/2021. Ele é de fundamental importância no processo de licitação, porque substitui a habilitação, nas situações previstas na lei. É salutar também a previsão, no regulamento interno, de minutas-padrão de edital e de contrato. Essa exigência da lei tem por finalidade evitar elaboração de editais e de contratos contendo mais ou menos exigências ou conteúdos em cada licitação para a contratação da mesma espécie de objeto. As situações que desafiam recursos administrativos e a forma de tramitação destes são fundamentais para que os licitantes possam exercer plenamente os seus direitos em matéria de licitação, em cumprimento ao princípio do devido processo legal, garantido pela Constituição de 1988. Nos casos de obras e de compra de equipamentos, o recebimento do objeto deve ser feito em dois momentos: recibo provisório até que se verifique se o objeto está rigorosamente de acordo com o contrato. Estando, a autoridade competente emite o recibo definitivo.

As licitações e a execução dos contratos estão sujeitas às mesmas sanções administrativas e penais constantes da Lei nº 14.133/2021 (art. 41).

As obras e serviços, e os serviços de engenharia, contratados pelas empresas públicas e as sociedades de economia mista, são realizados por meio de: empreitada por preço unitário ou por preço global. Nestas duas espécies de empreitadas, o contratado arca com os custos da mão de obra e do material, e recebe o reembolso do valor gasto, acrescido do lucro, de acordo com o contrato e o cronograma físico e financeiro, nele estabelecido. Nos dois casos os objetos são entregues.

Outra espécie de empreitada, já prevista na Lei nº 8.666/1993, é a denominada empreitada integral. Nessa espécie, o empreiteiro entrega o objeto (edificação) totalmente construído, mais os equipamentos necessários para o pleno funcionamento. Admitindo-se, por hipótese, que o objeto seja uma edificação para funcionar uma delegacia de Polícia Civil. Depois do prédio construído, o contratado compra todos os móveis e equipamentos necessários ao funcionamento da delegacia, de modo que no momento da entrega e recebimento do objeto, a delegacia pode iniciar o seu funcionamento.

Há, ainda, contratação por tarefa, pouco usada. Trata-se de espécie de contratação de mão de obra para a realização de pequenos trabalhos por preço certo. Nesse caso, a contratada pode apenas prestar o serviço ou pode incluir em seu preço o custo do material, de acordo com a opção da Administração.

A contratação semi-integrada compreende aquela que envolve a elaboração do projeto executivo e a sua observância na execução de obras e serviços de engenharia, entre outras atividades necessárias à entrega do objeto da contratação (42, inc. V).

Com relação à contratação integrada, esta compreende a elaboração do projeto básico e do projeto executivo e a execução da obra e serviço de engenharia a serem contratados (art. 42, inc. VI). Vejam outros detalhes nos demais incisos e nos cinco parágrafos.

Nos casos de contratação de obras e serviço de engenharia não integrada, a Administração Pública é responsável pela elaboração dos projetos básicos e executivo, normalmente, elaborados por pessoa física ou pessoa jurídica, contratada para esse fim. A licitação se realiza, para a execução da obra ou do serviço de engenharia, em conformidade com o projeto básico pré-apresentado, conforme disposto no edital.

Nesses casos, não poderão participar de licitações para contratação de obras ou serviços de engenharia as seguintes categorias de pessoas: I – pessoas físicas ou jurídicas que tenham elaborado o anteprojeto ou o projeto básico que der origem à licitação; II – pessoa jurídica que participar de consórcio responsável pela elaboração do anteprojeto ou do projeto básico da licitação; III – pessoa jurídica da qual o autor do anteprojeto ou do projeto básico da licitação seja administrador, controlador, gerente, responsável técnico, subcontratado ou sócio, cuja participação acionária for superior a 5% (cinco por cento) do capital com direito a voto. As pessoas aqui referidas podem participar, a serviço da empresa estatal promotora da licitação, na condição de consultor ou de técnico, nas funções de fiscalizar, supervisionar ou gerenciar (art. 44, *caput* e §2º).

20.4 Normas específicas para aquisição de bens

As empresas estatais de que trata este tópico foram contempladas pelo respectivo Estatuto Jurídico, com normas específicas para as licitações destinadas à aquisição de bens. Nos termos da lei, poderão: I – indicar marca ou modelo, nas hipóteses seguintes: a) nos casos de padronização do objeto; b) "quando determinada marca ou modelo comercializado por mais de um fornecedor constituir o único capaz de atender o objeto do futuro contrato"; c) quando a marca ou o modelo for apto a servir como referência (nesse caso, no edital deve constar a marca ou o modelo tal ou similar ou melhor quantidade); II – quando justificada a necessidade de sua apresentação, "exigir amostra do bem no procedimento de pré-qualificação e na fase de julgamento das propostas ou de lances"; III – solicitar a qualificação do produto quanto à qualidade, ao processo de fabricação e a questões relativas ao aspecto ambiental (art. 47, *caput*).

> Art. 47. [...]
> Parágrafo único. O edital poderá exigir, como condição de aceitabilidade da proposta, a adequação às normas da Associação Brasileira de Normas Técnicas (ABNT) ou a certificação da qualidade do produto por instituição credenciada pelo Sistema Nacional de Metrologia, Normalização e Qualidade Industrial (Sinmetro).

As empresas estatais em estudo são obrigadas a divulgar, em sítio eletrônico oficial, acessível pela internet, semestralmente, os bens comprados, o respectivo preço e a quantidade adquirida, o nome do fornecedor e o valor total de cada aquisição, no período (art. 48).

20.5 Normas específicas para alienação de bens

A alienação de bens pelas empresas estatais condiciona-se à prévia avaliação e licitação. A licitação é dispensada nos casos previstos no art. 28, §3º e nos casos de transferências de bens a órgãos ou entidades públicas, doação de bens móveis para uso de interesse social, e na compra e venda de ações, de títulos de crédito de dívida e de bens por elas produzidos ou comercializados (art. 49 combinado com os arts. 28 e 29, XVI, XVII e XVIII, todos da lei em comento).

20.6 Procedimento de licitação

As licitações de que trata esta lei observarão a seguinte sequência de fases (art. 51):

I - preparação;
II - divulgação;
III - apresentação de lances ou propostas, conforme o modo de disputa adotado;
IV - julgamento;
V - verificação de efetividade dos lances ou propostas;
VI - negociação;
VII - habilitação;
VIII - interposição de recursos;
IX - adjudicação do objeto;
X - homologação do resultado ou revogação do procedimento.

A habilitação poderá, em caráter excepcional, anteceder as fases constantes dos incs. III, IV, V e VI (art. 51, §1º). Os atos das empresas estatais promotoras de licitação e dos licitantes serão efetivados preferencialmente por meio eletrônico, conforme definindo no edital da licitação. O resumo do edital convocando os interessados em participar da licitação e de contratação, deve ser publicado no *Diário Oficial* da União, do estado, ou do município, e também eletronicamente, acessível por meio da internet (art. 51, §2º).

Nos procedimentos de licitação realizados por empresas estatais regidas para lei em comento, pode ser adotado um dos dois modos: aberto ou fechado, ou, ainda, quando o objeto da licitação puder ser parcelado, a combinação de ambos, observado o disposto no inc. III do art. 32 da lei em comento (art. 52). No modo de disputa aberto, os licitantes apresentarão lances públicos e sucessivos, crescentes ou decrescentes, conforme o critério de julgamento adotado, previsto no edital da licitação (art. 52, §1º). No modo fechado, por óbvio, as propostas serão sigilosas até o dia e hora estabelecidos no edital, para divulgação (art. 52, §2º).

Adotado o modo de disputa aberto, podem ser admitidos (art. 53):

I - a apresentação de lances intermediários;

II - o reinício da disputa aberta, após a definição do melhor lance, para definição das demais colocações, quando existir diferença de pelo menos 10% (dez por cento) entre o melhor lance e o subsequente.

Parágrafo único. Consideram-se intermediários os lances:

I - iguais ou inferiores ao maior já ofertado, quando adotado o julgamento pelo critério da maior oferta;

II - iguais ou superiores ao menor já ofertado, quando adotados os demais critérios de julgamento.

Os critérios de julgamento são os seguintes: I – menor preço; II – maior desconto; III – melhor combinação de técnica e preço; IV – melhor técnica; V – melhor conteúdo artístico; VI – maior oferta de preço; VII – maior retorno econômico; e VIII – melhor destinação de bens alienados (art. 54, *caput*). Os critérios de julgamento serão previstos no edital e podem ser combinados nos casos de parcelamento do objeto, conforme inc. III do art. 32 (art. 54, §1º). Adotando-se os critérios constantes dos incs. III, IV, V e VII do *caput*, o julgamento das propostas será realizado com o emprego de parâmetros específicos constantes do edital (art. 54, §2º). No julgamento das propostas serão consideradas somente as vantagens constantes do edital (art. 54, §3º). O critério previsto no inc. II do *caput*: I – terá como referência o preço global constante do edital, estendendo-se o desconto oferecido nas propostas ou lances vencedores em eventuais termos aditivos; II – tratando-se de obras e serviços de engenharia, desconto incidirá de forma linear sobre a totalidade dos bens constantes do orçamento estimado, constante do edital (art. 54, §4º). "Quando for utilizado o critério referido no inc. III do *caput*, a avaliação das propostas técnicas e de preço considerará o percentual de ponderação mais relevante, limitado a 70% (setenta por cento)" (art. 54, §5º). A utilização do critério do maior retorno econômico tem por finalidade precípua proporcionar economia para a empresa promotora da licitação, com redução de suas despesas correntes (art. 54, §6º). Na hipótese de adoção do critério "melhor destinação de bens alienados", será considerada, conforme disposto no edital, "no meio social, da finalidade para cujo atendimento o bem será utilizado pelo adquirente" (art. 54, §7º). O descumprimento do disposto no §7º terá por consequência a devolução imediata do bem adquirido, ao acervo da empresa alienante, sem direito de indenização ao adquirente (art. 54, §8º). Na hipótese de empate entre duas propostas, os critérios de desempate são os seguintes:

> I - disputa final, em que os licitantes empatados poderão apresentar novas propostas fechadas, em ato contínuo ao encerramento da etapa de julgamento;
> II - avaliação do desempenho contratual prévio dos licitantes, desde que exista sistema objetivo de avaliação instituído. (Art. 55)

Concluído o julgamento das propostas ou dos lances, será verificada a efetividade das propostas ou dos lances e desclassificação das licitantes, cujas propostas ou lances: I – contenham vícios insanáveis; II – descumpram especificações técnicas constantes do edital; III – apresentem preços manifestamente inexequíveis; IV – forem acima do orçamento estimado para a contratação de que trata o §1º do art. 57, ressalvada a hipótese prevista no *caput* do art. 34; V – não tenham sua exequibilidade demonstrada, quando exigido pela empresa estatal promotora da licitação; VI – apresentem desconformidade com outras exigências constantes do edital, salvo se for possível a acomodação a seus termos antes da adjudicação do objeto e sem que se prejudique a atribuição de tratamento isonômico entre os licitantes. A verificação da efetividade dos lances ou propostas será feita em relação aos lances e propostas mais bem classificados (art. 56, §1º). A empresa condutora da licitação poderá realizar diligências para aferir a exequibilidade das propostas ou exigir dos licitantes que ela seja demonstrada, conforme prevê o inc. V do *caput* (art. 56, §2º). "Nas licitações de obras e serviços de engenharia, consideram-se inexequíveis as propostas com valores globais inferiores a 70% (setenta por cento) do menor dos seguintes valores": I – média aritmética dos valores das propostas superiores a 50% (cinquenta por cento) do valor do orçamento estimado pela empresa estatal promotora da licitação; ou II – valor do orçamento estimado pela empresa promotora da licitação (art. 56, §3º). Nos casos de outros objetos, para a verificação da exequibilidade ou de sobrepreço, devem "ser estabelecidos critérios de aceitabilidade de preços que considerem o preço global, os quantitativos e os preços unitários", conforme disposto no edital (art. 56, §4º).

Concluídos os procedimentos destinados a verificar a efetividade das propostas e dos lances, nos termos do art. 56, e confirmado o primeiro classificado na etapa de julgamento, ou que venha a ocupar essa posição em virtude de desclassificação de outra que tenha obtido classificação superior, o órgão promotor da licitação deverá negociar preço com o proponente (art. 57, *caput*). Para a negociação, incluem-se também os demais licitantes obedecendo à ordem inicialmente estabelecida, quando o preço do primeiro colocado, depois da negociação, permanecer acima do orçamento estimado (art. 57, §1º). Realizados os procedimentos constantes do §1º sem chegar a um valor igual ou inferior ao orçamento estimado, a licitação será revogada (art. 57, §3º).

A habilitação dos licitantes será precedida dos seguintes parâmetros: I – exigência da apresentação de documentos aptos a comprovar a possibilidade da aquisição de direitos e da contração de obrigações por parte do licitante; II – qualificação técnica, restrita a parcelas do objeto técnica ou economicamente relevantes, de acordo com parâmetros estabelecidos de forma expressa no edital; III – capacidade econômica e financeira; IV – recolhimento de quantia a título de adiantamento, tratando-se de licitações em que se utilize como critério de julgamento a maior oferta de preço (art. 58, *caput*.) Na hipótese de o critério de julgamento utilizado ser o de maior oferta de preço, poderão ser dispensados os requisitos de qualificação técnica e de capacidade econômica e financeira (art. 58, §1º). Na situação a que se refere o §1º, reverter-se-á a favor da empresa promotora da licitação a quantia eventualmente exigida nos termos do edital a título de adiantamento, caso o licitante não efetue o restante do pagamento devido no prazo estipulado (art. 58, §2º).

Ressalvado o caso de inversão de fases da licitação, o procedimento licitatório terá fase recursal única (art. 59, *caput*). Os recursos serão apresentados no prazo de 5 (cinco) dias úteis após a habilitação e contemplarão, além dos atos praticados nessa fase, os praticados em decorrência do disposto nos incs. IV, julgamento, e V, verificação de efetividade dos lances ou propostas, do *caput* do art. 51 da lei em comento (art. 59, §1º). Na hipótese de inversão de fases, o prazo referido no §1º será aberto após a habilitação e após o encerramento da verificação de efetividade dos lances ou propostas, abrangendo o segundo prazo também atos decorrentes do julgamento (art. 59, §2º).

A homologação do julgamento da licitação gera para o licitante vencedor o direito à celebração do contrato (art. 60). É vedada a formalização do contrato sem a observância da ordem classificatória (art. 61). A autoridade competente, recebendo o processo da licitação, para homologação, procedimento de controle do processo de licitação exercido por autoridade superior à comissão de licitação, deve homologar a licitação, salvo nas hipóteses de vício do processo ou interesse público que justifique revogação. A autoridade, ao examinar detalhadamente o processo de licitação, se constatar existência de vício insanável, deve anular a licitação e retornar o processo à comissão, para as providências necessárias para sanar o vício. Agora, mesmo não havendo vício no processo, a autoridade, ao invés de homologar a licitação, poderá, em caráter excepcional, revogá-la por interesse público decorrente "de fato superveniente que constitua óbice manifesto e incontornável". Essa condição para revogação é fundamental, para evitar que a autoridade, por motivo subjetivo, revogue licitação, invocando, sem fundamentação, o interesse público (art. 62). A anulação da licitação por motivo de ilegalidade não gera direito de indenização ao classificado na licitação anulada. A anulação ou a revogação condicionam-se à notificação ao interessado, para, querendo, exercer o direito de defesa (art. 62).

20.7 Procedimentos auxiliares das licitações

Os procedimentos auxiliares das licitações promovidas pela empresa pública e sociedade de economia mista são: I – pré-qualificação permanente; II – cadastramento; III – sistema de registro de preços; e IV – catálogo eletrônico de padronização (art. 63, *caput*). Os procedimentos previstos no *caput* "obedecerão a critérios claros e objetivos definidos em regulamento" (art. 63, parágrafo único).

20.7.1 Pré-classificação

A pré-classificação permanente a que se refere o inc. I do art. 63 é procedimento precedente à licitação com a finalidade de identificar: "I - fornecedores que reúnam condições de habilitação exigidas para o fornecimento de bem ou a execução de serviço ou obra nos prazos, locais e condições previamente estabelecidos; II - bens que atendam às exigências técnicas e de qualidade da administração pública" (art. 64 *caput*). O procedimento será público e disponível de modo a permitir aos interessados se inscreverem a qualquer tempo (art. 64, §1º). Às empresas estatais é facultado promover licitações apenas entre os pré-qualificados, nos termos estabelecidos em regulamento (art. 64, §2º). "A pré-qualificação poderá ser efetuada nos grupos ou seguimentos, segundo as especificidades dos fornecedores", poderá ser parcial ou total nos termos do §4º. A validade da pré-qualificação é de até um ano, podendo ser atualizada a qualquer tempo. Tratando-se de pré-qualificação aberta de produto, pode ser exigida a comprovação de qualidade. A empresa estatal realizadora da pré-qualificação deve divulgar os produtos e os nomes dos pré-qualificados, para efeito de conhecimento e controle interno e externo institucional, e social (art. 64, §§3º ao 7º).

20.7.2 Registros cadastrais

A lei sob exame, inspirada na Lei nº 8.666/1993, regulamentou registros cadastrais de interessados em habilitarem-se em licitações promovidas por empresas estatais. O cadastro tem validade de até um amo, atualizável a qualquer tempo (art. 65, *caput*). Os registros cadastrais devem ser amplamente divulgados e permanentemente abertos para a inscrição de interessados. Os interessados inscritos serão admitidos em conformidade com requisitos previstos em regulamento. "A atuação do licitante no cumprimento de obrigações assumidas será anotada no respectivo registro cadastral". O registro do inscrito que deixar de satisfazer as exigências estabelecidas para habilitação ou para admissão cadastral pode ser alterado, suspenso ou cancelado (art. 65, §§1º a 4º).

20.7.3 Sistema de registro de preços

O sistema de registro preços rege-se pelo disposto em decreto do Poder Executivo e pelas disposições seguintes (art. 66, *caput*): o órgão ou entidade responsável por execução de atividades previstas no art. 1º da lei em comento poderão aderir ao sistema de registro de preços em referência (art. 66, §1º); o registro de preços em foco observará, entre outras, as seguintes condições: realização prévia de ampla pesquisa de mercado; "seleção de acordo com os procedimentos previstos em regulamento"; desenvolvimento de rotina de controle e atualização periódicos dos preços registrados; definição da validade do registro; "inclusão, na respectiva ata, do registro dos licitantes que aceitarem cotar os bens ou serviços com preços iguais ao do licitante vencedor na sequência da classificação do certame, assim como dos licitantes que mantiverem suas propostas originais" (66, §2º, incs. I a V). Os fornecedores que mantêm seus preços registrados obrigam-se a manter os respectivos preços durante o prazo de vigência da ata. A Administração, por seu turno, não se obriga a adquirir de empresa fornecedor constante do Sistema de Registro de Preços, quando verificar que o preço do mercado está abaixo do registrado. Para se valer dessa prerrogativa, a empresa estatal mantenedora do sistema de registro de preço terá que promover licitação específica. Na hipótese de o preço vencedor na licitação ser menor do que o constante do registro, o detentor de preço registrado terá preferência para fornecer o objeto da licitação, pelo preço vencedor (art. 66, 3º).

20.7.4 Catálogo eletrônico de padronização de compras

As comparas, serviços e obras, nos casos em que a padronização é possível, devem constar de catálogo eletrônico em sistema informatizado, de gerenciamento centralizado, de modo a permitir às empresas estatais padronizar os itens que estão disponíveis para licitação (art. 67, *caput*).

> Parágrafo único. O catálogo referido no *caput* poderá ser utilizado em licitações cujo critério de julgamento seja o menor preço ou o maior desconto e conterá toda a documentação e todos os procedimentos da fase interna da licitação, assim como as especificações dos respectivos objetos, conforme disposto em regulamento. (Art. 67)

CAPÍTULO 8

CONTRATO ADMINISTRATIVO

Sumário: **1** Considerações gerais – **2** Noções iniciais sobre o contrato administrativo – **3** Legislação pertinente – **4** Cláusulas fundamentais do contrato administrativo – **5** Casos excepcionais de prorrogação do contrato – **6** Regime jurídico do contrato administrativo – **7** Formalização dos contratos administrativos – **8** Alteração dos contratos – **9** Execução dos contratos – **10** Inexecução e rescisão dos contratos – **11** Hipóteses de extinção dos contratos – **12** Da nulidade do contrato e efeitos da anulação – **13** Infrações e sanções administrativas – **14** Tipos de contratos administrativos – **15** Contratos adotados nas empresas públicas e sociedades de economia mista – **16** Convênio – **17** Consórcio público

1 Considerações gerais

Contrato é acordo de vontades livremente manifestadas pelas partes, estabelecendo direitos e obrigações recíprocas em relação a determinado objeto. Por essência, o contrato é bilateral e comutativo, oneroso, em regra, podendo ser gratuito, por exceção. A bilateralidade decorre do fato de que, para a formação do ajuste, concorrem pelo menos duas vontades manifestadas pelas partes signatárias. A comutatividade consiste na estipulação de obrigações mútuas e equivalentes em deveres e vantagens.

Em oposição ao ato jurídico, unilateral, o contrato é negócio jurídico, por depender da concorrência de vontades opostas, mas convergentes em torno de um objeto. Assim, por exemplo, quando o proprietário de um veículo quer vendê-lo e outras pessoas o querem comprar, o negócio se realizará entre o vendedor e o proponente que se aproximar mais das expectativas do vendedor na transação. Realizada a venda, ter-se-ão duas partes (vendedor e comprador) e o objeto alienado. O vendedor assume o compromisso de entregar o objeto na data e local aprazados e o comprador, de pagar o preço.

O contrato opera com força de lei entre as partes, devendo ser fielmente observado por elas, ressalvadas as hipóteses de revisão de suas cláusulas, suspensão temporária da execução ou até a rescisão. Para que o contrato possa ter validade jurídica e possa produzir os efeitos próprios, são necessárias as seguintes condições: agentes capazes; objeto lícito; forma prescrita, ou não proibida por lei; livre manifestação da vontade das partes, nos limites da lei. Esse princípio, segundo o qual o contrato é lei entre as partes, vem do Direito romano, materializado nas expressões *lex inter partes* e *pacta sunt servanda*.

Tais princípios e o da livre manifestação das partes estipulantes não são, nos tempos modernos, tão absolutos quanto o foram no passado. A livre manifestação da vontade cedeu espaço a imposições legais emanadas do Estado intervencionista, característica assumida pelo Estado no início do século XX e em vigor até os dias atuais, passando por fases mais intervencionistas e fases menos intervencionistas. Na atualidade, a tendência é a adoção de Estado liberal, que reconhece maior liberdade da sociedade, da livre iniciativa, da livre concorrência e menos interferência do Estado na atividade econômica. O art. 170 da Constituição da República de 1988 revela, com clareza, os princípios que norteiam a atividade econômica no Estado democrático de direito brasileiro.

Mesmo que o neoliberalismo atinja a maturação esboçada no contexto global, o Estado não se reduzirá a mero espectador da sociedade, como foi no século XIX. Ele continuará interferindo na atividade privada e no domínio econômico com vista ao exercício da cidadania por todos os cidadãos, sem distinção, adotando políticas públicas voltadas para as classes menos favorecidas.

Essas restrições estatais chegam aos contratos, limitando ou condicionado as vontades das partes. Por exemplo: jornada máxima de trabalho, salário mínimo, data-base para majoração de salário, adicional de férias, adicional noturno, entre outros na área trabalhista. Na atividade econômica, restrições ou proibições de importação, controle de preços, controle de qualidade, controle de fusão ou incorporação de empresas, com vista a impedir formação de monopólio, entre outras medidas.

As interferências estatais nas atividades laboral e econômica levaram os doutrinadores a desenvolver a teoria do dirigismo contratual, segundo a qual a livre manifestação da vontade na estipulação das cláusulas contratuais sofre restrições impostas pelo Estado.

No que tange à observância do contrato pelas partes, também houve evolução flexibilizadora do princípio. Já se admite a não execução ou não cumprimento do contrato, se ficar comprovado que este contém cláusulas danosas à parte prestadora da obrigação contratada. Consequentemente, a teoria da *lex inter partes* perdeu o seu vigor originário. O contrato só pode ser considerado lei entre as partes se for justo e equilibrado, de modo a ser bom para ambas as partes. Os pratos da balança representada pelo contrato devem manter-se nivelados. Neste nível está o equilíbrio contratual (arts. 478, 479 e 480 do Código Civil de 2002).

2 Noções iniciais sobre o contrato administrativo

O contrato administrativo é ajuste bilateral, comutativo, firmado pela Administração Pública com o particular ou com outra pessoa pública, tendo por objeto o interesse público imediato ou mediato, segundo regras previamente estabelecidas pela Administração.

O contrato administrativo funda-se na teoria geral dos contratos e submete-se às regras restritivas da liberdade contratual, decorrente do Direito Público. Enquanto, no contrato privado, prevalece o interesse particular, no contrato administrativo, o interesse público é o motivo da sua existência.

Objetivamente, pode-se afirmar que contratos administrativos são todos aqueles em que a Administração comparece na condição de uma das partes contratantes. Para alguns autores, entre eles Celso Antônio Bandeira de Mello, essa assertiva é falsa. Os integrantes dessa corrente defendem a tese segundo a qual a Administração Pública celebra contratos públicos e contratos privados. Seriam públicos aqueles que se sujeitassem às regras e princípios do Direito Público, isso é, os que a Administração impõe, na formulação de suas cláusulas, condições emanadas do seu poder de império ou em virtude das prerrogativas que lhe são próprias. Exemplos: contrato de parceria público-privada, contrato de concessão de aeroportos. Privados seriam aqueles contratos que se submetem às regras do Direito Privado, como exemplo, o contrato de locação e o de compra e venda.

Para a elaboração das duas modalidades de contratos referidas a título de exemplos de contratos tidos como privados, a Administração sujeita-se a princípios e regras próprias do Direito Privado, mas impõe, entretanto, algumas condições que ao particular são vedadas pelo princípio da igualdade das partes. Entre as condições preestabelecidas pela Administração, figuram a necessidade de licitação – dispensável ou inexigível nos limites e hipóteses previstos em lei –, minuta prévia do contrato, cláusulas de alteração ou rescisão unilateral, exigência de garantia, entre outras.

Tais condicionamentos desnaturam o contrato privado, tornando-o publicizado. Daí se deve afirmar que os contratos administrativos se dividem entre os que se submetem predominantemente às normas do Direito Público e os que, para cuja formação, concorrem, com predominância, regras do Direito Privado. Por esses fundamentos, entendemos que todos os contratos firmados pela Administração Pública são administrativos. Essa posição é defendida por vários autores, entre os quais, Lúcia Valle Figueiredo, que assim pontuou:

> Começamos por questionar a existência de contratos privados da Administração. A Administração Pública, consoante entendemos, está, de qualquer forma, jungida ao regime de direito público em muitos aspectos, ainda que o contrato seja dos que se submetem mais às normas do Direito Privado.
>
> De conseguinte afirmamos: de um lado estão os contratos mais rigidamente alocados no Direito Público, os chamados contratos administrativos, e, de outro, os contratos da Administração Pública, regidos basicamente pelo Direito Privado, mas sob forte interferência do Direito Público.[1]

Celso Antônio, integrante da corrente oposta, assevera:

> Dentre eles (referindo-se aos contratos administrativos) distinguem-se:
>
> a) contratos de Direito Privado da Administração;
>
> b) "contratos administrativos".
>
> Os primeiros regem-se quanto ao conteúdo e efeitos pelo Direito Privado e os segundos reger-se-iam pelo Direito Administrativo. Assim, como exemplos dos primeiros têm-se a compara e venda de um imóvel, a locação de uma casa para nela instalar uma repartição pública etc. Exemplificam os segundos a concessão de serviço público, o contrato de obra pública, a concessão de uso de bem público.[2]

---

[1] FIGUEIREDO. *Curso de direito administrativo*, 2. ed., p. 328.
[2] BANDEIRA DE MELLO. *Curso de direito administrativo*, 31. ed., p. 628.

O assunto é polêmico. Os dois autores citados e transcritos são renomados e respeitados e têm, nesse particular, posições opostas. Nós, pelos motivos expostos acima, acompanhamos Lúcia Valle Figueiredo.

2.1 Manifestação do particular na formação de contrato com a Administração

A livre manifestação das partes no contrato privado, com as restrições salientadas, não se aplica ao contrato administrativo. A Administração, por imperativo da Lei nº 14.133/2021, deve expedir o edital da licitação acompanhado da minuta do contrato a ser celebrado com o licitante vencedor no certame.

O licitante, mesmo depois de adjudicado, não tem poder para propor alteração em qualquer das cláusulas constantes da minuta. A sua liberdade contratual consiste, basicamente, em aderir à convocação da entidade promotora da licitação, dispondo-se a celebrar o contrato, caso seja classificado. Ainda compete ao proponente estipular o seu preço e fixar o prazo de entrega do objeto, se não foi prefixado no edital. O prazo mínimo de validade da proposta é estabelecido pelo Estatuto. E o intervalo de prazo para correção do valor do contrato constante da Lei nº 8.880, de 27.5.1994, que dispõe sobre o programa de estabilização econômica e o sistema monetário nacional (Plano Real).

2.2 O contrato administrativo é *intuitus personae*

A pessoa contratada, física ou jurídica, não pode transferir o contrato em todo ou em parte a terceiros, a não ser nos casos previstos em lei e no contrato, mediante prévia autorização expressa do contratante.

3 Legislação pertinente

A primeira norma jurídica, no Brasil, a fazer referência ao contrato administrativo foi o Código de Contabilidade Pública da União, de 1922. Esse texto, nesse particular, foi substituído pelos arts. 125 a 144 do Decreto-Lei nº 200/1967. O tratamento sistemático, com o estabelecimento de regras próprias e distintas das regras do contrato privado, veio com o Decreto-Lei nº 2.300/86. Até então, os princípios e as cláusulas do contrato em exame resultavam do trabalho doutrinário. O Decreto-Lei nº 2.300/1986 foi, então, o texto legal que, efetivamente, deu ao contrato administrativo a sua feição própria de Direito Público. Aludido decreto-lei foi substituído pela Lei nº 8.666, de 21.6.1993, regulamentando o art. 37, XXI, da Constituição da República. Essa lei revogou o Decreto-Lei nº 2.300/86 e cuidou dos contratos administrativos nos arts. 54 a 80. Atualmente, os contratos administrativos estão disciplinados pela Lei nº 14.133, de 1º.1.2021 (arts. 89 a 140).

4 Cláusulas fundamentais do contrato administrativo

Os arts. 89, *caput* e §§1º e 2º, e 92 da Lei Nacional sobre Licitações e Contratos Administrativos, nº 14.133/2021, consignam as cláusulas mínimas indispensáveis ao contrato administrativo. A maioria delas assemelha-se às dos contratos privados.

Outras, todavia, são próprias de direito administrativo. Estas, por serem incomuns nos contratos privados, serão, em estreita síntese, consideradas. Hely Lopes Meirelles e José Cretella Júnior, entre outros, dão a essas cláusulas especiais do contrato administrativo o nome de *cláusulas exorbitantes*. A esse nome chegaram pelo fato de as cláusulas em referência extrapolarem as previstas nos contratos privados. Hoje, os autores, sobretudo os contemporâneos, preferem não usar essa terminologia.

As principais cláusulas especiais do contrato são as seguintes:

a) a que dispõe sobre o objeto da contratação, de modo a estabelecer com clareza seus elementos e características. Essa cláusula é indispensável, tendo em vista que o objeto é fundamental no estabelecimento da relação jurídica entre as partes contratantes. A especificação do objeto do contrato deve observar a especificação constante do edital da licitação que deu origem ao contrato;

b) a que dispõe sobre as condições e forma de execução ou prestação do objeto contratado. A cláusula deve estabelecer o regime de execução, tratando-se de obra; da forma de fornecimento, quando se tratar de materiais; e de condições de prestação, quando se tratar de serviços. Na contratação de qualquer um desses três tipos de objeto, a cláusula precisa ser de redação clara e detalhada, de modo a não deixar dúvida quanto ao que foi pactuado, principalmente, no que tange à prestação do objeto;

c) a que fixa o valor do objeto contratado, denominado valor do contrato; o preço que a entidade pública contratante terá que pagar ao contratado pela execução do contrato. Além da fixação do preço, é indispensável estabelecer a forma e as condições de pagamento, periodicidade de majoração do preço, os critérios a serem utilizados para se chegar ao percentual de correção. A Lei nº 8.880/1994 estabelece que os contratos não podem ser corrigidos antes de um ano de vigência. As atualizações dos contratos administrativos e dos privados são, portanto, permitidas de ano em ano, isso é, depois de doze meses da assinatura do ajuste ou da última correção ou reajuste do preço;

d) a que estipula a data de início da execução ou suas etapas, a data da conclusão e as condições de recebimento, tratando-se de obra e de equipamento. Nos casos de fornecimento ou de prestação de serviço, a fixação da data para a entrega da mercadoria ou para início da prestação do serviço. Em todos os casos, o detalhamento é indispensável para evitar dificuldades na fase de execução do contrato;

e) a que consigna a fonte orçamentária dos recursos financeiros, pela qual correrão as despesas do contrato. A falta dessa indicação é motivo para o Tribunal de Contas não considerar o contrato regular. Essa fonte, denominada *dotação orçamentária*, é representada por código numérico, de acordo com a Lei Federal nº 4.320, de 17.3.1964;

f) a que estipula a garantia para execução do contrato, quando for exigida, nos termos do art. 96 da Lei nº 14.133/2021. De acordo com esse dispositivo, as garantias podem ser prestadas pelo contratante, quando exigidas, na modalidade de caução em dinheiro ou títulos da dívida pública, "emitidos sob forma escritural, mediante registro em sistema centralizado de liquidação e de custódia autorizado pelo Banco Central, e avaliados por seus valores econômicos, conforme definido pelo Ministério da Economia"; seguro-garantia; ou fiança bancária emitida por banco ou instituição financeira devidamente autorizada a operar no país pelo Banco Central do Brasil. Ao contratante cabe exigir a garantia, mas a escolha entre uma das três modalidades a ser oferecida compete ao contratado (§1º do art. 96 da Lei nº 14.133/2021);

g) a que estabelece a vinculação ao edital e à proposta vencedora ou ao ato que autorizou a contratação direta, quando for o caso, e à respectiva proposta;

h) a que fixa a matriz de risco, quando for o caso;

i) a que estabelece prazo para resposta ao pedido de repactuação de preços, se formulado pelo contratado;

j) a que fixa prazo para o contratante responder ao pedido de restabelecimento do equilíbrio econômico-financeiro formulado polo contratado, quando fato imprevisível, e por isso não previsto, elevar o custo do objeto calculado por ocasião da elaboração da proposta de preço, de modo a desequilibrar a equação econômica do contrato;

k) a que dispõe sobre a obrigação do contratado de manter durante a execução do contrato todas as condições exigidas dos licitantes para habilitação;

l) a que dispõe "sobre a obrigação de o contratado cumprir as exigências de reserva de cargos prevista em lei, bem como em outras normas específicas, para pessoa com deficiência, para reabilitado da Previdência Social e para aprendiz". O valor da garantia, em qualquer das modalidades, não deve ultrapassar 5% do valor do objeto contratado, devendo ser atualizado quando da alteração do valor do contrato, na mesma proporção. Essa é a regra. Entretanto, tratando-se de obra, serviço e fornecimento de grande vulto, alta complexidade técnica e dos riscos envolvidos, inclusive financeiros consideráveis, comprovados por parecer técnico devidamente aprovado, o valor da garantia poderá chegar a 10% do valor do contrato (art. 98).

A garantia da espécie calção em dinheiro ficará retida na Administração até a entrega e o recebimento definitivo do objeto contratado. Nessa data, não havendo pendência, a garantia será liberada ou restituída, atualizada monetariamente, se já tiver decorrido mais de um ano da caução;

m) a que dispõe sobre os direitos e responsabilidades das partes, as sanções de conformidade com a natureza do descumprimento, o valor da multa, quando essa for a forma de punição, a indicação da autoridade competente para aplicar as sanções;

n) a que estabelece os recursos administrativos cabíveis, as condições para a interposição deles, com a indicação das autoridades competentes para conhecer e julgá-los;

o) a que especifica os casos de rescisão do contrato;

p) a que dispõe quanto ao prazo de vigência do contrato. Os contratos administrativos são por prazo determinado, ressalvada a hipótese prevista no art. 109 da Lei nº 14.133/2021. Os arts. 105 a 114 estabelecem prazos diferentes de acordo com o objeto do contrato, como regra de exceção. A regra é a de que os contratos terão prazo de duração correspondente ao do respectivo crédito orçamentário. Os créditos orçamentários têm o prazo de um ano; de janeiro a dezembro (o exercício financeiro coincide com o ano civil). Dessa forma, os contratos administrativos têm a duração de, no máximo, doze meses. Entretanto, existem exceções conforme prescrevem os citados arts. 105 a 114;

q) a que estipula que os contratos estabelecidos para a execução de projetos previstos em programas plurianuais poderão ser prorrogados, se o contratante julgar de interesse, desde que a prorrogação tenha sido prevista no instrumento convocatório e consignado no contrato;

r) a que estabelece os prazos de vigência dos contratos adiante especificados. Nos casos de prestação de serviços e fornecimento de forma continuada, os contratos podem ter seus prazos de vigência prorrogados por igual prazo até completar sessenta meses, se comprovados preços e condições mais vantajosos para a Administração. No final de cada período de 12 meses ou início de cada exercício, a autoridade competente deve declarar a existência de previsão orçamentária. O contratante poderá rescindir o contrato, sem ônus, se não dispuser de dotação orçamentária para a continuidade daquele ou quando demonstrado que o contrato não oferece mais as vantagens pactuadas (art. 106, *caput*).[3]

A rescisão do contrato prevista no *caput* do art. 106 somente poderá efetivar-se na próxima data de prorrogação e não poderá ocorrer em prazo inferior a dois meses, contados da referida data (art. 106, §1º). Aplica-se o disposto neste artigo nos casos de aluguel de equipamentos e de utilização de programas de internet (art. 106, §2º).

Os contratos de prestação de serviços e de fornecimentos contínuos podem ser prorrogados sucessivamente, até alcançar o prazo de 10 (dez) anos, havendo previsão no edital e atestado da autoridade competente, afirmando que as condições e os preços ainda, são vantajosos para a Administração. O contratante e o contratado poderão negociar a rescisão do contrato sem ônus para as partes (art. 107).

Nas seguintes hipóteses de dispensa de licitação de que trata o art. 75, os respetivos contratos podem ter vigência de até 10 (dez) anos: aquisição de bens ou contratação de "serviços produzidos ou prestados no Brasil que envolvam, cumulativamente, alta complexidade tecnológica e defesa nacional"; aquisição de materiais de uso das Forças Armadas, exceto os de uso pessoal e os utilizados na atividade administrativa, nos casos de necessidade de manter padronização necessária ao apoio logístico dos meios navais, aéreos e terrestres, precedido de autorização do comandante da força militar; para contratação com vistas a promover incentivos à inovação e à pesquisa científica e tecnológica no ambiente produtivo, nas situações previstas nos arts. 3º, 3º-A, 4º, 5º e 20 da Lei nº 10.973, de 2.12.2004; nos casos de contrações cuja divulgação possa comprometer a segurança nacional; nas contrações com previsão de transferência de tecnologia de produtos estratégicos para o Sistema Único de Saúde (SUS); para aquisição, por pessoa jurídica de direito público interno, de insumos estratégicos para a saúde,

---

[3] A redação do inc. II, do art. 37, da Lei nº 8.666/93, é a introduzida pela Medida Provisória nº 1.452, de 10.5.1996, várias vezes modificada e reeditada.

produzidos por fundação que, regimental ou estatutariamente, tenha por finalidade apoiar órgão da Administração Pública direta, sua autarquia ou fundação em projetos de ensino, pesquisa, extensão, desenvolvimento institucional, científico e tecnológico e de estímulo à inovação, inclusive na gestão administrativa e financeira necessária à execução desses projetos, ou em parcerias que envolvam transferência de tecnologia de produtos estratégicos para o SUS, nos termos do inc. XII do *caput* do art. 75 da Lei nº 14.133/2021, e que tenha sido criada para esse fim específico em data anterior à entrada em vigor da referida lei, desde que o preço contratado seja compatível com o praticado no mercado (art. 108 da Lei nº 14.133/2021).

Nos casos de contratações que geram receita financeira e de contrato de eficiência que gera economia para a Administração, os contratos terão os seguintes prazos de vigência: até 10 (dez) anos, quando a contratação não prevê investimento; e até 35 (trinta e cinco) anos, nas hipóteses de contratos que preveem investimento por parte do contratado, como elaboração de benfeitorias permanentes, que serão revertidas ao patrimônio da Administração Pública no vencimento do contrato (art. 110).

Os prazos contratuais examinados acima "não excluem nem revogam os prazos contratuais previstos em lei especial" (art. 112). O contrato que trata de operação continuada de sistemas estruturantes de tecnologia da informação pode ter vigência de até 15 (quinze) anos (art. 114).

s) a que vincula o contrato ao instrumento convocatório, à legislação pertinente e ao projeto básico, quando este for o caso;
t) a que estabelece as leis aplicáveis à execução do contrato, principalmente nos casos omissos;
u) a que dispõe sobre o compromisso do contratado de manter, durante o prazo de execução do contrato, as condições exigidas para a habilitação e classificação, nos termos do edital;
v) a de eleição do foro para dirimir os conflitos decorrentes da execução do contrato. O foro dos contratos administrativos é o do contratante. Com relação a contratos internacionais, sobretudo, de financiamento, excepcionalmente se elege foro estrangeiro, quando essa exigência intransigível for imposta pelo agente financiador internacional.

Outras cláusulas podem ser necessárias – e certamente serão – de acordo com a complexidade do objeto. É de se lembrar que o contrato não poderá conter cláusula que não esteja prevista no instrumento convocatório. Daí o redobrado cuidado que se deve ter por ocasião da elaboração do edital.

5 Casos excepcionais de prorrogação do contrato

Os prazos de início da execução da obra ou de parcelas delas, da conclusão ou da entrega podem ser prorrogados fora das hipóteses previstas acima, mantidas as demais cláusulas e o equilíbrio econômico-financeiro, quando se verificar uma das seguintes situações:

a) alteração do projeto básico ou executivo pela Administração. Essa alteração é permitida nos casos de erros, de ocorrência de fatos supervenientes ou quando a Administração, com fundamento em parecer ou laudo expedido por autoridade ou órgão competente, julgar necessário o redimensionamento do projeto, para melhor atender ao serviço ou ao interesse público;
b) a ocorrência de fato extraordinário excepcional ou imprevisível, estranho à vontade das partes, que traga embaraços na execução do objeto no prazo normal, e ainda possa influir no custo da execução, previamente estipulado;
c) o retardamento na execução do objeto ou a interrupção dos serviços por ordem da Administração, em benefício do interesse público;
d) o acréscimo do objeto nos limites e condições estabelecidos na Lei nº 14.133/2021;
e) a interrupção ou retardamento na execução do objeto, por terceiro, reconhecido e aceito pela contratante;
f) a omissão da Administração, o retardamento de providência a seu cargo, como atraso de pagamento, demora na liberação da área para a construção da obra, que possa implicar o retardamento do início ou da conclusão do objeto.

A prorrogação extraordinária do contrato, em todas essas hipóteses previstas como justificativa para a adoção da medida, deve ser pelo prazo correspondente ao atraso causado pelo fato motivador. Além disso, o motivo da prorrogação terá de ser suficientemente fundamentado e aprovado pela autoridade administrativa competente. Fora esses casos excepcionais, a prorrogação será nula.

6   Regime jurídico do contrato administrativo

Os contratos administrativos podem ter as suas cláusulas regulamentares alteradas ou modificadas unilateralmente pela Administração, para atenderem ao interesse público ou à conveniência do objeto contratado. Já as cláusulas econômico-financeiras e monetárias, para serem modificadas, dependem da manifestação do contratado. Só de comum acordo ou por determinação judicial tais cláusulas podem ser modificadas.

Ainda são conferidos à Administração poderes para fiscalizar a execução do contrato, para aplicar sanções por descumprimento parcial ou total do contrato; e, nos casos de prestação de serviços essenciais, para ocupar bens móveis e imóveis, pessoal e os serviços vinculados à prestação do objeto constante do contrato, nas hipóteses de acautelar apuração administrativa de faltas contratuais cometidas pelo contratado, ou quando for necessária a rescisão do contrato.

Esse regime está previsto no art. 104, *caput* e §§1º e 2º da Lei nº 14.133/2021. Pelo §2º desse artigo, é assegurada ao contratado a revisão do valor do contrato, quando a Administração, unilateralmente, o modificar no atendimento do interesse público ou a ocorrência de fatos imprevisíveis que onere a execução do objeto, além do estimado e pactuado. O fundamento desse direito é o princípio da manutenção do equilíbrio da equação econômica do contrato estabelecida inicialmente, representada pelos custos, a cargo do contratado, na execução do objeto, mais o lucro, que correspondem ao preço a ser pago pelo contratante. Assim, por exemplo, para cada 100 reais de gastos, o contratado perceberá 10 reais de lucro, perfazendo o total de 110 reais, se 10% for o lucro estimado. Na hipótese de o custo ser onerado por um dos motivos aqui referidos, sem que se proceda ao reequilíbrio econômico do contrato, o contratado não terá o lucro previsto ou terá até prejuízo, se o custo ultrapassar os 110 do exemplo hipotético.

7 Formalização dos contratos administrativos

Os contratos administrativos e seus aditivos devem ser escritos. São considerados nulos e de nenhum efeito os ajustes verbais estabelecidos pela Administração Pública (art. 91 do novo Estatuto). Os ajustes devem ser acostados aos autos do respectivo processo de licitação e divulgados e mantidos à disposição do público em sítio eletrônico oficial.

Os contratos e seus aditivos devem ser numerados em ordem cronológica e arquivados no setor de controle da entidade pública signatária da avença. A lei estabelece que os contratos devem ser lavrados nas repartições interessadas e por elas mantidos arquivados na ordem cronológica dos seus autógrafos.

Parece que se atende ao disposto na lei, arquivando-se os contratos em pastas, na ordem cronológica, numerados nessa mesma ordem, acompanhados de todos os documentos que lhes deram origem, inclusive o processo de licitação, de dispensa ou de inexigibilidade de licitação. O novo Estatuto admite a celebração de contratos e de termos aditivos na forma eletrônica, atendidas as exigências previstas em regulamento (art. 91, §3º).

Excluem-se dessa regra os contratos de direitos reais sobre imóveis, que devem ser lavrados em cartório de notas e o conteúdo divulgado e mantido à disposição do público em sítio eletrônico oficial (art. 91, §2º). Os contratos e termos aditivos podem ser mantidos em sigilo, quando imprescindível à segurança da sociedade e do Estado, em conformidade com a legislação que regula o acesso à informação (art. 91, §1º).

> Antes de formalizar ou prorrogar o prazo de vigência do contrato, a Administração deverá verificar a regularidade fiscal do contratado, consultar o Cadastro Nacional de Empresas Inidôneas e Suspensas (Ceis) e o Cadastro Nacional de Empresas Punidas (Cnep), emitir as certidões negativas de inidoneidade, de impedimento e de débitos trabalhistas e juntá-las ao respectivo processo. (Art. 91, §4º)

À primeira vista, pode parecer que essa exigência é desnecessária, considerando que a empresa que se enquadrar na situação de irregularidade fiscal ou de inidônea não teria sido habilitada e classificada. Acontece que, no lapso do tempo entre a habilitação e a formalização do contrato, a situação da empresa pode modificar-se e cair em uma das duas situações em pauta. Principalmente, quando se trata de prorrogação de contrato.

- Partes signatárias – Os nomes dos contratantes e de seus representantes devem ser consignados no preâmbulo do contrato devidamente qualificados na forma da lei. Também no preâmbulo deve constar o número do processo da licitação que deu origem ao contrato, ou de dispensa ou de reconhecimento de inexigibilidade.

Por parte da Administração Pública, somente a pessoa jurídica tem poder para ser parte em ajuste jurídico. Vale dizer que os órgãos públicos não detêm legitimidade para celebrar contrato por não serem sujeitos de direitos e deveres. Excluem-se dessa regra os contratos de gestão. Assim, no caso da celebração de um contrato de interesse direto do Ministério da Agricultura, por exemplo, deve figurar: "A União Federal, por meio do Ministério da Agricultura, representado por seu titular e a empresa por seu representante legal firmam o presente contrato".

Além de outros requisitos, o contrato depende de sua publicação em resumo no órgão oficial, físico ou eletrônico, correndo as despesas por conta da entidade pública. A publicação deve ser providenciada até o quinto dia útil do mês subsequente ao da assinatura e publicado no prazo de vinte dias, contado do aludido quinto dia útil, qualquer que seja o valor do contrato, inclusive os sem ônus.

- Obrigatoriedade do contrato – O contrato é obrigatório nos termos do art. 98 do novo Estatuto. Há, entretanto, previsão de que o contrato pode ser substituído por outros instrumentos hábeis, como carta-contrato, nota de empenho de despesa, autorização de compra ou ordem de execução de serviço: I – dispensa de licitação em razão de valor; e II – compras com entrega imediata e integral dos bens adquiridos e dos quais não resultem obrigações futuras, inclusive quanto à assistência técnica, independentemente de seu valor.

Contrato verbal com a Administração Pública é nulo e, por isso, não produz efeito válido, ressalvado o caso de pequenas compras ou o contrato de prestação de pronto pagamento, cujo valor seja igual ou menor que R$10.000,00 (dez mil reais).

É facultada a dispensa do contrato formal em qualquer das hipóteses acima, quando se tratar de compra para pronta entrega do material adquirido, qualquer que seja o valor, desde que não resulte em obrigações futuras.

A eficácia dos contratos e termos aditivos condiciona-se à divulgação no Portal Nacional de Contratação Pública (PNCP), nos seguintes prazos, contados da data de sua assinatura: I – 20 (vinte) dias úteis, no caso de licitação; e II – 10 (dez) dias úteis, no caso de contratação direta (art. 94, I e II).

Os contratos firmados em situação de urgência terão vigência a partir da data de sua assinatura, devendo ser publicados nos prazos constantes dos citados incs. I e II (art. 94, §1º).

Nos casos de contratação de profissional do setor artístico, por inexigibilidade de licitação, a publicação de que trata o *caput* do art. 94 deve informar os custos: "do cachê do artista; dos músicos ou da banda, quando houver; do transporte; da hospedagem; da infraestrutura; da logística do evento e das demais despesas específicas" (art. 94, §2º).

Nos casos de contratação de obra, a Administração publicará no prazo de vinte e cinco dias úteis os quantitativos contratados e os respectivos preços unitários e totais, e em quarenta e cinco dias úteis, contados do término do contrato, os quantitativos executados e o valor pago (art. 94, §3º).

A todos os licitantes é assegurado o conhecimento do conteúdo da minuta do contrato e do respectivo processo licitatório. A esses e a qualquer interessado, a Administração tem o dever de fornecer cópias autenticadas dos aludidos documentos, mediante o pagamento dos emolumentos devidos. Esses emolumentos devem ser entendidos como custo da reprodução dos documentos solicitados pelo interessado, licitante ou não.

- Assinatura do contrato – O prazo para o licitante vencedor e adjudicado assinar o contrato deve ser estabelecido no instrumento convocatório. Ultimada a redação definitiva do contrato, a contratante (Administração Pública) deve convocar o adjudicado para assinar o contrato ou retirar a ordem de fornecimento, no caso de substituição do contrato, no prazo previamente estipulado, sob pena de perda do direito de prestação do objeto e de se tornar devedor da multa estabelecida no edital e, ainda, de sujeição a outras sanções permitidas e previstas.

O prazo para a assinatura do contrato ou para o fornecimento nos casos em que o ajuste formal seja dispensável pode ser prorrogado uma vez, por igual prazo, a pedido do interessado, se formulado antes do seu vencimento, desde que haja motivo justo aceito pela autoridade administrativa competente.

Se o convocado não assinar o contrato ou não fornecer o objeto no prazo estipulado, a Administração deve, em seguida, aplicar-lhe a sanção prevista, facultando-lhe convocar os demais licitantes, na ordem classificatória, para substituir o primeiro nas mesmas condições de sua proposta, inclusive quanto ao preço devidamente atualizado, se for o caso, ou instaurar novo procedimento licitatório.

Os convocados, em virtude da recusa do primeiro, não são obrigados a atender ao chamamento nem se sujeitam a qualquer tipo de sanção por não se interessarem pelo contrato naqueles termos.

Os licitantes se desobrigam de manter as propostas se no prazo de sessenta dias, contado da data da entrega dessas, a Administração não convocar o vencedor para assinar o contrato ou não expedir a ordem de fornecimento ou de autorização de serviço, quando for o caso.

8 Alteração dos contratos

Os contratos administrativos podem ser alterados, unilateralmente, pela Administração, ou em virtude de comum acordo provocado por uma das partes.

- Unilateralmente pela Administração – Somente em duas hipóteses a Administração pode alterar o contrato unilateralmente:
  - quando for necessária a modificação do projeto ou de suas especificações para melhor adequação técnica aos seus objetivos. A conveniência da modificação do projeto pode surgir na sua implantação em razão de defeito na respectiva elaboração ou em decorrência de fatos supervenientes que o tornam inadequado ao que se pretende. Em qualquer dos casos, a Administração não deve continuar a implantação do projeto sem as modificações reclamadas. Por essa razão, a lei lhe confere o poder para alterar o contrato, ainda que essa não seja a vontade do contratado;
  - quando for necessária a modificação do valor do contrato em virtude de alteração do objeto para mais ou para menos nos limites e condições previstos na Lei nº 14.133, art. 124. A justificativa para essa medida unilateral funda-se no princípio do não enriquecimento sem causa. Se o objeto for

aumentado sem acréscimo ao valor do contrato, o contratado suportará o ônus sem motivo, com vantagem para o contratante. Ao contrário, se o objeto for reduzido e não houver redução do valor, na mesma proporção, o contratado terá ganho sem motivo, enriquecimento sem causa.

O contratado fica obrigado a aceitar o acréscimo ou supressões do objeto contratado, seja ele obra, serviço ou compra, quando necessário, nas mesmas condições avençadas, inclusive quanto ao preço atualizado. A alteração do objeto está limitada a 25% do valor do contrato atualizado. Tratando-se de reforma de prédio e de equipamento, o limite é de 50% do valor do contrato (art. 125).

Nos casos de supressão de obra, se o contratado já havia adquirido materiais destinados a essa parte, a Administração fica no dever de reembolsá-lo pelo valor de custo do material (art. 129).

A adoção do comando emanado do art. 125 em questão ao caso concreto costuma oferecer dificuldades. Por exemplo: em determinada compra, o objeto é composto de dez itens com valores diferenciados. A soma total dos itens perfaz a quantia hipotética de mil reais. Nesse exemplo, é possível o acréscimo de 250 reais. Daí a indagação: os 250 reais podem ser gastos com a compra de mais bens relativos a apenas quatro ou dois itens? Ou cada item não pode exceder ao limite de 25%, mesmo sabendo que a lei se refere ao valor do contrato? O nosso entendimento quanto a essa indagação é no sentido de que, tratando-se de objeto composto de vários itens, o limite para o aumento do objeto nos termos do art. 125 em comento é o de cada item e não o da globalidade deles (valor do contrato). O valor do contrato só deve ser tomado quando o objeto se compuser de um único item, ainda que esse item se forme de várias unidades. Essa parece ser a posição de Carlos Pinto Coelho Motta, ao afirmar:

> O §1º do art. 65 estabelece condições e limites em que o contratado é obrigado a aceitar supressões e acréscimos no objeto do contrato. É importante ressaltar que acréscimo pressupõe serviço, obra ou compra, cujos limites sejam observados por unidade, e não pelo valor global.[4]

Outra questão ainda se verifica quanto à aplicação da regra que permite o acréscimo do objeto. Na prática, muitas comissões de licitação, valendo-se do permissivo legal, vêm adjudicando ao licitante vencedor o objeto da licitação acrescido de 25%. Assim, em vez de adquirirem, por exemplo, 100 computadores previstos no edital, adquirem 125. Esse comportamento é manifestamente ilegal. Isso porque a lei prescreve que o contratado fica obrigado a aceitar o acréscimo ou a redução do objeto. Veja bem: o contratado e não o licitante. Por isso, somente depois de estabelecido o ajuste, ainda que pela forma substitutiva da autorização de fornecimento, é que se pode cogitar de promover a aquisição complementar, atendidas as demais formalidades e condições estabelecidas na lei.

---

[4] MOTTA. *Op. cit.*, p. 224.

Nenhum acréscimo poderá exceder os limites acima examinados. A supressão, entretanto, poderá ocorrer em percentual superior ao limite estabelecido no art. 125 da Lei nº 14.133/2021, desde que as partes acordem neste sentido, em documento formalizado.

- Alteração por comum acordo – Quatro são as hipóteses de alteração contratual em virtude de comum acordo das partes. São elas:
  - quando necessária a substituição da garantia. Como já visto antes, a Administração pode exigir do contratado garantia para a execução do contrato. As modalidades, relembrando, são caução em dinheiro ou em título da dívida pública, seguro-garantia e fiança bancária. Pode acontecer de o contratado ter dado em garantia uma das três modalidades e, no curso do contrato, preferir a substituição daquela modalidade por outra. Para isso, terá de propor à Administração a sua pretensão. A Administração, em princípio, pode aceitar, uma vez que a escolha da modalidade da garantia é faculdade do contratado. Não havendo prejuízo aparente, a Administração deve pronunciar-se favoravelmente. Se, entretanto, não houver a sua aquiescência, não haverá acordo e o contrato não será alterado na via administrativa;
  - quando necessária a modificação do regime de execução da obra, da prestação do serviço ou do fornecimento, em virtude de constatação técnica incompatível com os termos inicialmente ajustados. As obras, normalmente, são executadas em médio ou longo prazos. Durante esse prazo podem acontecer fatos de ordem técnica que recomendem reavaliação das condições contratadas inicialmente. Podem ainda, independentemente da evolução tecnológica, surgir fatos, antes desconhecidos, que recomendem compatibilização com a realidade concreta. Exemplo: no caso de construção de edifício, a constatação de rocha no subsolo raso local, até então desconhecida;
  - quando necessária a modificação na forma de pagamento. Os fatos da natureza e os humanos, sobretudo estes, são mutáveis. E a mutabilidade deles pode repercutir reflexamente na situação financeira de determinados contratos, inclusive os administrativos. Dessa forma, circunstâncias supervenientes podem recomendar a alteração na forma de pagamento. A modificação do pagamento, nesse caso, pode consistir em concentração ou ampliação das parcelas, aumento ou diminuição do prazo de intervalo entre uma e outra, de modo a compatibilizar os interesses da Administração e do contratado. Vedado, entretanto, aumento do valor inicial, salvo a atualização monetária nos limites e condições permitidos pela legislação vigente. É igualmente vedada a antecipação de pagamento sem a correspondente prestação por parte do contratado. Vale dizer que, enquanto o contratado não concluir a etapa do cronograma de execução da obra, ou da prestação do serviço, prevista como condição para o recebimento do preço, a Administração não poderá efetuar o pagamento. Em síntese, o Estado só pode pagar pelo objeto que já lhe fora entregue, não pelo que ainda vai ser realizado;
  - para restabelecer a relação econômica inicial. A manutenção do equilíbrio econômico-financeiro do contrato é princípio que permeia quase toda a Lei nº 14.133/2021. Por força desse princípio, já dito antes, o contratado tem

direito à observância em toda execução do contrato, da manutenção das condições econômicas estabelecidas na fase inicial. Entretanto, não se aceita qualquer justificativa para a obtenção da revisão do valor do contrato com esse objetivo. A revisão, com vista ao reequilíbrio econômico-financeiro, é permitida nos casos de fatos supervenientes imprevisíveis ou previsíveis, mas de consequências incalculáveis, que impliquem o retardamento da execução ou até a sua interrupção temporária. Ainda são fatos justificadores da revisão o caso fortuito, a força maior e o fato do príncipe, se, em decorrência de um deles, for acarretado ao contratado álea econômica extraordinária e não prevista no contrato.

Sobre essa matéria a Advocacia-Geral da União emitiu o seguinte parecer:

Equilíbrio econômico-financeiro – Contrato administrativo – Teoria da imprevisão – Pressupostos.

Ementa – A teoria da imprevisão é aplicável aos contratos administrativos, desde que presentes os pressupostos que autorizam a sua adoção. Tem caráter excepcional e extraordinário, devendo ser adotada sempre de forma restritiva e não extensiva. A inflação não representa motivo ensejador para a aplicação do instituto (Parecer n. 00400.011042/95-43).[5]

Na mesma linha é o entendimento do STJ, como segue:

EMENTA: ADMINISTRATIVO. CONTRATO ADMINISTRATIVO. EQUILÍBRIO ECONÔMICO-FINANCEIRO. AUMENTO SALARIAL. DISSÍDIO COLETIVO. IMPOSSIBILIDADE DE APLICAÇÃO DA TEORIA DA IMPREVISÃO. 1. Não pode ser aplicada a teoria da imprevisão para a recomposição do equilíbrio econômico-financeiro do contrato administrativo (Lei 8666/93, art. 65, II, d) na hipótese de aumento salarial dos empregados da contratada em virtude de dissídio coletivo, pois constitui evento certo que deveria ser levado em conta quando da efetivação da proposta. Precedentes: REsp. 411101/PR, 2ª T., Min. Eliana Calmon, DJ de 8.9.2003 e RESP 134797/DF, 2ª T., Min. Paulo Gallotti, DJ de 1º.8.2000. 2. Recurso especial provido. (STJ. REsp nº 668.367/PR; Recurso Especial nº 2004/0077434-5. Rel. Min. Teori Albino Zavascki, Primeira Turma, j. 21.9.2006. DJ, 5 out. 2006, p. 242)

O Tribunal de Contas da União, atendendo a uma consulta formulada por empresa prestadora de serviços de conservação e limpeza, emitiu o Parecer TC nº 009.970/1995. A consulente desejava saber se era possível alterar valor de seus contratos, antes de um ano da assinatura, nas hipóteses de aumento de salários dos seus empregados, ocorrido na data-base.

A conclusão do parecer a essa consulta, materializada na Decisão nº 45.719/95, é do seguinte teor:

8. Decisão.

8.1. Os preços contratados não poderão sofrer reajustes por incremento dos custos de mão de obra decorrentes da data-base de cada categoria, ou de qualquer outra razão, por força

---

[5] BDA, v. 4, p. 209.

do disposto no art. 28 e seguintes da Lei n. 9.069/1995, antes de decorrido o prazo de um ano, contado na forma expressa na própria legislação.

8.2. Poderá ser aceita a alegação de desequilíbrio econômico-financeiro do contrato, com base no reajuste salarial dos trabalhadores ocorrido durante a vigência do instrumento contratual, desde que a revisão pleiteada somente aconteça após decorrido um ano da última ocorrência verificada (a assinatura, a repactuação a revisão ou o reajustamento do contrato), contado na forma da legislação pertinente.[6]

Essa orientação, no nosso entender, contraria o princípio da manutenção do equilíbrio econômico-financeiro do contrato, visto que ocorrência de fato que onera substancialmente o contratado justifica a revisão daquele antes da data aprazada, desde que satisfatoriamente comprovado.

No caso da consulta, pode ocorrer essa situação. Admita-se que um contrato de prestação de serviço de conservação e limpeza tenha sido firmado em 2 de janeiro para vigorar até o dia 31 de dezembro do mesmo ano, com cláusula de correção só depois de um ano, no caso de prorrogação, em obediência ao comando da Lei nº 8.880, de 27.5.1994. Admita-se ainda que o mês de julho seja a data-base da categoria dos empregados prestadores desse tipo de serviço e que, pelo dissídio coletivo, os respectivos salários tiveram majoração substancial.

Impedida de repassar o preço para a tomadora do serviço, a contratada financiaria, com seus próprios recursos, a diferença, considerando principalmente que o custo para operacionalização do contrato é basicamente o relativo à mão de obra. É claro que a contratada não pode fazer isso, pois, ao fim do contrato, estaria acumulando considerável prejuízo.

A manter a orientação do Colendo Tribunal de Contas, a prestadora desse serviço adotará um dos dois comportamentos:

a) por ocasião da apresentação da proposta, estima o valor da majoração dos salários de seus empregados vinculado ao contrato que pretende firmar, multiplica o valor pelo número de meses entre a data-base e o término do contrato e, em seguida, divide o valor da operação pelos doze meses. Esse procedimento em face da Administração Pública caracteriza a apresentação de preços exorbitantes, por estarem acima dos praticados naquela data, fato que por si só impõe a desclassificação da licitante;

b) cota o preço correto, o vigente na data, e, quando do aumento do salário na data-base, não lhe sendo possível repassar o preço, rescindirá o contrato invocando o rompimento do equilíbrio econômico-financeiro do contrato estabelecido na data de sua assinatura.

Inclui-se, entre as causas de alteração do contrato, a variação tributária ocorrida depois da celebração da avença. Dessa forma, a criação de impostos, a majoração de seu valor, a extinção de impostos ou a redução de alíquota, que repercutam no contrato em execução, impõem a revisão do ajuste para aumentar o seu valor ou diminuí-lo na exata proporção da variação tributária (art. 124).

---

[6] DOU de 25.9.1995.

9 Execução dos contratos

Os contratos são firmados para serem executados nos limites da normalidade. As partes devem, cada uma delas, cumprir fielmente o que se comprometeram ao firmar o ajuste. Esse é o comportamento que se espera dos contratantes em geral, inclusive, é claro, o contrato administrativo, e a parte que o descumprir arcará com as consequências da inexecução total ou parcial do contrato (art. 115, *caput*, da Lei nº 14.133/2021).

Nos contratos administrativos, a Administração tem, por dever legal, a obrigação de designar um agente de seus quadros para acompanhar e fiscalizar a execução de cada contrato. É permitida a contratação de terceiros para auxiliar, fornecer informações e assistir ao servidor designado.

O representante da Administração Pública deve anotar em registros próprios todas as ocorrências relativas à execução do contrato, determinando as correções na obra ou a observância de regras técnicas ou contratuais que, eventualmente, estejam sendo descumpridas pelo contratado.

Se a ocorrência resultar em decisão que ultrapassa a sua competência, o agente deve, em tempo hábil, levar o fato ao conhecimento da autoridade superior para que ela tome as medidas cabíveis.

O contratado deve manter o seu preposto, aceito pelo contratante, para, junto com o representante da Administração, acompanhar a execução do contrato.

É dever do contratado reparar, corrigir, demolir, refazer, corrigir o objeto em construção, cujas irregularidades foram apontadas pela Administração, por conta própria, em virtude de vício na execução ou da má qualidade do material empregado.

Se a ocorrência culminar com impedimento, ordem de paralisação ou suspenção do contrato, o cronograma previsto no contrato será prorrogado pelo prazo da suspensão da execução do contrato (art. 115, §5º). Nos casos de obras, se a ocorrência prevista no §5º durar mais de 1 (um) mês, o contratante terá o dever de publicar informação da paralisação temporária da obra, em sítio oficial e em placa física fixada no local da obra, de fácil visualização, informando a paralisação da obra, o motivo, o responsável pela inexecução temporária e a data estimada para o reinício da obra (art. 115, §6º). Os encargos trabalhistas, sociais, fiscais e comerciais pertinentes ao contrato são de inteira responsabilidade do contratado. Nem solidariamente a Administração responde por esses encargos (art. 121).

> §1º A inadimplência do contratado, com referência aos encargos trabalhistas, previdenciários, fiscais e comerciais não transferirá à Administração Pública a responsabilidade por seu pagamento, nem poderá onerar o objeto do contrato ou restringir a regularização e o uso das obras e edificações, inclusive perante o Registro de Imóveis, ressalvado os casos de contratação exclusiva de mão de obra, situação em que a Administração responde solidariamente (art. 121, §2º).[7]

---

[7] Redação introduzida pela Lei nº 9.032, §4º, de 28.4.1995.

O contratado responde também pelos danos que, em virtude da execução do contrato, causar à Administração ou a terceiro, em virtude de comportamento culposo ou doloso.

- Subcontratação de parte do objeto – Ao contratado é permitida a subcontratação de parte do objeto nos limites preestabelecidos, em cada caso, pela Administração, mantendo, entretanto, a sua responsabilidade perante ela. Os danos ou qualquer irregularidade praticada pela subcontratada, perante a Administração, são de inteira responsabilidade da contratada. A subcontratação é vedada nas situações previstas no art. 122, §3º.
- Recebimento do objeto contratado – Executado o contrato, o respectivo objeto será recebido pela contratante da seguinte forma:
  - Tratando-se de obras e serviços, será em dois momentos: provisoriamente e, cumpridas as formalidades, definitivamente. O recebimento provisório é feito pelo representante da Administração que acompanhou e fiscalizou a execução do contrato, mediante recibo circunstanciado, passado o prazo de quinze dias contado da data em que o contratado comunicar a conclusão do objeto. O recebimento definitivo deve ser feito no prazo de até noventa dias, por comissão ou autoridade, para este fim designada pela autoridade competente por meio de documento circunstanciado firmado pelas partes contratantes. Esse prazo entre o recibo provisório e o definitivo é reservado à Administração para proceder rigorosa vistoria no objeto, com vista a verificar se foram observadas as cláusulas contratuais, as normas jurídicas pertinentes, as normas de segurança e as normas técnicas. Constatada qualquer irregularidade, o contratado tem o dever de providenciar as correções e reparos de modo a atender ao que foi pactuado. Decorrido o prazo sem que a Administração expeça o recibo definitivo nem faça a vistoria, subentende-se vistoriado e conforme, isto é, sem qualquer irregularidade.

Os recibos provisório e definitivo não excluem a responsabilidade civil pela solidez e segurança da obra ou do serviço, nos termos do Código Civil.

  - Nos casos de compra ou locação de equipamentos, são necessários o recebimento provisório e o definitivo. O primeiro tem a finalidade apenas de confirmar ou constatar a entrega do bem pelo fornecedor; e o segundo, definitivo, certifica que o equipamento está perfeito e em conformidade com a proposta e a ordem de fornecimento.
- Dispensabilidade de recibo provisório – O recibo provisório pode ser substituído pelo recibo comum quando o objeto for gêneros perecíveis, alimentação preparada, serviços profissionais, salvo os casos em que o objeto envolva aparelhos e equipamentos sujeitos à verificação de funcionamento e produtividade.

O contratante poderá recusar o objeto do contrato, no todo em parte, quando esse estiver em desacordo com o disposto no respectivo contrato (art. 140, *caput* e parágrafos).

- Dos pagamentos – Os pagamentos de responsabilidade da Administração Pública devem observar a ordem cronológica para cada fonte diferenciada de recursos, subdividida nas categorias seguintes: a) fornecimento de bens; b) locações; c) prestação de serviços (art. 141, *caput*). Esta ordem poderá ser alterada em virtude de justificativas prévias da autoridade administrativa competente, nas seguintes situações: a) grave perturbação da ordem, situação de emergência ou calamidade pública; b) "pagamento a microempresa, empresa de pequeno porte, agricultor familiar, produtor rural pessoa física, microempreendedor individual e sociedade cooperativa, desde que demonstrado o risco de descontinuidade do cumprimento do objeto do contrato"; c) pagamento de serviços indispensáveis ao funcionamento de sistemas estruturantes, se comprovada a descontinuidade da prestação do objeto do contrato; d) pagamento de direitos oriundos de contratos em caso de falência, recuperação judicial ou dissolução da empresa contratada; e) pagamento, cujo objeto do contrato seja necessário à integridade do patrimônio público ou à manutenção do funcionamento das atividades-fim da entidade pública, desde que demonstrado o risco de descontinuidade da prestação de serviço público e, ainda, o cumprimento da missão institucional (art. 141, §1º). A inobservância, sem motivo, da ordem cronológica implicará apuração de responsabilidade do agente competente. A apuração deve ser realizada por órgãos de controle (art. 141, §2º). O órgão ou entidade pública deve disponibilizar, mensalmente, em seu sítio na internet, a ordem cronológica dos pagamentos. No caso de eventual alteração da ordem, é indispensável apresentação da respectiva justificativa (art. 141, §3º). "Disposição expressa no edital ou no contrato poderá prever pagamento em conta vinculada ou pagamento pela efetiva comprovação do fato gerador" (art. 142). Na hipótese de controvérsia sobre a execução do objeto, quanto à dimensão, qualidade e quantidade, e havendo parte incontroversa, ela pode ser liberada no prazo previsto para o pagamento (art. 143). Nos casos de contratação de obras e serviço de engenharia, fornecimento e prestação de outros serviços, é permitida a adoção de remuneração variável vinculada ao desempenho do contratado, com base em metas, padrões de qualidade, critérios de sustentabilidade ambiental e prazos de entrega definidos no edital de licitação e no contrato (art. 144). Não é permitido pagamento antecipado relativo a parcelas vinculadas à execução de obras, ao fornecimento de bens ou à prestação de serviços (art. 145, *caput*). A antecipação de pagamento pode ser autorizada, se comprovado que a medida propiciará economia de recursos financeiros ou representar condição indispensável para obtenção do bem ou prestação de serviço. A viabilização do adiantamento do pagamento nas condições expostas depende de estar previsto no edital ou no instrumento formal da contratação direta (art. 145, §1º). Pode ser exigido garantia adicional nos casos de adiantamento de pagamento (art. 145, §2º). Na hipótese de objeto contratado não concluído no prazo estipulado no contrato, o valor recebido por antecipação será devolvido (art. 145, §3º).

No ato de liquidação da despesa, os serviços de contabilidade comunicarão aos órgãos da administração tributária as características da despesa e os valores pagos, conforme o disposto no art. 63 da Lei nº 4.320, de 17 de março de 1964. (Art. 146)

10 Inexecução e rescisão dos contratos

Os contratos, como dito antes, devem ser observados e cumpridos até o implemento do seu prazo ou a conclusão do objeto. Há, entretanto, por vários motivos, casos de execução incompleta. A inexecução parcial ou total do contrato acarreta para a parte que der causa a obrigação de pagar à parte inocente as multas e outras sanções previstas no próprio contrato, sem prejuízo de sanções civis, penais e administrativas, conforme o caso.

- Causas provocadas pelo contratado – Nos incs. I a IV e IX, do art. 137 do novo Estatuto, são arrolados casos de descumprimento ou cumprimento irregular de cláusulas do contrato, por parte do contratado, relativos a projeto, especificações ou prazo; retardamento no início da execução da obra, da prestação do serviço ou da entrega do bem quando se tratar de compra; a paralisação da execução da obra, da prestação do serviço, do fornecimento, quando parcelado, sem motivo justo e sem comunicação à Administração, "alteração social ou modificação da finalidade ou da estrutura da empresa que restrinja sua capacidade de concluir o contrato" e "decretação de falência ou de insolvência civil, dissolução da sociedade ou falecimento do contratado"; não cumprimento do dever legal relativo à reserva de cargos para portadores de deficiência, reabilitados da Previdência Social e aprendiz; subcontratação de obra, serviço e fornecimento em desacordo com o estabelecido no edital e no contrato; descumprimento de recomendação ou determinação regular do agente da Administração, relativo a irregularidades constatadas na execução do contrato, são motivos para rescisão do contrato.

Todas as hipóteses referidas acima são motivos de rescisão contratual provocados pelo contratado e ensejam à Administração a iniciativa de rescindir o contrato e impor as sanções que lhe competem, em conformidade com o contrato.

- Por descumprimento da Administração – Nos incs. XIII a XVI, são arroladas as hipóteses de rescisão em virtude de descumprimento por parte da Administração. São elas, em síntese: suspensão pela Administração da prestação do objeto, implicando modificação do valor do contrato além dos limites legais previstos no art. 125 já comentado; suspensão da execução do contrato pela Administração por prazo superior a 3 (três) meses; salvo os casos de calamidade pública, grave perturbação da ordem interna ou guerra, ou ainda quando a medida for tomada em virtude de descumprimento por parte do contratado; repetidas suspensões contratuais por parte da Administração; atraso no pagamento ao contratado por prazo que totalize 90 (noventa) dias úteis, contados da data do adimplemento por parte do contratado, salvo caso de calamidade pública, grave perturbação da ordem interna e guerra.

Ocorrendo o atraso sem os motivos alinhados, a lei faculta ao contratado suspender a execução do contrato, até o restabelecimento do pagamento, ou rescindir o contrato, sujeitando-se, a Administração, em qualquer dos casos, aos ônus previstos no contrato por seu descumprimento.

"Atraso superior a 2 (dois) meses, contado da emissão da nota fiscal, dos pagamentos ou de parcelas de pagamentos devidos pela Administração por despesas de obras, serviços ou fornecimento".

O atraso, pela Administração, na entrega da área destinada à construção da obra, objeto do contrato, relacionado à desapropriação, à desocupação de áreas públicas ou a licenciamento ambiental, é um dos motivos de descumprimento contratual pelo contratante. Esta modalidade de descumprimento é dada como exemplo de fato da Administração. O fato da Administração é definido como sendo o comportamento da Administração que tenha implicação direta em contrato por ela firmado com terceiro (art. 137, §2º, I, II, III e IV). As hipóteses de extinção de contrato, referidas nos incs. II, III e IV do §2º, examinadas acima, observarão as seguintes disposições: "não serão admitidas em caso de calamidade pública, de grave perturbação da ordem interna ou de guerra, bem como quando decorrerem de ato ou fato que o contratado tenha praticado, do qual tenha participado ou para o qual tenha contribuído"; ao contratado é assegurando o direito de, em vez de rescindir o contrato, optar pela suspensão das obrigações assumidas até a normalização da situação. Nesse caso, o contratado terá direito ao reequilíbrio econômico-financeiro do contrato (art. 137, §3º, I e II).

- Inexecução motivada pelo interesse público – Hipótese indeterminada, consistente em razão de interesse público de alta relevância e amplo conhecimento, devidamente justificada e determinada pela autoridade máxima da entidade contratante, mediante ato lançado no processo administrativo a que se refere o contrato (processo de licitação, dispensa ou de inexigibilidade de licitação) (art. 137, VIII).
- Inexecução por motivos alheios às partes – Por fim, caso fortuito ou força maior são causas de rescisão contratual. Essas duas hipóteses vêm do Direito Privado e desobrigam os contratados de cumprirem o contrato, bem como das sanções pelo descumprimento, obrigações principal e acessória (art. 137, V). Caso fortuito decorre de fato da natureza. Exemplo: terremoto, inundação, raio (descarga elétrica), vendaval, maremoto, vulcão, entre outros. A ocorrência de um desses fenômenos naturais, com implicação no contrato, desobriga as partes de executá-lo e as liberam das multas e outras sanções previstas.

A força maior decorre do fato do homem. Consiste em comportamento humano contra a vontade e controle dos contratados que afetam a execução contratual. Exemplo: a Administração firma com a Fiat Automóveis contrato de compra de 100 veículos de sua fabricação. O prazo de entrega é de noventa dias, pelo fato de os veículos virem com equipamentos e cores fora dos padrões da montadora, exemplo, veículos para uso das polícias. Logo depois da celebração do contrato, todos os empregados da fornecedora entram em greve prolongada, paralisando totalmente a fábrica. Nesse caso, a entrega dos veículos não se fará no prazo estipulado, por motivo da greve, alheia à vontade e controle da contratada.

Nessa situação, ao contratado é facultado propor a entrega do objeto tão logo restabeleça a situação impeditiva, ou comunicar que não entregará o objeto. Tanto num quanto noutro caso, a comunicação terá de ser feita no prazo previsto para o cumprimento da obrigação, acompanhado de prova robusta do fato alegado como motivo impeditivo.

- Descumprimento de cláusulas contratuais relativas a empregados menores de 18 anos – A Administração fica legitimada a rescindir o contrato se o contratado mantiver, em seu quadro de pessoal, menor de 18 anos em trabalho noturno, perigoso ou insalubre, ou em qualquer trabalho, menor de 16 anos, salvo se aprendiz, maior de 14 anos. E, também, aplicar sanções penais cabíveis.
- Fato do príncipe – Há, ainda, outro caso de descumprimento contratual por parte do contratado, denominado *fato do príncipe*. Caracteriza o fato do príncipe determinado comportamento de autoridade pública competente que, embora adotado em caráter geral e no interesse público, atinja, reflexamente, o contrato administrativo, tornando inviável a sua execução em determinado período, ou definitivamente. Exemplo: determinada entidade pública adquire de uma empresa, sediada no Brasil ou no exterior, 200 microcomputadores fabricados nos Estados Unidos ou na China, por exemplo. O prazo para entrega é de noventa dias, tempo hábil para a efetivação dos procedimentos necessários à importação dos objetos. Acontece que, no curso do prazo de entrega, o presidente da República expede decreto proibindo a importação de computadores pelo prazo de um ano.

Nesse exemplo, a contratada estará impedida, por força de um ato administrativo, de repercussão geral, que, pela via oblíqua, afetou o contrato, inviabilizando o fornecedor a entregar à adquirente os computadores importados, no prazo estabelecido no contrato.

- Exceção de contrato não cumprido – O princípio da exceção de contrato não cumprido, trazido do Direito romano – *exceptio non adimplenti contractus* – comumente invocado nos contratos de Direito Privado, consiste na faculdade conferida a uma das partes de não cumprir o contrato se a outra deixar de cumprir a sua obrigação contratual.

Esse princípio, largamente observado no Direito Privado, não teve acolhida pelo Direito Administrativo com o mesmo vigor. Chegou-se até a afirmar que a exceção de contrato não cumprido não se aplica aos contratos administrativos. A justificativa fundamental para esse entendimento é a continuidade dos serviços públicos. Admitia-se, entretanto, esse princípio, em casos excepcionais, como exemplo, a força maior e o caso fortuito. Modernamente, essa rigidez perdeu o seu absolutismo, cedendo lugar ao contratado para em certos casos invocar o princípio. Principalmente quando o descumprimento da Administração consiste em atraso ou suspensão de pagamento. O particular contratado não tem o dever de financiar a Administração Pública. O seu compromisso em face do contrato é o de construir a obra, prestar o serviço ou fornecer a mercadoria, mediante o pagamento do preço. O atraso do pagamento pode inviabilizar a continuação da prestação do objeto.

Por tais motivos, a Lei nº 8.666/93 prevê, como salientado, várias hipóteses de inexecução do contrato por parte do contratado em virtude de descumprimento pela Administração. Entre elas, a suspensão da execução do contrato por prazo superior a 120 dias e o atraso do pagamento superior a 90 dias depois do adimplemento da obrigação pelo contratado, salvo os casos previstos na lei. A Lei nº 14.133/2021, que substitui a nº 8.666/1093, mantém a regra, nos termos do art. 137, §2º, incs. I a V, já examinado.

Tem-se entendido que, quando se tratar de serviços essenciais, mesmo havendo atraso no pagamento, o contratado não pode simplesmente interromper a sua prestação. Para exercer o seu direito, deverá postular em juízo a rescisão do contrato. Enquanto se discute a questão, a Administração promoverá medidas visando impedir a interrupção do serviço, dada a sua importância e essencialidade.

11 Hipóteses de extinção dos contratos

Os contratos administrativos podem ser rescindidos unilateralmente pela Administração, em virtude de comum acordo entre as partes ou por decisão judicial.

- Unilateralmente, pela Administração – A rescisão pela Administração ocorre nos casos de descumprimento de cláusulas contratuais por parte do contratado nas hipóteses previstas no art. 137, I, II, III e IV, da Lei nº 14.133/2021, anteriormente referidas.

A rescisão contratual, em virtude de inobservância de cláusulas pelo contratado, implica as seguintes consequências, sem prejuízo das sanções previstas na Lei nº 14.133/2021: assunção imediata do contrato pela Administração na fase e condições em que se encontrar, por ato administrativo; ocupação pela Administração do local; utilização do material, equipamento e pessoal vinculados à obra ou à prestação de serviços indispensáveis à continuidade da execução ou prestação do objeto; execução da garantia prestada pelo contratado (a execução da garantia significa a utilização dela pela Administração, para se ressarcir dos prejuízos e receber a multa, quando for o caso); retenção de créditos do contratado relativos ao contrato até o limite dos prejuízos sofridos pela Administração, se a garantia for insuficiente. No caso de a garantia ser suficiente para a recomposição do prejuízo e resultar saldo a favor do contratado, a diferença ser-lhe-á devolvida. Caso a garantia e os créditos retidos sejam insuficientes para cobrir a multa e os prejuízos, a Administração recorrerá à via judiciária, postulando a reparação.

Quando a rescisão se der por descumprimento da Administração ou em virtude de caso fortuito ou força maior, nas hipóteses previstas nos incs. V, VI, VII, VIII e IX do art. 137, da Lei nº 14.133/2021, já estudados acima, o contratado será indenizado por todos os prejuízos sofridos e, ainda, receberá, obviamente, os valores relativos à execução do contrato até a data de sua rescisão, e o valor relativo ao dispêndio com demolição, quando for o caso. O contratado terá direito também à devolução da garantia oferecida por ocasião da celebração do contrato.

- Por acordo entre as partes – Esta hipótese de rescisão contratual não pressupõe descumprimento por nenhuma das partes. O motivo será o interesse manifestado por ambas, desde que a Administração demonstre, em ato formal, a conveniência e o interesse público. O instrumento que materializa o acordo deve ser acostado aos autos do processo de licitação que deu origem ao contrato desfeito.

Nas rescisões amigáveis, as suas consequências serão as decorrentes do próprio acordo. As partes estipularão quanto aos direitos e deveres de cada uma delas, em face da rescisão.

- Judicial – A rescisão judicial ocorrerá nos demais casos e resultará em consequências impostas pela sentença com base no contrato e no livre convencimento do juiz.

O art. 138, *caput* do novo Estatuto sintetiza a matéria como segue:

a extinção do contrato poderá ser:

I - determinada por ato unilateral e escrito da Administração, exceto no caso de descumprimento decorrente de sua própria conduta;

II - consensual, por acordo entre as partes, por conciliação, por mediação ou por comitê de resolução de disputas, desde que haja interesse da Administração;

III - determinada por decisão arbitral, em decorrência de cláusula compromissória ou compromisso arbitral, ou por decisão judicial.

Veja-se que a lei inova, introduzindo a arbitragem como método de resolução de conflito na Administração Pública.

12 Da nulidade do contrato e efeitos da anulação

Com relação à irregularidade verificada no procedimento licitatório ou na execução do contrato, que tenha saneamento inviável, a decisão sobre a suspensão da execução do contrato ou sobre a declaração de nulidade deve levar em consideração a solução que revele interesse público, levando-se em consideração os seguintes aspectos:

I - impactos econômicos e financeiros decorrentes do atraso na fruição dos benefícios do objeto do contrato;

II - riscos sociais, ambientais e à segurança da população local decorrentes do atraso na fruição dos benefícios do objeto do contrato;

III - motivação social e ambiental do contrato;

IV - custo da deterioração ou da perda das parcelas executadas;

V - despesa necessária à preservação das instalações e dos serviços já executados;

VI - despesa inerente à desmobilização e ao posterior retorno às atividades;

VII - medidas efetivamente adotadas pelo titular do órgão ou entidade para o saneamento dos indícios de irregularidades apontados;

VIII - custo total e estágio de execução física e financeira dos contratos, dos convênios, das obras ou das parcelas envolvidas;

IX - fechamento de postos de trabalho diretos e indiretos em razão da paralisação;
X - custo para realização de nova licitação ou celebração de novo contrato;
XI - custo de oportunidade do capital durante o período de paralisação. (Art. 147)

A declaração de nulidade do contrato administrativo tem efeitos semelhantes aos decorrentes da anulação de ato administrativo. Declarada a nulidade do contrato, os seus efeitos cessam imediatamente, e os efeitos do ato declaratório retroagem à data da celebração do contrato. Em princípio, as situações devem se recompor em conformidade com a realidade vigente na data do contrato, sem prejuízo, para o contratado, relativamente ao que já tiver sido executado até a data da anulação do contrato, se a sua conduta não contrariar as disposições avençadas, principalmente no que tange ao preço e à qualidade do objeto já executado.

Dessa forma, a Administração não se exime do dever de pagar ao contratado o valor correspondente ao que, efetivamente, já foi executado até a data da declaração de nulidade do contrato. O contratado tem direito à recomposição de outros prejuízos decorrentes da anulação, desde que ele não tenha concorrido, de qualquer forma, para o vício do contrato.

Os contratos regidos pelo novo Estatuto podem prever a possibilidade de adoção de métodos de resolução de conflitos ou controvérsias extrajudiciais, por meio da conciliação, mediação e o comitê de resolução de disputas e a arbitragem (art. 151). Os contratos já existentes podem ser aditados para incluir cláusula de resolução de conflitos extrajudiciais.

13 Infrações e sanções administrativas

As espécies de infrações administrativas, eventualmente praticadas por licitante ou contratado, estão arroladas no art. 155 nos seguintes termos: o licitante ou o contratado será responsabilizado administrativamente pelas seguintes infrações transcritas:

I - dar causa à inexecução parcial do contrato;

II - dar causa à inexecução parcial do contrato que cause grave dano à Administração, ao funcionamento dos serviços públicos ou ao interesse coletivo;

III - dar causa à inexecução total do contrato;

IV - deixar de entregar a documentação exigida para o certame;

V - não manter a proposta, salvo em decorrência de fato superveniente devidamente justificado;

VI - não celebrar o contrato ou não entregar a documentação exigida para a contratação, quando convocado dentro do prazo de validade de sua proposta;

VII - ensejar o retardamento da execução ou da entrega do objeto da licitação sem motivo justificado;

VIII - apresentar declaração ou documentação falsa exigida para o certame ou prestar declaração falsa durante a licitação ou a execução do contrato;

IX - fraudar a licitação ou praticar ato fraudulento na execução do contrato;

X - comportar-se de modo inidôneo ou cometer fraude de qualquer natureza;

XI - praticar atos ilícitos com vistas a frustrar os objetivos da licitação;

XII - praticar ato lesivo previsto no art. 5º da Lei nº 12.846, de 1º de agosto de 2013.

As sanções a que estão sujeitos os licitantes ou os contratados que incorrerem em infrações constantes do art. 155, estão previstas no art. 156. Serão aplicadas ao responsável pelas infrações administrativas previstas nesta lei as seguintes sanções:

I - advertência;
II - multa;
III - impedimento de licitar e contratar;
IV - declaração de inidoneidade para licitar ou contratar.

O §1º do mesmo artigo relaciona os critérios a serem observados para aplicação das sanções:

I - a natureza e a gravidade da infração cometida;
II - as peculiaridades do caso concreto;
III - as circunstâncias agravantes ou atenuantes;
IV - os danos que dela provierem para a Administração Pública;
V - a implantação ou o aperfeiçoamento de programa de integridade, conforme normas e orientações dos órgãos de controle.

A advertência só se adota quando a situação fática não justificar outra sanção mais gravosa. A sanção da modalidade multa é calculada na forma prevista no edital ou no contrato. A base de cálculo é o valor do contrato, fixada em percentual desse valor, não podendo ser inferior a 0,5% (cinco décimos por cento) nem superior a 30% (trinta por cento) do referido valor. A sanção impedimento de licitar e contratar com a Administração Pública, na hipótese de prática de infrações previstas nos incs. II, III, IV, V, VI e VII do *caput* do art. 155, transcrito acima, é aplicada em situações em que não se justificar sanção mais grave. O sancionado ou apenado com a suspensão dos direitos de licitar e de contratar permanecerá suspenso pelo prazo máximo de 3 (três) anos. Na situação fática que justifique a aplicação de sanção mais grave do que a prevista no *caput* do art. 155, o apenado ficará suspenso do direto de licitar e de contratar com a Administração Pública direta e indireta de todos os entes da Federação, pelo prazo mínimo de 3 (três) anos e máximo de 6 (seis) anos.

Os crimes praticados no processo de licitação e contratação pública estão previstos no art. 178 da Lei nº 14.133/2021. Este artigo acrescentou, ao Título XI do Código Penal, o Capítulo II-B e incluiu nele os seguintes artigos que tipificam os crimes em licitações e contratos administrativos:

Art. 337-E. Admitir, possibilitar ou dar causa à contratação direta, fora das hipóteses previstas em lei:
Pena - reclusão, de 4 (quatro) a 8 (oito) anos, e multa;
Art. 337-F. Frustrar ou fraudar, com o intuito de obter para si ou para outrem vantagem decorrente da adjudicação do objeto da licitação, o caráter competitivo do processo licitatório:
Pena - reclusão, de 4 (quatro) anos a 8 (oito) anos, e multa.

Art. 337-G. Patrocinar, direta ou indiretamente, interesse privado perante a Administração Pública, dando causa à instauração de licitação ou à celebração de contrato cuja invalidação vier a ser decretada pelo Poder Judiciário:

Pena - reclusão, de 6 (seis) meses a 3 (três) anos, e multa.

Art. 337-H. Admitir, possibilitar ou dar causa a qualquer modificação ou vantagem, inclusive prorrogação contratual, em favor do contratado, durante a execução dos contratos celebrados com a Administração Pública, sem autorização em lei, no edital da licitação ou nos respectivos instrumentos contratuais, ou, ainda, pagar fatura com preterição da ordem cronológica de sua exigibilidade:

Pena - reclusão, de 4 (quatro) anos a 8 (oito) anos, e multa.

Art. 337-I. Impedir, perturbar ou fraudar a realização de qualquer ato de processo licitatório:

Pena - detenção, de 6 (seis) meses a 3 (três) anos, e multa.

Art. 337-J. Devassar o sigilo de proposta apresentada em processo licitatório ou proporcionar a terceiro o ensejo de devassá-lo:

Pena - detenção, de 2 (dois) anos a 3 (três) anos, e multa.

Art. 337-K. Afastar ou tentar afastar licitante por meio de violência, grave ameaça, fraude ou oferecimento de vantagem de qualquer tipo:

Pena - reclusão, de 3 (três) anos a 5 (cinco) anos, e multa, além da pena correspondente à violência.

Parágrafo único. Incorre na mesma pena quem se abstém ou desiste de licitar em razão de vantagem oferecida.

Art. 337-L. Fraudar, em prejuízo da Administração Pública, licitação ou contrato dela decorrente, mediante:

I - entrega de mercadoria ou prestação de serviços com qualidade ou em quantidade diversas das previstas no edital ou nos instrumentos contratuais;

II - fornecimento, como verdadeira ou perfeita, de mercadoria falsificada, deteriorada, inservível para consumo ou com prazo de validade vencido;

III - entrega de uma mercadoria por outra;

IV - alteração da substância, qualidade ou quantidade da mercadoria ou do serviço fornecido;

V - qualquer meio fraudulento que torne, injustamente, mais onerosa para a Administração Pública a proposta ou a execução do contrato:

Pena - reclusão, de 4 (quatro) anos a 8 (oito) anos, e multa.

Art. 337-M. Admitir à licitação empresa ou profissional declarado inidôneo:

Pena - reclusão, de 1 (um) ano a 3 (três) anos, e multa.

§1º Celebrar contrato com empresa ou profissional declarado inidôneo:

Pena - reclusão, de 3 (três) anos a 6 (seis) anos, e multa.

§2º Incide na mesma pena prevista no *caput* do artigo em comento, aquele que tenha declarado inidôneo, venha a participar de licitação e, na mesma pena do §1º, aquele que, declarado inidôneo, venha a contratar com a Administração Pública.

Art. 337-N. Obstar, impedir ou dificultar injustamente a inscrição de qualquer interessado nos registros cadastrais ou promover indevidamente a alteração, a suspensão ou o cancelamento de registro do inscrito:

Pena - reclusão, de 6 (seis) meses a 2 (dois) anos, e multa.

Art. 337-O. Omitir, modificar ou entregar à Administração Pública levantamento cadastral ou condição de contorno em relevante dissonância com a realidade, em frustração ao caráter competitivo da licitação ou em detrimento da seleção da proposta mais vantajosa para a

Administração Pública, em contratação para a elaboração de projeto básico, projeto executivo ou anteprojeto, em diálogo competitivo ou em procedimento de manifestação de interesse:

Pena - reclusão, de 6 (seis) meses a 3 (três) anos, e multa.

§1º Consideram-se condição de contorno as informações e os levantamentos suficientes e necessários para a definição da solução de projeto e dos respectivos preços pelo licitante, incluídos sondagens, topografia, estudos de demanda, condições ambientais e demais elementos ambientais impactantes, considerados requisitos mínimos ou obrigatórios em normas técnicas que orientam a elaboração de projetos.

§2º Se o crime for praticado com o fim de obter benefício, direto ou indireto, próprio ou de outrem, aplica-se em dobro a pena prevista no *caput* deste artigo.

Art. 337-P. A pena de multa cominada aos crimes previstos neste Capítulo seguirá a metodologia de cálculo prevista neste Código e não poderá ser inferior a 2% (dois por cento) do valor do contrato licitado ou celebrado com contratação direta.

14 Tipos de contratos administrativos

Os principais contratos administrativos são: contratos de obras públicas; contrato de concessão de serviços públicos; contrato de permissão de serviço público; contrato de concessão de uso de bens públicos; contrato de prestação de serviços; e contratos de fornecimento.

A estes contratos aplicam-se as regras básicas dos contratos administrativos estudados até aqui. As modalidades existem em função de peculiaridades em razão do objeto, conforme se verá, resumidamente, mas o suficiente para oferecer ao estudante a exata noção de cada um deles. Não serão examinados, aqui, os contratos de concessão e de permissão de serviços públicos, que serão detalhadamente considerados no Capítulo 9, que cuida dos serviços públicos.

14.1 Contratos de obras públicas

Entende-se por contrato de obra pública o ajuste bilateral, oneroso, precedido, em regra, de concorrência, firmado pela Administração Pública com empresa ou consórcio de empresas de construção civil, tendo por objeto a construção de obra pública (rodovias, ferrovias, pontes, barragens hidrelétricas, aeroportos, entre outras).

Quanto ao regime de execução, o contrato de obras públicas pode ser de empreitada, administração contratada e tarefa:

- Empreitada – O contrato de empreitada pode ser por preço global, empreitada por preço unitário e empreitada integral.
- Empreitada por preço global: é o regime de contrato de obra pública, segundo o qual a Administração contrata com a empresa privada vencedora na licitação própria a construção de determinada obra pública pelo preço total do seu custo, envolvendo o pessoal necessário e todo o material a ser utilizado.

A contratada, na fase licitatória, deve cotar o preço global acompanhado de planilha de custo, para efeito de avaliações e julgamento. Apesar de o preço, neste caso, ser estabelecido para a totalidade da obra, não há impedimento de que o pagamento se efetue em parcelas de conformidade com o andamento da obra.

É preciso que o edital e o contrato prevejam, de modo claro e expresso, as fases e as condições para a efetivação dos pagamentos. Normalmente, os projetos da obra preveem cronogramas físicos e financeiros para os efeitos de desembolso pelo contratante. Cada etapa do cronograma corresponde a uma parcela de dinheiro a ser paga à empreiteira.

Completada a etapa do cronograma, a Administração fará a inspeção, imediatamente e se estiver tudo de conformidade com o contrato e as demais regras pertinentes, o pagamento referente a essa parte será efetuado. Não é, por conseguinte, a forma de pagamento que caracteriza a empreitada por preço global, mas o preço certo e fixo para a totalidade da obra.

A propósito, pontua Hely Lopes Meirelles:

> O que tipifica a empreitada por preço global é a fixação antecipada do custo da obra para a sua totalidade, diversamente do que ocorre na empreitada por preço unitário, em que o custo resulta do que for realizado e medido, para pagamento na base da unidade contratada. Nesta modalidade de empreitada o julgamento das propostas se faz pela comparação dos preços finais de cada uma, independentemente dos preços unitários que os compõem.[8]

O preço, efetivamente, será tomado pela totalidade na fase de julgamento pela comissão, mas entendemos ser conveniente examinar as planilhas de custo para se avaliar os critérios e os elementos utilizados para chegar ao valor global. Isso porque a Administração deve, por força da Lei nº 14.133/2021, elaborar, previamente, a sua planilha de custo. Um dos objetivos dessa planilha é servir de referência no momento do julgamento.

- Empreitada por preço unitário: é a empreitada cuja contratação se faz com base em preço por unidade de execução. Nesta modalidade, tem-se também em mira o objeto total, mas o preço é combinado por etapas ou unidades. Por exemplo: construção de várias casas populares. Quer-se construir determinado número de casas, mas a contratação será por preço de cada unidade. De modo que o preço total será a soma dos custos de cada unidade. A construção de estrada pode ser, também, contratada por preço unitário. Nesse caso, cada etapa da obra corresponde a um item.
- Empreitada integral: essa modalidade de empreitada é novidade prevista na Lei nº 8.666/93. O art. 6º, VIII, "e", desta lei define a empreitada integral como sendo aquela em que se contrata

> um empreendimento em sua integridade, compreendendo todas as etapas das obras, serviços e instalações necessárias sob inteira responsabilidade da contratada até a sua entrega ao contratante, em condições de entrada em operação, atendidos os requisitos técnicos e legais para a sua utilização em condições de segurança estrutural e operacional e com as características adequadas às finalidades para as quais foi contratada.

---

[8] MEIRELLES. *Licitação e contrato administrativo*, 11. ed., p. 230.

A Lei nº 14.133/2021 refere-se à empreitada integral no art. 171, inc. III. Em que consiste efetivamente esta modalidade de empreitada? Os autores ainda divergem, em parte, quanto ao exato conteúdo do texto legal. Marçal Justen Filho entende que a empreitada integral é espécie de empreitada por preço global. Para ele, a empreitada por preço global pode ser contratada por etapas da obra; a integral, não. Esta compreenderá a integralidade da obra a ser entregue em condições de funcionamento. Maria Sylvia Zanella Di Pietro parece adotar o mesmo entendimento de Marçal Justen Filho.[9]

Raul Armando Mendes, segundo Carlos Pinto Coelho Motta, sustenta posição diferente da de Marçal Justen Filho, afirmando:

> Há casos em que a contratação pode incluir até os equipamentos necessários ao funcionamento da obra contratada, como, por exemplo, a contratação de um hospital, em que o executor se compromete a entregar o nosocômio pronto para entrar em funcionamento. É o contrato chamado *turn-key* dos ingleses, que não tem correspondente nacional, assemelhando-se à linguagem rural "porteira-fechada", onde a propriedade é adquirida com todos os seus pertences, em plena atividade. O *turn-key* é de pouco uso entre nós.[10]

Carlos Pinto Coelho Motta faz referência e transcreve os dois autores aqui citados, mas assume posição semelhante à de Raul Armando Mendes ao afirmar: "Nesta hipótese, delegam-se ao contratado todas as obrigações relativas ao objeto da avença, a ser entregue em condições de iniciar sua operação".[11]

Entendemos também que a empreitada integral é aquela em que a Administração contrata, com o licitante vencedor, a construção da obra, compreendendo mão de obra e materiais e, ainda, todos os equipamentos e instalações necessárias ao funcionamento do empreendimento. Por exemplo: a construção de um prédio escolar a ser entregue pronto, mobiliado e equipado com computadores, telefones, sistema de vídeo, televisões, multimídia, quadros nas salas de aula para uso dos professores, biblioteca básica e outros itens necessários ao pleno funcionamento da escola. De modo que, sendo o prédio entregue pela empreiteira ao contratante, digamos, às 18 horas, às 19 horas a escola já poderá receber os respectivos alunos e professores para o início das aulas noturnas.

Na prática, achamos difícil a adoção, entre nós, dessa modalidade de empreitada por dois motivos, pelo menos: a) as empreiteiras são especialistas em materiais de construção e em mão de obra, tendo, por conseguinte, facilidade de contratá-los. Entretanto, não têm o mesmo domínio do conhecimento sobre certos equipamentos, como exemplo, os sofisticados aparelhos e equipamentos computadorizados, como aparelho de ressonância magnética ou de tomografia computadorizada utilizados nos bons hospitais. Esse desconhecimento poderá levar a Administração a adquirir, por essa via triangular, equipamentos e objetos indesejáveis, por impróprios, inadequados ou obsoletos; b) o outro motivo consiste no fato de que a Administração passa por difícil fase financeira e, por esse motivo, costuma não ter dinheiro disponível para a construção do prédio e para a aquisição dos equipamentos necessários ao seu pleno funcionamento. Daí a

---

[9] DI PIETRO. *Direito administrativo*, 7. ed., p. 251.
[10] MOTTA. *Eficácia nas licitações e contratos*, 4. ed., p. 85.
[11] *Ibidem*, p. 85.

necessidade e a conveniência de se contratar por etapas. Primeiro, a obra civil; depois, a compra dos equipamentos de acordo com a disponibilidade financeira.

Há, por fim, outra modalidade de empreitada pouco utilizada contemporaneamente, chamada pelos autores de empreitada de *lavor*. É a modalidade segundo a qual a Administração contrata apenas o serviço, isso é, a mão de obra necessária à construção do objeto. O material, nesse caso, é fornecido pela contratante. Ressalte-se que a empreiteira, aqui referida, não se confunde com a contratação de prestadora de mão de obra regulamentada e disciplinada em lei própria.

- Contrato de tarefa é modalidade de contrato destinado à realização de pequenos serviços ou obras, com ou sem material, mediante pagamento de preço certo, depois da conclusão do objeto contratado. Adota-se essa modalidade nos casos de valor baixo, em que a licitação é dispensável e o contrato formal também. A ordem de serviço ou de execução é, normalmente, o instrumento jurídico hábil para obrigar as partes, nos casos de tarefa.

14.2 Contrato de concessão de uso de bens públicos

Os bens públicos são de uso comum, de uso especial e dominiais ou patrimoniais. Estes últimos, por não terem destinação certa e por terem a natureza de bens excedentes ou bens acumulados, no sentido econômico, podem ser usados por outra entidade pública que não a detentora do domínio, ou por particulares, pessoas físicas ou jurídicas.

A concessão de uso ou a cessão de uso de bens públicos opera-se por interesse público e pode ser onerosa ou gratuita. O ajuste jurídico que materializa a concessão de uso é o denominado contrato de concessão ou de cessão de uso de bens públicos. Ele regula-se pelas normas de direito público, com cláusula que faculta à Administração, a qualquer momento, rescindi-lo por conveniência ou oportunidade.

Essa modalidade de contrato, quando gratuito, substitui o contrato de comodato próprio do Direito Privado. Quando oneroso, substitui o contrato de arrendamento utilizado nas relações privadas ou particulares.

14.3 Contrato de prestação de serviço

A Administração Pública, a despeito de ter quadro próprio de pessoal, não dispõe de agentes para realizar todos os serviços de seu interesse. Seja em razão da natureza do serviço, seja em virtude da especificidade do serviço, seja pela sua descontinuidade, seja pelo alto grau de tecnologia, a Administração opta pela contratação de particulares para a realização desse serviço, mediante licitação.

São exemplos de serviços contratados pela Administração Pública, nos quatro planos de governo: conservação, limpeza e higiene, manutenção de máquinas e equipamentos, serviços de lavanderia em hospitais e presídios, entre outros. São, como visto, serviços próprios do Direito Privado. Entretanto, quando contratados pelo Poder Público, o respectivo contrato é considerado administrativo, por conter cláusulas próprias do Direito Público, ainda que poucas. Entre elas, destacam-se: prazo determinado, identificação da fonte de recursos financeiros para suportar o ônus da avença, necessidade de publicação e de registro pelo Tribunal de Contas.

Esse tipo de contrato pode ser prorrogado a cada doze meses, até completar sessenta meses.

14.4 Contrato de fornecimento

A Administração Pública no país é a pessoa que mais consome. Concorre com as maiores consumidoras nacionais e se coloca em primeiro lugar entre as que mais compram.

De acordo com a conveniência, a necessidade, a natureza do bem e o interesse público, as compras pelo Estado podem ser para entrega imediata de uma só vez ou compra de certa quantidade para entrega parcelada ou mediante fornecimento permanente, diário, semanal ou mensal, sem a prefixação da quantidade a ser fornecida.

Nos casos de compra para entrega única, o contrato formal é dispensável. Tratando-se de quantidade determinada, mas para entrega parcelada, ou nos casos de fornecimento em que se estabelece apenas o preço, os locais, a periodicidade e a quantidade de entrega, é indispensável a formalização do contrato, para disciplinar os direitos e deveres de cada parte, condições de entrega e de pagamento e a estipulação de sanções pelo inadimplemento das obrigações.

O prazo de vigência desse tipo de contrato deve ser por um ano, por se enquadrar na regra geral dos prazos contratuais.

O contrato é próprio do Direito Privado, sujeitando-se a regras do Direito Público, semelhante ao que acontece com o contrato de prestação de serviços, visto no item anterior.

14.5 Contrato de gestão

Contrato de gestão é modalidade adotada entre nós no início da década de 1990, mesmo assim, sem previsão no direito positivado. Parece que a França foi o primeiro país, ou um dos primeiros, a adotar esta modalidade de contrato, por volta de 1967, com o nome de contrato de programa. A ideia de adoção do ajuste veio da necessidade de se dar mais dinamismo e eficiência às empresas estatais. Pelo instrumento se podem estabelecer metas e resultados a serem alcançados pelas empresas estatais.

O contrato de gestão deve ser firmado entre uma entidade política, ou por um de seus órgãos, e entidades da Administração descentralizada, com o objetivo de a contratada atingir determinadas metas e resultados com eficiência e, em recompensa, receber certos benefícios da entidade contratante.

No Brasil, segundo Maria Sylvia Zanella Di Pietro, os primeiros contratos de gestão foram firmados com a então Companhia Vale do Rio Doce e com a Petróleo Brasileiro S/A – Petrobras e com o Serviço Social Autônomo Associação das Pioneiras Sociais, com amparo no Decreto nº 137, de 27.5.1991.[12]

A inexistência de lei dispondo sobre a matéria levou o Tribunal de Contas da União a questionar a validade dos referidos contratos. Atualmente, a modalidade de contrato em exame está prevista na Lei Federal nº 9.637, de 15.5.1998, e na Constituição da República, depois da Emenda nº 19/1998. Esta emenda introduziu no art. 37 da

---

[12] DI PIETRO. *Direito administrativo*, 10. ed., p. 252.

Constituição o §8º, dispondo que a autonomia gerencial, orçamentária e financeira dos órgãos da Administração direta e entidades da Administração indireta pode ser ampliada por meio de contratos firmados por seus dirigentes e por representantes da Administração direta, tendo por objeto a fixação de metas de desempenho do órgão ou entidade signatária do contrato.

O mesmo artigo prescreve que lei disporá sobre o prazo de duração do contrato; os controles e critérios de desempenho; direitos, obrigações e responsabilidades dos dirigentes; e a remuneração do pessoal.

A Lei nº 9.637/1998 dispõe no art. 5º que, para os seus efeitos, contrato de gestão é modalidade de instrumento formado pelo Poder Público, com entidades particulares qualificadas como organizações sociais, tendo por escopo a prestação de serviços na área do ensino, da pesquisa científica, do desenvolvimento tecnológico, da proteção e preservação do meio ambiente, da cultura e da saúde.

Por último, a Lei nº 9.649, de 27.5.1998, que trata das agências executivas, prevê a celebração de contrato de gestão por essas entidades com o ministério supervisor, visando ao estabelecimento de seus objetivos e metas.

O art. 52, §1º, da aludida lei prescreve:

Os Contratos de Gestão das Agências Executivas serão celebrados com periodicidade mínima de um ano e estabelecerão os objetivos, metas e respectivos indicadores de desempenho da entidade, bem como os recursos necessários e os critérios e instrumentos para a avaliação do seu cumprimento.

A Lei nº 9.789, de 26.01.1999, "Define o Sistema Nacional de Vigilância Sanitária, Cria a Agência Nacional de Vigilância Sanitária, e dá outras providências". O Capítulo IV desta lei, composto dos arts. 19 e 20, dispunha sobre o contrato de gestão. Essa espécie de contrato era negociada e assinada pelo diretor-presidente da agência e o ministro de estado da saúde. Entretanto, a Lei nº 13.848, de 25.6.2019, revogou os referidos arts. 19 e 20. Desse modo, o contrato de gestão foi excluído da relação entre o Ministério da Saúde e a Agência Nacional de Vigilância Sanitária.

Gostaríamos de fazer, adiante, comentário crítico ao tema. Entretanto, não temos espaço, neste livro, que já é volumoso. Mas, mesmo assim, devemos registrar que temos, em princípio, dificuldade de compreender como poderá uma entidade pública firmar contrato com um de seus órgãos, de conformidade com o disposto no §8º do art. 37 da Constituição, com o objetivo de ampliar suas competências, estabelecer metas e prever responsabilização do dirigente do órgão signatário do ajuste.

Primeiro porque aprendemos que contrato, ou qualquer outro ajuste jurídico, só terá validade se firmado por pessoas capazes e competentes, nos casos de contratos administrativos. Logo, só poderia celebrar contrato pessoa com capacidade jurídica, física ou jurídica. A União, o estado, o Distrito Federal e o município são pessoas jurídicas, ninguém duvida disso. Mas seus órgãos, não. Estes, como visto no capítulo próprio, são centros de competências. Não devem, por isso, firmar contrato, muito menos com a pessoa de que são integrantes ou subordinados.

Segundo porque as competências dos órgãos públicos são fixadas por lei, ou por decreto, quando por ela autorizado. As metas a serem alcançadas por determinado órgão devem ser definidas pelo governo respectivo. E o princípio da hierarquia enseja à autoridade superior o dever de exigir da inferior, hierarquicamente, o cumprimento das atribuições a seu cargo e o alcance das metas pré-estipuladas pela autoridade competente, chefe do Executivo, em regra. Todavia, o contrato de gestão tem previsão constitucional e é regulamentado e disciplinado por leis infraconstitucionais. Assim, é amparado juridicamente, e deve ser usado plenamente nos casos e condições previstos em lei. Trata-se de regra de exceção dos contratos em geral.

14.6 Contrato de concessão de serviços públicos

Este tipo de contrato será examinado no capítulo seguinte.

15 Contratos adotados nas empresas públicas e sociedades de economia mista

A Lei nº 13.303/2016, Estatuto Jurídico das Empresas Públicas, das Sociedades de Economia Mista e suas Subsidiárias, instituiu regras próprias de licitações, como visto no capítulo anterior, que trata dos processos de licitações, como visto. A mesma lei dispõe, também, sobre regras de contratações, que serão examinadas neste tópico.

15.1 Formalização dos contratos

Os contratos das empresas estatais regem-se pelas suas cláusulas, pelas regras estabelecidas pela Lei nº 13.303/2016 e pelos preceitos de Direito Privado (art. 68).

As cláusulas necessárias aos contratos são as seguintes, transcritas:

I - o objeto e seus elementos característicos;

II - o regime de execução ou a forma de fornecimento;

III - o preço e as condições de pagamento, os critérios, a data-base e a periodicidade do reajustamento de preços e os critérios de atualização monetária entre a data do adimplemento das obrigações e a do efetivo pagamento;

IV - os prazos de início de cada etapa de execução, de conclusão, de entrega, de observação, quando for o caso, e de recebimento;

V - as garantias oferecidas para assegurar a plena execução do objeto contratual, quando exigidas, observado o disposto no art. 68;

VI - os direitos e as responsabilidades das partes, as tipificações das infrações e as respectivas penalidades e valores das multas;

VII - os casos de rescisão do contrato e os mecanismos para alteração de seus termos;

VIII - a vinculação ao instrumento convocatório da respectiva licitação ou ao termo que a dispensou ou a inexigiu, bem como ao lance ou proposta do licitante vencedor;

IX - a obrigação do contratado de manter, durante a execução do contrato, em compatibilidade com as obrigações por ele assumidas, as condições de habilitação e qualificação exigidas no curso do procedimento licitatório;

X - matriz de riscos. (Art. 69, *caput*)

No caso de contrato de obra ou serviço de engenharia, precedido de licitação do modo de disputa aberto, o contratado deverá reelaborar as planilhas com indicação dos quantitativos e dos custos unitários, constando o detalhamento das bonificações e despesas indiretas e dos encargos sociais, com os respectivos valores adequados ao lance vencedor e apresentar à promotora da licitação, por meio eletrônico, para fins do disposto no inc. III do *caput* do artigo em foco (art. 68, §2º).

15.2 Garantia de execução de contrato

É facultado à empresa promotora da licitação fazer constar no edital que será exigida prestação de garantia de execução do contrato. As garantias são as seguintes: caução em dinheiro; seguro-garantia ou fiança bancária. Os licitantes podem optar por qualquer uma das três (art. 70, *caput*). O valor da garantia não poderá ultrapassar a 5% (cinco por cento) do valor do contrato, ressalvados os casos de obras, serviços e fornecimentos de elevado volume envolvendo complexidade técnica e riscos financeiros de monta. Nesse caso, o valor da garantia não deve passar de 10% (dez por cento) do valor do contrato (art. 70, §§2º e 3º).

A garantia prestada pelo contratado será liberada ou restituída ao final da execução do contrato ou da rescisão deste, se a causa não for dada pelo contratado. No caso de caução em dinheiro, o valor deve ser atualizado monetariamente, por ocasião da devolução (art. 70, §4º).

15.3 Prazo de duração dos contratos

O prazo de vigência dos contratos regidos pela Lei nº 13.303/2016 é de até 5 (cinco) anos, contados da data da assinatura, ressalvados os casos de projetos contemplados no plano de negócios e investimento da empresa e os casos em que a pactuação por prazo superior a 5 (cinco) anos seja prática rotineira de mercado e a imposição desse prazo inviabilize ou onere excessivamente a realização do negócio. Não é permitido contrato por prazo indeterminado (art. 71, *caput* e parágrafo único).

Os contratos podem ser alterados, somente, mediante acordo entre as partes. O contrato poderá ser dispensado no caso de pequenas despesas de pronta entrega, em que pagamento dessas não resulte obrigações futuras por parte da empresa pública ou mista. Qualquer interessado tem direito de conhecer os termos do contrato e, para isso, obter cópia do inteiro teor do contrato ou de qualquer de suas partes, mediante pagamento do custo de reprodução das peças solicitadas (arts. 72, 73 e 74).

Qualquer uma das duas categorias de empresas de economia mista e pública deve convocar o licitante vencedor na licitação ou escolhido por meio de dispensa ou de inexigibilidade de licitação, para assinar o contrato no prazo e condições preestabelecidos. O não comparecimento do convocado, no prazo, implica decadência do direito à contratação. O prazo preestabelecido pode ser prorrogado uma vez por igual período (art. 75, *caput* e §1º).

Na hipótese de o classificado no primeiro lugar não assinar o contrato, a empresa poderá convocar o segundo na ordem classificatória. Se este não tiver interesse, os outros, na mesma ordem, podem ser convocados para assinar o contrato, no mesmo prazo e condições do primeiro, inclusive quanto aos preços atualizados em conformidade com o instrumento convocatório. Ou, então, a empresa poderá optar por revogar a licitação (art. 75, §2º).

O contratado obriga-se a reparar, corrigir, remover, reconstruir ou substituir, às suas expensas, no todo ou em parte, o objeto, quando se verificarem vícios, defeitos ou incorreções da má execução ou defeito de materiais empregados. E responderá, também, por danos causados a terceiros ou à empresa contratante. A responsabilização em virtude das irregularidades, aqui previstas, independe de prova de culpa ou de dolo na execução do contrato (art. 76).

É de inteira responsabilidade do contratado arcar com os custos dos encargos trabalhista, fiscais e comerciais em decorrência da execução do contrato. A inadimplência, nesses casos, não transfere à empresa contratante e não pode onerar o objeto do contrato e, tratando-se de obra, nem restringir a regularização e o uso da edificação, inclusive perante o registro de imóveis (art. 77, *caput* e §1º).

O contratado poderá subcontratar partes da obra, serviço ou fornecimento, até o limite admitido em casa caso, pela contratante conforme previsto no edital. As responsabilidades da contratada, em virtude do contrato, não se transferem à subcontratada. Por isso, a contratada deve acompanhar e fiscalizar a subcontratada, visto que ela responde, perante a contratante, pelos danos ou irregularidades provocados pela subcontratada. A subcontratada deve atender às exigências de qualificação técnica a que se submeteu o licitante vencedor, em relação às partes do objeto do contrato, que foi subcontratado.

A empresa ou consórcio que participou da licitação que deu origem à contratação ou que, direta ou indiretamente, participou da elaboração do projeto básico ou executivo do mesmo procedimento licitatório não poderá ser subcontratada(o).

Art. 78. As empresas de prestação de serviços técnicos especializados deverão garantir que os integrantes de seu corpo técnico executem pessoal e diretamente as obrigações a eles imputadas, quando a respectiva relação for apresentada em procedimento licitatório ou em contratação direta.

Na hipótese de licitação que visa maior retorno econômico, os lances ou propostas terão o objetivo de proporcionar economia à empresa promotora da licitação, por meio da redução de suas despesas correntes, remunerando-se o licitante vencedor com base em percentual da economia de recursos gerada. Se a economia prevista no lance ou proposta não for gerada, a diferença entre a economia contratada e efetivamente obtida será descontada da remuneração do contratado. E, ao contrário, se a diferença entre a economia contratada e a efetivamente obtida for superior à remuneração do contratado, será aplicada, a ele, a sanção prevista no contrato (art. 79).

Os direitos patrimoniais e autorais de projetos ou serviços técnicos especializados, desenvolvidos por profissionais autônomos ou por empresas contratadas, serão propriedade da empresa estatal contratante, sem prejuízo da preservação da identificação dos respectivos autores e da responsabilidade técnica a eles atribuída (art. 80).

15.4 Alteração dos contratos

Os contratos firmados por empresa pública ou sociedade de economia mista, com empresa particular ou com pessoa física, podem ser alterados mediante acordo entre as partes, nos seguintes casos:

I - quando houver modificação do projeto ou das especificações, para melhor adequação técnica aos seus objetivos;

II - quando necessária a modificação do valor contratual em decorrência de acréscimo ou diminuição quantitativa de seu objeto, nos limites permitidos por esta Lei;

III - quando conveniente a substituição da garantia de execução;

IV - quando necessária a modificação do regime de execução da obra ou serviço, bem como do modo de fornecimento, em face de verificação técnica da inaplicabilidade dos termos contratuais originários;

V - quando necessária a modificação da forma de pagamento, por imposição de circunstâncias supervenientes, mantido o valor inicial atualizado, vedada a antecipação do pagamento, com relação ao cronograma financeiro fixado, sem a correspondente contraprestação de fornecimento de bens ou execução de obra ou serviço;

VI - para restabelecer a relação que as partes pactuaram inicialmente entre os encargos do contratado e a retribuição da administração para a justa remuneração da obra, serviço ou fornecimento, objetivando a manutenção do equilíbrio econômico-financeiro inicial do contrato, na hipótese de sobrevirem fatos imprevisíveis, ou previsíveis porém de consequências incalculáveis, retardadores ou impeditivos da execução do ajustado, ou, ainda, em caso de força maior, caso fortuito ou fato do príncipe, configurando álea econômica extraordinária e extracontratual. (Art. 81, *caput*)

Nos casos de acréscimo ou supressão de obras, serviços ou compras, quando necessário, o contratado pode aceitar, nas mesmas condições previstas no contrato, até 25% (vinte e cinco por cento) do valor inicial atualizado, e, tratando-se de reforma de edifício ou equipamento, o acréscimo será de até 50% (cinquenta por cento) (art. 81, §1º).

Os acréscimo e decréscimo não podem ultrapassar os limites previstos no §1º, ressalvadas as supressões acordadas pelas partes (art. 81, §2º).

Na hipótese de o contrato não ter contemplado preços unitários para obras ou serviços, esses serão fixados mediante acordo entre as partes, respeitados os limites estabelecidos no §1º (art. 81, §3º).

No caso de supressão, se o contratado já tiver comprado materiais para realização do objeto, a contratante é obrigada a ressarcir, ao contratado, o valor por ele expendido com a compra, devidamente atualizado. A contratante obriga-se, ainda, a indenizar por outros danos causados em virtude da supressão, desde que comprovados (art. 81, §4º).

A ocorrência de aumento ou redução de alíquota de impostos, ou instituição de novo tributo posterior à data de apresentação da proposta, com comprovada repercussão nos preços contratados, implicarão revisão destes para mais ou para menos, nos casos de redução de tributos, depois da apresentação da proposta (art. 81, §5º).

Na hipótese de haver aumento de encargos do contratado, a contratante deve promover, por meio de aditivo ao contrato, o reequilíbrio econômico-financeiro inicial (art. 81, §6º).

A variação do valor contratual para fazer face ao reajuste de preços previsto no próprio contrato e as atualizações, compensações ou penalizações financeiras decorrentes das condições de pagamento nele previstas, bem como o empenho de dotações orçamentárias suplementares até o limite do seu valor corrigido, não caracterizam alteração do contrato e podem ser registrados por simples apostila, dispensada a celebração de aditamento. (Art. 81, §7º)

Nos casos supervenientes, constantes da matriz de risco como sendo de responsabilidade da contratada, não é permitida a celebração de termo aditivo, pelo fato de esta situação amoldar-se no disposto no §7º (art. 81, §8º). Explicando e interpretando o texto do §8º, Guilherme Carvalho e Sousa, assim, narrou:

> Em outras palavras, quando na contratação existe matriz de risco, e nela já se contempla possíveis agentes supervenientes como sendo de responsabilidade da contratada, não há que se falar em celebração de aditivos, o que não exclui, contudo, mesmo nesta hipótese, a realização de reajuste, porque, como previsto no §7º, desnecessária a realização de aditamento nessa hipótese.[13]

Lúcida a orientação do autor. Ora, se as situações contidas no art. 81, §7º, não comportam aditamento do contrato, toma-se o disposto no §8º como extensão do parágrafo anterior.

15.5 Sanções administrativas relativas aos contratos

Entre as cláusulas dos contratos deve constar a que prevê sanções administrativas a serem aplicadas ao contratado. No caso de atraso injustificado na execução do contrato, o contratado responde pela multa de mora, na forma prevista no edital ou no contrato (art. 82, *caput*). O pagamento da multa de mora não ilide o direito da contratante de rescindir o contrato e de aplicar outras sanções previstas na lei (§1º). A imposição da multa condiciona-se a prévio processo administrativo, observados o princípio da ampla defesa e o princípio do contraditório. O valor da multa será descontado do valor da garantia da modalidade caução em dinheiro, oferecida pelo contratado e constante do contrato (§2º). Se o valor da multa for superior ao da garantia, a diferença será descontada de eventuais pagamentos devidos ao contratado. Não sendo possível resolver dessa forma, a contratante cobrará em juízo (§3º).

Na hipótese de inexecução total ou parcial do contrato, a contratante, observado o devido processo legal, poderá aplicar ao contratado as seguintes sanções administrativas:

I - advertência;

II - multa, na forma prevista no edital ou no contrato;

III - suspensão temporária de participação em licitação e impedimento de contratar com a entidade sancionadora, por prazo de até 2 (dois) anos. (Art. 83, *caput*)

---

[13] SOUSA. Contratos: formalização, alteração, responsabilidade, subcontratação. *In*: NORONHA; FRAZÃO; MESQUITA (Coord.). *Estatuto Jurídico das Estatais*, p. 323.

O conteúdo do §1º deste artigo é o mesmo contido no §3º, do art. 82. Por esse motivo, o colamos aqui. Se o valor da multa for superior ao da garantia, a diferença será descontada de eventuais pagamentos devidos ao contratado. Não sendo possível resolver dessa forma, a contratante cobrará em juízo (§3º). As sanções de advertência e a de suspensão temporária do direito de licitar e de contratar com a entidade que impôs a sanção, por prazo de até 2 (dois) anos, poderão ser aplicadas juntamente com a multa prevista no edital ou no contrato. Instaurado o devido processo administrativo, o contratado acusado terá o prazo de 10 (dez) dias úteis, contados da respectiva notificação, para esse fim (art. 83, §§1º e 2º).

A suspensão temporária de participação em licitação e impedimento de contratar com a entidade sancionadora, por prazo de até 2 (dois) anos (art. 83, *caput*, III), pode ser aplicada às empresas ou aos profissionais que, em razão dos contratos disciplinados pela lei em comento:

I - tenham sofrido condenação definitiva por praticarem, por meios dolosos, fraude fiscal no recolhimento de quaisquer tributos;

II - tenham praticado atos ilícitos visando a frustrar os objetivos da licitação;

III - demonstrem não possuir idoneidade para contratar com a empresa pública ou a sociedade de economia mista em virtude de atos ilícitos praticados. (Art. 84)

Os órgãos de controle interno e externos dos quatro planos de governo são responsáveis pela fiscalização e controle das respectivas empresas públicas, sociedades de economia mista e suas subsidiárias, abrangendo todas as suas atividades, inclusive licitações e contratações (art. 85 a 90).

15.6 Fiscalização pelo Estado e pela sociedade

A União, os estados, o Distrito Federal e os municípios por meio de seus órgãos de controle interno e externo, fiscalizam as respetivas empresas públicas, sociedade de economia mista e suas subsidiárias, "inclusive aquelas domiciliadas no exterior, quanto à legitimidade, à economicidade e à eficácia da aplicação de seus recursos, sob o ponto de vista contábil, financeiro, operacional e patrimonial" (art. 85, *caput*). As empresas de que trata a lei em estudo devem disponibilizar, aos órgãos de controle, pleno acesso aos documentos e informações, inclusive os considerados sigilosos pelas empresas fiscalizadas (art. 85, §1º). Os documentos, dados e informações sigilosos solicitados serão entregues pela empresa fiscalizada, aos órgãos de controle, em grau de confidencialidade. De modo que o órgão de controle para o qual a empresa fiscalizada confiou informação sigilosa tem o dever de manter o sigilo (art. 85, §2º). O sistema de fiscalização e controle, em exame, incide-se sobras as empresas públicas e as sociedades de economia mista de natureza e constituição transacional, no que se refere aos atos de gestão e aplicação do capital nacional, mesmo não constando dos respectivos atos e acordos constitutivos (art. 85, §3º).

As informações das empresas estatais, objeto deste estudo, relativas à licitação e contratação, inclusive a base de preço, devem constar de bancos de dados eletrônicos atualizados, com acesso em tempo real, pelos órgãos de controle competentes (art. 86, *caput*). As demonstrações contábeis devidamente auditadas, das empresas estatais, serão disponibilizadas no sítio eletrônico da respectiva empresa na internet, em formato eletrônico que possibilita a edição (art. 86, §1º).

> As atas e demais expedientes oriundos de reuniões, ordinárias ou extraordinárias, dos conselhos de administração ou fiscal das empresas públicas e das sociedades de economia mista, inclusive gravações e filmagens, quando houver, deverão ser disponibilizados para os órgãos de controle sempre que solicitados, no âmbito dos trabalhos de auditoria. (Art. 86, §2º)

O acesso dos órgãos de controle das informações constantes do §2º é restrito e individualizado (art. 86, §3º). Na hipótese de o funcionário divulgar, indevidamente, informações revestidas de sigilo bancário, estratégico, comercial ou industrial, responderá, administrativa, civil e penalmente, pelos danos causados à empresa pública ou à sociedade de economia mista e a seus acionistas. Os critérios para definir as espécies de sigilo serão estabelecidos em regulamento (art. 86, §§4º e 5º).

O controle das despesas relativas a contratos e outros instrumentos previstos na Lei nº 14.303/2016 é realizado pelos órgãos de controle interno das empresas públicas e das sociedades de economia mista, e pelo tribunal de contas competente. Para o efetivo controle a cargo dos referidos órgãos, as referidas empresas têm o dever de demonstrar a legalidade e a regularidade das despesas e a execução em conformidade com a Constituição (art. 87, *caput*). Qualquer cidadão é legitimado para impugnar perante o órgão responsável pela licitação, edital de licitação, por suspeita de irregularidade em face da lei de regência. O exercício dessa prerrogativa deve realizar-se até 5 (cinco) dias úteis antes da data prevista para o início dos procedimentos da licitação, do modo presencial ou do modo eletrônico. A entidade, por meio do órgão competente, deverá apreciar as razões da impugnação e divulgar o resultado em até 3 (três) dias úteis, sem prejuízo da faculdade prevista no §2º (art. 87, §1º). Qualquer licitante, contratado ou pessoa física ou jurídica poderá representar ao tribunal de contas competente ou aos órgãos integrantes do sistema de controle interno contra irregularidades na aplicação da Lei nº 14.303/2016, para os fins do disposto no art. 87, §2º. Das leituras dos dois parágrafos, conclui-se que o cidadão ou a cidadã que impugnou o edital, nos termos do §1º, pode, também, representar perante o tribunal de contas competente ou perante o sistema de controle interno, nos termos do §2º.

> Os tribunais de contas e os órgãos integrantes do sistema de controle interno poderão solicitar para exame, a qualquer tempo, documentos de natureza contábil, financeira, orçamentária, patrimonial e operacional das empresas públicas, das sociedades de economia mista e de suas subsidiárias no Brasil e no exterior, obrigando-se, os jurisdicionados, à adoção das medidas corretivas pertinentes que, em função desse exame, lhes forem determinadas. (Art. 87, §3º)

As empresas estatais devem disponibilizar, para conhecimento público, por meio eletrônico, atualizada mensalmente, informação sobre os seus contratos e respectivos orçamentos, permitindo-se atraso na publicação de até 2 (dois) meses (art. 88, *caput*). As informações sobre contratos referentes à operação de perfil estratégico ou que tenham por objeto segredo industrial serão disponibilizadas com proteção necessária para garantir a indispensável confidencialidade (art. 88, §1º). O disposto no §1º não obstaculiza, por óbvio, a fiscalização pelos órgãos do controle interno da empresa estatal e do tribunal de contas competente. Na hipótese de o resultado da fiscalização ser no sentido de que as informações disponibilizadas foram indevidas ou inoportunas, o agente que as disponibilizou ou que as deu causa será responsabilizado administrativa, civil e penalmente (art. 88, §2º).

Relembrado o que já foi estudado e explicado nos tópicos 5 e 6. Os órgãos públicos são subordinados, pelo fato de integrarem determinada pessoa jurídica pública, entes da Federação. As empresas públicas e as sociedades de economia mista são pessoas jurídicas públicas de direito privado, integrantes da Administração indireta, nos quatro planos de governo. Por terem personalidade jurídica própria, não podem ser subordinas, mas vinculadas a órgãos da Administração direta. Por exemplos, a Petrobras, sociedade de economia mista, é vinculada ao Ministério de Minas e Energia. A Empresa de Correios e Telégrafos, empresa pública, é vinculada ao Ministério das Comunicações. Nessa condição, estas e as demais empresas estatais são supervisionadas pelos respectivos órgãos a que se vinculam. Todavia, o exercício de supervisão

> não pode ensejar a redução ou a supressão da autonomia conferida pela lei específica que autorizou a criação da entidade supervisionada ou da autonomia inerente a sua natureza, nem autoriza a ingerência do supervisor em sua administração e funcionamento, devendo a supervisão ser exercida nos limites da legislação aplicável. (Art. 89)

O Título II, Capítulo III, art. 90, estabelece: "As ações e deliberações do órgão ou ente de controle não podem implicar interferência na gestão das empresas públicas e das sociedades de economia mista a ele submetidas nem ingerência no exercício de suas competências ou na definição de políticas públicas".

Por fim, cumpre sintetizar e alertar que as empresas públicas e as sociedades de economia e suas subsidiárias, depois da edição da Lei nº 13.303/2016, estatuto jurídico delas, tornaram-se plenamente independentes quanto aos seus objetivos, finalidades, gestão, governança, contratações e definição das políticas públicas que lhes competem.

15.7 Disposições finais e transitórias

Anotações sobre os pontos mais relevantes deste subitem: o art. 91 já perdeu a eficácia por decurso do prazo nele previsto. O Registro Público de Empresas Mercantis e Atividades Afins manterá banco de dados público e gratuito, disponível na internet, contendo a relação de todas as empresas públicas e as sociedades de economia mista. Os estados, o Distrito Federal e municípios que não fornecem ao Registro Público de Empresas Mercantis e Atividades Afins as informações relativas às suas empresas públicas e sociedades de economia mista são impedidos de receber da União transferência voluntária de recursos financeiros (art. 92, *caput* e parágrafo único).

As empresas estatais não podem, em regra, gastar, em cada exercício, mais de 0,5% (cinco décimos por cento) da receita operacional bruta do exercício anterior, com publicidade e patrocínio (art. 93, *caput*). Esta regra é excepcionada nos termos do §1º, que prevê a possibilidade de o referido limite ser aumentado em até 2% (dois por cento), por proposta da diretoria da empresa pública e da sociedade de economia mista, devidamente "justificada com base em parâmetros de mercado do setor específico de atuação da empresa ou da sociedade e aprovada pelo respectivo Conselho de Administração".

16 Convênio

16.1 Considerações gerais

A Administração Pública, nos quatro planos de governo, interage por meio de determinado ajuste jurídico chamado convênio, tendo por objetivo precípuo a realização de atividades de interesse comum. Por meio do convênio, as entidades públicas procuram otimizar custos, ampliar benefícios à sociedade e cumprir o princípio da eficiência proclamado pela Constituição Federal, conforme disposto no art. 37, *caput*, com a redação que lhe conferiu a Emenda Constitucional nº 19, de 4.6.1998.

O Decreto-Lei nº 200, de 25.2.1967 (Reforma Administrativa Federal), já preconizava o convênio como meio instrumental e disciplinador de atividades de interesse público, de competência concorrente, em princípio. As atividades não concorrentes podem também ser desenvolvidas mediante convênio, desde que verificado o interesse comum.

A Constituição Federal no art. 241 prescreve:

> A União, os Estados, o Distrito Federal e os Municípios disciplinarão por meio de lei os consórcios públicos e os convênios de cooperação entre os entes federados, autorizado a gestão associada de serviços públicos, bem como a transferência total ou parcial de encargos, serviços, pessoal e bens essenciais à continuidade de serviços transferidos.

O art. 184, da Lei nº 14.133/2021, estabelece que as regras e condições, a que se submetem os contratos administrativos, aplicam-se aos convênios no que couber. Essa norma, como se vê, distingue convênios de contratos. Realmente, são modalidades de ajustes jurídicos bilaterais distintos.

Ressalte-se que o convênio, prioritariamente, é celebrado por pessoas públicas entre si. Mas pode ser firmado, também, entre entidades públicas e privadas. Principalmente aquelas integrantes do terceiro setor, consideradas entidades privadas de interesse público.

16.2 Conceito

Convênio é ajuste jurídico bilateral, trilateral ou plurilateral celebrado entre pessoas jurídicas públicas ou entre pessoas públicas e pessoas jurídicas particulares, tendo por objetivo a realização de determinada atividade de interesse comum. As partes convenentes podem concorrer com recursos financeiros, com recursos técnicos, com recursos humanos e com a execução do objeto da avença. Os encargos de cada uma das partes são definidos e especificados de acordo com a conveniência, a capacidade, a disponibilidade e o interesse de cada signatário. Pode acontecer a hipótese de uma das partes arcar com o custo financeiro do convênio e a outra, como o encargo da execução.

16.3 Controle

Os convênios sujeitam-se a controle pelos órgãos de controle interno e auditorias das partes signatárias, pelos Tribunais de Contas dos estados e da União e dos Poderes Legislativos pertinentes. Exemplo: admitindo-se a celebração de um convênio entre a União, um estado-membro e um município tendo por objetivo o combate à dengue, por exemplo. Suponha-se que a União e o estado tenham repassado recursos financeiros ao município para a consecução do objetivo do ajuste. Nesse caso, o município terá de prestar contas aos dois entes da Federação, dos recursos recebidos e do combate realizado. O controle imediato será desincumbido pelo órgão de controle interno do município, concomitantemente à execução do convênio. Paralelamente, atuará também na fiscalização o órgão de auditoria, caso exista no município. Posteriormente, o Tribunal de Contas do estado signatário do convênio examinará e julgará as contas do prefeito relativamente aos recursos repassados pelo estado, e o Tribunal de Contas da União adotará os mesmos procedimentos em relação aos recursos liberados pela União. Constatadas pelos Tribunais irregularidades na prestação de contas ou desvio de dinheiro, ao prefeito será dado prazo regimental para que as pendências sejam sanadas. Caso as exigências do ou dos Tribunais não sejam atendidas no prazo determinado, as contas serão julgadas irregulares, e o prefeito notificado para, no prazo legal, devolver aos respectivos tesouros os recursos desviados ou aqueles cujos gastos não foram comprovados, atualizados e acrescidos de juros.

Por ocasião da prestação de contas anual a que se sujeitam os chefes do Poder Executivo em cada esfera federativa, o respectivo Parlamento examinará e julgará as contas, após parecer prévio emitido pelo Tribunal de Contas.

16.4 Características distintivas do convênio e contrato

Neste tópico, pretende-se ressaltar alguns pontos que diferenciam o convênio do contrato como segue.

No contrato, como é sabido, as vontades são opostas e contraditórias. Enquanto uma pessoa, por exemplo, deseja comprar um automóvel, a outra deseja vender um automóvel. Se essas duas pessoas, vendedora e compradora, chegarem a um consenso quanto ao valor do veículo, objeto posto à venda e à condição de pagamento, um contrato de compra e venda será formalizado, ainda que verbalmente.

Veja-se, que o ponto de ligação ou de união dos contratantes foi o automóvel. Mas, as vontades manifestadas são diametralmente opostas. Uma parte queria, e conseguiu, vender o veículo. A outra, ao contrário, desejava adquirir um carro e o obteve pagando o preço combinado.

Os contratos administrativos não fogem a essa regra básica. Há neles também o consenso de vontades opostas. A diferença em relação ao contrato comum consiste apenas no fato de que a Administração preestabelece unilateralmente as cláusulas do ajuste. O interessado em contratar com o Estado manifesta livremente a sua vontade aderindo às condições previamente postas no edital de licitação, o procedimento de dispensa ou de inexigibilidade de licitação.

Já no convênio, os interesses das partes são outros. As vontades manifestadas na celebração de um convênio convergem para um mesmo ponto, o interesse comum. Interesse esse que pode ser exprimido no desejo de construir uma obra civil pública de interesse dos signatários do convênio, de prestar determinado serviço público ou até mesmo desenvolver atividade de interesse de um dos signatários, capacitação de recursos humanos, transferência de tecnologia, desenvolvimento de políticas públicas, principalmente nas áreas de saúde, educação, meio ambiente, saneamento básico e arrecadação de tributos, por exemplo.

No contrato administrativo, estipulam-se obrigações recíprocas, obrigações acessórias, como multa, por exemplo, nos casos de descumprimento de cláusulas contratuais. Além das multas, outras obrigações podem ser avençadas nos termos da legislação pertinente. Os recursos recebidos pela execução do contrato não se sujeitam a controle nem a prestação de contas. Ao contratante, Estado ou outro ente público, interessa a realização do objeto contratado de acordo com o cronograma físico. Cumprida a obrigação ajustada, o contratado faz jus ao pagamento do valor correspondente. Recebida a quantia, o contratado dá-lhe a destinação que melhor julgar, sem qualquer interferência ou limitação por parte do contratante, uma vez que passa a fazer parte do seu patrimônio em virtude do cumprimento da obrigação ajustada.

Os convênios não preveem obrigações para as partes signatárias. Essas assumem compromissos nos termos combinados, mas sem a obrigação de cumpri-los sob pena de sanção, como acontece nos contratos. Nos contratos as partes devem, em regra, observar e cumprir o prazo ajustado. O descumprimento desse prazo gera, normalmente, sanções ao inadimplente. Já no convênio, a qualquer das partes é lícito denunciá-lo e, por fim, rescindi-lo, por julgá-lo não mais conveniente. Nesse caso, haverá acerto de contas. Na prática, normalmente, cumprem-se os convênios, posto que estes são celebrados sob a invocação do interesse público. Os recursos repassados por um convenente a outro sujeitam-se às prestações de contas a cargo do seu executor ou autoridade superior de conformidade com as estipulações do próprio convênio, as normas de contabilidade pública, da Lei de Responsabilidade Fiscal e orientação do órgão repassador dos recursos.

Por esses motivos, dispensam-se, nos convênios, as testemunhas e a eleição de foro, exigências indispensáveis nos contratos públicos e privados, visto que os convênios não ensejam discussão judicial. O cumprimento dos compromissos ajustados pelas autoridades celebrantes do convênio depende delas e das circunstâncias de fato e de direito supervenientes à celebração do convênio.

16.5 Natureza jurídica do convênio

O convênio, como visto, decorre da vontade de duas ou mais pessoas públicas ou órgãos públicos ou entidade pública ou órgão público e pessoa da iniciativa privada. Não se trata, portanto, da criação ou instituição de pessoa jurídica. Uma das partes, órgão ou pessoa jurídica, assume o compromisso de executar o convênio. Para isso, designa-se um servidor para a função de acompanhar e coordenar a execução ou, se o objeto for complexo ou de grande porte, deve-se nomear uma comissão para essa finalidade.

Para a execução, propriamente, de funções administrativas e burocráticas designam-se servidores públicos da parte encarregada de execução e até mesmo das outras signatárias do convênio. Nos casos de contratação de obras, serviços de engenharia, outros serviços ou compras, as respectivas licitações são realizadas pela convenente encarregada da execução do convênio. Essa mesma pessoa, obviamente, é, naturalmente, quem assina os contratos decorrentes da execução do convênio ou outros documentos que os substituem.

16.6 O disciplinamento dos convênios na Lei nº 8.666/1993 e na Lei nº 14.133/2021

A Lei Federal nº 8.666, de 21.6.1993, que, sabidamente, disciplina as licitações e os contratos administrativos, dispensa o art. 116 aos convênios, acordos, ajustes e outros instrumentos congêneres celebrados por órgãos e entidades da Administração Pública direta e indireta. A Lei nº 14.133, de 1º.4.2021, no art. 184, prescreve:

> aplica-se as disposições desta Lei, no que couber e na falta de norma específica, aos convênios, acordos, ajustes e outros instrumentos congêneres celebrados por órgãos e entidades da Administração Pública, na forma estabelecida em regulamento do Poder Executivo Federal.

O regulamento previsto no art. 184 parece não ter sido editado até esta data (19.9.2022). Por esse motivo, vamos manter a orientação constante do art. 116 da Lei nº 8.666/1993.

A celebração de convênios, acordos, ajustes e outros instrumentos congêneres pela Administração Pública direta e pelas entidades da Administração Pública indireta, seja com outras entidades públicas, seja com entidades privadas, condiciona-se, em regra, à apresentação pelo órgão ou entidade interessada em obter a colaboração de outro, principalmente financeira, para a execução em conjunto. Esse projeto será mais ou menos complexo de acordo com o porte ou a abrangência do objeto que se pretende executar. O projeto, por mais simples que seja, deve contemplar um plano de trabalho contendo as seguintes informações:

a) definição do objeto a ser executado – o objeto deve ser demonstrado de modo claro e simples para facilitar o exame por parte do órgão ou autoridade competente por ocasião da postulação e para evitar dificuldades na fase de sua execução, na hipótese de o convênio ou outro ajuste ser formalizado;

b) metas a serem atingidas – a boa gestão de qualquer atividade pública necessita de metas adequadamente estabelecidas. A prévia definição de metas facilita a realização do objeto e o controle e acompanhamento da execução do convênio respectivo, por meio dos órgãos internos e externos encarregados dessa função. Por esses motivos é que a lei prescreve a necessidade da previsão de metas no plano de trabalho;

c) etapas ou fases de execução – o objeto de um convênio varia de conformidade com o interesse das partes convenentes, exemplos: construção de uma escola, de uma praça de esportes, de uma fonte luminosa; realização de determinada pesquisa, de um curso de especialização, de um curso de capacitação, de um curso de aperfeiçoamento, de uma campanha de vacinação. Esses são alguns exemplos de objeto de convênios. Em virtude dessa diversidade, as etapas ou fases de execução variam de acordo com cada tipo de objeto. Na maioria dos casos, é necessário estabelecer cronogramas físico e financeiro. Esses dois cronogramas são executados simultaneamente. Cumprida uma etapa do cronograma físico, a executora comprova o gasto respectivo e se credencia a receber mais uma parcela dos recursos financeiros;

d) plano de aplicação dos recursos financeiros – a previsão de aplicação dos recursos financeiros repassados em virtude de convênios é indispensável e deve compatibilizar-se com o cronograma físico ou com outro critério de mensuração quando for o caso;

e) cronograma de desembolso – o repasse de recursos financeiros a cargo do órgão ou entidade convenente financiador do projeto deve efetivar-se em parcelas de acordo com a execução do cronograma físico, mediante prestação de contas relativas aos recursos da parcela imediatamente anterior. Dessa forma, a primeira parcela libera-se, normalmente, no ato da assinatura do convênio ou logo após. Já a segunda parcela condiciona-se à prestação de conta da primeira parcela e assim por diante, até a liberação da última, observando-se sempre a prestação de contas da parcela anterior. A última presta-se, normalmente, logo após a conclusão da execução do objeto do convênio;

f) previsão de início e fim da execução do objeto – os ajustes jurídicos em geral, firmados pela Administração Pública, inclusive o convênio, sujeitam-se à fixação de prazo para a execução do objeto e para o encerramento do convênio. A data de início pode coincidir com a da publicação do convênio, com a liberação da primeira parcela de recursos financeiros ou outra data, dependendo do caso concreto. A ausência de cláusula estipulando o prazo de vigência do convênio ou a estipulação de prazo indeterminado conduz o Tribunal de Contas competente a declarar a irregularidade do ajuste. A não aprovação pela Corte de Contas implica consequências de natureza sancionatória para o executor do convênio;

g) nos casos de convênio que tenha por objeto a realização de obras ou serviço de engenharia, o órgão proponente ou solicitante do convênio deve fazer constar no plano de trabalho a disponibilidade dos seus recursos que serão gastos com a execução do objeto a título de contrapartida, ressalvados os casos em que o financiamento for integralmente de responsabilidade do órgão ou entidade descentralizadora.

Para efeito de fiscalização e controle parlamentar, uma cópia do convênio deve ser encaminhada à assembleia legislativa ou à câmara municipal, dependendo do órgão ou entidade convenente.

Os recursos financeiros recebidos por órgão ou entidade de estado-membro ou de município devem ser depositados em banco oficial, Banco do Brasil ou Caixa Econômica Federal. Nos casos de recursos que não serão gastos em trinta dias, estes devem ser aplicados em caderneta de poupança ou em fundo de aplicação financeira oficiais. O resultado da aplicação deve reverter-se em benefício do convênio e será gasto na execução do objeto. Outra destinação contraria a disposição legal constante do §5º do art. 116 em comento.

O desvio de recursos repassados em virtude de convênio ou a falta de comprovação das despesas gera para o executor do convênio a obrigação de devolver ao tesouro a quantia desviada ou não comprovada, com juros e correção monetária depois do julgamento do Tribunal de Contas, nos termos do art. 71, inc. II, da Constituição Federal.

16.7 Considerações finais

O convênio, como visto, é meio jurídico adequado para a realização de políticas públicas em geral, por órgãos ou entidades de duas esferas federativas ou das quatro. Podendo participar também, como dito, pessoas da iniciativa privada, sem fim lucrativo, normalmente por meio da avença, o município poderá desempenhar atividades de competência da União ou do estado ou de ambos, se for de interesse local. Então, essa modalidade de ajuste favorece e propicia condições para o cumprimento do princípio da subsidiariedade.

Ressalte-se, todavia, que o convênio não é instrumento adequado para disciplinar e formalizar a delegação da prestação de serviços públicos. Ela é feita por meio de contrato de concessão ou de permissão, nos termos e condições estabelecidos na Lei nº 8.987/1995.

A Lei nº 13.019, de 31.7.2014, com as alterações incluídas pela Lei nº 13.204/2015, instituiu normas gerais para instituir outras formas de parcerias a serem estabelecidas entre a Administração Pública e sociedade civil (não se inclui a sociedade civil de interesse público, pois regida por lei própria),

> em regime de mútua cooperação, para a consecução de finalidades de interesse público e recíproco, mediante a execução de atividades ou de projetos previamente estabelecidos em planos de trabalho inseridos em termos de colaboração, em termos de fomento ou em acordos de cooperação.

Essa lei não se aplica aos convênios e contratos celebrados com entidades filantrópicas nos termos do art. 199, §1º (art. 3º, IV, da lei em referência).

17 Consórcio público

17.1 Considerações gerais

Existem, no ordenamento jurídico brasileiro, vários tipos de consórcios, a saber: a) a reunião de pessoas físicas e jurídicas para o objetivo de adquirir bens patrimoniais mediante pagamento mensal, por prazo certo, normalmente sessenta meses, sessenta prestações, nos termos da legislação pertinente em vigor. O valor da prestação para cada quota corresponde ao valor do bem dividido pelo número de quotas considerando o prazo do consórcio. De modo que, quanto maior, o prazo menor será o valor da contribuição mensal. Cada grupo consorciado reúne-se em assembleia mensal para o sorteio de uma quota e oferecimento de lance. Dessa forma, pode haver dois consorciados contemplados em uma assembleia, um por sorteio e outro, o que oferecer maior lance. Se em todas as assembleias mensais forem contempladas duas quotas, na metade do prazo do consórcio todos interessados serão beneficiados com a respectiva quota, mas continuam pagando as mensalidades, corrigidas, até completar o prazo do consórcio. Essa espécie de consórcio é administrada por pessoa jurídica credenciada em conformidade com a legislação própria; b) consórcio de empresas para o fornecimento de bens, serviço e construção de obras públicas, nos termos da Lei Federal nº 8.666, de 21.6.1993. Nesse caso, as empresas consorciadas terão uma delas na condição de líder, que responderá pelo consórcio perante o contratante, em juízo e fora dele; c) consórcio de empresas previsto na Lei nº 8.987, de 13.2.1995. Essa modalidade de consórcio organiza-se com o objetivo de participar de licitação, que tem por objetivo a prestação de serviço precedido de obras públicas. Por exemplo, construir estradas, pontes e viadutos. O consórcio vencedor organizar-se-á em pessoa jurídica que firmará o contrato de concessão relativo à licitação em que o consórcio for classificado; e, por último, d) os denominados consórcios públicos disciplinados pela Lei nº 11.107, de 6.4.2005.

O primeiro tipo de consórcio não interessa neste livro. O segundo e o terceiro já foram considerados em tópicos anteriores e o último tipo será, brevemente, examinado a seguir.

17.2 Consórcios públicos

A Lei nº 11.107/2005, no art. 1º, prescreve que ela dispõe sobre normas gerais para a União, os estados, o Distrito Federal e os municípios contratarem consórcios públicos para a realização de objetivos de interesse comum.

À primeira vista, sem acurado estudo, parece que a lei em exame é equivocada em pelo menos dois pontos, a saber: a lei não contém apenas normas gerais, mas específicas também em diversos dispositivos; e ainda, estão previstas regras para a instituição e para a contratação de consórcios.

A União, os estados-membros e o Distrito Federal podem instituir consórcios públicos segundo a natureza de associação pública ou pessoa jurídica de direito privado. As pessoas políticas e os órgãos públicos podem contratar consórcio para a prestação de serviços públicos.

A participação da União em consórcio público condiciona-se à participação de todos os estados em cujo território situam-se os municípios consorciados. Dessa forma, verifica-se que não é possível a associação consorciada entre a União e municípios sem a participação dos estados. Nesse caso, será sempre necessário o envolvimento dos três entes da Federação.

Em conformidade com o preceito do art. 1º, §3º, da lei em comento, os consórcios públicos que têm por objetivo atuar em atividades de saúde terão de observar os princípios, as diretrizes e as normas disciplinadoras do Sistema Único de Saúde (SUS).

Observados os limites constitucionais, os entes federativos estabelecerão, de comum acordo, os objetivos dos consórcios públicos em que participarem. A regra de direito conferindo essa discricionariedade aos signatários dos consórcios facilita o atendimento das políticas públicas de acordo com a conveniência dos envolvidos e o interesse da sociedade alcançada pelos serviços prestados pelo consórcio.

Com vista à execução de seus objetivos, os consórcios podem celebrar convênios, firmar contratos, outros acordos e receber recursos financeiros de outras entidades e órgãos públicos. Ao consórcio de direito público é permitido promover desapropriação e instituir servidão administrativa, nos termos do contrato de concessão e mediante ato declaratório de utilidade pública, interesse social ou de necessidade pública pelo chefe do Executivo competente, considerando os consorciados. Por último, o consórcio pode ser contratado diretamente pelas entidades públicas consorciadas e pelas respectivas entidades da Administração indireta.

Pelo §2º do art. 2º da lei em comento, o consórcio público, nos termos da lei, reveste-se de competência para emitir documentos de cobrança e arrecadar recursos financeiros relativos a tarifas ou outros preços públicos cobrados pela prestação de serviços públicos ou pelo o uso de bens públicos outorgados ao particular, quando autorizado pelo ente político consorciado ou quando se tratar de bens sob a sua administração.

Ainda ao consórcio cabe outorgar concessão, permissão e autorização de obras ou serviços públicos desde que autorizado pelo respectivo contrato de sua criação e observada a legislação pertinente (§3º, art. 2º, da Lei nº 11.107/2005).

17.3 Constituição do consórcio

O consórcio público é criado por meio de contrato firmado pelos entes da Federação interessados. Esse contrato precede de termo de compromisso que deve ser aprovado por lei específica de cada entidade política denominado protocolo de intenções.

17.3.1 Protocolo de intenções

O protocolo de intenções é documento fundamental na constituição de consórcio público. Ele está para o contrato de consórcio assim como o edital está para o contrato administrativo resultante de licitação. Vale dizer que as cláusulas do contrato de consórcio são basicamente as mesmas constantes do termo de protocolo.

O art. 4º da lei em exame arrola as cláusulas essenciais do protocolo de intenções, que disponham sobre: a) a denominação, a finalidade, o prazo de duração e a sede do consórcio; b) a identificação das entidades da Federação que participarão do futuro consórcio; c) a especificação da área territorial de atuação do consórcio; d) a previsão de que o consórcio a ser instituído será associação pública na forma de pessoa jurídica de direito público ou pessoa jurídica de direito privado sem fins econômicos; e) os critérios para autorizar o consórcio a representar os entes consorciados perante outros órgãos de governo, nos casos de interesse comum; f) o estabelecimento de normas e forma de convocação e funcionamento da assembleia-geral, inclusive para discutir e aprovar os estatutos do consórcio, bem como para modificá-los; g) a previsão de que a assembleia-geral é instância máxima do consórcio e o número de votos para as suas deliberações; h) o número de empregados públicos, no caso de o consórcio ser pessoa de direito privado, e de servidor estatutário, quando o consórcio for pessoa de direito público, a forma de investidura e remuneração, a previsão de contratação por prazo determinado para atender à necessidade temporária de excepcional interesse público; i) as condições para que o consórcio firme contrato de gestão ou termo de parceria; j) a autorização para a gestão associada de serviços públicos; k) o direito de qualquer dos contratantes (consorciados), quando adimplente com as suas obrigações, de exigir o pleno cumprimento das cláusulas do contrato do consórcio.

A lei prevê a cessão de pessoal para o consórcio pelas entidades consorciadas e pelas pessoas públicas conveniadas, na forma e condição previstas na lei de cada uma. Por essa regra, em princípio, qualquer entidade pública membro do consórcio e as demais pessoas públicas conveniadas com o consórcio poderão ceder servidores de seus quadros para o consórcio, se for de seu interesse e se a respectiva lei permitir.

17.3.2 Contrato de consórcio público

O contrato de consórcio público será firmado pelas partes mediante ratificação do protocolo de intenções por meio de lei votada em cada ente político signatário do protocolo de intenções. Se houver previsão expressa, o contrato de consórcio pode ser firmado por parte dos signatários do protocolo de intenções. Dito de outro modo, é possível a celebração do contrato de consórcio sem a participação de todas as pessoas que antes manifestaram a sua intenção, nos termos do protocolo de intenções.

A ratificação do protocolo de intenções, quando ocorrer depois de dois anos da subscrição do ajuste, condiciona-se à homologação da assembleia-geral do consórcio público. A inteligência dessa norma é no sentido de que a ratificação tardia pode resultar, como consequência, na rejeição do ente retardatário.

O ente da Federação que, antes da celebração do protocolo de intenções já tenha editado lei dispondo sobre as condições de sua participação em consórcio público, desobriga-se de editar nova lei com a finalidade de ratificar o protocolo de intenções.

17.3.3 Aquisição da personalidade jurídica

As pessoas jurídicas de direito público, em regra, adquirem personalidade jurídica com a publicação da lei de criação. As públicas de direito privado nascem mediante lei autorizativa e registro dos respectivos instrumentos de instituição na entidade própria para o registro das pessoas jurídicas privadas (art. 37, inc. XIX, da Constituição Federal).

Para os consórcios públicos, observou-se a linha mestra desse dispositivo constitucional. O art. 6º da Lei nº 11.107/2005 prescreve que o consórcio público, nos casos de associação pública de direito público, adquirirá personalidade jurídica com a divulgação das leis ratificadoras do protocolo de intenções. Enquanto que os consórcios públicos de direito privado adquirirão personalidade jurídica, observando-se o disposto na lei civil.

De acordo com o previsto no art. 6º, §1º, da Lei nº 11.107/2005, o consórcio público de direito público integra a Administração indireta de cada ente consorciado. O dispositivo foi silente quanto aos consórcios de direito privado. Entretanto, não se pode compreender a existência de uma pessoa pública, mesmo de direito privado, que não faça parte da Administração indireta. Assim, o consórcio público de direito privado deve também integrar a Administração indireta ao lado das fundações públicas de direito privado, das empresas públicas e das sociedades de economia mista.

Nessa linha é o posicionamento da Maria Sylvia Zanella Di Pietro, *in verbis*:

> [...] Não há como uma pessoa jurídica política (União, Estado, Distrito Federal e Municípios) instituir pessoa jurídica administrativa para desempenhar atividades próprias do ente instituidor e deixá-la fora do âmbito de atuação do Estado, como se estivesse sido instituída pela iniciativa privada. Todos os entes criados pelo Poder Público para o desempenho de

atividades administrativas do Estado têm que integrar a Administração Pública Direta (se o ente for instituído como órgão sem personalidade jurídica) ou Indireta (se for instituído com personalidade jurídica própria) Até porque o desempenho dessas atividades dar-se-á por meio de descentralização de atividades administrativas, inserida na modalidade de descentralização por serviços.[14]

A título de reforço, ressalte-se que os consórcios públicos dotados de personalidade jurídica de direito privado sujeitam-se ao procedimento licitatório, ao controle dos entes consociados, por meio dos respectivos órgãos de controladoria-geral e do Tribunal de Contas estadual e do Tribunal de Contas da União, se a União for consorciada.

O §2º da lei em comento, com a redação dada pela Lei nº 13.822/2019, estabelece que o consórcio público dotado de personalidade jurídica de Direito Público ou de Direto Privado sujeita-se às regras de Direito Público no que concerne à obrigatoriedade de licitar, de celebrar contratos e de prestar contas. Quanto ao pessoal, o regime é o da Consolidação das Leis do Trabalho (CLT). Dessa forma, no que tange à relação de trabalho, não há distinção entre pessoa de Direito Público e de Direito Privado.

17.3.4 Contrato de rateio

As entidades consorciadas repassarão recursos financeiros ao consórcio somente mediante e nos termos de contrato de rateio, como prescreve o art. 8º da Lei nº 11.107/2005. De acordo com essa regra de Direito, os consorciados devem incluir, em seus orçamentos, dotações destinadas a atender ao respectivo compromisso assumido em face do consórcio público.

O contrato de rateio deve ter, em regra, duração de um ano coincidindo o seu prazo de vigência com o exercício financeiro, compreendido de janeiro a dezembro do ano civil. Esse prazo de vigência, nessas condições, visa compatibilizar o prazo do contrato de rateio com o prazo de vigência do orçamento anual.

O prazo de vigência do contrato de um ano é excepcionado nos casos de projetos consistentes em programas e ações contemplados em plano plurianual. A exceção justifica-se considerando que os planos plurianuais são acobertados por orçamentos também plurianuais (art. 8º, §1º, com a redação introduzida pela Lei nº 14.026/2020).

Os recursos recebidos em virtude de contrato de rateio não podem ser utilizados para o atendimento de despesas genéricas, inclusive transferências ou operação de crédito.

O consórcio deve informar ou prestar contas aos entes consorciados dos recursos recebidos, para que estes possam ser contabilizados na origem, visando à posterior prestação de contas ao Tribunal de Contas competente, nos termos da legislação pertinente, inclusive a Lei Complementar nº 101, de 4.5.2000.

O ente consorciado que não consignar, em sua lei orçamentária, dotação específica para atender à respectiva obrigação nos termos do contrato de rateio ou não consignar créditos adicionais pode ser suspenso e posteriormente excluído do consórcio.

A movimentação financeira a cargo do consócio público sujeita-se às normas financeiras aplicáveis às entidades públicas. Por isso, submete-se à fiscalização contábil,

---

[14] DI PIETRO. *Direito administrativo*, 19. ed., p. 466.

financeira, orçamentária e patrimonial do Tribunal de Contas competente para apreciar as contas do chefe do Executivo, representante legal do consórcio.

A retirada ou a extinção de consórcio público ou convênio de cooperação não prejudicará as obrigações já constituídas, inclusive os contratos, cuja extinção dependerá do pagamento das indenizações eventualmente devidas (art. 11, §2º com redação da Lei nº 14.026/2020).

17.3.5 Contrato de programa

O art. 13 da Lei nº 11.107/2005 disciplina a celebração de contrato de programa. Essa modalidade de contrato tem por objeto regular as obrigações que um ente da Federação constituir para com outro ente da Federação ou para com o consórcio público no âmbito de gestão associada em que haja a prestação de serviços públicos ou a transferência total ou parcial de encargos, serviço, pessoal ou de bens necessários à continuidade dos serviços transferidos.

O contrato de programa submete-se à legislação sobre concessão e permissão de serviços públicos, sobretudo no que atine à política de tarifa e de outros preços públicos e à regulação dos serviços públicos a serem prestados. Ainda, o contrato deve prever procedimentos que garantam gestão transparente, econômica e financeira de cada serviço desenvolvido em relação a cada um dos respectivos titulares.

As principais cláusulas do contrato de programa estão previstas no §2º do art. 13 em comento. O §3º do mesmo artigo prescreve que é nula a cláusula do contrato que transferir ao contratado atribuições para planejar, regular e fiscalizar os serviços por ele prestados.

Havendo previsão no consórcio público ou no convênio de cooperação, é facultada a celebração de contrato de programa por entidades de Direito Público ou de Direito Privado integrantes da Administração indireta de qualquer das entidades participantes do consórcio público ou de convênio de cooperação.

À Administração é facultado celebrar convênios com consórcios públicos objetivando a descentralização da prestação de políticas públicas em escalas adequadas.

17.4 Considerações críticas e finais

A Lei nº 11.107/2005, que teve por objetivo estabelecer normas gerais sobre consórcios públicos, acabou instituindo normas específicas para a União. A regulamentação que teve por finalidade disciplinar a instituição e o funcionamento de consórcios públicos trouxe regras confusas e inexequíveis, na prática. Entre elas, a que trata da celebração de consórcio público revestido de personalidade jurídica de Direito Público ou de Direito Privado.

Se o consórcio for de Direito Público, deverá figurar entre as entidades da Administração indireta das entidades da Federação participantes do consórcio (art. 6º da lei em referência). Quanto a essa regra, duas questões de difícil compreensão e efetivação se apresentam:

a) Os consórcios públicos, nos termos da lei, são formalizados por meio de contrato firmado pelos entes federativos interessados. O contrato condiciona-se a prévio protocolo de intenções devidamente aprovado por lei específica de cada entidade pública (União, estado e município) subscritora do protocolo. Ora, a Constituição Federal estabelece, no art. 37, inc. XIX, com a redação conferida pela EC nº 19/1998, que as autarquias são criadas por lei e as sociedades de economia mista, as empresas públicas e as fundações, mediante lei autorizativa. As pessoas de direito público ou são entes políticos (União, estados-membros, Distrito Federal e municípios) ou pessoas autárquicas. O consórcio público dotado de personalidade jurídica de Direito Público é, portanto, entidade autárquica que só pode ser criada por lei específica e não por meio de contrato, como autoriza a Lei nº 11.107/2005. Nesse particular, parece que essa lei seria inconstitucional, por contrariar a norma constitucional contida no inc. XIX, do art. 37, da Constituição de 1988. Entretanto, parece que a maioria dos autores que se dedicou ao estudo dos consórcios públicos entende que a aprovação do protocolo de intenções por meio de lei específica de cada ente federativo signatário atende à exigência do art. 37, inc. XIX, da Constituição da República.

b) As pessoas jurídicas públicas de Direito Público ou de Direito Privado são administradas por diretoria própria nomeada, em regra, pelo chefe do Poder Executivo integrante da pessoa política a que pertence a entidade, ressalvadas as sociedades de economia mista, cuja diretoria é eleita pela assembleia-geral dos acionistas. Mesmo assim, a escolha é do chefe do Executivo, visto que a entidade federativa detém o controle acionário das sociedades de economia mista, com direito a voto. Considerando que cada pessoa jurídica pública é dirigida por uma diretoria própria, como entender que um consórcio público, dotado de personalidade jurídica de Direito Público, possa figurar na condição de pessoa integrante da Administração indireta de cada ente consorciado? A mesma indagação faz-se em relação aos consórcios públicos denominados pela lei de associação dotada de personalidade jurídica de Direito Privado. Os convênios de cooperação e os consórcios, previstos no art. 241 da Constituição da República, não são, necessariamente, pessoas jurídicas de Direito Público ou de Direito Privado como prescreve a Lei nº 11.107/2005. O citado artigo constitucional é de conteúdo dúbio ao prever que a União, os estados, o Distrito Federal e os municípios disciplinarão consórcios públicos e convênios de cooperação entre os entes federados por meio de lei. A mesma lei deve autorizar, ainda, a gestão associada de serviços públicos de interesse dos consorciados ou conveniados, a transferência parcial ou total de encargos, serviço, pessoal e bens essenciais à continuidade dos serviços transferidos. As transferências de encargos, serviços e bens são disciplinadas por leis específicas. Já a transferência de pessoal não é possível. Com relação a pessoal, o que os estatutos dos servidores públicos dos entes federativos preveem é a cessão temporária, no interesse do serviço público.

Assim, nos casos de consórcios e convênios de cooperação, pode haver cessão de servidores durante o prazo de vigência do ajuste, mas não transferência. Por esse e outros motivos, os consórcios públicos não devem revestir-se de personalidade jurídica, principalmente de direito público. Uma das entidades federativas consorciadas deve assumir, de comum acordo, a administração do consórcio e a gestão dos serviços públicos ajustados. Para a administração, pode ser designada comissão integrada de representante de cada entidade e, para a execução das atividades, os consorciados devem colaborar com o encarregado da gestão do consórcio, cedendo pessoal de seus quadros e bens necessários e transferindo recursos financeiros de acordo com o contrato de rateio de que trata a Lei nº 11.107/2005.

A nosso ver, a criação de pessoa jurídica para desenvolver atividades consorciadas contraria a própria ideia de consórcio público, que consiste na possibilidade de conjugação de esforços, recursos e pessoal com o objetivo de desenvolver políticas públicas de interesse comum, dispensando-se a contratação de recursos humanos e o aumento de despesas.

CAPÍTULO 9

SERVIÇOS PÚBLICOS

Sumário: **1** Considerações gerais – **2** Conceito – **3** Princípios do serviço público – **4** Formas de prestação de serviços públicos – **5** Entidades prestadoras de serviços públicos por delegação – **6** Concessão de serviços públicos precedidos ou não de obras públicas – **7** Prestação de serviços de energia elétrica – **8** Concessão de serviço de TV a cabo – **9** Permissão – **10** Autorização – **11** Terceiro setor – **12** Parcerias público-privadas – **13** Regime Diferenciado de Contratações Públicas (RDC)

1 Considerações gerais

A Administração Pública, no desempenho de suas atividades institucionais políticas e administrativas, presta serviços destinados a atender às necessidades básicas da coletividade. Tais serviços são chamados de serviços públicos. Eles podem ser essenciais e, portanto, indispensáveis; ou não essenciais, mas úteis à comunidade, denominados serviços de utilidade pública.

Da primeira categoria são os serviços prestados pelo Estado, diretamente, em razão da sua importância no contexto social. São exemplos de serviços indelegáveis: a prestação jurisdicional, a defesa nacional, a segurança interna, a preservação da saúde pública, a fiscalização e outros que dependam do poder de império ou do poder de polícia para que sejam prestados. Os decorrentes do poder de polícia podem ser realizados por autarquias, pelo fato de serem elas pessoas jurídicas de Direito Público interno.

Os outros serviços, embora não essenciais, são reconhecidos como úteis ou necessários à sociedade. Por isso, devem ser prestados pela Administração, direta ou indiretamente, ou por terceiros mediante delegação.

Celso Bastos entende que os serviços tidos como essenciais decorrem da soberania e supremacia do Estado. Por isso lhe parece imprópria a denominação de serviço público. São suas as palavras:

> De fato, pode-se constatar que algumas atividades entendidas como serviços públicos envolvem o exercício de prerrogativas tão próprias do Poder Público que seria mesmo impensável considerar a sua prestação por particulares. No nosso entender, no entanto, as atividades assim insuscetíveis de prestação por particulares, por poder comprometer a própria soberania e a supremacia do Estado, nem serviços públicos devem ser consideradas,

pois estas, algumas vezes, são na verdade atributos de outro poder do Estado, como é o caso da justiça, que alguns autores têm por serviço público. Na verdade, a justiça é uma das funções básicas do Estado, não um serviço público.[1]

O aludido autor acrescenta, ainda, que as atividades de defesa nacional e segurança interna, a cargo do Exército e da Polícia Militar, respectivamente, embora diferentes do primeiro exemplo, não devem igualmente ser consideradas serviços públicos em virtude da sua relevância e do regime jurídico que as desloca dos serviços públicos. E conclui: "Por esta razão a nossa Constituição não considera tais atividades como serviço público".

As espécies de serviços públicos oferecidos sofrem alterações no tempo e no espaço, para mais ou para menos. Essas espécies variam de conformidade com a ideologia política do grupo dominante e com a condição social da coletividade. Quanto mais pobres forem os integrantes da sociedade, maior deve ser a participação do Estado na prestação de serviços capazes de garantir aos cidadãos o mínimo de conforto e satisfação pessoal, tendo-se em mira o fundamental direito da cidadania.

2 Conceito

Conceituar serviço público sempre foi tarefa difícil. Os autores que se dedicaram ao tema chegaram a formar escolas destinadas a apresentar a definição de serviço público. José Cretella Júnior cita três dessas escolas, a negativista, representada por Berthélemy e Rivero; a do serviço público, encabeçada por Duguit, Bonnard, Jèze e Rolland; e a institucional, orientada por Hauriou.[2]

Diversos autores estrangeiros e brasileiros, sem compromisso com as referidas escolas, apresentaram seus próprios estudos sobre a noção de serviço público. Entre os estrangeiros destaca-se, aqui, Carlos Garcia Oviedo, que apresenta quatro critérios para caracterizar serviço público. São eles:

> 1º Que el servicio público es una ordenación de elementos y actividades para un fin.
>
> 2º Que el fin es la satisfacción de una necesidad pública, siquiera haya necesidades de esta clase que se satisfacen por el régimen del servicio privado.
>
> 3º Que el servicio público implica la acción de una personalidad pública, aunque no siempre sean las personas administrativas las que asuman esta empresa.
>
> 4º Que esta acción cristaliza en una serie de relaciones jurídicas constitutivas de un régimen jurídico especial, distinto, por tanto, del régimen jurídico general de los servicios privados.[3]

Entre os autores pátrios não se pode olvidar Hely Lopes Meirelles e Celso Antônio Bandeira de Mello com os seguintes conceitos, respectivamente:

> Serviço público é todo aquele prestado pela administração ou por seus delegados, sob normas e controles estatais, para satisfazer necessidades essenciais ou secundárias da coletividade, ou simples conveniências do Estado.[4]

---

[1] BASTOS. *Curso de direito administrativo*, p. 161.
[2] CRETELLA JÚNIOR. *Curso de direito administrativo*, 10. ed., p. 399.
[3] GARCIA OVIEDO; MARTINEZ USEROS. *Derecho administrativo*, 3. ed., p. 100.
[4] MEIRELLES. *Direito administrativo brasileiro*, 16. ed., p. 290.

Serviço público é toda atividade de oferecimento de utilidade ou comodidade material destinada à satisfação da coletividade, que o Estado assume como pertinente a seus deveres e prestar por si mesmo ou por quem lhe faça as vezes, sob um regime de Direito Público – portanto, consagrador de prerrogativa de supremacia e de restrições especiais –, instituído em favor dos interesses definidos como público no sistema normativo.[5]

Parece que se pode afirmar que serviço público é aquele que o Estado, por meio de normas jurídicas próprias, diz ser. Dispondo a lei que determinado serviço é público ou de interesse público, não há dúvida de que ele é público, ainda que prestado por particular em virtude de delegação.

A Constituição da República de 1988 elegeu diversos serviços como públicos, que devem ser prestados pela União, diretamente, ou por terceiros, mediante delegação. Exemplos: serviço postal e correio aéreo nacional, prestado por empresa estatal; serviços telefônicos, telegráficos, de transmissão de dados e demais serviços públicos de telecomunicações; serviços de radiodifusão sonora, de sons e imagens e demais serviços de telecomunicações; serviços de geração, transmissão e distribuição de energia elétrica e o aproveitamento energético dos cursos de água; a navegação aérea, aeroespacial e a infraestrutura aeroportuária; serviços de transporte ferroviário e aquaviário entre portos brasileiros e fronteiras nacionais, ou que transponham os limites de estado ou território; os serviços de transporte rodoviário interestadual e internacional de passageiros; os portos marítimos, fluviais e lacustres (art. 21, X, XI e XII, da Constituição da República).

Dependendo do interesse público e da conveniência político-administrativa, outros serviços podem ser declarados públicos, assim como não há impedimento de que parte dos atuais serviços, acima elencados, venham a ser privados.

3 Princípios do serviço público

3.1 Continuidade

Os serviços públicos devem ser prestados continuadamente e, em alguns casos, ininterruptamente, como exemplo, o fornecimento de energia e água tratada e o serviço de telecomunicação, a preços módicos ou gratuitamente. Em virtude do dever da Administração de prestar, direta ou indiretamente, serviços ininterruptos ou continuados, o Direito lhe confere prerrogativas para que possa cumprir esse desiderato. Entre elas ressaltem-se poder para intervir na empresa concessionária de serviços públicos, se ela não os estiver prestando adequadamente; poder para utilizar equipamentos e pessoal da concessionária ou permissionária, nos casos de intervenção ou de rescisão do contrato de concessão por decisão judicial; direito de não aceitar a pretensão do contratado de rescindir o contrato, alegando descumprimento por parte da Administração, quando o objeto do contrato for a prestação de serviços públicos.

3.2 Qualidade e eficiência

Os serviços devem ser de boa qualidade e eficientes. Os equipamentos e máquinas envolvidos diretamente na prestação do serviço precisam estar em perfeitas condições

---

[5] BANDEIRA DE MELLO. *Curso de direito administrativo*, 15. ed., p. 620.

de uso e em bom estado de segurança. As pessoas encarregadas direta ou indiretamente devem ser treinadas e preparadas para desempenhar com presteza e eficiência as suas funções.

3.3 Modicidade

Os serviços, quando onerosos, devem ser oferecidos a preços módicos, isto é, preços compatíveis com as condições financeiras do destinatário do serviço. O preço público ou tarifa deve ser estabelecido de modo a remunerar o capital investido, necessário à manutenção do serviço, com lucro quando o serviço for prestado por terceiros.

3.4 Igualdade

Os serviços devem ser prestados nas mesmas condições para todos, sem discriminação, de modo que qualquer interessado possa ter acesso ao serviço em igualdade de condições com os demais usuários, ressalvados os casos dos portadores de necessidades especiais, que necessitam de adaptações, a cargo do prestador do serviço, para que possam usufruir do serviço sem muitas dificuldades.

4 Formas de prestação de serviços públicos

No Capítulo 3, item 6, registrou-se, em breve relato, os motivos que levaram o Estado a adotar as pessoas jurídicas vinculadas a ele, mas com vida própria, para atuarem no campo da prestação de serviços públicos. Deve-se acrescentar agora que os serviços públicos podem ser prestados por empresas particulares, por delegação, mediante ajuste próprio.

Pode-se afirmar, então, que a Administração adota três formas de prestação dos serviços públicos: diretamente por intermédio de empresas estatais e de empresas particulares, mediante ajuste próprio.

Diretamente, a Administração presta os serviços essenciais tidos como indelegáveis, acima mencionados, e outros que, embora delegáveis, ela prefere executar sem a participação de outro ente. As entidades estatais integrantes da Administração indireta prestam os serviços previstos na lei de criação ou que autoriza a criação daquelas.

Na primeira edição, citamos como exemplos de empresas estatais que prestavam serviços reservados à União: o sistema Telebras e o sistema Eletrobras e a Empresa Brasileira de Correios e Telégrafos que presta os serviços postais. Nesta edição, referidas empresas não são exemplos de empresas estatais. Os dois sistemas foram privatizados. O serviço de postagem passou a engrossar a lista de serviços que podem ser prestados sob o regime de concessão ou permissão ao particular. Entretanto, a empresa pública federal Empresa Brasileira de Correios e Telégrafos continua prestando os serviços para justificar sua criação. Além destes, outros serviços podem ter a sua prestação delegada a empresas particulares, mediante concessão, permissão e autorização.

5 Entidades prestadoras de serviços públicos por delegação

As entidades públicas instituídas ou criadas para a prestação de serviços públicos no Brasil são as autarquias, as sociedades de economia mista, as empresas públicas e as fundações públicas. Todas estas entidades foram estudadas no item 6 do Capítulo 3, para onde se remete o leitor.

As empresas particulares que prestam serviços públicos são contratadas mediante prévia concorrência nos termos da lei. No item seguinte, far-se-ão considerações sobre as concessões, pontuando os direitos e os deveres do concessionário e dos usuários dos serviços públicos.

A Lei nº 9.074, de 7.7.1995, arrola no art. 1º as hipóteses de serviços que estão sujeitos ao regime de concessão ou permissão, que são os seguintes: vias federais, precedidas ou não de obra pública; exploração de obras ou serviços federais de barragens, contenções, eclusas, diques e irrigações, precedidos ou não de obras públicas; estações aduaneiras e outros terminais alfandegários de uso público, precedidos ou não de obra pública. Excluem-se os instalados em áreas de portos e aeroportos; e serviços postais. Estes foram incluídos no rol dos serviços delegáveis, pela Lei nº 9.648/1998.

6 Concessão de serviços públicos precedidos ou não de obras públicas[6]

6.1 Considerações

A concessão de serviços públicos é meio legítimo e adequado para a prestação de serviços públicos. Na atualidade, alguns serviços, como o de transporte coletivo, são prestados, na quase totalidade, por entidades particulares, por intermédio de concessões ou permissões. A legislação que rege a matéria vem sofrendo modificações e adaptações, acompanhando a evolução social, a conveniência coletiva e a política da Administração Pública.

As leis vigentes sobre o tema são: a Lei nº 8.987, de 13.2.1995, que disciplina a concessão e a permissão da prestação de serviços públicos em geral, principalmente os previstos no art. 175 da Constituição da República, e a Lei nº 9.074, de 7.7.1995. Esta define os serviços a serem delegados e estabelece normas complementares para a outorga de concessão e permissão de serviços públicos, e regula a concessão de serviços de energia, nos termos do art. 176 da Constituição da República. Registrem-se ainda a existência da Lei nº 8.977, de 6.1.1995, que disciplina a concessão do serviço de TV a cabo e da Lei nº 9.295, de 19.7.1996, que cuida da concessão da prestação do serviço de telefonia celular.

São passíveis de ser delegados por concessão ou permissão os serviços e obras públicas de competência da União, nos termos do art. 1º da Lei nº 9.074/1995:

a) vias federais, precedidas ou não de execução de obra pública;

b) exploração de obra ou serviços federais de barragens, contenções, eclusas, diques e irrigações, precedidas ou não de execução de obras públicas;

---

[6] Sobre este tema consultem: ROCHA. *Estudo sobre concessão e permissão de serviços públicos no direito brasileiro*; DI PIETRO. *Parcerias na administração pública*; WALD; MORAES; WALD. *O direito de parceria e a nova lei de concessões*.

c) extensões aduaneiras e outros terminais alfandegários de uso público, não instalados em área de porto ou aeroporto, precedidos ou não de obras públicas.

Além desses, outros serviços de utilidade pública podem ser delegados a empresas particulares, como exemplo, o de transporte coletivo de responsabilidade dos entes federativos (União, estados-membros, Distrito Federal e municípios).

A concessão, em conformidade com a legislação vigente, pode ser só do serviço ou do serviço precedido de obra pública. Nessa hipótese, o concessionário, primeiro, executa a obra para, em seguida, prestar o serviço. No caso de estradas e pontes, a concessão se dá, normalmente, para construção, duplicação e manutenção. Nesse caso, o concessionário não presta o serviço de transporte. Por isso, é lhe permitido cobrar pedágio em pontos estratégicos da obra construída com a finalidade de repor o capital investido, com juros e, ainda, auferir lucro, controlado pelo poder concedente.

6.2 Conceitos

6.2.1 Poder concedente

Entende-se por poder concedente a pessoa jurídica de direito público interno, dotada de competência política, que delega ao particular a prestação de serviços públicos ou obras públicas mediante concessão. São, portanto, a União, os estados-membros, o Distrito Federal e os municípios. As demais entidades públicas (as autarquias, as fundações públicas, as sociedades de economia mista e as empresas públicas) não têm competência para conceder a prestação de serviços, pelo fato de os serviços por elas prestados lhes serem delegados pelas entidades políticas a que se vinculam. Estas entidades, de direito público ou de direito privado, não têm atividades originárias. São criadas para prestar determinado serviço de responsabilidade da pessoa criadora.

6.2.2 Concessionário

Concessionário é a pessoa jurídica, ou consórcio de pessoas jurídicas, que recebe, mediante contrato de concessão precedido de licitação da modalidade concorrência ou diálogo competitivo, a prestação de determinado serviço público remunerado pelos usuários mediante pagamento de tarifa controlada pelo poder concedente.

6.2.3 Concessão de serviço público

Concessão de serviço público é a transferência pelo Poder Público ao particular da prestação de serviços públicos, realizada mediante concorrência ou diálogo competitivo e formalizada via contrato por tempo determinado. O delegatário pode ser pessoa jurídica ou consórcio de empresas que tenham competência para a realização do objeto da concessão, por sua conta e risco. A concessionária presta os serviços por sua conta e risco, sob a orientação, a fiscalização e o controle do poder concedente.

6.2.4 Concessão de serviço público precedido da execução de obra pública

Concessão de serviço público precedido da execução de obra pública é modalidade de concessão de serviço público em que o concessionário assume, nos termos do contrato, a obrigação de executar obra indispensável ao serviço delegado. A obra a ser realizada para essa finalidade compreende construção, total ou parcial; conservação; reforma; ampliação ou melhoramento de qualquer obra de interesse público (art. 2º, III, da Lei nº 8.987, de 13.2.95) (exemplos: estradas, pontes, barragens hidrelétricas e prédios).

A concessão opera-se segundo a regra geral, mediante contrato precedido de licitação da modalidade concorrência. O concessionário, por sua conta e risco, realiza as obras de acordo com o edital e contrato e, em seguida, explora o uso do bem, cobrando dos usuários uma quantia em pecúnia, denominada pedágio, por tempo determinado, o suficiente para o reembolso do capital investido na execução da obra, devidamente corrigido e remunerado.

6.3 Justificativa

É dever do agente público, antes de divulgar o edital de licitação para outorga de concessão de serviço público, promover a publicação de justificativa dos motivos que o levaram a tomar a decisão de conceder a prestação do serviço ou a construção de obra. A conveniência e a oportunidade devem estar presentes na justificativa. Dela constará também a área de abrangência do serviço e o prazo da concessão. A medida visa permitir à sociedade e aos órgãos de controle conhecerem antecipadamente a pretensão da entidade pública desejosa de transferir a terceiro a prestação de determinado serviço. O procedimento serve ainda para levar, com antecedência, ao conhecimento dos interessados na prestação do serviço a vontade do Estado, para que possam promover os seus estudos, com vista à elaboração de propostas consistentes e exequíveis.

A lei não contém norma sancionadora nos casos de inobservância do preceito aqui tratado. Entretanto, pode-se inferir que a licitação não precedida da justificativa em apreço sujeita-se à anulação, visto que o comando legal é ordenatório e impõe ao poder concedente o dever de fazer.

6.4 Serviço adequado

Os serviços públicos devem ser prestados continuamente, sem interrupção e com qualidade e preços acessíveis. O dever de prestar bem os serviços públicos é transferido ao concessionário. Este, ao firmar o contrato de concessão, assume o compromisso de prestar serviço adequado de acordo com as suas especificidades em cada caso. Serviço adequado compreende o que "satisfaz as condições de regularidade, continuidade, eficiência, segurança, atualidade, generalidade, cortesia na sua prestação e modicidade nas tarifas" (art. 6º, §1º da Lei nº 8.987/1995).

Essas condições de qualidade do serviço são fundamentais. Nos casos de transportes coletivos, por exemplo, a regularidade da circulação dos coletivos é indispensável, vez que os usuários são trabalhadores em geral e se sujeitam a horários. Por isso, os veículos devem obedecer a intervalos de tempo certos entre uma saída e outra dos pontos de controle, de modo que os usuários possam planejar a sua locomoção com vista a chegarem em tempo hábil ao destino, com pequena margem de risco de chegarem atrasados ao compromisso.

A continuidade é fundamental. A interrupção do serviço, ainda que por pouco tempo, provoca consequências irreparáveis aos usuários, principalmente nos casos de transportes de passageiros.

A eficiência é condição importantíssima. Pouco adianta a continuidade, se os meios de prestação do serviço forem deficientes e inadequados para atender à demanda.

A segurança é outra exigência indispensável à comodidade dos usuários. Por isso, os ônibus devem circular equipados com dispositivos de segurança, além das boas condições de uso.

Atualidade significa atender às exigências contemporâneas, considerando, principalmente, a evolução tecnológica e o consequente avanço dos meios de comunicação. Em razão dessa evolução, certos serviços, eficientes e adequados há pouco tempo, são hoje ultrapassados e já não mais atendem às exigências e às necessidades dos usuários. Cortesia na prestação tem a ver com a boa educação e bons modos das pessoas envolvidas diretamente com a prestação do serviço. O motorista de coletivo, o cobrador, a telefonista e a recepcionista, por exemplo, devem tratar com urbanidade e delicadeza as pessoas que lhes demandam informações ou esclarecimentos. Por fim, as tarifas cobradas pelos prestadores do serviço público devem ser módicas, isto é, devem estar ao alcance de todos os que usufruem diretamente do serviço prestado.

Não caracteriza inobservância ou descumprimento do dever de prestar serviços continuados as interrupções decorrentes de situação de emergência ou após aviso ao concedente, nos casos de ordem técnica ou de segurança das instalações, ou ainda em virtude de inadimplemento do usuário, considerado o interesse da coletividade que é sempre preponderante.

A interrupção da prestação do serviço motivada pelo inadimplemento do usuário "não poderá iniciar-se na sexta-feira, no sábado ou no domingo, nem em feriado ou no dia anterior a feriado" (art. 6º, §4º incluído pela Lei. nº 14.915, de 2020).

6.5 Direitos e obrigações dos usuários

- Direitos – Os usuários têm direito a serviço adequado; têm direito de reclamar contra a má qualidade da prestação e de obter do poder concedente e da concessionária informações à promoção de defesa individual ou coletiva de seus direitos.

É também direito do usuário a liberdade de escolha quanto à utilização do serviço entre vários prestadores do serviço, quando existir concorrência – que deve ser estimulada pelo Poder Público – nos limites estabelecidos pelo poder concedente e pelas normas pertinentes.

- Obrigações – Com vista à adequada prestação do serviço concedido, a norma jurídica estabelece obrigações a serem observadas pelos usuários. Entre elas destacam-se o dever de comunicar ao agente público competente as irregularidades perpetradas pela concessionária, na prestação do serviço delegado, de que tenham conhecimento; comunicar à autoridade administrativa competente, quando for o caso, a prática de atos ilícitos pela concessionária na prestação do serviço público a seu cargo. É, por fim, obrigação dos usuários colaborarem para a boa conservação e manutenção das máquinas, equipamentos e outros bens públicos ou privados utilizados na prestação dos serviços. Por exemplo: absterem-se de riscar com tinta ou de cortar as poltronas dos coletivos ou destruírem os telefones públicos.

6.6 Encargos do poder concedente

A Lei nº 8.987/1995 impõe ao poder concedente diversas atribuições com vista à melhor e eficiente qualidade do serviço concedido. São arrolados no art. 29 dessa lei as seguintes atribuições do poder concedente:

a) "regulamentar o serviço concedido e fiscalizar permanentemente a sua execução". O poder concedente é que dita as regras para a prestação do serviço, pois é dele a competência originária para a realização do mesmo. Por isso, compete ao poder concedente editar normas regulamentadoras, dispondo sobre as condições e os meios dos serviços públicos. Em consequência, ao mesmo poder compete fiscalizar permanentemente a prestação e a qualidade do serviço concedido. Essa medida tem por finalidade garantir a satisfação do usuário, que, como visto, tem direito subjetivo a serviço adequado e permanente;

b) "aplicar as penalidades regulamentares e contratuais". As sanções a serem impostas ao concessionário pelo descumprimento de cláusulas contratuais são previstas na lei pertinente, no regulamento, no edital e no contrato. Essas sanções variam de acordo com a ilicitude do comportamento assumido pela concessionária. O poder concedente, verificando a ocorrência de comportamento comissivo ou omissivo da concessionária, que coincida com a hipótese prevista no contrato como situação que a sujeita à sanção, deve sancionar, por ser seu o dever legal;

c) "intervir na prestação do serviço, nos casos e condições previstas em lei". A legislação prevê os casos em que o poder concedente deve intervir na prestação do serviço concedido, com a finalidade de orientar a concessionária ou de puni-la pelos descumprimentos contratuais ou regulamentares. A omissão do poder concedente, nesse particular, expõe as autoridades competentes à condição de infratores da lei administrativa ou de deveres contratuais. Em outro item serão examinados os casos de intervenção;

d) "extinguir a concessão nos casos previstos nesta Lei [Lei nº 8.897/1995] e na forma estabelecida no contrato". Dependendo da gravidade do comportamento do concessionário em relação à execução do contrato, ao poder concedente é atribuído o dever de extinguir a concessão. A providência, destinada à extinção em tela, é obrigatória se ocorrer a hipótese legal ou contratual. A omissão nessa situação pode implicar a apuração de responsabilidade do agente administrativo competente;

e) "cumprir e fazer cumprir as disposições regulamentares do serviço e as cláusulas contratuais da concessão". O poder concedente elabora os regulamentos da concessão e estipula as cláusulas do respectivo contrato. Os dois documentos disciplinam as regras de comportamento a serem observadas pelos três envolvidos (poder concedente, concessionário e usuários). De nada valeriam essas regras, se não se impusessem aos envolvidos o dever de cumpri-las. O poder concedente, à vista de sua supremacia em relação aos cidadãos, deve não somente cumprir o regulamento, mas fazer cumpri-lo pelos outros partícipes da relação (concessionário e usuário);

f) "zelar pela boa qualidade do serviço, receber e solucionar queixas e reclamações dos usuários, que serão cientificados, em até trinta dias, das providências tomadas". O poder concedente tem o dever de zelar pela boa qualidade do serviço prestado pelo concessionário. Para isso, deve manter aparelhamento adequado e eficiente a fim de, em tempo hábil, adotar as medidas necessárias à correção de falhas do serviço apontadas pelos usuários por meio de queixas ou reclamações, ou identificadas pelos agentes fiscais próprios. Nos ônibus interestaduais e intermunicipais, existe um livro, denominado *livro de queixas*, à disposição dos usuários para registrarem as irregularidades verificadas durante a viagem, seja quanto ao veículo, ao seu condutor, ao cobrador, quando for ocaso, ou mesmo contra passageiro inconveniente. Nos ônibus urbanos, o livro é substituído por número de telefone do poder concedente, destinado ao usuário para proceder às suas denúncias relativas ao transporte. O poder concedente deve, no prazo de trinta dias, dar ciência ao reclamante das medidas tomadas com vista a corrigir as irregularidades apontadas;

g) "declarar de utilidade pública os bens necessários à execução do serviço ou obra pública, promovendo as desapropriações, diretamente ou mediante outorga de poderes à concessionária, caso em que será desta a responsabilidade pelas indenizações cabíveis". Para a construção ou ampliação de obras públicas, é quase sempre necessária a utilização de terrenos de particulares. Nesses casos, o poder concedente deve promover a declaração de utilidade pública para fins de desapropriação, nos termos do Decreto-Lei nº 3.365, de 21.6.1941. A execução da desapropriação pode ser efetivada pelo poder concedente ou pela concessionária, mediante delegação do primeiro, materializada no ato declaratório de utilidade pública. Na hipótese de delegação, o custo do processo, inclusive a verba indenizatória, será de responsabilidade da concessionária. Esta se reembolsará da quantia expendida com a desapropriação durante a vigência do contrato da concessão;

h) "declarar de necessidade ou utilidade pública, para fins de instituição de servidão diretamente ou mediante outorga de poder à concessionária, caso em que será desta a responsabilidade pelas indenizações cabíveis". Além dos bens desapropriados, para a execução da obra, ou a prestação do serviço, poderá ser necessária a ocupação de terreno ou de faixas de terreno ou outros bens de propriedade de particulares sem a transferência de domínio. Nesses casos, os institutos próprios para a intervenção são a ocupação temporária ou a servidão administrativa. No caso de servidão, o particular sofre gravame menor do que na hipótese de desapropriação. Com esta, a propriedade transfere-se à entidade pública; com a servidão não há perda do domínio, mas restrição ao exercício do direito de propriedade. A propriedade afetada com a servidão será utilizada com limitação. Por essa restrição, o proprietário fará jus à indenização relativamente à faixa de terreno efetivamente comprometida.

O procedimento para instituição da servidão administrativa é parecido com o da desapropriação. Ela é precedida de ato do poder concedente declaratório da necessidade pública ou da utilidade pública para fins de instituição de servidão administrativa. A execução da servidão e o pagamento relativo podem ser outorgados à concessionária pelo poder concedente do mesmo modo que ocorre nos casos de desapropriação, vista no item anterior.

i) "estimular o aumento da qualidade, produtividade, preservação do meio ambiente e conservação". A boa qualidade de vida é indispensável à sociedade. Nos tempos atuais, a preocupação do Poder Público e de organizações não governamentais com os ecossistemas é permanente. Nesse contexto, inclui-se a preservação e a promoção da boa qualidade do meio ambiente, indispensável à vida humana e dos demais seres vivos. Por essas razões, determina a lei que os concessionários de serviços públicos devem zelar pelo aumento da qualidade do meio ambiente no âmbito dos serviços que prestam. Por exemplo, evitar poluição sonora;

j) "incentivar a competitividade". A concorrência e a competitividade são fundamentais à boa qualidade e modicidade das utilidades prestadas à sociedade. Quanto mais pessoas prestam determinada utilidade remunerada, melhor é a qualidade e o preço do bem oferecido. Por tais motivos, é dever do poder concedente estimular a competitividade na prestação dos serviços públicos, incentivando e oferecendo oportunidade a maior número possível de participantes nas licitações destinadas à escolha da concessionária, evitando o monopólio ou exclusividade;

k) "estimular a formação de associações de usuários para defesa de interesses relativos ao serviço". A defesa de interesses por intermédio de grupos associativos organizados é mais eficiente do que a realizada pelos interessados individualmente. Por meio dessas organizações, o poder de pressão é inquestionável. São exemplos as associações de bairros, as associações de servidores públicos e os sindicatos em geral. Em virtude dessa importância participativa, a lei atribui ao poder concedente também o encargo de estimular a formação de associação de usuários de determinado serviço público, para atuar na defesa de seus interesses junto à concessionária e ao próprio poder concedente.

O poder concedente, no exercício da competência de fiscalizar a prestação dos serviços concedidos, goza da faculdade de examinar dados relativos ao controle do serviço, examinar os livros de contabilidade, verificar os recursos técnicos, econômicos e financeiros da concessionária, além de outras medidas julgadas pertinentes e compatíveis com o poder fiscalizador.

Essas prerrogativas conferidas ao poder concedente têm por finalidade evitar a manipulação de dados pela concessionária com vista a apresentar situações econômicas e financeiras falsas ou em desacordo com a realidade, para obter revisão tarifária ou contratual.

Além da fiscalização rotineira do poder concedente, acima referida, deve ser feita fiscalização periódica por intermédio de comissão especial composta de representantes dos três segmentos envolvidos: concessionária, concedente e usuários.

6.7 Encargos da concessionária

Os encargos da concessionária, nos termos do art. 31 da Lei nº 8.987/1995, são os seguintes:

a) "prestar serviço adequado, na forma prevista nesta Lei, nas normas técnicas aplicáveis e no contrato". É dever da concessionária prestar o serviço que lhe foi conferido pelo concedente de forma adequada, contínua, eficiente, segura, sem discriminação etc., de acordo com a lei, com o regulamento e com o contrato, observando ainda as condições pertinentes às normas técnicas, inclusive as da ABNT;

b) "manter em dia o inventário e o registro dos bens vinculados à concessão". A empresa concessionária pode ter bens que não estejam vinculados à prestação dos serviços. Por esse motivo, ela deve manter inventário atualizado e registro dos seus bens que estejam efetivamente vinculados à prestação do serviço concedido. Essa exigência legal tem por finalidade precípua facilitar a fiscalização e o controle a cargo do poder concedente. A inspeção é necessária, principalmente porque, ao fim do contrato por implemento do tempo, os bens vinculados ao serviço passam, normalmente, ao domínio do Poder Público, conforme se verá em outro tópico;

c) "prestar contas da gestão do serviço ao poder concedente e aos usuários, nos termos definidos no contrato". A concessionária deve prestar contas financeiras e físicas relativas ao serviço, aos usuários e ao poder concedente. Essa prestação de contas visa facilitar o trabalho de fiscalização que compete aos usuários e ao concedente;

d) "cumprir e fazer cumprir as normas do serviço e as cláusulas contratuais da concessão". São deveres que qualquer contratante deve cumprir. Os contratos, em geral, fazem lei entre as partes e devem, por isso, ser observados. A obrigatoriedade de se cumprirem as cláusulas contratuais vem dos romanos, pelo princípio *pacta sunt servanda*. A concessionária de serviços públicos, por esse princípio e em obediência ao disposto na lei, deve cumprir e fazer cumprir o que se obrigou nos termos do contrato e também observar as normas do serviço de que é prestadora por concessão do Poder Público;

e) "permitir aos encarregados da fiscalização livre acesso, em qualquer época, às obras, aos equipamentos e às instalações integrantes do serviço, bem como os seus registros contábeis". O poder concedente, como se registrou no item anterior, tem assegurado o poder de fiscalizar a concessionária quanto às obras, aos serviços e aos equipamentos a eles vinculados, além dos registros contábeis. Para que essa atividade fiscalizadora não seja embaraçada ou dificultada pela concessionária, a lei determina que ela deve permitir, sem restrições, o livre acesso dos agentes encarregados da fiscalização em suas dependências. É bom que esse dever esteja consignado em cláusula do contrato de concessão. Mas a sua omissão não gera à concessionária o direito de impedir o acesso dos agentes públicos;

f) "promover as desapropriações e constituir servidões autorizadas pelo poder concedente, conforme previsto no edital e no contrato". As desapropriações e constituição de servidões de interesse do serviço e da obra concedidos podem ser realizadas pelo poder concedente ou pela concessionária por delegação daquele. Se a concessionária recebeu a incumbência de executar a desapropriação ou a constituição de servidão administrativa, deve promovê-la com presteza, nas condições e formas estabelecidas nos atos delegatório e declaratório;

g) "zelar pela integridade dos bens vinculados à prestação do serviço, bem como segurá-lo adequadamente". Os bens vinculados à prestação dos serviços públicos, prestados por particulares mediante concessão, pertencem ao serviço, tanto que, ao final da concessão, por implemento do prazo contratual, são os mesmos revertidos ao poder concedente, exceto aqueles que, comprovadamente, não tenham sido ainda amortizados. Em razão dessa condição especial dos referidos bens é que a concessionária tem o dever legal de zelar pela conservação e manutenção dos bens afetados à prestação dos serviços a seu cargo por delegação. Para o melhor resguardo, tais bens devem ser segurados por empresa contratada pela concessionária;

h) "captar, aplicar e gerir os recursos financeiros necessários à prestação do serviço". A norma exprime ser de responsabilidade exclusiva da concessionária a captação, aplicação e gerência dos recursos financeiros necessários à prestação do serviço ou à construção das obras contratadas. Pelo disposto nessa norma, o poder concedente desobriga-se de concorrer com recursos financeiros para socorrer a concessionária nos momentos difíceis, a não ser nos casos de disposições contratuais em sentido contrário.

Dispõe, finalmente, o art. 31, parágrafo único, que é de inteira responsabilidade da concessionária as contratações de mão de obra necessária à execução do contrato. Os contratos serão regidos pelo Direito Privado e pelo Direito do Trabalho, no que tange a direitos e deveres decorrentes de relação de trabalho. Os contratados, por força do mesmo dispositivo, não terão relação alguma com o poder concedente.

6.8 Tarifa

O custo da prestação do serviço é reembolsado à concessionária pelos usuários por intermédio de tarifa, denominada também de preço público. A tarifa deve corresponder exatamente ao custo do serviço prestado. Compreende-se, nesse custo, toda a quantia financeira expendida pela concessionária para a efetiva prestação do serviço, inclusive a construção de obras, quando for o caso; aquisição de máquinas, de equipamentos e de veículos, a remuneração do capital investido; a formação de reserva técnica; a manutenção da obra e dos equipamentos envolvidos e ainda o lucro previsto e programado.

O valor da tarifa inicial é fixado, nos termos da lei vigente, pela concessionária na fase licitatória (art. 9º da Lei nº 8.987/1995). Entre os critérios de julgamento, a lei prevê que deve ser levada em consideração a menor tarifa a ser cobrada pelo proponente, caso venha a assinar o contrato, ou a maior oferta da contribuição ao poder concedente, a ser comprometida pela concessionária nos casos de pagamento pela outorga, entre outros, previstos no art. 15 da lei em comento, examinados no subitem 6.9, letra "h".

Qualquer que seja o critério adotado, a tarifa inicial será aquela proposta pela licitante vencedora. Esse valor deve ser corrigido nos termos e condições previstos no edital e no contrato. A lei garante à concessionária a manutenção do equilíbrio da equação econômica estabelecida na proposta. Dessa forma, ocorrendo desequilíbrio econômico e financeiro, devidamente comprovado de acordo com o disposto no contrato de concessão e postulado pela concessionária, o poder concedente deve autorizar a revisão dos valores da tarifa. Sem essa autorização, as tarifas não podem ser alteradas. Atualmente, em virtude de norma expressa na Lei nº 8.880/1994, os valores dos contratos só podem ser revistos de doze em doze meses. Nessa regra, incluem-se os contratos de concessão, por não terem sido excepcionados. Por esses motivos, as tarifas devem ser revistas em periodicidade igual ou superior a um ano.

O §3º do art. 9º da Lei nº 8.987/1995 prevê, entretanto, que, nos casos de criação, alteração ou extinção de tributos ou, ainda, de outros encargos legais que tenham repercussão no valor da tarifa, deve-se, em seguida, promover a alteração do contrato para aumentar ou reduzir o valor da tarifa, na proporção do impacto resultante da alteração tributária ou de outros encargos legais. Excluem-se desse permissivo legal as alterações relativas ao Imposto de Renda.

Nos casos de alteração unilateral do contrato pela Administração Pública nas hipóteses previstas, e se a alteração resultar em rompimento do equilíbrio da equação econômica já referida, o valor da tarifa deve ser majorado até o limite necessário ao reequilíbrio da equação econômica do contrato de concessão.

De acordo com a especificidade do serviço ou da obra concedida, o poder concedente poderá prever no edital de licitação a possibilidade de a concessionária obter receitas alternativas visando, principalmente, à modicidade da tarifa.

A tarifa não poderá subordinar-se à legislação específica anterior e, apenas nos casos expressamente previsto em lei, a sua cobrança pelo prestador do serviço poderá condicionar-se à existência de serviço público alternativo e gratuito para o usuário.

"A concessionária deverá divulgar em seu sítio eletrônico, de forma clara e de fácil compreensão pelos usuários, tabela com o valor das tarifas praticadas e a evolução das revisões ou reajustes realizados nos últimos cinco anos" (art. 9º, §5º, incluído pela Lei nº 13.673/2018). Esta obrigatoriedade harmoniza-se com a lei da transparência. A medida propicia ao usuário acompanhar permanentemente a evolução do valor da tarifa a que se sujeita.

6.9 Licitação

O procedimento licitatório para a escolha da concessionária de serviços públicos, precedidos ou não de execução de obra, observará as disposições da legislação própria. A lei básica nacional é a de nº 8.666, de 21.6.1993, sucedida pela Lei nº 14.133, de 1º.4.2021.

O art. 14 da Lei nº 8.987/1995 estabelece que a concessão de serviço público, precedida ou não de execução de obra pública, condiciona-se à prévia licitação nos termos da legislação própria, observados os princípios da legalidade, moralidade, publicidade, igualdade, do julgamento por critérios objetivos e vinculação ao instrumento convocatório. Esses são os princípios basilares do processo licitatório constantes da Lei nº 14.133/2021.

Quanto ao julgamento, as condições complementares estão previstas no art. 15 da Lei nº 8.987/1995. Essas condições de julgamento estão explicadas na letra "h" a seguir.

No art. 18 da Lei nº 8.987/1995, destacam-se as seguintes cláusulas que deverão constar do edital:

a) objeto, metas e prazos da concessão. O objeto da concessão precisa ser bem especificado no edital, principalmente quando o serviço a ser prestado preceder de obra pública. Da mesma forma, devem ser estabelecidas as metas de sua execução, mormente quando se tratar de obra. O prazo de duração da concessão é indispensável, pois ele influi diretamente no valor da tarifa. Quanto maior for o volume financeiro a ser expendido pela concessionária na mobilização e na prestação do serviço, maior será o prazo da concessão. Isso porque, como noticiado antes, durante a execução do contrato de concessão, a prestadora do serviço reembolsará toda a quantia investida no serviço. A falta desses dados dificulta ou inviabiliza a formulação de propostas corretas;

b) a previsão de possíveis fontes alternativas de receitas destinadas à remuneração parcial do serviço prestado ou da construção da obra, quando for o caso. A possibilidade de se permitir à concessionária obter receitas alternativas tem por finalidade evitar, em certos casos, a fixação de tarifas elevadas para o padrão financeiro da média dos usuários;

c) os direitos e as obrigações do poder concedente e da concessionária, nos casos de alteração ou prorrogação da prestação do serviço, para possibilitar e garantir a continuação e a eficiência deste;

d) critérios de reajuste e revisão da tarifa. O valor da tarifa a ser cobrada no início da prestação do serviço é fixado, como visto, pela concessionária, por ocasião da licitação. Esse valor, entretanto, sujeita-se à majoração durante a vigência do contrato de concessão, em virtude, principalmente, das alterações no comportamento da economia e ainda das modificações do próprio objeto da concessão. A falta de critérios previamente definidos no edital dificulta o estabelecimento dos reajustes da tarifa, quando pretendido pela concessionária;

e) indicação dos bens reversíveis, suas características e as condições em que serão disponibilizados por ocasião da extinção do contrato de concessão. A regra é a reversão ao poder concedente dos bens vinculados ao serviço por ocasião do término do contrato. A empresa concessionária normalmente dispõe de bens que não se vinculam à prestação do serviço delegado. Por essa razão, é necessário definir no edital e no contrato quais os bens serão destinados ao serviço e, consequentemente, revertidos ao poder concedente, na época oportuna, nos termos da lei, do edital e do contrato;

f) relação e critérios de aceitabilidade dos documentos necessários à habilitação das licitantes. A norma não precisa quais são os documentos nem reporta aos arts. 27 a 31 da Lei nº 8.666/93. Estaria livre o poder concedente para, em cada caso, definir quais documentos serão exigidos para a habilitação nos procedimentos licitatórios destinados à escolha de concessionária de serviço público? Parece que não. A Lei nº 8.987/1995, no art. 14, dispõe que essas licitações se regem pela legislação própria. Assim, deve-se entender que, na habilitação das licitantes nos procedimentos que objetivam a concessão de serviço público, é preciso exigir os documentos previstos na Lei nº 14.133/2021, substituta da Lei nº 8.666/1993;

g) determinação do responsável (poder concedente ou concessionário) pelos pagamentos das despesas realizadas com a desapropriação de bens ou a constituição de servidão administrativa necessárias à prestação do serviço. As demais cláusulas, previstas no artigo em comento, são iguais ou semelhantes às constantes do novo Estatuto de licitação;

h) critério de julgamento. A lei geral sobre concessão e permissão de serviço público estabelece os seguintes critérios de julgamento, com a redação da Lei nº 9.648/1998: a) o menor valor da tarifa que o proponente pretende cobrar pela prestação do serviço público objeto da licitação; b) a maior oferta de pagamento ao poder concedente pela outorga, quando essa condição estiver prevista no edital; c) melhor oferta de pagamento pela outorga após a qualificação das propostas técnicas. Para adoção deste critério, o edital, além de o prever, terá de estabelecer, de maneira clara, as regras e fórmulas precisas para a avaliação econômico-financeira; d) a combinação, dois a dois, dos critérios anteriores; e) melhor proposta técnica, se o valor tiver sido fixado no edital; e f) a melhor proposta em razão da combinação da melhor oferta com a melhor técnica.

As propostas manifestamente inexequíveis ou financeiramente incompatíveis com os objetivos da licitação não devem ser acolhidas pela Administração. Nesses casos, a comissão julgadora, por força do disposto no art. 15, §3º, da lei em comento, terá de desclassificar a proposta. Será desclassificada, também, a proposta que, para a sua viabilização, preveja vantagem ou subsídio, que não seja previamente previsto em lei à disposição de todos os interessados. É considerada desclassificada a proposta de empresa estatal que não tenha vínculo jurídico com o poder concedente, se a proponente necessitar de vantagens ou subsídios da entidade pública que a controla. O tratamento tributário diferenciado, ainda que em consequência da natureza jurídica do licitante, que rompa a isonomia tributária, que deve prevalecer para todos os licitantes, inclui-se entre as vantagens ou subsídios, para o efeito de desclassificação das propostas.

Em igualdade de condições, dar-se-á preferência à proposta apresentada por empresa brasileira (§4º do art. 15 da Lei nº 8.987/1995).

O §1º, do art. 17, da Lei nº 8.987/1995 prescreve que não será classificada a proposta de entidade alheia à esfera político-administrativa do poder concedente, que, para a sua viabilização, necessite de vantagens ou subsídios do Poder Público controlador da referida entidade.

O edital da licitação será elaborado pelo poder concedente, observando, no que couber, as condições estabelecidas na Lei nº 14.133/2021 e mais as cláusulas elencadas no art. 18 da Lei nº 8.987/1995.

O art. 18-A da Lei nº 8.987/1995, introduzido pela Lei nº 11.196/2005, trouxe importante novidade nas licitações para a concessão ou permissão de serviços públicos. O dispositivo faculta a inversão da ordem das fases de habilitação e julgamento das propostas.

Com essa inversão, a exemplo do que ocorre na modalidade pregão, primeiro julgam-se as propostas. Encerrada essa fase e classificadas as vencedoras, passa-se à abertura do envelope contendo os documentos de habilitação da licitante mais bem classificada. Se todos os documentos apresentados pela licitante estiverem de acordo com as condições estabelecidas no edital, ela será declarada vencedora.

Caso essa licitante não seja habilitada, será aberto o envelope da segunda classificada. Caso esta também não atenda aos requisitos do edital, no que se refere à habilitação, será aberto o envelope de habilitação da terceira classificada, e assim sucessivamente, até que uma seja habilitada. Na hipótese de nenhuma ser habilitada, a solução será encerrar a licitação sem vencedor e promover a abertura de outra.

Na hipótese de proclamar o resultado final da licitação com vencedora, a esta será adjudicado o objeto da licitação nas condições técnicas e econômicas de acordo com sua oferta. A regra da inversão da ordem de habilitação de julgamento de licitações foi introduzida na modalidade pregão, Lei nº 10.520, de 17.7.2002, e acolhida pelo novo Estatuto, como regra.

6.10 Contrato de concessão

O contrato formal disciplinando as condições e a forma de prestação do serviço concedido é obrigatório. As suas cláusulas devem estar previstas no edital em virtude do princípio segundo o qual é defeso constar no contrato administrativo cláusula que não esteja prevista no instrumento convocatório que lhe deu origem. Por esse motivo, dispensam-se aqui comentários sobre as cláusulas do contrato de concessão, para evitar repetições desnecessárias, considerando os registros alinhados no Capítulo 7, acerca do edital.

Registre-se apenas que o ajuste deve estabelecer a obrigatoriedade de prestação de contas pela concessionária ao poder concedente periodicamente. A cláusula deve fixar a forma e a periodicidade da prestação de contas. Deve o instrumento consignar também a obrigação da concessionária de publicar, periodicamente, demonstrações financeiras. As condições de rescisão do contrato, bem como as consequências decorrentes, são obrigatoriamente consignadas no contrato de concessão. Ressalte-se que o prazo dos contratos de concessão de serviço precedido de obra pública tem sido fixado em 25 anos.

Ressalte-se que, por força da Lei nº 11.196/2005, os contratos de concessão podem conter cláusula dispondo sobre a utilização de mecanismos privados para a solução de disputas decorrentes ou relacionadas ao ajuste. Entre eles a arbitragem realizada no

Brasil e em língua portuguesa, em conformidade com a Lei nº 9.307, de 23.9.1996 (art. 23-A da Lei nº 8.987/95).

Essa inovação legislativa é de inestimável importância para os contratos de concessão, posto que a resolução de conflitos por meio da arbitragem comprovadamente é muito mais célere do que por meio da Justiça.

Os tribunais superiores já vêm admitindo o uso da arbitragem nos contratos públicos, como se pode ver na ementa do acórdão do STJ proferido no AgRg no MS nº 11.308/DF, Agravo Regimental no Mandado de Segurança nº 2005/0212763-0, Rel. Min. Luiz Fux, Primeira Seção, j. 28.6.2006.

> Ementa: ADMINISTRATIVO. MANDADO DE SEGURANÇA. PERMISSÃO DE ÁREA PORTUÁRIA. CELEBRAÇÃO DE CLÁUSULA COMPROMISSÓRIA. JUÍZO ARBITRAL. SOCIEDADE DE ECONOMIA MISTA. POSSIBILIDADE. ATENTADO. 1. Mandado de segurança impetrado contrato do Ministro de Estado da Ciência e Tecnologia, ante a publicação da Portaria Ministerial n. 782, publicada no dia 7 de dezembro de 2005, que anuiu com a rescisão contratual procedida pela empresa NUCLEBRÁS EQUIPAMENTOS PESADOS S/A – NUCLEP, com a ora impetrante, empresa TMC – TERMINAL MULTIMODAL DE COROA GRANDE – SPE – S/A. 2. Razões do pedido apoiadas nas cláusulas 21.1 e 21.2, do Contrato de Arrendamento para Administração, Exploração e Operação do Terminal Portuário e de Área Retroportuária (Complexo Portuário), lavrado em 16.12.1997 (fls. 31/42), de seguinte teor: Cláusula 21.1 – Para dirimir as controvérsias resultantes deste Contrato e que não tenham podido ser resolvidas por negociações amigáveis, fica eleito o foro da Comarca do Rio de Janeiro – RJ, em detrimento de outro qualquer, por mais privilegiado que seja. Cláusula 21.
>
> 2. Antes de ingressar em juízo, as partes recorrerão ao processo de arbitragem previsto na Lei 9.307, de 23.9.06.
>
> 3. Questão gravitante sobre ser possível o juízo arbitral em contrato administrativo, posto relacionar-se a direitos indisponíveis.
>
> 4. O STF, sustenta a legalidade do juízo arbitral em sede do Poder Público, consoante precedente daquela corte acerca do tema, *in* "Da Arbitrabilidade de Litígios Envolvendo Sociedades de Economia Mista e da Interpretação de Cláusula Compromissória", publicado na Revista de Direito Bancário do Mercado de Capitais e da Arbitragem, Editora Revista dos Tribunais, Ano 5, outubro-dezembro de 2002, coordenada por Arnold Wald, e de autoria do Ministro Eros Grau, esclarece às páginas 398/399, *in litteris*: "Esse fenômeno, até certo ponto paradoxal, pode encontrar inúmeras explicações, e uma delas pode ser o erro, muito comum de relacionar a indisponibilidade de direitos a tudo quanto se puder associar, ainda que ligeiramente, à Administração." Um pesquisador atento e diligente poderá facilmente verificar que não existe qualquer razão que inviabilize o uso dos tribunais arbitrais por agentes do Estado. Aliás, os anais do STF dão conta de precedente muito expressivo, conhecido como "caso Lage", no qual a própria União submeteu-se a um juízo arbitral para resolver questão pendente coma Organização Lage, constituída de empresas privadas que se dedicassem a navegação, estaleiros e portos. A decisão nesse caso unanimemente proferida pelo Plenário do STF é de extrema importância porque reconheceu especificamente "a legalidade do juízo arbitral, que o nosso direito sempre admitiu e consagrou, até mesmo nas causas contra a Fazenda." Esse acórdão encampou a tese defendida em parecer da lavra do eminente Castro Nunes e fez honra a acórdão anterior, relatado pela autorizada pena do Min, Amaral Santos. Não só o uso da arbitragem não é defeso aos agentes da administração, como, antes é recomendável, posto que privilegia o interesse público, [...] (Grifou-se)

5. Contudo, naturalmente não seria todo e qualquer direito público sindicável na via arbitral, mas somente aqueles conhecidos como "disponíveis", porquanto de natureza contratual ou privada.

6. A escorreita exegese da dicção legal impõe a distinção jusfilosófica entre o interesse público primário e o interesse da administração, cognominado "interesse público secundário". Lições de Carnelutti, Renato Alessi, Celso Antônio Bandeira de Mello e Min. Eros Roberto Grau.

7. O Estado, quando atestada a sua responsabilidade, revela-se tendente ao adimplemento da correspectiva indenização, coloca-se na posição de atendimento ao "interesse público". Ao revés, quando visa a evadir-se de sua responsabilidade no afã de minimizar os seus prejuízos patrimoniais, persegue nítido interesse secundário, subjetivamente pertinente ao aparelho estatal em subtrair-se de despesas, engendrando locupletamento à custa do dano alheio.

8. Deveras, é assente na doutrina e na jurisprudência que indisponível é o interesse público, e não o interesse da administração.

9. Nesta esteira, saliente-se que entre os diversos atos praticados pela Administração, para a realização do interesse público primário, destacam-se aqueles em que se dispõe de determinados direitos patrimoniais, pragmáticos, cuja disponibilidade, em nome do bem coletivo, justifica a convenção da cláusula de arbitragem em sede de contrato administrativo.

10. Nestes termos, as sociedades de economia mista, encontram-se em situação paritária em relação às empresas privadas nas suas atividades comerciais, consoante leitura do art. 173, §1º, inciso II, da Constituição Federal, evidenciando-se a inocorrência de quaisquer restrições quanto à possibilidade de celebrarem convenções de arbitragem para solução de conflitos de interesses, uma vez legitimadas para tal as suas congêneres.

11. Destarte, é assente na doutrina que: "Ao optar pela arbitragem o contratante público não está transigindo com o interesse público, nem abrindo mão de instrumentos de defesa de interesses públicos, Está, sim, escolhendo uma forma mais expedita, ou um meio mais hábil, para a defesa do interesse público. Assim como o juiz, no procedimento judicial deve ser imparcial, também o árbitro deve decidir com imparcialidade, O interesse público não se confunde com o mero interesse da Administração ou da Fazenda Pública; o interesse público está na correta aplicação da lei e se confunde com a realização correta da Justiça." (grifou-se) (*In* artigo intitulado "Da Validade de Convenção de Arbitragem Pactuada por Sociedade de Economia Mista", de autoria dos professores Arnold Wald, Athos Gusmão Carneiro, Miguel Tostes de Alencar e Ruy Janoni Doutrado, publicado na Revista de Direito Bancário do Mercado de Capitais e da Arbitragem, n. 18, ano 5, outubro-dezembro de 2002, página 418).

12. Em verdade, não há que se negar a aplicabilidade do juízo arbitral em litígios administrativos, em que presente direitos patrimoniais do Estado, mas ao contrário, até mesmo incentivá-la, porquanto mais célere, nos termos do art. 23 da Lei 8987/95, que dispõe acerca de concessões e permissões de serviços e obras públicas, que prevê em seu inciso XV, entre as cláusulas essenciais do contrato de concessão de serviço público, as relativas ao "foro e ao modo amigável de solução de divergências contratuais".

13. Precedentes do Supremo Tribunal Federal: SE 5206 AgR/EP, de relatoria do Min. Sepúlveda Pertence, publicado no *DJ* de 30.4.2004 e AI. 52.191, Pleno, Rel. Min. Bilac Pinto *in* RTJ 68/382 – "Caso Lage". Cite-se ainda MS 199800200366-9, Conselho Especial, TJDF, J. 18.5.1999, Relatora Desembargadora Nancy Andrighi, DJ 18.08.1999.

14. Assim, é impossível desconsiderar a vigência da Lei 9.307/96 e do art. 267, inciso VII, do CPC, que se aplicam inteiramente à matéria *sub judice*, afastando definitivamente a jurisdição estatal no caso dos autos, sob pena de violação ao princípio do juízo natural (art. 5º, LII, da Constituição Federal de 1988).

15. É cediço que o juízo arbitral não subtrai a garantia constitucional do juiz natural, ao contrário, implica realizá-la, porquanto somente cabível por mútua concessão entre as partes,

inaplicável, por isso, de forma coercitiva, tendo em vista que ambas as partes assumem o "risco" de serem derrotadas na arbitragem. Precedente: Resp n. 450881 de relatoria do Ministro Castro Filho, publicado no DJ 26.5.2003.

16. Deveras, uma vez convencionado pelas partes cláusula arbitral, será um árbitro o juiz de fato e de direito da causa, e a decisão que então proferir não ficará sujeita a recurso ou à homologação judicial, segundo dispõe o art. 18 da Lei n. 9.307/96, o que significa dizer que terá os mesmos poderes do juiz togado, não sofrendo restrições na sua competência.

17. Outrossim, vige na jurisdição privada, tal como sucede naquela pública, o princípio do Kompetenz-Kompetenz, que estabelece ser o próprio juiz quem decide a respeito de sua competência.

18. Consequentemente, o *fumus boni iuris* assenta-se não apenas na cláusula compromissória, como também em decisão judicial que não pode ser infirmada por Portaria ulterior, porquanto a isso corresponderia verdadeiro "atentado" (art. 880 do CPC) em face da sentença proferida pelo Juízo da 42ª Vara Cível da Comarca do Rio de Janeiro.

19. Agravo Regimental desprovido. (STJ. AgRg no MS nº 11.308/DF; Agravo Regimental no Mandado de Segurança nº 2005/0212763-0, Rel. Min. Luiz Fux, Primeira Seção, j. 28.6.2006. *DJ*, 14 ago. 2006, p. 251)

6.11 Subconcessão

A lei permite à concessionária subconceder o serviço, desde que previsto no contrato e expressamente autorizado pela concedente. A escolha do subconcessionário procede-se mediante licitação, observadas as mesmas regras e condições previstas para a concessão. O subconcessionário se sub-roga em todos os direitos e obrigações da subconcedente, nos limites da subconcessão (art. 26 da Lei nº 8.987/1995).

Essa hipótese de transferência de obrigações nas subconcessões destoa da regra geral. Nos demais contratos administrativos, no caso de subcontratação, a subcontratante continua respondendo perante o contratante pelas obrigações por ela assumidas no contrato original. O descumprimento de cláusula ou de condição pelo subcontratado é de inteira responsabilidade da subcontratante. O contratante, embora autorize a subconcessão, não tem qualquer relação com o subcontratado.

É caso de caducidade do contrato de concessão a transferência da concessão ou do controle societário da concessionária sem a prévia autorização do poder concedente (art. 27 da Lei nº 8.987/1995).

Para que haja a anuência do poder concedente é indispensável que a empresa interessada em substituir a concessionária atenda às exigências de capacidade técnica, idoneidade financeira e regularidade jurídica e fiscal necessárias à assunção do serviço. O que se quer, na verdade, é que a candidata à subconcessão tenha as condições previstas no edital da concessão. Além disso, a empresa deve firmar o compromisso de cumprir todas as cláusulas do contrato, cuja execução pretende assumir.

A Lei nº 13.097, de 2015, acrescentou o art. 27-A à Lei nº 8.987/1995. O dispositivo faculta ao poder concedente autorizar a assunção do controle ou da administração temporária da concessionária por seus financiadores e garantidores, com a finalidade de promover sua reestruturação financeira e assegurar a continuidade da prestação dos serviços, nas condições estabelecidas no contrato de concessão. Os financiadores e garantidores precisam atender às exigências de regularidade jurídica e fiscal, nos termos da Lei nº 14.133/2021 para obter a autorização.

A assunção do controle ou da administração temporária não altera as desobrigações da concessionária e de seus controladores perante terceiros, poder concedente e usuários dos serviços públicos relativos ao contrato de concessão.

O §4º do artigo em comento arrola as condutas que configuram a administração temporária, nos seguintes termos:

> §4º Configura-se a administração temporária de concessionária por seus financiadores e garantidores quando, sem a transferência da propriedade de ações ou quotas, forem outorgados os seguintes poderes:
> I - indicar os membros do Conselho de Administração, a serem eleitos em Assembleia Geral pelos acionistas, nas condições regidas pela Lei n. 6.404, de 15 de dezembro de 1976; ou administradores, a serem eleitos pelos quotistas, nas demais sociedades;
> II - indicar os membros do Conselho Fiscal, a serem eleitos pelos acionistas ou quotistas em Assembleia Geral;
> III - exercer poder de veto sobre qualquer proposta submetida à votação dos acionistas ou quotistas da concessionária, que representem, ou possam representar prejuízos aos fins previstos no *caput* deste artigo;
> IV - outros poderes necessários ao alcance dos fins previstos no *caput* deste artigo.

A administração temporária, aqui tratada, não responsabiliza os financiadores ou garantidores em relação à tributação, encargos, ônus, sanções, obrigações ou compromissos com terceiros, com o poder concedente e com os empregados da concessionária (art. 27-A, §5º da lei em exame).

O prazo da administração temporária, em pauta, será disciplinado pelo poder concedente (art. 27-A §6º da lei em exame).

À concessionária de serviço público é facultado, no caso de financiamento, oferecer como meio de garantia os direitos decorrentes da concessão, até o limite que não prejudique a prestação regular e continuada do serviço (art. 28 da Lei nº 8.987/95, com a redação dada pela Lei nº 11.196/2005).

A Lei nº 11.196/2005 introduziu o art. 28-A dispondo sobre garantia de mútuo nos termos seguintes: o concessionário, nos casos de contratos de mútuo de longo prazo, poderá oferecer em garantia ao mutuante, em caráter fiduciário, parcela de seus créditos futuros decorrentes do contrato de concessão. As condições para essa operação estão previstas nos incs. I a VIII do artigo em tela.

Considera-se contrato de longo prazo para os fins aqui tratados aqueles cujas obrigações foram assumidas por prazo médio de vencimento superior a cinco anos.

6.12 Intervenção

O poder concedente tem assegurado o dever de intervir na concessão, quando constatar que a concessionária está descumprindo cláusulas essenciais do contrato, normas regulamentares pertinentes ou que não esteja prestando o serviço adequadamente (art. 32 da Lei nº 8.987/1993).

A intervenção materializa-se por meio de ato emanado da autoridade competente do poder concedente. Por esse mesmo ato, deve ser designado o interventor que assumirá a administração da prestação do serviço enquanto durar a intervenção.

O poder concedente, no prazo de 30 (trinta) dias contados da data do ato da intervenção, deverá proceder à instauração de processo administrativo, com vista a determinar as irregularidades alegadas, para justificar a medida interventiva e apurar responsabilidades dos administradores da concessionária. Em todas as fases do processo, deve ser assegurado à interessada o direito de ampla defesa, permitindo-lhe contestar e exibir todas as provas que julgar convenientes, desde que permitidas em direito.

O processo administrativo deve concluir-se no prazo máximo de 180 (cento e oitenta) dias improrrogáveis. O descumprimento desse prazo leva inexoravelmente ao reconhecimento da invalidade da intervenção.

Se o processo levar à conclusão de que a intervenção não observou os pressupostos legais e regulamentares a que se sujeita, impõe-se a declaração de sua nulidade, e o serviço deve, imediatamente, ser devolvido à concessionária, resguardando a esta o direito à indenização pelos danos sofridos em decorrência da intervenção inoportuna.

Cessada a intervenção, depois de corrigidas as irregularidades sem que seja extinta a concessão, o serviço será devolvido à concessionária. Nesse caso, o interventor prestará contas relativas ao período de duração da medida interventiva e responderá pelos danos verificados, se for o caso, durante a sua gestão.

6.13 Extinção da concessão

A Lei nº 8.987/1995 estabelece no art. 35 várias hipóteses ensejadoras da extinção do contrato de concessão, como será visto a seguir.

6.13.1 Advento do tempo contratual

O advento do tempo contratual corresponde à expressão "término do contrato". Quer dizer, então, que o contrato de concessão celebrado com cláusula de vigência de 25 anos, por exemplo, será extinto automaticamente na data em que o referido tempo for implementado. Esse prazo, em princípio, pode ser prorrogado, desde que haja previsão no edital e nele próprio e que as partes tenham interesse na prorrogação. Nesse caso, antes do vencimento deve ser providenciado o aditamento prorrogatório. Depois de vencido o prazo de vigência do contrato, a prorrogação do instrumento torna-se materialmente impossível em virtude da sua inexistência.

A extinção, em virtude do implemento do tempo contratual, não gera às partes, em princípio, direitos e deveres indenizatórios. Nesse caso, não há que se falar em descumprimento de cláusulas contratuais. Mas os bens vinculados ao serviço serão revertidos ao poder concedente nos termos e condições estabelecidos no contrato, sem indenização, em regra, pois a presunção é a de que tais bens já estejam amortizados. Que significa bens amortizados? Significa que todos os bens vinculados à prestação do serviço já foram pagos com recursos oriundos do próprio serviço.

De acordo com a legislação pertinente, o concessionário de serviço público investe capital próprio para viabilizar a prestação do serviço concedido. O investimento destina-se à construção de obra pública, quando for o caso, à aquisição de máquinas, equipamentos e veículos automotores, à contratação de pessoal e à manutenção de todo esse complexo montado para prestar adequadamente o objeto do contrato.

A recomposição do patrimônio expendido pelo concessionário se faz com recursos financeiros auferidos com a cobrança de tarifas examinadas acima.

Pode acontecer que, ao fim do contrato, existam bens reversíveis que, não obstante, ainda não foram integralmente amortizados, isto é, a concessionária ainda não se reembolsou, na totalidade, dos recursos expendidos com a aquisição e manutenção de tais bens. Verificada essa situação, o poder concedente obriga-se a indenizar a então concessionária a quantia correspondente à parcela ainda não recuperada por ela, durante a vigência do contrato.

Bens reversíveis são aqueles efetivamente vinculados ao serviço. Os demais bens que a empresa concessionária adquiriu, com o lucro obtido na prestação do serviço, pertencem a ela e são livres em relação à concessão.

6.13.2 Encampação

Encampação consiste na retomada do serviço, antes do término do contrato de concessão, por motivo de interesse público devidamente justificado e comprovado. Para a efetivação dessa medida, é necessária a edição de lei específica autorizativa.

No caso de encampação, é devida indenização à concessionária pelos prejuízos sofridos com a medida que pôs fim à prestação do serviço precocemente. Para isso, o poder concedente promoverá, de preferência, antes de editar o ato de encampação, os levantamentos e as avaliações indispensáveis à apuração da quantia a ser indenizada, levando em consideração, principalmente, a parte dos bens ainda não amortizados ou não depreciados.

6.13.3 Caducidade

Em virtude de descumprimento total ou parcial do contrato de concessão, compete ao poder concedente aplicar as sanções previstas no contrato ou declarar a caducidade da concessão. Os casos de caducidade estão arrolados no art. 38 da Lei nº 8.987/1995 e são os seguintes:

- Quando a concessionária não estiver prestando serviços adequados, eficientes e permanentes, tendo-se como base as normas regulamentares e contratuais que tratam da boa qualidade dos serviços públicos.

O usuário tem direito ao serviço adequado, eficiente e ininterrupto. A concessionária tem o dever de prestá-lo nestas condições. Ao poder concedente, na condição de titular do serviço, é conferido poder para fiscalizar e acompanhar a prestação do serviço concedido. A inobservância dessas condições do serviço pela concessionária legitima o poder concedente a promover a declaração da caducidade da concessão.

- Quando a concessionária inobservar as normas do serviço, cláusulas do contrato, prescrições legais ou disposições regulamentares pertinentes à concessão.

Os contratos são firmados para serem cumpridos pelas partes (*pacta sunt servanda* do Direito romano). Por força desse princípio, o descumprimento de cláusulas contratuais implica sanções ao inadimplente. As sanções são previstas em lei e determinadas no próprio contrato. Nos casos de concessões, além do descumprimento de cláusulas do contrato, são motivos que legitimam a apenação o descumprimento de normas do serviço e da legislação pertinente à concessão. A pena, nestes casos, é a declaração de caducidade com o consequente rompimento do respectivo contrato.

– Quando os serviços forem paralisados ou interrompidos pela concessionária, ressalvados os casos em que ela não tiver culpa na ocorrência do fato, tais como no caso fortuito e na força maior. Estes dois acontecimentos, por decorrerem de forças incontroláveis pela concessionária, a desobrigam de quaisquer ônus, até mesmo o da rescisão forçada do contrato.

A regra é a de que, havendo interrupção ou paralisação na prestação de serviços concedidos, sem motivo justo, o contrato deve ser rompido. A lei arrola, como casos excepcionadores, a força maior e o caso fortuito. Este, sabidamente, decorre de fatos da natureza. Exemplos: terremoto, vendaval, enchente, tempestades etc. Aquele se verifica em virtude de comportamento humano, fato do homem. Serve de exemplo: greve de empregados de uma empresa ou de uma categoria profissional. A concessionária forçada a paralisar ou interromper a prestação do serviço a seu cargo por um dos motivos citados acima como exemplos não terá, certamente, declarada a caducidade aqui tratada.

– No caso de a concessionária perder a sua boa condição econômica e financeira ou a sua capacidade técnica existente antes da celebração do contrato, quando esta situação possa levar à prestação de serviço em desacordo com o que foi contratado.

A deterioração ou a redução da condição econômica e financeira de determinada empresa pode dificultar o desempenho de suas atividades normais. O mesmo pode acontecer em relação a sua capacidade técnica. A concessionária, chegando a uma destas situações, poderá ter a concessão caducada, se os fatos a impediram de continuar prestando o serviço adequado nos termos da lei e do contrato.

– Na hipótese de a concessionária deixar de cumprir, nos prazos determinados, as penalidades aplicadas pelo poder concedente por descumprimento de cláusulas contratuais.

A declaração de caducidade versada neste subitem é, invariavelmente, outra forma de sanção. Vale dizer que ela pode ocorrer no caso de a concessionária descumprir dever contratual.

– Quando a concessionária não atende à determinação do poder concedente quanto à regularização na prestação do serviço que esteja sendo prestado em desacordo com o estabelecido no contrato.
– No caso de a concessionária não atender à intimação do poder concedente para, em 180 (cento e oitenta) dias, apresentar a documentação relativa à regularidade

fiscal de que trata o art. 29 da Lei nº 8.666/1993, durante a vigência do contrato de concessão (redação dada pela Lei nº 12.767/2012).

O inadimplemento da concessionária ensejador da declaração de caducidade deve ser verificado por intermédio de processo administrativo que observe o princípio do contraditório e o princípio da ampla defesa. A inobservância do devido processo legal conduz à maculação do ato declaratório da caducidade.

Antes da instauração do processo administrativo visando à declaração de caducidade, o poder concedente deverá notificar a concessionária, apontando-lhe clara e objetivamente as irregularidades que vem cometendo, indicando as cláusulas do contrato que estão sendo descumpridas, de conformidade com o §1º do art. 38 da Lei nº 8.987/1995. A notificação deve estabelecer prazo para que as irregularidades sejam sanadas. Só depois dessas formalidades é que se pode instaurar o devido processo, caso a recomendação não tenha sido atendida no prazo estabelecido.

Constatada em processo próprio a inadimplência da concessionária, a caducidade deve ser declarada pela autoridade do poder concedente a quem competir, independentemente de prévio pagamento de indenização. Esta, se for devida, será paga *a posteriori*.

Será hipótese de pagamento de indenização nas condições do art. 36 da Lei nº 8.987/1995 e prevista no contrato. Pelo aludido art. 36, é garantida indenização à concessionária quando, na extinção do contrato por implemento do seu tempo, verificar-se a existência de bens reversíveis (bens vinculados ao serviço) que ainda não foram integralmente amortizados ou depreciados, desde que mobilizados com a finalidade de garantir a continuidade e a boa qualidade do serviço concedido. O pagamento da indenização, quando for o caso, deve ser efetuado, descontados o valor das multas contratuais e a quantia apurada em virtude de danos causados pela concessionária, regularmente apurados.

A reassunção do serviço pelo poder concedente, em virtude de caducidade, não o obriga ao cumprimento de obrigações pretéritas da concessionária. Desta continua sendo a responsabilidade pelos pagamentos de todos os ônus decorrentes direta ou indiretamente do contrato de concessão, inclusive os débitos trabalhistas e sociais relativos aos seus empregados vinculados ao serviço concedido.

6.13.4 Rescisão do contrato

O contrato de concessão pode ser rescindido em virtude de acordo das partes nos termos e condições que ajustarem, respeitado o interesse público e resguardado o direito dos usuários, e também em virtude de decisão judicial. Nesse caso, a iniciativa deve ser da concessionária, se o poder concedente descumprir cláusulas contratuais e não reconhecer a sua inadimplência. Durante o curso da ação judiciária, o serviço não pode ser interrompido nem paralisado. A concessionária tem o dever de cumprir o contrato até o trânsito em julgado da decisão intentada com o fito de rescindir o contrato (art. 39 da Lei nº 8.987/1995).

É salutar a prescrição do artigo em referência, pois, estando a questão em litígio, não se sabe ainda se, efetivamente, o poder concedente descumpriu cláusulas do contrato que pudessem ensejar o fim da concessão. Só com a decisão transitada em julgado é que se saberá com quem está o direito litigado. Se com a concessionária, é nesse momento em que se pode dar a rescisão do contrato. Até então, por força do mesmo ajuste, é dela a responsabilidade de prestar o serviço nas condições pactuadas.

A última hipótese de rescisão do contrato de concessão verifica-se no caso de falência ou extinção da empresa concessionária, ou ainda quando falecer o titular da empresa individual ou for declarada a sua incapacidade, se dessa modalidade for a concessionária.

A falência ou extinção da empresa inviabiliza a manutenção da concessão. Nem precisaria estar previsto em lei, vez que, tanto num caso quanto noutro, haverá o desaparecimento de uma das partes signatárias do contrato de concessão, a concessionária. Esse perecimento por si só é bastante para determinar o rompimento definitivo do contrato. Semelhante situação dá-se com o falecimento ou a perda da capacidade civil do proprietário da empresa individual. Nesse caso, do ponto de vista do direito civil, o sucessor ou o curador poderá continuar mantendo a empresa, praticando normalmente os atos de responsabilidade do falecido ou do interditado. Essa possibilidade, entretanto, não foi acolhida pela lei disciplinadora da concessão de serviços públicos (art. 35, VI, da Lei nº 8.987/1995).

7 Prestação de serviços de energia elétrica

A prestação de serviços de energia elétrica merece consideração destacada, ainda que superficial, em virtude da profunda alteração quanto à prestação desse serviço, contida na Lei nº 9.074/1995. Até o advento desta lei, a geração, a transmissão e a distribuição de energia elétrica estavam a cargo de entidades estatais integradas ao sistema Eletrobras, com raríssimas exceções.

A outorga do serviço ao particular tornou-se possível por meio de concessão, permissão ou autorização, de conformidade com a Lei nº 8.987/1995 e com a Lei nº 9.074/1995, além de outras que tenham pertinência com a matéria. As duas leis citadas foram alteradas pela Lei nº 9.648/1998.

A concessão pode ter por objeto só a geração de energia ou só a transmissão e distribuição de energia elétrica. É, portanto, lícita a outorga da construção de uma barragem hidrelétrica a determinada empresa e a transmissão e distribuição da energia a ser produzida nessa hidrelétrica a outra pessoa distinta. Nos dois casos, os respectivos contratos devem ter o prazo de vigência estabelecido de acordo com o tempo necessário à amortização dos investimentos feitos pela concessionária, limitado a trinta e cinco anos, no primeiro caso, e a trinta, no último, podendo, em ambos, ser prorrogado uma vez, por igual período, a critério do poder concedente e nas condições e modos previstos no contrato.

Os pedidos de prorrogação em tela devem ser formulados pelas interessadas com antecedência mínima de trinta e seis meses da data prevista para o término da avença. Quanto ao pedido, o poder concedente deve pronunciar-se no prazo máximo de doze meses, decidindo pela prorrogação ou não.

7.1 Objeto de concessão

De conformidade com o art. 5º da Lei nº 9.074/1995, o objeto da concessão de serviços de energia elétrica divide-se em três itens distintos, a saber:

> O aproveitamento de potenciais hidráulicos de potência superior a 1.000kW e a implantação de usinas termelétricas de potência superior a 5.000kW, destinados à execução de serviço público; o aproveitamento de potenciais hidrelétricos de potência superior a 1.000kW, destinados à produção independente de energia elétrica; de uso de bem público, o aproveitamento de potenciais hidrelétricos de potência superior a 10.000kW, destinados ao uso exclusivo de autoprodutor, resguardado direito adquirido relativo às concessões existentes.

Em tais casos, o poder concedente deve fazer constar do processo licitatório, devidamente justificado, as finalidades do aproveitamento da energia ou da construção das usinas hidrelétricas. O *aproveitamento ótimo* é condição, entre outras, para a outorga de concessão. Sem essa formalidade a cargo do poder concedente, não se pode iniciar o procedimento licitatório, sob pena de nulidade da concessão. A lei define o que seja *aproveitamento ótimo* assim:

> Considera-se "aproveitamento ótimo" todo potencial definido em sua concepção global pelo melhor eixo do barramento, arranjo físico geral, níveis d'água operativos, reservatórios e potência integrante da alternativa escolhida para divisão de quedas de uma bacia hidrográfica. (Art. 5º, §3º, Lei nº 9.074/1995)

O processo de outorga para a prestação dos serviços de energia depende de declaração de interesse público para fins de desapropriação ou instituição de servidão administrativa das áreas de terreno necessárias à implantação dos serviços a serem concedidos. A declaração é de competência do poder concedente, podendo este, no mesmo decreto, delegar ao concessionário a execução da desapropriação ou da servidão.

7.2 Produtor independente de energia elétrica

Produtor independente de energia elétrica é a pessoa jurídica ou grupo de pessoas jurídicas reunidas sob consórcio instituído para este fim, que receba delegação do poder concedente para produzir energia elétrica destinada ao comércio, por conta e risco da concessionária.

O produtor independente de energia elétrica pode vender o seu produto a clientes, de conformidade com o disposto no art. 12 da Lei nº 9.074/1995.

Para regular e fiscalizar a prestação de serviço de energia elétrica, foi criada a Agência Nacional de Energia Elétrica (ANEEL), examinada no Capítulo 3. A esta entidade, autarquia especial, foi, pela Lei nº 9.648/1998, delegada competência para declarar de utilidade pública bens, para efeito de desapropriação e servidão administrativa, de interesse da concessão ou permissão para a prestação de serviço de energia elétrica.

8 Concessão de serviço de TV a cabo

A prestação de serviço de TV a cabo é modalidade nova de atendimento à sociedade usuária de televisão. A lei que trata da matéria é a nº 8.977, de 6.1.1995, regulamentada pelo Decreto nº 1.718, de 28.11.1995.

O art. 5º da Lei nº 8.977/1995 define no inc. I a concessão de serviço de TV a cabo: "Concessão – É o ato de outorga através do qual o Poder Executivo confere a uma pessoa jurídica de direito privado o direito de executar o Serviço de TV a Cabo".

Como se extrai do texto, a pessoa física e a jurídica de Direito Público são impedidas de prestar o serviço em referência. A lei destina-se tão somente às empresas de direito privado. Pessoas jurídicas de direito privado não são apenas aquelas criadas pela iniciativa privada, mas também as sociedades de economia mista e as empresas públicas. Indaga-se então: as entidades estatais criadas segundo as condições previstas no art. 173 da Constituição da República podem prestar serviço de TV a cabo? Com base em outros dispositivos da lei em comento, parece que somente nos casos de não acudirem particulares às licitações realizadas para escolha do concessionário é que a pessoa jurídica pública de direito privado poderá prestar o serviço, mas apenas as concessionárias de serviços de telecomunicações.

O serviço destina-se a um público restrito. Pela lei, o usuário do serviço é denominado assinante. Este pode ser pessoa física ou jurídica que, mediante contrato firmado com o concessionário, torna-se usuário do serviço de TV a cabo, mediante pagamento de tarifa mensal.

A área geográfica de exploração do serviço é definida no projeto básico elaborado pelo interessado na concessão, observadas as condições e restrições previstas na lei. É permitida a outorga de concessão a mais de um interessado, numa mesma base geográfica.

O procedimento licitatório para a escolha da concessionária do serviço de TV a cabo orienta-se pela Lei nº 14.133/2021, e pela Lei nº 8.977/1995 a partir do art. 23. Os anteriores foram revogados pela Lei nº 12.485/2011.

Na avaliação dos dados apresentados em virtude da consulta pública, são levados em consideração a densidade demográfica média na região e o seu potencial econômico, o impacto socioeconômico, a possibilidade de atendimento da maior quantidade possível de municípios e, finalmente, a quantidade de pontos de acesso público ao serviço, através de entidades, como universidades, escolas, bibliotecas, museus, hospitais e postos de saúde.

9 Permissão

Permissão sempre foi ato administrativo discricionário, unilateral e precário meio de delegação da prestação de serviços públicos. A Lei nº 8.987/1995 dispôs de modo diferente, embora prescreva tratar-se de delegação a título precário, conforme consignado no art. 1º, IV, *in verbis*:

> IV - Permissão de serviço público: a delegação, a título precário, mediante licitação da prestação de serviços públicos feita pelo poder concedente à pessoa física ou jurídica que demonstre capacidade para o seu desempenho, por sua conta e risco.

A diferença fundamental entre permissão e concessão é que esta se efetiva mediante contrato precedido de licitação da modalidade concorrência, tendo como concessionário pessoa jurídica ou consórcio de empresas por prazo certo e longo. A permissão verifica-se mediante licitação segundo a modalidade própria de acordo com cada caso, através de contrato de adesão de natureza precária. Não é obrigatória, portanto, a adoção exclusiva da concorrência, como na concessão. Outra diferença está no fato de que, pela permissão, se pode delegar a prestação de serviços à pessoa física ou pessoa jurídica, excluída a participação de consórcio de empresas, enquanto que a concessão se faz à pessoa jurídica ou a consórcio de empresas. À pessoa física é vedado participar de concorrência que tenha por objeto a concessão de serviço público.

A permissão pode ser também, como visto no Capítulo 6, modalidade de ato administrativo unilateral, discricionário e precário, por meio do qual a autoridade consente ao particular o uso de espaço público para a exploração de uma atividade. Exemplo: permissão para instalação e exploração de uma banca de jornal em uma praça pública.

Até o advento da Lei nº 8.987/1995, a materialização da delegação de serviço público, quando pela via da permissão, se dava por ato unilateral do delegante, poder permitente, revogável a qualquer tempo. O uso desse instituto era frequente nas delegações dos serviços de transportes coletivos, principalmente no perímetro urbano, local de competência do município.

Depois da Constituição da República de 1988, tem-se entendido que as permissões de serviço público, mesmo por ato precário, não podem ser extintas sem prévio processo administrativo em que se ofereça à permissionária oportunidade para realizar ampla defesa. Nesse sentido, tem sido o entendimento do Tribunal de Justiça do Estado de Minas Gerais.

Atualmente, como visto, a permissão de serviços públicos não se efetiva mais por mero ato unilateral, mas por meio de contrato especial, mais simples em relação ao contrato de concessão de que trata a Lei nº 8.987/1995. Esta mesma lei, no art. 40, prescreve:

> A permissão de serviço público será formalizada mediante contrato de adesão que observará os termos desta Lei, das demais normas pertinentes e do edital de licitação, inclusive quanto à precariedade e à revogabilidade unilateral do contrato pelo poder concedente [deveria ser "poder permitente"].

Embora prevista a possibilidade de o poder permitente revogar a permissão unilateralmente, esse direito não é absoluto. A revogação parece não poder acontecer sem que se verifiquem motivos de relevante interesse público supervenientes, devidamente justificados e demonstrados. Mesmo nessa condição, o poder permitente sujeitar-se-á ao pagamento de indenização ao permitente pelas consequências danosas que sofrer em virtude do ato revogatório, precedido de processo administrativo próprio por força do art. 5º da Constituição da República, salvo nos casos de força maior e caso fortuito. Esse é também o entendimento do Superior Tribunal de Justiça.

EMENTA: PROCESSUAL CIVIL. ADMINISTRATIVO. RECURSO ESPECIAL. MANDADO DE SEGURANÇA. PERMISSÃO DE SERVIÇO PÚBLICO DE TRANSPORTE COLETIVO DE PASSAGEIROS. SUPOSTA OFENSA AOS ARTS. 16 DA LEI 8.987/95, E 26 DA LEI 9.784/99. FALTA DE PREQUESTIONAMENTO (SÚMULA 211/STJ). VIOLAÇÃO DO

ART. 42, §2º, DA LEI 8.987/95. ATO ADMINISTRATIVO. REVOGAÇÃO DE CONCESSÃO PRECÁRIA ANTERIOR E OUTORGA DO SERVIÇO A TERCEIRA EMPRESA, SEM PRÉVIA LICITAÇÃO. NULIDADE. PRINCÍPIOS DA OBRIGATORIEDADE DA LICITAÇÃO E DA LEGALIDADE. DOUTRINA. PRECEDENTES.

1. "Inadmissível recurso especial quanto à questão que, a despeito da oposição de embargos declaratórios, não foi apreciada pelo tribunal a quo" (Súmula 211/STJ).

2. A delegação de concessão ou permissão de serviço público pelo Poder Público está subordinada ao princípio da obrigatoriedade de licitação prévia, no escopo de se assegurar a igualdade de condições a todos os concorrentes e a seleção da proposta mais vantajosa (CF/88, arts. 37, XXI, e 175; Lei 8.666/93, arts. 1º, 2º e 3º; Lei 8.987/95, art. 40).

3. O Tribunal de Justiça entendeu que é possível outorgar, de maneira unilateral e discricionária, permissão para execução do serviço de transporte coletivo sem licitação pública, especificamente a exploração conjunta da linha Icoaraci-Cidade Nova, entre as empresas recorrente e recorrida (privilegiada pela Ordem de Serviço 163/2001 da Companhia de Transportes do Município de Belém/PA – CTBEL).

4. O caráter precário da permissão não exclui a necessidade de licitação para sua delegação (pressuposto de validade do ato). Por isso, é ilegal a conduta da CTBEL que, ao revogar unilateralmente a delegação da recorrente – que explorava a linha Icoaraci-Cidade Nova há mais de vinte anos –, outorgou a terceira empresa o direito de prestar o serviço, sem licitação.

5. O §2º do art. 42 da Lei 8.987/95 prevê norma geral de caráter excepcional que tutela o direito da recorrente, a saber: "As concessões em caráter precário, as que estiverem com prazo vencido e as que estiverem em vigor por prazo indeterminado, inclusive por força de legislação anterior, permanecerão válidas pelo prazo necessário à realização dos levantamentos e avaliações indispensáveis à organização das licitações que precederão a outorga das concessões que as substituirão, prazo esse que não será inferior a 24 (vinte e quatro) meses."

6. A situação extraordinária configurada nos autos – a recorrente vem explorando a linha desde 1983, quando foi firmado contrato de concessão; embora vencido o prazo, a delegação "precária" foi mantida por tempo indeterminado, devendo a recorrente permanecer na execução do serviço até a realização do processo licitatório – exige, igualmente, solução excepcional mais aproximada da vontade legal/constitucional. A manutenção do acórdão local implicaria verdadeiro endosso judicial da ilegalidade, afastando-se, mais ainda, da finalidade social da lei e da exigência do bem comum (LICC, art. 5º).

7. O atendimento ao interesse público na prestação de transporte coletivo adequado não será concretizado com a expedição de atos ilegais pela Administração Municipal. É imprescindível a realização de licitação para a concessão/permissão do serviço, resguardando-se, desse modo, os princípios da isonomia, da moralidade e da legalidade, bem assim a contratação da proposta efetivamente mais vantajosa para a população.

8. Recurso especial parcialmente conhecido e, nessa parte, provido. (STJ. REsp nº 703.399/PA; Recurso Especial nº 2004/0162712-7, Rel. Min. Denise Arruda, Primeira Turma, j. 24.10.2006. *DJ*, 13 nov. 2006, p. 228)

10 Autorização

A Lei nº 8.987/1995 não cuida da autorização como meio de delegação de serviço público. E não poderia ser de outra forma, vez que o art. 175 da Constituição da República, o qual regulamenta, prevê que a delegação de tais serviços se concretiza por meio de concessão ou de permissão. Não faz, em nenhum momento, alusão à autorização.

A Lei nº 9.074/1995, entretanto, contempla o instituto da autorização, que não configura hipótese de delegação de prestação de serviços, mas de autorização para a implantação de usina termelétrica para uso próprio do autorizatário. É a regra do art. 7º da lei em referência. De acordo com esse dispositivo, pode ser autorizada a implantação de usina termelétrica, com potência superior a 5.000kW, desde que para uso exclusivo do autoprodutor, e também para o aproveitamento de potenciais hidráulicos, de potência superior a 5.000kW, e igual ou inferior a 50.000kW, para uso exclusivo do autoprodutor e a produção independente de energia (redação da Lei nº 13.360/2016).

Independem de concessão, permissão ou autorização o aproveitamento hidrelétrico e a implantação de usina termelétrica, com potência inferior a 5.000kW (Lei nº 13.360/2016). Nesse caso, o interessado deve apenas comunicar à autoridade competente do poder delegante.

Além das entidades privadas prestadoras de serviços públicos por meio de contrato de concessão ou de permissão, conforme examinado acima, o Estado poderá tornar-se parceiro de outras categorias de entidades privadas, sem fins lucrativos integrantes do terceiro setor. Com essas o Estado firma contrato de gestão ou termo de parceria, dependendo de cada caso, conforme se verá no item 11, seguinte.

11 Terceiro setor

O Estado vale-se do terceiro setor, em colaboração, para a realização de políticas públicas, mediante parceria. O que é o terceiro setor? Entende-se por terceiro setor as entidades da iniciativa privada sem fins lucrativos, que atuam na prestação de serviços ou políticas públicas que devem ser prestadas pelo Estado democrático de direito. Essas entidades situam-se entre o Estado – primeiro setor –, e o mercado – segundo setor. O Estado, como se sabe, é entidade concebida para proteger a sua população contra os ataques externos, garantir a segurança pública, coibir as ações abusivas e fora da lei, praticadas por organizações criminosas, e promover as políticas públicas necessárias ao bem-estar social. O mercado é o setor da sociedade que cuida da atividade econômica e financeira da sociedade civil, compreendendo indústria, comércio e serviços, com o fim precípuo de obtenção de lucro. O mercado, por isso, não se preocupa, em regra, com a assistência social, com a saúde pública, com a pesquisa, ressalvadas aquelas setoriais de interesse próprio de determinados setores da indústria, principalmente.

Ao lado das entidades que atuam em atividades que integram o mercado, estão as entidades filantrópicas e as não filantrópicas, que não visam a lucro. Essas entidades desenvolvem as suas atividades num nicho entre o Estado e o mercado, colaborando com o primeiro. Por isso, são consideradas entidades privadas de interesse público ou publicizadas, na linguagem dos reformadores pátrios.

O Estado brasileiro, no contexto da reforma do aparelho do Estado, privatizou empresas que atuavam no campo econômico, disputando com a iniciativa privada, privatizou diversas empresas prestadoras de serviços públicos rentáveis, criou agências reguladoras, editou lei e regulamentos dispondo sobre critérios e condições para a qualificação de autarquias e fundações públicas como agências executivas.

Por fim, para completar o novo aparelhamento do Estado, editaram-se leis dispondo sobre a qualificação das organizações sociais e das organizações da sociedade civil de interesse público. Sobre essas duas espécies de organizações comenta-se a seguir.

11.1 Organizações sociais

No âmbito federal criou-se, por meio da Lei nº 9.637, de 15.5.1998, a oportunidade para que entidades particulares, pessoa jurídica sem fins lucrativos, possam, em parceria com órgãos ou entidades federais, prestar serviços à sociedade, segundo regime distinto da concessão e da permissão disciplinadas pela Lei nº 8.987/1995. O instrumento jurídico que servirá de vínculo entre o Poder Público e a organização social é o contrato de gestão, mencionado anteriormente.

Nos termos do art. 1º da lei em referência, podem ser qualificadas como organizações sociais as pessoas jurídicas de direito privado, sem fins lucrativos, que tenham por finalidade exercer atividades de ensino, de pesquisa científica, de desenvolvimento tecnológico, de proteção ao meio ambiente, à cultura – ou à saúde.

As espécies de serviços mencionados na lei são, como se observa, de interesse público, não lucrativos, mas não estão arrolados na Constituição Federal, art. 175, como serviço público prestado pelo Poder Público diretamente ou por intermédio de entidades privadas mediante concessão ou permissão. Portanto, são espécies de serviços não exclusivos do Estado. A iniciativa privada pode prestá-los segundo regras previstas em lei. Nas áreas de saúde e educação, principalmente, o Estado deve estar presente, pelo fato de existir parcela considerável da sociedade brasileira – que ultrapassa a cinquenta por cento da população – que não tem a mínima condição financeira para suportar os gastos com educação e com saúde.

A União, os estados-membros, o Distrito Federal e os municípios prestam serviços de ensino em todos os níveis, por meio de instituições públicas de ensino; e prestam os serviços de saúde à população carente por meio de hospitais públicos, ambulatórios e postos de saúde.

A iniciativa privada mantém, mediante autorização, instituições de ensino e hospitais, mediante remuneração paga pelos consumidores desses serviços. O preço alto cobrado pela iniciativa privada torna os seus estabelecimentos de ensino e os de saúde inacessíveis à maioria esmagadora da população brasileira. O Poder Público, por seu turno, não mantém estabelecimento de ensino nem hospitais em número suficiente para atender ao restante da população que não tem acesso a esses serviços oferecidos pela iniciativa privada.

O Poder Público, ante essa real e indesejável situação, vem prestando, suplementarmente, esses e os outros serviços previstos no art. 1º da lei em comento, por intermédio das entidades privadas, sem fins lucrativos, já existentes ou criadas para essa finalidade, qualificadas como organizações sociais, na forma da lei.

A entidade interessada na qualificação terá que atender aos seguintes requisitos: comprovar o registro dos respectivos instrumentos de criação na entidade competente; ter como objeto social a atuação na área que pretende se credenciar; não ter fins lucrativos; ter a previsão de investir os excedentes financeiros no desenvolvimento e ampliação de suas próprias atividades; ter a previsão estatutária de um conselho superior deliberativo e uma diretoria, devendo o primeiro ter atribuições normativas e de controle básico, nos limites e condições previstas em lei; ter previsão de que o conselho de deliberação superior será composto por representantes do Poder Público e por membros da comunidade, de notória capacidade profissional e idoneidade moral; ter obrigação de publicar, anualmente, relatório financeiro e relatório de execução do contrato de gestão; ter a previsão de aceitação de novos sócios, se se tratar de sociedade civil; ficar proibida de distribuir bens ou parcela do patrimônio líquido da entidade, em qualquer hipótese; ter a previsão de incorporação integral das doações ou qualquer legado e dos excedentes resultantes dos serviços prestados; e, ainda, ter a previsão de que nos casos de extinção ou desqualificação, da entidade, o patrimônio será destinado a outra entidade da mesma área, ou ao Poder Público.

A lei prevê que as organizações sociais podem receber recursos financeiros orçamentários e bens públicos, necessários ao cumprimento do contrato de gestão. Os bens aqui referidos serão cedidos sem licitação, mediante permissão de uso, em conformidade com cláusula expressa do contrato de gestão.

A Administração é autorizada a ceder servidores públicos às organizações sociais, podendo, os cedidos, perceber vantagens pecuniárias da organização para a qual foram cedidos, desde que a fonte não seja o repasse feito nos termos do contrato de gestão, exceto nos casos de adicional relativo ao exercício de função temporária de direção ou de assessoramento. Em qualquer das hipóteses, as vantagens pagas pela organização social não incorporam o vencimento ou a remuneração de origem do servidor cedido.

Essa situação de servidor cedido, se for em longo prazo, pode ser-lhe danosa, visto que ele, em tese, fica estagnado na carreira, pelo fato de estar trabalhando na iniciativa privada, embora sob condição especial. É verdade que, durante o tempo em que o servidor estiver prestando serviços à organização social, poderá perceber vantagem remuneratória paga pela entidade, desde que os recursos não sejam oriundos do contrato de gestão. Essa pecúnia não incorpora a remuneração ou vencimento do servidor. Assim, a aposentadoria ou outros direitos decorrentes do tempo de serviço ou de promoção por mérito serão sacrificados.

Por descumprimento de cláusulas do contrato de gestão, a autoridade competente poderá desqualificar a entidade. Que, nesse caso, deixará de ser organização social. Para isso, entretanto, será necessário processo administrativo próprio, em que seja dado à entidade amplo direito de defesa e observado o princípio do contraditório.

Ocorrendo a desqualificação, os bens públicos recebidos em cessão de uso ou permissão, como prevê a lei e os servidores, serão devolvidos ao Poder Público, bem como serão devolvidos os recursos financeiros recebidos, sem prejuízo das sanções cabíveis.

A organização social, em conformidade com a lei, a despeito de ser pessoa jurídica de direito privado pertencente a particulares, está sujeita à licitação para comprar, contratar obras e serviços quando os recursos utilizados para pagamentos forem originários de repasse feito por entidades públicas. É o que dispõe o art. 1º do Decreto nº 5.504, de 5.8.2005. De preferência da modalidade pregão eletrônico, nos casos de compras e contratação de serviços comuns, em conformidade com a Lei nº 10.520, de 17.7.2002. Dispensa-se a licitação para contratar com terceiros, desde que não envolva dinheiro público. Da mesma forma não está ela condicionada ao concurso público para admitir pessoal, apesar de a OS receber bens públicos, dinheiro público e servidores públicos. Além disso, o seu conselho superior deliberativo é, em parte, composto por agentes públicos. A qualificação e o contrato de gestão não a tornam pessoa jurídica pública. Daí o tratamento diferenciado.

Essas entidades não se comparam com as concessionárias de serviços públicos, nos temos da Lei nº 8.987/1995. Elas desenvolvem atividades, como salientado, ao lado do Estado, independentemente de parceria formal.

As organizações sociais acabam sendo meio para a Administração afastar-se das regras e meios de controles a que está sujeita. Além disso, a escolha de entidades que se tornarão organizações sociais não se condiciona à licitação, fato que permite à autoridade promover escolhas pessoais, sem a preocupação com o interesse público e sem se observar o princípio republicano.

A inobservância de cláusulas e descumprimento de metas injustificadamente pela organização social autoriza a Administração Pública, mediante regular processo administrativo, a rescindir o contrato de gestão unilateralmente.

Ementa: DIREITO ADMINISTRATIVO – MANDADO DE SEGURANÇA – LEI N. 9.637/98 – ORGANIZAÇÃO SOCIAL – DESCUMPRIMENTO DE CONTRATO DE GESTÃO – DESQUALIFICAÇÃO DA ENTIDADE IMPETRANTE – ATO DA MINISTRA DE ESTADO DO MEIO AMBIENTE – AUSÊNCIA DE VIOLAÇÃO DOS PRINCÍPIOS DA AMPLA DEFESA, CONTRADITÓRIO E DEVIDO PROCESSO LEGAL – ANÁLISE DA SUBSTANCIOSA DEFESA APRESENTADA PELA IMPETRANTE – LEGALIDADE E CONSTITUCIONALIDADE DO PROCESSO ADMINISTRATIVO QUE CULMINOU COM O ATO IMPETRADO – AUSÊNCIA DE DIREITO LÍQÜIDO E CERTO A SER PROTEGIDO PELA VIA ELEITA – DENEGAÇÃO DA ORDEM – PREJUDICADO O EXAME DO AGRAVO REGIMENTAL.

1. O presente *mandamus* é dirigido contra ato praticado pela Excelentíssima Senhora Ministra de Estado do Meio Ambiente, que, analisando o processo administrativo n. 02000.001704/2001-14, acolheu o relatório da Comissão Processante e aprovou o parecer n. 346/CONJUR/MMA/2004, por seus jurídicos fundamentos, determinando a desqualificação da Organização Social impetrante.

2. No caso dos autos, a impetrante foi qualificada como organização social por meio de Decreto Presidencial (em 18.3.1999) e celebrou contrato de gestão com a União, representada pelo Ministério do Meio Ambiente, em 14.11.2001. Em virtude da apuração de irregularidades no cumprimento do referido contrato, a autoridade apontada como coatora determinou a instauração de processo administrativo que, após os trâmites legais – inclusive a análise da defesa apresentada pela ora impetrante – culminou com o ato impetrado, determinando a desqualificação da impetrante como organização social.

3. Diversamente do que alega a impetrante, não houve cerceamento de defesa, tampouco ocorreu violação dos princípios do contraditório e do devido processo legal. Isso porque o processo administrativo foi regularmente instaurado e processado, oportunizando-se o oferecimento de defesa pela impetrante, que foi exaustivamente analisada pelo Ministério do Meio Ambiente.

4. A impetrante não fez prova das nulidades que alega, como a vedação de acesso aos autos, e sequer indica a existência de prejuízo causado pelo trâmite do processo administrativo nos moldes como ocorreu. Pelo contrário, a substanciosa defesa apresentada pela demandante evidencia que essa pôde impugnar todas as imputações contra si realizadas no processo em questão.

5. Assim, o exame dos autos e a análise da legislação de regência demonstram, com absoluta segurança, que não há nenhuma ilegalidade no processo que, motivadamente, desqualificou a impetrante como organização social.

6. Por outro lado, é inviável o reexame, em sede de mandado de segurança, dos critérios e percentuais de avaliação utilizados pelo Ministério do Meio Ambiente para atribuir o índice de 70,4% de cumprimento das metas do contrato de gestão celebrado com a impetrante. Além disso, cumpre registrar que o contrato em discussão, de acordo com o art. 5º e seguintes da Lei 9.637/98, objetivamente prevê as metas e os critérios da sistemática de avaliação. No caso em apreço, é inviável a revisão do mérito administrativo pelo Poder Judiciário, estando este Tribunal limitado a apreciar a legalidade do ato praticado pela autoridade impetrada.

7. A responsabilidade pelo não cumprimento de todas as metas do contrato de gestão objeto do *writ* é imputável tão somente à entidade impetrante, não havendo como atribuir ao Poder Público, que lhe transferiu recursos financeiros e lhe cedeu servidores públicos, a "culpa" pelo cumprimento de percentual insatisfatório das metas contratualmente estipuladas. Além disso, conforme bem observado pelo parecer que fundamentou o ato impetrado, a impetrante admite o descumprimento parcial do contrato e não justifica os motivos desse descumprimento, apenas discorre que o Poder Público não lhe orientou de maneira suficiente para que as metas pudessem ser atingidas.

8. Registre-se que as alegações da impetrante são contrárias aos princípios que regem a Administração Pública e as atividades do chamado "terceiro setor", pois a qualificação de entidades como organizações sociais e a celebração de contratos de gestão tiveram origem na necessidade de se desburocratizar e otimizar a prestação de serviços à coletividade, bem como viabilizar o fomento e a execução de atividades relativas às áreas especificadas na Lei 9.637/98 (ensino, pesquisa científica, desenvolvimento tecnológico, proteção e preservação do meio ambiente, cultura e saúde). Assim, apesar de, na espécie, competir ao Ministério do Meio Ambiente a fiscalização, a avaliação e o acompanhamento dos resultados do contrato de gestão, essas providências não afastam a responsabilidade do impetrante de cumprir as metas acordadas com o Poder Público.

9. Infere-se, portanto, que inexiste ilegalidade ou inconstitucionalidade no ato motivadamente praticado pela autoridade apontada como coatora, não havendo direito líquido e certo da impetrante a ser protegido pela via eleita.

10. Segurança denegada, restando prejudicado o exame do agravo regimental interposto pela impetrante (STJ. MS nº 10.527/DF; Mandado de Segurança nº 2005/0046851-1, Rel. Min. Denise Arruda, Primeira Seção, j. 14.9.2005. *DJ*, 7 nov. 2005, p. 75)

11.2 Organizações da sociedade civil de interesse público

Outra modalidade de parceria da Administração Pública com a iniciativa privada foi regulada pela Lei Federal nº 9.790, de 23.3.1999. Essa lei dispõe sobre a qualificação de pessoas jurídicas de direito privado, sem fins lucrativos, como organização da sociedade civil de interesse público.

Nos termos da lei em referência, as pessoas jurídicas de direito privado sem fins lucrativos, em funcionamento regular há pelo menos 3 (três) anos, cujos objetivos sociais e normas estatutárias estejam de acordo com o que estabelece a lei em foco, podem se candidatar à qualificação. O §1º do art. 1º da lei em causa define o que seja *sem fins lucrativos* para os efeitos da qualificação. O ato de outorga da qualificação vincula-se ao cumprimento dos requisitos de que trata a lei. A medida visa impedir a Administração

Pública de qualificar entidade por critérios subjetivos, em desacordo com o interesse social (alteração introduzida pela Lei nº 13.019/2014).

O art. 2º da lei arrola espécies de sociedades, que, embora, sem fins lucrativos e mesmo desempenhando atividades de interesse social ou público, não podem ser qualificadas como organizações da sociedade civil de interesse público. Entre elas, destacam-se: as sociedades comerciais; os sindicatos, as associações de classe ou de representação de categoria profissional; as instituições religiosas em geral; as organizações partidárias e assemelhadas, inclusive suas fundações; as organizações sociais; as cooperativas; as fundações públicas.

Para obter a outorga a interessada deve ter como objetivo social pelo menos uma das seguintes finalidades: promoção da assistência social; promoção da cultura; defesa e conservação do patrimônio histórico e artístico; promoção gratuita da educação, observando-se a forma complementar de participação das organizações de que trata a lei em comento; promoção gratuita da saúde, observando-se a forma complementar de participação das organizações de que trata a mesma lei; promoção da segurança alimentar e nutricional; defesa, preservação e conservação do meio ambiente e promoção do desenvolvimento sustentável; promoção do voluntariado; promoção do desenvolvimento econômico e social e combate à pobreza; experimentação, não lucrativa, de novos modelos socioprodutivos e de sistemas alternativos de produção, comércio, emprego e crédito; promoção de direitos estabelecidos, construção de novos direitos e assessoria jurídica gratuita de interesse suplementar; promoção da ética, da paz, da cidadania, dos direitos humanos, da democracia e de outros valores universais; e estudos e pesquisas, desenvolvimento de tecnologias alternativas, produção e divulgação de informações e conhecimentos técnicos e científicos que digam respeito às atividades mencionadas acima.

O art. 4º da lei em foco estabelece os requisitos mínimos que devem constar do estatuto social das entidades interessadas a obter a condição de organizações da sociedade civil de interesse público, entre os quais, a observância dos princípios da legalidade, da impessoalidade, da moralidade, da publicidade, da economicidade e da eficiência. O artigo arrola sete itens, sendo que o sétimo e último trata da prestação de contas e se desdobra em quatro alíneas.

O parágrafo único do art. 4º, introduzido pela Lei nº 13.019/2014, prevê a possibilidade de servidores públicos participarem da composição de conselho ou diretoria de organização da sociedade civil de interesse público.

A entidade que atender às condições previstas nos arts. 3º e 4º acima referidos, se interessada na classificação, formulará requerimento ao ministro da Justiça, instruído com cópia autenticada dos seguintes documentos: estatuto social registrado em cartório; ata de eleição de sua atual diretoria; balanço patrimonial e demonstração do resultado relativamente ao exercício; declaração de isenção do imposto de renda e inscrição no Cadastro Geral de Contribuintes (hoje Cadastro Nacional de Pessoa Jurídica – CNPJ).

Ao ministro da Justiça compete deferir ou indeferir o pedido no prazo de trinta dias. O indeferimento ocorrerá nos seguintes casos: a requerente enquadrar-se numa das hipóteses previstas no art. 2º da lei (condições impeditivas); a requerente não atender às condições previstas nos arts. 3º e 4º, já citados, ou a documentação apresentada estar incompleta ou em desacordo com as exigências da lei.

A desqualificação da entidade ocorrerá a seu pedido ou em virtude de decisão proferida em processo administrativo ou em processo judicial. O processo pode ter iniciativa popular ou do Ministério Público. Em qualquer dos casos será observado o princípio do contraditório e da ampla defesa.

A entidade qualificada como organização da sociedade civil de interesse público firmará termo de parceria com a Administração Pública, previsto nos arts. 9º e 10 da lei em comento. A celebração do ajuste precederá de consulta aos conselhos de políticas públicas das áreas correspondentes de atuação existentes, nos respectivos níveis de governo, de acordo com o §1º do art. 10 referido antes.

São cláusulas essenciais do termo de parceria:

- Objeto – o objeto do termo de parceria consistirá na atividade que a organização se propõe a desenvolver nessa condição.
- Metas – o ajuste deve estabelecer as metas e os resultados a serem alcançados, os prazos de execução total ou do cronograma, quando for o caso.
- Critérios de avaliação – no ajuste deve constar cláusula dispondo sobre critérios objetivos de avaliação de desempenho que serão utilizados, mediante indicadores de resultados.
- Previsão de receitas e despesas – as receitas e despesas serão estabelecidas no termo de parceria, a serem realizadas durante o prazo de execução do ajuste. Deve prever ainda o detalhamento de despesas com o pessoal a ser pago com recursos oriundos ou vinculado ao termo de parceria.
- Obrigações da entidade parceira – entre as obrigações e responsabilidades da organização da sociedade civil de interesse público, deve figurar, no ajuste, o dever de a entidade apresentar ao Poder Público, ao final de cada exercício, relatório contendo informações relativas à execução do objeto estipulado no termo de parceria. O relatório deve conter, entre outras informações, termo comparativo das metas propostas e os resultados alcançados, demonstrativo de receitas e despesas, acompanhado de prestação de contas.
- Publicação – deve constar do termo de parceria, o dever de publicação na imprensa oficial do município, do estado ou da União, conforme a abrangência das atividades a serem executadas, em conformidade com o ajuste, de extrato do termo de parceria e de demonstrativo da execução física e financeira relativa à execução do objeto de que trata o ajuste. Essa publicação é condição, além de outras, para a liberação de recursos financeiros públicos à parceira conforme estipulado.

A execução do objeto avençado será acompanhada e fiscalizada por órgão da Administração Pública e pelos conselhos de políticas públicas. Os resultados devem ser avaliados por comissão especial composta de integrantes designados, de comum acordo, pelas partes signatárias do termo de parceria.

Os responsáveis pela fiscalização da execução do objeto estabelecido no termo de parceria, tendo conhecimento de ilegalidade ou irregularidade na utilização de recursos financeiros ou de bens de origem pública pela organização parceira, deve denunciar tal fato ao Tribunal de Contas competente e ao Ministério Público. A omissão nesse caso gera, aos encarregados da fiscalização, responsabilidade solidária.

Havendo indícios fundados de que a entidade parceira esteja praticando malversação de bens públicos ou de recursos financeiros de origem pública, os encarregados da fiscalização devem promover representação perante o Ministério Público e a Advocacia-Geral da União, para que um ou outro requeira no juízo competente a decretação da indisponibilidade dos bens da entidade parceira e o sequestro dos bens dos respectivos dirigentes, de agente público ou de terceiro que tenham enriquecido ilicitamente ou tenham causado dano ao patrimônio público, além de outras medidas sancionatórias previstas na Lei nº 8.429, de 2.6.1992, e na Lei Complementar nº 64, de 18.5.1990.

Durante o curso da ação judicial, a entidade pública signatária do termo de parceria será depositária dos bens e valores sequestrados ou indisponíveis e se responsabilizará pela continuidade das atividades sociais que vinham sendo prestadas pela entidade parceira em litígio.

A organização deve publicar, no prazo de trinta dias contados da data da assinatura do termo de parceria, regulamento a ser adotado para a contratação de obras e de serviços, a realização de compras, com recursos financeiros de origem pública. O regulamento aqui referido deve observar os princípios previstos no inc. I do art. 4º da lei em exame.

Os bens por ventura adquiridos pela entidade parceira, com recursos financeiros oriundos do termo de parceria, serão gravados de inalienabilidade.

11.3 Organizações não governamentais

As organizações não governamentais, conhecidas pela sigla ONG, são entidades sem fins lucrativos que atuam em diversas áreas, normalmente, têm por objetivo desenvolver atividades de interesse social. Os recursos financeiros de que dispõem são oriundos de doações feitas por empresas privadas e por pessoas naturais e repasse por entidades públicas mediante convênios.

Diversas dessas organizações enquadram-se nas hipóteses previstas na Lei nº 9.790/99, que dispõe sobre a qualificação de organização da sociedade civil de interesse público. Entretanto, existem muitas que mantêm parceria com o Poder Público mediante convênios, sem a qualificação e, por conseguinte, não se sujeitam aos controles e às exigências de cumprimento de metas e sanções a que se submetem as organizações da sociedade civil de interesse público e as organizações sociais. Essa situação favorece as ONGs e lhes facilita a prática de desvio ou mau uso de dinheiro público, quando os seus dirigentes não são éticos nem honestos. Lamentavelmente, existem diversas delas que se enquadram nessa moldura.

Os entes federativos não têm tido a cautela indispensável ao celebrar convênios com as ONGs e repassar a elas vultosas quantias em dinheiro para desenvolver determinadas atividades de interesse público. Em virtude dessa incúria de alguns administradores públicos e da desonestidade de diversos proprietários de ONGs, os cofres públicos têm sido roubados e os serviços e obras, objetos dos respectivos acordos, não têm sido executados. A mídia, os Tribunais de Contas e o Ministério Público noticiam, com frequência, essas condutas ímprobas dessas organizações e de agentes públicos. É lamentável.

Com vista a disciplinar a relação do Estado com as organizações não governamentais, editou-se a Lei nº 13.019, de 31.7.2014, a seguir comentada.

11.4 Parcerias voluntárias

Além das espécies de parcerias organizações sociais e organizações da sociedade civil de interesse público, regulamentou-se, pela Lei nº 13.019, de 31.7.2014, o regime jurídico das parcerias voluntárias, envolvendo, ou não, transferência de recursos financeiros, entre a Administração Pública e as organizações civis, em regime de mútua cooperação, para a consecução de finalidades de interesse público.

A lei, no art. 1º, institui normas gerais a serem observadas pela União, os estados, o Distrito Federal, os municípios e suas autarquias, fundações, empresas públicas, sociedades de economia mista prestadoras de serviços públicos, incluindo as respectivas subsidiárias, quando tiver interesse em estabelecer parcerias com organizações da sociedade civil em regime de mútua cooperação, com vista a desenvolver atividades de interesse público.

Organizações da sociedade civil, para os fins da lei, são pessoas jurídicas de direito privado que não distribuem qualquer espécie de vantagem financeira aos seus sócios, associados, diretores, empregados e doadores.

As parcerias das entidades públicas com as organizações da sociedade civil de que trata a lei em exame são formalizadas por meio de termo de colaboração ou termo de fomento.

11.4.1 Termo de colaboração

O termo de colaboração firmado entre a Administração Pública e organização da sociedade civil é o instrumento jurídico próprio para estabelecer parceria entre ambas. A escolha da sociedade civil faz-se mediante chamamento público feito pela Administração Pública nos quatro planos de governo, para a realização de atividades de interesse público, sem prejuízo das definições atinentes ao contrato de gestão e ao termo de parcerias assinados respectivamente com as organizações sociais e as organizações da sociedade civil de interesse público, regidas pelas leis nº 9.637, de 15.5.1998, e nº 9790, de 23.3.1999, respectivamente.

Termo de fomento é outra espécie de ajuste jurídico celebrado entre a Administração Pública e a organização da sociedade civil, para o desenvolvimento de atividades de interesse público sem prejuízo das definições atinentes ao contrato de gestão firmado com as organizações sociais e o termo de parceria estabelecido com as organizações sociais de interesse público.

As exigências da lei em comento não se aplicam:

I - às transferência de recursos homologados pelo Congresso Nacional ou autorizadas pelo Senado Federal naquilo em que as disposições dos tratados, acordos e convênios internacionais específica conflitam com esta Lei, quando os recursos envolvidos forem integralmente oriundos de fonte externa de financiamento;

II - às transferências regidas por lei específica, naquilo em que houver disposição expressa em contrário;

e III - aos contratos de gestão celebrados com organizações sociais, na forma estabelecida pela Lei nº 9.637, de 15 de maio de 1998.

As disposições da lei em exame aplicam-se, no que couberem, às relações da Administração com as organizações da sociedade civil de interesse público, regidas por termos de parceria em conformidade com a Lei nº 9.790, de 23.3.1999.

11.4.2 Da celebração do termo de colaboração ou de fomento

Os fundamentos básicos da Lei nº 12.019/2914 são: a gestão pública democrática, a participação social, o fortalecimento da sociedade civil e a transparência na aplicação dos recursos públicos, observando-se os princípios previstos no art. 37, *caput*, da Constituição e os demais princípios constitucionais aplicáveis à Administração Pública e os seguintes: I – o reconhecimento da participação social como direito do cidadão; II – a solidariedade, a cooperação e o respeito à diversidade para a construção de valores de cidadania e de inclusão social e produtiva; III – a promoção do desenvolvimento local, regional e nacional, inclusivo e sustentável; IV – o direito à informação, à transparência e ao controle social das ações públicas; V – a integração e a transversalidade dos procedimentos, mecanismos e instâncias de participação social; VI – a valorização da diversidade cultural e da educação para a cidadania ativa; VII – a promoção e a defesa dos direitos humanos; VIII – a preservação, a conservação e a proteção dos recursos hídricos e do meio ambiente; IX – a valorização dos direitos dos povos indígenas e das comunidades tradicionais; e X – a preservação e a valorização do patrimônio cultural brasileiro, em suas dimensões material e imaterial (art. 5º da lei).

As diretrizes do regime jurídico de fomento ou de colaboração estão arroladas no art. 6º, em seus nove incisos.

A União, os estados, Distrito Federal, os municípios e a organização da sociedade civil devem promover programas de capacitação para gestores públicos, representantes das organizações da sociedade civil e para os membros dos conselhos de políticas públicas. Essa capacitação, entretanto, não é condição indispensável à celebração da função (art. 7º da lei sob exame).

A Administração, antes de celebrar termo de colaboração ou de fomento, verificará se o órgão ou a entidade pública interessada têm capacidade operacional para promover o processo seletivo, "avaliará as propostas de parceria, com o rigor técnico necessário, fiscalizará a execução em tempo hábil e de modo eficaz e apreciará as prestações de contas nas formas e nos prazos determinados nesta Lei" (art. 8º da lei sob exame).

Essas medidas têm por finalidade principal inibir os abusos e corrupções que vêm sendo praticadas por diversas ONGs com a conivência de agentes públicos.

11.4.3 Transparência e controle

A transparência é outro meio destinado a facilitar aos órgãos de controle o exercício, com rigor e eficiência, da fiscalização das atividades exercidas pelas entidades parceiras de que trata a lei.

A Administração Pública, no início de cada ano civil, deve publicar, nos órgãos e meios oficiais de divulgação, os valores financeiros que poderão ser executados por meio de parcerias nos termos da lei em comento. Aludidos valores podem ser publicados ou divulgados, se tiverem sido aprovados em lei orçamentária anual, vigente para a execução de programas e ações do plano plurianual em vigor.

A Administração Pública deve disponibilizar em seu sítio oficial a relação das parcerias celebradas, na ordem alfabética (art. 11 da lei).

11.4.4 Do fortalecimento da participação social e da divulgação das ações

As entidades públicas que mantêm parceria com organizações da sociedade civil de que trata a lei em comento devem divulgar, na mídia em geral, rádio, televisão, jornal, internet e redes sociais, campanhas publicitárias e programações desenvolvidas por organizações da sociedade civil, no âmbito de ação das parcerias da Administração Pública com as citadas organizações, contendo a previsão de recursos tecnológicos necessários à consecução dos objetos das parcerias. As mensagens publicitárias devem ser de fácil compreensão e em linguagem adequada, de modo a garantir a acessibilidade das pessoas com deficiência (art. 14 da lei).

A lei faculta a criação, no âmbito do Poder Executivo federal, "[d]o Conselho Nacional de Fomento e Colaboração". O conselho será paritário, composto por representantes da Administração Pública e de representantes das organizações da sociedade civil. O Conselho terá por finalidade divulgar boas práticas, propor e apoiar políticas e ações voltadas para o fortalecimento das relações de fomento e de colaboração previstas na lei em foco (art. 15 da lei).

11.4.5 Termos de colaboração e de fomento

A lei em exame, como dito antes, prevê a celebração de dois ajustes jurídicos com organizações da sociedade civil, são eles: termo de colaboração e termo de fomento. O primeiro, *termo de colaboração*, será adotado nos casos de transferências voluntárias de recursos para a consecução de planos de trabalho propostos pela Administração Pública, em regime de mútua cooperação com organizações da sociedade civil selecionadas por meio de chamamento público, ressalvadas as exceções previstas na lei. O segundo, *termo de fomento*, é adotado quando o plano de trabalho for proposto palas organizações da sociedade civil. Essa inversão de autoria do plano de trabalho é o único ponto de distinção das duas espécies de termos (arts. 16 e 17 da lei).

11.4.6 Procedimento de manifestação de interesse social

Nos termos do art. 18 da lei em exame, foi instituído o *procedimento de manifestação social*, instrumento a ser observado pelas organizações da sociedade civil, movimentos sociais e cidadãos interessados em apresentar propostas às entidades públicas para avaliação destas sobre a possibilidade de chamamento público para celebração de parceria.

Três são os requisitos necessários para que o interessado encaminhe proposta à Administração Pública, são eles: I – identificação do subscritor da proposta; II – indicação do interesse público envolvido; III – diagnóstico da realidade que se quer modificar, aprimorar ou desenvolver e, quando possível, indicação da viabilidade, dos custos, dos benefícios e dos prazos de execução da ação pretendida (art. 19 da lei).

Se a proposta apresentada por qualquer dos legitimados atender aos requisitos enumerados acima, a Administração Pública deve divulgá-la em seu sítio eletrônico e verificar a conveniência e a oportunidade para realizar o procedimento de manifestação de interesse social. Concluindo pela conveniência, a Administração instaurará o procedimento para oitiva das sociedades sobre o assunto.

A realização do Procedimento de manifestação de interesse social não obriga a Administração Pública a promover o chamamento público. Esse procedimento condiciona-se aos interesses da Administração.

11.4.7 Plano de trabalho

O art. 22 da lei arrola dez itens de observância obrigatória na elaboração do plano de trabalho, os quais são resumidamente apresentados: I – diagnóstico da realidade que se pretende seja objeto da parceria, demonstrando o nexo entre a realidade e as metas que se pretendem alcançar; II – descrição das metas quantitativas e mensuráveis a serem atingidas, as atividades a serem desenvolvidas e os meios a serem utilizados; III – estipulação de prazo para execução das atividades e o cumprimento das metas; IV – definição dos indicadores, qualificativos e quantitativos, a serem utilizados para a aferição do cumprimento das metas; V – demonstração da compatibilidade dos custos propostos com os praticados no mercado ou por outras parcerias da mesma natureza e elementos indicativos da mensuração do custo; VI – plano de aplicação dos recursos financeiros a serem desembolsados pela Administração Pública na hipótese de o plano ser aprovado; VII – estimativa de valores a serem recolhidos às entidades ou órgãos competentes, relativos à previdência social e aos demais encargos decorrentes da relação de trabalho; VIII – valores a serem repassados em conformidade com os cronogramas físico e financeiro compatíveis com as metas a serem cumpridas; IX – modo e periodicidade de prestação de contas, compatíveis com os cronogramas, as metas, as etapas de liberação dos recursos e o prazo de vigência da parceria; e X – prazos de análise da prestação de contas pela Administração Pública responsável pela parceria.

11.4.8 Chamamento público

A Administração Pública, ao promover o chamamento público, deve adotar procedimentos claros, objetivos simplificados e, sempre que for possível, padronizados, para melhor orientar os interessados e facilitar o acesso direto aos órgãos ou entidades públicas. Para isso, a Administração deve estabelecer critérios e indicadores padronizados, entre os quais: objetos, metas, métodos, plano de trabalho e indicadores quantitativos e qualitativos de avaliação de resultado. Essas condições valem para as duas espécies de parcerias de que trata a lei (art. 23 da lei).

O chamamento público proceder-se-á por meio de edital, com as especificações e condições previstas no §1º do art. 24, e deve ter ampla divulgação, para alcançar o maior número possível de interessados.

11.4.9 Contratações realizadas pelas parceiras

As parceiras, organizações da sociedade civil, sujeitam-se aos princípios da Administração Pública nas contratações de bens e serviços pagas com recursos que lhes forem repassados pela Administração Pública, em decorrência do termo de colaboração ou do termo de fomento. É a dicção do art. 43 da lei.

As contratações de compras e serviços realizados pelas organizações da sociedade civil podem ser feitas por meio de sistema eletrônico, disponibilizado pela Administração Pública.

É de inteira responsabilidade da entidade parceira o gerenciamento administrativo e financeiro dos recursos recebidos da Administração Pública.

As parceiras da Administração, por meio de termo de colaboração e por termo de fomento, de que trata a lei em foco, são responsáveis exclusivas pelos encargos trabalhistas previdenciários, fiscais e comerciais relativos ao funcionamento dela e ao adimplemento do termo nas duas modalidades. A Administração, nessa situação, não responde solidária nem subsidiariamente. É a inteligência do §2º do art. 44 da lei.

Essa regra está prevista em todas as leis que tratam de licitações e contratos administrativos. Entretanto, o entendimento dominante da jurisprudência tem sido no sentido de reconhecer, em determinados casos, a responsabilidade solidária ou subsidiária da Administração Pública em virtude de descumprimento de obrigação de empresas contratadas, principalmente no que tange aos encargos trabalhistas e previdenciários. A título de exemplo, traz-se à colação ementa de uma decisão do TST arrimada na ADC nº 16 do STF e na sua Súmula nº 331:

RECURSO DE REVISTA 1 – RESPONSABILIDADE SUBSIDIÁRIA. ENTE PÚBLICO. CULPA IN VIGILANDO RECONHECIDA PELO TRIBUNAL REGIONAL. DECISÃO EM CONFORMIDADE COM O ENTENDIMENTO FIXADO PELO STF NA ADC 16 (SÚMULA 331, V, DO TST). O STF, no julgamento da ADC 16, considerou constitucional o art. 71, §1.º, da Lei 8.666/93. Afirmou que a simples inadimplência da empresa contratada não transfere, automaticamente, a responsabilidade pelas verbas trabalhistas para a entidade pública. No mesmo passo, todavia, a Corte Suprema concluiu que é plenamente possível a imputação de responsabilidade subsidiária ao Ente Público quando constatada, no caso concreto, a violação do dever de licitar e de fiscalizar de forma eficaz a execução do contrato. O art. 71, §1º, da Lei 8.666/93 deve ser interpretado em harmonia com outros dispositivos dessa lei que imputam às entidades estatais o dever de fiscalização da execução dos seus contratos de terceirização (art. 57, III). Constatando-se o descumprimento de direitos trabalhistas pela empresa contratada, a Administração Pública tem a obrigação de aplicar sanções como advertência, multa, suspensão temporária de participação em licitação, declaração de inidoneidade para licitar ou contratar (art. 87, I, II, III e IV), ou, ainda, rescindir unilateralmente o contrato (arts. 78 e 79). Esse entendimento confere maior eficácia aos preceitos constitucionais que consagram a dignidade da pessoa humana e os valores sociais do trabalho e da livre iniciativa (art. 1.º, III e IV), que estabelecem como objetivo da República construir uma sociedade livre, justa e solidária (art. 3.º, I) de modo a garantir os direitos fundamentais dos trabalhadores (art. 7.º) como forma de valorizar o trabalho humano e assegurar a todos existência digna (art. 170). Assim, o reconhecimento pelo Tribunal Regional da responsabilidade subsidiária do tomador de serviços em decorrência da constatação da omissão culposa do Ente Público na fiscalização do contrato, enseja a aplicação da Súmula 331, V, do TST. Óbice do art. 896,

§4º, da CLT e da Súmula 333 do TST ao processamento do recurso. Recurso de revista não conhecido. 2 – HONORÁRIOS ADVOCATÍCIOS. 1 – Entendimento pessoal da relatora no sentido do cabimento na Justiça do Trabalho de condenação em honorários advocatícios, tanto pela mera sucumbência como a título de perdas e danos, seja na relação de emprego amparada pela CLT, seja na relação de trabalho protegida pela legislação ordinária, por ser posição que melhor se coaduna com o princípio constitucional da igualdade, regendo uniformemente o assunto para todos os jurisdicionados da seara laboral. 2 – Todavia, em homenagem ao caráter uniformizador da jurisprudência do TST, é necessário curvar-me ao posicionamento contido nas Súmulas 219 e 329 do TST. 3 – Caso em que houve condenação em honorários advocatícios apenas porque declarada a hipossuficiência da reclamante, o que contraria a Súmula 219, I, do TST, que exige a presença concomitante de assistência por sindicato da categoria profissional. Recurso de revista conhecido e provido. (TST. RR nº 13072920105120050 1307-29.2010.5.12.0050, Rel. Delaíde Miranda Arantes, j. 21.8.2013, Sétima Turma. *DEJT*, 23 ago. 2013)

Considerando que o §1º do art. 71 da Lei nº 8.666/93, citado na decisão acima, foi considerado constitucional pelo STF na ADC nº 16, de 3.12.2010, à Administração é legítimo o direito de regressar contra a contratada para reaver o valor desembolsado para adimplir obrigação da contratada em cumprimento de decisão judicial.

O mesmo entendimento aplica-se às parcerias aqui em estudo, caso a Administração seja condenada a pagar obrigações dessas.

11.4.10 Das despesas

As despesas das parcerias realizadas na execução de seus contratos ou compras restringem-se ao que estiver previsto nas cláusulas pactuadas.

O art. 45 da lei arrola, em nove incisos, hipóteses de espécies de despesas que não podem ser efetuadas com recursos públicos repassados às entidades parceiras em virtude de termo de colaboração ou de termo de fomento, entre elas: despesas a título de taxa de administração, de gerência ou similar; pagar, a qualquer título, servidor ou empregado público com recursos vinculados à parceria, salvo nas hipóteses previstas em lei específica e na lei de diretrizes orçamentárias.

11.4.11 Da liberação de recursos

Os recursos financeiros destinados às parcerias de que trata a lei em exame serão liberados em estrita conformidade com o cronograma de desembolso, observando-se as seguintes condições: a entidade destinatária ter preenchido os requisitos exigidos pela lei para celebração da parceria; apresentar a prestação de contas da parcela anterior; e estar em situação regular com a execução do plano de trabalho.

Quando houver fundado indício de que os recursos relativos à parcela recebida anteriormente tenham sido aplicados irregularmente, desvio de finalidade na aplicação dos recursos, atrasos não justificados no cumprimento das etapas ou fases, quando a parceria deixar de adotar as medidas saneadoras de irregularidades apontadas pela Administração Pública ou pelos órgãos de controle interno e externo, entre outras, as parcelas serão retidas até que as irregularidades apontadas sejam saneadas pela parceira beneficiária (art. 48 da lei).

A lei em comento compõe-se de 88 artigos. Entretanto, não foram todos noticiados ou examinados aqui, em virtude do recorte feito, considerando que o objetivo deste subitem é informar que, embora tardiamente, mas ainda em tempo, o legislador pátrio ofereceu à comunidade jurídica e à sociedade uma lei que, se observada como se espera, contribuirá para a redução da corrupção endêmica envolvendo organizações não governamentais e agentes públicos políticos e gestores.

12 Parcerias público-privadas

A Administração Pública pratica espécie de parceria público-privada depois do advento da Lei nº 8.987/1995. Essa lei disciplina a concessão precedida de obra pública, mediante contrato precedido de licitação da modalidade concorrência. Por esse contrato de concessão o particular assume a construção, ampliação ou recuperação de determinada obra, por conta e risco, por prazo determinado, custeada com recursos próprios ou obtidos por meio de financiamento negociado pela própria concessionária.

Pelo contrato e na forma da lei, o Estado, poder concedente, confere à concessionária a prerrogativa de explorar o uso da obra, normalmente, via pública, mediante cobrança de pedágio pago pelos motoristas usuários do espaço público dado em concessão precedida de obra pública. Quanto maior for o investimento maior será o prazo de vigência do contrato, considerando que o valor do pedágio deve ser módico.

Recentemente, introduziu-se no ordenamento jurídico pátrio uma espécie nova de parceria público-privada disciplinada pela Lei nº 11.079, de 30.12.2004. Essa lei dispõe sobre normas gerais para licitação e contratação de parceria público-privada no âmbito da Administração Pública. Por se tratar de lei que institui normas gerais, os demais entes da Federação podem editar suas próprias leis disciplinando essa espécie de parceria, desde que observem os limites das normas gerais estabelecidas pela União.

12.1 Conceito

O conceito de parcerias público-privadas ainda não está definitivamente acabado, dado que a lei federal que dispõe sobre a matéria é nova. As primeiras parcerias público-privadas começam a sair do plano das ideias para plano da realidade.

O Projeto de Lei nº 2.546, de 2003, que originou a Lei nº 11.079, de 30.12.2004, contemplava o seguinte conceito:

> ajuste celebrado entre a Administração Pública e entidades privadas, que estabeleça vínculo jurídico para implantação ou gestão, no todo ou em parte, de serviços, empreendimentos e atividades de interesse público, em que haja aporte de recursos pelo parceiro privado, que responderá pelo respectivo financiamento e pela execução do objeto.

O aludido projeto sofreu diversas modificações no Parlamento, o que é natural, tendo-se em vista que projeto de lei remetido ao Legislativo pelo Executivo não é apenas para ser votado, mas para ser discutido e votado com as alterações que a casa dos representantes do povo e a casa dos representantes dos estados entenderem adequadas, considerando, principalmente, o interesse público. Esse princípio, aliás, deve nortear sempre os agentes públicos em geral e em especial os agentes políticos.

Ressalte-se neste passo, entre as modificações, o conceito de parceria público-privada, assim consignado no art. 2º da Lei nº 11.079 em comento:

> Art. 2º Parceria público-privada é o contrato administrativo de concessão, na modalidade patrocinada ou administrativa.
>
> §1º Concessão patrocinada é a concessão de serviços públicos ou de obras públicas de que trata a Lei n. 8.987, de 13 de fevereiro de 1995, quando envolver, adicionalmente à tarifa cobrada dos usuários contraprestação pecuniária do parceiro público ao parceiro privado.
>
> §2º Concessão administrativa é o contrato de prestação de serviços de que a Administração Pública seja a usuária direta ou indireta, ainda que envolva execução de obra ou fornecimento de instalação de bens.

Veja-se que o artigo transcrito cuidou de dois conceitos ou duas definições. Uma no §1º e a outra no §2º. A primeira modalidade de parceria é patrocinada e a segunda administrativa, como se explicará a seguir.

A lei em foco "aplica-se aos órgãos da administração pública direta dos Poderes Executivo e Legislativo, aos fundos especiais, às autarquias, às fundações públicas, às empresas públicas, às sociedades de economia mista e às demais entidades controladas direta ou indiretamente pela União, Estados, Distrito Federal e Municípios" (art. 1º, parágrafo único, redação da Lei nº 13.137/2015).

12.2 Concessão patrocinada

A parceria público-privada, conforme prescreve o §1º do art. 2º da lei em comento, é a concessão de serviços públicos ou de obras públicas regulada pela Lei nº 8.987/1995, art. 1º, inc. II. Há, entretanto, diferença. Na concessão regulada pelo Estatuto das concessões, há previsão de subsídio desde que previsto em lei e comum a todos interessados conforme prescreve o art. 17 da Lei das concessões. A regra é que a remuneração e a reposição do capital investido pelo concessionário são de responsabilidade dos usuários, por meio do pagamento de pedágio, como dito, ou, em alguns casos, com vista à não oneração demasiada do usuário, o contrato de concessão poderá permitir ao concessionário explorar economicamente espaço público da obra objeto da concessão. Conforme dispuser o contrato, o concessionário poderá arrendar espaço ao particular para exibir sua propaganda ou explorar pequeno comércio compatível com o local e o ambiente. A renda auferida pelo concessionário, nesse caso, concorre para a fixação de pedágio acessível aos usuários da via pública.

Nas parcerias público-privadas, a lei prevê a possibilidade de o parceiro público transferir de seu orçamento recursos financeiros ao parceiro privado a título de contraprestação, além da arrecadação direta por meio do pedágio cobrado do usuário. Em síntese, é essa contrapartida financeira a cargo do parceiro público que efetivamente caracteriza a parceria patrocinada.

Esse subsídio não seria meio de transferência do risco do negócio para o Poder Público, hipótese não prevista nos contratos de concessão disciplinados pela Lei nº 8.987/1995?

Maria Elisa Braz Barbosa faz a seguinte indagação sobre o tema e responde com apoio em Marçal Justen Filho, *in verbis*:

> Uma questão que se coloca acerca do subsídio é se sua instituição contraria o regime jurídico administrativo, mais precisamente o princípio da isonomia. Ao discorrer sobre a natureza jurídica do subsídio, Marçal Justen Filho dá a resposta ao afirmar "as utilidades oferecidas pelo concessionário, apresentam um cunho de assencialidade do serviço público" e, assim, torna-se possível a remuneração complementar pelo poder público. O autor esclarece que "isso se verificará sempre que a imposição de mecanismos de mercado acarretar a frustração do atendimento às necessidades fundamentais, especialmente pela população mais pobre".[7]

A contribuição do parceiro público não pode exceder a 70% da remuneração total a que terá direito o parceiro privado em virtude da parceria, exceto nos casos de prévia autorização por lei específica (art. 10, §3º, da Lei nº 11.079/2004).

12.3 Concessão administrativa

A concessão da modalidade administrativa é novidade no ordenamento jurídico pátrio. O conceito contido no §2º do art. 2º da Lei nº 11.079/2004, transcrito acima, prevê que a concessão administrativa é contrato de prestação de serviço, ainda que envolva execução de obra ou fornecimento e instalação de equipamentos. Nessa modalidade de concessão, a Administração Pública é usuária direta ou indireta. Não há, portanto, cobrança de tarifa. O custo da prestação do serviço é de responsabilidade integral do parceiro público, usuário direto ou indireto do serviço. A despeito da obscuridade do dispositivo legal em foco, pode-se entender que a concessão administrativa se aproxima mais do contrato de empreitada disciplinado pela Lei nº 8.666, de 21.6.1993, do que da concessão de serviços públicos de que cuida a Lei nº 8.987/95, principalmente porque não se trata de prestação de serviço público. Mas da prestação de serviço ao parceiro público.

Sobre o assunto, veja-se a sempre bem balizada posição da Maria Sylvia Zanella Di Pietro:

> Ao contrário da concessão patrocinada, que tem por objetivo a execução de serviço público, a concessão administrativa, à primeira vista, tem por objeto a prestação de serviço (atividade material prestada à Administração e que não tem as características de serviço público). Vale dizer que haveria uma aproximação conceitual entre esse contrato e o contrato de serviços de que trata a Lei n. 8.666/93, sob a forma de empreitada (arts. 6º, VIII, e 10).
>
> Na concessão patrocinada (da mesma forma que na concessão de serviços públicos comum ou tradicional), a execução de serviço público é delegada ao concessionário, que vai assumir a sua gestão e a sua execução material. Na concessão administrativa, se o objeto for a prestação de serviço, o concessionário, da mesma forma que na empreitada, vai assumir apenas a execução material de uma atividade prestada à Administração Pública; esta é que detém a gestão do serviço.[8]

---

[7] BARBOSA. *O regime jurídico-administrativo e as parcerias público-privadas*, p. 100.
[8] DI PIETRO. *Direito administrativo*, 19. ed., p. 312.

O assunto, como se vê, é delicado. Ao nosso juízo, à primeira vista, considerando que a Administração Pública arcará com o custo total do contrato de concessão administrativa, seria mais adequado o contrato de empreitada nos termos da Lei nº 8.666/93. Entretanto, o assunto carece de estudo aprofundado para se chegar a uma posição com segurança. Esse foi o nosso primeiro entendimento expressado, pela primeira vez, na 6ª edição. Na 7ª edição, já evoluímos um pouco. O estudo mais aprofundado da lei que regula as PPPs e da doutrina sobre o assunto já nos permite afirmar que a concessão administrativa de que trata o art. 2º, §2º da Lei nº 11.079/2004 não se confunde com a empreitada disciplinada pela Lei nº 8.666/93. As concessões patrocinadas e administrativas sujeitam-se, além da lei própria, a Lei nº 8.987/95 e a Lei nº 9.074/95, enquanto que a licitação e o contrato de obras submetem-se à Lei nº 8.666/93.

Os contratos de empreitada têm por objeto a construção de determinada obra civil de interesse público, por exemplo: prédios escolares, prédios para hospitais, logradouros públicos. Em todos esses casos, contrata-se a construção. No máximo, a contratação inclusa da instalação dos equipamentos e instalações necessárias ao funcionamento da escola ou do hospital, hipótese de empreitada integral. A prestação dos serviços fica a cargo da Administração Pública direta ou indiretamente. A responsabilidade contratual da empreiteira encerra-se com a entrega definitiva da obra objeto do contrato de empreitada. O mesmo não acontece com os parceiros privados nas duas modalidades de concessões. Em ambas, pressupõe-se a prestação de serviço. Essa assertiva infere-se da regra expressa no art. 2º, §4º, inc. III, da Lei nº 11.079/2004. Citado dispositivo proíbe expressamente a adoção de concessão patrocinada ou administrativa "que tenha por objeto único o fornecimento de mão de obra, o fornecimento e instalação de equipamentos ou a execução de obra pública". A gestão do serviço de um hospital, por exemplo, construído em parceria com a iniciativa privada, deve ser de responsabilidade da parceira concessionária. O citado §4º veda, ainda, a celebração de contrato de parceria público-privada se o valor do contrato for inferior a R$10.000.000,00 (dez milhões de reais) (redação da Lei nº 13.529/2017) e quando a prestação do serviço for inferior a 5 (cinco) anos.

São diretrizes que norteiam a contratação de parceria público-privada, nos termos do art. 4º da lei em exame: I – eficiência no cumprimento das missões do Estado e no emprego dos recursos da sociedade; II – respeito aos interesses e direitos dos destinatários dos serviços e dos entes privados incumbidos da sua execução; III – indelegabilidade das funções de regulação, jurisdicional, do exercício do poder de polícia e de outras atividades exclusivas do Estado; IV – responsabilidade fiscal na celebração e execução das parcerias; V – transparência dos procedimentos e das decisões; VI – repartição objetiva de riscos entre as partes; e VII – sustentabilidade financeira e vantagens socioeconômicas dos projetos de parceria.

12.4 Considerações sobre os contratos de parceria público-privada

As cláusulas dos contratos de parceria público-privada devem observar o disposto no art. 23 da Lei nº 8.987/1995, no que couber e, ainda, o seguinte: I – o estabelecimento do prazo de vigência do contrato deve levar em consideração o tempo necessário para a amortização dos investimentos feitos pelo parceiro, não podendo ser inferior a cinco anos nem superior a trinta e cinco anos; II – estipulação de penalidades a serem aplicadas à Administração e ao parceiro na hipótese de inadimplemento contratual. As sanções devem ser proporcionais à gravidade da falta cometida e às obrigações assumidas; III – dispõe sobre a repartição de riscos entre as partes, incluindo os relativos a caso fortuito, força maior, fato do príncipe e álea econômica extraordinária; IV – dispõe sobre a forma de remuneração e de atualização dos valores contratados; V – os mecanismos necessários à preservação da atualidade da prestação dos serviços; VI – os fatos que caracterizam a inadimplência pecuniária do parceiro público, os modos e o prazo de regularização e, quando houver, a forma de acionamento da garantia; VII – os critérios objetivos de avaliação do desempenho do parceiro privado; VIII – a prestação, de garantia de execução pelo parceiro privado, nos limites previstos no art. 96 da Lei nº 14.133/2021 e nos casos de concessão patrocinada, o disposto no art. 18, inc. XV, da Lei nº 8.987/1995; IX – o compartilhamento com a Administração Pública de ganhos econômicos efetivos do parceiro privado decorrentes da redução do risco de crédito dos financiamentos utilizados pelo parceiro privado; X – a realização de vistoria dos bens reversíveis, podendo o parceiro público reter os pagamentos ao parceiro privado, no valor necessário para reparar as irregularidades eventualmente detectadas; XI – o cronograma e os marcos para o repasse ao parceiro privado das parcelas do aporte de recursos, na fase de investimentos do projeto e/ou após a disponibilização dos serviços, sempre que verificada a hipótese prevista no art. 6º, §2º da lei em comento. Esse inciso foi incluído pela Lei nº 12.766/2012 (art. 5º da lei em exame).

O §1º do citado art. 5º prescreve que, havendo cláusulas dispondo sobre atualização automática de valores, previstos no contrato, baseadas em índices e formas matemáticas, essas cláusulas serão aplicadas sem necessidade de homologação da Administração Pública. Esta, entretanto, tem a prerrogativa de rejeitar a atualização, mediante publicação no prazo de quinze dias contados da data da apresentação da fatura, de razões fundamentadas na lei em comento ou no contrato que justifiquem a rejeição.

O §2º do mesmo artigo prescreve que os contratos poderão prever, adicionalmente: I – os requisitos e condições que legitimam o parceiro público a autorizar a transferência do controle ou a administração temporária da sociedade de propósito específico aos seus financiadores e garantidores com quem não mantenha vínculo societário direto, com o objetivo de promover sua reestruturação financeira e assegurar a continuidade da prestação dos serviços. Não se aplica, nesse caso, o disposto no art. 27, parágrafo único, inc. I, da Lei nº 8.987/1995 (redação dada pela Lei nº 13.097/2015); II – a possibilidade de emitir-se nota de empenho em nome dos financiadores do projeto em relação às obrigações pecuniárias da Administração Pública; III – a legitimidade dos financiamentos do projeto para receber indenizações por extinção antecipadas do contrato e por pagamentos efetuados pelos fundos e empresas estatais garantidoras de parcerias público-privadas.

A Lei nº 13.097/2015 acrescentou à Lei nº 11.079/2004 o art. 5º-A, com a seguinte redação:

Para fins do inciso I do §2º do art. 5º, considera-se:

I - o controle da sociedade de propósito específico a propriedade resolúvel de ações ou quotas por seus financiadores e garantidores que atendam os requisitos do art. 116 da Lei n. 6.404/1976;

II - a administração temporária da sociedade de propósito específico, pelos financiadores e garantidores quando, sem a transferência da propriedade de ações ou quotas, forem outorgados os seguintes poderes:

a) indicar os membros do Conselho de Administração, a sem eleitos pela Assembleia Geral dos acionistas, nas sociedades regidas pela Lei 6.404/1976; ou administradores, a serem eleitos pelos quotistas, nas demais sociedades;

b) indicar os membros do Conselho Fiscal, a serem eleitos pelos acionistas ou quotistas controladores em Assembleia Geral;

c) exercer poder de veto sobre qualquer proposta submetida à votação dos acionistas ou quotistas da concessionária, que representem, ou possam representar, prejuízos aos fins previstos no *caput* deste artigo;

d) outros poderes necessários ao alcance dos fins previstos no *caput* deste artigo.

§1º A administração temporária autorizada pelo poder concedente não acarretará responsabilidade aos financiadores e garantidores em relação à tributação, encargos, ônus, sanções, obrigações ou compromissos com terceiros, inclusive com o poder concedente ou empregados.

2º O Poder Concedente disciplinará sobre o prazo da administração temporária.

12.4.1 Regime de aportes financeiros em favor do parceiro privado

O art. 6º da Lei nº 11.079/2004 arrola as formas e os meios de efetivar a contraprestação de responsabilidade da Administração Pública nos casos de contratos de parceria público-privada.

Quando previsto no contrato, o pagamento ao parceiro privado pode ser efetivado por meio de remuneração variável, conforme o seu desempenho, cumprimento de metas e padrões de qualidade (§1º incluído pela Lei nº 12.766/2012).

Quando previsto no edital de licitação, o contrato poderá conter cláusula que estipule sobre o aporte de recursos em favor do parceiro privado para a realização de obras e aquisição de bens reversíveis, em conformidade com o disposto no art. 28, incs. X e XI, da Lei nº 8.987/1995, nos casos de contratos novos e nos casos de contratos firmados até 8.8.2012, se previsto em lei específica (§2º incluído pela Lei nº 12.766/2012).

O valor do aporte de recursos realizados nos termos do §2º poderá ser excluído da determinação: I – do lucro líquido para fins de apuração do lucro real e da base de cálculo da Contribuição Social sobre o Lucro Líquido – CSLL; II – da base de cálculo da Contribuição para o PIS/Pasep e da Contribuição para o Financiamento da Seguridade Social (Cofins) (§3º incluído pela Lei nº 12.766/2012); III – da base de cálculo da Contribuição Previdenciária sobre a Receita Bruta – CPRB devida pelas empresas referidas nos arts. 7º e 8º da Lei nº 12.546, de 14.12.2011, a partir de 1º.1.2015 (inc. III com redação dada pela Lei nº 13.043, de 13.9.2014).

Nos termos do art. 7º, *caput*, da lei em comento, o adimplemento da contraprestação do parceiro público se efetivará somente após a disponibilização do serviço objeto do contrato de parceria público-privada. Entretanto, à Administração Pública é facultado efetuar pagamento da sua contraprestação relativa à parcela do serviço já disponibilizada conforme dispuser o contrato de parceria (§1º do art. 7º, com redação da Lei nº 12.766/2012).

O aporte de recursos de que trata o §2º do art. 6º da lei em comento, quando realizado durante a fase dos investimentos a cargo do parceiro privado, deve ser proporcional às etapas efetivamente executadas (§2º, com redação da Lei nº 12.766/2012).

12.4.2 Regime de garantias

A lei em comento prevê, no art. 8º, os meios de garantias nos casos de obrigações pecuniárias contraídas pela Administração Pública em face de contrato de parceria público-privada. São eles: I – vinculação de receitas, observado o disposto no inc. IV do art. 167 da Constituição Federal; II – instituição ou utilização de fundos especiais previstos em lei; III – contratação de seguro-garantia com companhias seguradoras que não sejam controladas pelo Poder Público; IV – garantia prestada por organismos internacionais ou instituições financeiras que não sejam controladas pelo Poder Público; V – garantias prestadas por fundo garantidor ou empresa estatal criada para essa finalidade; e VI – outros mecanismos admitidos em lei.

Esses mecanismos de garantias foram postos à disposição da Administração Pública para que, por meio de um deles, ela possa efetivamente garantir aos seus credores, em face do contrato de parceria público-privada, o recebimento de seus créditos, independentemente de ações judiciais. Por isso mesmo, trata-se de meios inovadores no ordenamento jurídico brasileiro. Marçal Justen Filho considera ser esse regime de garantias a característica mais marcante das parcerias público-privadas. Assim assevera:

> Talvez a característica mais marcantes das PPP seja o regime de garantias prestadas pelo Estado. A essência das PPP reside em reduzir custos e riscos, de modo a obter condições mais favoráveis de financiamento para investimentos de grande relevo social. No Brasil, a questão apresenta peculiaridades sem paralelo no estrangeiro.
>
> A questão se relaciona, primeiramente, à demora dos processos em que a Fazenda Pública seja ré. As dificuldades do poder Judiciário são agravadas nesses casos e é usual que o trânsito em julgado da sentença condenatória da Administração Pública demore longos anos.
>
> Outra dificuldade se relaciona se relaciona à disciplina do art. 100 da CJ/1988. Ali se estabelece que as dívidas da Fazenda Pública serão liquidadas mediante o regime de precatórios, em que o montante dos créditos do particular será incluído na lei orçamentária de exercício financeiro posterior.[9]

Esse texto de Marçal Justen Filho sintetiza, com muita propriedade, a penúria a que a Fazenda Pública submete seus credores em situação de conflito. Os créditos das pessoas físicas e jurídicas de obrigação da Fazenda Pública, reconhecidos pelo Judiciário, são pagos por meio de precatórios, em conformidade com o disposto no art. 100 da Constituição da República. Esse é o meio de execução das decisões judiciais em que a Fazenda Pública for vencida. O fundamento justificador de procedimento é o fato de os

---

[9] JUSTEN FILHO. *Curso de direito administrativo*, p. 834.

bens públicos serem insusceptíveis de penhora e, também, a necessidade de previsão da despesa no orçamento anual.

Do ponto de vista legal, esse meio de satisfação de créditos em face da Fazenda Pública é até vantajoso, comparado com a regra da execução comum prevista no Código de Processo Civil, porque evita longa discussão judicial na fase de execução de sentença transitada em julgado. Pela regra do precatório, a execução é administrativa, a cargo do presidente do tribunal competente. O §5º do art. 100 da Constituição da República estabelece que a requisição do precatório deve ser encaminhada à Fazenda Pública até o dia 1º de julho (essa data foi antecipada para 2 de abril, pela Emenda Constitucional nº 114/2021. Essa antecipação prejudica o credor, pois, em relação à data anterior, ele perdeu três meses) para que o respectivo valor conste do orçamento a ser aprovado para o exercício seguinte e o pagamento do precatório seja efetivado até dezembro, no máximo um ano e meio depois do requisitório. Entretanto, na realidade, o que se verifica é verdadeiro descaso e descumprimento da Constituição pelas Fazendas Públicas, principalmente as estaduais e municipais. Na prática, muitas pessoas físicas credoras de precatórios morrem antes de receber os seus créditos.

Antes da formação do precatório, na fase da ação judicial de conhecimento em que a Fazenda Pública é ré, o autor pena por muitos anos até o trânsito em julgado da sentença, porque o Estado, nos quatro planos de governo, vale-se de todos os recursos processuais, que são fartos no CPC de 2015.

Por esses motivos, o regime de garantias de que trata o art. 8º da Lei nº 11.079/2004 é fundamental para atrair as empresas privadas para firmarem contratos de parcerias público-privadas.

Entre as formas de garantias previstas no citado art. 8º, está consignado o "fundo garantidor", conforme inc. V; seguro-garantia; instituição ou utilização de fundos especiais previstos em lei. A União e diversos outros entes federativos já instituíram o respectivo fundo garantidor. O da União está previsto no art. 16 da das PPPs, com redação dada pela Lei nº 12.766/2012, do seguinte teor:

> Art. 16. Ficam a União, seus fundos especiais, suas autarquias, suas fundações públicas e suas empresas estatais dependentes autorizadas a participar, no limite global de R$6.000.000.000,00 (seis bilhões de reais), em Fundo Garantidor de Parcerias Público-Privadas – FGP que terá por finalidade prestar garantia de pagamento de obrigações pecuniárias assumidas pelos parceiros públicos federais, distritais, estaduais ou municipais em virtude das parcerias de que trata esta Lei. (Redação dada pela Lei nº 12.766/2012)

Essa espécie de garantia, em princípio, é a mais eficiente e eficaz. Por isso, mais atraente aos interesses da iniciativa privada.

12.4.3 A adoção da arbitragem

Outra medida legislativa com vista a acelerar a solução de conflitos decorrente de contratos de parcerias público-privadas é a previsão de se adotar a arbitragem disciplinada pela Lei nº 11.079/2004.

Há quem entenda que não se pode usar a arbitragem para solucionar conflito envolvendo a Administração Pública, em virtude do princípio da indisponibilidade do interesse público a que se submetem os agentes públicos gestores. Marçal Justen Filho enfrenta a questão e, em sólidos argumento e fundamentos, refuta os argumentos conservadores, nos seguintes termos:

> Rigorosamente, a arbitragem é uma simples manifestação de cunho contratual. A fixação das condições para a composição do litígio reflete, como visto, a autonomia contratual. Assim como as partes disciplinam o conteúdo das obrigações futuras, determinando o que é proibido, obrigatório e facultado no seu relacionamento recíproco, também dispõem sobre a forma de composição de eventuais litígios.
>
> Isso significa a absoluta impropriedade de adotar arbitragem em matérias que não possam ser objeto de disposição por via de contrato. Tal como previsto no Código Civil, não se admite arbitragem para disciplinar questões de Estado, por exemplo.
>
> Daí segue que, em princípio, todas as questões que comportam disciplina por via contratual admitem a instituição de arbitragem. Trata-se de uma questão indissociável, já que existe um único e mesmo tema jurídico. A disponibilidade para impor a arbitragem é a mesma para criar direitos e obrigações por via contratual.
>
> Logo, o argumento de que a arbitragem nos contratos administrativos é inadmissível porque o interesse público é indisponível conduz a um impasse insuperável. Se o interesse público é indisponível ao ponto de excluir a arbitragem, então seria indisponível igualmente para o efeito de produzir contratação administrativa. Assim como a Administração pública não disporia de competência para criar a obrigação vinculante relativamente ao modo de composição do litígio, também não seria investida do poder para criar *qualquer* obrigação vinculante por meio contratual.
>
> Ou seja, seriam invalidas não apenas as cláusulas de arbitragem, mas também e igualmente todos os contratos administrativos.
>
> O equívoco da argumentação reside em que a "indisponibilidade do interesse público" não produz impedimento a que o Estado estabeleça relacionamento com os particulares, criando vínculos jurídicos aptos a impor direitos e obrigações recíprocas. Trata-se de relacionamentos de cunho patrimonial, que traduzem operações de transferência de bens e direitos entre o Estado e um particular. A indisponibilidade dos interesses sob tutela do Estado não é um impedimento a que bens e direitos de titularidade pública sejam transferidos para o domínio privado e vice-versa.[10]

Em reforços aos argumentos do autor transcrito acima, traz-se à tona o art. 23-A da Lei nº 8.987/1995, acrescentado pela Lei nº 11.196/2005. O dispositivo legal em questão prevê a possibilidade de os contratos de concessão preverem a adoção de arbitragem para dirimir conflitos, nos termos da Lei nº 9.307, de 23.9.1996.

Além dessa previsão legal, tramita no Congresso Nacional o PL nº 7.108/2014, que altera os arts. 1º, 2º e vários outros da Lei nº 9.307, de 23.9.1996. Neste tópico interessa apenas as alterações propostas para os arts. 1º e 2º. São elas: art. 1º, §1º: "A Administração Pública direta e indireta poderá utilizar-se da arbitragem para dirimir conflitos relativos a direitos patrimoniais disponíveis"; §2º: "A autoridade ou o órgão competente da Administração Pública direta para a celebração de convenção de arbitragem é a mesma para a realização de acordos ou transações"; art. 2º, §3º: "As arbitragens que envolvam a Administração Pública serão sempre de direito e respeitarão o princípio da publicidade". O citado PL deu origem à Lei nº 13.120/2015.

---

[10] JUSTEN FILHO. *Op. cit.*, p. 822.

Tramita na Câmara dos Deputados outro PL, o de nº 7.169/2014, que trata da mediação com a seguinte ementa:

> Dispõe sobre a mediação entre particulares como o meio alternativo de solução de controvérsias e sobre a autocomposição de conflitos no âmbito da Administração Pública; altera a Lei nº 9.469, de 10 de julho de 1997, e o Decreto nº 70.235, de 6 de março de 1972; e revoga o §2º do art. 6º da Lei nº 9.469, de 10 de julho de 1997. O PL em referência resultou na Lei n. 13. 140, de 26.06.2015.

Por fim, o STJ e o STF já vêm reconhecendo a legalidade da adoção da arbitragem para a solução de conflito entre a Administração Pública e o particular, conforme jurisprudência desses tribunais trazida à colação neste capítulo.

12.4.4 Licitação

As duas modalidades de concessões, patrocinada e administrativa, estão sujeitas à licitação na modalidade concorrência, em conformidade com as exigências previstas no art. 10 da Lei nº 11.079/2004, com a redação dada pela Lei nº 14.133/2021. O dispositivo prescreve infinidade de itens relativos à conveniência e à oportunidade da contratação, a aspectos de ordem orçamentária, financeira, observância das regras da Lei Complementar nº 101, de 4.5.2000, fluxo de caixa, impacto ambiental, entre outros. Se se observar rigorosamente o que dispõe a lei, a prática de corrupção que desvia recursos públicos encontrará mais dificuldade. Espera-se dos gestores públicos plena observância da legislação no preparo e lançamento de editais de licitações com vista a estabelecer parcerias público-privadas.

Para finalizar este breve exame, cumpre ressaltar que a lei em realce, embora proclame no preâmbulo que sua finalidade é dispor sobre normas gerais de contratação de concessão de parceria público-privada no âmbito da Administração Pública, nos arts. 14 a 22, estabelece normas e condições aplicáveis somente à União. Os estados, o Distrito Federal e os municípios devem editar as suas leis regulando PPPs, de acordo com os interesses regionais e locais, respeitando, é claro, as normas gerais contidas na Lei nº 11.079/2004.

13 Regime Diferenciado de Contratações Públicas (RDC)

O regime diferenciado de contratações públicas, da forma em que está posto neste tópico, será revogado em 1º.4.2023, nos termos do art. 193 da Lei nº 14.133, de 1º.4.2021. Entretanto, vamos manter o texto na íntegra, por dois motivos: a) do RDC foram aproveitadas, pelo novo Estatuto, diversas de suas práticas. Entre as quais, critério de julgamento de maior retorno econômico e orçamento sigiloso; em síntese, as inovações do RDC em relação à Lei nº 8.666/1993 foram absorvidas pela Lei nº 14.133/2021; e b) serve de fonte de pesquisa para os estudiosos da evolução legislativa sobre licitações e contratações públicas no Direito brasileiro (art. 28 do novo Estatuto).

Examinaram-se até aqui diversas leis dispondo sobre licitações e contratos administrativos, sendo que o carro-chefe delas é a Lei nº 8.666, de 21.6.1993, pelo fato de ela dispor sobre normas gerais de licitações e contratações públicas a serem observadas pela Administração Pública direta, autarquias e fundações públicas, nos quatro planos de governo, obedecido o disposto no art. 37, inc. XXI, e para as sociedades de economia mista e empresas públicas e suas subsidiárias, conforme art. 173, §1º, inc. III, ambos da Constituição Federal (art. 22, inc. XXVII, da Constituição Federal).

A lei a que se refere o *caput* do art. 173, §1º, ainda não foi editada. Por essa razão, as empresas referidas no dispositivo continuam sujeitas à Lei nº 8.666/93, considerando que o comando do art. 173 da Constituição, nesse particular, é ineficaz por estar condicionado a uma norma implementadora. Exclui-se desse entendimento a Petróleo Brasileiro S.A. (Petrobras). Essa empresa, sociedade de economia mista e capital aberto, criada pela União, adota regime simplificado de licitações e contratações regulamentado pelo Decreto federal nº 2.745, de 25.8.1998, autorizado nos termos do art. 67 da Lei nº 9.478, de 6.8.1997.

Neste item faremos ligeira abordagem sobre a Lei nº 12.462, de 4.8.2011, que instituiu o Regime Diferenciado de Contratações Públicas (RDC). O exame será breve e apenas informativo, pelo fato de estar tramitando no Congresso Nacional o Projeto de Lei Substitutivo nº 559/13, pronto para votação plenária. Esse projeto modifica substancialmente o sistema nacional de licitações e contratações públicas e, nos termos do seu art. 176, revoga a Lei nº 8.666/93 (Lei Geral de Licitações e Contratos), a Lei nº 10.520/2002 (lei que instituiu a licitação da modalidade pregão) e os arts. 1º a 47 da Lei nº 12. 462/2011 (RDC) em foco.

13.1 Considerações gerais

O regime geral de licitações e contratações é regido pela Lei nº 8.666, de 21.6.1993, como visto em itens antecedentes. Essa lei instituiu cinco modalidades de licitação: concorrência, tomada de preços, convite, concurso e leilão (art. 22). A Lei nº 10.520, de 17.7.2002, instituiu a sexta modalidade de licitações, denominada pregão. Recentemente, foi sancionada a Lei nº 12.462, de 5.8.2011, que disciplina o Regime Diferenciado de Contratações Públicas (RDC).

O novo regime é diferenciado em relação à lei geral de licitações e à lei do pregão, tendo por finalidade tornar as contratações mais céleres nos casos previstos na lei. Entretanto, tramita no Congresso Nacional o Projeto de Lei Substitutivo nº 559/13, pronto para votação em Plenário. A lei que resultará do aludido PLS revogará as leis nº 8.666/93 e nº 10.520/2002 e, ainda, os arts. 1º a 47 da Lei nº 12.462/11, conforme redação do art. 176 do projeto de lei em referência, e contemplará com novas roupagens, procedimentos e condições as matérias contidas nas leis e dispositivos que serão revogados. Por esse motivo, neste texto o objetivo é ressaltar apenas os principais pontos destoantes das leis nº 8.666/93 e nº 10.520/2002.

13.2 Apontamentos sobre o RDC

O RDC, nos termos da lei que o instituiu, aplicava-se apenas nas contratações necessárias à realização da Copa das Federações promovida pela Federação Internacional de Futebol Associação (Fifa, 2013); na Copa do Mundo (Fifa, 2014); nos Jogos Olímpicos e

Paraolímpicos de 2016, a serem realizados no Rio de Janeiro, definidos pela Autoridade Pública Olímpica; e nas contratações de obras de infraestrutura e contratação de serviços para os aeroportos dos estados-membros distantes até 350 quilômetros das cidades-sede dos mundiais referidos acima.

A Lei nº 12.688, de 18.7.2012, ampliou o campo de aplicação do RDC nos seguintes casos: obras integrantes do Programa de Aceleração do Crescimento (PAC); obras e serviços de engenharia de interesse do Sistema Único de Saúde (SUS); e nos casos de realizações de obras e serviços de engenharia de interesse do sistema público de ensino (§3º da Lei nº 12.462/2011). A Lei nº 12.980, de 28.5.2014, alargou ainda mais o campo de abrangência do RDC para alcançar as obras e serviços de engenharia na construção, ampliação e reforma de estabelecimentos penais e de unidades de atendimento socioeducativo.

O RDC, com as ampliações introduzidas pelas leis citadas acima, reservou à regência da Lei nº 8.666/93 e da Lei nº 10.520/2002, basicamente, as compras e os serviços comuns, sem exclusividade. Isso porque o RDC prevê aquisição de bens e contratação de serviços.

13.2.1 Objetivos do RDC

Os objetivos do RDC são os seguintes: a) "ampliar a eficiência nas contratações públicas e a competitividade entre os licitantes"; b) "promover a troca de experiências e tecnologias em busca da melhor relação entre custo e benefício para o setor público"; c) "incentivar a inovação tecnológica"; e d) "assegurar tratamento isonômico entre os licitantes e a seleção da proposta mais vantajosa para a Administração Pública".

Esses objetivos já estavam contidos no art. 3º, *caput* e parágrafos, da Lei nº 8.666/1993.

13.2.2 Definições

As definições relativas ao RDC estão contidas no art. 2º da Lei nº 12.462/2011. Muitas delas coincidem com as previstas no art. 6º da Lei nº 8.666/93 – por exemplo, empreitada global, empreitada por preço unitário e empreitada integral, projeto básico e projeto executivo, entre outros. A redação, em cada caso, difere um pouco na comparação dos dois dispositivos, mas o conteúdo básico é o mesmo. Procurando evitar a transcrição ou a interpretação inadequada, remete-se o leitor ao art. 2º da Lei nº 12.462/2011.

13.2.3 Diretrizes

Nas licitações e contratações em conformidade com o RDC, as seguintes diretrizes devem ser observadas: a) padronização do objeto da contratação que se deseja realizar, no concernente às especificações técnicas e de desempenho, e, nos casos de objetos que dependem de manutenção, assistência técnica, e garantia, estabelecer as condições; b) padronização dos instrumentos convocatórios das minutas de contratos a serem firmados com os licitantes vencedores, aprovados pelo órgão jurídico competente. A participação do jurídico da entidade ou órgão promotor de licitações e de contratações é indispensável em qualquer licitação e contratação. Essa condição já é expressa na Lei nº 8.666/1993. O visto do advogado no edital e na minuta do contrato significa que ele, ao apor sua assinatura, diz à autoridade competente que pode assinar os documentos, pois ambos estão em conformidade com a lei de regência; c) outra diretriz inovadora é no sentido de que a contratação deve refletir maior vantagem possível para a Administração Pública, levando-se em consideração o custo e benefícios, diretos e indiretos, de natureza econômica, social e ambiental. Em virtude dessa diretriz, o Poder Público, ao conceber obra ou serviço de engenharia, terá, na fase interna, de planejar adequadamente o que pretende realizar. Isso porque o custo/benefício do empreendimento deve ser rigorosamente planejado e observado. Não se pode, principalmente, nos tempos atuais, gastar o dinheiro público sem saber qual será seu retorno social, que deve ser compatível com a inversão dos recursos financeiros. Deve ser levado em consideração, ainda, o impacto ambiental, a destinação dos resíduos sólidos e a recuperação do solo, da cobertura florística e dos animais silvestres, quando for o caso; d) "condições de aquisição, de seguros, de garantias, e de pagamentos compatíveis com as condições, inclusive mediante pagamento de remuneração variável conforme desempenho, na forma do art. 10" (redação introduzida pela Lei nº 12.980/2014). O citado art. 10 prevê a possibilidade de pagamento variado à contratada vinculado ao seu desempenho "com base em metas, padrões de qualidade, critérios de sustentabilidade ambiental e prazo de entrega definidos no instrumento convocatório e no contrato". A adoção de pagamentos variados dependerá de prévia motivação e observará o limite do orçamento fixado pela Administração Pública para a obra; e) utilização de mão de obra e materiais da região onde será realizada a obra ou serviço, desde que não implique prejuízos quanto à eficiência na execução do respectivo objeto; f) fracionamento do objeto, com vista a alcançar maior número de licitantes, desde que não concorra para a perda da economia de escala e da qualidade da obra ou do serviço de engenharia.

Os impactos negativos aos bens culturais tombados devem ser compensados por meio de medidas determinadas pela autoridade competente, nos termos da legislação aplicável (§2º, do art. 4º da lei em comento). Essa regra parece ser benéfica ao patrimônio cultural, entretanto, não é. Os bens tombados não podem ser agredidos ou prejudicados por obras ou serviços de engenharia. Na hipótese de qualquer dano, impõe-se a recuperação do bem e não compensação.

13.3 Procedimento licitatório

O procedimento licitatório no RDC é, em muitos pontos, distinto do previsto na Lei nº 8.666/93. O art. 12 da lei que disciplina o RDC arrola as seguintes fases da licitação, observando-se essa ordem: a) fase preparatória (fase interna); b) fase da publicação do instrumento convocatório, edital; fase de apresentação de propostas ou lances; c) fase do julgamento; d) fase da habilitação; fase recursal; e a do encerramento.

A Lei nº 8.666/93 prevê que, depois da publicação do edital e apresentação dos documentos e das propostas, a fase seguinte é a da habilitação. Depois dessa é que vem o julgamento das propostas técnicas, quando for o caso, e em seguida a proposta financeira.

Na modalidade pregão, regida pela Lei nº 10.520/2002, esses procedimentos são invertidos: primeiramente, julgam-se as propostas técnicas e financeiras de todas as licitantes e depois, cuida-se da habilitação do licitante vencedor na fase de julgamento. Caso o primeiro não seja habilitado, examinam-se os documentos de habilitação do segundo classificado. Se esse não tiver interesse, serão convocados os demais remanescentes, observando-se a ordem de classificação.

No RDC, a habilitação também ocorre depois do julgamento das propostas. Assim, serão conhecidos os documentos de habilitação somente do licitante classificado. Na hipótese de o primeiro não ser habilitado por não atender às condições do edital, é que se cogita de abrir o envelope contendo os documentos de habilitação do segundo colocado, se o procedimento for presencial. Se a forma for eletrônica, serão solicitados os documentos do primeiro classificado ou do segundo, caso o primeiro não seja habilitado.

O parágrafo único do art. 12 em referência prevê a possibilidade de a habilitação, mediante motivação, anteceder a fase de apresentação de propostas ou lance e a de julgamento.

As licitações podem ser presenciais ou eletrônicas, dando-se preferência a esta última. Nesse caso, os atos da Administração e dos licitantes serão eletrônicos, semelhantes ao do pregão eletrônico (art. 13 da lei em exame).

Os documentos necessários à habilitação nas licitações do RDC são os mesmos previstos na Lei nº 8.666/93 (arts. 27 a 33), observados os seguintes procedimentos: pode ser exigida dos licitantes a declaração de que atendem às condições de habilitação previstas no edital; os documentos de habilitação serão exigidos apenas do licitante classificado, ressalvados os casos das licitações, cuja fase de habilitação antecede as demais fases. Essa hipótese constitui exceção à regra contida no comando da Lei do RDC. Se adotada a exceção, as propostas serão apresentadas somente pelos licitantes previamente habilitados; qualquer que seja a forma, habilitação depois ou antes das demais fases, os documentos relativos à regularidade fiscal podem ser exigidos posteriormente ao julgamento das propostas e somente do licitante mais bem classificado. A exemplo do previsto na regra geral de licitações (Lei nº 8.666/93), é permitida a participação de consórcio de empresa nas licitações do RDC. Não é obrigatório, mas prudente e conveniente, que se exijam requisitos de sustentabilidade ambiental, na forma prevista em lei aplicável (art. 14 da lei em exame).

Alécia Pauolucci Nogueira Bicalho esclarece essa chamada inversão de ordem no procedimento licitatório nos seguintes termos:

> Reside aqui, no art. 12, uma das inovações da Lei nº 12.462/11, ou seja, a *inversão de fases* extensiva a todos os potenciais objetos sob a égide do regime diferenciado, não importando as características e vultos de cada contratação.
>
> Nesse ponto, caba um esclarecimento formal. A doutrina e a jurisprudência sempre definiram a "inversão de fases" com fulcro no modelo da Lei nº 8.666/93, segundo o qual a habilitação dos licitantes vinham antes do julgamento das propostas. Assim, o "inverso" desse modelo seria proceder *primeiro* o julgamento, *depois* à habilitação.
>
> Constata-se todavia, que a Lei do RDC institucionalizou, *procedimento padrão* a habilitação pós-julgamento no art. 12. Tendo-o feito, passa a designar como *inversão de fases* o modelo tradicional de habilitação *prévia* ao julgamento, como regramento indicado no parágrafo único do art. 12 da lei, prosseguido nos incisos II e III do art. 14, e ainda no art. 14 do decreto. Trata-se, como visto, de uma pequena complicação sem consequências, ficando o leitor avisado que, a partir do dispositivo em exame, a lei emprega a expressão *inversão de fases* em sentido contrário ao encontrado habitualmente na legislação, na jurisprudência e nos estudos sobre o tema.

Para que não haja maiores confusões, evitar-se-á, doravante, tanto quanto possível, a expressão *inversão de fases*, substituindo-a por outras mais precisas, como "habilitação pós-julgamento" e outras semelhantes.[11]

A publicidade dos instrumentos convocatórios, prevista no art. 15 da lei sob exame, observará prazos diferenciados de acordo com o objeto e o tipo da licitação, como a seguir:

- *nos casos de aquisição de bens:* a) 5 (cinco) dias úteis quando o critério de julgamento for o menor preço ou maior desconto; e b) 10 (dez) dias úteis nos demais casos que não se enquadram na hipótese prevista na letra "a";
- *nos casos de contratação de serviços e de obras:* a) 15 (quinze) dias úteis, quando o critério de julgamento for o de menor preço ou de maior desconto; e b) 30 (trinta) dias úteis nos casos em que não se enquadrarem na hipótese da letra "a".

Quando se tratar de licitação cujo critério de julgamento for a menor oferta, o prazo será de 10 (dez) dias úteis. Já nas licitações em que for adotado o critério de julgamento pela melhor combinação de técnica e preço, pela melhor técnica ou em razão do conteúdo artístico, o prazo será de 30 (trinta) dias úteis.

A divulgação do instrumento convocatório, sem prejuízo da faculdade de comunicação direta com os fornecedores interessados, será por meio de publicação do extrato do edital no *Diário Oficial* da União, do estado, do Distrito Federal ou do município; quando se tratar de consórcio público, a publicação far-se-á no *Diário Oficial* do ente consorciado de maior nível entre eles e em jornal diário de grande circulação e também em sítio eletrônico oficial centralizado destinado à divulgação de licitações ou mantido pela rede mundial de computadores, a internet.

Quando o objeto for contratação de obras até o valor de R$150.000,00 (cento e cinquenta mil reais) ou compras e contratação de serviços, inclusive de engenharia até o valor de R$80.000,00 (oitenta mil reais), dispensa-se a publicação nos diários oficias e nos jornais diários mencionados (art. 15).

13.3.1 Apresentação das propostas ou lances

No RDC é facultado adotar os modos de disputa aberto e fechado, que poderão ser combinados conforme dispuser o regulamento (art. 16).

O regulamento referido no art. 16 citado *supra* é o Decreto nº 7.581, de 11.10.2011. O art. 15 desse regulamento reproduz o conteúdo do art. 16 da Lei do RDC, referido no parágrafo anterior deste texto, e o art. 16 do regulamento estabelece que os interessados devem, na abertura da sessão pública, apresentar declaração de que atendem às condições de habilitação contidas no edital, inclusive as microempresas e as empresas de pequeno porte.

Nas licitações na forma eletrônica, o sistema contém campo para os interessados declararem que atendem às condições de habilitação.

---

[11] BICALHO; MOTTA. *Comentário ao regime diferenciado de contratações*, p. 273.

Nas sessões públicas, os licitantes devem ser previamente credenciados para que possam, de viva voz, apresentar os lances, nos termos dispostos no art. 19 do regulamento.

13.3.1.1 Modo de disputa aberto

Na modalidade de disputa aberta, os licitantes apresentarão suas propostas, em sessão pública, por meio de lances sucessivos, crescentes ou decrescentes, em conformidade com os critérios de julgamento previstos no edital.

O art. 19 do regulamento prescreve que, nas licitações abertas presenciais, serão adotados, adicionalmente, os seguintes procedimentos: a) as propostas iniciais são classificadas observando-se a ordem de vantajosidade; b) os licitantes são convidados pela comissão de licitação a oferecerem seus lances verbais, sucessivamente, iniciando-se com o autor da proposta menos vantajosa, seguido dos demais licitantes; e c) se o licitante convocado desistir de apresentar lance verbal, será excluído da etapa de lances verbais "e a manutenção do último preço por ele apresentado, para efeito de ordenação das propostas, exceto no caso de ser o detentor da melhor proposta, hipótese em que poderá apresentar novos lances sempre que esta for coberta, observando o disposto no parágrafo único do art. 18".

Após a definição da melhor proposta, a comissão poderá reiniciar a disputa aberta, se a diferença da segunda classificada for pelo menos 10% (dez por cento) em relação à primeira.

13.3.1.2 Modo de disputa fechado

No modo de disputa fechado, as propostas apresentadas pelos licitantes serão apresentadas em envelopes opacos e hermeticamente fechados, e nessas condições devem permanecer até a instalação da sessão solene de início do julgamento, oportunidade em que os interessados terão conhecimento das propostas. É o mesmo procedimento adotado pela Lei nº 8.666/93.

13.3.1.3 Combinação dos modos de disputa

A licitação poderá realizar-se em duas etapas, se previstas no edital, sendo a primeira eliminatória. Os modos aberto e fechado de disputa podem ser combinados observando-se o seguinte: iniciando-se pelo modo fechado, nesse caso serão classificados para a etapa seguinte os licitantes que apresentarem as três melhores propostas, nos termos do edital, iniciando-se a disputa aberta com a participação de lances sucessivos em conformidade com o disposto no Decreto nº 7.531/2011 (arts. 18 e 19); ou iniciando-se a disputa pelo modo aberto, os licitantes que apresentarem as três melhores propostas farão as propostas finais, fechadas.

13.3.2 Julgamento das propostas

O julgamento das propostas dos licitantes no RDC está previsto nos arts. 25 e seguintes do regulamento, conforme se verá a seguir.

13.3.2.1 Critérios de julgamento

Os critérios de julgamento das propostas já foram mencionados alhures. Entretanto, aqui serão examinados cada um deles arrolados no art. 25 do regulamento, na seguinte ordem:

I - menor preço ou maior desconto;
II - técnica e preço;
III - melhor técnica ou conteúdo artístico;
IV - menor oferta de preço; ou
V - maior retorno econômico.

O §1º do citado art. 25 estabelece o óbvio: o julgamento das propostas deve cingir-se ao que dispuser o instrumento convocatório, vedado computar vantagens não previstas, inclusive financiamento subsidiados ou a fundo perdido. O §2º, por seu turno, prescreve a obrigatoriedade de observar o disposto no art. 3º da Lei nº 8.666/1993, no que se refere à margem de referência.

a) Menor preço ou maior desconto.

Na aferição da proposta de menor preço, levar-se-ão em consideração os custos indiretos, relacionados às despesas de manutenção, utilização, reposição, depreciação e impacto ambiental, entre outros, desde que mensuráveis nos termos previstos no edital. O critério desconto consiste na diferença entre o preço cotado pelo licitante e o valor estimado pela Administração Pública constante do instrumento convocatório. Assim, quanto menor for o valor da proposta em relação ao valor estimado, maior será o desconto oferecido pelo proponente. Nos casos de obra e serviço de engenharia, o percentual de desconto incidirá linearmente sobre os preços de todos os itens do orçamento estimado, constante do edital (art. 19 do RDC e arts. 26 e 27 do regulamento).

b) Critério de técnica e preço.

O critério de técnica e preço consiste na melhor combinação de técnica e de preço e será utilizado exclusivamente na contratação de objeto com as seguintes características: natureza predominantemente intelectual e de inovação tecnológica ou técnica; ou objeto "que possa ser executado com diferentes metodologias ou tecnologias de domínio restrito no mercado, pontuando-se as vantagens e qualidades ofertadas para cada produto ou solução".

Esse critério de julgamento deve ser utilizado nos casos em que a avaliação e a ponderação das propostas superarem as condições mínimas previstas no edital e forem relevantes aos fins pretendidos (art. 28 do regulamento).

Nos casos de avaliação e ponderação das propostas, deve-se utilizar índice de ponderação diferenciado para a proposta técnica e para a proposta de preço, de modo a valorizar mais a técnica do que o preço, considerando-se que, nesse caso, a técnica é mais importante do que o preço. Para isso, é indispensável que o instrumento convocatório disponha com clareza e objetividade os pesos a serem usados na ponderação.

O fator da ponderação mais relevante está limitado em 70% (setenta por cento). Parâmetros de sustentabilidade ambiental podem ser utilizados para a pontuação das propostas técnicas. O edital deve consignar pontuação mínima para as propostas técnicas.

O licitante cuja proposta técnica não atingir essa pontuação mínima será desclassificado (art. 20 do RDC e arts. 28 e 29 do regulamento).

c) Melhor técnica ou conteúdo artístico.

O critério de julgamento de melhor técnica ou de melhor conteúdo artístico pode ser utilizado nos casos de contratação para a elaboração de projeto de natureza técnica ou artística, inclusive projeto arquitetônico. O projeto de engenharia não se inclui nessa categoria de critério de julgamento.

Somente serão objeto de julgamento as propostas técnicas ou artísticas apresentadas pelos licitantes em conformidade com os critérios objetivos constantes do edital.

O vencedor será retribuído pela sua criatura por meio de prêmio ou remuneração estabelecido no instrumento convocatório.

Entre os elementos considerados para o julgamento das propostas, quando o objeto for a elaboração de projetos, podem ser utilizados parâmetros de sustentabilidade ambiental, na pontuação delas. O edital deve estabelecer a pontuação mínima que servirá de critério para desclassificação dos licitantes que não a atingirem.

Nas licitações em que se adotar o critério de julgamento pelo melhor conteúdo artístico, a comissão será auxiliada por comissão especial composta de, pelo menos, três pessoas de reputação ilibada e notório conhecimento da matéria em exame, podendo participar servidor público que se enquadre nessas exigências.

Os membros da comissão especial respondem por todos os atos praticados no exercício da respectiva função. Exclui-se dessa responsabilidade o membro que, em voto formal, registrado em ata, divergir da maioria (art. 21 do RDC e arts. 30, 31 e 32 do regulamento).

d) Maior oferta de preço.

O critério de julgamento pela maior oferta de preço deve ser adotado nos casos de contratações públicas que preveem receita financeira para Administração Pública. Nesse caso, poderá dispensar na habilitação as exigências de qualificação técnica e qualificação econômico-financeira.

Poderá ser exigida, para efeito de habilitação, prova de recolhimento de quantia financeira a título de garantia, limitada em 5% (cinco por cento) do valor mínimo de arrecadação, desde que prevista no edital.

O licitante vencedor perderá o valor da garantia, se deixar de efetuar o pagamento do preço ofertado no prazo avençado.

Os bens e direitos a serem licitados na situação em exame serão avaliados para o fim de fixação do valor mínimo de arrematação. Essa regra é própria da Administração Pública nos casos de compras, de alienações e de locações. Nesses casos, a Administração, diretamente ou por meio de terceiro formalmente contratado, promoverá a avaliação, estabelecendo o preço mínimo.

Os valores resultantes dos bens e direitos arrematados serão pagos pelo arrematante no prazo de até um dia útil, contado da data da assinatura da ata lavrada no local em que ocorreu o julgamento, ou da data da notificação, para o interessado efetuar o pagamento.

O edital poderá prever o pagamento em duas parcelas, sendo uma no valor mínimo de 5% (cinco por cento) do valor total, a ser paga no prazo previsto acima, e o restante em trinta dias, contados da data da referida ata. Se o pagamento da segunda parcela não for efetivado na data estabelecida, o arrematante perderá, em favor da Administração Pública, o valor do primeiro pagamento, a primeira parcela, correspondente 5% (cinco por cento) do valor dos bens e direitos arrematados (art. 22 do RDC e arts. 33, 34 e 35 do regulamento).

e) Maior retorno econômico.

O critério de julgamento de maior retorno econômico ocorre nos casos em que a Administração considerar relevante a proposta que proporcionar maior economia para o contratante, em decorrência do contrato resultante da licitação.

Esse critério será adotado exclusivamente quando se tratar de celebração de contrato de eficiência.

O objeto do contrato de eficiência é a prestação de serviços, incluindo-se a realização de obra e fornecimento de bens, com a finalidade de proporcionar economia para o contratante, na forma de redução de despesas correntes. O edital deve prever critérios objetivos de mensuração da economia gerada com a execução do contrato, que servirá de base de cálculo da remuneração do contratado.

"Para o efeito do julgamento da proposta, o retorno econômico é o resultado da economia que se estima gerar com a execução da proposta de trabalho, deduzida a proposta de preço". Essa regra está contida no §4º do art. 36 do regulamento (art. 23 do RDC e arts. 36 e 37 do regulamento).

f) Preferência e desempate.

A Lei Complementar nº 123, de 14.12.2006 (estatuto da microempresa e empresa pequena e de médio porte), no art. 44, trata de critério de desempate e de preferência para as microempresas ou empresas de pequeno e médio porte, nos casos de participação em procedimento de licitação e contratação pública. A Lei nº 12.462/2011, no art. 25, cuida de critérios para desempate e preferência nos procedimentos licitatórios. O regulamento, nos arts. 38 e 39, disciplina os critérios para preferência e desempate nas licitações promovidas em conformidade com o disposto no art. 25 do RDC. Esse dispositivo, no inc. III, determina que os critérios estabelecidos no art. 3º, da Lei nº 8.248, de 23.10.2001 e no §2º, do art. 3º da Lei nº 8.666/93 são, entre outros, observados nos casos de desempate e de preferência. Por fim, o parágrafo único do art. 25 esclarece que as regras previstas no *caput* não inviabilizam a observância do disposto no art. 44 da Lei Complementar nº 123, de 14.12.2006.

Em conformidade com a Lei Complementar nº 123/2006, considera-se empate nos casos de licitantes que participam de microempresas e empresas de médio porte quando suas propostas forem iguais ou até 10% (dez por cento) acima do preço da proposta mais bem classificada.

A microempresa ou a empresa de pequeno porte que apresentou proposta mais vantajosa poderá apresentar nova proposta de preço com valor inferior ao da proposta mais bem classificada.

Na hipótese de não haver nova proposta referida no parágrafo imediatamente anterior, as demais empresas micro e médias que cotaram preço até 10% (dez por cento) acima da proposta mais bem classificada poderão ser convidadas para apresentar novas propostas, conforme a ordem de vantajosidade de suas propostas (art. 38 do regulamento).

Se concluído o procedimento explicado acima e, mesmo assim, ao final, constar empate no primeiro lugar, será promovida disputa final entre os licitantes empatados, que poderão apresentar novas propostas fechadas, nos termos do edital (art. 39, *caput*). Na hipótese de persistir empate entre duas ou mais licitantes, as respectivas propostas serão ordenadas segundo o desempenho contratual anterior, desde que haja sistema objetivo de avaliação instituído (§1º, do art. 39 do regulamento).

Se a medida prevista no §1º do art. 39 não for suficiente para desempatar, dar-se-á preferência a uma das licitantes empatadas, observando-se os seguintes critérios:

I – Quando o objeto da licitação for bem ou serviço de informática e automação, a preferência será na seguinte ordem: a) aos bens e serviços com tecnologia desenvolvida no país; b) aos bens e serviços produzidos de acordo com o processo produtivo básico definido pelo Decreto nº 5.906, de 26.9.2006; c) produzidos no país; d) produzidos ou prestados por empresas brasileiras; e e) produzidos ou prestados por empresas que invistam em pesquisa e no desenvolvimento de tecnologia no país (inc. I, §2º, do art. 39 do regulamento).

II – Tratando-se de outros bens e serviços não previstos no item anterior, a ordem de preferência será a seguinte: a) produzidos no Brasil; b) produzidos ou prestados por empresas brasileiras; e c) produzidos ou prestados por empresas que invistam em pesquisa e no desenvolvimento de tecnologia no país (inc. II, §2º do art. 39 do regulamento).

Verificados os critérios acima referidos e se, mesmo assim, persistir o empate, o desempate ocorrerá por meio de sorteio (§3º, do art. 39 do regulamento).

13.3.2.2 Negociação depois do julgamento

Concluído o julgamento das propostas dos licitantes, à Administração Pública, por intermédio da autoridade competente, é facultado promover negociação com o primeiro colocado visando obter condições mais vantajosas.

Essa negociação pode estender-se aos demais licitantes, observando-se a ordem da classificação inicialmente estabelecida, se o preço do primeiro colocado, mesmo depois da negociação, não for aceito pelo fato de estar acima do estimado pela Administração (art. 26 da Lei do RDC e art. 43 do regulamento).

Em considerável número de licitações, o menor preço cotado é superior ao estimado pela Administração. Dois fatos podem ensejar a diferença a maior do preço cotado: erro da Administração Pública na elaboração da planilha de custo ou sobrepreço combinado entre as empresas licitantes com a conivência de agente público.

Por esses motivos, a comissão de licitação deve promover a negociação a que se refere o art. 26 da Lei do RDC, com vista à supressão do valor agregado ilicitamente ou, se for o caso, a Administração rever sua planilha, depois da demonstração e comprovação convincente da planilha da licitante, defendida na fase da negociação.

O valor justo e a proposta mais vantajosa para a Administração é o que se busca na regência da Lei do RDC.

Na prática, essa vontade legal nem sempre se cumpre, principalmente quando se trata de obras de grande porte executadas pelas empresas de porte da construção civil pesada. O caso de corrupção na Petrobras e nas obras de metrô e trens em São Paulo, em fase de apuração, são exemplos, entre tantos outros.

13.3.2.3 Procedimentos auxiliares das licitações

Quatro são os procedimentos auxiliares das licitações, conforme prescreve o art. 29 da Lei do RDC: pré-qualificação permanente; cadastramento; sistema de registro de preços; catálogo eletrônico de padronização. Os critérios claros e objetivos a serem observados na adoção desses procedimentos são definidos no regulamento da lei (parágrafo único do art. 29).

Os arts. 30 a 33 da Lei do RDC definem o que é cada um dos procedimentos e os arts. 77 a 110 do regulamento, Decreto nº 7.581/2011, cuidam dos critérios claros e objetivos relativos aos quatro procedimentos auxiliares das licitações.

A seguir, breves comentários sobre os procedimentos em referência:

a) Pré-qualificação.

A pré-qualificação permanente, nos termos do art. 30 da Lei do RDC, é o procedimento que antecede a licitação. Sua finalidade consiste em identificar:

> I - fornecedores que reúnem condições de qualificação técnica exigidas para o fornecimento de bem ou execução de serviço ou obras nos prazos, locais e condições previamente estabelecidos e
>
> II - bens que atendam às exigências técnicas e de qualidade estabelecida pela administração pública.

Esse procedimento, regido pela Lei do RDC, assemelha-se à pré-qualificação prevista no art. 114 da Lei nº 8.666/93, mas contém pontos diferentes. Maria Sylvia Zanella Di Pietro aponta quatro distinções entre as duas espécies de pré-qualificação. Com o objetivo de evitar alegação de plágio e considerando a precisão da autora citada, vamos transcrever seu texto na íntegra:

> a) na Lei nº 8.666/93, a pré-qualificação é realizada com vista ao exame apenas da qualificação técnica, enquanto no RDC pode ser feita com vista à habilitação em geral, já que o artigo 30, I, fala apenas em "fornecedores que reúne condições de habilitação", sem especificar o item a que ela se refere dentre os do artigo da Lei n. 8.666; além disso, consta expressamente que a pré-qualificação pode ser total ou parcial, "contendo alguns ou todos os requisitos de habilitação ou técnicos necessários à contratação" (art. 30, §4º); o Regulamento reduz a utilidade e o alcance da pré-qualificação prevista na Lei, porque faz referência apenas à qualificação técnica (art. 83); isto, contudo, não pode impedir a habilitação mais completa, como prevista na lei, sob pena de ilegalidade do referido dispositivo do Regulamento;
>
> b) na Lei nº 8.666, a pré-qualificação é realizada com vista a uma licitação específica, cujo objeto recomende a análise mais detida da qualificação técnica dos interessados; no RDC, a pré-qualificação é permanente, porque identifica fornecedores e bens com qualidade previamente aprovada para futuras licitações; por isso, embora a pré-qualificação tenha validade de um ano (para cada fornecedor ou para cada bem), admitindo a atualização a qualquer tempo, o procedimento permanece aberto para a inscrição dos eventuais interessados §§1º e 5º); pelo art. 83, parágrafo único, do Regulamento, a validade da pré-qualificação de fornecedores não será superior ao prazo de validade dos documentos apresentados pelos interessados; isto significa que, ultrapassado o prazo d validade, poderá o interessado atualizar a pré-qualificação; nos termos do artigo 86, §1º, do Regulamento,

deduz-se que a Administração deverá organizar um registro cadastral dos Pré-qualificados, permanentemente aberto aos interessados, a obrigando-se a unidade por ele responsável a proceder, no mínimo anualmente, a chamamento público para a atualização dos registros existentes e para o ingresso de novos interessados;

c) na lei nº 8.666, a pré-qualificação destina-se a apenas à deleção de possíveis licitantes, enquanto no RDC abrange tanto a identificação de licitantes, como de bens que atendam às exigência técnicas e de qualidade da Administração pública; para fins de verificação da qualidade do bem, podem ser exigidos: amostra; certificação da qualidade do produto ou do processo de fabricação, inclusive sob o aspecto ambiental, por qualquer instituição oficial competente ou por entidade credenciada ; e carta de solidariedade emitida pelo fabricante, que assegure a execução do contrato, no caso de licitante revender ou distribuir (art. 7º, II, III e IV, da Lei do RDC).

Na Lei nº 8.666 (art. 114), o procedimento para pré-qualificação deverá observar as exigência relativas à concorrência, à convocação dos interessados, ao procedimento e à análise da documentação; no RDC, o procedimento abrangerá a convocação e a habilitação, com o exame dos documentos exigidos e dos bens com outorga de certificado aos pré-qualificados, renovável sempre que sempre que o registro for autorizado (art. 83, §§1º e 2º, e art. 74); além disso, cabe recurso, no prazo de cinco dias úteis, contados da data da intimação ou da lavratura da ata do ato que defira ou indefira pedido de pré-qualificação (art. 85), observado o procedimento dos recursos estabelecido nos artigos 53 e 57 do Regulamento; a convocação dos interessados será feira mediante: I – publicação de extrato do instrumento convocatório no *Diário Oficial* da União, do Estado, do Distrito Federal ou do Município, conforme o casos, sem prejuízo da possibilidade de publicação de extrato em jornal diário de grande circulação; e II – divulgação em sítio eletrônico oficial centralizado de publicidade de licitações ou sítio mantido pelo órgão ou entidade (art. 83, §1º, do Regulamento); a publicação deverá observar os prazos mínimos referidos no artigo 15 da Lei. O artigo 83, no *caput* e no §2º fala em exigências de *qualificação técnica*, mas, em consonância com o artigo 30, I, e §4º da lei, a pré-qualificação pode abranger todos os itens previstos no artigo 27 da Lei nº 8.666.[12]

A pré-qualificação, nos termos previstos na Lei do RDC, permite a realização de várias licitações com ela compatíveis. Diferentemente do que ocorre com a pré-qualificação prevista na Lei nº 8.666/93. Essa vale para uma única licitação. Além disso, nos termos do art. 30 da Lei do RDC e do art. 86 do regulamento, a Administração Pública poderá realizar licitações entre apenas os pré-qualificados, devidamente motivada pela autoridade competente, desde que o edital que convoca os interessados para a pré-qualificação permanente estabeleça que as futuras licitações serão restritas aos pré-qualificados. Deve também ser divulgado o quantitativo a ser adquirido ou contratado no período de doze meses.

Essa medida não fere o princípio da isonomia. Primeiro porque ela é permanente e o sistema está sempre aberto para novas inscrições de interessado em se qualificar; além disso, a pré-qualificação terá validade máxima de um ano, podendo ser atualizada a qualquer tempo (art. 82 do regulamento). A validade da pré-qualificação não pode ir além do prazo de validade dos documentos apresentados pelos interessados. O órgão ou entidade responsável pela pré-qualificação deverá expedir edital convocatório para atualização do registro e pré-qualificação de novos interessados. Assim, como se vê, não há prejuízo aos possíveis interessados não pré-qualificados, visto que são atendidos até

---

[12] DI PIETRO. *Direito administrativo*, 27. ed., p. 471-472.

os que ainda não obtiveram o registro, desde que já tenham apresentado os documentos necessários à pré-qualificação. Por fim, esse procedimento permite a aceleração das contratações, visto que a pré-qualificação substitui a fase da habilitação tradicional.

b) Cadastramento.

O cadastramento é o segundo procedimento auxiliar das licitações regidas segundo a Lei do RDC, na ordem prevista no art. 29 da mesma lei. O art. 31 da lei estatui que a Administração poderá manter cadastro de fornecedores com a finalidade de substituir a fase de habilitação prevista na lei. O registro cadastral terá validade de 1 (um) ano, no máximo, podendo ser atualizado a qualquer tempo.

Os registros cadastrais devem ser amplamente divulgados com a finalidade de alcançar todos os interessados e ficarão abertos permanentemente para a inscrição de interessados.

As condições para inscrição e a relação de documentos necessários serão previstos em regulamento próprio.

A atuação do licitante cadastrado, em cumprimento às obrigações assumidas, será a constante do respectivo registro cadastral.

O cadastrado que deixar de atender às condições de habilitação ou às estabelecidas para admissão cadastral poderá ter o seu cadastro alterado, suspenso ou cancelado.

O regulamento da Lei do RDC não dispôs sobre o cadastro de fornecedores, contrariando o disposto no art. 31, §2º. Seu art. 78 estatui que os registros cadastrais serão feitos por meio do Sistema de Cadastramento Unificado de Fornecedores (Sicaf), conforme dispõe o Decreto nº 3.722, de 9.1.2001. Esse decreto alcança somente a União e os seus órgãos e entidades da Administração indireta. Os demais entes da Federação terão de expedir seus regulamentos sobre cadastros de fornecedores, como acontece em relação à Lei nº 8.666/93, que disciplina o cadastro em foco, nos arts. 34 a 37.

Alécia Paulucci Nogueira Bicalho e Carlos Pinto Coelho Motta asseveram sobre o tema:

> Notadamente o Pregão, por ser processo mais ágil e sucinto, extrai do sistema seus maiores benefícios. O art. 4º, inc. XIV, da Lei nº 10.520/02 atribui, efetivamente, aos sistemas de registros cadastrais existentes (SICAF e sistemas mantidos pelos Estados e pelos Municípios) a importância merecida, porquanto dispensa os licitantes da apresentação de documentos de habilitação que já constam do sistema, assegurando aos demais concorrentes o direito de acesso aos dados nele constantes. A utilização do meio eletrônico como base obrigatória e contínua de informação, para um determinado conteúdo administrativo, pressupõe, sem dúvida, significativos condicionamentos e cautela, sempre com explícito suporte legal.[13]

O cadastro de fornecedores é de elevada importância para o procedimento licitatório pelo fato de o comprovante do registro cadastral, que tem validade de até um ano, substituir, em princípio, todos os documentos necessários à habilitação. A Administração, a título de precaução, pode exigir do cadastrado, por ocasião de realização de licitação, apresentação das certidões necessárias à comprovação da regularidade fiscal, quando seu

---

[13] BICALHO; MOTTA. *Op. cit.*, p. 382.

cadastro já estiver próximo do vencimento. Isso porque a situação fiscal das empresas, principalmente as de pequeno porte, pode sofrer alteração negativa no prazo de um ano.

c) Sistema de registro de preços.

O terceiro procedimento auxiliar da licitação, na ordem do citado artigo, é o sistema de registro de preços. O art. 32 da Lei do RDC dispõe sobre o registro de preços e remete a decreto a regulamentação do procedimento, nos casos específicos do RDC. O Decreto nº 7.581/2011 cuidou da regulamentação da matéria nos arts. 87 a 108. O sistema de registro de preços aqui tratado difere bem do sistema de registro de preços previsto na Lei nº 8.666/93.

O art. 32 da Lei do RDC, §2º, arrola, entre outros, as seguintes condições a que se submete o sistema de registro de preços: I – efetivação prévia de ampla pesquisa de mercado; II – seleção de acordo com os procedimentos previstos em regulamento; III – desenvolvimento obrigatório de rotina de controle e atualização periódicos dos preços registrados; IV – definição da validade do registro; e V – inclusão na respectiva ata, do registro dos licitantes que aceitarem cotar os bens ou serviços com preços iguais ao do licitante vencedor na sequência da classificação do certame, assim como dos licitantes que mantiverem suas propostas originais.

O §3º do mesmo artigo e lei contém comando semelhante ao previsto no art. 15 da Lei nº 8.666/93, qual seja: a despeito do registro de preços, a Administração não fica obrigada a contratar ou comprar da empresa que mantém o seu preço registrado. A ela é facultado promover licitação para compra de materiais cujos preços constem da ata de registro de preços. Se o preço ofertado, no caso de licitação, for inferior ao preço constante do registro, o titular do registro terá preferência em igualdade de condições. Isso quer dizer que a empresa que tiver seu preço registrado acima do cotado em licitação específica tem a preferência para vender à Administração seu produto pelo preço cotado pelo licitante vencedor, se lhe convier.

O sistema de registro de preço (SRF/RDC) está assim definido pelo art. 88, inc. I do regulamento, com redação do Decreto nº 8.080/2013: "Sistema de registro de preços – SRP – conjunto de procedimentos para registro formal de preços para contratações futuras, relativos à prestação de serviços, inclusive de engenharia, de aquisição de bens e de execução de obras com características padronizadas".

A seleção dos interessados em registrar os preços de seus produtos no sistema de registro de preços realiza-se por meio de licitação, observando-se qualquer dos modos previstos no regulamento (art. 90, inc. I, do regulamento).

A entidade ou órgão responsável pela licitação pode adotar um dos seguintes critérios de julgamento: menor preço, maior desconto, ou técnica e preço (inc. II do mesmo artigo, com a redação dada pelo Decreto nº 8.251/2014).

A licitação deve ser precedida de ampla pesquisa pública. A ampla pesquisa pública aqui referida tem por finalidade, a nosso ver, oferecer elementos para que a Administração possa estimar, com segurança, o preço do ou dos produtos objeto do registro que pretende realizar.

A entidade ou o órgão que pretende criar o sistema de registro de preços deve, previamente à licitação, promover ampla divulgação da pretensão, com a finalidade de dar oportunidade a outros órgãos ou entidades de participarem da criação do procedimento.

Observado o prazo estipulado pelo gerenciador, os órgãos ou entidades interessados em participar do registro de preços devem adotar as seguintes providências: manifestar a concordância com o objeto do registro de preços e estimativa da respectiva demanda e o cronograma de contratações. Esgotado o prazo para a manifestação dos interessados, o órgão gerenciador deve adotar as providências seguintes: consolidar as informações relativas às estimativas individuais de demanda; promover a adequação de termos de referência ou projetos básicos encaminhados para atender aos requisitos de padronização e racionalização; promover a ampla pesquisa, mencionada acima; disponibilizar aos interessados em participar do sistema as especificações, os termos de referência, os projetos básicos, os quantitativos e preços estimados, para que eles confirmem o interesse em participar; estabelecer, quando for o caso, o número máximo de participantes, considerando sua capacidade de gerenciamento; aceitar ou recusar, mediante justificativa, os quantitativos considerados ínfimos ou a inclusão de novos itens; e deliberar sobre pedidos manifestados por órgãos ou entidades fora do prazo estipulado. (Estas três últimas providências foram incluídas pelo Decreto nº 8.251/2014. Todas estão contidas no art. 92 do regulamento.)

O art. 94 enumera os itens que devem compor o conteúdo do edital de chamamento dos interessados em registrar os preços de seus produtos. O Decreto nº 8.251/2014 acrescentou a esse artigo os §§1º e 2º com a seguinte redação:

§1º Quando o instrumento convocatório previr o fornecimento de bens ou prestação de serviços em locais diferentes, é facultada a exigência de apresentação de proposta diferenciada por região, de modo que os custos variados por região sejam acrescidos aos respectivos preços.

§2º O exame e a aprovação das minutas do instrumento convocatório e do contrato serão efetuados exclusivamente pela assessoria jurídica do órgão gerenciador.

As competências do órgão gerenciador estão previstas no art. 95 do regulamento, que teve incluído os incs. XI e XII pelo Decreto nº 8.251/2014, assim redigidos:

XI - autorizar, excepcional e justificadamente, a prorrogação do prazo previsto no § 4º do art. 103 deste Decreto, respeitado o prazo de vigência da ata, quando solicitada pelo órgão aderente.

XII - realizar pesquisa de mercado para identificação do valor estimado da licitação e consolidar os dados das pesquisas de mercado realizadas pelos órgãos e entidades participantes, inclusive nas hipóteses previstas no §3º do art. 92 e no §2º do art. 96 do regulamento.

O prazo previsto no citado §4º do art. 1º é de até trinta dias, contados da data da indicação do fornecedor pelo órgão gerenciador, para os órgãos aderentes concretizarem as contratações, respeitado o prazo de vigência da ata de registro de preços.

O art. 96 do regulamento contempla as atribuições, competências e faculdades dos órgãos ou entidades participantes do procedimento do registro de preços.

O vencedor na licitação para o registro de preços, constante da ata de registro de preços, é obrigado a fornecer os bens ou prestar os serviços pelos preços, condições e quantidades previstos na ata, durante o prazo de sua validade. Esse prazo é definido no instrumento convocatório, não podendo ser menos de três meses nem mais de doze meses (art. 99 do regulamento).

Os contratos decorrentes do sistema de registro de preços do RDC terão vigência em conformidade com o estabelecido no instrumento convocatório, observada, no que couber, a Lei nº 8.666/93 (art. 100 do regulamento).

Os órgãos e entidades públicas que não participaram do procedimento licitatório para o registro de preços podem aderir à ata de registro de Preços durante o seu prazo de vigência (art. 102 do regulamento). De acordo com a lei, esses órgãos são chamados de "aderente". A doutrina, antes dessa positivação, deu aos órgãos ou entidades que aderem à ata, mesmo na vigência do Decreto nº 3.931/2001, o apelido de "carona", equiparando-os às pessoas que pegam condução na estrada ou em outras vias públicas sem pagar passagem.

Pela regra contida no art. 106 do regulamento, os órgãos e entidades federais não podem participar de ata de registro de preços na condição de aderentes, quando essa for gerenciada por órgãos ou entidades integrantes dos estados, Distrito Federal ou municípios.

O art. 107 do regulamento estabelece as hipóteses que justificam a revogação do registro de preços. No âmbito federal, o Ministério do Planejamento poderá editar normas complementares.

d) Catálogo eletrônico de padronização.

O último procedimento, dos quatro em estudo, é o cadastro eletrônico de padronização previsto e definido nos termos do art. 33 da Lei do RDC e regulamentado pelo Decreto nº 7.581/2011 (arts. 109 e 110):

> O cadastro eletrônico de padronização de compras, serviços e obras consiste em sistema informatizado, de gerenciamento centralizado, destinado a permitir a padronização dos itens a serem adquiridos pela administração pública que estão disponíveis para a realização de licitação.

O catálogo em referência poderá ser utilizado em licitações que preveem os seguintes critérios de julgamento: a oferta de menor preço ou o maior desconto, que deve conter a documentação e os procedimentos da fase interna da licitação e também as especificações dos respectivos objetos, nos termos previstos no regulamento (parágrafo único do art. 33 da Lei do RDC).

O catálogo em questão será gerenciado pela Secretaria de Logística e Tecnologia da Informação, órgão do Ministério do Planejamento, Orçamento e Gestão (parágrafo único do art. 109 do regulamento).

Em conformidade com o art. 110 do regulamento, o cadastro conterá os seguintes elementos: I – a especificação de bens, serviços ou obras; II – descrição de equipamentos de habilitação de licitantes, conforme o objeto da licitação; e III – modelos de: a) instrumentos convocatórios; minutas de contratos; c) termos de referência e projetos referência; e d) outros documentos necessários ao procedimento de licitação que possam ser padronizados. O §2º desse artigo estabelece que o projeto básico da licitação terá por base a adaptação do "projeto de referência" e levará em consideração as peculiaridades do local onde a obra será realizada, aspectos relativos ao solo, a topografia do terreno e os preços dos insumos da região na qual será implantado o empreendimento. Essas condições são indispensáveis a um cadastro eletrônico de padronização.

A Lei do RDC dispõe, no art. 35, que as hipóteses de dispensa e de inexigibilidade de licitação observam as mesmas regras e condições previstas nos arts. 24 e 25 da Lei nº 8.666/1993.

13.3.2.4 Pedido de esclarecimento, impugnação e recurso administrativo

Ressalvada a hipótese de inversão das fases previstas no Regime Diferenciado de Contratações Públicas, a lei prevê uma única fase de recurso, ao final do julgamento das propostas financeiras e técnicas, quando for o caso.

O recurso administrativo pode ser interposto contra julgamento das propostas ou lances e também contra a habilitação do licitante vencedor (art. 27 da Lei do RDC).

A lei em pauta, em observância ao devido processo legal e aos princípios da ampla defesa e do contraditório, prevê, no art. 45, os seguintes procedimentos processuais em benefício dos licitantes: pedido de esclarecimento, impugnação e recurso. A regulamentação dessa matéria está prevista nos arts. 52 a 68 do regulamento.

O pedido de esclarecimento e a impugnação do instrumento convocatório podem ser dirigidos à autoridade competente, no prazo mínimo de 2 (dois) dias úteis da data prevista para a abertura das propostas, quando se tratar de compras e alienação de bens. Nos casos de licitação para a contratação de obras ou serviços, o prazo será de 5 (cinco) dias úteis antes da abertura dos envelopes contendo as propostas.

Os recursos podem ser manejados no prazo de 5 (cinco) dias úteis contados da data da intimação ou da data da lavratura da ata, em face: a) do ato que defere ou indefere pedido de pré-qualificação das interessadas; b) do ato que habilita ou inabilita licitantes; c) do julgamento das propostas; d) do ato que anula ou revoga licitação; e) do ato que indefere pedido de inscrição em registro cadastral, alteração ou cancelamento do registro; f) de rescisão de contrato, nas hipóteses previstas no art. 79, inc. I, da Lei nº 8.666/93; g) de ato por meio do qual a Administração aplica as sanções administrativas previstas na legislação, inclusive a suspensão do direito de licitar e de contratar com a Administração Pública e a de declaração de idoneidade.

A lei prevê, por último, a possibilidade de o licitante promover representação em face de ato contra o qual não cabe recurso hierárquico. O prazo para o manuseio desse "recurso" é de 5 (cinco) dias úteis, contados da data da intimação do ato hostilizado.

A contagem do prazo para os efeitos da licitação observa a mesma regra da Lei nº 8.666/93 que, por seu turno, segue o que prescreve o Código de Processo Civil.

Nos casos das letras "a", "b" e "c" referidas acima, o interessado deve manifestar imediatamente o interesse de recorrer. Se não o fizer, perde o direito de recorrer por preclusão. Nos demais casos, essa medida não condiciona a interposição de recurso.

O prazo para apresentar contrarrazão é o mesmo do recurso, contado da data em que o interessado tomar conhecimento do recurso.

A lei – não podia ser diferente – assegura aos licitantes o direito de vista do processo de licitação para a defesa de seus interesses. Considerando que o processo de licitação é público e considerando o direito de defesa, inclusive o de recorrer, deveria ser permitido ao licitante o direito de trasladar documentos necessários à elaboração de defesa ou para interpor recurso.

Os procedimentos e tramitação dos recursos são os mesmos previstos na Lei nº 8.666/93, explicados no Capítulo 7.

13.3.2.5 Controle das despesas decorrentes dos contratos

O art. 46 da Lei do RDC acolhe o texto do art. 113 da Lei nº 8.666/93. Aludido artigo dispõe sobre o controle das contas relativas aos contratos firmados pela Administração Pública, pelo respectivo Tribunal de Contas. Sem prejuízo da manifestação do órgão de controle interno, obrigatório por força constitucional, os agentes públicos competentes devem submeter ao Tribunal de Contas os processos de licitação, de dispensa e de inexigibilidade de licitação acompanhados dos respectivos contratos ou outro ajuste, quando for o caso, para o seu controle quanto à legalidade e regularidade.

Pelas mesmas autoridades devem ser remetidas ao TC as contas relativas à execução dos contratos, para efeito de fiscalização e controle, nos termos dos arts. 70 e 71 da Constituição Federal.

Qualquer licitante ou contratado e também pessoa jurídica ou pessoa natural pode representar perante o Tribunal de Contas competente e órgãos de controle interno em face de irregularidades na aplicação da Lei nº 8.666/93 para as medidas previstas no art. 113 da mesma lei (§1º do art. 113 da lei em referência).

O Tribunal de Contas e os órgãos do controle interno, provocados, ou de ofício, podem solicitar, para exame, cópia do edital de licitação publicado, obrigando-se os órgãos ou entidades da Administração indireta a adotar medidas corretivas nos termos exigidos pelos órgãos de controle citados acima.

A solicitação de cópia do edital pode ser formulada até o dia útil imediatamente anterior à data prevista para entrega das propostas relativas à licitação.

13.3.2.6 Dos contratos

Os contratos previstos na Lei do RDC são regidos pela Lei nº 8666/93, ressalvados os casos previstos nos arts. 40 a 44 da Lei do RDC.

Nos casos de o licitante convocado não retirar o contrato ou não aceitar ou não retirar o documento equivalente no prazo e condições estabelecidos no instrumento convocatório, é facultado à Administração Pública: I) revogar a licitação e aplicar as cominações previstas na Lei nº 8.666/93; II) convocar os demais licitantes na ordem da classificação, iniciando-se pelo segundo, para firmar o contrato nas mesmas condições ofertadas pelo licitante vencedor, que se recusou a assinar o contrato. Na hipótese de nenhum se interessar em assinar o contrato, nas condições do primeiro classificado, a Administração poderá convocá-los, na ordem classificatória, para firmar o contrato nas condições ofertadas por eles, inclusive quanto ao preço atualizado em conformidade com o que dispuser o edital, tendo por limite o valor estimado pela Administração.

A possibilidade de revogar a licitação prevista no art. 40, inc. I, citada acima é equívoca por dois motivos: i) revogação de licitação, nos termos do art. 49 da Lei nº 8.666/93 (lei nacional que dispõe sobre normas gerais de licitações e contratações, conforme prevê o art. 22, inc. XXVII, da Constituição de 1988), somente é possível por razões de interesse público decorrente de fato superveniente à licitação, que tenha pertinência com ela e seja suficiente para a medida. Ora, essa regra, por ser norma geral, não pode ser modificada em situação específica, nem mesmo por meio de lei federal. Outra lei federal poderia, em tese, alterar a redação do art. 49 em comento, o que não deve nem ser cogitado, pois ele pôs fim a uma prática abusiva de revogação de licitação praticada por agentes públicos, inclusive comissão de licitação invocando interesse público sem demonstrá-lo. Na maioria dos casos, o interesse era privado; ii) a Lei nº 8.666/93 e a Lei do RDC preveem a possibilidade de convocar os remanescentes classificados, observando-se a ordem da classificação, para assinar o contrato nas condições do primeiro, que por algum motivo não assinou o contrato ou, mesmo quando assinou, interrompeu sua execução por um dos motivos previstos em lei, ou, então, nos termos da Lei do RDC, nas condições ofertadas pelos licitantes remanescentes, observada a ordem, desde que o valor não ultrapasse o estimado pela Administração (arts. 41 da Lei do RDC e 69 do regulamento).

A solução de contratar remanescente nos termos regrados pelas citadas leis é muito mais vantajosa para a Administração do que a revogação da licitação. A medida evita atraso na execução da obra ou do serviço e proporciona economia, visto que os preços a serem ofertados em nova licitação serão sempre superiores aos cotados na licitação revogada.

Os contratos para a execução de obras previstas no plano plurianual poderão ter o prazo de vigência nele previsto, observado o disposto no art. 57 da Lei nº 8.666/93 (arts. 42 da Lei nº 8.666 e 64 da Lei do RDC).

O referido art. 57 da Lei nº 8.666/93 dispõe sobre os prazos dos contratos por ela disciplinados. A regra é que os contratos tenham o prazo de vigência correspondente aos dos créditos orçamentários. O orçamento é anual, assim, os contratos devem consignar duração de doze meses. Nos casos de planos plurianuais, os contratos para a execução de obras nele previstas podem ser prorrogados anualmente até completar o prazo do plano, desde que previsto no edital.

O plano plurianual em vigor contém-se na Lei nº 12.593, de 18.1.2012 e sua vigência terminará em 31.12.2015. Registre-se que o plano plurianual é obrigatório por exigência da Constituição Federal, nos termos do art. 165, inc. I.

O art. 57, inc. II, da Lei nº 8.666/93 prevê a possibilidade de os contratos de prestação de serviços continuados serem prorrogados em até 60 (sessenta) meses. O art. 43 da Lei do RDC dispõe que, nas hipóteses do citado dispositivo da Lei nº 8.666/93, os contratos para a execução e obras de serviços nas atividades previstas no seu art. 1º, incs. I a III, podem ter duração até a data da extinção da Autoridade Pública Olímpica (APO). Essa redação foi dada pela Lei nº 12.688, de 2012.

Os incs. I a III do art. 1º da Lei do RDC referem-se às obras, serviços e atividades relativos: aos Jogos Olímpicos e Paraolímpicos; à Copa das Confederações e à Copa do Mundo de Futebol, organizadas pela Fifa; e às obras de infraestrutura dos aeroportos e de contratação de serviços nos aeroportos dos estados nos quais se realizaram os jogos mundiais.

CAPÍTULO 10

BENS PÚBLICOS

Sumário: **1** Considerações gerais – **2** Domínio eminente – **3** Conceito – **4** Classificação dos bens públicos quanto à destinação – **5** Afetação e desafetação de bens públicos – **6** Características jurídicas especiais em relação aos bens particulares – **7** Repartição dos bens públicos de acordo com a Constituição da República – **8** Outros bens públicos – **9** Considerações sobre os bens públicos tratados na Constituição – **10** Utilização de bens públicos por particulares

1 Considerações gerais

Antes de adentrarmos o tema *bens públicos*, é preciso, para a sua melhor compreensão, recordar, em breve síntese, o que se entende por *bens*.

Os bens podem ser considerados sob o aspecto filosófico e sob o aspecto jurídico. Do ponto de vista filosófico, *bem* é tudo quanto possa oferecer qualquer tipo ou espécie de satisfação ao homem. Nessa acepção ampla do termo, são bens: a vida, a saúde, a amizade, a felicidade, entre outros.

Visto do ângulo jurídico, *bens* são todos os valores materiais ou imateriais que possam figurar numa relação jurídica, na condição de objeto. Esses bens jurídicos são classificados pelo Direito Civil em bens corpóreos e incorpóreos; bens materiais e imateriais; bens fungíveis e infungíveis; bens móveis e bens imóveis.

Os bens jurídicos ainda são divididos, em função do domínio, em bens públicos e bens privados. São bens privados aqueles cujo domínio pertence às entidades particulares ou às pessoas físicas. Todos os bens que tiverem por proprietário a pessoa física ou a pessoa jurídica de direito privado são da categoria de bens privados. Os pertencentes a entidades públicas, ainda que de uso do povo, são bens públicos.

2 Domínio eminente

Na doutrina contemporânea, domínio eminente é considerado como parcela da soberania estatal incidente sobre a totalidade de bens existentes sobre o território do Estado. Sobre tais bens, o domínio eminente se exerce ou se manifesta de maneiras diferentes, de acordo com critérios relativos à titularidade dos bens privados, bens públicos e bens *res nullius*.

- Bens privados – Sendo de propriedade privada, garantida pela Constituição, o Estado não pode exercer, sobre esses bens, o mesmo domínio a que se submetem os bens públicos. Mas deve estabelecer regras para o exercício do direito sobre eles, impondo limitações ao respectivo titular, em decorrência da função social que a propriedade privada deve atender.

A interferência do Estado sobre os bens privados vai desde o ordenamento do solo à desapropriação, passando pelas limitações administrativas, ocupação temporária, requisição, servidão administrativa e tombamento. Além dessas modalidades de intervenção na propriedade, o Estado interfere no domínio econômico por meio de controle de preço, do estabelecimento de estoques reguladores, de restrição ao monopólio, ao cartel e a outros meios de manifestação do abuso econômico. Essa matéria será objeto do Capítulo 11.

- Bens públicos – Sobre os bens públicos, o domínio eminente do Poder Público é diferente e mais acentuado, em relação ao exercido sobre os bens privados. Os bens públicos são assim chamados pelo fato de pertencerem a entidades públicas, políticas ou não. Embora tais bens sejam de propriedade estatal, o uso e a manutenção deles são voltados para o interesse público.
- Bens sem titularidade definida ou *res nullius* – São os inapropriáveis, em virtude da sua natureza. Exemplos: água, espaço aéreo, meio ambiente, flora e fauna. Para a fruição, apropriação e uso desses bens, o Estado exerce o seu poder eminente, editando leis dispondo sobre a utilização e conservação deles, visando ao interesse social, à saúde e à boa qualidade de vida.

2.1 No Direito brasileiro

As regras básicas sobre os bens, no Direito brasileiro, são as mesmas vistas acima. Assim, os bens de natureza econômica localizados no território brasileiro são classificados, quanto ao domínio, em dois grupos: públicos e privados. Estes pertencentes às pessoas particulares, físicas ou jurídicas, nacionais ou estrangeiras. Aqueles pertencentes a entidades de Direito Público interno ou entidades públicas de Direito Privado.

Quanto à natureza, os bens são imóveis, móveis e semoventes. Algumas categorias de bens particulares são controladas pelo Estado em virtude do seu domínio eminente e no exercício do poder de polícia. São exemplos os bens imóveis e os bens móveis da categoria automotores. Os bens imóveis são registrados obrigatoriamente em cartórios especializados, denominados "cartórios de registros de imóveis". Os automóveis, caminhões, motos, embarcações fluviais e marítimas em geral e as aeronaves são registrados e controlados por órgãos próprios.

Sendo propriedade do Estado, é natural que os bens públicos sejam todos por ele administrados e controlados em conformidade com a legislação específica.

Quanto aos bens *res nullius*, referidos antes, o Estado brasileiro exerce o seu poder com vista à preservação desses e garantia do seu uso difuso.

3 Conceito

No Brasil, bens públicos são todos aqueles pertencentes a pessoas jurídicas de Direito Público interno União, estados-membros, Distrito Federal, municípios, autarquias e, após a Constituição da República de 1988, fundações públicas. São ainda considerados bens públicos os que, embora pertencentes a particulares, estejam afetados à prestação de serviços públicos ou a uma destinação pública. Exemplo: faixa de terra particular destinada à servidão administrativa. O Código Civil dispõe sobre os bens públicos nos arts. 98 a 103.

4 Classificação dos bens públicos quanto à destinação

Quanto à sua destinação, os bens públicos são classificados em três categorias: bens de uso comum, bens de uso especial e bens dominiais ou dominicais ou, ainda, patrimoniais.

- Bens de uso comum – São todos aqueles destinados ao uso do povo sem nenhuma restrição a não ser a da boa conduta, nos termos da lei, ou dos costumes, principalmente quanto à moral pública e ao respeito mútuo.

Esses bens podem ser naturais ou criados pelo Estado: as praias, os mares, os rios, as grutas, os parques ecológicos, entre outros, são exemplos dos primeiros. Da segunda categoria fazem parte: as praças, os jardins públicos, os parques, as vias públicas (ruas, rodovias, ferrovias, entre outros).

O uso desses logradouros públicos é, normalmente, gratuito e não depende de prévia autorização, exceto em algumas vias públicas em que o condutor de veículos se sujeita ao pagamento de tarifa denominada *pedágio*, destinada à conservação e à manutenção dessas vias e à remuneração do capital investido, quando explorados por particular, por delegação, mediante contrato de concessão ou de permissão.

- Bens de uso especial – São todos os destinados a instalações físicas públicas para escritórios, repartições públicas, escolas, delegacias de polícias, presídios, palácios de governo, escolas públicas, por exemplo. Sendo de uso especial, tais bens não estão livres ao acesso público, a exemplo dos primeiros. O ingresso das pessoas nesses bens sujeita-se a controle e a algumas formalidades, em cada caso, de acordo com a destinação do bem.
- Bens dominiais – Os bens dominiais, ou dominicais, ou ainda patrimoniais, são todos os bens públicos que não se enquadrarem nas duas primeiras categorias. Não são, portanto, bens de uso comum nem de uso especial, mas bens patrimoniais sem qualquer destinação pública. Constituem riqueza material e patrimonial do Estado, podendo ser alienados ou afetados ao uso comum ou ao uso especial.

De acordo com o Código Civil de 2002, são dominicais os pertencentes às pessoas jurídicas de direito público a que se tenha dado estrutura de direito privado, se em sentido contrário não dispuser a lei (art. 99, parágrafo único).

Quanto ao domínio do Estado sobre os seus bens, Maria Sylvia Zanella Di Pietro os classifica em bens do domínio público e bens do domínio privado. Sendo do primeiro grupo os bens de uso comum e os de uso especial. Na segunda categoria, figuram os bens dominiais. O fundamento dessa posição expendida pela autora quanto aos bens dominicais é o fato de que tais bens formam o patrimônio do Estado, passível de permuta, venda ou doação, segundo definições contidas nos art. 99 do Código Civil e art. 810 do Código de Contabilidade Pública.[1]

Do ponto de vista didático, a teoria pode até ser convincente, mas, quanto ao aspecto jurídico, parece-nos não ser a melhor solução. Isto porque os bens públicos, mesmo não tendo afetação pública, propriamente sendo, portanto, passíveis de alienação, não se subtraem do domínio público do Estado. A disponibilidade de tais bens condiciona-se ao interesse público. Mesmo que os processos de alienação se orientem pelas regras básicas do Direito Privado, os motivos da alienação e algumas formalidades do respectivo procedimento são públicos, ou de interesse público; fatos que diferenciam aludidos bens dos bens privados. Logo, o domínio sobre tais bens é também público.

5 Afetação e desafetação de bens públicos

A afetação consiste na destinação que se dá a certos bens ao uso público, uso comum ou uso especial. A desafetação é o procedimento contrário; consiste na retirada do gravame a que se sujeita o bem afetado para torná-lo livre. Alguns bens são afetados de uso comum pela sua própria natureza. Servem de exemplos: mar, rio, estrada, rua, entre outros. Além dos que dependem de ato específico.

A desafetação de um bem de uso comum para torná-lo de uso especial ou integrante dos bens patrimoniais depende de lei específica ou de ato da autoridade competente, em conformidade com a lei. Para que uma rua deixe de ser rua é necessária a edição de lei atribuindo a ela outra destinação que não seja via pública.

A desafetação de bens de uso especial transformando-o em bem patrimonial pode ser feita por lei ou por ato administrativo. Ocorre por ato, quando a Administração decide desocupar determinado prédio público em virtude de extinção do órgão ou mudança para outro local. O imóvel vacante passa, automaticamente, à categoria de bens dominiais ou patrimoniais, a não ser em casos excepcionais.

6 Características jurídicas especiais em relação aos bens particulares

No Direito brasileiro, os bens públicos são, em princípio, inalienáveis ou alienáveis de acordo com a lei, impenhoráveis e imprescritíveis. As duas últimas abrangem todos os bens. Já a inalienabilidade não é condição absoluta, principalmente com referência aos bens dominiais.

- Inalienabilidade – Os bens públicos de uso comum e os de uso especial não podem ser alienados, nos termos do art. 100 do Código Civil de 2002, enquanto mantiver essa qualificação, na forma determinada em lei; os bens dominiais,

---

[1] DI PIETRO. *Direito administrativo*, 15. ed., p. 540-547.

entretanto, o podem, observadas as exigências da lei (art. 101 do Código Civil de 2002). De acordo com a legislação em vigor, a alienação desses bens depende de autorização por lei, em cada caso. A inalienabilidade decorre do fato de que os bens se destinam ao interesse público de uso comum ou de uso especial, enquanto, nessas condições, esses bens não podem ser alienados. A alienação será possível, obviamente, se o bem for desafetado, adquirindo a natureza de bem patrimonial.

A Lei nº 8.666, de 21.6.1993, disciplina no art. 17 a alienação dos bens públicos em obediência ao disposto no art. 37, XXI, da Constituição da República. O *caput* do aludido art. 17 está assim redigido: "A alienação de bens da Administração Pública, subordinada à existência de interesse público devidamente justificado, será precedida de avaliação e obedecerá às seguintes normas: [...]".

O texto condiciona a alienação de bens públicos a duas formalidades: interesse público devidamente justificado ou motivado e avaliação, além de outras previstas nos incisos e parágrafos do mesmo artigo. No inc. I, acrescenta a norma outros requisitos condicionadores da alienação de bens públicos. Tratando-se de alienação de bens imóveis da Administração Pública direta, autarquias e fundações, são necessárias autorização legislativa e prévia avaliação e concorrência. Para as demais entidades estatais, inclusive as sociedades de economia mista e empresas públicas, bastam a prévia avaliação e a concorrência. A concorrência é dispensada nos casos de dação em pagamento; doação, permitida exclusivamente para entidades públicas de qualquer ente da federação. Essa regra, da dispensa de concorrência para doação, ressalva os seguintes casos: a) "alienação gratuita ou onerosa, aforamento, concessão de direito real de uso, locação ou permissão de uso de bens imóveis residenciais construídos, destinados ou efetivamente utilizados no âmbito de programas habitacionais ou de regularização fundiária de interesse social desenvolvido por órgãos ou entidades da Administração Pública"; b) aqui, a redação é basicamente a mesma transcrita acima, substituindo-se imóveis residenciais por imóveis comerciais até 250m² (duzentos e cinquenta metros quadrados); c) "alienação e concessão de direito real de uso, gratuita ou onerosa, de terras públicas rurais da União na Amazônia Legal onde incidam ocupações até o limite de 15 (quinze) módulos fiscais ou 1.500ha (mil e quinhentos hectares), para fins de regularização fundiária, atendidos os requisitos legais". Essas alterações foram introduzidas pela Lei nº 11.481, de 31.5.2007. Essa lei, nesse particular, é muito confusa. Ela tratou impropriamente, como se vê, de vários institutos, que nada têm a ver com doação, que é o objeto em estudo; permuta por outro imóvel que atenda às condições previstas no art. 24, X, da mesma lei; investidura, venda à outra entidade pública em qualquer nível de governo; e de alienação, concessão ou locação de moradias populares construídas por órgãos ou entidades públicas para essa finalidade.

Tratando-se de bens imóveis adquiridos em virtude de ação judicial ou de dação em pagamento, é dispensada a autorização legislativa para alienação. Nesse caso, pode-se efetivar a alienação por ato da autoridade administrativa, exigindo-se avaliação dos bens alienáveis, comprovação da necessidade ou utilidade da alienação e concorrência.

A Lei nº 9.636, de 15.5.1998, cuida, além de outras matérias, de alienação de bens imóveis de domínio da União. O art. 76 da Lei nº 14.133/2021 manteve, basicamente, o mesmo conteúdo do art. 17 da Lei nº 8.666/1993, substituindo a modalidade de licitação concorrência para a modalidade pregão.

A alienação de bens móveis públicos condiciona-se à realização de licitação da modalidade leilão, ressalvados os casos: de doação para fins de interesse social, permitida entre órgãos ou entidades públicas; venda de títulos em conformidade com a legislação pertinente; venda de bens produzidos ou comercializados por entidades da Administração Pública em virtude de suas atividades-fim. Por exemplo, determinada entidade pública, que desenvolve pesquisas sobre derivados de leite, de modo que, ao final do processo de um projeto de pesquisa, deve resultar em queijo, manteiga, requeijão ou doce de leite. Esses produtos podem ser vendidos sem licitação, pois essa entidade hipotética não tem como negócio compra e venda de derivados de leite; e venda de materiais e equipamentos sem utilização previsível por quem deles dispõe para outros órgãos ou entidades da Administração Pública (art. 76, inc. II do *caput*).

- Impenhorabilidade – Os bens públicos são impenhoráveis. O Código de Processo Civil, de 1973, com as modificações introduzidas pela Lei nº 5.925, de 1º.10.1973, nos seus arts. 730 e 731, estabelecia regras para o pagamento das requisições judiciais, sem penhora de bens. Se não bastasse, a Constituição da República de 1988 dispõe, no art. 100, sobre precatórios e pagamento deles. O *caput* do aludido art. 100 é do seguinte teor:

> Os pagamentos devidos pelas Fazendas Públicas Federal, Estaduais, Distrital e Municipais, em virtude de sentença judiciária, far-se-ão exclusivamente na ordem cronológica de apresentação dos precatórios e à conta dos créditos respectivos, proibida a designação de casos ou de pessoas nas dotações orçamentárias e nos créditos adicionais abertos para este fim. (Redação alterada pela EC nº 62, de 2009)

Os débitos das Fazendas Públicas, de natureza alimentícia, resultantes de decisão judicial transitada em julgado, pagos por meio de precatório, têm preferência sobre os demais débitos, exceto os casos em que o credor tenha 60 (sessenta) anos de idade, ou seja portador de doença grave, ou pessoa com deficiência, definida na forma da lei – estes serão pagos com preferência sobre todos os demais débitos.

O CPC de 2015, arts. 534 e 535, trata da execução contra a Fazenda Pública decorrente de decisão judicial transitada em julgado, cuja satisfação se fará por meio de precatório. O §3º do art. 535, *caput* e inc. I, prescreve: "Não impugnada a execução ou rejeitadas as arguições da executada: I - expedir-se-á, por intermédio do presidente do tribunal competente, precatório em favor do exequente, observando-se o disposto na Constituição Federal". O art. 910 estabelece que execução contra a Fazenda Pública, fundada em título extrajudicial, pode ser também satisfeita por meio de precatório, se a Fazenda não opuser embargos no prazo de 10 dias; ou mesmo embargando, se os embargos forem rejeitados e a decisão transitada em julgado, será expedido precatório ou requisição de pequeno valor em favor do exequente, em conformidade com o art. 100 da Constituição Federal.

Logo que a Constituição foi promulgada, algumas das então juntas de conciliação e julgamento da Justiça do Trabalho entenderam que, tratando-se de créditos de natureza alimentar, seria possível penhorar bens públicos. Chegou-se a penhorar vários objetos do Estado de Minas Gerais, principalmente linhas telefônicas. Essa posição decorreu de interpretação apressada do preceito constitucional. Entenderam os juízes do trabalho que referidos créditos estariam excluídos do precatório. Por conseguinte, a penhora seria o meio jurídico adequado para garantir e viabilizar a execução. Esta, entretanto, não é a inteligência do dispositivo em questão. O seu conteúdo é no sentido de que os créditos privilegiados não estão sujeitos à observância das mesmas condições a que estão os precatórios em geral. Os precatórios, nos casos de créditos alimentícios, gozam de preferência, sujeitando-se à ordem cronológica própria. Este é o entendimento prevalecente nos graus superiores da mesma Justiça especializada.

- Imprescritibilidade – A imprescritibilidade dos bens públicos traduz-se pela impossibilidade de estes serem transferidos a terceiros pela via do usucapião. Desde o Império que a legislação brasileira rechaça o usucapião em terras públicas. O art. 200 do Decreto-Lei nº 9.760, de 5.9.1946, estabelece que os bens públicos de qualquer natureza não são passíveis de usucapião. Entretanto, as Constituições Federais de 1934, 1937 e de 1946 previram a possibilidade de usucapião *pro labore*, inclusive em terras públicas. O instituto, entretanto, nunca fora regulamentado. Mais recentemente, pela Lei nº 6.969, de 10.12.1981, institui-se o chamado usucapião especial rural sobre terras particulares e públicas devolutas.

A possibilidade da prescrição aquisitiva sobre bens públicos foi efêmera e de pouca aplicação durante a vigência da Lei nº 6.969/1981. Com o advento da Constituição da República de 1988, restabeleceu-se a tradição brasileira quanto à imprescritibilidade dos bens públicos. O art. 183 da Constituição de 1988 estabelece, no §3º: "Os imóveis públicos não serão adquiridos por usucapião". De mesmo conteúdo é o parágrafo único do art. 191 da mesma Constituição, ao tratar do usucapião especial em terras rurais.

7 Repartição dos bens públicos de acordo com a Constituição da República

A Constituição da República de 1988 dispõe quanto aos bens públicos pertencentes à União, aos estados-membros e aos municípios (arts. 20 e 26), conforme se aponta em seguida.

7.1 União

Os bens pertencentes à União, nos termos do art. 20 da Constituição da República de 1988, são:

- aqueles que já lhe pertenciam antes e os que vierem a ser atribuídos a ela;
- as terras devolutas necessárias à defesa das fronteiras, das fortificações e construções militares, das vias federais de comunicação e à preservação ambiental. Essas terras, em cada caso, serão quantificadas por meio de lei específica;
- os rios, lagos e outras correntes de água em terreno de seu domínio e também os que banharem mais de um estado-membro, os que servem de limites entre

o Brasil e outro país, os que adentram território estrangeiro ou que dele provenham, os terrenos marginais e as praias fluviais;
- as ilhas fluviais e lacustres nas zonas limítrofes com outros países, as praias marítimas, as ilhas oceânicas e as costeiras, ressalvadas as pertencentes ao estado e ao município nos termos do art. 26, II, da Constituição da República;
- os recursos naturais da plataforma continental e da zona econômica exclusiva;
- o mar territorial;
- os terrenos de marinha e seus acrescidos;
- os potenciais de energia hidráulica;
- os recursos minerais, incluídos os do subsolo;
- as cavidades naturais subterrâneas e os sítios arqueológicos e pré-históricos; e
- as terras tradicionalmente ocupadas pelos índios.

7.2 Estado-membro

Aos estados-membros são conferidos os seguintes bens públicos, de conformidade com o art. 26 da Constituição:

- as águas superficiais ou subterrâneas, fluentes, emergentes e em depósito, ressalvadas, neste caso e na forma da lei, as decorrentes de obras da União;
- as áreas nas ilhas oceânicas e costeiras, que estiverem no seu domínio, excluídas aquelas sob domínio da União, municípios ou territórios;
- as ilhas fluviais e lacustres não pertencentes à União;
- as terras devolutas não pertencentes à União.

7.3 Município

A Constituição da República é silente quanto aos bens dos municípios, exceto a referência às áreas nas ilhas oceânicas e costeiras. A matéria deve ser tratada nas respectivas leis orgânicas a que se refere o art. 29 da Constituição Federal e, eventualmente, nas Constituições dos estados.

8 Outros bens públicos

Além dos bens públicos enumerados no item anterior, outros podem incorporar o patrimônio público das três esferas da Administração por aquisição comum, desapropriação, dação em pagamento ou doação.

As aquisições por meio de compras ou de desapropriações efetivam-se com vista a atender ao interesse público ou às necessidades da Administração Pública.

8.1 Formas de aquisição

As aquisições patrimoniais realizadas pela Administração Pública podem ser reunidas em dois grupos, de acordo com a legislação que lhes rege, aquelas reguladas pelo Direito Privado e as disciplinadas pelo Direito Público. Do primeiro grupo são, entre outras, compra, recebimento em doação, dação em pagamento, permuta, herança. Do segundo, arrolam-se a desapropriação e a requisição de bens, nos termos da lei.

- Compras – As compras de coisas móveis e semoventes pela Administração Pública dependem, em geral, de prévia licitação nos termos do art. 37, XXI, da Constituição da República, e de conformidade com a Lei nº 8.666, de 21.6.1993. Tratando-se de bens imóveis para uso da Administração, é dispensável a licitação, conforme dispõe o art. 24, X, da lei aqui referida.

As aquisições em geral, por qualquer das formas acima previstas, dependem da observância de diversos preceitos legais. A Lei nº 8.666/93, por exemplo, estabelece várias condições a serem observadas pela Administração Pública, sob pena de responsabilidade.

- Recebimento por doação – A doação de bens móveis ou imóveis à Administração pode ser feita por particulares e por outras entidades públicas. Nos dois casos, as doações são normalmente com cláusula onerosa, consistindo o ônus na obrigação da donatária de construir determinado prédio ou obra pública em certo tempo. Essa modalidade do ônus é a mais comum. Por isso, é citada. Entretanto, outras modalidades são permitidas.

O descumprimento da obrigação importa, na maioria dos casos, o desfazimento da doação e a reversão do bem ao doador.

- Usucapião – O Estado inclui-se entre as pessoas que podem adquirir bens pela via da usucapião, exceto quanto ao bem especial de que trata o art. 183 da Constituição da República. As regras para as entidades públicas quanto ao direito de usucapir são as mesmas prescritas para o particular.
- Permuta – A permuta de um bem imóvel por outro de propriedade privada ou pública é permitida pela lei, desde que comprovada a necessidade e o interesse público, mediante avaliação prévia dos dois imóveis e aprovação do Legislativo. Nesse caso, a licitação é dispensável por absoluta inviabilidade do procedimento, visto não haver competição.
- Acessão – É a forma de aquisição de propriedade por entidade pública segundo as mesmas condições e formalidades previstas no Código Civil. Para esta modalidade de aquisição, não concorre nenhuma norma de Direito Público.
- Herança jacente – A herança, nos termos do Código Civil, destina-se aos sucessores legítimos, consanguíneos ou testamentários do seu autor. Na hipótese de o falecido não deixar herdeiro natural nem testamento, os bens que lhe pertenciam destinam-se a entidades públicas na forma de lei específica. Também por testamento o Estado pode receber bens patrimoniais, nos casos de falecimento de pessoa física. A herança jacente está disciplinada nos arts. 1.819 a 1.823 do Código Civil de 2002. De acordo com a norma contida no art. 1.822, os bens arrecadados passarão ao domínio do município ou do Distrito Federal, se localizados nas respectivas circunscrições. Quando localizado em território federal, os bens passarão ao domínio da União.

- Descoberta – A descoberta disciplinada nos arts. 1.233 a 1.237 do Código Civil de 2002 corresponde à invenção, de que cuidou o Código revogado. Significa o achado de objetos por alguém. Aquele que achar coisa alheia deve integrá-la ao dono ou legítimo possuidor. Caso o descobridor não encontre o titular nem o legítimo possuidor, deve entregar o bem achado à autoridade competente. Essa autoridade fará divulgação do achado, por intermédio dos meios de comunicação, inclusive a imprensa. Se o bem for de valor que compensa, deve ser expedido edital. Decorridos sessenta dias da publicação pelo Poder Público, dando notícia da descoberta, ou da publicação do edital, sem que apareça alguém exibindo prova de domínio do bem, ele pode ser alienado pelo Poder Público mediante hasta pública ou leilão.

Do valor apurado com a venda serão deduzidas as despesas com o certame e a recompensa a ser paga ao descobridor, aquele que encontrou o bem. O produto arrecadado pertence ao município em cuja circunscrição o bem foi encontrado.

- Desapropriação e requisição administrativa – Essas duas modalidades de aquisição de bens pelo Estado são regidas essencialmente pelo Direito Público. Dada a importância da matéria, ela será examinada no Capítulo 11.

9 Considerações sobre os bens públicos tratados na Constituição

Os bens públicos arrolados nos arts. 20 e 26 da Constituição da República, noticiados antes, podem ser divididos em dois grupos de acordo com a natureza física deles. Celso Antônio Bandeira de Mello chama o primeiro de bens de domínio hídrico e o segundo, de bens de domínio terrestre.[2]

9.1 Bens hídricos

9.1.1 Águas públicas

O Código de Águas classifica as águas nas seguintes categorias: águas públicas, águas comuns, águas particulares e águas comuns de todos. As águas públicas, nos termos do art. 1º do aludido Código, podem ser de uso comum ou dominial. As de uso comum, de acordo com o art. 2º do Código de Águas, são os mares territoriais, incluindo os golfos, as baías, as enseadas e os portos; as correntes, canais, lagos e lagoas navegáveis ou flutuáveis; as correntes formadas por estas águas; as fontes de reservatórios públicos e as nascentes que influem decisivamente na navegabilidade ou flutuabilidade.

- Mar territorial – Mar territorial é a faixa de domínio do Estado soberano sobre o mar. No Brasil, esta faixa era de 200 milhas, nos termos do Decreto-Lei nº 1.092, de 25.3.1970. As 200 milhas são medidas a partir da linha de baixa-mar do litoral continental e insular do país em direção ao alto-mar.

---

[2] BANDEIRA DE MELLO. *Curso de direito administrativo*, 15. ed., p. 784-790.

Atualmente a matéria está regulada pela Lei nº 8.617, de 4.1.1993. Em conformidade com essa lei as águas externas compreendem três faixas distintas: a) mar territorial, que é a faixa de 12 milhas medidas a partir da linha de baixa-mar do litoral continental e insular brasileiro: b) a zona contígua, compreendendo a faixa que vai das 12 às 24 milhas marítimas; e c) zona econômica exclusiva, que é a faixa das 12 milhas do mar territorial até 200 milhas.

O uso dessa faixa de água marinha é comum, vale dizer, pode ser navegada e explorada por todos os brasileiros, nos limites da lei. A penetração de navios ou outras embarcações estrangeiras, principalmente os pesqueiros, sem prévia autorização do governo brasileiro, impõe a apreensão desses ou até medidas mais drásticas, nos casos de resistência.

- Águas navegáveis e flutuáveis – As águas flutuáveis de que trata o art. 2º do Código de Águas e as existentes em regiões assoladas, periodicamente, pelas secas, como ocorre no Norte e Nordeste brasileiros, são águas públicas de uso comum.
- Águas públicas dominiais – As águas previstas no art. 6º do Código de Águas são as denominadas águas públicas dominiais. São as águas que não se enquadram nas categorias vistas acima. Principalmente aquelas que não se destinam ao uso comum. Caracterizam-se pelo fato de serem de propriedade patrimonial do Estado, na condição de bens patrimoniais semelhantes ao patrimônio do particular.
- Águas comuns – As águas comuns não se confundem com as águas públicas de uso comum. São, pois, as não navegáveis nem flutuáveis, conforme prescreve o art. 7º do Código de Águas.
- Águas particulares – As águas particulares estão previstas no art. 8º do Código de Águas. São assim definidas por se situarem em propriedades privadas e não se enquadrarem em nenhuma das classificações anteriores. Chega-se a esta definição basicamente por exclusão.
- Águas comuns de todos – É de uso comum, gratuito, qualquer corrente ou nascente de água que tenha acesso por via pública, com a finalidade de satisfazer às primeiras necessidades da vida. Não havendo caminho público, os proprietários marginais são obrigados a permitir aos seus vizinhos a passagem por suas propriedades para que estes tenham acesso às águas, desde que não possam alcançar outras sem muitas dificuldades. A passagem forçada, em referência, é considerada servidão civil, devendo os usuários dela indenizarem o proprietário do prédio serviente pelos danos causados em virtude da serventia. Esse direito dominante é imprescritível, mas cessa se outros meios cômodos surgirem em qualquer tempo.

9.2 Bens territoriais

Os bens públicos territoriais compreendem o solo e o subsolo. No solo, estão as terras devolutas, as terras de marinha, as terras marginais, os terrenos acrescidos e as ilhas, além das terras adquiridas por desapropriação, compra, ou recebidos em dação em pagamento ou em virtude de penhora nas ações judiciais. No subsolo, encontram-se as jazidas em geral.

9.2.1 Solo

- Terras devolutas – As terras brasileiras, mesmo antes da descoberta do Brasil, já pertenciam a Portugal, em decorrência do Tratado de Tordesilhas, firmado entre Portugal e Espanha. Com a descoberta por Pedro Álvares Cabral, a nova terra, ainda sem nome definitivo, tornou-se colônia da Coroa portuguesa.

Inicialmente, a Coroa não demonstrou maiores interesses pelas terras descobertas, principalmente por acreditar tratar-se de uma ilha de inexpressivo interesse econômico. Só depois de trinta anos, mais ou menos, com a notícia de que os franceses e os holandeses estavam invadindo o território brasileiro em busca, sobretudo, de pau-brasil e outras riquezas, é que a Coroa portuguesa se preocupou com a nova terra. Decidiu ocupá-la por meio de colonização, com vista a impedir a invasão dos exploradores estrangeiros. Para isto, dividiu-se o território brasileiro em capitanias hereditárias. Essas capitanias, em número de 15, foram, com exceção de duas, entregues segundo critérios políticos, a cidadãos portugueses. Esses donatários seriam grandes latifundiários, com a missão de povoar e explorar as terras recebidas.

As capitanias não alcançaram os objetivos almejados pela Coroa portuguesa. Muitas delas fracassaram. Apenas duas lograram êxito: a de São Vicente e a de Pernambuco. As principais causas do fracasso das capitanias são atribuídas às dificuldades materiais e de recursos humanos, aos ataques indígenas, além da inaptidão da maioria dos donatários, escolhidos mediante critérios de favoritismo.

Ante o fracasso das capitanias hereditárias, o governo português optou pela divisão territorial do Brasil em sesmarias, consideradas, à época, como minifúndios. Realmente o eram em relação às capitanias. Esta teria sido a forma encontrada para nova tentativa de colonização. Essas sesmarias foram transferidas aos sesmeiros com as condições de medição e demarcação da respectiva área, cultivo das terras de modo a torná-las produtivas, entre outras. Satisfeitas as condições, a sesmaria seria confirmada. O descumprimento das obrigações resultaria em *comisso* (devolução da sesmaria à Coroa). Segundo registra a História do Brasil no que atine à colonização, muitas terras dadas em sesmarias foram efetivamente devolvidas. Esse ato de devolução conferiu-lhes o adjetivo *devolutas*. Daí, então, a expressão terras devolutas. Mesma denominação receberam as terras que não chegaram a ser dadas em sesmarias. Com a Independência, essas terras passaram à propriedade do Estado brasileiro. Modernamente são consideradas terras devolutas todas as que não foram registradas em nome de particulares nem tiveram destinação pública de uso comum ou de uso especial.

A identificação das terras devolutas faz-se mediante processo próprio, denominado *processo de discriminação*. Inicialmente, esse processo foi disciplinado pelo Decreto-Lei nº 9.760, de 5.9.1946, que previa uma fase administrativa e outra judicial. Posteriormente, editou-se a Lei nº 3.081, de 22.12.1956, que suprimiu a fase administrativa, prevalecendo apenas a judiciária (processo judicial de discriminação). A Lei nº 4.504, de 30.11.1964, restabeleceu a fase administrativa do procedimento discriminatório. Atualmente, a matéria está regulada pela Lei nº 6.383, de 7.12.1976. Esta lei prevê o processo administrativo e o processo judicial. A maioria dos casos se resolve, no Estado de Minas Gerais, pelo processo administrativo promovido pela Fundação Rural Mineira – Colonização e Desenvolvimento Agrário.

Entre as pessoas políticas, as terras devolutas estão distribuídas de acordo com o disposto no art. 20, II, da Constituição da República, do teor seguinte:

> Art. 20. São bens da União: [...]
> II - as terras devolutas indispensáveis à defesa das fronteiras, das fortificações e construções militares, das vias federais de comunicação e à preservação ambiental, definidas em lei.

Aos estados-membros compete o restante das terras devolutas nos termos do disposto no inc. IV do art. 26 da Constituição, assim redigido:

> Art. 26. Incluem-se entre os bens dos Estados: [...]
> IV - as terras devolutas não compreendidas entre as da União.

A Constituição da República, como visto, não contemplou terras devolutas aos municípios. Entretanto, os estados não estão impedidos de doar aos respectivos municípios terras devolutas, principalmente aquelas situadas nos perímetros urbanos, desde que observem o interesse público e as disposições legais pertinentes.

As terras devolutas pertencentes aos estados-membros enquadram-se entre os bens públicos dominiais, podendo, portanto, ser alienadas de acordo com o interesse público, observadas as condições estabelecidas em lei. O mesmo não ocorre com as da União, por terem destinação especial, nos termos do art. 20, inc. II, da CF. Relembre-se que sobre as terras devolutas não vinga o usucapião em virtude de norma expressa contida na Constituição da República (arts. 183, §3º, e 191, parágrafo único).

- Ilhas – As ilhas fluviais e lacustres situadas em zonas limítrofes com outros países pertencem à União (art. 20, IV, da Constituição da República). As fluviais e lacustres que não se enquadrarem na hipótese acima pertencem aos estados. A estes pertencem também as ilhas oceânicas e costeiras situadas em seus territórios, excetuadas aquelas que estiverem no domínio da União, ou de município, ou de particular (art. 26, II e III, da Constituição da República). Estas ilhas constituem bens públicos patrimoniais, podendo ser destinadas ao uso comum ou especial (art. 25 do Código de Águas).
- Terrenos marginais – São denominados terrenos marginais ou reservados as faixas de terras às margens dos rios públicos de 15 metros de largura contados da linha das enchentes médias ordinárias (art. 4º do Decreto-Lei nº 9.760 e art. 14 do Código de Águas). Excluem-se dessa regra as marginais das correntes públicas e os cursos d'água que concorrem apenas para a formação de outros cursos navegáveis ou flutuáveis.

No passado, discutiu-se a natureza jurídica dos terrenos reservados. Alguns entendiam tratar-se de bens de domínio da União, outros os consideravam mera servidão administrativa. Oswaldo Aranha Bandeira de Mello sustentou a tese do domínio da

União.³ Outros autores o acompanharam, entre os quais, Celso Antônio Bandeira de Mello.⁴

Hely Lopes Meirelles filia-se a outra corrente. Na opinião deste autor, os terrenos reservados são servidões administrativas, de conformidade com o art. 39 da Lei Imperial nº 1.507, de 26.9.1867 e revigorado pelo Código de Águas (arts. 11, 12 e 14).⁵

Hoje, a matéria não oferece dúvida, a nosso ver. A Constituição da República de 1988, no art. 20, III, prescreve que "os lagos, rios e quaisquer correntes de água em terrenos de seu domínio, ou que banhem mais de um Estado, sirvam de limites com outros países, ou se estendam a território estrangeiro ou dele provenham, bem como os terrenos marginais e as praias fluviais", são bens da União.

Os terrenos marginais pertencem à categoria de bens públicos dominiais, nos termos do art. 11 do Código de Águas. Parece que melhor seria enquadrá-los entre os de uso especial. Na realidade, esses bens destinam-se a um fim próprio. Não têm, pois, a característica de bens patrimoniais que podem ser alienados de acordo com a conveniência e oportunidade.

- Terrenos de marinha – Os terrenos de marinha são os banhados pelas águas do mar ou dos rios navegáveis numa faixa de 33 metros de largura, medida da preamar média. Essas terras pertencem ao domínio da União nos termos do disposto no art. 20, VII, da Constituição da República: são bens da União "os terrenos de marinha e seus acrescidos".

Os terrenos de marinha têm por finalidade a segurança nacional e se enquadram entre os bens públicos dominiais.

- Terrenos acrescidos – Terrenos acrescidos são aqueles que se formam ou que aderem às terras marginais com a terra carregada pelas correntes de águas. Nos termos do Código Civil de 2002, esses acréscimos pertencem aos titulares das terras marginais (art. 1.250).

9.2.2 Subsolo

O subsolo era de propriedade discutível na vigência da Constituição Federal anterior. Alguns autores entendiam pertencer à União, enquanto outros defendiam a tese de que o subsolo pertencia ao proprietário do solo. Não se cogitaria, para essa corrente, de separação de solo e subsolo. Do ponto de vista prático, é difícil a separação, por não se saber até onde vai o solo ou onde começa o subsolo.

A discussão sobre o tema foi acirrada por muitas décadas. Entretanto, a matéria perdeu o sentido com a promulgação da Constituição da República de 1988. Esta deixa patente que o subsolo é propriedade da União. Dois dos seus dispositivos cuidam do tema: o art. 20, que, no inc. IX, dispõe que constituem bens da União, "os recursos minerais inclusive os do subsolo"; e o art. 176, mais contundente e bastante objetivo: ele

---

3   BANDEIRA DE MELLO. *RDA*, 2/17.
4   BANDEIRA DE MELLO. *Op. cit.*, p. 398.
5   MEIRELLES. *Direito administrativo brasileiro*, 16. ed., p. 455.

separa do solo, para os efeitos de pesquisa e exploração, os recursos minerais e os cursos d'água, potenciais energéticos, e reserva à União a propriedade deles. É o seu texto:

> Art. 176. As jazidas, em lavras ou não, e demais recursos minerais e os potenciais de energia hidráulica constituem propriedade distinta da do solo, para efeito de exploração ou aproveitamento, e pertencem à União, garantida ao concessionário a propriedade do produto da lavra.

A pesquisa e a lavra de recursos minerais e o aproveitamento dos potenciais de energia hidráulica, de que trata o *caput* do art. 176, dependem de prévia autorização ou concessão da União, observadas as seguintes condições: atender a interesse nacional; ser o interessado brasileiro ou empresa constituída segundo as leis brasileiras e que tenha sede e administração no país, na forma da lei que tratará das restrições específicas, quando as atividades se verificarem nas faixas de fronteiras ou terras indígenas (§1º do art. 176 da Constituição da República com a redação dada pela Emenda Constitucional nº 6/95).

10 Utilização de bens públicos por particulares

A utilização de bens públicos por particulares é possível nos limites e condições estabelecidos em lei, regulamentos e contratos ou atos, de conformidade com a destinação do bem (uso comum, uso especial e dominial).

10.1 Bens de uso comum

Os bens públicos de uso comum destinam-se ao uso de todos, indistintamente, sem prévia autorização do Poder Público. Todas as pessoas têm direito subjetivo à fruição dos benefícios decorrentes do uso dos bens públicos de uso comum. Aquele que, comportando-se de acordo com os preceitos legais, for impedido ou sofrer restrição quanto ao uso de determinado bem público de uso comum, tem meios jurídicos próprios para remover o obstáculo. São exemplos de bens de uso comum ruas, praças públicas, parques, estradas, praias, entre outros.

O uso normal desses logradouros públicos, embora não dependa de prévia autorização, sujeita-se, em alguns casos, a certas condições, isto é, a liberdade de uso sofre limitações. Há locais, como parques e quarteirões fechados, em que o trânsito de veículos é proibido. Mesmo nos locais onde a circulação de veículos for permitida, a velocidade a ser desenvolvida por eles é controlada de acordo com o local ou a natureza do logradouro. Nas estradas, construídas especialmente para circulação de veículos, o motorista obriga-se a observar os limites de velocidade estabelecidos nas placas de trânsito regulamentadoras, dispostas ao longo das estradas. Há também limitação de carga por veículo. Para esse controle, existem, em pontos estratégicos, balanças destinadas à pesagem dos caminhões. O limite de peso visa à conservação das vias públicas.

Há casos em que o interessado depende de autorização especial para uso de vias públicas. Nessas hipóteses, a falta de autorização emanada da autoridade competente inviabiliza a utilização do bem público, como pretendida. Servem de exemplo: a circulação de veículo demasiadamente longo ou transportando objeto cuja largura ultrapasse os limites laterais da carroceria do veículo transportador e o transporte de cargas tóxicas.

10.1.1 Uso anormal de bens de uso comum

O uso anormal de bens de uso comum consiste no uso temporário que se dá ao bem, diferente do ordinário ou normal. Por exemplo, a realização de comício ou desfile em praça pública, a disputa de campeonato de vôlei, futebol ou natação de praia. Esses usos são diferentes dos comuns. As praças públicas não se destinam aos comícios, as praias não se destinam aos jogos esportivos nem à natação em piscinas ali construídas para a realização de competições de verão.

10.1.2 Uso singular de bens de uso comum

Sobre bens de uso comum pode-se consentir uso individual com vista ao interesse coletivo. Ocorre essa hipótese quando julgada conveniente e oportuna pela Administração Pública a instalação, por exemplo, de bancas de jornais e de *trailers* para vender sanduíches em praças e ruas. Nesses casos, os particulares interessados em explorar as atividades devem obter autorização ou permissão da Administração Pública.

Tanto a autorização quanto a permissão de uso são atos unilaterais discricionários e precários da Administração Pública. Por serem dessa categoria, tais atos podem ser revogados a qualquer momento, sem gerar para a Administração o dever de indenizar o beneficiado, salvo se se tratar de permissão por tempo determinado. É da natureza dos atos precários serem revogados a qualquer tempo sem gerar direito à indenização. Quando, entretanto, o prazo for determinado, o entendimento tem sido no sentido de que ele tem de ser respeitado pela Administração. A extinção antecipada do ato pela Administração implicaria o dever de indenizar o permissionário, salvo se este, comprovadamente, descumpriu condições previstas no ato ou na lei autorizativa.

10.1.3 Uso singular sobre bens de uso especial

Os bens de uso especial, como se sabe, são aqueles de uso da Administração indispensáveis ao seu funcionamento na consecução de suas atividades destinadas à satisfação do bem-estar social. Estes bens são de uso restrito de acordo com o tipo ou natureza do serviço público que prestam. Na universidade, por exemplo, têm acesso todos os estudantes regularmente matriculados. Outras pessoas são impedidas de entrar nas salas de aula, exceto se convidadas. Nas demais repartições públicas, a penetração de pessoas estranhas ao ambiente é permitida, mas mediante controle e desde que comprovado o interesse legítimo do visitante.

Em princípio, os bens de uso especial não podem ser cedidos ao uso singular, em razão da sua finalidade. Entretanto, há casos em que o funcionamento do bem depende da participação do particular na prestação do serviço a que se propõe. Nessas hipóteses, o interessado deve obter aquiescência da autoridade pública para explorar a sua atividade. São exemplos: centros comerciais mantidos pela Administração, mas explorados por particulares, sob controle. As centrais de abastecimento (Ceasas) servem de exemplo. Essas centrais são compostas de diversos e vastos galpões, divididos em boxes destinados a lojas para venda de produtos hortifrutigranjeiros por particulares.

O uso dos boxes é outorgado aos interessados mediante concessão ou permissão, precedida de licitação. Esta concessão ou permissão pode ser onerosa ou gratuita. No caso das Ceasas, por exemplo, os usuários pagam uma taxa ou tarifa mensal pela ocupação.

A concessão materializa-se por meio de contrato escrito, por prazo certo, podendo ser prorrogado desde que previsto no edital da licitação pertinente. A rescisão antecipada do contrato de concessão de uso de bem público impõe à Administração o dever de indenizar o concessionário, se este não deu causa à extinção do contrato.

10.1.4 Uso privativo de bens públicos dominiais

Os bens públicos dominiais ou dominicais, como já mencionado antes, não são desafetados de uso público. São os bens que constituem patrimônio disponível do Estado, semelhante ao patrimônio privado, vale dizer, são bens que podem ser alienados, dados em concessão real de uso, dados em cessão de uso ou em permissão, sempre que a Administração julgar conveniente e oportuno, observadas as formalidades e condições estabelecidas em lei.

Estes bens, por não estarem comprometidos com o interesse social, são dispensáveis e, por isso, alienáveis. A Administração, além de poder aliená-los, conforme preceitua o art. 17 da Lei nº 8.666/93, pode também, segundo a conveniência e o interesse público, ceder-lhes o uso a particular, pessoa física ou jurídica, valendo-se de instrumento jurídico adequado.

Os autores Celso Antônio Bandeira de Mello e Maria Sylvia Zanella Di Pietro arrolam os seguintes meios dos quais a Administração pode se valer para transferir ao particular o uso de bens dominiais: locação, arrendamento, comodato, enfiteuse, concessão de direito real de uso, cessão, permissão de uso e concessão de uso.

A cessão de uso, a concessão de uso e a permissão são instrumentos de Direito Público. Os outros referidos acima são de Direito Privado. Parece-nos que esses não são mais utilizados pela Administração Pública. Pelo menos, não deveriam ser, depois do surgimento dos instrumentos de Direito Público consagrados na legislação contemporânea. Os instrumentos públicos referidos no início deste parágrafo substituem com vantagens todos os de Direito Privado. O único que se poderia aproveitar seria a concessão real de uso por ter sido acolhida pela Lei nº 8.666/93, art. 17, §2º.

Além disso, com as condições e limites estabelecidos no referido §2º, parece mais prudente considerar esse instrumento jurídico como próprio do Direito Público e não privado, como costumam sustentar. Entre outros, Maria Sylvia Zanella Di Pietro afirma que a concessão real de uso não é essencialmente pública, podendo ser usada por particular nos termos dos arts. 7º e 8º do Decreto-Lei nº 271, de 28.2.1967.

- Concessão de direito real de uso – por este instrumento jurídico a Administração transfere o direito real de uso – a titularidade do bem continua com o ente público concedente – a órgãos e a entidades públicas e, comprovado o interesse público, a entidades privadas concessionárias de serviço público ou a entidades filantrópicas, reconhecidas de utilidade pública, nos termos do art. 17, §2º, da Lei nº 8.666/93.

O objeto da concessão em apreço é o solo ou espaço aéreo sobre terreno público ou particular, de conformidade com o disposto no citado Decreto-Lei nº 271/67. A Lei nº 8.666/93 cuida apenas do imóvel, base física, parecendo não ter cogitado do espaço aéreo.

São características da concessão real de uso: materializa-se mediante contrato, precedido de licitação, exceto nos casos previstos no §2º do art. 17 da Lei nº 8.666/93; contrato por tempo determinado; uso gratuito ou oneroso; direito real resolúvel; transferível a sucessor legítimo ou por ato *inter vivos*; diferencia-se da concessão de uso por ser esta de natureza pessoal e intransferível a não ser mediante prévia autorização formal da Administração.

- Enfiteuse – A enfiteuse ou aforamento é instituto do Direito Civil. Entre nós, foi regulado nos arts. 678 a 694 do Código Civil de 1916. Com arrimo nesses dispositivos, a matéria, em relação a bens da União, foi regulamentada pelo Decreto-Lei nº 9.760, arts. 99 a 124, de 5.9.1946. Entretanto, a enfiteuse estava em desuso. Por esse motivo, o Código Civil de 2002 não o acolheu, proibindo a constituição de enfiteuses e subenfiteuses, mas resguardou, entretanto, a permanência das então existentes, até as suas extinções (art. 2038), que continuam regidas pelas normas do Código caduco.

A extinção do aforamento materializa-se pela ocorrência de uma das seguintes hipóteses: I – por inadimplemento de cláusula contratual; II – por acordo entre as partes; III – pela remissão do foro, nas zonas onde não mais subsistam os motivos determinantes da aplicação do regime enfitêutico; IV – pelo abandono do imóvel, caracterizado pela ocupação, por mais de 5 (cinco) anos, sem contestação, de assentamentos informais de baixa renda, retornando o domínio útil à União; ou V – por interesse público, mediante prévia indenização, incluídas pela Lei nº 11.481/2007 (art. 103 do Decreto-Lei nº 9.760, de 5.9.1947). Assim, justifica manter informações sobre algumas de suas características, como segue:

- direito real sobre coisa alheia "que confere a alguém, perpetuamente, os poderes inerentes ao domínio, com obrigação de pagar ao dono da coisa uma renda anual e a de conservar-lhe a substância";[6]
- é possível somente sobre bem imóvel e é transferível gratuitamente ou com ônus, mediante comunicação ao proprietário do bem, chamado, no instrumento, de senhorio;
- o beneficiário da enfiteuse chama-se enfiteuta ou foreiro. O seu direito sobre a coisa é o domínio útil. O proprietário do bem dado em enfiteuse é denominado senhorio. O seu direito sobre a coisa é direto;
- no caso de venda do bem ou dação em pagamento, o enfiteuta terá preferência; caso não exerça o direito de preempção, será contemplado com o laudêmio, valor financeiro correspondente a 2,5% do valor da alienação do bem nos termos

---

[6] GOMES. *Direitos reais*, p. 397 *apud* BANDEIRA DE MELLO. *Op. cit.*, p. 406.

do Código Civil, se de outra forma não dispuser o contrato. Este percentual foi elevado para 5%, nos casos de bens da União de conformidade com o Decreto nº 9.760/1946;
- a importância paga pelo enfiteuta ao senhorio chama-se foro, cânon ou pensão. Pelo atraso do pagamento por três anos, o enfiteuta sofre o comisso, perde o aforamento e terá de devolver o bem ao seu titular que consolidará o pleno domínio em seu favor.

CAPÍTULO 11

RESTRIÇÕES À PROPRIEDADE E AO DOMÍNIO ECONÔMICO

Sumário: 1 Restrições à propriedade – 2 Intervenção no domínio econômico

O Estado, no exercício de suas atividades precípuas, desempenha funções políticas, econômicas e sociais, com a finalidade de atender às necessidades básicas e fundamentais de sua população. Para a concretização dessas atividades, o Estado presta, direta ou indiretamente, serviços públicos, como visto no Capítulo 9, e interfere no domínio econômico buscando a sua compatibilização com o interesse social, nos limites e condições estabelecidos em lei.

Os fundamentos para esse comportamento estatal são o interesse social e o poder de império do Estado manifestado por meio do domínio eminente e do poder de polícia, previstos e regulados no sistema jurídico nacional. São meios de intervenção legítimos e compatíveis com o direito de propriedade e com o exercício da atividade econômica no Estado democrático de direito.

1 Restrições à propriedade

O Estado brasileiro é proprietário de bens considerados indispensáveis ao funcionamento dos órgãos públicos e ao atendimento das necessidades sociais e garante ao particular o direito de propriedade nos termos do art. 5º, XXII, da Constituição da República. Esse direito de propriedade sofreu profundas modificações no tempo e no espaço. No Direito romano antigo, o direito de propriedade era o mais amplo possível. O proprietário poderia, incondicionalmente, usar, gozar e dispor da propriedade de acordo com o que melhor lhe conviesse.

O Código Civil francês, conhecido por Código de Napoleão, já impõe restrições ao direito de propriedade. Estabelece esse Código que o exercício desse fundamental direito condiciona-se às limitações regulamentares. É a norma contida no art. 544 do referido Código. Contemporaneamente, o entendimento dominante e pacífico é o de que a propriedade cumpre função social. No Direito pátrio, a matéria foi erigida à condição de norma constitucional, nos termos do art. 5º, XXII e XXIII, da Constituição da República de 1988.

Oviedo assim se expressa quanto ao tema:

> Con efecto, la propiedad cumple una función social que toma carne en su contenido, y que en cada época determina la medida exacta de su derecho. Aun siendo el derecho de propiedad privada un derecho natural, la ley, expresión de la consciencia colectiva, es la que en cada momento histórico determina su contenido, conforme al concepto social que la generación se forme, y lo determina mediante una serie de reservas jurídicas, que se atribuye el Estado para el caso en que el equilibrio normal de las funciones individual y social se rompa y no haya otros medios para restablecerlo.[1]

Diogo de Figueiredo Moreira Neto, comentando a função social da propriedade, afirma que seria equívoco tomar o princípio como negativa da propriedade privada, como acontece nos sistemas socialistas e marxistas. Para o referido autor, o princípio consiste na "exigência de que o uso das riquezas seja condicionado ao bem-estar coletivo: é dar à mola do progresso, que é a propriedade, a têmpera da justiça social".[2]

Parece-nos razoável afirmar que a propriedade individual é concessão do interesse coletivo, pois sobre ela subjaz uma hipoteca social. Vale dizer que a propriedade e o seu uso e fruição se sujeitam aos limites determinados pelo interesse geral. Esse interesse geral ou coletivo pode recomendar até a supressão da propriedade por via da desapropriação, se essa medida extrema for a única ou a melhor solução para o conflito surgido do embate entre o interesse individual e o interesse coletivo.

A intervenção do Estado no domínio privado decorre principalmente do domínio eminente da soberania estatal sobre os bens públicos e privados existentes no seu território. Diogo de Figueiredo esclarece:

> O domínio eminente, entendido em sentido moderno, como aspecto da soberania incidente sobre os bens que constituem o território do Estado ou que a ele se integram ou adiram, manifesta-se diferentemente sobre cada uma das mencionadas categorias de bens: públicos, privados e *res nullius*.[3]

O exercício do poder eminente sobre o domínio privado revela-se pelo poder de polícia discricionário ou vinculado, impondo condições para o exercício do direito de propriedade na defesa do interesse coletivo. Ainda Diogo de Figueiredo leciona: "A intervenção na propriedade privada, que vai desde a ocupação temporária à desapropriação, só se justifica pelo estrito atendimento do binômio lei- interesse público".[4]

Perfeita a lição do autor. No Estado democrático de direito, o comportamento dos agentes públicos deve pautar-se nos limites do interesse público e da legalidade. A atuação estatal fora desses parâmetros descamba para o arbítrio caracterizado pelo abuso de poder manifestado por uma de suas facetas: excesso de poder ou desvio de finalidade. Por qualquer dessas manifestações, o ato resultante será irremediavelmente portador do vício de ilegalidade.

---

[1] GARCIA OVIEDO; MARTINEZ USEROS. *Derecho administrativo*, 3. ed., p. 207-208.
[2] MOREIRA NETO. *Direito administrativo*, 10. ed., p. 269.
[3] MOREIRA NETO. *Op. cit.*, p. 243.
[4] MOREIRA NETO. *Op. cit.*, p. 244.

Ensinava Hely Lopes Meirelles que:

Modernamente o Estado de Direito aprimorou-se no Estado de Bem-Estar (*Welfare State*), em busca de melhoria das condições sociais da comunidade. Não é o Estado Liberal que se omite ante a conduta individual, nem o Estado Socialista que suprime a iniciativa particular. É o Estado orientador e incentivador da conduta individual no sentido do bem-estar social. Para atingir esse objetivo, o Estado de Bem-Estar intervém na propriedade e no domínio econômico, quando utilizados contra o bem comum da coletividade.[5]

Os instrumentos ou institutos de intervenção do Estado na propriedade privada, visando conciliar o direito individual com o interesse coletivo, são a limitação administrativa, a ocupação temporária, a requisição, a servidão administrativa, o tombamento e a desapropriação.

A Constituição da República de 1988 lança as bases fundamentais autorizativas para o comportamento estatal na busca da satisfação social, ainda que com o sacrifício da propriedade particular. O art. 5º, XXII, garante o direito de propriedade, mas o inciso seguinte, XXIII, estabelece que "a propriedade atenderá a sua função social". Ainda o mesmo dispositivo constitucional no inc. XXIV garante ao Estado o direito de desapropriar mediante indenização, por utilidade pública ou por interesse social. O art. 22, III, prevê requisições civis e militares, nos casos de iminente perigo e em tempo de guerra. O art. 182, §§3º e 4º, III, cuida da desapropriação por interesses urbanísticos. Os arts. 170, III, e 182, §2º, também tratam da função social da propriedade. No art. 184 e 185 estão as normas gerais sobre desapropriação para fins de reforma agrária de imóvel rural que não estejam cumprindo a sua função social, e, finalmente, o art. 243 prevê a expropriação, sem indenização, de glebas rurais ou urbanas dedicadas ao cultivo de plantas psicotrópicas ou a exploração de trabalho análogo ao de escravo. Redação modificada pela Emenda Constitucional nº 81/2014.

A repartição de competência para as intervenções aqui tratadas privilegia a União. É deste ente federal, por exemplo, a competência para legislar sobre propriedade privada e sobre desapropriação e expropriação. Aos municípios é assegurada competência para legislar e executar medidas relativas às limitações administrativas prediais urbanas. Aos estados compete, basicamente, a regulamentação do exercício do poder de polícia, quando não for de competência exclusiva da União ou do município. Na oportunidade do exame de cada modalidade de intervenção, a questão relativa à competência será esclarecida.

1.1 Limitação administrativa

A limitação administrativa é meio de intervenção do Estado na propriedade privada e na atividade particular, decorrente de sua soberania interna e do seu dever para com o bem-estar social.

As restrições administrativas são reguladas pelo Direito Administrativo, não se confundindo, por isso mesmo, com as limitações previstas no Código Civil brasileiro de 2002 (arts. 1.277 a 1.313). Estas procuram regrar conduta de vizinhança com vista à

---

[5] MEIRELLES. *Direito administrativo brasileiro*, 16. ed., p. 94.

salubridade dos prédios (moradias) e convivência salutar e amena das pessoas vizinhas entre si.

As limitações reguladas pelo Direito Administrativo visam ao interesse coletivo e, principalmente, à boa qualidade de vida nas cidades. Elas são de natureza geral, quer dizer, não se destinam a pessoas ou imóveis individualmente, a exemplo de outras restrições como a servidão Administrativa, por exemplo. É de Hely Lopes Meirelles a definição: "Limitação administrativa é toda imposição geral, gratuita, unilateral e de ordem pública, condicionadora do exercício de direitos ou de atividades particulares às exigências do bem-estar social".[6]

Imposição geral significa que o ônus imposto a esse título abrange todos que se encontrarem na mesma situação em determinado espaço geográfico. Na zona urbana, por exemplo, as restrições impõem-se a todos os prédios que se circunscreverem no perímetro urbano. Nos prédios urbanos, as limitações consistem em recuo obrigatório da construção em relação à testada do lote; em zoneamento da área urbana, segundo a destinação da construção que se pretende edificar. Assim, as leis atuais sobre uso e ocupação do solo urbano dispõem de modo a se permitir construções de acordo com a precondicionante segundo a finalidade da construção. Dessa forma, tem-se, nos municípios dotados de plano diretor, zona destinada à construção de moradias plurifamiliares em condomínio vertical (edifício), outra destinada à construção unifamiliar. Nesses locais, só se podem construir casas residenciais destinadas a uma só família, ainda que com mais de um pavimento. Outras zonas reservam-se ao comércio, outras à atividade industrial. Em virtude desse zoneamento, o proprietário de determinado lote não tem a liberdade de nele construir o que melhor lhe convier. Ao contrário, limita-se a edificar a construção permitida para o local ou para a região, nos termos da lei de parcelamento do solo ou do plano diretor do município. Não poderá, por exemplo, o proprietário construir em seu lote um edifício de cinco pavimentos, se o gabarito permitido para o local for de apenas três. Ou, então, é defesa a construção de edifício, ainda que de poucos andares, em lotes situados em bairro ou rua reservados à construção de casas unifamiliares.

Esses são exemplos de restrições impostas em virtude da limitação administrativa, que não se confundem com as decorrentes da servidão administrativa, que incide sobre determinado prédio, escolhido segundo o interesse público. A limitação administrativa, por ser geral, não dirigida à individualidade, não confere ao proprietário do imóvel sacrificado o direito à indenização. Em síntese, as restrições decorrentes do instituto em consideração revelam-se na obrigação de fazer, ou na obrigação de não fazer, ou ainda na obrigação de abster-se.

A propósito da inexistência do direito de indenização, escreveu Diogo de Figueiredo Moreira Neto:

> Sua universalidade, que vem a ser a aplicabilidade uniforme sobre propriedades ou atividades de uma mesma classe, garante-lhe a gratuidade. O sacrifício limitatório é imposto a todos, na mesma medida, sem exceção; a generalidade da incidência sobre relações jurídicas

---

[6] MEIRELLES. *Op. cit.*, p. 529.

indeterminadas, determináveis apenas quando da aplicação, justifica a gratuidade, mesmo porque os benefícios coletivos atingirão a todos igualmente.[7]

A limitação administrativa, por ser geral, obrigatória e gratuita, só pode ser imposta por lei geral emanada do Poder Legislativo. Diferentemente dos outros meios de restrição que, embora previstos em lei, materializam-se por meio de ato administrativo.

1.2 Ocupação temporária

A Administração Pública, no desempenho de suas atividades de prestação de serviços e de realização de obras públicas, pode, em dado momento, circunstância e condições, ter necessidade de ocupar, temporariamente, bens de particulares. Visto tratar-se de necessidade por tempo relativamente curto, a lei faculta ao Poder Público utilizar bens privados sem a constituição de servidão administrativa.

São pressupostos básicos para a ocupação temporária: a realização de obra, ou prestação de serviço, ou efetivação de pesquisa, ou prospecção em jazida; a inexistência de terreno do Estado na vizinhança da obra ou do local da atuação estatal; a inexistência de construção civil sobre o terreno que se quer ocupar; a indenização *a posteriori* pelos danos causados.

No Direito espanhol, a Administração Pública, suas empresas ou empresas particulares delegatárias podem promover a ocupação temporária de terrenos particulares, nos termos do art. 18 da Lei de Expropriação daquele país, nos seguintes casos:

> 1º Con objeto de hacer estudios o practicar operaciones facultativas de corta duración, que tengan por objeto recoger datos para la formación del proyecto o para el replanteo de una obra.
>
> 2º Con el establecimiento de estaciones y caminos provisionales, talleres, almacenes, depósitos de materiales y cualesquiera otros más que requieran las obras previamente declaradas de utilidad pública, así por lo que se refiere a su construcción, como a su reparación o conservación ordinarias.
>
> 3º Con la extracción de materiales de toda clase, necesarios para la ejecución de dichas obras, ya se hallen diseminados por la propiedad, ya hayan de ser objeto de una explotación formalmente organizada.[8]

No Direito pátrio, a matéria está disciplinada pelo Decreto-Lei nº 3.365 de 21.6.1941 (art. 36). Esse dispositivo garante ao proprietário do imóvel o direito de ser indenizado pelo uso temporário, como se fosse um arrendamento forçado. O valor da indenização deve ser estabelecido de comum acordo pelas partes envolvidas. Não havendo acordo, a fixação do quanto indenizatório será de competência do Judiciário por provocação do proprietário do bem ocupado ou da Administração. A lei prevê que o proprietário pode exigir que a Administração preste garantia da modalidade caução, vez que o pagamento da indenização se efetiva depois da ocupação, por ocasião da liberação do bem.

A prerrogativa da Administração de ocupar, temporariamente, bens particulares pode ser delegada a entidades da Administração indireta, a concessionárias de serviços

---

[7] MOREIRA NETO. *Op. cit.*, p. 274.
[8] GARCIA OVIEDO; MARTINEZ USEROS. *Op. cit.*, p. 228-229.

públicos ou a empreiteiras contratadas para execução de obras ou serviços, nos termos do contrato e do respectivo edital de licitação.

O poder de ocupar não permite ao ocupante temporário proceder modificação no bem e nem o utilizar de modo incompatível com a sua destinação própria. Nessa linha é a orientação de Hely Lopes Meirelles: "A ocupação temporária não admite demolições ou alterações prejudiciais à propriedade particular utilizada; permite, apenas, o seu uso momentâneo e inofensivo, compatível com a natureza e destinação do bem ocupado".[9]

Concluindo, a ocupação temporária é faculdade do Poder Público e dever do particular, verificadas as hipóteses legais e as condições ou pressupostos da ocupação. O particular, proprietário do bem ocupado, tem o direito de recebê-lo ao final da ocupação nas mesmas condições em que se encontrava antes da medida compulsória e ainda o de ser indenizado a título de compensação pela restrição sofrida.

1.3 Requisição administrativa

A requisição administrativa é meio de restrição ao domínio privado que, dependendo da modalidade em que se apresenta, pode confundir-se com a ocupação temporária e com a desapropriação. O instituto consiste na requisição compulsória de bens móveis ou imóveis, ou serviços.

No Direito brasileiro, a requisição surgiu como meio de restrição possível somente nos casos de guerra ou de comoção intestina grave. Era o que dispunham a Constituição republicana de 1891 (art. 80) e o Código Civil de 1916 (art. 591). As requisições militares foram disciplinadas pelo Decreto-Lei nº 4.812, de 8.10.1942, modificado pelo Decreto-Lei nº 5.451, de 30.4.1943.

O Código Civil de 2002 não cuida dessa modalidade de intervenção do Estado na propriedade. Correta a conduta do legislador. A matéria pertence ao ramo de Direito Público, especialmente, ao Direito Administrativo. Por essa razão não se comporta no Código de Direito Civil.

A Constituição de 1988 trata da matéria no art. 22, III. O texto confere competência privativa à União para legislar, entre outros, sobre "requisições civis e militares, em caso de iminente perigo e em tempo de guerra".

Pelo preceito constitucional, evidenciou-se que as requisições são permitidas também em casos de paz. Para isto, basta a verificação de iminente perigo. Passam, então, a coexistir requisições militares e requisições civis. O dispositivo constitucional, a rigor, não inova. O seu mérito consiste em ratificar o que já previa a legislação infraconstitucional editada sob a regência da Constituição de 1946. A Lei Delegada nº 4, de 26.9.1962, autoriza a intervenção estatal no domínio econômico em tempo de paz, por meio de requisições. As requisições de bens e serviços com fundamento na referida lei delegada foram regulamentadas pelo Decreto nº 51.644-A, de 26.11.1962. As requisições de serviços, de bens, ou serviços essenciais ao abastecimento da população estão previstas no Decreto-Lei nº 2, de 14.1.1966, e regulamentadas pelo Decreto nº 57.844, de 18.2.1966.

A requisição administrativa pode recair sobre bens imóveis de conformidade com o art. 5º, XXV, da Constituição da República, do seguinte teor: "No caso de iminente

---

[9] MEIRELLES. *Op. cit.*, p. 527.

perigo público, a autoridade competente poderá usar de propriedade particular, assegurada ao proprietário indenização ulterior, se houver dano". Essa hipótese de requisição confunde-se com a ocupação temporária de que trata o art. 36 do Decreto-Lei nº 3.365/41. Entretanto, são diferentes. A ocupação temporária de acordo com o referido dispositivo é possível só nos casos de necessidade em virtude de execução de obra pública vizinha. E a indenização é prevista independentemente de ocorrência de dano. Já o uso da propriedade, em conformidade com o art. 5º, XXV, da Constituição da República, é permitido só na hipótese de iminente perigo público e assegura direito à indenização, se ocorrer dano em virtude do uso extraordinário. Não se discute, portanto, indenização com fundamento apenas na requisição. É necessária a comprovação do dano decorrente da intervenção estatal.

A requisição, quando recai sobre bens fungíveis ou semoventes, implicará indenização total ou a devolução de outros em igual quantidade ou peso da mesma qualidade ou raça nos casos de semoventes consumidos. Tratando-se de bens móveis infungíveis, imóveis ou serviço, pagar-se-á indenização, verificado dano.

A efetivação da requisição, tanto a civil quanto a militar, depende de ato administrativo emanado da autoridade competente. Em qualquer dos casos, é indispensável a ocorrência das condições previstas como ensejadoras da medida: guerra justificadora da requisição militar e perigo iminente preordenadora da requisição civil.

1.4 Servidão administrativa

1.4.1 Breves considerações sobre servidão civil

As teorias das servidões, como as de outros institutos jurídicos, sofreram processo evolutivo até chegarem a posições claras e definidas, aceitas pacificamente pela comunidade jurídica. Modernamente, as várias modalidades de servidão civil estão reguladas, em todo o mundo, em leis gerais, entre elas o Código Civil.

As servidões particulares surgiram da necessidade do proprietário de determinado imóvel de usar, parcialmente, um prédio lindeiro ou limítrofe pertencente a terceiro, para a fruição plena ou quase plena, do gozo e posse da sua propriedade de acordo com a destinação própria dela.

Em virtude da servidão, o prédio beneficiado é chamado de dominante, enquanto o outro, o que sofre o ônus da servidão, denomina-se serviente. As adjetivações decorrem do fato de que o proprietário do prédio sacrificado pela servidão sofre limitações em benefício do proprietário do outro. Em alguns casos, o prédio dominante goza de direito exclusivo de uso do bem, objeto da servidão. Por exemplo: rede particular de energia ou canalização de água e esgoto.

A servidão particular pode ser instituída de comum acordo dos proprietários dos prédios vizinhos ou compulsória. No primeiro caso, a servidão é facultativa; no segundo, obrigatória. Será facultativa quando o proprietário de um prédio permite, por liberalidade sua, a passagem de caminho a outro prédio ou a utilização de suas águas por vizinhos, gratuita ou onerosamente. A servidão é obrigatória nos casos de prédios encravados, hipótese em que o proprietário do prédio vizinho, concorrendo ou não para o encravamento, é obrigado a permitir passagem ao proprietário do prédio encravado.

Também os prédios a jusante recebem, naturalmente, as águas pluviais dos prédios a montante. Essa realidade da natureza gera para o proprietário ou possuidor do prédio a montante o direito de servidão para a passagem das águas pluviais (chuvas) pelo prédio a jusante, nos termos da regulamentação civil.

- Conceito de servidão civil – Servidão civil consiste no sacrifício de um prédio em benefício de outro, mediante acordo ou por imposição legal, sendo que o prédio sacrificado sofre restrições em favor do beneficiado. Daí o prédio onerado denominar-se serviente e o beneficiado, dominante. A servidão pode ser gratuita ou onerosa, voluntária ou obrigatória, por tempo determinado ou indeterminado.

Caio Mário da Silva Pereira, reproduzindo, segundo afirma, conceitos dos civilistas, escreve:

> Diz-se servidão: o encargo que suporta um prédio denominado serviente, em benefício de outro prédio chamado dominante, conferindo ao titular o uso e gozo do direito de propriedade. Ou, para resumir o conceito de Gierke e Martin Wolff, é direito real de fruição e gozo da coisa alheia limitado e imediato.[10]

Na mesma linha, são as posições de Marcelo Caetano e de Carlos Garcia Oviedo, respectivamente: "A servidão real ou predial consiste num encargo imposto a um prédio em proveito exclusivo de outro prédio pertencente a dono diferente, chamando-se àquele serviente e à este dominante";[11] "Por servidão entende-se uma carga imposta a um prédio em benefício de outro pertencente a distinto dono. É a restrição do direito de propriedade que não priva ao dono de sua coisa, mas sim de parte de seu uso e gozo".[12]

O Código Civil brasileiro de 1916 tratava da servidão no art. 695, assim:

> Impõe-se a servidão predial a um prédio em favor de outro, pertencente a diverso dono. Por ela perde o proprietário do prédio serviente o exercício de alguns de seus direitos dominicais, ou fica obrigado a tolerar que dele se utilize, para certo fim, o dono do prédio dominante.

O Código de 2002, no art. 1.378, trouxe nova redação, mantendo, entretanto, o mesmo conteúdo, *verbis*:

> A servidão proporciona utilidade para o prédio dominante, e grava o prédio serviente, que pertence a diverso dono, e constitui-se mediante declaração expressa dos proprietários, ou por testamento, e subsequente registro no Cartório de Registro de Imóveis.

O Código Civil espanhol, no art. 530, contém redação de conteúdo semelhante à do Código Civil brasileiro.

As transcrições acima deixam patente que não há divergência entre os autores brasileiros e estrangeiros quanto ao conceito de servidão civil. Apesar de se ter adotado

---

[10] PEREIRA. *Instituições de direito civil*, 3. ed., v. 4.
[11] CAETANO. *Princípios fundamentais do direito administrativo*, p. 469.
[12] OVIEDO; USEROS. *Derecho administrativo*, 9. ed., v. 2.

apenas amostragem quanto ao tema, parece que o conceito de servidão é universal. Divergências podem e devem haver quanto ao procedimento regulador do instituto, de conformidade com as particularidades de cada país.

Assentado ficou que a servidão civil ou comum pressupõe a existência de dois prédios, um sacrificado em favor do outro. Se os prédios pertencerem ao mesmo dono, não haverá servidão, pois o proprietário não precisa de permissão de outrem para usar a sua própria coisa. À primeira vista, pode parecer incorreta essa afirmação, visto que a servidão é real, nos termos da lei e da doutrina, e consiste no sacrifício de um prédio em benefício de outro e não de prédio a pessoa. Mas acontece que é o titular do prédio dominante que exerce os direitos decorrentes da servidão suportada pelo prédio serviente. Logo, nesse caso, o interessado nos benefícios da servidão seria, ao mesmo tempo, o titular do prédio onerado. Há, portanto, nessa situação, confusão de proprietários. Por isso, não há servidão.

Nessa linha é o magistério de César Fiúza, do seguinte teor:

> Fala-se comumente ser a servidão o direito real de um prédio sobre outro. Como ensina Sílvio Rodrigues, a afirmação é imprecisa e desacertada, pelo simples fato de não serrem possíveis relações jurídicas entre coisas, objeto de direitos. Na verdade a relação jurídica real de servidão estabelece-se entre o titular do prédio dominante e o titular do prédio serviente. A razão de ser da ideia equivocada de que as servidões seriam fruto da relação entre prédios encontra-se na tentativa de explicar que, uma vez criado o direito real de servidão, ele transmite a quem quer que seja o titular do prédio dominante. Tal se explica, entretanto, pelo poder de sequela, apanágio dos direitos reais, por força do qual a servidão adere-se ao prédio, seguindo-o aonde quer que ele vá.[13]

- Como se constitui – As servidões constituem-se entre vivos ou por *causa mortis*. No primeiro caso, elas são mais frequentes. No segundo, as ocorrências são raras e se verificam, ocasionalmente, na época de partilha de bens imóveis, quando o fracionamento desse implicar abertura de caminho para que determinada gleba tenha acesso à via pública. Nesse caso, um ou mais proprietários de parte do terreno, antes indiviso, constituem-se no dever de permitir a passagem de acesso.

As servidões entre vivos são constituídas por via de instrumento público (escritura pública decorrente de contrato firmado entre as partes), que estabelece as condições, inclusive a de pagar indenização, quando for o caso. Para a garantia do exercício da servidão, o respectivo título constitutivo deve ser levado a registro no competente cartório de registro de imóveis. Essa exigência torna-se mais necessária quando a servidão for do tipo não aparente. Situação em que o registro é fundamental meio de prova de existência da servidão.

As servidões aparentes, por serem visíveis ao proprietário do prédio serviente, podem ser constituídas por usucapião nos termos do Código Civil.

Durante algum tempo, discutiu-se muito a possibilidade de se constituir servidão de passagem pela via da prescrição aquisitiva. Argumentava-se que esse tipo de servidão não é considerado aparente, mas não pode ser tido como não aparente, no

---
[13] FIUZA. *Direito Civil*, 7. ed., p. 752.

entendimento de alguns autores. A questão pacificou-se depois do alentado trabalho elaborado por Mendes Pimentel, intitulado *Servidão de trânsito*. À vista desse trabalho, os tribunais unificaram a jurisprudência, reconhecendo a possibilidade da constituição da servidão de trânsito pela via da usucapião.

Finalmente, por sentença judicial, pode ser constituída servidão, nos casos de litígios, é óbvio. Nessa hipótese, ocorre, efetivamente, o reconhecimento de uma situação preexistente. A decisão, em regra, não constitui, mas declara a existência da servidão.

- Extinção da servidão – Vários são os meios e condições de extinção de servidão. Os mais importantes são:
  - confusão: verifica-se quando o dono do prédio dominante adquire o prédio serviente, ou o proprietário do prédio serviente compra o dominante, visto que um dos pressupostos da servidão é o de serem distintos os proprietários dos dois prédios envolvidos;
  - convenção: esta modalidade de extinção, como o próprio nome sugere, é a que se dá pelas vontades das partes. Ocorre quando os proprietários dos prédios dominante e serviente decidem pela desconstituição da servidão, cancelando-se em seguida o registro do respectivo título constitutivo;
  - renúncia: esta modalidade de extinção verifica-se quando o beneficiário da servidão renuncia, por qualquer motivo, ao direito de que seja titular sobre determinada servidão.

Este breve comentário sobre a servidão civil teve por finalidade recapitular a matéria, para melhor compreensão da servidão administrativa, que será examinada no subitem subsequente.

1.4.2 Servidão administrativa

A servidão administrativa, chamada também de servidão pública, é outra modalidade de intervenção do Estado na propriedade privada, no interesse público, unilateral e compulsoriamente. Por esse mecanismo, fica a Administração Pública, ou quem lhe faça as vezes, legitimada a usar bens de particulares sem que o seu proprietário perca a titularidade sobre esses. O particular proprietário sofre apenas algumas restrições ao uso e goza da propriedade onerada com a servidão administrativa.

- Conceito – A servidão administrativa, embora tenha a sua origem na servidão civil, reveste-se de natureza jurídica própria e não se confunde com aquela. Um dos traços primordiais da servidão civil, como ressaltado, é a pressuposição de dois prédios contíguos pertencentes a donos distintos. O mesmo não ocorre com a servidão administrativa. Nesta, pressupõe-se a existência de um prédio, o serviente, vez que o dominante é o serviço público ou o interesse público e não outro prédio.

Hely Lopes Meirelles conceitua servidão pública:

> Servidão administrativa, ou pública, é ônus real de uso, imposto pela Administração à propriedade particular, para assegurar a realização e conservação de obras e serviços públicos

ou de utilidade pública, mediante indenização dos prejuízos efetivamente suportados pelo proprietário.[14]

Rafael Bielsa assim conceitua a servidão administrativa: "Um direito público real constituído por uma entidade pública sobre um bem privado, com o objeto de que é servir ao uso público, como uma extensão ou dependência do domínio privado".[15]

Pode-se afirmar que servidão administrativa, ou pública, ou de Direito Público, consiste na transferência compulsória, por tempo indeterminado, de uma das faculdades de uso da propriedade real privada em favor de ente público ou de quem lhe faça as vezes, para a satisfação do interesse público. Em suma, é ônus real da propriedade privada imposto pela Administração Pública, para atendimento de serviço público, mediante indenização em dinheiro.

- Constituição – A servidão administrativa constitui-se mediante acordo ou decisão judicial, precedido de ato declaratório de utilidade pública para fins de servidão, baixado pelo chefe do Executivo, nos termos do art. 6º do Decreto-Lei nº 3.365, de junho de 1941. Editado o ato declaratório, a Administração, por seu agente competente, procura o proprietário do imóvel com vista ao estabelecimento de acordo na constituição da servidão. Frustrada a tentativa da composição amigável, a matéria desloca-se para o Poder Judiciário mediante provocação de qualquer das partes interessadas. Também por lei pode ser instituída a servidão administrativa. Exemplo: as instituídas nas terras reservadas à Marinha.

Inicialmente, as servidões foram instituídas por meio de contratos regidos pelo Direito Privado. Tais contratos eram firmados entre entidades públicas ou concessionárias de serviços públicos e particulares, proprietários dos prédios que passariam a sofrer o ônus da serventia. Essas avenças se estabeleciam independentemente de prévio ato declaratório formal da Administração Pública, obrigatório atualmente. Não se exigiam, normalmente, indenizações pela servidão ajustada. Quando a servidão fosse destinada à passagem de linhas de transmissão de energia ou adutora de água, estipulava-se no mesmo contrato de servidão a obrigação do explorador do serviço de fornecer, ao proprietário do imóvel serviente, energia ou água, conforme o caso, durante o prazo da servidão, em regra indeterminado.

No ordenamento jurídico pátrio, a matéria surge na década de 30, com o Decreto nº 24.643, de 10.7.1934 (Código de Águas). O Título VII, do Livro II, desse decreto, compreendendo os arts. 117 a 138, disciplina e regula a servidão de aquedutos. Pela primeira vez, o Direito pátrio tratou positivamente da instituição de servidões (para captação e condução de água) e da indenização ao proprietário do imóvel. São as regras ínsitas no art. 120 do aludido decreto:

> Art. 120. A servidão que está em causa será decretada pelo Governo, no caso de aproveitamento das águas, em virtude de concessão por utilidade pública; e pelo juiz, nos outros casos.

---

[14] MEIRELLES. *Direito administrativo brasileiro*, 10. ed., p. 523.
[15] BIELSA. *Restriciones y servidumbres administrativas*, p. 108.

§1º Nenhuma ação contra o proprietário do prédio serviente e nenhum encargo sobre este prédio poderá obstar a que a servidão se constitua, devendo os terceiros disputarem os seus direitos sobre o preço da indenização.

§2º Não havendo acordo entre os interessados sobre o preço da indenização, será o mesmo fixado pelo juiz, ouvidos os peritos que eles nomearem.

§3º A indenização não compreende o valor do terreno; constitui unicamente o justo preço do uso do terreno ocupado pelo aqueduto, e de um espaço de cada um dos lados, da largura que for necessária, em toda a extensão do aqueduto.

§4º Quando o aproveitamento da água vise o interesse público, somente é devida indenização ao proprietário pela servidão, se desta resultar diminuição do rendimento da propriedade ou redução de sua área.

A servidão, como preceitua a lei, não pode ser obstada por outra ação referente ao prédio serviente nem por outros ônus que, porventura, recaiam sobre o mesmo imóvel. Os terceiros interessados devem disputar os seus direitos com o proprietário na participação proporcional, no montante da indenização. Outra regra, comum a qualquer pendência jurídica, é a de que, não havendo entendimento entre o Poder Público e o particular quanto ao valor da indenização, esta será fixada em juízo mediante perícia realizada no curso do processo com a participação de perito oficial (perito do juízo) e assistentes técnicos indicados pelas partes. A regra do §3º é no sentido de que a indenização se refere apenas à faixa de terra destinada ao aqueduto, compreendendo a parte efetivamente necessária ao aqueduto e um espaço de cada lado desse em toda a sua extensão. Essas faixas laterais são utilizadas por agentes encarregados da conservação e manutenção do aqueduto. Tratando-se de captação de água para o atendimento do interesse público, a indenização será devida se comprovado que a servidão provocou diminuição do rendimento do proprietário do imóvel ou redução da área do seu terreno.

A conclusão que se pode extrair do texto legal em comento é que duas regras distintas foram estabelecidas quanto ao direito de indenização em virtude da instituição de servidão em terreno particular para captação e transporte de água por meio de adutoras. A primeira é a de que, tratando-se de captação de água para o atendimento de atividade econômica, a indenização é devida em relação à faixa necessária à servidão, independentemente da verificação de prejuízo ao proprietário do prédio serviente. Pela outra regra, o direito indenizatório condiciona-se à demonstração do efetivo dano ao particular, quando a água se destinar ao atendimento do interesse público.

A despeito da inexistência de norma de Direito Público sobre servidão administrativa antes do Código de Águas, essas servidões se constituíam segundo critérios estabelecidos pela doutrina, e, principalmente, pela jurisprudência judiciária, desde o início do século XX. A primeira decisão nesse sentido, identificada na pesquisa para a realização deste trabalho, data de 12.2.1910, com a seguinte ementa:

Não pode haver servidão em estrada pública ônus imposto à propriedade imóvel por utilidade das pessoas.

Não se anula ação impropriamente denominada negatória pelo autor, quando de fato ele propõe a possessória de manutenção.

Atribuição do agente executivo municipal (Lei n. 2, de 1891, art. 39, §19), de velar pela conservação dos caminhos municipais fazendo-os repor incontinente ao estado anterior de qualquer tapada ou mudança por meio de cercas, com prejuízo de uso e gozo dos municípios, podendo em tais casos mandar remover os obstáculos, independentemente de processo. (Apelação nº 2.433, da Comarca de Jacuy. Apelante Câmara Municipal de Jacuy por seu agente executivo. Apelados João Pereira Garcia e sua mulher. Relator Des. Hermenegildo de Barros)

Trata a espécie de ação ordinária negatória intentada pelos particulares contra a Câmara Municipal de Jacuy, pretendendo fosse declarado livre de servidão o prédio de propriedade dos particulares, na Fazenda Sete Córregos. Os autores alegaram a existência de duas estradas públicas de trânsito para carros e cavaleiros, ligando a Cidade de Jacuy ao Distrito de Bom Jesus da Penha, e que, não obstante, a ré, Câmara Municipal, arrombou os fechos do prédio aludido e abriu um caminho de carro, causando-lhes danos irreparáveis.

A ré alegou que em 1896, quando os autores adquiriram a fazenda, já existia a estrada pública de ligação da cidade com o distrito do município, e que agora os autores fecharam com cerca de arame a aludida estrada, obrigando os usuários desta a dar a volta para fazer o percurso. Por esses motivos é que se determinou a derrubada da cerca, reativando a estrada.

Vê-se de plano que, embora se trate de estrada ligando a cidade de Jacuy ao distrito do mesmo município, portanto, de interesse público, os fundamentos dos pedidos e os da decisão são ainda os do Direito Privado.

Outra decisão, de 26.10.1932, ainda se funda no Direito Civil, conforme ementa seguinte:

> A mudança da servidão somente ao dono do prédio serviente é permitida pelas nossas leis. Se aquela interessa ao bem público, ao concessionário do serviço somente pode resolvê-lo mediante desapropriação e nunca *sponte propria*, turbando o senhor do imóvel e ficando obrigado a cassar os atos turbativos pelo uso dos interditos possessórios.[16]

Ainda na década de 30, mas já na vigência do Código de Águas, de 1934, a decisão seguinte, datada de 8.9.1938, alicerça-se em princípios de Direito Público:

> A companhia concessionária do serviço público de abastecimento de energia elétrica pode valer-se do remédio possessório contra o particular que a perturba na posse de suas linhas, ou na quase posse da servidão de entrada no imóvel por onde passam as linhas, afim de reparação.[17]

Em 1941, foi editado o Decreto-Lei nº 3.365, de 21.6.1941, que no art. 40 cuidou das servidões administrativas, em geral, ao dispor: "O expropriante poderá constituir servidões, mediante indenização na forma desta Lei".

Esse dispositivo legal é de redação defeituosa quando consigna que o "expropriante poderá constituir servidões". O texto seria melhor se dispusesse "o Poder Público poderá [...]". Isto porque, quando o Estado institui servidão, não desapropria. Desapropriação e servidão administrativa são institutos distintos. Ora, se o Estado,

---

[16] RT, 85/285.
[17] RT, 116/608.

no caso fático, não estiver cuidando de desapropriação, mas de servidão, não poderá chamar-se expropriante.

Decisão na Apelação nº 4.846, proferida pelo Tribunal de Justiça do Estado do Espírito Santo, em 12.2.1957, entre outras, consagra a aplicação só de normas de Direito Público em matéria de servidão pública. É a ementa:

> Deve ser julgada procedente ação de restituição de posse de servidão pública, uma vez feita a prova da abertura da estrada e o seu tráfego público.
>
> A falta de desapropriação não pode dar lugar ao fechamento da estrada já aberta, devendo, porém, ser assegurada ao proprietário indenização completa de todos os prejuízos causados.[18]

- Servidão e limitação administração – As servidões administrativas e as limitações administrativas no Direito espanhol são tratadas no mesmo tópico, por se assemelharem muito. Há certas características numas e noutras que as confundem entre si. Essa aproximação concorre para que os autores manifestem divergências ante caso concreto. De modo que, em dada situação, uns autores a consideram servidão e outros, limitação administrativa.

Garrido Falla, reconhecendo as dificuldades para, em certos casos, distinguir a servidão da limitação, sustenta que a doutrina moderna vem estabelecendo alguns traços característicos da servidão administrativa que têm facilitado a sua distinção da limitação. São de Garrido Falla as considerações seguintes: "A servidão restringe não tanto o conteúdo do direito de propriedade, quanto sua exclusividade entre o proprietário e o titular da servidão; assim é que, do ponto de vista do proprietário, a servidão consiste em suportar algo".[19]

A limitação administrativa ou policial, segundo Garrido Falla, não tem essa característica bilateral de partes da servidão. Nesta, o particular cede ao ente público o direito de uso com exclusividade do direito real de seu domínio. Na limitação administrativa, verifica-se um gravame genérico consistente na restrição do direito do particular em benefício da coletividade sem a identificação dos beneficiados e sem a individualização dos imóveis sacrificados pela medida. Exemplo: a limitação da altura dos prédios urbanos proporcionalmente à base territorial da fração mínima, o lote.

Garrido Falla cita alguns exemplos de servidões e de limitações administrativas que merecem ser aqui reproduzidas:

Servidão:

- a colocação permanente de caixa coletora de correio, placas em edifícios particulares;
- as servidões de passagem para guarda das construções elétricas que atravessam terrenos particulares;
- a servidão de vigilância e salvamento em zona marítimo-terrestre;
- a servidão de passagem; e
- a servidão em matéria de águas.

---

[18] RT, 190/255.
[19] GARRIDO FALLA. Tratado de direito administrativo, 4. ed.

Limitação:

- as chamadas limitações militares (que consistem em um não fazer em determinadas zonas ou polígonos);
- as limitações no interesse da defesa nacional;
- as limitações por razões artísticas ou interesse histórico;
- as limitações por razão de proximidade ao domínio público, pontes ou estradas de ferro;
- as chamadas servidões aéreas que impedem construções em zonas subperiféricas aos aeroportos;
- as limitações por razão de urbanismo;
- as limitações sobre a propriedade agrícola.[20]

Marcelo Caetano oferece a sua contribuição, sustentando, em síntese, que a servidão administrativa se caracteriza pela submissão da utilidade "de certa coisa à utilidade pública de outra coisa" e que a "limitação administrativa" decorre de limitações impostas por lei ao regulamentar objetivamente o direito de propriedade, quando restringe o exercício do direito em benefício da utilidade pública.[21]

Apesar das dificuldades de se estabelecer, em alguns casos, a distinção entre os dois institutos em exame, são de se reconhecer diferenças básicas entre ambos, já salientadas. A distinção está no fato de que, no caso de servidão, o proprietário perde parte da faculdade de uso e gozo da propriedade em benefício direto de determinado interesse público representado por uma atividade ou serviço público. Se a restrição importar em dano ou prejuízo concreto para o titular do imóvel serviente, será devida indenização de responsabilidade do Poder Público. O sacrifício operado pela limitação administrativa não gera direito à indenização, pelo fato de o ônus ser geral. A restrição não é dirigida a determinado imóvel com um fim específico. Pelo contrário, ela é de natureza objetiva, dirigida a uma região ou situação, sem identificar titulares de direitos ou beneficiários do gozo resultante do gravame a que sofreu o direito de propriedade; o titular é a coletividade em geral.

- Valor da indenização – Como noticiado anteriormente, até início dos anos 30 do século XX, a legislação não cuidava da indenização nos casos de servidão pública. A retribuição estatal ao particular, a título indenizatório, decorria de acordo ou de decisão judicial. A obrigação indenizatória passa a ter tratamento objetivo com a edição do Decreto nº 24.643, de 10.7.1934, e do Decreto-Lei nº 3.365, de 21.6.1941.

A lei não estabelece de maneira clara e objetiva os critérios para o cálculo da indenização nem mesmo os parâmetros para o estabelecimento de indenização justa. Apenas nos casos de aqueduto, de que cuida o Código de Águas, é que são fornecidas algumas diretrizes destinadas à obtenção do valor indenizatório. Na falta dessa orientação, o particular proprietário do prédio sujeito à servidão estabelece com a Administração

---
[20] GARRIDO FALLA. *Derecho administrativo*, 9. ed., p. 515.
[21] CAETANO. *Princípios fundamentais do direito administrativo*, p. 472.

acordo quanto ao valor da indenização. Se as partes não conseguirem chegar a um consenso quanto à indenização, a matéria será transferida para a via judiciária.

A jurisprudência, no curso do tempo, acabou por constituir-se solidamente nesse particular. Ressalte-se que a quase totalidade das ações relativas a servidões públicas tem por objeto a fixação do valor da indenização. Os tribunais pátrios posicionaram-se no sentido de que o preço justo das indenizações nas servidões administrativas será o valor correspondente, em regra, a 20%, mais ou menos, do valor da terra nua efetivamente ocupada pela faixa da servidão e mais o valor real das benfeitorias ou plantações que se sacrificarem com a medida. Esse percentual pode chegar a até 80% se o sacrifício do imóvel for de modo tal que o seu uso normal se torne impossível. Exemplo: passagem de rede de água ou de esgoto em um lote urbano.

Ao valor do percentual referido acima, os tribunais admitem a adição de juros compensatórios de 12% ao ano, quando a Administração ocupar o terreno antes de pagar a indenização; de atualização monetária; de honorários de advogado e perito e das custas processuais.

Traz-se à colação ementa de acórdão do TJ-PR que ilustra bem o que foi explicado acima:

DIREITO ADMINISTRATIVO – INDENIZAÇÃO POR SERVIDÃO ADMINISTRATIVA – IMPLANTAÇÃO DE SISTEMA DE ESGOTO – ACOLHIMENTO DO LAUDO OFICIAL – PRINCÍPIO DA PERSUASÃO RACIONAL DO JULGADOR – AUSÊNCIA DE DESCONSTITUIÇÃO PELO EXPROPRIANTE – CORREÇÃO DO VALOR DA INDENIZAÇÃO PARA O CORRESPONDENTE À DESVALORIZAÇÃO DO IMÓVEL – JUROS MORATÓRIOS CUMULÁVEIS COM JUROS COMPENSATÓRIOS – CORREÇÃO MONETÁRIA DEVIDAMENTE PREVISTA NA SENTENÇA – SUCUMBÊNCIA INTEGRAL DO ENTE ADMINISTRATIVO – PRIMEIRO E SEGUNDO APELOS CONHECIDOS E PROVIDOS EM PARTE. A prova pericial impugnada com alegações evasivas de imprecisão e falta de técnica pela SANEPAR foi fundamental e de imprescindível importância para a formação do convencimento do magistrado singular e confirmação daquele pronunciamento nesta Corte, não havendo sustentação para descarte das conclusões alcançadas pelo perito e acolhimento da opinião do assistente técnico da parte. Como não se está diante de hipótese de desapropriação indireta, mas mera imposição de servidão administrativa, a terra nua permanece em mãos do proprietário originário, sofrendo limitações, as quais são calculadas pelo Método de Phillippe Westin, como bem ressalta a SANEPAR e como explicita o perito, alcançando o total de R$6.235,72 (seis mil, duzentos e trinta e cinco reais e setenta e dois centavos) como valor devido ao requerido em razão da depreciação imposta ao imóvel decorrente da instalação do serviço público. Merece reforma o decisum, portanto, quando delimitou a incidência dos juros compensatórios ao trânsito em julgado daquela decisão, a partir de quando deveriam incidir juros moratórios, sendo pacífico que têm razões diferentes, portanto, perfeitamente cumuláveis. Não houve sucumbência por parte dos expropriados, os quais, ao contrário, sagraram-se vencedores em alcançar correta avaliação da faixa sobre a qual recaiu a servidão, impondo-se a reforma da sentença neste ponto para condenar a autora a arcar integralmente com os ônus da sucumbência, fixando-se os honorários advocatícios, nesta oportunidade, em 10% (dez por cento) do valor arbitrado para a indenização. (TJ-PR. AC nº 4.703.840 PR 0470384-0. Rel. Anny Mary Kuss, 4ª Câmara Cível, j. 24.6.2008. *DJ*, 7654)

- Extinção – As servidões administrativas têm a característica da perpetuidade, a exemplo das civis. O interesse público é o motivo justificador da criação ou instituição da servidão administrativa. Ora, assim, enquanto durar o interesse público, deve durar a servidão. Por isso, a servidão é quase sempre por tempo indeterminado. Entretanto, existem causas concorrentes para a extinção da servidão pública. Entre elas, destacam-se:
   a) a perda da coisa gravada com a servidão. O perecimento do imóvel serviente em virtude, por exemplo, de terremoto, vulcão ou inundação, implica a extinção da servidão, por não ser mais possível, materialmente, a sua permanência;
   b) a transformação da coisa gravada que implique a mudança de sua destinação. Por exemplo, a construção de grandes barragens para o aproveitamento hidroelétrico ou a transformação de zona rural em zona urbana;
   c) a desafetação da coisa dominante. A coisa dominante é o interesse público representado, quase sempre, por determinado serviço público. Se esse serviço deixar de ser público ou passar a não ser mais necessário, a servidão não terá mais motivos para subsistir;
   d) a incorporação do imóvel serviente ao patrimônio público. Ocorrendo a hipótese de determinado imóvel particular, gravado com servidão administrativa, vir a integrar o patrimônio público do Estado, verificar-se-á a confusão de proprietários de que cuida o Direito Civil. Esse fato, por si só, extingue a servidão, vez que não se constrói servidão em imóvel próprio.
- Modalidades de servidões decorrentes diretamente de lei – Noticiou-se antes que as servidões administrativas podem ser constituídas por lei ou mediante ato declaratório do chefe do Executivo. Estas são criadas de acordo com as exigências do interesse público e a demanda dos serviços públicos. A conveniência e a oportunidade é que levarão o chefe do Executivo, nas quatro esferas da Administração, a decidir pela edição do ato declaratório de utilidade pública para fins de constituição de servidão.

Além dessas criadas em virtude de decreto do Executivo, existem aquelas decorrentes diretamente de lei. Essas independem do procedimento próprio observado na constituição das primeiras (por ato). São exemplos dessas servidões:

- servidão nas proximidades de aeroportos e heliportos: por força de lei, os proprietários de terrenos nas vizinhanças de aeroportos e de heliportos sofrem restrições quanto ao uso da propriedade. As restrições consistem na limitação da altura dos prédios; na distância destes em relação ao aeroporto ou heliporto; no impedimento de cultivo agrícola que possa, definitiva ou temporariamente, dificultar aos pilotos a visibilidade da pista do aeroporto ou embaraçar o sistema de rádio de comunicação entre a torre e as aeronaves em movimento.

Nessa modalidade de servidão, a indenização ao particular é admitida se o gravame impuser a demolição de edificação ou impedir a construção de qualquer natureza.

- servidão às margens das rodovias: para construção de rodovias federais, estaduais e municipais, o Poder Público desapropria, mediante indenização, a faixa de terreno necessária ao leito da via pública. Além dessa faixa, a lei prescreve que nas margens das estradas será reservada uma faixa não expropriada, pertencente ao particular, em que a edificação é proibida (*faixa non edificandi*). Ao proprietário é vedado também cultivar determinadas plantações nessa faixa. Essas restrições são consideradas servidão.

Não se têm admitido indenizações em tais casos, a não ser quando comprovado o efetivo dano, como exemplo, demolição compulsória de prédio e de outras benfeitorias nas margens de estradas construídas depois dessas edificações, ou quando for obrigado a cortar plantações antes da época da colheita.

- servidão de energia elétrica: os potenciais de energia hidráulica são distintos da propriedade do solo e pertencem à União, por força da Constituição da República de 1988 (art. 20, combinado com o art. 21 e com o art. 176 da Constituição).

O regime jurídico de aproveitamento dos recursos hídricos está disciplinado pelo Código de Águas e regulado por decretos do Executivo. O art. 151, "c", faculta ao concessionário de serviços de produção e fornecimento de energia elétrica estabelecer servidões permanentes ou temporárias necessárias para a execução das obras de captação da água (represamento) e para a transmissão da energia para a distribuição. Referido dispositivo foi regulamentado pelo Decreto nº 35.851, de 16.7.1954.

Pelo art. 5º do decreto referido, é assegurado ao proprietário do imóvel serviente o direito de indenização justa pelo uso transitório ou permanente do terreno, pela Administração diretamente ou pelo concessionário.

- servidão militar: a legislação restringe ao particular o exercício do seu direito de propriedade em torno das fortificações militares. O Decreto-Lei nº 3.437, de 17.7.1941, dispondo sobre servidão militar, fixou duas áreas para efeito de servidão em torno das fortificações, como segue:
  a) na primeira, correspondente a uma faixa de 15 braças (33 metros), partindo-se do forte, são proibidos a construção civil particular ou pública e o aforamento;
  b) na segunda, zona compreendendo 600 braças (1320 metros) contadas do forte para a periferia, são proibidos novos aforamentos e permitidas construções de acordo com o gabarito estabelecido pelo Ministério da Guerra (hoje pela Força Armada interessada).

As fortificações costeiras estão regulamentadas pelo Decreto nº 26.959, de 27.7.1949, que definiu a servidão militar, e abrangem a faixa de 600 braças a partir do forte. Nessa área, a edificação particular restringe-se às condições estabelecidas pelo Poder Público.

- servidão sobre terrenos marginais: denomina-se terrenos marginais a faixa de terrenos lindeiros aos rios navegáveis, contados do ponto médio das enchentes ordinárias. Esta faixa é de 7 braças (15,4 metros) de conformidade com o art. 39

da Lei nº 1.507, de 26.9.1967 e com o Decreto nº 4.105, de 22.2.1968. A servidão destina-se, neste caso, ao aproveitamento industrial das águas e da energia hidráulica e também à navegação do rio. É o que dispõe o art. 31, parágrafo único, do Decreto nº 24.643/1934, Código de Águas.

É permitido o uso dessas faixas de terrenos marginais pelos ribeirinhos, principalmente os pequenos proprietários, desde que os seus cultivos não colidam com o interesse público, não dificultem ou não obstem as outras atividades de interesse público previstas para a mesma faixa (art. 11, §2º, do Código de Águas).

Tratando-se de rios não navegáveis nem flutuáveis, a faixa é de apenas dez metros e a servidão tem por finalidade facilitar a movimentação de agentes públicos no exercício da fiscalização dos cursos d'água (art. 12 do Código de Águas).

– servidão em benefício das fontes de água mineral: as águas minerais têm o seu Código próprio, Decreto-Lei nº 7.841, de 8.8.1945. Esta lei estabeleceu espécie de servidão destinada à proteção das nascentes e cursos das águas minerais. O art. 12 deste decreto-lei prescreve: "Às fontes de água mineral, termal ou gasosa, em exploração regular, poderá ser assinalado, por decreto, um perímetro de proteção, sujeito a modificações posteriores se novas circunstâncias o exigirem".

Cita-se um exemplo de aplicação do aludido art. 12, supratranscrito: o Decreto Federal nº 75.700, de 7.5.1975, estabeleceu a área de 17,4720 ha com a finalidade de proteger as fontes de água mineral no Município de São Lourenço, no Estado de Minas Gerais.

– Considerações sobre as margens dos rios públicos e dos terrenos reservados – na doutrina e na jurisprudência, não há unanimidade quanto à propriedade dos terrenos marginais aos rios públicos e os terrenos reservados da Marinha. Os estudiosos da matéria formaram duas correntes. Uma entende que as terras marginais dos rios navegáveis são de propriedade do Estado, podendo o particular delas fazer uso, desde que não prejudique as atividades de interesse público desenvolvidas por entidades públicas ou delegadas destas. A outra corrente defende a tese de que tais bens são de propriedade privada, mas onerados com a servidão pública.

Os integrantes da primeira corrente argumentam com fundamento em normas jurídicas editadas por Portugal, no período de 1734 a 1797. Por essas normas estabeleceu-se que as terras brasileiras, até então pertencentes à Coroa portuguesa, poderiam ser transferidas a particulares, reservadas as margens dos rios públicos. Nesse sentido é a Resolução da Coroa, de 15.3.1734, que dispunha sobre a concessão de sesmarias. Prescrevia esse dispositivo legal que não se poderia dar em sesmarias as margens dos rios caudalosos que se fossem descobrindo pelo interior dos sertões. A Ordem Régia de 11.3.1754 determinava que, nas cartas das sesmarias as quais atravessassem rios caudalosos com necessidade de barca para fazer a sua travessia, deveria se estabelecer, de ambos os lados, uma faixa de terra para uso público. A Ordem Régia de 15.3.1797 reafirma o domínio público de tais margens e prevê a retomada das concessões feitas a particulares às margens dos rios que deságuam no mar. Já no Brasil Império permanece o mesmo regime das terras marginais aos rios públicos. Nesse sentido, é a Provisão da Mesa do Paço, de 21.2.1826, do seguinte teor: "Os terrenos à margem dos rios públicos reservados são de domínio público, sujeitos ao mesmo regime dos terrenos de marinha".

Com tais fundamentos, os defensores da tese entendem que o título de propriedade de terras às margens desses rios e dos terrenos da Marinha, que tiveram expressamente a transferência de domínio do Poder Público ao particular, é mero título de posse precária, situação que prevalece até enquanto as terras não forem necessárias às entidades públicas ou às concessionárias de serviço público.

A jurisprudência brasileira é farta de decisões nessa linha. A título de exemplo, comenta-se o acórdão na decisão dos Embargos nº 151.894, do Tribunal de Justiça do Estado de São Paulo (Embargante: Maria do Carmo Maia da Costa Meira Barveri, Embargada Prefeitura Municipal de Baqueri, Rel. Lafayette Salles, 22.12.1966):

> Bens públicos – Rios navegáveis – Domínio do Estado – Concessão legitima outorga pelo Poder Público – Inteligência dos arts. 34 e 35 da Constituição Federal de 1946.

O Tribunal de Justiça de São Paulo acolheu a tese da prefeitura apelada e rejeitou os embargos com fundamento no voto do relator, do qual se extrai o seguinte tópico:

> A propósito, dispunha a Constituição de 1934, art. 21, §11, em preceito fielmente reproduzido na Carta Política de 1937, art. 34, letra s: "são do domínio do Estado as margens dos rios e lagos navegáveis, destinados ao uso público; se por algum título, não forem do domínio federal, municipal ou particular". A Constituição de 1946 nada falou sobre as margens dos rios navegáveis. A respeito dos cursos fluviais apenas aditou no seu art. 35, sobre águas estaduais: "Incluem-se entre os bens do Estado os lagos e rios em terrenos do seu domínio e os que têm nascimento e foz no seu território".
>
> Mas, pelas constituições precedentes, os Estados eram donos das margens dos rios navegáveis. E nenhum texto da nova Lei Política Maior transferiu o domínio para particulares. Embora o citado art. 35 nada diga sobre as margens dos rios, a matéria chegou a ser discutida durante os trabalhos da Constituição, e lá se reconheceu que os Estados continuaram com a propriedade das margens dos rios navegáveis. [...]
>
> Em suma, continuam os Estados com o domínio das margens dos rios navegáveis. E, como a embargante não mostrou a concessão legítima em seu favor, não podia ela pleitear indenização por aquilo que não lhe pertence. Daí a rejeição dos embargos.[22]

A posição da outra corrente é no sentido oposto. Para ela, a propriedade do particular compreende todas as terras banhadas pelos rios navegáveis e os terrenos reservados de marinha, e por isso se fala em servidão administrativa.

Parece-nos correto o entendimento da primeira corrente. Já acolhemos esta posição no Capítulo 10, que trata dos bens públicos. A Constituição da República de 1988 não deixa dúvida quanto a esta matéria, quando dispõe no art. 20 que são bens da União, entre outros: "os lagos, rios e quaisquer correntes de água em terrenos de seu domínio, ou que banhem mais de um Estado, sirvam de limites com outros países, ou se estendam

---

[22] RDP, 3/256.1

a território estrangeiro ou dele provenham, bem como os terrenos marginais e as praias fluviais".

É, portanto, impossível, juridicamente, cuidar-se de servidão administrativa nesses casos, considerando que os terrenos da marinha e os lindeiros aos lagos, rios e outros cursos de água são propriedade da União. O art. 20 da CR ratifica o que já era conhecido desde a legislação da Coroa portuguesa.

A propósito, e a título de informação, a Justiça Federal de Florianópolis, em ação civil pública promovida pelo Ministério Público Federal, determinou a demolição de todas as edificações construídas a menos de 30 (trinta) metros da Lagoa da Conceição naquela capital. A decisão já transitou em julgado e a Justiça notificou o prefeito do município para programar e prover a demolição das edificações (residenciais e comerciais). O MPF, por seu turno, orientou o prefeito a instaurar processo administrativo individual ensejando oportunidade a cada um de expor sua situação e se defender. Levantamento prévio dá conta de que mil ou mais edificações foram atingidas pela decisão judicial.

A Associação Comercial e Industrial de Florianópolis, na tentativa de colaborar na condução do procedimento com o menor sacrifício possível para as pessoas e, principalmente, os comerciantes alcançados pela decisão, expediu a seguinte nota:

> NOTA SOBRE A DECISÃO JUDICIAL QUE DETERMINA DEMOLIÇÕES NA LAGOA DA CONCEIÇÃO
>
> A Associação Comercial e Industrial de Florianópolis (ACIF) vem por meio desta se manifestar sobre a decisão da Justiça Federal que determina a demolição de imóveis que estejam construídos a menos de 30 metros da Lagoa da Conceição. Devido à complexidade da questão, neste primeiro momento, a ACIF quer analisar todo o processo judicial que culminou com esta decisão. De posse destas informações, vai, em caráter urgente, debater internamente a questão com seus diretores e associados, principalmente os integrantes da sua Regional Lagoa da Conceição, para acordar os melhores procedimentos de forma a minimizar os danos causados por este fato. A Associação enfatiza sua posição legalista, de cumprir as ordens judiciais. Também se coloca à disposição de todos os empresários e comerciantes da região afetada, sejam associados ou não, para ser um canal de comunicação e articulação, de forma que possamos encontrar soluções e maneiras de tornar o impacto desta decisão o menor possível na vida e no comércio da Lagoa da Conceição.
>
> Associação Comercial e Industrial de Florianópolis.[23]

No mesmo sentido é a preocupação da CDL local, que vem fazendo gestão com vista a cumprir a decisão com menos impacto para os comerciantes, moradores e turistas.[24]

1.5 Tombamento

O tombamento é meio de intervenção estatal na defesa do patrimônio cultural. Por meio dele a União, os estados, o Distrito Federal e os municípios impõem aos proprietários de bens que revelam aspectos culturais, em qualquer de suas formas de manifestação, restrições ao uso e fruição do bem. Ele pode incidir-se sobre bens urbanos

---

[23] ASSOCIAÇÃO COMERCIAL E INDUSTRIAL DE FLORIANÓPOLIS. *Nota sobre a decisão judicial que determina demolições na Lagoa da Conceição.*

[24] CÂMARA DE DIRIGENTES LOJISTAS DE FLORIANÓPOLIS. *Esclarecimento sobre decisão judicial que atinge a lagoa da conceição.*

e rurais, sendo mais frequente, entretanto, entre os primeiros, por ser na zona urbana que o homem produz maior número de artes materializadas nas construções civis.

1.5.1 Conceito

Tombar, aqui, significa inscrever bens culturais (móveis ou imóveis) em livros próprios, denominados *livro do tombo*. No Brasil, são estes bens que compõem o patrimônio cultural pátrio. Tais bens podem ser históricos, estéticos, etnográficos, paisagísticos e arqueológicos, além de outras formas de manifestação cultural. Em razão dessa variedade, instituíram-se diversos livros do tombo. O Decreto-Lei nº 25, de 30.11.1937, Lei Federal Geral sobre Tombamento, instituiu os seguintes livros:

a) Livro do Tombo Arqueológico, Etnográfico e Paisagístico;
b) Livro do Tombo Histórico;
c) Livro do Tombo das Belas Artes;
d) Livro do Tombo das Artes Aplicadas.

Além desses, outros livros podem ser instituídos de acordo com o interesse público e a conveniência regional ou local. O Estado de São Paulo, por exemplo, manteve os quatro livros previstos na lei federal e instituiu o quinto livro, o do Tombo das Artes Folclóricas.

Tombamento é, pois, o ato jurídico por meio do qual se passa a incorporar o patrimônio cultural. Esse ato é administrativo, revestido de todas as formalidades próprias, que têm por finalidade distinguir os bens considerados de interesse para o patrimônio cultural do país nos quatro planos de governo. É com o tombamento que o bem adquire a condição de patrimônio cultural, para o efeito de proteção e conservação. Antes desse procedimento, mesmo que o bem seja dotado de características culturais, não será considerado cultural, para os efeitos da lei (art. 1º, §1º, do Decreto-Lei nº 25/1937).

Esse procedimento, uma vez concretizado, gera ao proprietário do bem o dever de conservá-lo, podendo contar com a colaboração, inclusive financeira, da entidade pública que realizou o tombamento, para a execução dos serviços de conservação do bem, quando imóvel. Outrossim, impõe ao proprietário limitações ao exercício do direito sobre o bem, vez que o tombamento o afeta de característica pública. Assim, mesmo a coisa continuando no domínio particular, sujeita-se a controle e fiscalização pública especiais, por interessar à coletividade.

Definição de Paulo Afonso Leme Machado:

> Tombar um bem é inscrevê-lo em um dos livros do Tombo existentes no anteriormente chamado Serviço do Patrimônio Histórico e Artístico Nacional ou no livro apropriado da repartição estadual ou municipal. É uma intervenção ordenada concreta do Estado na propriedade privada, limitativa de exercício de direitos de utilização e de disposição gratuita, permanente, sob regime especial de cuidados, dos bens de valor histórico, arqueológico, artístico ou paisagístico.[25]

---

[25] MACHADO. *Revista dos Tribunais*, v. 563, p. 15.

Na lição de Cretella Júnior,

se tombar é inscrever, registrar, inventariar, cadastrar, tombamento é a operação natural da inscrição de bens, móvel ou imóvel, no livro público respectivo. Tombamento é também o ato administrativo que concretiza a determinação do Poder Público, no livro de Tombo.[26]

Segundo Hely Lopes Meirelles,

tombamento é a declaração pelo Poder Público do valor histórico, artístico, paisagístico, turístico, cultural ou científico de coisa ou locais que, por essa razão, devem ser preservados, de acordo com a inscrição em livro próprio.[27]

Para José Afonso da Silva,

tombamento é, enfim, ato do poder público que, reconhecendo o valor cultural (histórico, arqueológico, etnográfico, artístico ou paisagístico) de um bem, mediante sua inscrição no livro próprio, subordina-o a um regime especial que lhe impõe vínculos de destinação de modificabilidade e de relativa inalienabilidade.[28]

Os autores são unânimes quanto à conceituação ou definição do tombamento. As transcrições acima demonstram nitidamente a unidade de entendimento sobre o conteúdo do ato de inscrição do bem cultural no livro próprio.

1.5.2 Bens passíveis de tombamento

A Constituição de 1967, com a Emenda nº 1 de 1969, prescrevia no art. 180: "Ficam sob a proteção especial do poder público os documentos, as obras e os locais de valor histórico ou artístico, os monumentos e as paisagens naturais, bem como as jazidas arqueológicas".

A Constituição de 1988 prevê, no art. 215, ser dever do Estado garantir a todos o pleno exercício dos direitos culturais e o livre acesso às manifestações culturais do país. Prescreve ainda o mesmo artigo que o Estado deve apoiar e incentivar a valorização e a difusão das manifestações culturais. O §1º desse dispositivo determina que as culturas indígenas e afro-brasileiras serão protegidas pelo Estado. O art. 216 da mesma Constituição cuida dos tipos de bens que integram o patrimônio cultural do país, contendo a seguinte redação:

Constituem patrimônio cultural brasileiro os bens de natureza material e imaterial, tomados individualmente ou em conjunto, portadores de referência à identidade, à ação, à memória dos diferentes grupos formadores da sociedade brasileira, nos quais se incluem:

I - as formas de expressão;

II - os modos de criar, fazer e viver;

III - as criações científicas, artísticas e tecnológicas;

---

[26] CRETELLA JÚNIOR. *RDP*, v. 112, p. 50-68.
[27] MEIRELLES. *Direito administrativo brasileiro*, 16. ed., p. 479.
[28] SILVA. *Direito urbanístico brasileiro*, p. 498.

IV - as obras, objetos, documentos, edificações e demais espaços destinados às manifestações artístico-culturais;

V - os conjuntos urbanos e sítios de valor histórico, paisagístico, artístico, arqueológico, paleontológico, ecológico e científico.

Como se pode ver do texto constitucional de 1988, todos os bens criados ou modificados pelo homem, outras manifestações humanas e os monumentos naturais que possam representar a cultura da Nação brasileira são passíveis de tombamento, para integrarem o patrimônio cultural nacional.

Concretamente, pode-se dizer que são tombáveis todos os objetos eclesiásticos, particulares ou públicos que contêm valor histórico ou artístico; construções artísticas ou históricas (casas, edifícios, igrejas, pontes, obeliscos, praças, monumentos arquitetônicos, além de outros); os monumentos naturais, como picos, parques ecológicos, sítios com espécimes raras ou em extinção, reservas florestais, entre outros; partituras, moedas antigas e as manifestações da cultura indígena e da cultura afro-brasileira. Em síntese, podem ser tombados todos os bens materiais e imateriais que contenham manifestação cultural em qualquer de suas formas.

No universo de bens localizados no território brasileiro, existem muitos bens culturais e muitos que nada têm de importância para a preservação da nossa memória. A identificação com a finalidade de inscrição no livro próprio é de competência de órgãos públicos, por seus agentes credenciados, no âmbito federal, estadual e municipal. No procedimento de escolha de tais bens, são levados em consideração o ordenamento jurídico vigente, os parâmetros preestabelecidos, as aspirações da comunidade e a situação de cada bem no contexto sociocultural. Nessa missão, é necessária rigorosa perícia técnica em cada caso, para verificar se o bem atende aos requisitos indispensáveis para a sua inclusão no acervo cultural.

Ressalte-se que determinado bem pode não conter valor histórico para a União nem para o estado-membro, mas representar inestimável valor histórico ou artístico para o município onde ele se situa. Só o exame no caso concreto com sensibilidade e responsabilidade técnica pode aferir o que, efetivamente, seja de interesse do patrimônio cultural, nos limites da lei.

1.5.3 Natureza jurídica do tombamento

Os autores pátrios apresentam posições divergentes quanto à natureza jurídica do tombamento (do ato de tombar). Alguns entendem tratar de ato discricionário, outros consideram-no ato vinculado por julgarem que a autoridade está vinculada à lei e no dever de preservar o bem considerado de interesse cultural. O administrador não teria faculdade de opção quanto a este ou aquele bem.

A afirmação de que tais atos sejam absolutamente vinculados não parece correta, como correto não seria também afirmar-se que o agente público goza de ampla liberdade para realizar o tombamento. Há, no procedimento, momento discricionário e aspectos vinculantes.

Com tais considerações, pode-se concluir que o tombamento é ato decorrente do poder discricionário, mas vinculado à condição caracterizadora de bem cultural, prevista na lei (histórica, artística, arqueológica, etnográfica) ou qualquer outra característica manifestadora do aspecto cultural. A autoridade pública pode escolher entre tombar este ou aquele bem e escolher ainda o momento de fazê-lo. Entretanto, o bem escolhido terá de revestir-se de, pelo menos, uma das características culturais previstas no ordenamento jurídico.

1.5.4 Efeito do ato de tombamento

No que se refere ao efeito jurídico do tombamento, há também discordância entre os autores. Entendem alguns que o tombamento é ato constitutivo, enquanto outros entendem ser o ato mera declaração.

Pontes de Miranda distinguiu o tombamento, em função da natureza jurídica dos bens tombados. Para ele, quando o tombamento recair sobre bens de uso comum (mares, ruas, praças, estradas, entre outros), tem efeito meramente declaratório. Mesmo efeito teria em relação aos bens de uso especial. Constitutivo seria na hipótese de o tombamento transformar bens do patrimônio das empresas estatais em categoria de interesse de todos.[29]

O estudo de Pontes de Miranda ficou incompleto, deixando de cuidar dos bens pertencentes ao particular. O mestre cometeu equívoco, no nosso entender, quando admitiu a possibilidade de o tombamento transformar bens do patrimônio de empresas estatais em categoria de bens de todos. O tombamento não tem esse prestígio. Ele apenas impõe restrições ao bem, não o transforma. Parece-nos também não ter ele razão, quando sustenta que o tombamento de bens de uso comum e bens de uso especial tem efeito declaratório. Ora, o tombamento agrega novo valor ao bem que o torna imune de qualquer modificação ou transformação. Assim, mesmo tratando-se de rua ou lago, o ato seria constitutivo e não declaratório, a nosso ver. Pontes de Miranda não está só. Existem outros autores com o mesmo entendimento dele, nesse particular.

Cretella Júnior e José Afonso da Silva[30] sustentam posição no sentido de que o tombamento, em todos os casos, tem efeito constitutivo. Não vislumbram nenhuma hipótese de efeito declaratório.

Parece-nos correto o entendimento de que o tombamento é ato constitutivo, vez que a inscrição do bem no *livro do tombo* é que o torna integrante do patrimônio cultural. Antes, o bem não ostenta essa qualidade. Depois de tombado, o bem, embora continue no domínio do mesmo proprietário, sofre as restrições impostas pelo Estado com vista à sua preservação. Essa situação decorre do tombamento, logo ele é constitutivo.

1.5.5 Fundamentos

Podem destacar-se dois fundamentos para o tombamento do patrimônio cultural nacional, estadual, distrital e municipal. Um de ordem jurídica e o outro de natureza sociocultural, sendo que o primeiro é decorrência do segundo.

---

[29] PONTES DE MIRANDA. *Comentário à Constituição de 1967*, v. 6, p. 370.
[30] CRETELLA JÚNIOR. *RDA*, v. 112, p. 62; SILVA. *Op. cit.*, p. 499.

- Fundamento social

Todos os povos têm compromisso social de preservar as respectivas memórias, em homenagem ao passado e em respeito ao futuro. A Administração Pública, em qualquer país e em qualquer grau de competência, no exercício de suas atividades, deve preservar tudo que, no seu âmbito, represente cultura, conservando o que as gerações passadas elaboraram ou produziram, para legar às gerações futuras a grandeza da obra dos antepassados. A preservação da memória cultural é fator preponderante no estabelecimento e na preservação da identidade nacional de uma nação.

Não fosse esse processo permanente e contínuo de preservação cultural, Egito, Grécia, França, Itália, Portugal e tantos outros não seriam, hoje, países tão importantes sob o aspecto cultural e científico. O elemento cultural de um país, ou mesmo de cidades, preservado, além da importância cultural, concorre para o fluxo turístico, que indiretamente concorre para o intercâmbio cultural.

De nada valeria o reconhecimento da necessidade de se conservar tudo que representa a cultura de um povo ou de uma comunidade menor, se não houvesse ordenamento jurídico próprio e específico. O reconhecimento de tais valores não opera por si só. É indispensável a instrumentalidade legal. Dispõe o art. 5º, II, da Constituição da República que ninguém está obrigado a fazer alguma coisa ou deixar de fazer a não ser em virtude de lei. Assim, para que o Poder Público possa interferir na propriedade, para exigir de seu proprietário, particular ou público, a conservação ou manutenção do bem considerado de interesse cultural, é indispensável lei específica. No sistema jurídico brasileiro, a Constituição Federal e as estaduais contêm dispositivos destinados à proteção do patrimônio cultural e diversas leis infraconstitucionais regulamentam a matéria, sendo que a principal delas é o Decreto-Lei nº 25, de 30.11.1937, que teve por arrimo o art. 134 da Constituição de 1937.

- Fundamento jurídico
  - constitucional: a Constituição do Império, de 1824 e a primeira republicana de 1891 foram omissas quanto ao patrimônio cultural. Naquele tempo o direito de propriedade quase não admitia restrições.

A Constituição de 1934 foi, tardiamente, a primeira a atribuir à União e aos estados competência para proteger as belezas naturais e os monumentos de valor histórico ou artístico, com poder inclusive para impedir a evasão de obras de arte (art. 10).

A Constituição de 1937 ampliou o número de bens a serem protegidos, confere atribuição aos municípios para essa finalidade e compara os atentados aos bens culturais com os praticados contra o patrimônio nacional (art. 134).

A Constituição de 1946 prescrevia que as obras, monumentos e documentos de valor histórico e artístico, os monumentos naturais, as paisagens e os locais dotados de particular beleza ficam sob a proteção do Poder Público (art. 175).

A Constituição de 1967 com a Emenda nº 1, de 1969, estabelecia ser dever do Estado amparar a cultura, e estende a proteção estatal aos documentos, às paisagens naturais renováveis e às jazidas arqueológicas (art. 180 e parágrafo único).

Por último, a Constituição de 1988 dispensa atenção à cultura em diversos dispositivos. Entre eles, destacam-se, nesse enfoque, os arts. 215 e 216. O primeiro estatui que é dever do Estado garantir a todos o pleno exercício dos direitos culturais e o livre acesso às manifestações culturais do país. Prevê também que o Estado deve apoiar e incentivar a valorização e a difusão das manifestações culturais existentes em seu território. Pelo §1º do mesmo art. 215, as culturas indígenas e afro-brasileiras passam à proteção do Estado. O art. 216 qualifica os bens que integram o patrimônio cultural do país. Entre eles, as formas de expressão; os modos de criar, fazer e viver; as criações científicas, artísticas e tecnológicas; as obras, objetos, documentos, edificações e demais espaços destinados às manifestações artístico-culturais; os conjuntos urbanos e sítios de valor histórico, paisagístico, artístico, arqueológico, paleontológico, ecológico e científico.

Nos termos do §1º do art. 216, a proteção cultural, de competência do Poder Público, far-se-á por meio de inventários, registros, vigilância, tombamento, desapropriação e por outros meios legais e eficazes.

O §3º do mesmo artigo prevê a edição de lei federal dispondo sobre incentivos visando à proteção cultural no país. Serão punidos, na forma da lei, os que causarem danos ao patrimônio cultural.

Finalizando este tópico relativo à evolução do tema nas Constituições Federais, ressalte-se que os sítios contendo reminiscências dos antigos quilombos foram tombados diretamente pela Constituição da República de 1988, nos termos do art. 216, §5º;

- legal:
    a) Decreto-Lei nº 25, de 30.11.1937 – Esta é a lei básica sobre tombamento de bens culturais para integrarem o patrimônio cultural. Alguns autores, entre eles Diogo de Figueiredo, entendem que o Decreto-Lei nº 25/1937 constitui normas gerais sobre a matéria, cabendo à União e aos demais entes da Federação editarem leis específicas implementadoras das normas gerais. A despeito de antigo e desatualizado, o decreto-lei em referência vem sendo recepcionado pelas Constituições que lhe procederam, inclusive a de 1988, no que for com ela compatível;
    b) Decreto-Lei nº 2.848/1940 – Código Penal – O art. 165 desta lei tipifica crime por danos causados a bens tombados pela União, estado e município;
    c) Decreto-Lei nº 3.365, de 21.6.1941 – Lei geral sobre desapropriação. O inc. "k" do art. 5º dispõe que é caso de utilidade pública a preservação dos monumentos culturais;
    d) Decreto-Lei nº 3.866, de 20.11.1941 – Cria um grau recursal no processo de tombamento. Com fundamento nesse dispositivo legal, o presidente da República pode, de ofício ou mediante provocação de qualquer interessado legítimo, desfazer o tombamento de bens de propriedade da União, do estado, do município e de particular, realizado pelo Instituto do Patrimônio Histórico e Artístico Nacional (Iphan);
    e) Lei nº 3.924, de 26.7.1961 – Cuida esta lei da preservação dos sítios arqueológicos e pré-históricos existentes no país. Por imperativo dessa lei, qualquer pessoa física ou jurídica, que obtiver concessão para explorar sítios

arqueológicos ou pré-históricos, terá de promover registro no Iphan para efeito de fiscalização, com a finalidade de evitar danos materiais nos aludidos sítios;

f) Lei nº 4.717, de 29.6.1965 – Por esta lei é instituída a ação popular destinada a legitimar o cidadão para postular em juízo contra danos ao patrimônio público. O art. 1º, §1º, desta lei, com a redação dada pela Lei nº 6.513, de 20.12.1977, considera bem público, para os efeitos da ação popular, "os bens e direitos de valor econômico, artístico, estético, histórico ou turístico". A Constituição acrescentou mais dois objetos jurídicos a serem alcançados pela ação popular: o meio ambiente e a moral administrativa (art. 5º, LXXIII);

g) Lei nº 4.737, de 15.7.1965 – Código Eleitoral – O art. 328 desta lei prevê sanção penal para aquele que, a título de propaganda eleitoral, fizer pintura, afixar cartazes ou qualquer outro sinal em logradouro público. A pena será agravada, se o bem for tombado;

h) Lei nº 4.845, de 19.11.1965 – Por esta lei, ficou proibida a saída, para o exterior, de arte e ofício produzidos no Brasil e também os de origem portuguesa, incorporados ao patrimônio nacional, durante os períodos colonial e imperial. Esses produtos somente podem sair do país para, temporariamente, participar de exposições no exterior, mediante prévia autorização do Iphan;

i) Lei nº 5.417, de 19.6.1968 – Cuida da proteção do acervo bibliográfico nacional. Proíbe a exportação, a que título for, de bibliotecas e acervos documentais brasileiros sobre o Brasil, produzidos nos séculos XVI a XIX. Incluem-se na proibição as obras bibliográficas avulsas, com mais de dez anos de edição, e também quaisquer originais ou cópias antigas de partituras musicais;

j) Lei nº 6.292, de 15.12.1975 – Estabelece procedimentos e institui controle do ministro da cultura sobre os tombamentos realizados pelo Iphan, através de homologação. De modo que o tombamento, depois da edição desta lei, só se torna eficaz depois da homologação pela referida autoridade;

– regulamentar:

a) Decreto nº 20.303, de 2.1.1964: regulamenta o Decreto-Lei nº 25/37;
b) Decreto nº 58.054, de 25.3.1966: promulga a Convenção para proteção das floras e das belezas cênicas dos países da América;
c) Decreto nº 80.978, de 1977: promulga a Convenção relativa à proteção do patrimônio mundial cultural e natural. A Convenção em referência foi expedida pelas Organizações Unidas para a Educação, Ciência e Cultura, em sua 17ª sessão realizada em Paris, no período de 17.10 a 21.11.72. Entre as medidas importantes constantes do documento, duas ressaltam-se: a criação do Comitê Intergovernamental de Proteção ao Patrimônio Mundial Cultural (Comitê do Patrimônio Mundial) e a criação do Fundo do Patrimônio Mundial.

Vê-se que, se o patrimônio cultural pátrio não está devidamente equacionado, identificado, controlado e preservado, não é por falta de normas jurídicas. Elas existem em profusão. O que deixa a desejar é a conscientização do povo brasileiro para a importância da inestimável riqueza cultural nacional; a responsabilidade dos dirigentes públicos, nos variados graus de competência; a falta do espírito humanitário daqueles que detém o poder econômico e que, na defesa de seus negócios, não se constrangem em sacrificar a natureza e a coletividade.

1.5.6 Competência para legislar e para tombar

- Para legislar – Legislar sobre patrimônio cultural e respectivo tombamento não é competência exclusiva da União. Em princípio, as leis sobre essa matéria podem ser emanadas da União, dos estados-membro, do Distrito Federal e dos municípios. A assertiva extrai-se da exegese do art. 22 da Constituição da República combinado com o art. 30 da mesma Constituição.

O art. 22 da Constituição elenca as matérias, cuja competência para legislar é privativa da União. Entre os incisos, no total de vinte e cinco, não se inclui patrimônio cultural. Logo, a conclusão que se deve extrair da norma é a de que os outros entes da Federação não estão impedidos de legislar sobre tombamento. O entendimento reforça-se com o texto do art. 24, VII, da Constituição, que atribui competência concorrente à União, aos estados e ao Distrito Federal para legislarem sobre "proteção ao patrimônio histórico, cultural, artístico, turístico e paisagístico". Por seu turno o art. 10, XV, "g", da Constituição do Estado de Minas Gerais confere ao Estado competência para legislar concorrentemente com a União, sobre "proteção do patrimônio histórico, cultural, artístico, turístico e paisagístico". Com relação aos municípios, a situação é delicada, comportando entendimentos díspares. A dificuldade consiste no fato de o *caput* do art. 24 da Constituição não ter incluído os municípios entre os entes que podem legislar concorrentemente e ainda a redação do inc. IX do art. 30 da mesma Constituição, do seguinte teor: compete aos municípios "promover a proteção do patrimônio histórico-cultural local, observadas a legislação e a ação fiscalizadora federal e estadual". Por seu turno, o mesmo art. 30 confere aos municípios competência para "legislar sobre assunto de interesse local; suplementar à legislação federal e à estadual, no que couber; instituir e arrecadar impostos".

O Tribunal de Justiça de Minas Gerais, na Ação Direta de Inconstitucionalidade nº 40.647-0, relativamente ao art. 224 da Lei Orgânica do Município de Belo Horizonte, entendeu que os municípios não são dotados de competência legislativa sobre tombamento. Extrai-se o seguinte tópico do voto vencedor do Relator Desembargador Hugo Bengtson:

> Pelo que resta claro dos dispositivos constitucionais acima citados e transcritos, ao contrário do que sustentam os promovidos, a competência legislativa, na espécie, é apenas da União e do Estado, resta aos Municípios exclusivamente a adoção de medidas administrativas visando à proteção do patrimônio histórico, cultural, artístico, turístico e paisagístico, o fazendo, porém, é bom repisar, com suporte na legislação federal e estadual vigente, nos dias atuais o Decreto-lei n. 25/37 e a Lei n. 8.828/85, respectivamente (notas taquigráficas).

Ressalte-se que a decisão em referência ainda está dependendo de reexame em grau de recurso tramitando em instância superior. Registre-se, entretanto, que no mesmo sentido foram julgadas duas outras ADIns, a de nº 17.353-4, relativa ao Município de São João del Rey, cujo relator foi o Desembargador Bady Cury, e a de nº 24.560-5, relativa ao Município de Nova Serrana, que teve por relator o Desembargador Rubens Xavier Ferreira.

Em sentido contrário, existem várias afirmações de renomados autores entendendo que os municípios não estão impedidos de legislar sobre a matéria, ainda que suplementarmente às legislações federal e estadual pertinentes, nos termos do art. 10, II, da Constituição da República. O Dr. José Edgard Penna Amorim Pereira, em trabalho apresentado no XXI Encontro Nacional de Procuradores Municipais, realizado em Belo Horizonte nos dias 20 a 24.8.1995, com finca em lições de vários autores pátrios, sustentou:

> O legislador ordinário da União e dos Estados não tem sido pródigo no exercício do poder de legislar sobre as diversas formas de proteção dos patrimônios culturais brasileiro e estaduais. Assim é que, tanto o Decreto-lei n. 25/37, federal, como as legislações estaduais, editadas bem antes da Constituição de 1988, que lhes representa novo fundamento de validade e por isso os recepciona apenas parcialmente, limitam-se via de regra, a disciplinar o tombamento como antes concebido, omitindo-se quanto aos demais instrumentos promotores e protetores do patrimônio histórico-cultural.
>
> Ora – indaga-se –, deveria o Município, irresponsavelmente, aguardar o fim da inércia dos legislativos federais e estaduais para, só então, dando cumprimento efetivo e objetivo ao comando do Constituinte Nacional, tratar de proteger os bens que lhes são à memória e à história? Não, indubitavelmente. Bem, por isso, nada obsta que se tenham os dispositivos das Leis Orgânicas Municipais que tombem certos bens como, no âmbito municipal, *forma de acautelamento e preservação* desses bens que arrolam, de inquestionável interesse histórico-cultural, mantendo-os, assim, como inequivocamente jurídicos.[31]

Diogo de Figueiredo Moreira Neto posiciona-se no sentido de que os municípios podem editar leis suplementares à legislação federal e estadual sobre tombamento sem extrapolar os limites estabelecidos na Constituição Federal e Estadual. É sua a afirmação: "Os Municípios, entretanto, poderão suplementar essa base legislativa no que couber, para a proteção do patrimônio histórico-cultural local (art. 30, II e IX)".[32]

A mesma posição defende José Cretella Júnior: "Incidem sobre o patrimônio cultural leis federais, estaduais e municipais, ficando ainda, o bem, sujeito à ação fiscalizadora da União e do Estado-membro".[33]

Parece-nos perfeitamente correto o entendimento desses autores. As regras contidas nos arts. 24, VII, e 30, IX, da Constituição Federal, e 10, XV, da Constituição do Estado de Minas Gerais, não inibem a liberdade dos municípios de legislarem suplementarmente sobre matéria de interesse do patrimônio cultural. As restrições, nesse particular, são quanto à liberdade criadora da norma. Vale dizer, o município não pode ultrapassar os limites da lei federal e da estadual sobre a matéria. Assim, constatado o interesse do município e observados os parâmetros estabelecidos nas leis das esferas maiores, nada obsta a que a municipalidade edite leis dispondo sobre tombamento e

---

[31] ENCONTRO NACIONAL DE PROCURADORES MUNICIPAIS, 21. Belo Horizonte, 20-24 ago. 1995. p. 186 (grifos no original).
[32] MOREIRA NETO. *Curso de direito administrativo*, 11. ed., p. 283.
[33] CRETELLA JÚNIOR. *Comentários à Constituição Brasileira de 1988*, v. 6, p. 2004.

proteção do patrimônio cultural, quando for de interesse local. Nesse sentido, votou o Desembargador José Fernandes Filho na referida Ação Direta nº 40.647-0, tendo sido acompanhado pelos desembargadores Paulo Tinoco e Lúcio Urbano. Destaca-se do referido voto o seguinte parágrafo:

> A norma do art. 10, mencionado, só autoriza interpretação atinente às matérias de competência legislativa do Estado, o que, de resto, está no próprio *caput* do texto. Matérias de competência do Município escapam, obviamente, às atribuições legislativas do Estado, eis que dotado aquele, desde muito, de autonomia política que lhe assegura dispor, com exclusividade, sobre assuntos de interesse local (art. 30, I, CF).

Na aludida Ação Direta de Inconstitucionalidade nº 40.647-0, requerida pelo procurador-geral de Justiça, sustentou-se outra tese: a de que não é permitido realizar tombamento mediante lei formal. A medida configuraria invasão de competência do Poder Legislativo na esfera de atuação reservada ao Poder Executivo. Essa tese foi também vencedora na aludida ação.

A posição assumida pelo egrégio Tribunal de Justiça, neste particular, não nos parece ser a mais acertada. Isto porque a Constituição da República e várias dos estados tombaram bens diretamente. O art. 216, §5º, da Constituição Federal estatui: "ficam tombados todos os documentos e os sítios detentores de reminiscências dos antigos quilombos". Pelo art. 225, §4º, da mesma Lei Maior, outros bens são gravados de ônus semelhantes aos decorrentes do tombamento. São eles: a Floresta Amazônica brasileira, a Mata Atlântica, a Serra do Mar, o Planalto mato-grossense e a Zona Costeira. Todos estes bens passaram à condição de patrimônio nacional e a utilização deles sujeitar-se-á a limitações emanadas de leis específicas protetoras do meio ambiente e dos recursos naturais. A Constituição do Estado de Minas Gerais contém norma semelhante a esta da Constituição Federal. O seu art. 214, §7º, estatui:

> Os remanescentes da Mata Atlântica, as veredas, os campos rupestres, as cavernas, as paisagens notáveis e outras unidades de relevante interesse ecológico constituem patrimônio ambiental do Estado, e sua utilização se fará, na forma da lei, em condições que assegurem sua conservação.

Pelo art. 84 do ADCT da mesma Constituição mineira foram tombados diversos picos e serras no território do estado.

As restrições ao exercício do direito de propriedade em relação aos bens elevados à condição de patrimônio nacional e aos considerados patrimônio ambiental do estado são semelhantes às decorrentes do tombamento. Nos dois casos, as medidas visam à preservação e à conservação dos bens patrimoniais por elas alcançados.

Partindo-se do pressuposto de que a Constituição Federal e as estaduais são competentes para tombar bens culturais ou impor outras restrições à propriedade nos termos e condições suprarreferidos, parece natural admitir-se a mesma competência para as leis orgânicas municipais, visto serem elas a lei maior na organização do município. Por isso, entendemos que não constitui ilegalidade nem inconstitucionalidade o tombamento declarado por lei orgânica municipal. Também não nos parece correto afirmar que não é possível realizar o tombamento por meio de lei. Primeiro, porque a lei nesse caso é de efeito concreto, materialmente, isto é, tem a natureza de ato administrativo. Segundo, porque o aperfeiçoamento do tombamento se dá com a inscrição do bem no *livro do tombo* próprio. Além do mais, não se pode olvidar que as chamadas servidões legais e as limitações administrativas decorrem diretamente de lei.

- Para tombar – O tombamento, ato administrativo, pode ser promovido indistintamente pela União, estados-membros, Distrito Federal e pelos municípios. A Constituição da República, no art. 23, atribui competência comum à União, aos estados, ao Distrito Federal e aos municípios para proteger e conservar os bens culturais em geral. Em qualquer das esferas administrativas, a autoridade competente é a indicada em lei. No âmbito federal, a competência para homologar é do ministro da cultura. No Estado de Minas Gerais, compete ao governador do estado homologar o tombamento de bens públicos, e ao secretário da cultura homologar o tombamento de bens de propriedade privada. Ambos, mediante recomendação do Conselho Curador, órgão integrante da Fundação Instituto Estadual do Patrimônio Histórico e Artístico (IEPHA).

1.5.7 Espécies de tombamento

O Decreto-Lei nº 25/1937 prevê, nos arts. 5º e 9º, três espécies de tombamento:

a) de ofício, pela autoridade competente, quando o bem, objeto da proteção pretendida, pertencer à União, ao estado, ao Distrito Federal e ao município;
b) voluntário, quando o proprietário do bem, pessoa natural ou jurídica, pedir ao órgão competente para promover o tombamento ou aquiescer com a iniciativa estatal;
c) compulsório, quando o particular se opõe à pretensão de tombar o seu bem.

- De ofício – à autoridade federal é atribuída competência para proceder ao tombamento de bens pertencentes a qualquer pessoa de direito público interno, sem a concordância da entidade detentora do domínio ou da posse do bem. Para a formalização do ato de tombar, é necessária a notificação da entidade interessada. A falta dessa formalidade torna o tombamento ineficaz e, por conseguinte, desobriga o proprietário de observar as restrições decorrentes do tombamento (art. 5º do Decreto-Lei nº 25/1937).

A lei não prevê, explicitamente, direito da entidade pública de se opor à realização de tombamento de bem de seu domínio. Entretanto, parece que tal direito é latente, principalmente depois da promulgação da Constituição Federal de 1988, que garante o recurso ao Judiciário contra lesão de direito ou ameaça de lesão (art. 5º, XXXV).

Com fundamento nessa norma, deve-se admitir a possibilidade do ente que tiver determinado bem submetido ao processo de tombamento, de se defender contra a medida, na própria via administrativa e na judiciária, se o objeto não se revestir de característica que o possa classificar na categoria de bem cultural.

- Voluntário – Extraem-se do art. 7º do Decreto-Lei nº 25/1937 duas hipóteses de realização de tombamento voluntário: a primeira verifica-se quando o proprietário de um bem (móvel ou imóvel), reconhecendo nele valor cultural de que cogita a legislação pertinente, manifesta à autoridade administrativa o desejo de vê-lo tombado. Nesse caso, constatando o órgão técnico que o bem se reveste de uma das manifestações culturais, promove o tombamento solicitado. A outra hipótese ocorre quando o particular, pessoa física ou jurídica, anui ao tombamento pretendido pela Administração Pública, ao receber a notificação pertinente.

- Compulsório – O tombamento será compulsório quando o proprietário, ao receber a notificação do órgão competente sobre a medida, não concordar com ela, oferecendo resistência na via administrativa ou na via judiciária. É a dicção do art. 8º do Decreto-Lei nº 25/1937. Não havendo contestação no prazo legal, determina-se a inscrição do bem no livro próprio de acordo com a natureza da sua manifestação cultural. Se contestado, a conclusão do processo será demorada, submetendo-se a todas as fases previstas na lei e no regulamento.

1.5.8 Tombamento provisório e tombamento definitivo

Tombamento definitivo é aquele para cuja realização devem-se observar todos os requisitos formais do procedimento e os relativos ao bem tombado. De modo que, concluído o processo, não restará dúvida quanto à legalidade dos aspectos formais e quanto à identificação e classificação do bem, segundo suas características de conformidade com a legislação de proteção cultural.

Provisório é o tombamento realizado precariamente, sem antes verificar se o respectivo bem atende, plenamente, às exigências legais para integrar-se ao patrimônio cultural.

O processo de tombamento definitivo é complexo e lento em virtude, principalmente, da investigação histórica, científica ou artística destinada a verificar se o bem, efetivamente, contém elementos culturais que justifiquem o tombamento. Essa investigação é realizada por órgão próprio, nos quatro níveis de governo, por meio de colegiado técnico, cujos integrantes são historiadores, arquitetos, paisagistas, engenheiros, urbanistas, advogados, artistas plásticos, pesquisadores e outras autoridades de notório saber, recrutados na sociedade, sem prejuízo de suas atividades particulares.

A fase investigatória, que leva meses de trabalho, pode dar oportunidade ao proprietário do bem em estudo de, deliberadamente, danificá-lo ou descaracterizá-lo com o fito de evitar a conclusão do tombamento.

Para se evitar ação nesse sentido, danosa ao patrimônio cultural, instituiu-se o tombamento provisório. Trata-se de medida precária, mas que preserva o bem até a conclusão dos estudos técnicos. Embora provisório, o tombamento gera os mesmos efeitos e restrições do definitivo. Concluídos os estudos e constatando-se que o bem preenche as condições legais, o tombamento provisório é transformado em definitivo. Se a conclusão for em sentido contrário (não se identificar manifestação cultural no bem), o tombamento provisório será revogado. Com a revogação, libera-se o bem (art. 10, parágrafo único, do Decreto-Lei nº 25/1937).

O tombamento provisório, sendo equiparado ao definitivo, acarreta à Administração o dever de preservar e conservar o bem tombado, impondo e fazendo cumprir as sanções próprias nos casos de danos provocados, mesmo por terceiros. Esta é também a posição de Magalhães Noronha.[34]

1.5.9 Direitos e deveres da entidade ativa do tombamento

A entidade responsável pelo tombamento, União, estado-membro, Distrito Federal ou município, com a prática desse ato, adquire direitos e contrai obrigações em relação ao bem onerado.

- Direitos – São direitos da entidade pública que efetua tombamento:
  a) direito subjetivo público, decorrente da lei de tombamento, fundado no poder de polícia, de fiscalizar permanentemente o bem tombado;
  b) direito de remir a dívida garantida pelo bem tombado, se levado à hasta pública;
  c) direito de preferência de compra de bem particular tombado, pelo preço a ser ofertado. O prazo para o exercício desse direito é de trinta dias, contados da data da notificação feita pelo proprietário vendedor (art. 22, §1º, do Decreto-Lei nº 25/1937).

O direito de preferência não é só da entidade realizadora do tombamento, mas da União, do estado, do Distrito Federal e do município onde estiver situado o bem. A União tem preferência sobre as outras entidades políticas, e o estado, sobre o município. Por esse motivo, o vendedor terá que notificar a União, o estado e o município quanto à situação do bem, quando imóvel, para exercerem o direito de preferência.

O direito de preempção é pelo prazo de trinta dias. Não sendo o direito exercido nesse prazo, o vendedor fica liberado para alienar o bem a particular. A omissão do vendedor deixando de notificar as entidades públicas implica a nulidade da venda e a imposição de multa de 20% do valor do bem ao transmitente e ao adquirente, que responderão solidariamente. Além disso, é facultado à entidade pública sequestrar a coisa pela via judicial. A nulidade da venda é decretada pelo juízo competente para processar o sequestro do bem. O adquirente não sofrerá a sanção, se o tombamento não estiver regularmente registrado.

- Deveres – São deveres da entidade pública responsável pelo tombamento:
  a) fiscalizar o bem tombado e zelar para que este mantenha as suas características originais, devendo impedir a sua destruição, demolição ou mutilação. Deve exigir, ainda, que o proprietário faça reparos, pinturas ou restaurações;
  b) proceder, com recursos próprios, à conservação da pintura e da restauração do bem tombado, se o proprietário deste demonstrar insuficiência econômica e financeira para suportar as despesas com tais serviços;
  c) providenciar, quando se tratar de bem imóvel, a transcrição do ato de tombamento, para os devidos fins, no cartório de registro de imóveis e a competente averbação à margem da transcrição do domínio. Essa medida, embora não faça parte dos requisitos do ato administrativo de tombamento,

---

[34] NORONHA. *Código Penal brasileiro*, 2. ed., v. 5.

é indispensável para o efeito de divulgação, com a finalidade de oferecer ao particular e aos vizinhos de prédio tombado a oportunidade de tomarem conhecimento do gravame que tal bem passou a suportar.

Tratando-se de bens públicos, tais formalidades são dispensadas, o que parece estranho considerando-se que o registro e a averbação são meros atos de publicidade. A dispensabilidade do registro e da averbação conduz o vizinho de prédio público tombado a ignorar as limitações a que está sujeito o seu prédio por localizar-se na circunvizinhança de prédio tombado.

Embora não sendo obrigatória a transcrição e a averbação do tombamento de prédio público, a Administração deve procedê-las para evitar a alegação, por vizinho infrator das normas que lhe são impostas em virtude do tombamento, de não ter conhecimento do gravame.

1.5.10 Direitos e deveres do proprietário de bem tombado

O tombamento acarreta, para o proprietário do bem sujeito a esse ônus, sérias restrições, mas também lhe confere direitos, estabelecidos na legislação pertinente. As restrições podem materializar-se em obrigação de fazer, obrigação de não fazer e a de abster-se de determinado comportamento.

- Deveres – Os deveres do proprietário de bem tombado são os seguintes:
  a) conservar o bem, promovendo, quando necessário ou no prazo previsto na lei, reparos e restauração ou pintura, mediante aprovação prévia do órgão ou entidade estatal encarregado do patrimônio cultural;
  b) não promover reforma ou simples pintura sem obter a aprovação e o acompanhamento do referido órgão, que definirá os materiais a serem empregados ou utilizados. Decorre daí o dever de pedir autorização ao órgão ou entidade do patrimônio cultural para pintar ou fazer outras melhorias no bem tombado. A realização de qualquer obra ou reparo, ainda que necessária, sem a competente autorização implica pesadas sanções pecuniárias;
  c) não modificar o bem. A imodificabilidade do objeto tombado é a mais séria das restrições a que se submetem os bens integrantes do patrimônio cultural. Apesar do peso dessa restrição, a sua imposição é necessária para se evitar a descaracterização do bem;
  d) a obrigação de notificar a União, o estado e o município onde o bem estiver situado, para exercerem o direito de preferência;
  e) não remeter, ao exterior, bens tombados, a não ser em caráter provisório, para fins de intercâmbio cultural, mediante aprovação do órgão ou entidade do Patrimônio Cultural. Esse controle visa impedir a evasão de bens móveis tombados. Aquele que tentar exportar um bem tombado, exceto na hipótese indicada, será multado em 50% do valor do bem. No caso de reincidência, a multa será dobrada. Além da sanção administrativa, o proprietário do bem será equiparado a contrabandista, de acordo com o Código Penal. Para garantir a satisfação da pena pecuniária, o bem será, de plano, sequestrado pela União, estado, Distrito Federal ou município, conforme o caso;

f) a obrigação de comunicar à autoridade do órgão do patrimônio, no prazo de cinco dias, o furto do bem tombado. Não o fazendo nesse prazo, o proprietário do bem roubado, furtado ou extraviado incorrerá na multa de 10% do valor da coisa.
- Direitos – Os principais direitos do proprietário de bem tombado são os enumerados em seguida:
  a) o de continuar proprietário do bem móvel ou imóvel, podendo usufruir dele todos os benefícios próprios, segundo a sua natureza, finalidade ou destinação;
  b) de vender o bem ou alugá-lo, hipotecá-lo, dá-lo em penhora ou gravá-lo com outro ônus legal, ressalvadas apenas as medidas necessárias à transmissão, por se tratar de bem tombado;
  c) de ter o bem de sua propriedade restaurado, conservado ou reformado pelo órgão ou entidade do Patrimônio Cultural, a expensas do Estado, mediante comprovação de que o proprietário não dispõe de recursos financeiros para a realização dos serviços (art. 19 do Decreto-Lei nº 25/1937).

1.5.11 Direitos e deveres do novo adquirente

O novo adquirente de bem tombado assume os direitos e os deveres do proprietário anterior e ainda se sujeita às multas referidas acima e ao dever de, no prazo de trinta dias, promover o registro do ato translativo no cartório competente. Pelo descumprimento dessa formalidade legal, o infrator da norma sujeitar-se-á à multa de 10% calculada sobre o valor da transação. A aplicação da multa é de competência do órgão do Patrimônio Cultural.

1.5.12 Deveres e sujeições do terceiro, vizinho de prédio tombado

O proprietário vizinho de prédio tombado sofre profunda restrição em seu direito de propriedade consistente em limitações ao exercício de tal direito. Autores de formação civilista mais conservadora consideram essas restrições verdadeiro atentado contra o direito de propriedade assegurado pela Constituição Federal. Sustentam, por isso, que só mediante desapropriação e justa e prévia indenização poderia o Poder Público interferir na propriedade. Outra corrente entende que a restrição deve ser considerada servidão, podendo gerar direito à indenização nos casos previstos em lei referentes às servidões administrativas. Uma terceira corrente sustenta o entendimento de que a restrição sofrida pelo vizinho de prédio tombado constitui mera limitação administrativa fundada no princípio da função social da propriedade e, por tais motivos, não assegura o direito indenizatório (art. 18 do Decreto-Lei nº 25/1937).

O proprietário de imóvel próximo a bem tombado depende de prévia autorização do órgão ou entidade do Patrimônio Cultural para nele edificar, sob pena de demolição. A aprovação *a priori* tem função controladora e, ao mesmo tempo, fiscalizadora, com o objetivo de evitar construções prejudiciais à visibilidade do bem inscrito no Patrimônio Cultural.

Além dessa restrição quanto ao gabarito, as obras novas não podem se levantar em determinada faixa contígua ao prédio tombado. Não é também permitida a colocação de placas nos prédios vizinhos ao tombado, que destoem ou estabeleçam desarmonia com este.

A lei federal não define a extensão dessa faixa. O legislador deixou para que a autoridade administrativa a estabelecesse no caso concreto. A despeito da crítica que se faz a esta generalidade da lei, parece que a prefixação do entorno protegido não é aconselhável, tendo-se em vista a complexidade do bem tombado e a sua localização topográfica. É preciso considerar, igualmente, o tamanho e o tipo de prédio que se quer construir.

À falta de normas objetivas, os critérios para a fixação da faixa, em cada caso concreto, são subjetivos, o que leva a infinitas discussões nas vias administrativa e judiciária. Isso porque a concepção subjetiva do particular nem sempre coincide com a da Administração Pública, no que se refere a interesse patrimonial. As decisões judiciais nesse particular têm sido, na maioria das vezes, favoráveis à Administração Pública, que atua, salvo exceções, nos limites da lei e do interesse público.

A preocupação com a proteção do visual do prédio tombado é presente também no Direito estrangeiro, que estabelece diversas restrições com a finalidade de resguardar o bem tombado contra atos do proprietário vizinho. Em Portugal, por exemplo, a Lei nº 13, de 6.8.1985, que cuida da proteção do patrimônio cultural, estabelece que a faixa mínima de proteção do entorno de prédio tombado é de 50 metros contados dos limites externos do imóvel. Na Rússia, a legislação prevê restrições pesadas às propriedades em torno dos monumentos protegidos, mas deixa ao regulamento a competência para estabelecer a zona de proteção.

A título de exemplo e de comprovação de conduta de vizinho de prédio tombado que descumpre as restrições impostas pela lei disciplinadora do tombamento, examina-se, a seguir, um caso de demolição de parte de prédio construído com inobservância da legislação quanto à zona de proteção de prédio tombado. Trata-se de ação ordinária, proposta pela União contra empresa particular, visando à demolição dos quatro últimos andares de um prédio de luxo, por ultrapassarem a cota máxima permitida em virtude da proximidade de uma Igreja tombada, componente do Outeiro da Glória. A ação foi julgada originariamente pelo então Tribunal Federal de Recurso com a seguinte ementa: "Ação cominatória – Improcedência – Servidão do Patrimônio Histórico e Artístico Nacional – Restrição às obras nas proximidades do próprio tombado".

Inconformada com a decisão, a União recorreu ao Supremo Tribunal Federal. O RE foi julgado por uma de suas turmas, tendo por relator o Ministro Vilas Boas, cujo acórdão determinou a demolição dos últimos quatro andares do prédio. A parte vencida interpôs embargos ao Pleno do STF. A decisão do Pleno nos embargos foi pela manutenção do acórdão embargado, cuja conclusão do relator do RE é a seguinte:

> A meu ver, diante dos princípios expostos para que o egrégio Tribunal chegasse à conclusão de que devia conservar a obra no gabarito atual, fazia-se necessária uma prova da parte do réu, infrator da lei, no sentido de que a sua construção não tirou nem diminuiu a visibilidade da Igreja da Glória.

No meu humilde raciocínio, a União trouxe ao conhecimento desta turma uma questão *juris* muito bem caracterizada.

Tomo conhecimento do recurso e dou-lhe provimento. A demolição requerida, e agora concedida por meu voto, significa justa cominação a quem, aberta e insensivelmente, infringiu a lei (art. 18 do Decreto-lei n. 25/1937).

Outro caso: a União, por recomendação do então Serviço do Patrimônio Histórico e Artístico Nacional, intentou ação de nunciação de obra nova na capital baiana, visando à paralisação e à demolição de construção iniciada nas proximidades de prédio tombado.

A ementa do acórdão do Tribunal Federal de Recurso foi assim redigida:

> Nunciação de obra nova – Patrimônio histórico – Nulidade do ato de permissão – Procede a ação de nunciação de obra nova em que a União pretende seja embargada e, afinal, demolida construção que prejudica imóvel tombado pelo Serviço de Patrimônio Histórico e Artístico Nacional.[35]

1.5.13 Desapropriação e indenização como regra de exceção

No estudo ou na realização de tombamento é difícil a compreensão correta quanto ao direito de indenização do proprietário pelo bem sacrificado em benefício do Patrimônio Cultural. Na tentativa de respostas orientadoras, formulam-se as seguintes indagações: o ato de tombamento sempre gera direito à indenização? O tombamento nunca dá ao proprietário o direito de reclamar indenização? Admitindo o direito, o que indenizar?

Responder a estas indagações é tarefa difícil considerando a complexidade do tema que envolve diversos elementos valorativos, de cunho jurídico, político e ideológico. Em virtude desse variado feixe de enfoques, os estudiosos acabaram por formar três nítidas correntes. Uma defende a desapropriação prévia, a menos que o proprietário esteja de pleno acordo com o tombamento. Essa corrente arrima-se na garantia constitucional do direito de propriedade. A segunda corrente descarta a desapropriação, mas entende ser devida indenização quando as restrições decorrentes do tombamento implicarem a perda patrimonial do titular do bem tombado, à semelhança da servidão administrativa. A terceira corrente defende a não indenização, por entender o tombamento como espécie do instituto limitações administrativas.

- Desapropriação – O Ministro Laudo de Camargo, em 1942, proferindo voto no primeiro caso de tombamento levado à apreciação da Corte Suprema, firmou posição no sentido de que a realização de tombamento compulsório depende de prévia desapropriação e a correspondente indenização. O Poder Público só não estaria obrigado a desapropriar o bem antes de tombá-lo se o proprietário dele assentisse com o procedimento.

Na época do julgamento, vigia a Constituição Federal de 1937, que atribuía à lei ordinária a definição do conteúdo e os limites do direito de propriedade. No voto, o referido magistrado afirmou que definir o conteúdo do limite do direito de propriedade

---

[35] *RF*, 211/126.

"não é criar um ônus ao proprietário, cerceando-lhe o uso, gozo e a disponibilidade dos seus bens". O ministro reforça sua tese invocando o Decreto-Lei nº 3.365/41, com o argumento seguinte:

> Se, *ex-vi* do Decreto-lei n. 3.365, de 1941, se consideram casos de utilidade pública, para desapropriação, preservação e conservação dos monumentos históricos e artísticos (art. 5º, letra *k*), têm aí os poderes públicos e meio único para a conservação dos mesmos monumentos, quando impossível o tombamento voluntário.[36]

Na mesma ação, o Ministro Otávio Kelly defendeu posição idêntica à do Ministro Laudo de Camargo, valendo-se dos fundamentos jurídicos usados por aquele. Sustentou Kelly que o tombamento compulsório sem prévia desapropriação configuraria invasão ao direito de propriedade, protegido constitucionalmente. Cumpre ressaltar que ambos os ministros foram vencidos. Trata-se do tombamento de um prédio particular situado na Praça 15 de Novembro, na Cidade do Rio de Janeiro. O proprietário, inconformado com o tombamento, sustentou duas teses em defesa do seu direito: a da inconstitucionalidade do Decreto-Lei nº 25/1937 e o da ilegalidade do procedimento. Quanto à primeira, argumentou que o texto legal em referência contrariava a Constituição vigente, a de 1937, garantidora do direito de propriedade. No que tange à ilegalidade, sustentou que o imóvel não se enquadrava nas hipóteses legais para o fim de tombamento.

O Ministro Castro Nunes, relator vencedor, argumentou que, em decorrência da evolução do direito de propriedade, a liberdade do legislador é vasta; daí, as limitações urbanísticas, o controle da produção e dos preços, a autorização para se instalar ou fechar indústria, a servidão aérea, o controle ou domínio do subsolo pelo Estado. Sobre o tombamento afirma:

> A conservação dos monumentos históricos visa a um interesse de educação e de cultura. A proibição de mutilar, destruir ou desfigurá-los está implícita nessa preservação. A obrigação de conservar que daí resulta para o proprietário, se traduz no dever de colaborar na realização desse interesse público.

E acrescenta que seria impossível a desapropriação para efeito de tombamento "pois o que a lei chama patrimônio histórico e artístico nacional é o conjunto dos bens imóveis existentes no país e que devem ser conservados pelo seu valor artístico ou significação histórica. Exigir a desapropriação seria tornar impossível tal preservação". Na mesma linha, sustentada em substancial voto, o Ministro Orozimbo Nonato acompanhou o relator. Outros ministros também votaram com o relator, e a conclusão foi pela constitucionalidade da lei invocada e pela legalidade do tombamento, sem direito à indenização. O reconhecimento de que o bem preenchia as condições para o tombamento fundou-se no laudo pericial contendo o seguinte trecho:

> [...] o tombamento do prédio não visa ao valor arquitetônico da construção, mas ao fato de estar ela colocada sobre o Arco de Teles, que é necessário preservar [...]. O Arco de Teles forma, com o Chafariz de D. Maria I e o Palácio de Bobadela, um conjunto que integra o

---

[36] CAMARGO. *RDA*, 2/109.

ambiente histórico do velho Lago do Paço, antigo Terreiro de Poté. São relíquias veneráveis, de aspectos familiares do Rio de antanho, muitas vezes descritas e reproduzidas em gravuras, nos livros de viajantes estrangeiros.[37]

Lúcia Valle Figueiredo defende a desapropriação apenas nos casos em que, com o tombamento, a propriedade privada fique totalmente aniquilada. Nessa hipótese, o tombamento contraria o direito de propriedade garantido constitucionalmente, por isto justifica-se a desapropriação indireta.[38]

Carlos de Medeiros, em parecer emitido face a caso concreto, conclui que, quando a restrição decorrente do tombamento chega a suprimir o direito do proprietário sobre o bem, deve-se desapropriá-lo, mediante indenização.[39]

- Indenização pelos danos sofridos – Diversos autores pátrios integram corrente defensora do direito de indenização em favor de proprietário de bem tombado, na proporção do dano sofrido. Para esses autores, o tombamento equipara-se à servidão administrativa e, como tal, deve ser tratado quanto à indenização. Para verificar se a indenização é devida e de quanto importa, deve-se valer dos mesmos critérios adotados nos casos de servidão administrativa.

Entre os que defendem esse entendimento, destacam-se Lúcia Valle Figueiredo, Ruy Cirne Lima e Celso Antônio Bandeira de Mello.

Lúcia Valle sustenta que se o tombamento implica restrição ao exercício do direito, mas não o torna inútil, não o suprime, de modo que o seu titular possa continuar exercendo-o ainda que com limitações; a situação equipara-se à servidão e gera direito à indenização se houver prejuízo para o proprietário.[40]

Ruy Cirne Lima afirma que os bens tombados e os vizinhos destes se sujeitam à servidão administrativa. O mesmo autor não cogitou de indenização, isto é, se o Estado deve ou não indenização ao particular em virtude do tombamento. Pode-se, entretanto, deduzir que a sua posição é pelo direito de indenização, se o proprietário sofrer lesão com o tombamento.[41]

Celso Antônio Bandeira de Mello procura distinguir limitações administrativas de servidões administrativas, reconhecendo a dificuldade que enfrenta o investigador em alguns casos. Apesar das dificuldades apontadas, Celso Antônio ensina que o tombamento não é limitação administrativa. É, ao contrário, meio de gravar o direito de propriedade de pesado sacrifício, impondo ao Estado o dever de indenizar o proprietário do bem tombado.[42]

Adilson de Abreu Dallari é da mesma linha de Celso Antônio Bandeira de Mello, nesse passo. Para Dallari, o tombamento é verdadeira servidão administrativa, vez que o Poder Público subtrai, para o deleite da coletividade, qualidade ou valor do

---

[37] *RDA*, v. 2. fasc. 1.
[38] FIGUEIREDO. *Disciplina urbanística da propriedade*, p. 78; *Curso de direito administrativo*, 2. ed., p. 200.
[39] SILVA. *RDA*, v. 67, p. 248.
[40] FIGUEIREDO. *Op. cit., loc. cit.*
[41] LIMA. *Princípio de direito administrativo*, p. 188-189.
[42] BANDEIRA DE MELLO. *Elementos de direito administrativo*, p. 180.

bem em sacrifício do direito do proprietário. O autor conclui: "Nesse caso, o princípio da isonomia e, por decorrência dele, o princípio da distribuição das cargas públicas, obriga a coletividade beneficiária do tombamento [...] a reparar o dano eventualmente experimentado pelo proprietário do bem".[43]

- Não gera direito à indenização – Apesar de autores renomados defenderem a indenização total ou parcial em decorrência do tombamento, outros, não menos respeitados, entendem que este meio de intervenção não obriga o Poder Público a indenizar os proprietários dos bens sacrificados com a medida. Nessa linha, ressaltam-se José Cretella Júnior, Pontes de Miranda, Themístocles Brandão Cavalcanti e Marcelo Caetano.

José Cretella Júnior entende que a restrição imposta pelo tombamento não gera ao proprietário do bem o direito de indenização. Admite, contudo, a desapropriação do bem, quando o sacrifício for total. Fora dessa hipótese, não vê ele a possibilidade de indenização. Para esse autor, o tombamento, em princípio, não implica indenização. Ela só seria possível no caso de desapropriação. Se não for hipótese de desapropriação, não será também caso de indenização.

Pontes de Miranda sustenta que "uma das principais consequências do art. 180, parágrafo único, é a de constituir limitação ao direito de propriedade" (Constituição de 1967 com a Emenda nº 1, de 1969). Continua o autor: a lei não pode eliminar o direito de propriedade, mas pode adequar o seu exercício ao interesse coletivo e sua função, determinada pela Constituição. No que tange aos bens de interesse histórico ou artístico, a limitação contém-se no bojo da própria Constituição Federal. É do autor citado o texto:

> Desde que, na propriedade de alguém, exista monumento histórico, móvel ou imóvel, que o Estado repute digno de guarda ou de proteção, nenhum direito tem o proprietário, ainda fora dos processos de desapropriação, para obstar ao exercício de qualquer medida de proteção ou zelamento.[44]

Nessa mesma hipótese, enquadrar-se-iam os demais bens que integram o patrimônio cultural, tanto os artísticos quanto os naturais. Na linha de Pontes de Miranda, que parece correta, há de se entender que existe, em relação aos bens integrantes do patrimônio cultural, limitação geral, segundo a qual todos os bens de interesse cultural nacional, estadual ou municipal, assim qualificados em lei, são de interesse social e passíveis de proteção como patrimônio cultural onde quer que estejam situados. O ato administrativo por intermédio do qual se opera o tombamento é apenas identificador do bem, para o efeito da conservação e preservação. Infere-se que não é o tombamento em si que impõe as restrições que sofre um bem, mas a lei, que é genérica.

Dessa forma, conclui-se que o proprietário não tem o direito de impedir o tombamento de seu bem nem de exigir indenização, em decorrência da inscrição do bem no livro próprio, a não ser quando houver lesão do direito. É o que se infere da lição de Pontes de Miranda.

---

[43] DALLARI. *RDP*, v. 86, p. 38.
[44] PONTES DE MIRANDA. *Op. cit.*, p. 368.

Themístocles Brandão Cavalcanti inclui-se entre aqueles que entendem ser o tombamento ato administrativo decorrente da manifestação do poder de polícia e que, por conseguinte, não gera direito à indenização.[45]

Marcelo Caetano ensina que o tombamento deve ser entendido como limitação administrativa e não servidão administrativa, sustentada por diversos autores. Finaliza o autor português: sendo o tombamento limitação regida pela norma genérica e impessoal, dirigida a todos que se enquadram na tipificação desta, não se poderia, por conseguinte, entender o direito à indenização a esse título. As restrições da modalidade limitação administrativa "traduzem-se em limitações permanentes impostas ao exercício do direito de propriedade ou em poderes conferidos à Administração para intervir, a fim de realizar os fins que lhe estão confiados".[46]

Lúcia Valle Figueiredo, como visto antes, admite a desapropriação, quando o tombamento aniquila o direito sobre o bem e defende a indenização sem desapropriação, quando o tombamento provoca danos ou prejuízos ao proprietário do bem gravado. Além destas duas hipóteses, Lúcia Valle entende que o tombamento não confere ao proprietário do bem inscrito o direito de postular indenização, se do ato não decorrer prejuízo efetivo.[47]

- Comentário conclusivo sobre as três correntes – A análise seguinte sobre as posições das correntes citadas acima tem por finalidade exteriorizar a nossa posição sobre essa delicada questão discutida por renomados autores que apresentam conclusões diversas e até opostas entre si, como registrado nos subitens anteriores.
- Primeira corrente: a primeira corrente, como já se assinalou, admite a realização do tombamento compulsório somente mediante desapropriação com indenização justa e prévia. Ora, a posição é conservadora e está em desacordo com a realidade social contemporânea. Os tempos mudaram, os fatos sociais multiplicaram-se e o direito evoluiu, como não poderia deixar de ser.

Em quase todos os sistemas jurídicos, a função social da propriedade é reconhecida em seus textos legais. Essa função social surgiu e evoluiu em decorrência das constantes mudanças e exigências do direito coletivo. A nova ordem jurídica trouxe, como consequência concreta, a redução da esfera de ação do proprietário sobre o bem, principalmente quando se trata de propriedade imobiliária. Tal redução do conteúdo do direito de propriedade manifesta-se por meio de diversas formas jurídicas, de acordo com a situação da coisa e a necessidade ou interesse coletivo.

Admitida a função social da propriedade, evidência inquestionável no mundo civilizado, e sendo o tombamento simples meio de restrição ao exercício do direito de propriedade, parece fora de propósito admitir-se a desapropriação previamente ao tombamento como regra geral. Pensar assim é raciocinar no passado, época em que o direito de propriedade era absoluto e se sobrepunha aos interesses coletivos. A realidade

---

[45] CAVALCANTI. *Curso de direito administrativo*, 7. ed., p. 149.
[46] CAETANO. *Op. cit.*, p. 472.
[47] FIGUEIREDO. *Op. cit.*, p. 200.

é outra. A regra na atualidade é a supremacia do interesse coletivo com sacrifício para a propriedade individual.

Nesse contexto sociojurídico, a desapropriação, nos casos de tombamento, não deve ser defendida como prerrequisito para a realização do ato. Tal procedimento deve ser defendido e até exigido só quando a inscrição do bem trouxer, como consequência, a perda total do conteúdo do direito ou do próprio bem. Nesse caso, a atuação estatal extrapolaria a barreira do limite ao exercício do direito, para invadir a esfera do campo jurídico do direito do proprietário ou possuidor do bem, em flagrante afronta à norma constitucional que garante o direito de propriedade.

- Segunda corrente: os integrantes dessa corrente defendem a indenização como regra, aceitando a não indenização como exceção apenas naqueles casos em que o tombamento não provocar diminuição no direito do proprietário da coisa.

Admitindo-se que sobre o bem tombado recaia uma serventia, em benefício comum, no nível de servidão administrativa, não há como negar, em princípio, a indenização proporcionalmente ao dano sofrido. Isso porque, no Direito brasileiro, como de resto, no Direito Comparado, a servidão administrativa impõe sempre o dever da Administração de indenizar o proprietário do prédio serviente efetivamente sacrificado.

Admitindo-se o tombamento como modalidade de servidão, ter-se-á admitido a indenização como regra e a gratuidade como exceção. Entendendo-se como limitação geral, será a gratuidade, regra e a indenização, excepcionalidade.

No Direito pátrio respaldado pelos tribunais, a servidão administrativa constitui, por utilidade pública, benefício direto de determinado serviço público ou interesse público definido. Nesse caso, a instituição da servidão obedece, obrigatoriamente, a procedimentos, iniciando-se com o decreto declaratório de utilidade pública para fins de constituição de servidão e, em seguida, a fase de execução ou concretização amigável ou judicialmente.

Ora, o tombamento tem rito próprio e fases distintas das da servidão. Nem mesmo o ato declaratório inicial existe. Parece impróprio afirmar-se que tombamento é servidão.

Se o legislador tivesse pretendido que o tombamento tivesse a natureza de servidão, outra teria, por certo, sido a orientação do ordenamento jurídico que trata da proteção e conservação do patrimônio artístico e histórico. Talvez tivesse dito que os bens passíveis de proteção com essa finalidade seriam constituídos em servidão, e não, tombados.

Assim, não parece correta a afirmação de que o tombamento é mero rótulo de servidão administrativa. Ele é meio próprio de intervenção dotado de características distintas das características da servidão administrativa.

- Terceira corrente: a terceira corrente sustenta, em síntese, que o tombamento é simples identificação do bem, para que ele possa formalmente passar a incorporar o patrimônio cultural nacional, estadual ou municipal. Não é o ato de tombar que dá ao bem as características que interessam ao Patrimônio Cultural; essas, de natureza histórica, artística, arqueológica, etnográfica, entre outras, devem estar agregadas ao bem, inerentes a ele, independentemente do ato ou da lei.

O conceito de patrimônio cultural é universal. Logo, as características que deve possuir determinado bem, para que possa integrar-se ao patrimônio cultural, decorrem de consenso também universal. A legislação de cada sistema jurídico é fundamentalmente semelhante entre si. Ela muda basicamente para atender a particularidades de cada país.

A lei, em qualquer país, não define de maneira objetiva o que seja patrimônio cultural. Trata-se, pois, de conceito jurídico indeterminado, cabendo à Administração, por seus agentes, verificar no caso concreto se o bem é dotado de uma das manifestações culturais previstas na lei.

Por tais razões e considerando principalmente a função social que a propriedade deve desempenhar, é que se deve entender que o bem, antes mesmo de ser tombado, já está naturalmente gravado com os ônus impostos pelo interesse social. Assim, a autoridade administrativa, ao proceder o tombamento de determinado bem, não o agrava, mas o reconhece com bem cultural para os efeitos legais.

O gravame é intrínseco ao bem. O ato de inscrição apenas o identifica para, a partir daquele momento, passar à condição de objeto de proteção e conservação, nos termos e condições da lei própria. O bem, onde quer que esteja, no campo ou na cidade, seja produto da natureza ou da arte do homem, será sempre passível de tombamento, caso se enquadre naquelas características gerais. E, em virtude da função social, o gravame decorrente de normas gerais não gera para o proprietário do bem protegido o direito à indenização, salvo os casos de efetivo prejuízo devidamente demonstrado e comprovado.

Viu-se que o bem tombado continua no domínio do seu titular antes do ato. O que se pretende com a medida é a conservação do bem em virtude da sua condição especial de interesse coletivo. Para isso, não é necessária a sua transferência para o Estado. Pelo contrário, deve permanecer com o seu titular investido da liberdade de continuar explorando-o normalmente. A limitação restringe-se à proibição de promover alteração, modificação ou demolição do bem e ao dever de conservá-lo.

Em compensação, o Estado garante a conservação do bem e até executa, às suas expensas, as obras de reparo e manutenção, se o proprietário provar não ter condições financeiras para realizá-las. Veja-se que há certa compensação com o tombamento: restrição *versus* garantia.

Os defensores da indenização em virtude do tombamento sustentam que, impedido de operar transformações na estrutura do bem tombado, seu proprietário perde a faculdade de transformar, por exemplo, uma casa de residência unifamiliar em um edifício com diversos apartamentos ou salas comerciais. Deixando de fazer essa operação ou impedido de vender o bem para essa finalidade, o proprietário estaria perdendo dinheiro ou tendo o seu patrimônio reduzido. Essa perda se resolveria com indenização. Ora, esta possibilidade de um bem vir a ser transformado em outro ou de ser vendido para finalidade econômica mais vantajosa que a atual não pode ter a proteção jurídica para efeitos indenizatórios.

O Estado, quando intervém numa propriedade, terá de levar em consideração, para indenizar ou não, a situação atual e concreta. O que está fora da realidade palpável não pode ser objeto de apreciação para a reparação indenizatória. Assim, o tombamento, quando atinge um cinema, por exemplo, está afetando aquela realidade e não o que poderia vir a ser, no futuro, aquela casa de diversão. Cinema continuará sendo, sem qualquer restrição. O único ônus para o proprietário, nesse caso, será o de manter o prédio conservado. Não há, como se vê, dano. A casa continuará sendo explorada da mesma forma que antes.

Por essas razões, o direito à indenização não é regra, mas é admissível quando a inscrição efetivamente acarretar prejuízo para o titular do direito, reduzir seu patrimônio ou atingir direito adquirido. Exemplo: imagine-se o caso anterior do cinema ou teatro. Agora, o seu proprietário teria decidido por encerrar a atividade daquela casa de diversão e no lugar construir um edifício de vinte andares de lojas e salas comerciais. Para isso, obterá aprovação do respectivo projeto arquitetônico pelo órgão municipal competente e a expedição da licença para construir, materializada no alvará próprio. Depois dessas providências, o Poder Público decidiu pelo tombamento daquela casa. Nessa hipótese, a realidade fática não é de apenas um cinema, mas também um edifício a ser construído naquele local, cujo alvará de construção já fora expedido. A situação, como se vê, é completamente diversa da primeira. Aqui, o tombamento trará inegável prejuízo ao proprietário do bem, vez que ficará impedido de construir o prédio já aprovado. Nesse caso, a indenização é devida na proporção do prejuízo.

Deve-se admitir a desapropriação do bem tombado ou a tombar, em duas situações: primeira, será quando o Poder Público tiver de expender soma vultosa de recursos financeiros com a recuperação do bem tombado, ante a impossibilidade de o proprietário fazê-lo por conta própria. Nessa situação, é conveniente que o bem passe a integrar o patrimônio estatal. A segunda hipótese ocorrerá quando o tombamento impedir total exercício do direito sobre a propriedade. Exemplo: tombamento de um pico natural formado por rocha de minério de alto valor econômico, cuja lavra já esteja concedida ao particular, mediante processo próprio e contrato formal. A manutenção do pico impõe ao concessionário o dever de não retirar o minério ali existente. Nesse caso, deve-se desapropriar o alvará ou o direito de lavra, mediante prévia e justa indenização, na forma da lei.

Corrobora esse entendimento a recente decisão do Tribunal de Justiça de Minas Gerais, na Ação Direta de Inconstitucionalidade nº 24.354-3, da Lei nº 6.402, de 6.10.1993, requerida pelo prefeito de Belo Horizonte. Referida lei determina que o tombamento de bem imóvel "somente se efetivará após justa e prévia indenização em dinheiro".

O julgamento, com base no voto do relator e por unanimidade, foi pela procedência da ação e consequente declaração de inconstitucionalidade da lei hostilizada. O relator, à f. 3 das notas taquigráficas, sustentou:

> O art. 165, §1º, da Constituição do Estado, dispõe que os Municípios se organizam e se regem sob a estrita observância dos mandamentos da Constituição Federal.
>
> Pelo art. 23 da Constituição Federal concorrem a União, os Estados e os Municípios na competência para dispor sobre tombamento de monumentos históricos e de valor artístico e cultural, como se infere dos incisos III e IV do mencionado artigo.
>
> Segue-se, se a legislação federal sobre o tema, ou seja, o Decreto n. 25, de 30 de novembro de 1937, não estabelece a condição de indenizar para o tombamento, que a legislação municipal, inferior, não pode estabelecê-la, pois é da essência da chamada competência concorrente a observância da hierarquia política.

É claro, lei de hierarquia inferior não pode instituir critério não adotado por lei de hierarquia superior. Só por aí já se tem em vista a ofensa ao art. 165, §1º, da Constituição Estadual, pela lei municipal.

A decisão está perfeitamente coerente com o que acima se disse sobre indenização em matéria de tombamento. Efetivamente, lei municipal e estadual não podem dispor sobre indenização prévia, como condição para a inscrição de bens imóveis no *livro de tombo* próprio. Isso porque não há amparo na lei federal nem na Constituição da República. Tais fundamentos justificam o posicionamento aqui tomado em desacordo com as duas primeiras correntes acima referidas.

O Estatuto da Cidade, Lei nº 10.257, de 10.7.2001, cria benefício ao proprietário de prédio tombado, que ameniza as consequências patrimoniais negativas em decorrência do tombamento. Trata-se da transferência do direito de construir. O art. 35 da lei em referência prescreve que, mediante lei municipal em conformidade com o plano diretor, poder-se-á autorizar proprietário de imóvel urbano, privado ou público, a exercer o direito de construir em outro local, se o imóvel for necessário ao município, para implantação de equipamentos urbanos e comunitários, para atender a programas de regularização fundiária, urbanização de áreas ocupadas por população de baixa renda e habitação de interesse social e para preservação do patrimônio cultural histórico, paisagístico, ambiental e social.

Ressalte-se que, para isso, é necessário que o município tenha adotado plano diretor e lei de parcelamento, uso e ocupação do solo urbano, em conformidade com as diretrizes estabelecidas em leis federais.

Adotada essa política, o município poderá autorizar o proprietário de um imóvel tombado a exercer, em outro local, o direito de construir que lhe era reservado ou facultado, antes do imóvel sofrer a restrição decorrente do tombamento.

Trata-se, como se vê, de mecanismo, ao lado de outros, previstos no mesmo Estatuto da Cidade, de relevante interesse para o desenvolvimento urbano e para a preservação do patrimônio cultural nas suas várias manifestações, sem maiores sacrifícios a serem suportados pelo proprietário do bem onerado com a medida restritiva.

A Lei nº 3.802, de 6.7.1984, art. 29, do Município de Belo Horizonte, isenta da incidência de IPTU os prédios tombados.

O entendimento do Superior Tribunal de Justiça alinha-se com o acima exposto quanto à indenização nos casos de tombamento, como se pode ver nas ementas seguintes:

EMENTA: ADMINISTRATIVO – TOMBAMENTO ÁREA SERRA DO MAR – INDENIZAÇÃO – REVISÃO OU REAVALIAÇÃO DA PROVA – OMISSÃO DO TRIBUNAL. 1. A jurisprudência desta Turma, bem assim da Primeira Turma, é no sentido de admitir indenização de área tombada, quando do ato restritivo de utilização da propriedade resulta prejuízo para o *dominus*. 2. Acórdão que não avaliou a prova pericial para esse enfoque, omitindo-se no exame dos arts. 23 e 27 da Lei de Desapropriação. 3. Posição jurisprudencial que diferencia reexame de prova (Súmula 7/STJ) com reavaliação de prova (precedentes). 4. Recurso do ESTADO DE SÃO PAULO provido, não conhecido o primeiro recurso especial dos autores e prejudicado o segundo. (STJ. REsp nº 401264/SP, Recurso Especial nº 2001/0191502-0, Rel. Min. Eliana Calmon, Segunda Turma, j. 5.9.2002. *DJ*, 30 set. 2002, p. 243)

EMENTA: DESAPROPRIAÇÃO INDIRETA. TOMBAMENTO. PARQUE FLORESTAL. NATUREZA DE AÇÃO: REAL. FORO DA SITUAÇÃO DO IMÓVEL. PRESCRIÇÃO: VINTENÁRIA. DIREITO A INDENIZAÇÃO. JUROS COMPENSATÓRIOS INDEVIDOS. COBERTURA VEGETAL. EXCLUSÃO. VERBA HONORÁRIA. SÚMULA N. 7. – A jurisprudência vem firmando o entendimento de que as restrições de uso de propriedade particular impostas pela Administração, para fins de proteção ambiental, constituem desapropriação indireta, devendo a indenização ser buscada mediante ação de natureza real, cujo prazo prescricional é vintenário." (REsp. 149.834/SP, Rel. Min. José Delgado, *DJU* 21.3.1999, pág. 81). – Sendo a ação de natureza real, uma vez que fundada no direito de propriedade, é competente o foro da situação do imóvel, de acordo com o art. 95, do Código de Processo Civil. – A cobertura vegetal em questão, integrante da mata atlântica, é caracterizada unicamente como acessório da terra nua, englobada então nos valores fixados para seu pagamento. A vegetação em comento, em face da dificuldade de acesso para sua exploração, consequência da irregularidade do terreno, tem valor econômico desprezível, não incindível na indenização. – Os juros compensatórios têm função indenizatória, destinada a remunerar o expropriado pelo não desenvolvimento da atividade econômica prevista, na hipótese em comento, conforme constatado dos autos, mesmo se considerando o esvaziamento econômico que a criação do parque trouxe para a área, vê-se, *in casu*, que a ação indenizatória somente foi movida em setembro de 1995, ou seja, quase vinte anos após a criação do referido Parque Florestal, infirmando totalmente a função compensatória do Instituto. – A análise dos critérios utilizados pelo magistrado para fixar os honorários advocatícios em 10% invade o campo do conjunto probatório dos autos, incidindo no teor do verbete sumular n. 7, desta Corte. – Recurso especial dos autores improvido. – Recurso especial da Fazenda Estadual parcialmente provido. (STJ. REsp nº 307535/SP, Recurso Especial 2001/0024707-5, Rel. Min. Francisco Falcão, Primeira Turma, j. 12.3.2002. *DJ*, 13 maio 2002, p. 156)

1.6 Desapropriação

A desapropriação é, na sequência deste manual, o sexto e último instituto de que se vale o Estado para intervir na propriedade privada. O instituto distingue-se fundamentalmente dos outros cinco examinados. Aqueles cuidam, cada um, segundo a sua natureza e objetivo, de limitar o exercício do direito de propriedade ou restrições à propriedade. A desapropriação é meio mais radical em relação ao proprietário, comparado com os demais. Por seu intermédio, a Administração Pública, ou quem lhe faça as vezes, arrebata, para si ou para outrem, a propriedade particular, substituindo-a pelo equivalente em espécie. Não se trata, portanto, de restrições à propriedade, mas de sua substituição pelo seu valor patrimonial, pago, em regra, previamente à transferência compulsória da propriedade.

1.6.1 Conceito

O conceito de desapropriação já está consagrado entre os autores pátrios e estrangeiros. O centro da ideia é o mesmo em todos os autores. As discrepâncias verificadas nas variadas conceituações são de natureza formalística, em virtude de aspectos geopolítico, econômico e social. Na matéria de fundo, parece não haver divergência entre os estudiosos do tema.

Segundo as normas jurídicas positivas brasileiras pertinentes, pode-se entender a desapropriação como procedimento administrativo por via do qual o Poder Público constrange o proprietário a transferir ao Estado bens móveis ou imóveis declarados de interesse público, mediante prévia e justa indenização em dinheiro ou excepcionalmente em títulos da dívida pública ou títulos da dívida agrária, nos termos da lei, por acordo ou por força de decisão judicial.

1.6.2 Fundamento social

Já foi dito várias vezes neste capítulo que a propriedade deve atender a uma função social. É nessa perspectiva que se admite, nos tempos atuais, o direito de propriedade. A própria garantia do direito de propriedade funda-se no interesse social. Nesse contexto, a propriedade, mobiliária ou imobiliária, interessa imediatamente ao respectivo titular do domínio sobre ela e, mediatamente, interessa à coletividade. Esse interesse coletivo, que sobrepõe o direito individual, é que justifica a ação estatal sobre a propriedade particular, transferindo-a compulsoriamente ao domínio público.

O fundamento social só não legitima a substituição compulsória do domínio sobre a coisa. São necessárias leis substantivas e adjetivas regulamentadoras do procedimento expropriatório de modo a respeitar o direito de propriedade garantido constitucionalmente. A legislação pátria, como se verá logo adiante, começando pela Constituição, estabelece restrições ao direito de expropriar. Entre essas limitações destacam-se:

a) interesse público, compreendendo utilidade pública, necessidade pública, interesse social em sentido geral e interesse social para fins de reforma agrária. A inadequação do fato real com um dos motivos acima alegados inviabiliza a desapropriação;

b) identificação da entidade ou órgão executor da desapropriação (União, estado, Distrito Federal, município ou as pessoas por esses delegadas nas condições e hipóteses previstas em lei);

c) indenização prévia, justa e em dinheiro nas desapropriações por utilidade pública e necessidade pública, e também nos casos de interesse social, exceto quando tiver por finalidade a realização de reforma agrária, caso em que o pagamento será feito em títulos da dívida agrária, resgatáveis em até vinte anos, depois de dois anos de carência, assegurada a atualização monetária (art. 184, *caput*, da Constituição da República). Há, ainda, outra exceção à regra geral. Essa se verifica nos casos de desapropriação punitiva, por não se dar ao imóvel urbano a função social de acordo com o plano diretor do município. Nessa hipótese, o pagamento da indenização será efetivado em títulos da dívida pública resgatáveis em dez anos a partir dos dois primeiros, garantida a correção do valor (art. 182, §4º, da Constituição da República). Finalmente, a atual Constituição prevê duas hipóteses de expropriação sem indenização. Verifica-se quando a propriedade rural ou urbana estiver destinada ao cultivo de plantas psicotrópicas ou quando o proprietário estiver empregando mão de obra análoga à de

escravo (art. 243 da Constituição da República com a redação introduzida pela EC nº 81/2014). Todos esses casos serão examinados oportunamente;
d) destinação do bem expropriado. É preciso definir, no ato declaratório, a destinação a ser dada ao bem quanto à sua utilização e domínio; e
e) a observância do devido processo legal (administrativo e judicial). Sem o processo, dotado de rito próprio, a desapropriação não terá validade.

1.6.3 Fundamento jurídico

- Constitucional – A Constituição da República de 1988 cuida da desapropriação em vários dispositivos, iniciando pelo art. 5º, XXIV, que dá o norte da desapropriação ordinária, estabelecendo as regras fundamentais e gerais. Referido dispositivo contém a seguinte redação:

> Art. 5º [...]:
> XXIV - a lei estabelecerá o procedimento para desapropriação por necessidade ou utilidade pública ou por interesse social, mediante prévia e justa indenização em dinheiro, ressalvados os casos previstos nesta Constituição.

Esse comando constitui a regra geral sobre desapropriação, mas ele próprio prevê exceções a serem tratadas em outros dispositivos do mesmo nível hierárquico.

A primeira exceção vem no §4º, do art. 182, do teor seguinte:

> Art. 182. [...]:
> §4º É facultado ao Poder Público municipal, mediante lei específica para área incluída no plano diretor, exigir, nos termos da lei federal, do proprietário do solo urbano não edificado, subutilizado ou não utilizado, que promova seu adequado aproveitamento, sob pena sucessivamente de: [...]
> III - desapropriação com pagamento mediante títulos da dívida pública de emissão previamente aprovada pelo Senado Federal, com prazo de resgate de até dez anos, em parcelas anuais iguais e sucessivas, assegurados o valor real da indenização e os juros legais.

A segunda regra de exceção está contida no *caput* do art. 184, da Constituição da República, assim redigido:

> Compete à União desapropriar por interesse social, para fins de reforma agrária, o imóvel rural que não esteja cumprindo a sua função social, mediante prévia e justa indenização em títulos da dívida agrária, com cláusula de preservação do valor real, resgatáveis no prazo de até vinte anos, a partir do segundo ano de sua emissão, e cuja utilização será definida em lei.

A última dessas regras insere-se no art. 243, que assim dispõe:

> Art. 243. As propriedades rurais e urbanas de qualquer região do País onde forem localizadas culturas ilegais de plantas psicotrópicas ou a exploração de trabalho escravo na forma da lei serão expropriadas e destinadas à reforma agrária e a programas de habitação popular, sem qualquer indenização ao proprietário e sem prejuízo de outras sanções previstas em lei, observado, no que couber, o disposto no art. 5º. (Redação dada pela Emenda Constitucional nº 81, de 2014)

As Constituições anteriores, desde 1824, trataram da desapropriação, passando por processo evolutivo de acordo com as mutações sociais e a consequente vontade política.

A Constituição de 1824 garantiu o direito de propriedade com toda amplitude, mas previu a possibilidade de o interesse público vir a recomendar a utilização de propriedade particular para atender às necessidades coletivas. Nesse caso, o proprietário seria previamente indenizado do respectivo valor, reservando à lei ordinária a definição dos casos e condições de desapropriação (art. 179, §22).

A Constituição de 1934 garante o direito de propriedade, mas não em toda sua plenitude, como previa a Constituição de 1824. Estabelece que não poderia o direito ser exercido contrariamente ao interesse coletivo, garantido ao proprietário direito de justa e prévia indenização no caso de desapropriação (art. 133, §17).

A Constituição de 1946 estabelecia a prévia e justa indenização em dinheiro nas desapropriações. Instituiu a desapropriação por interesse social com fundamento na justa distribuição da propriedade, segundo o princípio da supremacia do interesse social (art. 147).

A Constituição de 1967 e sua Emenda nº 1, de 1969, mantiveram as mesmas hipóteses de desapropriações e regras de indenização previstas na Constituição de 1946.

- Legislação infraconstitucional:
  - a primeira lei de que se tem notícia, dispondo sobre propriedade particular e indenização em virtude de transferência para o Estado, data de 21.5.1821, antes mesmo da primeira Constituição brasileira. Referida lei dispunha que ninguém poderia tirar a propriedade por maior que fosse o interesse público sem que antes fosse combinado o preço a ser pago pelo erário por ocasião da entrega do bem;
  - a lei ordinária, prevista na Constituição de 1824 dispondo sobre hipóteses de necessidade pública e utilidade pública para fins de desapropriação, é a de nº 422, de 1826, definida pelo Código Civil (art. 590) e mantida nas Constituições posteriores. O Código Civil de 2002 não contém dispositivo correspondente ao art. 590 do Código de 1916. Cuidou apenas de registrar no art. 1.275 que a desapropriação é uma das hipóteses de perda da propriedade;
  - Decreto-Lei, nº 3.365, de 21.6.1941, quando ainda vigia a Constituição de 1937. Essa lei vigora até hoje, com modificações. É a lei geral sobre desapropriações, que suprimiu a expressão *necessidade pública* e manteve a expressão *utilidade pública* abrangendo as hipóteses da suprimida. A exposição de motivos dessa lei, de autoria de Francisco Campos, justifica as razões que levaram a essa unificação;
  - Lei nº 4.132, de 10.9.1962, regulamenta a desapropriação por interesse social prevista na Constituição de 1946;
  - Lei nº 4.504, de 30.11.1964 (Estatuto da Terra), dispõe sobre reforma agrária e desapropriação para este fim;
  - Decreto-Lei nº 554, de 25.4.1969, trata do procedimento de desapropriação para reforma agrária;

- Lei nº 8.629, de 25.2.1993, regulamenta as disposições constitucionais relativas à reforma agrária (arts. 184 e 185 da Constituição Federal);
- Lei Complementar nº 76, de 6.7.1993, modificada pela Lei Complementar nº 88, de 23.12.1996, regula o procedimento licitatório para fins de reforma agrária e revoga o Decreto-Lei nº 554/69;
- Lei Complementar nº 93, de 4.2.1998, institui o Fundo da Terra e da Reforma Agrária – Banco da Terra, regulamentado pelo Decreto nº 2.622, de 9.6.1998;
- Lei nº 10.257 de 10.7.2001, Estatuto da Cidade, regulamenta a desapropriação para fins urbanísticos de que trata o art. 182, §4º, inc. III, da Lei Maior.

1.6.4 Forma originária de aquisição de propriedade

Em princípio, a propriedade não surge do nada. Por isso, a transferência da propriedade imobiliária de um titular a outro opera-se mediante a averbação no registro anterior, em livro próprio do cartório de registros de imóveis. Não se registra, em regra, um imóvel sem se conhecer a respectiva cadeia de sucessão. Há, entretanto, casos excepcionais em que o bem ainda não foi registrado em nome de ninguém. Para que o registro seja efetuado, é necessário que o interessado exiba documento que tenha força autônoma, bastante por si mesmo, para que se reconheça nele o valor de título constitutivo de propriedade. Serve de exemplo o título de regularização de terras devolutas, expedido pelo Estado, por seu órgão e autoridade competente. As terras devolutas, sabidamente, não são registradas em cartórios de registro de imóveis, nem de entidades públicas nem em nome de particulares. A identificação destas terras faz-se através de procedimento próprio, denominado ação discriminatória.

O documento expedido pelo Estado em favor de alguém, reconhecendo-lhe o direito sobre gleba de terra, rural ou urbana, é denominado, na prática, título de terra. Esse título é hábil, por si só, para registro no competente cartório de registros de imóveis. Independe de escritura e de prova de registro anterior. Com ele se procede, então, ao registro originário.

Diz-se que a desapropriação é forma originária de aquisição de propriedade pelo fato de que ela, por força de lei, dá origem a um título, sentença do juiz, que tem poder bastante para produzir, em favor do Estado, os legítimos direitos sobre a propriedade nela referida. Essa sentença pode ser levada a registro imobiliário independentemente da cadeia de registros anteriores e de escritura pública de compra e venda. Em relação ao particular, pode-se afirmar que a desapropriação é meio extraordinário de perda da propriedade, já que o proprietário é despojado de sua propriedade sem a manifestação livre da sua vontade.

A forma originária de aquisição da propriedade pela desapropriação traz, como decorrência natural, diversas consequências, destacando-se entre elas: liberação de todos os gravames reais que, porventura, recaiam sobre o bem. O Poder Público recebe o bem objeto da desapropriação livre e desembaraçado de todos os ônus reais.

Celso Antônio Bandeira de Mello apresenta outra consequência, nos seguintes termos:

[...] se o Poder Público desapropriar um bem e indenizar, erroneamente, a quem não for seu legítimo proprietário, nem por isso se invalida a expropriação e se obriga à realização de novo processo expropriatório. A propriedade estará, de qualquer forma, adquirida pelo poder público.[48]

Nos termos do art. 31 do Decreto-Lei nº 3.365/1941, os terceiros titulares de direitos reais de garantia sobre bem desapropriado têm direito de habilitar seus créditos, no processo expropriatório, na condição de sub-rogatários, no preço do objeto desapropriado. Já os terceiros credores, fundados em direitos obrigacionais, relativamente ao bem expropriado, não foram alcançados pela norma do dispositivo *supra*. Por esse motivo, e com fulcro no art. 26 do mesmo decreto-lei, o entendimento pacífico é o de que esses terceiros só poderão satisfazer seus créditos através de ação direta contra o expropriado, devedor obrigacional.[49]

1.6.5 Bens desapropriáveis

O Decreto-Lei nº 3.365/1941 estabelece, no art. 2º, que "mediante declaração de utilidade pública, todos os bens poderão ser desapropriados pela União, pelos Estados, pelos Municípios, pelo Distrito Federal e pelos Territórios". Infere-se da norma que todos os bens passíveis de propriedade podem ser desapropriados. Dessa forma, são expropriáveis os bens móveis e imóveis, materiais e imateriais, corpóreos e incorpóreos, pertencentes ao particular, pessoa física ou jurídica, e pertencentes às entidades públicas, exceto os de propriedade da União. Entre estes bens incluem-se as ações, cotas e direitos representativos de capital de pessoas jurídicas de direito privado.

1.6.6 Bens não desapropriáveis pela sua natureza

Os direitos personalíssimos não são objeto de desapropriação. Rubens Limongi França classifica estes direitos em três categorias, expostas a seguir.

a) Direito à integridade física:
  – direito à vida;
  – direito aos alimentos;
  – direito ao corpo vivo;
  – direito ao corpo morto.
b) Direito à integridade intelectual:
  – direito à liberdade de pensamento;
  – direito pessoal de autor;
  – direito pessoal de inventor.
c) Direito à integridade moral:
  – direito à liberdade civil, política e religiosa;
  – direito à honra;
  – direito à honorificência;

---

[48] BANDEIRA DE MELLO. *Curso de direito administrativo*, 4. ed., p. 353.
[49] BANDEIRA DE MELLO. *Op. cit.*, p. 373; FIGUEIREDO. *Op. cit.*, p. 214.

- direito ao recato;
- direito ao segredo;
- direito à imagem;
- direito à identidade.[50]

O dinheiro, moeda corrente do país, não é também desapropriável, visto que ele é o próprio meio de pagamento da indenização pelo bem desapropriado. A moeda estrangeira e as nacionais raras são passíveis de desapropriação. Ainda não se expropriam as pessoas, nem mesmo as jurídicas, mas apenas os seus bens. É, portanto, equívoco afirmar-se que o Poder Público pretende desapropriar certa empresa. Se o Estado quiser assumir o controle de empresa particular, compulsoriamente, terá de desapropriar as suas ações ou quotas, mas não a empresa.

Para fins de reforma agrária, não são expropriáveis as pequenas e médias propriedades rurais, assim definidas em lei, se o proprietário não possuir outra. Atualmente, a definição aqui referida está contida na Lei nº 8.629, de 25.2.1995. Não são igualmente objeto de desapropriação para reforma agrária as terras rurais produtivas.

1.6.7 Competências em relação à desapropriação

- Para legislar – A competência para legislar sobre matéria de desapropriação é privativamente da União nos termos do art. 22, II, da Constituição Federal. As demais pessoas políticas, estados-membros, Distrito Federal e municípios não receberam competência para legislar sobre essa matéria. Tem-se, ultimamente, questionado essa prerrogativa exclusiva da União. Entendem alguns que os estados e os municípios deveriam ser dotados de poder concorrente ou supletivo para legislar sobre reforma agrária. Os que assim pensam atribuem a concentração deste poder na União como sendo uma das causas da morosidade da reforma agrária no país, o que não constitui novidade da atual Constituição. As anteriores já garantiam a prerrogativa nesse particular.
- Para declarar – São competentes, para declarar de utilidade pública, necessidade pública e interesse social (exceto para reforma agrária), para fins de desapropriação, a União, os estados-membros, o Distrito Federal e os municípios. Cada uma dessas pessoas políticas detém competência emanada de lei infraconstitucional para, nos seus limites, editar ato declaratório. A declaração de interesse social, para fins de reforma agrária, é competência exclusiva da União. É o comando do art. 184 da Constituição da República.

Para fins urbanísticos, a título de sanção, de que trata o art. 182, §4º, III, da Constituição Federal, a competência é exclusiva do município, de conformidade com a Lei nº 10.257/2001.

A lei, em casos de exceções, pode atribuir competência às entidades públicas de direito público ou de direito privado, para editar o ato declaratório. Cite-se como exemplos o Departamento Nacional de Infraestrutura e Transportes (DNIT). Essa autarquia, sucessora do Departamento Nacional de Estradas de Rodagem, recebeu, pela Lei nº

---

[50] FRANÇA. *Manual prático das desapropriações*, 2. ed., p. 45.

10.233, 21.7.2001 (art. 82, IX), competência para declarar de utilidade pública terrenos necessários e outros bens necessários à implantação do Sistema Federal de Viação. Semelhante delegação foi conferida à Agência Nacional de Energia Elétrica (ANEEL), nos termos do art. 10 da Lei nº 9.074, de 7.7.1995, com a redação introduzida pela Lei nº 9.648, de 27.5.1998, relativamente aos terrenos necessários à prestação de serviços de energia elétrica.

- Para executar – Para executar a desapropriação, a competência originária é da entidade competente para declarar de interesse público, para desapropriação. Essa competência, entretanto, é delegável na forma da lei e se efetiva por meio do ato declaratório (decreto do presidente, do governador ou do prefeito). A delegação faz-se, normalmente, à entidade interessada diretamente no objeto da desapropriação. Assim, delegam-se às empresas concessionárias de serviços públicos (públicas ou particulares) competência para executar desapropriação de terreno necessário à prestação dos serviços delegados. Mesmo nos casos de desapropriação para reforma agrária, cuja competência é exclusiva da União, a Constituição faculta a delegação de competência ao Instituto Nacional de Colonização e Reforma Agrária – Incra, para executar as desapropriações das terras destinadas à reforma agrária.

Tratando-se de bens públicos, a lei impôs outras restrições quanto ao poder do ente da Federação para desapropriar. O §2º do art. 2º do Decreto-Lei nº 3.365/1941 prescreve que a União pode desapropriar bens de domínio dos estados, do Distrito Federal, dos municípios e dos territórios. O mesmo dispositivo estatui que os estados não podem desapropriar bens da União nem de outros estados-membros, mas lhes é facultado desapropriar bens dos municípios integrantes do seu território. O município está, naturalmente, impedido de desapropriar bens pertencentes a outro município. Em qualquer desses casos de desapropriação de bens públicos, é indispensável prévia autorização legislativa.

Por força do mesmo dispositivo, é de se inferir que as limitações e proibições aludidas acima abrangem as autarquias, ou seja, os bens dessas pessoas de direito público não podem ser desapropriados por pessoas políticas inferiores à que ela pertença. Exemplo: o município não pode desapropriar bens de autarquia estadual nem federal. Igualmente acontece com o estado, em relação às autarquias federais.

A mesma regra não se aplica em relação às empresas estatais (sociedade de economia mista e empresa pública). Tratando-se dessas empresas, a pessoa política menor pode desapropriar quotas, ações e direitos representativos de capital social, desde que seja autorizada por decreto do chefe do Executivo da pessoa maior a que pertence a empresa. A matéria está disciplinada no art. 2º, §3º, do Decreto-Lei nº 3.365/1941, com a seguinte redação:

> É vedada a desapropriação, pelos Estados, Distrito Federal, Territórios e Municípios, de ações, cotas e direitos representativos do capital de instituições e empresas cujo funcionamento dependa da autorização do Governo Federal e se subordine à sua fiscalização, salvo mediante prévia autorização por decreto do Presidente da República.

Sobre o tema escreve Celso Antônio Bandeira de Mello:

> Além disso, municípios não podem desapropriar bens das autarquias federais e dos Estados e estes não desapropriam bens das autarquias da União, pois não teria sentido que tais entidades administrativas, tendo sido criadas como pessoas públicas, havidas como meio eficiente de realização de propósitos desta ordem, ficassem ao desabrigo da norma protetora. Seria inaceitável que a União e os Estados, ao adotarem processos reputados, mais eficientes de atuação, fossem onerados exatamente por isto, ao criarem entidades que co-participam de suas naturezas no aspecto administrativo.
>
> Outrossim, consoante dispõe o art. 2º, §3º, do Decreto-lei 3.365, Municípios, Distrito Federal, Territórios e Estados não podem, sem prévia autorização, expedida por decreto do Presidente da República, expropriar ações, cotas e direitos representativos do capital de instituições e empresas cujo funcionamento dependa de autorização do Governo Federal e se subordina à sua fiscalização.
>
> Esse dispositivo, de um lado, fortifica a inteligência que indicamos para o caso das autarquias e, de outro lado, protege, nos limites indicados pelo artigo referido, concessionários de serviços públicos federais, sociedades de economia mista e empresas públicas da União, bem como quaisquer outras pessoas por ela autorizadas ou sujeitas à sua fiscalização.[51]

A lei, como visto, trata apenas das empresas ou instituições vinculadas à União, e Celso Antônio, de acordo com o texto transcrito, cuidou só das empresas controladas ou fiscalizadas pela União. Mas parece que a regra pode ser adotada em relação ao município em face das empresas integrantes da Administração indireta do estado-membro. Assim entendendo, e se correto, o município estaria legitimado a desapropriar cotas ou ações de empresa pertencente ao Estado, desde que o respectivo governador autorize tal procedimento, mediante decreto prévio.

1.6.8 Agentes passivos na desapropriação

No item anterior, foram identificadas as pessoas que podem promover a desapropriação. Implicitamente, caracterizou-se o desapropriado. Entretanto, para melhor clareza, no polo passivo da desapropriação, figura-se aquele contra quem se move a desapropriação, podendo ser pessoa física ou pessoa jurídica, particular ou pública. Quando pública, ter-se-á de observar o disposto no art. 2º, §§2º e 3º, do Decreto-Lei nº 3.365/1941.

1.6.9 Identificação dos pressupostos da desapropriação

Antes, viu-se que, no Direito pátrio, existem cinco pressupostos para desapropriação: utilidade pública, necessidade pública, interesse social, interesse social para fins de reforma agrária e a título de sanção. Aqui, tentaremos identificar cada um deles com a finalidade de facilitar o entendimento da matéria.

- Utilidade pública – O Decreto-Lei nº 3.365/1941 arrola no art. 5º os casos de utilidade pública, como a seguir: a segurança nacional; a defesa do Estado; o socorro público em caso de calamidade; a salubridade pública; a criação e o

---

[51] BANDEIRA DE MELLO. *Op. cit.*, p. 376.

melhoramento de centros de população, seu abastecimento regular de meios de subsistência; o aproveitamento industrial das minas e das jazidas minerais, das águas e da energia hidráulica; a assistência pública, as obras de higiene e decoração, casas de saúde, clínicas, estações de clima e fontes medicinais; a exploração ou a conservação dos serviços públicos; a abertura, conservação e melhoramento de vias ou logradouros públicos; a execução de planos de urbanização; o loteamento de terrenos edificados ou não para sua melhor utilização econômica, higiênica ou estética; o funcionamento dos meios de transporte coletivo; a preservação e conservação dos monumentos históricos e artísticos, isolados ou integrados em conjuntos urbanos ou rurais, bem como as medidas necessárias para manter e realçar os seus aspectos mais valiosos ou característicos e, ainda, a proteção de paisagens e locais particularmente dotados pela natureza; a preservação e a conservação adequada de arquivos, documentais e outros bens móveis de valor histórico ou artístico; a construção de edifícios públicos, monumentos comemorativos e cemitérios; a criação de estádios, aeródromos ou campos de pouso para aeronaves; a reedição ou divulgação de obra ou invento de natureza científica, artística ou literária; os demais casos previstos em leis especiais.

Como visto, a lei abrangeu vasto universo de hipóteses de desapropriação por utilidade pública, mas não o esgotou. Não se trata na espécie de *numerus clausus*, mas de *numerus apertus*, visto que o dispositivo prevê a ocorrência de outros casos estabelecidos em leis especiais.

A despeito do enorme leque de hipóteses de utilidade pública para fins de desapropriação, a identificação de cada caso concreto não é tarefa fácil, começando pela dificuldade de se entender o que seja *utilidade pública*. Trata-se de conceito jurídico indeterminado e que, por isso, dá margem a entendimentos diversos sobre o seu verdadeiro sentido. Pode acontecer que o que determinada autoridade entenda ser caso de utilidade pública não seja para outra. Por essa razão, a autoridade não deve se limitar a editar o ato declaratório. É preciso que ela o motive, de modo a identificar o motivo do interesse público e a caracterização da situação fática como enquadrada numa das hipóteses legais de utilidade pública elencadas no Decreto-Lei nº 3.365/1941 ou em outra lei especial. Essa motivação é indispensável em qualquer ato administrativo, conforme se salientou no Capítulo 4 deste livro, para que aquele possa produzir efeitos válidos e para ensejar aos órgãos de controle a oportunidade e os meios de verificar se a medida fora correta.

A doutrina e a jurisprudência dominantes ainda são no sentido de que ao Judiciário, na sua função de controle, não compete verificar se é conveniente ou oportuno determinado comportamento da Administração, no exercício do poder discricionário. A sustentação baseia-se no fato de que a oportunidade ou a conveniência é o conteúdo nuclear do ato discricionário, é o mérito. Esse mérito, esse núcleo, para a corrente majoritária, não se sujeitaria ao controle judicial pelo princípio da autonomia e independência dos poderes e pela proibição constitucional de um poder intervir na esfera de competência do outro. Maria Sylvia Zanella Di Pietro é uma das autoridades expoentes dessa linha de entendimento. Entretanto, uma corrente majoritária sustenta a possibilidade de o

Judiciário exercer o controle do mérito do ato administrativo. Esse procedimento não configura hipótese de avanço do Judiciário na esfera de competência do Executivo. Nesse sentido é a nossa tese de doutoramento, convertida em livro.[52] Na mesma linha, a título de exemplo, citam-se Lúcia Valle Figueiredo e Luis Manuel Fonseca Pires.[53]

Dessa forma, o ato declaratório de utilidade pública para fins de desapropriação pode ser, perfeitamente, submetido ao controle jurisdicional, para verificar se a hipótese é efetivamente utilidade pública. Essa constatação não é discricionária. Trata-se de aplicação da lei no caso concreto, em face do conceito jurídico indeterminado. Isto é, a decisão da Administração de construir uma escola, por exemplo, é discricionária, mas a verificação da situação de utilidade pública é vinculada. Compete ao juiz, portanto, no caso concreto, verificar, sem invasão de competência do Executivo, se a situação configura hipótese de utilidade pública prevista em lei.

A propósito do tema, Lúcia Valle Figueiredo assevera:

> Se ao Judiciário é vedado o controle da conveniência e oportunidade, em termo de exame das opções administrativas, nenhum óbice existirá relativamente à verificação da 'causa objetiva', isto é, a análise, no caso concreto, da ocorrência ou não dos pressupostos ensejadores da utilidade pública.[54]

No exame do ato declaratório, deve o juiz examinar todos os elementos indispensáveis à validade de qualquer ato administrativo, iniciando pela competência. Deve a autoridade judiciária verificar se o autor do ato tem competência originária ou delegada para declarar a utilidade pública; se o objeto da desapropriação se enquadra entre os bens passíveis de desapropriação; se a situação é caso de utilidade pública; se a finalidade da desapropriação é o interesse público (na prática se constatam casos de desapropriação visando ao interesse particular ou visando a prejudicar o particular, inimigo político, por exemplo); se a forma do ato é a prevista na lei ou no regulamento; e, finalmente, se o motivo decorre de situação de fato e de direito que determina tal procedimento ou se o motivo inexiste ou é falso.

Na constatação de irregularidade em qualquer desses elementos, configurar-se-á o abuso de poder manifestado por intermédio do excesso de poder ou do desvio de finalidade. Num ou noutro caso, o ato padecerá do vício de nulidade e, como tal, deve ser declarado pelo Judiciário. Lúcia Valle Figueiredo entende que o Poder Judiciário tem agido timidamente nesse controle nos casos de desapropriação, inibido principalmente pelas disposições ínsitas no Decreto-Lei nº 3.365/41. É da autora a afirmação seguinte: "É bem de ver, mesmo ao se falar em desvio de poder, que o Judiciário tem enfrentado o problema de maneira tímida. A regra contida no art. 9º do Decreto-Lei nº 3.365/1941, em exame mais aligeirado, estaria a limitar, por demais, a ação do Judiciário".[55]

Além dos aspectos examinados acima, é necessária a observância de outras condicionantes para a legalidade do procedimento licitatório, entre elas a montagem de um processo administrativo previamente à declaração de utilidade pública, contendo

---

[52] FARIA. *Controle do mérito do ato administrativo pelo Judiciário*, 2. ed.
[53] PIRES. *Controle judicial da discricionariedade administrativa*, 2. ed.
[54] FIGUEIREDO. *Op. cit.*, p. 211.
[55] FIGUEIREDO. *Op. cit.*, p. 212.

todas informações e formalidades legais e regulamentares indispensáveis ao processo expropriatório, inclusive a motivação e indicação da fonte de recursos orçamentários e financeiros necessários ao pagamento da indenização.

- Interesse social – Os casos de interesse social estão previstos na Lei nº 4.132, de 10.9.1962 (art. 2º). De conformidade com esse artigo são considerados de interesse social: o aproveitamento de todo bem improdutivo ou explorado sem correspondência com as necessidades de habitação, trabalho e consumo dos centros de população a que deve ou possa suprir por seu destino econômico; a instalação ou a intensificação das culturas nas áreas em cuja exploração não se obedeça ao plano de zoneamento agrícola; o estabelecimento e a manutenção de colônias ou cooperativas de povoamento e trabalho agrícola; a manutenção de posseiros em terrenos urbanos onde, como a tolerância expressa ou tácita do proprietário, tenham construído sua habitação, formando núcleos residenciais de mais de dez famílias; a construção de casas próprias; as terras e águas suscetíveis de valorização extraordinária, pela conclusão de obras e serviços públicos, notadamente de saneamento, portos, transporte, eletrificação, armazenamento de água e irrigação, nos casos em que não sejam ditas áreas socialmente aproveitadas; a proteção do solo e a preservação de cursos e mananciais de água e de reservas florestais.

Algumas das hipóteses de interesse social previstas acima estão tratadas em outras leis, mormente no que tange à reforma agrária e política agrícola. Entre elas destacam-se a Lei nº 4.504, de 30.11.1964 (Estatuto da Terra), Lei nº 8.174, de 30.1.1991 (princípios da política agrícola); Lei nº 8.629, de 25.2.1993 (regulamenta a desapropriação para reforma agrária tratada nos arts. 184 e 185 da Constituição da República).

A identificação das situações de interesse social deve preceder dos mesmos cuidados procedimentais e legais a que a autoridade administrativa se sujeita nos casos de desapropriação por utilidade pública. A diferença nos dois casos é basicamente quanto ao objeto a ser atendido pela Administração Pública. No resto, o procedimento é o mesmo do ponto de vista formal e quanto à observância legal. A alegação falsa de *interesse social*, ou a falta da motivação, conduz à invalidação do ato declaratório para o efeito de desapropriação, por vicio de ilegalidade.

- Interesse social para fins de reforma agrária – Nos termos do art. 184 da Constituição Federal, *caput*, identifica-se como de interesse social, para fins de reforma agrária, imóvel rural que não esteja cumprindo a sua função social. A Lei nº 8.629/93, que regulamenta os dispositivos constitucionais sobre reforma agrária, define o que é imóvel rural que não esteja cumprindo a sua função social. Define também a propriedade produtiva, vez que esta não pode ser objeto de desapropriação nos termos do inc. II do art. 185 da Constituição da República. As hipóteses de desapropriação para reforma agrária são objetivas e claramente definidas na lei em referência. A faixa de escolha é apenas quanto a fazer ou não fazer reforma agrária e quanto a definir os imóveis numa escala de prioridade, de acordo com o programa de reforma agrária. No que couber,

aplicam-se as regras da desapropriação de utilidade pública, nas desapropriações para fins de reforma agrária.
- Fins sancionatórios – Como medida sancionatória, a Constituição prevê três hipóteses: uma contida no art. 182, §4º, III, da Constituição Federal e as outras duas no art. 243 da mesma Lei Maior. O primeiro dispositivo faculta ao município desapropriar, mediante indenização em títulos da divida pública, de emissão autorizada previamente pelo Senado Federal, imóveis urbanos no perímetro do plano diretor que não estejam cumprindo a sua função social, nos termos da lei municipal e da lei federal. A outra hipótese é a do art. 243, que prevê expropriação de glebas, em qualquer parte do território nacional, cultivadas com ervas psicotrópicas, sem direito à indenização e ainda sujeitando-se o proprietário às sanções previstas em lei. Essa desapropriação está regulada pela Lei nº 8.257, de 26.11.1991.
- Por necessidade pública – A Constituição da República elenca, entre os pressupostos da desapropriação, a necessidade pública. Entretanto, não existe lei definindo os casos de necessidade pública nem regulamentando a desapropriação nesse caso. A legislação ordinária, antes do Decreto-Lei nº 3.365/41, fez referência à expressão "necessidade pública" sem, contudo, definir a matéria. A primeira lei brasileira a tratar do assunto é de 9.9.1826, que no art. 1º cuida da utilização da propriedade do cidadão por necessidade. A Lei nº 57, de 19.3.1836, faz referência à utilidade municipal ou provincial. Mais tarde, editou-se o Decreto nº 355, de 12.7.1845, estabelecendo os casos de desapropriação "por utilidade pública geral", mantendo, no art. 35, a desapropriação "por interesse", de que cuida a Lei de 9.9.1826.

Na prática, entretanto, nunca se distinguiu interesse público de utilidade pública. Algumas tentativas neste sentido acabaram frustradas, dada a dificuldade na identificação de um e de outro pressuposto para a desapropriação. Por essas razões o Decreto-Lei nº 3.365/41 unificou as duas expressões na "utilidade pública". E, ao considerar os casos de utilidade pública, arrolou hipóteses que podem ser tidas como de necessidade pública (art. 5º). A exposição de motivos dessa lei, que leva a assinatura do então Ministro Francisco Campos, justifica a unificação nos seguintes termos:

> Enumera, em seguida, o projeto os casos de utilidade pública abandonando a distinção entre "necessidade" e "utilidade" que, remontando à lei de 9 de setembro de 1826, vem sendo repetida nas posteriores, sem que corresponda entretanto a qualquer objetivo de ordem técnica ou prática, porque idênticos são o processo de declaração e os efeitos da medida. A discriminação dos casos de utilidade pública é bem mais ampla do que a das leis vigentes.

1.6.10 Destinação dos bens adquiridos por desapropriação

Os bens desapropriados, em princípio, destinam-se às pessoas públicas políticas que promoveram a desapropriação ou às pessoas jurídicas de direito público ou às pessoas jurídicas públicas de direito privado ou ainda às pessoas jurídicas privadas prestadoras de serviços públicos por delegação, mediante concessão ou permissão.

Contemporaneamente, os tribunais têm entendido ser possível destinar bem resultante de desapropriação a entidades particulares filantrópicas e que não tenham fins lucrativos. Isto porque as entidades com esse perfil desempenham atividades de interesse público. Por esse motivo, a desapropriação, mesmo destinada à entidade privada, realizou-se visando ao interesse público e não ao particular.

1.6.11 Breve comentário sobre desapropriação destinada a terceiros

Além das hipóteses de destinação dos bens desapropriados, referidas acima, a lei permite a desapropriação de bens que possam destinar-se a particulares, ainda que a finalidade principal seja atender ao interesse público. Ocorrem esses casos quando a desapropriação se faz por zona; para fins de urbanização; para fins de formação de distritos industriais; por interesse social (construção de casas populares e reforma agrária); para assegurar o abastecimento da população; a título punitivo (imóveis urbanos que não estejam cumprindo a sua função social, art. 182, §4º, III e propriedade rural e urbana destinadas ao cultivo de plantas psicotrópicas ou que utilizam mão de obra escrava, art. 243, ambos da Constituição Federal).

- Desapropriação para fins urbanísticos – Desapropriação para fins urbanísticos pode ser considerada em duas espécies: uma comandada pelo art. 182, §3º, da Constituição Federal e a outro, pelo mesmo art. 182, §4º, inc. III. A primeira espécie, observando a ordem apresentada acima, tem por fundamento a utilidade pública e rege-se pelo Decreto-Lei nº 3.365/1941, enquanto que a segunda, embora se efetive por interesse social, decorre do poder sancionatório de que se reveste o Poder Público municipal nos casos de terrenos urbanos que não estejam cumprindo a sua função social nos termos do plano diretor da cidade. A desapropriação, neste caso, rege-se pela Lei nº 10.257, de 10.7.2001. As duas espécies serão examinadas, separadamente, a seguir:
  a) Desapropriação por utilidade pública para urbanização ou para reurbanização – O art. 182, §3º, da Constituição prescreve que a desapropriação de imóveis urbanos será realizada mediante pagamento de justa e prévia indenização em dinheiro. A desapropriação nesse caso faz-se para urbanização ou para reurbanização, em conformidade com a regra geral de desapropriações consubstanciada no Decreto-Lei nº 3.365/41.

A desapropriação para urbanização verifica-se nos municípios que necessitam de expansão urbana para atender ao crescimento populacional de seus habitantes. A Lei Federal nº 6.766, de 19.12.1979, estabelece normas gerais sobre parcelamento do solo para fins urbanísticos, descendo a detalhes em certos casos. A lei dirige-se a qualquer interessado em parcelar solo para fins urbanos, pessoas naturais e pessoas jurídicas privadas e públicas.

O loteamento de terreno contido no perímetro urbano depende de prévia aprovação do projeto de loteamento elaborado por técnico, observando-se as regras contidas na Lei Federal em referência e na lei municipal pertinente e aprovação pelo prefeito ou por autoridade revestida de competência legal para a prática do ato. Depois de aprovado, o projeto de loteamento deve ser levado a registro no competente cartório de registro de imóveis. Qualquer loteamento que não observar essas formalidades e condições será clandestino e, portanto, desconhecido pela prefeitura e inexistente juridicamente.

O projeto de loteamento conterá basicamente o arruamento (ruas e avenidas), praças públicas, jardins e outros logradouros públicos. Ainda, deve constar do projeto a previsão de espaço destinado a prédios públicos para o desenvolvimento das atividades administrativas e para atendimento coletivo. Dependendo do caso, deve prever, também, manutenção de reserva florestal, quando existir, observada a Lei Federal nº 6.766/79, o plano diretor, se adotado pelo município, e a lei municipal de parcelamento, uso e ocupação do solo urbano.

Com a aprovação do loteamento pela autoridade municipal e registro no cartório competente, todos os espaços públicos, as ruas, avenidas, as áreas destinadas a praça, a jardim e a construção de prédios públicos passam, automaticamente, ao domínio do município.

Na hipótese de o terreno ser rural, o procedimento será o mesmo informado acima, precedido de autorização do Incra, para a descaracterização da propriedade rural, para se tornar propriedade urbana.

Diante da necessidade de expansão do espaço urbano e da falta de interesse de proprietário particular em promover a urbanização de seu imóvel, o município deverá tomar a iniciativa de desapropriar o terreno necessário ao atendimento da demanda de área urbanizada, de modo a atender aos munícipes que desejam construir suas moradias. A desapropriação, nesse caso, processa-se segundo o comando do Decreto-Lei nº 3.365/1941. A indenização será prévia, justa e em dinheiro. Concluída a desapropriação, ou na hipótese de imissão provisória na posse, no caso de urgência, a prefeitura por seu órgão próprio ou de particular contratado na forma da lei, elabora o projeto de loteamento, o aprova e o registra no cartório de registro de imóveis. O município, no que tange ao loteamento, sujeita-se às mesmas condições e formalidades a que se submete o particular.

Realizada a urbanização do terreno desapropriado para este fim, o município, por meio da prefeitura, promoverá a alienação dos lotes aos particulares interessados, mediante procedimento licitatório.

b) Desapropriação para reurbanização – A reurbanização, como o nome está a indicar, significa a reestruturação urbana em determinado setor da cidade, com o objetivo de atender às necessidades da população em termos de vias públicas e de equipamentos sociais e urbanos. Por exemplo, a duplicação de ruas ou de avenidas, com vista ao melhoramento do fluxo do trânsito e de pedestre local. Com a mesma finalidade, a construção de viadutos, elevados e trincheiras, redimensionamento de ruas e de lotes, entre outras medidas, com vista a adequar o espaço urbano à necessidade social da cidade ou do bairro.

A Lei Federal nº 6.766/1979, no art. 44, prescreve que os municípios, o Distrito Federal e os estados podem desapropriar áreas urbanas ou de expansão urbana com a finalidade de loteamento ou reloteamento e demolições, visando à melhor planificação do espaço urbano, permitindo a estas entidades políticas alienar os lotes oriundos da reurbanização, dando-se preferência aos expropriados.

- Desapropriação com o fim sancionatório – Esta modalidade ou espécie de desapropriação está prevista no art. 182, §4º, inc. III, da Constituição Federal. A desapropriação com fundamento nesse dispositivo constitucional, regulamentada pela Lei nº 10.257/2001, não gera direito à indenização em dinheiro, como ocorre na regra geral. Nesta hipótese, o pagamento far-se-á em títulos da dívida pública de emissão previamente autorizada pelo Senado Federal. Os títulos são resgatáveis em até dez anos, em parcelas anuais e sucessivas, assegurada a atualização do valor de modo a preservar a integralidade da indenização, mais juros legais.

A desapropriação, com o fim sancionatório, recai sobre imóvel urbano que não esteja cumprindo a sua função social de acordo com o estabelecido no plano diretor, observando-se os seguintes passos sucessivamente: exigir do proprietário o parcelamento ou edificação compulsória; estabelecer a cobrança de imposto sobre a propriedade predial e territorial urbana, progressivo no tempo; e, por último, desapropriação. Esta poderá verificar-se posteriormente ao cumprimento das duas primeiras imposições, se nenhuma logrou o resultado almejado, ocupação do espaço físico vazio. Vale dizer que o prefeito municipal não poderá valer-se da desapropriação sem antes percorrer o caminho estabelecido no texto constitucional.

   a) Parcelamento, edificação ou utilização compulsória – A lei municipal poderá dispor sobre a obrigatoriedade de o proprietário de terreno urbano não utilizado ou subutilizado parcelá-lo e edificá-lo, se medir mais do que a dimensão de lote estabelecido pela lei de parcelamento de solo urbano para o local. Apenas edificá-lo, se já for parcelado (loteado) e, ainda, a edificação compulsória. As condições e os prazos para o cumprimento de qualquer das obrigações previstas são indispensáveis para que a Administração Pública municipal possa exigir o cumprimento da obrigação, seja a de parcelar, seja a de edificar.

A Lei nº 10.257/2001 no art. 5º, §1º, define o que é imóvel urbano subutilizado. Entende-se por subutilizado o imóvel que não estiver minimamente utilizado de acordo com o estabelecido no plano diretor ou em lei dele derivada.

O proprietário de imóvel urbano que não esteja atendendo ao disposto no Estatuto da Cidade e, em especial ao disposto na lei municipal quanto ao parcelamento e edificação, será notificado pela autoridade municipal para, no prazo da lei, cumprir a obrigação prevista. A notificação deve ser averbada no cartório de registro de imóveis competente. Esse procedimento tem por finalidade dar publicidade do fato de modo que, qualquer interessado, consultando o registro do imóvel, terá conhecimento do ônus a que foi submetido.

Ressalte-se que a transmissão do imóvel, gravado com esse ônus, tanto por ato de vontade entre vivos quanto no caso de morte, transfere-se com as obrigações constantes da notificação, sem interrupção dos prazos previstos para apresentação do projeto e para o início da execução da obra ou empreendimento.

O procedimento da notificação deve obedecer à orientação do Código de Processo Civil, da seguinte forma: o agente municipal notificará o proprietário do imóvel quando pessoa natural; nos casos de pessoa jurídica, far-se-á na pessoa revestida de poderes para gerência geral ou administração superior. Frustrada a tentativa da notificação pessoal por três vezes, a Administração valer-se-á da modalidade editalícia.

A lei municipal específica não deve estabelecer prazo inferior a um ano, contado da notificação, para o interessado protocolar na repartição competente, com vista à aprovação, o projeto para parcelamento do terreno ou edificação nele, e prazo não inferior a dois anos, contado da aprovação, para o início da obra ou do empreendimento. Tratando-se de empreendimento de grande porte definido como tal pela lei municipal, poderá, nos termos da mesma lei, permitir-se a conclusão em etapas, tendo-se em mente o empreendimento na totalidade.

A fixação, pela lei federal, de prazos mínimos nas duas hipóteses previstas acima, tem por finalidade evitar que o município, em lei própria, estabeleça prazos inexequíveis. Não deixa, entretanto, de ser, a nosso ver, interferência na autonomia municipal garantida constitucionalmente.

b) Tributação progressiva – Se a medida prevista acima (qual seja, a tentativa de obrigar o proprietário a parcelar o imóvel ou nele edificar conforme previsto nos arts. 5º e 6º da Lei nº 10.257/2001) não for suficiente, o município poderá instituir imposto predial e territorial progressivo no tempo, desde que previsto e disciplinado pela lei municipal de que cuida o *caput* do art. 5º da lei federal em referência.

O imposto será progressivo durante o prazo de cinco anos, sendo que a majoração deve ser anual e não superior a duas vezes o valor cobrado no ano imediatamente anterior. A alíquota máxima não deve ultrapassar a 15% (quinze por cento) do valor do imóvel utilizado para base de cálculo do imposto. Esse valor será cobrado até que o proprietário cumpra as obrigações de parcelar ou de edificar, ressalvada ao município a prerrogativa de desapropriar, conforme prevê o art. 182, §4º, inc. III da Constituição.

Saliente-se que a regra é a de que o Imposto Predial e Territorial não pode ser progressivo. Neste sentido o Supremo Tribunal Federal vem decidindo. Entretanto, a mesma corte ressalva o imposto aqui tratado, considerando a sua finalidade e ainda o fato de a progressão emanar-se de dispositivo expresso da Constituição da República.

Por força da lei federal em foco, §3º do art. 7º, o IPTU especial aqui noticiado não pode ser objeto de concessão de isenção nem de anistia. Essa proibição prende-se ao fato de que o imposto se reveste de natureza sancionatória.

c) Desapropriação – Decorridos cinco anos de cobrança do imposto progressivo, sem que o proprietário cumpra a obrigação de fazer, constante da notificação averbada em cartório de registro de imóveis, examinada acima, o município poderá promover a desapropriação do terreno.

O pagamento da indenização far-se-á em títulos da dívida pública, previamente aprovados pelo Senado Federal, resgatáveis em até dez anos, em prestações iguais e sucessivas, assegurado o valor real daqueles, acrescido de juros de 6% (seis por cento) ao ano (Lei nº 10.257, art. 8º, §1º).

Essa é uma das formas de indenização que foge à regra geral, que é justa, prévia e em dinheiro.

O valor da indenização a que o desapropriado terá direito corresponde ao que serviu de base de cálculo para o IPTU deduzido desse valor, o que lhe foi acrescido em virtude de obras realizadas pelo Poder Público, no local onde se situa o imóvel desapropriado, posteriormente à data da notificação para parcelamento, edificação ou utilização, nos termos do art. 8º §2º, inc. I, da Lei nº 10.257/2001. Exemplo: digamos que determinado terreno urbano estivesse valendo R$100.000,00 (cem mil reais) na data da notificação. Por ocasião da desapropriação, verificou-se elevação do valor para R$130.000,00 (cento e trinta mil reais), sendo R$10.000,00 (dez mil reais) decorrente de valorização natural, lei de mercado e R$20.000,00 (vinte mil reais) em virtude de obras públicas realizadas no período. Esses R$20.000,00 (vinte mil reais) não se computam para o fim de indenização.

Os títulos da dívida pública recebidos como meio de pagamento de desapropriação na situação em exame não podem ser usados para pagamento de tributos.

A Administração municipal deverá promover o adequado aproveitamento do imóvel desapropriado, no prazo de cinco anos contado da data da incorporação do bem ao patrimônio público municipal. A lei em exame contém dispositivo cuidando de consequências nos casos de o município não cumprir o prazo. O seu art. 52 prevê sanções para agentes públicos municipais envolvidos, sendo que o prefeito, além de outras sanções cabíveis, incorre em improbidade administrativa, se no prazo de cinco anos não der ao imóvel desapropriado e incorporado ao patrimônio público o adequado aproveitamento em conformidade com a notificação efetivada na primeira fase de intervenção com a finalidade de constranger o proprietário a dar ao seu imóvel a destinação prevista no plano diretor e na lei específica de que cuida o art. 5º da Lei nº 10.257/2001.

A medida sancionatória é salutar, a nosso ver, posto que evita a continuidade do imóvel nas condições em que se encontrava antes da desapropriação. Nas desapropriações por utilidade pública, não há previsão de prazo para a Administração construir a obra pública prevista no ato declaratório do bem para fins de desapropriação.

O aproveitamento do imóvel, nos termos da lei municipal, pode ser realizado pelo município diretamente, ou por particular em virtude de alienação ou mediante concessão, precedido, nas duas hipóteses, de licitação observada a legislação pertinente. Aos adquirentes de imóveis desapropriados aplica-se a obrigatoriedade de parcelar, edificar ou utilizar de conformidade com o disposto no art. 5º da Lei nº 10.257/2001.

Se as políticas forem efetivadas adequadamente pelos municípios providos de plano diretor, os espaços urbanos privados vazios serão transformados em residências e estabelecimentos comerciais, de acordo com as diretrizes previstas no plano diretor. Essa medida concorre para a redução da pressão expansionista da área urbanizada das cidades e, consequentemente, evita gastos com novos equipamentos urbanos e sociais.

- Para construção ou ampliação de distritos industriais – O Decreto-Lei nº 3.365/41, art. 5º, "i", com a redação que lhe foi dada pela Lei nº 6.602, de 7.12.1978, inclusive a introdução de dois parágrafos (1º e 2º), passou a tratar de desapropriação também para fins de construção ou ampliação de distritos industriais. O §1º autoriza a venda ou locação dos lotes integrantes dos distritos industriais a empresas previamente qualificadas.

A lei não estabeleceu critérios para a qualificação prévia das empresas interessadas a se instalarem no distrito industrial. Nem precisava, pois a lei sobre licitações e contratos estabelece as regras e as formalidades para a qualificação (habilitação) das pessoas jurídicas e físicas interessadas em estabelecer contrato com o Estado. A licitação é a forma e o meio mais legítimo para a escolha das empresas interessadas em instalar a sua indústria em determinado distrito industrial, pois por intermédio dele se dará a todos os interessados, em igualdade de condições, a oportunidade de concorrer direta ou indiretamente a um lote industrial. Esta é a posição também da Lúcia Valle Figueiredo, assim expressada:

> É de se entender por "empresas previamente qualificadas" com a possibilidade que deva ser outorgada a todas as empresas com condições de se instalar em distrito industrial. Vislumbra-se pois, a necessidade de procedimento licitatório, dando-se iguais oportunidades a todos os interessados.[56]

Essa deve ser a regra, mas nem sempre a licitação é possível. Há casos em que a particularidade do caso concreto inviabiliza o certame por falta de concorrentes. Servem de exemplos os casos de instalações de montadoras de veículos automotores (automóveis, caminhões etc.). Nesses casos, a escolha se dá por outros critérios legais, mas não o licitatório formal. É o que aconteceu em relação à escolha da Volkswagen para a instalação em Rezende, no Estado do Rio de Janeiro, de uma fábrica ou montadora de caminhões, e em relação à Mercedes-Benz, escolhida para instalar uma fábrica de automóveis em Juiz de Fora, Estado de Minas Gerais. Neste último caso, o terreno, desapropriado no Distrito Industrial II de Juiz de Fora, destinou-se à instalação da fábrica de automóveis da Mercedes-Benz.

Ressalte-se que a desapropriação, para fins de distrito industrial, depende de aprovação prévia do respectivo projeto por autoridade do Poder Público competente, na forma do art. 5º, §2º, do Decreto-Lei nº 3.365/41. Infere-se daí que a desapropriação porventura realizada sem a aprovação do aludido projeto será passível de declaração de nulidade por vício de ilegalidade.

- Para construção de casas populares – A desapropriação por interesse social para a construção de casas populares está prevista no art. 2º, V, da Lei nº 4.132, de 10.9.1962. Nesse caso, a indenização e o procedimento expropriatório sujeitam-se à regra geral contida no Decreto-Lei nº 3.365/41.

Os imóveis desapropriados para a construção de casas populares são loteados e neles construídas as moradias pequenas e simples, destinadas aos conhecidos por *sem-teto*. Normalmente, o Poder Público constrói as casas e depois as transfere para os destinatários por alienação, a preços subsidiados ou simbólicos, pagos em prestações em prazos longos. Entretanto, há casos em que a Administração Pública transfere o lote

---

[56] FIGUEIREDO. *Op. cit.*, p. 222.

nu aos beneficiados do programa e lhes dá materiais para que eles próprios, em sistema de mutirão, construam as suas moradias. Este último sistema tem sido adotado, com sucesso, por diversos municípios.

- Para reforma agrária – A desapropriação para fins de reforma agrária está, atualmente, disciplinada pelos arts. 184, 185 e 186 da Constituição da República; pela Lei nº 4.504, de 30.11.1964; pela Lei Complementar nº 76, de 6.7.1993, alterada pela Lei Complementar nº 88, de 23.12.1996; e pela Lei nº 8.629, de 25.2.1993.

O art. 184 da Constituição Federal confere competência à União para desapropriar, por interesse social, para fins de reforma agrária, imóvel que não esteja cumprindo a sua função social, mediante indenização prévia e justa em título da dívida agrária, resgatável em até vinte anos, com cláusula de preservação do valor real (atualização monetária). O resgate se dá depois de dois anos a contar da data da emissão do título. Exclui-se dessa regra geral do *caput* a indenização das benfeitorias úteis e necessárias existentes no imóvel, que será paga em dinheiro.

Na legislação anterior, não havia distinção entre as propriedades para efeito de resgate dos títulos recebidos pelo desapropriado. Qualquer que fosse o tamanho do imóvel, o prazo máximo para o resgate dos aludidos títulos era de vinte anos. Atualmente, a matéria está regulada tendo por base o tamanho do imóvel desapropriado, da seguinte forma: a) imóvel com área de até setenta módulos fiscais, os títulos são resgatáveis do segundo ao décimo quinto ano; b) imóvel com área acima de setenta e até cento e cinquenta módulos fiscais, o resgate far-se-á do segundo ao décimo oitavo ano; c) imóvel com área superior a cento e cinquenta módulos fiscais, o resgate dos títulos poderá ocorrer do segundo ao vigésimo ano.

Em todos os casos, o prazo de resgate conta-se da data da emissão dos títulos (art. 5º, §3º, da Lei nº 8.629/93).

O orçamento da União deve fixar, anualmente, o valor correspondente aos títulos da dívida agrária a serem resgatados no exercício e, também, o montante de recursos financeiros necessários a outras despesas com a reforma agrária no mesmo exercício (§4º do art. 184 da Constituição Federal).

O procedimento contraditório e o rito do processo de desapropriação para reforma agrária estão regulados pela Lei Complementar nº 76/93, modificada pela Lei Complementar nº 88/96, por determinação do §3º do art. 184 da Constituição da República.

São excluídas do alcance da lei de desapropriação, para fins de reforma agrária: a) as pequenas e médias propriedades rurais, definidas pela Lei nº 8.629/1993, se o respectivo proprietário não for titular de outra gleba rural e b) a propriedade produtiva (art. 185). A pequena propriedade rural é a de área compreendida entre um e quatro módulos fiscais, e média é a propriedade com área acima de quatro e até quinze módulos fiscais (art. 4º, II, da Lei nº 8.629/1993).

A propriedade produtiva a que se refere o art. 185, II, da Constituição da República está definida no art. 6º da Lei nº 8.629/93, cujo *caput* contém a seguinte redação: "Considera-se propriedade produtiva aquela que, explorada economicamente e racionalmente, atinge, simultaneamente, grau de utilização da terra e de eficiência na exploração, segundo índices fixados pelo órgão federal competente". Os oito parágrafos e diversos incisos do artigo em referência detalham de maneira bastante objetiva as regras ali previstas e estabelecem índices percentuais para efeito de aferição do grau de utilização da terra e de eficiência na exploração. Dado o requinte de detalhes e a quantidade de normas não jurídicas, é quase impossível a extração do conteúdo do texto sem a sua mutilação. A sua transcrição, aqui, não é conveniente, dada a sua extensão. No entanto, a leitura do referido texto é obrigatória.

Nos termos do art. 7º da Lei nº 8.629/1993, fica excluído também da desapropriação, para fins de reforma agrária, o imóvel que esteja sendo objeto de implantação de projetos técnicos, desde que observados os seguintes requisitos: seja elaborado por profissional legalmente habilitado e identificado; esteja cumprindo o cronograma físico-financeiro originariamente previsto e que não tenha sido prorrogado; preveja a utilização de pelo menos 80% da área aproveitável (agricultável) do imóvel em até três anos nos casos de culturas anuais e em até cinco anos tratando-se de culturas permanentes; e o projeto de exploração tenha sido registrado no órgão competente até seis meses antes do ato declaratório de interesse social, para fins de reforma agrária.

O parágrafo único desse artigo prevê a possibilidade da prorrogação dos prazos de ocupação do imóvel agricultável, de que trata o *caput*, em até 50% se o projeto for aprovado anualmente por agentes fiscais competentes e desde que tenha sido iniciado no prazo de seis meses, contado da data de sua aprovação.

Já se disse em outro tópico que, antes, o conceito de função social era indeterminado, vago, e, por isso, os intérpretes encontravam dificuldade para determinar, no caso concreto, se a hipótese seria de atendimento ou não atendimento da função social referida na Constituição. Ante essa incerteza que vinha de décadas, o legislador federal, em boa hora, resolveu estabelecer parâmetros objetivos para verificar se o imóvel rural está cumprindo a sua função social. Visando a esse objetivo, editou-se o art. 9º da Lei nº 8.629/93, contendo a seguinte redação:

Art. 9º A função social é cumprida quando a propriedade rural atende, simultaneamente, segundo graus e critérios estabelecidos nesta lei, os seguintes requisitos:
I - aproveitamento racional e adequado;
II - utilização adequada dos recursos naturais disponíveis e preservação do meio ambiente;
III - observância das disposições que regulam as relações de trabalho;
IV - exploração que favoreça o bem-estar dos proprietários e dos trabalhadores;
§1º Considera-se racional e adequado o aproveitamento que atinja os graus de utilização da terra e de eficiência na exploração especificados nos §§1º a 7º do art. 6º desta Lei;
§2º Considera-se adequada a utilização dos recursos naturais disponíveis quando a exploração se faz respeitando a vocação natural da terra, de modo a manter o potencial produtivo da propriedade;
§3º Considera-se preservação do meio ambiente a manutenção das características próprias do meio natural e da qualidade dos recursos ambientais na medida adequada à manutenção do equilíbrio ecológico da propriedade e da saúde e qualidade de vida das comunidades vizinhas;
§4º A observância das disposições que regulam as relações de trabalho implica tanto o respeito às leis trabalhistas e aos contratos coletivos de trabalho, como às disposições que disciplinam os contratos de arrendamento e parceria rurais;

§5º A exploração que favorece o bem-estar dos proprietários e trabalhadores rurais é a que objetiva o atendimento das necessidades básicas dos que trabalham a terra, observa as normas de segurança do trabalho e não provoca conflitos e tensões sociais no imóvel.

A lei estabelece também o que são áreas não aproveitáveis para atividade agropecuária. Em conformidade com o art. 10 da Lei nº 8.629/1993, são consideradas não aproveitáveis as áreas ocupadas com construções e instalações, ressalvadas aquelas destinadas à atividade produtiva, exemplo: sementeiras e viveiros; as comprovadamente imprestáveis para qualquer atividade própria do meio rural; as que estejam destinadas à efetiva exploração mineral e, finalmente, as de preservação permanente por força da legislação pertinente à conservação dos recursos naturais e à preservação do meio ambiente.

As terras desapropriadas para reforma agrária devem ser destinadas aos beneficiários, no prazo de três anos contados do registro do título translativo de domínio (escritura pública ou sentença judicial). A exploração dessas terras pode ser pela pessoa individualmente, ou através de condomínio, cooperativa e associação (art. 16 da Lei nº 8.629/1993).

A transferência dos lotes agrários aos destinatários será efetivada através de títulos de domínio ou de concessão de uso. Esses títulos não podem ser negociados nos primeiros dez anos. Vale dizer que aquele que receber uma gleba rural em virtude de reforma agrária, seja por título definitivo, seja em concessão de uso, terá de administrar e explorar o imóvel durante pelo menos dez anos (art. 18 da Lei nº 8.629/1993). A medida legislativa é fundamental, para evitar o que ocorreu nos programas de assentamento promovidos antes. A inexistência de norma impedindo a negociabilidade do bem em determinado prazo ensejou ao beneficiado vender para outro colono, ou até mesmo a fazendeiro vizinho, o seu lote, antes mesmo do primeiro plantio. Essa prática propiciou a alguns formar grandes propriedades adquirindo os lotes coloniais daqueles que não tinham vocação para a atividade rural ou que foram *coagidos* a vender.

Com a atual regra dos dez anos de carência, se o terreno for destinado a pessoas vocacionadas para a agricultura, certamente não será alienado. Se entregue a pessoa que não tiver vocação nenhuma, mas apenas a um aventureiro, o terreno provavelmente será devolvido ao órgão promotor da reforma agrária, para ser redistribuído. Se o destinatário for despreparado, mas dedicado e obstinado para vencer, procurará explorar da melhor forma o lote recebido. Ao cabo dos dez anos, por certo, já tomou gosto pela atividade e já se tornou capacitado e eficiente pequeno produtor rural. Por isso, não terá interesse de alienar a propriedade ou o direito de uso.

- Desapropriação a título de sanção – Como já visto antes, existem três espécies de desapropriação sancionatória. Uma por ilícito administrativo e duas por ilícito penal. A primeira é prevista no art. 182, §4º, III, da Constituição da República. Nesse caso, o procedimento de desapropriação é o mesmo da regra geral. A diferença fica por conta do pagamento da indenização, que será em títulos da dívida pública resgatáveis em até dez anos e da destinação do bem expropriado ao particular, mediante alienação onerosa. As duas outras estão previstas no art. 243 da Constituição da República, sendo uma relativa à propriedade rural e urbana que cultiva plantas psicotrópicas, e regulamentada pela Lei nº 8.257, de 26.11.1991, e a última, resultante da EC nº 81/2014, refere-se ao emprego de mão de obra escrava em propriedade rural e urbana, ainda pendente de regulamentação. No primeiro caso, a hipótese é de desapropriação e nos dois últimos trata-se de expropriação e não desapropriação, pelo fato de terem por finalidade punir o proprietário que descumpre o comando constitucional. É, portanto, verdadeiro confisco, pois não permite indenização. As terras expropriadas são destinadas a assentamento de colonos, previsto em programa de reforma agrária.

- Desapropriação por zona – A desapropriação de imóveis recai, em geral, sobre a gleba efetivamente necessária à obra ou serviço. Entretanto a lei prevê hipóteses de desapropriação de área maior. Nesse caso, denomina-se desapropriação por zona. Ela consiste na desapropriação de área contígua à atualmente necessária, para ampliação futura da obra pública ou para revenda, quando prevista valorização extraordinária em decorrência da obra ou serviço público implantado. O produto da venda do remanescente ao particular destina-se ao financiamento de parte da obra ou serviço implantado na localidade (art. 4º do Decreto-Lei nº 3.365/1941).

A doutrina oscila quanto à constitucionalidade da desapropriação por zona para alienação do remanescente. Os que se opõem a ela sustentam a existência da "contribuição de melhoria", modalidade de tributo acolhido pelo Código Tributário Nacional, que tem por finalidade a arrecadação de recursos financeiros de particulares para financiar obras públicas que beneficiem diretamente os proprietários vizinhos. Lúcia Valle Figueiredo filiava-se a essa linha até a promulgação da atual Constituição Federal de 1988. A partir dessa data, a autora mudou seu entendimento, afirmando que a desapropriação por zona é perfeitamente compatível com a Constituição vigente. São da autora os argumentos seguintes:

> Todavia, no passado, antes da Constituição de 1988, entendíamos que o dispositivo não era compatível com a Constituição de 1967 e sua Emenda n. 1/69, no que tange às áreas que iriam se valorizar extraordinariamente.
>
> E assim entendíamos por um único motivo. Prevista no texto constitucional a contribuição de melhoria, considerávamos inconstitucional o Poder Público absorver a *plus valia* de propriedade sem ser pela forma expressada no Texto Básico, pela forma típica.
>
> Sem embargo, hoje, em face da Constituição de 1988, não mais individualista, garantidora isso sim, dos direitos coletivos e difusos e, sobretudo, asseguradora da função social da propriedade, entendemos possível a chamada desapropriação por zona.[57]

Em sala de aula, os alunos normalmente reagem contra o instituto, quando o professor lhes explica a desapropriação por zona. Entendem, muitos, tratar-se de abuso do Poder Público, argumentando não ser justo o Estado adquirir, compulsoriamente, propriedade privada e depois vendê-la a terceiros por preço elevado em relação ao pago.

---

[57] FIGUEIREDO. *Op. cit.*, p. 219-220.

Pode, à primeira vista, parecer injusta a medida. Mas, antes de se tomar posição, é necessário lançar as seguintes indagações: será que é justo a sociedade financiar obra que beneficia indireta mas imediatamente os vizinhos dessa obra? O fato de os proprietários agregarem em seu patrimônio a *plus valia* decorrente exclusivamente da obra pública não configuraria enriquecimento sem causa, abominado pelo Direito? As respostas devem ser não para a primeira pergunta, e sim para a segunda. É princípio de Direito que o particular não deve suportar sozinho o ônus decorrente de benefícios auferidos pela sociedade. Esse é o fundamento básico da indenização paga pela sociedade ao particular quando um bem seu é sacrificado em benefício da coletividade. A recíproca deve ser verdadeira. A sociedade não pode, pelo mesmo princípio, beneficiar ou concorrer para o aumento do patrimônio do indivíduo em prejuízo da coletividade.

Por esses motivos, não parece injusta a desapropriação de área contígua à área destinada à obra pública, para a finalidade de revenda, depois de acrescida do valor que teve como causa a obra pública, desde que a indenização cubra o real valor atual do bem, na data do pagamento.

A lei estabelece que, tanto nos casos de reserva para ampliação futura de obra ou de serviço quanto para alienação com a finalidade de financiar parte da obra, o ato declaratório deve especificar a área destinada à obra e a destinada à ampliação ou à revenda. A omissão dessas informações inviabiliza a desapropriação por zona.

Ressalte-se, no caso de alienação, que os compradores devem ser escolhidos por procedimento licitatório, da modalidade concorrência, sendo que, em igualdade de condições, inclusive quanto ao preço, o expropriado tem preferência.

1.6.12 Fases da desapropriação

O procedimento de desapropriação compreende duas fases distintas, a declaratória e a executória. A fase declaratória é administrativa, materializada em ato declaratório emanado da autoridade competente. A executória pode ser administrativa ou judiciária. Será administrativa quando a Administração Pública e o particular entram em composição amigável depois da publicação do competente ato declaratório e será judicial quando malograda a tentativa de acordo. Nesse caso, o mais comum é a entidade encarregada da execução da desapropriação ingressar em juízo contra o proprietário que teve o seu bem declarado de utilidade pública ou de interesse social. Em juízo, pode haver acordo entre as partes, inclusive quanto ao valor da indenização. Nessa hipótese, a sentença do juiz será meramente homologatória. Não havendo composição amigável, o juiz decidirá depois de cumpridas as formalidades processuais. Se procedente, fixará o valor da indenização a que o proprietário terá direito, baseado em laudo pericial.

1.6.13 Declaração

A declaração de utilidade pública ou de interesse social, para fins de reforma agrária, é feita por autoridade com competência legal, por ato administrativo, quando emanada do Poder Executivo e por intermédio de lei se expedida pelo Poder Legislativo. Nesse caso, a lei tem a natureza de ato administrativo, pois de efeito concreto. No Executivo, o ato tem a forma de decreto, não numerado, editado pelo presidente da

República, se da União for a competência para desapropriar, pelo governador do estado, pelo governador do Distrito Federal e pelo prefeito municipal, dependendo da competência de cada uma desses entes federativos. Além das autoridades citadas, são competentes para editar o ato declaratório o diretor-geral do Departamento Nacional de Infraestrutura de Transportes (DENIT), por delegação especial, nos termos da Lei nº 20.233, de 5.6.2001, e o presidente da ANEEL, na hipótese prevista na Lei nº 9.427/96. O ato dessas autoridades tem a forma de portaria, vez que os decretos são de expedição exclusiva dos chefes dos Executivos nas quatro esferas da Administração. Saliente-se que a declaração para fins de reforma agrária é exclusiva do presidente da República.

- Conteúdo básico do ato declaratório – O ato declaratório de utilidade pública ou de interesse social, para as diversas finalidades, deve conter a manifestação inequívoca da Administração Pública de submeter o bem à força desapropriatória ou expropriatória, quando for o caso; a qualificação ou identificação do bem a ser desapropriado ou expropriado; a identificação dos supostos proprietários, quando possível; a indicação da fonte jurídica embasadora da medida; e a destinação a ser dada ao bem desapropriado ou expropriado.
- Modelo de decreto – Com a finalidade de facilitar a compreensão do aluno, transcrevemos, a seguir, um ato declaratório para reforma agrária:

DECRETO DE 24 DE JULHO DE 1996

Declara de interesse social, para fins de reforma agrária, o imóvel rural denominado 'Fazenda Barra Verde', situada no Município de Itaíba, Estado de Pernambuco, e dá outras providências.

O *Presidente da República*, no uso das atribuições que lhe conferem os arts. 84, inciso IV, e 184 da Constituição, e nos termos dos arts. 18 e 20 da Lei n. 4.504 de 30 de novembro de 1964, art. 2º da Lei n. 8.629, de 25 de fevereiro de 1993, e art. 2º da Lei Complementar n. 76, de 6 de julho de 1993, *decreta*:

Art. 1º Fica declarado de interesse social, para fins de reforma agrária, nos termos dos arts. 18, letras *a, b, c* e *d*, e 20 inciso VI, da Lei n. 4504, de 30 de novembro de 1964, e 2º da Lei n. 8629, de 25 de fevereiro de 1993, o imóvel rural denominado "Fazenda Barra Verde", com área de 3.475,74 ha (três mil, quatrocentos e setenta e cinco hectares e setenta e quatro ares), situado no Município de Itaíba, objeto do registro n. R-1-1.344, f. 113 do livro 2-F, do Cartório do 1º Ofício da Comarca de Itaíba, Estado de Pernambuco.

Art. 2º Excluem-se dos efeitos deste Decreto os semoventes, as máquinas e os implementos agrícolas, bem como as benfeitorias existentes no imóvel referido no artigo anterior e pertencentes aos que serão beneficiados com a sua destinação.

Art. 3º O Instituto Nacional de Colonização e Reforma Agrária – INCRA fica autorizado a promover a desapropriação do imóvel rural de que trata este Decreto, na forma prevista na Lei Complementar n. 76, de 6 de julho de 1993, e a manter a área de reserva Legal, preferencialmente em gleba única, de forma a conciliar o assentamento com a preservação da biota.

Art. 4º Este Decreto entra em vigor na data da sua publicação.

Brasília, 24 de julho de 1996; 175º da Independência e 108º da República.

Fernando Henrique Cardoso
Raul Belens Jungmann Pinto

Esse é o modelo-padrão de decreto declaratório para efeito de desapropriação. O que muda de um para outro é a finalidade da desapropriação, a base legal e a autoridade da qual emana o ato nas diversas esferas federativas.

- Efeitos do ato declaratório – O ato declaratório de utilidade pública ou de interesse social, para fins de desapropriação, gera os seguintes efeitos: exterioriza o desejo do Poder Público de desapropriar ou expropriar o bem nele identificado; legitima aos agentes públicos o direito de penetrar no imóvel, para medição, inspeção e outras averiguações necessárias ao procedimento de desapropriação ou expropriação, desde que não cause dano à propriedade nem ao proprietário. Em missão pacífica. Se houver resistência do proprietário, a autoridade administrativa pode recorrer ao reforço policial para garantir o ingresso no terreno; fixa a situação de conservação e melhorias do imóvel para efeito de avaliação e indenização futuras; fixa o início do prazo decadencial do próprio ato, que é de cinco anos nos casos de desapropriação por utilidade pública e de dois anos em se tratando de desapropriação por interesse social. Cuida-se de decadência e não de prescrição, portanto, não se interrompe. Decorrido o prazo (cinco ou dois anos), sem que a execução da desapropriação seja iniciada, a Administração decai do direito de efetivá-la. Essa decadência não é definitiva. A lei permite nova declaração do mesmo imóvel, depois de um ano contado da dada em que ocorrera a decadência do ato anterior.
- Direitos do proprietário na fase declaratória – Da data da expedição do ato declaratório até o efetivo início da desapropriação, o proprietário do imóvel pode continuar utilizando-o normalmente, sem qualquer restrição, a não ser o de permitir a penetração de agentes públicos para as inspeções referidas acima. Pode até alienar o bem, ou nele erguer construção civil. Ressalve-se, contudo, que as obras posteriores não serão indenizadas, exceto as benfeitorias necessárias e as úteis, desde que autorizadas pela autoridade competente. As voluptuárias, mesmo anteriores ao ato declaratório, não serão indenizadas (art. 26, §1º, do Decreto-Lei nº 3.365/1941). Calha os ensinamentos de Celso Antônio Bandeira de Mello:

> Como a simples declaração de utilidade pública não tem o condão de transferir a propriedade do futuro expropriado ao Estado, o proprietário do bem pode usar, gozar e dispor dele.
>
> Em razão disto, a Administração não pode negar alvará de licença para edificação no imóvel, desde que o postulante preencha os pressupostos legais de sua expedição. Entretanto, a Administração não será obrigada a indenizar o valor da edificação realizada no imóvel depois da declaração de utilidade pública.
>
> É o que dispõe a Súmula 23 do STF, vazada nos seguintes termos: "Verificados os pressupostos legais para o licenciamento da obra, não o impede a declaração de utilidade pública para desapropriação do imóvel, mas o valor da obra não se incluirá na indenização, quando a desapropriação for efetivada".[58]

---

[58] BANDEIRA DE MELLO. *Op. cit.*, p. 379.

1.6.14 Providências administrativas seguintes à declaração

Editado o ato declaratório de utilidade pública ou de necessidade pública, a entidade declarante, ou a que por meio do ato declaratório recebeu competência para executar a desapropriação, iniciará gestões junto ao proprietário do imóvel com vista à concretização do procedimento desapropriatório ou expropriatório pela via amigável. Nessa oportunidade, a discussão gira em torno do valor da indenização e do prazo para a entrega do bem.

Nesse procedimento, a Administração Pública apresenta ao proprietário do bem a sua proposta de indenização, valendo-se dos parâmetros estabelecidos em lei. Admite-se a contraproposta, semelhante às transações entre particulares, com a ressalva de que todas as manifestações devem ser por escrito, para integrar o processo em forma de peça, devidamente numerada de acordo com ordem de juntada.

Estabelecido o acordo, este deve ser formalizado e firmado pelas partes, contendo todas as cláusulas por elas aceitas, e juntado aos autos do processo administrativo. Nesse caso, a transferência efetiva-se mediante escritura pública ou instrumento particular, dependendo da natureza do objeto. Tratando-se de imóveis, a respectiva escritura deve ser registrada no cartório de registro de imóveis competente, observando-se a origem da propriedade e a ordem histórica dos atos translativos.

Costuma-se, na prática, submeter o acordo à homologação do juiz. O ato homologatório tem a natureza de sentença e, nessa hipótese, vale como título hábil para efeito de registro. Quanto a esse aspecto, tem o mesmo valor da sentença prolatada no processo contencioso de desapropriação.

Frustrado o acordo, a matéria resvala-se para a via judicial por provocação da Administração Pública, segundo condições e rito previstos no Decreto-Lei nº 3.365/1941 e em outras leis pertinentes.

1.6.15 Processo judicial

Existem, como visto, diversas leis dispondo sobre desapropriação, mas o rito das ações nesses casos é basicamente o previsto na lei geral sobre desapropriação, Decreto-Lei nº 3.365/1941, subsidiado pelo Código de Processo Civil. O rito é, pois, especial.

- Competência jurisdicional – A competência originária para processar e julgar as ações de desapropriação, promovidas pela União, Incra, DENIT e ANEEL é da Justiça Federal, devendo a ação ser proposta no foro da jurisdição, cujo imóvel esteja submetido em virtude de sua situação. Em outros termos, a ação será dirigida ao juiz federal que tiver jurisdição na região em que a coisa esteja situada. Quando a desapropriação for promovida por qualquer uma das outras pessoas já mencionadas, a competência será da Justiça comum, devendo a petição ser distribuída no foro da situação do bem.
- Petição inicial – Além dos requisitos previstos no art. 282 do Código de Processo Civil, a petição na ação expropriatória deve conter a oferta do preço que o expropriante julga valer o bem; cópia do contrato, quando for o caso, ou recorte do órgão oficial que publicou o decreto de desapropriação (admitida cópia autenticada), ou ainda a planta do bem ou sua descrição e confrontações.

Deve constar ainda da petição, mas não é obrigatório, a alegação de urgência e o pedido de imissão provisória na posse do bem objeto da desapropriação. Não é obrigatório pelo fato de que a urgência não é *fabricada*. Esta pode não estar presente naquele momento, mas vir a ocorrer futuramente, oportunidade em que pode ser alegada.

- Imissão provisória na posse – O juiz pode imitir a entidade encarregada da desapropriação, provisoriamente, na posse do bem, mediante alegação de urgência e depósito do valor indenizatório nos termos do art. 15 do Decreto-Lei nº 3.365/1941.

O referido dispositivo fixa parâmetros mínimos para a fixação do valor a ser oferecido, que são os seguintes: quantia superior a 20 vezes o valor locativo do bem, se ele estiver sujeito ao imposto predial; quantia igual a 20 vezes o valor locativo do imóvel, se estiver sujeito ao imposto territorial e se o preço antes oferecido for inferior a essa importância; ou o valor cadastral do bem para efeito de base de cálculo para o imposto territorial urbano ou rural, atualizado no ano imediatamente anterior.

Adotando-se este último critério, caso o valor não esteja atualizado, compete ao juiz da causa fixá-lo independentemente de avaliação, levando em consideração o tempo transcorrido da última atualização e a variação monetária no período.

O Superior Tribunal de Justiça tem entendido que o §1º do art. 15 do Decreto-Lei nº 3.365/1941 não foi recepcionado pela Constituição Federal, pelo fato de que esta garante justa e prévia indenização e de que o valor venal do imóvel é normalmente inferior ao valor real dele. Daí a incompatibilidade dos dois diplomas jurídicos.

Além das regras de cálculo do valor a ser depositado para o efeito da imissão provisória prevista no §1º do art. 15 do Decreto-Lei nº 3.365/1941, há outra constante do Decreto-Lei nº 1.975, de 22.1.1970. Essa lei estabelece critérios para fixação do valor do depósito para a posse *initio litis*, quando o objeto da desapropriação for imóvel residencial urbano.

Esse dispositivo legal enseja ao proprietário do bem o direito de impugnar o preço oferecido pela Administração. O direito deve ser exercido no prazo de cinco dias contados da intimação da oferta. Se impugnado, o juiz, em 48 horas, fixará o valor, valendo-se de perícia, se necessário. Nomeado o perito, este deve, no prazo de cinco dias, apresentar o laudo de avaliação. Se o valor arbitrado pelo juiz for maior do que o ofertado pela a Administração, este terá de depositar o complemento perfazendo a metade do valor arbitrado. O valor do depósito prévio, que deve corresponder à metade do valor arbitrado, está limitado em 2.300 salários mínimos regionais (art. 4º do Decreto-Lei nº 1.975/1970). Essa norma deve estar caduca, visto que a Constituição atual proíbe o uso do salário mínimo como medida (vincular valor pecuniário ao salário mínimo para qualquer efeito).

Sintetizando, são condições básicas para a aplicação dessa regra excepcional: tratar-se de desapropriação por utilidade pública; ser o imóvel residencial urbano; estar o imóvel habitado pelo proprietário ou por promitente comprador, desde que a respectiva promessa de compra e venda esteja registrada no competente cartório de registro de imóveis; e, finalmente, que a Administração deposite a diferença determinada pelo juiz.

A imissão de posse na desapropriação para reforma agrária independe da alegação de urgência. Cumpridos os requisitos, para a postulação, previstos na Lei Complementar nº 76/93, com a redação da Lei Complementar nº 88/96, o juiz ao despachar a inicial, de plano ou no prazo máximo de 48 (quarenta e oito) horas, mandará imitir o autor na posse do imóvel.

Tratando-se de desapropriação para fins de reforma agrária, o juiz poderá, no prazo de dez dias da citação do proprietário do imóvel, designar audiência de conciliação, com a finalidade de tentar estabelecer o preço justo da indenização.

Na audiência, o juiz ouvirá as partes e o Ministério Público e proporá o valor da indenização. Havendo acordo, será lavrado o competente termo, que será assinado pelas partes ou por seus representantes e pelo Ministério Público. Efetivado o pagamento do valor acordado, o juiz, no prazo de dez dias úteis, expedirá mandado de registro ao cartório de registro de imóvel competente, determinando a matrícula do imóvel em nome da Administração autora da ação (art. 6º, §§3º a 6º, da Lei Complementar nº 76, de 6.7.1993).

Caso as partes não cheguem a um acordo na audiência de conciliação, a ação prossegue no seu rito normal.

– Alegação de urgência: urgência é um daqueles conceitos indeterminados, não podendo por isso ser apenas alegado. É necessário que a autoridade, por meio da motivação, demonstre com clareza e objetividade a caracterização da urgência alegada. A falta da motivação ou motivação falsa inviabiliza a imissão provisória. O juiz, nesse caso, não deve deferir o pedido.

Celso Antônio Bandeira de Mello, a propósito, escreve:

Se o expropriado, entretanto, puder demonstrar de modo objetivo e indisputável que a alegação de urgência é falsa, o juiz deverá negá-la, pois, evidentemente, urgência é um requisito legal para a imissão provisória e não uma palavra mágica, que, pronunciada, altera a natureza das coisas e produz efeitos por si mesma.[59]

Na mesma linha, Lúcia Valle Figueiredo, citando e transcrevendo Rafael Bielsa, sustenta: "Entendemos, de igual modo, que a faculdade da Administração de declarar a urgência não a exime de fundamentar a medida em motivada declaração, que, se não corresponder à realidade dos fatos, poderá ensejar consequências jurídicas".[60] Essa mesma autora[61] sustenta que ela própria, quando juíza da 16ª Vara da Justiça Federal em São Paulo, teve a oportunidade de negar a imissão provisória na posse por entender que o programa do governo, em causa, não era mais prioritário.

– Efeitos da imissão provisória na posse: o direito decorrente da imissão provisória na posse não se confunde com o de penetrar o imóvel declarado, para inspeções de que trata o art. 7º do Decreto-Lei nº 3.365/1941. A imissão consiste na

---

[59] BANDEIRA DE MELLO. *Op. cit.*, p. 381.
[60] BIELSA. *Derecho administrativo apud* FIGUEIREDO. *Op. cit.*, p. 217.
[61] FIGUEIREDO. *Op. cit.*, p. 217.

transferência da posse, ainda que não definitiva. Mesmo sendo a Administração possuidora provisória, é legitimada a dar ao bem, antecipadamente, a destinação prevista no ato declaratório ou iniciar a obra prevista. A transferência definitiva da posse, invariavelmente, virá com a transferência de domínio ao final do processo. A imissão provisória exclui o direito do proprietário de acesso ao bem, a não ser mediante prévia autorização da Administração.

- Da citação do proprietário do bem – O juiz, ao despachar a inicial, determina a citação do suposto proprietário do bem objeto da desapropriação e nomeia um perito de sua livre escolha, de preferência técnico, para realizar a avaliação do bem.

A citação deve ser por mandado, na pessoa do proprietário do bem ou na do sócio ou administrador, quando o bem pertencer à sociedade; ou na do administrador do condomínio, quando a coisa for em comum; na pessoa de cada condômino, nos condomínios de unidades autônomas (edifício de apartamentos, por exemplo); na do inventariante, ou, na inexistência deste, na pessoa de todos os herdeiros e o cônjuge meeiro ou legatário.

Não localizado o citando, mas ciente de que ele se encontra no território da jurisdição do juízo, o oficial encarregado da diligência marcará hora certa para a efetivação da citação após 48 horas, independentemente de outro despacho ou de nova diligência. Mesmo não comparecendo no horário marcado, a pessoa será dada por citada, mediante certidão, no instrumento do mandado, testemunhada por duas pessoas que comprovam a ausência do citando.

Quando a ação for proposta em foro diferente do foro do domicílio do proprietário, a citação se fará por carta precatória nos termos do Código de Processo Civil.

A citação será por edital, se o citando for desconhecido ou estiver em lugar ignorado, incerto ou inacessível, ou no estrangeiro. Essa constatação faz-se mediante certidão expedida por dois oficiais de justiça.

- Comportamento do proprietário depois de citado – O proprietário do bem, validamente citado na ação de desapropriação, adotará, de plano, um dos dois comportamentos: concorda com a proposta oferecida pela Administração, firma com ele o acordo, que será, em seguida, levado ao juiz para homologação e, posteriormente, ao registro no cartório de registro de imóveis competente, materializando, assim, a transferência definitiva da propriedade; ou contesta a ação, que, a partir daí, seguirá o rito ordinário.

Contestando a ação, o proprietário pode levantar 80% do valor depositado em juízo pela Administração, ficando os outros 20% em poder do juiz, em conta com correção monetária até o trânsito em julgado da decisão definitiva.

O direito de contestar a ação de desapropriação é limitado por determinação contida no art. 20 do Decreto nº 3.365/1941. Por força desse dispositivo, o proprietário do bem pode alegar em defesa apenas vício no processo, ou a impugnação do valor oferecido pela Administração. Outras questões devem ser resolvidas em ação autônoma.

É prudente lembrar que a lei em referência é de antes da metade do século passado e está, por isso, em desconformidade, parcialmente, com a realidade que se verifica em pleno século XXI, sob o Estado democrático de direito, respaldado na Constituição Federal de 1988.

Essa realidade, fruto da evolução social, cultural, política e econômica verificada nesses últimos sessenta e três anos, autoriza-nos a sustentar que o direito mudou. Não podemos, por esse motivo, nos atermos cegamente aos ditames de lei que não acompanhou a evolução. A lei parada no tempo deve ser observada na falta de outra. Mas, contextualizada, para que a Justiça se faça nos casos concretos.

Assim, entendemos que, nas ações de desapropriação regulada pelo Decreto-Lei nº 3.365/1941, a contestação não se restringe apenas ao valor da indenização oferecida pela Administração e a vícios no processo. Outros itens podem ser objeto de contestação, por exemplo, desvio de finalidade, imprestabilidade do bem para o objeto referido no ato declaratório, falso motivo, entre outros.

Na peça contestatória, oferecida no prazo de quinze dias contados da citação, deve-se alegar e justificar, de maneira clara e objetiva, os motivos e os fundamentos que levaram ao descontentamento. Neste momento, deve ser feita (não obrigatória) a produção das provas documentais já disponíveis, o protesto pela produção de outras, inclusive testemunhais e periciais.

- Despacho saneador – Decorrido o prazo para contestação, os autos serão conclusos ao juiz. Este, em seguida, o remete ao Ministério Público para o seu pronunciamento obrigatório na ação de desapropriação. Retornando os autos, o juiz profere o despacho saneador e abre vistas às partes para especificarem as provas que desejam exibir, indicarem assistente técnico, apresentarem os quesitos para a realização da perícia e arrolarem testemunhas. Findo o prazo de cinco dias, se outro não for estipulado pelo juiz para essas providências, os autos voltam conclusos para o juiz marcar a data de início da perícia e o prazo para a sua realização.
- Perícia – A perícia deve ser concluída no prazo assinado pelo juiz. Esse prazo, entretanto, pode ser prorrogado mediante pedido fundamentado do perito, quando justificada a impossibilidade de fazê-lo no prazo estabelecido.

O perito será auxiliado por dois assistentes técnicos; um indicado pela Administração e o outro pelo proprietário. A perícia é materializada em laudo descritivo, fundamentado e comprovado, assinado pelo perito e pelos assistentes técnicos, se com ele estiverem de acordo. Se o assistente discordar de parte ou de todo, o laudo do perito oficial deverá emitir o seu parecer em separado. Nesse caso, tem-se dado ao documento o nome impróprio de laudo do assistente do perito.

O juiz não fica vinculado ao laudo pericial. Ante a divergência, pode adotar o laudo do perito oficial ou o de um dos assistentes técnicos. Deve aceitar o que melhor lhe convencer, o que para ele espelha a realidade dos fatos. Pode também não concordar com nenhum, na totalidade, mas retirar deles a posição que julgar melhor, ou discordar inteiramente da perícia e determinar a realização de outra, nomeando novo perito e outros assistentes técnicos.

Na apuração do valor, a perícia deve considerar, quando o objeto for imóvel, entre outros dados, o valor em que se têm vendido imóveis na região, a distância do imóvel em relação à cidade (quanto mais próximo da cidade maior é o valor do imóvel rural), as benfeitorias, a cobertura arbórea, a atividade agrícola, a pecuária, as restrições decorrentes da desapropriação, quando esta for parcial. O laudo deve espelhar a realidade na data de sua conclusão, levando em consideração a situação do imóvel na data da edição do ato declaratório, principalmente quanto às benfeitorias.

- Audiência de instrução e julgamento – Concluída a perícia, o juiz abre vistas às partes para se pronunciarem quanto ao valor. Qualquer uma das partes, ou ambas, podem discordar do valor contido no laudo, desde que baseadas em fatos e fundamentos convincentes. Havendo concordância das partes, ou mesmo não havendo, depois das formalidades seguintes à impugnação, o juiz homologa a avaliação.

O ato homologatório, por ser sentença, desafia recurso de apelação. Por isso, o processo não tramita durante o transcurso do prazo recursal. Transcorrido esse prazo, sem que apelação tenha sido interposta ou, se interposta, o julgamento já tiver transitado em julgado, o juiz designará data para audiência de instrução e julgamento, nos termos e formalidades previstas no Código de Processo Civil.

Dessa decisão, obviamente, cabem embargos de declaração e apelação. Transcorrido o prazo recursal sem recurso, ou transitados em julgado os recursos interpostos, a parte interessada procede ao cálculo e apura o valor da indenização a que o proprietário tem direito.

- Liquidação – indenização – honorários – custas – O cálculo de liquidação segue o seguinte roteiro:
  a) atualização do valor constante do laudo de avaliação a partir da data de sua elaboração – O Decreto-Lei nº 3.365/1941, §2º, determina que a correção do valor só seria permitida depois de um ano da avaliação. Esse dispositivo tornou-se caduco com o advento da Lei nº 6.899, de 8.4.1981. Prescreve essa lei, no art. 1º, que a correção monetária incide sobre qualquer débito decorrente de decisão judicial, inclusive honorários de custas processuais, sem a prefixação de prazo mínimo para a incidência da correção. Com fundamento na referida lei, o Supremo Tribunal Federal editou a Súmula nº 561, do teor seguinte: "Em desapropriação, é devida correção monetária até a data do efetivo pagamento da indenização, devendo proceder-se à atualização do cálculo, ainda que por mais de uma vez".

O índice de atualização monetária nas desapropriações, atualmente, é o IPC/IBGE, conforme reiterada jurisprudência do Superior Tribunal de Justiça: "Administrativo – Desapropriação – Atualização da indenização – Inclusão do IPC de fevereiro de 1991 – Aplicação da TR – Impossibilidade – ADIn 493-0 – Precedentes STJ (RE nº 72.199-SP; 95/0040994-1)";[62]

---

[62] *DJ*, seção I, coluna 2, p. 27-469.

b) juros compensatórios – Os juros compensatórios são destinados a compensar o expropriado pela perda da posse desde a imissão provisória até a data da transmissão do domínio ao final da ação desapropriatória. Assim, o cálculo desses juros tem por base o valor do laudo atualizado, retroagindo à data da imissão de posse e avançando à data da realização dos cálculos, e a taxa é de 1% ao mês. Alguns autores sustentam que o marco final, para efeito de incidência dos juros em pauta, deve ser a do trânsito em julgado da ação, visto que nessa oportunidade opera-se a transferência definitiva da propriedade. Cessando aí, portanto, a posse provisória, desaparecendo, assim, o motivo justificador dos juros. A jurisprudência, entretanto, é remansosa no sentido de que o cálculo dos juros deve incidir até a data da conclusão da liquidação, admitindo-se atualização dos cálculos, quando o pagamento não for efetivado logo em seguida à homologação do cálculo originário;

Nessa linha é a lição de Vicente de Paula Mendes, *in verbis*: "O termo final em que se contam os juros moratórios ou compensatórios é o dia do efetivo pagamento (Em, 3.951, 3.165, etc.). Na prática, porém, o que se verifica é a contagem dos juros até o dia do cálculo respectivo, se o proprietário não reclama e pede novo cálculo".[63]

Os juros compensatórios na desapropriação sempre foram tratados na doutrina e na jurisprudência, como se salientou acima. Atualmente, a matéria está regulada no art. 15-A do Decreto-Lei nº 3.365/41, introduzido pela Medida Provisória nº 1.901-32, de 25.11.1999. Esta MP já foi substituída pela Medida Provisória nº 1.997-33, de 14.12.1999, e por outras, sendo que a última é a MP nº 2.183-56/2001.

O aludido art. 15-A prescreve que nas desapropriações por necessidade ou utilidade pública e interesse social, inclusive para fins de reforma agrária, havendo diferença entre a ofertada pela Administração e a eventualmente fixada em decisão judicial, serão devidos juros compensatórios de até seis por cento ao ano, contados da data da imissão na posse. A base de cálculo será o valor da diferença encontrada.

Assim, enquanto vigorar o art. 15-A do Decreto-Lei nº 3.365/1941, os juros compensatórios não podem ir além de seis por cento ao ano;

c) juros moratórios – Na desapropriação, para qualquer finalidade, esses juros são devidos pela Administração ao proprietário na hipótese de pagamento efetuado fora do prazo previsto.

Saliente-se que a aludida medida provisória teve a sua constitucionalidade parcialmente arguida perante o Supremo Tribunal Federal, na ADI nº 2.332-2, proposta pelo Conselho Federal da OAB, invocando a inconstitucionalidade da Medida Provisória nº 2.027-43, de 27.9.2000, que alterou o Decreto-Lei nº 3.365/1941, estabelecendo novo percentual de juros compensatórios em matéria de desapropriação. Foi impugnado o art. 1º da MP, que acrescentou ao DL nº 3.365/1941 o art. 15-A, cujo conteúdo limita os juros compensatórios nos casos de desapropriação em "até seis por cento ao ano". Em

---

[63] MENDES. *Indenização na desapropriação*, p. 130.

5.9.2001, por maioria, o STF suspendeu em medida liminar a eficácia da expressão "até 6% (seis por cento) ao ano".

Com essa decisão, restabeleceu-se o entendimento dos tribunais quanto à alíquota dos juros compensatórios, 12% (doze por cento) ao ano.

O Supremo, entretanto, tem entendido que nas ações de desapropriação julgadas no período compreendido entre a entrada em vigor da medida provisória em relevo e a data da suspensão parcial de seu texto, os juros são de até 6% (seis por cento) ao ano. O argumento sustentado nos acórdãos é de que prevalece a lei em vigor na data da decisão.

Rodrigo Bittencourt Mudrovitsch e Victor Santos Rufino, sobre a ADI nº 2.332, informam:

> Em maio de 2018, após quase 17 anos de vigência da medida cautelar deferida em setembro de 2001, o Supremo Tribunal Federal decidiu o mérito da ADI 2332, adotando entendimento diametralmente oposto àquele perfilhado anteriormente, quando da concessão da tutela provisória requerida pelo autor.

Durante a sólida e esclarecedora discussão sobre a ADI, os autores apresentam a seguinte reflexão:

> É necessário observar, no caso, que, com a decisão de mérito que declarou a constitucionalidade do *caput* do artigo 15-A, e, portanto, da limitação dos juros ao montante de 6% ao ano, o STF passou a considerar constitucional apenas os juros compensatórios fixados nesse patamar, de modo, que a *contrario sensu*, declarou inconstitucional os juros fixados em patamar superior, ou seja, os juros fixados em 12% no período compreendido entre a concessão da cautelar e a decisão de mérito.[64]

O §1º do art. 15-A do Decreto-Lei nº 3.365/1941 prescreve que os juros compensatórios são devidos somente nos casos em que se comprovar a perda de renda do proprietário do bem desapropriado.

O art. 15-A esteve suspenso em virtude de liminar na citada ADI nº 2.332, até 17.5.2018. Durante o período da suspensão, prevaleceu, portanto, a Súmula do STF nº 164. Ao teor dessa súmula, os juros compensatórios são devidos desde a posse antecipada, ordenada pelo juiz, por motivo de urgência. A perda da posse é o suficiente para gerar, ao proprietário, o direito aos juros. Independe de produção de prova de perda de renda.

O §2º do mesmo artigo prescreve que não incidirão juros compensatórios nas desapropriações de imóvel, cujo grau de utilização da terra e eficiência da exploração forem iguais a zero. Esse dispositivo, como se vê, exclui da regra de incidência dos juros compensatórios os imóveis rurais totalmente improdutivos. Parece-nos regra salutar. Existem propriedades rurais no Brasil sem a mínima utilização, e por esse fato são declaradas de interesse social para fins de reforma agrária. Em situação como essa, que prejuízo sofre o proprietário com a medida desapropriatória, que justifique o recebimento de juros compensatórios? Compensar o quê?

---

[64] Disponível em: https://www.conjur.com.br/2021-mar-20/observatorio-constitucional-adi-2332-evolucao-jurisprudencial-seguranca-juridica. Acesso em: 31 out. 2022.

Esse parágrafo teve o mesmo destino do anterior, está fora do mundo jurídico em virtude da decisão na mesma ADI.

O §4º do mesmo art. 15-A estabelece que serão devidos juros compensatórios nas ações de apossamento administrativo ou desapropriação indireta e nas ações de indenização em decorrência de restrição à propriedade por ato do poder público, principalmente, nos casos de defesa do meio ambiente. Não serão devidos juros compensatórios anteriormente à aquisição da propriedade ou posse. Esse dispositivo também está suspenso pela mesma medida citada.

Cumpre salientar que a Suprema Corte, na ADI em comento, estabeleceu que a base de cálculo dos juros compensatórios será a diferença entre 80% (oitenta por cento) do valor oferecido pelo desapropriante e o valor fixado na sentença, se este for maior.

O art. 15-B do Decreto-Lei nº 3.365/1941, incluído no texto, pela citada Medida Provisória nº 1.901-32/1999, estabelece que os juros moratórios de até 6% (seis por cento) ao ano se destinam a recompor a perda decorrente do atraso no efetivo pagamento da indenização fixada na decisão final de mérito. Esses juros incidiam sobre o valor do laudo de avaliação atualizado, a partir do dia 1º de janeiro do exercício seguinte àquele em que o pagamento deveria ter se efetivado, nos termos e condições previstos no art. 100 da Constituição Federal. Atualmente, a matéria está tratada de modo diferente na Emenda Constitucional nº 62/2009, art. 100, §12 da CR.

A jurisprudência era remansosa e a doutrina também, no sentido de que os juros moratórios incidiam sobre os juros compensatórios. Esse entendimento não deve prevalecer, visto que o art. 15-B do Decreto-Lei nº 3.365/1941 não permite a operação cumulativa de juros. Esse artigo não foi suspenso por medida liminar do Supremo Tribunal Federal;

d) honorários de peritos – Os honorários de peritos, mesmo que a perícia tenha sido requerida pelo proprietário do bem, são, ao final, de responsabilidade da Administração se se apurar valor indenizatório maior do que o ofertado;

e) honorários advocatícios – Os honorários advocatícios em que a Administração for condenada têm por base de cálculo a diferença resultante da subtração, do valor indenizatório, da importância depositada em juízo no início da ação, devidamente corrigida. O percentual é fixado pelo juiz, tendo em vista a complexidade da ação e o volume da indenização.

A medida provisória em realce acrescentou parágrafo único ao art. 27 do Decreto-Lei nº 3.365/1941. Prevê o dispositivo que, nas ações de desapropriação, se for fixado pelo juiz valor maior do que o oferecido, a Administração será condenada a pagar, ao advogado, honorário sobre a diferença fixado entre meio até cinco por cento, não podendo o valor dos honorários exceder a R$151.000,00 (cento e cinquenta e um mil reais).

Reiteradas decisões dos tribunais têm sido no sentido de que a regra do parágrafo em exame prevalece em relação às ações julgadas antes da sua suspensão. Dessa forma, por maior que seja o valor da ação, os honorários não podem ultrapassar o limite fixado no texto legal, R$151.000,00;

f) custas processuais – Finalmente, inclui-se no cálculo o valor das custas pagas antecipadamente e o valor das custas a pagar.

Em síntese, são esses os elementos considerados no cálculo de liquidação no processo desapropriatório. Frise-se que a importância final a ser paga pela Administração ao proprietário é o valor do laudo pericial atualizado e acrescido dos juros referidos acima, mais os honorários e as custas, menos a quantia depositada em juízo, corrigida monetariamente.

Concluído o cálculo, os autos são devolvidos ao juiz e este, em seguida, abre vistas às partes para opinarem quanto à liquidação. Qualquer uma das partes pode impugnar o cálculo e requerer a revisão deste, total ou parcialmente, desde que apresentem motivos e fundamentos plausíveis. Ao final, julgando o juiz em condições, profere a sentença homologatória da liquidação. Dessa decisão, cabe apelação no prazo previsto no Código de Processo Civil. Depois do trânsito em julgado, inicia-se o processo administrativo, objetivando o pagamento.

Decisão do TJ-PR compatibiliza-se com o que foi dito acima sobre juros e honorários advocatícios. Veja-se:

> AÇÃO DE DESAPROPRIAÇÃO. UTILIDADE PÚBLICA. SANEPAR. IMÓVEIS DESTINADOS À CONSTRUÇÃO DO CANAL EXTRAVASOR DO RIO IGUAÇU. INOCORRÊNCIA DE CONEXÃO COM OUTRA AÇÃO REFERENTE A OUTROS IMÓVEIS. RECONVENÇÃO NÃO ADMITIDA (ART. 20, DL 3365/41). LITIGÂNCIA DE MÁ-FÉ AFASTADA. JUROS DE MORA. TAXA DE 6% AO ANO. TERMO INICIAL. ART. 15-B DO DL 3365/41 (1º DE JANEIRO DO EXERCÍCIO SEGUINTE AO QUE DEVERIA TER SIDO FEITO O PAGAMENTO DA INDENIZAÇÃO). JUROS COMPENSATÓRIOS. TERMO INICIAL. IMISSÃO NA POSSE DO IMÓVEL. HONORÁRIOS. REGRA ESPECIAL. ART. 27, §1º DO DL 3365/41. LIMITE DE 5% DA DIFERENÇA ENTRE OFERTA E VALOR FINAL. JURISPRUDÊNCIA DO STJ. SENTENÇA REFORMADA SOMENTE QUANTO AOS JUROS, E HONORÁRIOS. MANTIDA NOS DEMAIS PONTOS. 1 – APELAÇÃO DOS REQUERIDOS DESPROVIDA. 2. APELAÇÃO DA AUTORA SANEPAR PROVIDA. (TJ-PR. AC nº 6364865 PR 0636486-5. Rel. Rogério Ribas, 5ª Câmara Cível, j. 23.2.2010. *DJ*, 340)[65]

- Precatório – Nas ações contra a Fazenda Pública, em geral, não há penhora para garantir a execução, visto que os bens públicos são impenhoráveis. Os pagamentos compulsórios decorrentes de decisão judicial são resolvidos por meio de precatórios. Precatório é modalidade de ordem judicial expedida pelo presidente do Tribunal competente ao Tesouro estadual, órgão do Poder

---

[65] "PARANÁ. Tribunal de Justiça. AÇÃO DE DESAPROPRIAÇÃO. UTILIDADE PÚBLICA. SANEPAR. IMÓVEIS DESTINADOS À CONSTRUÇÃO DO CANAL EXTRAVASOR DO RIO IGUAÇU. INOCORRÊNCIA DE CONEXÃO COM OUTRA AÇÃO REFERENTE A OUTROS IMÓVEIS. RECONVENÇÃO NÃO ADMITIDA (ART. 20, DL 3365/41). LITIGÂNCIA DE MÁ-FÉ AFASTADA. JUROS DE MORA. TAXA DE 6% AO ANO. TERMO INICIAL. ART. 15-B DO DL 3365/41 (1º DE JANEIRO DO EXERCÍCIO SEGUINTE AO QUE DEVERIA TER SIDO FEITO O PAGAMENTO DA INDENIZAÇÃO). JUROS COMPENSATÓRIOS. TERMO INICIAL. IMISSÃO NA POSSE DO IMÓVEL. HONORÁRIOS. REGRA ESPECIAL. ART. 27, §1º DO DL 3365/41. LIMITE DE 5% DA DIFERENÇA ENTRE OFERTA E VALOR FINAL. JURISPRUDÊNCIA DO STJ. SENTENÇA REFORMADA SOMENTE QUANTO AOS JUROS, E HONORÁRIOS. MANTIDA NOS DEMAIS PONTOS" (Processo: AC 6364865 PR 0636486-5. Rel. Rogério Ribas, 5ª Câmara Cível, j. 23.2.2010. *DJ*, 340. Disponível em: http://tj-pr.jusbrasil.com.br/jurisprudencia/19566372/apelacao-civel-ac-6364865-pr-0636486-5. Acesso em: 16 ago. 2014).

Executivo, determinando a liberação dos recursos necessários ao pagamento da indenização.

O procedimento do precatório está disciplinado no art. 100 da Constituição da República, alterado pela Emenda Constitucional nº 62/2009, cujo *caput* contém a seguinte redação:

> Art. 100. Os pagamentos devidos pelas Fazendas Públicas Federal, Estaduais, Distrital e Municipais, em virtude de sentença judiciária, far-se-ão exclusivamente na ordem cronológica de apresentação dos precatórios e à conta dos créditos respectivos, proibida a designação de casos ou de pessoas nas dotações orçamentárias e nos créditos abertos para esse fim.

Os débitos de natureza alimentícia, resultantes de decisão judicial transitada em julgado, serão pagos com preferência sobre os demais débitos, exceto os casos previstos no §2º do art. 100 em comento. Esse dispositivo constitucional prescreve que os credores de verba alimentícia, que, na data da expedição do respectivo precatório, tiverem sessenta anos de idade ou mais ou forem portadores de doença grave nos termos da lei, terão preferência sobre todos os demais débitos, até o valor correspondente ao triplo do fixado em lei para pagamento pelas fazendas devedoras, sem a necessidade de precatório, conforme dispõe o §3º do mesmo artigo. Os pagamentos, nesses casos, condicionam-se apenas ao trânsito em julgado da decisão que condenou a entidade pública.

Esse pequeno valor de que trata o §3º em foco pode ser fixado por lei própria, variando de acordo com a capacidade econômica das entidades públicas devedoras, não podendo ser inferior ao valor do maior benefício pago pelo Regime Geral de Previdência Social.

As entidades de direito público devem consignar, nos respectivos orçamentos, verbas correspondentes ao valor de precatórios resultantes de decisão judicial transitada em julgado, que tenham sido protocolizados no respectivo órgão fazendário até o dia 1º de julho. O pagamento deve efetivar-se até o final do exercício subsequente (§5º, art. 100 da CR).

As dotações orçamentárias e os correspondentes créditos, relativamente aos precatórios, serão consignados ao Poder Judiciário, devendo o respectivo presidente determinar o pagamento integral ao credor e, ainda, determinar o sequestro do valor correspondente, mediante requerimento do credor nos casos de ter sido preterido o seu direito de precedência, ou na hipótese de não ter sido consignada, no orçamento, dotação suficiente à satisfação do seu crédito.

O presidente do tribunal competente, que por conduta comissiva ou omissiva, retardar ou, de qualquer modo, tentar ou contribuir para a frustração do pagamento regular dos precatórios, incorrerá em crime de responsabilidade, além de responder perante o Conselho Nacional de Justiça.

Houve época em que o juiz da causa, a requerimento do interessado, expedia requisitório complementar em virtude da inflação desmedida antes da adoção do Plano Real. Essa prática tinha por justificativa o fato de o valor do precatório estabelecido na época de sua formação não ser corrigido. Em virtude disso, o credor nunca recebia o valor real, considerando a inflação medida da data da expedição do precatório até a do seu pagamento.

O procedimento era danoso ao credor e também à Fazenda Pública. Esta, não tinha elementos suficiente para fazer consignar em orçamento esses valores imprevisíveis.

Contemporaneamente, esse fato não ocorre mais. A Emenda Constitucional nº 30, de 13.9.2000, estabeleceu a obrigatoriedade de se operar a atualização do valor do precatório no momento de seu pagamento. A Emenda Constitucional nº 62/2009 mantém a regra que obriga a correção do valor do precatório desde a sua expedição até a data do seu pagamento. Entretanto, mudou o índice adotado para a atualização monetária e para a compensação em virtude da mora, determinando a adoção do índice dos juros utilizados para a remuneração da caderneta de poupança. Esse critério é danoso aos credores pelo fato de não compensar as perdas decorrentes da inflação.

Em virtude dessa regra que obriga a atualização do valor do precatório por ocasião do seu pagamento, tornou-se expressamente proibida a expedição do precatório complementar ou suplementar de valor pago (art. 100, §8º, da CR). Esse mesmo dispositivo proíbe "o fracionamento, repartição ou quebra de valor da execução para fins de enquadramento de parcela do dotal ao que dispõe o §3º deste artigo".

A Fazenda Pública está autorizada a deduzir do valor do precatório, a título de compensação, os débitos líquidos e certos do credor, inscritos ou não em dívida ativa constituídos contra o credor original pela Fazenda Pública devedora do precatório, incluindo-se as parcelas vincendas decorrentes de parcelamento. São excluídas as parcelas cuja execução esteja suspensa em virtude de contestação administrativa ou judicial (§9º, art. 100 da CR).

Com vista a se cumprir o disposto no parágrafo anterior, o presidente do tribunal, antes de expedir o precatório deve solicitar à Fazenda Pública devedora que, no prazo de trinta dias, informe se o credor do precatório é devedor nos termos do §9º do art. 100 em comento.

Ao credor é facultado utilizar precatório como meio de pagamento, nos casos de compra de imóveis públicos pertencentes à entidade federativa devedora, em conformidade com a lei da mesma entidade dispondo sobre a matéria.

O credor poderá também ceder, total ou parcialmente, a terceiros seus créditos em precatórios sem a necessidade de anuência da entidade devedora. O disposto nos §§2º e 3º, comentados acima, não se aplica ao cessionário. A cessão produzirá efeitos após comunicação ao tribunal e à entidade pública devedora, por meio de petição protocolizada.

O §15 do artigo em foco, introduzido pela Emenda Constitucional nº 32/2009, prevê a possibilidade de regulamentação por meio de lei complementar, "regime especial para pagamento de crédito de Estado, Distrito Federal e Municípios" compreendendo vinculações à receita corrente líquida e a forma e prazo de liquidação.

A União, a seu critério e na forma da lei, poderá assumir débitos oriundos de precatórios expedidos pelas demais entidades da Federação, refinanciando-os diretamente.

1.6.16 Retrocessão

A retrocessão é instituto de proteção ao direito de propriedade. Costuma afirmar-se tratar-se do direito assegurado ao expropriado de reaver o bem, se a este não foi dada a destinação pública prevista no decreto expropriatório.

A matéria, entretanto, não é pacífica entre os autores e a jurisprudência oscila quanto a ela. Alguns doutrinadores sustentam que o ex-proprietário tem o direito de receber de volta o bem desapropriado, mediante a devolução do valor recebido a título de indenização. Outros são da opinião de que o direito de retrocessão se resolve em perdas e danos.

A primeira corrente estaria certa, ou esteve certa, enquanto vigia a Lei nº 1.021, de 1913, que, no art. 2º, §4º, prescrevia: "Se, por qualquer motivo, não forem levadas a efeito as obras para as quais foi declarada a desapropriação, é permitido ao proprietário reaver o seu imóvel, restituindo a importância recebida". Essa lei foi regulamentada pelo Decreto, nº 4.956, de 9.9.1903, que, obviamente, repete o texto.

A lei atualmente vigente, Decreto-Lei nº 3.365/1941, no art. 35, estatui: "Os bens desapropriados, uma vez incorporados à Fazenda Pública, não podem ser objeto de reivindicação, ainda que fundada em nulidade do processo de desapropriação. Qualquer ação, julgada procedente, resolver-se-á em perdas e danos". Por essa norma, parece tranquilo entender-se que depois de o bem desapropriado ser registrado no cartório próprio, propriedade da Administração, o ex-proprietário não poderá mais reivindicá-lo do modo que lhe facultava a lei anterior.

O Código Civil de 1916, no art. 1.150 prescrevia: "A União, o Estado, ou o Município, oferecerá ao ex-proprietário o imóvel desapropriado pelo preço por que o foi, caso não tenha o destino para que se desapropriou". Na norma, como se vê, o dispositivo instituía o direito de preferência em favor do antigo proprietário, nos casos de o Poder Público não ter dado ao bem a destinação constante do ato declaratório.

No Código Civil de 2002, o texto recebeu nova redação, conforme prescreve o art. 519: "Se a coisa expropriada para fim de necessidade ou utilidade pública, ou por interesse social, não tiver o destino para que se desapropriou, ou não for utilizada em obras ou serviços públicos, caberá ao expropriado direito de preferência, pelo preço atual da coisa".

O direito de preferência é personalíssimo, não pode ser cedido nem passa aos herdeiros (art. 520 do CC/2002).

Com fundamento nesses dois artigos, poder-se-á concluir que, não sendo dado ao bem a destinação prevista no ato declaratório nem ter sido utilizado em obras ou serviços públicos, pode ser dada preferência ao desapropriado, pelo preço atual, caso seja posto à venda. Assim, o ex-proprietário, se preferir reaver a coisa, terá de pagar o seu preço real e não devolver a quantia recebida.

Celso Antônio Bandeira de Mello entende que a questão deve ser resolvida no plano constitucional e não no de leis ordinárias e afirma que o entendimento segundo o qual o bem não possa ser devolvido ao ex-proprietário não é a melhor solução. É dele o argumento:

Esta conduta não é a solução exata para o problema. A questão deve ser resolvida a nível constitucional e não legal. Se as razões constitucionais que justificam a desapropriação não se confirmam, nenhum motivo haveria para o bem persistir, sem nenhum proveito público, em poder do expropriante, com injustificado sacrifício para o expropriado.

Apesar de assim entender, o autor acaba por aderir à tese que sustenta o direito apenas de indenização, quando afirma em seguida ao texto anterior transcrito: "Entretanto, dado ao prestígio da tese que sustenta existir apenas o direito de preferência, convém discorrer sobre ela".[66]

Diogenes Gasparini sustenta que a retrocessão na atualidade não tem o mesmo sentido estampado no §4º do art. 2º da Lei Federal nº 1.021, de 1903. Hoje, ela representa o direito do ex-proprietário de receber somente indenização por perdas e danos, se o Poder Público desistir de usar o bem para fim de interesse público.[67]

Lúcia Valle Figueiredo, apoiada nos dizeres de Seabra Fagundes, entende não estar vedado o direito do expropriado de reaver o bem que não teve a destinação pública, ao afirmar: "O art. 35 do Decreto-Lei nº 3.365/1941 não pode ter a abrangência que lhe pretendem dar. Não se pode, mesmo que o imóvel expropriado não seja aplicado a qualquer finalidade pública, entendê-lo incorporado ao patrimônio e insusceptível de ser desincorporado".[68]

A questão, como visto, é controvertida, mas a construção pretoriana é no sentido de que o direito de retrocessão se resolve em perdas e danos. Não há, entretanto, impedimento jurídico de que o bem seja devolvido ao ex-proprietário, se a Administração não lhe der finalidade pública. O caso concreto é que deve orientar a solução mais adequada: a devolução do bem, mediante reembolso da quantia, ou o pagamento da correspondente indenização.

Essa divergência de entendimentos conduz a outra questão tormentosa quanto ao direito subjetivo. Cuida-se de direito pessoal ou de direito real? Os autores e a jurisprudência não são uniformes. Uma corrente é do entendimento de que se trata de direito real. A essa filiam-se os defensores do retorno do bem ao ex-proprietário. Outra sustenta a tese do direito pessoal, fundada no entendimento segundo o qual só é devida ao proprietário a indenização resultante de perdas e danos, nos termos do art. 35 da Lei Geral de Desapropriações. Por último, a terceira corrente entende tratar-se de direito misto (real e pessoal). Real porque decorre de direito sobre o bem que pode ser reivindicado e pessoal se a devolução do bem tornar-se impossível. Maria Sylvia Zanella Di Pietro filia-se a esta última, sustentando que "é a que melhor se coaduna com a proteção ao direito de propriedade".[69]

O fundamento sustentado pela autora é o de que o retrocesso é, em princípio, direito real, mas transformado em direito pessoal, quando a satisfação do direito do ex-proprietário se fizer por meio de indenização, pela impossibilidade da devolução do bem.

---

[66] BANDEIRA DE MELLO. *Op. cit.*, p. 388.
[67] GASPARINI. *Direito administrativo*, 4. ed., p. 446.
[68] FIGUEIREDO. *Op. cit.*, p. 226.
[69] DI PIETRO. *Direito administrativo*, 7. ed., p. 155.

Saliente-se que não configura hipótese de desvio de destinação de bem imóvel a construção nele, de uma cadeia pública, por exemplo, quando fora desapropriado para a construção de uma escola pública. Tanto uma quanto a outra são obras de interesse público.[70] Os tribunais têm entendido, ultimamente, não ser desvio de finalidade destinar bem desapropriado à entidade privada voltada para atividades de interesse social.

Também não configura desvio e, por isso, não gera direito a retrocessão, a venda de lotes urbanos contidos em programas de reurbanização; a venda de terrenos em programa de distritos industriais; a venda em programa de reforma agrária; a venda em programa baseado no art. 182, §4º da Constituição; a venda do remanescente na desapropriação por zona. Considerando que os imóveis foram nesses casos desapropriados com a finalidade de transferir a terceiros, como visto acima.

Outro ponto de desarmonia nessa temática é relativo ao prazo prescricional do direito de postular a retrocessão. Os autores divergem muito nesse particular. Exemplos: Diogenes Gasparini e Celso Antônio Bandeira de Mello sustentam, com fulcro no Decreto Federal nº 20.910/1932, que a prescrição se verifica aos cinco anos da data da concretização do desvio ou da não utilização do bem no interesse público.[71] Maria Sylvia Zanella Di Pietro entende que a prescrição do direito em referência ocorre aos dez anos entre presentes e aos quinze anos entre ausentes, calçada no art. 177 do Código Civil de 1916.[72] Lúcia Valle Figueiredo defendia, na espécie, a prescrição de vinte anos baseada na usucapião sem justo título ou boa-fé.[73]

A questão é delicada. Entendendo tratar-se de mera ação contra a Fazenda Pública, a prescrição ocorrerá aos cinco anos por força do disposto no Decreto nº 20.910/1932. No Direito Civil, conforme estatui o Código Civil de 2002, art. 205, a prescrição ocorre em dez anos, se a lei não estipular prazo menor. Assim, a prescrição mais longa é de dez anos sem distinção quanto ao direito pessoal e ao direito real. Essa regra é prescricional na denominada prescrição aquisitiva, usucapião, caso em que o prazo é de 15 anos, podendo ser reduzido para dez anos, se o possuidor tiver estabelecido no imóvel a sua moradia habitual, ou nele tiver realizado obras ou serviços de natureza produtiva (art. 1.238, CC/2002).

Estamos diante de dois prazos prescricionais: o de Direito Público, cinco anos; e o do Direito Civil, dez anos. Qual deles se aplica na retrocessão? A dúvida permanece. É possível que, mesmo depois das leis editadas nos últimos anos relativas à prescrição no Direito Público e da entrada em vigor do Código Civil de 2002, continuem as três correntes. Pelos motivos arrolados quando examinamos a prescrição no item que trata da anulação de atos administrativos, acompanho a lição de Celso Antônio Bandeira de Mello, para admitir que também, nesse caso, a prescrição ocorre em cinco anos, por ser o prazo para a propositura de ação contra a Fazenda Pública.

Maria Sylvia Zanella Di Pietro, revendo a sua posição em face do Código Civil de 2002, sustenta:

---

[70] "Retrocessão. O expropriante pode dar destino diverso do previsto, inicialmente, na declaração de utilidade pública desde que esta persista; afastada, neste caso, a retrocessão" (TJSP, 3ª Câmara Civil (u). Ac. nº 126.391, Rel. O. Gonzaga Júnior, j. 12.9.63. *RDA*, v. 84, p. 170).
[71] GASPARINI. *Op. cit.*, p. 447; BANDEIRA DE MELLO. *Op. cit.*, p. 389.
[72] DI PIETRO. *Op. cit.*, p. 155.
[73] FIGUEIREDO. *Op. cit.*, p. 227.

Pelo novo Código Civil, o artigo 205 não faz mais distinção entre ações reais e pessoais para fins de fixação de prazo prescricional; este passa a ser de 10 anos em qualquer hipótese. Com essa nova norma, a jurisprudência do Supremo Tribunal Federal deve ser adaptada, para entender-se que a prescrição, na retrocessão, ocorre no prazo de 10 anos, desde que mantido o entendimento de que a retrocessão é direito real. Caso contrário, o prazo será o quinquenal, válido para as ações contra a Fazenda Pública.[74]

No caso concreto, nem sempre é fácil estabelecer o marco inicial da contagem do prazo prescricional. Ocorrendo ato material da Administração, desviando a finalidade do bem, é, a partir daí, obviamente, que se deve contar o prazo. E nos casos de omissão do desapropriante quanto à realização da obra ou serviço, deixando de implementar o objeto que justificou a desapropriação? Quando se poderia constatar esse fato, considerando que a lei não determina prazo para esse procedimento? A lei geral sobre desapropriação estabelece o prazo de cinco anos para executar a desapropriação. Todavia, é silente quanto ao prazo para início da execução da obra, por exemplo.

Essa dificuldade não existe, quando se trata de desapropriação por interesse social, regulada pela Lei nº 4.132, de 10.9.1962. Essa lei prescreve, no art. 3º, que a Administração tem o prazo de dois anos para efetivar a desapropriação e para iniciar as atividades de aproveitamento do bem, contados do ato declaratório. Não iniciada a utilização do bem nesse período, estará configurado o *animus* da Administração de não dar ao bem o fim para o qual fora desapropriado, salvo motivo de força maior ou caso fortuito.

Outro ponto de divergência entre os autores relaciona-se com a extensão do direito de retrocessão. Alguns autores entendem que os sucessores do ex-proprietário não são alcançados por esse direito. Entre eles, Diogenes Gasparini, fundado no art. 1.157 do Código Civil de 1916, sustenta que o direito de preferência não pode ser cedido nem transmitido a herdeiro, mas reconhece que o STF entendeu transmissível em decisão publicada na *RDA*, 73/155.[75]

O art. 520 do Código Civil de 2002 é peremptório: "O direito de preferência não se pode ceder nem passa aos herdeiros". Ora, se a retrocessão passou, pelo novo Código, à condição de direito de preferência, não é possível continuar sustentando que os herdeiros de quem teve bem desapropriado têm direito à ação de retrocessão, ou que é lícito ceder o direito de retrocessão. Esse direito, como dito, é personalíssimo e se extingue com o falecimento do titular, o ex-proprietário.

1.6.17 Desistência da desapropriação

A Administração pode, em princípio, desistir da desapropriação em qualquer época, antes da conclusão do respectivo processo. Se, durante o curso da ação, o Poder Público chegar ao entendimento justificado de que a desapropriação em curso não convém mais ao interesse público, providência deve ser tomada com o objetivo de efetivar a desistência da desapropriação. Depois do trânsito em julgado da respectiva ação, a desistência não mais se opera. Esse é o entendimento dominante na doutrina e na jurisprudência pátria.

---

[74] DI PIETRO. *Direito administrativo*. 27. ed. p. 197.
[75] GASPARINI. *Op. cit.*, p. 447.

Para que a entidade encarregada da desapropriação possa exercer o direito de desistir, é preciso que o bem desapropriando esteja nas mesmas condições em que se encontrava na data da declaração para fins de desapropriação. Se o bem já foi parcialmente afetado ao interesse público ou se sofreu mutilação, ou se foi invadido por *sem-terra* ou *sem-teto*, por exemplo, não será possível a desistência unilateral. Será possível, sim, se o proprietário manifestar o desejo de receber o bem como se encontra. Diogenes Gasparini arrola quatro condições a serem observadas para a efetivação da desistência em questão:

> Portanto, para que o Judiciário possa homologar a desistência unilateral, é necessário o atendimento do seguinte: a) desistência antes da consumação da desapropriação; b) assunção, pelo expropriante, da responsabilidade por todo e qualquer dano que causou ao expropriado; c) depósito correspondente às despesas processuais e advocatícias; devolução do mesmo bem. E conclui: À desistência em tais termos não se pode opor o expropriante. Este só tem direito a perdas e danos.[76]

O Ministro Carlos Mário da Silva Velloso, ainda quando juiz do então Tribunal Federal de Recursos, foi relator na Ap. Civil nº 95.269-SP. Do respectivo acórdão extrai-se o seguinte texto:

> Certo é, pois, que pode o Poder Público desistir, a qualquer tempo, da ação de desapropriação, desde que não esteja findo o processo; certo se nos afigura, também, que deve o desistente, nos próprios autos da expropriatória, responder pelos encargos decorrentes do procedimento judicial, no que for possível, evidentemente, fixar, desde logo, presente, ademais, a regra inscrita no art. 26 do CPC.[77]

Ocorrendo a desistência, a Administração deve indenizar o proprietário por todos os danos que tenha sofrido em virtude da desapropriação malograda. Inclusive honorários de advogado contratado por ele, para defender os seus direitos no processo de desapropriação.

A desistência da desapropriação na fase administrativa opera-se por meio de ato revogatório, emanado da autoridade que declarou o bem de utilidade pública ou interesse social para fins de desapropriação ou de outra autoridade hierarquicamente superior. Na via judiciária, acontece pela homologação do pedido de desistência formulado pela Administração.

1.6.18 Desapropriação indireta

A chamada desapropriação indireta não é instituto regulado em lei. Trata-se de construção doutrinária e jurisprudencial. Esta se verifica, em regra, em virtude de esbulho praticado pelo Poder Público em propriedade particular. O esbulho caracteriza-se pela ocupação de bem alheio, principalmente imóvel, sem o prévio decreto

---

[76] GASPARINI. *Op. cit.*, p. 469.
[77] *Apud* FIGUEIREDO. *Op. cit.*, p. 228.

expropriatório e as demais formalidades previstas nas leis pertinentes, sobretudo no Decreto-Lei nº 3.365/1941.

Ocorrendo essa ocupação ilegal, o proprietário do bem esbulhado pode, imediatamente, defender o seu bem por meio da ação possessória própria. Todavia, se o bem já estiver destinado a um fim público (se nele já foi construído via pública, logradouro público ou edificado), não será mais possível a desocupação. Nesse caso, ao lesado cabe promover contra o Poder Público esbulhador ação indireta de desapropriação ou ordinária de indenização.

O processo da ação indireta segue quase o mesmo rito e formalidades do processo direto. A diferença básica consiste na posição das partes no processo, pois nessa modalidade de ação é o proprietário que figura no polo ativo, enquanto que o Poder Público figura no passivo. Na petição inicial, o autor postula indenização correspondente ao valor atual do bem, atualizado na data do pagamento, acrescido de juros compensatórios e juros moratórios. Nessa mesma peça, deve ser requerida perícia, a prova mais importante na ação de desapropriação indireta. A perícia segue as mesmas orientações e formalidades referidas acima, em relação à desapropriação direta.

Os juros compensatórios incidem sobre o valor do laudo de avaliação atualizado e remontam à data da efetiva ocupação ou esbulho; e os moratórios, a partir de 1º de janeiro do ano subsequente ao ano em que o pagamento deveria ser efetivado. Quanto à atualização monetária do valor obtido no laudo, o Tribunal de Justiça de Minas Gerais se posicionou:

> Indireta – Laudo de avaliação – Correção monetária – Efeito pagamento – Indenização ampla. Nas indenizações advindas de desapropriação indireta, a correção monetária há que ser feita a partir do próprio laudo de avaliação até o efetivo pagamento, sendo tal critério o único compatível com o da ampla indenização, de que ainda a lei civil no tangente às indenizações. (TJMG. Ap. nº 56.106. 27.8.1981. Rel. Agostinho de Oliveira, 3ª Câmara Civil (u))[78]

Os honorários são calculados sobre o valor total da indenização, já que não houve pagamento antecipado, como ocorre na desapropriação normal. O pagamento da indenização efetiva-se também mediante precatório, nos termos do art. 100 da Constituição da República.

Inicialmente, a doutrina e a jurisprudência oscilaram quanto ao prazo prescricional do direito do prejudicado por ato esbulhador do ente público de postular, em juízo ou na via administrativa, a indenização reparadora dos danos sofridos. Alguns entendiam que a prescrição se verificaria após cinco anos da ocorrência do fato. Outros defendiam dez anos, e até quinze para a constatação da prescrição. Finalmente, outros ainda sustentavam que só depois de vinte anos o interessado estaria impedido de reclamar os seus direitos, por decurso de prazo. Entre os autores que aderem à última corrente, figura-se Lúcia Valle Figueiredo.[79]

A jurisprudência é pacífica nesse sentido. A título de exemplo, transcrevemos as ementas de três acórdãos, a seguir:

---

[78] RF, 279/255. Nesse sentido é pacífico o entendimento da jurisprudência nacional.
[79] FIGUEIREDO. Op. cit., p. 220.

Indireta – Natureza real – Inaplicabilidade da prescrição quinquenal. A ação de desapropriação indireta é de natureza real, já que cuida da ocupação de terras, sem título legítimo. A prescrição quinquenal de que trata o Decreto n. 20.910, de 1932, só pode referir-se às ações pessoais, como vem decidindo interativa jurisprudência. (TASP. Ap. nº 95.782, Rel. Ricardo Couto, 1ª Câmara Civil (u), 23.10.67)[80]

Indireta – Prescrição. A jurisprudência é firme no sentido de que, na desapropriação indireta, ocorre a prescrição quando se consuma a usucapião. Aplicação do art. 555 do Código Civil. (TRF. Ap. nº 65.886, Rel. Miguel Jerônymo Ferrante, 6ª Turma (u), 14.10.81)[81]

Indireta – Prescrição – Indenização – Juros. Na desapropriação indireta a prescrição é vintenal, incluindo-se, na indenização, os juros compensatórios. (TJPR. Ap. n. 440. Rel. Marino Braga, 4ª Câmara (u), 16.9.70)[82]

Esta discussão estaria superada em face do parágrafo único do art. 10 do Decreto-Lei nº 3.365/1941, introduzido pela Medida Provisória nº 1.901-32, de 25.11.1999. Esse dispositivo legal estabeleceu que a prescrição nos casos de desapropriação indireta ocorreria aos cinco anos contados do apossamento administrativo.

Entretanto, o dispositivo foi declarado inconstitucional pela ADI nº 2.332-2, de 2.4.2004. Em virtude dessa divisão, o aludido parágrafo único foi alterado. Assim a prescrição continua sendo a do Código Civil de 2002, 15 anos.

2 Intervenção no domínio econômico

O Estado brasileiro adotou, sobretudo com a Constituição de 1988, o regime da livre iniciativa, fundado no neoliberalismo econômico. O art. 170 da aludida Constituição estabelece que a ordem econômica se funda na valorização do trabalho humano e na livre iniciativa e tem por fim precípuo assegurar a todos a existência digna, baseada na justiça social. Diversos princípios são invocados como suporte dessa ideia de liberdade e de justiça. São eles: I – soberania nacional; II – propriedade privada; III – função social da propriedade; IV – livre concorrência; V – defesa do consumidor: VI – defesa do meio ambiente; VII – redução das desigualdades regionais e sociais; VIII – busca do pleno emprego e IX – favorecimento à empresa de pequeno porte instituída segundo as leis nacionais e sediada e administrada no Brasil.

À primeira vista, parece paradoxal ou pelo menos antagônico o elenco de princípios constante do art. 170 da Constituição da República. Alguns dispositivos garantem a propriedade e a livre concorrência, portanto, a plena liberdade na atividade econômica. Outros, entretanto, exteriorizam a vontade do Estado de proteger e de defender as camadas sociais menos favorecidas contra abusos do domínio econômico.

A rigor, não há antagonismo entre os citados preceitos constitucionais. O que estampa o art. 170 em referência é a tentativa de conciliação dos interesses econômicos com os interesses sociais. É, em síntese, a proposta de equilíbrio entre o liberalismo

---

[80] *RT*, 389/261.
[81] *RF*, 282/180.
[82] *RT*, 319/310.

econômico e o intervencionismo. Dito de outra forma, trata-se de liberalismo condicionado.

O liberalismo econômico concebido no fim do século XVIII e praticado no século XIX, como sabido, dispensava a atuação do Estado na atividade econômica, até mesmo na atividade de controle. O Estado, utilizando-se linguagem em moda na década de 1990 do século XX, deveria ser pequeno ou leve, cuidando apenas da defesa, da segurança pública, das questões diplomáticas e da prestação jurisdicional. O restante das atividades de interesse nacional seria exercido pela iniciativa privada. O resultado, também sabido, foi desastroso, embora com alguns pontos positivos. O capital privado, que era a força motriz do desenvolvimento econômico, não se preocupava com os aspectos sociais reclamados pela sociedade, sobretudo a parcela marginalizada do processo econômico.

Essa realidade levou o Estado a adotar comportamento sociopolítico nos primórdios do século XX, opostos aos postulados do liberalismo econômico. Esse novo comportamento denominou-se intervencionismo, chegando até ao dirigismo estatal. O Estado, visando à promoção social e ao bem-estar da coletividade, interferiu na atividade econômica, restringindo ou limitando a sua liberdade, direcionado os investimentos ou, ainda, atuando diretamente na atividade econômica, na condição de Estado-empresário. Foi nesse período que proliferaram as empresas estatais. Essa quebra da hegemonia do liberalismo foi inspirada na teoria de John Maynard Keynes, conhecida como "revisão da teoria liberal". O pensador sustentava a ideia de que o Estado deveria atuar na economia quando necessário, para evitar retração econômica e garantir o pleno emprego.

A atividade intervencionista do Estado, a despeito do bom propósito, conduziu a economia à estagnação, principalmente nos Estados socialistas. O principal fator do progresso socioeconômico é o direito à propriedade e à liberdade. Esses dois bens ou valores sintetizam o desejo, a esperança e a possibilidade de o indivíduo – pessoa natural ou pessoa jurídica – adquirir situação financeira favorável. São os verdadeiros estímulos ao desenvolvimento econômico. O Estado-empresário é exceção a essa regra. Ele não se preocupa com o aumento de ganho ou com a acumulação de riqueza, visto não ser essa a sua finalidade precípua. Além disso, o Estado demonstrou ser mau gerente, ou por despreparo dos agentes administradores, ou por questões políticas (politiqueiras) e corrupção.

Essa realidade desconfortante, reconhecida no mundo todo, levou o Estado, no entardecer do século XX, a repensar a sua atuação no processo de promoção e assistência social. Dos respectivos estudos e da experiência surgiu o neoliberalismo, que fica entre o liberalismo puro e o intervencionismo absoluto, significando, assim, menos liberdade em relação àquela vigente no século XIX e menos intervencionismo estatal, que teve o seu auge até o final da década de 80 do século passado. A falência do Estado-empresário foi decretada com a queda do muro de Berlim em 1989 e com a dissolução da União Soviética, decretada em setembro de 1991. A partir desse momento histórico, os Estados, até então socialistas, passaram a abrir as atividades econômicas nacionais à empresa privada, estimulando a sua criação por meio de grupos nacionais, ou incentivando a entrada de empresas multinacionais. Os Estados já capitalistas adotaram a política de privatização de suas empresas. Quase todos os países capitalistas que atuavam ou atuam no campo econômico adotaram a política de privatização. Exemplos: Inglaterra, Argentina e Brasil.

A redução do Estado por meio da privatização de suas empresas foi influenciada pelo economista norte-americano Milton Friedman, um dos principais representantes da Escola de Chicago, uma das principais referências do liberalismo do século XX, onde se formou e foi professor. Friedman se opõe à teoria de Keynes. Lucas Berlanza faz o seguinte comentário sobre a influência de Friedman na política de privatização resultante da sua compreensão, extraída do estudo da obra *Capitalismo e liberdade*:

> Friedman é conhecido por inspirar reformas econômicas no Chile e o ciclo de ascensão de políticas privatizantes entre os anos 80 e 90, de que fez parte o "reaganismo", bem como participou da formação teórica de diversos economistas brasileiros. Ele se juntou a lideranças como Friedrich Hayek, representante da Escola Austríaca, na promoção comum de teses relativas à liberdade econômica. Enxergou em Hayek, apesar das divergências existentes entre eles e dos entendimentos distintos entre a Escola de Chicago e a Escola Austríaca, um grande campeão da agenda liberal.[83]

O neoliberalismo, que vem sendo adotado em todo o mundo, recebe elogios e defesa, principalmente dos idealizadores e protagonistas. Mas sofre, de outro lado, críticas de respeitadas autoridades. Alegam estas que o modelo é perverso por propiciar o aumento da concentração de rendas e, consequentemente, da parcela social marginalizada dos benefícios decorrentes da moderna tecnologia, em virtude da absoluta pobreza.

Eduardo Henrique Rodrigues de Almeida, médico consultor de ergonomia, pronunciou-se:

> Está cada vez mais demonstrado que o modelo neoliberal, disseminado pelo mundo inteiro, além de concentrador de renda é perverso em sua relação com os valores humanos. O estrategista do Departamento de Defesa dos EUA, *Edward Luttwak*, criador do termo *turbocapitalismo*, alertava para o grande risco que representa para a democracia a concentração de renda nos EUA (1% dos cidadãos concentram 40% de toda riqueza produzida no país): "A competição turbinada, sem freios, de nossos dias está tirando a serenidade da vida, e concentrando riqueza como nunca se viu na história recente da humanidade".[84]

Friedman, na obra já citada *Capitalismo e liberdade*, sustenta que é o "neoliberalismo cruel, insensível, que só sabe defender empresas e mata os pobres de fome".

Aleatoriamente, sem dados estatísticos à mão, parece-nos tranquilo afirmar-se que o fenômeno da concentração de renda no Brasil assemelha-se ao verificado nos Estados Unidos. Nos últimos anos, a classe média vem, assustadoramente, se empobrecendo. E a classe denominada pobre só não está mais pobre porque atingiu o limite máximo da pobreza e porque o Governo Federal, por meio do Programa Bolsa Família vem, nos últimos anos, ajudando famílias que vivem na extrema pobreza com uma verba mensal *per capita* no importe de R$70,00.

---

[83] Disponível em: https://www.institutoliberal.org.br/blog/capitalismo-e-liberdade-o-pensamento-milton-friedman/. Acesso em: 3 nov. 2022.
[84] ESTADO DE MINAS, 10 ago. 1996, p. 7.

Segundo o censo do IBGE de 2010, 16,2 milhões de brasileiros – o equivalente a 8,5% de toda população do país – vivem em extrema pobreza, com renda *per capita* de até R$70,00.[85]

O Ministério do Desenvolvimento Social e Combate à Fome informou que o número de famílias atendidas pelo Programa Bolsa Família, no mês de agosto de 2014, atingiu a casa de 13,9 milhões.[86]

O *G1 Economia*, por intermédio de Renata Baptista, em 10.8.2022, informou:

> o total de 20,2 milhões de famílias vão receber o Auxílio Brasil de ao menos R$600,00 em agosto, segundo dados do Ministério da Cidadania. O número representa alta de 2,2 milhões em relação ao mês anterior – valor bem superior ao saldo de vagas formais criadas no país em 2022 até junho, de 1,33 milhão.[87]

O valor de R$600,00 do Auxílio Brasil foi aprovado pelo Congresso Nacional, por meio da PEC nº 15/2022, pelo prazo de 5 (cinco) meses, a contar de 18 de julho. Para o ano de 2023, o valor do benefício deve ser de R$405,00, conforme consta da Lei de Diretriz Orçamentária de 2023 e já consta do Projeto de Lei Orçamentária Anual, para o ano de 2023. Entretanto, a Medida Provisória nº 1.155, de 1º.1.2023, arrimada na EC nº 126, resultante da PEC da transição, mantém o valor do auxílio em R$600,00 durante o ano de 2023.

Esses dados confirmam o que já é de todos sabido: a mal distribuição de renda no Brasil continua em patamar alto e crescente, aumentando a concentração de renda e, em consequência, aumentando também, no sentido oposto, o número de pessoas vivendo em condição de pobreza absoluta. Esses 20,2 milhões de famílias são verdadeiros "esmoleiros" do Estado. A Constituição de 1988 prevê, no art. 3º, III, "erradicar a pobreza e a marginalização e reduzir as desigualdades sociais e regionais". Entretanto, ela completou 34 (trinta e quatro) anos em 5.10.2022 e parece que, nesses longos anos, nada da sua proclamação constante do art. 3º, III, mudou. Ao contrário, segundo dados estatísticos da Fundação Getúlio Vargas, a pobreza sobe a 11,18%: 23,3 milhões, mais que a população do Chile. Incremento de 33% de 2014 a 2017: 6,27 milhões de novos pobres.[88]

O neoliberalismo pode ser meio adequado para o progresso da humanidade, desde que o Estado tenha instrumentos eficazes e eficientes e, ainda, vontade política, para intervir no domínio econômico sempre que o interesse maior (o interesse coletivo) a exigir. A Constituição da República oferece o meio e as garantias para que se promova o equilíbrio social, reprimindo o voraz desejo de riqueza do liberalismo e promovendo ações político-sociais indispensáveis ao conforto material da camada da sociedade desfavorecida.

---

[85] IBGE divulga dados de maiores populações em extrema pobreza. *Diário Comércio Indústria & Serviços*. Disponível em: http://www.dci.com.br/servicos/ibge-divulga-dados-de-maiores-populacoes-em-extrema-pobreza-id255671.html. Acesso em: 17 ago. 2014.

[86] MINISTÉRIO DO DESENVOLVIMENTO SOCIAL E COMBATE À FOME. Brasília. Disponível em: www.mds.gov.br. Acesso em: 17 ago. 2014.

[87] Disponível em: https://g1.globo.com/economia/noticia/2022/08/10/auxilio-brasil-de-r-600-veja-o-numero-de-familias-beneficiarias-por-estado-em-agosto.ghtml. Acesso em: 2 nov. 2022.

[88] Disponível em: https://www.cps.fgv.br/cps/bd/slides/SLIDE-NOTA-Dis_Pobreza_Desigualdade_Crise_Neri_FGV_Social_FGV.pdf.

Para que se cumpram os preceitos constitucionais contidos no art. 170, o Estado atua sob três formas distintas, mas inter-relacionadas na atividade econômica: poder de polícia (legislando, regulamentando, regulação, fiscalizando e atuando em caso concreto, quando for o caso), promovendo fomento e incentivos fiscais, por exemplo, e atuando diretamente na atividade econômica, se necessário.

2.1 Polícia administrativa

A polícia administrativa é um dos meios mais eficientes, à disposição do Estado, para atuar na defesa da sociedade contra abuso do poder econômico. No exercício desse poder de polícia, o Estado atua nos campos legislativo, regulamentar, regulatório e executório. Com a finalidade de instrumentar a atividade de polícia administrativa relativa à intervenção do Estado no domínio econômico, diversas leis foram editadas. Entre elas, citam-se:

- A Lei Delegada nº 4, de 26.9.1962. Essa lei "dispõe sobre a intervenção no domínio econômico para assegurar a livre distribuição de produtos necessários ao consumo do povo".

Houve época em que empresas produtoras na área da agropecuária e atacadistas de produtos agropecuários retinham a produção ou os estoques fora do mercado, com o objetivo de estimular o aumento de preços em virtude da demanda ocasionada pela falta dos produtos nas prateleiras dos supermercados. Nessas situações, o governo valeu-se da lei em comento para reabastecer o mercado e estabilizar os preços.

- Para a defesa do consumidor, editou-se a Lei Federal nº 8.078, de 11.9.1990, denominada Código de Proteção e Defesa do Consumidor. Essa lei impõe restrições ao fabricante, ao comerciante e ao prestador de serviços em geral e também o dever de atender aos consumidores com produto de boa qualidade e sem defeitos. Aos consumidores é conferido o direito de reclamar na via administrativa por intermédio do Procon, ou na via judiciária contra o fornecedor que atuar em desacordo com o que lhe impõe o Estatuto. Quando não for possível a substituição do bem, impera o dever de indenização pelo fornecedor ao consumidor prejudicado, sem prejuízo de outras sanções.
- Com vista à limitação da livre concorrência, foi sancionada a Lei nº 8.884, de 11.6.1994, denominada *Lei Antitruste*, que visa a coibir o abuso do poder econômico. O art. 1º dessa lei está assim vazado:

Art. 1º Esta Lei dispõe sobre a prevenção e a repressão às infrações contra ordem econômica, orientada pelos ditames constitucionais de liberdade de iniciativa, livre concorrência, função social da propriedade, defesa dos consumidores e repressão ao abuso do poder econômico.

Parágrafo único. A coletividade é a titular dos bens jurídicos protegidos por esta lei.

A lei, nos termos do art. 1º, tem por objetivo a prevenção, com a finalidade de evitar infrações contra a ordem econômica, considerando, no contexto, os princípios constitucionais pertinentes, entre eles o da liberdade de iniciativa; o da livre concorrência;

o da função social da propriedade; o da defesa dos consumidores; e o da repressão ao abuso do poder econômico.

Pretende-se, com esse dispositivo legal, proteger a atividade econômica, procurando dar a todos os interessados o direito de livre concorrência. Procura-se garantir o equilíbrio entre todos que atuam na atividade econômica. Para isso, protege o lado mais fraco, especialmente o consumidor. Tanto é que o texto, no seu parágrafo único, prescreve que o bem jurídico protegido pela lei em referência é a coletividade nacional na condição de consumidora.

Além da prevenção, a lei cuida também da repressão, aplicação de sanções às pessoas físicas ou jurídicas, privadas ou públicas, que adotarem comportamento considerado na própria lei como conduta lesiva à ordem econômica.

O art. 20 da lei em comento tipifica as infrações à ordem econômica, independentemente de culpa do agente. São os manifestados de qualquer forma que, mesmo não alcançando os fins colimados, visem:

I - limitar, falsear ou de qualquer forma prejudicar a livre concorrência ou a livre iniciativa;
II - dominar mercado relevante de bens ou serviços;
III - aumentar arbitrariamente os lucros;
IV - exercer de forma abusiva posição dominante.

Nos termos do §1º do mesmo artigo, não caracteriza domínio de mercado proibido, de que trata o inc. II, a conquista de mercado em virtude de maior eficiência do agente econômico em relação aos seus concorrentes. O *truste* é apontado no §2º como hipótese de comportamento considerado dominador de mercado. É considerado *truste* a atuação de um grupo de empresas que controla 20% do mercado relevante.

No art. 21, a lei relaciona as principais condutas que configuram hipóteses de infração à ordem econômica, em conformidade com o disposto no art. 20.

As sanções a serem impostas às empresas e aos agentes por comportamento tido como contrário à ordem econômica são as previstas nos arts. 23 a 26 da lei em questão. As sanções previstas nos três dispositivos são, em regra, da modalidade multa, que varia de acordo com o ilícito cometido, podendo, em certos casos, impor ao infrator a obrigação de fazer ou a obrigação de não fazer. O art. 27 arrola os casos de atenuantes e de agravantes das sanções administrativas. Situações que devem ser consideradas na oportunidade da fixação do valor da multa a ser aplicada ao infrator.

A apuração das irregularidades de que trata a lei em comento depende de prévio processo administrativo a cargo do Conselho Administrativo de Defesa Econômica – Cade, autarquia federal vinculada ao Ministério da Justiça, com jurisdição em todo território nacional, nos termos do art. 3º da lei em estudo. O rito e as formalidades processuais estão previstos no art. 30 e seguintes da mesma lei. Entre as formalidades indispensáveis estão a observância dos princípios da ampla defesa e do contraditório. Ressalte-se que a participação de advogado é indispensável.

A decisão do Cade, depois de transitada em julgado administrativamente, tem a força de título executivo perante a Justiça Comum (art. 60 da Lei nº 8.884/1994).

Os favorecimentos às empresas de pequeno porte, de que trata o inc. IX do art. 170 da Constituição da República, com a redação dada pela Emenda Constitucional nº 6, de 15.8.1995, estão disciplinados pela Lei Federal nº 8.864, de 28.3.1994.

Muitas são as hipóteses de exercício do poder de polícia, conforme já se cuidou em item próprio, razão pela qual evitamos nova invocação delas, como medida de racionalização de trabalho.

2.2 Participação direta do Estado no desempenho de atividades econômicas

O Estado brasileiro reservou a si o desempenho de algumas atividades econômicas com exclusividade (art. 177 da Constituição da República), elegeu os serviços públicos a serem prestados diretamente ou por particulares, mediante concessão ou permissão (art. 175 da mesma Carta), e previu a possibilidade de atuar em outras áreas da atividade econômica, concorrendo com a iniciativa privada nas condições e limites previstos no art. 173 da Constituição Federal, nos casos de imperativos da segurança nacional ou relevante interesse coletivo. Nesses casos a atuação estatal se dará por meio de sociedade de economia mista ou empresa pública.

2.2.1 Monopólio

Vários são os motivos que levam o Estado a reservar a si o desempenho de certas atividades econômicas com exclusividade, com exclusão, obviamente, do particular. Entre os motivos justificadores da adoção dessa medida política, ressaltem-se os aspectos de segurança nacional, necessidade de receita financeira ao lado dos tributos e a garantia da eficiência e continuidade da prestação de determinados serviços públicos, escolhidos de acordo com a importância deles no contexto social.

Ressalte-se que o monopólio é próprio de Estado intervencionista. Por isso, perde prestígio ou se enfraquece com a adoção do Estado democrático de direito. Essa assertiva pode ser constatada na Constituição Federal de 1988, com as emendas que lhe foram introduzidas no Título Da Ordem Econômica.

O art. 177 da Constituição Federal estabelece os casos de monopólio da União, nos seguintes termos:

> Constitui monopólio da União:
>
> I - a pesquisa e a lavra das jazidas de petróleo e gás natural e outros hidrocarbonetos fluidos;
>
> II - a refinação do petróleo nacional ou estrangeiro;
>
> III - a importação e exportação dos produtos e derivados básicos resultantes das atividades previstas nos incisos anteriores;
>
> IV - o transporte do petróleo bruto de origem nacional ou de derivados básicos de petróleo produzido no País, bem assim o transporte, por meio de conduto, de petróleo bruto, seus derivados e gás natural de qualquer origem;
>
> V - a pesquisa, a lavra, o enriquecimento, o reprocessamento, a industrialização e o comércio de minérios e minerais nucleares e seus derivados.

As atividades previstas nos incs. I a IV vinham sendo desenvolvidas e executadas pela Petrobras, sociedade de economia mista, pessoa jurídica de direito privado e suas subsidiárias. Este monopólio, entretanto, foi flexibilizado com a promulgação da Emenda Constitucional nº 9, de 9.11.1995. Essa emenda modificou e introduziu parágrafos ao art. 177 da Constituição, permitindo a participação da iniciativa privada no desempenho das atividades referidas nos aludidos incisos (art. 177, §1º, da Constituição da República).

As atividades nucleares, de que trata o inc. V do art. 177, não modificado pela citada EC nº 9/1995, continuaram, portanto, na condição de monopólio da União, desempenhadas pela Nuclebrás. A manutenção desse monopólio tem por finalidade precípua a segurança nacional, em virtude do potente teor de combustão e energia contido nos minérios nucleares enriquecidos. Todavia, a EC nº 49/2006 quebrou parcialmente o monopólio da União de que tratava o inc. V do art. 177 da Constituição, antes da promulgação da EC nº 49, que lhe impôs a seguinte redação:

> V - a pesquisa a lavra, o enriquecimento, o reprocessamento, a industrialização e comércio de minérios e minerais nucleares e seus derivados, com exceção dos radioisótopos cuja produção, comercialização e utilização poderão ser autorizadas sobe regime de permissão, conforme as alíneas *b* e *c* do inciso XXIII do *caput* do art. 21 desta Constituição Federal.

O art. 173 permite ao Estado atuar diretamente na atividade econômica, além dos casos previstos em outros dispositivos da mesma Constituição. A atuação de que trata este artigo só é possível "quando necessária aos imperativos da segurança nacional ou a relevante interesse coletivo, conforme definido em lei".

O desempenho de atividades econômicas, nas hipóteses previstas no *caput* do art. 173, se exerce por intermédio de empresas públicas e sociedade de economia mista, reguladas pelas regras do Direito Civil, Comercial e do Trabalho, vedado qualquer benefício fiscal que não seja concedido às empresas particulares. A norma constitucional quer que as empresas estatais não gozem de nenhum privilégio, quando atuante no campo econômico (§§1º e 2º do art. 173).

Esses dispositivos constitucionais conduzem ao entendimento de que as demais entidades estatais, autarquias e fundações públicas não podem atuar no campo econômico, mas apenas na prestação de serviços públicos.

O estudo das empresas estatais já foi considerado no capítulo que cuida da Administração indireta. Os serviços públicos, inclusive os prestados por meio de concessão, também já foram vistos em outros pontos deste livro. Por isto, limita-se, aqui, a essas informações, apenas.

2.3 Fomento público

O Estado brasileiro, contemporaneamente, além das funções de sua prerrogativa e daquelas eleitas como convenientes ou necessárias, previstas no Título Da Ordem Econômica, atua na promoção de fomentos com vista a estimular as empresas a se desenvolverem, e, consequentemente, a desenvolver toda a sociedade. Os arts. 1º e 3º da Constituição Federal são suportes para essas medidas incentivadoras, adotando por fundamentos da República Federativa do Brasil a "dignidade da pessoa humana, dos valores sociais do trabalho e da livre iniciativa, garantia do desenvolvimento nacional, etc.".

O fomento público materializa-se por meio de vários comportamentos estatais voltados para a promoção social no sentido lato do termo. Entre os meios de fomento mais comuns apontam-se:

a) planejamento para o desenvolvimento – esse planejamento pode ser nacional, regional e setorial. Os planos têm normalmente prazos definidos, metas a serem alcançadas, previsão de recursos financeiros, públicos e particulares ou financiamentos, cronogramas físico e financeiro. No Governo Militar adotaram-se vários planos nacionais de desenvolvimento denominados PND I, PND II e PND III. O governo de Fernando Henrique Cardoso estabeleceu o seu plano de desenvolvimento consubstanciado no Plano de Metas.

Para a promoção de desenvolvimentos regionais, criaram-se, no passado, entidades ou órgãos incumbidos de, nas suas respectivas áreas, promover medidas com essa finalidade. Destacam-se a Sudene, a Sudam e a Codevasf.

A Superintendência de Desenvolvimento do Nordeste – Sudene –, entidade autárquica federal criada pela Lei nº 3.692, de 15.12.1959, tinha por finalidade promover fomento com vista ao desenvolvimento da Região Nordeste do país. A sua atividade-fim consistia em realizar estudos e elaborar projetos destinados ao desenvolvimento da região. Os projetos tidos como mais importantes foram parcialmente financiados pela autarquia a fundo perdido e destinavam-se basicamente à agropecuária e a agroindústria. Entre os projetos apresentados pelos interessados, a Sudene dava preferência aos que ocupassem mais mão de obra sem prejuízo da tecnologia adequada.

A Superintendência do Desenvolvimento da Amazônia – Sudam –, autarquia federal, também atuava no fomento do desenvolvimento econômico da Amazônia nos termos da Lei nº 1.806, de 6.1.1953, modificada pela Lei nº 5.173, de 27.10.1966, esta alterada pela Lei nº 5.374, de 7.12.1967, e do Decreto-Lei nº 756, de 11.8.1969.

O programa de desenvolvimento envolvia incentivos e financiamentos à atividade agropecuária, ao treinamento e ao aperfeiçoamento de mão de obra de nível técnico de 2º grau na área de abrangência da Superintendência, e outros fomentos, todos com vista ao desenvolvimento de polos econômicos e da Zona Franca de Manaus, instituída para operar livre comércio de importação e exportação. Nessa Zona, outros incentivos fiscais foram concedidos com o objetivo de criar, manter e fortalecer o centro comercial e industrial da região.

As citadas superintendências, Sudene e Sudam, foram extintas no segundo governo de Fernando Henrique Cardoso. Ambas foram recriadas pelo Governo Lula, com nova feição, mas com objetivos semelhantes aos das anteriores. A primeira pela Lei Complementar nº 125, de 3.1.2007, e a segunda pela Lei Complementar nº 124, de 3.1.2007.

A Companhia de Desenvolvimento do Vale do São Francisco – Codevasf –, empresa pública federal, é sucessora da antiga Superintendência do Vale do São Francisco – Suvale –, autarquia federal, criada em 1949. O objetivo básico da empresa é o desenvolvimento socioeconômico da Bacia do Rio São Francisco e de seus afluentes. Inclui-se no objetivo a disciplina do uso das águas da bacia;

b) incentivos fiscais – por meio dos incentivos fiscais, o governo estimula o desenvolvimento de regiões ou de certos setores da atividade econômica, tanto na área produtiva quanto na comercial. A política fiscal é utilizada também para o controle das importações e exportações, elevando-se ou reduzindo-se as alíquotas do imposto de importação, de acordo com a conveniência do momento, levando-se em consideração o interesse empresarial e o social. E ainda a isenção temporária de impostos entre as vantagens oferecidas a empresas de porte, inclusive as multinacionais, para se instalarem em território brasileiro;

c) política de crédito – o crédito bancário subsidiado é outro meio de que se vale o Estado para fomentar a produção agrícola e a produção industrial. Os bancos oficiais são os principais agentes financiadores de programas de desenvolvimento a juros subsidiados e amortização em médio e longo prazo. O Banco do Brasil é o maior financiador de projetos rurais, por exemplo. O crédito rural, mantido pelo Estado, tem a finalidade de aumentar a produção agropecuária destinada à subsistência e à exportação. Além do estímulo ao aumento da produção, o crédito público serve de instrumento incentivador do plantio de certas culturas ou de intensificação de atividade agropecuária em determinada região do território nacional.

Essas medidas políticas, direcionadas por meio do crédito, têm por finalidade aumentar a produção de determinado gênero alimentício, para atender à demanda emergente ou ao desenvolvimento da atividade em regiões estratégicas, visando ao desenvolvimento socioeconômico regional.

O fomento público, referido em breve síntese, não tem sido considerado como meio de intervenção estatal no domínio econômico, por não ter ele a natureza coativa. Efetivamente, os vários meios de fomento adotados não são impostos ao particular, a exemplo dos comportamentos a que se sujeita por império do poder de polícia. Entretanto, não se pode olvidar que a iniciativa privada se conduz e se orienta em conformidade com os programas de fomento. Vale dizer que as atividades econômicas do particular são mutáveis, de conformidade com o fomento. As montadoras de veículos automotores, por exemplo, direcionam as suas novas instalações considerando o mercado, mas também a quantidade e a qualidade de ofertas que lhes são feitas pelos países que desejam sediá-las.

Poder-se-ia considerar, então, que o fomento é meio de intervenção no domínio econômico, mediante assentimento do particular, visto que as suas medidas concorrem, inegavelmente, para o desenvolvimento socioeconômico. Aliás, essa é a sua finalidade última.

RESPONSABILIDADE CIVIL DO ESTADO POR DANOS EXTRACONTRATUAIS

Sumário: 1 Evolução – 2 A responsabilidade do Estado no Direito brasileiro – 3 Responsabilidade administrativa e civil de pessoas jurídicas em virtude de conduta ilícita contra a Administração Pública

O ordenamento jurídico impõe às pessoas física e jurídica o dever de reparar danos decorrentes de descumprimento de cláusulas contratuais ou por descumprimento de regras gerais que estejam obrigadas a observar. No primeiro caso, denomina-se responsabilidade obrigacional. Isso é, os contratantes obrigam-se reciprocamente a indenizar um ao outro pelo descumprimento de cláusula contratual. Dessa forma, o inadimplente ressarce à parte inocente os danos sofridos em virtude do inadimplemento de obrigação que assumira na forma da avença. A outra modalidade de responsabilidade, decorrente da inobservância de normas gerais, é denominada responsabilidade civil, da qual se cuidará neste capítulo.

1 Evolução

A responsabilidade civil do Estado passou por processo mutativo, na medida da evolução da sociedade e do Estado. Inicialmente, o Estado era concebido como irresponsável, visto estar ele acima do Direito. Da irresponsabilidade evoluiu-se para a responsabilidade com culpa (subjetiva), chegando, finalmente, à responsabilidade sem culpa (objetiva).

1.1 Irresponsabilidade

O Estado antigo, sabidamente, não era o de Direito. Nessa fase de sua história, o Estado não tinha as mesmas características e concepções do Estado moderno. Ele sofreu inicialmente influências do feudalismo e de outros fatores decorrentes da sociedade de então. Os dirigentes eram soberanos, normalmente pertencentes a famílias nobres, dominantes, ou membros de castas que detinham o poder. Esses governantes, normalmente rei ou imperador, denominavam-se absolutistas. Só eles podiam dizer o que fosse bom para os súditos. Estes se sujeitavam sem rebeldia, por medo ou por entenderem certo e inquestionável o poder do rei.

O poder absoluto do monarca fundava-se, de acordo com sua convicção, na teoria divina dos reis. Segundo essa teoria, os reis representavam Deus aqui na terra e em nome Dele agiam. Daí as suas determinações, por mais duras e perversas que fossem, não podiam se submeter à censura, pois emanavam diretamente de Deus.

Nesse contexto, não seria possível imaginar o Estado indenizando o indivíduo por danos materiais ou morais sofridos em virtude da ação estatal. A máxima então vigente era a de que o rei não erra, não faz o mal ou, ainda, o que agrada ao príncipe tem valor de lei. Para os romanos, *quod principi placuit habet legis vigorem* ("aquilo que agrada o príncipe tem força de lei"); para os franceses, *le roi ne peut mal faire* ("o rei não pode fazer mal"); já os ingleses entendiam que *the king can no wrong* ("o rei não pode errar").

A propósito escreveu Miguel Seabra Fagundes:

> A princípio, a infalibilidade do soberano se opunha à noção de responsabilidade do Estado, com ele se confundia [...]. Assim foi no Estado Romano [...]. Posteriormente, não obstante a evolução do Estado, a ideia de soberania pareceu um obstáculo ao reconhecimento da sua responsabilidade. Hoje, esta orientação está definitivamente rompida.[1]

É oportuna a lição de outro saudoso mestre, Oswaldo Aranha Bandeira de Mello:

> Outrora, nos Estados autocráticos do poder absoluto dos monarcas, prevaleceu a tese da irresponsabilidade do Estado pelos atos dos seus agentes, seus delegados. Entendia-se que o rei, e, outrossim, o Estado que ele encarnava, não podia fazer mal. Mesmo após a queda do regime senhorial, esse ponto de vista prevaleceu, porquanto, considera-se que incumbência o Estado a defesa do direito, estaria isento de responsabilidade, por não se atribuir a ele, dolo ou culpa, na consecução dos seus objetivos de manter a ordem interna. E atendo se reduzir a sua ação como *Etat gendarme*.[2]

Depois da adoção do Estado de direito, com a implantação da tripartição do poder estatal, Legislativo, Executivo e Judiciário, é que teve início a teoria da responsabilidade do Estado. Foi na França que surgiram os primeiros movimentos nesse sentido. Pessoas que se sentiam prejudicadas por atos de servidores públicos procuravam, perante o juiz, condenar o Estado pelos danos. Alguns obtiveram resultados positivos, mesmo à míngua de leis sobre a matéria. Aos poucos, então, foi-se abandonando a teoria da irresponsabilidade do Estado para a adoção da teoria da responsabilidade com culpa. Vários países, todavia, resistiram por muito tempo à ideia da responsabilidade. Os Estados Unidos e a Inglaterra foram os últimos a adotá-la. Resistiram até 1946 e 1947, respectivamente.

---

[1] FAGUNDES. *O controle dos atos administrativos pelo Poder Judiciário*, 6. ed., p. 151, nota 12.
[2] BANDEIRA DE MELLO. *Princípios gerais de direito administrativo*, v. 2.

1.2 Responsabilidade com culpa

Dos meados do século XIX para o fim, a teoria da responsabilidade do Estado com culpa consolidou-se. A persistência das vítimas de lesões sofridas em virtude de comportamento de agentes públicos, perante a Justiça, na tentativa de obter as respectivas reparações, reverteu o princípio da irresponsabilidade do Estado para o da responsabilidade com culpa. Cumpre ressaltar que nesse passo a jurisprudência desempenhou papel fundamental, pois, mesmo inexistindo lei responsabilizando o Estado por danos causados a terceiros, as decisões administrativas e judiciais reconhecendo responsabilidade do Estado avolumaram-se.

O primeiro caso de reconhecimento de responsabilidade do Estado, registrado pela história jurídica, é o aresto Blanco, que se tornou famoso pelo conteúdo inovador que apresentava. Trata-se do atropelamento de uma menina na cidade de Bordeaux, França. A menina, chamada Agnès Blanco, quando atravessava uma rua naquela cidade, foi atropelada por uma composição de trem de ferro pertencente a uma empresa estatal manufatureira de tabaco. Inconformado, o pai da vítima recorreu à Justiça comum contra o Estado francês e contra quatro operários responsáveis pelo transporte, postulando indenização em virtude dos danos físicos sofridos pela filha. A matéria suscitou conflito de competência e, por essa razão, foi remetida ao Tribunal de Conflitos para que este decidisse se a competência seria do juiz comum ou do juiz administrativo. O processo teve como relator o conselheiro de nome David, cujo voto, acompanhado pelos demais pares, concluiu que ao juiz administrativo competia o julgamento, considerando que o dano fora causado por uma empresa estatal prestadora de serviços públicos (8.2.1873, D., 1873.3.17; S., 1873.2.153. Consel. David, BA, nº 1).[3]

George Vedel, referindo-se ao aresto, comenta que os conselheiros entenderam, naquele julgamento, que os danos causados pelo prestador de serviços públicos devem ser julgados, de preferência, pelo juiz administrativo. E, ainda, formularam "a ideia célebre de que a responsabilidade por danos causados por serviços públicos, devem ser regrados por princípios autônomos, distintos daqueles editados pelo Código Civil, referentes à relação entre particular".[4]

Esse aresto, no nosso entender, inclinou-se para a responsabilidade objetiva. Entretanto, a primeira fase do reconhecimento da responsabilidade do Estado é a subjetiva, com culpa. Por essa teoria, é indispensável a existência de culpa do agente causador do dano.

Na fase de transição da irresponsabilidade para a responsabilidade com culpa, adotou-se na França a responsabilidade do servidor diretamente perante o vitimado. Esse primeiro passo, a despeito de sua importância, por romper com a teoria até então vigente, não logrou sucesso quanto à satisfação material pelo dano causado. Dois fatores concorreram para esse reduzido alcance da medida legislativa. O primeiro decorre do fato de os servidores de classe média ou baixa não disporem de recursos financeiros nem patrimoniais, em regra, para suportarem tais despesas. O outro obstáculo decorria

---

[3] VEDEL. *Droit administratif*. Deuxième édition, p. 69.
[4] VEDEL. *Op. cit.*, p. 69.

do fato de que nem sempre a autoridade administrativa competente autorizava o processamento do servidor, condição essencial para a instauração do processo.

Dessa passa-se, então, para a já referida fase da responsabilidade do Estado pelos danos causados por seus servidores, com culpa ou dolo. A culpa do servidor teria de ser provada pela vítima ou por quem legalmente lhe fizesse às vezes.

Nessa fase, a teoria da responsabilidade evoluiu um pouco mais. O Estado passou a admitir a sua responsabilidade por omissão da Administração. A omissão na prestação do serviço ou a sua prestação tardia, ou em desconformidade com o interesse público, podem trazer consequências aos administrados, gerando a eles direito à indenização, *faute du service* dos franceses. A culpa, nesse caso, é presumida. Ao Estado compete provar que o serviço foi prestado em tempo e nas condições próprias. Celso Antônio Bandeira de Mello se expressa:

> Em face dos princípios publicísticos, não é necessária a identificação de uma culpa individual para deflagrar-se a responsabilidade do Estado. Esta noção civilista é ultrapassada pela idéia denominada de "foute du service" entre os franceses. Ocorre a culpa do serviço ou falta de serviço quando este não funciona, devendo funcionar bem, funciona mal ou funciona atrasado. Esta é a tríplice modalidade pela qual se apresenta e nela se traduz um elo entre a responsabilidade tradicional do direito civil e a responsabilidade objetiva.[5]

A culpa do Estado e a do servidor passa, portanto, a ser admitida, mas ainda não atende plenamente aos interesses das vítimas, visto que a prova da culpa precisa ser feita. A jurisprudência e a legislação, a reboque, norteiam-se para a culpa objetiva.

1.3 Responsabilidade objetiva

Da responsabilidade subjetiva evoluiu-se para a responsabilidade objetiva. A exigência da demonstração da culpa do agente público desaparece. Basta a comprovação do dano e do nexo de causalidade, isto é, a constatação de que o fato danoso foi causado pelo Estado, por ação comissiva ou omissiva, culposa ou não.

Sustenta Celso Antônio Bandeira de Mello que a responsabilidade patrimonial do Estado, extracontratual, decorre da atuação administrativa e vincula-se à própria noção de Estado de direito. Para o autor, o Estado, submisso à lei, e tendo por finalidade a promoção do bem social, não pode prejudicar o administrado. Por isso, será responsabilizado e responderá pelos danos que causar. É do autor a assertiva:

> Portanto, torna-se de menor importância o saber se o ato foi praticado com culpa ou sem culpa, se era lícito ou ilícito; o que ocorre é que em decorrência do Estado de Direito, Estado controlado e submetido ao direito, não resulta aceitável a causação de danos, a incidência de lesões sobre alguns, decorrentes do exercício de uma atividade estatal que procura o bem-estar de todos sem o preço da sobrecarga de alguns.[6]

---

[5] BANDEIRA DE MELLO. *Curso de direito administrativo*, 4. ed., p. 438.
[6] BANDEIRA DE MELLO. *Op. cit.*, p. 187.

A teoria da responsabilidade objetiva funda-se no risco administrativo ou no risco integral defendido por diversos autores. Diogo de Figueiredo Moreira Neto, justificando a teoria, sustenta:

> A Administração, ao desenvolver as suas atividades, assume o risco de causar dano a terceiros. Todos participam, como se fora um seguro universal, da composição do dano, indenizando-o pela mera ocorrência; basta a vítima provar o fato – Existência e autoria; daí a denominação de teoria do risco administrativo.[7]

Hely Lopes Meirelles, na mesma linha, ensina que a teoria do risco administrativo

> [...] baseia-se no risco que a atividade pública gera aos administrados e na possibilidade de acarretar dano a certos membros da comunidade impondo-lhes um ônus suportado pelos demais. Para compensar essa desigualdade individual, criada pela própria Administração, todos os outros componentes da coletividade devem concorrer para a reparação do dano, através do erário, representado pela Fazenda Pública.[8]

De fato, o Estado, no exercício de suas atividades materiais e na tentativa de promover o bem-social, se expõe, involuntariamente, em relação aos cidadãos, podendo causar danos materiais a pessoas físicas e jurídicas, ou mesmo causar lesões corporais e até homicídio às primeiras. Essa possibilidade potencial de lesão ou de injustiça é que fundamenta a teoria da responsabilidade objetiva a que se sujeita o Estado e, em consequência, o dever de indenizar a vítima de dano causado por seus agentes. A justificativa do dever de indenizar decorre do fato de que alguns indivíduos da sociedade não podem sofrer sozinhos os sacrifícios que lhes são impostos em virtude de serviços ou outras atividades estatais em benefício da comunidade. Os ônus, em tais casos, devem ser repartidos entre todos, por intermédio do Estado, gestor da coisa pública, patrimônio da sociedade.

A teoria da responsabilidade objetiva excepciona o Estado do dever de indenizar pelos danos causados a terceiros, quando a vítima concorrer com culpa ou com dolo para o evento danoso. Exemplo: o atropelamento por uma viatura oficial, em princípio, gera ao Estado o dever de indenizar a vítima, mesmo que o motorista não tenha tido culpa. Mas se a vítima concorreu para o evento, jogando-se na frente do veículo, o Estado se exime do ônus indenizatório.

Entretanto, compete à Administração provar a culpa da vítima. A esta cabe apenas refutar as provas e os argumentos daquela na elucidação dos fatos e das responsabilidades.

A teoria do risco administrativo ou do serviço evoluiu para situação mais abrangente em favor dos lesados pelo Estado. A essa nova concepção deu-se o nome de teoria do risco integral. De acordo com essa teoria, o Estado seria responsável mesmo quando a vítima tivesse sido corresponsável ou apenas ela responsável pelo evento danoso. Não se cogitaria, nessa hipótese, de perquirição de culpa da vítima.

Essa teoria é refutada por expressivas autoridades estudiosas do tema. Entendem os seus opositores que o Estado não é segurador universal, responsabilizando-se por

---

[7] MOREIRA NETO. *Curso de direito administrativo*, 11. ed., p. 458.
[8] MEIRELLES. *Direito administrativo brasileiro*, 16. ed., p. 547.

todos os danos que os administrados venham a sofrer. O Direito brasileiro, por isso, não incorporou a teoria do risco integral, mas apenas a do risco do serviço. O sistema jurídico pátrio não admite indenização à vítima que tenha contribuído exclusivamente para o evento dano.

2 A responsabilidade do Estado no Direito brasileiro

2.1 Generalidades

O Direito brasileiro não adotou, nem mesmo nos primórdios de sua formação, a teoria da irresponsabilidade do Estado. Inicialmente, o agente causador do dano responsabilizava-se pela reparação, por força constitucional. Mais adiante, a responsabilidade tornou-se solidária do Estado e do agente. Por último, a responsabilidade foi assumida integralmente pelo Estado, resguardado o direito de regresso contra o servidor, no caso de este ter agido com culpa ou com dolo.

Inicialmente, adotou-se o princípio da responsabilidade subjetiva, a exemplo do que ocorreu em outros países. Posteriormente, evoluiu-se para o atual estádio, o da responsabilidade objetiva, fundada na teoria do risco administrativo.

Os autores brasileiros sustentam que a responsabilidade civil do Estado esteve sempre presente nos tribunais pátrios, mesmo na inexistência de leis, tratando objetivamente da matéria. Normas substantivas e regulamentares, mesmo dispondo sobre outros assuntos, previam, em muitos casos, a proteção do administrado contra atos danosos praticados pela Administração Pública.

Segundo Seabra Fagundes, João Luiz Álvares ensinava que, mesmo antes do Código Civil brasileiro, já existia o princípio da responsabilidade do Estado, fazendo alusão à Lei Federal nº 221, de 20.11.1884, que atribuía competência ao Poder Judiciário para julgar questões reivindicatórias de indenização e outros direitos por particulares contra a Administração Pública e também da Administração contra o administrado. Implicitamente, estava nessa lei consagrado o dever do Estado de indenizar pelos danos causados aos particulares.[9]

Aguiar Dias, referindo-se ao art. 1.634 do Código Civil de 1916, sustenta:

> Acresce que não é novidade alguma o que se estabelece no tocante à responsabilidade pessoal do funcionário, porque a solidariedade deste com o Estado, em todo e qualquer caso de prejuízo que cause e empenhe a responsabilidade da Fazenda, é indeclinável, constituindo, até, objeto de reiterada consagração do nosso legislador.[10]

A seguir examina-se a evolução legislativa brasileira sobre a responsabilidade, iniciando-se pelas Constituições.

---

[9] FAGUNDES. *Op. cit.*, p. 205.
[10] DIAS. *RDA*, v. 11, p. 27.

2.2 A responsabilidade do Estado no Direito Positivo
2.2.1 No Direito Constitucional

- Constituição de 1824 – A Constituição Imperial de 1824, a primeira do Brasil, atribuía aos empregados públicos responsabilidade pelos danos causados a terceiros e à própria Administração por abusos ou omissões. É o preceito do art. 178, assim vazado: "art. 178. Os empregados públicos são estritamente responsáveis pelos abusos e omissões praticadas no exercício de suas funções e, por não fazerem efetivamente responsáveis aos seus subalternos".

Como se vê, o Estado não chamava para si a responsabilidade patrimonial, mas reconhecia que os seus agentes poderiam causar dano ao particular e impunha a eles o dever de reparar os danos causados por abuso ou omissão.

- Constituição de 1891 – Esta Constituição, a primeira da República, mantém as linhas básicas constantes do art. 178 da primeira Constituição. Não há, pois, o que comentar. Como prescreve o seu art. 82: "art. 82. Os funcionários públicos são estritamente responsáveis pelos abusos de seus cargos, assim como pela indulgência ou negligência em não responsabilizarem efetivamente os seus subalternos".
- Constituição de 1934 – Pela Constituição de 1934 o Estado passa a ser responsável solidariamente com os seus servidores pelos danos que eles causarem a terceiros, com culpa ou com dolo. É o que dispunha o art. 171: "art. 171. Os funcionários públicos são responsáveis solidariamente com a Fazenda Nacional, Estadual e Municipal, por quaisquer prejuízos decorrentes de negligência, omissão ou abuso no exercício dos seus cargos".

Os §§1º e 2º desse artigo, em síntese, estabeleciam que nas ações ordinárias de indenização contra a Fazenda Pública, em virtude de danos causados por servidores públicos, os acusados deviam integrar a lide na condição de litisconsortes. Na hipótese de vir a Fazenda a suportar sozinha a indenização reclamada, ela deve promover a execução contra o funcionário culpado.

Como visto, a Constituição de 1934 foi a primeira a admitir a responsabilidade do Estado pelos danos causados a terceiros por seus agentes com culpa ou dolo, respondendo estes solidariamente com aquele nos termos da lei civil. Apesar de ainda limitado o direito da vítima, é preciso ressaltar que houve significativo avanço constitucional em benefício dos lesados em virtude de ação culposa do Estado. A responsabilidade solidária da Administração com o servidor garante à vítima o acesso à indenização, visto que a ação pode ser proposta apenas contra o Estado, se o servidor não tiver condição financeira para arcar com o ônus indenizatório.

- Constituição de 1937 – Esta Constituição nada inovou nesse particular. O seu art. 158 repetiu integralmente o texto do art. 171 da Constituição de 1934.
- Constituição de 1946 – A Constituição de 1946 acolheu a teoria da responsabilidade objetiva, admitindo a responsabilidade do Estado independentemente

de culpa de seu agente. Este poderá responder perante o Estado, pela via do regresso, se atuou com culpa. Nesse sentido é o texto do art. 194 do teor seguinte:

> Art. 194. As pessoas jurídicas de direito público interno são civilmente responsáveis pelos danos que os seus funcionários, nessa qualidade, causem a terceiros.
>
> Parágrafo único. Caber-lhes-á ação regressiva contra os funcionários causadores de dano, quando tiver havido culpa destes.

- Constituição de 1967 com a Emenda nº 1, de 1969 – A Constituição de 1967, emendada em 1969, trouxe pouca inovação em relação à Constituição anterior. Ela admitia a responsabilidade do Estado por dano causado pelo servidor que atuou não só com culpa, mas também com dolo. Com isso, o direito das vítimas de ação ilegal ou injusta da Administração Pública ampliou-se consideravelmente, visto que mesmo quando o agente público age com dolo, o Estado se responsabiliza, objetivamente, perante o particular pelos danos a ele causados.

A Constituição de 1946 e a de 1967, emendada em 1969, consolidaram, definitivamente, a teoria da responsabilidade objetiva em relação às entidades de direito público interno. As pessoas jurídicas de direito privado, prestadoras de serviços públicos, não eram alcançadas pela responsabilidade objetiva, isso é, não respondiam objetivamente pelos danos que seus empregados causassem a terceiros.

- Constituição de 1988 – A Constituição da República de 1988 mantém a responsabilidade objetiva, fundada no risco da Administração, estendendo às empresas de direito privado, prestadoras de serviços públicos, a responsabilidade por danos causados a terceiros por seus empregados no exercício de suas funções, por comportamento culposo ou doloso. É a dicção do §6º, art. 37, assim vazado:

> §6º As pessoas jurídicas de direito público e as de direito privado prestadoras de serviços públicos responderão pelos danos que seus agentes, nessa qualidade, causarem a terceiros, assegurado o direito de regresso contra o responsável nos casos de dolo ou culpa.

Não será hipótese de regresso nos casos em que o agente causador do dano ou concorrente para este não tenha participado com culpa ou com dolo. Nessa hipótese, o ônus é tão somente da Administração. É também, apenas da Administração, a responsabilidade de reparar o dano quando não for possível identificar o agente culpado, principalmente nos casos de falta ou deficiência do serviço ou de sua prestação tardia.

2.2.2 No Direito Civil

No Direito Civil, a lei básica sobre responsabilidade do Estado é o Código Civil. O de 1916, no art. 15, assim dispunha:

> Art. 15. As pessoas jurídicas de direito público são civilmente responsáveis por atos de seus representantes que, nesta qualidade, causarem danos a terceiros procedendo de modo contrário ao direito ou faltando a dever prescrito por lei, salvo o direito regressivo contra os causadores de danos.

A responsabilidade acolhida pelo Código Civil revogado, como se extrai do texto, era a subjetiva. A vítima teria que provar a culpa da Administração para obter a indenização pretendida. Mesmo assim, o Código, nesse particular, avançou muito, considerando que a Constituição então vigente, a de 1891, responsabilizava apenas os servidores causadores de danos a terceiros. O Estado se excluía da responsabilidade, como visto. O dispositivo ainda inovou, garantido ao Estado o direito de regresso contra o agente causador do dano.

O Código Civil de 2002 acolheu, no art. 43, a teoria da responsabilidade objetiva das pessoas jurídicas de direto público. É o texto do citado artigo:

> Art. 43. As pessoas jurídicas de direito público interno são civilmente responsáveis por atos dos seus agentes que nessa qualidade causem danos a terceiros, ressalvado direito regressivo contra os causadores do dano, se houver, por parte deles, culpa ou dolo.

O novo Código, adotando a teoria da responsabilidade objetiva do Estado, avançou em relação ao de 1916, como se pode notar comparando os textos dos artigos de ambos, que trataram da matéria. Entretanto, comparado com a Constituição de 1988, está defasado. Esta responsabiliza as pessoas jurídicas de direito público e as de direito privado prestadoras de serviço público. Não são, portanto, apenas as pessoas públicas, que respondem objetivamente pelos danos que os seus agentes, nesta condição, causem a terceiro. Mas também respondem as empresas particulares concessionárias ou permissionárias de serviços públicos.

As pessoas jurídicas privadas prestadoras de serviços públicos, responderão pelos danos causados a terceiros, usuários ou não dos serviços por elas prestados. Esse é o entendimento pacificado na jurisprudência dos tribunais pátrios. A título de exemplo, traz-se à colação uma decisão recente do Supremo Tribunal Federal sobre o tema, como segue:

> EMENTA: AGRAVO REGIMENTAL NO RECURSO EXTRAORDINÁRIO COM AGRAVO. EMPRESA PRESTADORA DE SERVIÇO PÚBLICO. ACIDENTE DE TRÂNSITO. TERCEIRO NÃO USUÁRIO DO SERVIÇO. RESPONSABILIDADE OBJETIVA. VERIFICAÇÃO DA OCORRÊNCIA DO NEXO DE CAUSALIDADE. REEXAME DO CONJUNTO FÁTICO-PROBATÓRIO JÁ CARREADO AOS AUTOS. IMPOSSIBILIDADE. INCIDÊNCIA DA SÚMULA 279/STF. 1. A pessoa jurídica de direito privado, prestadora de serviço público, ostenta responsabilidade objetiva em relação a terceiros usuários ou não usuários do serviço público, nos termos da jurisprudência fixada pelo Plenário desta Corte no julgamento do RE 591.874-RG, Rel. Min. Ricardo Lewandowski, Plenário, DJe de 18.12.2009. 2. O nexo de causalidade apto a gerar indenização por dano moral em face da responsabilidade do Estado, quando controversa sua existência, demanda a análise do conjunto fático-probatório dos autos, o que atrai a incidência da Súmula 279/STF que dispõe *verbis*: "Para simples reexame de prova não cabe recurso extraordinário." 3. O recurso extraordinário não se presta ao exame de questões que demandam revolvimento do contexto fático-probatório dos autos, adstringindo-se à análise da violação direta da ordem constitucional. 4. *In casu*, o acórdão extraordinariamente recorrido assentou: "PROCESSUAL CIVIL. OFENSA À COISA JULGADA. INOCORRÊNCIA. REPARAÇÃO DE DANOS. ACIDENTE DE TRÂNSITO. EMPRESA PRESTADORA DE SERVIÇO PÚBLICO. TERCEIRO NÃO USUÁRIO. TEORIA

DA RESPONSABILIDADE OBJETIVA. APLICABILIDADE. CULPA EXCLUSIVA DA VÍTIMA. EXCLUDENTE NÃO COMPROVADA. DANO MORAL." 5. Agravo regimental DESPROVIDO. (STF – ARE: 807707 DF, Relator: Min. Luiz Fux, Data de julgamento: 5.8.2014, Primeira Turma, Publicação: DJe 161, Public. 21.8.2014).[11]

No subitem seguinte, noticia-se, em apertada síntese, a contribuição da doutrina pátria para a eficácia da responsabilidade civil do Estado por dano extracontratual.

2.3 A responsabilidade do Estado na doutrina brasileira

A doutrina pátria sobre a responsabilidade civil do Estado contribuiu, decisivamente, para a formação e consolidação das teorias desenvolvidas sobre a culpa civil do Estado. A participação influente da doutrina na sensibilização do legislador, inclusive o constituinte, vem desde o Regime Imperial até os dias contemporâneos, e ainda exerce influência na positivação do Direito, inclusive na área em foco.

A doutrina e a jurisprudência tiveram participação preponderante na conscientização do legislador constituinte de 1946. São elas, sem dúvida, as principais responsáveis pela inclusão, na Constituição de 1946, da teoria da responsabilidade objetiva do Estado pelos danos causados ao particular.

2.4 A responsabilidade do Estado na jurisprudência brasileira por atos da Administração Pública (Poder Executivo)

A jurisprudência pátria também contribuiu de forma decisiva para a adoção e evolução da responsabilidade patrimonial do Estado. O Poder Judiciário foi o precursor do instituto, condenando o Estado a reparar danos causados por seus agentes, antes mesmo de existir lei disciplinando a matéria.

Os primeiros reconhecimentos de responsabilidade do Estado, em virtude de atos lesivos de seus servidores, afloraram-se em decisões pretorianas.

A seguir serão apresentadas sínteses de decisões judiciais dos tribunais pátrios. As primeiras comentadas e as últimas, não, como se verá.

> Recurso Extraordinário n. 4.622, da Comarca do Rio de Janeiro. Supremo Tribunal Federal – Relator Ministro Orozimbo Nonato – Autor Dr. Álvaro de Castro Neves e Almeida – Réu Estado do Rio de Janeiro.
>
> Ementa: A responsabilidade do Estado por atos de seus servidores pressupõe injúria objetiva e subjetiva; consiste, esta, na culpa do agente da Administração Pública – Interpretação do art. 15 do Código Civil.

Com a ação, o autor pretendia indenização pelos danos causados à Editora Gazeta, de sua propriedade, em virtude de depredação promovida por terceiros. O pedido fundou-se no fato de, no local (Cidade de Campos), não existir, no momento do atentado, policiamento público capaz de impedir o incidente.

---

[11] Disponível em: http://stf.jusbrasil.com.br/jurisprudencia/25241373/agreg-no-recurso-extraordinario-com-agravo-are-807707-df-stf. Acesso em: 17 nov. 2014.

O Estado, por seu turno, se defendeu alegando força maior, pois, no dia da invasão e quebra da Gazeta, o país estava sem administração, em virtude da declaração, no mesmo dia, da vitória da Revolução de 30. Esse fora o motivo da ausência de policiais na Cidade de Campos naquele dia.

O juiz do primeiro grau julgou improcedente o pedido por entender tratar-se de caso de força maior, cuja ocorrência libera sempre as partes envolvidas, inclusive os contratantes. Os fundamentos da sentença, em síntese, são os seguintes: se o fato danoso tivesse ocorrido em dias normais, em que o policiamento estivesse nas ruas, e se os policiais se omitissem, não procurando impedir o acontecimento – destruição da Gazeta –, poder-se-ia admitir a existência do nexo causal entre a omissão e o dano, mas, na espécie, ocorrera força maior. O Estado, naquele dia, pelas razões expostas, não teria como manter a segurança pública.

O juiz invocou o art. 1.058 do Código Civil de 1916 para concluir que, sendo a prestação impossível em virtude do caso fortuito ou força maior, o devedor não responde pelo prejuízo, situação em que se enquadra o réu. No Código de 2002, o art. 393 é o correspondente ao citado acima. Desse modo, o Código atual mantém a mesma orientação contida no Código revogado.

O Tribunal de Apelação de Niterói reexaminou a matéria em sede de apelação, mantendo a decisão do juiz *a quo*.

Por meio de recurso extraordinário, a demanda chegou ao Supremo Tribunal Federal, onde foi distribuído ao Ministro Orozimbo Nonato. Seu voto, embora vencido, merece ser transcrito, em parte, por seus irretocáveis fundamentos:

> Vai prosperando, assim, através de construções doutrinárias e de sistematização do nível da igualdade de direito.
>
> Se o particular sofre lesão em seus direitos por amor da utilidade pública (e a vitória de uma revolução de um motim ligar-se necessariamente a essa utilidade) é justo que a coletividade repare o dano, como ensinaria o eminente jurista pátrio, do qual desse Aguiar Dias, permaneceu como o nosso mais esclarecido autor sobre o assunto.
>
> Ao assunto já dediquei voto modesto, explicando os conceitos [...]. Esses conceitos divergem ex - diâmetro dos adotados no acórdão recorrido, fiel à doutrina, ainda nesse caso, da culpa subjetiva. E nem importa alegar que não se trata de simples recordilho, subordinável ao fácil pela polícia do Estado, sendo de um vasto movimento revolucionário que se ampliou por todo o país e dominou, afinal, todas as recalcitrâncias do governo. Porque esse argumento apenas levaria à responsabilidade solidária da União.
>
> Dou provimento ao recurso extraordinário, interposto na letra *d* para julgar procedente a ação nos termos pedidos.

O Ministro Hahnemann Guimarães sustentou em seu voto que, no Direito pátrio, a "responsabilidade do Estado pressupõe a injúria objetiva e a injúria subjetiva" e que a subjetiva compreende o ato culposo dos indivíduos, a quem incumbe a gestão do patrimônio público. Arrimado no art. 15 do Código Civil de 1916, afirmou que as pessoas de Direito Público só são responsáveis patrimonialmente se os seus servidores, nessa qualidade, praticarem atos danosos a terceiros, procedendo contrariamente ao direito. "É o ato doloso ou culposo do agente da Administração Pública que torna o Estado responsável", e conclui: "Há um dano. E a esse dano não corresponde uma injúria que acarreta a responsabilidade do Estado, não há como se obrigar a indenização ao Estado, nego assim, provimento ao recurso".

Os outros ministros acompanharam esse voto, sendo vencido o relator. Será que a decisão foi a melhor? Ou será que justa teria sido se proferida nos termos do voto do relator? A questão é delicada e comporta meditação. Sem mais aprofundamento, parece-nos que o voto do relator se compatibiliza mais adequadamente com a vontade da lei e com a vocação de justiça emanada do povo brasileiro.[12]

Ao Estado cabia policiar, diariamente, a Cidade de Campos para evitar danos como o que ocorrera à Editora Gazeta. No dia daquela desordem, o Estado estaria acéfalo, conforme se afirmou, em decorrência do movimento revolucionário. Ora, se o governo fora deposto, os responsáveis por essa medida passaram, automaticamente, ao comando superior do Estado, até a composição de novo governo. Nessa condição, respondem pelas coisas do país e por sua administração, enquanto durar a interinidade. Portanto, não poderia faltar o policiamento nas cidades, sobretudo na de Campos, cidade vizinha do então Distrito Federal, centro nevrálgico da nação. Por tais razões, parece-nos que a tese do relator vencido é a melhor no contexto social.

> Recurso Extraordinário n. 17.252 – Supremo Tribunal Federal – Relator: Ministro Orozimbo Nonato – Autora: Cotonifício Rodolfo Crespi S.A. de São Paulo – Ré: União Federal.
>
> A autora, com fundamento no art. 15 do Código Civil, postula contra a União indenização em virtude de danos sofridos com o bombardeio sobre a cidade de São Paulo na revolução de 1924.

O Tribunal Federal de Recursos julgou improcedente a ação, por entender que na espécie não houve culpa da Administração, pois se tratava de força maior.

Pela via de recurso extraordinário, a ação chegou ao Supremo Tribunal Federal e foi distribuída ao Ministro Orozimbo Nonato. Este, em voto muito bem fundamentado, como sempre, já na vigência da Constituição de 1946, refutou, de início, a decisão recorrida por estar esta em desacordo com as disposições do art. 15 do Código Civil de 1916 (atual art. 43 do CC/02) e do art. 194 da Constituição da República. Adiante, síntese do seu voto:

> Não há falar em irresponsabilidade em geral da União por danos causados pelos representantes, desde que o art. 15 do Código Civil reconhece essa responsabilidade e os arts. 159 e 160 e os seus parágrafos regulam os casos de sua atenuação, atendido, porém, o art. 1.159 do Código Civil. Este dispositivo, aliás, só exclui a indenização quando haja culpa por parte do dono da coisa [...]. Se a força maior está implícita, nesse Código, como da exclusiva responsabilidade, fica, porém, submetida ao art. 1.159 do Código Civil. Se não houver culpa por parte do dono da coisa, paga a pessoa jurídica de direito público o dano que seus representantes causam a terceiros.[13]

---

[12] *RDA*, v. 15, p. 85.
[13] *RDA*, v. 32, p. 281 *et seq.*

Alegando a superação da fase civilista e a prevalência da teoria publicista da responsabilidade civil do Estado, o relator admitiu o recurso e julgou procedente a ação para condenar a União ao pagamento da indenização pleiteada pela autora.

O Ministro Rocha Lago votou em sentido contrário. A seu ver, a hipótese não seria de indenização, visto não se ter provado a culpa da Administração. Pelo contrário, a Administração, por meio do Exército, ao promover o bombardeio, estava defendendo a comunidade contra os rebeldes. Esse voto foi acompanhado pelo Ministro Edgar Costa. Os Ministros Lafayette de Andrada e José Linhares votaram com o relator. Assim, o recurso foi provido por três votos contra dois.

Veja-se que, da outra decisão para esta, houve sensível evolução.

Apelação Cível n. 36.961 – Tribunal de Justiça de São Paulo – Relator: Desembargador Custódio da Silva – Apelante: Município de Santo André, através da Prefeitura – Apelado: Antônio Pontello.

Ementa: Sendo a doutrina da culpa administrativa, a responsabilidade decorre da falta anônima do serviço público, não se cogitando da culpa do funcionário e não tem utilidade a distinção entre a culpa pessoal e culpa profissional – Interpretação do art. 194 da Constituição.

A ação foi intentada com o objetivo de obter indenização por morte de uma filha do postulante, atropelada por um veículo da prefeitura. O município, em defesa, alegou não ter culpa nem ser responsável pelos danos, visto que o veículo, no momento do acidente, estava sendo conduzido por um servidor (não motorista oficial), fora do horário do expediente e sem autorização.

O Tribunal julgou insubsistentes as alegações do réu, em face da teoria da responsabilidade objetiva acolhida pela Constituição então vigente. O Desembargador Amorim Lima admitiu ter havido falha do serviço pelo fato de o servidor, embora não sendo motorista, ter retirado o veículo oficial da garagem e o dirigido pelas ruas da cidade. Reconheceu, entretanto, que não se provou que a prefeitura tivera conhecimento prévio do fato. Por isso, não deveria ser responsabilizada. Mas, não tendo ela promovido gestão para dispensar o servidor transgressor, a culpa se configurava.[14]

A decisão é correta. Para a configuração da responsabilidade do município, bastava provar o dano e o nexo de causalidade. Esses dois pressupostos ficaram inequivocamente provados. Houve uma morte e a sua causa foi o atropelamento da vítima por um veículo do município, fatos não contestados. Se o condutor da viatura não era motorista oficial e se dirigiu sem autorização, a questão deve ser resolvida entre ele e o município, por meio de ação regressiva.

Apelação Cível n. 16.623 – Tribunal de Justiça do Distrito Federal – Relator: Desembargador Faustino do Nascimento – Autor: Atílio Morroni – Ré: Prefeitura Municipal do então Distrito Federal.

Fato: o autor, apelado, entregou a um servidor da Prefeitura do Distrito Federal um cheque para quitação de imposto. O servidor deu outra destinação ao cheque e não pagou o tributo. Ante esse fato, a vítima ingressou em juízo com ação ordinária de indenização, fundamentada na culpa subjetiva contra a Prefeitura, visando à reparação do dano.

---

[14] LIMA. *RDA*, v. 15, p. 65.

O juiz monocrático julgou procedente a ação, reconhecendo a culpa subjetiva. Inconformada, a prefeitura apelou ao Tribunal de Justiça do Distrito Federal. Este confirmou a decisão recorrida, reconhecendo a responsabilidade da prefeitura pelo desvio do cheque por seu servidor.

> Recurso Extraordinário n. 81.751 – Relator: Ministro Thompson Flores – Autor: Raphael Jafet & Cia – Ré: Prefeitura Municipal de São Paulo.
>
> Ementa: A força maior afasta a responsabilidade civil do Município nos casos de danos ocasionados por inundação.
>
> Fato: nos dias 6, 7 e 8 de março de 1966 o Rio Tamanduateí transbordou inundando parte da capital de São Paulo, inclusive a chamada "Zona do Mercado". Diversos prédios situados na região foram atingidos pela enchente, entre os quais o da indústria de fiação, autora da ação.

Inconformada com os prejuízos sofridos, a empresa ingressou em juízo contra o Município de São Paulo, postulando indenização reparadora dos danos. No primeiro grau, a autora obteve sentença favorável. No Tribunal de Justiça do Estado, a decisão foi reformada. Entendeu aquela Corte que, na espécie, não comportava indenização, visto que a prefeitura não concorrera para o evento por tratar-se de dano causado por fato da natureza, caso fortuito.

O relator concluiu afirmando que os proprietários de terra na várzea sabem que cursos d'água, sobretudo rios, enchem no período das chuvas. Mas que, não obstante, constroem seus prédios sem promover aterros, na confiança de poder contar, mais tarde, com a ajuda do estado ou do município, nos casos de transbordamento dos cursos d'água. A culpa é, portanto, desses proprietários e não do município. Por tais razões, a prefeitura, no caso em foco, é absolutamente irresponsável, ou seja, não pode ser responsabilizada pelos danos sofridos pela indústria, autora.

A empresa, descontente com a reforma da decisão, recorreu ao Supremo Tribunal Federal. Essa Corte manteve o acórdão do segundo grau, por unanimidade, entendendo não ser a Prefeitura Municipal de São Paulo responsável pelo evento, por inexistência de nexo entre a Administração municipal e o fato causador dos prejuízos suportados pela autora.[15]

A regra, no Direito pátrio, é a de que o Estado não responde por danos causados a terceiros em virtude de fato da natureza: enchente, vendaval, terremoto, maremoto, vulcão etc. Visto ser inexistente o comportamento comissivo ou omissivo da Administração Pública para o acontecimento danoso, a decisão no presente caso é correta. Entretanto, a jurisprudência pátria vem entendendo, de modo quase uniforme, que, quando os fatos da natureza se repetem com frequência regular e a Administração não toma medidas adequadas e eficientes para evitar os danos futuros, ela responde por culpa subjetiva. Esse entendimento decorre do fato de que, a partir das primeiras repetições dos fatos, esses passaram a ser previsíveis e, nesse caso, medidas administrativas devem ser implementadas com a finalidade de impedir os seus efeitos danosos. A omissão, nesses casos, acarreta para a Administração o dever de indenizar as vítimas de inundações, por exemplo.

---

[15] RDA, v. 128, p. 554.

Em Belo Horizonte, no início da década de 80, o Ribeirão do Arrudas, durante vários anos, teve o seu leito insuficiente para comportar as águas das chuvas nos meses de dezembro e janeiro. O excesso de água pluvial, naqueles meses, inundou os prédios vizinhos às margens do ribeirão em toda a sua extensão, no centro da cidade, causando inestimáveis prejuízos, principalmente para os comerciantes da região. À medida que esse fato foi se repetindo, a Administração passou a ser conivente, deixando de tomar medidas com vistas a impedir novas inundações e os consequentes danos.

Com fundamento nesse entendimento, alguns dos comerciantes, que, por diversos anos, sofreram danos materiais provocados pelas enchentes, ingressaram em juízo, com fundamento na culpa subjetiva, postulando, perante o município e o estado, a reparação dos danos sofridos.

É, também, caso de responsabilidade subjetiva da Administração os danos provocados por excesso de água de chuva em virtude de bueiros insuficientes, se as chuvas além do normal se repetem com regularidade. Entretanto, se as enchentes são ocasionadas por bueiros entupidos ou danificados, a responsabilidade será objetiva. A Administração tem o dever de manter escoamento das águas pluviais pelo sistema de esgotamento, com coletores dispostos em pontos, quantidade e tamanho adequados para receberem as águas de chuva que rolam sobre as ruas e demais logradouros públicos. A deficiência desse sistema, por mau dimensionamento ou má conservação e limpeza, torna a Administração responsável objetivamente pelos danos que as águas venham a causar aos moradores ou a terceiros.

> Recurso Extraordinário n. 86.656 – Supremo Tribunal Federal – Relator: Ministro Cordeiro Guerra – Autor: Isaacson e outros – Réu: Estado do Rio Grande do Sul.
>
> Ementa: O Estado não responde por ato culposo ou doloso de terceiros.
>
> Fato: os autores recorridos, desejosos de adquirirem uma caminhonete, solicitaram, junto à Secretaria de Estado de Segurança Pública do Rio Grande do Sul certidão de "nada consta" referente ao veículo (quanto a débitos fiscais e furto). De posse da certidão negativa, efetivaram a compra do veículo. Dias depois, foram despojados do bem por tratar-se de objeto produto de furto no Estado de São Paulo.

Inconformados, os interessados postularam ação de indenização contra o Estado do Rio Grande do Sul, fundada na responsabilidade objetiva, por entenderem que o agente, expedidor da certidão que não espelhava a realidade fática, teria concorrido para a concretização do dano sofrido.

O juiz monocrático julgou improcedente a ação, por não vislumbrar culpa do réu. No segundo grau, a sentença foi reformada. O Tribunal de Justiça do Estado entendeu procedente o pleito e condenou o réu ao pagamento da indenização como requerida. Em sede de recurso extraordinário, o Supremo Tribunal Federal reformou a decisão do segundo grau para desobrigar o réu da indenização postulada.

O relator, acompanhado pelos demais ministros, sustentou que o Estado não pode ser responsável por atos criminosos de terceiros nem por ato de seus próprios funcionários, quando induzidos em erro, como ocorreu na espécie.

Sustenta ainda o julgador que, no caso concreto, não houve omissão dos órgãos do estado, que foram iludidos pela falsificação de documentos de compra e alteração do número do motor. Não pode o Estado ser responsabilizado por ato criminoso de terceiros.[16]

Entendemos que a Administração deveria ser responsabilizada pelos prejuízos que os autores sofreram. Então, as certidões expedidas pelo Detran, declarando a existência ou inexistência de ônus sobre determinado veículo, não têm validade alguma? Se o Estado não tem aparelhamento suficiente para constatar se os veículos submetidos à sua perícia foram roubados ou furtados, não poderá, entendemos, expedir certidão afirmando nada existir registrado quanto à má procedência do veículo. Seria melhor, então, que esse serviço não fosse prestado pelo Estado. Mas, já que se dispôs a prestá-lo, deve a Administração arcar com os ônus decorrentes da má qualidade do serviço.

> Recurso Extraordinário n. 85.979 – Supremo Tribunal Federal – Relator: Ministro Moreira Alves – Autora: S.A. Indústrias Reunidas F. Matarazzo – Réu: Prefeitura Municipal de São Paulo.
>
> Ementa: O Estado responde perante a terceiros solidariamente com o empreiteiro, pelos danos causados na execução de obra pública por empreitada.
>
> Fato: A Prefeitura Municipal de São Paulo contratou a empresa Escritório Técnico de Engenharia Sanitária e Construções (Etesco SA) para construir uma galeria de águas pluviais. A construção dessa obra provocou sérios danos materiais às fábricas da autora em decorrência de rompimento de adutora de sua propriedade. Em consequência, a rede elétrica da fábrica foi danificada a ponto de causar a paralisação da mesma por alguns dias. Esses fatos justificaram a postulação da autora contra a Prefeitura, visando responsabilizá-la pelos danos causados em decorrência da obra executada por terceiros.

No primeiro grau, a sentença foi favorável à autora. No Tribunal de Justiça, a decisão foi parcialmente reformada. Inconformada, a prefeitura recorreu ao Supremo Tribunal Federal. A recorrente sustentou que a decisão insurgiu contra o art. 107 da Constituição, visto não se tratar de servidores seus os causadores do dano, mas de terceiros, pessoa particular, empresa contratada para a realização de obra determinada e específica. E que, além do mais, ficou sobejamente provada a culpa da empreiteira. Impossível, portanto, reconhecer a solidariedade.

A Suprema Corte, alicerçada nas doutrinas francesa, italiana e brasileira, confirmou a responsabilidade solidária da prefeitura com a empresa empreiteira. De Hely Lopes Meirelles o relator transcreveu o seguinte texto:

> Até mesmo nas obras públicas, executadas por particulares, prevalece a regra constitucional da responsabilidade objetiva e absoluta da Administração, porque, ainda aqui, o dano provém de uma atividade administrativa ordenada pelo poder público, no interesse da comunidade (*Direito de construir*, p. 305).[17]
>
> "Recurso Extraordinário n. 10.9615-2 – Supremo Tribunal Federal – Relator: Ministro Celso de Mello – Autora: Nela de Castro Dias de Oliveira – Ré: Prefeitura Municipal do Rio de Janeiro.

---

[16] *RDA*, v. 133, p. 199.
[17] *RDA*, v. 136, p. 161.

Ementa: Indenização – Responsabilidade objetiva do Poder Público – Teoria do risco administrativo – Pressupostos primários de determinação dessa responsabilidade civil – Dano causado a aluno por outro aluno igualmente matriculado em rede pública de ensino – Perda do globo ocular direito – Fato ocorrido no recinto de Escola Pública Municipal – Configuração da responsabilidade civil objetiva do Município – Indenização patrimonial devida – RE não-conhecido".

Fato: a autora, aluna de uma escola municipal do Rio de Janeiro, teve a perda total do globo ocular direito, provocado por lesões praticadas por outra aluna, colega de sala. Ação indenizatória, com fundamento na culpa objetiva, foi intentada contra a Prefeitura Municipal do Rio de Janeiro. O Tribunal de Justiça do Estado do Rio de Janeiro julgou procedente a ação.

O Supremo Tribunal Federal, em recurso extraordinário, confirmou a decisão recorrida por entender que o Poder Público é responsável pela integridade dos alunos das escolas públicas durante o tempo em que estiverem nas dependências do estabelecimento de ensino, conforme voto do relator, aprovado por unanimidade:

> A obrigação governamental de preservar a intangibilidade física dos alunos, enquanto estes se encontrem em recinto do estabelecimento escolar, constitui encargo indissociável do dever que incumbe o Estado de dispensar proteção efetiva a todos os estudantes que se acharem sob a guarda imediata do Poder Público nos estabelecimentos oficiais de ensino. Descumprida essa obrigação, e vulnerada a integridade corporal do aluno, emerge a responsabilidade civil do Poder Público pelos danos causados a quem, no momento do fato lesivo, se achava sob a guarda, vigilância e proteção das autoridades e dos funcionários escolares, ressalvadas as situações que descaracterizam o nexo de causalidade material entre o evento danoso e a atividade estatal imputável aos agentes públicos.[18]

Com a finalidade de oferecer ao leitor mais informações sobre a responsabilidade civil, objetiva e subjetiva, do Estado na ótica do Judiciário, transcrevem-se a seguir ementas de acórdãos proferidos pelo TJMG, TJRS e STJ:

> EMENTA: RESPONSABILIDADE EXTRACONTRATUAL DO ESTADO – TEORIA DO RISCO ADMINISTRATIVO – POLICIAL ASSASSINADO EM DIA DE FOLGA – FATO DO SERVIÇO – PRINCÍPIO DA IGUALDADE – JUSTIÇA DISTRIBUTIVA – DISTRIBUIÇÃO DOS ÔNUS DECORRENTES DA SITUAÇÃO DE RISCO CRIADA PELO ESTADO PARA O BEM DE TODOS – INDENIZAÇÃO DEVIDA. 1. Em se demonstrando que o policial assassinado, conquanto não estivesse em serviço, foi alvejado pelo fato de ser policial, configura-se o "fato do serviço", a ensejar a aplicação da teoria do risco administrativo, pelo qual a Administração, ainda que não seja a causadora direta do dano, É a responsável, por situação que, em seu desdobramento direto, causa dano a terceiro. 2. Também o princípio da igualdade impõe que o dano decorrente da situação de risco, criada pela atividade administrativa, deve ser compartilhado por todos os membros da coletividade, justificando a condenação do ESTADO a indenizar o particular que houver sofrido sozinho os efeitos danosos. DERAM PROVIMENTO. (TJMG. AC nº 1.0702.04.129976-0/001 (1), Rel. Des. Maurício Barros, j. 12.6.2006, public. 14.7.2006)

---

[18] *DJ* de 2.8.96, n. 149, 1ª coluna.

EMENTA: APELAÇÃO CÍVEL. REEXAME NECESSÁRIO. RESPONSABILIDADE CIVIL. DANO MORAL E MATERIAL. MORTE DE MENOR EM EQUIPAMENTO DANIFICADO EM PRAÇA SOB RESPONSABILIDADE DO MUNICÍPIO. RESPONSABILIDADE CIVIL DO MUNICÍPIO. CABIMENTO. CULPA CONCORRENTE DA VÍTIMA AFASTADA. 1 – O sistema jurídico brasileiro adota a responsabilidade patrimonial objetiva do Estado sob a forma da Teoria do Risco Administrativo. Tal assertiva encontra respaldo legal no art. 37, §6º, da CF/88. Todavia, quando o dano acontece em decorrência de uma omissão do Estado é de aplicar-se a teoria da responsabilidade subjetiva. 2. Compete ao município, através de seus agentes, manter e conservar seus parques municipais, assim como zelar pela segurança e vigilância dos locais, cabendo-lhe adotar as medidas para assegurar a ordem pública e garantir a integridade física e o bem dos freqüentadores de áreas de lazer públicas. Hipótese em que o sinistro ocorreu em decorrência da omissão dos agentes municipais no dever de segurança e de zelo em praça municipal, o que poderia ter evitado a morte do filho dos autores, menor com 16 anos de idade. 3. Prova testemunhal que revela ser comum a presença de pessoas na praça municipal. Ausência de cuidado com os equipamentos existentes no local. Pressupostos ensejadores do dever de indenizar devidamente demonstrados. Condenação mantida.

3. Culpa concorrente da vítima não caracterizada. Responsabilidade exclusiva do ente público pelo infortúnio. Sentença mantida. 4. Em reexame necessário, impende reduzir pela metade o pagamento das custas processuais pela Fazenda Pública, em face do disposto no art. 11, alínea "a", do Regimento de Custas (Lei n. 8.121/85). APELO DESPROVIDO E, EM REEXAME NECESSÁRIO, REFORMARAM PARCIALMENTE A SENTENÇA. UNÂNIME. (TJRS. AC nº 70015240088, Rel. Des. Odone Sanguiné, Nona Câmara Cível, j. 9.8.2006)

EMENTA: AÇÃO INDENIZATÓRIA – ATO JUDICIAL – RESPONSABILIDADE CIVIL DO ESTADO – CARÁTER DE EXCEPCIONALIDADE – PENHORA INDEVIDA – CONDUTAS OMISSIVA E RETARDATÁRIA – CANCELAMENTO DA CONSTRIÇÃO APÓS UM ANO E MEIO – DANO MORAL – VALOR – CRITÉRIOS. "Sem afirmar a irresponsabilidade do ESTADO pelo fato da função jurisdicional, pois que não se pode no direito moderno, em que o mundo inteiro proclama a preeminência dos direitos humanos, aceitar que a regra da imunidade deixa ao desamparo os direitos E interesses do indivíduo, a segurança E a estabilidade sociais consideram que a RESPONSABILIDADE civil pela autuação jurisdicional existe, mas somente se há de aceitar com caráter de excepcionalidade." É inquestionável que a penhora indevida de bens, decorrente da conduta omissiva em relação à certificação de sua impossibilidade pelo Oficial de Justiça, provoca no proprietário desgosto, insegurança E apreensão, sentimentos agravados pelo injustificável retardamento no cancelamento da constrição, levado a cabo um ano E meio depois, consequentemente sujeitando o ESTADO a suportar o ônus indenizatório que tenha causado. "Na fixação do valor do dano moral prevalecerá o prudente arbítrio do julgador, levando-se em conta as particularidades do caso, evitando que a condenação se traduza em indevida captação de vantagem, sob pena de se perder o parâmetro para situações de maior relevância E gravidade. REJEITARAM PRELIMINAR E DERAM PROVIMENTO PARCIAL". (TJMG. AC nº 1.0702.03.073908-1/001, Rel. Des. Gouvêa Rios, j. 30.8.2005, public. 16.9.2005)

EMENTA: RESPONSABILIDADE CIVIL DO ESTADO. MORTE DE PRESO. RESPONSABILIDADE OBJETIVA. PREVISÃO CONSTITUCIONAL. DEVER DO ESTADO DE ZELAR PELA SEGURANÇA DO DETENTO. DANOS MORAIS E MATERIAIS DEVIDOS. É DEVER DO ESTADO GARANTIR A SEGURANÇA E INTEGRIDADE FÍSICA DE PRESO QUE SE ENCONTRE SOB SUA CUSTÓDIA. A MORTE DE DETENTO POR COMPANHEIROS DE CÁRCERE, DECORRENTE DE CONDUTA OMISSIVA DO ESTADO QUE DEIXOU DE TOMAR MEDIDAS HÁBEIS A EVITAR O HOMICÍDIO, ENSEJA SUA RESPONSABILIDADE PELO EVENTO DANOSO. APLICAÇÃO DA TEORIA DA

RESPONSABILIDADE CIVIL OBJETIVA DECORRENTE DO NEXO DE CAUSALIDADE ENTRE A CONDUTA OMISSIVA E O DANO. DEVIDA A INDENIZAÇÃO PELOS DANOS MORAIS E MATERIAIS SOFRIDOS. REFORMARAM A SENTENÇA PARCIALMENTE, NO REEXAME NECESSÁRIO, PREJUDICADO O RECURSO VOLUNTÁRIO. (TJMG. AC nº 1.0024.03.031232-6/001, Rel. Desa. Maria Elza, j. 6.7.2006, public. 4.8.2006)

EMENTA: AÇÃO DE INDENIZAÇÃO – RESPONSABILIDADE CIVIL – ESTUDANTE QUE SOFRE CONSTRANGIMENTO E HUMILHAÇÃO NO INTERIOR DE ESTABELECIMENTO DE ENSINO PÚBLICO – CULPA OBJETIVA DO ESTADO – DEVER DE INDENIZAR – DANOS MATERIAIS E MORAIS – FIXAÇÃO DO *QUANTUM* – DENUNCIAÇÃO DA LIDE AO AGENTE – ADMISSIBILIDADE. O ESTADO responde objetivamente pelos danos causados aos administrados, conforme preceito da CF 37, §6º. Somente deixa de ser responsabilizado se demonstrar que o dano ocorreu por culpa exclusiva da vítima. Responde o ESTADO pela indenização se o aluno, durante sua permanência no interior de estabelecimento público, sofre humilhação E constrangimento, em decorrência de atitude imoderada de professor. É devida a indenização por danos morais se estiver patenteada a ofensa, por ato ilícito do agente, a direitos integrantes da personalidade E ao sentimento de autoestima da vítima. Na fixação da indenização por danos morais deve-se levar em consideração sua gravidade objetiva, a personalidade da vítima, sua situação familiar E social, a gravidade da falta, além das condições do autor do ilícito. O ordenamento jurídico brasileiro admite a litisdenunciação feita pelo ESTADO ao servidor que tenha causado o dano, desde que comprovados o dolo ou a culpa. DERAM PROVIMENTO PARCIAL À APELAÇÃO E JULGARAM PREJUDICADO O 1º RECURSO E NEGARAM PROVIMENTO AO 2º RECURSO ADESIVO. (TJMG. AC nº 1.0024.00.147114-3/001, Rel. Des. Wander Marotta, j. 16.11.2004, public. 16.2.2005)

EMENTA: RESPONSABILIDADE CIVIL OBJETIVA DO ESTADO – ESCRITURA DE COMPRA E VENDA DE IMÓVEL LAVRADA COM BASE EM PROCURAÇÃO PÚBLICA FALSA – AUSÊNCIA DE – CAUTELA DO NOTÁRIO – SERVIÇO PÚBLICO DELEGADO A PARTICULARES – AÇÃO DE INDENIZAÇÃO MOVIDA PELOS ADQUIRENTES DO IMÓVEL CONTRA O ESTADO DE MINAS GERAIS – LEGITIMIDADE PASSIVA – NEXO CAUSAL – DEVER DE INDENIZAR – DENUNCIAÇÃO DA LIDE AO NOTÁRIO – CULPA NÃO RECONHECIDA – OBRIGAÇÃO DE RESSARCIR O QUE O ESTADO VIER A DESPENDER PARA INDENIZAR OS AUTORES – VALOR DO IMÓVEL CONSTANTE DA ESCRITURA, E NÃO O ALEGADO PELOS AUTORES – TAXA DOS JUROS DE MORA – HONORÁRIOS ADVOCATÍCIOS. 1. O ESTADO detém legitimidade para figurar no polo passivo de ação em que se postula a indenização dos prejuízos sofridos pelos compradores em face de escritura pública de compra E venda de imóvel lavrada à vista de procuração falsa do suposto vendedor, o que motivou a declaração da nulidade do ato jurídico. 2. Sendo objetiva a RESPONSABILIDADE do ente público, por força do art. 37, §6º, da Constituição Federal, a demonstração do dano E a do nexo causal torna certa a obrigação de indenizar os prejuízos sofridos pelos compradores de imóvel em decorrência de procuração pública falsa aceita pela tabeliã (delegada do serviço público notarial antes da vigência da Lei n. 8.935/94) que lavrou escritura de compra E venda. O ESTADO só se eximiria da responsabilização se provasse a culpa exclusiva da vítima ou de terceiro diverso do delegatário, ou o caso fortuito ou de força maior, circunstâncias que não ocorrem no caso. 3. O valor do imóvel a considerar para a indenização dos prejuízos dos autores é aquele constante da escritura pública de compra E venda declarada nula ante a falsidade da procuração. NÃO CONHECERAM DO PRIMEIRO RECURSO, À UNANIMIDADE, E CONFIRMARAM A SENTENÇA, POR MAIORIA, PREJUDICADO O SEGUNDO RECURSO. (TJMG. AC nº 1.0024.02.805835-2/001, Rel. Des. Célio César Paduani, j. 1.6.2006, public. 13.6.2006)

EMENTA: APELAÇÃO CÍVEL. RESPONSABILIDADE CIVIL. DANOS MORAIS. REGISTRO NO SISTEMA DE INFORMAÇÕES DE FORAGIDOS PROCURADOS PELA POLÍCIA. PESSOA INOCENTE. DANO CONFIGURADO. "QUANTUM" REDUZIDO. 1. DANO MORAL. CONFIGURAÇÃO. Evidenciada a ilicitude do ato praticado pelo demandado, que incluiu e manteve o nome do autor registrado no Sistema de Informações de Procurados pela Polícia Civil, mesmo depois de constatado o equívoco, causando lesão a sua honra e reputação, evidente o dever de indenizar. Prova pericial que atesta o erro de identificação quanto ao verdadeiro autor dos delitos, bem como que as impressões digitais colhidas não pertenciam ao demandante. Responsabilidade objetiva do Estado, fundada na teoria do risco administrativo adotado pelo art. 37, §6º, da CF. Dano "in re ipsa". Sentença de procedência mantida. 2. "QUANTUM" INDENIZATÓRIO. REDUÇÃO. Na fixação da reparação por dano extrapatrimonial, incumbe ao julgador, atentando, sobretudo, para as condições do ofensor, do ofendido e do bem jurídico lesado, e aos princípios da proporcionalidade e razoabilidade, arbitrar quantum que se preste à suficiente recomposição dos prejuízos, sem importar, contudo, enriquecimento sem causa da vítima. A análise de tais critérios, aliada às demais particularidades do caso concreto, conduz à redução do montante indenizatório para R$12.000,00 (doze mil reais), que deverá ser corrigido monetariamente, pelo IGP-M, a partir da data desta sessão, até o efetivo pagamento, e acrescido de juros de mora à razão de 12% ao ano a contar da citação (13.8.2004). Sucumbência recíproca não reconhecida. Valor postulado a título de dano moral que é meramente estimativo. Retificação da sentença no tocante às despesas processuais que, com relação ao Estado, são devidas por metade, nos termos do art. 11, letra "a" da Lei 8121/85. NEGARAM PROVIMENTO À APELAÇÃO DO AUTOR E DERAM PARCIAL – PROVIMENTO AO APELO DO RÉU. UNÂNIME. (TJRS. AC nº 70014693618, Rel. Des. Jorge Alberto Schreiner Pestana, Décima Câmara Cível, j. 25.5.2006)

EMENTA: RESPONSABILIDADE CIVIL – DETENTO – INEXISTÊNCIA DE PRONTO ATENDIMENTO MÉDICO – DESCASO NA POLÍTICA PENITENCIÁRIA DO ESTADO – INDENIZAÇÃO – VIABILIDADE. Comprovada, às plenas, a omissão do ESTADO em providenciar atendimento médico a detento que, comprovadamente, necessitava de imediato tratamento, não há como deixar de reconhecer a sua RESPONSABILIDADE (dele, ESTADO) e, conseqüentemente, a obrigação de indenizá-lo pelo dano causado à sua integridade física E moral. Constitui inafastável E imperioso dever do ESTADO providenciar pronto atendimento médico a detento com problemas de saúde, evitando o seu agravamento CONFIRMARAM A SENTENÇA NO REEXAME NECESSÁRIO, PREJUDICADO O RECURSO VOLUNTÁRIO. (TJMG. AC nº 000.234.117-0/00, Rel. Des. Hyparco Immesi, j. 3.10.2002, public. 10.12.2002)

EMENTA: INDENIZAÇÃO. DANO MATERIAL. VEÍCULO FURTADO. CHASSI ADULTERADO. LICENCIAMENTO. DETRAN. ESTADO. AUSÊNCIA DE RESPONSABILIDADE. Conforme jurisprudência das Cortes Superiores, o ESTADO não pode ser responsabilizado por ato criminoso de terceiro ou pela culpa dos compradores dos veículos cuja procedência seja irregular. Desta feita, o ESTADO não pode ser responsabilizado por ato realizado pelo DETRAN, no que tange o licenciamento de veículo furtado com chassi adulterado, porque os registros expedidos pelo DETRAN são meramente administrativos, devendo o interessado acautelar-se no momento da concretização do negócio jurídico. O licenciamento tem como fim precípuo verificar as condições técnicas de tráfego, visando a segurança no trânsito, E não como garantia de domínio em contrato particular de compra E venda. ALIENANTE. EVICÇÃO. DEVER DE INDENIZAR. O alienante de veículo furtado E apreendido pela autoridade policial está obrigado a restituir por inteiro ao comprador o preço E os prejuízos sofridos, ressarcindo-o dos riscos da evicção. DERAM PARCIAL PROVIMENTO. (TJMG. AC nº 1.0686.01.007874-5/001, Rel. Des. Brandão Teixeira, j. 1.6.2004, public. 18.6.2004)

EMENTA: Apelação. Ação indenizatória. Preso que, por falha do ESTADO, foge E pratica latrocínio contra o marido E pai dos Autores. Negligência clara do ESTADO em manter indivíduo perigoso segregado da sociedade. Esposa separada de fato do marido, que já vivia em companhia de outra. Dano moral E pensão deferidos aos filhos. Apelo provido, para julgar procedente a ação. DERAM PROVIMENTO, VENCIDO O VOGAL. (TJMG. AC nº 1.0000.00.307869-8/000, Rel. Des. Jarbas Ladeira, j. 10.6.2003, public. 12.6.2003)

EMENTA: DIREITO ADMINISTRATIVO – RESPONSABILIDADE CIVIL DO ESTADO – AÇÃO DE INDENIZAÇÃO – DANO MORAL – OMISSÃO DO PODER PÚBLICO – DESLIZAMENTO DE TERRAS EM RAZÃO DA CHUVA – SOTERRAMENTO – TRAGÉDIA NA VILA MORRO DAS PEDRAS – RESPONSABILIDADE SUBJETIVA – CULPA CARACTERIZADA – "FAUTE DU SERVICE". – A RESPONSABILIDADE da Administração Pública, pela "faute du service", É subjetiva E está subordinada à prova dos danos, da culpa, E do nexo de causalidade entre a ausência ou má prestação do serviço público E o evento danoso. – O Município tem o dever de indenizar a mãe, a título de danos morais, pelo sofrimento advindo da trágica perda dos 06 (seis) filhos, mortos por soterramento, em conseqüência do deslizamento de terras, restando caracterizada a omissão, em virtude da inexecução de obras ou da adoção de medidas preventivas com o fim de conter os danos provocados pelas chuvas torrenciais que, apesar de registradas no passado, não foram objeto de cautelas técnicas da Prefeitura. V. V. RESPONSABILIDADE CIVIL. DANOS PROVOCADOS POR PRECIPITAÇÃO PLUVIOMÉTRICA INTENSA. IMPREVISIBILIDADE DA FORÇA DA NATUREZA. CASO FORTUITO. CARACTERIZAÇÃO. Constitui caso fortuito, que afasta a RESPONSABILIDADE civil, a concentrada precipitação pluviométrica, cuja imprevisibilidade torna inexigível a ação do poder público impotente em face da força da natureza. DERAM PROVIMENTO AO RECURSO, VENCIDO O RELATOR. (TJMG. AC nº 1.0024.03.009941-0/001, Rel. Des. Fernando Bráulio, j. 2.2.2006, public. 4.5.2006)

EMENTA: ADMINISTRATIVO E CONSTITUCIONAL. APELAÇÃO. AÇÃO DE INDENIZAÇÃO. COLISÃO DE VEÍCULO AUTOMOTOR PARTICULAR COM MORTE DOS INTEGRANTES. RODOVIA ESTADUAL EM CONDIÇÕES PRECÁRIAS. RESPONSABILIDADE CIVIL EXTRACONTRATUAL DO ESTADO POR OMISSÃO. TEORIA SUBJETIVA DA FALHA DO SERVIÇO. CULPA PELA MÁ CONSERVAÇÃO DA PISTA DE ROLAMENTO. PROCEDÊNCIA DO PEDIDO. 1. COMPROVAÇÃO DA NEGLIGÊNCIA ADMINISTRATIVA. EXISTÊNCIA DE BURACO E AUSÊNCIA DE SINALIZAÇÃO NA RODOVIA. DEMONSTRAÇÃO DE RELAÇÃO DE CAUSA E EFEITO ENTRE A OMISSÃO DA ADMINISTRAÇÃO E O SINISTRO. CULPA EXCLUSIVA DA VÍTIMA AFASTADA. 2. ARBITRAMENTO DOS DANOS MORAIS. VALOR DA COMPENSAÇÃO. PECULIARIDADES DO CASO. VALOR REFERENCIAL DE 150 SALÁRIOS MÍNIMOS. RELEVÂNCIA DO NÚMERO DE VÍTIMAS PERTENCENTES A CADA GRUPO FAMILIAR. QUANTIA A SER PAGA AOS PAIS, MAS DESTINADA AO CONFORTO DA DOR SOFRIDA POR TODOS OS PARENTES DAS VÍTIMAS FALECIDAS. REDUÇÃO DE 600 S.M. PARA 450 S.M. 3. FIXAÇÃO DOS DANOS MATERIAIS. PENSÃO-INDENIZAÇÃO INCIDENTE SOBRE O VALOR DO SALÁRIO PERCEBIDO PELA VÍTIMA. VALOR DA REPARAÇÃO. ADEQUAÇÃO TEMPORAL DO PERCENTUAL. PENSIONAMENTO DEVIDO AOS PAIS DA VÍTIMA NO VALOR DE 2/3 DO SALÁRIO, DEVIDO DESDE A DATA DA MORTE ATÉ A DATA EM QUE ESTA COMPLETARIA 25 ANOS DE IDADE. REDUÇÃO DO MONTANTE PARA 1/3 DO SALÁRIO ATÉ O DIA DO EVENTUAL ANIVERSÁRIO DE 65 ANOS DA VÍTIMA OU, ANTES DISSO, NA DATA DO FALECIMENTO DOS BENEFICIÁRIOS. 4. JUROS MORATÓRIOS. INCIDÊNCIA A PARTIR DO EVENTO DANOSO. APLICAÇÃO DA SÚMULA N. 54 DO STJ. PERCENTUAL DE 0,5 % AO MÊS APLICÁVEL ATÉ 10.1.2003, ÚLTIMO DIA DE VIGÊNCIA DO CÓDIGO CIVIL DE 1916 (ART. 1.062 DO CCB/1916). A PARTIR DE 11/01/2003, INCIDÊNCIA DO PERCENTUAL DE 1% AO MÊS (ART. 406 DO

CCB/2002, C/C ART. 161, §1º, DO CTN). DISPOSITIVO DA SENTENÇA REFORMADO. 5. HONORÁRIOS ADVOCATÍCIOS SUCUMBENCIAIS ARBITRADOS EM PERCENTUAL INCIDENTE SOBRE O VALOR DA CONDENAÇÃO. VALOR INCOMPATÍVEL COM O §4º, DO ART. 20, DO CPC. FIXAÇÃO EM VALOR CERTO. 6. SENTENÇA REFORMADA EM PARTE, NO REEXAME NECESSÁRIO. (TJMG. AC nº 1.0476.04.000213-3/001(1), Rel. Des. Brandão Teixeira, j. 6.12.2005, public. 27.1.2006)

EMENTA: APELAÇÃO CÍVEL. RESPONSABILIDADE CIVIL. AÇÃO DE INDENIZAÇÃO. ABORDAGEM POLICIAL. DANO MORAL. ALEGAÇÕES DE ABUSO DE AUTORIDADE E CONSTRANGIMENTO COMPROVADAS. QUANTIFICAÇÃO DO DANO MORAL. 1. Obrigação do Estado em indenizar repousa na teoria da responsabilidade civil objetiva, tendo o autor logrado comprovar a existência do fato e o nexo de causalidade entre o fato alegado e o dano sofrido. 2. Abordagem policial foi no seu início regular e em cumprimento de dever legal, tendo os policiais extrapolado seu dever funcional ao não liberarem imediatamente o autor após a certificação de que não apresentava o detido quaisquer antecedentes, expondo-o ao constrangimento público. Prova testemunhal que corrobora as assertivas expostas na inicial. 3. Valor da indenização que deve ser fixado mediante a análise das circunstâncias do caso concreto. Princípio da razoabilidade e da proporcionalidade. Valor pecuniário que deve servir a compensar o malefício causado, bem como de elemento de dissuasão na repetição do ato ilícito. Compensação que se mostrou adequada à espécie e que vai mantida. 4. Custas. O Estado deve arcar com o pagamento das custas processuais por metade, conforme previsto no Regimento de Custas. 5. Reexame Necessário. Incidência do art. 475, §2º, do CPC. Decisão não conhecida em reexame. 6. Honorários advocatícios redimensionados, a incidirem sobre o valor da condenação. Apelo do Estado parcialmente provido. Apelo do autor provido. Decisão não conhecida em reexame necessário. (TJRS. AC nº 70012717864, Rel. Des. Paulo Antônio Kretzmann, j. 8.4.2006)

EMENTA: RECURSO ESPECIAL. AÇÃO CIVIL PÚBLICA. MINISTÉRIO PÚBLICO. LEGITIMIDADE. INTERESSES TRANSINDIVIDUAIS. EPIDEMIA DE DENGUE. DANO COLETIVO E ABSTRATO. RESPONSABILIDADE CIVIL POR OMISSÃO. SERVIÇO DEFICIENTE NÃO CONFIGURADO. INDENIZAÇÃO INDEVIDA. 1. O art. 127 da Constituição Federal estabelece a competência do Ministério Público para promover a defesa dos interesses sociais e individuais indisponíveis por meio da ação civil pública, na forma do art. 129 da Carta Magna e do art. 1º, IV, da Lei n. 7.347/85, abarcando quaisquer direitos transindividuais, sejam eles difusos ou coletivos, ou mesmo individuais homogêneos, não havendo "taxatividade de objeto para a defesa judicial" de tais interesses. 2. A responsabilidade civil por omissão, quando a causa de pedir da ação de reparação de danos assenta-se no "faute du service publique", é subjetiva, uma vez que a ilicitude no comportamento omissivo é aferido sob a hipótese de o Estado deixar de agir na forma da lei e como ela determina. 3. A responsabilidade civil do Estado, em se tratando de implementação de programas de prevenção e combate à dengue, é verificada nas seguintes situações distintas: a) quando não são implementados tais programas; b) quando, apesar de existirem programas de eficácia comprovada, mesmo que levados a efeito em países estrangeiros, o Estado, em momento de alastramento de focos epidêmicos, decida pela implementação experimental de outros; c) quando verificada a negligência ou imperícia na condução de aludidos programas. 4. Incabível a reparação de danos ocasionada pela "faute du service publique" quando não seja possível registrar o número de vítimas contaminadas em decorrência de atraso na implementação de programa de combate à dengue, não tendo sido sequer comprovado o efetivo atraso ou se ele teria provocado o alastramento do foco epidêmico. 5. Incabível a reparação de danos ocasionada abstratamente à coletividade, sem que seja possível mensurar as pessoas atingidas em razão de eventual negligência estatal, mormente em havendo fortes suspeitas de que a ação estatal, se ocorrida atempadamente, não teria contribuído para evitar o dano nas proporções em que se verificou. 6. Recurso especial do Município Currais Novos não conhecido. 7. Recursos especiais da União e da Funasa providos em parte. (STJ. REsp nº 703471/RN; Recurso Especial 2004/0162624-3, Rel. Min. João Otávio De Noronha, Segunda Turma, j. 25.10.2005. DJ, 21 nov. 2005, p. 195)

Estas últimas decisões não foram comentadas porque o objetivo foi apenas trazê-las a título de informação aos leitores sobre o entendimento jurisprudencial sobre o tema.

2.5 Responsabilidade civil do Estado por ato do Legislativo

A função precípua do Poder Legislativo é a de editar o Direito consubstanciado em normas gerais e abstratas, materializadas na lei. Ora, sendo de natureza geral, a lei, em princípio, destina-se à comunidade como um todo e não ao indivíduo. Por esse motivo, seria impossível identificar-se dano individual provocado por lei geral.

A lei, mesmo que aparentemente prejudicial, por ser dirigida a todos que se encontram nos raios de seu alcance, não pode ser considerada danosa para os efeitos de indenização. A regra é, por conseguinte, a da irresponsabilidade do Estado por ato do Legislativo, no exercício de sua atividade fim: editar a lei. Hely Lopes Meirelles inadmite o dever de a Fazenda Pública indenizar por dano causado em virtude de ato típico do Legislativo. Argumenta que, se admitisse a reparação, a sociedade estaria indenizando a si mesma, visto que o Estado é gestor da coisa pública, por conseguinte, paga aos lesados com recursos arrecadados da sociedade por intermédio, principalmente, de tributos. Outro argumento de Hely Lopes e de outros autores é o de que a sociedade não pode cobrar do Estado por atos danosos praticados pelos legisladores, escolhidos por ela para lhe representarem na atividade legislativa.[19]

No Direito mexicano, existem hipóteses de responsabilidade do Estado em virtude de ato do Legislativo. Entre elas destacam-se os casos de leis contrárias ao interesse social, ou que provocam prejuízo, e os danos causados por lei posteriormente julgada inconstitucional. Nesses dois casos, admite-se a responsabilidade do Estado em benefício dos lesados.[20]

No Direito francês, segundo Jean Rivero, o princípio geral é também o da não responsabilidade do Estado em virtude da atividade legislativa. É desse autor o texto:

> Como regra geral, os sacrifícios que a lei pode impor aos cidadãos não deveriam ser compensados por uma indenização, quando o próprio legislador não encarou essa indenização.
>
> O princípio justifica-se facilmente: é jurídica e politicamente impossível uma culpa na atividade legislativa, soberana por definição. Por outro lado, o juiz não poderia, sem emendar a vontade do legislador, quer dizer, sem se substituir a este, fazer derivar a lei uma responsabilidade sem culpa.[21]

---

[19] MEIRELLES. Op. cit., p. 554.
[20] SENA ROJAS. Derecho administrativo, 5. ed., t. 2.
[21] RIVERO. Direito administrativo, p. 340.

Na França, tem-se, excepcionalmente, a indenização em certos casos: aqueles em que a lei for considerada prejudicial. Seria o caso de lei que, mesmo de caráter geral, prejudica determinado grupo, perfeita e facilmente identificado, ou quando a lei, embora com aparência de geral, destina-se a prejudicar, deliberadamente, determinado grupo ou certos indivíduos. Nos dois casos é difícil a comprovação do fato.

No Direito pátrio, os tribunais vêm admitindo a responsabilidade do Estado nos casos de lesões causadas por leis posteriormente declaradas inconstitucionais, em virtude, principalmente, do princípio dos efeitos *ex tunc* da decisão judicial que declara a inconstitucionalidade de lei. Vislumbra-se também a responsabilidade do Estado em virtude de leis de efeito concreto. Estas leis, materialmente, são verdadeiros atos administrativos emitidos pelo Legislativo. Dessa natureza, a lei alcança indivíduos definidos e não a sociedade em geral. Por isso, é possível a provocação de dano a pessoas naturais e jurídicas alcançadas direta ou indiretamente pelos efeitos decorrentes da lei, justificando, assim, a reparação patrimonial ao lesado.

Júlio César dos Santos Esteves, na sua dissertação de mestrado, que resultou no livro *Responsabilidade civil do Estado por ato legislativo*, desenvolveu profundo e rico estudo sobre a responsabilidade civil do Estado no Direito estrangeiro e, em especial, no Direito pátrio. No que tange à responsabilidade do Estado legislador, objeto do seu trabalho, Júlio César aprofunda os estudos sobre o tema ressaltando posições até então não defendidas pela doutrina. Com precisão, o autor examina a responsabilidade do Estado face aos atos legislativos ilícitos e lícitos. Refuta o entendimento segundo o qual somente se cogita da responsabilidade patrimonial por lei inconstitucional, se a declaração se emanar por meio do controle concentrado. O autor defende a responsabilização nos casos de inconstitucionalidade declarada por via do controle difuso.

Para concluir esta referência transcreve-se o texto contido no item 14 das conclusões a que chegou o autor em realce:

> 14. A inexistência de uma soberania estatal incontrastável como prerrogativa do legislador, que, assim como os demais agentes públicos, se submete aos limites da Constituição; o reconhecimento da potencialidade lesiva do ato legislativo, especialmente naqueles de efeitos concretos – instrumento usual do Estado em sua concepção contemporânea e de que a legislação constitui resultado da atuação do Estado, assim compreendida como pessoa jurídica responsável, e não da sociedade; a compreensão de que a inviolabilidade parlamentar não traduz imunidade absoluta ou descompromisso com a ordem constitucional, e sim mecanismo de garantia do parlamentar, demonstram a insuficiência e imprestabilidade dos argumentos pelos quais se busca subtrair a função legislativa à responsabilidade civil do Estado.[22]

Concluindo este subitem, cumpre salientar que a caracterização da lesividade decorrente de ato causador de dano é bem mais difícil do que nos casos de ato administrativo, em virtude da natureza das duas espécies de atos. O simples fato de determinada lei ser declarada inconstitucional não gera direito à indenização, é necessário comprovar o dano efetivamente causado pela lei.

---

[22] ESTEVES. *Responsabilidade civil do Estado por ato legislativo*, p. 248.

2.6 Responsabilidade civil do Estado por ato do Judiciário

O ato típico do Judiciário é a sentença no primeiro grau e o acórdão nos graus superiores. É por meio dessas espécies de atos que o Poder Judiciário consubstancia a sua atividade-fim. A decisão judicial, sendo a síntese da interpretação da lei, com vistas à sua aplicação no caso concreto, não deve gerar direito à indenização aos que se julgarem prejudicados com a sentença ou acórdão.

A base fundamental dessa teoria é o instituto da coisa julgada. A admissão de dano causado pelo Judiciário e a consequente reparação implicaria, por certo, o enfraquecimento da decisão transitada em julgado. Por tais motivos, tem-se admitido a culpa do Estado por ato do Judiciário, somente em casos de decisões declaradas viciadas, por estarem em desacordo com o direito. São os chamados erros judiciais. Na doutrina e na jurisprudência brasileiras, os casos mais comuns verificam-se nas decisões relativas ao Direito Penal, em que, às vezes, se condenam inocentes. Nessa hipótese, o dever de indenizar é entendimento pacífico na doutrina e na jurisprudência.

Entre os casos mais famosos destaca-se o dos Irmãos Naves, contado em livro e em filme nacional. Trata-se de suposto homicídio praticado pelos irmãos Sebastião José e Joaquim Rosa Neves na Comarca de Araguari. Foram absolvidos no primeiro júri popular. O promotor protestou por segundo julgamento. O Tribunal de Justiça acatou o pleito e determinou novo julgamento. Novamente, foram absolvidos pelo tribunal do júri popular, composto por jurados que não participaram do primeiro júri. O promotor recorreu novamente. O Tribunal de Justiça do Estado de Minas Gerais, novamente, acatou o recurso e ele, próprio, procedeu ao julgamento, condenando os dois irmãos por cometimento de suposto homicídio. Depois de quase dez anos reclusos, a suposta vítima apareceu, bem viva, na cidade onde teria ocorrido o crime.

Este foi, em Minas, certamente, o mais grave erro judiciário em toda a sua história, com repercussão em todo o país e fora dele. O Estado foi condenado, em ação própria, a indenizar as famílias das vítimas, visto que os beneficiários diretos já haviam falecido na ocasião do pagamento da indenização.

Ronaldo Brêtas de Carvalho Dias, em seu livro *Responsabilidade do Estado pela função jurisdicional*, sustenta sobre o assunto:

> [...] se o sistema jurídico brasileiro, segundo os cânones do direito moderno, tradicionalmente consagra o princípio da responsabilidade do Estado pelos atos ilícitos e danosos causados aos particulares pelos seus agentes públicos, deve-se concluir que o Estado será solidariamente responsável nas situações de responsabilidade pessoal do juiz (agente público julgador) anteriormente consideradas, até porque o Estado tem ação de regresso contra agente público em casos de dolo ou culpa. O assunto, na atualidade, tem disciplina normativa no art. 37, §6º, da Constituição Federal, e no art. 43 do Código Civil de 2002. Portanto, se o juiz, no exercício de suas funções, age com dolo ou fraude, causando prejuízo a alguém, comete ato ilícito, comissivo e a responsabilidade do Estado é objetiva, fundada na teoria do risco. Por outro lado, se o agente público julgador atua culposamente, deixando de determinar providências que o ordenamento jurídico lhe impõe, disto resultando prejuízos às partes, pratica ato ilícito omissivo e a responsabilidade do Estado é subjetiva, lastreada na culpa anônima do serviço público. Em qualquer das hipóteses, portanto, tratando-se de ato

ilícito praticado pelo agente público julgador, do qual resulta dano ao particular, haverá responsabilidade do Estado, que terá direito de regresso em relação ao juiz.[23]

A conclusão, transparente, do autor transcrito é a de que o juiz no exercício de suas funções pode causar dano em virtude de ação comissiva, prática de ato, ou por comportamento omissivo, inexistência de ato. Nos dois casos, sustenta o autor, o Estado responde perante a vítima, podendo regressar contra o juiz causador do dano. Na primeira situação, a responsabilidade seria objetiva, fundada na teoria do risco do serviço e, na segunda, a responsabilidade seria subjetiva, lastreada na culpa anônima teorizada pelo Conselho de Estado francês.

Gostaríamos de refletir um pouco mais quanto à responsabilidade subjetiva do Estado. Temos, por exemplo, dificuldade de admitir que nos casos em que o agente causador do dano seja conhecido, ainda que a lesão decorra de inação, trata-se de culpa anônima.

2.7 Dano indenizável

Já se viu que o Estado, suas empresas e as empresas privadas que prestam serviços públicos respondem pelos danos que seus agentes, nessa condição, causarem a terceiros. O comportamento pode ser comissivo ou omissivo. Por omissão, o Poder Público responde pela responsabilidade objetiva ou pela culpa subjetiva, dependendo da situação concreta. Será caso da responsabilidade objetiva por omissão quando o Estado, ou quem lhe faça as vezes, deixar de agir quando tinha o dever legal de atuar comissivamente, mas se absteve, deliberadamente ou não, de praticar o ato que lhe competia. A culpa será subjetiva quando, embora o Estado não tivesse o dever legal de agir, objetivamente previsto, devesse, ante a situação concreta, adotar providências visando evitar consequências danosas ao administrado.

Para que seja caracterizada a responsabilidade indenizatória do Estado, não basta a simples ocorrência de dano. É necessário que ele se revista de certas características. Celso Antônio Bandeira de Mello aponta duas características fundamentais. São elas: o dano deve corresponder a uma lesão a direito da vítima. Se ele não for juridicizado, não há que se falar em prejuízo indenizável. A outra característica referida pelo autor é a de que o dano deve ser certo, não apenas eventual. Ele pode ser atual ou futuro, não importa, mas deve ser certo, real.[24]

O dano indenizável é aquele incidente sobre um bem jurídico protegido. Daí admitir-se a existência de dano econômico e dano moral nos termos do art. 5º, X, da Constituição da República de 1988: "São invioláveis a intimidade, a vida privada, a honra e a imagem das pessoas, assegurado o direito a indenização pelo dano material ou moral decorrente de sua violação".

Sustenta Cármen Lúcia Antunes Rocha:

> Tem-se afirmado, na doutrina, não ser qualquer perturbação antijurídica incidente sobre o patrimônio de alguém e emanado do Estado que caracteriza o dano responsabilizável

---

[23] DIAS. *Responsabilidade do Estado pela função jurisdicional.*
[24] BANDEIRA DE MELLO. *Op. cit.*, p. 453.

juridicamente. É certo que há que haver a ofensa antijurídica ao patrimônio do atingido para que se possa cogitar da responsabilidade. Mas não é qualquer perturbação que ensejará tal cogitação.[25]

Em seguida, a autora traz à colação os ensinamentos de García de Enterría, no sentido de que, para se identificar a lesão sofrida pelo particular por comportamento do Poder Público, é necessário "distinguir o conceito jurídico de lesão do conceito vulgar de prejuízo". O prejuízo, no sentido vulgar ou popular, sofrido pelo particular em virtude de determinado comportamento estatal, não gera direito à reparação.

De Celso Antônio Bandeira de Mello é o seguinte ensinamento sobre o tema:

> Logo, o dano, assim considerado pelo Direito, o dano ensanchador de responsabilidade, é mais que simples dano econômico. Pressupõe sua existência, mas reclama, além disso, que consista em agravo a algo que a ordem jurídica reconhece como garantido em favor de um sujeito.

Na sequência, o mesmo autor lança um exemplo de situação patrimonialmente danosa em que não se configura dano jurídico e que, por isso, não confere ao prejudicado o direito à indenização. A hipótese é a seguinte, em síntese: a mudança de uma escola, um museu, uma biblioteca, um teatro ou uma repartição pública de determinado lugar para outro poderá acarretar danos patrimoniais aos comerciantes vizinhos, que perderão os seus fregueses vinculados ao estabelecimento transferido. Esse dano, entretanto, não seria indenizado por não ser dano jurídico.[26]

Há, porém, outras situações em que, mesmo a Administração agindo licitamente, em conformidade com a lei, poderá vir a ser responsabilizada a indenizar em virtude de dano patrimonial causado ao particular. Serve de exemplo a construção de um elevado para trânsito de veículos ou passarela para pedestre que, em virtude de sua localização, traga embaraços para residências ou estabelecimentos comerciais contíguos, cujas construções foram formalmente licenciadas, dificultando o acesso a elas, devassando suas janelas, impedindo a entrada de luz natural e aumentando os ruídos provocados por veículos ou pessoas.

A guarda de objetos ou de pessoas perigosas pelo Estado acarreta-lhe o dever de indenizar por dano que tais objetos ou pessoas venham a causar a terceiros. Assim, a explosão de um paiol de materiais bélicos, ainda que sem culpa da Administração, impõe ao Poder Público o dever de indenizar.

Os presidiários, os pacientes nos manicômios, os alunos nas escolas públicas em horário de aula estão sob a guarda do Estado. Por isso, responde a Administração Pública pelos danos físicos sofridos por esses custodiados e pelas mortes deles, ainda que provocadas por colega. O fundamento da responsabilidade é o fato de que aquele que detém a guarda ou a custódia de objeto ou de pessoa tem, implícito, o dever de proteger o objeto guardado ou a pessoa custodiada contra qualquer forma de lesão. Serve de exemplo o caso citado em item precedente em que a Prefeitura do Rio de Janeiro foi

---

[25] ROCHA. *Princípios constitucionais da administração pública*, p. 274 *Apud* GARCIA DE ENTERRÍA; FERNANDEZ. *Curso de derecho administrativo*, p. 337-339.
[26] BANDEIRA DE MELLO. *Op. cit.*, p. 454.

condenada a indenizar os pais de uma menina que teve o globo ocular perfurado, em uma escola municipal, por uma colega de sala.

A jurisprudência é farta em relação a danos sofridos por detentos em presídios públicos.

Alguns exemplos:

> Acidente com preso no trabalho, ocorrido no presídio – Indenização – Fazenda Pública – Responsabilidade civil – Acidente do trabalho ocorrido na casa de detenção – Presidiário que sofreu redução da capacidade laboral. Incidência do seguro obrigatório. Omissão da Administração do presídio. Acolhimento da ação. Sentença confirmada. (TJSP, 5º C. Ap. Rel. Márcio Bonilha, j. 8.9.83)[27]
>
> Morte decorrente de incêndio na cela. Responsabilidade civil do Estado. Morte e lesões corporais em detento, consequência de incêndio em cela ocupada, onde se guardava lata de cera. Conluio impresumível. Risco administrativo e responsabilidade pela incolumidade dos presos arts. 107 e 153, §14, da CF. Indenização devida. (TJSP, 2ª C., Ap., j. 8.9.81)[28]
>
> Agressão e morte provocada por companheiro de cela. Preso assassinado na prisão. Indenização aos pais da vítima. Responsabilidade objetiva do Estado – Art. 107 da EC n. 1. Inocorrência no caso. (STF, 2ª T., j. 5.3.91)[29]

Nesse caso, a Suprema Corte entendeu não ser devida a indenização pleiteada pelos pais da vítima, pelo fato de ela ter sido condenada a mais de sessenta anos de reclusão pela prática de vários ilícitos penais. Com essa condenação, segundo sustentaram os julgadores, os postulantes nada poderiam esperar de ajuda do filho. Por esse motivo, o Estado não poderia ser responsabilizado pela indenização.

E nos casos de suicídio de pessoas sob a guarda do Estado, seria deste o dever de indenizar a família do suicida? O entendimento jurisprudencial é no sentido de que, se o estabelecimento público não tomou as precauções necessárias para evitar que o custodiado se suicidasse, deixando ao seu alcance materiais que tenham sido utilizados como instrumento causador do evento morte, o Estado é responsável. Quando, entretanto, o órgão público for zeloso, cauteloso e precavido, de modo a não permitir que aludidos instrumentos sejam acessados pelos presidiários, por exemplo, o Estado não responderá pelos suicídios que eventualmente se verifiquem nas dependências públicas. Nesse sentido, foi a decisão na Apelação Civil nº 0111885/90:

> Administrativo – Responsabilidade Civil do Estado – Prescrição qüinqüenal – Morte de preso – *Suicídio*.
> 1. A ação está sujeita a prescrição quinquenal, observando-se, entretanto, que não corre a mesma para os incapazes.
> 2. A hipótese de *suicídio* quebra o nexo de causalidade que impõe a responsabilidade objetiva do Estado fato não elidido pela prova testemunhal, única a ser produzida.

---

[27] *RJTJESP*, 87/121.
[28] *RJTJESP*, 74/132.
[29] *RTJ*, 77/601.

A jurisprudência tem entendido que nos casos de prisão ilegal o Estado se responsabiliza pelo suicídio do preso, conforme decisão nos embargos infringentes na Apelação Civil nº 0105804/91.³⁰

> Ementa: Responsabilidade Civil – Prisão ilegal – *Suicídio* no interior de dependência policial – Indenização.
>
> Comprovada a ilegalidade da prisão, efetuada sob o rótulo de "convite", sem observância de qualquer formalidade e o nexo causal entre a detenção e o evento morte, decorrente de suicídio, fruto da pressão psicológica sofrida pelo preso, cuja incolumidade física estava sob a inteira responsabilidade da União Federal, através dos agentes policiais, surge o direito à indenização a ser paga à filha menor.³¹

Outra situação relativa a detentos, que tem ocupado com relativa frequência o Judiciário, é o caso de fuga destes com consequências danosas a pessoas e bens.

É a hipótese de preso que foge da prisão e, enquanto estiver foragido, pratica furtos, homicídios, estupros, entre outros. Nesses casos, as vítimas têm recorrido ao Poder Judiciário pleiteando indenização do Estado. A jurisprudência não é pacífica nesse particular. Há julgados no sentido de que o Estado não pode responder pelos danos causados por detentos foragidos. Outras decisões são no sentido de que o Estado tem o dever de manter o condenado preso até cumprir a pena. Por isso, a fuga dele é de inteira responsabilidade do Estado e, consequentemente, deste é também o dever de indenizar os danos patrimoniais e morais causados pelos detentos fugitivos.

A situação é delicada. Entendemos que a circunstância da fuga é que deve ser tomada como parâmetro para a conclusão do julgamento. Assim, se a Administração envidou todos esforços para evitar a fuga, mas, não obstante, não conseguiu impedi-la, o Estado não deve ser responsabilizado pelas consequências decorrentes. Porém, se houve facilitação ou omissão por parte de agente público, o Estado deve ser responsabilizado.

2.8 Excludentes de responsabilidade

Há fatos ou circunstâncias que concorrem para a não responsabilidade do Estado, que podem ser chamadas de excludentes de responsabilidade do Estado por danos sofridos por terceiros. Entre elas, cita-se a inexistência de vínculo causal entre a Administração Pública e o dano sofrido por alguém. Sobre o tema escreve Cármen Lúcia Antunes Rocha:

> A característica destas circunstâncias excludentes da responsabilidade estatal é a inexistência do vínculo causal entre o comportamento da entidade pública ou da entidade concessionária de serviço público e o dano produzido. Assim, não obstante tenha ocorrido dano, este não é imputável ao Estado, por ser oriundo de causa estranha à conduta da pessoa pública. Consoante antes afirmado, é o elo de causalidade entre o comportamento e o dano dele decorrente que circunscreve o espaço da responsabilidade estatal. Onde este não se puder acertar, não sobrevirá a responsabilidade.³²

---

³⁰ *DJ* de 18.3.91, p. 4.963.
³¹ *DJ* de 7.11.94, p. 63.182.
³² ROCHA. *Op. cit.*, p. 278.

A doutrina e jurisprudência acolhem as seguintes hipóteses de exclusão de responsabilidade do Estado:

- Culpa exclusiva da vítima – A vítima concorrendo para a ocorrência do fato danoso envolvendo entidade pública ou as que lhe façam as vezes, exclui a responsabilidade indenizatória do Estado. Nestes casos, compete à entidade ou órgão público o ônus da prova, isso é, provar que a vítima é efetivamente culpada pela ocorrência do evento danoso. A Administração, não conseguindo provar, obviamente responderá pelos danos e as suas consequências patrimoniais.

Nesse sentido, é pacífica a jurisprudência dos tribunais brasileiros. Como exemplo, veja-se:

> Apelação Cível n. 6.102 – Apelante: Estado do Rio de Janeiro – Apelado: Ivanir Ferreira Lustoza e sua mulher – Relator: Desembargador Carlos Alberto Direito.
>
> Ementa: Não tem responsabilidade o Estado por ato de seus agentes, no restrito cumprimento do dever legal, quando o evento danoso resulta de provocação de terceiro, na companhia do qual se encontrava a vítima, em flagrante violação da lei, com a prática de manobra relativa à ordem pública na condução do veículo, desrespeitando o comando de parada, em atividade sujeita à repressão das autoridades policiais encarregadas de proteger a segurança do cidadão.[33]

- Força maior – É acontecimento imprevisto e alheio à vontade do Estado. Os autores têm definido a força maior, para distingui-la de caso fortuito, como resultante de comportamento humano, ou, dito de outra forma, decorrente de fato do homem. Exemplo: greve de empregados, invasões de terras, guerrilhas urbanas ou rurais. Danos decorrentes desses casos não impõem ao Estado, em princípio, o dever de indenizar.
- Caso fortuito – É também acontecimento imprevisto provocado pela natureza. Denomina-se "fato da natureza". São exemplos de fato da natureza: terremoto, vendaval, maremoto, vulcão, descargas elétricas (raios) e enchentes. Os danos materiais e econômicos provocados por tais acontecimentos naturais não acarretam ao Estado a obrigação de indenizar os prejuízos sofridos. Esta é a regra. Pode, entretanto, ocorrer hipótese de responsabilização do Estado pela culpa subjetiva, quando se verificar que o fato danoso se repetiu com certa regularidade e periodicidade, tornando-se previsível, e a Administração Pública se omitir, deixando de tomar medidas eficazes para evitar, não o fato, mas os danos dele decorrentes. Serve de exemplo o caso já citado do Ribeirão Arrudas de Belo Horizonte que, durante muitos anos seguidos, inundou diversos estabelecimentos comerciais localizados nas suas margens, no centro da cidade.
- Servidor fora de suas atividades funcionais – Nos termos do art. 37, §6º, da Constituição Federal, o Estado, as empresas estatais e as empresas particulares concessionárias de serviços públicos são civilmente responsáveis pelos danos que seus agentes, nessa qualidade, causarem a terceiros. O dispositivo é enfático

---

[33] BDA, n. 7, p. 474, jul. 1996.

no sentido de que a responsabilidade estatal se cinge aos danos decorrentes do comportamento de servidor atuando no exercício de suas atividades. Os danos que o servidor provocar a terceiros, fora da sua atividade própria de servidor público, desobriga o Estado. Sobre esse enfoque é lapidar o ensinamento de Cármen Lúcia Antunes Rocha:

> Não se cogita, assim, de responsabilidade estatal quando o autor do comportamento causador do dano, não obstante seja agente público, não tenha agido nesta qualidade. O agente público pratica atos em sua vida que não têm pertinência com a função correspondente ao cargo, função ou emprego público no qual se encontra investido, vale dizer, não são todos os seus atos praticados na sua condição de servidor público. O que exorbita daquela qualidade, ainda que ocasione dano, não terá qualquer relação obrigacional gerada para a entidade a cujo quadro ele pertença.[34]

Essas são as principais causas de exclusão de responsabilidade do Estado em virtude de danos sofridos por terceiros, aqui citadas exemplificativamente. Existem, todavia, outras hipóteses excludentes.

2.9 Reparação do dano e regresso

A vítima de danos causados pelo Estado pode postular a reparação na via administrativa. A Administração, reconhecendo a sua responsabilidade sem dúvida, deve proceder ao pagamento da indenização devida. No caso de dúvida, é preferível negar. Nesse caso, o interessado terá a via judiciária para reclamar o seu pretenso direito, visto que a Constituição da República, no art. 5º, XXXV, estabelece que a lei não pode excluir da apreciação do Judiciário qualquer lesão ou ameaça de direito.

A postulação na via administrativa é eleição do interessado. O lesado, se quiser, tem a faculdade de optar diretamente pela via judiciária sem antes pleitear a reparação na própria Administração.

O Estado, reconhecendo o dever de indenizar ou compelido a tal comportamento, isto é, a indenizar a vítima do dano, terá direito a regresso contra o servidor que, nessa qualidade, tenha provocado o fato ensejador do dano indenizável, se agiu com culpa ou com dolo. Nos demais casos – os danos praticados por servidor sem culpa ou sem dolo, ou os decorrentes da culpa alheia –, a entidade pública não tem como ressarcir-se. Entende-se por danos decorrentes da culpa alheia, de acordo com a doutrina e a jurisprudência, aqueles cuja autoria não é identificável, ou seja, aqueles em que não houve a participação direta de determinado agente público. Tem-se entendido como exemplo os danos causados pela não prestação do serviço ou a sua prestação irregular ou tardia. Nesses casos, em princípio, não se identifica a pessoa diretamente responsável pelo evento danoso.

Nos casos em que comporta o exercício do direito de regresso do Estado contra o servidor causador do dano, a doutrina se biparte quanto ao momento do exercício do direito. Uma corrente entende que o ente estatal, uma vez acionado pela vítima, terá que, imediatamente, denunciar da lide o servidor causador do dano. Assim entendem

---

[34] ROCHA. *Op. cit.*, p. 278.

os integrantes da corrente, fundados no art. 70, III, do Código de Processo Civil. Para essa corrente, a Administração perderá o direito de regresso se, no momento processual próprio, não denunciar da lide o servidor culpado.

Outra corrente posiciona-se em sentido contrário. Entende essa corrente que a denunciação é dispensável e até inoportuna. A regra do art. 70, III, do Código de Processo Civil de 1973 não se aplica nos casos de indenização decorrente da responsabilidade objetiva. Segundo esse entendimento, a entidade pública litiga com a vítima no polo passivo da relação processual e, se condenada, promoverá ação regressiva contra o agente provocador do dano que teve, entre as consequências, a indenização suportada diretamente pelo Estado. A matéria constante do art. 70 do CPC de 1973 está tratada no art. 125 do CPC de 2015.

Este parece-nos ser o entendimento que melhor se adapta à situação jurídica, pois tem-se, de um lado, um direito com fundamento na responsabilidade objetiva e, de outro, um direito baseado na culpa subjetiva. O lesado, titular do direito de indenização, terá que provar, na ação própria, apenas o nexo causal do comportamento da Administração Pública e o dano dele decorrente. Não terá de perquirir a culpa do agente nem de apontar o agente. Já a entidade estatal responsabilizada pelo dano e compelida ao pagamento da indenização, na ação de regresso, terá de provar a atuação culposa ou dolosa do seu agente. São duas ações distintas que exigem procedimentos probatórios diversos. Logo, não devem ser discutidas em um mesmo processo. Em princípio, a ação da vítima contra o Estado é muito mais rápida do que a do Estado contra o seu agente, dada a simplicidade probatória da primeira em relação à segunda. Por essa razão, o lesado, titular de um direito cristalino, não deve ficar esperando a Administração provar a culpa do agente causador do dano.

Nessa linha, parece direcionar-se o comando do art. 122, §2º, da Lei nº 8.112/1990 ao prescrever que, "tratando-se de dano causado a terceiros, responderá o servidor perante a Fazenda Pública, em ação regressiva". A citada lei não cuidou nem da denunciação da lide nem do litisconsórcio.

Nos casos de culpa subjetiva do Estado, entretanto, parece prudente e até necessária a denunciação da lide, visto que a obrigação estatal só se evidenciará se o seu agente tiver atuado com culpa ou com dolo.

Outra questão pertinente que se põe refere-se ao dever do Estado de regressar contra o causador do dano. Cobrar do servidor a importância que o Estado desembolsou em virtude de dano por ele causado a terceiro é dever do Estado ou faculdade? O agente competente poderá, ante o caso concreto, decidir pelo reembolso ou não?

Um dos princípios da Administração Pública é o da indisponibilidade. Significa que o agente administrativo não pode dispor da coisa pública ao seu talante. As alienações ou outras transações de bens públicos são realizadas rigorosamente nos limites e formalidades estabelecidos em lei. Por isso, à autoridade não é facultado transigir quanto ao reembolso devido por servidor em virtude de dano por ele causado a terceiro e indenizado pela entidade pública. O agente causador do dano deve ser acionado indistintamente. Primeiro, por via da ação de conhecimento, para provar a sua culpa ou dolo, e, em seguida, por meio da ação de execução, para a cobrança compulsória. Na hipótese de o servidor não ter bens patrimoniais suficientes para saldar a obrigação, o setor de pagamento dos servidores públicos deve promover desconto em folha, mensalmente, nos limites previstos na lei estatutária pertinente, até o reembolso total.

A Lei Federal nº 4.619, de 28.4.65, regula a ação regressiva da União contra seus servidores que, nessa qualidade, causarem danos a terceiros, que resultem em dispêndio para a Fazenda Pública Federal. A propositura da ação é obrigatória, no prazo de sessenta dias, contado da data do trânsito em julgado da decisão condenatória.

3 Responsabilidade administrativa e civil de pessoas jurídicas em virtude de conduta ilícita contra a Administração Pública

3.1 Considerações introdutórias

Neste tópico comenta-se, ainda que brevemente, a Lei nº 12.846, de 1º.8.2013, que dispõe sobre a responsabilidade administrativa e civil de pessoas jurídicas pela prática de atos contra a Administração Pública, nacional ou estrangeira, com a finalidade de obter vantagem econômica para si ou para outrem. Trata-se de lei centrada no combate à corrupção que, nos últimos anos, instalou-se, com extraordinário vigor, na Administração Pública brasileira nos quatro planos de governo, envolvendo a Administração direta e a indireta e os poderes também, principalmente nas suas atividades administrativas e até mesmo nas atividades-fim. O objetivo precípuo da lei é responsabilizar as pessoas jurídicas privadas nacionais e estrangeiras que oferecem propinas ou outras vantagens com a finalidade de obter favores econômicos em detrimento dos cofres públicos e do interesse social.

Procurou-se extrair da lei todos os aspectos positivos quanto ao seu conteúdo sancionatório e quanto à eficácia e efetividade dos seus comandos e, ainda, verificar se ela se conforma integralmente com a Constituição. Antes, entretanto, julga-se necessária uma palavra sobre a corrupção no Brasil.

3.2 O "jeitinho brasileiro" deturpado

A expressão "jeitinho brasileiro" foi cunhada com a finalidade de sintetizar a criatividade para improvisação do povo brasileiro em situação de emergência, adversa ou de falta de recursos técnicos ou financeiros. Nessas situações, o brasileiro sempre foi habilidoso na tentativa de encontrar solução adequada para o caso concreto, valendo-se de sua criatividade.

Nos últimos anos, todavia, o "jeitinho brasileiro" que, por muito tempo, foi motivo de orgulho dos brasileiros, vem sendo usado, e com muita frequência, por pessoas inescrupulosas, com a finalidade de obter vantagem para si ou para outrem, ou até mesmo para prejudicar alguém. São exemplos corriqueiros: conseguir nomeação de parente ou amigo para ocupar cargo público em troca de propina ou de promessa de votos; pagar propina a agentes públicos encarregados de promover licitações e contratações públicas, com a finalidade de vencer licitação, mesmo cotando preço acima do estimado pela Administração ou praticado no mercado (sobrepreço) e, ainda, o direito de revisão do valor do contrato periodicamente em desconformidade com o disposto na legislação pertinente; pagamento de propina a determinados agentes fiscais, para, com a "ajudinha" deles, sonegar impostos; formação de cartel por empresas fornecedoras e empreiteiras para participarem de licitações com a certeza de vencer e, consequentemente, firmar contratos públicos de milhões de reais, em desacordo com a lei e em detrimento do princípio republicano; instituir caixa 2 com a finalidade de financiar campanha de políticos candidatos a cargos eletivos, sem o controle da Justiça Eleitoral, para depois receber dos eleitos vantagens privilegiadas a expensas do Erário e até votação de leis, embora de natureza geral, destinadas a determinados grupos econômicos.

Ressalte-se, por oportuno, que os servidores públicos são honestos, éticos, probos e observadores das leis. Essa é a regra. Entretanto, existem poucos que não são dotados dessas qualidades essenciais aos servidores públicos, em virtude da nobreza da função. Eles são, com mais ou menos poder, integrantes da máquina estatal gestora da coisa pública. Daí, a inestimável importância desse segmento da sociedade. Os poucos agentes públicos que destoam desse padrão de conduta causam irreparáveis danos ao Erário e à sociedade. Contra esses, a legislação vem se aprimorando na busca de coerção capaz de inibi-los das nefastas condutas ilícitas e criminosas. Servem de exemplos, o mensalão dos Correios, já julgado e os culpados condenados; as obras das linhas do metrô e de trens de São Paulo; em fase de apuração das denúncias; e o chamado escândalo da Petrobras, em fase de inquérito policial federal com a participação do Ministério Público Federal. Várias denúncias já foram oferecidas e aceitas pela Justiça Federal do Estado do Paraná envolvendo, segundo as acusações, depoimentos e confissões, dirigentes da petroleira, políticos da base do governo e dirigentes de empreiteiras.

3.3 Principais regras e princípios jurídicos contra a corrupção e improbidade administrativa

Neste tópico, examina-se a legislação pertinente à corrupção e à improbidade administrativa. Adverte-se, desde já, que o termo *legislação* compreende a Constituição, as leis complementares, as leis ordinárias, os decretos e as portarias normativas e, principalmente, os princípios constitucionais. Estes são espécies de normas ao lado das regras, leis. Com arrimo na hermenêutica contemporânea, pode-se examinar o caso concreto observando-se a legalidade restrita ou a legalidade em sentido amplo. No primeiro caso, significa necessidade de lei – por exemplo, a instituição ou a alteração de tributos, a fixação ou majoração de remuneração dos servidores públicos, a criação de cargos públicos, entre outros. No segundo caso, legalidade em sentido amplo, são invocados princípios para a solução de situação fática, quando, embora existindo lei, a mesma não se amolda adequadamente ao caso concreto. Nesse sentido assevera Maria Sylvia Zanella Di Pietro: "Todavia, também é possível falar em *legalidade em sentido amplo*, para abarcar não só a obediência à lei, mas também a observância dos princípios e valores que estão na base do ordenamento jurídico".[35]

A Constituição da República de 1988, no art. 37, §§1º, 2º e 4º, dispõe sobre conduta ética e moral.

O §1º prescreve a necessidade de se dar publicidade de atos, programas, obras, serviços e campanhas de órgãos públicos, com vista a informar e orientar a sociedade

---

[35] DI PIETRO. *Direito administrativo*. 27. ed., p. 901.

para que ela tome conhecimento das políticas públicas planejadas e/ou em execução pelas entidades e órgãos públicos em seu benefício. A publicidade tem por finalidade, também, informar os órgãos de controle institucionalizados e a sociedade para, se necessário, realizarem o controle cabível.

A dicção do §2º é no sentido de que serão nulos os atos de nomeação de servidores sem a observância de concurso público de que trata o inc. II e do prazo de validade do concurso público estabelecido no edital, em conformidade com o inc. III, ambos do art. 37 em foco. O dispositivo prevê, ainda, a punição da autoridade responsável, na forma da lei.

O §4º trata de punição de agente público por improbidade, nos seguintes termos: "os atos de improbidade administrativa importarão suspensão dos direitos políticos, a perda da função pública, a indisponibilidade dos bens e o ressarcimento ao Erário, na forma e gradação prevista em lei, sem prejuízo da ação penal cabível".

A regulamentação de improbidade a que se refere o parágrafo acima transcrito veio com a Lei nº 8.429, de 2.6.1992, alterada pela Lei nº 14.230, de 25.10.2021. A ementa dessa lei com a redação introduzida pela Lei nº 14.230/2021 é a seguinte: "Dispõe sobre as sanções aplicáveis em virtude da prática de atos de improbidade administrativa, de que trata o §4º do art. 37 da Constituição Federal; e dá outras providências".

A responsabilização em virtude de ato de improbidade administrativa tem por finalidade precípua tutelar a probidade na organização do Estado e no exercício de suas funções, como forma de assegurar a integridade do patrimônio público e social (art. 1º).

Atos de improbidade administrativa são as condutas dolosas previstas nos arts. 9º, 10 e 11 da lei em comento; dolo, para os efeitos da lei em exame, é a vontade consciente de alcançar resultado tipificado nos mesmos artigos citados acima; ato praticado por agente público, sem comprovação da vontade de praticar ato doloso com fim ilícito não configura hipótese de responsabilidade do agente por prática de improbidade administrativa (art. 1º, §§1º, 2º e 3º).

O art. 2º *caput*, com a nova redação, é do seguinte teor, na íntegra:

> Art. 2º Para os efeitos desta Lei, consideram-se agente público o agente político, o servidor público e todo aquele que exerce, ainda que transitoriamente ou sem remuneração, por eleição, nomeação, designação, contratação ou qualquer outra forma de investidura ou vínculo, mandato, cargo, emprego ou função nas entidades referidas no art. 1º desta Lei.

As pessoas físicas e jurídicas privadas, que receberem recursos públicos em virtude de ajustes jurídicos celebrados com entidade ou órgão público, são destinatários da lei em foco, para todos os fins, inclusive no que tange às sanções (art. 2º, parágrafo único).

A lei em referência, nos termos do art. 3º, alcança as pessoas naturais, que, mesmo não sendo agentes públicos, induzam ou concorram, dolosamente, para a prática de ato de improbidade. Os sócios, os cotistas, os diretores e os colaboradores de pessoa jurídica de direito privado não respondem pelo ato de improbidade que venha a ser imputado à pessoa jurídica, salvo se, comprovadamente, houver participação e benefícios diretos, caso em que responderão nos limites da sua participação (art. 3º, §1º). A pessoa jurídica sancionada por prática de ato de improbidade administrativa lesivo à

Administração Pública nos termos da Lei nº 12.846, de 1º.8.2013, fica isenta das sanções da lei improbidade, com base no princípio do *bis in idem* (art. 3º, §2º).

3.3.1 Atos de improbidade administrativa que importam enriquecimento ilícito

O art. 9º, com doze incisos, enumera as hipóteses de atos de improbidade administrativa que configuram enriquecimento ilícito. São destinatários do comando desse artigo, nos termos do seu *caput*, agentes públicos em razão do exercício de cargo, mandato, função, emprego na Administração direta das quatro esferas de governo ou atividades nas entidades que integram a Administração indireta de cada ente federado. As condutas nesses casos são dolosas. É impossível imaginar hipótese de uma conduta culposa que tenha resultado enriquecimento ilícito.

3.3.2 Atos de improbidade administrativa que causam prejuízo ao erário

O art. 10, com quinze incisos constantes da redação original e mais os incs. XVI a XXI, acrescentados pela Lei nº 13.019, de 31.7.2014, e com a alteração da redação do seu inc. VIII, por essa mesma lei, trata das hipóteses de atos de improbidade administrativa que causam prejuízo ao erário, sendo que, de acordo com os incisos novos citados acima e a redação modificada do inc. VIII pela Lei nº 14.133/2021, constitui improbidade administrativa "frustrar a licitude de processo licitatório ou de processo seletivo para celebração de parcerias com entidades sem fins lucrativos, ou dispensá-los indevidamente, acarretando perda patrimonial efetiva".

O *caput* do artigo em referência está assim redigido:

> Constitui ato de improbidade administrativa que causa lesão ao erário qualquer ação ou omissão, dolosa que enseja perda patrimonial, desvio, apropriação, malbaratamento ou dilapidação dos bens ou haveres das entidades referidas no art. 1º desta lei

Nas situações previstas neste artigo, a ação, como visto, deve ser dolosa. A conduta culposa prevista na redação anterior foi excluída, fato que exige atenção redobrada da autoridade ou órgão responsável pela elucidação do caso concreto. Isso porque a conduta culposa não pode mais ensejar qualquer espécie de sanção nos casos de apuração de conduta ímproba. Dito de outra forma, as sanções nos casos de improbidade administrativa são possíveis somente quando se tratar de conduta dolosa.

3.3.3 Atos de improbidade administrativa que atentam contra os princípios da Administração Pública

Por fim, há o art. 11, com os seus sete incisos originários e o oitavo introduzido pela Lei nº 13.019/2014. Totalizando, então, 8 (oito) incisos. Posteriormente a Lei nº 13.146/2015 incluiu o inc. IX, a Lei nº 13.650/2018 incluiu o inc. X e a Lei nº 14.230/2021, os incs. XI e XII. Esta mesma lei revogou os incs. I, II, IX e X. Com essas inclusões e revogações de incisos, sobraram 8 incisos, que estão em vigor, com alterações, até esta data (6.11.2022). Esses incisos albergam os casos de improbidade administrativa em virtude de ato que atentam contra os princípios da Administração Pública. Conforme prescreve o *caput* do art. 11, com a redação dada pela Lei nº 14.230/2021: "Constitui ato de improbidade administrativa que atenta contra os princípios da administração pública a ação ou omissão dolosa que viole os deveres de honestidade, de imparcialidade e de legalidade, caracterizada por uma das seguintes condutas": revelar fato ou circunstância sigilosos de que tenha conhecimento em virtude das funções que desempenha, que possa beneficiar em virtude de informação privilegiada ou pôr em risco a segurança da sociedade ou do Estado (inc. III); negar publicidade de atos, a não ser nos casos em que a divulgação pode pôr em risco a segurança da sociedade e do Estado ou, ainda, em outra situação prevista em lei (inc. IV); inobservar o princípio da imparcialidade em procedimento de concurso público ou processo licitatório, com a finalidade de obter benefício para si ou para terceiro. A medida visa a lisura nos referidos procedimentos e evitar corrupção e vantagem sem causa. Se a vantagem for financeira, a hipótese é enriquecimento seu causa (inc. V); deixar de prestar contas quando obrigatória, já tendo a documentação necessária e não o faz, com a finalidade de ocultar irregularidade na aplicação dos recursos (inc. VI); "revelar ou permitir que chegue ao conhecimento de terceiro, antes da respectiva divulgação oficial, teor de medida política ou econômica capaz de afetar o preço de mercadoria, bem ou serviço" (inc. VII); "descumprir as normas relativas à celebração, fiscalização e aprovação de contas de parcerias firmadas pela administração pública com entidades privadas" (inc. VIII); "nomear cônjuge, companheiro ou parente em linha reta, colateral ou por afinidade, até o terceiro grau, inclusive, da autoridade nomeante ou de servidor da mesma pessoa jurídica investido em cargo de direção, chefia ou assessoramento, para o exercício de cargo em comissão ou de confiança ou, ainda, de função gratificada na administração pública direta e indireta em qualquer dos Poderes da União, dos Estados, do Distrito Federal e dos Municípios, compreendido o ajuste mediante designações recíprocas" (inc. XI). O conteúdo deste inciso é basicamente o constante da Súmula Vinculante nº 13 do STF. Agora, a vedação constante da súmula vinculante virou lei. Essa medida legislativa é de fundamental importância. Antes da Súmula Vinculante nº 13 do STF, existia considerável número de pessoas parentes de agentes públicos nomeados para cargos em comissão ou função de confiança, que se enquadravam na situação proibida pela súmula e, agora, pela Lei nº 14.230/2021; praticar ou autorizar publicidade no âmbito da Administração Pública, com recursos do erário, em desacordo com o que dispõe o art. 37, §1º da Constituição Federal, do teor seguinte:

> §1º A publicidade dos atos, programas, obras, serviços e campanhas dos órgãos públicos deverá ter caráter educativo, informativo ou de orientação social, dela não podendo constar nomes, símbolos ou imagens que caracterizem promoção pessoal de autoridades ou servidores públicos.

Qualquer ação ou omissão que viole os deveres de honestidade, imparcialidade, legalidade e lealdade às instituições configura ato de improbidade administrativa, por contrariar princípios da Administração Pública.

O dispositivo legal, art. 11, na redação original, era silente quanto à natureza da conduta, se culposa ou dolosa. A questão não era pacífica na doutrina. Parece razoável entender-se que, tratando-se de omissão, a ideia que vem logo à mente é a de que a conduta é culposa. Essa compreensão, entretanto, não é absoluta. É possível a existência de determinada conduta omissiva deliberada com o propósito de causar dano ou outra consequência semelhante. Nesse caso não se pode afastar a ideia de dolo. Nas condutas comissivas danosas, a primeira ideia é a de dolo. Todavia, nem sempre a conduta comissiva é dolosa. Em várias hipóteses a atuação do agente que pratica ato ou outra conduta pode ser culposa.

Fábio Medina Osório, depois de dedicado exame ao tema, apresenta a seguinte conclusão:

> Assim, entendemos que o *caput* do dispositivo constante do art. 11 da LGIA efetivamente contempla, a título de cláusula geral, apenas condutas dolosas. A transgressão ali descrita conduz, razoavelmente, a essa assertiva. É natural que assim seja, em busca de limitações mais rígidas ao direito punitivo. Porém, os incisos desse mesmo bloco normativo admitem várias condutas culposas, dentro de uma ideia de excepcionalidade e fragmentariedade, respeitadas as peculiaridades sancionatórias de cada tipo setorial e também a perspectiva de colaboração das legislações extravagantes, com inserções pontuais de condutas tipificáveis no universo do art. 11 da LGIA.[36]

Essa discussão não faz mais sentido depois da Lei nº 14.230/2021. Ela excluiu a possibilidade de configuração de improbidade administrativa com fundamento em conduta culposa. Permaneceu apenas a conduta dolosa, como visto acima. Assim, a conduta culposa prevista na Lei nº 8.429/1992, art. 11, foi, com atraso, mas em boa hora, expurgada para o efeito de verificação se a conduta configura ou não improbidade administrativa. O Supremo Tribunal Federal, no julgamento ARE nº 843.981, decidiu sobre a aplicação da LIA, nos seguintes termos:

> Decisão: O Tribunal, por unanimidade, apreciando o tema 1.199 da repercussão geral, deu provimento ao recurso extraordinário para extinguir a presente ação, e, por maioria, o Tribunal acompanhou os fundamentos do voto do Ministro Alexandre de Moraes (Relator), vencidos, parcialmente e nos termos de seus respectivos votos, os Ministros André Mendonça, Nunes Marques, Edson Fachin, Roberto Barroso, Rosa Weber, Dias Toffoli, Cármen Lúcia, Ricardo Lewandowski e Gilmar Mendes. Na sequência, por unanimidade, foi fixada a seguinte tese: "1) É necessária a comprovação de responsabilidade subjetiva para a tipificação dos atos de improbidade administrativa, exigindo-se - nos artigos 9º, 10 e 11 da LIA - a presença do elemento subjetivo - DOLO; 2) A norma benéfica da Lei 14.230/2021 - revogação da modalidade culposa do ato de improbidade administrativa -, é IRRETROATIVA, em virtude do artigo 5º, inciso XXXVI, da Constituição Federal, não tendo incidência em relação à eficácia da coisa julgada; nem tampouco durante o processo de execução das penas e seus incidentes; 3) A nova Lei 14.230/2021 aplica-se aos atos de improbidade administrativa culposos praticados na vigência do texto anterior da lei, porém sem condenação transitada em julgado, em virtude da revogação expressa do texto anterior; devendo o juízo competente analisar eventual dolo por parte do agente; 4) O novo regime prescricional previsto na Lei 14.230/2021 é IRRETROATIVO, aplicando-se os novos

---

[36] OSÓRIO. *Teoria da improbidade administrativa*, p. 258.

marcos temporais a partir da publicação da lei". Redigirá o acórdão o Relator. Presidência do Ministro Luiz Fux. Plenário, 18.8.2022.

Essa decisão, com repercussão geral, é fundamental para orientar os magistrados, no sentido de evitar divergências do entendimento do STF em relação à aplicação da LIA, com as inovações introduzidas pela Lei nº 14.230/2021.

A Associação Nacional dos Procuradores dos Estados e do Distrito Federal ajuizou perante o Supremo Tribunal Federal a ADI nº 7.042, e a Associação dos Advogados Públicos, a ADI nº 7.043. Ambas arguem a inconstitucionalidade de dispositivos da Lei nº 14.230/2021, que alterou a Lei nº 8.429/1992, principalmente o art. 17-B e o art. 3º. Ambas as ações foram distribuídas ao Ministro Alexandre de Morais, que, na condição de relator, suspendeu liminarmente dispositivos da citada lei, reconhecendo, parcialmente, a inconstitucionalidade alegada pelos autores. O argumento fulcral da arguição é o fato de que a lei hostilizada assegura apenas ao Ministério Público a legitimidade para promover ação de improbidade, excluindo, assim, os entes públicos lesados, do poder de ajuizar ação de improbidade da defesa de seus interesses.

Em 31.8.2022, o STF concluiu o julgamento da ação. O pleno, por maioria, decidiu pela procedência parcial da ação, reconhecendo também, às entidades públicas lesadas em decorrência de atos de improbidade, legitimidade para acionar o Judiciário com ação de reparação contra quem causou os danos, e, ainda, celebrar acordos de não persecução civil em relação a esses atos.

3.4 Das penas

O responsável por ato de improbidade sujeita-se a ressarcir o valor integral correspondente ao dano patrimonial. Além da devolução, ao infrator, serão aplicadas as sanções penais, civis e administrativas, previstas em leis específicas, observado o disposto no art. 12, *caput* e incs. I, II e III da lei em questão, cujas espécies de pena ou sanção administrativa são as seguintes: o responsável pela prática de ato de improbidade administrativa está sujeito a ressarcir integralmente o valor correspondente ao dano patrimonial, sanções penais comuns e responsabilidade, civis e administrativas previstas na legislação específica e, ainda, as constantes dos incs. I, II e III. As sanções previstas no inc. I estão conjugadas com os atos de improbidade previstos no art. 9º da lei sob exame. As sanções são as seguintes: a) perda dos bens ou valores acrescidos ilicitamente ao patrimônio; b) perda da função pública; c) suspensão dos direitos políticos pelo prazo de até 14 (quatorze) anos; d) pagamento de multa civil equivalente ao valor do acréscimo patrimonial; e e) proibição de contratar com o Poder Público ou receber benefícios ou incentivos fiscais ou creditícios, direta ou indiretamente, ainda que por intermédio de pessoa jurídica da qual seja sócio majoritário, pelo prazo de 14 (quatorze) anos.

Nos casos das condutas previstas no art. 10 da lei em comento, o inc. II contempla as seguintes sanções: a) perda dos bens ou valores acrescidos ilicitamente ao patrimônio, se ocorrer esta circunstância; b) perda da função pública; suspensão dos direitos políticos até 12 (doze) anos; c) pagamento de multa civil equivalente ao valor do dano; e d) proibição de contratar com o Poder Público ou receber benefícios ou incentivos fiscais ou creditícios, direta ou indiretamente, ainda que por intermédio de pessoa jurídica da qual seja sócio majoritário, pelo prazo não superior a 12 (doze) anos.

As condutas de improbidade administrativa que atentam contra os princípios da Administração Pública por ação ou omissão, tipificadas no art. 11 da lei em exame, são apenadas com as sanções previstas no inc. III : a) pagamento de multa civil de até 24 (vinte e quatro), vezes o valor da remuneração recebida pelo agente b) proibição de contratar com o Poder Público ou de receber benefícios ou incentivos fiscais ou creditícios, direta ou indiretamente, ainda que por intermédio de pessoa jurídica da qual seja sócio majoritário, pelo prazo não superior a 4 (quatro) anos (alterações introduzidas pela Lei nº 14.230/2021).

A sanção da modalidade perda da função pública, prevista nos incs. I e II do *caput* do art. 12, atinge, em princípio, só o vínculo de mesma espécie e natureza que o agente público ou político tinha com o Poder Público na época da ocorrência da infração. Entretanto, na hipótese do inc. I, o magistrado poderá, em caráter excepcional, estender a sanção aos demais vínculos, levando em consideração as circunstâncias do caso e a gravidade da infração (art. 12, §1º).

A multa pode ser aumentada em até o dobro, se o magistrado considerar que, em virtude da situação econômica do réu, o valor calculado na forma dos incs. I, II e III é ineficaz para reprovação e prevenção do ato de improbidade (art. 12, §2º).

As pessoas jurídicas que, direta ou indiretamente, praticaram ato ou conduta de improbidade ou contribuíram para o evento ímprobo devem reparar, levando em consideração os efeitos econômicos e sociais, integralmente, os danos causados, sem, contudo, inviabilizar as suas atividades (art. 12, §3º).

No caso de atos de menor ofensa aos bens jurídicos tutelados pela lei em comento, a sanção limitar-se-á à aplicação de multa, além do ressarcimento do dano e da perda dos valores obtidos, quando for o caso (art. 12, §5º).

Quando ocorrer lesão ao patrimônio público, o valor da reparação do dano deverá ser deduzido do eventual valor do ressarcimento ocorrido nas instâncias criminal, civil e administrativa que tiver por objeto os mesmos fatos (art. 12, §6º).

As sanções aplicadas a pessoas jurídicas com base na lei em comento e na Lei nº 12.846, de 1º.8.2013, deverão observar o princípio constitucional do *non bis in idem* (art. 12, §7º).

Os nomes das empresas apenadas com a suspensão do direito de contratar com o Poder Público devem constar do Cadastro Nacional de Empresas Inidôneas, nos termos da Lei nº 12.846, de 1º.8.2016, observadas as limitações territoriais contidas em decisão judicial (art. 12, §8º).

As sanções examinadas acima podem ser executadas somente depois de a sentença condenatória transitar em julgado (art. 12, §9º).

Salvo melhor juízo, o texto do §9º é equivocado, considerando que as sanções administrativas, entre as quais a suspensão de servidor e aplicação de multa, independem de ação judicial. A Administração sujeita-se a adotar procedimento ou processo administrativo, para aplicar as sanções de sua competência.

"Para efeitos de contagem do prazo da sanção de suspensão dos direitos políticos, computar-se-á retroativamente o intervalo de tempo entre a decisão colegiada e o trânsito em julgado da sentença condenatória" (art. 12, §10).

Na fixação dessas penas, o juiz deve levar em consideração as condições constantes dos §§1º a 10, do art. 12 em exame.

A lei em referência representa considerável avanço em matéria de improbidade administrativa. Entretanto, as sanções nela previstas aplicam-se basicamente às pessoas físicas, servidores ou terceiros que praticarem atos ou condutas de improbidade. Poucas são as hipóteses de apenação de pessoa jurídica.

A denominada Lei da Ficha Limpa, Lei Complementar nº 135, de 4.6.2012, é também voltada paras as pessoas físicas, visto tratar-se de hipótese de inexigibilidade de candidatos condenados por órgão colegiado.

O Código Penal, por seu turno, nos arts. 312 a 359-H, cuida dos crimes contra a Administração Pública. Entretanto, somente as pessoas físicas, agentes públicos ou particulares a eles equiparados para os efeitos penais são alcançados pelos citados dispositivos penais. As pessoas jurídicas não são destinatárias destes.

A Lei nº 8.666, de 21.6.1993, em vigor até 1º.4.2023, que regula as licitações e as contratações públicas, no Capítulo IV, Seção II, prevê sanções administrativas aplicáveis a pessoas físicas e jurídicas nas situações nela especificadas. A Seção III do mesmo capítulo cogita das sanções penais, alcançando somente as pessoas físicas, agentes públicos ou de empresas envolvidas em licitação ou contratação pública. As pessoas jurídicas não são destinatárias do comando penal previsto no dispositivo.

O Estatuto de Licitações e Contratos, Lei nº 14.133/2021, art. 156, arrola as espécies de sanções administrativas, entre as quais impedimento de empresa de licitar e contratar (inc. III) e declaração de inidoneidade para licitar ou contratar (inc. IV).

3.5 Considerações sobre a Lei nº 12.846/2013

No subitem anterior, foram citadas diversas leis dotadas de dispositivos que preveem sanções a serem impostas a pessoas físicas em virtude de determinadas condutas que causam danos à Administração Pública. Verificou-se que a Lei de Licitações e Contratos Administrativos é a única que prevê punição, apenas administrativa, de pessoas jurídicas que participam de licitações e de contratações públicas. Mesmo assim, são poucas as condutas que se enquadram nas regras sancionatórias nela previstas.

Diversas empresas fornecedoras de bens e serviços e empreiteiras, por meio de seus agentes, de cúpula ou não, vêm cada vez mais aprimorando seus setores informais especializados em causar danos à Administração Pública em todas as esferas de governo, com a finalidade de levarem vantagens ilícitas de natureza econômica. Essas espécies de condutas adotadas por empresas nacionais e estrangeiras têm contribuído para o enriquecimento ilícito delas em detrimento das obras públicas e de outras políticas públicas, visto que parte do orçamento público sofre sangria com os pagamentos indevidos feitos a essas entidades.

As sanções previstas para essas condutas antijurídicas, até a entrada em vigência da Lei nº 12.846/2013, aplicavam-se somente a agentes das empresas infratoras e servidores públicos que colaborassem com culpa ou com dolo para o sucesso ilegal das empresas fraudadoras. As empresas beneficiadas não sofriam qualquer forma de sanção. Por isso, principalmente, a corrupção se alastra com vigor, em todo território brasileiro envolvendo a União, os estados, o Distrito Federal e os municípios, incluindo as suas autarquias, fundações, sociedades de economia mista e empresas públicas.

Com o objetivo de debelar esse câncer social que dilacera, impiedosamente, as entranhas das entidades públicas, surge, com a expectativa de sucesso, o "remédio" jurídico, que ao lado de outros procedimentos terapêuticos, também jurídicos, reduzirá a doença até, quem sabe, sua erradicação – refere-se aqui à Lei nº 12.846/2013, que entrou em vigor no dia 1º.2.2014. Essa lei prescreve responsabilidade administrativa e civil objetiva das pessoas jurídicas nacionais e estrangeiras pela prática de atos ou condutas contra a Administração Pública nacional e estrangeira, como se verá a seguir.

3.5.1 Considerações gerais sobre a responsabilidade civil e administrativa

Viu-se, no início deste capítulo, que a responsabilidade civil do Estado por danos extracontratuais passou por três fases: irresponsabilidade, responsabilidade com culpa ou subjetiva e, por fim, a responsabilidade objetiva. A responsabilidade civil prevista no Código Civil é a subjetiva, com exceções, entre elas a dos hotéis em relação aos seus hóspedes e suas bagagens, a dos transportadores de pessoas e cargas e a da Administração Pública (art. 43). Nesses casos e outros expressos no Código, a responsabilidade é objetiva. A Administração Pública, a despeito da norma contida no art. 43 do CCB e no art. 37, §6º, da Constituição da República, que cuidam da responsabilidade objetiva, há situações em que ela responde subjetivamente nos termos do CCB, principalmente nos casos de omissão. Nesse sentido são a doutrina e a jurisprudência majoritárias.

3.5.2 Informações introdutórias sobre a Lei nº 12.846/2013

A Lei nº 12.846/2013 inovou nessa seara, proclamando, no art. 2º, a responsabilização administrativa e civil objetiva das pessoas jurídicas pelos atos lesivos de que trata a lei, praticados em seu interesse ou benefício, exclusivo ou não.

A responsabilidade administrativa e civil das pessoas jurídicas "não exclui a responsabilidade individual de seus dirigentes ou administradores ou qualquer pessoa física, autora, coautora ou partícipe do ato ilícito" (§1º do art. 2º da lei). As pessoas jurídicas respondem independentemente de responsabilização das pessoas naturais aqui referidas. Os dirigentes ou administradores respondem subjetivamente pelas práticas de atos ilícitos na proporção de sua culpabilidade (§2º do mesmo artigo). A responsabilidade da pessoa jurídica subsiste mesmo nos casos de alteração contratual, transformação, fusão ou cisão societária (art. 4º da lei).

Como se pode perceber, a lei em comento cuida da responsabilidade objetiva das pessoas jurídicas causadoras de danos à Administração Pública, enquanto seus agentes e outras pessoas naturais por ela alcançadas respondem subjetivamente pelos danos para os quais concorreram. A responsabilidade será na proporção da culpa de cada um.

3.5.3 Atos lesivos

A Lei nº 12.846/2013 arrola, no art. 5º, as espécies de atos ou condutas praticados por pessoas jurídicas nacionais e estrangeiras previstas no art. 1º, parágrafo único, que atentem contra o patrimônio público nacional ou estrangeiro. São eles: I) prometer, oferecer ou dar, direta ou indiretamente, vantagem indevida a agente público, ou a terceira pessoa a ela relacionada; II) financiar, custear, patrocinar ou de qualquer modo subvencionar a prática dos atos ilícitos nos termos da lei em referência; III) utilizar-se de interposta pessoa física ou jurídica para ocultar ou dissimular seus reais interesses ou identidade dos beneficiários dos atos praticados; IV) atos ou condutas relativas à licitação e contratos. Esse item compõe-se das alíneas seguintes: a) frustrar ou fraudar, mediante ajuste, combinação ou qualquer outro expediente, o caráter competitivo de procedimento licitatório público; b) impedir, perturbar ou fraudar a realização de qualquer ato de procedimento licitatório público; c) afastar ou tentar afastar licitante, por meio de fraude ou oferecimento de vantagem de qualquer tipo; d) fraudar licitação pública ou contrato dela decorrente; e) criar de modo fraudulento ou irregular, pessoa jurídica para participar de licitação pública ou celebrar contrato administrativo; f) obter vantagem ou benefício indevido, de modo fraudulento, de modificações ou prorrogações de contratos celebrados com a Administração Pública, sem autorização em lei, no ato convocatório da licitação pública ou nos respectivos instrumentos contratuais; g) manipular ou fraudar o equilíbrio econômico-financeiro dos contratos celebrados com a Administração Pública; V) dificultar atividade de investigação ou fiscalização de órgãos, entidades ou agentes públicos, ou intervir em sua atuação, inclusive no âmbito das agências reguladoras e dos órgãos de fiscalização do sistema financeiro nacional.

O §1º do art. 5º em comento prescreve que são considerados Administração Pública os órgãos, entidades estatais, representações diplomáticas de qualquer país e as pessoas jurídicas controladas, direta ou indiretamente, pelo Poder Público de países estrangeiros. Para os efeitos da lei em comento, equiparam-se à Administração Pública estrangeira as organizações públicas internacionais (§2º do mesmo artigo). São considerados agentes públicos estrangeiros, para os fins da lei, as pessoas naturais que prestam serviços, ainda que temporariamente ou sem remuneração, às entidades públicas mencionadas.

A proclamação do texto legal acima exposto é verdadeiro antídoto contra o veneno da corrupção, mais poderoso do que o veneno da cobra cascavel. O artigo arrola quase todas as hipóteses de ataques corruptos praticados por empresas particulares ou por seus agentes de diversos níveis hierárquicos, com a conivência ou atuação ativa de agentes públicos, mediante recebimento de propina pedida por agentes públicos, ou oferecida pelas empresas.

As investidas de empresas acontecem em diversos setores da atividade estatal, principalmente nas licitações e contratações públicas. Constantemente os meios de controle administrativo – as controladorias-gerais nas diversas esferas de governo, os tribunais de contas e, no campo penal, as polícias civis dos estados, a Polícia Federal e os Ministérios Públicos Federal e estaduais – estampam na mídia casos de corrupção ativa e passiva que interferem nos gastos públicos, desviando anualmente bilhões de reais para bolsos particulares em detrimento das políticas públicas previstas nos orçamentos públicos.

Os princípios da Administração Pública e das licitações e contratações públicas são, na maioria, ignorados, com destaque para os da legalidade, da moralidade, da impessoalidade, da indisponibilidade e da igualdade, acarretando prejuízo à sociedade e às empresas éticas e que pautam suas condutas em conformidade com as leis e os princípios que regem as atividades empresariais e estatais.

3.5.4 Responsabilização administrativa

As sanções administrativas aplicáveis por agente público competente às pessoas jurídicas que se enquadrarem nas hipóteses da lei estão previstas no art. 6º. São elas: a) a imposição de multa no valor de 0,1% (um décimo por cento) a 20% (vinte por cento) do faturamento bruto do exercício imediatamente anterior ao da instauração do processo administrativo, excluídos os tributos. A multa não poderá ser inferior à vantagem auferida, quando for possível a sua estimação; b) "publicação extraordinária da decisão condenatória". Essa publicação será feita em forma de extrato, em meio de comunicação de grande circulação na área da prática da infração e de atuação da empresa, a expensas da pessoa jurídica condenada. Na falta do aludido meio de comunicação, a publicação acontecerá em veículo de circulação nacional e por meio de edital, com prazo mínimo de 30 (trinta) dias e no sítio eletrônico na rede mundial de computadores.

Na hipótese de não ser possível identificar o faturamento bruto nos termos do art. 6º, inc. I, a multa a ser aplicada será de R$6.000,00 (seis mil reais) a R$60.000.000,00 (sessenta milhões de reais) (art. 6, §4º).

A lei em exame estabelece que, na fixação das sanções nela previstas, devem ser levados em consideração os seguintes critérios: a) a gravidade da infração; b) a vantagem auferida ou pretendia pelo infrator; c) a consumação ou não da infração; d) o grau de lesão ou perigo de lesão; e) o efeito negativo produzido pela infração; f) a situação econômica do infrator; g) a cooperação da pessoa jurídica para a apuração das infrações; h) a existência de mecanismos e procedimentos internos de integridade, auditoria e incentivo à denúncia de irregularidades e a aplicação efetiva de códigos de ética e de conduta no âmbito da pessoa jurídica; i) o valor dos contratos mantidos pela pessoa jurídica com o órgão ou entidade pública lesados (art. 7º).

Os parâmetros de avaliação na hipótese prevista na letra "h" deste texto, correspondente ao inc. VIII do art. 7º, serão fixados em conformidade com regulamento editado pelo Poder Executivo federal.

O espaço de apreciação da Administração Pública no momento da fixação da sanção administrativa, apresentado acima, não configura hipótese de discricionariedade que tem por pressupostos a conveniência e a oportunidade. Não se trata, na espécie, de escolha fundada na conveniência ou na oportunidade. Ao contrário, a autoridade administrativa terá de fazer a adequada aplicação da lei considerando os requisitos e as condições preestabelecidos na lei, valendo-se do princípio da razoabilidade e da proporcionalidade com a finalidade de aplicar a sanção mais justa no caso concreto. A propósito do tema, Maria Sylvia Zanella Di Pietro assevera:

> Como se verifica, foi deixada larga margem de apreciação para a Administração Pública da dosimetria da pena, o que não significa a existência de discricionariedade administrativa. Essa

somente existiria se fosse possível cogitar de possibilidade de apreciação de oportunidade e conveniência na escolha da dosagem da pena. Na realidade, a escolha da pena terá de ser devidamente fundamentada em uma ou mais das circunstâncias apontadas no artigo 7º, levando em conta ainda a razoabilidade, ou seja, a adequação, a relação, a proporção entre o ato ilícito e a pena aplicada. Por isso mesmo, o artigo 6º, §2º, exige que a aplicação das sanções seja precedida da manifestação jurídica elaborada pela Advocacia Pública ou pelo órgão de assistência jurídica, ou equivalente, do ente público. Além disso, o parágrafo único do artigo 7º prevê que os parâmetros de avaliação de mecanismos e procedimentos previstos no inciso VIII do caput sejam estabelecidos em regulamento do Poder Executivo federal.[37]

Como se percebe do texto transcrito, muito bem situado e esclarecedor (como todos escritos por Maria Sylvia), o legislador foi cauteloso, ao mesmo tempo em que se preocupou com a responsabilização das pessoas jurídicas que praticam atos ou condutas ilícitas contra a Administração Pública, cercou as empresas de garantias procedimentais e processuais com vista a impedir arbitrariedade ou abuso de poder da Administração Pública contra as que lhe causarem prejuízo nos termos da lei em estudo.

3.5.5 Breves considerações sobre o processo administrativo

O processo administrativo, como é de conhecimento de todos que lidam com o Direito Público, principalmente com o Direito Administrativo, sujeita-se aos princípios da legalidade, da publicidade, da oficialidade e da informalidade.

Além desses princípios, aplicam-se aos processos administrativos os princípios constitucionais do devido processo legal, do contraditório e da ampla defesa.

Na situação em estudo, a Lei nº 12.846/2013 estabelece que a instauração e o julgamento do processo administrativo para a apuração da responsabilidade de pessoa jurídica competem à autoridade máxima de cada órgão ou entidade do Executivo, do Legislativo e do Judiciário. A autoridade deve agir de ofício ou mediante provocação.

A lei permite a delegação das competências acima referidas. Veda, entretanto, a subdelegação. No âmbito do Poder Executivo federal, a competência para instaurar, processar e julgar é da Controladoria-Geral da União (CGU), podendo esta avocar processos administrativos instaurados por outros órgãos, para verificar se há irregularidade e corrigir o andamento desses.

A comissão encarregada do processo será instituída pela autoridade competente para instaurar e julgar os processos administrativos com vista a apurar responsabilidade de pessoas jurídicas, nos termos da lei em exame. A comissão deve ser composta por dois ou mais servidores estáveis (art. 10).

A pedido da comissão encarregada do processo administrativo, o ente público, por meio do seu aparelho de representação judicial, poderá requerer as medidas judiciais necessárias à investigação e ao processamento das infrações, inclusive a busca e apreensão. A comissão pode, como medida acautelatória, pedir à autoridade instauradora do processo a suspensão do ato que motivou a instauração do processo.

---

[37] DI PIETRO. *Op. cit.*, p. 933.

O processo deve ser concluído em 180 (cento e oitenta) dias, contados da data da publicação do ato que instituiu a comissão. Esse prazo pode ser prorrogado, mediante ato fundamentado, expedido pela autoridade instauradora do processo.

A pessoa jurídica submetida ao processo administrativo tem o prazo de 30 (trinta) dias para apresentar a sua defesa, contados da data da intimação. A instauração de processo administrativo específico, com vista à reparação integral do dano, não prejudica a aplicação imediata das sanções previstas na lei. Concluído o processo e apurado o pagamento a ser feito pela sindicada, se o pagamento não for efetuado no prazo estipulado, o valor será inscrito na dívida ativa da Fazenda Pública.

A lei em estudo prevê a desconsideração da personalidade jurídica, nos termos do art. 14, do seguinte teor:

> Art. 14. A personalidade jurídica poderá ser desconsiderada sempre que utilizar com abuso do direito para facilitar, encobrir ou dissimula a prática dos ilícitos previstos nesta Lei ou para provocar confusão patrimonial, sedo estendidos todos os efeitos das sanções aplicadas à pessoa jurídica aos seus administradores e sócios com poderes de administração, observado o contraditório e a ampla defesa.

A Comissão encarregada de apurar responsabilidade de pessoa jurídica, depois de concluir o procedimento administrativo, dará conhecimento ao Ministério Público para apuração de eventuais delitos (art. 15).

3.5.6 Acordo de leniência

O acordo de leniência é modalidade de ajuste que pode ser celebrado pela autoridade máxima de órgão ou entidade pública com pessoa jurídica, por meio de seu representante legal, responsável pela prática de atos previstos na Lei nº 12.846/2013, desde que esteja disposta a colaborar efetivamente com as investigações e o processo administrativo e desde que o acordo resulte benefício para a investigação, como: a) a identificação dos demais envolvidos na infração, se for o caso; b) a obtenção célere de informações e documentos comprobatórios do ilícito objeto da investigação.

O acordo de leniência somente deve ser celebrado se preencher, cumulativamente, as condições seguintes: a) "a identificação dos demais envolvidos na infração, quando couber"; b) "a obtenção célere de informações e documentos que comprovem o ilícito sob apuração" (art. 16, *caput*).

O acordo de leniência a que se refere o *caput* do art. 16 será celebrado se preenchidos os seguintes requisitos, de forma cumulativa e simultânea: a) a pessoa jurídica interessada em cooperar para apuração da conduta ilícita deve ser a primeira a se manifestar. Vale dizer que, nos termos da lei, depois que uma pessoa jurídica já tenha manifestado o seu interesse em colaborar com a apuração da conduta ilícita praticada por outra, de que tenha conhecimento, o órgão encarregado da apuração não pode aceitar outra pessoa jurídica interessada em celebrar acordo de leniência; b) a interessada "cesse completamente seu envolvimento na infração investigada a partir da data de propositura do acordo"; c) a interessada, "pessoa jurídica admita sua participação no ilícito e coopere plena e permanentemente com as investigações e o processo administrativo, comparecendo, sob suas expensas, sempre que solicitada, a todos os atos processuais, até seu encerramento" (art. 16, §1º, I, II e III).

A signatária do acordo que atender a todas as condições acima será isentada da publicação extraordinária da decisão condenatória, prevista no inc. II do art. 6º da lei em comento, e, ainda, terá suspensa "a proibição de receber incentivos, subsídios, subvenções, doações ou empréstimos de órgãos ou entidades públicas e de instituições financeiras públicas ou controladas pelo poder público durante o prazo mínimo de um ano e no máximo cinco anos", previsto no art. 19, inc. IV, da lei em comento; e, por fim, a redução em até 2/3 (dois terços) do valor da multa aplicável na sua situação.

O contrato de leniência não exime a pessoa signatária da obrigação de pagar integralmente o valor do dano causado. As pessoas jurídicas integrantes do mesmo grupo econômico da signatária do acordo de leniência são alcançadas pelos efeitos do ajuste. A não aceitação da proposta de acordo de leniência não importa reconhecimento da prática do ato ilícito investigado. A signatária do acordo que o descumprir fica impedida de firmar outro acordo de leniência pelo prazo de três anos contados da data em que a Administração Pública tomará conhecimento do descumprimento.

A operação Lava Jato, como é sabido, investigou as principais empresas da construção civil pesada, por envolvimento no escândalo da Petrobras. A investigação culminou com condenação civil de 11 (onze) construtoras-empreiteiras, alguns de seus principais dirigentes e diretores da Petrobras. Para chegar a esse triste resultado, a operação contou com colaborações premiadas e as empresas foram condenadas a ressarcir ao erário os valores obtidos por meio de corrupção e a pagar multas.

Várias delas celebraram acordo de leniência, nos termos da lei em comento, com a finalidade de reduzir as sanções que lhes foram impostas pela Operação Lava Jato.

Segundo balanço feito pelo Poder 360, 12 empresas envolvidas no esquema de prática de corrupção ativa e passiva perderam R$563 bilhões de receita até 2020, considerando o ápice das empresas, antes do início da Operação Lava Jato. Segundo gráfico da mesma fonte, a perda de cada uma das doze empresas, em bilhões de reais, está assim demonstrada: Odebrecht, 272; Petrobras, 148; UTC, 23; Andrade Gutierrez, 22; Galvão Engenharia, 20; Camargo Corrêa, 19; Mendes Júnior, 19; Queiroz Galvão, 14; OAS, 13; Carioca Engenharia, 8; Nova Engevix, 4; Techint Engenharia, 1.[38]

O Poder 360 informa ainda que, no período de 2013 a 2020, 206 mil vagas de empregos nas empresas citadas acima foram extintas, e o Estado deixou de arrecadar, das empresas em foco, tributos no importe de R$41,3 bilhões.[39]

A Odebrecht está em processo de recuperação judicial, aprovada pela Justiça de São Paulo. A sua dívida está avaliada em R$83 bilhões. A empresa trocou o seu nome para

---

[38] Disponível em: https://www.poder360.com.br/justica/saiba-como-o-poder360-apurou-a-queda-de-empresas-envolvidas-na-lava-jato/. Acesso em: 9 nov. 2022.

[39] Disponível em: https://www.poder360.com.br/justica/mais-de-200-mil-empregos-foram-eliminados-em-investigadas-pela-lava-jato/. Acesso em: 9 nov. 2022.

Novonor, fusão de novo norte.[40] Estão também em processo de recuperação judicial, entre outras, a Mendes Júnior, OAS e a UTC.[41]

O Governo do Estado de Minas Gerais assinou acordo de leniência com a antiga Odebrecht para devolução, aos cofres públicos, do valor de R$202,4 milhões em decorrência de fraude praticada pela empresa, segundo a Agência Minas.[42]

Quando a Lei Anticorrupção foi publicada, teve-se a ingênua ideia de que não haveria mais corrupção no Brasil, considerando que as empresas, nacionais ou estrangeiras atuantes no país, seriam severamente punidas. As punições foram efetivamente severas, mas a corrupção continua, não organizada como a que se instalou na Petrobras. A lei prevê asfixia das empresas que praticarem corrupção e até mesmo a morte, com a previsão de "dissolução compulsória da pessoa jurídica (art. 19, III, da Lei nº 12.846/2013)".

O próprio instituto da leniência foi aplicado de forma ineficiente, haja vista a ausência de consenso dos diversos órgãos de controle sobre a competência para sua celebração, o que fragilizou a segurança jurídica dos instrumentos e, assim, a atratividade da medida para as empresas. O tema foi objeto de crítica de Alécia Bicalho, em comentário sobre a Lei Anticorrupção e sua interação com outros diplomas, notadamente a Lei de Improbidade Administrativa, conforme texto em vigor do §1º do art. 17, então em vigor:

> Anote-se à margem que, nesse cipoal de textos legais, o legislador se descuidou de preparar o terreno para viabilizar a aplicação dos institutos saneadores da *leniência* e da *colaboração premiada*, mediante adequação do art. 17, §1º, da Lei de Improbidade Administrativa, que veda a transação na ação de improbidade.
>
> Ao se omitir em conformar os diversos centros de competência de controle externo aptos a conduzir estes acordos, conciliando e integrando os seus efeitos, a lei gerou uma insegurança jurídica que praticamente esvaziou o propósito conformador e saneador do instituto, e o remédio foi mais forte do que a doença, com desgastes para as empresas e para as instituições democráticas.
>
> Buscando mitigar os efeitos do caos jurídico que se instaurou em torno do assunto, o Conselho Nacional do Ministério Público (CNMP) assentou interpretação no art. 1º, §2º na Resolução nº 179/2017, para autorizar a celebração de compromissos de ajustamento de conduta na esfera de improbidade administrativa, sem prejuízo do ressarcimento ao erário e da aplicação de uma ou algumas das sanções previstas em lei, de acordo com a conduta ou ato praticado.[43]

A reforma da LIA pela Lei nº 14.230/2021 enfim corrigiu esta impropriedade para ajustar seu texto à realidade do tema, pós-Lava Jato, revogando o citado §1º do art. 17. Contudo, ao tempo da revogação, o dano (às empresas e ao próprio estado) gerado pela desastrada aplicação do instituto da leniência já havia se consumado.

---

[40] Disponível em: https://economia.uol.com.br/noticias/redacao/2020/12/18/empresa-mais-investigada-na-lava-jato-odebrecht-muda-de-nome-novonor.htm. Acesso em: 9 nov. 2022.

[41] Disponível em: https://www.poder360.com.br/justica/alvos-da-lava-jato-11-construtoras-tem-queda-de-89-em-4-anos/. Acesso em: 1º dez. 2022.

[42] Disponível em: https://www.agenciaminas.mg.gov.br/noticia/governo-de-minas-assina-acordo-de-leniencia-com-antiga-odebrecht-para-devolucao-de-r-202-4-milhoes-aos-cofres-publicos. Acesso em: 14 dez. 2022.

[43] BICALHO. *Desestatizações – Privatizações, delegações, desinvestimentos, parcerias*, p. 69-70.

3.5.7 Responsabilização judicial

A responsabilização de pessoas jurídicas na via Administrativa não afasta a possibilidade de se recorrer ao Judiciário, principalmente nos casos de responsabilidade civil e penal. Essa regra não constitui novidade trazida pela lei. Dessa forma já dispunha o ordenamento jurídico pátrio. Dois são os motivos justificadores dessa inteligência legislativa: o primeiro consiste no fato de que a responsabilidade civil não se apura na via administrativa, ressalvados os casos em que o infrator reconhece amigavelmente sua responsabilidade; a segunda justifica-se pelo fato de que diversos ilícitos administrativos são, também, ilícitos penais. Além disso, as multas administrativas aplicadas pelas autoridades administrativas competentes serão cobradas em juízo, se houver resistência do devedor em cumprir a obrigação punitiva.

Em virtude da prática de atos lesivos à Administração Pública, previstos no art. 5º da lei, já examinado, as entidades federativas interessadas, por intermédio de seus órgãos de representação judicial ou o Ministério Público, poderão ajuizar ação com o objetivo de aplicar às pessoas jurídicas infratoras as seguintes sacões: I) perdimento dos bens, direitos ou valores que representem vantagem ou proveito direta ou indiretamente obtidos em decorrência da infração, ressalvado o direito do lesado ou de terceiro de boa-fé; II) suspensão ou interdição parcial de suas atividades; III) dissolução compulsória da pessoa jurídica; e IV) proibição de receber incentivos, subsídios, subvenções, doações, ou empréstimos de órgãos ou entidades públicas e de instituições financeiras públicas ou controladas pelo Poder Público, pelo prazo mínimo de um ano e máximo de cinco anos.

A decretação da dissolução compulsória da pessoa jurídica infratora pelo juiz condiciona-se à comprovação de que a entidade utilizou de forma habitual para facilitar ou promover a prática de atos ilícitos; ou foi constituída para ocultar ou dissimular interesses ilícitos ou a identidade dos beneficiários dos atos praticados.

Quanto à dissolução compulsória, Mikael Martins de Lima resume assim seu entendimento sobre a matéria:

> Especificamente quanto à aplicação da dissolução compulsória a sociedades, considerando que isso implicará na extinção da pessoa jurídica e, portanto, no encerramento de todas as suas atividades, fechamento de postos de trabalho, cessação das compras junto aos fornecedores e das vendas aos consumidores, reduzindo-se, ainda, os impostos a serem recolhidos ao Estado, a pena prevista no art. 19, III, Lei nº 12.846/13, deve ser interpretada e aplicada de forma sistemática ao princípio da função social da empresa (art. 17º, II, CF) e ao princípio da preservação da empresa (art. 47, Lei nº 11.101/05).
>
> A partir da interpretação sistemática que propomos, a sanção judicial da dissolução compulsória somente pode ser aplicada quando a morte da pessoa jurídica for a única forma de fazer cessar a ilicitude, devendo-se preferir sempre as demais sanções que se mostrarem proporcionais e suficientes para garantir a continuidade das atividades produtivas da sociedade acusada, tais como a suspensão ou interdição parcial, a fim de reprimir apenas a atividade reputada ilícita.[44]

---

[44] LIMA. *JurisWay*.

Acompanho o raciocínio desenvolvido por Lima. É verdade que a preservação da empresa é princípio que deve ser observado, e, também, deve-se ter em mente que ela, empresa, deve cumprir a sua função social, sem se afastar de outro princípio, o da razoabilidade. Assim, a despeito das consequências negativas decorrentes da conduta corrupta, a dissolução compulsória da empresa a título de sanção não parece razoável.

Outras sanções previstas na lei, de modo que a empresa condenada reponha ao Estado o valor correspondente ao prejuízo a ele causado, com atualização monetária, acrescido de juros, em parcelas compatíveis com a situação econômica e financeira da condenada, sem que a companhia tenha que encerrar as suas atividades ou reduzir a sua capacidade de realização de obras ou serviços de engenharia, sem dispensa de empregados, são, na nossa visão, solução razoável.

A decretação da dissolução compulsória da sociedade será viável se outras sanções e termo de ajuste de conduta forem ineficazes.

O ente público lesado em virtude de ato de pessoa jurídica de que trata a lei em foco pode, por intermédio da Advocacia Pública ou de outro órgão de representação judicial, requerer a indisponibilidade de bens, direitos ou valores necessários à garantia do pagamento da multa ou da reparação integral do dano, ressalvado o terceiro de boa-fé. A mesma atribuição é conferida ao Ministério Público (art. 19, §4º, da lei). Nas ações promovidas pelo Ministério Público nas situações aqui previstas, poderão ser aplicadas as sanções previstas no art. 6º da lei, se comprovada a omissão da autoridade competente em exercer o dever de responsabilizar a infratora administrativamente.

Para as ações judiciais de responsabilização, previstas na lei em comento, será adotado o rito da ação civil pública disciplinado pela Lei nº 7.347, de 24.7.1985. O valor da condenação, se não constar da sentença, será apurado em cálculo de liquidação *a posteriori*.

Por meio da Lei nº 12.846/2013, art. 22, criou-se no âmbito do Poder Executivo Federal o Conselho Nacional de Empresas Punidas (CNEP). Esse conselho tem por objeto reunir as sanções aplicadas às pessoas jurídicas previstas na lei pelos órgãos ou entidades dos poderes Executivo, Legislativo e Judiciário de todas as esferas de governo. Além de centralizar todas as sanções, o CNEP tem o dever de divulgá-las. Os citados órgãos e entidades públicos referidos acima têm o dever de manter o CNEP informado das sanções por eles aplicadas a empresas autoras de atos ilícitos, nos termos da lei em referência.

O CNEP, entre outras providências, deve manter as seguintes informações sobre as sanções impostas às infratoras: a) razão social e número de inscrição da pessoa jurídica ou entidade no Cadastro Nacional da Pessoa Jurídica (CNPJ); b) tipo de sanção; e c) data de aplicação e data final da vigência do efeito limitador ou impeditivo da sanção, quando for o caso. As autoridades públicas signatárias de acordo de leniência devem informar o CNEP sobre os acordos assinados, salvo os casos em que as informações podem causar prejuízo às investigações e ao processo administrativo. O CNEP deve ser informado pela autoridade pública sobre os acordos de leniência, eventualmente descumpridos pela signatária privada.

As autoridades públicas competentes de todas as esferas de governo devem manter informações atualizadas, para fins de publicação, no Cadastro Nacional de Empresas

Inidôneas (Ceis), de caráter público, instituído no âmbito do Poder Executivo, sobre as sanções aplicadas às empresas, nos termos dos arts. 156, 157 e 158, da Lei nº 14.133/2021.

Os resultados econômicos obtidos com a aplicação da lei em comento serão destinados, preferencialmente, aos órgãos ou entidades públicas lesadas. As infrações previstas na lei em referência prescrevem em cinco anos. A instauração de processo administrativo ou judiciário com a finalidade de apurar infração de que trata a lei suspende a prescrição.

A autoridade competente que tiver conhecimento das infrações previstas na lei em exame e não adotar as medidas necessárias à apuração delas será responsabilizada, penal, civil e administrativamente, nos termos das leis específicas aplicáveis.

As sanções aplicáveis às pessoas jurídicas infratoras, nos termos da lei em estudo, não ilidem as sanções previstas na Lei nº 8.429/1992, improbidade administrativa; e na Lei nº 14.133/2021, licitações e contratos.

As pessoas jurídicas e as a elas equiparadas para os fins da lei aqui examinada devem manter rigoroso órgão interno de controle com a finalidade de policiar as condutas de todos os seus agentes da cúpula e dos demais atuantes na empresa com maior ou menor poder de decisão. Até o advento da lei, essa preocupação era desnecessária, visto que, nos casos de ilícitos envolvendo pessoa jurídica, respondiam seus agentes, pessoas naturais que tivessem, com culpa ou com dolo, atuado direta ou indiretamente para a conduta ilícita. Agora, em primeiro plano, responde a pessoa jurídica cuja ilicitude foi praticada por agente seu. Essa é a mais importante das novidades contidas na lei.

Enfim, vale lembrar que a lei anticorrupção se aplica às empresas estatais e suas subsidiárias, nos termos do art. 94 da Lei nº 13.303/2016, que excetua a aplicação a estas empresas das sanções previstas nos incs. II, III e IV do art. 19: (a) suspensão ou interdição parcial de suas atividades; (b) dissolução compulsória da pessoa jurídica; e (c) proibição de receber incentivos, subsídios, subvenções, doações ou empréstimos de órgãos ou entidades públicas e de instituições financeiras públicas ou controladas pelo Poder Público, pelo prazo mínimo de 1 (um) e máximo de 5 (cinco) anos.

3.5.8 A constitucionalidade da lei examinada

Na pesquisa desenvolvida para a elaboração deste trabalho, detectou-se o posicionamento do renomado jurista Jorge Ulisses Jacoby Fernandes, no sentido de que a Lei nº 12.846/2013, no que tange à responsabilidade objetiva das pessoas jurídicas que se enquadram nas hipóteses nela previstas, é inconstitucional. O autor sustenta, em primeiro plano, que a regra não guarda conformidade com a Constituição da República de 1988, pelo fato de a responsabilidade objetiva de pessoa jurídica privada ser hipótese sem amparo constitucional. É dele o seguinte texto:

> Entre os direitos fundamentais, a Constituição assegura o devido processo legal e a apreciação do elemento subjetivo do agente, nas formas de dolo ou culpa. Há somente duas exceções, quando então, há responsabilização e ordem para reparar o dano, independentemente de dolo ou culpa: a responsabilidade objetiva da Administração Pública e os danos causados por acidente nuclear. Nessas duas situações, basta provar o dano e o nexo causal, ou seja,

a relação entre o fato e uma ação, com ou sem culpa, que haverá o dever de indenizar. A criação de uma terceira hipótese, a partir de norma infraconstitucional, não é possível.[45]

Essa afirmativa, com todo respeito que se tem pelo autor, parece que não se sustenta no ordenamento jurídico pátrio. A Constituição da República trata da responsabilidade civil objetiva em três situações e não duas, como apontado no texto transcrito: nos casos de danos causados por acidente nuclear; das pessoas jurídicas de direito público; e das pessoas jurídicas de direito privado prestadoras de serviços públicos. Estas duas últimas estão contempladas no art. 37, §6º. As citadas hipóteses não são *numerus clausus* nem há na Constituição norma expressa proibindo a edição de lei infraconstitucional dispondo sobre responsabilidade civil objetiva.

Com a finalidade de confirmar essa assertiva, examinam-se as seguintes leis no que se refere à responsabilidade civil objetiva:

- Lei nº 6.194, de 19.12.1974. Essa lei dispõe sobre o seguro obrigatório para veículos de passageiros e de carga. Seu art. 5º estatui que o pagamento de indenização pela seguradora mediante simples prova do acidente independe da existência de culpa, haja ou não resseguro, abolida qualquer franquia de responsabilidade do segurado. A prova do sinistro para efeito de recebimento do seguro faz-se por meio de atestado de óbito e comprovante do registro de ocorrência no órgão policial competente, prova da qualidade do benefício, no caso de morte. A especificação dos meios de prova citados veio com a Lei nº 8.441/1992.

Poder-se-ia alegar que a lei em comento é de 1974, portanto, antes da entrada em vigor da Constituição de 1988. A alegação seria verdadeira, é claro. Mas de nenhuma utilidade, porque as leis nº 8.441/1992 e nº 11.482/2007 mantiveram a responsabilidade objetiva da lei de 1974, ampliando os direitos dos segurados, garantindo-lhes o acesso aos benefícios decorrentes de sinistro sem a necessidade de produzir prova da culpa do causador do dano.

- Lei nº 6.938, 31.8.1981. Essa lei trata da política nacional do meio ambiente. No art. 14, ela cuida da responsabilidade civil objetiva das pessoas naturais e das pessoas jurídicas que causarem dano ao meio ambiente. A lei em foco também foi recepcionada pela Constituição, haja vista sua alteração pela Lei nº 8.028/1990, fundamentada nos incs. VI e VII do art. 23 e no art. 225, ambos da Constituição da República, que tratam da preservação e da conservação do meio ambiente. O art. 14 foi mantido, conservando, portanto, a responsabilidade objetiva.
- Lei nº 8.078, de 11.9.1990 – Código de Defesa do Consumidor. A lei em questão inovou substancialmente no campo da responsabilidade civil. Antes da sua vigência, o consumidor era totalmente desprotegido da garantia de ter o bem ou serviço nas condições em que foi ajustado com o fabricante, produtor ou fornecedor. O consumidor lesado, na tentativa de ver reparado o dano sofrido, teria de provar em juízo a culpa do causador do dano, o que era quase impossível.

---

[45] FERNANDES. *Jus Navigandi*, ano 18, n. 3688.

O CDC, como é conhecida a lei de defesa do consumidor, adotou a responsabilidade objetiva em todas as hipóteses da relação fornecedor-consumidor. O Capítulo IV da lei, Seção II, traz por título: "Da responsabilidade pelo fato do produto e do serviço". A matéria está disciplinada nos arts. 12, 13, 14 e 17, responsabilidade objetiva. Na Seção III, o título é: "Da responsabilidade por vício do produto ou do serviço". O conteúdo desse enunciado está contemplado nos arts. 18 a 25. Igualmente, a responsabilidade é objetiva.

- Lei nº 10.406, de 10.1.2002 – Código Civil. Esse Código quase inverteu a lógica da responsabilidade civil, se comparado com o de 1916. O Código revogado continha raríssimos dispositivos que admitiam a responsabilidade objetiva. Até o Estado respondia subjetivamente, nos termos do que dispunha o seu art. 15. Hoje, é possível afirmar-se, com pouco risco de errar, que as hipóteses de responsabilidade civil subjetiva e as de responsabilidade objetiva estão quase equilibradas no Código de 2002. Vejam-se algumas hipóteses de responsabilidade objetiva no atual Código: art. 43 dispõe sobre a responsabilidade objetiva das pessoas jurídicas de direito público em virtude de danos causados a terceiros por seus agentes, nessa condição. O art. 927 prescreve: "Aquele que, por ato ilícito [arts. 186 e 187], causar dano a outrem fica obrigado a repará-lo". O parágrafo único desse artigo prevê a responsabilidade objetiva nos seguintes termos: "Haverá obrigação de reparar o dano, independentemente de culpa, nos casos especificados em lei, ou quando a atividade normalmente desenvolvida pelo autor do dano implicar, por sua natureza, riscos para o direito do outro".

Veja-se a amplitude do conteúdo do dispositivo. Ele prevê a desnecessidade de comprovação de culpa baseado na teoria do risco da atividade e, ainda, nos casos previstos em lei. É mais um reconhecimento de que dispor sobre responsabilidade objetiva não é prerrogativa exclusiva da Constituição. O art. 928 trata da responsabilidade objetiva do incapaz, o art. 931 responsabiliza objetivamente "os empresários individuais e as empresas pelos danos causados pelos produtos postos em circulação". O art. 932 cuida da responsabilidade objetiva dos pais em relação aos filhos menores; do tutor e do curador em relação aos tutelados e aos curatelados; do empregador ou comitente, por seus empregados, dos danos sofridos por hóspedes em hotéis e similares; dos estabelecimentos de ensino que mantêm albergue para alunos, pelos danos causados aos educandos. Independentemente de albergue, as instituições de ensino respondem pelos danos sofridos por seus alunos durante o período da permanência deles no estabelecimento. O art. 936 responsabiliza objetivamente o dono ou detentor de animal que causar dano a outrem, exceto na hipótese de exclusiva culpa da vítima. Esses são os principais artigos do Código Civil que tratam do assunto em pauta, responsabilidade objetiva.

Com esta breve análise das principais leis que dispõem sobre responsabilidade civil objetiva de pessoas jurídica, é forçoso concluir que a Lei nº 12.846/2013 não padece do vício de inconstitucionalidade nesse particular. Até prova em contrário, ela é integralmente constitucional.

3.5.9 Conclusão

A conclusão a que se chega é que a Lei nº 12.846/2013 veio em boa hora, somando-se a outras dirigidas ao combate à corrupção lastreada no Brasil inteiro. Trata-se de lei plenamente constitucional, conforme demonstrado acima. É inovadora, pois tem por destinatárias as pessoas jurídicas de direito privado e as que a elas se equiparam, nacionais e estrangeiras, responsabilizando-as objetivamente quando praticarem atos ou adotarem condutas lesivas à Administração nos três poderes e nas quatro esferas federativas, inclusive os municípios com apenas dois poderes, sabidamente. São também destinatários da lei, para o efeito de defesa, os órgãos ou entidades públicas internacionais, ainda que temporariamente, sediados no Brasil.

Espera-se que essa nova medida legislativa iniba as empresas e seus agentes, bem como os agentes públicos, de causarem prejuízos à Administração Pública, com o firme propósito de levarem vantagem econômica ou de outra natureza, em prejuízo imediato para Administração Pública e mediato à sociedade. Essa sociedade que é responsável pelas receitas do Estado e ao mesmo tempo credora das políticas públicas que, por vários motivos, principalmente a corrupção, são deficitárias. Apontam-se a segurança pública, a saúde pública, a educação, a infraestrutura, a mobilidade urbana e o desenvolvimento sustentável.

A sociedade tem dado sinais de que está desencantada com os políticos, cansada de esperar e disposta a lutar pacificamente, mas com firmeza, pelos direitos fundamentais garantidos pela Constituição da República. A constatação dessa assertiva foram os movimentos de junho do ano passado (2013) e que vêm se repetindo.

A eficiência e a celeridade dos meios de controle, inclusive o social, são fundamentais para o fiel cumprimento da lei anticorrupção, que incorporou o ordenamento jurídico pátrio no dia 1º.2.2014.

CAPÍTULO 13

CONTROLE DA ADMINISTRAÇÃO PÚBLICA

Sumário: **1** Considerações gerais – **2** Controle administrativo – **3** Considerações básicas sobre a atuação do Ministério Público no controle da Administração Pública – **4** Controle pelo Legislativo com auxílio do Tribunal de Contas – **5** Controle pelo Judiciário – **6** Mandado de segurança – **7** Ação popular – **8** Ação civil pública – **9** Anotações gerais sobre a Lei nº 13.655, de 25.4.2018

1 Considerações gerais

As atividades das pessoas físicas e jurídicas, em qualquer ramo ou setor, devem ser controladas por órgãos, meios e procedimentos próprios. O controle em geral tem por finalidade vários aspectos, entre os quais propiciar a boa e eficiente gerência do negócio, ainda que doméstico; evitar desperdício de recursos materiais, financeiros e humanos; aprimorar os meios de produção, comercialização, execução ou prestação, quando se tratar de serviços. Se, na atividade particular, o controle deve ser regra, na Administração Pública, pelas razões expostas, ele é regra obrigatória. E por que obrigatória? Pelo fato de envolver bens da sociedade, bens públicos. A Administração Pública é gestora de coisas alheias, coisas públicas. Por essas razões, o seu controle torna-se obrigatório. O ordenamento jurídico instituiu quatro espécies de controle: um pela própria Administração, denominada controle administrativo, controle interno, outras pelos Tribunais de Contas, pelo Ministério Público, pelo Legislativo e pelo Judiciário. Sobre cada uma delas dedicar-se-ão as páginas seguintes.

Sendo o controle da Administração Pública exercido pelos três poderes, deve-se concluir, de plano, que ele pode ser interno e externo. Ele é interno, quando procedido pelos órgãos da própria Administração, e é externo, obviamente, quando exercido por órgãos externos à Administração. Enquadra-se nessa espécie o controle exercido pelos Tribunais de Contas, Legislativo e Judiciário. O controle pode ainda ser prévio, concomitante e posterior.

– Prévio – Diz-se prévio, o controle realizado antes da concretização do ato ou da conduta pretendida pela Administração. O ato a ser editado dependerá de formalidades para que possa produzir efeitos jurídicos válidos. Exemplo: a nomeação do presidente do Banco Central, pelo presidente da República, depende de prévia aprovação do Senado Federal. A não aprovação inviabiliza

o ato de nomeação, isso é, se editado sem a observância dessa formalidade, o ato será, plenamente, nulo.
- Concomitante – Controle concomitante é aquele que acontece simultaneamente ao comportamento ordinário da Administração. É o atuar *pari passu* do órgão de execução e do órgão de controle. Exemplo, o acompanhamento da execução orçamentária e financeira que é feito junto com a realização da despesa, exemplos: compra, execução de obra e de serviço.
- Posterior – Controle posterior é o que se verifica depois da prática do ato administrativo. Nesse caso, a Administração atua livremente nos limites legais e, posteriormente, submete o seu ato ou conduta material ao órgão controlador. Exemplos: o ato de aposentadoria de servidor público, o contrato e o convênio firmados por pessoa jurídica pública. Esses instrumentos sujeitam-se à homologação do Tribunal de Contas pertinente. A rejeição de qualquer um desses atos por vício ou inadequação ao ordenamento jurídico e ao regulamento pertinente implica a sua nulidade.

2 Controle administrativo

O controle administrativo é o exercido pela Administração, em sentido lato, sobre os seus próprios órgãos, por meio de mecanismos e procedimentos estabelecidos por leis e regulamentos.

O controle interno ou administrativo se exerce normalmente pelo poder hierárquico. Consiste no poder-dever da Administração de controlar os seus atos. Dessa forma, os órgãos superiores, na linha hierárquica, fiscalizam e controlam os inferiores. A Presidência da República controla a cúpula dos ministérios de Estado. As secretarias-gerais destes controlam os órgãos imediatamente inferiores, e assim por diante, até chegar ao último órgão subalterno.

Há um controle de responsabilidade dos ministérios de Estado que não é hierárquico propriamente, mas que decorre da sua superioridade sobre o ente controlado. É o exercido sobre as entidades públicas vinculadas, autarquia, sociedade de economia mista, empresa pública e fundação pública. O controle sobre esses entes não é hierárquico pelo fato de não se tratar de órgãos subordinados, mas de entidades vinculadas.

O Supremo Tribunal Federal expediu duas súmulas reconhecendo à Administração Pública o poder de rever os seus próprios atos em virtude de vícios ou por motivo de conveniência ou oportunidade. A primeira delas, nº 346, de 13.12.1963, prescreve: "A Administração Pública pode declarar a nulidade de seus próprios atos". A segunda, nº 473, disciplina: "A Administração pode anular os seus próprios atos, quando eivados de vícios que os tornem ilegais, porque deles não se originam direitos; ou revogá-los, por motivos de conveniência ou oportunidade, respeitados os direitos adquiridos e ressalvada, em todos os casos, a apreciação judicial". Hoje, a matéria está positivada no âmbito da União por meio da Lei nº 9.784, de 29.1.1999, art. 53, cujo teor é o seguinte: "A Administração deve anular seus próprios atos, quando eivados de vícios de legalidade, e pode revogá-lo por motivo de conveniência ou oportunidade, respeitados os direitos adquiridos".

Como visto, a Administração Pública tem o poder-dever de rever seus atos quando praticados com vícios que o tornem nulos ou quando o ato se tornar inconveniente ou inoportuno, ressalvados os casos de direito adquirido. E, em qualquer caso, será sempre permitido o controle jurisdicional.

Em princípio, e nos termos das referidas súmulas, a Administração Pública, constatando vício ou inconveniência do ato, poderia, de ofício ou a requerimento, promover a retirada dele, unilateralmente, mediante justificativa ou motivação comprobatória da situação do ato ensejadora da medida radical. O Judiciário, entretanto, vem entendendo, principalmente depois da edição da Constituição da República de 1988, que, por força do preceito nela contido, torna-se indispensável a observância de processo administrativo próprio, em virtude da exigência do devido processo legal por determinação constitucional. O inc. LIV, art. 5º, da Constituição assim exprime: "Ninguém será privado da liberdade ou de seus bens sem o devido processo legal".

Reforça o comando do texto transcrito acima a norma contida no inc. LV do mesmo art. 5º: "Aos litigantes, em processo judicial ou administrativo, e aos acusados em geral são assegurados o contraditório e a ampla defesa com os meios e recursos a ela inerentes".

O Tribunal de Justiça de Minas Gerais, em alguns casos, declarou a nulidade de atos do secretário de Estado de Recursos Humanos e Administração que declaravam nulos outros atos da mesma autoridade. O fundamento básico, sustentado pelos desembargadores, nesses casos, foi o fato de a Administração não ter promovido o competente processo administrativo para oferecer ao servidor a oportunidade de se defender amplamente. Nessa mesma linha, tem-se pautado o Superior Tribunal de Justiça (Acórdão nº 10.903/3, de 25.11.1993, no processo da servidora X contra o Estado de Minas Gerais).

Parece excessiva essa orientação judicial. A retirada de um ato manifestamente nulo não deveria precisar de prévio processo administrativo, visto que o beneficiado com a edição do ato viciado nada tem a alegar em seu favor fundado em ato nulo. Entretanto, a certeza da nulidade de um ato administrativo só se tem com a declaração do juiz. A Administração pode se equivocar quanto à ilegalidade de seu próprio ato. Por essa razão, a necessidade do competente processo administrativo. É essa a orientação daqueles que têm a competência legal para dizer o direito. Em virtude desse entendimento jurisprudencial, a Administração dependerá de processo administrativo sempre que tiver de anular ato que esteja produzindo vantagem para alguém, servidor ou não. A inobservância dessa formalidade conduz à edição de novo ato viciado, passivo de ser declarado nulo pelo Judiciário.

A Constituição da República, no art. 74, torna obrigatória a existência de um órgão interno independente com atribuição de exercer o controle interno de cada órgão público ou entidade pública, nos seguintes termos:

> Art. 74. Os Poderes Legislativo, Executivo e Judiciário manterão, de forma integrada, sistema de controle interno com a finalidade de:
> I - avaliar o cumprimento das metas previstas no plano plurianual, a execução dos programas de governo e dos orçamentos da União;
> II - comprovar a legalidade e avaliar os resultados, quanto à eficácia e eficiência, da gestão orçamentária, financeira e patrimonial nos órgãos e entidades da administração federal, bem como da aplicação de recursos públicos por entidades de direito privado;

III - exercer o controle das operações de crédito, avais e garantias, bem como dos direitos e haveres da União;

IV - apoiar o controle externo no exercício de sua missão institucional.

§1º Os responsáveis pelo controle interno, ao tomarem conhecimento de qualquer irregularidade ou ilegalidade, dela darão ciência ao Tribunal de Contas da União, sob pena de responsabilidade solidária.

§2º Qualquer cidadão, partido político, associação ou sindicato é parte legítima para, na forma da lei, denunciar irregularidades ou ilegalidades perante o Tribunal de Contas da União.

Na União, nos estados, no Distrito Federal e nos municípios, esse órgão de controle interno é denominado controladoria-geral, cujas funções-fim são exercidas por agentes com formação técnica compatível com a atividade. Esses agentes têm o dever de zelar pela boa administração e evitar conduta dos gestores em desconformidade com a lei.

O responsável pelo órgão de controle interno que tiver conhecimento de conduta irregular ou ilegal, praticada por seu superior ou por qualquer outro agente público no âmbito da atuação de controle, tem o dever de levar o fato ao conhecimento do Tribunal de Contas respectivo. A omissão desse dever implica responsabilidade solidária do agente omisso e do agente que adotou a conduta irregular ou ilegal.

São, ainda, nos termos do §2º do art. 74 em referência, legitimados para, na forma disposta em lei, representar perante o Tribunal de Contas contra quem praticar atos irregulares ou ilegais qualquer cidadão, partido político, associação e sindicato.

2.1 Direito de petição

Direito de petição consiste na faculdade conferida ao cidadão para postular perante os órgãos públicos contra ato lesivo ou ameaçador de lesão. A Constituição da República de 1988 consigna, no art. 5º, dois dispositivos pertinentes a esse direito; são os incs. XXXIV e LV. O primeiro prescreve, na alínea "a", que todos, independentemente de pagamento de taxa, têm "o direito de petição aos Poderes Públicos em defesa de direitos ou contra ilegalidade ou abuso de poder". O outro dispositivo garante aos litigantes, em processo judicial ou administrativo, e aos acusados em geral o direito ao contraditório e à ampla defesa, valendo-se dos meios e recursos próprios.

O exercício do direito de petição viabiliza-se, na via administrativa, por meio de recursos denominados *recursos administrativos*. São, portanto, todos os meios legais de que se valem os administrados em geral e os servidores públicos em especial para pleitear, junto à Administração Pública, a revisão ou o reexame de atos viciados ou danosos.

2.1.1 Efeitos dos recursos

A exemplo dos recursos no processo judicial comum, os recursos administrativos sujeitam-se aos efeitos devolutivo e suspensivo. O primeiro efeito aplica-se a todos os recursos, sem distinção, visto significar a remessa deles à autoridade superior para novo exame da matéria questionada. O efeito suspensivo consiste em meio eficaz de suspensão dos efeitos do ato recorrido até a decisão meritória. Não são todos os atos administrativos sujeitos ao efeito suspensivo. A lei, em regra, determina os casos em que o recurso deve ser recebido nos dois efeitos, devolutivo e suspensivo. No caso concreto, mesmo não havendo a previsão legal do efeito suspensivo, a autoridade competente poderá, se julgar necessário, dar ao recurso esse efeito, desde que motive adequadamente a atitude, de modo a realçar os motivos que o levaram a atribuir efeito suspensivo ao recurso.

A Administração tem o dever de receber o recurso ainda que, aparentemente ou manifestamente, ele seja descabido. É nesse momento que se atribui ao recurso os efeitos acima referidos. Em seguida, deve ser encaminhado à autoridade ou órgão competente para julgar. O agente ou agentes encarregados do julgamento farão apreciação das questões preliminares e julgamento da matéria de conteúdo, isso é, matéria de mérito. O julgamento das preliminares serve para o conhecimento ou não conhecimento do recurso. Se não for conhecido, o recurso não terá prosseguimento. Será, então, julgado sem o exame da matéria de mérito, o que possibilita ao interessado a interposição de novo recurso, sanadas as questões levantadas nas preliminares.

Se o recurso for conhecido, deverá, em seguida, ser julgado quanto ao mérito. Com esse julgamento, o recurso será provido ou desprovido, ou provido em parte. O provimento em parte ocorrerá quando o julgador reconhecer que, entre os direitos postulados, alguns são legítimos, são verdadeiros, são devidos, enquanto os outros são infundados, por conseguinte, improcedentes. Em relação a estes, o recurso será julgado desprovido. Logo, provido em parte.

2.1.2 Modalidade de recursos

Diversas modalidades de recursos administrativos são previstas em lei, para o exercício do direito de petição perante a Administração Pública. Os mais comuns são: representação, reclamação administrativa, recursos hierárquicos, pedido de reconsideração e pedido de revisão do ato ou do processo. Em seguida, será, ainda que em breve síntese, examinada cada uma destas modalidades.

- Representação – A representação é meio próprio e adequado para qualquer pessoa representar perante a Administração, contra irregularidades praticadas por seus agentes. Essa modalidade de recurso administrativo está regulada pela Lei nº 4.898, de 9.12.1965. A Constituição da República, no art. 74, prevê duas hipóteses de representação. Uma contida no §1º e a outra no §2º. O primeiro é dirigido a agente público, enquanto o outro destina-se aos cidadãos em geral e corporações, conforme estatuem: "§1º Os responsáveis pelo controle interno, ao tomarem conhecimento de qualquer irregularidade ou ilegalidade, dela darão ciência ao Tribunal de Contas da União, sob pena de responsabilidade solidária".

O §2º, destinado aos cidadãos, partidos políticos, associações e sindicatos, legitimando-os para representar contra a Administração Pública, está assim redigido: "§2º Qualquer cidadão, partido político, associação ou sindicato é parte legítima para, na forma da lei, denunciar irregularidades ou ilegalidades perante o Tribunal de Contas da União".

A Lei nº 8.666, de 21.6.1993, prevê hipóteses de representação em virtude de vícios no procedimento licitatório. O art. 109, II, prescreve: "Representação, no prazo de 5 (cinco) dias úteis da intimação da decisão relacionada com o objeto da licitação ou do contrato, de que não caiba recurso hierárquico". Então, no processo de licitação e na execução do contrato, quando não couberem os recursos hierárquicos previstos na lei, o interessado que se sentir prejudicado poderá manejar o recurso de representação perante a autoridade administrativa competente.

A Lei nº 14.133/2021, no art. 170, §4º, dispõe sobre representação em face de irregularidade na sua aplicação na licitação e na contratação aos órgãos de controle interno ou ao Tribunal de Contas competente. São titulares dessa faculdade: licitante; contratado; ou pessoa física ou jurídica.

- Reclamação administrativa – Esta espécie de recurso é meio posto à disposição dos servidores e de outros interessados para deduzirem, perante a Administração Pública, direitos funcionais ou não, negados ou atendidos parcialmente.

No Conselho de Administração de Pessoal, órgão colegiado criado pelo Estado de Minas Gerais para reexaminar atos administrativos contrários a direito dos servidores públicos estaduais, os pedidos se fazem por meio do recurso, reclamação.

O exercício desse direito condiciona-se a prazos prescricionais ou decadenciais. O Decreto Federal nº 20.910, de 6.1.32, que cuida da prescrição, a favor da Administração Pública, tanto nos casos de postulação na via administrativa, quanto na via judiciária, estabelece o prazo máximo de um ano para que o prejudicado reclame os seus direitos, se outro prazo não for estipulado em lei. É de 120 dias o prazo para o servidor reclamar perante o citado Conselho de Administração de Pessoal seus direitos prejudicados por ato da Administração. Esse prazo é decadencial e se conta da data da publicação do ato impugnado ou da ciência deste, quando não publicado no órgão competente.

A diferença fundamental entre representação e reclamação consiste no fato de que o primeiro recurso se opera como meio de denúncia contra a Administração ou agente público em virtude de comportamento em desacordo com o direito, isso é, praticando atos ilegais ou viciados. A reclamação compete apenas a interessados diretos em virtude de lesão sofrida ou ameaçada por ato da Administração. É esse, portanto, meio de acionar a Administração por aquele que teve o seu direito lesionado, com vista à reparação do dano.

- Recurso hierárquico – É modalidade de recurso administrativo por meio do qual os interessados legitimados postulam reexame de ato perante a autoridade imediatamente superior, na linha hierárquica, à que emitiu o ato contrariado. A Lei nº 8.666/1993 prevê, no art. 109, que o recurso hierárquico deve ser dirigido à autoridade superior à que praticou o ato, por intermédio desta. Semelhante redação contém o art. 165, §2º, da Lei nº 14.133/2021. Assim, se o ato tido como viciado foi emanado da Comissão Permanente de Licitação, o recurso deve ser interposto perante a autoridade imediatamente superior, por intermédio da comissão que poderá rever o seu ato se se convencer dos argumentos apresentados nas razões do recurso. Da decisão da aludida autoridade, normalmente, diretor de compras, comporta recurso para a autoridade superior e última na via administrativa. A Lei nº 9.784/1999 adota semelhante procedimento para outras hipóteses de recursos administrativos no art. 56, §1º. O dispositivo legal prescreve que o recurso será dirigido à autoridade que praticou o ato impugnado. Se essa autoridade não se convencer das razões do recurso, no prazo de 5 (cinco) dias o encaminhará à autoridade superior para apreciá-lo e julgá-lo.

A legislação costuma prever uma modalidade de recurso administrativo que a rigor não é hierárquico, mas que a doutrina designa por recurso hierárquico impróprio. Trata-se de recurso do qual se valem pessoas prejudicadas para reclamar perante autoridade de uma entidade ou órgão que tem vinculada a si a entidade pública causadora do dano, desde que previsto em lei. Servem de exemplos os casos em que a lei confere ao ministro de estado competência para reexaminar atos e comportamentos omissivos atribuídos a dirigentes superiores de determinada autarquia vinculada ao ministério por força de lei.

- Pedido de reconsideração – Pode ser considerado como recurso em sentido lato. No sentido estrito, seria impróprio denominá-lo recurso. Trata-se de meio processual posto à disposição do interessado para, mediante petição formal, à autoridade que praticou o ato, solicitar seja reconsiderada a decisão desfavorável. O procedimento está previsto no art. 106 da Lei nº 8.112/1990 e no art. 109, III, da Lei nº 8.666/1993 e no novo Estatuto, art. 165, II. Esses dispositivos estabelecem que o pedido de reconsideração se admite nos casos em que não haja previsão de outro recurso. Além dessa restrição ao uso desse procedimento processual, a jurisprudência e a doutrina têm entendido, com acerto, que, para vingar o pedido de reconsideração, é indispensável a ocorrência de fato novo ou a produção de prova que materialmente não pode ser apresentada antes da decisão.
- Revisão do processo – É meio usado para desconstituição da decisão considerada danosa ao apenado nos processos administrativos disciplinares. Essa modalidade de recurso está disciplinada nos arts. 174 a 182 da Lei nº 8.112/1990 e será examinado adiante, no item que cuidará do processo administrativo disciplinar.

O processo administrativo disciplinar pode ser revisto a qualquer tempo, desde que ocorram fatos novos ou circunstâncias capazes de induzir ao convencimento de que o apenado é inocente ou que a pena imposta fora desproporcional ao ilícito administrativo cometido. Nesses casos, a Administração poderá agir de ofício ou mediante postulação formal do punido ou de seu descendente. A autoridade competente para receber o pedido e decidir sobre ele é a que aplicou a pena.

Ressalte-se que não é suficiente para a revisão a simples alegação de que a pena fora exorbitante e que por essa razão deve ser reduzida. É preciso provar a sua desconformidade com a lei, tendo-se em vista o fato praticado que ensejou o processo. O ônus da prova cabe sempre ao requerente, que pode ser o prejudicado com a decisão recorrida ou seus sucessores legítimos. A revisão não pode resultar em agravamento da pena antes imposta ao sancionado (Lei nº 8.112/1990, art. 182, parágrafo único).

2.1.3 Exaustão da via administrativa

O Brasil, conforme já se noticiou em outro tópico, fez opção pela jurisdição una. Por esse motivo, a escolha da via administrativa para a solução de conflitos entre o administrado e o agente público é facultativa. O interessado pode, então, peticionar diretamente perante a Administração ou o Judiciário. Se eleger a via administrativa, não precisa esgotá-la para recorrer à Justiça. Nessa hipótese, o processo administrativo será sobrestado até a decisão definitiva na via judiciária.

A Constituição de 1967 prescrevia no §4º do art. 153 que a lei poderia condicionar a ida ao Poder Judiciário depois de verificada a exaustão da via administrativa. A lei, entretanto, não chegou a ser editada. A Constituição de 1988 não abriga norma de igual teor. A condição por ela exigida para o recurso ao Poder Judiciário é tão somente a ocorrência de lesão ou ameaça a direito (inc. XXXV do art. 5º, da Constituição Federal).

2.1.4 Coisa julgada administrativa

Os órgãos instituídos para julgar administrativamente (Conselho de Contribuinte, Conselho Administrativo de Defesa Econômica e os demais colegiados) não têm competência para fazer coisa julgada. Esses órgãos não gozam de competência para decidir com definitividade. No Brasil, somente o Poder Judiciário detém a prerrogativa de dizer o direito em caso de conflito. Por esse motivo, as decisões administrativas estão sempre sujeitas ao controle judicial, bastando apenas que uma das partes se sinta prejudicada com a decisão administrativa. Desse modo, não há, a rigor, coisa julgada administrativa. Entretanto, admite-se a expressão "coisa julgada administrativa", para significar que a matéria que tenha sido objeto de decisão administrativa não poderá ser novamente submetida à Administração com vista a novo julgamento, a não ser nos estritos limites dos recursos administrativos examinados acima. Assim, esgotada a via recursal administrativa, ou decorrido o prazo de recurso sem que este tenha sido interposto, diz-se que a matéria fez coisa julgada administrativa. O direito do interessado continua latente, podendo ser exercido na via judiciária. Na esfera administrativa, o direito do interessado está precluso, prescrito ou decadente, quando não couber mais recurso por exaustão da instância ou por decurso de prazo.

2.2 Algumas considerações sobre o processo administrativo

Em regra, a realização do direito se faz mediante processo. E esse se forma por meio de procedimentos.

O processo pode ser definido, grosso modo, como um conjunto de informações e de documentos canalizados ordenadamente segundo regras e procedimentos próprios, destinado ao pronunciamento de uma decisão final.

Procedimento é o meio que se adota para o encaminhamento ao processo, em todas as suas fases, de documentos, informações, meios e produção de provas, destinados à formação do processo. O processo, por mais simples que seja, não se forma nem chega a lugar algum sem os procedimentos próprios e indispensáveis ao seu desenvolvimento até a fase final. O procedimento, entretanto, não necessita, obrigatoriamente, de processo. Daí poder-se dizer que não há processo sem procedimento, mas que há procedimento sem processo.

O processo é tão importante que alguns ramos do Direito têm o seu próprio rito processual. Exemplos: processo civil, processo penal, processo trabalhista, processo eleitoral.

O Direito Administrativo, a despeito da sua importância e do reconhecimento que desfruta no arranjo da ordem jurídica nacional, não contava, até final de 1998, com lei específica dispondo sobre procedimento e processo administrativo. Existiam apenas normas esparsas disciplinando alguns procedimentos administrativos, mas insuficientes e de difícil aplicação em virtude da falta de unidade e da disparidade de conceitos. Hoje o processo administrativo, no âmbito federal é regulamentado pela Lei nº 9.784, de 29.1.1999.

O Direito Administrativo na doutrina contemporânea, ao contrário do que se entendia no passado, volta-se para a garantia dos cidadãos contra atos ou comportamentos exacerbados da Administração Pública. Nos primórdios da criação desse Direito, se concebia a sua necessidade como meio de proteção da Administração e de suas realizações. Na atualidade, poucos concebem o Direito Administrativo com essa finalidade. Entre os autores defensores desse ramo do Direito como mecanismo de defesa dos administrados, figuram Agustín Gordillo, Sérgio Ferraz, Caio Tácito, Cármen Lúcia Antunes Rocha.

A realização do Direito Administrativo efetiva-se mediante o processo administrativo ou o processo judicial, nos casos em que a solução administrativa for ilegítima ou ilegal. A Lei nº 9.784/1999 acolhe a teoria de Agustín Gordillo no seu art. 1º, ao dispor: "Esta Lei estabelece normas básicas sobre o processo administrativo no âmbito da Administração Federal direta e indireta, visando, em especial, à proteção dos direitos dos administrados e ao melhor cumprimento dos fins da Administração". Ressalve-se que o autor argentino defende a ideia de procedimento administrativo no âmbito da Administração Pública. Para ele processo somente é possível na via judiciária.[1]

O conteúdo desse dispositivo legal reflete o comando constitucional, nesse particular. O art. 5º da Constituição Federal de 1988, tantas vezes referido neste livro, oferece à sociedade diversas modalidade de ações especiais, para que ela se defenda contra os abusos e desmandos praticados pelos agentes públicos em prejuízo de seus interesses.

2.2.1 Princípios do processo administrativo

São princípios fundamentais do processo administrativo: da legalidade, da publicidade, da oficialidade, da informalidade, da ampla defesa e do contraditório.

- Princípio da legalidade – Consiste no fato de que todos os atos e procedimentos integrantes do processo administrativo devem resultar da estrita observância do preceito legal (Constituição, lei e regulamento). A inobservância de norma expressa ou de princípios pertinentes invalida o processo, culminando com a nulidade da decisão dele decorrente.

---

[1] GORDILLO. *Tratado de derecho administrativo*, t. II, cap. 9-10.

- Princípio da publicidade – A regra da publicidade do processo administrativo é a mesma dos atos e dos contratos administrativos. A finalidade da publicidade é, em princípio, dar ciência do fato e do processo à sociedade e aos órgãos de controle para que possam adotar as providências que julgarem conveniente, de acordo com as atribuições e faculdades estabelecidas em lei ou em regulamento.

A portaria instituidora da comissão processante e instaurando o processo administrativo, contendo o nome do sindicado, a irregularidade cometida e a indicação dos dispositivos legais infringidos, deve ser publicada no órgão oficial. A notificação, quando não puder ser pessoal, será por edital publicado no órgão oficial, de acordo com a lei. Os despachos interlocutórios, dependendo da sua importância, devem ser igualmente publicados. A decisão deve ser pública. Os recursos administrativos e os respectivos julgamentos devem ser publicados em tempo hábil.

A sindicância, quando necessária à instauração de processo, pode realizar-se sem publicidade, com o fim de preservar o suspeito, visto que ainda não se tem certeza quanto aos fatos nem quanto à autoria.

- Princípio da oficialidade – É o princípio segundo o qual a Administração tem competência para, de ofício, instaurar processo administrativo e dar impulso a este, para que ele se desenvolva e atenda ao seu objetivo.

Assim, em virtude desse princípio, a autoridade administrativa tem o poder de determinar ou diligenciar a canalização de provas de que tenha conhecimento para o processo; e determinar a realização de perícia, quando essa for necessária à elucidação dos fatos. Enfim, a autoridade tem a faculdade de promover todas as diligências que julgar necessárias para a melhor solução da pendência, ainda que as medidas requeridas favoreçam o indiciado.

No processo judicial, a oficialidade do juiz é mitigada comparada com a do processante na via administrativa. A ele compete presidir o processo, cuja movimentação depende de provocação ou requerimento das partes. O juiz, entretanto, deve, de ofício ou a requerimento da parte interessada, determinar as provas necessárias ao julgamento do mérito. Contudo, o juiz deve indeferir, em decisão fundamentada, as diligências inúteis ou meramente protelatórias (art. 370, *caput* e parágrafo único do CPC de 2015).

- Princípio da informalidade – Os processos, em geral, são formais, principalmente o processo judicial. O administrativo é também formal, mas não tanto quanto o primeiro aqui referido. A ordem e os momentos de produção de provas não são rigorosos. Em qualquer fase do processo, admite-se a juntada de provas, o arrolamento de testemunhas e outras providências que tenham por finalidade contribuir para a solução do caso. Até mesmo na fase recursal, a exibição de provas documentais é permitida no processo administrativo.

2.2.2 Fases do processo administrativo

O processo administrativo obedece às seguintes fases para a sua formação: instauração, instrução, defesa, relatório e julgamento. Essas fases serão consideradas na explicação sobre o processo administrativo ao final deste subitem.

2.2.3 Tipos de processos administrativos

A Administração Pública vale-se de vários tipos de processos administrativos para a realização de suas atividades-meio. Hely Lopes Meirelles arrola os seguintes tipos de processos administrativos: processo de expediente, processo de outorga, processo de controle, processo punitivo. Parece-nos boa esta classificação. Por isso, vamos utilizá-la aqui, resumidamente, em benefício dos alunos e em homenagem ao saudoso mestre.

- Processo de expediente – Todos os pedidos protocolados em repartição pública, por mais simples que sejam os seus objetivos, são autuados e processados. Aquelas postulações que têm por finalidade obter determinada solução rotineira da Administração Pública formam o denominado processo de expediente.

Esse tipo de processo não se sujeita a procedimentos próprios. Normalmente, tramita passando pelas repartições pertinentes, de acordo com a organização administrativa linear e vertical, para que receba as informações e pareceres necessários ao pronunciamento final da autoridade competente. Servem de exemplos o pedido de averbação de tempo de serviço, o pedido de licença para tratar de assuntos particulares, o pedido de salário-família, entre outros.

A designação de processo não é muito própria para esse caso. Alguns autores costumam identificá-lo como procedimento administrativo, que se inicia com pedido ou por despacho de ofício destinado a uma manifestação ao final, agregando, durante a tramitação os dados, as informações e os pareceres, de acordo com cada caso.

Seja processo ou procedimento, deve-se ter em mente que a autoridade competente, ao proferir o despacho final, concedendo ou negando o solicitado, deve ater-se às recomendações ou opinamento constantes do processado. Decisão em sentido contrário ao direcionamento natural dos autos só terá validade se fundada em despacho convenientemente motivado.

A decisão nesse tipo de processo não vincula as partes nem impede o interessado de postular novamente. Nesse sentido é o ensinamento de Hely Lopes Meirelles: "[...] e as decisões neles proferidas não têm efeito vinculante para o interessado ou para a Administração e, por isso mesmo, em geral, são irrecorríveis e não geram preclusão, pelo que admitem sempre a renovação do pedido e a modificação da decisão".[2]

- Processo de outorga – É meio adequado para se obter determinado direito subjetivo perante a Administração Pública, como exemplo, a obtenção de licença para construir ou para localização. A decisão da autoridade é vinculante, quer dizer, o agente público é obrigado a expedir o alvará de construção ou

---

[2] MEIRELLES. *Direito administrativo brasileiro*, 16. ed., p. 585.

de localização para estabelecimento comercial, se o pretendente preencher as condições legais e regulamentares exigidas para a pretensão do referido direito.

O processo sujeita-se a rito e formalidades próprias, subordina-se aos princípios da ampla defesa e do contraditório. O ato denegatório da licença sem o processo formal, ou mesmo adotando-o, mas sem oferecer ao interessado a oportunidade de defender-se, é nulo e de nenhum efeito.

- Processo de controle – É o processo por meio do qual a Administração exerce controle interno sobre os seus atos e comportamentos, visando à boa administração, coibindo atos danosos praticados por seus agentes ou por qualquer cidadão. O controle por esse processo pode ser prévio ou posterior. Se prévio, será normalmente de orientação, se posterior, poderá ser sancionatório, quando se detectar irregularidade praticada por agente público ou particular. Dependendo da imposição, a decisão pode ser autoexecutável. Quando importa em sanção pecuniária, a decisão dependerá de ação judicial.

Esse processo de controle é realizado por órgãos da própria Administração, controle interno, ou por órgãos públicos externos. Exemplo: Tribunal de Contas.

Em qualquer caso, a decisão será vinculante para a Administração e para o envolvido, servidor ou qualquer cidadão, e deve ser dada ao interessado oportunidade para exercer o direito de defesa, o mais amplo possível.

- Processo punitivo. É o mais completo de todos, no que se refere às formalidades e procedimentos. Destina-se à apuração de atos ou comportamentos contrários à Constituição, à lei, ao regulamento, ao contrato ou outro ajuste, praticados por cidadão, servidor público, fornecedor, concessionário, permissionário, contribuinte, entre outros.

O processo dessa modalidade deve ser conduzido por comissão especialmente designada, presidida por um dos membros, indicado no ato de instituição da comissão. Tratando-se de sindicância administrativa, o procedimento é simples, por isso, pode ser conduzido por um servidor público, dispensável, portanto, a comissão, nos termos da Lei nº 8.112, de 11.12.1990.

Os processos punitivos devem submeter-se aos princípios constitucionais e legais aplicáveis às fases indispensáveis à sua formação, ao princípio do devido processo legal e ao princípio do contraditório. A inobservância de qualquer desses princípios conduz à nulidade do processo por vício irremediável. São exemplos de processo punitivo: o processo instaurado contra fornecedor por infringência a cláusulas contratuais, processo tributário e processo disciplinar, considerados a seguir.

- Processo administrativo disciplinar – Considerações gerais. Processo administrativo disciplinar é uma das espécies de processo administrativo cujas bases fundamentais e procedimentos lançam-se a seguir.

As irregularidades administrativas cometidas por servidor público estatutário são apuradas mediante processo administrativo disciplinar, precedido ou não de sindicância, conduzido por comissão processante permanente ou especial.

A autoridade administrativa, tomando conhecimento de irregularidade no serviço público, tem o poder-dever de apurar a veracidade do fato apontado, mediante sindicância e processo administrativo, ou por meio de um dos dois procedimentos, dependendo do caso concreto, oferecendo ao sindicado ou processado a oportunidade para exercer o direito de ampla defesa garantido pela Constituição.

A denúncia ou representação contra irregularidade administrativa, que pode ser feita por qualquer pessoa, servidora ou não, somente servirá para a abertura da sindicância ou instauração de processo administrativo se for autêntica e o denunciante se identificar e fornecer o seu endereço. Será arquivada a denúncia, cujo fato narrado for infundado ou não evidenciar ilícito administrativo ou penal, ou nos casos de denúncia anônima, ressalvados os casos expressos em lei.

- Sindicância. Em regra, a sindicância é procedimento sumário, de natureza inquisitória destinada à apuração de denúncia vaga sobre determinado fato considerado ilícito administrativo praticado por servidor público, cuja autoria é desconhecida ou imputada por suposição. Nessas hipóteses, a sindicância é necessária e deve ser condição para a instauração do processo administrativo disciplinar.

Outra justificativa para a instauração da sindicância é o fato de que o processo administrativo disciplinar é público e mais formal. Por isso é muito constrangedor para as pessoas envolvidas. O processo só deve ser instaurado quando não se tiver dúvida quanto ao fato e quanto à autoria.

Poder-se-ia, então, dizer que a sindicância está para o processo administrativo disciplinar assim como o inquérito policial está para o processo judicial criminal. Nesse sentido, é a posição da doutrina dominante. Entretanto, a Lei nº 8.112/1990 atribuiu à sindicância a função também de processo disciplinar simplificado nos casos em que o ilícito reclamar sanção da modalidade advertência ou suspensão de até 30 dias (art. 145 da Lei nº 8.112/1990).

- Instauração da sindicância. A sindicância deve ser instaurada por meio de portaria expedida por autoridade competente nos termos da lei ou, eventualmente, do regulamento. A portaria deve conter duas disposições: a indicação das possíveis infrações a serem apuradas e a designação da comissão sindicante ou do servidor que se encarregará da sindicância. A lei prevê a possibilidade de o procedimento ser conduzido por apenas uma pessoa, em virtude da simplicidade da sindicância comparada com o processo administrativo disciplinar. Na portaria, deve ser fixado também o prazo para a conclusão da sindicância. Esse prazo pode ser prorrogado mediante pedido formalizado pela comissão ou pelo sindicante, desde que devidamente fundamentado.
- Fases da sindicância. Diferentemente do processo disciplinar, a sindicância realiza-se observando três fases: a da abertura, a da instrução e a do relatório.

Nesse procedimento inquisitório, não há espaço para defesa, dada a sua natureza e finalidade. Esta é regra. Mas, nos casos regidos pela Lei nº 8.112/1990, a fase de defesa é obrigatória, visto que a sindicância pode concluir pela aplicação de sanção administrativa, ou melhor dizendo, com base na sindicância se pode apenar o infrator de dispositivos da lei em referência.

- Conclusão da sindicância. A sindicância pode concluir, nos termos do art. 145 da lei em referência, pelo seu arquivamento (por inexistência do fato alegado, por falta de prova da autoria imputada ao sindicado), pela aplicação da pena de suspensão pelo prazo de até 30 dias ou advertência, ou pela instauração de processo disciplinar.

É obrigatória a instauração de processo administrativo nos casos em que o ilícito for punível com a suspensão por mais de 30 dias, com a pena de demissão, com a pena de cassação da aposentadoria ou disponibilidade, ou com a pena de destituição de cargo em comissão.

– Afastamento preventivo. Como medida acautelatória e, principalmente, com a finalidade de evitar que o sindicado venha a dificultar ou embaraçar o andamento normal do processo em razão do cargo que exerce, a autoridade competente pode determinar o afastamento do sindicado pelo prazo de 60 dias, com direito à remuneração do cargo. Esse prazo pode ser prorrogado por uma vez apenas, mesmo que o processo não tenha sido concluído.

– Processo disciplinar. Processo disciplinar é o meio próprio adotado pela Administração Pública para apurar irregularidades e punir, se for o caso, servidores públicos por prática de ilícito administrativo previsto em lei. O seu rito é próprio e é menos formal que o processo comum. No processo administrativo, admite-se produção de provas em qualquer fase. A Administração deve fazer juntar aos autos documentos de que tenha conhecimento e que sejam úteis ao processo.

O processo deve ser presidido por comissão processante especial composta de três servidores efetivos, nomeados por autoridade competente, sendo um deles designado presidente da comissão. Pelo menos o presidente da comissão deve ter escolaridade igual ou superior à do sindicado. A comissão será secretariada por um dos membros ou por terceiro designado pelo seu presidente. São impedidos de participar da comissão de sindicância e de processo administrativo: cônjuge, companheiro ou parente do acusado, consanguíneo ou afim, em linha reta ou colateral até o terceiro grau.

A comissão exercerá as suas funções com independência e imparcialidade, mantendo sigilo nos casos de interesse da Administração ou necessário à elucidação do caso. As reuniões e audiências da comissão são de caráter reservado.

- Fases do processo – O processo disciplinar compõe-se de quatro fases básicas: 1. instauração; 2. instrução; 3. relatório; e 4. julgamento.
1. Instauração: a instauração do processo disciplinar é a sua fase inicial, materializada por portaria expedida, em regra, pela autoridade competente para nomear a comissão processante. Essa portaria é, normalmente, a que designa

a aludida comissão. Nela constará a menção da irregularidade denunciada, o nome ou os nomes dos servidores acusados de terem praticado o ilícito, e, se já for possível, a indicação do dispositivo legal que capitula a infração ensejadora do processo.
2. Instrução: os autos da sindicância, procedimento administrativo que recomendou a instauração do processo administrativo disciplinar, devem ser juntados ao processo como peça informativa. Se a sindicância apontar possível infração de norma penal pelo servidor sindicado, cópia dela deve ser remetida ao Ministério Público para se pronunciar e apontar, se for o caso, a competente ação penal, antes mesmo da abertura do processo disciplinar.

Instaurado o processo administrativo, a comissão providenciará a intimação do servidor, designando-lhe data e horário para o interrogatório. Na fase de conhecimento, a comissão promoverá as medidas indispensáveis à perfeita elucidação do fato. Para isso, tomará depoimento de testemunhas, requisitará documentos, fará diligências, designará perícia, além de outras medidas que o caso concreto exija ou recomende.

Ao servidor sindicado são garantidos o direito de ampla defesa e o princípio do contraditório. Para o exercício desse direito, é-lhe assegurado acompanhar o processo em todas as fases, pessoalmente ou por meio de procurador formalmente constituído. É, ainda, seu direito arrolar, inquirir ou reinquirir testemunhas, requerer documentos probatórios que estejam em poder da Administração, produzir provas documentais, apresentar contraprovas, oferecer quesitos, no caso de realização de perícia, e adotar outras providências necessárias à comprovação de suas alegações.

A comissão, entretanto, pode indeferir pedido do servidor, quando impertinente ou meramente protelatório. Será também indeferido pedido de perícia, quando a matéria fática independer de conhecimento especial de perito.

a) Depoimento de testemunhas: o servidor indiciado tem prazo legal para apresentar defesa, juntar documentos e arrolar testemunhas, se quiser. As testemunhas arroladas são intimadas pelo presidente da comissão para depor. A intimação opera-se por meio de mandado expedido em duas vias. Uma é entregue à testemunha e a outra, com o seu "ciente", é juntada aos autos. A intimação deve consignar o local, o dia e a hora da audiência.

Sendo a testemunha servidor público, o seu chefe imediato deve ser comunicado sobre a intimação, para que o servidor possa ser liberado no horário previsto para prestar o depoimento.

O depoimento das testemunhas é tomado oralmente e reduzido a termo nos autos. É defeso à testemunha levar prontas as informações que pretende prestar durante o depoimento. Este é prestado individualmente. As testemunhas ainda não ouvidas não podem assistir aos depoimentos das outras. Nos casos de depoimentos contraditórios, a comissão deve promover acareação dos depoentes, com vista a extrair a verdade.

b) Interrogatório do acusado: a regra é a do interrogatório do acusado, logo no início do processo, antes da inquirição das testemunhas. O seu pronunciamento nessa fase do processo é muito importante, inclusive para a orientação da comissão na instrução do processo, principalmente na formulação de perguntas na fase de inquirição de testemunhas. Entretanto, a Lei nº 8.112/1990 deslocou o interrogatório para fase posterior à inquirição das testemunhas.

Assim, nos casos de processo disciplinado pela aludida lei, depois de concluído o interrogatório de todas as testemunhas, a comissão providenciará o interrogatório do acusado, seguindo, no que couber, as mesmas formalidades adotadas em relação às testemunhas. Havendo mais de um acusado, o interrogatório será realizado separadamente. Será chamado um de cada vez para cumprir essa obrigação. Se houver declarações divergentes sobre fatos e circunstâncias, promover-se-á acareação entre eles.

Ao procurador do acusado é permitido assistir ao interrogatório e ao depoimento das testemunhas. Entretanto, é vedada sua interferência nas perguntas e nas respostas, sendo-lhe facultado reinquirir as testemunhas por intermédio da comissão processante.

Havendo dúvida quanto à sanidade mental do acusado, a autoridade competente deve propor a realização de exames médicos, a cargo de junta médica oficial, da qual participará, obrigatoriamente, pelo menos um médico psiquiatra. O incidente de sanidade mental será processado em autos à parte e depois de expedido o laudo pericial, apensado aos autos principais.

c) Defesa do acusado: concluída a fase de oitiva das testemunhas e do interrogatório do acusado, a comissão verifica se, efetivamente, houve a tipificação de infração disciplinar. Se positivo, será promovido o indiciamento do servidor, com a especificação dos fatos e apontadas as provas correspondentes, o tipo do ilícito e os correspondentes artigos do Estatuto infringidos.

Nesse caso, o servidor será citado por mandado firmado pelo presidente da comissão para, no prazo de dez dias, apresentar defesa escrita, podendo, para isso, ter vistas dos autos na repartição. Havendo dois ou mais acusados, o prazo é de 20 dias e comum para todos. Nos casos de diligências reputadas indispensáveis, o prazo de defesa poderá ser prorrogado por igual período, mediante pedido do acusado.

Na hipótese de o indiciado se recusar a apor o "ciente" na cópia do mandato de citação, o prazo para defesa será contado da data declarada, em termo próprio feito pelo membro da comissão encarregado da citação, com as assinaturas de duas testemunhas que tudo presenciaram (citação por hora certa).

O indiciado que, durante a realização do processo, mudar de endereço, obriga-se a comunicar à comissão o seu novo endereço, ou o lugar em que poderá ser encontrado. Estando o indiciado em lugar incerto e não sabido, a citação se fará por edital publicado no *Diário Oficial da União* e em um jornal particular de grande circulação na localidade do último domicílio conhecido. Nesse caso, o prazo de defesa é de 15 (quinze) dias.

d) Revelia: será considerado revel o indiciado que, legal e formalmente citado, não apresentar defesa no prazo da lei. A revelia será declarada por termo, nos autos, pela comissão, e será devolvido o prazo para defesa. O indiciado revel será defendido por um defensor dativo, nomeado pelo presidente da comissão, entre servidores públicos civis ocupantes de cargo igual ou superior ao do indiciado.

3. Relatório: concluída a fase instrutória, a comissão elaborará minucioso e circunstanciado relatório consignando, de forma resumida, as peças mais importantes dos autos e a indicação das provas nas quais se baseou para chegar às conclusões apresentadas. O relatório será sempre conclusivo pela inocência ou pela responsabilidade do servidor.

Concluindo pela responsabilidade do servidor, a comissão deve indicar os dispositivos legais ou regulamentares em que está incurso o servidor, bem como deve sugerir a sanção que julgar compatível com a infração cometida. A comissão deve ainda consignar no relatório as atenuantes ou as agravantes, se for o caso. Concluído o relatório, o processo será encaminhado à autoridade que determinou a sua instauração para a sua decisão.

4. Julgamento: o prazo para a autoridade julgadora decidir é de 20 dias improrrogáveis, contados da data em que receber o processo. Se a sanção a ser aplicada for superior àquela que compete à autoridade instituidora do processo, este será remetido à autoridade competente. Esta deve decidir no mesmo prazo, contados também do recebimento do processo. Havendo mais de um indiciado e penas de graus diferentes, a autoridade que tiver competência para aplicar a sanção mais grave é que proferirá a decisão. Se a sanção a ser aplicada for a demissão ou cassação de aposentadoria ou disponibilidade, a competência para julgar será, dependendo da lotação do servidor, do presidente da República, do presidente do Senado, do presidente da Câmara dos Deputados, do presidente do Supremo Tribunal Federal e dos presidentes dos Tribunais Superiores, na esfera federal.

A autoridade julgadora acatará o relatório da comissão, salvo quando esse estiver contrário às provas dos autos. Se o relatório estiver em desacordo com as provas constantes dos autos, a autoridade julgadora poderá, fundamentadamente, agravar a pena sugerida pela comissão, abrandá-la ou isentar o acusado de responsabilidade.

Constatado vício insanável no processo, a autoridade julgadora declarará a sua nulidade total ou parcial e determinará a criação de nova comissão, para sanar o vício, aproveitando as peças e informações úteis do processo anulado.

O julgamento fora do prazo previsto na lei não implica a nulidade do processo. A autoridade encarregada que der causa à prescrição será responsabilizada por esta omissão deliberada, na forma dos arts. 121 a 126 da Lei nº 8.112/1990.

Extinta a penalidade em virtude da prescrição, a autoridade competente determinará o registro de tal fato no processo ou em outro documento de registros funcionais do servidor.

Se a infração cometida pelo servidor for capitulada com tipo penal previsto no Código Penal ou em lei extravagante, os autos do processo disciplinar serão remetidos ao Ministério Público, para a instauração da ação penal própria. Na repartição, deve ficar arquivada cópia completa do referido processo.

Observe-se que a lei estabelece dois momentos para se dar ao Ministério Público ciência do processo. O primeiro ocorre na conclusão da sindicância, quando dela será remetida cópia àquele órgão; o segundo verifica-se por ocasião da conclusão do processo disciplinar. Nessa fase, constatada a prática de ilícito penal pelo sindicado, o processo original, e não a cópia, como no primeiro caso, será obrigatoriamente remetido ao Ministério Público para as providências cabíveis.

O servidor que estiver respondendo a processo disciplinar não poderá ser exonerado nem aposentado. Tais direitos serão exercidos posteriormente ao encerramento do processo, se a conclusão for pela inocência do servidor, ou depois de cumprida a pena, se imposta. A exoneração de ofício no período probatório será convertida em demissão, se a infração cometida datar de antes da exoneração.

– Revisão do processo disciplinar.

O processo disciplinar pode ser revisto, a qualquer tempo, mediante solicitação do interessado ou de ofício, desde que surjam fatos novos ou circunstâncias capazes de justificar a inocência do servidor ou o excesso da pena imposta. No caso de morte ou desaparecimento do servidor, qualquer membro da família pode requerer a revisão do processo. Se o apenado se tornou incapaz, o requerimento será formulado por seu curador. O ônus da prova no processo revisional cabe ao requerente.

A simples alegação de injustiça da pena aplicada não justifica a revisão do processo. É indispensável a comprovação de fatos novos ou a produção de provas que, por motivos alheios ao interessado, não tenham sido produzidas na fase própria. Em síntese, somente se admitem na revisão fatos ou circunstâncias não examinadas no processo de conhecimento ou exacerbação da pena em face dos ilícitos apurados e atribuídos ao apenado.

O pedido de revisão deve ser dirigido, no âmbito federal, ao ministro de estado ou autoridade equivalente. Se autorizado o pedido, o expediente será remetido à autoridade dirigente do órgão ou entidade onde teve origem o processo disciplinar questionado. Nesse caso, a autoridade nomeará comissão segundo as mesmas regras e condições previstas para a nomeação de comissão para o julgamento originário (art. 149 da Lei nº 8.112/1990).

O processo de revisão correrá em apenso ao processo originário. O interessado, na petição revisional, requer a designação de dia e hora para a produção de novas provas e para a oitiva de novas testemunhas arroladas nessa fase, se for o caso.

A comissão revisora deve concluir o processo em 60 dias contados de sua designação. Aplicam-se a essa comissão os mesmos procedimentos a que se submete a comissão processante no que for cabível. O julgamento da revisão compete à autoridade que aplicou a sanção. O prazo para o julgamento é de 20 dias, contado da data em que a autoridade competente receber o processo. Nesse prazo, a autoridade pode requerer diligências com vista a melhor elucidar pontos obscuros do processo revisor.

Deferido o pedido de revisão, será declarada sem efeito a sanção sofrida pelo servidor. Com essa medida serão restabelecidos todos os direitos do servidor, exceto quando se tratar de destituição do cargo em comissão. Nesse caso, a destituição será convertida em exoneração, caso não seja do interesse da Administração nomeá-lo novamente.

A *reformatio in pejus* não é mais permitida no processo disciplinar. O parágrafo único do art. 182 da Lei nº 8.112/1990 estabelece: "Da revisão do processo não poderá resultar agravamento de penalidade". Antes dessa regra jurídica, admitia-se o agravamento da sanção por ocasião de julgamento de recurso interposto pelo servidor apenado.

Alerte-se que o processo administrativo examinado acima é espécie de processo administrativo disciplinar punitivo, no âmbito federal, com a finalidade de apurar suspeita de servidor público federal de ter cometido ilícito administrativo, nos termos do Estatuto dos Servidores Públicos Federais, Lei nº 8.112/1990.

Depois da edição da Lei nº 8.112/1990, aqui examinada, apenas no que tange ao processo administrativo disciplinar, publicou-se a Lei nº 9.784, de 29.1.1999, que regulou o processo administrativo no plano da Administração Pública Federal, que será sumariamente comentada no subitem seguinte.

2.2.4 Processo administrativo na Administração Pública Federal

A Lei nº 9.784, de 29.1.1999, é a primeira lei a regular e disciplinar processo administrativo no âmbito da Administração Pública Federal, ressalvada a Lei nº 8.122/1990, que, como visto, trata do processo administrativo disciplinar no plano da Administração Pública Federal. Não se trata, portanto, de lei nacional. Vale dizer que os demais entes da Federação são dotados de competências para legislar sobre processo administrativo nos respectivos âmbitos.

A lei, no art. 1º, *caput*, estabelece que ela se aplica à Administração Federal direta e indireta e que o processo administrativo visa, em especial, proteger os direitos dos administrados e contribuir para a adequada gestão da Administração no cumprimento de suas finalidades. Parece-nos que no Estado democrático de direito trata os habitantes do Estado como *administrados*. Na nossa visão, correto seria o termo *cidadãos*.

O Poder Legislativo e o Poder Judiciário sujeitam-se à lei no desempenho de suas atividades administrativas. A lei é silente em relação ou Tribunal de Contas da União e o Ministério Público Federal. Entretanto, outro não deve ser o entendimento de que esses órgãos, embora autônomos, estão sujeitos à lei em comento, no exercício de suas funções administrativas.

2.2.4.1 Princípios e critérios constantes da LPA

A Lei nº 9.784/1999 arrola os seguintes princípios, aos quais a Administração Pública deve obedecer na condução de processos administrativos: legalidade, finalidade, motivação, razoabilidade, proporcionalidade, moralidade, ampla defesa, contraditório, segurança jurídica, interesse público e eficiência (art. 2º, *caput*).

A Lei nº 8.112/1990 arrola os princípios da legalidade, da publicidade, da oficialidade e da improbidade, já examinados no subitem 2.2.1.

A Constituição de 1988, art. 37, *caput*, elenca os seguintes princípios que devem ser observados pela Administração Pública direta e indireta: legalidade, impessoalidade, moralidade pública e eficiência. Este último foi acrescido pela EC nº 19/1998.

Veja-se que a lei que disciplina o processo administrativo é silente quanto ao princípio da publicidade, da impessoalidade, da oficialidade e da informalidade. Esses princípios, ausentes na lei em comento, são de observância indispensável nos processos administrativos. A publicidade de atos e procedimentos da Administração Pública é obrigatória, inclusive os processos administrativos, principalmente para atender à exigência de transparência. A observância do princípio da oficialidade é necessária, visto que a autoridade administrativa se reveste de poder para instaurar processo administrativo de ofício ou em virtude de requerimento fundamentado de terceiro. A observância do princípio da impessoalidade é fundamental, no processo administrativo, considerando, principalmente o fato de que a Administração Pública, ao mesmo tempo, preside e conduz o processo e é uma das partes, ativa ou passiva.

O parágrafo único do art. 2º arrola treze critérios a serem observados na condução dos processos administrativos (incs. I a XIII). Os critérios elencados são, em síntese, detalhamento dos princípios, sendo que alguns deles contemplam exigências constantes dos princípios do processo administrativo que não constam do *caput* do art. 2º. Entre os quais citam-se: "objetividade no atendimento do interesse público, vedada a promoção pessoal de agentes ou autoridades" (inc. III); "divulgação oficial dos atos administrativos, ressalvadas as hipóteses de sigilo previstas na Constituição" (inc. V); "impulsão, de ofício, do processo administrativo, sem prejuízo da atuação dos interessados" (inc. XII).

2.2.4.2 Direitos dos cidadãos em face da Administração Pública

São direitos do cidadão ser tratado com respeito, pelos agentes públicos, ser orientado no sentido de realizar os seus direitos e de cumprir as suas obrigações, ser informado sobre processo administrativo em que é investigado, apresentar alegações e documentos pertinentes ao processo, antes da decisão, para consideração da autoridade competente, e ser assistido por advogado, facultativamente, exceto nos casos em que, por força de lei, a constituição de advogado for obrigatória (art. 3º).

2.2.4.3 Deveres do cidadão em face de processo administrativo

São deveres dos cidadãos em face da Administração: "expor os fatos conforme a verdade; proceder com lealdade, urbanidade e boa-fé; não agir de modo temerário; prestar as informações que lhe forem solicitadas e colaborar para o esclarecimento dos fatos" (art. 4º).

2.2.4.4 Início do processo administrativo

O processo administrativo inicia-se de ofício ou a pedido de interessado ou em virtude de representação ou denúncia. Salvo os casos em que o pedido pode ser oral, regra de exceção, o requerimento formal do interessado deve conter o órgão ou a autoridade administrativa a qual o pedido é dirigido, a identificação do interesse, domicílio ou endereço para receber comunicação relativa ao pedido, que deve conter a exposição dos fatos e os fundamentos destes, e data e assinatura do interessado ou de seu representante.

O pedido deve dar entrada na repartição pública, por meio do protocolo geral físico ou, contemporaneamente, por meio do protocolo eletrônico. O órgão competente não pode recusar, sem justificativa formalizada, o recebimento dos documentos. Na hipótese de falhas ou equívocos quanto à documentação ou formalidade, o servidor deve orientar o interessado, no sentido de suprimir eventuais falhas (art. 6º, *caput* e parágrafo único).

Havendo pluralidade de interessados, os pedidos podem ser formulados em um único requerimento, desde que os pedidos tenham o mesmo conteúdo e fundamentos, ressalvados os casos em que lei dispõe em sentido contrário (art. 8º).

2.2.4.5 Quem são os interessados em relação ao processo administrativo

São legitimados para participar de processo administrativo: pessoas físicas ou jurídicas interessadas em iniciar processos na condição de titulares de direitos ou interesses individuais ou nos casos de representação; terceiros que, não sendo parte no processo, são titulares de direitos ou interesses, que podem ser afetados, dependendo da decisão a ser proferida no processo; organizações ou associações, na defesa de direitos e interesses coletivos; e, por fim, as pessoas ou associações que atuam na defesa de direitos ou interesses difusos (art. 9º).

2.2.4.6 Impedimento e suspeição

O servidor ou autoridade que se enquadrar nas seguintes situações é impedido de participar de processo administrativo: "tenha interesse direto ou indireto na matéria"; "tenha participado ou venha a participar como perito, testemunha ou representante, ou se tais situações ocorrem quanto ao cônjuge, companheiro ou parente e afins até o terceiro grau"; "esteja litigando judicial ou administrativamente com o interessado ou respectivo cônjuge ou companheiro" (art. 18).

O que foi transcrito acima não é novidade no Direito pátrio, principalmente no Direito Processual Civil.

O agente público que se enquadrar em uma das situações constantes do art. 18 tem o dever de dar ciência à autoridade competente e abster-se de atuar. A omissão constitui falta grave (art. 19, *caput* e parágrafo único).

2.2.4.7 Forma, tempo e lugar dos atos de processo

Tendo em vista um dos princípios do processo administrativo ser o da informalidade, os atos do processo independem de forma determinada, ressalvados os casos de exigência expressa em lei. Os atos do processo devem ser escritos, datados e assinados. O reconhecimento de firma nos atos do processo é dispensado, ressalvados os casos de exigência expressa em lei ou quando houver dúvida quanto à autenticidade da assinatura constante do documento. A autenticação de cópia de documento pode ser feita por agente administrativo competente, mediante apresentação do original. As páginas do processo devem ser numeradas em ordem sequencial e rubricadas (art. 22 e parágrafos).

2.2.4.8 Instrução do processo administrativo

A instrução do processo administrativo é semelhante à instrução do processo judicial. Consiste em coleta de provas documentais, oitiva de testemunhas e interrogatório do acusado. No processo judicial, as provas são, em regra, oferecidas pelas partes integrantes da lide, ressalva a prova pericial, que é requerida por uma das partes, conduzida pelo juiz e realizada pelo perito oficial (perito do juiz), auxiliado pelos assistentes indicados pelas partes. Cada parte indica um assistente do perito e formula os quesitos a serem respondidos pelos encarregados da perícia.

O processo administrativo é conduzido por comissão processante designada pela autoridade competente. A autoridade competente pode dar início à instrução, de ofício ou por impulso do órgão responsável pela condução do processo. O órgão responsável pela instrução adotará as providências e medidas necessárias às coletas de provas indispensáveis à decisão, após a conclusão da instrução. As provas são documentais, testemunhais e periciais. A perícia no processo administrativo observa os mesmos procedimentos da perícia no processo judicial. Provas obtidas por meio ilícito não serão admitidas. Quando a matéria do processo envolver assunto de interesse geral, o órgão competente poderá, mediante despacho motivado, abrir período de consulta pública para manifestação de terceiros, antes da decisão do pedido, se não houver prejuízo para a parte interessada (art. 31).

A autoridade responsável pela condução do processo administrativo, dependendo da relevância do tema ou assunto objeto do processo, poderá convocar audiência pública para discutir a matéria, por meio de diálogo entre os representantes da Administração e os demais participantes da audiência pública. A autoridade administrativa, nos casos de matéria relevante, se julgar necessário, poderá adotar outros meios de participação dos cidadãos, diretamente ou por meio de associações reconhecidas. Os resultados dessas formas de participação dos cidadãos devem ser apresentados com a indicação do procedimento adotado (arts. 32, 33 e 34).

Há situações em que fatos, dados e documentos de interesse de pessoas que estão respondendo a processo administrativo estão registrados em setor da Administração encarregada do processo administrativo ou em outro órgão da Administração Pública. Nesse caso o interessado pode alegar esse fato ao órgão processante, com as respetivas provas (arts. 36 e 37).

Durante a fase instrutória, o investigado ou processado poderá juntar documentos, inclusive parecer, diligência e perícia e deduzir alegações. Se as exigências não forem atendidas no prazo fixado, o processo será arquivado.

> Quando por disposição de ato normativo devam ser previamente obtidos laudos técnicos de órgãos administrativos e estes não cumprirem o encargo no prazo assinalado, o órgão responsável pela instrução deverá solicitar laudo técnico de outro órgão dotado de qualificação e capacidade técnica equivalentes. (Art. 43)

Concluída a instrução, o interessado poderá manifestar-se sobre o processo no prazo de até 10 (dez) dias, salvo na hipótese de prazo diferente estabelecido em lei. O sindicado, acusado ou processado, tem direito à vista do processo e de obter cópias de todas as peças do processo (art. 46).

Quando o órgão encarregado de conduzir o processo administrativo não for revestido de competência para julgar, o processo será encaminhado à autoridade competente para proceder à decisão. Para o encaminhamento, a autoridade realizará relatório contendo informações de todas as fases do processo, incluindo provas, síntese dos depoimentos das testemunhas e do interrogado. E, ainda, sugerir a proposta de decisão que entender estar compatível com o que foi apurado, devidamente justificado em conformidade com a lei. A autoridade que receber o processo para julgar não está vinculada à sugestão recebida. O prazo para decisão é de até 30 (trinta) dias, podendo ser prorrogado por igual prazo, desde que devidamente justificado pela autoridade encarregada do julgamento (art. 49).

2.2.4.9 Decisão coordenada

A lei em estudo, nº 9.784/1999, foi altera pela Lei nº 14.210, de 30.9.2021, que incluiu o Capítulo XI-A, dispondo que, na Administração Pública federal, as decisões administrativas, quando houver a exigência de participação de 3 (três) ou mais entes, órgãos ou entidades, devem ser tomadas de maneira coordenada, "quando justificável pela relevância da matéria" e quando houver discordância entre os órgãos, com vistas a acelerar a decisão administrativa (art. 49-A, *caput*). Essa medida legislativa é salutar, pois contribui para a celeridade da decisão final do processo ou procedimento. Mesmo não havendo discordância entre órgãos ou entidades, a decisão coordenada é relevante para a satisfação dos interessados e efetivação do princípio da eficiência.

Nos termos da lei, considera-se:

> decisão coordenada a instância de natureza interinstitucional ou intersetorial que atua de forma compartilhada com a finalidade de simplificar o processo administrativo mediante participação concomitante de todas as autoridades e agentes decisórios e dos responsáveis pela instrução técnico-jurídica, observada a natureza do objeto e a compatibilidade do procedimento e de sua formalização com a legislação pertinente. (Art. 49-A, §1º)

José dos Santos Carvalho Filho explica esse §1º da seguinte forma:

> É possível oferecer os conceitos de decisão coordenada como sendo aquela, de caráter interinstitucional ou intersetorial, resultante da participação concomitante de agentes decisórios e instrutórios, atuando de forma compartilhada para o fim de simplificar o processo administrativo e definir soluções uniformes de interesse da Administração.[3]

As pessoas ou órgãos da Administração que participarem de decisão coordenada não se excluem de suas responsabilidades originárias. As decisões administrativas monocráticas e colegiadas devem observar os princípios constitucionais e infraconstitucionais. Em relação à decisão coordenada, não poderia ser diferente, estabelece que a decisão coordenada se sujeita aos princípios da legalidade, da eficiência e da transparência. É sempre necessário primar pela "simplificação do procedimento e da concentração das instâncias decisórias". Excluem-se da decisão coordena os processos: "de licitação; relacionados ao poder sancionador; ou em que estejam envolvidas autoridades de Poderes distintos" (art. 49-A, §6º).

Os interessados que se enquadram nas condições previstas no art. 9º, examinado acima, poderão participar da decisão coordenada, na condição de ouvintes, mediante

---

[3] CARVALHO FILHO. *Manual de direito administrativo*, 36. ed. p. 838.

solicitação e deferida pela autoridade responsável pela convocação da decisão coordenada. A decisão é irrecorrível (art. 49-B, *caput* e parágrafo único).

O conteúdo do art. 49-D é muito sintético, omisso ou silente, cujo conteúdo é o seguinte: "Os participantes da decisão coordenada deverão ser intimados na forma do art. 26 desta Lei". Vamos nos valer da lúcida orientação de José dos Santos Carvalho Filho, interpretando este artigo, transcrito na íntegra:

> Segundo dispõe o art. 49-D da Lei 9.784, os participantes da decisão coordenada devem ser *intimados* nos termos do art. 26 do mesmo diploma. Entretanto, a lei foi omissa quanto ao responsável pela *convocação*, já que os órgãos e pessoas participantes não terão, frequentemente, vínculo hierárquico entre eles. A nosso ver, pois, a intimação, ato dotado de certa força coercitiva, não seria o adequado para a convocação. Mais razoável seria um ato de *convite*, até porque o órgão pode entender impertinente a sua participação. Por outro lado, também não se esclarece o que ocorrerá quando o órgão "intimado" se recusar a participar. Para funcionar bem, essa ferramenta há de merecer regulamentação para colmatar essas lacunas.[4]

Cada órgão participante do processo de decisão coordenada responsabiliza-se pela elaboração de documentos específicos relativos ao tema atinente à sua competência, com a finalidade de substituir e integrar o processo decisório coordenado (art. 49-E). Na hipótese de dissenso na solução do objeto da decisão coordenada, a discórdia deve ser manifestada durante as reuniões, devidamente fundamentada, com as propostas de solução das alterações necessárias à solução (art. 49-F). Concluídos os procedimentos da decisão coordenada, lavrar-se-á ata contendo, necessariamente, os seguintes elementos: informação sobre os itens da pauta; fundamentos aduzidos; sistema das teses pertinentes ao objeto da convocação da decisão coordenada; registro das orientações, das diretrizes, das soluções ou das propostas de atos governamentais relativos ao objeto da convocação; posicionamento dos participantes para subsidiar futura atuação governamental em matéria idêntica ou similar; e decisão de cada órgão participante relativa à matéria de sua competência. A fundamentação da decisão da autoridade pode ser complementada até a data da assinatura da ata, que deve ser publicada na forma de extrato no *Diário Oficial da União* (art. 49-G, incs. I a VI, e §§1º e 3º. O §2º foi revogado).

2.2.4.10 Motivação dos atos administrativos

A motivação dos atos administrativos, com indicação dos fatos e dos fundamentos jurídicos, é indispensável, quando:

I - neguem, limitem ou afetem direitos ou interesses;

II - imponham ou agravem deveres, encargos ou sanções;

III - decidam processos administrativos de concurso ou seleção pública;

IV - dispensem ou declarem a inexigibilidade de processo licitatório;

V - decidam recursos administrativos;

VI - decorram de reexame de ofício;

---

[4] CARVALHO FILHO. *Op. cit.*, p. 839.

VII - deixem de aplicar jurisprudência firmada sobre a questão ou discrepem de pareceres, laudos, propostas e relatórios oficiais;

VIII - importem anulação, revogação, suspensão ou convalidação de ato administrativo.

Nos casos de decisão de órgãos colegiados ou decisões orais, devem constar da respectiva ata ou de outra espécie de termo escrito (art. 50, incs. I a VIII e §3º).

2.2.4.11 Extinção do processo

Mediante manifestação escrita, o interessado poderá desistir total ou parcialmente do pedido formulado ou renunciar a direitos disponíveis. Na hipótese de haver vários interessados, a renúncia ou desistência somente prevalece em relação ao que tenha manifestado o interesse de renúncia ou de desistência. Nos casos em que a Administração entender que o interesse público se sobrepõe, o processo administrativo terá prosseguimento (art. 51, §§1º e 2º). O processo administrativo pode ser extinto ou declarado extinto pela autoridade do órgão competente quando exaurida a sua finalidade ou quando a decisão a ser proferida for impossível, inútil ou prejudicada por fato superveniente. Essa regra deriva-se das demais espécies de processos (art. 52). Não faz sentido levar um processo até o fim se, durante as suas fases, verificar-se que a decisão final será inócua ou prejudicada.

2.2.4.12 Anulação, revogação e convalidação

Os atos administrativos podem ter o respectivo prazo de vigência encurtado por vício ou por conveniência ou oportunidade, nos termos da lei em comento: "A Administração deve anular seus próprios atos, quando eivados de vício de legalidade, e pode revogá-los por motivo de conveniência ou oportunidade, respeitados os direitos adquiridos" (art. 53). A Administração decai do direito de anular ato que gerou benefício para o destinatário, no prazo de 5 (cinco) anos, contados da data da edição do ato, exceto se comprovada má-fé. "No caso de efeitos patrimoniais contínuos, o prazo de decadência contar-se-á da percepção do primeiro pagamento" (art. 54, *caput* e §1º). O ato administrativo portador de vício sanável poderá ser convalidado pela Administração, por intermédio de agente competente, se não tiver acarretado lesão ao interesse público nem prejuízo a terceiros (art. 55).

2.2.4.13 Recurso administrativo e revisão

As decisões administrativas sujeitam-se a recurso, em face de razões de legalidade e de mérito. O recurso administrativo será dirigido à autoridade que proferiu a decisão. A autoridade tem o prazo de 5 (cinco) dias para reconsiderar, se as razões do recurso a convencerem de que a sua conduta foi equivocada. Não reconsiderando, deve encaminhar o recurso à autoridade superior para julgar e dar ou negar provimento. O manejo do recurso administrativo independe de caução, ressalvados os casos de exigência legal. A regra é a dispensabilidade de caução (art. 56, *caput* e §§1º e 2º). O recuso administrativo poderá tramitar em até três instâncias, salvo se lei dispuser em sentido diverso (art. 57).

São legitimados para interpor recurso administrativo: "os titulares de direitos e interesses que forem parte no processo"; "aqueles cujos direitos ou interesses forem indiretamente afetados pela decisão recorrida"; "as organizações e associações representativas, no tocante a direitos e interesses coletivos"; "os cidadãos ou associações, quanto a direitos ou interesses difusos" (art. 58, incs. I a IV).

O prazo para a interposição de recurso administrativo é de dez dias, a contar da data em que o interessado tiver conhecimento ou da data da divulgação oficial da decisão recorrida. O recurso administrativo deve ser decidido no prazo de trinta dias, contados da data do recebimento dos autos pelo órgão competente para julgar, se lei não fixar prazo diferente. O prazo poderá ser prorrogado por igual período, mediante justificativa escrita e fundamentada (art. 59, *caput* e §§1º e 2º).

O recurso será interposto por meio de petição formal, contendo os fundamentos da pretensão do reexame, permitida a juntada de documentos que julgar necessários à comprovação do que for alegado na petição (art. 60). Os recursos administrativos têm, em regra, efeito apenas devolutivo. O efeito suspensivo é adotado nos casos expressos em lei ou em situação em que for previsível prejuízo de difícil ou incerta reparação decorrente da execução da decisão recorrida, a autoridade encarregada de julgar o recurso poderá dar efeito suspensivo ao recurso (art. 61, *caput* e parágrafo único).

O órgão ou autoridade competente, recebendo recurso administrativo, deverá intimar os demais interessados para, no prazo de cinco dias úteis, se manifestarem sobre o recurso, endossando-o, ou apresentarem razões para rejeitá-lo (art. 62). A autoridade competente não conhecerá do recurso quando interposto: "fora do prazo; perante órgão incompetente; por quem não seja legitimado; após exaurida a esfera administrativa". Se o recurso for encaminhado a órgão incompetente, a autoridade a qual foi dirigido o recurso deverá informar ao recorrente qual é o órgão ou autoridade competente, devolvendo-lhe o prazo para recurso. Mesmo na hipótese de o recurso não ter sido conhecido, a Administração poderá, de ofício, rever o ato ilegal, se ainda não tiver ocorrido a preclusão administrativa (art. 63, incs. I a IV, e §§1º e 2º).

A autoridade competente, recebendo o recurso, poderá adotar uma das seguintes opções: confirmar a decisão recorrida; modificar a decisão; anular ou revogar a decisão recorrida, total ou parcialmente. Se a decisão a ser adotada pela autoridade competente tiver indício de que poderá trazer gravame à situação do recorrente, a autoridade terá o dever de dar ciência ao recorrente, para apresentar, querendo, alegações antes da decisão a ser proferida no recurso (art. 64, *caput* e parágrafo único).

Na hipótese de o interessado, em grau de recurso, alegar violação de enunciado de súmula vinculante, o órgão ou agente competente para decidir deverá esclarecer e fundamentar as razões que confirmam a violação do enunciado da súmula ou que a súmula apontada não se aplica na espécie (art. 64-A, incluído pela Lei nº 11.417/2006).

O processo administrativo, cuja decisão impôs sanção, poderá ser revisto a qualquer tempo, a pedido do interessado ou de ofício, na hipótese de surgir fato novo ou circunstâncias relevantes que justifiquem e comprovem a inadequação da sanção imposta. A revisão do processo administrativo não pode agravar a sanção aplicada, ainda que se constate erro na sua fixação em favor do sancionado (art. 65, *caput* e parágrafo único).

2.2.4.14 Prazos do processo administrativo

A contagem de prazos no processo administrativo segue as regras para a contagem de prazos em geral. "Os prazos começam a correr a partir da data da cientificação oficial, excluindo-se da contagem o dia do começo e incluindo-se o do vencimento". O prazo que vencer em dia que não houver expediente ou em que o expediente encerrou antes do horário normal será prorrogado para o primeiro dia útil. Os prazos expressos em dias contam-se de modo contínuo. Nos prazos fixados em mês ou ano, a data do vencimento é o último dia do mês. Os prazos processuais não se suspendem, exceto nos casos de força maior devidamente comprovados (arts. 66, *caput* e §§1º, 2º e 3º, e 67).

2.2.4.15 Sanções em decorrência de processos administrativos

"As sanções, a serem aplicadas por autoridade competente terão natureza pecuniária ou consistirão em obrigação de fazer ou de não fazer, assegurado sempre o direito de defesa", observado o princípio do contraditório (art. 68). Este artigo é lacônico e, ao nosso sentir, é incompleto. Existem situações em que outras espécies de sanções podem ser aplicadas. Exemplo, processo administrativo instaurado para apurar possíveis falhas na licitação ou na execução de contratos, precedidos ou não de licitação. Nesses casos, apuradas irregularidades na licitação, na contratação direta ou na execução dos contratos, principalmente, o de execução de obras ou de serviço de engenharia, dependendo da espécie de irregularidade, a sanção administrativa pode ser advertência, imposição de multa, suspensão do direito de licitar e de contratar com a Administração Pública, por determinado prazo.

2.2.4.16 Disposições finais

Os processos administrativos específicos continuarão regidos por leis próprias. Os preceitos da Lei nº 9.784/1999 em comento somente serão aplicados subsidiariamente (art. 69). A lei prevê prioridade na tramitação de processos ou procedimentos, em qualquer órgão ou instância, nos seguintes casos: pessoa com idade igual ou superior a 60 (sessenta) anos; pessoa portadora de deficiência, física ou mental; pessoa portadora de tuberculose ativa, esclerose múltipla, neoplasia maligna, hanseníase, paralisia irreversível e incapacitante, cardiopatia grave, doença de Parkinson, espondiloartrose anquilosante, nefropatia grave, hepatopatia grave, estados avançados da doença de Paget (osteíte deformante), contaminação por radiação, síndrome de imunodeficiência adquirida, ou outra doença grave, com base em conclusão da medicina especializada, mesmo que a doença tenha sido contraída após o início do processo (art. 94-A, *caput*, incs. I, II e IV. O inc. III foi revogado). As pessoas interessadas, que se enquadram em uma das condições previstas para a obtenção do benefício de preferência na tramitação dos processos ou procedimentos administrativos devem requerer o benefício à autoridade administrativa competente, que, recebendo o pedido, determinará as providências a serem cumpridas. Os autos serão identificados de modo a facilitar a identificação da condição do regime de tramitação prioritária (art. 94-A, §§1º e 2º).

3 Considerações básicas sobre a atuação do Ministério Público no controle da Administração Pública

O Ministério Público, órgão independente, é instituição permanente, essencial à função jurisdicional do Estado (Constituição da República, art. 127). As funções institucionais do MP estão previstas no art. 129, composto de nove incisos. Aqui, serão considerados apenas os incisos que imediatamente interessam ao propósito deste tópico: "II – zelar pelo efetivo respeito dos Poderes Públicos e dos serviços de relevância pública aos direitos assegurados nesta Constituição, promovendo as medidas necessárias à sua garantia"; "III – promover o inquérito civil e a ação civil pública, para proteção do patrimônio público e social, do meio ambiente e de outros interesses difusos".

Os conteúdos desses dois incisos têm relação direta com a Administração Pública. O inc. II remete ao radar do MP a função de zelar pela boa qualidade dos serviços de relevância pública. Os serviços públicos, em geral, são prestados pela Administração Pública direta ou indiretamente, mediante concessão ou permissão, nos termos da Lei nº 8.987, de 13.2.1995. O órgão tem atuado efetivamente na função de controle da Administração em relação à prestação dos serviços públicos. O inc. III estampa, com clareza, a amplitude das funções do MP na defesa dos direitos difusos, entre os quais, o patrimônio público, o patrimônio cultural e o meio ambiente. Os instrumentos para a consecução das suas atribuições, neste particular, são o inquérito civil público, e em decorrência, dependendo da conclusão do inquérito civil público, a ação civil pública, que será examinada ao final deste capítulo.

O MP não é o único legitimado para ajuizar a ação civil pública. A Lei nº 7.347, de 24.7.1985, titulariza oito instituições para ajuizar a ação, na seguinte ordem: Ministério Público; Defensoria Pública; todos os entes da Federação; autarquia, fundação pública, empresa pública e sociedade de economia mista; e associação que já tenha pelo menos um ano de existência e o respectivo estatuto social preveja a proteção de pelo menos um dos bens jurídicos que motivam a ação civil pública. Outras ações de direitos individuais, como a ação de improbidade administrativa e mandado de segurança em situações especiais, podem ser promovidas pelo MP. E, também, ação penal em desfavor de gestor público, cuja conduta antijurídica for tipificada no Código Penal ou em leis esparsas, por exemplo, lei antidroga e Lei Maria da Penha.

Em situações de dano ou ameaça de dano em fase inicial, o MP tenta estancar a situação danosa por meio de termo de ajuste de conduta (TAC). Nesse ajuste, o signatário assume a obrigação de fazer ou de não fazer, conforme o caso, em determinado prazo. Os bens jurídicos que originam o TAC são patrimônio público, patrimônio cultural e meio ambiente, entre outros.

Salomão Ismail Filho escreve sobre as atribuições do Ministério Público na função de controlador da Administração Pública. As suas reflexões estão expostas no artigo intitulado *A importância da atuação preventiva do Ministério Público ombudsman em prol da boa administração, no combate à improbidade administrativa*. Na introdução, o autor formula quatro indagações à guisa de apresentar a problemática que o levou a desenvolver a pesquisa que resultou no artigo. A primeira pergunta é a seguinte, na íntegra: "Não seria o caso de se falar também em uma atuação mediadora e preventiva do Ministério

Público, na qualidade de Ombudsman brasileiro, na esfera de defesa do patrimônio público, por meio da promoção do direito fundamental à boa Administração Pública?"

No tópico 4, "Ministério Público: o *ombudsman* brasileiro e seu papel em prol da boa Administração Pública", o autor desenvolve substanciosa pesquisa sobre o tema e trava consistente diálogo com a bibliografia consultada; informa sobre os constituintes que em 1987 e 1988 formataram a Constituição da República de 1988. Durante as discussões, a Assembleia Nacional Constituinte cogitou criar um órgão que seria denominado defensor do povo. A proposição, a despeito da sua importância, não vingou, todavia, o Ministério Público é dotado de algumas atribuições próprias de defensor do povo. Nesse sentido, Salomão assevera:

> A Importância da Atuação Preventiva do Ministério Público Ombudsman em prol da boa Administração, no Combate à Improbidade Administrativa. Não há dúvidas, contudo, nos termos do inciso II do art. 129 da Constituição, do papel exercido pelo Parquet como Ombudsman brasileiro, pois incumbe a ele "zelar pelo efetivo respeito dos Poderes Públicos e dos serviços de relevância pública aos direitos assegurados nesta Constituição, promovendo as medidas necessárias a sua garantia".[5]

O Ministério Público, sem dúvida, com a ampliação de suas atribuições, conferidas pela Constituição da República de 1988, é defensor dos cidadãos no que tange os direitos fundamentais e sociais e ao mesmo tempo atua contribuindo para uma boa gestão pública decorrente de adequada governança pública, com emprego do compliance e do *accountability*.

4 Controle pelo Legislativo com auxílio do Tribunal de Contas

O Poder Legislativo exerce importante controle sobre a Administração Pública, principalmente depois da Constituição Federal de 1988. O controle legislativo ou parlamentar divide-se em duas espécies: a) política; e b) orçamentária, financeira, contábil, patrimonial, de licitações, contratos de obras públicas e de aquisições, e de pessoal. O controle político é exercido diretamente, no plano federal, pelo Congresso Nacional com a participação das duas casas legislativas, em conjunto ou separadamente. Nos estados, pelas respectivas assembleias legislativas, no Distrito Federal, pela Câmara Distrital e, nos municípios, pelas respectivas câmaras municipais. Já o controle financeiro, orçamentário, patrimonial, licitações, aquisições e contratação e execução de obras públicas é exercido com o auxílio do Tribunal de Contas, nos termos da Constituição da República, das Constituições dos estados e das leis orgânicas dos municípios, todas em sintonia com a Constituição da República.

Os controles e os seus meios, que serão examinados a seguir, aplicam-se aos estados, ao Distrito Federal e aos municípios, por meio dos seus respectivos Legislativos e nos limites das competências de cada uma dessas esferas políticas da Federação.

---

[5] Disponível em: https://ojs.cnmp.mp.br/index.php/revista/article/view/83/27. Acesso em: 16 nov. 2022.

4.1 Controle político

O Poder Legislativo da União é representado pelo Congresso Nacional, composto de duas casas legislativas, Senado Federal e Câmara dos Deputados. Cada um desses órgãos desempenha funções específicas, inclusive no que se refere ao controle, conforme distribuição de competências consignada na Constituição da República de 1988. Visando facilitar a compreensão da matéria, adotar-se-á, aqui, a mesma ordem constante da Constituição da República.

4.1.1 Pelo Congresso Nacional

Compete ao Congresso Nacional (Câmara e Senado) com exclusividade, nos termos do art. 49 e incisos, as seguintes atribuições de controle do Executivo:

I – aprovar, por meio de decreto legislativo, tratados, acordos ou outros ajustes internacionais firmados pelo governo brasileiro, que impliquem encargos ou gravames que oneram o patrimônio nacional. Os acordos com esse perfil, firmados pelo presidente da República, só produzem efeitos na ordem jurídica interna, depois da aprovação do Congresso. Na hipótese da não aprovação congressual, o acordo internacional não produzirá efeitos no território brasileiro;

II – a declaração de guerra, a celebração de paz e a permissão para que forças estrangeiras transitem no território nacional são competências atribuídas ao presidente da República. Tais medidas, entretanto, dependem de prévia autorização do Congresso Nacional. A relevância das matérias justifica a preocupação do constituinte, procurando envolver a sociedade, o povo brasileiro por meio dos seus legítimos representantes;

III – os regulamentos próprios dispõem sobre o afastamento temporário do presidente e do vice-presidente da República de seus cargos, para tratarem, no exterior, de assuntos de interesse nacional. Se a ausência, tanto de uma quanto de outra autoridade, for por prazo superior a quinze dias, o afastamento condiciona-se à prévia autorização do Congresso Nacional. Trata-se de formalidade imprescindível à legalidade da ausência;

IV – a declaração do estado de defesa ou de intervenção federal nos estados-membros depende de aprovação do Congresso Nacional. Do mesmo órgão é a competência para autorizar a decretação do estado de sítio, ou para suspender qualquer uma destas medidas. A falta de aprovação ou de autorização inquina de nulidade qualquer das medidas aqui referidas;

V – é do Chefe do Executivo, nos quatro planos de governo, a competência para regulamentar as leis ordinárias e as complementares, nos termos do art. 84, IV, da Constituição da República. Os regulamentos, conforme noticiado em outro tópico, não têm, no sistema jurídico brasileiro, o poder de inovar, ou melhor, não podem conter novidade. Essa é prerrogativa da lei em sentido formal e material. A finalidade do regulamento consiste em clarificar a lei ou explicitá-la para a sua implementação em cada caso. Ao Congresso Nacional compete controlar essa atividade regulamentadora do chefe do Executivo, podendo, com efeito, suspender os atos normativos, quando esses extrapolarem os limites do poder regulamentar ou da delegação legislativa, quando for o caso.

A Constituição Federal de 1988 inovou nesse particular. Ela atribuiu ao Judiciário, pela via concentrada ou pela via difusa, declarar a inconstitucionalidade das leis e ao Congresso Nacional suspender os atos normativos ilegais expedidos pelo presidente da República, independentemente da manifestação do Poder Judiciário;

VI – o subsídio do presidente, do vice-presidente da República e dos ministros de estado é fixado anualmente, em cada exercício financeiro, pelo Congresso Nacional, observados os dispostos nos arts. 150, II; 153, III; e 153, §2º, I, da Constituição da República. A fixação remuneratória materializa-se em resolução, que substitui a lei nos casos de fixação de vencimentos para os servidores do Congresso Nacional;

VII – as contas anuais apresentadas pelo presidente da República, na forma da lei, são aprovadas ou desaprovadas pelo Congresso, depois de examinadas pelo Tribunal de Contas da União, que emitirá parecer prévio recomendando a aprovação das contas, a aprovação com ressalvas ou recomendando a não aprovação. O Congresso, por maioria, pode desconsiderar a recomendação do TCU para não aprovar as contas, e, consequentemente aprová-las baseado em fundamento político;

VIII – ao Congresso, por si ou por uma de suas casas legislativas, compete controlar os atos do Poder Executivo e das entidades integrantes da Administração indireta;

IX – a concessão e a renovação de concessão de emissora da rádio e de televisão, de competência do presidente da República, dependem de aprovação do Congresso. Dele é também a competência para aprovar atividades nucleares apresentadas pelo Executivo; para autorizar referendo ou a convocação de plebiscito; para autorizar a exploração e o aproveitamento de recursos hídricos e a pesquisa e lavra de riquezas minerais em terras indígenas; e, finalmente, para aprovar a alienação ou concessão de terras públicas com área superior a dois mil e quinhentos hectares.

4.1.2 Pela Câmara dos Deputados

A Câmara dos Deputados é titular de competências exclusivas para determinados e importantes controles da Administração Pública, conforme dispõe o art. 51, incs. I e II, da Constituição da República, nos seguintes termos:

I – a instauração de processo contra o presidente e o vice-presidente da República e contra os ministros de estado depende de prévia autorização da Câmara dos Deputados. Sem este procedimento, não se pode iniciar processo de julgamento, nem parlamentar nem judicial. Para a autorização, é necessário *quorum* qualificado de dois terços dos deputados integrantes do colegiado;

II – se as contas anuais do presidente da República não forem encaminhadas ao Congresso Nacional, no prazo legal, para o seu julgamento, compete à Câmara dos Deputados promover de ofício a tomada de contas da referida autoridade.

4.1.3 Pelo Senado Federal

Ao Senado Federal a Constituição da República confere, no art. 52 e incisos, competências para importantes funções de controle e limitação ao exercício do Executivo, na ordem seguinte:

I – é competência exclusiva do Senado Federal processar e julgar o presidente da República, o vice-presidente da República, os ministros de estado, os ministros do Supremo Tribunal Federal, o procurador-geral da República e o advogado-geral da União pelos crimes de responsabilidade por eles cometidos;

II – as nomeações e investiduras nos cargos de ministro do Tribunal de Contas da União, do presidente e diretores do Banco Central, do procurador-geral da República, do presidente ou diretor-geral e diretores das agências reguladoras, do presidente e diretores da Comissão de Valores Mobiliários, entre outros, é de livre escolha do presidente da República, mas depende de prévia aprovação do Senado Federal. Para aprovação ou desaprovação, o Senado promoverá, por força constitucional, arguição pública dos candidatos aos referidos cargos, posteriormente, a matéria é levada a votação secreta. Se a maioria, nos termos do Regimento Interno do Senado, for contra, o candidato não será nomeado;

III – a nomeação de chefes de missão diplomática de natureza permanente condiciona-se à prévia aprovação do Senado Federal, mediante arguição secreta e posterior votação também secreta. Aqui, como se verifica, a formalidade da arguição difere da prevista no item anterior. Naquele, ela é pública, apenas o julgamento é secreto. No presente caso, também a arguição se processa em regime secreto. Essa exigência justifica-se em face da função das atividades desempenhadas pelos agentes diplomáticos, inclusive relativas à segurança nacional;

IV – as operações externas de natureza financeira promovidas pela União, estados-membros, Distrito Federal e municípios concretizam-se após autorização do Senado Federal. Dele é também a competência para fixar, mediante proposta, os limites globais para o montante da dívida consolidada das mesmas pessoas políticas;

V – compete ainda ao Senado Federal dispor sobre limites globais e condições para as operações de crédito externo e interno da União, dos estados-membros, do Distrito Federal e das entidades estatais integrantes da Administração indireta da União. Tais limites foram estabelecidos por meio da Resolução nº 11, de 31.1.1994, do Senado. Do mesmo órgão é a competência para estabelecer limites e condições de garantias a serem oferecidas pela União, nos casos de operação de créditos internos e externos;

VI – o montante da dívida mobiliária dos estados, do Distrito Federal e dos municípios condiciona-se a limites e condições estabelecidos pelo Senado Federal;

VII – por último, registre-se que a exoneração de ofício, antes do prazo previsto, do procurador-geral da República, depende de prévia aprovação do Senado. Da mesma forma que o órgão legislativo participou na condução do procurador-geral da República ao respectivo cargo, deve, também, participar do processo de desligamento antecipado do mesmo agente. Esse caso não se enquadra naqueles de livre nomeação e exoneração de que trata o art. 37, II, da Constituição da República.

4.1.4 Pela Câmara dos Deputados ou pelo Senado Federal

Em conformidade com o art. 50 da Constituição da República, qualquer uma das duas casas legislativas ou qualquer uma de suas comissões poderá convocar ministro de estado, ou outros agentes dirigentes de órgão vinculados diretamente ao presidente da República, para, pessoalmente, prestarem informações sobre assunto de sua Pasta, previamente determinado. O atendimento a essa convocação é obrigatório. A desobediência, sem justificação adequada, aceita pelo órgão que formulou o convite, configura crime de responsabilidade.

O convite para prestar informações pessoais pode ser, a critério do órgão interessado, substituído por pedido de informação por escrito. Nesse caso, o prazo máximo para o cumprimento da obrigação é de trinta dias. O atendimento fora desse prazo ou a prestação de informações falsas importa, igualmente, crime de responsabilidade.

O ministro de estado, mediante entendimento prévio com a Mesa da Câmara dos Deputados ou do Senado Federal, pode, voluntariamente, comparecer a uma das casas para expor assunto de relevância pertinente ao seu ministério.

4.1.5 Comissão parlamentar de inquérito (CPI)

A investigação de irregularidades envolvendo as autoridades, cuja apuração compete ao Legislativo, como previsto acima, processa-se, em regra, por meio de comissão parlamentar de inquérito (CPI), prevista no art. 58, §3º, da Lei Fundamental. As CPIs podem ser criadas pela Câmara dos Deputados, pelo Senado Federal ou pelas duas casas conjuntamente, mediante requerimento de, pelo menos, um terço de seus membros (um terço dos deputados ou um terço dos senadores ou um terço de cada casa juntos, se a CPI for conduzida pelas duas casas legislativas em conjunto).

A CPI tem função meramente inquisitória, com poder investigatório semelhante aos das autoridades policiais, além de outros previstos nos regulamentos das casas do Congresso. Por isso, as CPIs não têm poder sancionatório. A finalidade básica das CPIs consiste na apuração dos fatos que podem configurar hipóteses de crime de responsabilidade ou de crime comum ou de ambos. Dependendo da conclusão, compete à comissão remeter o processo ao Senado para o devido processo, visando à punição do sindicado, quando se tratar de crime de responsabilidade, e ao Ministério Público, quando se tratar de crime comum ou de responsabilidade civil.

A CPI deve concluir os seus trabalhos em prazo determinado. Esse prazo, em caráter excepcional, pode ser prorrogado uma vez, mediante requerimento fundamentado do seu presidente. As condições e procedimentos da CPI são disciplinados nos regimentos internos das câmaras legislativas e na Lei Federal nº 1.579/52, no que não contraria a Constituição Federal.

O julgamento pelo Senado Federal, nos termos do art. 52, I e II, é presidido pelo presidente do Supremo Tribunal Federal. A decisão absolutória ou condenatória terá de ser tomada por dois terços dos votos de todos os senadores. A sanção, no caso de condenação, consiste na perda do cargo, implicando a inabilitação para o exercício de funções públicas pelo período de oito anos (suspensão temporária dos direitos políticos). Essa apenação não exclui a aplicação de outras penas pelo Judiciário, quando cabíveis. Serve de exemplo de julgamento proferido pelo Senado Federal o do Ex-Presidente da República, Fernando Collor de Mello, que culminou com o seu afastamento definitivo do posto de presidente, quando havia cumprido apenas metade do seu mandato outorgado em eleições gerais e livres, de voto universal e secreto.

4.2 Controles contábil, financeiro, orçamentário e patrimonial

O controle externo da União e de suas empresas, quanto aos aspectos contábil, financeiro, orçamentário e patrimonial, é exercido por meio de fiscalização do Congresso Nacional com o auxílio do Tribunal de Contas da União.

Sujeitam-se à prestação de contas, nos respectivos órgãos sobre a fiscalização e homologação ou registro no Tribunal de Contas da União, "qualquer pessoa física ou entidade pública que utilize, arrecade, guarde, gerencie ou administre dinheiro, bens e valores públicos ou pelos quais a União responda, ou que, em nome desta, assuma obrigações de natureza pecuniária" (art. 70, parágrafo único da Constituição Federal).

Ao Tribunal de Contas da União compete a fiscalização direta da atuação da Administração Pública federal, compreendendo os órgãos do Poder Executivo e as empresas vinculadas. Além do exame das contas prestadas pelos responsáveis pela arrecadação, aplicação ou guarda de dinheiro público, o Tribunal de Contas controla a admissão, promoção, exoneração, demissão e aposentadoria de servidores públicos, com exceção dos detentores de cargos comissionados ou de função de confiança. É também do mesmo Tribunal de Contas o controle das licitações, dos contratos administrativos e dos convênios firmados pela União. Os governadores e os prefeitos municipais obrigam-se a prestar contas perante o Tribunal de Contas da União dos recursos recebidos em virtude de convênios celebrados com a União por intermédio dos ministérios.

4.2.1 Fiscalização das contas

As contas públicas são divididas em duas grandes categorias para efeito de fiscalização e controle do Tribunal de Contas: contas anuais, apresentadas pelo chefe do Executivo, e contas prestadas pessoalmente pelos responsáveis pela aplicação de dinheiro público. A primeira categoria está prevista no inc. I do art. 71 da Constituição Federal, e a segunda no inc. II do mesmo artigo.

O aludido inc. I prescreve: "Apreciar as contas prestadas anualmente pelo Presidente da República, mediante parecer prévio que deverá ser elaborado em sessenta dias a contar de seu recebimento".

As contas de que trata o preceito referem-se a todas as despesas, arrecadações, cronogramas físicos e financeiros de obras e programas, planos de aplicação dos recursos financeiros e orçamentários durante o respectivo exercício financeiro. O exercício financeiro compreende o ano civil, isto é, de 1º de janeiro a 31 de dezembro. As contas desse período são apresentadas ao Congresso Nacional, em regra, no dia do início das atividades legislativas do ano seguinte.

Em seguida, as contas são remetidas ao Tribunal de Contas para o seu exame. Esse deve apreciá-las em sessenta dias contados do recebimento nos termos do inc. I do art. 71 em comento. A manifestação do órgão dá-se pelo plenário, depois de informações prestadas pelos órgãos técnicos integrantes do Tribunal. O ato que materializa o pronunciamento do Tribunal de Contas denomina-se *parecer prévio*. Pelo parecer prévio, a Corte pode recomendar a aprovação integral, parcial ou a rejeição total das contas.

Com o parecer prévio, as contas são devolvidas ao Congresso Nacional para julgamento. Se o parecer do Tribunal de Contas for pela regularidade das contas, mesmo com ressalva, a aprovação dessas será consequência natural. Entretanto, o parecer prévio poderá ser pela não aprovação das contas, por estarem irregulares. Neste caso, o Congresso poderá acatar o parecer ou rejeitá-lo. Se a decisão for pelo não acatamento do parecer do Tribunal, as contas serão, em consequência, aprovadas. Se, ao contrário, o parecer for acolhido, isso é, mantido, o Congresso Nacional remeterá o expediente ao Ministério Público Federal para a instauração de processos criminal e civil contra o presidente da República e outras autoridades envolvidas.

A segunda categoria de contas está prevista no inc. II do art. 71 da Constituição da República, assim redigido:

> II - julgar as contas dos administradores e demais responsáveis por dinheiro, bens e valores públicos da Administração direta e indireta, inclusive as fundações e sociedades instituídas e mantidas pelo Poder Público Federal, e as contas daqueles que derem causa a perda, extravio ou outra irregularidade de que resulte prejuízo ao erário; [...].

Quanto à competência do Tribunal de Contas, há fundamental diferença entre as duas categorias de contas. Na primeira, já comentada, o Tribunal recebe as contas por intermédio do Congresso Nacional e não as julga. Apenas as aprecia e emite parecer prévio, que pode ser ou não acatado pelo Congresso Nacional. As contas que se enquadram na categoria, agora em exame, de que trata o inc. II do art. 71 da Constituição, são encaminhadas diretamente ao Tribunal de Contas – não passam pelo Congresso Nacional. Essas não são apenas apreciadas pelo Tribunal, mas julgadas. Durante o processo de julgamento, desde o exame dos órgãos técnicos até a manifestação do plenário, o respectivo processo, nos casos de irregularidades, é baixado em diligências para que o responsável, no prazo determinado, corrija as falhas e erros ou apresente justificativas. Atendida a diligência, adequadamente, de acordo com as normas jurídicas e contábeis próprias, as contas serão julgadas regulares. Não cumprida a diligência ou cumprida insatisfatoriamente, as contas serão julgadas irregulares parcial ou totalmente. Nesse caso, apura-se a quantia a ser restituída ao cofre público e o responsável será intimado para, no prazo de quinze dias, em regra, devolver a importância corrigida e acrescida de juros e multa, quando for o caso.

Nesse prazo destinado ao recolhimento da importância cobrada pelo Tribunal de Contas, o interessado pode interpor recurso administrativo perante ele, nos termos, condições e formalidades previstos em normas expedidas pelo próprio órgão. Desprovidos os recursos, o processo contendo as contas rejeitadas, no todo ou em parte, é remetido à

Advocacia-Geral da União, para promover a cobrança judicial. Se a hipótese configurar crime também, será feito representação ao Ministério Público Federal.

A decisão do Tribunal sobre as contas, a que se refere o inc. II do art. 71 da Constituição da República, tem a natureza de título executivo, consoante o §3º do art. 71, do teor seguinte: "§3º As decisões do Tribunal de que resulte imputação de débito ou multa terão eficácia de título executivo".

Como se vê, a cobrança de multa ou restituição de numerário indevidamente empregado pelo agente público, ou outro que tenha recebido dinheiro público para determinada finalidade condicionada à prestação de contas, dispensa o processo de conhecimento. O procedimento inicia-se com a execução. A defesa, embora garantida, exercer-se-á, nos estreitos limites previstos no processo de execução, por embargos do devedor.

Os estados-membros sujeitam-se a semelhante controle pela respectiva Assembleia Legislativa e seu Tribunal de Contas, em conformidade com as regras estabelecidas na Constituição de cada qual. As regras básicas são as estabelecidas pela Constituição Federal.

No que atine aos municípios, a Constituição Federal dispõe, no art. 31, que o controle externo de competência da Câmara Municipal será auxiliado pelo Tribunal de Contas do estado a que pertença o município ou pelo Tribunal de Contas do município ou ainda pelo Conselho de Contas, onde houver. Ressalte-se que só os municípios do Rio de Janeiro e de São Paulo criaram Tribunal de Contas. Atualmente, ao município é vedada a criação de Tribunal de Contas, art. 31, §4º, da Constituição da República.

Ainda, de acordo com o mesmo dispositivo constitucional, o parecer prévio emitido pelo Tribunal de Contas ou Conselho de Contas deixará de prevalecer se rejeitado pela Câmara Municipal por voto de pelo menos dois terços de seus membros. As contas municipais, por força do art. 31, §3º, devem ficar à disposição dos contribuintes todos os anos, pelo prazo de sessenta dias, para que qualquer contribuinte possa, se encontrar vícios, alegar, na forma da lei, as ilegalidades encontradas.

Os prefeitos de municípios dotados de Tribunal de Contas próprios podem sujeitar-se, em certas circunstâncias, a controle de três Tribunais de Contas: o municipal, o estadual e o federal. Ao Tribunal do município o prefeito presta contas dos recursos financeiros, patrimoniais relativos ao orçamento municipal compreendendo, principalmente, as receitas derivadas. Também a esse Tribunal prestará contas relativamente ao seu pessoal; ao Tribunal de Contas do estado a que pertence, quando dele receber recursos financeiros em virtude de convênio; ao Tribunal de Contas da União quando receber, mediante convênio, recursos federais para aplicação em serviços ou obras no município.

4.2.2 Outras funções dos Tribunais de Contas

O Tribunal de Contas da União, além das competências constantes do art. 71, incs. I e II, já comentadas, desempenha outras funções de controle, relevantes para uma boa gestão pública dos órgãos públicos no âmbito federal, entre elas, suspender ou anular edital de licitação, se constatar que o instrumento convocatório está em desacordo com a lei de licitações. Quando o vício for sanável, o órgão responsável pela licitação será orientado pela autoridade competente do TCU no sentido de sanar o vício. Se o vício for insanável, o edital será anulado ou declarado nulo. Realizada a licitação, os respectivos autos devem ser encaminhados ao Tribunal para verificar se o processo de licitação atendeu a todos requisitos e condições previstos na lei de licitações e outras pertinentes, como a lei de responsabilidade fiscal, Lei nº 101, de 4.5.2000. Se a licitação contiver vício, os autos serão devolvidos, com recomendação para sanar os vícios ou para anular a licitação e iniciar outro processo de licitação, se o objeto desejado for efetivamente necessário, se o valor estiver compatível com o praticado no mercado e se tiver previsão orçamentaria suficiente. Pelo mesmo procedimento, passa o contrato resultante de licitação. No caso de obra ou serviço de engenharia, o Tribunal acompanha a execução do contrato até a conclusão. Se, durante a realização da obra, o Tribunal constatar irregularidade, determina a correção ou embarga a obra, dependendo da situação fática.

A fiscalização, o controle e a colaboração do Tribunal de Contas da União são tão relevantes para a governança pública federal, que o vice-presidente eleito, Geraldo Alckmin, na condição de coordenador do Governo de Transição, solicitou informações e orientações para subsidiar a concepção de políticas públicas a serem realizadas no governo que se iniciará em 1º.1.2023. No dia 16.11.2022, o presidente em exercício do TCU, Bruno Dantas, entregou à equipe de transição governamental relatórios para auxiliar o futuro governo no desenvolvimento de políticas públicas no país. Entre os relatórios consolidados, incluem: lista de Alto Risco da Administração Pública; Relatório de Fiscalização de Políticas Públicas em 2021; e as Contas do Governo de 2021, entre outros. Sobre a lista de alto risco, Dantas alertou:

> A lista de alto risco consolida fiscalização do Tribunal de Contas da União, em que identificamos riscos como vulnerabilidade à fraude, desperdício, abuso de autoridade, má gestão ou necessidade de mudanças profundas nos objetivos ou na execução dessas políticas públicas. Necessidade urgente de se estabelecerem critérios para revisão de isenções tributárias. O Brasil, hoje, possui mais de 4% do seu Produto Interno Bruto comprometido com isenções tributárias. São quase R$400 bilhões em isenções tributárias e, evidentemente, em um quadro de crise fiscal, isso é um dinheiro que faz muita falta.[6]

Além do documento entregue ao coordenador do Governo de Transição, o TCU instituiu, pela primeira vez, um comitê de ministros para acompanhar e orientar o governo de transição. O relator do comitê foi o Ministro Antônio Anastasia.

Os tribunais de contas dos estados e dos municípios do Rio de Janeiro e de São Paulo são dotados das mesmas competências e prerrogativas do TCU, no âmbito das respectivas circunscrições.

5 Controle pelo Judiciário

Já foi dito, em outro tópico deste livro, e aqui se repete para melhor fixação da matéria, que o Brasil adotou o sistema uno de jurisdição consagrado na Constituição de

---

[6] Disponível em: portal.tcu.gov.br. Acesso em: 22 nov. 2022.

1988, nos termos do art. 5º, XXXV. Esse dispositivo estabelece que a lei não pode excluir da apreciação do Poder Judiciário qualquer lesão ou ameaça a direito.

Ante a abrangência do preceito, é induvidoso que as decisões administrativas e do Poder Legislativo submetem-se ao controle do Judiciário quando lesivas a direito subjetivo. O afastamento do Ex-Presidente Fernando Collor de Mello do cargo de presidente da República, pelo Senado, serve de exemplo. Inconformado com a decisão parlamentar, Collor recorreu ao Supremo Tribunal Federal, não tendo, entretanto, obtido sucesso, porque a Corte não identificou vício nem irregularidade no julgamento proferido pelo Senado Federal.

A Constituição da República assegura direitos e garantias individuais e coletivos nos termos do art. 5º. Ainda outros direitos são assegurados em diversos artigos da mesma Constituição. De nada valeriam esses direitos e garantias se a sociedade e os indivíduos não dispusessem de instrumentalidade jurídica hábil e eficiente para, em juízo, se defenderem contra os abusos e arbitrariedades dos agentes públicos com poder de decisão.

A Constituição cria esses instrumentos jurídicos de defesa. Na Constituição da República de 1988, eles estão previstos no art. 5º. São as ações de *habeas corpus*, *habeas data*, mandado de injunção, mandado de segurança individual e coletivo e ação popular. A mesma Constituição refere-se ainda, no art. 129, III, à ação civil pública. Além dessas ações especiais, valem-se também de ações comuns contra a Administração Pública. Por exemplo, as ações possessórias, a ordinária de indenização, as cautelares e a rescisória.

Aqui serão examinadas apenas as ações especiais ou constitucionais, como dizem vários autores, visto que as comuns ou ordinárias são estudadas no Processo Civil ou Penal.

5.1 *Habeas corpus*

É ação própria para resguardar, ou proteger, ou ainda garantir o direito de locomoção dos indivíduos. Em síntese, o direito de ir e vir, na linguagem dos autores penalistas.

A expressão *habeas corpus* é latina. Entretanto a ação teve origem no Direito inglês, em 1215. É a ação o primeiro e mais antigo meio de defesa contra a atuação abusiva da Administração Pública.

No Direito pátrio, a ação foi concebida inicialmente no Código de Processo Criminal do Império, editado em 1832. O art. 340 do aludido Código estabelecia: "Todo cidadão que entender que ele ou outrem sofre uma prisão ilegal ou constrangimento ilegal em sua liberdade tem direito de pedir uma ordem de *habeas corpus* em seu favor".

Em nível constitucional, a matéria aparece pela primeira vez na Constituição de 1891, art. 72, §22, do teor seguinte: "Dar-se-á o *habeas corpus* sempre que o indivíduo sofrer ou se achar em iminente perigo de sofrer violência ou coação, por ilegalidade ou abuso de poder".

A Constituição de 1988 cuida da ação especial, no inc. LXVIII do art. 5º, nos seguintes termos: "Conceder-se-á *habeas corpus* sempre que alguém sofrer ou se achar ameaçado de sofrer violência ou coação em sua liberdade de locomoção por ilegalidade ou abuso de poder".

As condições da ação de *habeas corpus* e o seu processo e procedimentos estão regulados nos arts. 647 e seguintes do Código de Processo Penal, que deve ser consultado, para melhor compreensão da matéria aqui apenas noticiada.

5.2 *Habeas data*

A ação de *habeas data* é modalidade nova no Direito brasileiro, introduzida no ordenamento jurídico nacional pela Constituição Federal de 1988, conforme art. 5º, LXXII, e regulamentada pela Lei Federal nº 9.507, de 12.11.1997. O texto constitucional assim dispõe:

> Conceder-se-á *habeas data*:
> a) para assegurar o conhecimento de informações relativas à pessoa do impetrante, constantes de registros ou bancos de dados de entidades governamentais ou de caráter público;
> b) para a retificação de dados, quando não se prefira fazê-lo por processo sigiloso, judicial ou administrativo.

Essa modalidade de ação já era conhecida em outros países. Entre eles, Portugal, conforme art. 35 da Constituição de 1976; Espanha, art. 105 da Constituição de 1978; Estados Unidos e França. Nestes dois últimos, a matéria é tratada em leis ordinárias. Cuida-se, em conformidade com o Direito brasileiro, de ação civil constitucional que tem por finalidade garantir ao impetrante o direito de conhecer informações relativas a registros pessoais constantes de registros ou bancos de dados realizados por entidades públicas ou particulares, quando tiver caráter público. Servem de exemplos os registros realizados pelo antigo Serviço Nacional de Informações (SNI), substituído pela Secretaria de Assuntos Estratégicos, hoje Agência Brasileira de Informação e Serviço de Proteção ao Crédito – SPC. O primeiro é órgão público e o último é privado, mas o serviço que presta é de interesse público.

Além da garantia do direito do interessado em ter acesso às informações sobre o que há registrado sobre a sua pessoa nos referidos órgãos, a ação de *habeas data* é meio eficaz para se obter a retificação de dados registrados em desacordo com a realidade. Exemplo: determinada pessoa pode estar cadastrada num serviço de registro ou banco de dados como delator, subversivo, viciado em drogas, portador de determinada doença ou homossexual. A pessoa em referência, entretanto, não se enquadra em nenhuma dessas situações, tem, por essa razão, o direito de ver alterado o registro de modo a se fazer constar a informação correta a seu respeito.

O direito de informação de que cuida o inc. XXXIII do art. 5º da Constituição da República não se concretiza por meio da ação aqui estudada. Aludido dispositivo garante a todos o direito a obter informações de seu interesse particular, ou de interesse coletivo ou geral. As informações, nesses casos, devem ser prestadas no prazo estabelecido em lei. A autoridade que descumprir esse preceito sujeita-se à apuração de responsabilidade e a aplicação da competente sanção, salvo se a informação for sigilosa por imprescindível à segurança da sociedade e do Estado. Nesse caso, o constrangimento da autoridade detentora dos dados, para prestar as informações solicitadas, faz-se pela via do mandado de segurança, se o interessado não obtiver sucesso na via administrativa.

A norma do inc. XXXIII do art. 5º, embora resguarde direito de informação de interesse pessoal ou de interesse coletivo, não se confunde com o preceito do inc. LXXII do mesmo artigo. Os dois dispositivos protegem objetos jurídicos diversos. Este cuida de registros pessoais do impetrante, aquele trata de outros registros que possam ser de interesse do postulante, mas que não precisam, necessariamente, se referir à sua pessoa. Exemplos: parecer, laudo técnico, contagem de tempo para os fins legais, resultado do julgamento sobre licitação, decisão em processo administrativo, além de outros. Como se vê dos exemplos lançados, as informações não se referem a dados pessoais do impetrante. Nem teria sentido dois dispositivos de um mesmo artigo constitucional disporem sobre mesmo assunto.

5.2.1 Condição para a propositura da ação

A norma constitucional não estabelece restrição ao interessado para impetrar a ação de *habeas data*. O Judiciário, entretanto, entendeu necessária a postulação prévia na via administrativa. A hipótese de negativa naquela via é que legitimaria o interessado para recorrer ao Judiciário. Esse entendimento foi sumulado pelo Superior Tribunal de Justiça. A Súmula nº 2 desse Tribunal é do seguinte teor: "Não cabe *habeas data* se não houver recusa por parte da autoridade administrativa".

Parece-nos oportuno e até salutar esse entendimento jurisprudencial. A eleição da via judiciária não deve ser totalmente incondicionada. É prudente, até para se evitar congestionamento ainda maior do Poder Judiciário, que o interessado prove ter recorrido à via administrativa e que a autoridade competente tenha lhe negado a informação pretendida ou a correção do registro. Sem o pedido administrativo, não se pode afirmar que a Administração se nega a prestar as informações pretendidas. Alguns autores julgam imprudente essa exigência contida na referida súmula.

A divergência quanto a esta matéria deixou de existir com a edição da Lei nº 9.507/1997, que disciplina o processo da ação de *habeas data*. Essa lei pressupõe o prévio pedido de informação perante o órgão ou entidade depositário do registro ou banco de dados. A negativa da informação ou a omissão quanto ao pedido, deixando de manifestar-se, é meio de prova justificador da ação.

5.2.2 Sujeito ativo e passivo

O sujeito ativo da relação da ação de *habeas data* é a pessoa natural ou jurídica brasileira ou estrangeira interessada em informações a seu respeito, constantes de registros ou banco de dado. A substituição processual não é prevista, exceto por sucessores legítimos, nos casos de falecimento do interessado. Sujeito passivo na mesma relação é a entidade governamental ou particular que cuida de registros ou banco de dados de caráter público. Incluem-se órgãos do Poder Legislativo, do próprio Judiciário e das entidades integrantes da Administração direta e indireta e entidade particular, como exemplo, o Serviço de Proteção ao Crédito – SPC. A petição inicial deverá preencher os requisitos estabelecidos pelo Código de Processo Civil de 2015. A petição deve conter as seguintes provas: da recusa ao acesso às informações ou do decurso de mais de dez dias sem decisão; da recusa em fazer-se a retificação ou do decurso de mais de quinze dias, sem decisão; ou da recusa em fazer-se a anotação a que se refere o §2º do art. 4º ou do decurso de mais de quinze dias sem decisão.

5.2.3 Objeto

O objeto da ação pode ser a simples informação ou a retificação do registro inadequado, falso ou que não corresponda à realidade, ou os dois ao mesmo tempo. Na mesma ação pode-se pedir informações e a correção dos registros, se esses estiverem incorretos. É ainda objeto da ação em realce "a anotação nos assentamentos do interessado, de contestação ou explicação sobre dado verdadeiro, mas justificável e que esteja sob pendência judicial ou amigável". Esta última foi introduzida no ordenamento jurídico pela Lei nº 9.507/1997.

5.2.4 Competência para processar e julgar

As competências para processar e julgar a ação de *habeas data* estão estabelecidas na Constituição da República. No art. 102, I, "d", estão previstos os casos de competência do Supremo Tribunal Federal para julgar originariamente o *habeas data*. De acordo com esse dispositivo, à Corte compete julgar quando o ato negatório da informação ou da retificação for expedido pelo presidente da República, pelo presidente da mesa da Câmara dos Deputados Federais, pelo presidente da mesa do Senado Federal, pelo presidente do Tribunal de Contas da União, pelo procurador-geral da República ou pelo próprio Supremo Tribunal Federal.

Ao Superior Tribunal de Justiça compete julgar *habeas data* contra atos praticados por ministros de Estado e pelo próprio Tribunal (art. 105, I, "b", da Constituição da República). Aos Tribunais Regionais Federais compete julgar a ação quando o ato emanar de juízes federais ou do próprio Tribunal (art. 108, I, "c", da Constituição Federal). Aos juízes federais compete julgar quando o ato for praticado por autoridade federal, ressalvados os casos de competência dos tribunais federais (art. 109, VIII, da Constituição Federal). Aos Tribunais Eleitorais compete julgar *habeas data*, nos termos da Lei Orgânica da Justiça Eleitoral.

Nas Justiças estaduais as competências estão fixadas nas respectivas Constituições. O Tribunal de Justiça de Minas Gerais, por exemplo, é competente para processar e julgar originariamente a ação de *habeas data* contra atos de autoridades estaduais que estão sujeitas a seu julgamento originário nos crimes comuns e de responsabilidade (art. 106, I, "e"). Do mesmo Tribunal é a competência para julgar, em grau de recurso, decisão sobre *habeas data* proferida por juiz de direito, relacionada com causa de sua competência recursal (art. 106, II, "i").

5.2.5 Execução de sentença

A sentença proferida em ação de *habeas data* executa-se por meio de ofício ordenatório do juiz prolator da decisão, dirigido à autoridade coatora.

5.3 Mandado de injunção

O mandado de injunção é outro meio constitucional de garantia posto à disposição da sociedade para assegurar, coletiva ou individualmente, o exercício de direito declarado pela Constituição, condicionado a normas implementadoras, leis e regulamentos.

Por ocasião da instalação da Assembleia Nacional Constituinte de 1986, diversos seminários foram realizados nas capitais do país com o objetivo de coletar subsídios para o conteúdo da futura Constituição. Em Minas Gerais, dois desses seminários foram realizados em promoção conjunta da Assembleia Legislativa do Estado e da Fundação João Pinheiro. No primeiro deles, a Professora Cármen Lúcia Antunes Rocha, hoje ministra do Supremo Tribunal Federal, defendeu a inclusão no texto constitucional de um dispositivo que permitisse ao administrador ir a juízo objetivando obter ordem determinando à autoridade ou ao órgão competente editar norma de sua competência indispensável à implementação de direito constitucionalmente garantido.

A professora alegou, naquela oportunidade, que o ordenamento jurídico brasileiro não dispunha, até então, de meios eficazes para sensibilizar o legislador de modo a convencê-lo a editar as leis ordinárias ou complementares regulamentadoras de direitos garantidos pela Constituição. Afirmou – e podia ser constatado –, que a Constituição Federal de 1967, emendada em 1969, já caducando, continha inúmeros comandos dependentes de regulamentos legislativos. A tese foi recebida com elogios. Possivelmente, em outros certames realizados alhures, o assunto veio à tona. O arremate desses debates, fora e na Assembleia Nacional Constituinte, é o mandado de injunção, largamente festejado nos seus primeiros meses de existência.

O texto está esculpido do inc. LXXI do art. 5º da Constituição da República, com a seguinte redação: "Conceder-se-á mandado de injunção sempre que a falta de norma regulamentadora torne inviável o exercício dos direitos e liberdades constitucionais e das prerrogativas inerentes à nacionalidade, à soberania e à cidadania".

A previsão constitucional, em conformidade com o texto acima, é a de que o cidadão destinatário de um direito garantido pela Constituição impetre ação de mandado de injunção, quando, por omissão do órgão ou da autoridade competente, o aludido direito não for regulamentado pelo Legislativo ou pelo Executivo, conforme o caso, inviabilizando a eficácia da norma garantidora do direito.

O mandado de injunção teve a sua origem no Direito inglês, no século XIV, segundo ensina José Afonso da Silva. No seu berço, esse remédio jurídico consistia em decisão judicial por juízo discricionário, nos casos concretos em que não existisse norma legal aplicável à situação; denominado, portanto, de *juízo de equidade*. Sustenta ainda o mesmo autor que o *writ of injunction* do direito norte-americano é o que se aproxima mais do mandado de injunção acolhido pelo Direito brasileiro.

5.3.1 Conceito e pressupostos

O mandado de injunção é ação civil constitucional, mandamental, posta à disposição do cidadão ou pessoa jurídica para postular em juízo a edição de norma regulamentadora, nos casos concretos, de direito garantido pela Constituição, dependente de norma implementadora que ainda não fora editada pelo órgão ou autoridade competente própria.

Alerte-se que o mandado de injunção não é sucedâneo da ação direta de inconstitucionalidade por omissão de que trata o art. 103, §2º, da Constituição da República. O aludido dispositivo estatui: "Declarada a inconstitucionalidade por omissão de medida para tornar efetiva norma constitucional, será dada ciência ao Poder competente para a adoção das providências necessárias e, em se tratando de órgão administrativo, para fazê-lo em trinta dias".

A norma, como visto, estabelece que, julgada procedente a ação direta de inconstitucionalidade por omissão, o Judiciário – nesse caso, Supremo Tribunal Federal –, cientificará o Poder Legislativo recomendando a edição da lei omitida, ou seja, a lei que até o momento ainda não foi votada e sancionada. Quando a omissão for do Poder Executivo, cujo chefe deixou de editar o regulamento reclamado pela lei, o Judiciário deve determinar-lhe que o faça em trinta dias.

As duas ações, mandado de injunção e ação direta de arguição de inconstitucionalidade por omissão, se parecem quanto ao objeto. Ambas visam atacar a inércia do Legislativo ou do Executivo quanto à produção de lei ou regulamento destinado à implementação de direito constitucionalmente garantido.

A despeito das aparências, as ações são distintas e uma não é substituta da outra. Cada qual tem o seu objetivo, alcance e procedimentos próprios. Salientam-se, a seguir, alguns pontos de contrastes:

- efeito da sentença: na ação direta de inconstitucionalidade por omissão, a decisão tem efeito *erga omnes*, sujeita a todos. No mandado de injunção, o efeito da sentença é *inter partes*. A sua força é apenas entre o autor da ação e o órgão omisso, aquele que não editou a norma;
- são titulares da ação de inconstitucionalidade por omissão todos aqueles arrolados no art. 103 da Constituição da República. Para a ação de mandado de injunção, é titular o cidadão ou a pessoa jurídica detentora de determinado direito subjetivo, mas que não está sendo exercido por falta de norma legal ou regulamentar implementadora do direito;
- a titularidade passiva na ação direta de inconstitucionalidade por omissão é do Legislativo ou do chefe do Executivo. Na ação de mandado de injunção, além desses dois, acrescentam-se os dirigentes de entidades integrantes da Administração indireta e outros órgãos da Administração direta;
- competência para julgar. A competência para julgar a ação direta de inconstitucionalidade é exclusiva do Supremo Tribunal Federal. Já para julgar o mandado de injunção, é competente qualquer juízo, desde o juiz monocrático até a Suprema Corte, de acordo com a autoridade omissa apontada pelo autor.

5.3.2 Competência para processar e julgar o mandado de injunção

O julgamento da ação de mandado de injunção compete a juízos das diversas instâncias em conformidade com a autoridade responsável pela edição da norma faltosa, como segue:

- Supremo Tribunal Federal. A essa Corte compete processar e julgar originariamente o mandado de injunção, quando a edição da norma regulamentadora do direito (decreto ou lei) for competência "do Presidente da República, do Congresso Nacional, da Câmara dos Deputados, do Senado Federal, da Mesa de uma dessas Casas Legislativas, do Tribunal de Contas da União, de um dos Tribunais Superiores ou do próprio Supremo Tribunal Federal". Em recurso ordinário, cabe à mesma Corte julgar o mandado de injunção decidido em única instância pelo Superior Tribunal de Justiça e ainda em grau de recurso extraordinário quando a decisão no mandado de injunção contrariar dispositivo da Constituição (art. 102, I, "q"; II, "a"; III, "a");

- Superior Tribunal de Justiça. Ao Superior Tribunal de Justiça compete processar e julgar, originariamente, o mandado de injunção, quando a elaboração da norma regulamentadora for atribuição de órgão, entidade ou autoridade federal, da Administração direta ou indireta, excetuados os casos de competência do Supremo Tribunal Federal e dos órgãos da Justiça Militar, da Justiça Eleitoral, da Justiça do Trabalho e da Justiça Federal (art. 105, I, "h", da Constituição da República);
- Justiça estadual. As Justiças estaduais são competentes para julgar mandado de injunção de acordo com o que dispuser a respectiva Constituição estadual, nos limites do permissivo constitucional federal. No Estado de Minas Gerais, por exemplo, compete ao Tribunal de Justiça processar e julgar, originariamente, ação de mandado de injunção nos casos em que a elaboração da norma regulamentadora for atribuição de órgãos estaduais ou de entidades da Administração indireta, ou ainda de autoridade da Administração direta ou indireta estadual (art. 106, I, "f", da Constituição do estado). Do juiz de direito é a competência para julgar a mesma ação, quando a edição da norma regulamentadora for atribuição de Câmara de Vereadores, de sua mesa diretora, do prefeito municipal ou de autarquia ou fundação criadas pelo município (art. 113, parágrafo único, da Constituição do estado).

5.3.3 Evolução do entendimento do STF sobre o mandado de injunção

O mandado de injunção, embora festejado e aguardado como a solução para o impasse criado pela inexistência de normas regulamentadoras de direito constitucionalmente garantido, não alcançou o sucesso desejado. O Judiciário, no nosso entender, adotou comportamento tímido perante esse *mandamus*. Ao juiz, em qualquer grau jurisdicional, compete, no nosso entendimento, ao decidir a ação de mandado de injunção, editar a norma no caso concreto, quando procedente. Essa norma teria eficácia entre as duas partes envolvidas. Assim, por exemplo, antes da medida provisória (convertida na Lei nº 10.101, de 19.12.2000) que regulamenta a participação do empregado no lucro da empresa, o trabalhador, empregado em empresa destinada à atividade econômica, poderia, perante o juiz competente, postular a regulamentação do seu direito de participar dos lucros auferidos pela empresa de que é empregado, assegurado pelo art. 7º, XI, da Constituição da República.

Os debates e discussões travados nos tribunais pátrios, quanto à natureza e alcance das decisões judiciais em mandado de injunção, levaram à pior alternativa entre as opções oferecidas: editar a norma para o caso concreto, editar norma geral regulamentando o direito reclamado, determinar ao órgão ou à autoridade competente que edite o regulamento ou declarar a mora do responsável pela regulamentação. Essa última foi inicialmente adotada pelo Supremo Tribunal Federal ao argumento de que ao Judiciário não compete editar norma com força de lei, sob pena de invadir competência do Poder Legislativo.

As decisões, na quase totalidade, foram, nos casos procedentes, pela declaração da situação em mora em que se encontra o responsável constitucionalmente pela edição da norma implementadora do direito.

Celso Antônio Bandeira de Mello sustenta posição contra o cômodo entendimento do Poder Judiciário. Para ele, e com razão, o mandado de injunção tornou-se ineficaz e inútil, em virtude da posição adotada pelo Judiciário, face o instituto tão importante. São de Celso Antônio as linhas seguintes:

> Até o presente, este instituto não conseguiu preencher a finalidade que lhe é própria, pois o Supremo Tribunal Federal, certamente por discordar do preceito constitucional que o instituiu, tem conseguido, por via interpretativa esdrúxula, nulificar sua utilização, tornando-o absolutamente inócuo.[7]

Na mesma linha é o entendimento de Celso Ribeiro Bastos, assim manifestado:

> O alcance que se tendeu dar a este remédio constitucional acabou sendo diminuído em face do posicionamento atual do Supremo Tribunal Federal, que tem atribuído a esta prestação jurisdicional natureza meramente declaratória e não constitutiva, como quis o constituinte.[8]

Perfeito o entendimento desses autores. O dispositivo constitucional que cuida do mandado de injunção virou letra morta em virtude da interpretação infeliz do Poder Judiciário. Em nossa opinião, a Constituição conferiu a esse poder a competência especial para, diante do caso concreto, editar a norma reclamada, que o órgão legislativo ou executivo não providenciara em tempo hábil.

O Supremo Tribunal Federal, entretanto, reviu a sua posição, constatada nas últimas decisões proferidas em ações de mandado de injunção, e vem mudando a sua posição inicial quanto à sua competência relativamente ao julgamento dessa espécie de ação. No julgamento em três mandados de injunção: nº 670-ES, impetrado pelo Sindicato dos Servidores Policiais Civis do Espírito Santo; nº 709-DF, impetrado pelo Sindicato dos Trabalhadores em Educação do Município de João Pessoa; nº 712-PA, impetrado pelo Sindicato dos Trabalhadores do Poder Judiciário do Estado do Pará. Todos postularam que fosse garantido aos seus sindicalizados o exercício do direito de greve assegurado pela Constituição da República, art. 37, inc. VII. Nesses casos, o STF não declarou a mora do Congresso Nacional. Ao contrário, reconheceu aos interessados o direito de promover greve nos termos da Lei nº 7.783, de 28.6.1989 até que seja editada a lei que regulamentará a greve dos servidores públicos. O Informativo nº 485, de 31.10.2007, sobre a matéria, é do seguinte teor:

---

[7] BANDEIRA DE MELLO. *Curso de direito administrativo*, 4. ed., nota 2.
[8] BASTOS. *Curso de direito administrativo*, p. 345.

ressalvou-se que a Corte, afastando-se da orientação inicialmente perfilhada no sentido de estar limitada à declaração da existência de mora legislativa para a edição de norma regulamentadora específica, passou, sem assumir compromisso com o exercício de uma típica função legislativa, a aceitar a possibilidade de uma regulação provisória pelo próprio Judiciário.

Noutra decisão na mesma linha, o STF no MI nº 758, tendo por relator o Ministro Marco Aurélio (*DJe* de 26.9.2008), reconheceu aos servidores públicos que se enquadrarem nas hipóteses previstas no art. 40, §4º, da Constituição da República, o direito de obter aposentadoria especial, de que trata o dispositivo, valendo-se da regra conferida aos trabalhadores em geral, prevista no art. 57, §1º, da Lei nº 8.213/1991. Essa orientação é provisória, mas vigorará até a edição da lei complementar a que se refere o citado dispositivo constitucional.

Na mais recente decisão, o STF consolidou sua posição em relação ao mandado de injunção. Em especial nos casos de aposentadoria especial de que trata o art. 40, §4º, III, da Constituição da República, conforme ementa seguinte:

> EMENTA: EMBARGOS DE DECLARAÇÃO NO AGRAVO REGIMENTAL NO MANDADO DE INJUNÇÃO. APOSENTADORIA ESPECIAL DO SERVIDOR PÚBLICO. ART. 40, §4º, III, DA CONSTITUIÇÃO FEDERAL. APLICAÇÃO DO ART. 57 DA LEI 8.213/1991. OMISSÃO. PRELIMINARES DE IMPOSSIBILIDADE JURÍDICA DO PEDIDO E DE AUSÊNCIA DE INTERESSE DE AGIR. ALEGAÇÃO DE AUSÊNCIA DE ÓBICE CONCRETO AO EXERCÍCIO DA APOSENTADORIA ESPECIAL. EMBARGOS REJEITADOS. PRELIMINAR DE IMPOSSIBILIDADE JURÍDICA DO PEDIDO. VEDAÇÃO PREVISTA NO ART. 5º, PARÁGRAFO ÚNICO, DA LEI 9.717/1998, NA REDAÇÃO DADA PELA MP 2.187-13/2001. EMBARGOS ACOLHIDOS, EM PARTE, PARA SANAR A OMISSÃO E AFASTAR A PRELIMINAR. PRECEDENTES. I – Uma vez que ainda não existe lei regulamentadora do direito à aposentadoria especial em razão de atividade exercida exclusivamente sob condições que prejudiquem a saúde ou a integridade física, prevista no §4º do art. 40 da Constituição Federal, afigura-se adequada a utilização do mandado de injunção, pois não há, à falta de previsão legal, direito líquido e certo amparável por meio do mandado de segurança. II – A vedação prevista no art. 5º, parágrafo único, da Lei 9.717/1998, na redação dada pela MP 2.187-13/2001, 'não impede, em razão do princípio da inafastabilidade da jurisdição, que a lacuna legislativa que obsta o pleno exercício de direito constitucionalmente assegurado seja suprida judicialmente' (MI 1.169-AgR/DF, Rel. Min. Cármen Lúcia). III – Embargos de declaração acolhidos, em parte, a fim de sanar a omissão em relação a uma das preliminares suscitadas, que fica definitivamente afastada. (STF. MI nº 4.503/DF. Rel. Min. Ricardo Lewandowski, Tribunal Pleno, j. 1.8.2014. *DJe*-j159, 19 ago. 2014)

A revisão deste livro, que resultou na 8ª edição, ocorreu em 2015. Àquela época, como anunciado acima, ainda não existia a lei regulamentadora do processo e julgamento da ação de mandado de injunção. Agora, na revisão para a 9ª edição, o ordenamento jurídico pátrio já conta com a tão esperada lei. Refere-se à Lei nº 13.300, de 23.6.20216, com a seguinte ementa: "Disciplina o processo e o julgamento dos mandados de injunção individual e coletivo e dá outras providências".

A seguir são tecidas breves considerações sobre o processo da ação do mandado de injunção nos termos da referida lei. É hipótese de impetração do mandado de injunção a falta total ou parcial de norma regulamentadora que "torne inviável o exercício dos direitos e liberdades constitucionais e das prerrogativas inerentes à nacionalidade, à soberania e à cidadania" (art. 2º).

5.3.4 Legitimados ativos e passivos

São legitimados para impetrar mandado de injunção individual: pessoas físicas ou jurídicas titulares dos direitos, das liberdades ou das prerrogativas a que se refere o art. 2º. Legitimados passivos são "o Poder, o órgão ou a autoridade com atribuição para editar a norma regulamentadora" (art. 3º).

A petição inicial na ação de mandado de injunção não tem novidade, ela deve conter as exigências e as condições previstas no Código de Processo Civil, além, é claro, da indicação do órgão que será impetrado, informando o nome da pessoa jurídica a que pertence ou que está vinculado. Nos casos de os documentos necessários à comprovação do alegado estarem em repartição pública, em poder de autoridade ou de terceiro, e havendo recusa de fornecê-los, a pedido do impetrante, o detentor dos documentos será notificado para liberá-los no prazo de 10 (dez) dias. Se a recusa for do impetrado, a ordem será expedida por meio da notificação (art. 4º, §2º).

A petição inicial deve ser protocolada em duas vias, com os documentos originais e cópia deles. O relator ordenará a notificação do impetrado sobre o conteúdo da petição, e encaminhará uma cópia da peça e dos documentos, para prestar informações, no prazo de 10 (dez) dias. O órgão de representação judicial da pessoa jurídica interessada deve ser cientificado do ajuizamento da petição inicial, para, querendo, ingressar no feito. Nesse caso, o magistrado deve encaminhar cópia da petição (art. 5º). A petição será, de plano, indeferida se a impetração for considerada pelo magistrado relator, manifestamente incabível ou improcedente. Dessa decisão interlocutória cabe agravo no prazo de 5 (cinco) dias, dirigido ao colegiado competente para julgar a ação (art. 6º, *caput* e parágrafo único).

Expirado o prazo para o impetrado apresentar informações, o Ministério Público será intimado, para no prazo de 10 (dez) dias manifestar-se sobre a ação. Findo esse prazo, com ou sem manifestação do MP, os autos serão conclusos para decisão (art. 7º).

Se a ação for julgada procedente, reconhecida, portanto, a situação de mora legislativa, será determinado prazo razoável para o impetrado editar a norma regulamentar (art. 8º, inc. I) e "estabelecer as condições em que se dará o exercício dos direitos, das liberdades ou das prerrogativas reclamados ou, se for o caso, as condições em que poderá o interessado promover ação própria visando a exercê-los, caso não seja suprida a mora legislativa no prazo determinado". O comando do inc. I não se aplica nos casos em que o impetrado em mandado de injunção anterior deixou de cumprir a determinação para editar a norma reclamada (art. 8º, incs. I e II e parágrafo único).

As decisões em ações de mandado de injunção têm efeito *inter partes* até que seja editada a norma regulamentadora objeto da ação. A decisão poderá, entretanto, ter efeito *erga omnes*, quando for inerente ou indispensável ao exercício do direito, da liberdade ou da prerrogativa objeto da impetração. Depois do trânsito em julgado, os efeitos da decisão poderão ser estendidos aos casos análogos, conforme decisão monocrática do relator. Quando o pedido for indeferido por falta de prova suficiente, outra impetração poderá ser intentada com fundamento em outros meios de provas (art. 9º, *caput* e §§1º, 2º e 3º).

A decisão em ação de mandado de injunção poderá ser revista, a pedido de qualquer interessado, quando sobrevierem relevantes modificações das circunstâncias de fato ou de direito sem prejuízo dos defeitos já produzidos. No que couber, a ação de revisão observará o procedimento estabelecido na lei em exame (art. 10, *caput* e parágrafo único).

A norma regulamentadora resultante da decisão em ação de mandado de injunção produzirá efeitos *ex tunc* em relação aos beneficiados por decisão transitada em julgado, a menos que a aplicação da norma editada seja mais favorável. Na hipótese de a norma regulamentadora ser editada antes da decisão da ação de mandado de injunção, o processo será extinto sem julgamento de mérito, pelo fato de a ação estar prejudicada (art. 11, *caput* e parágrafo único).

Além do mandado de injunção individual, existe também, a exemplo do mandado de segurança, o mandado de injunção coletivo previsto no art. 12, que enumera os legitimados para a propositura da ação coletiva na seguinte ordem transcrita:

> I - pelo Ministério Público, quando a tutela requerida for especialmente relevante para a defesa da ordem jurídica, do regime democrático ou dos interesses sociais ou individuais indisponíveis;
> II - por partido político com representação no Congresso Nacional, para assegurar o exercício de direitos, liberdades e prerrogativas de seus integrantes ou relacionados com a finalidade partidária;
> III - por organização sindical, entidade de classe ou associação legalmente constituída e em funcionamento há pelo menos 1 (um) ano, para assegurar o exercício de direitos, liberdades e prerrogativas em favor da totalidade ou de parte de seus membros ou associados, na forma de seus estatutos e desde que pertinentes a suas finalidades, dispensada, para tanto, autorização especial;
> IV - pela Defensoria Pública, quando a tutela requerida for especialmente relevante para a promoção dos direitos humanos e a defesa dos direitos individuais e coletivos dos necessitados, na forma do inciso LXXIV do art. 5º da Constituição Federal.

A sentença na ação de mandado de injunção coletivo fará coisa julgada apenas entre as pessoas integrantes da coletividade, do grupo, da classe ou da categoria substituído pelo impetrante. O mandado de injunção coletivo não induz litispendência em relação aos mandados de injunção individuais, mas os efeitos da coisa julgada beneficiarão o impetrante individual que requerer a desistência da demanda individual no prazo de 30 (trinta) dias a contar da ciência comprovada da impetração coletiva (art. 13, *caput* e parágrafo único).

A Lei nº 12.016, de 7.8.2009, e o Código de Processo Civil, instituído pela Lei nº 13.105, de 16.3.2015, observado o disposto em seus arts. 1.045 e 1.046, são aplicáveis subsidiariamente à lei que regulamenta o mandado de injunção (art. 14).

6 Mandado de segurança

6.1 Conceito

Mandado de segurança é ação constitucional civil de rito sumário ou especial, posto à disposição da sociedade para postular em juízo, individual ou coletivamente, a cessação de ato praticado por agente público ou por quem lhe faça as vezes, com ilegalidade ou abuso de poder, causador de dano ou ameaçador de dano a direito líquido e certo, não amparado por *habeas corpus* ou *habeas data*.

6.2 Origem e evolução do instituto no Direito brasileiro

6.2.1 Constituição de 1934

A Constituição de 1934 foi a primeira, no ordenamento jurídico brasileiro, a tratar do mandado de segurança. Por ocasião de sua elaboração, João Mangabeira sugeriu à comissão encarregada da elaboração do respectivo anteprojeto a previsão, na Constituição, de um processo sumaríssimo visando a proteger direito incontestável, ameaçado ou violado por ato manifestamente ilegal praticado por agente do Poder Executivo. O juiz, julgando procedente a ação, expediria ordem de segurança proibindo a Administração de praticar o ato ou obrigando-a a restabelecer a situação anterior, quando o ato já tivesse sido editado. A medida seria provisória. Teria eficácia só até o Judiciário decidir definitivamente sobre a matéria.

Várias emendas foram apresentadas à proposta originária e, ao final, a matéria foi esculpida no art. 113, §33, da Constituição, na forma de ação destinada à defesa de direito certo e incontestável.

O processo do mandado de segurança foi regulamentado pela Lei nº 191, de 16.1.1936. Por essa lei foram excluídos do alcance da nova ação a liberdade de locomoção – reservada ao *habeas corpus*, matéria puramente política, e atos emanados do poder disciplinar. Foram excluídos ainda os atos que comportassem recurso administrativo.[9]

6.2.2 Constituição de 1937

A Constituição de 1937, tida como autoritária, imposta depois de um golpe de Estado, suprimiu vários direitos individuais e coletivos consagrados na anterior, entre eles o mandado de segurança. Durante a sua vigência, o *mandamus* foi tratado apenas em leis ordinárias. Ainda em 1937, foi editado o Decreto-Lei nº 6, de 16 de novembro, excluindo do alcance do mandado de segurança os atos praticados pelo presidente da República, pelos ministros de estado, pelos governadores e pelos interventores.

Outras restrições vieram com o Código de Processo Civil de 1939. Com base nesse Código, a ação tornou-se imprópria quando a questão fosse referente a impostos ou taxas.

---

[9] BARBI. *Do mandado de segurança*, 7. ed., p. 35.

6.2.3 Constituição de 1946

Na Constituição de 1946, o mandado de segurança reconquistou o agasalho constitucional nos termos do art. 141, §24. O texto foi aprimorado em relação ao contido na Constituição de 1934, passando a não ser mais condição para o exercício do mandado a ilegalidade manifesta.

Pela Lei nº 1.386, de 18.6.1951, o mandado de segurança foi estendido para alcançar o diretor da carteira de câmbio do Banco do Brasil e qualquer outra autoridade que violasse ou dificultasse o exercício dos direitos por ela garantidos. A lei tratava da importação de papéis e outros materiais de uso da imprensa (material gráfico em geral). Pela mesma lei, criou-se o agravo de petição, dirigido ao então Tribunal Federal de Recurso, contra decisão na ação de mandado de segurança, quando impetrado nos casos por ela regulados.

A Lei nº 1.533, de 31.12.1951, lei geral sobre o mandado de segurança, tratou da ação de maneira ampla quanto ao aspecto substantivo e adjetivo, revogando tacitamente as normas até então vigentes, inclusive as regras e procedimentos do Código de Processo Civil, que não se conformassem com ela. Outras leis, como se verá adiante, foram editadas sobre a matéria, visando adequar os fatos sociais pertinentes, mas sem retirar da Lei nº 1.533/51 a condição de lei principal e geral sobre o mandado de segurança. Essa lei, entretanto, foi revogada pela Lei nº 12.016, de 7.8.2009.

A Lei nº 2.770, de 4.5.1956, visa a reprimir irregularidades na importação de mercadorias. Ela proíbe a concessão de liminar nas ações de mandado de segurança, visando à liberação de mercadorias ou materiais importados. Permite, entretanto, a execução de sentença antes do seu trânsito em julgado, mas condicionada à prestação de caução.

Pela Lei nº 4.166, de 4.12.1962, foi aumentado o prazo para a autoridade coatora apresentar as informações que julgar convenientes e para a exibição de documentos pelo coator e por outras autoridades processualmente interessadas. Essa lei foi revogada pela Lei nº 12.016/2009.

A Lei nº 4.348, de 26.6.1964, trouxe modificações significativas e profundas no processo especial do mandado de segurança. Entre elas, destacam-se: fixação de prazo de validade da medida liminar; casos de caducidade dela; proibição de concessão de liminar em mandado de segurança impetrado por servidor público, relativamente a determinadas matérias, como reenquadramento, por exemplo, proibição de execução de sentença antes do seu trânsito em julgado e novas regras para a suspensão da execução de liminar e de sentença. Essa lei foi revogada pela Lei nº 12.016/2009.

A Lei nº 4.357, de 16.7.1964, trata de matéria tributária e financeira, entre elas alteração do imposto sobre a renda, emissão de letras do Tesouro e instituição de correção monetária dos débitos dos contribuintes para com a União. A mesma lei proibiu a concessão de liminar nas ações de mandado de segurança que versem as matérias por ela reguladas.

A Lei nº 4.862, de 29.11.1965, revoga a Lei nº 4.357/64, no que atine ao mandado de segurança nela tratado e fixa prazo de validade de medidas liminares concedidas contra a Fazenda Nacional.

A Lei nº 5.021, de 9.9.1966, tratou de pagamento de vencimento e de outras vantagens pecuniárias a servidores públicos, decorrentes de sentença judicial em ação de mandado de segurança. Todavia, foi revogada pela Lei nº 12.016/2009.

6.2.4 Constituição de 1967

O art. 150, §21, da Constituição de 1967 manteve o mandado de segurança destinado a proteger "direito individual líquido e certo". O termo *individual* consignado no texto constitucional não trouxe novidade, vez que a legislação precedente sempre concebeu o mandado de segurança como meio destinado a proteger direito individual.

O Ato Institucional nº 6, de 1º.2.1969, modificou a redação do art. 114, III, da Constituição de 1967 e suprimiu o recurso ordinário dirigido ao Supremo Tribunal Federal nas ações de mandado de segurança. Até então a medida era cabida quando a decisão dos tribunais locais ou federais, em última ou única instância, fosse denegatória.

6.2.5 Constituição emendada de 1969

A Emenda Constitucional nº 1 à Constituição de 1967 foi, na realidade, nova Carta outorgada pela Junta Militar que, então, governava o país. O art. 153, §21, do texto emendado manteve o mandado de segurança, suprimindo o termo *individual* contido no art. 150, §21, do texto original. Com isso, restabeleceu-se a redação contida na Constituição de 1946.

As leis nº 6.014, de 27.12.1973, e 6.071, de 3.7.1974, tiveram por objeto alterar os arts. 12, 13 e 19, da Lei nº 1.533/1951, para adaptá-los ao Código de Processo Civil de 1973. O art. 3º da primeira lei aqui citada e o 1º da segunda lei na ordem da citação foram revogados pela Lei nº 12.016/2009.

O Regimento Interno do Supremo Tribunal Federal, de 18.6.1970, com fundamento no art. 119 da Constituição de 1967, consignou no inc. III, do art. 308, restrição ao recurso extraordinário em mandado de segurança nos casos em que a decisão não tenha adentrado o mérito.

A Emenda Constitucional nº 7, de 13.4.1977, alterou os arts. 116, 122 e 125 da Constituição então vigente, para modificar competência dos tribunais para processar e julgar mandado de segurança.

O art. 21, VI, da Lei Complementar nº 35, de 14.3.1979 (Lei Orgânica da Magistratura Nacional), confere competência aos tribunais para julgar mandado de segurança, originariamente, contra seus próprios atos, contra atos de seus presidentes, de suas câmaras, de suas turmas ou seções. Às seções dos Tribunais de Justiça, nos termos do art. 101, §3º, "a", atribuiu-se competência para processar e julgar mandado de segurança contra atos dos juízes de direito. O mesmo aplica-se aos Tribunais de Alçada em relação às matérias de sua competência (art. 110 da LC nº 35).

O Regimento Interno do Supremo Tribunal Federal, de 15.10.1980, no art. 325, III, acrescentou outras restrições ao uso do recurso extraordinário, além da prevista no Regimento anterior. Essas têm pertinência com a natureza da relação jurídica decidida no processo.

6.2.6 Constituição de 5.10.1988

O mandado de segurança na Constituição de 1988 saiu fortalecido, inovado e ampliado. O art. 5º, LXIX, mantém a ação para garantia de direitos individuais e no inc. LXX cuida, pela primeira vez, do mandado de segurança coletivo. Nos arts. 102 e 105, a Constituição trata de modo claro, amplo e objetivo da competência para julgar mandado de segurança originariamente e em grau de recurso. Oportunamente, referidos dispositivos constitucionais serão examinados.

A Lei nº 8.437, de 30.6.1992, determina, nos termos do art. 2º, que, nos mandados de segurança coletivo, o juiz não poderá conceder liminar sem antes ouvir, no prazo de setenta e duas horas, o representante legal da pessoa jurídica de direito público impetrada.

6.3 Comentário ao inc. LXIX do art. 5º da Constituição da República

O art. 5º, LXIX, da Constituição da República de 1988, prescreve:

> Conceder-se-á mandado de segurança para proteger direito líquido e certo, não amparado por *habeas corpus* ou *habeas data*, quando o responsável pela ilegalidade ou abuso de poder for autoridade pública ou agente de pessoa jurídica no exercício de atribuições do Poder Público.

O art. 1º da Lei nº 12.016/2009 (nova lei geral sobre mandado de segurança) estatui:

> Conceder-se-á mandado de segurança para proteger direito liquido e certo, não amparado por habeas corpus ou habeas data, sempre que, ilegalmente ou com abuso de poder, qualquer pessoa física ou jurídica sofrer violação ou houver justo receio de sofrê-la por parte de autoridade, seja de que categoria for e sejam quais forem as funções que exerça.

São equiparados às autoridades a que se refere o *caput* transcrito, os representantes ou órgão de partidos políticos e os administradores de autarquias e fundações de direito público. Essa regra aplica-se aos dirigentes de pessoas jurídicas ou pessoas naturais enquanto no exercício de funções próprias do Poder Público, por delegação ou outorga.

6.3.1 Direito líquido e certo

A condição "direito líquido e certo" para legitimar a ação de mandado de segurança é matéria polêmica. Até os dias atuais, os autores e os juízes não representam unidade de pensamento sobre o tema. Sérgio Ferraz, com muita habilidade e precisão, na obra *Mandado de segurança (singular e coletivo) – Aspectos polêmicos*, retrata com profundidade essa questão que atormenta os aplicadores do Direito.[10]

O entendimento preciso do que seja direito líquido e certo é de fundamental importância, visto tratar-se de condição essencial para a impetração e a concessão do *mandamus*. Inicialmente, entendia-se por liquidez e certeza o direito insuscetível de controvérsias, aquele que apresentasse pouca complexidade e que pudesse facilmente ser provado sem maiores indagações. Sérgio Ferraz traz à colação a posição de Carlos

---

[10] FERRAZ. *Mandado de segurança (individual e coletivo)*, p. 18-29.

Maximiliano: "Direito certo e líquido é aquele contra o qual se não podem opor motivos ponderáveis, e, sim, meras e vagas alegações, cuja improcedência o magistrado logra reconhecer imediatamente sem necessidade de exame demorado, pesquisas difíceis".[11]

Essa foi a linha de entendimento, do Judiciário, por seus tribunais espalhados no território nacional, durante décadas. Sérgio Ferraz a entende equivocada e por demais simplista. Para formular essa crítica, o autor em referência arrima-se na lição de Castro Nunes ao sustentar que a prevalecer o entendimento dominante, "só as questões muito simples estariam ao alcance do mandado de segurança".

A reversão dessa posição acanhada teve início no julgamento, pelo Supremo Tribunal Federal, do Mandado de Segurança nº 333, relatado por Costa Manso. A propósito dessa decisão, opina Sérgio Ferraz:

> A aproximação adequada ao verdadeiro sentido da expressão "direito líquido e certo" radica-se em voto hoje clássico proferido a 9/12/1936 pelo Min. Costa Manso no MS nº 333, do Supremo Tribunal Federal. Foi a partir dessa abordagem que se fixou uma segunda linha conceitual, que passaremos a examinar, para a expressão, cujo conteúdo estamos a tentar elucidar.[12]

A síntese do citado voto de Costa Manso é a de que, no mandado de segurança, o impetrante reclama seu direito subjetivo e não o direito objetivo. Este, materializado na lei, é certo e incontroverso. Nem precisa ser provado perante o juiz, exceto quando se tratar de leis estrangeiras ou locais (municipais). O julgador não pode deixar de decidir ou de despachar à alegação de que o postulante não fizera prova da lei, direito objetivo. O impetrante, sustentou Costa Manso, precisa provar o direito subjetivo, e esse se prova com fatos. Fatos incontestáveis de que o postulante se enquadra na hipótese legal, ou seja, que os fatos se conformam com a lei garantidora do direito suplicado.

Esse entendimento de Costa Manso, em 1936, ganhou corpo na doutrina e na jurisprudência. Contemporaneamente, essa é a posição dominante. Sérgio Ferraz analisando-a, pontua:

> O autor da ação de segurança pleiteia o reconhecimento do direito subjetivo, e não o Direito Positivo; este, manifestado na lei, norma abstrata e geral, tem uma inteligência, cabendo ao juiz desvendá-la. A liquidez e certeza do direito subjetivo do impetrante dependem, única

---

[11] MAXIMILIANO. *Comentários à Constituição de 1946*, 5. ed., v. 3, p. 147 apud FERRAZ. *Op. cit.*, p. 19.
[12] FERRAZ. *Op. cit.*, p. 20. Trecho do referido voto do Min. Costa Manso: "Entendo que o art. 33 da Constituição empregou o vocábulo direito como sinônimo de poder ou faculdade, decorrente da lei ou norma jurídica (direito subjetivo). Não aludiu à própria lei ou norma (direito objetivo). O remédio judiciário não foi criado para defesa da lei em tese. Quem requer o mandado defende o seu direito, isto é, o direito subjetivo, reconhecido o protegido pela lei. O direito subjetivo, o direito da parte, é constituído por uma relação entre a lei e o fato. A lei, porém, é sempre certa e incontestável. A ninguém é lícito ignorá-la, e com o silêncio, a obscuridade, a indecisão, dela não se exime o juiz de sentenciar ou despachar (CC, art. 5º da Introdução). Só se exige prova do direito estrangeiro ou de outra localidade, e isso mesmo se não for notoriamente conhecido. O fato é que o peticionário deve tornar certo e incontestável, para obter o mandado de segurança. O direito será declarado e aplicado pelo juiz, que lançará mão dos processos de interpretação estabelecidos pela ciência, para esclarecer os textos obscuros ou harmonizar os contraditórios. Seria absurdo admitir se declare o juiz incapaz de resolver de plano um litígio, sob o pretexto de haver preceitos legais esparsos, complexos ou de inteligência difícil ou duvidosa. Desde, pois, que o fato seja certo e incontestável, resolverá o juiz a questão de direito, por mais intrincada e difícil que se apresente, para conceder ou denegar o mandado de segurança".

e exclusivamente, da liquidez e certeza dos fatos sobre os quais deve ocorrer, sempre, a incidência do Direito Positivo.[13]

O saudoso Celso Agrícola Barbi, um dos autores pátrios que mais se dedicou ao estudo do mandado de segurança, firmou posição quanto ao "direito líquido e certo" inspirado na lição de Costa Manso. Da sua obra, destaca-se:

> Como se vê, o conceito de direito líquido e certo é tipicamente processual, pois atende ao modo de ser de um direito subjetivo no processo: a circunstância de um determinado direito subjetivo realmente existir não lhe dá a caracterização de liquidez e certeza; esta só lhe é atribuída se os fatos em que se fundar puderem ser provados de forma incontestável, certa, no processo. E isto normalmente só se dá quando a prova for documental, pois esta é adequada a uma demonstração imediata dos fatos.[14]

Maria Sylvia Zanella Di Pietro, depois de tecer considerações gerais sobre o direito líquido e certo, ressaltou a posição anterior sobre o tema, que entendia que o direito líquido e certo referia-se à norma legal. Só caberia, portanto, a ação de mandado de segurança se a lei fosse clara e suficiente, dispensando maior trabalho de interpretação. Alerta a autora que esse entendimento está superado. E enfatiza:

> Hoje está pacífico o entendimento de que a liquidez e certeza referem-se aos *fatos*; estando estes devidamente provados, as dificuldades com relação à interpretação do direito serão resolvidas pelo juiz. Esse entendimento ficou consagrado com a Súmula nº 625, do STF, segundo a qual "controvérsia sobre matéria de direito não impede concessão de mandado de segurança".[15]

Hugo de Brito Machado, na mesma linha, sustenta que, no contexto da legislação do mandado de segurança, o "direito líquido e certo" é incontroverso quanto aos fatos. Para que configure a expressão, os fatos devem ser provados de maneira inequívoca por meios documentais apresentados com a inicial.[16]

Ada Pellegrini Grinover ensina: "A expressão 'direito líquido e certo' é entendida em sentido processual, como direito comprovável documentalmente, sem necessidade de instrução dilatória, o que lhe confere as características do rito sumário".[17]

J. J. Calmon de Passos dá a sua contribuição na doutrinação do tema nos seguintes termos:

> Esse último elemento já foi objeto de conceituação hoje pacífica, seja na doutrina, seja nos tribunais. Dele não cuidamos. Inexiste quem ponha dúvida de que direito líquido e certo, para efeito de mandado de segurança, seja aquele capaz de apoiar-se em suporte fático comprovável documentalmente. Líquido é apenas o direito que assenta em fato para cuja verificação, pelo juiz, se reclama prova de outra natureza, isto é, prova testemunhal ou pericial.

---

[13] FERRAZ. *Op. cit.*, p. 26.
[14] BARBI. *Op. cit.*, p. 61.
[15] DI PIETRO. *Direito administrativo*, 23. ed., p. 780.
[16] MACHADO. *Mandado de segurança em matéria tributária*, 2. ed., p. 25.
[17] GRINOVER. *In*: GONÇALVES (Coord.). *Mandado de segurança*, p. 11.

Deslocados, portanto, para o problema da prova do fato, deixam a liquidez e certeza do direito de vincular-se, perigosa e injustificadamente, à própria existência ou inexistência do direito subjetivo e ao convencimento do juiz a esse respeito. Provados os fatos, todo direito é líquido e certo se reconhecido; e se negado for, não o será por liquidez ou incerteza, sim por sua inexistência no caso concreto.[18]

O Ministro Adhemar Maciel, no Mandado de Segurança nº 90.01.05146-4, em que foi relator, pronunciou-se:

> O direito líquido e certo nada tem, em si, com o direito subjetivo. Diz respeito única e exclusivamente à prova documental. Por mais complicadas que sejam as questões jurídicas, a solução do conflito de interesses pode ser alcançada através de mandado de segurança. Os fatos – esses, sim – é que não podem ser controversos e duvidosos.[19]

Para nós também, acolhendo o que acima foi dito pelos renomados autores trazidos a destaque, o "direito líquido e certo", como condição para a impetração do mandado de segurança, não se refere à lei, direito objetivo. Esse é efetivo e presume-se certo. A sua inadequação ao fato concreto é matéria para a interpretação do juiz, que deverá decidir valendo-se da analogia, da equidade, dos princípios gerais de direito e de outros que o sistema jurídico permitir. Os fatos, como bem o disse Adhemar Maciel, é que não podem ser duvidosos nem controversos. Devem ser provados de pronto, por meio de documentos, juntados à inicial.

Assim, a expressão "direito líquido e certo" refere-se aos fatos conformadores do direito subjetivo do impetrante à hipótese do direito material, objetivo, provados de maneira induvidosa, mediante documento com a inicial. Os fatos que dependam de provas a serem produzidas no curso do processo não são certos. Ao contrário, são duvidosos. Nesse caso, o direito subjetivo não será líquido nem certo. Outra ação, certamente, será a adequada para o interessado ver reconhecida a sua pretensão, se conseguir provar, adequadamente, os fatos alegados.

6.3.2 Ilegalidade ou abuso de poder

A legalidade, como visto no Capítulo 3, é um dos princípios mais importantes da Administração Pública, se puder afirmar que entre os princípios constitucionais existem alguns menos importantes. Todos os princípios têm importância e destaque próprios. Mas o da legalidade tem realce, pelo fato de o Direito pátrio ser positivado. Talvez, por isso, ele aparece no primeiro lugar no *caput* do art. 37 da Constituição da República.

Por força desse princípio, os atos administrativos produzem efeitos válidos só quando editados sem vício da ilegalidade. Se viciado, o ato é nulo, sujeito, portanto, ao desfazimento pela própria Administração ou pelo Judiciário. A ilegalidade manifesta-se no ato administrativo, quando ele for expedido em desacordo com os elementos indispensáveis à sua feitura com validade: agente competente, objeto, forma, finalidade e motivo. O ato praticado por quem não tenha a competência legal para editá-lo sofre

---

[18] PASSOS. *In*: GONÇALVES. *Op. cit.*, p. 99.
[19] *DJ* de 6.8.90, p. 16.636.

do vício de ilegalidade. O mesmo acontece quando não se verificar a forma própria ou quando a sua finalidade não for o interesse público, ou ainda quando o motivo for inexistente ou falso. O abuso de poder nem precisava ter sido referido no texto constitucional, considerando ser ele uma das formas da manifestação da ilegalidade. O comportamento do agente público além dos limites estabelecido pela lei, tanto nos casos vinculados quanto nos discricionários, configura abuso de poder e é atitude ilegal.

A Lei nº 12.016/2009, no art. 1º, é expressa quanto ao direito da pessoa física ou jurídica de impetrar o mandado de segurança nos casos de lesão ou de justo receio de sofrer lesão. Na primeira hipótese, o ato da autoridade, considerado lesivo ao direito, já foi produzido. Nesse caso a ação mandamental será repressiva. Na segunda hipótese, o interessado estará diante de uma situação de ameaça de lesão. O ato ainda não se consumou. Nessa situação, o mandado de segurança será impetrado preventivamente, com vista a impedir a edição do ato que, em princípio, lesará direito do impetrante.

6.3.3 Agente público responsável pelo ato e o a ele equiparado

Responsável pelo ato, comissivo ou omissivo, eivado de vício, para efeito de mandado de segurança, é qualquer agente público ou autoridade de empresas públicas ou particulares, prestadoras de serviços públicos, que tenha competência para editar atos jurídicos. São, ainda, consideradas autoridades, as pessoas físicas no exercício de atribuições do Poder Público. Esse assunto será retomado quando do exame das partes processuais no *writ*.

A Constituição Federal de 1988, repita-se, inovou em matéria de mandado de segurança, permitindo a sua postulação coletiva nas condições e limites estabelecidos no art. 5º, inc. LXX, do seguinte teor:

Art. 5º [...]
LXX - O mandado de segurança coletivo pode ser impetrado por:[20]
a) partido político com representação no Congresso Nacional;

---

[20] A Medida Provisória nº 1.984-22, de 27.9.2000, trouxe modificações processuais nas ações coletivas. Entretanto, preferimos não comentar as alterações, posto que a norma jurídica em referência está sendo questionada quanto a sua constitucionalidade. A despeito disto, a MP em foco está, no mundo jurídico, produzindo os efeitos próprios. Por isso, julgamos prudente transcrever a seguir, para orientação dos leitores, os artigos que interessam às ações em estudo: "Art. 4º A Lei n. 9.494, de 10 de setembro de 1967, passa a vigorar acrescida dos seguintes artigos: 'Art. 2º A sentença civil prolatada em ação de caráter coletiva proposta por entidade associativa, na defesa dos interesses e direitos dos seus associados, abrangerá apenas os substituídos que tenham, na data da propositura da ação, domicílio no âmbito da competência territorial do órgão prolator. Parágrafo único. Nas ações coletivas propostas contra a União, os Estados, o Distrito Federal, os Municípios e suas autarquias e fundações, a petição inicial deverá obrigatoriamente estar instruída com a ata da assembléia da entidade associativa que a autorizou, acompanhada da relação nominal dos seus associados e indicação dos respectivos endereços.' Art. 6º Os arts. 1º e 2º da Lei n. 7.347, de 24 de junho de 1985, passam a vigorar com as seguintes alterações: 'Art. 1º V – Por infração de ordem econômica e de economia popular. Parágrafo único. Não será cabível ação civil pública para veicular pretensões que envolvam tributos, contribuições previdenciárias, O Fundo de Garantia do Tempo de Serviço – FGTS ou outros fundos de natureza institucional cujos benefícios podem ser individualmente determinados.' 'Art. 2º. Parágrafo único. A propositura da ação prevenirá a jurisdição do juízo para todas as ações posteriormente intentadas que possuam a mesma causa de pedir ou o mesmo objeto.' Art. 9º O art. 467 do Decreto-lei n. 5.452, de 1º de maio de 1943 (Consolidação das Leis do Trabalho), passa a vigorar com o acréscimo do seguinte parágrafo único: 'Parágrafo único. O disposto no *caput* não se aplica à União, aos Estados, ao Distrito Federal, aos Municípios, e as suas autarquias e fundações públicas.' Art. 14. O art. 4º da Lei n. 4.348, de 26 de junho de 1964, passa a vigorar com as seguintes alterações: 'Art. 4º. §1º Indeferido o pedido de suspensão ou provido o agravo a que se refere o *caput*, caberá novo pedido de suspensão ao Presidente do Tribunal competente para

b) organização sindical, entidade de classe ou associação legalmente constituída e em funcionamento há pelo menos um ano, em defesa dos interesses de seus membros ou associados.

A Lei nº 12.016/2009, no parágrafo único do art. 21, prescreve que os direitos protegidos pelo mandado de segurança coletivo podem ser classificados em duas categorias: direitos coletivos e direitos individuais homogêneos. Os coletivos, para o efeito da lei em referência, são "os transindividuais, de natureza indivisível, de que seja titular grupo ou categoria de pessoas ligadas entre si ou com a parte contrária por uma relação jurídica básica". Da outra categoria, individuais homogêneos são "os decorrentes de origem comum e da atividade ou situação específica da totalidade ou de parte dos associados ou membros do impetrante".

Essa inovação constitucional trouxe entendimentos diversos sobre o mandado de segurança. Alguns autores entendem que, ao lado do já existente mandado de segurança individual, instituiu-se outra, denominada mandado de segurança coletivo. Para esses, existem, então, duas espécies de mandado de segurança: o individual e o coletivo.

Para nós, não existem duas espécies de mandado de segurança distintas. O instituto é apenas um, com o acréscimo de algumas particularidades e condições compatíveis com as regras gerais da ação, lançadas na Constituição de 1934, mantidas, aprimoradas e ampliadas até a atual Constituição.

Pode a ação ser impetrada em defesa de direito individual ou de direito coletivo, sendo que, no individual, só o legítimo interessado, titular do direito molestado ou ameaçado, tem a titularidade da ação, enquanto que no coletivo, os interessados imediatos serão substituídos processualmente pelas respectivas entidades jurídicas a que pertencem.

Parece ser esse o entendimento de Celso Agrícola Barbi, ao afirmar:

> Mas o que eu queria frisar, a essa altura, é que o mandado de segurança coletivo nada mais é do que o mandado de segurança tradicional, criado em 1934, com algumas alterações, capazes de facilitar o processo das causas de interesse de muita gente e, também, alargar o campo do objeto do mandado de segurança.[21]

Maria Sylvia Zanella Di Pietro esclarece a questão sustentando que os pressupostos da ação de mandado de segurança coletivo são os mesmos previstos no art. 5º, inc. LXIX, para o mandado de segurança individual. No seu entender, "o mandado de segurança que comporta duas espécies: o individual e o coletivo".[22]

Outras questões ainda se põem, entre elas, a legitimação ativa no mandado de segurança coletivo. As principais indagações são as seguintes: as entidades titulares da ação de mandado de segurança coletivo podem impetrar o *mandamus* na defesa de direito individual de filiado, sindicalizado ou associado? Podem elas defender interesses

---

conhecer de eventual recurso especial ou extraordinário. §2º Aplicam-se à suspensão de segurança de que trata esta Lei, as disposições dos §§5º a 8º do art. 4º da Lei n. 8.437, de 30 de junho de 1992'".

[21] BARBI. *In*: GONÇALVES. *Op. cit.*, p. 60.
[22] DI PIETRO. *Op. cit.*, p. 705.

difusos? Ou lhes compete, por meio da ação mandamental, defender interesses da categoria que representam? Configura-se, na hipótese, a substituição processual?

A questão é complexa e polêmica, levando os estudiosos a tomarem posições diversas, colocando-se em situações às vezes diametralmente opostas. É o que se verá a seguir, em estreita síntese.

Partido político – A primeira observação que se deve registrar é quanto à legitimação do partido político. É notório que ao partido político fora dado tratamento diferenciado quanto à postulação de mandado de segurança coletivo, em relação às demais pessoas jurídicas legitimadas pelo inc. LXX, do art. 5º, da Constituição da República: "O mandado de segurança coletivo pode ser impetrado por: a) partido político com representação no Congresso Nacional". As outras pessoas tituladas a postular por meio do *mandamus*, nos termos do referido inciso, alínea "b", têm, por limite expresso, defender interesses de seus membros ou associados.

O destaque constitucional conduz ao entendimento de que o partido político com representação no Congresso Nacional detém legitimidade ampliada para a postulação do *mandamus* coletivo comparado com a das outras entidades legitimadas. As pessoas arroladas, na alínea "b", do referido inciso, são legitimadas para defender interesses legítimos de seus associados, filiados ou inscritos. Essa restrição não se estende ao partido político. Esse pode, portanto, por meio do mandado de segurança coletivo, defender interesses gerais da sociedade como um todo ou mesmo de segmentos desta. Atua nessa situação, em nome próprio em virtude de legitimação extraordinária. É como entendem os tribunais.

É de Sérgio Ferraz a lição:

> Com esse esclarecimento, torna-se fácil, por entender qual a esfera de atuação, nesse mandado de segurança, dos partidos políticos – explicita-se ela à luz do art. 2º da Lei Orgânica dos Partidos Políticos (Leis ns. 5.682/71 e 6.767/79), em tudo que diga respeito ao regime democrático, à autenticidade do sistema representativo e à defesa dos direitos humanos fundamentais, constitucionalmente definidos. Nessas hipóteses, os partidos políticos agem em nome próprio, na defesa de interesses (ou direitos) próprios, com reflexos na esfera de interesses e direitos de todos, para o quê legitimados em razão de sua inserção constitucional (Cap. V), no Título (II) alusivo aos direitos e garantias fundamentais.[23]

A propósito dos partidos políticos, há ainda outro ponto que não está claro para os estudiosos. O assunto tem pertinência com os seus filiados, que sugerem a seguinte indagação: o partido político é legitimado para impetrar mandado de segurança coletivo em defesa de interesses comuns dos seus filiados? Entendemos que não. Essa prerrogativa conferiu-se apenas às entidades arroladas na alínea "b", do inc. LXX, do art. 5º, da Constituição da República: associações, entidades de classe e entidades da organização sindical.

À guisa de ilustração, transcreve-se a ementa seguinte que reflete a posição da jurisprudência sobre o tema:

---

[23] FERRAZ. *Op. cit.*, p. 39.

CONSTITUCIONAL. MANDADO DE SEGURANÇA COLETIVO. PARTIDO POLÍTICO. LEGITIMIDADE – CARECE O PARTIDO DEMOCRÁTICO TRABALHISTA DE LEGITIMIDADE PARA IMPETRAR MANDADO DE SEGURANÇA COLETIVO EM FAVOR DOS TITULARES DE BENEFÍCIOS DE PRESTAÇÃO CONTINUADA, PRESTADOS PELO INSS. A HIPÓTESE DOS AUTOS NÃO CUIDA DE DIREITOS SUBJETIVOS OU INTERESSES ATINENTES A FINALIDADE PARTIDÁRIA. – EXTINÇÃO DO PROCESSO – DECISÃO POR MAIORIA – PRECEDENTES DO STJ (MS N. 197, 256 E 1235) (STJ – MS: 1252 DF 1991/0019231-7, Relator: Ministro Humberto Gomes de Barros, Data de julgamento: 17.12.1991, S1 – Primeira Seção, Data de publicação: DJ 13.4.1992, p. 4.968; RSTJ v. 31 p. 255; DJ 13.4.1992, p. 4.968; RSTJ, v. 31, p. 255)

EMENTA: PROCESSO CIVIL. MANDADO DE SEGURANÇA COLETIVO. ILEGITIMIDADE ATIVA PARA DEFESA DE DIREITO INDIVIDUAL. PRECEDENTE DO SUPERIOR TRIBUNAL DE JUSTIÇA. RECURSO NÃO PROVIDO. A tese recursal do apelante colide com a jurisprudência dominante do Superior Tribunal de Justiça que entende que o PARTIDO POLÍTICO só tem legitimidade para impetração do MANDADO DE SEGURANÇA coletivo quando voltado para a defesa de interesse coletivo, e não para a tutela de direito individual de um ou alguns FILIADOS de PARTIDO POLÍTICO.

ACÓRDÃO

Vistos etc., acorda, em Turma, a 5ª CÂMARA CÍVEL do Tribunal de Justiça do Estado de Minas Gerais, incorporando neste o relatório de fls., na conformidade da ata dos julgamentos e das notas taquigráficas, à unanimidade de votos, EM NEGAR PROVIMENTO. (Processo nº 1.0134.07.086512-3/001(1), Numeração única: 0865123-17.2007.8.13.0134, Rel. Maria Elza, j. 3.4.2008, public. 24.4.2008)

Organização sindical – Os sindicatos, as federações e as confederações sindicais são legitimadas para impetrar mandado de segurança coletivo em defesa de interesses de seus sindicalizados. É o comando do art. 5º, LXX, "b", da Constituição da República. Também aqui há divergência entre os autores. Alguns entendem que a entidade sindical está credenciada a defender os direitos de interesse da categoria, enquanto sindicalistas, e direitos individuais.

O art. 8º, III, da Constituição Federal estabelece que "ao sindicato cabe a defesa dos direitos e interesses coletivos ou individuais da categoria, exclusivo em questões judiciais ou administrativas".

O comando constitucional, nesse particular, é de clareza incontestável. O sindicato, a federação e a confederação detêm a faculdade de defender direitos e interesses individuais e coletivos de seus sindicalizados. Resta saber se a atuação da entidade sindical, nesses casos, condiciona-se à autorização dos interessados.

Antes de chegarmos a uma conclusão, vamos trazer à colação outro dispositivo constitucional pertinente ao tema. Trata-se do inc. XXI, do art. 5º, da mesma Constituição. Estabelece o inciso que "as entidades associativas, quando expressamente autorizadas, têm legitimidade para representar seus filiados judicial ou extrajudicialmente".

Esse comando deixa patente que a atuação da entidade associativa em defesa de interesses de seus filiados depende de prévia autorização de cada um dos interessados. Sem a autorização, a entidade não pode agir nos casos previstos no transcrito inc. XXI.

O inc. LXX, do mesmo art. 5º, cuja norma é central nesse exame, dispõe que o mandado de segurança coletivo pode ser impetrado por organização sindical, entidade de classe ou associação legalmente constituída e em funcionamento há pelo menos um ano, em defesa dos interesses de seus membros ou associados.

Esse dispositivo não condiciona a atuação das entidades que menciona à autorização expressa individual dos interessados. Duas conclusões, logo, já podem ser arriscadas: a primeira é que nas situações previstas no inc. III, do art. 8º e no inc. XXI do art. 5º, ambos da Constituição, a entidade jurídica defende interesse de terceiros na condição de representante processual. Na hipótese do inc. LXX, do art. 5º, da mesma Constituição, a entidade atua em nome próprio na defesa de interesse alheio (seus filiados ou associados), que são também seus próprios interesses. Nesse caso, o sindicato atua na condição de substituto processual. Esse é o entendimento do Ministro Adhemar Maciel, do Superior Tribunal de Justiça, manifestado no Mandado de Segurança nº 3.901-6 (95.012223-5), DF, julgado em 27.3.1996, em que foi relator, com a seguinte ementa:

> Constitucional – Processual civil e administrativo – Sindicato – Mandado de segurança coletivo. Desnecessidade de autorização de assembléia para o ingresso com *writ* (ponto de vista pessoal do Relator): o inciso LXX do art. 5º da CF contempla a categoria da *substituição processual*. Que não se confunde com a *representação* do inciso XXI do mesmo art. 5º.

Nessa linha é o ensinamento de Sérgio Ferraz:

> A primeira observação a fazer-se diz respeito à natureza da atuação da pessoa jurídica nesses casos. Na hipótese do inciso XXI do mesmo art. 5º, a entidade representa seus associados, em seu nome agindo: e, por isso, era taxativa a exigência de autorização expressa. Aqui, no inciso LXX, não: a entidade comparece não em representação, mas em defesa dos interesses ou direito de seus filiados. Há, pois, legitimação direta, não intermediada, para agir. Por isso, aqui não se há de cogitar de autorização expressa, mandato, etc. Em suma no inciso LXX não há caso de substituição processual, eis que a entidade age em nome próprio em defesa de direitos e interesses que também lhe são próprios, refletindo sua atuação na esfera de direitos e interesses dos filiados.[24]

A posição de Ernane Fidélis dos Santos, corroborada com ensinamentos de outros juristas, entre eles Ada Pellegrini Grinover, coaduna com a de Sérgio Ferraz nesse passo. Sustenta Ernane Fidélis que o sindicato e as outras entidades legitimadas constitucionalmente defendem direitos individuais, mas com projeção coletiva, ou seja, direitos ou interesses que tenham pertinência com a organização. Para o mesmo autor, os interesses difusos não podem ser defendidos por mandado de segurança coletivo impetrado pelas entidades previstas no inc. LXX, "b", da Lei Maior. A defesa, por exemplo, do meio ambiente e do consumidor só pode ser por meio de mandado de segurança coletivo impetrado por partido político com representação no Congresso Nacional, cuja legitimação é mais ampla em relação à das outras entidades arroladas no inc. LXX, "b", em comento. Sustenta ainda o mesmo autor que, em certas situações, a legitimação do partido político pode ser concorrente com a das outras entidades. Verifica-se essa hipótese quando o direito ou interesse, embora tenha pertinência com determinada categoria, possa extrapolar-se para o interesse maior, de toda a coletividade. São suas as palavras:

---

[24] FERRAZ. *Op. cit.*, p. 38.

E, em raciocínio geral, pode-se até dizer que a legitimação do partido político, em princípio, concorre com todas as outras, desde que a dimensão do interesse defendido seja ampla, afetando toda a coletividade, e não apenas restrita a determinada entidade. O partido político pode, por exemplo, contestar, via mandado de segurança, o pedágio cobrado nas estradas, porque tal forma de tributo não afeta apenas os membros do Sindicato (*refere-se ao Sindicato dos Motoristas, aludido em outro tópico*), à coletividade genericamente, mas sim toda coletividade. O contrário se diz, quando há proibição geral de advogados retirarem autos de cartórios; o interesse fica restrito à classe e não à coletividade genericamente.[25]

Aparentemente, não há discordância entre os dois autores em destaque; Sérgio Ferraz entende que as entidades legitimadas para impetrar mandado de segurança coletivo atuam em nome próprio, embora em defesa de direito de terceiros. Ernane Fidelis dos Santos é de opinião que referidas entidades, quando postulam em defesa de direitos ou interesses de seus filiados, atuam na condição de substituto processual.

Entidade de classe e associação – A essas duas categorias de entidades aplica-se o que se disse acima sobre o sindicato, com exceção apenas da incursão feita ao inc. III do art. 8º da Lei Fundamental. O comando desse dispositivo aplica-se apenas à organização sindical.

As nossas conclusões sobre esse tópico tormentoso, pelo menos por enquanto, são as seguintes:

– a regra contida no inc. III do art. 8º da Constituição Federal legitima o sindicato a postular em juízo ou fora dele, mediante autorização expressa. Quando for o caso, o mandado de segurança poderá ser impetrado por sindicato, na defesa de direito individual, ainda que tal direito seja extensivo a vários sindicalizados. Nesse caso, pode ser proposta ação individual plúrima consignando na petição os nomes e qualificação de todos postulantes;

– o comando do inc. XXI do art. 5º da Constituição da República faculta às entidades associativas postularem mandado de segurança individual, mediante autorização ou procuração do associado ou sindicalizado. Nesse caso, também a ação pode ser plúrima segundo as regras do Código de Processo Civil. Assim, o filiado que sofrer qualquer lesão, em relação à sua atividade pertinente à agregação associativa, pode ser representado processualmente pela entidade a que pertence;

– o partido político, nos termos do inc. LXX, "a", do art. 5º Lei Magna, é legitimado para impetrar mandado de segurança coletivo em defesa de direitos ou interesses difusos, como meio ambiente, poluição e direito coletivo. Nesses casos, o partido político atua em nome próprio, mas em defesa da coletividade, na condição de substituto processual;

– a legitimação de que trata o inc. LXX, "b", do mesmo art. 5º em referência, é só para a postulação por meio de mandado de segurança coletivo. As entidades ali arroladas atuam em nome próprio e não de filiados, por legitimação extraordinária. Independe, portanto, de procuração ou autorização dos indivíduos

---

[25] SANTOS. *In*: TEIXEIRA (Coord.). *Mandados de segurança e de injunção*, p. 133.

interessados. Exemplo: a OAB está legitimada a impetrar mandado de segurança coletivo visando impedir a realização de concurso público cujo edital permite a inscrição de candidatos portadores de diploma de curso superior em geral, para o cargo de procurador jurídico. Na condição de entidade de classe, a OAB tem, entre outros, o direito-dever de zelar pelos interesses dos advogados no exercício da profissão. A mesma entidade não tem, portanto, legitimidade para defender advogados em outras situações individuais. Ela pode até designar advogado para atuar na defesa de advogado inscrito, mas a ação terá em seus polos processuais o advogado envolvido no conflito e a outra parte, e não a OAB. Esse exemplo serve para os demais Conselhos de categorias profissionais em relação aos respectivos interesses classistas.

Saliente-se, desde já, que a sentença proferida em ação de mandado de segurança faz coisa julgada apenas em relação aos membros do grupo da categoria substituída pelo impetrante (art. 22 da Lei nº 12.016/2009).

Os efeitos da coisa julgada na ação de mandado de segurança coletivo não beneficiam os interessados que tenham ingressado em juízo individualmente. Poderão, entretanto, ser beneficiados se, no prazo de 30 dias contados do conhecimento da proposta da ação coletiva, desistirem da ação individual.

6.3.4 Objeto do mandado de segurança

O mandado de segurança tem por objeto desfazer ato de autoridade pública, ou de quem lhe faça as vezes, ou ainda outros legitimados nos termos do art. 1º, §1º, da Lei nº 12.016/2009, praticado com vício de ilegalidade, ou impedir a edição de ato; no primeiro caso, lesivo; no segundo, ameaçador de direito líquido e certo não amparado por *habeas corpus* ou *habeas data*, ou, ainda, determinante da prática do ato solicitado. Dito de outra forma, a medida visa cessar danos ou impedir a ocorrência de danos. Nada, além disso, pode ser objeto da ação em referência. A segurança não pode ser impetrada, por exemplo, para cobrar do Poder Público quantia em dinheiro. Nos casos em que o ato retirado por força de mandado de segurança tenha causado dano material indenizável, outra ação terá de ser intentada com vista à indenização de que o impetrante tenha direito. Nesse sentido, é a Súmula nº 269 do Supremo Tribunal Federal: "O mandado de segurança não é substitutivo de ação de cobrança".

A Lei nº 12.016/2009, art. 1º, §4º garante ao servidor público da Administração Pública direta e autárquica federal, estadual e municipal o direito de receber vantagens pecuniárias reconhecidas em mandado de segurança. É o teor do §4º:

> O pagamento de vencimentos e vantagens pecuniárias assegurados, em sentença concessiva de mandado de segurança a servidor público civil federal, da administração direta ou autárquica federal, estadual e municipal, somente será efetuado relativamente às prestações que se vencerem a contar da data do ajuizamento da inicial.

A Súmula nº 271 do Supremo Tribunal Federal prescreve: "Concessão de mandado de segurança não produz efeitos patrimoniais em relação a período pretérito, os quais devem ser reclamados administrativamente ou pela via judicial própria".

6.3.5 Algumas hipóteses em que o mandado de segurança não é cabível

O mandado de segurança, pelo que já se viu até aqui, não é ação de ampla aplicação. A sua própria fonte, o art. 5º, LXIX e LXX, da Constituição Federal, estabelece o balizamento delimitador do campo de sua aplicação, qual seja: ato ilegal praticado por agente público, ofensivo ou ameaçador de direito líquido e certo.

Com base nesse vetor constitucional, os seguintes casos, entre outros, podem ser arrolados em que o mandado de segurança não é meio jurídico e adequado para a satisfação de interesse violado ou supostamente violado por agente estatal ou particular no exercício de função pública:

a) contra efeitos danosos de lei em tese. A lei é regra geral, abstrata e obrigatória. Sendo geral e abstrata, a lei, ainda que indesejada, não provoca lesão a ninguém concretamente. Admitindo-se que nenhuma pessoa adote conduta prevista como hipótese de incidência da lei, não se pode afirmar que essa mesma lei esteja provocando lesão a direito subjetivo. Por esse motivo, não configura a condição principal do mandado de segurança. Para legitimar o interessado à impetração da segurança, é necessário que a sua situação se individualize com a expedição do ato administrativo competente concretizador da lei naquela situação fática. Ou, então, que a sua situação seja a de não realização do direito subjetivo, em virtude de comportamento omissivo da autoridade que tem o dever legal de editar o ato materializador do direito individual, desde que o retardamento configure prejuízo ao destinatário da norma, identificado na sua hipótese de concreção.

Hugo de Brito Machado, a propósito, sustenta:

Diz-se que a impetração é dirigida contra a lei em tese precisamente porque, inocorrente o suporte fático da lei questionada, esta ainda não incidiu, e por isso mesmo não se pode falar em direito, no sentido de direito subjetivo, sabido que este resulta da incidência da lei.

Aliás, contra lei em tese descabe não apenas o mandado de segurança, mas toda e qualquer ação, salvo, é claro, a direta de controle de constitucionalidade, perante o Supremo Tribunal Federal.[26]

De Humberto Theodoro Júnior é a lapidar lição:

A Justiça, dentro da tripartição de poderes do Estado democrático atual, não pode imiscuir-se nem na atividade legislativa, nem na administrativa, desempenhadas pelos outros dois poderes que integram a soberania, a não ser quando suas deliberações criam no plano concreto dos atos de execução que atingem a esfera dos interesses individuais, onde, aí sim, torna-se possível a configuração de lides ou litígios, cuja solução, constitucionalmente, toca ao Poder Judiciário.[27]

---

[26] MACHADO. *Op. cit.*, p. 269.
[27] THEODORO JÚNIOR. *In*: TEIXEIRA. *Op. cit.*, p. 295.

Se, no início, havia dúvida quanto à possibilidade da impetração do mandado de segurança contra lei em tese, contemporaneamente, a incerteza não persiste mais. A doutrina e a jurisprudência são pacíficas no sentido de que o então chamado remédio heroico não é meio próprio para se defender contra lei enquanto regra geral e abstrata. A assertiva é coroada com a Súmula nº 266 do Supremo Tribunal Federal: "Não cabe mandado de segurança contra lei em tese".

Existem, entretanto, leis que, embora rigorosamente formais quanto aos procedimentos de sua elaboração, são meros atos concretos quanto aos aspectos materiais. Essas leis, por esse motivo, operam efeitos imediatos como se fossem atos administrativos. São, portanto, exceções à regra geral. Nesses casos, por isso mesmo, sujeitam-se ao mandado de segurança, se lesarem ou ameaçarem direito líquido e certo. Exemplos de leis concretas: lei de utilidade pública que declara determinada entidade sem fins lucrativos, lei que proíbe determinado comportamento; lei que dá nome a rua, ou outro logradouro público, lei que concede pensão vitalícia, lei que restringe o exercício do direito de propriedade de determinada área de terreno rural ou urbano, com vista à preservação ambiental. Nesses casos, as leis independem de ato administrativo para produzir os efeitos por elas queridos. Os seus destinatários sofrem os respectivos efeitos no momento em que forem publicadas ou da verificação da condição, quando for o caso;

b) contra ato do qual caiba recurso com efeito suspensivo, independentemente de caução, Lei nº 12.016/2009, art. 5º, inc. I. Poucos são os casos. A lei define as hipóteses em que se dará obrigatoriamente o efeito suspensivo ao recurso administrativo. São exemplos: ato da comissão de licitação que habilita ou inabilita licitantes ou que julga as propostas.

O citado dispositivo é sábio, pois, se os efeitos do ato questionado estão suspensos em virtude do recurso, não se pode falar de lesão a direito enquanto durar a suspensão. Não havendo lesão, não haverá, por conseguinte, motivo legítimo para se pleitear a ordem judicial.

Chegou-se a entender que, por força desse princípio, nos casos em que coubessem recursos administrativos com efeito suspensivo, seria necessária a exaustão da via administrativa para então recorrer-se à Justiça, por meio do mandado de segurança. Nesse sentido, chegou a decidir o Supremo Tribunal Federal. A jurisprudência, entretanto, evoluiu. Hoje é tranquilo o seu entendimento no sentido de que, se o interessado deixou de recorrer em tempo hábil, na via administrativa, pode intentar a sua pretensão na via judiciária, por intermédio de mandado de segurança, ainda que fosse caso de recurso com efeito suspensivo.

Dúvida não há, também, nos casos de recursos administrativos que têm efeito apenas devolutivo. Nesses, o interessado pode, livremente, deixar de recorrer administrativamente e ir buscar a composição do seu direito, na via judicial, por meio do mandado de segurança, se satisfeitas as condições de sua admissibilidade.

Ainda, por força da Súmula nº 429 do Supremo Tribunal Federal, é cabível o mandado de segurança, mesmo havendo recurso com efeito suspensivo, se provada a omissão da autoridade administrativa. Configura a omissão, além de outros casos, a falta de pronunciamento do agente administrativo sobre o recurso, no prazo da lei ou regulamento. É o teor da referida Súmula nº 429: "A existência de recurso administrativo com efeito suspensivo não impede o uso do mandado de segurança contra omissão da autoridade";

c) contra decisão judicial da qual caiba recurso com efeito suspensivo. Anteriormente à Lei nº 12.016/2009, as decisões judiciais sujeitas a recursos processuais não podiam ser atacadas por mandado de segurança. Era o que estatuía o art. 5º, II, da Lei nº 1.533/51 (revogada). A despeito da clara proibição contida no dispositivo legal, a jurisprudência admitiu a impetração do *mandamus* contra decisão judicial nos casos em que os recursos processuais cabíveis não tivessem efeito suspensivo e desde que comprovado dano irreparável, se não for suspensa a decisão. Nessas condições, o Judiciário tem admitido o mandado de segurança para dar efeito suspensivo ao recurso e, consequentemente, suspender a ameaça do dano irreparável. Nesse sentido é, talvez, a primeira decisão do Supremo Tribunal Federal materializada no RE nº 76.909, cujo acórdão foi publicado em 5.12.1973.[28] Depois dessa decisão, os demais tribunais não relutaram em acolher a tese.

Como se vê, a Lei nº 12.016/2009 incorporou o entendimento jurisprudencial, restringindo o mandado de segurança apenas nos casos de decisões judiciais que comportam recurso com efeito suspensivo.

O agravo de instrumento é o recurso que mais desafiou mandado de segurança com a finalidade de dar ele o efeito suspensivo que não lhe é próprio. Com o advento da Lei nº 9.139, de 10.11.1995, a possibilidade da impetração parece ter desaparecido. Isso porque a referida lei alterou os artigos do Código de Processo Civil que disciplinam o agravo de instrumento. Entre as inovações, está consignada, no art. 527, II, a faculdade de o juízo de admissibilidade do recurso atribuir a ele o efeito suspensivo. Nesse caso, deve ser dada, incontinente, ao juiz *a quo* ciência da decisão. O Ministro Sálvio de Figueiredo Teixeira, do Superior Tribunal de Justiça, na nota sobre o art. 527 do Código de Processo Civil, com a nova redação, sentenciou: "A norma do inc. II desse artigo, conjugada com a nova redação do art. 558, teve o objetivo de eliminar a praxe anômala da utilização do mandado de segurança, instituto de nobreza constitucional, para dar efeito suspensivo ao agravo".

Em reforço à restrição ao mandado de segurança contra decisão judicial, o Supremo Tribunal Federal editou a Súmula nº 268 com o seguinte texto: "Não cabe mandado de segurança contra decisão judicial com trânsito em julgado". A nova lei do mandado de segurança assimilou essa súmula ao prescrever que não se concederá mandado de segurança contra decisão judicial transitada em julgado (Lei nº 12.016/2009, art. 5º, inc. III);

d) obviamente, descabe mandado de segurança nos casos em que a própria Constituição da República instituiu meios próprios para a proteção de direito subjetivo. Referem-se àqueles defendidos por *habeas corpus* e *habeas data*, em virtude de norma expressa contida no inc. LXIX do art. 5º da Constituição da República.

---

[28] *RTJ*, 70/504.

6.3.6 Registros sobre o processo da ação de mandado de segurança

Nesta obra, tendo-se em vista o seu propósito, examinar-se-á aqui apenas os aspectos essenciais para se ter ideia básica sobre o processo da ação de mandado de segurança.

Sujeito ativo – No mandado de segurança individual, é titular da ação a pessoa natural ou jurídica, pública ou particular ou ainda aqueles equiparados a pessoa jurídica para efeitos judiciais (capacidade judicial), portador de direito líquido e certo lesado ou ameaçado de lesão. A postulação pode ser por ação individual ou plúrima, nos termos do Código de Processo Civil. Para a postulação coletiva nos termos do inc. LXX do art. 5º da Constituição Federal, são legítimos para o ingresso em juízo, com ação de mandado de segurança denominado coletivo, os partidos políticos com representação no Congresso Nacional, sindicatos, federação e confederação de sindicatos, entidades de classe (OAB, Crea e demais conselhos fiscalizadores e controladores de categorias profissionais) e associações legalmente constituídas e em funcionamento há pelo menos um ano.

Pode ocorrer situação em que o direito líquido e certo de uma pessoa decorra de direito de terceiro. Nesse caso, o titular do direito condicionado poderá impetrar mandado de segurança em favor do direito originário, se o principal interessado não o fizer no prazo de 30 (trinta) dias, quando notificado judicialmente. O prazo para a impetração é de 120 dias contados da data da ciência do ato impugnado, art. 23 da Lei nº 12.016/2009.

A participação ativa na ação de mandado de segurança, na condição de litisconsorte, é permitida até a data do despacho do magistrado na petição inicial. Depois dessa data ocorre a preclusão (art. 10, §2º da lei em referência).

Sujeito passivo – sujeitos passivos da relação processual na ação de mandado de segurança são as pessoas jurídicas de direito público, a pessoa jurídica pública de direito privado e a pessoa jurídica particular quando prestadora de serviços públicos por delegação. A jurisprudência tem admitido a inclusão também de entidades privadas não delegatárias de serviços públicos, mas prestadoras de serviços autorizados ou fiscalizados e controlados pelo Poder Público. Exemplo: as entidades de ensino superior particulares e confessionais.

A afirmação de que as pessoas jurídicas é que são partes no processo não é tranquila. Existem autores que defendem o entendimento de que o sujeito passivo do mandado de segurança é o agente coator, aquele que praticou o ato impugnado ou aquele de quem emanou a ordem para a edição do ato. Esse entendimento funda-se no fato de que a Lei nº 12.016/2009 prescreve que o autor do ato tido como lesivo é que recebe a notificação judicial para prestar as informações quanto à ação. Entre os autores que sustentam essa linha de entendimento, cita-se Marçal Justen Filho, que assim expõe:

> A legitimidade passiva é privativa da pessoa física: O sujeito titular da legitimidade passiva para o mandado de segurança é uma pessoa física, não a pessoa jurídica pública ou privada em nome de quem o indivíduo atue. O indivíduo titular da legalidade passiva para o mandado de segurança é aquele que exerce a autoridade pública que fundamentou o ato impugnado.[29]

---

[29] JUSTEN FILHO. *Curso de direito administrativo*, 10. ed., p. 1256.

Entretanto, a competência recursal na ação mandamental é da pessoa jurídica a que se vincula o coator. Da mesma pessoa jurídica é a responsabilidade de reparar os danos eventualmente causados em virtude do ato molestado nos casos de concessão da segurança.

Ora, a pessoa jurídica com essas prerrogativas e deveres terá de participar, obrigatoriamente, da relação processual. Essa participação há de ser na condição de ré no sentido genérico. Outra corrente, minoritária, com posição intermediária, sustenta que a pessoa jurídica à qual se vincula a autoridade coatora pode figurar no processo na condição de litisconsorte. No nosso entendimento, deve prevalecer, entretanto, a posição daqueles que sustentam a tese segundo a qual parte é a pessoa jurídica e não o agente autor do ato. Entre os que assim pensam, citam-se Cármen Lúcia Antunes Rocha, Maria Sylvia Zanella Di Pietro e Hugo de Brito Machado. Deste último, são as palavras: "O Tribunal de Justiça de Santa Catarina já decidiu, adotando a tese majoritária, ser incabível a condenação da autoridade impetrada nas custas, porque parte é a pessoa jurídica de direito público e esta, sim vencida, responde pelas custas".[30]

É verdade que, na prática e por força do imperativo legal, a pessoa jurídica não é citada diretamente, por meio de seu representante legal, como se procede nas ações comuns. Acontece que o mandado de segurança contém peculiaridades próprias, entre elas a de notificar diretamente o agente coator, para que ele preste as informações no prazo legal. Por esse procedimento processual entende-se que a respectiva pessoa jurídica se torna como que citada para acompanhar o processo se assim o desejar.

Preferência – A ação de mandado de segurança tem preferência sobre as outras ações, exceto quanto à de *habeas corpus*, que tem preferência sobre todas. Em virtude disto, o seu rito é especial e sumário até na fase do julgamento originário. Na fase recursal o rito é o comum. Com a interposição de recurso, a ação perde a prerrogativa de especial e cai na vala das ações ordinárias.

Petição inicial – A peça vestibular da ação de mandado de segurança deve ser elaborada com a observância do disposto no art. 282 do Código de Processo Civil e mais os requisitos contidos na Lei nº 12.016/2009. O pedido fundamental é de anulação do ato comissivo ilegal ou ataque à conduta omissiva do agente competente, provocadora de dano ao direito líquido e certo do impetrante. Ainda se pode pedir a abstenção da prática de ato que se editado prejudicará direito líquido e certo.

Pelo que se infere do art. 24 da Lei nº 12.016/2009, admite-se o litisconsorte passivo, na ação de mandado de segurança. A assistência, entretanto, não é permitida segundo entendimento sedimentado do Supremo Tribunal Federal.

Quando a situação for de urgência em virtude do dano causado pela Administração, ou nos casos em que o exercício do direito se torna inviável após a decisão de mérito na ação mandamental, configura-se hipótese de liminar nos termos da Lei nº 12.016/2009. Nesse caso, o pedido da medida liminar deve ser adequadamente fundamentado.

A petição inicial e os documentos devem ser protocolados em duas vias. A cópia destina-se à autoridade coatora, para quem o juiz a encaminhará por ocasião da notificação, para apresentar as informações no prazo de 10 (dez) dias. No mandado de

---

[30] MACHADO. *Op. cit.*, p. 92.

segurança não há contestação propriamente. Os argumentos de defesa e as provas documentais são apresentados por ocasião da prestação das informações.

Ressalte-se que a Lei nº 12.016/2009, art. 4º, prevê a possibilidade de se impetrar mandado de segurança, nos casos de urgência, por meio de telegrama, radiograma, fax ou outro meio eletrônico de autenticidade comprovada.

O mesmo artigo, §1º, faculta ao juiz, nos casos de urgência, usar os mesmos meios, citados acima, para notificar a autoridade.

Na hipótese da impetração pelos meios alternativos, no caso de urgência, o texto original da petição deve ser apresentado no prazo de cinco dias úteis, contados da data da impetração.

Competência para processar e julgar originariamente o mandado de segurança – A competência para processar e julgar o mandado de segurança é definida em razão da autoridade coatora e da sede funcional de acordo com a Constituição da República e com as dos estados.

Em conformidade com a Constituição da República, as competências são as seguintes:

- *do Supremo Tribunal Federal:* para processar e julgar, originariamente, mandado de segurança em face de ato do presidente da República, das mesas da Câmara dos Deputados e do Senado Federal, do Tribunal de Contas da União, do procurador-geral da República e do próprio Supremo Tribunal Federal (art. 102, II, "a", da Constituição da República);
- *do Superior Tribunal de Justiça:* para processar e julgar, originariamente, mandado de segurança contra atos de ministros de estado e do próprio Tribunal (art. 105, I, "b", da Constituição da República);
- *dos Tribunais Regionais Federais:* para processar e julgar, originariamente, mandado de segurança contra os seus próprios atos e dos juízes federais (art. 108, I, "c", da Constituição da República);
- *dos juízes federais:* para processar e julgar mandado de segurança contra atos de autoridades federais, exceto aqueles cuja competência é reservada aos tribunais federais (art. 109, VIII da Constituição da República);
- dos Tribunais do Trabalho;
- dos Tribunais Eleitorais;
- dos Tribunais Militares.

As competências desses tribunais são definidas nas leis que cuidam de suas organizações e, eventualmente, nos respectivos regimentos internos;

- dos Tribunais dos estados.

As competências dos tribunais estaduais são disciplinadas pelas Constituições dos estados.

A Constituição da República dispõe, no art. 125, que os estados-membros organizarão as respectivas justiças por meio de suas Constituições, observados os princípios nela estabelecidos.

A Constituição do Estado de Minas Gerais, promulgada em 1989, atribui competência ao Tribunal de Justiça para processar e julgar, originariamente, mandados de segurança contra ato do governador do estado, da mesa e da Presidência da Assembleia Legislativa, do próprio Tribunal ou de seus órgãos diretivos e colegiados, de juiz de direito, nas causas de sua competência residual, de secretário de estado, do presidente do Tribunal de Contas, do procurador-geral de Justiça e do procurador-geral do estado (art. 106, I, "c").

A Constituição de Minas Gerais confere, no art. 109, I, "a", competência ao Tribunal de Alçada para processar e julgar originariamente mandado de segurança contra ato e decisão de juiz de primeira instância relativos a causa, em que o recurso decorrente compete a ele julgar. Com a unificação dos Tribunais, essas competências foram incorporadas às do Tribunal de Justiça. Essas competências foram transferidas para o Tribunal de Justiça em decorrência da extinção dos Tribunais de Alçada, conforme art. 4º da EC nº 45/2004.

Aos juízes singulares titulares das Varas da Fazenda Pública compete julgar os mandados de segurança contra atos dos agentes públicos que não se encontrem entre aqueles relacionados no art. 106, I, "c", da Constituição do Estado de Minas Gerais.

Comportamento inicial do juiz de admissibilidade – O juiz, ao receber a petição, a despachará incontinente, pronunciando-se de plano quanto ao pedido de liminar, se houver. Se os fatos, as justificativas e as provas apresentadas o convencerem, deferirá o pedido de liminar. Se o magistrado se convencer de que o pedido de liminar não procede, o indeferirá. Se tiver dúvida, o juiz exarará despacho afirmando que, quanto à liminar, se pronunciará depois das informações prestadas pelo coator. Tratando-se de mandado de segurança coletivo, a concessão da liminar depende de audiência do representante judicial da pessoa jurídica de direito público, que deverá pronunciar-se no prazo de 72 (setenta de duas) horas. Decorrido esse prazo, o juiz deve decidir quanto à liminar.

O ato do juiz concedendo ou negando a liminar constitui decisão interlocutória e deve ser fundamentado para que tenha validade jurídica. Na prática, todavia, é comuníssimo ver-se esse despacho inteiramente desprovido de motivação.

O juiz, deferindo ou não o pedido de liminar, notificará a autoridade tida como coatora para, no prazo de dez dias, apresentar as informações que julgar necessárias. Não se trata de defesa. Na prática, entretanto, por ser aquela a única oportunidade de apresentar suas provas e argumentos na tentativa de convencer o juiz do acerto da atitude assumida, o coator acaba valendo-se da prestação de informações para oferecer verdadeira peça de defesa. Nessa oportunidade, o juiz dará ciência do fato ao órgão de representação judicial da pessoa jurídica interessada, enviando-lhe cópia da petição, para, querendo, ingressar no feito (art. 7º, inc. II, da Lei nº 12.016/2009).

As informações são prestadas pelo coator, que deve contar com a colaboração de técnicos, principalmente de advogado, na elaboração do documento informador, mas apenas ele o deve assinar. A lei não permite a prestação das informações por procuração, nem mesmo o advogado que assessorou ou elaborou as informações deve fazê-lo.

Decorrido o prazo de dez dias, apresentadas ou não as informações, o juiz intimará o Ministério Público, para pronunciar-se no prazo de dez dias. Findo esse prazo, com ou sem o parecer ministerial, o juiz deve decidir no prazo máximo de trinta dias. Esse prazo do juiz nem sempre é observado. Os mandados de segurança, com raras exceções, esperam meses e meses para serem julgados.

Parecer do Ministério Público – Quanto ao pronunciamento do representante do Ministério Público na ação de mandado de segurança, na vigência da lei revogada, havia divergência entre os autores. Alguns entendem que, sem a manifestação dessa autoridade, a decisão não podia ser proferida. Outros, todavia, interpretam a questão de modo diferente, admitindo a possibilidade do julgamento sem a fala do Ministério Público, desde que decorrido o prazo legal. Seguindo a primeira orientação, o Superior Tribunal de Justiça decidiu pela impossibilidade do julgamento sem o parecer do Ministério Público (RE nº 15.002-9/AM). Nessa linha de entendimento estão, entre outros, Celso Barbi e Ada Pellegrini Grinover. Em posição diametralmente oposta, ressalta Hugo de Brito Machado, com o contundente e convincente argumento: "Não nos parece adequado tal entendimento, porque, além de outros argumentos que contra ela militam, implica outorga ao Ministério Público um verdadeiro poder de veto. Para impedir o deferimento do mandado de segurança, basta não se manifestar".[31]

Hoje a polêmica não subsiste. A Lei nº 12.016/2009, art. 12, parágrafo único, estatui que, findo o prazo de dez dias da intimação do Ministério Público, com ou sem o parecer, os autos serão conclusos para decisão do juiz em até trinta dias.

Das provas – Na ação de mandado de segurança, só se admitem provas documentais apresentadas com a petição inicial. Fora dessa oportunidade, é impossível a exibição de provas, mesmo as documentais. Outras modalidades, testemunhais e periciais, por exemplo, definitivamente, não se prestam para esse tipo de ação. A principal característica do direito líquido e certo, para fins de mandado de segurança, é exatamente a possibilidade de os fatos serem provados documentalmente na oportunidade da postulação.

A autoridade coatora, se tiver provas a produzir, terá a oportunidade única de o fazer por ocasião da apresentação das informações a serem apresentadas no prazo de dez dias.

A fase instrutória do processo consiste nesses atos e procedimentos. Por essa razão, não existe a fase de audiência de instrução e julgamento, comum e indispensável nas outras ações no processo de cognição de quase todas as ações. Ressalvam-se apenas as exceções previstas no Código de Processo Civil.

Sentença – Com essa instrução simples, objetiva e eficiente, o juiz se encontra em condições de proferir a decisão. A sentença ou acórdão será concessória ou denegatória da segurança. Se denegatória e se antes fora concedida liminar, o juiz deve, nessa oportunidade, cassá-la. Não o fazendo expressamente, deve-se entendê-la como ineficaz a partir da publicação da decisão.

A natureza da sentença procedente é mandamental, por consistir em ordem determinada pelo julgador, a ser cumprida pela autoridade coatora. A execução é imediata e faz-se por meio de ofício do juiz, contendo o inteiro teor da decisão, encaminhado por oficial de justiça ou pelo correio com aviso de recebimento, encaminhado ao coator e à autoridade da pessoa jurídica interessada (art. 13 da Lei nº 12.016/2009). Nos casos de

---

[31] MACHADO. *Op. cit.*, p. 40.

urgência, admite-se o envio do ofício por meio de telegrama, radiograma, fax ou outro meio eletrônico de autenticidade comprovada.

Recursos – A decisão na ação de mandado de segurança comporta diversos recursos processuais semelhantes ao que ocorre com as demais ações. São modalidades de recursos nessa espécie de ação mandamental:

- *apelação*: da decisão que concede ou denega a segurança cabe o recurso de apelação ao grau superior, quando proferida por juiz monocrático, nos termos do art. 14 da Lei nº 12.016/2009 ou ainda nos casos de indeferimento de plano do pedido. O prazo para a interposição do recurso é o comum previsto no Código de Processo Civil, quinze dias corridos, contados da publicação da sentença. O efeito da apelação é apenas o devolutivo, podendo a sentença ser executada provisoriamente, ressalvadas as hipóteses em que a concessão de liminar é vedada (art. 14, §3º, da Lei nº 12.016/2009);
- *remessa de ofício*: meio processual de apreciação da sentença pelo juízo do segundo grau, por iniciativa do juiz prolator. O procedimento é impropriamente chamado de recurso de ofício. Consiste na remessa obrigatória dos autos ao juízo *ad quem* independentemente de recurso voluntário, quando a decisão for concessória da segurança. Decorre esse procedimento do princípio do duplo grau de jurisdição, acolhido pelo Código de Processo Civil e previsto no art. 14, §1º, da Lei nº 12.016/2009;
- *decisão proferida em única instância*: as decisões proferidas em única instância pelos tribunais desafiam recurso especial ou extraordinário, nas situações previstas e permitidas legalmente, e recurso ordinário, se a decisão for denegatória da segurança. Se a decisão for concessória não comporta o recurso ordinário;
- *suspensão de liminar*: a suspensão da execução da liminar e da sentença, conforme art. 15, da Lei nº 12.016/2009, é possível, a requerimento da pessoa de direito público interessada ou do Ministério Público desde que a medida vise evitar grave lesão à ordem, à saúde, à segurança e à economia públicas. Esse pedido é dirigido ao presidente do tribunal competente para julgar recursos relativos ao mandado de segurança. Da decisão, nesse caso, cabe agravo, sem efeito suspensivo, no prazo de cinco dias. O agravo deve ser julgado na sessão seguinte à sua interposição.

O agravo de instrumento interposto contra decisão concessória de liminar em ação contra entidade pública e seus agentes não prejudica nem condiciona o julgamento de pedido de suspensão referido acima.

O §1º, do art. 15, em exame, prescreve que, na hipótese de indeferimento do pedido de suspensão da liminar ou da sentença ou se for provido o agravo, novo pedido de suspensão pode ser dirigido ao presidente do tribunal competente para julgar eventual recurso especial ou extraordinário.

Quanto à vigência da suspensão de liminar em mandado de segurança, o STF firmou entendimento materializado na Súmula nº 626 do seguinte teor:

a suspensão da liminar em mandado de segurança, salvo determinação em contrário da decisão que a deferiu, vigorará até o trânsito em julgado da decisão definitiva de concessão da segurança ou, havendo recurso, até a sua manutenção pelo Supremo Tribunal Federal, desde que o objeto da liminar deferida coincida, total ou parcialmente, com o da impetração.

Entretanto, pode ser decretada a perempção ou a caducidade da liminar de ofício ou mediante requerimento do Ministério Público quando, concedida a medida, o impetrante criar obstáculo ao normal andamento do processo ou deixar de promover, no prazo de três dias úteis, os atos e diligências de sua responsabilidade em face do processo.

Nos casos de competência originária dos tribunais, caberá ao relator a instrução do processo, sendo assegurada a defesa oral na sessão do julgamento do mérito ou do pedido de liminar (art. 16) (redação dada pela Lei nº 13.676, de 2018).

- *agravo de instrumento*: a decisão que nega liminar no mandado de segurança desafia recurso de agravo de instrumento interposto perante o grau imediatamente superior ao prolator da decisão, em conformidade com o Código de Processo Civil. O agravo de instrumento, nesse caso, teria efeito devolutivo. Entretanto, o art. 527, II, do CPC estabelece que o relator poderá atribuir, ao agravo, efeito suspensivo. Ainda o art. 558 do CPC permite ao relator, nas hipóteses ali descritas, suspender o cumprimento da decisão. Em ambas as situações, o resultado é o mesmo. Acontece que, nos casos de decisão denegatória de liminar, a suspensão da decisão não resulta em efeito prático. Por essa razão, a doutrina e a jurisprudência têm entendido que pode ser dado ao agravo o denominado *efeito ativo*. Isso significa que o relator, além de suspender a decisão de primeiro grau, concederá a medida liminar requerida na inicial;
- *recurso ordinário*: este recurso pode ser interposto perante o Supremo Tribunal Federal e perante o Superior Tribunal de Justiça, nos seguintes casos: perante o STF, quando o mandado de segurança for julgado em única instância pelos Tribunais Superiores, se a decisão for denegatória. Não cabe, portanto, o recurso quando a segurança for concedia (art. 102, II, "a", da Constituição da República); perante o STJ, nos casos de mandados de segurança denegados em única instância pelos Tribunais Regionais Federais, pelos Tribunais dos estados e do Distrito Federal. Ressalte-se que as decisões desses tribunais, concessórias da segurança, não desafiam o recurso em pauta (art. 105, II, "b", da Constituição da República).

Competência para recorrer – Na vigência da Lei nº 1.533/1951, a competência para recorrer das decisões proferidas em mandado de segurança era apenas da pessoa jurídica. Hoje, essa faculdade foi estendida à autoridade coatora (Lei nº 12.016/2009, art. 14, §2º). Para essas pessoas públicas, os prazos para a interposição de recurso são os previstos no art. 188 do Código de Processo Civil, contados em dobro.

Ao terceiro prejudicado é facultado recorrer, nos termos do art. 499 do Código de Processo Civil. O terceiro, para se valer do permissivo legal, terá, evidentemente, de provar a sua vinculação à lide, de modo a comprovar o seu interesse jurídico.

6.3.7 Liminar

- Conceito – A proteção ao direito líquido e certo pelo mandado de segurança, em certos casos, será ineficaz dada a eficiência da lesão ou da ameaça e a demora da decisão, apesar da preferência processual da ação e do rito sumário. Contra esse risco, o sistema jurídico criou o instituto da liminar na ação de mandado de segurança.

A medida consiste na suspensão do ato danoso ou na determinação de prática de ato, cuja omissão esteja ameaçando direito subjetivo até o julgamento de mérito da ação. Ocorre hipótese da liminar quando o direito for de plano reconhecido pelo juiz e a situação reclamar solução imediata, sob pena de a decisão futura não vir a surtir efeitos práticos, por ser tardia em virtude da situação fática. Exemplo: determinada pessoa, que em princípio, atende a todos requisitos constantes do edital, requer inscrição em um concurso público, mas a pretensão é indeferida três dias antes do último dia do prazo para o encerramento das inscrições, em conformidade com o edital. É, em princípio, flagrante a lesão ao direito do candidato nesse caso. A solução que lhe resta é a impetração de mandado de segurança contra a autoridade que lhe negou a inscrição. Acontece que a ação não será julgada em três dias. O juiz ante as provas apresentadas, que caracterizam o direito líquido e certo, concederá liminar determinando ao agente coator que aceite a inscrição reclamada e mantenha o candidato nas fases subsequentes do concurso até a decisão final da ação, nos termos do art. 7º, da Lei nº 12.016/2009. O §2º deste artigo estabelece:

> Não será concedida medida liminar que tenha por objeto a compensação de créditos tributários, a entrega de mercadorias e bens provenientes do exterior, a reclassificação ou equiparação de servidores públicos e a concessão de aumento ou a extensão de vantagens ou pagamento de qualquer natureza.

O STF, no julgamento da ADI ajuizada pela OAB federal, reconheceu a inconstitucionalidade do dispositivo, na seguinte síntese: "É inconstitucional ato normativo que vede ou condicione a concessão de medida liminar na via mandamental".[32]

O ato do juiz que nega ou concede liminar tem a natureza de decisão interlocutória. Quanto a isso, não há dúvida. A mesma certeza não se tem com relação à natureza da liminar. Seria ela decisão antecipada da lide condicionada, ou apenas uma ordem judicial para que os danos ou ameaça de dano se suspendam até o trânsito em julgado da ação de mandado de segurança?

A propósito, escreve Cármen Lúcia Antunes Rocha:

> O que se garante com a concessão da medida liminar de mandado de segurança é, pois, a prestação jurisdicional plena e eficaz, e não a satisfação inicial do pedido formulado na ação e que somente será objeto de decisão após a fase cognitiva. A liminar não é mais que instrumento judicial posto à disposição do indivíduo para que o seu direito líquido e certo, ameaçado ou lesado e cuja proteção se persegue através da ação constitucional, não

---

[32] STF. Plenário. ADI nº 4.296/DF. Rel. Min. Marco Aurélio, redator do acórdão Min. Alexandre de Moraes, j. 9.6.2021 (*Info*, 1021).

se frustre quando da obtenção do *decisum*, pelo comprometimento ou extinção do direito, o que converteria a prestação jurisdicional materialmente válida em decisão formalmente insubsistente pela ineficácia do mandado determinado na decisão.[33]

A posição de Hugo de Brito Machado sobre o tema é a seguinte:

> Seja qual for, a medida liminar constitui uma satisfação antecipada do pedido, ainda que a título provisório. Deferindo-a, o juiz suspende o ato que deu motivo ao pedido. Em se tratando de omissão, determina a prática do ato. Num, como no outro caso, atende ao pedido, ainda que provisoriamente.
> Há impropriedade, pois, quando se afirma ser vedada a concessão de liminar satisfativa. [...].[34]

Os dois autores, juristas respeitados, defendem posições opostas. Para Cármen Lúcia Antunes Rocha, a medida liminar não tem o condão de satisfazer, de plano, os desejos do impetrante. Esse benefício só viria com a decisão final do *mandamus*. Para ela, a medida liminar em ação de mandado de segurança é instrumento de prestação jurisdicional plena e eficaz, mas não de antecipação da decisão. Já Hugo de Brito Machado sustenta que qualquer que seja a medida liminar, esta constitui satisfação antecipada do pedido, mesmo que provisoriamente.

A despeito da divergência semântica, do ponto de vista prático ou quanto aos efeitos da medida, não há diferença. A liminar, enquanto prevalecer, garante ao impetrante o direito que pretende obter com a ação de mandado de segurança. É, portanto, medida satisfativa antecipada sujeita à cassação quando do julgamento do mérito do mandado de segurança. É, consequentemente, prestação jurisdicional plena e eficaz sustentada por Cármen Lúcia Antunes Rocha.

- Pressupostos – Os pressupostos da liminar em mandado de segurança são os mesmos das cautelares em geral: "a aparência do bom direito" e o "perigo da demora", que os romanos chamaram de *fumus boni iuri* e o *periculum in mora*. A constatação desses dois pressupostos legitima o pedido e a concessão da medida acautelatória.

O bom direito reconhece-se com a indicação da lei contrariada ou desrespeitada e a apresentação do fato que configura a lesão ou ameaça de lesão a direito subjetivo, comprovado documentalmente com o pedido da segurança. O perigo da demora consiste na possibilidade de a decisão não surtir efeito eficaz, tendo-se em vista a natureza e a circunstância da lesão ou ameaça. Reconhecidas tais situações, o juiz deve conceder a liminar se seguro estiver ele de que a medida não trará danos irreparáveis ao coator.

- Concessão de ofício – A doutrina não é unânime quanto à necessidade ou não de o impetrante pedir formalmente a concessão de medida liminar nos casos em que configurarem os pressupostos jurídicos e fáticos para o seu reconhecimento. Para alguns autores, a ausência do pedido formulado pelo interessado inviabiliza a concessão da liminar. Alfredo Buzaid, citado por Hugo de Brito

---

[33] TEIXEIRA. *Op. cit.*, p. 202.
[34] MACHADO. *Op. cit.*, p. 135.

Machado, figura entre aqueles que sustentam a necessidade do pedido, nos seguintes termos: "A medida liminar não pode ser concedida de ofício pelo juiz nem ao despachar a petição inicial, nem no curso do processo de mandado de segurança". Outros, entretanto, são do entendimento de que o juiz deve, de ofício, suspender o ato danoso ou determinar a prática de ato faltoso, cuja omissão esteja causando dano. Entre eles, Hugo de Brito Machado[35] e Cármen Lúcia Antunes Rocha.[36] Esse entendimento decorre do comando expresso do art. 7º, II, da Lei nº 1.533/1951, que assim dispunha:

> Art. 7º Ao despachar a inicial o juiz ordenará: [...]
> II - que se suspenda o ato que deu motivo ao pedido.

Patente está que o dispositivo legal não condicionava o juiz, nesse particular, a pedido formal do autor da ação. Por isso, entendíamos correto o posicionamento desta última corrente. Entretanto, julgávamos prudente o pedido expresso, até para facilitar o aviamento de agravo de instrumento na hipótese da não concessão da medida liminar suspendendo de plano o ato impugnado. Com o pedido, o julgador fica na obrigação de decidir, concedendo ou negando a medida. Não havendo o pedido nem a motivação do deste, o juiz pode ser levado a se omitir quanto à matéria. Nesse caso, seria mais difícil caracterizar a denegação da liminar, visto não ter sido pedida formalmente. Hoje, com a edição da nova lei, que faculta ao juiz exigir do impetrante caução, fiança ou depósito, com o objetivo de assegurar o ressarcimento à pessoa jurídica interessada (Lei nº 12.016/2009, art. 7º, inc. III) não se pode mais sustentar a tese segundo a qual ao juiz compete conceder liminar sem o devido e fundamentado pedido.

- Restrições à concessão de liminar – A medida liminar, a despeito de sua inquestionável importância, sofre restrições em determinados casos, em virtude de leis expressas. São situações em que a decisão denegatória do mandado de segurança não teria eficácia para recompor a situação modificada pela medida liminar:
  - em ações para liberar produtos importados. A Lei nº 2.770, de 4.5.1956, proíbe a concessão de liminares em qualquer ação ou outros procedimentos judiciais que tenham por finalidade o desembaraço de mercadorias, nas alfândegas, oriundas de outros países (mercadorias importadas).

Essa lei foi inspirada num momento de concessão abusiva de liminar nas ações que importadores de bens, sobretudo de automóveis, intentavam contra o fisco visando à liberação de tais bens no período de 1946 a 1955, sem cumprirem as exigências fiscais e cambiais. Nesse período, milhares de automóveis importados, ilegal ou irregularmente, foram acobertados por medidas liminares e liberados aos respectivos importadores. As decisões de mérito, entretanto, negaram as seguranças ou julgaram improcedentes outras ações. Essas decisões, embora contrárias aos postulantes, não tiveram eficácias. Prevaleceram, por conseguinte, os efeitos das liminares, visto que os veículos já haviam

---

[35] BUZAID apud MACHADO. Op. cit., p. 141.
[36] ROCHA. Op. cit., p. 218.

sido vendidos a consumidores localizados em diversos pontos do território brasileiro. O fisco, então, não teve meios materiais nem legais para arrecadar os tributos sonegados.

Para evitar esses abusos é que se editou a Lei nº 2.770/1956, acima referida, e que vigora até os dias atuais;

- em mandado de segurança que visa à reclassificação ou pagamento de vantagens pecuniárias a servidor público. A restrição à medida liminar nessas situações veio primeiramente com a Lei nº 4.348, de 26.6.1964, que no art. 5º proibia a concessão de liminar em mandado de segurança que tenha por finalidade a reclassificação ou equiparação de vencimentos de servidores públicos. Posteriormente, veio a Lei nº 5.021, de 9.6.1966. Essa lei, no art. 1º, §4º, estendia a proibição da concessão de liminar nas ações que visem ao pagamento de vencimentos ou outras vantagens pecuniárias.

Dessa forma, é proibida a concessão de medida liminar nos casos de reenquadramento, reclassificação ou promoção de servidor público e nos de pagamento de qualquer vantagem pecuniária a servidor público. Nessas hipóteses, o direito será reconhecido, se for o caso, só com a decisão meritória.

As leis em referência vieram à tona, em virtude de abusos que se cometeram por concessões de liminares em ações postuladas por servidores públicos que não tinham o direito suplicado. Com a liminar, centenas e até milhares de servidores públicos obtinham vantagens pecuniárias. Depois, decisões de mérito negaram os pedidos e caçaram as respectivas liminares. Só que os beneficiados ilegalmente não tinham mais os recursos financeiros para devolver ao erário. As importâncias recebidas já haviam sido gastas com pagamento de honorários advocatícios e com compras de mercadoria e outros objetos.

O Tesouro, que despendera vultosas importâncias, pagas de uma só vez a servidores que não tinham direito a tais valores, teve que se contentar em se reembolsar em pequenas parcelas mensais em longos anos.[37]

Todas as hipóteses impeditivas de concessão de liminar estão contidas no §2º, art. 7º, da Lei nº 12.016/2009. Esse dispositivo acrescentou mais uma hipótese: não se concede liminar que tenha por objetivo a compensação de créditos tributários.

- Vigência da liminar – A eficácia da medida liminar, nos termos do art. 1º, "b", da Lei nº 4.348/64, era pelo prazo de noventa dias, podendo ser prorrogado por mais trinta dias, se, em virtude de acúmulo, ou outro motivo justo, o juiz não decidisse quanto ao mérito no prazo dos noventa dias. Esse prazo foi parcialmente alterado pela Lei nº 4.862, de 29.11.1965. O art. 51 dessa lei prescreve que as liminares nas ações de mandado de segurança contra a Fazenda Nacional terão vigência pelo prazo de sessenta dias, contado da data da distribuição da petição inicial ou até à data de sua suspensão pelo presidente do tribunal competente, se tal fato ocorrer antes dos sessenta dias. Nesse dispositivo, não há previsão de prorrogação do prazo, a exemplo do que previa a Lei nº 4.348/64.

---

[37] BARBI. Op. cit., p. 177.

Na prática, verifica-se que as liminares têm, na maioria dos casos, vigência por prazo maior do que o estipulado na lei. Os mandados não são julgados em sessenta nem noventa dias, na quase totalidade, e os atos praticados com fundamento em medida limiar continuam produzindo efeitos até a data da decisão de mérito, ainda que ela venha um ano depois denegando a segurança. A Lei nº 12.016/2009, no art. 7º, §3º, resumiu tudo que foi dito acima, prescrevendo que a medida liminar produzirá efeito desde a sua concessão até a data do julgamento do mérito da ação, se antes não for revogada ou cassada.

O Código de Processo Civil de 1973, no art. 797, estabelecia que o juiz não deve conceder medida cautelar sem audiência das partes, exceto nos casos excepcionais, previstos expressamente em lei.

O art. 804 do mesmo Código prescrevia que ao juiz é facultado conceder a cautelar sem a audiência do réu, quando verificar que esse, sendo citado, poderá torná-la ineficaz. Nesse caso, o juiz poderá exigir do requerente que preste caução real ou fidejussória com vista ao ressarcimento dos danos que o requerido possa vir a sofrer em virtude da liminar. O Código de Processo Civil de 2015 trata da matéria nos arts. 294 a 302. Os arts. 303 e 304 tratam do procedimento da tutela antecipada requerida em caráter antecedente. Os arts. 305 a 310 tratam do procedimento da tutela cautelar requerida em caráter antecedente. O art. 311 cuida da tutela da evidência. O art. 1.059 prescreve que nos casos de tutela provisória requerida contra a Fazenda Pública adota-se o disposto nos arts. 1º e 4º da Lei nº 8.437, de 30.06.1992, e no art. 7º da Lei nº 12.016, de 7.8.2006. A regra geral do mandado de segurança, Lei nº 12.016/2009, dispõe de maneira diversa, prevendo que, sendo caso de liminar, a sua concessão verificar-se-á por ocasião do despacho da inicial.

- Revogação da liminar – A liminar pode ser revogada pelo mesmo juízo quando reconhecer o desacerto da decisão *in limine*. O art. 807 do Código de Processo Civil, de 1973, previa que as medidas preventivas podiam ser revogadas ou modificadas pelo juízo que as deferiu. A conjugação desses dispositivos aqui citados permite ao juiz revogar a liminar, quando, do exame das informações prestadas pelo coator e de documentos apresentados por terceiro interessado e admitido no processo, se convencer de que a liminar fora indevidamente concedida.

A liminar pode ser revogada também pelo juiz da causa, por ocasião do julgamento do mandado de segurança, se a decisão for denegatória da ordem requerida. Nessa hipótese, o juiz revoga a medida cautelar para que seus efeitos cessem imediatamente.

- Suspensão da execução da liminar – A decisão do juiz que concede a liminar não desafiava nenhum recurso processual no sentido estrito até a edição da Lei nº 12.016/2009. O sistema jurídico, entretanto, criou um procedimento judicial que possibilita à entidade pública ou privada sujeita ao mandado de segurança pedir, por meio de petição escrita e fundamentada, a suspensão da execução da liminar ou simplesmente a suspensão da liminar.

Já afirmamos que o pedido de suspensão da liminar pode ser intentado por pessoa jurídica de direito público ou de direito privado sujeita à medida liminar. A questão, todavia, não é tranquila na doutrina. Alguns autores entendem que somente as pessoas jurídicas de direito público são legitimadas a postular a suspensão da liminar. Chegaram a esse entendimento pela interpretação literal do art. 4º da Lei nº 4.348/1964, que cuidava de entidade de direito público como legitimada para aviar o pedido. Além desse argumento, sustentam que os motivos ensejadores da suspensão são de ordem pública ou de interesse público que não são tutelados pela iniciativa privada. Por tais razões, a entidade privada não teria legitimidade para pedir suspensão da medida preventiva.

Outra corrente sustenta que as empresas concessionárias de serviços públicos, tanto as estatais quanto as particulares, são credenciadas a pedir suspensão de liminar, vez que são legitimadas para figurar na situação passiva do mandado de segurança por fazerem as vezes da Administração Pública, desempenhando, em muitos casos, atividades de relevante interesse público, como exemplo, as que atuam nas áreas de saúde e de geração e fornecimento de energia.

O fato de a lei prescrever que a pessoa jurídica de direito público é que goza de legitimidade para postular a suspensão da liminar não exclui a possibilidade de a pessoa jurídica revestida de personalidade jurídica de direito privado prestadora de serviços públicos, concessionária ou permissionária, postular a suspensão de liminar que lhe tenha imposto determinado comportamento. Esse é o nosso entendimento.

Nesse sentido é a lição do Hugo de Brito Machado:

> Parece-me que os argumentos a sustentar a negativa são exageradamente formalistas. É perfeitamente possível que esteja em questão um interesse público, e a este esteja diretamente ligada uma pessoa de direito privado, especialmente quando muitos serviços públicos são prestados por pessoas jurídicas de direito privado. Se está ou não, presente a situação autorizadora da suspensão da execução da medida liminar, o Presidente do Tribunal o dirá, seja a pedido de qualquer outra pessoa. Exatamente porque não se trata de examinar interesses privados, não se há de questionar a respeito de legitimação para o requerimento. Não se justifica deixar que persista a possibilidade de grave lesão à ordem, à saúde, à segurança ou à economia públicas apenas porque, em face de indevida omissão da pessoa jurídica de direito público, o pedido de suspensão tenha sido feito por uma pessoa privada.[38]

A suspensão de liminar foi regulada no art. 4º da Lei nº 4.348/1964 e, hoje, encontra-se abrigada no art. 15, da Lei nº 12.016/2009. O pedido só pode ser intentado quando a execução da medida liminar possa causar ou provocar grave lesão à ordem, à saúde, à segurança e à economia públicas. O pedido é dirigido ao presidente do tribunal que tenha competência para julgar o recurso, se for o caso. O ato de suspensão é expedido pelo próprio presidente, e não pelo tribunal. Da decisão que suspende a liminar comporta agravo regimental para o tribunal cujo presidente suspendeu a execução da liminar.

O pedido de suspensão deve caracterizar de modo claro, objetivo e motivado pelo menos um dos fatos que condiciona: grave ameaça de lesão à ordem, à saúde, à segurança e à economia pública. O presidente do tribunal competente para decidir quanto

---

[38] MACHADO. Op. cit., p. 152.

ao pedido terá, obviamente, de fundamentar a sua decisão de modo a só suspender a execução da liminar se, efetivamente, comprovada estiver a grave ameaça a um daqueles bens jurídicos arrolados na lei.

Nos casos concretos, encontram-se decisões suspendendo liminar em mandado de segurança sem motivação adequada, fundada em pedido também infundado ou mal fundamentado.

Lúcia Valle Figueiredo, no *III Seminário Nacional de Direito Administrativo* promovido pela NDJ, em Belo Horizonte, nos dias 9 a 14.6.1996, criticou com veemência o abuso que se vem praticando na suspensão de execução de liminares. Enfatizou a professora que o pedido de suspensão não é recurso; logo, não se trata de rever decisão viciada, mas da suspensão da eficácia de medida concedida sem vício algum. Por isso, o julgador precisa ser cauteloso e prudente, para só suspender a medida se o pedido se revestir dos requisitos legais devidamente comprovados.

Cármen Lúcia Antunes Rocha externa posição no mesmo sentido. É da autora o seguinte texto:

> Evidente que os pressupostos legais para a suspensão da liminar pelo Presidente do Tribunal competente para conhecer do requerimento de que ora se cuida são vinculantes do deferimento válido desta, tanto quanto o são aqueles que obrigam o juízo *a quo* a conceder a liminar. A possibilidade de lesão à ordem, à saúde, à segurança e à economia públicas, que se pretenda evitar, não permite excessos na atuação da autoridade judicial em favor da pessoa jurídica de direito público interessada. A suspensão da liminar determinada sem a determinação da existência real, grave e atual do risco de lesão àquelas atividades que se pretende constitui abuso insustentável no ordenamento jurídico posto, pois cerceia o desempenho de direito individual sem o correspondente e primário limite de referência do mesmo ao interesse da sociedade comprovado no plano concreto. A suspensão da liminar sem causa jurídica válida constitui abuso e esse é insubsistente por baldo de fundamento legal aceitável; daí a necessidade de seu expurgo e daí também a submissão do decisório ao recurso de agravo previsto na legislação.[39]

Há, entretanto, autores que defendem ampliação das hipóteses de suspensão de liminar. Entre eles, cita-se o procurador-geral da Assembleia Legislativa do Estado de Minas Gerais, Júlio César dos Santos Esteves. No *XXII Congresso Nacional de Procuradores do Estado*, realizado em Belo Horizonte, nos dias 18 a 21.11.1996, a autoridade em referência sustentou que a via da suspensão da execução da medida liminar é muito estreita, levando, por isso mesmo, o Poder Público a suportar condições impostas por medidas liminares nem sempre fundadas no melhor direito. Muitas vezes, o desconforto e as dificuldades jurídicas causadas pela medida à Administração Pública não se enquadram em nenhuma das hipóteses de lesão a que se refere a lei de regência.

A situação é delicada. Entendemos, em princípio, que só em casos extremos a liminar deve ser suspensa, visto tratar-se de medida que visa assegurar, temporariamente, a suspensão de ato causador de lesão ou a determinação da edição de ato cuja omissão esteja causando ou ameaçando dano ao particular, o qual não possa esperar a decisão final do *mandamus*. Acontece, entretanto, que muitos juízes concedem medida

---

[39] ROCHA. *Op. cit.*, p. 224.

liminar sem a verificação cautelosa da existência dos fundamentos fáticos e de direito indispensáveis à expedição da medida. Acresce-se ainda que muitas dessas medidas são satisfativas, verdadeiras decisões com efeitos de definitividade, antes mesmo de ouvir a autoridade, tida coatora.

Partindo do princípio de que esses casos existem com reiterada frequência, dever-se-ia admitir mais flexibilidade para suspensão da liminar. Deve-se ter sempre em mente que o mandado de segurança é ação judicial posta constitucionalmente à disposição do indivíduo como meio de defesa contra atos abusivos de agentes públicos. Não obstante, a Administração Pública não pode ficar a mercê de atos judiciais danosos, editados na defesa de pretensos direitos individuais ou coletivos.

As concessões de medidas liminares em desacordo com o direito ensejarão responsabilidade do juiz prolator ou do impetrante, dependendo de quem agiu com desrespeito ao direito. Do impetrante será a responsabilidade, se este, por meios artificiosos, levou o juiz cauteloso a conceder liminar em situações em que a medida não seria possível e que, por isso, ao final foi cassada. O juiz responde pelos danos causados por liminar indevida quando expedir a medida sem que a situação fática apresente os pressupostos indispensáveis à concessão da medida cautelar.

A liminar, como ensina Sérgio Ferraz,

> coloca entre parênteses o direito ou a relação jurídica subjacente, para que persistam vivos, aptos e eficazes, enquanto perdure o litígio. Mas uma vez falecida a medida liminar, restaura-se a relação jurídica, restaura-se o império de toda a situação precedente, tal como se esse intervalo nunca tivera existido, porque ele foi sempre de índole provisória.[40]

Se a segurança, ao final, não for concedida, por não existir, no caso concreto, direito amparado pelo *writ*, as consequências resultantes da medida cautelar foram naturalmente ruinosas ao Poder Público, inclusive com repercussão patrimonial. Nessa hipótese, haverá dano a ser reparado. Daí a indagação: quem seria responsável pela reparação? Sérgio Ferraz sustenta:

> se alguém procurou obter uma medida liminar para congelar, suspender, imobilizar determinada atuação da Administração Pública, na hipótese de, na sentença final, se revelar a denegação do *mandamus*, eventuais danos e reparos deverão ser realmente cobrado de quem provoco a atuação jurisdicional, desde que, evidentemente, a liminar haja sido bem concedida, isto é, dentro das coordenadas e do perfil que é reservado para essa eventualidade na lei processual.

Segundo o mesmo autor, se o magistrado atuou com abuso, decidindo mal, deixando de conceder ou concedendo a liminar com infringência ao padrão de concessão ou de denegação de liminar, a responsabilidade é pessoal do juiz.[41]

Antes da novel lei de mandado de segurança, os tribunais pátrios vinham admitindo o agravo de instrumento como meio processual hábil para a suspensão de medida liminar concedida em mandado de segurança, nos casos que se enquadravam na lei

---

[40] FERRAZ. *Op. cit.*, p. 118.
[41] FERRAZ. *Op. cit.*, p. 118.

anterior. Atualmente, há previsão legal para o manejo do agravo de instrumento com vista a suspender a execução de liminar, conforme art. 15, §3º, da Lei nº 12.016/2009.

- Prazo para a impetração do mandado de segurança – O prazo para a impetração da ação de mandado de segurança é de 120 dias contados da data em que o interessado tomou conhecimento do ato tido como lesivo (art. 23 da Lei nº 12.016/2009). Esse prazo é decadencial e não prescricional. Portanto, não se interrompe nem se suspende.

Acontece que o *mandamus* pode ser impetrado contra comportamento comissivo, contra comportamento omissivo e contra comportamento ameaçador. Tais situações interferem no *dies a quo*, início da contagem do prazo. Dessa forma, três situações afloram. Maria Sylvia Zanella Di Pietro as sistematizou de modo objetivo e prático. Por isso, vamos nos valer do seu esquema que, em síntese, é o seguinte:

- tratando-se de ato lesivo já praticado, portanto, ato comisso, não há dúvida: o prazo começa a fruir a partir da data em que o lesado tomar conhecimento da edição do ato quando o interessado for chamado a dar ciência nos autos, ou, então, o que é mais comum, na data da publicação do ato no órgão oficial (*Diário Oficial* da União ou do estado ou do município). A interposição de recurso administrativo, recebido no efeito apenas devolutivo, nada influi na contagem do prazo. Se o recurso tiver efeito suspensivo, a contagem do prazo terá início depois do julgamento do recurso na última instância ou depois de decorrido o prazo para a interposição de recurso administrativo;
- tratando-se de omissão do agente público, estar-se-á diante de uma das duas hipóteses: a) a Administração tem prazo estipulado em lei ou regulamento para praticar o ato; ou b) a Administração não tem prazo previamente estabelecido para atuar. A lei apenas prescreveu o dever, mas não assinou prazo para agir. No primeiro caso, o prazo terá o seu marco inicial de contagem no dia útil subsequente à data do vencimento do prazo que teria a Administração Pública para promover o ato previsto. No segundo, não se cogitará de prazo decadencial, por impossibilidade de se determinar o termo *a quo*. Enquanto perdurar a omissão, o interessado poderá, a qualquer tempo, impetrar o mandado de segurança;
- se se tratar de segurança preventiva, em virtude de ameaça de lesão, não será possível estabelecer prazo decadencial, justamente por se tratar de ameaça. Dessa forma, enquanto esse perigo estiver latente, o ameaçado poderá postular o benefício preventivo.[42]

- Custas e honorários – As custas processuais na ação de mandado de segurança são de responsabilidade da parte vencida. A regra é a mesma das demais ações. Na vigência da Lei nº 1.533/1951, não havia previsão legal sobre a sucumbência nessa modalidade de ação. O Superior Tribunal de Justiça, entretanto, editou a Súmula nº 105 dispondo que não cabe a condenação em honorários advocatícios

---

[42] DI PIETRO. *Op. cit.*, p. 520.

na ação de mandado de segurança. Hoje, a matéria está positivada nos termos do art. 25 da Lei nº 12.016/2009, respaldando a súmula.

7 Ação popular

A ação popular é outra modalidade de ação constitucional à disposição da sociedade, para que essa, por meio de cidadãos, defenda bens de interesse público contra atos ilegais causadores de dano.

7.1 Evolução legislativa

A ação popular apareceu no sistema jurídico pátrio com a Constituição de 1934. Antes de ser efetivamente adotada, foi suprimida na Constituição Federal de 1937, retornando ao patamar constitucional com a promulgação da Constituição de 1946. A sua regulamentação, entretanto, veio bem mais tarde, com a Lei Federal nº 4.717, de 29.6.1965, dezenove anos depois da sua previsão constitucional. Durante esse período, a despeito da inexistência da lei implementadora da norma constitucional, diversas ações foram intentadas por decorrência direta da Constituição. Reconheceu-se ao dispositivo autoaplicabilidade.

A Constituição de 1967, emendada em 1969, manteve a ação nos seguintes termos: "Qualquer cidadão será parte legítima para propor ação popular que vise anular atos lesivos ao patrimônio de entidades públicas".

Em 1977, a Lei nº 4.717/1965 teve o seu art. 1º, §1º, modificado pela Lei nº 6.513, de 20.12.1977. Essa lei teve por finalidade ampliar o bem jurídico a ser protegido pela ação popular. Na redação originária era objeto de proteção o patrimônio de entidades públicas. Com a redação introduzida pela nova lei, passaram a ser considerados bem público, para efeito de proteção, "os bens e direitos de valor econômico, artístico, estético, histórico ou turístico".

O atual texto constitucional amplia ainda mais o campo de proteção pela ação popular:

> Qualquer cidadão é parte legítima para propor ação popular que vise a anular ato lesivo ao patrimônio público ou de entidade de que o Estado participe, à moralidade administrativa, ao meio ambiente e ao patrimônio histórico e cultural, ficando o autor, salvo comprovada má-fé, isento de custas judiciais e do ônus da sucumbência. (Art. 5º, inc. LXXIII, da Constituição da República de 1988)

A seguir, exemplo de uma decisão em ação popular na defesa do meio ambiente, julgada procedente e confirmada pelo TRF 3:

> AGRAVO DE INSTRUMENTO – AÇÃO POPULAR AMBIENTAL – CONSTRUÇÃO DE UNIDADE PENITENCIÁRIA – SENTENÇA DE PROCEDÊNCIA QUE CONCEDE A TUTELA DE URGÊNCIA – EFEITO DA APELAÇÃO. 1. O inciso VII do artigo 520 do CPC, dispositivo legal inexistente no sistema jurídico brasileiro quando da edição da Lei 4.717/65, à luz de interpretação sistemática, aplica-se à sentença proferida em ação popular. 2. Em casos onde se verifica fundado risco para valores social e juridicamente muito preciosos – caso do meio ambiente, prestigiado na própria Constituição Federal – não se justifica impedir a

execução provisória da sentença de procedência do pedido proferida em cognição exauriente. 3. O déficit de vagas no sistema prisional é fato inconteste, mas não justifica a realização de obra irreversível sem a tomada de precauções de natureza ambiental reconhecida em sentença de primeiro grau. 4. Agravo de instrumento desprovido. (TRF-3. AI nº 21157 SP 0021157-87.2012.4.03.0000. Rel. Des. Fed. Johonsom Di Salvo, Sexta Turma, j. 8.11.2012)[43]

7.2 Conceito

A despeito da dificuldade de se conceituar ação popular, aqui, todavia, por se tratar de livro didático, arriscaremos um conceito para facilitar ao aluno que está vendo a matéria pela primeira vez. Então, ação popular é meio processual por intermédio do qual o cidadão pode postular em juízo a defesa do patrimônio público ou de pessoas jurídicas de que o Estado faça parte; da moralidade administrativa; do meio ambiente; do patrimônio cultural, artístico e paisagístico contra ação ou omissão lesiva aos mesmos e, ainda, indenização pelos danos causados.

7.3 Pressupostos

São pressupostos da ação popular, além de outros previstos no Código de Processo Civil: o autor ser cidadão; ilegalidade ou imoralidade pública praticada por autoridade estatal ou agentes de empresas de que o Estado seja participante acionário; lesão ao patrimônio público, à moralidade administrativa, ao meio ambiente e ao patrimônio histórico e cultural.

- Cidadão é toda pessoa, homem ou mulher, brasileiro nos termos da lei, eleitor e em gozo de seus direitos políticos de votar e de ser votado. O art. 1º, §3º da Lei nº 4.717/65 estabelece que a prova da cidadania para postular em juízo por intermédio da ação popular faz-se com o título eleitoral ou com documentos que a ele correspondam. Poder-se-ia indagar: basta a apresentação do título eleitoral ou também a prova de haver votado na última eleição, prova de que está em dia com a Justiça Eleitoral? O §3º aqui referido conduz ao entendimento de que a apresentação do título é o bastante para a prova da cidadania. Desnecessário, portanto, o cidadão fazer prova de haver votado na última eleição para postular a ação popular.
- Ilegalidade ou imoralidade. Depois de discussões doutrinárias e jurisprudenciais, chegou-se ao entendimento de que, para efeito da ação popular, são necessárias a ilegalidade e a lesividade, quer dizer, provar o vício do ato e a lesão causada, em decorrência dele, ao patrimônio público em virtude da ilegalidade.

---

[43] "SÃO PAULO (Estado). Tribunal Regional Federal. AGRAVO DE INSTRUMENTO – AÇÃO POPULAR AMBIENTAL – CONSTRUÇÃO DE UNIDADE PENITENCIÁRIA – SENTENÇA DE PROCEDÊNCIA QUE CONCEDE A TUTELA DE URGÊNCIA – EFEITO DA APELAÇÃO. AGRAVO DE INSTRUMENTO: AI 21157 SP 0021157-87.2012.4.03.0000 (Processo: AI 21157 SP 0021157-87.2012.4.03.0000. Relator: Desembargador Federal Johonsom Di Salvo. Julgamento: 8 nov. 2012" (Disponível em: http://trf-3.jusbrasil.com.br/jurisprudencia/22660245/agravo-de-instrumento-ai-21157-sp-0021157-8720124030000-trf3. Acesso em: 6 set. 2014).

Depois da redação contida no art. 5º, LXXII, da Constituição de 1988, parece não ser mais necessária a ocorrência da ilegalidade e da lesividade. O texto prescreve: "[...] propor ação popular que vise a anular ato lesivo ao patrimônio [...]".

O defeito do ato pode ser a lesão que ele esteja causando ao bem jurídico protegido e não necessariamente a sua desconformidade com a lei.

A Lei nº 4.717/1965 distingue os atos acoimados de vícios em atos nulos e atos anuláveis. No art. 2º, são arrolados como nulos os atos lesivos ou defeituosos quanto à competência, à forma, à legalidade, ao motivo e à finalidade. São os cinco elementos do ato administrativo. O vício em qualquer um deles implica a nulidade do ato. No parágrafo único do mesmo artigo, são definidas as hipóteses caracterizadoras de vício em cada elemento do ato.

Pela redação do art. 3º da mesma lei, são anuláveis os demais atos lesivos ao patrimônio das pessoas públicas referidas no art. 1º, que não se enquadrarem entre aqueles relacionados do no art. 2º.

Ainda a lei em comento arrola, no art. 4º, várias hipóteses de irregularidades que impõem a nulidade do ato. Entre elas, destacam-se, a título de exemplos, admissão de servidor público em desobediência às leis e regulamentos que estabelecem as regras e condições para a investidura em cargo público; as operações bancárias, quando o valor real do bem dado em hipoteca ou penhor for inferior ao constante de escritura, contrato ou avaliação; as contratações de obras e de serviços, quando o edital contiver cláusula que restringe a competitividade; a prorrogação de contratos de obras ou de serviço sem que esteja prevista em lei; os casos de compra e venda de bens sem observância dos comandos legais, venda de objetos por preço inferior ao corrente no mercado, ou compra a preço superior ao normalmente praticado no mercado;

c) O último pressuposto da ação é a lesão ao patrimônio público, à moralidade administrativa, ao meio ambiente e ao patrimônio histórico e cultural. São hipóteses de lesões a esses bens jurídicos as referidas no art. 4º da Lei nº 4.717/1965, exemplificadas acima.

Na redação originária do art. 1º da Lei nº 4.717/1965, considerava-se protegível pela ação popular o patrimônio público da União, dos estados-membros, do Distrito Federal, dos municípios, das autarquias, das sociedades de economia mista, das empresas públicas, das fundações públicas e dos serviços sociais autônomos e de outras entidades em que o Estado, em sentido amplo, participa na composição de seu capital social, ainda que minoritariamente, além das entidades subvencionadas por entidades públicas.

Com a edição da Lei nº 6.513, de 20.12.1977, o §1º do art. 1º da Lei nº 4.717/1965 passou a vigorar com a seguinte redação: "Consideram-se patrimônio público, para os fins referidos neste artigo, os bens e direitos de valor econômico, artístico, estético, histórico ou turístico". Houve, como visto, ampliação do conceito de patrimônio público para efeito de proteção por meio da ação popular, incluindo, na definição, o patrimônio cultural protegido pelo tombamento.

A Constituição de 1988 acrescentou aos bens jurídicos, já amparados pela ação em estudo, a moralidade administrativa e o meio ambiente. Com as alterações verificadas e referidas aqui, a ação popular atingiu campo de proteção bastante amplo, considerando a redação primitiva da lei regulamentadora da ação.

> EMENTA: ADMINISTRATIVO. AÇÃO POPULAR. CABIMENTO. ILEGALIDADE DE ATO ADMINISTRATIVO. LESIVIDADE AO PATRIMÔNIO PÚBLICO. COMPROVAÇÃO DE PREJUÍZO. NECESSIDADE.
>
> 1. A ação popular visa proteger, entres outros, o patrimônio público material, e, para ser proposta, há de ser demonstrado o binômio "ilegalidade/lesividade". Todavia, a falta de um ou outro desses requisitos não tem o condão de levar, por si só, à improcedência da ação. Pode ocorrer de a lesividade ser presumida, em razão da ilegalidade do ato; ou que seja inexistente, tais como nas hipóteses em que apenas tenha ocorrido ferimento à moral administrativa.
>
> 2. Não se pode presumir que o erário público tenha sido lesado por decreto concessivo de descontos substanciais para pagamento antecipado de impostos e que, embora declarado nulo, conte com o beneplácito do Poder Legislativo local, que editou lei posterior, concedendo remissão da dívida aos contribuintes que optaram pelo pagamento de tributos com os descontos previstos no decreto nulo.
>
> 3. Na hipótese em que não cabe a presunção de lesividade apenas pela ilegalidade do ato anulado, não cabe condenação a perdas e danos, como previsto no art. 11 da Lei n. 4.717/65.
>
> 4. Recurso especial parcialmente conhecido e, nessa parte, não-provido. (STJ. REsp nº 479.803/SP; Recurso Especial 2002/0128392-2. Rel. Min. João Otávio de Noronha, Segunda Turma, j. 22.8.2006. *DJ*, 22 set. 2006, p. 247)

7.4 Ação popular preventiva

A lei regulamentadora da ação popular não cuida expressamente da ameaça de lesão, como o fez a Lei nº 1.533/1951 (revogada), que previa a possibilidade da impetração de mandado de segurança preventivo para inibir a edição de ato ameaçador de direito líquido e certo. Essa possibilidade se mantém na nova lei de mandado de segurança, a nº 12.016/2009. Se tomarmos o texto da Lei nº 4.717/1965 literalmente, somos conduzidos a inadmitir a ação popular preventiva, visto que o texto legal cuida de ato lesivo ao patrimônio público.

Antes da Lei nº 6.513/1977, se se dissesse que a ação popular só poderia ser intentada repressivamente para coibir atos já praticados e não para se evitar a edição de ato ameaçador de lesão, até que não seria de todo absurdo. Mas, depois do advento da aludida lei, que considerou bem protegível pela ação em pauta, o patrimônio cultural nas suas variadas manifestações, seria impossível, por inexistência de base jurídica de sustentação, afirmar-se que a ação popular não possa ser preventiva.

Os danos em bens integrantes do patrimônio cultural, principalmente os estéticos, os históricos, os paisagísticos e naturais, são, na maioria das vezes, irreparáveis. Seria verdadeiro desastre, e pouca eficácia teria a ação, se não se a admitisse preventivamente para evitar dano ameaçador da integridade física de bem por ela protegível.

Reforço a essa tese vem com a previsão de concessão de medida liminar na ação popular, com vista a suspender o ato lesivo (§4º do art. 5º da Lei nº 4.717/1965, introduzido pela Lei nº 6.513/1977). Mais consistência contém a assertiva, com a redação do art.

5º, LXXIII, da Constituição da República, que acrescenta a moralidade administrativa como bem protegível por meio da ação popular.

Outra questão que se discutiu no passado, mas hoje não oferece dificuldade, é relativa à possibilidade de se propor a ação contra comportamento omissivo danoso ao patrimônio público. A dúvida consistia no fato de a lei referir-se a ato lesivo, dando-se a ideia de comportamento comissivo. A boa hermenêutica, entretanto, possibilitou aos estudiosos chegarem ao entendimento de que o comportamento omissivo pode ser considerado ato lesivo para fins da ação em foco.

7.5 Objeto

A ação popular tem por objeto anular o ato (comissivo ou omissivo) lesivo ao patrimônio público e a condenação dos responsáveis a restituir o bem, quando for possível, ou indenizar entidade pelas perdas e danos (art. 14, §4º, da Lei nº 4.717/1965).

Essa regra aplica-se aos casos de lesão em patrimônio público propriamente. Tratando-se de bens culturais e naturais, os valores arrecadados das indenizações resultantes de condenação em ação popular devem destinar-se ao Fundo Para Reconstituição de Bens Lesados. Esse fundo, previsto na Lei nº 7.347, de 24.7.1985 (ação civil pública), foi regulamentado pelo Decreto Federal nº 92.302, de 16.1.1989.

7.6 Legitimação ativa e passiva

- Ativa – Na legitimação ativa da relação processual na ação popular, figura qualquer cidadão brasileiro, nato ou naturalizado, portador de título eleitoral e em pleno gozo dos direitos políticos, legais salvo restrições. Permite-se a formação de litisconsórcio facultativo, visto ser legitimado para a ação qualquer cidadão. Assim, vários podem, juntos, postular a ação. No curso do processo, o autor pode ser substituído por outro cidadão ou pelo Ministério Público.
- Passiva – Na legitimação passiva, figuram as pessoas jurídicas, públicas ou privadas, as pessoas naturais, agentes públicos ou particulares, que concorreram para o dano ou levaram proveito em virtude da lesão. Enfim, todas as pessoas jurídicas e naturais que, de qualquer modo, tenham contribuído para a lesão do bem protegido podem fazer parte da relação processual passiva (art. 6º da Lei nº 4.717/1965).

Várias dessas pessoas precisam ser citadas para a ação, em função do envolvimento delas no expediente danoso ao patrimônio público. Daí a existência de litisconsórcio passivo obrigatório; ao contrário do ativo, que, como visto, é facultativo.

AÇÃO POPULAR. LITISCONSÓRCIO PASSIVO NECESSÁRIO. NULIDADE DA RELAÇÃO PROCESSUAL. 1. Tratando-se de ação difusa ajuizada com a finalidade de impedir a contratação de empréstimo por parte do Município de Diadema – SP junto ao Instituto de Previdência do Servidor Municipal de Diadema – IPRED, constando expressamente do pedido a anulação dos contratos administrativos eventualmente firmados com base na Lei Complementar municipal 57/96, impõe-se a formação do litisconsórcio passivo necessário. 2. O regime da coisa julgada nas ações difusas não dispensa a formação do litisconsórcio necessário quando o capítulo da decisão atinge diretamente a esfera individual. Isto porque, consagra a Constituição que ninguém deve ser privado de seus bens sem a obediência ao princípio do devido processo legal (art. 5º, LIV, da CF/88). 3. O litisconsórcio necessário é regido por norma de ordem pública, cabendo ao juiz determinar, de ofício ou a requerimento de qualquer das partes, a integração à lide do litisconsorte passivo. 4. Nulidade de pleno direito da relação processual, a partir do momento em que a citação deveria ter sido efetivada, na forma do art. 47 do CPC, inocorrendo preclusão. 5. Hipótese em que o pedido de citação do Instituto de Previdência do Servidor Municipal de Diadema foi efetuado pelo autor mais de uma vez antes da prolação da sentença. 6. Recurso especial provido para, reconhecendo a violação do art. 47 do CPC, declarar a nulidade do processo a partir do momento em que IPRED deveria ter sido citado. (STJ. REsp nº 480.712/SP 2002/0163411-0. Rel. Min. Teori Albino Zavascki, T1 – Primeira Turma, j. 12.5.2005. *DJ*, 20 jun. 2005, p. 124, *REPDJ*, 5 set. 2005, p. 207)[44]

O acórdão citado acima comprova a necessidade da formação de litisconsórcio passivo quando duas ou mais pessoas possam ter interesse na ação. A espécie trata de ação popular difusa com a finalidade de impedir o Município de Diadema, Estado de São Paulo, de contratar empréstimo com o Instituto de Previdência dos Servidores do mesmo município. Como se vê, são dois interessados: o município e o Instituto de Previdência dos Servidores.

7.7 Competência

São competentes para processar e julgar a ação popular os juízos competentes para julgar as causas de interesse da União, do Distrito Federal, dos estados-membros, dos municípios e das pessoas jurídicas pertencentes a essas entidades políticas. São, portanto, as varas especializadas de acordo com a organização judiciária de cada estado, e as justiças federais, de acordo com as atribuições constitucionais e legais.

Quando o pleito interessar simultaneamente à União e às demais pessoas políticas, pessoas públicas não políticas e pessoas naturais, o foro competente para processar e julgar a ação é o da União. Nas ações em que concorrem interesses de estado-membro e de município de seu território, a competência é do foro do estado. Em Minas Gerais, são as varas da Fazenda Pública estadual. Sendo apenas o município interessado, serão competentes as varas da Fazenda municipal. Não existindo essas, a competência será das varas comuns.

A propositura da ação torna a jurisdição do juízo preventa para todas as posteriores, contra as mesmas pessoas e os mesmos fundamentos.

7.8 Participação do Ministério Público

São funções obrigatórias do Ministério Público na ação popular: acompanhar a ação em toda sua tramitação, na condição de fiscal da lei; apressar a produção de provas e promover a responsabilidade civil ou penal, ou de ambas, das pessoas que, nessas espécies de responsabilidades, incorrerem.

---

[44] Disponível em: http://stj.jusbrasil.com.br/jurisprudencia/84019/recurso-especial-resp-480712-sp-2002-0163411-0. Acesso em: 7 set. 2014.

Ao Ministério Público é vedado assumir a defesa do ato impugnado ou do autor deste (art. 6º, §4º, da Lei nº 4.717/1965).

Ainda são deveres do Ministério Público: adotar providências para as requisições de documentos e informações a cargo de entidades indicadas na inicial e autorizadas, além de outras que o juiz julgar necessárias à instrução do processo. Para essa diligência, o juiz estabelecerá o prazo entre quinze e trinta dias, que pode ser prorrogado, se requerido mediante justificativa convincente; promover a execução da sentença condenatória, sob pena de falta grave, se o autor ou outro cidadão não o fizer no prazo de sessenta dias. O prazo para essa providência é de trinta dias, contados a partir dos sessenta dias, cuja responsabilidade de executar é do autor popular (art. 16 da Lei nº 4.717/1965).

7.9 Considerações sobre o processo

- Da ação – A ação é especial por ter origem na Constituição Federal. Seu rito é o do procedimento ordinário, nos termos do Código de Processo Civil, observadas as regras introduzidas pela lei que a regula.
- Do juiz – Ao despachar a petição inicial, o juiz ordenará a citação do réu, a intimação do representante do Ministério Público, a requisição de documentos e informações a serem prestadas por entidades referidas pelo autor e ainda outras informações ou documentos que o juiz entender sejam importantes para elucidação dos fatos. O prazo para o cumprimento dessa diligência é de quinze a trinta dias, fixado pelo juiz, podendo ser prorrogado, se comprovado que os documentos não possam ser apresentados no prazo assinado.

O representante do Ministério Público tem por atribuição, além de outras, diligenciar no sentido de que os documentos e as informações sejam entregues ou prestados no prazo estabelecido.

A autoridade, o administrador ou agente que, salvo motivos justificados na forma da lei, não apresentar, no prazo legal, os documentos requisitados pelo juiz para a instrução do processo ficará sujeito à pena de desobediência (art. 8º da Lei nº 4.717/1965).

- Citação – A citação do réu faz-se na forma comum do Código de Processo Civil, podendo ser por edital nas hipóteses previstas no mesmo Código ou a pedido do autor nos termos e condições previstos no inc. II do art. 7º da Lei nº 4.717/1965.

Qualquer pessoa beneficiada ou autora do ato impugnado na ação, conhecida durante a fase cognitiva do processo, pode ser citada antes da decisão de primeiro grau, caso em que lhe será restituído o prazo para oferecimento de defesa.

- Contestação – O prazo para resposta ou contestação a cargo do réu é de vinte dias, podendo ser prorrogado por igual prazo, a requerimento do interessado, se este encontrar obstáculos que o impossibilite de obter os documentos necessários no prazo legal. Esse prazo é comum a todos os réus, contados da juntada da última citação ou do transcurso do prazo do edital, quando, por esse meio, for promovida a citação.

- Julgamento – Não havendo requerimento para produção de provas até a data do despacho saneador, o juiz ordenará a abertura de vista aos interessados, pelo prazo de dez dias, para que apresentem alegações finais. Expirado esse prazo, os autos devem ser conclusos para que o juiz profira a sentença em 48 horas. Havendo requerimento de provas, o que é mais comum, o processo obedecerá ao rito ordinário. Frise-se que essa hipótese se aplica aos casos em que o requerimento de prova tenha ocorrido antes do despacho saneador. A fase das alegações finais é imprópria para requerimento de provas.

Nos casos de rito ordinário, a sentença deve ser prolatada em quinze dias contados da data em que o juiz recebeu o processo, se não o fora na audiência de instrução e julgamento. A lei prevê sanções aplicáveis ao juiz que não proferir a sentença no prazo por ela estabelecido. As sanções são as seguintes: durante dois anos, o juiz ficará impedido de participar de lista para promoção por merecimento e perde na contagem de tempo, para o fim da promoção por antiguidade, os dias compreendidos entre a data limite para a prolação da sentença e a data em que fora decidida. Cabe indagar se essa regra está sendo observada. É possível que não.

- Desistência da ação – Na hipótese de o autor da ação popular dela desistir ou dar motivo à absolvição da instância, são publicados editais nos prazos da lei sobre esse fato. Essa publicação legitima qualquer cidadão ou representante do Ministério Público a dar prosseguimento da ação no prazo de noventa dias contado da última publicação do edital.
- Condenação – Julgada procedente a ação popular, o juiz decretará a invalidade do ato impugnado e condenará os responsáveis pelo ato e os seus beneficiários a indenizar por perdas e danos, resguardando às entidades públicas o direito de regresso contra o servidor causador dos danos, se tiver agido com culpa ou com dolo. São os réus condenados também nas custas processuais e nos honorários advocatícios.

Nos casos de julgamento improcedente, o autor popular não responderá pelas custas do processo nem pela sucumbência, exceto se ficar comprovada sua má-fé. Esse benefício está previsto no art. 5º, LXXIII, da Constituição da República. É inegavelmente importante essa conquista em benefício da ação popular. Antes do citado preceito constitucional, o autor não vitorioso pagava as custas e os honorários da sucumbência. Essa imposição concorria para a inibição dos cidadãos, que, com receio de perder a ação e, em consequência, arcar com esses ônus, acabavam decidindo por não postular.

A decisão transitada em julgado produz efeitos *erga omnes*, salvo quando a ação for julgada improcedente por falta de provas. Nesse caso, qualquer cidadão poderá intentar nova ação com os mesmos fundamentos e apresentação de novas provas.

- Recursos – Na ação popular, os recursos são os mesmos previstos no Código de Processo Civil. Consequentemente, os prazos são também aqueles estabelecidos no mesmo Código. Das decisões interlocutórias, cabe agravo de instrumento, nos termos da Lei nº 6.014/1973.

Qualquer cidadão e o Ministério Público são legitimados para recorrer da decisão contra o autor da ação, se esse não o fizer em tempo hábil.

É obrigatória a remessa de ofício quando a decisão for pela carência ou improcedência da ação, em virtude do princípio do duplo grau de jurisdição. Nesse caso, a sentença não produzirá efeito enquanto não for confirmada pelo juízo do grau superior. Se julgada procedente, o recurso será a apelação no prazo de quinze dias, com efeito suspensivo.

- Execução da sentença – Decorridos sessenta dias do trânsito em julgado da sentença condenatória sem que o autor providencie a sua execução, o representante do Ministério Público terá de promover a medida, no prazo de trinta dias contados do último dia reservado ao autor, sob pena de falta grave em virtude da omissão.

8 Ação civil pública

8.1 Considerações iniciais

A ação civil pública não figura entre aquelas constantes do art. 5º da Constituição da República. Ela não é modalidade de ação posta à disposição da sociedade para se defender contra atos ilegais e danosos da Administração Pública. A sua finalidade básica é a defesa de interesses gerais e difusos. Esses legítimos interesses podem ser contrariados por comportamento comissivo ou omissivo de entidades públicas ou privadas. Esse fato justifica a inclusão da ação entre aquelas tidas como meios judiciais de controle da Administração Pública.

Essa ação foi referida pela primeira vez, no sistema jurídico pátrio, na Lei Complementar Federal (Lei Orgânica do Ministério Público). O art. 3º, III, da aludida lei prescreve que a atribuição do Ministério Público é, entre outras, a de promover ação civil pública na forma da lei.

A lei a que se refere o dispositivo veio em 1985. É a de nº 7.347, de 24.7.1985. Essa lei, denominada Lei da Ação Civil Pública, teve alguns artigos modificados e ampliados pela Lei nº 8.078, de 11.9.1990 (Código de Defesa do Consumidor).

A Constituição da República de 1988 reforçou o prestígio da ação em comento, referindo-se a ela na seção que trata do Ministério Público. O seu art. 129 cuida das funções institucionais do órgão, sendo que o inc. III do aludido artigo prescreve a competência do Ministério Público para "promover o inquérito civil e a ação civil pública, para a proteção do patrimônio público e social, do meio ambiente e de outros interesses difusos e coletivos".

A redação do art. 4º da Lei nº 7.347/2014 foi alterada pela Lei nº 13.004, de 24.6.2014, para ampliar os bens jurídicos que podem ser defendidos por meio da ação civil pública. É o teor do artigo:

> Art. 4º Poderá ser ajuizada ação cautelar para os fins desta Lei, objetivando, inclusive, evitar dano ao patrimônio público e social, ao meio ambiente, ao consumidor, à honra e à dignidade de grupos raciais, étnicos ou religiosos, à ordem urbanística ou aos bens e direitos de valor artístico, estético, histórico, turístico e paisagístico.

Como se pode ver, foram, em boa hora, submetidos ao amparo da lei, além dos já existentes, em conformidade com a redação anterior, os seguintes: a honra, a dignidade de grupos raciais, étnicos, ou religiosos, e, ainda, a ordem urbanística. Com essa ampliação, o horizonte do campo de abrangência da ação civil pública alargou-se consideravelmente, alcançando valores sociais e jurídicos muito sensíveis e que, por isso mesmo, estão na pauta de discussão da academia, da doutrina especializada, do Judiciário, da mídia e até dos tribunais desportivos e entidades desportivas no que tange a manifestações de cunho racista nas arenas desportistas.

No Ministério Público do Trabalho, a instauração e procedimento do inquérito civil público estão disciplinados pela Instrução nº 1/93, publicada no *Diário da Justiça* de 14.5.1993, p. 9.238/9.239.

Sobre a importância dessa ação, o Ministro Sálvio de Figueiredo Teixeira comenta:

> O legislador brasileiro, ao introduzir em nosso ordenamento jurídico a "ação civil pública", avançou de forma elogiável e corajosa. Protegendo interesses de consideráveis parcelas da comunidade que se viam frustradas na defesa de seus direitos, sem o devido amparo legal, a Lei n. 7.347, de 24.7.85, além de tornar realidade o princípio constitucional de acesso à tutela jurisdicional do Estado, representa significativa evolução no sentido da superação do modelo tradicional do processo civil, adequando-o à sociedade dos nossos dias, não mais de característica individualistas, mas predominantemente de massa, voltada para o interesse coletivo.[45]

Muito bem posta a posição do Ministro Sálvio Teixeira. A ação civil pública trouxe nova e avançada concepção em matéria postulatória na defesa de direitos ou interesses difusos ou coletivos, principalmente no que tange a dano ao meio ambiente. É, normalmente, muito difícil, e em alguns casos até impossível, identificar o lesado ou os lesados em virtude de dano causado ao meio ambiente. Daí a importância inquestionável da ação disciplinada pela Lei nº 7.347/85, com as alterações sofridas, para melhor, a sua postulação condiciona apenas a constatação do dano e a autoria. Dispensa-se a perquirição das vítimas do dano causado por conduta comissiva ou omissiva de agentes públicos ou entidades privadas.

8.2 Pressupostos da ação

Além dos pressupostos gerais das ações judiciais previstas no Código de Processo Civil, acrescentam-se os seguintes na ação civil pública: danos morais e patrimoniais causados ao meio ambiente; ao consumidor; a bens e direitos de valor artístico, estético, histórico, turístico e paisagístico; a qualquer outro interesse difuso ou coletivo; e por infração da ordem econômica (art. 1º da Lei nº 7.34719/85), além dos acrescidos pela Lei nº 13.004/2014 mencionados no subitem anterior.

A expressão "qualquer outro interesse difuso ou coletivo" foi introduzida pela Lei nº 8.078, de 11.9.1990, em obediência ao preceito constitucional ínsito no inc. III do art. 129 da Constituição da República. Essa lei permite a ação coletiva em defesa de direitos individuais homogêneos decorrentes de situação jurídica. Por exemplo,

---

[45] TEIXEIRA. *Código de Processo Civil anotado*, p. 768.

contratos de compra e venda de automóveis e contrato de mútuo, aquisição de casa própria financiada. Nos dois casos, o Ministério Público é legitimado para propor ação civil pública em benefício dos respectivos consumidores, se, em cada caso, determinado fato causar dano a todos adquirentes de determinada marca e tipo de veículo ou de todos mutuários em idêntica situação.

O interesse difuso não oferece muita dificuldade para a sua compreensão. Em síntese, pode-se dizer que interesse difuso é aquele que permeia todo o tecido social sem a possibilidade de individualização das pessoas diretamente interessadas.

O interesse coletivo para os fins da ação civil pública é mais difícil de ser identificado, visto existir a coletividade cujos integrantes são individualizáveis, e a coletividade em que os integrantes não se identificam. A ação civil pública objetiva estes dois tipos de coletividade indistintamente? Parece que não. Maria Sylvia Zanella Di Pietro, a propósito, afirma:

> A expressão "interesse coletivo" não está empregada, aí, em sentido restrito, para designar o interesse de uma coletividade de pessoas determinadas, como ocorre com o mandado de segurança coletivo, mas em sentido amplo, como sinônimo de interesse público em geral.[46]

Ada Pellegrini Grinover expõe o seu entendimento sobre o tema na seguinte medida:

> Embora considerando ambos metaindividuais, (*refere-se ao interesse coletivo e ao interesse difuso*) não referíveis a um determinado titular, a doutrina designa como "coletivos" aqueles interesses comuns a uma coletividade de pessoas e a elas somente, quando exista um vínculo jurídico entre os componentes do grupo: a sociedade mercantil, o condomínio, a família, os entes profissionais, o próprio sindicato dão margem ao surgir de interesses comuns nascidos de uma relação, base que une os membros das respectivas comunidades e que, se confundindo com os interesses estritamente individuais de cada sujeito, permite sua identificação. Por interesses propriamente difusos entendem-se aqueles que, não se fundando em um vínculo jurídico, baseiam-se sobre dados de fato genéricos e contingentes, acidentais e mutáveis: como habitar na mesma região, consumir iguais produtos, viver em determinadas circunstâncias socioeconômicas, submeter-se a particulares empreendimentos.[47]

Perfilhando a linha das autoras citadas, entendemos que coletividade estabelecida por liame jurídico próprio, que une um indivíduo aos outros sob o manto denominado *coletivo*, não é destinatária da ação civil pública, mas de outra, como o mandado de segurança coletivo, dependendo do agente responsável pelo dano. Exemplos: entidades profissionais, sindicatos, sociedades comerciais, clubes recreativos, entre outros.

Para os fins da ação em exame, interesse coletivo deve ser tomado como interesse geral, mais restrito do que o difuso e mais amplo do que as coletividades predefinidas e constituídas para fins específicos.

No caso concreto, a situação oferece dificuldades. Em consequência, a jurisprudência é oscilante. Em um mesmo tribunal se encontram decisões díspares. É o que se constata nas ementas seguintes:

---

[46] DI PIETRO. *Op. cit.*, p. 535.
[47] GRINOVER *apud* SANTOS. *Op. cit.*, p. 131.

Ação civil pública – Mensalidades escolares – Repasse do aumento dos professores – Ministério Público – Parte ilegítima – Não se cuidando de interesses difusos ou coletivos, mas de interesses individuais de um grupo de alunos de um determinado colégio, afasta-se a legitimidade do Ministério Público. (REsp nº 35.644-0-MG, Rel. Min. Garcia Vieira. *DJ*, 4 out. 1993)

Processo civil – Ação civil pública – Aumento de mensalidade escolar – Ilegitimidade ativa do Ministério Público – O Ministério Público não tem legitimidade para promover ação civil pública para impedir a prática de aumento de mensalidade escolar, pois não se trata de defender direito difuso nem de interesses ou direitos coletivos. (REsp nº 47.019-6-MG, Rel. Min. César Asfor Rocha. *DJ*, 6 jun. 1994)

Ação Civil Pública – Interesses coletivos – Legitimidade ativa – Ministério Público – Anuidade Escolar – O Ministério público tem legitimidade para promover ação civil pública na defesa de interesses coletivos das comunidades de pais e alunos de estabelecimento escolar, visando à fixação da anuidade escolar. (REsp nº 38.176-2-MG, Rel. Min. Ruy Rosado de Aguiar, j. 13.2.1995)[48]

Concluindo e resumindo este tópico, entende-se por pressupostos da ação civil pública os danos causados ao meio ambiente, ao consumidor, ao patrimônio histórico e artístico nacional, à honra e à dignidade de grupos raciais, étnicos e religiosos, à ordem urbanística e a outros de interesses difusos ou coletivos.

8.3 Conceito

A ação civil pública pode ser conceituada como meio judicial destinado a reparar ou impedir danos contra interesses difusos ou direitos coletivos no sentido geral, tendo por autor o Ministério Público ou uma das pessoas legitimadas pela Lei nº 7.347/1985.

8.4 Objeto

A ação civil pública tem por objeto condenar o causador do dano aos bens jurídicos protegidos ao pagamento em dinheiro da indenização plena do valor das lesões causadas ou impor-lhe o dever de fazer ou de não fazer. A situação fática é que orienta a modalidade da condenação a ser imposta ao réu. Pode acontecer hipótese de o réu ser condenado nas três espécies de obrigações. No caso de uma indústria poluente, por exemplo, pode esta ser obrigada a indenizar certa importância em dinheiro, a paralisar as atividades industriais temporariamente e a instalar filtros antipoluentes.

8.5 Legitimidade

- Ativa – O art. 5º da Lei nº 7.347/1985 legitima para ingressar com a ação civil pública: o Ministério Público, a Defensoria Pública, a União, os estados-membros, o Distrito Federal, os municípios, as autarquias, as empresas públicas, as fundações públicas, as sociedades de economia mista e ainda as associações que, concomitantemente: a) tenham sido constituídas há, pelo menos, um ano, em

---

[48] TEIXEIRA. *Op. cit.*, p. 771.

conformidade com a lei civil; b) incluam, entre suas finalidades institucionais, a proteção ao patrimônio público e social, ao meio ambiente, à ordem econômica, à livre concorrência, aos direitos de grupos raciais, étnicos ou religiosos ou ao patrimônio estético, histórico, turístico e paisagístico (redação alterada pela Lei nº 13.004/2014).

A associação, para legitimar-se, necessita ter por objeto apenas um dos arrolados acima, constante do estatuto social. Só que nesse caso, obviamente, ela deve defender os interesses pertinentes. Assim, se determinada associação tiver entre os seus objetivos defender o consumidor, não terá legitimidade para acionar em defesa do meio ambiente, por exemplo.

O requisito temporal da pré-constituição da associação pode ser dispensado pelo juiz nos casos de manifesto interesse social reconhecido em virtude da dimensão ou característica do dano, ou da relevância do bem jurídico a ser protegido (§4º, art. 5º, da Lei nº 7.347/1985, introduzido pela Lei nº 8.078/90).

- Passiva – É legitimada passiva qualquer pessoa jurídica, pública ou privada, ou pessoa física, que tenha causado dano ou ameaçado de dano aos interesses difusos ou coletivos em sentido amplo.

A seguir decisões do STJ sobre legitimidade para propor a ACP:

EMENTA: PROCESSUAL CIVIL E ADMINISTRATIVO – AGRAVO REGIMENTAL – SERVIDOR PÚBLICO. 28,86% – AÇÃO COLETIVA SUBSTITUIÇÃO PROCESSUAL. LIQUIDAÇÃO E EXECUÇÃO DA SENTENÇA PELO SINDICATO – POSSIBILIDADE. REPRESENTAÇÃO PROCESSUAL. PRECEDENTES. I – As ações coletivas são reguladas pelas disposições constantes na Lei n. 7.347, de 24 de julho de 1985 – Lei da Ação Civil Pública, conforme previsão em seu art. 1º Contudo, não estando inserta, no referido diploma, qualquer disposição específica referente à execução das sentenças coletivas em direitos individuais homogêneos, tem incidência a regra do seu art. 21, que determina a aplicação subsidiária do Código de Defesa do Consumidor. II – Consoante previsão do art. 98 do Código de Defesa do Consumidor, as sentenças proferidas em ações coletivas visando à defesa de interesses individuais homogêneos podem ser liquidadas coletiva ou individualmente. III – "A individualização da situação particular, bem assim a correspondente liquidação e execução dos valores devidos a cada um dos substituídos, se não compostas espontaneamente, serão objeto de ação própria (ação de cumprimento da sentença condenatória genérica), a ser promovida pelos interessados, ou pelo Sindicato, aqui em regime de representação" (REsp. n. 487.202 – RJ, DJU de 24.5.04). IV – Legitimidade do Sindicato reconhecida. V – Agravo regimental desprovido. (STJ. AgRg no REsp nº 774033/RS; Agravo Regimental no Recurso Especial 2005/0135578-3. Rel. Min. Felix Fischer, Quinta Turma, j. 16.2.2006. *DJ*, 20 mar. 2006, p. 348)

EMENTA: PREVIDENCIÁRIO. RECURSO ESPECIAL. ASSOCIAÇÃO CIVIL. LEGITIMIDADE. AÇÃO COLETIVA. POSSIBILIDADE. A Lei 8.078/90, ao alterar o art. 21 da Lei 7.347/85, ampliou o alcance da ação civil pública e das ações coletivas para abranger a defesa de interesses difusos, coletivos e individuais homogêneos, desde que presente o interesse social relevante na demanda. *In casu*, os interesses são homogêneos, tendo em vista o debate de uma ampla classe de segurados da Previdência Social, onde se tem um universo indeterminado de titulares desses direitos. De acordo com a inteligência do art. 21 do Código de Defesa do Consumidor, a Associação é legítima para propor ações que versem sobre direitos comunitários dos associados. Recurso desprovido. (STJ. REsp nº 702607/SC; Recurso Especial 2004/0159196-7. Rel. Min. José Arnaldo da Fonseca, Quinta Turma, j. 9.8.2005. *DJ*, 12 set. 2005, p. 360)

EMENTA: AÇÃO CIVIL PÚBLICA. MINISTÉRIO PÚBLICO. ILEGITIMIDADE ATIVA. VENDA PARTICULAR DE IMÓVEIS PARA PESSOAS DE BAIXA RENDA. PRETENSÃO DE SUSTAÇÃO DE COMERCIALIZAÇÃO E RESCISÃO DE CONTRATOS. EXTINÇÃO DO PROCESSO. I – Não configurados, no caso dos autos, os pressupostos legais para a atuação do Ministério Público como parte legitimada ativamente para promover a ação civil pública que objetiva promover a suspensão de comercialização e obter a rescisão de contrato de compra e venda de imóveis em empreendimento habitacional, é de ser confirmada a extinção do processo já decretada pelo acórdão *a quo*. II – Recurso especial não conhecido. (STJ. REsp nº 198.223/MG; Recurso Especial 1998/0091423-4. Rel. Min. Barros Monteiro, Quarta Turma, j. 12.4.2005. *DJ*, 27 jun. 2005, p. 393)

ADMINISTRATIVO E PROCESSUAL CIVIL. AGRAVO REGIMENTAL NO AGRAVO EM RECURSO ESPECIAL. AÇÃO CIVIL PÚBLICA. LEGITIMIDADE ATIVA DA DEFENSORIA PÚBLICA. 1. A jurisprudência desta Corte Superior é consolidada no sentido de que a Defensoria Pública tem legitimidade para propor ações coletivas na defesa de direitos difusos, coletivos ou individuais homogêneos. Precedentes: REsp 1.275.620/RS, Rel. Min. Eliana Calmon, Segunda Turma, DJe 22/10/2012; AgRg no AREsp 53.146/SP, Rel. Min. Castro Meira, Segunda Turma, DJe 05/03/2012; REsp. 1.264.116/RS, Rel. Min. Herman Benjamin, Segunda Turmas, DJe 13/04/2012; REsp. 1.106.515/MG, Rel. Min. Arnaldo Esteves Lima, Primeira Turma, DJe 2/2/2011; AgRg no REsp. 1.000.421/SC, Rel. Min. João Otávio de Noronha, Quarta Turma, DJe 1.6/2011. 3. Agravo regimental não provido. (STJ. AgRg no AREsp nº 67.205/RS 2011/0185647-7. Rel. Min. Benedito Gonçalves T1 – Primeira Turma, j. 1.4.2014. *DJe*, 11 abr. 2014)

As ementas acima são amostras da importância das entidades ou órgãos legitimados para defender os interesses e os direitos objeto da ação civil pública. A legitimação da Defensoria Pública e a ampliação da legitimação das associações são medidas essenciais à efetividade da ação em estudo.

8.6 Foro

O foro próprio para o ajuizamento da ação civil pública é o do local onde ocorreu o dano. O respectivo juízo é competente para processar e julgar o feito (art. 2º da Lei nº 7.347/1985).

Jurisprudência:

Conflito de competência – Ação contra prefeito municipal – Danos ao patrimônio público – Competência da Justiça comum do Estado e não da Justiça federal. Tratando-se de ação civil pública ajuizada pelo representante do Ministério Público contra o prefeito municipal no pleno exercício das suas funções, para as quais foi regularmente eleito, sob a acusação de estar fazendo promoção pessoal, utilizando-se dos recursos públicos, a competência é da Justiça Estadual. Uma vez exaurida a competência da Justiça Eleitoral, com a diplomação dos eleitos, a matéria não é mais de caráter eleitoral, mas de ordem administrativa, sendo os atos, que buscam reparação de danos causados ao patrimônio público, praticados pelo administrador e não por candidato. (CComp nº 3.170-8-CE, Rel. Min. Hélio Mosimann)

Competência – Conflito – Privatização de empresas estatais – Leilão de controle acionário. Ação civil pública deve ser ajuizada, em regra, no foro do local onde ocorreu o dano. Tratando-se de comarca em que não há juiz federal, desloca-se a competência para o Juiz de Direito do Estado. Já a propositura da ação popular prevenirá a jurisdição do juiz para todas as ações posteriormente intentadas contra as mesmas partes sob os mesmos fundamentos. Correndo as ações em juízos de competência territorial diversas, à falta de citação, tornou-se prevento aquele que despachou em primeiro lugar. (CComp nº 3911-2-DF, Rel. Min. Hélio Mosimann, j. 15.5.93)[49]

Como visto, a competência para processar e julgar ação civil pública é de juiz da comarca do local ou da região em que ocorreu o fato que deu origem à ação civil pública. Se a União tiver interesse no feito, nos termos da lei e se na comarca não tiver juiz federal, a ação será julgada pelo juiz de direito. Nesse caso a apelação e agravo de instrumento são julgados pelo Tribunal Federal da Região competente (art. 109, §§3º e 4º, da CR/88).

8.7 Funções do Ministério Público

A exemplo do que ocorre na ação popular, o representante do Ministério Público desempenha funções especiais na ação civil pública, sendo que nesta ele aparece, no texto legal, na condição de primeiro legitimado para a postulação em juízo. As suas principais funções são:

- propor e acompanhar a ação na posição de autor;
- atuar obrigatoriamente na condição de fiscal da lei, se não for o autor da ação (art. 5º, §1º da Lei nº 7.347/85);
- promover (facultativo) a execução da sentença condenatória, transitada em julgado, se no prazo de sessenta dias o autor não o fizer (art. 15 da Lei nº 7.347/1985);
- assumir a titularidade ativa da ação nos casos de desistência infundada ou abandono por associação legitimada e se outro legitimado pela lei não o fizer (art. 112 da Lei nº 8.078/1990). Em síntese, a norma é no sentido de que qualquer um dos legitimados deve assumir a ação, inclusive, obviamente, o Ministério Público, havendo a desistência ou abandono por parte da associação;
- instaurar inquérito civil nos termos do art. 129, III, da Constituição da República, e art. 8º, §1º, da Lei nº 7.347/1985. Esse inquérito tem por objeto coligir informações e provas necessárias à postulação da ação civil pública. Ele não é, entretanto, condição essencial da ação. Nos casos em que as evidências e as provas são patentes e induvidosas, dispensa-se o inquérito, por desnecessário.

O representante do Ministério Público encarregado do inquérito civil pode opinar por seu arquivamento, se entender que não existem elementos justificadores da ação. Nesse caso, os autos devem ser encaminhados ao Conselho Superior do Ministério

---

[49] TEIXEIRA. *Op. cit.*, p. 764.

Público em três dias, para homologação. O descumprimento desse prazo configura falta grave cometida pelo membro do Ministério Público.

Até a data da sessão do Conselho Superior do Ministério Público que apreciará o pedido de arquivamento, as associações legitimadas podem apresentar perante o Conselho razões escritas e documentos com vista a impedir o arquivamento.

O Conselho, ao final, homologará o arquivamento ou o rejeitará. Nesse caso, designará outro membro do Ministério Público para o ajuizamento da ação.

8.8 Considerações sobre o processo

- Processo – O rito do processo da ação civil pública é, em regra, ordinário. Só deve ser sumário dependendo do valor da causa, nos termos do art. 275, I, do Código de Processo Civil.
- Liminar – O juiz, tanto na ação principal quanto na cautelar, poderá, mesmo sem justificativa prévia, expedir mandado liminar. Da decisão que concede ou denega liminar cabe agravo, nos termos do art. 12 da Lei nº 7.347/1985. Na hipótese de concessão, é cabível também o "recurso" pedido de suspensão da execução da liminar feito pela pessoa jurídica de direito público interessada, dirigido ao presidente do tribunal competente para julgar recurso relativo à ação.

As exigências condicionantes do pedido de suspensão de liminar são: ameaça de grave lesão à ordem, à saúde, à segurança e à economia públicas. A decisão do presidente do tribunal, suspendendo a execução da liminar, desafia agravo para uma das turmas julgadoras no prazo de cinco dias contados da data da publicação do ato (art. 12, §1º, da lei em comento).

Na hipótese de condenação em dinheiro, pelos danos causados, o valor arrecadado será destinado a um fundo gerido por conselho federal ou por conselhos estaduais, dos quais participam, necessariamente, membro do Ministério Público e representantes da comunidade. Os recursos do fundo são aplicados na reconstituição dos bens lesados.

Até que o fundo seja regulamentado, os recursos arrecadados em decorrência de ação civil pública são depositados em bancos oficiais com correção monetária (art. 13, §1º, da lei em comento). Referido Fundo foi criado pela Lei Federal nº 9.008, de 21.3.1995. O Estado de Santa Cataria criou o seu próprio fundo, denominado Fundo para Reconstituição de Bens Lesados – FRDL, presidido por um membro do Ministério Público estadual.

Nos casos de acordo ou condenação em ação civil pública fundada em dano causado por ato de discriminação étnica em conformidade com o disposto no art. 1º da lei em comento, o valor em dinheiro será destinado ao fundo referido acima e utilizado em ações de igualdade étnica, conforme definido pelo Conselho Nacional de Promoção da Igualdade Racial, nacional, estaduais ou locais (art. 13, §2º, da lei em comento. O art. 13 com a redação aqui exposta foi modificado pela Lei nº 12.288/2010).

- Agravo – Anteriormente ao novo agravo, o recurso só era recebido no efeito devolutivo. Hoje, a lei faculta ao juiz receber o agravo com efeito suspensivo, quando julgar necessário e conveniente. A Lei da Ação Civil Pública, entretanto, já previa no art. 14 a possibilidade de o juiz "conferir efeito suspensivo aos recursos, para evitar dano irreparável à parte".

- Prazos e recursos processuais – A Lei nº 7.347/1985 estabelece, no art. 19, que o Código de Processo Civil se aplica à ação civil pública, naquilo em que não contrariar as suas disposições. Por força desse dispositivo, os prazos processuais são os mesmos previstos no Código de Processo Civil e, da mesma forma, os recursos.
- Efeitos da sentença – A sentença transitada em julgado opera efeito *erga omnes*, nos limites da competência territorial do órgão prolator, exceto quando a decisão for improcedente por deficiência de provas. Nesse caso, qualquer um dos legitimados pode intentar nova ação com os mesmos fundamentos e exibindo novas provas (art. 16 da lei em exame, com a redação da Lei nº 9.494/1997. Antes, o efeito *erga omnes* abrangia todo o território nacional).
- Custas – Nas ações civis públicas, não há pagamento de custas prévias. Essas são pagas, ao final, pela parte vencida. Esta regra visa estimular a iniciativa de postular a ação.

8.9 Considerações finais

a) Qualquer pessoa tem a faculdade de provocar o Ministério Público, levando-lhe informações sobre fatos ensejadores da ação civil pública, oferecendo os elementos de convicção. Para o servidor público, esse procedimento é dever e não faculdade (art. 6º da Lei nº 7.347/1985).

b) Os juízes e tribunais, se no exercício de suas atribuições tiverem conhecimento de fatos que, em princípio, possam ensejar a ação civil pública, devem remeter os documentos e informações ao Ministério Público para as providências cabíveis.

c) Aquele que recusar, retardar ou omitir dados técnicos indispensáveis à propositura da ação civil pública, quando requisitados pelo Ministério Público, pratica crime, punido com a pena de um a três anos de reclusão, além de multa. Esta, inicialmente, foi fixada entre 10 a 1.000 OTNs, hoje extintas pela Lei nº 7.730, de 31.1.89. Na ausência dessa medida, o juiz, no caso concreto, deve adotar outro critério para definir o *quantum* da multa.

d) As importâncias em dinheiro, recebidas em virtude de condenação em ação civil pública, destinam-se a um fundo de proteção aos bens lesados, gerido por um Conselho Federal ou Estadual, com a participação obrigatória de membro do Ministério Público e de representantes da sociedade. Referido Fundo foi criado pela Lei nº 9.008, de 21.3.1995.

9 Anotações gerais sobre a Lei nº 13.655, de 25.4.2018

O Decreto-Lei nº 4.657, 4.9.1942, conhecido como Lei de Introdução ao Código Civil, sofreu diversas modificações no curso de sua existência, sendo que a Lei nº 12.367/2010 substituiu o seu nome original para Lei de Introdução às Normas do Direito Brasileiro. Até esta data (31.1.2023), a última alteração veio com a Lei nº 13.655, de 25.4.2018. Esta lei acrescentou, à então vigente, os arts. 20 a 30. Qual é o motivo que justificou a decisão de examiná-la, no capítulo que cuida dos diversos meios de controle da Administração Pública? Resposta objetiva: o motivo consiste no fato de que os seus artigos acrescidos à Lei de Introdução às Normas do Direito Brasileiro disciplinam matérias relativas à Administração Pública, inclusive no que se refere ao seu controle, objeto deste capítulo.

A Administração Pública, no exercício de suas funções próprias, os órgãos de controle administrativo, internos e externos e o controle judicial realizado pelo Poder Judiciário, nos diversos graus de jurisdição, não devem decidir embasados em valores jurídicos abstratos, salvo se forem avaliadas as consequências práticas da decisão e se a conclusão da avaliação for positiva, principalmente em relação ao erário (art. 20, *caput*). No exame do caso concreto, na via administrativa e na judiciária, nem sempre se encontra uma regra de direito que se amolda como luva. Nesse caso, é necessário valer-se dos princípios constitucionais, da analogia, da jurisprudência e dos costumes, quando couberem, sem prejuízo da hermenêutica constitucional. Esgotadas essas alternativas, o órgão responsável pelo deslinde da questão, se for administrativo, deve indeferir ou anular ato administrativo. Se o órgão for judiciário, o pedido deve ser julgado improcedente. Esse entendimento vale para as situações que envolvem a Administração Pública e para as que envolvem a iniciativa privada.

> Parágrafo único. A motivação demonstrará a necessidade e a adequação da medida imposta ou da invalidação de ato, contrato, ajuste, processo ou norma administrativa, inclusive em face das possíveis alternativas.

A motivação dos atos administrativos, principalmente os decorrentes do poder discricionário, é indispensável para justificar a necessidade ou a conveniência da expedição de determinado ato administrativo. A ausência de motivação contribui para a invalidação do ato. Também as decisões judiciais, nos termos do Código de Processo Civil, devem ser adequadamente motivadas. O livre convencimento do juiz deve ser construído por meio da motivação. A decisão judicial desprovida de motivação padece do vício de nulidade.

A Administração Pública, nas funções de rotina, por seu órgão de controle interno, e os órgãos de controle administrativo externo ou judicial que, no exercício de suas funções, determinarem invalidação "de ato, contrato, ajuste, processo ou norma administrativa", deverão indicar de modo expresso suas consequências jurídicas e administrativas (art. 21, *caput*). Nesses casos, a decisão emanada do órgão competente deve informar as condições a serem observadas para que a regularização se efetive de modo proporcional e equânime, de modo a se evitar prejuízo aos interesses gerais, e sem impor, aos atingidos pela medida, ônus ou perdas que, em função das peculiaridades da situação fática, sejam inadequados ou excessivos (art. 21, parágrafo único).

A função interpretativa de normas relativas à gestão pública deve levar em consideração os obstáculos e as dificuldades reais do gestor e as exigências das políticas públicas a seu cargo, sem prejuízo dos direitos dos cidadãos (art. 22, *caput*).

§1º Em decisão sobre regularidade de conduta ou validade de ato, contrato, ajuste, processo ou norma administrativa, serão consideradas as circunstâncias práticas que houverem imposto, limitado ou condicionado a ação do agente;

§2º Na aplicação de sanções, serão consideradas a natureza e a gravidade da infração cometida, os danos que dela provierem para a administração pública, as circunstâncias agravantes ou atenuantes e os antecedentes do agente; e

§3º As sanções aplicadas ao agente serão levadas em conta na dosimetria das demais sanções de mesma natureza e relativas ao mesmo fato.

Decisão administrativa ou judicial que der nova interpretação sobre determinada norma de conteúdo indeterminado ou conceito fluido, impondo novo dever ou novo condicionamento de direito, deve conter norma de transição, para que a nova orientação seja observada de modo proporcional, equânime e eficiente de modo a não causar prejuízo aos interesses gerais (art. 23).

A revisão, nas esferas administrativa, controladora ou judicial, quanto à validade de ato, contrato, ajuste, processo ou norma administrativa cuja produção já tenha completado levará em conta as orientações gerais da época do fato, sendo vedado que, baseado em mudança posterior de orientação geral, se declarem inválidas situações plenamente constituídas (art. 24, *caput*).

Art. 24. [...]

Parágrafo único. Consideram-se orientações gerais as interpretações e especificações contidas em atos públicos de caráter geral ou em jurisprudência judicial ou administrativa majoritária, e ainda as adotadas por prática administrativa reiterada e de amplo conhecimento público.

A autoridade administrativa em situação de comprovada necessidade de eliminar irregularidade, incerteza jurídica ou situação contenciosa na aplicação do direito público, inclusive no caso de expedição de licença, poderá, ouvido o órgão jurídico e, quando for o caso, realizada consulta pública, e presentes razões de relevante interesse geral, celebrar compromisso com os interessados, observada a legislação aplicável. O ato resultante produzirá efeitos somente depois de sua publicação em órgão oficial (art. 26, *caput*).

§1º O compromisso a que se refere o *caput*:

I - buscará solução jurídica proporcional, equânime, eficiente e compatível com os interesses gerais;

II - (VETADO);

III - não poderá conferir desoneração permanente de dever ou condicionamento de direito reconhecidos por orientação geral;

IV - deverá prever com clareza as obrigações das partes, o prazo para seu cumprimento e as sanções aplicáveis em caso de descumprimento.

A decisão decorrente de processo administrativo ou judicial, nas esferas repetidas nos artigos anteriores, poderá resultar em imposição de compensação por benefício indevido ou injusto, apurado no processo ou da conduta dos envolvidos (art. 27, *caput*). A decisão sobre compensação deve ser motivada. Para isso, é necessário ouvir as partes, com a finalidade de discutir sobre a conveniência ou não da medida. Na hipótese de a decisão dos envolvidos ser pela aplicação da sanção, discute-se em seguida a forma da sanção, e o valor pecuniário (§1º). Os envolvidos devem celebrar compromisso processual, com a finalidade de prevenir ou regular a compensação (§2º).

A edição de atos normativos por autoridade administrativa de órgão ou Poder Público poderá, de preferência, ser precedida de consulta pública, para dar oportunidade aos interessados de se manifestar, ressalvados os casos de atos normativos utilizados, apenas, para organização interna. A consulta pública deve, preferencialmente, ser por meio eletrônico (art. 29, *caput*). A convocação da consulta pública deve ser acompanhada da minuta do ato normativo que se pretende editar e das condições e prazo para as manifestações populares (§1º). O §2º foi revogado.

As autoridades competentes devem adotar medidas e condutas com vistas a aumentar a segurança jurídica em relação à aplicação das normas, leis, regulamentos e princípios constitucionais. Além de regulamentos, a Administração, por seus órgãos próprios, deve editar sumulas administrativas e responder às consultas a ela formuladas (art. 30, *caput*). Os documentos referidos no *caput* são revestidos de natureza vinculante em relação aos órgãos ou entidades destinatários deles (art. 30, parágrafo único).

REFERÊNCIAS

ALTOUNIAN, Cláudio Sarian; SOUZA, Daniel Luz de; LAPA, Leonard Renne Guimarães. *Gestão e governança pública para resultados*: uma visão prática. 2. ed. Belo Horizonte: Fórum, 2020.

ANASTASIA, Antonio Augusto Junho. *Regime jurídico* único *do servidor público*. Belo Horizonte: Del Rey, 1990.

ARAÚJO, Florivaldo Dutra de. *Motivação e controle do ato administrativo*. Belo Horizonte: Del Rey, 1992.

ASSOCIAÇÃO COMERCIAL E INDUSTRIAL DE FLORIANÓPOLIS. *Nota sobre a decisão judicial que determina demolições na Lagoa da Conceição*. Disponível em: http://www.acif.org.br/novidades/nota-sobre-a-decisao-judicial-que-determina-demolicoes-na-lagoa-da-conceicao. Acesso em: 12 ago. 2014.

BANDEIRA DE MELLO, Celso Antônio. *Curso de direito administrativo*. 4. ed. São Paulo: Malheiros, 1993.

BANDEIRA DE MELLO, Celso Antônio. *Curso de direito administrativo*. 11. ed. São Paulo: Malheiros, 1999.

BANDEIRA DE MELLO, Celso Antônio. *Discricionariedade e controle jurisdicional*. 4. ed. São Paulo: Malheiros, 1993.

BANDEIRA DE MELLO, Celso Antônio. *Elementos de direito administrativo*. São Paulo: Revista dos Tribunais, 1981.

BANDEIRA DE MELLO, Celso Antônio. *Prestação de serviços públicos e Administração indireta*. 2. ed. São Paulo: Revista dos Tribunais, 1979.

BANDEIRA DE MELLO, Oswaldo Aranha. *Princípios gerais de direito administrativo*. [s.l.]: [s.n.], [s.d.]. v. 7.

BARBI, Celso Agrícola. *Do mandado de segurança*. 7. ed. Rio de Janeiro: Forense, 1993.

BARROS JÚNIOR, Carlos S. de. *Contratos administrativos*. São Paulo: Saraiva, 1986.

BASTOS, Celso Ribeiro. *Curso de direito administrativo*. São Paulo: Saraiva, 1994.

BASTOS, Celso Ribeiro; MARTINS, Ives Gandra. *Comentários* à *Constituição do Brasil*. São Paulo: Saraiva, 1986.

BASTOS, Celso Ribeiro; MARTINS, Ives Gandra. *Curso de direito administrativo*. São Paulo: Saraiva, 1994.

BICALHO, Alécia Paolucci Nogueira. *Desestatizações* – Privatizações, delegações, desinvestimentos, parcerias. Belo Horizonte: Fórum, 2019.

BICALHO, Alécia Paolucci Nogueira; MOTTA, Carlos Pinto Coelho. *Comentários ao Regime Diferenciado de Contratações (RDC)*. 2. ed. Belo Horizonte: Fórum, 2014.

BIELSA, Rafael. *Derecho administrativo*. 4. ed. Buenos Aires: Depalma, 1955.

BIELSA, Rafael. *Estudios de derecho público*: derecho administrativo. Buenos Aires: Depalma, 1950. t. 1.

BIELSA, Rafael. *Restriciones y servidumbres administrativas*. Buenos Aires: Depalma, 1923.

BRASIL. Congresso Nacional. Lei n. 10.406, de 10 de janeiro de 2002. Institui o Código Civil, 2002. *Diário Oficial da União*, Brasília, 11 jan. 2002.

BRASIL. Congresso Nacional. Lei n. 6.194, de 19 de dezembro de 1974. Dispõe sobre seguro obrigatório de danos pessoais causados por veículos automotores de via terrestre, ou por sua carga, a pessoas transportadas ou não. *Diário Oficial da União*, Brasília, 20 dez. 1974.

BRASIL. Congresso Nacional. Lei n. 6.938, de 31 de agosto de 1981. Dispõe sobre a política nacional do meio ambiente, seus fins e mecanismos de formulação e aplicação, e dá outras providências. *Diário Oficial da União*, Brasília, 2 set. 1981.

BRASIL. Congresso Nacional. Lei n. 8. 429, de 2 de junho de 1992. Dispõe sobre as sanções aplicáveis aos agentes públicos nos casos de enriquecimento ilícito no exercício de mandato, cargo, emprego ou função na administração pública direta, indireta ou fundacional e dá outras providências. *Diário Oficial da União*, Brasília, 3 jun. 1992.

BRASIL. Congresso Nacional. Lei n. 8.078, de 11 de setembro de 1990. Dispõe sobre a proteção do consumidor e dá outras providências. *Diário Oficial da União*, Brasília, 12 set. 1990.

BRASIL. Congresso Nacional. Lei n. 8.078, de 11 de setembro de 1990. Dispõe sobre a proteção do consumidor e dá outras providências. *Diário Oficial da União*, Brasília, 12 set. 1990.

BRASIL. Congresso Nacional. Lei n. 8.666, de 21 de junho de 1993. Regulamenta o art. 37, inciso XXI, da Constituição Federal, institui normas para licitações e contratos da Administração Pública e dá outras providências. *Diário Oficial da União*, Brasília, 22 jun. 1993.

BRASIL. Constituição (1988). *Constituição da República Federativa do Brasil*. 1988. Brasília: Senado Federal, Centro Gráfico, 1988.

CAETANO, Marcelo. *Manual de direito administrativo*. 4. ed. Coimbra: Coimbra Editora, 1956.

CAETANO, Marcelo. *Princípios fundamentais do direito administrativo*. Rio de Janeiro: Forense, 1977.

CÂMARA DE DIRIGENTES LOJISTAS DE FLORIANÓPOLIS. *Esclarecimento sobre decisão judicial que atinge a lagoa da conceição*. 18 jul. 2014. Disponível em: http://www.cdlflorianopolis.org.br/noticia/esclarecimento-sobre-decisao-judicial-que-atinge-a-lagoa-da-conceicao-2769. Acesso em: 12 ago. 2014.

CAMARÃO, Tatiana. Artigo 01 ao 70. In: FORTINI, Cristiana; OLIVEIRA, Rafael Sérgio Lima de; CAMARÃO, Tatiana. *Comentários à Lei de Licitações e Contratos Administrativos*. 1. ed. Belo Horizonte: Fórum, 2022. v. 1.

CAMARGO, Laudo de. Ministro do STF. *RDA*, v. 2, 1945.

CARVALHO FILHO, José dos Santos. *Manual de direito administrativo*. 36. ed. São Pulo: Atlas, 2022.

CASSAGNE, Juan Carlos. *El acto administrativo*. Buenos Aires: Abeledo-Perrot, [s.d.].

CAVALCANTI, Themístocles Brandão. *Curso de direito administrativo*. Rio de Janeiro: Freitas Bastos, 1964.

CINTRA DO AMARAL, Antônio Carlos. *Comentários à Constituição brasileira de 1988*. 2. ed. Rio de Janeiro: Forense, 1991. v. 4.

CINTRA DO AMARAL, Antônio Carlos. *Extinção do ato administrativo*. São Paulo: Revista dos Tribunais, 1978.

CINTRA DO AMARAL, Antônio Carlos. *Motivo e motivação do ato administrativo*. São Paulo: Revista dos Tribunais.

CRETELLA JÚNIOR, José. *Comentários à Constituição da República de 1988*. [s.l.]: [s.n.], [s.d.]. v. IV.

CRETELLA JÚNIOR, José. *Curso de direito administrativo*. 10. ed. Rio de Janeiro: Forense, 1989.

CRETELLA JÚNIOR, José. Regime jurídico do tombamento. *R. Dir. Adm.*, Rio de Janeiro, v. 112, p. 50-68, abr./jun. 1973.

CRETELLA JÚNIOR, José. Sintomas denunciadores do "desvio do poder". *Revista de Direito da Faculdade da USP*, v. 71.

CUNHA, Lásaro Cândido da. *Reforma da previdência*. Belo Horizonte: Del Rey, 1999.

DALLARI, Adilson de Abreu. *Aspectos jurídicos da licitação*. 3. ed. São Paulo: Saraiva, 1992.

DALLARI, Adilson de Abreu. *Desapropriação para fins urbanísticos*. Rio de Janeiro: Forense, 1981.

DALLARI, Adilson de Abreu. *Regime constitucional dos servidores públicos*. 2. ed. São Paulo: Revista dos Tribunais, 1990.

DEL VECCHIO, Giorgio. *Lições de filosofia do direito*. Tradução de Antônio José Brandão. 5. ed. Coimbra: Arménio Amado, 1979.

DI PIETRO, Maria Sylvia Zanella de. *Direito administrativo*. 10. ed. São Paulo: Atlas, 1996.

DI PIETRO, Maria Sylvia Zanella de. *Direito administrativo*. 11. ed. São Paulo: Atlas, 1999.

DI PIETRO, Maria Sylvia Zanella de. *Direito administrativo*. 15. ed. São Paulo: Atlas, 2003.

DI PIETRO, Maria Sylvia Zanella de. *Direito administrativo*. 19. ed. São Paulo: Atlas, 2006.

DI PIETRO, Maria Sylvia Zanella de. *Direito administrativo*. 23. ed. São Paulo: Atlas, 2010.

DI PIETRO, Maria Sylvia Zanella de. *Direito administrativo*. 27. ed. São Paulo: Atlas, 2014.

DI PIETRO, Maria Sylvia Zanella de. *Direito administrativo*. 3. ed. São Paulo: Atlas, 1992.

DI PIETRO, Maria Sylvia Zanella de. *Direito administrativo*. 4. ed. São Paulo: Atlas, 1994.

DI PIETRO, Maria Sylvia Zanella de. *Parcerias na Administração Pública*. 10. ed. São Paulo: Atlas, 1996.

DIAS, Aguiar. *Direito administrativo*. 7. ed. São Paulo: Atlas, 1996.

DIAS, Aguiar. Responsabilidade civil do Estado. *Revista de Direito Administrativo*, Rio de Janeiro, v. 11, p. 19-33, 1948.

DIAS, Ronaldo Brêtas de C. *Responsabilidade do Estado pela função jurisdicional*. Belo Horizonte: Del Rey, 2004.

DIEZ, Manuel Maria. *Ato administrativo*. 2. ed. Buenos Aires: Ed. Argentina, 1961.

DUPUIS, Georges; GUÉDON, Marie-José. *Droit administratif*. 4. ed. Paris: Armand Colin, 1993.

DUQUE, Gabriel. G de ESG: qual a importância da gestão de compliance e riscos? *Idblog*, 2022. Disponível em: https://blog.idwall.co/gestao-de-compliance-esg/. Acesso em: 9 jul. 2022.

ESTADO DE MINAS, 10 ago. 1996.

ESTEVES, Júlio César dos Santos. *Responsabilidade civil do Estado por ato legislativo*. Belo Horizonte: Del Rey, 2003.

FAGUNDES, Miguel Seabra. *O controle dos atos administrativos pelo Poder Judiciário*. 6. ed. São Paulo: Saraiva, 1984.

FALLA, Fernando Garrido. *Tratado de direito administrativo*. 4. ed. Madrid: Instituto de Estudos Políticos, 1974. v. 2.

FARIA, Edimur Ferreira de. *Controle do mérito do ato administrativo pelo Judiciário*. Belo Horizonte: Fórum, 2011.

FARIA, Edimur Ferreira de. *Controle do mérito do ato administrativo pelo Judiciário*. 2. ed. Belo Horizonte: Fórum, 2016.

FERNANDES, Jorge Ulisses Jacoby. Breves comentários à Lei da responsabilidade da pessoa jurídica por atos lesivos à Administração Pública. *Jus Navigandi*, Teresina, ano 18, n. 3688, 6 ago. 2013. Disponível em: http://jus.com.br/artigos/25108. Acesso em: 7 mar. 2014.

FERRAZ, Leonardo de Araújo. *Princípio da proporcionalidade*: uma visão com base nas doutrinas de Roger Alexy e Jürgen Habermas. 1. ed. Belo Horizonte: Dictum, 2009.

FERRAZ, Luciano de Araújo. Teto remuneratório dos servidores públicos: perspectivas a partir da jurisprudência do Supremo Tribunal Federal. *In*: FORTINI, Cristiana. *Servidor público*. 2. ed. Belo Horizonte: Fórum, 2014.

FERRAZ, Sérgio. *Mandado de segurança* – Aspectos polêmicos. São Paulo: Malheiros, 1992.

FERRAZ, Sérgio. *Três estudos de direito*. São Paulo: Saraiva, 1977.

FERREIRA FILHO, Manoel Gonçalves. *Comentários à Constituição brasileira de 1988*. São Paulo: Saraiva, 1999. v. 1.

FIGUEIREDO, Lúcia Valle. *Curso de direito administrativo*. 2. ed. São Paulo: Malheiros, 1995.

FIGUEIREDO, Lúcia Valle. *Direitos dos licitantes*. 3. ed. São Paulo: Malheiros, 1992.

FIGUEIREDO, Lúcia Valle. *Disciplina urbanística da propriedade*. São Paulo: Revista dos Tribunais, 1980.

FIORINI, Bartolomeu A. *Derecho administrativo*. 2. ed. Buenos Aires: Abeledo Perrot, 1976. t. 1.

FIORINI, Bartolomeu A. *Teoria jurídica del acto administrativo*. Buenos Aires: Abeledo-Perrot, 1969.

FIUZA, César Augusto de Castro. *Direito civil*: curso completo. 7. ed. Belo Horizonte: Del Rey, 2003.

FRANÇA, Limongi Rubens. *Manual das desapropriações*. 2. ed. São Paulo: Saraiva, 1978.

GARCIA OVIEDO, Carlos; MARTINEZ USEROS, Enrique. *Derecho administrativo*. 9. ed. Madrid: Eisa, 1968.

GARCIA OVIEDO, Carlos; MARTINEZ USEROS, Enrique. *Derecho administrativo*. 3. ed. Madrid: Eisa, 1951.

GASPARINI, Diogenes. *Direito administrativo*. 4. ed. São Paulo: Saraiva, 1995.

GOMES, Orlando. *Direitos reais*. São Paulo: Forense, [s.d.].

GONÇALVES, Aroldo Plínio (Coord.). *Mandado de segurança*. Belo Horizonte: Del Rey, 1996.

GORDILLO, Agustín. *Tratado de derecho administrativo*. 9. ed. Buenos Aires: FDA, 2009. t. II.

IBGE divulga dados de maiores populações em extrema pobreza. *Diário Comércio Indústria & Serviços*. Disponível em: http://www.dci.com.br/servicos/ibge-divulga-dados-de-maiores-populacoes-em-extrema-pobreza-id255671.html. Acesso em: 17 ago. 2014.

JUSTEN FILHO, Marçal. *Comentários à Lei de Licitações e Contratos Administrativos*. 5. ed. Rio de Janeiro: Aide, 1995.

JUSTEN FILHO, Marçal. *Curso de direito administrativo*. 10. ed. São Paulo: Revista dos Tribunais, 2014.

KELSEN, Hans. *Teoria geral do direito e do Estado*. Tradução de Luís Carlos Borges. São Paulo: Martins Fontes; Universidade de Brasília, 1990.

KELSEN, Hans. *Teoria pura do direito*. Tradução de João Baptista Machado. 5. ed. Coimbra: Arménio Amado, 1979.

LAUBADÈRE, André de. *Droit administratif*. Paris: Librairie Générale de Droit et de Jurisprudence, 1977.

LIMA, João Franzen de. *Direito civil brasileiro*. 4. ed. Rio de Janeiro: Forense, 1980. v. 1.

LIMA, Mikael Martins de. Breves notas sobre os aspectos societários da Lei nº 12.846/13. *JurisWay*. Disponível em: http://www.jurisway.org.br/v2/dhall.asp?id_dh=13086. Acesso em: 17 dez. 2014.

LIMA, Ruy Cirne. *Mandado de segurança em matéria tributária*. 2. ed. São Paulo: Revista dos Tribunais, 1995.

LIMA, Ruy Cirne. *Princípio de direito administrativo*. São Paulo: Revista dos Tribunais, 1939.

MACHADO, Paulo Afonso Leme. Tombamento: instituto jurídico de proteção do patrimônio nacional e cultural. *Revista dos Tribunais*, São Paulo, v. 71, n. 563, p. 15-41, set. 1982.

MATA-MACHADO, Edgar de Godói. *Elementos de teoria geral do direito*. 3. ed. Belo Horizonte: UFMG/PROED, 1986.

MAYER, Otto. *Derecho administrativo alemán*. Buenos Aires: Depalma, 1945. t. I.

MEIRELLES, Hely Lopes. *Direito administrativo brasileiro*. 16. ed. São Paulo: Revista dos Tribunais, 1991.

MEIRELLES, Hely Lopes. *Licitação e contrato administrativo*. 11. ed. São Paulo: Malheiros, 1996.

MENDES, Vicente de Paula. *A indenização na desapropriação*. Belo Horizonte: Del Rey, 1993.

MINISTÉRIO DO DESENVOLVIMENTO SOCIAL E COMBATE À FOME. Brasília. Disponível em: www.mds.gov.br. Acesso em: 17 ago. 2014.

MIRANDA, Vinícius. *O diálogo competitivo na nova Lei de Licitações*. Disponível em: https://www.google.com/search?q=conlicita%C3%A7%C3%A3o+o+di%C3%A1logo+competitivo+na+Nova+leide+licita%C3%A7C3%B5es&oq=conlicita%C3%A7%C3%A3o+o+di%C3%A1logo+competitivo+na+Nova+leide+licita%C3%A7C3%B5es&aqs=chrome..69i57j0i546l3.152367j0j7&sourceid=chrome&ie=UTF-8. Acesso em: 3 ago. 2022.

MODESTO, Paulo. A reforma da Previdência e as peculiaridades do Regime Previdenciário dos Agentes Públicos. *Revista Brasileira de Direito Público*, Belo Horizonte, v. 2, p. 141-174, jul./set. 2003.

MOREIRA NETO, Diogo de Figueiredo. *Curso de direito administrativo*. 11. ed. Rio de Janeiro: Forense, 1996.

MOREIRA NETO, Diogo de Figueiredo. *Direito administrativo*. 10. ed. Rio de Janeiro: Forense, 1992.

MOTTA, Carlos Pinto Coelho. *Eficácia nas licitações e contratos*. 7. ed. Belo Horizonte: Del Rey, 1998.

MUKAY, Toshio. *Administração Pública na Constituição de 1988*. São Paulo: Saraiva, 1989.

MUKAY, Toshio. *Direito administrativo sistematizado*. [s.l.]: [s.n.], 1999.

NADER, Paulo. *Introdução ao estudo de direito*. 12. ed. Rio de Janeiro: Forense, 1995.

NÓBREGA, Marcos. Comentários à lei de licitações e contratos administrativos: Lei n. 14.133, de 1º de abril de 2021, art. 41. *In*: FORTINI, Cristiana; OLIVEIRA, Rafael Sérgio Lima de; CAMARÃO, Tatiana. *Comentários à Lei de Licitações e Contratos Administrativos*. 1. ed. Belo Horizonte: Fórum, 2022. v. 1.

NORONHA, Magalhães. *Código Penal brasileiro*. 2. ed. São Paulo: Saraiva, 1958, v. V.

OSÓRIO, Fábio Medina. *Teoria da improbidade administrativa*. São Paulo: Revista dos Tribunais, 2007.

PÉRCIO, Cabriela Verona. *Coletânea dos 5 artigos mais lidos no Portal ONLL em 2022*. Belo Horizonte: Fórum, 2022.

PEREIRA, Caio Mário da Silva. *Instituições de direito civil*. 3. ed. Rio de Janeiro: Forense, 1978.

PIRES, Luis Manuel Fonseca. *Controle judicial da discricionariedade administrativa*. 2. ed. Belo Horizonte: Fórum, 2013.

PIRES, Maria Coeli Simões. *Da proteção do patrimônio cultural*. Belo Horizonte: Del Rey, 1994.

PIRES, Maria Coeli Simões. *Direito adquirido e ordem pública*: segurança jurídica e transformação doutrinária. Belo Horizonte: Del Rey, 2005.

PONDÉ, Lafayette. *Estudos de direito administrativo*. Belo Horizonte: Del Rey, 1995.

PONTES DE MIRANDA, Francisco C. *Comentário à Constituição de 1967*. São Paulo: RT, 1972. v. VI.

RADBRUCH, Gustav. *Filosofia do direito*. Tradução de Luís Cabral de Moncada. 6. ed. Coimbra: Arménio Amado, 1979.

RAMIREZ, Carlos Fernando Urzua. *Requisitos do ato administrativo*. Chile: Editorial Jurídico do Chile, 1971.

RIGOLIN, Ivan Barbosa. *Comentários ao regime único dos servidores públicos civis*. São Paulo: Saraiva, 1992.

RIVERO, Jean. *Direito administrativo*. Tradução de Rogério C. Soares. Coimbra: Almedina, 1981.

ROCHA, Cármen Lúcia Antunes. *Estudo sobre concessão e permissão de serviços públicos no direito brasileiro*. São Paulo: Saraiva, 1996.

ROCHA, Cármen Lúcia Antunes. *Princípios constitucionais da Administração Pública*. Belo Horizonte: Del Rey, 1994.

SANT'PEDRA, Anderson. Das impugnações, dos pedidos de esclarecimento e dos recursos. *In*: FORTINI, Cristiana; OLIVEIRA, Rafael Sérgio Lima de; CAMARÃO, Tatiana. *Comentários à Lei de Licitações e Contratos Administrativos*. Belo Horizonte: Fórum, 2021. v. 2.

SANTOS, Ernane Fidelis dos. Mandado de segurança individual e coletivo. *In*: TEIXEIRA, Sálvio de Figueiredo (Coord.). *Mandados de segurança e de injunção*. São Paulo: Saraiva, 1990.

SENA ROJAS, André. *Derecho administrativo*. 5. ed. México: Galve, 1972. t. 2.

SERPA LOPES, Miguel Maria de. *Curso de direito civil*. 7. ed. Rio de Janeiro: Freitas Bastos, 1989. v. 1.

SILVA, José Afonso da. *Curso de direito constitucional positivo*. 5. ed. São Paulo: Revista dos Tribunais, 1989.

SILVA, José Afonso da. *Curso de direito constitucional positivo*. 16. ed. São Paulo: Revista dos Tribunais, [s.d.].

SILVA, José Afonso da. *Direito urbanístico brasileiro*. São Paulo: Revista dos Tribunais, 1981.

SOUSA, Guilherme Carvalho e. Contratos: formalização, alteração, responsabilidade, subcontratação. *In*: NORONHA, João Otávio de; FRAZÃO, Ana; MESQUITA, Daniel Augusto (Coord.). *Estatuto Jurídico das Estatais*. Belo Horizonte: Fórum, 2017.

STASSINOPOULOS, Michel. *Traité des actes administratifs*. Paris: Librairire Générale de Droit et Jurisprudence, 1973.

SUNDFELD, Carlos Ari. *Direito administrativo econômico*. [s.l.]: [s.n.], 2000.

TÁCITO, Caio. A administração e o controle de legalidade. *Revista de Direito Administrativo*, Rio de Janeiro, v. 37, p. 2-11, 1954.

TAVARES, José. *Administração pública e direito administrativo*. Coimbra: Almedina, 1992.

TEIXEIRA, Sálvio de Figueiredo. *Código de processo civil anotado*. 6. ed. São Paulo: Saraiva, 1996.

TEIXEIRA, Sálvio de Figueiredo. *Mandado de segurança e de injunção*. São Paulo: Saraiva, 1990.

TRIBUNAL SUPERIOR ELEITORAL. *Remunerações e benefícios*. Disponível em: www.tse.jus.br/transparencia/remunerações-e-beneficios. Acesso em: 22 jan. 2015.

VEDEL, Georges. *Droit administratif*. 10. ed. Paris: Presses Universitaires de France, 1961.

VELLOSO, Carlos Mário Silva. Mandado de segurança. *RDP*, p. 55-56.

VILLEGAS BASAVILBASO, Benjamim. *Derecho administrativo*. Buenos Aires: Ed. Argentina, 1949. v. 1.

WALD, Arnoldo; MORAES, Luíza Rangel; WALD, Alexandre de M. *O direito de parceria e a nova lei de concessões*. São Paulo: Revista dos Tribunais, 1996.

WARDE JÚNIOR, Walfrido Jorge. Legislador Frankenstein! – Governança das empresas privadas às empresas estatais. *In*: NORONHA, João Otávio de; FRAZÃO, Ana; MESQUITA, Daniel Augusto (Coord.). *Estatuto Jurídico das Estatais*. Belo Horizonte: Fórum, 2018.